U0556456

陈兴良 /著

刑法方法论 上册

Methodology of Criminal Law

中国人民大学出版社

·北 京·

图书在版编目（CIP）数据

刑法方法论. 上册/陈兴良著. -- 北京：中国人民大学出版社，2025. 3. --（刑法学文丛）. -- ISBN 978-7-300-33652-7

Ⅰ. D924

中国国家版本馆 CIP 数据核字第 2025QG9467 号

刑法学文丛

刑法方法论（上册）

陈兴良　著

Xingfa Fangfalun

出版发行	中国人民大学出版社		
社　　址	北京中关村大街 31 号	**邮政编码**	100080
电　　话	010－62511242（总编室）		010－62511770（质管部）
	010－82501766（邮购部）		010－62514148（门市部）
	010－62515195（发行公司）		010－62515275（盗版举报）
网　　址	http://www.crup.com.cn		
经　　销	新华书店		
印　　刷	涿州市星河印刷有限公司		
开　　本	720 mm×1000 mm　1/16	**版　　次**	2025 年 3 月第 1 版
印　　张	33.75 插页 4	**印　　次**	2025 年 3 月第 1 次印刷
字　　数	487 000	**定　　价**	398.00 元（上、下册）

总　序

一个人开始对自己的学术生涯进行总结的时候，也就是学术创造力衰竭的时候。"刑法学文丛"这一作品集就是对我的刑法学研究生涯的一个总结，因此也是我的学术创造力衰竭的明证。

刑法学研究是我毕生从事的事业。与刑法学的结缘，始于1978年，这年2月我以77级学生的身份入读北京大学法律学系。1978年被称为中国改革开放的元年，这一年12月召开的中国共产党第十一届三中全会确定了改革开放的方针。至于说到法制的恢复重建，是以1979年7月1日刑法等7部法律通过为标志的。从1949年到1979年，在这30年的时间里我国是没有刑法，也没有民法的，更不要说行政法。1979年刑法是社会主义中国的第一部刑法，从1950年开始起草，共计33稿，至1979年仓促颁布。这部刑法的起草经历了我国与苏联的政治蜜月期，虽然此后我国与苏联在政治上决裂，但刑法仍然保留了明显的苏俄痕迹。同时，从1950年代成长起来的我国刑法学家，基本上都是接受苏俄刑法学的学术训练，他们在荒废了20年以后回到大学重新执教，恢复的是苏俄刑法学的学术传统，我们是他们的第一批正规学生。1979年7月1日通过的刑法，生

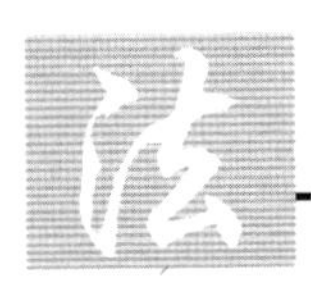

效日期是 1980 年 1 月 1 日。而根据课程安排，我们这个年级从 1979 年 9 月开始学习刑法这门课程。也就是说，我们是在刑法尚未生效的时候开始学习刑法的，课程一直延续到 1980 年 7 月。一年时间，学完了刑法的总则与分则。对于刑法，我们只是粗略地掌握了法条，对其中的法理则不知其然，更不用说知其所以然。至于司法实务，更是因为刑法刚开始实施，许多罪名还没有实际案例的发生，所以不甚了然。大学期间，我国学术百废待兴，刚从“文化大革命”中走出来，受到摧残最为严重的法学学科几乎是一片废墟，我们经历了这个过程。现在很难想象，我们在整个大学四年时间里，每一门课程都没有正式的教科书，我们是在没有教科书的情况下完成学业的。也正是如此，我们阅读了大量非法学的书籍，基于本人的兴趣，我更是阅读了当时在图书馆所能借阅的大量哲学著作，主要是西方 17 世纪以来的，包括英国、法国、德国的哲学著作，对康德、黑格尔的德国古典哲学尤其着迷。因为原来就有一定的马克思主义哲学的基础，所以我对于马克思主义来源之一的德国古典哲学理解起来较为容易。这段阅读经历，在一定程度上培养了我的哲学气质，也对我此后的刑法研究产生了重大影响，我在 1980 年代后期至 1990 年代初期的刑法哲学研究，就是这段读书经历的衍生物。我在 1981 年年底完成的学士论文题目是《论犯罪的本质》，这就是一个具有本体论性质的题目。从这个题目也可以看出当时我的学术偏好。但这篇论文很不成功，只是重复了马克思主义关于犯罪的阶级性等政治话语，缺乏应有的学术性。因此，论文的成绩是良好而没有达到优秀。我的本科刑法考试成绩也只是良好，当时我的兴趣并不在刑法，后来只是因为一个偶然的原因才走上刑法的学术道路。

在我 1982 年 2 月大学毕业的时候，正是社会需要人才的时候，我们班级的大部分同学被分配到最高人民法院、最高人民检察院和中央机关，也有部分同学回到各省的高级法院和检察院，还有部分同学到各个高校担任教师，从事学术研究。而我们这些较为年轻的同学则考上了硕士研究生，继续在大学学习。我考上了中国人民大学法律系（从 1988 年开始改称法学院）研究生，师从我国著名的刑法学家高铭暄教授和王作富教授，开始了我的刑法学习生涯。

1982年2月，我从北京大学来到中国人民大学。中国人民大学成为我接受法学教育的第二所大学。正是在这里，我接受了最为经典的带有明显苏俄痕迹的刑法学的学术训练。我的硕士论文是王作富教授指导的，题目是《论我国刑法中的正当防卫》，这是一篇贴近司法实务的论文，也是我最初的论文写作。该文答辩时是4万字，后来扩充到20余万字，于1987年以《正当防卫论》为书名在中国人民大学出版社出版，成为我的第一部个人专著。到1988年3月获得法学博士学位的时候，我娴熟地掌握了已经在中国本土化的苏俄刑法学，这成为我的刑法学的学术底色。

1984年12月，我在硕士毕业的时候就已经办理了在中国人民大学法律系留校任教的手续，因此博士学位相当于是在职攻读。当然，当时课时量较少，没有影响博士阶段的学习。1988年3月博士论文答辩获得通过，论文是高铭暄教授指导的，题目是《共同犯罪论》，有28万字。这是我第一次完成篇幅较大的论文。博士论文虽然以我国刑法关于共同犯罪的规定为基本线索，但汲取了民国时期所著、所译的作品，例如较多的是日本20世纪30、40年代的作品，试图将这些学术观点嫁接到我国刑法关于共同犯罪的理论当中。其中，以正犯与共犯二元区分为中心的理论模型就被我用来塑造我国刑法中的共同犯罪的理论形象。后来，我的博士论文被扩充到50余万字，于1992年在中国社会科学出版社出版。以上在硕士论文和博士论文基础上修改而成的两部著作，是我早期学习以苏俄刑法学为基础的刑法知识的产物，由此奠定了我的学术根基。

从1984年开始，我在中国人民大学法学院任教，从事刑法的学术研究。在中国人民大学法学院，我完成了从助教到教授的教职晋升：1984年12月任助教、1987年12月任讲师、1989年9月任副教授、1993年6月任教授、1994年任博士生导师。及至1998年1月，我回到母校——北京大学法学院任教。在大学担任教职，培养学生当然是主业。但对于研究型大学的教师来说，学术研究也是其使命之所在、声誉之所系。因此，我将相当的精力投入刑法的学术研究，见证了我国刑事法治的演进过程，也参与了我国刑法学术的发展进程。在我自己看来，我在提升我国刑法研究的学术水平与拓展我国刑法研究的理论疆域这两方面作出了努力，有所贡献。我的研究领域主要在以下六个面向：

（一）刑法哲学

1992年由中国政法大学出版社出版的《刑法哲学》一书，可以说是当时篇幅最大的一部刑法著作，也是我的成名作，这一年我35岁，距离大学本科毕业正好10年。《刑法哲学》一书可以说是我对过去10年学习与研究刑法的总结之作，完成了我对以苏俄刑法学为源头的我国刑法学的理论提升与反思，并且确定了我进一步研究的学术方向。这是我国整个法学界第一部采用哲学方法研究部门法的著作，因而受到瞩目。在《刑法哲学》的基础上，我于1996年在中国方正出版社出版了《刑法的人性基础》一书，并于1998年在中国人民大学出版社出版了《刑法的价值构造》一书。以上三部著作构成了我的刑法哲学研究三部曲，成为我的刑法学术研究的一个独特面向。

我的刑法哲学研究是在一种十分独特的学术生态环境下进行的，也是我在极度贫乏的我国刑法学中试图突破，寻求前途的一种学术能力。如前所述，当我在1980年代中期进入刑法学术界的时候，我国刑法理论还是苏俄刑法学的“拷贝”，当然也结合刚刚颁布的我国刑法进行了一些阐述。但从总体上来说，我国当时的刑法理论是十分肤浅的，这对于正处于知识饥渴阶段的我来说，是很不解渴的。1988年当我获得博士学位的时候，现有的刑法知识我已经完全掌握了。当时我国学术尚未对外开放，在一个自闭的学术环境中，我基于对拘泥于法条的低水平解释的刑法理论现状的不满，以为刑法理论的出路在于从刑法解释学提升为刑法哲学。因此，在刑法哲学的名义下，我对现有的刑法知识进行了体系化的整理，并试图探索我国刑法学的出路。在刑法哲学的三部曲中，《刑法哲学》一书是在对苏俄刑法知识的系统化叙述的基础上，以罪刑关系为中心建构了一个刑法学的理论体系，可以看作是对苏俄刑法知识的哲理化改造。如果说，《刑法哲学》一书还是以叙述刑法本身的知识为主的，那么，《刑法的人性基础》与《刑法的价值构造》两书则是对刑法的形而上的研究，实际上可以归属于法理学著作

而非刑法学著作。这是在学术境况晦暗不明的情况下，从哲学以及其他学科汲取知识，寻求刑法学的突破的一种努力。刑法哲学的研究从 1990 年持续到 1996 年，这是我从 33 岁到 38 岁这样一段生命中的黄金季节。尽管刑法哲学的研究给我带来了较高的声誉，但这只是我进入真正的刑法学研究的学术训练期。正是刑法哲学的研究使我能够把握刑法的精神与哲理，从思想的高度鸟瞰刑法学术。

（二）刑法教义学

1997 年我国完成了一次大规模的刑法修订，从这时起，我将学术目光转向刑法条文本身。1997 年 3 月，我在 40 岁的时候于中国人民公安大学出版社出版了《刑法疏议》一书，这是一部以法条为中心的注释性的刑法著作，是我从刑法哲学向刑法解释学的回归。《刑法疏议》一书中的“疏议”一词，是一个特定的用语，不仅仅具有解释的意思，而且具有疏通的含义。我国唐代有一部著名的著作，称为《唐律疏议》，流传千古，被认为是我国古代最为重要的律学著作。《刑法疏议》这个书名就带有明显的模仿《唐律疏议》的色彩，这也表明我试图从我国古代律学中汲取有益的知识。我国古代的律学，是一门专门的学问。律学与现在的法学还是有所不同的，法学是清末从国外移植的学术，主要是从日本，以及通过日本而吸收德国的刑法知识。因为该书是对刑法条文的逐条注释，随着时间的推移，该书的内容很快就过时了。该书成为我的著作中唯一一部没有修订再版的著作，这次也同样没有收入“刑法学文丛”作品集。

2001 年我在商务印书馆出版了《本体刑法学》一书，这是继《刑法疏议》之后又一部关注刑法本身的著作。但《本体刑法学》完全不同于《刑法疏议》：后者是逐条逐句地注释刑法条文的著作；前者则是没有一个刑法条文，而以刑法法理为阐述客体的著作。《本体刑法学》是《刑法疏议》的后续之作，力图完成从法条到法理的提炼与升华。《本体刑法学》这个书名中的“本体”一词来自康德哲学，具有物自体之义。我将法条视为物之表象，把法理看作是隐藏在法条背后的物自体。因此，《本体刑法学》是纯粹的刑法之法理的叙述之作。这里应该指出，在整个 1980 年代我国刑法学还是在一种与世隔绝的状态下进行学术研究的。只是从 1990 年代初开始，随着我国对外开放，与国外的学术交流也随之展开。尤其是英美、德日的刑法学译著在我国的出版，为我国刑法学者打开了一扇学术之窗。从刑法的对外学术交流来看，最初是与日本的交流，后来是与德国的交流，这些都在相当程度上为我国的刑法学研究提供了学术资源。刑法学界开始对我国传统的刑法学进行反思，由此开启了我国当代的刑法知识的转型之路。

2003 年我在中国政法大学出版社出版了《规范刑法学》一书，这是我的第一本刑法教科书，或者也可以称为刑法体系书。该书以我国的刑法条文为中心线索，完整地展开对刑法总论和刑法各论的知识铺陈，以适应课堂教学的需要。该书到目前已经出版了第三版，篇幅也做了较大规模的扩充。《规范刑法学》对于刑法总则的法理阐述是较为简单的，其重点是对刑法分则的分析。我国刑法是一部所谓统一的刑法典，所有罪名都规定在一部刑法之中，有近 500 个罪名，其他法律中都不能设立罪名。《规范刑法学》对这些罪名逐个进行了构成要件的分析。对于重点罪名分析得尤为详细，这对于正确把握这些犯罪的法律特征，具有一定的参考价值。除了刑法规定以外，我国还存在司法解释制度，即最高人民法院和最高人民检察院可以就审判与检察中涉及的法律适用问题作出解释。这种解释本身就有法律效力，可以在判决书中援引。自从刑法实施以来，最高人民法院和最高人民检察院作出了大量的司法解释，这种解释实际上成为一种准法律规范。《规范刑法学》一书中所称的“规范”，不仅包括刑法规定，而且包括司法解释。因此，《规范刑法学》尽可能地将司法解释融合到法理叙述当中，并且随着司法解释的不断颁布，该书也不断进行修订。

2010 年我在中国人民大学出版社出版了《教义刑法学》一书，这是一部以三阶层的犯罪论体系为中心线索，并对比四要件的犯罪论体系，系统地叙述德日刑法知识的著作。该书所称的教义刑法学，是指教义学的刑法学。该书以教义或曰信条（Dogma）为核心意念，以三阶层的犯罪论体系为逻辑框架，在相当的深度与广度上，体系性地叙述了刑法教义的基本原理，充分展示了以教义学为内容的刑法学的学术魅力。该书对三阶层的犯罪论体系和四要件的犯罪构成理论进行

了比较研究，是对三阶层的犯罪论体系的本土化的知识转换，为引入三阶层的犯罪论体系清理地基创造条件。该书是我为推动我国当代刑法知识的转型，以德日刑法知识取代以苏俄刑法学为底色的刑法知识所做的一种学术努力。

（三）刑事法治

1998年对于我来说又是人生道路上的一个转折点，这一年1月我回到了母校——北京大学法学院任教。与此同时，从1997年到1999年我在北京市海淀区人民检察院兼职担任副检察长，这段挂职经历使我进一步了解司法实务工作，尤其是对于我国刑事诉讼程序的实际运作情况有了切身的了解，这对于我此后进行的刑事法治研究具有重要助益。这也在一定程度上使我的学术视野超出刑法学，建立了刑事一体化，即整体刑法学的观念，从而开阔了理论视域。2007年我在中国人民大学出版社出版的《刑事法治论》一书，就是这一方向的努力成果。这是一部面向法治现实之作，而且是以刑事司法实际运作为结构，贯穿了刑事司法体制改革的中心线索。该书讨论了刑事法治的一般性原理，基于刑事法治的理念，我对警察权、检察权、辩护权和审判权都进行了法理探究：寻求这些权力（利）的理性基础，描述这些权力（利）的运作机理，探讨这些权力（利）的科学设置。同时，我还对劳动教养和社区矫正这两种制度进行了研究。尤其是劳动教养，它是中国独特的一种带有一定的保安处分性质的制度。但由于保安处分的决定权被公安机关所独占，其被滥用日甚一日。我在该部分内容中明确提出了分解劳动教养，使其司法化的改革设想。

刑事法治，是我在过去20多年时间里始终关注的一个现实问题，也是基于对我国的社会现状所进行的刑事法的理论思考，为推进这个领域的法治建设所做的一份学术贡献。尽管现实与理想之间存在巨大的差距，这种差距难免使我们失望，但学术努力仍然是值得的。我国目前正处在一个法治国家建设的关键时刻，既需要改革的勇气，也需要改革的思想。

（四）刑法知识论

2000年我在《法学研究》第1期发表了《社会危害性理论：一个反思性检

讨》一文，这是我对深受苏俄影响的我国刑法学反思的开始。社会危害性是苏俄刑法学中的一个核心概念，被认为是犯罪的本质特征。正是在社会危害性的基础之上，建构了苏俄刑法学的理论体系。我国刑法学也承继了社会危害性理论，以及在此基础上的四要件的犯罪构成体系，由此形成我国刑法学的基本理论框架。对社会危害性理论的批判，成为我对苏俄刑法学的学术清算的切入口。2006 年我在《政法论坛》第 5 期发表《刑法知识的去苏俄化》一文，明确地提出了去除苏俄刑法知识的命题，从知识社会学的角度展开对苏俄刑法学的批判，并对我国刑法知识的走向进行了探讨。其结论反映在我发表在《法学研究》2011 年第 6 期的《刑法知识的教义学化》一文当中，这就是吸收德日刑法知识，建构我国的刑法教义学知识体系。在这当中，完成从苏俄的四要件到德日的三阶层的转变，可以说是当务之急。当然，我国的知识转型并没有完成，四要件的犯罪构成体系仍然占据着通说的地位，但三阶层的犯罪论体系已经开始普及，走向课堂，走向司法。围绕着以上问题的思考，我于 2012 年在中国人民大学出版社出版了《刑法的知识转型（学术史）》和《刑法的知识转型（方法论）》两书，为 10 年来我对我国刑法知识的研究画上了一个句号。刑法知识论的研究，使我从具体的刑法规范与刑法法理中抽身而出，反躬面向刑法学的方法论与学术史。这是一个刑法学的元科学问题，也是我的刑法学研究的最终归宿。

（五）判例刑法学

在我的刑法研究中还有一个独特的领域，这就是判例刑法学。我国传统的刑法学研究都是以刑法的法条为中心的，这与我国存在司法解释制度但没有判例制度具有一定的关联性。然而，判例对于法律适用的重要性是不言而喻的。因此，深入的刑法学研究必然会把理论的触须伸向判例。前些年，我国虽然没有判例制度，但最高人民法院公报以及最高人民法院刑事审判庭出版的案例选编等司法实际素材，为刑法的判例研究提供了可能性。我在法学院一直为刑法专业的硕士生开设案例刑法研究的课程，作为刑法总论与刑法各论学习的补充，受到学生的欢迎。在这种情况下，我以最高人民法院刑事审判庭出版的有关案例为素材，进行

判例刑法学的研究，于 2009 年在中国人民大学出版社出版了《判例刑法学》（上下卷）一书。该书从案例切入，展开法理叙述，将案例分析与法理研究融为一体，成为刑法学研究的一个新面向。

2010 年中国正式建立了判例制度，这是一种具有中国特色的判例制度，称为案例指导制度。这种判例制度完全不同于德日国家的判例制度，它是以最高人民法院不定期颁布指导性案例的方式运行的。最高人民法院颁布的指导性案例在下级法院审判过程中具有参照的效力。这里的参照，既非具有完全的拘束力，又不是完全没有拘束力，而是具有较弱的拘束力。这些指导性案例虽不能在判决书中援引，但判决与指导性案例存在冲突的，可以作为上诉的理由。尽管这一案例指导制度仍然具有较强的行政性，它是以颁布的方式呈现的，而不是在审判过程中自发形成的规则秩序；但它毕竟是一种新的规则提供方式，对于我国司法实践具有重要的意义。判例制度的关键功用在于通过具体判例形成具有可操作性的司法裁判规则，因此，对于裁判规则的提炼是一项重要的工作。我作为首席专家，从 2010 年开始承担了“中国案例指导制度”的国家社科重大项目，并于 2013 年年初在北京大学出版社出版了《人民法院刑事指导案例裁判要旨通纂》（上下卷）一书。该书在对既有的刑事指导案例进行遴选的基础上，提炼出对于刑事审判具有指导意义的裁判要旨，并对裁判要旨进行了法理阐述，以此为司法机关提供参考。

（六）刑法方法论

刑法方法论是法学方法论在刑法中的具体化，鉴于我国《刑法》第 3 条规定了罪刑法定原则，它作为刑法的方法论条款，对刑法方法论具有重要的制约作用。换言之，刑法方法论具有不同于法学一般方法论的特殊性，因而需要专门研究。在以往的刑法理论中，注重对刑法的总论和各论的原理进行研究，由此形成刑法原理的基本框架。然而，如果没有刑法方法论的研究，刑法教义学是残缺的。因而，刑法方法论是法学理论不可或缺的一个组成部分。

我对刑法方法论一直具有兴趣，并且也始终关注我国法理学界的法学方法论的学术进展。2005 年我在《法学研究》第 2 期发表了《刑法教义学方法论》一文，初步确定了刑法方法论的逻辑框架，并对主要内容作了较为全面的论述，由此开启我国刑法方法论研究的先河。在此基础上，我陆续对刑法思维方法、刑法解释方法和刑法推理方法进行系统研究，发表了刑法方法论的系列论文。在此基础上，我完成了《刑法方法论》一书的写作，它在我的著述中占有重要地位。

刑法学属于部门法学，它与公民权利具有密切的联系。因此，刑法学者不仅是一个法条主义者，更应该是一个社会思想家；既要有对于国家法治的理想，又要有对于公民社会的憧憬；既要有对于被害人的关爱之情，又要有对于被告人的悲悯之心。

罪刑法定主义是我所认知的刑法学的核心命题：它是刑法的出发点，同时也是刑法的归宿。在我的刑法理论研究中，罪刑法定主义占据着极为重要的位置。中国 1979 年刑法并没有规定罪刑法定原则，反而在刑法中规定了类推制度。及至 1997 年刑法修订，废弃了类推制度，规定了罪刑法定原则，由此而使中国刑法走上了罪刑法定之路。在我国刑法规定罪刑法定原则的前后，我先后撰文对罪刑法定主义进行了法理上的深入探讨。这些论文编入《罪刑法定主义》一书，由中国法制出版社于 2010 年出版。在该书的封底，我写了这样一句题记，表达了我对罪刑法定主义的认知："罪刑法定主义：正义之所归，法理之所至。"罪刑法定主义应当成为刑法的一种思维方式，并且贯穿于整个刑法体系。我国刑法虽然规定了罪刑法定原则，但这只是一个开端，还会经历一段罪刑法定司法化的艰难进程。在相当一个时期，我国刑法学者还要为实现罪刑法定原则而奋斗。

整体刑法学的研究也是值得提倡的。李斯特提出了整体刑法学的命题，这对于今天我国的刑法学研究仍然具有指导意义。北京大学法学院教授、我的前辈学者储槐植教授提出了刑事一体化的思想，追求刑法的内在结构合理（横向协调）与刑法运行前后制约（纵向协调）。作为一种方法论，刑事一体化强调各种刑法关系的深度融合。应该说，整体刑法学与刑事一体化都是从系统论的角度看待刑法，反对孤立地研究刑法，提倡把刑法置于整个法律体系与社会关系中进行分析。对于这样一种刑法研究的方法论，我是十分赞同的。因为刑法本身的研究领

域是较为狭窄的，必须拓宽刑法的研究领域，并且加深刑法的研究层次。对于刑法，应当以教义学为中心而展开。如果说，刑法教义学是在刑法之中研究刑法，那么，还需要在刑法之上研究刑法的刑法哲学、在刑法之外研究刑法的刑法社会学、在刑法之下研究刑法的判例刑法学，等等。除了对刑法的学理研究以外，刑法学者还应当关注社会现实，关注国家法治建设。只有这样，才能使刑法学不仅是一种法教义学，而且具有经世致用的功效。

刑法是具有国别的，刑法效力是具有国界的；然而，刑法知识与刑法理论是具有普世性的，是可以跨越国界的。因此，我始终认为我国刑法学应当融入世界刑法学的知识体系中去，而不是游离于世界刑法学之外。在这种情况下，我国应当向德、日、英、美等法治发达国家学习先进的刑法理论。相对而言，由于历史的原因，我国借鉴的是大陆法系的法律制度，包括法律技术与思维方法。因此，吸收与汲取德日刑法知识是更为便利的。从 1980 年代以来中国刑法学演进的路径来看，其也是在学术上的对外开放当中发展起来的。最初是引进日本的刑法知识，后来是引进德国的刑法知识；开始是以引进刑法总论知识为主，后来逐渐引进刑法各论知识；从翻译出版刑法体系书（教科书），到后来翻译出版刑法学专著，经历了一个发展过程。这些来自德日的刑法知识对于中国刑法学的发展起到了重要的促进作用，推动了我国刑法学的发展。我国学者将这些舶来的刑法知识用于解决中国刑事立法与刑事司法中的问题，其实践功能也是十分明显的。可以说，我国刑法学正在融入德日刑法知识的体系之中。

“刑法学文丛”对已经出版的个人著作进行修订整理，陆续出版；同时加入新版著作。我的著作初期散落在各个出版社，首先要对各个出版社的编辑在我的著作出版过程中付出的辛勤劳动，表示衷心感谢。自 2006 年起，我的著作列入中国人民大学出版社的“中国当代法学家文库”，出版了 20 余种。现在，我的个人专著以“刑法学文丛”的名义修订出版，作为本人学术生涯的一个总结。对于中国人民大学出版社的编辑在我的著作出版过程中的敬业、细致和认真的职业精神，表示敬意。30 年来以学术为旨归，以写作为志业，虽劳人筋骨，伤人心志，亦执着以求，

守职不废。这对于一个学者来说，当然是本分。然此盈彼亏，心思用于学问多，则亏欠家人亦多。因此，对于夫人蒋莺女士长久以来对我的理解与襄助，深表谢意。

学术是一个逐渐累积的过程，每个人都只是一门学科所形成的知识链中的一个节点。我作为从 20 世纪 80 年代开始登上我国刑法学术舞台的学者，学术生命能够延续到 21 世纪 20 年代，正好伴随着我国刑事法治的恢复重建和刑法学科的起死回生，以及刑法知识的整合转型，何其幸也。“刑法学文丛”所收入的这些作品在刑法学术史上，都只不过是“匆匆过客”。这些作品的当下学术意义日渐消解，而其学术史的意义日渐增加，总有一天，它们会成为刑法学术博物馆中的古董摆设，这就是历史的宿命。

在“刑法学文丛”的编辑过程中，总有一种“人书俱老”的感叹。我知道，这里的“书”并不是一般意义上的书，而是指书法的“书”。但在与“人”的对应意义上，无论对这里的“书”作何种理解都不重要，而对“俱老”的意识和体悟才是最为真实和深刻的。对于一个写作者来说，还有什么比亲笔所写的书，伴随着自己一天天老去，更令人激动的呢?

最后，我还要感谢中国人民大学出版社对我的厚爱。如前所述，我的第一本专著《正当防卫论》就是 1987 年在中国人民大学出版社出版的。从 2006 年开始中国人民大学出版社将“陈兴良刑法研究系列”纳入“中国当代法学家文库”，这次又专门为我出版“刑法学文丛”作品集。我还要感谢北京冠衡刑辩研究院院长刘卫东律师为作品集的出版慷慨解囊，提供资助。作为我指导的法律硕士，刘卫东在律师从业生涯中践行法治，成为业界翘楚。为师者，我感到十分荣幸。

是为序。

陈兴良

谨识于北京海淀锦秋知春寓所

2017 年 9 月 1 日

2024 年 5 月 9 日补记

出版说明

本书的书名是《刑法方法论》，实际上应该是《刑法教义学方法论》，只是考虑到书名的简洁而删去“教义学”这一限定词，因为刑法方法论的含义较为宽泛，除了刑法的教义学方法论以外，还包括实证方法论、比较方法论和社科方法论等其他刑法方法论。当然，刑法教义学的方法是刑法方法中的主要部分，因而本书所论述的刑法方法论是狭义上的刑法方法论，而非泛泛所指的刑法方法论。就本书的内容而言，除了在刑法推理部分偶尔涉及立法论的内容，如归纳推理在立法和司法解释制定过程中的适用等以外，其他内容都是以司法论为中心展开的，因而本书所论述的刑法方法论主体是刑法教义学方法论。

那么，什么是教义学呢？这里的教义学，也称为信条学，在德文中，教义或者信条称为 dogma。哲学中存在先验论或者独断论这两个概念，这里的先验或者独断也称为 dogma。换言之，教义和先验、独断在德语中是采用同一个词表达的，因而教义学也等同于先验论和独断论。两者之所以等同，是因为先验是指未经检验，独断则是指未经论证，而教义具有不可反驳性，它们的含义具有相同之处。在哲学上，康德批评先验论对人的理解能力不先加以批判的探讨或研究，

武断地认为它是全能的、绝对可靠的，故称之为独断论。黑格尔从唯心辩证法角度把独断论看成是一种反辩证法的思想方法，指出独断论所运用的只是静止不变的知性概念。在哲学上，独断论是形而上学，但在法律适用的司法领域，法律是现行有效不能批判的，法律不是嘲笑的对象。在这种情况下，从法律是不能批判的这一假设前提出发，就为刑法教义学的展开提供了逻辑出发点，由此推导出教义学规则，适用于各类案件，尤其是疑难案件。因此，法教义学虽然采用先验论或者独断论的思维方法，但它与哲学上的先验论或者独断论是完全不同的两个概念，不能将之混同。刑法教义学是指以现行刑法规范为出发点，进行逻辑推理，由此引申出教义规则。这里的教义规则本身并不是法律规范本身，而是从现行法律规范中推导出来的规则，因而对于法官的行为具有法律约束力。

刑法教义学具有独特的思维方法，即使在法教义学中，也具有不同于民法或者其他部门法教义学的特征，因而刑法教义学的方法论，无论是思维方法、解释方法还是推理方法都需要特殊关注。刑法教义学的方法论是对刑法思维方法、解释方法和推理方法的考察，由此确定刑法方法论的具体规则。我认为，刑法教义学方法可以分为刑法思维方法、刑法解释方法和刑法推理方法。在这三种刑法方法中，刑法思维方法具有对于刑法解释方法和刑法推理方法的统辖性，刑法解释方法和刑法推理方法只不过是刑法思维方法在刑法解释和刑法推理中的运用而已，因此，刑法解释方法和刑法推理方法从属于刑法思维方法。例如，刑法思维方法包括形式思维方法与实质思维方法，与之相对应，刑法解释中存在形式解释与实质解释之分；刑法推理方法具有形式推理方法与实质推理方法之分。因此，刑法的思维方法、解释方法和推理方法并不是相互隔绝的，而是刑法方法的三个不同维度，相互之间存在呼应关系。

就方法论而言，法理学上通常称之为法学方法论，这里的方法论的含义较为宽泛，包括法学方法论的基本理论、法的概念、法律规范的结构和关联、法律规

范的适用等，法律解释只是其中的一部分内容。[①] 但在部门法学中则通常不采用方法论的概念，而是称为解释论，例如民法解释学或者刑法解释学等。换言之，部门法学中主要论述的是法律解释方法，而并不在一般意义上考察方法论。本书以《刑法方法论》为书名，因而其内容并不限于解释方法，还包含思维方法和推理方法。这是因为刑法方法论具有特殊性，其思维方法、解释方法和推理方法都具有不同于其他部门法之处。通常的法学方法论著作，大都以民法为参照，对刑法方法论的特殊性顾及不足，因而我在本书中试图对刑法方法论进行体系化的阐述。

在本书行将动笔写作之际，恰逢《中国法律评论》易群明编辑约我为“思想”栏目撰稿，经过协商，拟定的主题是刑法教义学。我约请了周光权、梁根林、车浩和王政勋教授撰稿。该专栏的主题之一就是刑法教义学的方法论。我为栏目写了以下千字文，作为编者按：

我国的刑法教义学在理论与实践两个方面都取得了长足的进步，刑法教义学从一种理论范式到法学方法，对于推进我国刑法的学术发展起到了重要作用。在一定意义上可以说，刑法教义学已然成为我国刑法学的主流学说。然而，我国刑法学界对刑法教义学还存在种种误解与误读。例如刑法教义学本身究竟是一种知识论还是方法论？刑法教义学是到底是一种逻辑自洽的理论言说还是实践导向的分析工具？如何处理刑法教义学的引入与借鉴之间的关系？如此等等，不一而足。基于以上问题意识，受《中国法律评论》的委托，我主持了刑法教义学栏目，邀请相关学者对刑法教义学的重要问题进行研究。本栏目的内容可以分为以下两个部分。

第一部分是刑法教义学的方法论。刑法教义学作为刑法的知识形态，它首先是一种知识论，同时它又是一种方法论。我的“刑法教义学中的类型思维”一文，对类型思维在刑法教义学中的适用及其限制的问题做了历史与逻辑的双重考

---

① 参见［德］齐佩利乌斯：《法学方法论》，金振豹译，北京，法律出版社，2009。

察。类型思维是在概念思维的基础上发展起来的，传统的刑法教义学主要采用以涵摄为内容的概念思维方法，如司法三段论推理就是建立在概念思维的基础之上的。此后，为弥补概念思维的不足，类型思维应运而生。类型思维以类比与等置方法为内容，在一定程度上克服了概念思维的封闭性和僵硬性，在法律解释中发挥了较大的作用。然而，基于法的安定性的考虑，类型思维在刑法中只能限制适用于法律框架范围之内，例如兜底条款等场合，而不能一般性地在刑法教义学中倡导类型思维的方法。车浩教授的“法教义学与体系解释”一文，对刑法教义学中的体系解释方法做了系统论述，提出了体系解释的“三无”原则，这就是无矛盾、无赘言和无漏洞，认为体系解释的基本功能在于使法律处于协调的状态。体系解释是法律解释的一种重要方法，但在传统刑法解释论中，体系解释并没有受到足够的重视，车浩教授的该文可以说是刑法教义学视域中体系解释论的一篇力作，值得肯定。周光权教授的“刑法教义学的实践导向”一文，是对刑法教义学的实践功能的重要论述。刑法教义学并不是一种纯理论，它本身就是以法律规范为逻辑起点，以司法适用为实践导向的刑法知识。虽然刑法教义学可以分为理论与实践两个面向，但这两者之间并不存在区隔，而具有相互融合与影响的内生关系。周光权教授历来重视司法实务疑难问题的研讨，曾经在《法治日报》连载“刑民（行）关系与犯罪认定”相关论文，为刑法教义学的实践化进行了有益尝试。在该文中，周光权教授提出了建构具有实践导向、符合功能主义要求的刑法教义学的命题，具有深远意义。

第二部分是刑法教义学的具体应用。刑法教义学作为一种方法论，应该在解决司法实务具体问题中发挥其作用，因而应用性是刑法教义学的实践品格。王政勋教授的“法教义学与语言分析——基于正当防卫权威判例的研究”一文，将法教义学和语言分析方法结合起来，并对正当防卫的判例做了具有说服力的论述。语言分析是刑法教义学中较为常见的方法，但语言分析本身又具有一定的独立性。王政勋教授的论文为语言分析在刑法教义学中的实际运用，提供了广阔的空间。梁根林教授的“刑事政策与刑法教义学交互审视下的危险驾驶罪”一文，以

危险驾驶罪为考察对象，同时采用了刑事政策和刑法教义学的分析方法，并且涉及危险驾驶罪的立法例与司法论。由此可见，该文并不是一篇纯粹的刑法教义学论文。在该文中，梁根林教授娴熟地将刑事政策的方法与刑法教义学的方法协调一体，对危险驾驶罪做了具有深度的论述，将对危险驾驶罪的研究提升到一定的理论高度。

有关刑法方法论的第一篇论文就发表在《中国法律评论》，由此进入本书写作的快车道，经过两年的持续著述，终于完成了本书的撰写。《刑法方法论》一书的内容分为五部分：

第一部分是绪论。绪论是对法学方法论的论述。本书属于法学方法论的著作，因此在绪论中对何谓法学、何谓学术、何谓教义学方法等基本理论问题进行了分析和评述，哲学知识对于理解刑法方法论具有一定的参考意义。

第二部分是导论，源自一篇题目为“刑法教义学方法论”的论文，该文发表在《法学研究》2005 年第 2 期。这是我第一篇系统阐述刑法教义学方法论的论文，也是我国学者撰写的第一篇刑法教义学论文，该文在某种意义上可以说是本书的学术渊源。该文发表距今正好过去了 20 年，这 20 年来我国刑法方法论的研究取得了长足的进步，我对刑法教义学方法论的研究也更为深入和系统。然而，追根溯源还是要将“刑法教义学方法论”一文作为我对刑法方法论思考的起点。可以说，《刑法方法论》一书是以“刑法教义学方法论”一文作为母体所孕育出来的学术成果。尽管该文的有些观点不尽成熟，甚至与本书正文的内容存在某些重合或者抵牾，但我还是将该文以导论的形式收入本书，这是一种缅怀，也是一种纪念。

第三部分是本书的上编：刑法思维论。在本编中，我将刑法思维方法归结为五种：形式思维、价值思维、规范思维、类型思维和阶层思维，对这五种思维方法进行了深入论述。刑法思维是法律思维的一种特殊情形，本书在揭示刑法思维一般特征的基础上，侧重于对刑法思维特殊性的论述。

第四部分是本书的中编：刑法解释论。在本编中，我对语义解释、体系解释、历史解释、目的解释和类推解释这五种解释方法分别作了论述。在刑法各种

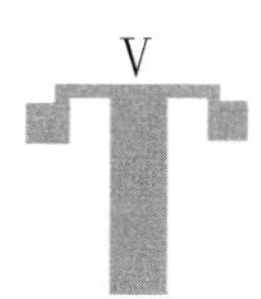

解释方法中，只有语义解释才是真正意义上的解释方法，至于体系解释、历史解释和目的解释等方法，并不是独立的解释方法，而是在通过语义解释不能获得对法律文本含义的正确理解的时候，对语义解释进行补充的解释方法。在刑法解释论中经常讨论解释方法的位阶问题，其实，只有语义解释具有对于其他解释方法的优位性，其他几种解释方法在特定条件下对语义解释起到补充作用。另外需要指出，本编还设专章论述类推解释，这里的类推解释是广义上的类比解释，包括法律文本语义范围之外的类推解释，这也是传统意义上的类推解释，同时包括法律文本语义范围之内的同类解释。这里的同类解释，是指在刑法采用兜底式条款的情况下，根据其所例举的规定进行类比，由此明确兜底条款的语义内容的解释方法。这种解释方法虽然采用类比方法，但其并未超出语义范围，因而仍然属于法律解释的范畴。这里应当指出，类推解释严格说并非解释，而是一种法律适用方法，它与罪刑法定原则是相抵触的，因而被刑法所禁止。但同类解释由于解释内容并未超出法律文本语义范围，因而仍然属于刑法解释方法。

第五部分是本书的下编：刑法推理论。[①] 在本编中，我对演绎推理、归纳推理、类比推理、当然推理和实质推理这五种推理方法做了具体考察。刑法适用过程也就是逻辑推理的过程，因此，刑法推理是刑法方法论的重要内容，对其专门研究具有必要性。

这里应当指出，本书不同于完全以抽象的逻辑推理和语言分析为内容的纯粹的法学方法论著作。法学方法论几乎可以等同于民法方法论，这是因为所有的法学方法都可以在民法领域得以印证，而刑法方法论则只是法学方法论的刑法版。受到罪刑法定原则的限制，某些法学方法在刑法领域是被禁止的，因此，作为一部部门法的方法论著作，本书深度契合刑法教义学的内容并且以罪刑法定原则为中心线索，展开刑法方法论的叙述，以此彰显部门法方法论的特殊性。

《刑法方法论》一书的写作缘起于中国人民大学法学院韩大元教授的邀请。

---

① 在我国法学方法论中，推理也往往称为推论，本书一概表述为推理。特此说明。

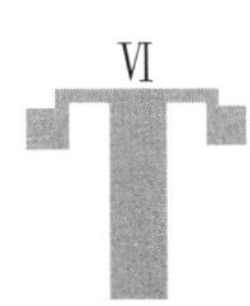

2022 年 3 月 6 日我收到韩大元教授的微信，邀请我编写《刑法思维与方法》一书。该书是中国人民大学出版社策划的“法学思维与法学方法丛书”的一种，该丛书由韩大元教授担任总主编。中国人民大学出版社在策划“法学思维与法学方法丛书”的时候，设定的读者对象主要是法科学生，也可以扩大到从事法学研究、法律工作的从业人员。在此期间，方明编辑征求我的意见，上述两类读者对象对法学方法论著作的内容需求存在区别，因此是否应该区分法学方法论的入门版和科研版：前者的读者对象是法科学生，后者的读者对象是法学科研人员与法律从业人员。在我看来，所谓入门版也就是普及版，这是具有特殊读者对象的法学方法论作品，适合法科学生阅读，但通常的法学方法论著作相对于一般的法学教科书而言，是更为抽象和深奥的，需要严密的论证和缜密的论述。在这种情况下，很难将法学方法论的著作都写成入门版。其实，专门写给法科学生的学习指导书籍中也包括法学方法的启蒙性叙述，例如我就曾经应邀为桑磊主编的《法学第一课》（中国政法大学出版社 2020 年版）写过一篇具有普及性质的刑法方法论的短文，内容如下。

刑法思维方法的入门

刑法思维方法的作用就在于，它使你面对复杂纷繁的刑事案件时，就像手持一把手术刀，能够对刑事案件进行条分缕析的判断，得出合乎情理法的结论。在情理法三者中，合法是基本前提，合理是根本要求，合情是最高境界。在学习刑法初期，主要是要掌握合法性的判断方法。法律思维的一个最大特点在于思维过程受规范的约束，因此，法律思维亦称为规范性思维，用一句形象的话来说，是戴着脚镣跳舞，法律思维的脚镣就是规范。法律思维不能天马行空，而是在规范所提供的空间范围内的思考。在这种情况下，法律思维就不会混同于其他思维。

法律规范是对人的行为的某种限制，在法律语境中人是不能为所欲为的，必须受到规范的拘束。例如，对利益的追求是人的本性，商业思维就是一种营利目的驱使的思维活动，它对商业行为的动机形成具有导向功能。然而，在一个法治

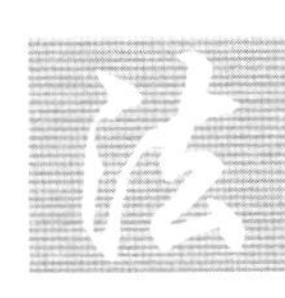

社会里，商业活动是受到法律规制的，正如下面这句话所描述的那样："最赚钱的方法都写在刑法里。"对于事物的评价不能离开规范的标准，在这个意义上说，规范标准的引入，是法律思维养成之初始。例如，法律正义不同于一般正义，一般正义采用的是实质标准，而法律正义采用的是规范标准，两者的判断标准不同，其结论也就存在差别。正是在这个意义上，立法论与司法论的区分，对于法律思维来说是一个逻辑起点。立法论的思维一般都是实质思维，而司法论的思维则是规范思维。在对一个具体案件进行分析的时候，法律思维要求采用规范的思考方法，而不能超越现行有效的规范标准。这一点，在刑法思维中，因为受到罪刑法定原则的限制，体现得十分明显。

罪刑法定原则是刑法思维方法论的制约因素，它在某种意义上塑造了刑法思维方法的价值取向。罪刑法定原则的一个基本内容是"法无明文规定不为罪"。也就是说，一个行为是否构成犯罪，应当以法律明文规定为标准进行判断。这个意义上的"罪"，就已经不是一般社会观念中的"恶"。以法律的明文规定作为犯罪的认定标准，就将有罪与无罪的区分从价值观念的抽象层面转移到逻辑与语言的层面，刑法思维方法就以语言解释方法和逻辑推理方法呈现出来。在这个意义上说，刑法学者应当是一个实践着的语言学家和实践着的逻辑学家。

在刑法中如何处理漏洞，是考验刑法思维方法的一块试金石。在司法实践中，往往存在某种具有严重的法益侵害性的行为不被法律规定所涵括。在这种情况下，如果没有明确的入罪根据，能不能作为犯罪来处理呢？例如，在世界各国的刑法中都将越狱行为规定为犯罪，我国刑法称为脱逃罪，而《法国刑法典》中称为越狱罪。其实，脱逃和越狱是同一个行为的不同指称。我国《刑法》第 316 条规定："依法被关押的罪犯、被告人、犯罪嫌疑人脱逃的，处五年以下有期徒刑或者拘役。"而《法国刑法典》第 434—27 条规定："在押人犯采用破门、破窗、暴力或贿赂手段，摆脱其受管束之看守的行为，即使该行为系由第三人与之串通实施，均构成当罚之越狱罪。"对比两个法条的规定，我们可以发现，我国刑法对脱逃方法并没有限制，只要摆脱合法羁押状态的行为都属于脱逃行为。

《法国刑法典》则对越狱的方法做了列举式的规定，即明确列举了破门、破窗、暴力或贿赂手段四种方法。应该说，这四种方法基本上囊括了所有的越狱方法，处理一般越狱案件完全没有问题。

然而，法国发生过一起特殊的越狱案：在押人犯与狱外人员内外勾结，某日在押人犯在监狱的操场上放风，一架直升机飞到监狱操场上空，从直升机上放下一个绳梯，在押人犯早有准备，爬上绳梯乘坐直升机逃离了监狱。这个案件的行为具有越狱性质是毫无疑问的，这个案件如果发生在中国，认定为脱逃罪没有问题。而发生在法国，法官却犯了难，因为它不符合《法国刑法典》关于越狱罪的规定。《法国刑法典》只规定了破门、破窗、暴力或贿赂手段这四种越狱方法，而在这个案件中，被告人并没有采用刑法所列举的四种方法越狱，而是乘坐直升机越狱。因此，按照“法无明文规定不为罪”的罪刑法定原则，对于本案被告人就应当宣告无罪。这个案件，法官最终还是作出了无罪判决，这种无罪判决是规范思维的必然结果。如果按照实质思维，乘坐直升机越狱的性质要比刑法所规定的通过四种方法越狱更为严重，怎么可能作出无罪判决？问题在于，如果突破刑法的规定认定犯罪，国家刑罚权就不能得到有效限制，公民个人的权利就会处于受到非法追究的危险之中。这也正是为什么即使放纵犯罪，也要坚持罪刑法定原则的深层次原因之所在。从这个案例可以看出，法律正义是通过法律实现的正义，超出法律就没有正义。正义本身也是具有多个层面和侧面的，只有坚守罪刑法定原则，才能实现更为重要的价值目标。在此，存在各个价值之间的选择，也就是说，在现实生活中，价值从来都不是单一的，而是多元的，甚至互相之间存在冲突，法律只是实现社会价值的手段之一。

也许有人会说，上述在押人犯是在钻法律空子。这里存在一个如何看待法律漏洞的问题。任何法律都有漏洞，在通常情况下，法官可以进行漏洞的填补。例如，类推往往就是填补漏洞的一种常见方法。那么，在刑法有漏洞的情况下，法官怎么处理案件？这是一个司法难题。在法教义学中，法律漏洞分为法内漏洞和法外漏洞。在罪刑法定原则的语境中，对于法内漏洞，法官可以填补；而法外漏

洞属于法律没有明文规定的情形，只能根据罪刑法定原则作出无罪判决。根据罪刑法定原则，法无明文规定不为罪。凡是刑法没有规定为犯罪的，法律明确规定这就是无罪。在这个意义上，怎么还能说是法律漏洞呢？英国著名的法官丹宁勋爵曾经就法官对法律的解释问题，说过非常生动的一句话：法官可以解释法律，在法律规定得不好的情况下，法官可以把法律解释得好。这种解释是有限度的，就像一块织物，如果这块织物上出现皱痕，可以通过解释方法把皱痕熨平，但法官不能改变这块织物的质地。根据丹宁勋爵这句话的精神，法官在法律适用中，对于法律规定中某些微小的瑕疵可以通过法律解释的方法加以弥补，但不能将法律没有规定的行为解释为犯罪，这是改变了织物的质地，是法律绝对不允许的。

当然，如何判断刑法对某一行为是有规定还是没有规定，这又涉及对刑法规定的解释问题。而解释方法也是刑法思维方法的重要内容。例如，被告人朱某因为与邻居有仇，想要报复邻居。被害人邻居是炒股票的，朱某知道以后，就通过不正当的手段，取得了被害人的股票账号和密码，然后非法侵入被害人的股票账户，对股票进行高买低卖的操作，也就是高价买入股票，然后低价卖出，经过十多天的操作使被害人损失了 19 万元。对于这个案件，检察机关以故意毁坏财物罪向法院提起公诉，法院认定被告人朱某的行为构成故意毁坏财物罪。这里涉及对毁坏的理解。某人有一张名画，价值几十万元，把这张画撕掉，这是一种物理性的毁坏。如果没有把这张画撕掉，而是在上面泼洒墨汁，使这张画被污染了，这张画的价值丧失了，这也是毁坏。如果一锅鲜汤里，投放了一颗老鼠屎，就是一颗老鼠屎坏了一锅汤，也是毁坏。还有，顾客在饭店吃饭，来了一个乞丐，把脏兮兮的手往你碗里一抓，乞丐没拿走饭，但顾客一看脏手抓过的饭就不吃了，乞丐就拿去吃了。在以上这几种情况下，财物没有遭受物理性的破坏，但财产价值丧失了，财物还是受到了毁坏。因此，在财物的物理性毁坏以外，对毁坏的理解还可以再做进一步的拓展，从财物的效能丧失角度理解毁坏。还有学者从更广泛的意义上理解毁坏，例如把他人鸟笼里的小鸟放飞到天上去了，这是不是毁坏？有些学者说这是毁坏，因为小鸟放飞以后虽然还在天上飞，但已经不在主人

的控制之下了，给主人造成了财产损失，因此构成毁坏。也有学者说这不是毁坏，小鸟不是还在天上吗，这怎么能说是毁坏呢？又如把他人的金戒指丢到海里，是不是毁坏？金戒指沉入海底，主人不能使用了，因此也被理解为毁坏。这里涉及的问题是：能不能把导致他人财物价值丧失的行为都界定为毁坏。有些学者甚至说，把他人财产藏起来，使他人找不着，这也是毁坏。如果这样的话，毁坏的含义就会无限扩张，使其丧失定型性而越来越实质化。按照这个观点理解毁坏，上举案例中朱某采用高买低卖的方法使他人财产遭受损失，可以构成毁坏，法官判决有罪的理由也正在于此。这里涉及刑法解释的边界问题。在罪刑法定原则之下，任何刑法规定在解释的时候，都有一定的限度，这个限度就是可能语义。也就是说，语义可以分为核心语义与边缘语义。边缘语义的最外围就是语义的边界。在刑法教义学中，这种语义边界被称为可能语义。

刑法中的定罪问题，在一定意义上说，是一个逻辑问题，或者是一个语言问题。刑法思维方法当然包含着这种逻辑方法和语言方法，这是法科学生通过刑法学习所应当掌握的一种司法技艺。

从这篇短文可以看出，法学方法论的普及性文章完全是叙述性的，而没有论证性。因此，本书并不属于刑法方法论的启蒙性读物，而是刑法方法论的研究型著作，这是我对本书的定位。也正因为如此，本书需要引经据典进行论证，同时又要结合司法案例加以印证。在本书的写作过程中，需要阅读大量的相关著作和论文，并收集相关案例，这对我来说是一种智力与体力的双重考验。

在本书酝酿之初，中国人民大学出版社的编辑建议我收集并梳理过去已经发表或者出版的刑法方法论的相关论文，经过体系化处理编辑出版。确实，我曾经撰写过一系列有关刑法方法论的论文，收集起来将近二十多万字，足以编成一部刑法方法论的作品。这个方案虽然可行，但我心有不甘，我内心深处还是保存着专门撰写一部刑法方法论著作的创作冲动，为此，长期以来我收集了几乎所有法哲学和法学方法论的著作。正是中国人民大学出版社和韩大元教授提供的契机，

才使我得以开始本书的写作。在本书写作过程中，部分内容作为阶段性成果在各个法学刊物上先后发表，对相关编辑人员深表感谢。中国人民大学出版社方明编辑持续跟踪本书的写作过程，给予我大力支持，在此特表谢意。

本书写作从缘起之时到最后完稿之日，前后将近两年时间。经历了整整两年的殚精竭虑的思考与焚膏继晷的笔耕，本书以现在的面目与读者见面，令人感慨系之！本书是我的刑法学术创作的终章之作。回顾四十年来的学术生涯，完成了起始于《刑法哲学》而终止于《刑法方法论》的学术闭环，可谓圆满。

谨识于北京海淀锦秋知春寓所

2024年10月12日

总目录

绪论　法学的学科性质及其方法论
导论　刑法教义学方法论

上　编　　刑法思维论

第一章　形式思维
第二章　价值思维
第三章　规范思维
第四章　类型思维
第五章　阶层思维

中　编　　刑法解释论

第六章　语义解释
第七章　体系解释
第八章　历史解释

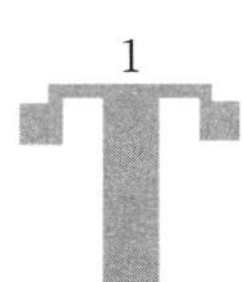

第九章　目的解释
第十章　类推解释

下　编　　刑法推理论

第十一章　演绎推理
第十二章　归纳推理
第十三章　类比推理
第十四章　当然推理
第十五章　实质推理

附录Ⅰ　主要参考书目
附件Ⅱ　名词索引
附录Ⅲ　案例索引

上册目录

绪　　论　**法学的学科性质及其方法论**……………………………（1）

一、法学学科的性质……………………………………（1）

二、法学方法的叙述 …………………………………（14）

三、刑法方法的言说 …………………………………（23）

导　　论　**刑法教义学方法论** ………………………………（41）

一、法学方法论探寻 …………………………………（41）

二、法教义学及其方法论 ……………………………（45）

三、刑法解释方法论 …………………………………（53）

四、犯罪构成方法论 …………………………………（64）

五、案件事实认定方法论 ……………………………（77）

六、刑法论证方法论 …………………………………（84）

上　编　刑法思维论

第　一　章　**形式思维** ………………………………………（93）

第一节　形式思维的概念 ……………………………（93）

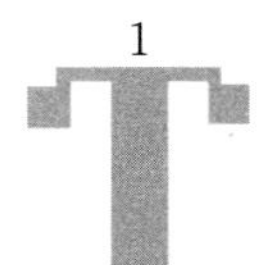

第二节　形式思维的特征…………………………………………（109）
第三节　形式思维的适用…………………………………………（124）
第四节　实质思维的适用…………………………………………（138）
第　二　章　价值思维…………………………………………（161）
第一节　价值判断的概念…………………………………………（162）
第二节　价值判断的体现…………………………………………（173）
第三节　价值判断的适用…………………………………………（182）
第　三　章　规范思维…………………………………………（195）
第一节　规范思维的概念…………………………………………（195）
第二节　规范思维的特征…………………………………………（207）
第三节　规范思维的适用…………………………………………（222）
第　四　章　类型思维…………………………………………（236）
第一节　类型思维的演变…………………………………………（236）
第二节　类型思维的特征…………………………………………（248）
第三节　类型思维的性质…………………………………………（253）
第四节　类型思维的适用…………………………………………（266）
第　五　章　阶层思维…………………………………………（277）
第一节　阶层思维的概念…………………………………………（277）
第二节　犯罪要件的阶层构造……………………………………（283）
第三节　阶层犯罪论的功能考察…………………………………（300）
第四节　阶层犯罪论的实效分析…………………………………（312）
第五节　保护法益的阶层厘定……………………………………（329）
第六节　解释方法的阶层关系……………………………………（336）

中　编　刑法解释论

第　六　章　语义解释…………………………………………（355）
第一节　语义解释的概念…………………………………………（356）

第二节　平义解释的适用…………………………………………（378）
第三节　缩小解释的适用…………………………………………（437）
第四节　扩大解释的适用…………………………………………（445）
第七章　体系解释…………………………………………（456）
第一节　体系解释的概念…………………………………………（456）
第二节　体系解释的特征…………………………………………（465）
第三节　外在体系的解释…………………………………………（479）
第四节　内在体系的解释…………………………………………（505）

绪论

法学的学科性质及其方法论

刑法方法论属于部门法方法论的范畴，它是法学方法论的一个重要组成部分。传统的法学方法论具有对各个部门法的普遍适用性，然而，法学方法论是以民法为范本的，它虽然反映了法学方法的一般性，却难以顾及刑法方法的特殊性。因此，刑法方法论具有其独立存在的价值。在本书绪论中，我将按照从法学方法论的一般特征到刑法方法论的特征的顺序，对相关问题进行概览式的叙述。

一、法学学科的性质

1868年德国著名法学家耶林在维也纳作了一个就职演说，题目是：法学是一门科学吗?① 这是一个法学的学科性质问题，它一直困扰着法学工作者，因而可以说是一个亟待解开的谜团。法学学科的性质涉及法学的科学性问题，它既非

① 参见［德］鲁道夫·冯·耶林、［德］奥科·贝伦茨：《法学是一门科学吗?》，李君韬译，北京，法律出版社，2010。

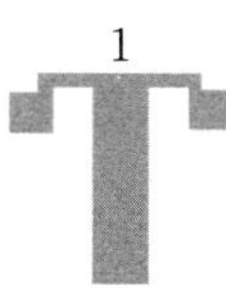

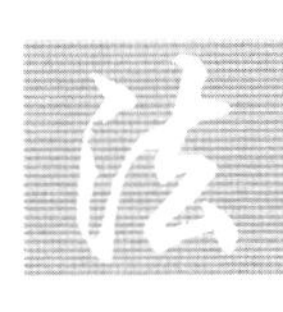

无病呻吟，也非无关宏旨，而是直接关系到法学作为一个学术门类能否生存的重大问题。

面对法学是否为一门科学这个提问，当我们将法学与数学、物理学、化学等自然科学相对比的时候，底气显然是不足的。因为自然科学探究的是事物的客观规律，并且这些客观规律具有不以人的主观意志为转移的性质，当然可以当之无愧地称为科学。然而法学却不然，由于法律并不是客观规律而是人为规则，在言出法随的专制社会里，法律充满了恣意与任性。即使在民主社会里，通过正当程序制定的法律，虽然表达的是民意，然而由于民意的分散性和变动性，法律规则的客观性仍然难以实现，因此，人们对法学的科学性充满质疑。

法学是否以及在何种意义上是一种科学，早在16世纪就被哲学家和法学家考究过。[①] 及至18世纪中叶，法学是否为一门科学这个问题在德国法学界再次引起重大争议。德国检察官基尔希曼1847年在柏林法学会上做过一次演讲，讲演的题目就是“作为科学的法学的无价值性”。在这次讲演中，基尔希曼说了一句此后反复被人引用的警句：“既然法学只关注偶然，它自己也就变成了一种‘偶然’，‘立法者’的三个更正字就可以使所有的文献成为废纸。”[②] 这句话虽然有所夸张，但也不无道理。基尔希曼的这句话反复被人提及，被认为是对法律的科学性予以否定回答的典型例证。[③] 那么，如何理解这里的“偶然”呢？应该说，偶然是与必然相对应的。自然科学研究的是客观规律，因而其结论具有必然性，而科学只能建立在必然性的基础之上。但法学所规定的法律，它是立法机关制定的，在封建专制言出法随的制度环境下，法充满了任意，因而法律是立法者偶然的产物，由此决定了以偶然的法律为研究对象的法学本身不具有科学性。不

① 参见［德］阿图尔·考夫曼、［德］温弗里德·哈斯默尔主编：《当代法哲学和法律理论导论》，郑永流译，447页，北京，法律出版社，2002。

② ［德］J. H. 冯·基尔希曼：《作为科学的法学的无价值性——在柏林法学会的演讲》，赵阳译，31～32页，北京，商务印书馆，2016。

③ 参见［德］伯恩·魏德士：《法理学》，丁小春、吴越译，125页，北京，法律出版社，2013。

得不说，基尔希曼的上述论断是似是而非的，因为研究对象的偶然性不等于研究本身的非科学性，偶然事物完全可能成为科学研究的对象。当然，如果基尔希曼的上述论断在唯法是从的语境下也不无道理，也就是说，当把这种偶然事物当作金科玉律的时候，这种研究的科学性是难以想象的。[①] 基尔希曼对法学与自然科学进行了比较，由此提出法学不足以成为科学这一过激的主张。基尔希曼认为，不仅法学作为科学（Wissenschaft）是无价值的，而且法学对知识扩展没有实质性的贡献。德国学者拉伦茨在评论基尔希曼的上述观点时，指出："基尔希曼的根本意图在于唤起批评性的自我反思。仅就个别说法而言，相对来讲比较容易证明它们不正确或者夸大其词。尽管如此，我们还是难以摆脱基尔希曼的演讲所带来的强烈震撼。"[②] 当然，拉伦茨对基尔希曼的观点是不以为然的，因此提出了与基尔希曼针锋相对的论题："在当今法律生活的条件下，前述意义上的法学（指法教义学——引者注）对于法律实务工作者是不可或缺的。"[③]

面对法学是否为一门科学这个问题的否定意见，耶林也不得不承认，确实存在着十分明显的证据，甚至根据人们的常识就会赞同法学不是一门科学的观点。耶林指出："实证的法学或者说法教义学，也就是关于在某个国家有效的实证法的学说，它有资格主张科学这个名称吗？人们可以问道，有哪一门科学，竟需要仰赖立法者之心情，使今日有效之事物，于明日遭废弃，使于某处为假之事，于它处为真？有哪一门科学，竟需受国家边境界桩所限，使我们在跨越边界或者再引入一部新法典之时，陷于窘境？"[④] 耶林将上述情形称为法学的阴暗面，它使

---

① 参见［德］鲁道夫·冯·耶林、［德］奥科·贝伦茨：《法学是一门科学吗？》，李君韬译，51页，北京，法律出版社，2010。

② ［德］卡尔·拉伦茨：《法学方法论》（全本·第六版），黄家镇译，60页，北京，商务印书馆，2020。

③ ［德］卡尔·拉伦茨：《论作为科学的法学的不可或缺性》，赵阳译，15页，北京，商务印书馆，2021。

④ ［德］鲁道夫·冯·耶林、［德］奥科·贝伦茨：《法学是一门科学吗？》，李君韬译，44页，北京，法律出版社，2010。

法学的科学性大受质疑。不过，耶林还是在乐观的意义上对“法学是一门科学吗”这个问题得出了肯定性结论。在演说中，针对法学何时能作为科学，耶林得出以下结论：“法学就是在法律事物中的科学意识。这种意识，必须往法哲学的面向发展，以便探求现实世界法律之起源与效力所赖以成立之最终基础；它必须在法律史的面向上，追溯自己曾经走过的道路，好使自己从一个阶段迈向下个阶段，以臻于更高之圆满；它也必须在教义学的面向，将所有我们借着对法律之认识与掌握，而获致之暂时性的高点与终点，汇集于经验与事实，并且基于实际使用之目的安排这些素材，进行科学式的铺陈。”① 那么，如何理解耶林上述论断呢？根据耶林的观点，法学并不是在任何情况下都是科学，当法学对实证法的文化进行三个层次的反思时，它就是一门科学，这三个层次是指：在法律上，作为被给定的法律秩序；在历史上，作为历史的产物；在哲学上，作为一种属于人类的生活方式的表述。在此，耶林提出了法学的三种知识形态，这就是法哲学、法史学和法教义学。其中，法哲学是研究作为理念的法，法史学是研究作为历史精神的法，法教义学是研究作为文本的法。在某种意义上说，法哲学是在法律之上研究法律，法史学是在法律之外研究法律，法教义学是在法律之中研究法律。耶林尤其注重法教义学的科学品格，提出了“教义学使实证法浸润于科学中，而使其高贵”②。当然，从法律之外研究法律的学科并不限于法史学，还包括法社会学、法经济学、法心理学等所谓社科法学。从这个意义上说，法学是以法为研究对象的科学或者学科，只要是以法为研究对象，无论采取何种方法，都是法学的不可分割的组成部分。因此，法学具有狭义上的法学和广义上的法学之分。狭义上的法学是指法教义学，而广义上的法学则是采取其他方法研究法律的社科法学。时至今日，德国法学界关于法学是否是一门科学的疑问仍然存在。当然，也

① ［德］鲁道夫·冯·耶林、［德］奥科·贝伦茨：《法学是一门科学吗?》，李君韬译，86页，北京，法律出版社，2010。

② ［德］鲁道夫·冯·耶林、［德］奥科·贝伦茨：《法学是一门科学吗?》，李君韬译，51页，北京，法律出版社，2010。

有学者明确质疑，法学是否是一门科学，这是一个假问题，并指出："如果人们把科学理解为目标在于获得认识的有计划之活动；那么，法学对真正的科学地位之要求，显得有理有据。"[①] 因此，这个问题的内容转变为：法学究竟是一门科学（Wissenschaft），或者仅仅是一种与文本（法律、判决、解释学和修辞学）打交道的艺术性技巧（kunstfertige Technik）?[②]

其实，法学是或不是一门科学这个问题显得过于崇高，这是欧洲17世纪的提问方式。及至19世纪，随着知识社会学的呈现，与其追问法学是否是一门科学，不如探讨法学是否是一个学科。美国学者指出：称一个研究范围为一门学科，即是说它并非只是依赖教条而立，其权威性并非源自一人或一派，而是基于普遍接受的方法和真理。美国学者还对近代学科诞生的过程进行了描述，指出："要到18世纪末自然哲学断裂成为各门独立自然科学，现代诸学科正式诞生。社会科学稍后从道德哲学中分裂出来。'人文科学'是二十世纪对那些遭排拒在自然科学和社会科学之外的学科的简便总称。"[③] 法学作为一个古老学科，当然具有悠久的历史，但到了近代才被纳入社会科学，由此获得独立的学科地位。法学从科学属性的争议到学科地位的确立，经历了一个曲折的过程。法学作为独立学科，随着近代法律制度的发展而得以成长。

我国法学界近些年来存在所谓社科法学与法教义学之争。这一对法学的分类在一定程度上源自凯尔森。凯尔森将法学分为规范法学与社会学法学，指出："规范法学用以描述法律的陈述不同于法律社会学用以描述其对象的陈述。前者是'应当的陈述'。后者则是像自然法则同一类型的'是的陈述'。"[④] 在我看来，

---

① ［德］阿图尔·考夫曼、［德］温弗里德·哈斯默尔主编：《当代法哲学和法律理论导论》，郑永流译，450页，北京，法律出版社，2002。

② 参见［德］伯恩·魏德士：《法理学》，丁小春、吴越译，125页，法律出版社，2013。

③ ［美］沙姆韦、梅瑟-达维多：《学科规训制度导论》，载［美］华勒斯坦等：《学科·知识·权力》，13、16页，北京，三联书店，牛津，牛津大学出版社，1999。

④ ［奥］凯尔森：《法与国家的一般理论》，沈宗灵译，185页，北京，中国大百科全书出版社，1996。

社科法学和法教义学都属于法学的范畴，它们并不是互相排斥的，而是能够和谐相处的。从法学史的演变来看，存在一个从以解释为中心的狭义上的法学到法学范围不断扩张由此形成广义上的法学的发展过程。

无论中外，古代社会的法学都是以法律文本为中心的注释法学。这种古代的注释法学的特点是将法学限制在对法律条文进行语义解释的范围内，例如我国古代的律学也是一种严格意义上的法律解释学，因而具有法律文本的语言分析的特征。可以说，最初的法学是法律语言学。我国古代的律学主要形式表现为对律文的语义分析，是以解析律条为核心内容的。律学将法律文本含义称为律义，其对应于律文，从律文推导律义是解律的必由之道。我国古代的律学起始于晋代杜预、张斐注律，及至唐代的《唐律疏议》将律文与律注合为一体，通行的是官方注律。宋、明之际私家注律兴起，清代滥觞一时。例如，美国学者在论及《大清律例》的注释时指出："一般说来，《大清律例》的注释分为两种类型：官注与私注。官注是指由政府授权的特定机构所作的笺注；私注是指由私人学者独立地评注律例，不受官府的任何限制。根据注文在法典中的位置，所有的注释——包括官注和私注——又可以分为两大类：文间注和文后注。文间注针对具体律文而发，文后注是将法典中特定一项所包括的所有律文作为整体加以评注，故又称为总注。"[①] 在注律的基础上，形成具有方法论性质的学理，成为我国古代律学的学理精要。例如宋代学者傅霖在《刑统赋解》一书中提炼出律例的八个关键字，指出："《名例》内有八字，以、准、各、皆、及、其、即、若也。以者，谓以盗论，同真犯。准者，止准其罪。皆者，罪无首从，其罪皆同。各者，各重其事。及者，连于上也。其者，反后意也。即者，文虽同而义殊。若者，会于上意也，再缴前文也。"[②] 清代学者王肯堂将上述八字称为律母，《王肯堂笺释》曰："例

① ［美］德克·布迪、［美］克拉伦斯·莫里斯：《中华帝国的法律》，朱勇译，63页，南京，江苏人民出版社，2008。

② （宋）傅霖：《刑统赋解》，载沈家本编：《枕碧楼丛书》，139页，北京，知识产权出版社，2006。

分八字乃制律之本义也，世传谓之律母。”[①] 清代学者王明德在《读律佩觿》一书中在律母的基础上提出了律眼的概念，律眼是指例、杂、但、并、依、从等虚词。[②] 我国学者指出，律母和律眼在法律规范中充当着连接词的作用，是建构法律大厦不可或缺的材料。它们要么是支撑整个法律大厦的骨架，要么如铆钉一样，将法律规范的不同部分联系起来。[③] 及至清末，沈家本引入大陆法系的成文法体例，并以法学一词代替律学，由此完成了从律学到法学的转变，这也意味着中华法系传统的终结。从春秋时期商鞅改法为律到沈家本改律学为法学，这是一个历史轮回。因此，古代的法学就是指法解释学。

古代罗马法学的主体内容是注释法学，尤其是对私法的注释。可以说古罗马法学就是注释法学派创立的，对以阿库修斯为首的注释法学派而言，查士丁尼《国法大全》宛如可与圣经相匹敌的神圣的书籍。古罗马法学家将法典视为“写着的理性”，丝毫没有怀疑其完美性，而是试图通过精细的解释去实现法律表述之间的协调。法律的注释是一种堪与经院神学、经院哲学比肩的尝试。正是因为注释法学派的活跃，法学才作为一门独立的学科，完成了法学的复兴。[④] 可以说，注释方法确立了古罗马法学的底色，并且对后世西方法学产生了重大的影响。德国学者描述了古罗马的注释法学的形成过程，指出：“罗马法学家在对法律问题‘答复’基础上进行‘评论’，这些答复和评论汇集构成罗马人古典法学文献的主要组成。虽然罗马的法学家们一般并没有告诉我们导致他们所得到的结果的思路，当然有一些指导他们的法学思维的观点和规则。语言的观点肯定起着重大的作用；语言形式主义已经导致这种结果，语言形式主义在罗马法的发展中

---

① （清）王肯堂：《王肯堂笺释》，顾鼎重辑，载《四库未收书辑刊》（第1辑第25册），278页，北京，北京出版社，1997。

② 关于律眼的具体论述，参见（清）王明德：《读律佩觿》，何勤华等点校，18页以下，北京，法律出版社，2001。

③ 参见陈锐：《“律分八字”考释》，载《政法论坛》，2015（2）。

④ 参见［日］中山龙一等：《法思想史》，王昭武译，41页，北京，北京大学出版社，2023。

起过十分巨大的作用。古典的法学家利用希腊语言理论的各种成果和语法的原则，但是，古代法学家也利用词源学对法律进行文本解释。此外，古典法学界还利用希腊的科学学说的方法，特别是紧随柏拉图的逻辑学而发展起来的科学方法：确立各种主导概念，区分落入这些概念里的种类和亚类，这样就让概念渗入到法的材料里。”[①] 由此可见，古希腊的语言学和逻辑学在罗马注释法学的形成过程中起到了重要作用，由此促进了罗马注释法学的发展。正是在古典法学界的法律解释的基础上，形成了法律解释学。我国学者在追溯解释学的起源的时候，指出：“从发生学的角度看，西方解释学是一门既古老又年轻的学问。说其古老，是因为自古希腊以来它就作为一种技术在局部解释学中发展起来了。局部解释学主要集中于四个领域：语文解释学、法律解释学、神学解释学和历史解释学。”[②] 由此可见，法律解释学是解释学的源头之一，其具有悠久的历史。在法解释学的基础上，最终形成法教义学。法教义学虽然源自法解释学，但法教义学是比法解释学更高的知识形态。我国学者曾经将古代的法学与法律职业紧密联系，其实，这一特征即使是在现代法学中仍然存在。我国学者指出：“法学是一门古老的学科，它的历史可以追溯到古罗马时期。与哲学不同，法学并非产生于追求知识的‘纯粹’动机，它的历史一直是与法律专业的历史密不可分的。”[③] 因此，在这个意义上说的法学是一门以职业为中心的学科，具有经世济民的功效，因而不同于纯粹追求知识的学问。

法学在我国命运多舛，在法治不彰的时期曾经被遮蔽、被遗弃。即使是在法治恢复重建以后，法学仍然“匍匐”在政治学等知识门类的门下，缺乏独立性。在社会公众观念中，法学被臆断为寻章摘句之学，因而受到轻视。现实的法学研究现状，其知识的肤浅性与对其他学科的寄生性使法学受到幼稚之学的讥评。在

① ［德］H. 科殷：《法哲学》，林荣远译，200 页，北京，华夏出版社，2002。

② 何卫平：《通向解释学辩证法之途》，12 页，上海，上海三联书店，2001。

③ 郑戈：《法学是一门社会科学吗?》，13 页，北京，法律出版社，2022。

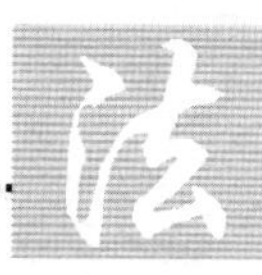

这种情况下，急于摆脱法学之窘迫境况的法学者开始向社会科学寻求出路。因而我国学者提出了“法学是一门社会科学吗”的问题，指出：“在‘现代化’的过程中，法学逐渐失去了探究人类社会生活的条件和规矩（measurement）的特权，甚至被排挤出‘科学’的行列，因为这一名称已经为自然科学以及模仿自然科学追求实证性（positivity）的学科所专享。在今天的知识分类学中，科学或自然科学（sciences）、社会科学（social sciences）以及人文科学（art/humanities）成为最基本的三种知识形态。法学在这种三分体制中无法找到自己的位置。在法学传统十分强大的欧陆国家，法学往往作为一门独立的学科而存在，但其学术地位根本无法与上述三大学科抗衡。”① 在这种情况下，法学从社会科学中寻找出路成为法学突围的一种尝试。

这里涉及法学与其他社会科学之间的关系。奥地利学者曾经提出法学是最早诞生的社会科学的命题，指出：“在法发展为一种科学形式的法学之后，一系列其他社会科学产生了：政治学、伦理学、经济学、个体和社会心理学、语言学、文明史、统计学等，最后才是所有这些科学中最一般的社会学。法律科学必须与这些科学维持密切联系，否则将无法回应生活的需要，并变得越来越落后。每个学科都从一个独特的视角来对待其主题，这些主题要么部分地涉及法学的材料，要么与其密切联系，并相互作用。”② 如果从时间维度上来说，法学是最早诞生的社会科学的命题是可以成立的。当然，法学在一定意义上独立于社会科学，关键是如何定义这里的社会科学。也许，这是因为在法学最初存在的时候，还没有其他社会科学。而且，其他社会科学诞生以后，随着其他社会科学对法学的关注，开始对法学领域的学术“殖民”，由此形成了以各种社科方法研究法的知识形态，这就是所谓社科法学。社科法学极大地拓展了法学的疆域，由此而形成法

① 郑戈：《法学是一门社会科学吗?》，15页，北京，法律出版社，2022。

② ［奥］卡尔·格奥尔格·乌尔策尔：《法律思维方法》，吕思远、连城译，载［法］弗朗索瓦·惹尼等：《法律方法的科学》，雷磊等译，329页，北京，商务印书馆，2022。

教义学与社科法学的二元知识体系。德国学者拉伦茨指出："今时今日，许多不同的学科都致力于研究法，其中最重要的是：法哲学（Rechtsphilosophie）、法理学（Rechtsteorie）、法社会学（Rechtssoziologie）、法史学（Rechtsgeschichte）以及法学（Jurisprudenz）［法教义学（Rechtsdogmatik）］。它们从不同的视角、以不同的方式观察法。"① 由此可见，法现象引起广泛关注，因而在其学术提升上进入一个快车道，这与近代法治国家的思想兴起是一脉相承的。至此，法学由学术的边缘进入学术的核心。尤其是社科研究方法被引入法学领域，致使法学的格局发生了巨大的变化。德国学者提出了作为社会科学的法学的命题，认为法学是社会科学的一部分。② 这就确立了法学在社会科学中的体系性地位，为社科法学的发展提供了契机。德国哲学家哈贝马斯提出了社会科学对于法律的祛魅的命题，与其说是对法律的祛魅，不如说是对法学的祛魅。社会科学的祛魅的结果是消除了理性法的规范主义的最后一丝痕迹。③ 正是在社会科学的祛魅过程中，以规范为研究中心的传统法解释学受到社会科学的挑战，社科法学则应运而生。

法哲学是采用哲学方法对法进行研究的最为古老的学术门类，近代最为著名的法哲学著作是黑格尔的《法哲学原理》。法哲学采用哲学方法对法进行考察，这是超越法律文本的形而上的研究。黑格尔所说的法，其实并非规范的法而是指理念的法。黑格尔指出："法的基地一般来说是精神的东西，它的确定的地位和出发点是意志。"④ 在该书中，黑格尔把犯罪界定为一种否定的无限判断，而又把刑罚界定为对犯罪的扬弃，是对不法的否定之否定。这些论述都是对犯罪与刑罚现象的观念性的描述，具有抽象性与哲理性。因此，黑格尔的法哲学是以哲学

---

① ［德］卡尔·拉伦茨：《法学方法论》（全本·第六版），黄家镇译，245页，北京，商务印书馆，2020。

② 参见［德］阿图尔·考夫曼、温弗里德·哈斯默尔主编：《当代法哲学和法律理论导论》，郑永流译，467页，北京，法律出版社，2002。

③ 参见［德］哈贝马斯：《在事实与规范之间：关于法律和民主法治国的商谈理论》，童世骏译，63页，北京，三联书店，2003。

④ ［德］黑格尔：《法哲学原理》，范扬、张企泰译，10页，北京，商务印书馆，1961。

思辨方法对法本体的思考。黑格尔的法哲学对德国法学产生深刻的影响，以至于法教义学，包括刑法教义学，也同样具有浓郁的哲学气息。例如，德国刑法学家帕夫利克提出了“古典哲学基础上的德国刑法学”的命题，明确地指出：“刑法学应当是教义学，而哲学在这里并无一席之地，这是一种肤浅的见解。在德国，从哲学汲取养分的刑法学具有悠久且辉煌的历史，但这条路还没有走到尽头。”① 根据德国学者的观点，在刑法中采用哲学方法进行研究，不仅是指刑法哲学，而且应当将这些方法引入刑法教义学中。事实上，德国法学，包括刑法学都深受哲学思潮的影响，可以说，每一个哲学流派都在法学中留下思想印记。在刑法教义学中，亦是如此。例如德国犯罪论的古典学派就受到实证主义自然哲学的影响，而新古典学派则受到新康德主义价值哲学的影响，目的行为论受到存在主义现象学哲学的影响。

随着社会学的产生，出现了法社会学，法社会学采用社会学方法对法律进行考察。相对于法学来说，社会学是出现较晚的一个学科。18 世纪法国学者孔德创立了社会学，社会学的主要方法是实证主义。实证主义对法学产生了较大影响，把这种实证主义运用到法学领域，形成了实证主义法学。实证主义法学是一个广泛的概念，它既包括以制定法为研究对象，探讨各种法律制度中共同的基本观念、概念的实证法学，即分析法学，又包括关于法律历史的法哲学研究，即历史法学，还包括以社会学形式表现出来的实证主义法学，即社会学法学或法律社会学，它研究和描述各种影响实在法制定的社会力量、分析导致这些法律规则的各种社会因素。② 由此可见，社会学对法学的影响主要分为两个方面：其一是将法律作为一种社会现象进行研究所形成的法律社会学。例如孟德斯鸠的《论法的精神》③ 一书将法律现象置于社会分析框架之中，寻求实在法的存在根据，实现

① ［德］米夏埃尔·帕夫利克：《目的与体系：古典哲学基础上的德国刑法学新思考》，赵书鸿等译，1 页，北京，法律出版社，2018。

② 参见李桂林、徐爱国：《分析实证主义法学》，2 页，武汉，武汉大学出版社，2000。

③ 参见［法］孟德斯鸠：《论法的精神》（上册），张雁深译，北京，商务印书馆，1961。

对实在法的超越。孟德斯鸠本人就是近代社会学的先驱，其对法律精神进行的社会学考察可以说是法社会学的一个范本。孟德斯鸠所说的“法的精神”是指客观事物之间的必然关系，完全不同于法教义学所推崇的法律文本的含义。在孟德斯鸠之后，以对法社会学的贡献而论，首推德国社会学家马克斯·韦伯。在其《法律社会学》[①] 一书中，韦伯对法律与政治、经济、宗教等社会要素的关系进行研究，并将形式理性的学术进路引入对法律的研究，采用法的形式理性与实质理性的分析框架，描述不同类型的法律。德国学者在评述韦伯的法社会学时指出：“为创立一个系统的法社会学，韦伯认为首先的任务是给予法律概念一个社会学意义的定义，由此将之与纯法学的内容区分开来。”[②] 这里的纯法学就是指法教义学，因而法社会学在与传统的法教义学相对应的意义上存在并发生影响。其二是社会学作为一种方法论在法学研究中的实际运用，由此开创了实证主义法学流派。实证主义法学在法学中具有独特的地位，尤其是分析实证主义法学，在英美法系的法学中具有重大影响。

随着经济学帝国主义的兴起，采用经济分析方法对法律进行研究的法经济学成为法学与经济学的一种跨学科研究路径，产生了重大影响。经济分析方法是经济学所特有的研究方法，当对法律采用经济分析方法进行研究，就形成了法经济学。我国学者指出：“按照经济分析法学的认识进路，包括立法、司法和执法的一切法律活动都是成本与效率的运用的体现。法律创制的首要目的就是为了使整个社会的效益最大化，立法的逻辑基本上也就是一种经济的逻辑。”[③] 法经济学引入法学各个部门法，由此丰富了部门法知识。例如在刑法学中，采用经济学的方法对刑罚进行收益与成本分析，考察刑罚的正当性与合理性的传统可以追溯到

---

① 参见［德］马克斯·韦伯：《韦伯作品集Ⅸ法律社会学》，康乐、惠美译，桂林，广西师范大学出版社，2005。

② ［德］迪尔克·克斯勒：《马克斯：韦伯的生平、著述及影响》，郭锋译，173页，北京，法律出版社，2000。

③ 李其瑞：《法学研究与方法论》，261页，济南，山东人民出版社，2005。

边沁。边沁认为，一个人仅在他从犯罪中能够得到的预期快乐超过预期痛苦时，或者换句话说，只有在预期收益超过预期成本时，才会犯罪。因此，为了制止犯罪，刑罚必须施加充分的痛苦，以保证这一痛苦能够超过罪犯从犯罪中预期得到的快乐。[①] 在边沁的基础上，美国经济学家加里·贝克尔在 1968 年发表了对刑法经济学具有重大影响的论文——《犯罪与刑罚：一种经济学进路》，认为经济分析是一种统一的方法，适用于解释全部人类行为，包括犯罪行为。在对犯罪行为进行经济学分析时，贝克尔指出：当预期效用超过将时间和其他资源用于其他活动所带来的效用时，一个人才会去犯罪。一些人成为“罪犯”不在于他们的利益和成本结构存在的差异，因此犯罪行为理论只是一般选择理论的扩展，用不着诉诸道德的颓废、心理机能的欠缺以及先天遗传等特殊范畴。[②] 法经济学为对法律现象的理解提供了另外一种进路，对于拓展法学的理论视野具有重要意义。

法学知识的分化推动了法学知识的丰富与繁荣。法学从技术性知识发展为综合性的社会科学知识体系，跻身于社会科学。如果没有多元的法学知识，法学难以与哲学、社会学、经济学、政治学等其他社会科学相提并论。法学现在是社会科学中的一个重要学科，其知识包括理论法学和部门法学。如果说，理论法学以社科法学为主导，那么，部门法学则仍然以法教义学为主宰。由此可见，法学是一个从法教义学到社科法学不断进化与开放的知识累积过程，由此推动了法学的学术扩张与理论更迭。随着社会科学方法在法学研究中的广泛适用，法学与其他社会科学形成交叉，由此拓宽了法学学科的边界，使法学知识融入社会科学知识之中，为法学的发展提供了广阔的空间。

我国刑法知识的演进可以说是我国法学知识的社科取向和教义学取向同时并

① 参见［英］边沁：《道德与立法原理导论》，时殷弘译，224 页，北京，商务印书馆，2000。

② 参见［美］加里·贝克尔：《人类行为的经济分析》，王亚宇、陈琪译，63 页，上海，上海三联书店、上海人民出版社，1995。

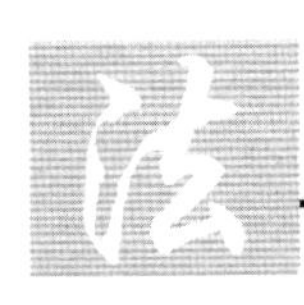

进的一个缩影。一方面，在刑法研究中采用教义学方法，尤其是引入了德日刑法知识，形成了具有中国特色的刑法教义学，由此提升了刑法知识的科学性。另一方面，刑法领域采用社科方法对犯罪和刑罚进行研究，形成了具有社科法学性质的犯罪学、刑事政策等知识形态。尤其是犯罪学分别采用不同的社科方法，进一步细分为犯罪社会学、犯罪心理学、犯罪人类学等领域。同时，对刑法规范的研究也在法教义学之外采用实证方法，例如犯罪实证分析、刑罚实证分析等研究获得发展，也为法律实证分析研究作出了重要贡献。

二、法学方法的叙述

在叙述法学方法的时候，首先涉及法学方法论和法律方法论之间的关系，这是一个存在较大争议的问题，应当加以厘清。在法理学中，法学方法论和法律方法论并不严格加以区分，因而导致这两个术语在使用上的一定混乱。在我国法学界，对法学方法论和法律方法论之间的关系具有以下三种观点①：第一种观点认为，法学方法论和法律方法论是等同关系，两者具有等同划一的关系。第二种观点认为，法学方法论和法律方法论是并列关系，两者都属于法学方法论体系。第三种观点认为，法律方法论在广义上包括立法方法、司法方法和法律研究方法等。也就是说，法学方法论属于狭义上的法律方法。法学方法论和法律方法论确实是十分容易混淆的两个概念，从两者的内容来看，法学方法论偏向于法学研究意义上的方法论。而法律方法论则侧重于法律技术意义上的方法论。我认为，法学方法论和法律方法论在内容上应当加以区分：前者属于学术范畴，后者属于技术范畴，两者不可等同，亦不能包含。本书所论述的显然是法学方法论，这里所论述的刑法方法论并不属于法律方法论，而是属于法学方法论的范畴。例如社科

① 参见李其瑞：《法学研究与方法论》，21页以下，济南，山东人民出版社，2005。

方法论和法教义学方法论，都是在学术意义上讨论的，并非法律技术范畴。

在法学方法论中，如果说，社科法学是采用社科方法对法律现象进行研究，那么，法教义学就是采用规范方法对法律现象进行研究，因此，两者的区分在很大程度上在于法学方法论的区分。如前所述，法学可以分为狭义上的法学和广义上的法学：前者是指法教义学，后者是指社科法学。在通常情况下，法学都是指狭义上的法学。因此，法学方法论往往是指法教义学的方法论。德国学者拉德布鲁赫提出了法律科学的逻辑学的命题，这里的法律科学是指狭义上的法律科学。拉德布鲁赫指出："我们想把以法律作为研究对象的科学称为法律的科学，但是这其中包含了那个作为狭义法律的科学之法律科学，它是以特殊的法学方法来研究法律的。原本的法律科学是指系统化、条文化的法律科学，我们可以将它定义为实证法律规则之客观意义上的科学，由此它在法律的其他学科中的特殊地位就可以概括出来。"① 拉德布鲁赫在这里所说的狭义上的法律科学，其实就是指法教义学。在某种意义上说，法教义学是一种以逻辑为基础的法学方法论。这里涉及法学方法论与法教义学之间的关系问题，德国学者揭示了法学方法论与法教义学之间的密切关联性，指出："法学方法论可谓是提供了使法教义学上的原则能够被理性确立并正当化的论证模型。若涉及了一般性的法原则，法学方法论即可利用法教义学。"② 由此可见，法学方法论与法教义学之间并非互相隔绝，而是具有紧密关联。以解释方法为主要内容的法学方法论，为法教义学提供了基本的方法论资源。在某种意义上说，法学方法论中的法学就是指法教义学，以此区别于社科法学的方法论，因此，狭义上的法学方法论就是法教义学方法论。法教义学方法不仅是一种具体的操作规程，在更为重要的意义上，它是一种法学范式(Paraigm of jurisprudence)。正如我国学者指出："教义学传统确立了法学范式：

① ［德］拉德布鲁赫：《法哲学》，王朴译，113页，北京，法律出版社，2005。

② ［德］托马斯·M.J. 默勒斯：《法学方法论》(第4版)，杜志浩译，486页，北京，北京大学出版社，2022。

它为现实的法律生活关系确立统一的概念，建立法律概念和法条解释的规则，确立基本的法律原则，规定裁判的方式和标准，限定法学的叙述方式和方法。”[①]

法学方法论中的方法，是指一套规则的程序，为实现一个既定目标，这套程序决定我们该做什么。[②] 对于法学方法论是否具有独立的地位问题，波兰学者指出：“对法学方法论理论进行分析，将这些理论分为三类。第一类认为，法律人在推理时并不诉诸同样的方法。第二类主张，法律人运用一定的方法，但这些方法借鉴自其他学科，如社会学、经济学、心理学和语言学等。在这一类中，又可以分为两种小类：第一种主张纯借鉴，即法律使用的方法与原学科使用的方法并无差别；第二种主张要考虑法律的特性才可修正为法律上采用的方法。第三类则主张特定法律推理方法的存在和自主。”[③] 在以上三种观点中，第一种观点否定法学方法论的存在，可谓法学方法论的虚无论。这一观点显然不可取，法律适用并不完全是就案论案的个别性裁断，而是包含着一定的规律，包括一般的方法论运用。因此，不能否定法学方法论对于法律适用的必要性。奥地利学者提出了法学方法论之必要性的命题，指出：“（法学）方法论之所以必要，是因为具体案件事实（或案件类型）与一般—抽象规范之间具有不可避免的隔阂，而这种隔阂必须通过理性的、事实上正确的论证来弥合。”[④] 由此可见，法学方法论使法学从法官的枉法擅断和法曹的独门秘诀中解放和解脱出来，成为一门具有普遍性和客观性的科学。第三种观点认为法学方法论具有自主性和独立性，由此否认法学方法论对一般方法论的从属性和依赖性，可谓法学方法论的自主论。事实上，法学方法论只不过是一般方法论在法律适用中的具体运用，虽然具有一定的特殊性，

---

① 舒国滢：《法学的知识谱系》，1621 页，北京，商务印书馆，2020。

② 参见［波］耶日·施特尔马赫、［波］巴尔托什·布罗泽克：《法律推理方法》，陈伟功译，12～13 页，北京，中国政法大学出版社，2015。

③ ［波］耶日·施特尔马赫、［波］巴尔托什·布罗泽克：《法律推理方法》，陈伟功译，13 页，北京，中国政法大学出版社，2015。

④ ［奥］弗朗茨·比德林斯基、［奥］彼得·比德林斯基：《法学方法论入门》，吕思远译，32～33 页，北京，中国政法大学出版社，2024。

但并未达到完全自主的程度。因此，法学方法论的自主论亦不可取。上述第二种观点又可以区分为纯借鉴论和修正论两种不同的主张。其中，纯借鉴论实际上是一种照搬论。应该说，法学方法论并不是完全照搬一般方法论，而是要根据法律适用的特殊性，对一般方法论进行合理的修正。在这个意义上说，第二种观点中的修正论具有可取性。也就是说，法学方法论虽然是一般方法论在法学中的运用，但需要根据法律适用的特殊性对方法论进行某种程度的调整，由此形成符合司法活动规律的法学方法论。

德国学者指出："法学方法论以一般科学陈述的方式描述法律工作者的工作方式，并检验其是否达到改进。方法论是一个法学学派的核心。"① 这里的法律工作者的工作方式是指司法适用，法学方法论是以法律适用为其考察对象的，正如德国学者所说："法律工作者的工作内容总是法律的适用问题。所有其他的方法论问题，例如解释学说，都应当从这个背景中来理解。"② 这个意义上的方法论其实是指法教义学的方法论。如前所述，法学存在一个从狭义上的法学到广义上的法学的演变过程。在此期间，随着社科知识吸收到法学之中，社科方法论也不断引入法学，由此产生了采用多种方法论对法律进行研究的竞合状况。然而，社科方法虽然用于对法的研究，但它并不是法学本身的方法。只有教义学才是法学专属的方法。因此，通常所论述的法学方法论，是就狭义上的法学而言论。例如，德国学者拉伦茨在其《法学方法论》一书的第一版前言中，就明确指出：本书所讨论的是教义学的法学，它不是法史、法社会学和比较法学这些学科的方法论。③ 教义学方法论意味着它是以既存的法律规范及其适用为出发点的，具有明显的司法论性质。法律分为立法与司法两个领域，因而法律思维也可以分为立法论思维与司法论思维。例如，法律公正就存在立法公正与司法公正之分。同样，考察不公正现象，

① ［德］霍恩：《法律科学与法哲学导论》（第3版），罗莉译，121页，北京，法律出版社，2005。

② ［德］霍恩：《法律科学与法哲学导论》（第3版），罗莉译，122页，北京，法律出版社，2005。

③ 参见［德］卡尔·拉伦茨：《法学方法论》（全本·第六版），黄家镇译，2页，北京，商务印书馆，2020。

我们首先要区分是立法不公正还是司法不公正。社会公众由于没有接受过专业的法律思维训练，因而只有朴素的公正观念，对立法公正和司法公正并不区分。例如我国刑法曾经设立了嫖宿幼女罪，法定最高刑是5年。在现实生活中出现个别公职人员嫖宿幼女的案件，只能在5年以下判处刑罚，因而引发社会公众的不满，认为这是一种法律不公正现象，并对法院判决加以指责，甚至引发舆情。但这里所谓司法不公正实际上是指立法上的不公正，在立法规定没有修改的情况下，作为司法机关的法院只能按照法律规定定罪量刑。后来，立法机关取消了嫖宿幼女罪，对该行为以强奸罪论处，这才最终解决了这个法律不公正的问题。因此，法律专业人士对待这些问题就不会混淆立法论与司法论，对两者严格加以区分，以此保证思维的逻辑性。立法论是超越法律的思考，也就是关于法律的思考（think about law)，在这种情况下，法律是思考的客体。而司法论则是以法律为依据的思考（think with law)，在这种情况下，法律是思考的依据。显然，上述两种思考方法是不同的，不能混淆。立法论的思考遵循的是思维的一般方法，而司法论的思考则是法律思维方法。法律思维方法虽然也属于思维方法的范畴，具有一般思维方法的共同特征，但法律思维方法又具有不同于一般思维方法的特殊性。例如，规范思维就是一个典型。规范论是相对于存在论而言的，存在论与规范论是法律思维方法的一对范畴。存在论是一个事实问题，其核心命题是“是与不是。”规范论是一个评价问题，其核心命题是：“应该与不应该。”例如刑法中的行为论，最初的因果行为论，将行为看作是一个事实问题，李斯特是一个极端的存在论者，李斯特把行为理解为身体运动造成外界的改变，这是一个因果过程。李斯特在2013年为《德国刑法典》修正案所提的建议，企图以自然科学的语言，精确地描述犯罪类型，因而侮辱罪应当这样规定：“一连串的喉结抖动，血脉偾张，引致他人不愉快的情绪者，为侮辱罪。处一年以下自由刑。”① 这是

① 参见林东茂：《道冲不盈——兼谈法律本质》，载陈兴良主编：《刑事法评论》(第24卷)，312～313页，北京，北京大学出版社，2009。

对刑法中的行为的自然主义描述，显然不能揭示行为的真实含义。此后，随着社会行为论的出现，引入规范论的要素，才使刑法中的行为符合现代刑法的要求。可以说，不仅行为概念的界定不能离开规范论，不作为的概念的正确描述更是不能离开规范论。因为不作为在存在论意义上说是一种静止的状态，在物理上就是“无”。只有借助于作为义务的前置条件，才能揭示不作为的社会内容。因此，规范思维方法在法学中具有重要意义。

法教义学作为一门社会科学，区别于其他社会科学的主要特征在于其规范性，可以说法学是一门规范科学。正如德国学者指出：“法学的特殊性在于它主要研究规范性目的的实现。”① 作为规范科学的法教义学在很大程度上区别于事实科学或者经验科学，例如刑法教义学是规范科学，但与之相关的犯罪学，主要是指犯罪社会学，属于事实科学，而刑事政策则是经验科学。因此，法教义学可以在方法论上与社科法学加以区分。正如德国学者拉伦茨指出：“法科学（Rechtswissenschaft）是指这样一种科学，它是在某种特定的、历史地形成的法律秩序框架中并以这种法律秩序为基础来致力于解决法律问题，也就是习惯于所称之为法学（Jurisprudenz）。其他学科——如法史学和法社会学——也致力于研究法。顾名思义，法史学诉诸历史学的方法，法社会学则运用社会学的方法。”② 尽管社科法学也属于广义上的法学，但我们并不能把其他社科方法归之于法学方法，法学方法只能是法教义学的方法，这是法学所特有的方法。

在法学中，法教义学最能代表法学知识的理论形象。什么是教义学？在德文中教义称为 dogma③，哲学存在先验论或者独断论这两个概念，这里的先验或者独断也称为 dogma。换言之，教义和先验、独断在德语中是采用同一个词表达的，因而教义学也等同于先验论和独断论。先验是指未经检验，独断则是指未经

① ［德］伯恩·魏德士：《法理学》，丁小春、吴越译，129 页，北京，法律出版社，2013。

② ［德］卡尔·拉伦茨：《法学方法论》（全本·第六版），黄家镇译，9 页，北京，法律出版社，2020。

③ 我国学者亦将 dogma 译为信条，因而称为法信条学。

论证，而教义具有不可反驳性，它们的含义具有相同之处。在哲学上，康德批评先验论对人的理解能力不先加以批判地探讨或研究，武断地认为它是全能的、绝对可靠的，故称之为独断论。德国学者指出："从学术角度来看，dogma 这个概念首先在哲学中使用，然后在（基督的）神学中使用。其中，dogma 是'基本确信'、'信仰规则'的意思，它不是通过理性的证明，而是通过权威的宣言和源自信仰的接受（Akzeptanz）来排除怀疑。在这个意义上，dogma 应当具备效力。"① 由此可见，法教义学的方法在很大程度上来自康德，康德认为教义学是对自身能力未先予批判的纯粹理性的独断过程。教义学者从某些未加检验就被当作真实的、先予的前提出发，法教义学者不问法究竟是什么，法律认识在这种情况下、在何种范围中、以何种方式存在。② 因此，将 dogma 的概念引入法学，就产生了法教义学。法教义学将法律规范当作 dogma，从法律是不能批判的这一假设前提出发，为法教义学的展开提供了逻辑出发点，由此推导出教义学规则，适用于各类案件，尤其是疑难案件。因此，法教义学的方法正是建立在独断论的基础之上的。由此可见，按照德国学者的观点，法教义学是狭义和本义的法学（Rechtswissenschaft im engeren und eigentlichen Sinne），它是至少三种活动的混合体：（1）对现行有效法律的描述；（2）对这种法律之概念—体系的研究；（3）提出解决疑难的法律案件的建议。由此表明：法教义学是一个多维度的学科。与上述三种活动相适应，法教义学可以区分为三个维度：描述—经验的维度；逻辑—分析的维度；规范—实践的维度。③ 由此可见，法教义学是以法律规范为核心展开的法学理论。

那么，什么是刑法教义学中的教义呢？刑法教义学是指以现行刑法规范为

---

① ［德］伯恩·魏德士：《法理学》，丁小春、吴越译，136～137 页，北京，法律出版社，2013。

② 参见［德］阿图尔·考夫曼、［德］温弗里德·哈斯默尔主编：《当代法哲学和法律理论导论》，郑永流译，4 页，北京，法律出版社，2002。

③ 参见［德］罗伯特·阿列克西：《法理论证理论——作为法律证立理论的理性论辩理论》，舒国滢译，308 页，北京，商务印书馆，2019。

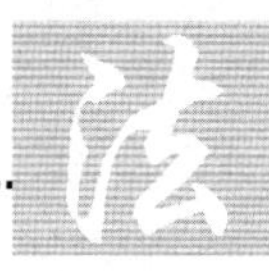

出发点，进行语义阐释和逻辑推理，由此引申出教义规则。这里的教义规则本身并不是法律规范本身，而是从现行法律规范中推导出来的规则，因而对于法官行为具有法律约束力。刑法教义虽然是从刑法规定中逻辑推导出来的，它本身并不是刑法规定，但它却具有对法官行为的约束力，因为它的效力显然要强于单纯的法理分析。正是在这个意义上，法教义学具有现实功用，这也是法学区别于其他学科的特性：如果说，哲学只是解释世界但并不改变世界，那么，法教义学不仅解释法律而且改变法律。正如德国学者指出："法学研究改变其科学活动的对象。一本禽鸟学教科书未触犯鸟类世界；一本刑法教科书却改变了刑法。换言之，法主要不是由'自身'正确的认识，而是由这样一些观点构成，它们的品质由给出或可给出的理由所决定。"① 法教义学的精华在于其方法论，法教义学方法论是在一定思维方法的指导下，围绕着规范适用而展开的方法论体系。

法教义学方法论可以分为三个层面的内容：第一是思维方法，第二是解释方法，第三是推理方法。在本书中，我把刑法方法论的内容分为刑法思维方法、刑法解释方法和刑法推理方法这三个部分，其理由需要加以阐明。这里涉及法学方法论与法律解释学之间关系的界定，对此存在同一说和区别说之分②：同一说认为，法律解释学和法学方法论是同一问题的不同表达。区别说认为，法律解释学和法律方法论虽然有一定的联系，但还是两个不同的概念。法学方法论主要侧重于如何科学地将法律规范（大前提）运用到案件事实（小前提）中去，而法律解释学则侧重于如何解释、阐释法律规范（大前提）的科学含义。根据区别说，法律解释学和法学方法论之间存在一定的重合。确切地说，法律解释学是法学方法论的组成部分。因为法学方法论是对整个法律适用方法的研究，包括寻找法律规定（大前提），确定案件事实（小前提），最终通过三段论推理得出有罪或者无罪

---

① ［德］乌尔弗里德·诺伊曼：《法律论证学》，张清波译，7页，北京，法律出版社，2020。

② 参见王利明：《法律解释学导论——以民法为视角》（第二版），7页，北京，法律出版社，2017。

的结论。法律解释学只是寻找法律规定的方法，它不能代表整个法律适用方法的内容。因此，应当把法律解释学和法学方法论这两个概念加以区分。在上述两种对法律解释学和法学方法论关系的理解中，我赞同区别说，不能将法律解释学和法学方法论混为一谈。法律解释属于法学方法论的应有之义，这是没有疑问的。例如德国学者明确指出："法律解释是法学方法论的一个子领域。"[①] 也就是说，法学方法论除了法律解释学以外，还包括其他研究领域，由此肯定了上述区别说。当然，即使根据区别说，在法律解释的方法之外，将法律适用的方法涵括在法学方法之中，还是不能完全穷尽法学方法论的内容。我认为，法律是由语言和逻辑这两个要素组成的，然而，语言和逻辑在法律解释和法律适用中的方法论意义又是有所不同的。语言是法律文本的要素，法律解释是以法律文本为客体的，因而法律解释是对法律的语言分析。在这个意义上说，法律解释学是一种法律文本的语言学。通过法律解释我们可以获得法律文本的真实含义，从而为法律适用提供规范依据。而逻辑之于法律的关系更为复杂，它是一种推理方法，贯穿于整个法律解释和法律适用的过程之中。德国学者恩吉斯指出："法律逻辑是一种实义逻辑（materiale Logik），它应一方面以形式逻辑为基础并在其框架中，另一方面在与特殊的法律方法论协同一致中显示出，人们如何获得'真实的'或'正确的'或至少是'有理'的对法律事务的判断。法律逻辑和方法论是对不易看清的、实质正义的（sachgerechten）法律认识程序的反思。它追求的目标为，发现（在人的认识允许的限度内的）'真理'，作出妥善的判断。"[②] 因此，与法律解释方法相比，法学方法论是以逻辑为工具的，逻辑推理是其主要方法。由此可见，法律方法具有抽象性和形而上的特征，相对而言，法律解释方法则具有具象性和形而下的特征。

---

① ［德］罗尔夫·旺克：《法律解释》（第6版），蒋毅、季红明译，前言，1页，北京，北京大学出版社，2020。

② ［德］卡尔·恩吉施：《法律思维导论》（修订版），郑永流译，德文第七版作者序、1～2页，北京，法律出版社，2014。

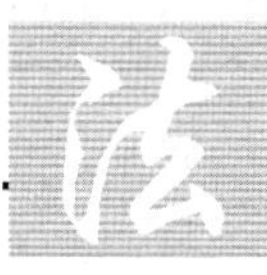

三、刑法方法的言说

在法学方法中，刑法方法论具有不同于其他部门法学的方法之特殊性。奥地利学者克莱默提出了方法论条款的概念，克莱默认为在法律中存在所谓方法的法，例如民法中的诚实信用原则、刑法中的罪刑法定原则，这些规定对于民法方法和刑法方法具有制约性，因而也决定了民法方法与刑法方法之间的重大差异。[①] 罪刑法定原则是刑法方法论的制约因素，它在某种意义上塑造了刑法方法的价值取向。罪刑法定原则的基本内容是“法无明文规定不为罪”。也就是说，一个行为是否构成犯罪，应当以法律明文规定为标准进行判断。德国学者在论述罪刑法定原则的特殊效用时，指出：“它构成实证法所规定的法官造法的限制。刑法中，究竟属于适当的法解释，还是适当的构罪与加罪的法续造，文义界限是据以判断的‘红线’。”[②] 以法律的明文规定作为犯罪的认定标准，就将有罪与无罪的区分从价值观念的层面转移到逻辑与语言的层面，刑法方法就以语言解释方法和逻辑推理方法呈现出来。在这个意义上说，刑法教义学既是实践取向的语言学，同时又是实践取向的逻辑学。

（一）刑法思维方法

思维的主体是人，因而思维活动是人类精神活动的主要形式。思维的客体是客观事实，在这个意义上说，思维活动就是人类对客观事实的认识活动。刑法思维是最高层次的方法论，它对于刑法解释和刑法推理具有指导意义。刑法思维是法律思维的一种特殊类型，因而只能从法律思维出发，才能正确地界定刑法思维。那么，什么是法律思维？对此，奥地利学者指出：“法律思维是逻辑的一种独特亚种，又或者只是一种专门适应于法律材料的方法？对于这些问题，最清晰

---

① 参见［奥］恩斯特·A. 克莱默：《法律方法论》，周万里译，19页，北京，法律出版社，2019。

② ［奥］恩斯特·A. 克莱默：《法律方法论》，周万里译，7～8页，北京，法律出版社，2019。

不过的结论是，法律思维是得出大量推论和判决、提供论据和定分止争的方法。”[①] 在此，奥地利学者揭示了法律思维与逻辑学之间的关联性，并从效用的意义上界定了法律思维。毫无疑问，法律思维在很大程度上具有逻辑思维的属性，是逻辑学在法学中的实际运用。

在刑法适用中，司法者同时与法律规范和案件事实这两个要素打交道，因而司法活动本身也是一种人类认识活动的特殊形式。德国学者恩吉施在论及法律思维时指出：“我们只能由此拯救法律者思维的声望：我们认真地分析法律者的思维，包括它的歧途和失足，以及打算避免这种歧途和失足的努力。一如所有人类的追求和行为，法学也带有不足并遭受危险。但是，人们可以设想，众多优秀的人为之付出其精力的法学，不是完全没有理智的。”[②] 在此，恩吉施虽然没有对法律思维做出严格的界定，但我们仍然可以从其论断中得出其对法律思维的理解。这里应当指出，法律思维从其内容来说，应当包括立法思维与司法思维。然而，我国学者提出了典型的法律思维是司法思维的命题，指出：“法律思维研究中有一个特别值得注意的现象，那就是，虽然学者们对于法律思维及其思维主体的定义多有不同，但他们在概括法律思维的特征时均无一例外地以法官的司法思维作为典型模式。在论及法律职业共同体时，法官、律师、检察官、立法者、法学家等一切以法律活动为业的群体都会被程度不同地归入其中，但在论及他们共享的、决定他们同质一体的思维方式时，似乎惟有法官的思维能够与其他思维相区别而彰显个性。”[③] 还有学者甚至直接将法律思维界定为法官思维，指出：“法律思维是法官对法律表达忠诚的一种形式。因为法律思维的前提是承认有法律存在，承认法律对思维走向的规范作用。”[④] 我认为，法律思维之所以是一种司法

---

① ［奥］卡尔·格奥尔格·乌尔策尔：《法律思维的方法》，吕思远、连城译，载［法］弗朗索瓦·惹尼等：《法律方法的科学》，雷磊等译，332页，北京，商务印书馆，2022。

② ［德］卡尔·恩吉施：《法律思维导论》（修订版），郑永流译，7页，北京，法律出版社，2014。

③ 刘志斌：《法律方法论》，71页，济南，山东人民出版社，2007。

④ 陈金钊：《法治与法律方法》，157页，济南，山东人民出版社，2003。

思维，这是因为立法思维不受法律规范的限制，因而它是一种实质思维，与其他思维并无根本区别。而司法思维是以法律规范为根据的思维，以此区别于其他思维。在法律共同体中，虽然法官、检察官和律师之间在思维方法上存在一定差别，例如法官思维属于中立性的裁判思维，而检察官思维与律师思维属于定向性思维，检察官是指控性的定向思维，律师是辩解性的定向思维。尽管如此，无论是法官、检察官还是律师，其思维都以法律规范为依据，因而都具有司法思维的共同特征。由此可见，不能简单地将司法思维归之于法官思维。只要是基于法律规范所进行的思维，都属于司法思维。在这个意义上说，各种法律职业者的思维都是司法思维。在某种意义上说，法律思维是各种法律职业者在从事法律活动过程中的共同思维活动，其包括对法律规范的认知和对案件事实的认定。可以说，法律思维贯彻整个司法活动。在刑法适用中亦如此，刑法适用活动是将刑法规范适用于具体案件的过程，在这一活动中，司法者需要根据罪刑法定原则，正确地解释刑法规范，因此法律解释本身具有法律思维的性质。与此同时，将围绕着案件事实能否被刑法规范所涵摄而展开的刑法推理，也具有法律思维的属性。正如我国学者指出："法律推理是特定法律工作者利用法律理由权威性地推导和论证司法判决的证成过程或证成手段。它既是一种法律思维活动，又是一种应受法律规制或调整的法律行为。"① 因此，刑法适用本身就是一个刑法思维的过程。本书所论述的刑法思维方法是指形式思维、类型思维、价值思维、规范思维和阶层思维这五种思维方法，它们在很大程度上反映着刑法思维的本质。应该指出，以上五种思维方法对应着另外五种思维方法，形式思维对应着实质思维、类型思维对应着概念思维、价值思维对应着价值无涉的中立思维、规范思维对应着事实思维、阶层思维对应着平面思维。这些思维方法在刑法中的适用十分广泛，并且决定着刑法教义学的理论品格，因而值得高度重视。上述思维方法在刑法解释和刑法推理中都有所体现，例如形式解释与实质解释之争就是以形式思维与实质思维

① 解兴权：《通向正义之路——法律推理的方法论研究》，6页，北京，中国政法大学出版社，2000。

为各自的思维方法而展开的，而形式推理和实质推理也直接对应着形式思维与实质思维。在这个意义上说，刑法思维方法与刑法解释方法和刑法推理方法之间的关系是极为密切的，它们之间存在一种共生关系。

在刑法思维过程中，需要采用一定的方法，这就是刑法思维方法。应该说，刑法思维方法是法律思维方法在刑法适用中的运用，因而在通常情况下并无特殊之处。不过，由于刑法实行罪刑法定原则，因而形式理性的思维方法在刑法适用中具有特殊的地位，它对于刑法思维方法具有某种制约性。在本书中，刑法思维方法之不同于刑法解释方法和刑法推理方法之处就在于：刑法思维方法是更为抽象的刑法理念，相对而言，刑法解释方法和刑法推理方法则是较为具体的刑法技艺。因此，刑法思维方法对刑法的解释方法和推理方法具有一定的引导功能。

（二）刑法解释方法

刑法解释方法是法律解释方法的一个组成部分，在很大程度上是法律解释方法在刑法中的实际适用。因此，刑法的解释方法具有不同于其他法律解释方法的特殊性。例如罪刑法定原则直接排斥类推适用，而且在刑法没有明文规定情况下的类推解释，由于它并不具有法律解释的性质，因而也是不能成立的。当然，在法律框架范围内，采用类比方法进行的解释，也就是同类解释则是允许的。因此，类推解释在刑法适用中具有十分独特的性质。本书从五个面向对刑法解释方法进行论述，这就是语义解释、体系解释、目的解释、历史解释和类推解释。在这五种解释方法中，最为常用的是语义解释的方法，其他解释方法则具有补充功能。

德国学者指出："解释方法本身需要解释。"① 因此，在阐述刑法解释方法的时候，首先应当对解释方法进行解释。这里的解释是指阐释本文的含义，这是解释的最基本蕴含。德国学者伽达默尔对解释（Interpretation）概念作了解释，指

① ［德］阿图尔·考夫曼、［德］温弗里德·哈斯默尔主编：《当代法哲学和法律理论导论》，郑永流译，283页，北京，法律出版社，2002。

出："解释这个词原本开始于调解关系，即在操不同语言的讲话者之间作为中介人的作用，亦即翻译者，然后它被转用到解开难以理解的文本。"① 在法律解释中，也就是借助于解释方法，知晓与理解法律文本的内容。法律之所以需要解释，通常认为是因为法律适用过程中，法律文本与案件事实之间存在一定的缝隙，需要通过法律解释加以弥合。因此，法律解释的必要性来自法律适用的实际需求。然而，美国学者德沃金提出了一个更为激进的观点，认为法律本质上就是一种解释性的现象。该观点存在两个前提：第一个前提是如欲确定在某个特定的案件中法律的要求，这就包含了一种新生代解释性论证。第二个前提是解释总是伴随着价值评判。② 德沃金的上述观点对传统的法理学提出了挑战，建立了规范性的法理学。这种观点认为，法理学是规范性的（normative），而非描述性的：由于法律是一种解释性（intertive）的概念，因此对法律进行说明应当采用的是一种解释主义（interpretivist）的立场。这种解释主义的方法论进路的核心主张便在于：如果我们想要对法律进行理解的话，那么我们就必须要把握法律的要点（point）或目的（end），因此，法理学必然是规范性、评价性的。③ 由此可见，法律解释不仅仅是一个法方法论问题，在一定意义上它也是一个法本体论问题。

我国学者从权力的意义上对解释权的内容进行了分析，认为法律解释权可以分为四项较小的权力，这就是发现权、阐明权、论证权和判断权。④ 其中，这里的法律解释权虽然是以法官为主体，从权力角度对法律解释所进行的论述，然而，上述四项权能必然构成对解释概念的界定。也就是说，只有解释本身包含了上述四项要素，它们才能成为解释权的要素。我国学者认为，上述四项权力中，

---

① ［德］汉斯-格奥尔格·伽达默尔：《阐释学Ⅱ真理与方法》（修订译本），洪汉鼎译，425 页，北京，商务印书馆，2010。

② 参见［英］雷蒙德·瓦克斯：《法哲学：价值与事实》，谭宇生译，48 页，南京，译林出版社，2024。

③ 参见沈映涵：《新分析法学中的方法论问题研究——由哈特的描述性法理学引发的争论》，40～41 页，北京，法律出版社，2010。

④ 参见魏胜强：《法律解释权研究》，121 页，北京，法律出版社，2009。

法律发现权是指法官在具体审理案件的过程中寻找、选择可以用于个案的法律的权力。法律阐明权是指法官在行使法律解释权的活动中，出于审理个案的需要，对于发现的法律进行阐释，明确其在个案中具体的法律意义，并结合发现的法律阐明案件事实的法律意义的权力。法律论证权是指法官对法律发现和法律阐明活动进行论证的权力。法律判断权是指法官在行使法律解释权的活动中，根据法律的精神和原则，对其所解释的法律和案件事实的法律意义作出判断，进而对案件的结果作出判断的权力。① 我认为，上述对法律解释的要素的理解过于宽泛，几乎囊括了所有司法权的内容，并不可取。法律解释的含义只是阐明法律文本的语义内容，至于法律发现、法律论证和法律判断都不是法律解释的内容，而是法律适用的要素。法律解释和法律适用虽然都是司法活动的内容，但两者之间又是存在明确区分的。相对来说，法律解释的内容极为单纯，就是揭示法律文本的含义。法律适用所包含的内容则较为丰富，例如在阐明法律和查清案件事实的基础上进行法律推理，并对法律推理的结论进行法律论证等。因此，不能对法律的解释作出超出其语义范围的解释。可以说，对法律解释之解释，始于对作为被解释对象的法律文本的考察。法律以语言为载体，因而法律的直观表现就是文本，即法律文本。在这个意义上说，法学也是文本学。② 因此，解释是围绕着文本而展开的认知方法。英国学者指出："解释学要求与文本进行对话，我们不应对文本敬而远之，而应将其作为平等的事物来接近。研究者既要倾听文本之所言，同时又要保持审视的态度。每种技术都可以使我们与文本形成互动，也可以产生解释行为并发现意义。"③

如前所述，解释始于文本，因而法律解释肇始于法律的成文化。在某种意义上说，成文化是法律成熟的标志。中国古代法律的成文化是以铸刑鼎为标志的，

---

① 参见魏胜强：《法律解释权研究》，123、129、134、141 页，北京，法律出版社，2009。

② 参见［德］伯恩·魏德士：《法理学》，丁小春、吴越译，135 页，北京，法律出版社，2013。

③ ［英］凯利·E. 豪威尔：《方法论哲学导论》，宋尚玮译，157 页，北京，科学出版社，2019。

铸刑鼎是将刑铸之于鼎，公之于众。贝卡里亚曾经说过，一个社会如果没有成文的东西，就绝不会具有稳定的管理形式。在稳定的管理形式中，力量来自整体，而不是局部的社会；法律只依据普通意志才能修改。[①] 因此，法律，尤其是刑法的成文化是一个历史性的进步。语言文字是思想的载体，也是法律的载体。通过语言文字将法律所体现的普遍意志确定下来，由此获得稳定性和确定性。法律虽然是以语言的方式表达出来的，但法律本身仍然需要解释，只有解释以后才能被适用。因此，刑法教义学的思维方法贯穿于法律解释的过程之中，由此转化为法律解释方法。在这个意义上说，法律解释方法是法律思维方法在法律解释过程中实际运用所形成的具体方法。在法律解释这个概念中，如何界定解释是一个重要问题。正如德国学者指出："法律解释是在不同科学和众多日常语境中发生的活动——解释的一种特殊情形。'解释'这一表述是多义的，因而它本身也需要被解释。"[②] 解释的这种概念含义的多重性，为我们理解解释的概念带来一定的难度，因而不得不从不同侧面去揭示解释的内涵。美国学者马默将解释区分为广义上的解释和狭义上的解释。其中，广义上的解释是指对任何一种说明（explanation）或理解（understangding）或理论化（theorizing）等。因此，广义上的解释包含对所有涉及说明或者理解的现象，例如对自然事物或者自然现象的解释。而狭义上的解释并不只是指任何一种说明或理解，而是仅指解释性的推理活动。当法官解释法律的时候，他们并不是要对它做出说明。换言之，"解释"一词拥有另一相当清晰的含义，即我们使用"解释"一词以指称某种独特的推理或理解活动。[③] 显然，法律解释意义上的解释只能是狭义上的解释，刑法意义上的解释亦如此，刑法解释要处理的是刑法文本，因而它所采用的是狭义上的解释。德国

① 参见［意］切萨雷·贝卡里亚：《论犯罪与刑罚》，黄风译，15页，北京，商务印书馆，2017。

② ［德］罗伯特·阿列克西：《法 理性 商谈：法哲学研究》，朱光、雷磊译，63页，北京，中国法制出版社，2011。

③ 参见［美］安德瑞·马默：《解释与法律理论》（第二版），程朝阳译，13、14页，北京，中国政法大学出版社，2012。

学者考夫曼提出了语言如何建构法的问题，指出："法律由语言来服务，这是一句日常的句子。我们换句话可以说，法律是透过语言被带出的。"① 在这个意义上说，语言之外不存在法，由此可见语言之于法律的重要性，只有透过语言的表象去获得刑法规范的含义。

然而，法律解释是否应当受到法律文本的限制，始终是一个存在争议的问题。在法律解释的理论中，逸出法律文本的冲动从来都存在。这里涉及法律到底是以语言为依归还是以立法意图为目标的问题，说到底是法律解释受制于法律文本还是立法意图的问题。我国对于法律解释的理解始终是持较为宽泛的态度。例如民国时期学者王觐将刑法解释方法分为文理解释与论理解释，指出："文理解释云者，从法文中文章字句之意义，而为解释者也。论理解释云者，不拘泥于文字，而究立法之真意，依据论理，以阐明法律之意义者也。"② 在上述关于论理解释的论述中，其不受法律文本的限制，以追求立法意图为目标，还能否称为解释，大可质疑。这种超越法律文本界定解释的观念，在我国颇有市场。例如我国学者将法律解释区分为狭义上的法律解释与广义上的法律解释，指出："狭义之法律解释为文本解释，即通过法律或国家政权其他文件之意义与内容的阐明，将法律或其他文件适用到具体的、实际的、需要根据法权进行判决的案件上，进而得出合理、合法、合法律性的评断。此种解释之对象为将宪法之类的法律律令涵摄在内的法律文本，广义之法律解释仅可称为价值解释，当法律事实在特殊情形下逸出了法律文本的适用范围时，若仅仅依据文本解释很难做到公正、客观、合法等要求的，因此，便需要法律解释者探求法律背后暗含的价值体系，进而确定其外延之适用框架，然后做出合理之解释。"③ 然而，在所谓价值解释的情况下，其所获得的意义完全超越了法律文本的范围，不受法律文本的限制。在这种情况

---

① ［德］阿图尔·考夫曼：《法律哲学》（第二版），刘幸义等译，133页，北京，法律出版社，2011。

② 王觐：《中华刑法论》，姚建龙勘校，40页，北京，中国方正出版社，2005。

③ 刘亚丛：《事实与解释：在历史与法律之间》，158～159页，北京，法律出版社，2010。

下，虽然论证并不认同将法律解释与法律创造或法律建构混同，但这种价值解释实际上就是一种立法而非解释。由此可见，在法律解释中，最为核心的问题是如何认识文本与意义之间的关系。中国古代讨论言与意的关系，当意在言中的时候，通过语言就可以获取意义。但在某些情况下，意在言外，或者言不达意，那么，能不能言外获意，得意忘言？这是一个值得思考的问题，也是在刑法解释中需要认真对待的难题。

萨维尼对法律解释的性质曾经有一句名言："解释是一种技艺。"① 在某种意义上说，萨维尼是近代法律解释理论的奠基者。德国学者拉伦茨的《法学方法论》一书就以萨维尼的方法论作为其第一章，可见其对萨维尼的高度评价。② 此外，德国学者恩吉施也指出："在本质上，对于我来说，传统的方法论，如由萨维尼创立和自萨维尼以来的方法论，仍显得是一个足够坚实的基础，我们时代的法律者可以将之信任为其思想活动的基石。"③ 因此，萨维尼对于德国，乃至于西方的法学方法论，尤其是法学解释学具有奠基的学术贡献。这里涉及法律解释方法的分类问题，这种分类关注的核心是文本与含义的关系。法律解释存在一个从结果分类到方法分类的演变过程，奥地利学者对此进行了描述，指出："罗马法的解释理论将确定法律规则的含义（目的、内容、意志、意图、真义等）作为其目标。它尤其关注于制定法条文的含义（sense）和词语（text）之间的关系。这种关系是变化的，根据从语词中获得的含义以及这种含义所产生的阶段变化，我们得到了众所周知的梯度表（scale），如下：1. 扩张解释，含义比语词更广。2. 广义解释，语词是模棱两可的，可以在更广的含义上来理解。3. 宣告解释，语词和含义都是十分明确的。4. 严格解释，语词含糊不清，在狭义上来解释其

① ［德］弗里德里希·卡尔·冯·萨维尼：《当代罗马法体系》（第一卷），朱虎译，160页，北京，中国人民大学出版社，2023。

② 参见［德］卡尔·拉伦茨：《法学方法论》（全本·第六版），黄家镇译，17页以下，北京，法律出版社，2020。

③ ［德］卡尔·恩吉施：《法律思维导论》（修订版），郑永流译，7页，北京，法律出版社，2014。

含义。5. 限缩解释，含义比语词范围要窄。”[①] 上述流行于古罗马的法律解释方法分类，主要是以解释结果与语词含义之间关系为根据的。但解释结果并不是一个既存的已完成的东西，而是需要去获取的东西。因此，同样考虑到文本与含义之间的关系，将把对结果的划分转化为对方法的划分。在这种情况下，法律解释出现了语法解释与逻辑解释的划分。然而，这种划分本身也存在缺陷，逻辑解释实际上根本没有意义，它的存在只是为了补足分类，通过站在语法解释的对立面，它其实根本没有任何实证价值。及至萨维尼，强调了解释中的语言因素、体系因素和历史因素，由此得出了语法、体系和历史的解释方法。由于意识到还可能有其他解释方法，萨维尼保留了逻辑解释的概念作为第四类解释方法。[②] 萨维尼指出，我们必须在制定法的解释之中区分出四个要素：文法要素、逻辑要素、历史要素和体系要素。萨维尼指出：“对于制定法内容的理解通过这四个要素而得以实现。这四个要素并非人们可以根据其趣味而任意选择的四种解释方法，毋宁说，如果解释能够成功达成，这四个要素必须是协调作用的不同活动。”[③] 与制定法的四个要素相对应，法律解释方法可以分为语义解释、逻辑解释、历史解释和体系解释。德国学者指出：萨维尼的方法论最为突出的就是要求将“历史的”方法与“体系的”方法结合起来：前者关注每一则制定法恰好得以产生的某种特定的历史处境，后者旨在将法规范以及立基于其上的法制度理解为一个融贯一致的整体。[④] 在萨维尼的早期著作中，只是将法体系理解为法律规则的体系，因而更为关注的是历史和体系的解释方法。相较于早期著作中严格固守制定法的

---

① ［奥］卡尔·格奥尔格·乌尔策尔：《法律思维的方法》，吕思远、连城译，载［法］弗朗索瓦·惹尼等著：《法律方法的科学》，雷磊等译，346～347页，北京，商务印书馆，2022。

② 参见［奥］卡尔·格奥尔格·乌尔策尔：《法律思维的方法》，吕思远、连城译，载［法］弗朗索瓦·惹尼等：《法律方法的科学》，雷磊等译，352～353页，北京，商务印书馆，2022。

③ ［德］弗里德里希·卡尔·冯·萨维尼：《当代罗马法体系》（第一卷），朱虎译，163页，北京，中国人民大学出版社，2023。

④ 参见［德］卡尔·拉伦茨：《法学方法论》（全本·第六版），黄家镇译，114页，北京，法律出版社，2020。

语义的立场，在后期著作中，萨维尼更加倾向于制定法的目的以及制度的直观中彰显的意义脉络。由此在语义解释、逻辑解释、体系解释和历史解释四种解释方法中，将目的解释纳入解释方法序列，以此取代逻辑解释方法，由此形成法律解释方法的经典分类。

在这四种解释方法中，语义是法律文本的载体，也是法律解释的对象。体系和历史是法律存在的时空背景，体系是法律的空间语境，体系解释将法律置于一定的法律系统中进行完整理解。历史是法律存在的时间语境，历史解释要求将法律置于一定的历史演变过程中进行解释。目的解释是在法律文本不能提供适当解释的情况下，通过寻求规范目的作为获取规范含义的一种解释方法。在这四种解释方法中，语义解释是基本的解释方法。因为法律规定是以语言为载体的，因而首先需要处理的是法律文本。体系解释、历史解释和目的解释都是在语义解释难以获得满意的解释结论的情况下，具有候补性质的解释方法。也就是说，在通常情况下，通过语义解释就能够获得对法律规定的正确含义。只有在语义解释的结果不符合立法精神或者有悖于常理的情况下，才能继而采用其他解释方法。其中，体系解释是将某个法律规定置于整个法律体系进行解释的方法，历史解释是从法律文本的发展脉络进行解释的方法，目的解释是从立法的目的，包括客观目的和主观目的，对法律文本进行解释的方法。体系解释、历史解释和目的解释都可能超出法律文本的语义范围，因此应当采取十分谨慎的态度。应当指出，在罪刑法定原则的刑法中，刑法解释本身就是一种对司法者的约束。正如德国学者指出："为了把法官的判决行为约束于规则上，这些规则除了规定尊重法律字面含义外，还要求与法律本身打交道，法学方法论阐发了所谓解释方法（Interpretationsmethoden）或解释准则（Auslegungscanones）：约束在法律规范的语词含义上（语法解释），约束在相关法律条文的意义关联上（体系解释），约束在调整的目的上，即具体的立法者在对有疑问的规范上所遵循的目的（历史解释），今天它在有疑问的规范中表现为客观目的的（目的解释），和约束在宪法的原则性价值判断上（合宪解释）。这些规则指引的法律规范，可能确保减少法官选择的

可能性，因而增强法律对他的约束力。”[①] 因此，目前在德国法学方法论中，法律解释方法通常包括语义解释、体系解释、历史解释、目的解释和合宪解释。[②] 这五种解释根据其功能又分为三个功能组别：第一个组别是具有确定法律解释范围功能的解释方法，包括语义解释和历史解释。语义解释和历史解释的作用在于界定法律解释活动的最大范围。例如语义是法律意旨附丽的所在，也因为它是法律解释活动的最大范围，因此，着手解释法律的时候，首先便应当确定语义涵盖的范围。第二个组别是具有确定法律解释内容功能的解释方法，包括体系解释和目的解释。当法律解释的活动范围被确定下来以后，法律解释者即应基于体系与目的之观点去充实或确定法律的内容及意旨。第三个组别是具有控制功能的解释方法，也就是合宪性解释。合宪性解释的功能在于确保法律解释的结果，不逸出宪法所宣示之基本价值决定的范围之外。[③] 由此可见，各种解释方法具有各自不同的功能，它们相互协调、共同作用，才能确保法律解释得出正确的结论。尤其是刑法解释更应当采取谨慎的态度，在罪刑法定原则的指导下严格解释。

在确定法律解释方法的时候，不能回避的一个问题是如何区分法的解释与法的续造。这个问题的理解在很大程度上决定着解释的边界，因此，如果对法的解释界定不同，则会导致在法律解释方法上的歧义。德国学者曾经指出：“每个解释都改变着法，因此是一种广义上的法的续造（Rechtsfortbildung）。要与广义上的法的续造相区分的是狭义上的法的续造。后者发生在这样一种情形中：判决没有在某个规范词义的框架内作出。狭义上的法的续造有四组情况：首先，一个规范能被说成是无效的或不适用的（废止，Extinktion），它尤其发生在规范冲突的情况下。其次，一个规范能被法官所新创（创设，Kreation）。再次，一个

① ［德］阿图尔·考夫曼、［德］温弗里德·哈斯默尔主编：《当代法哲学和法律理论导论》，郑永流译，283页，北京，法律出版社，2002。

② 合宪解释是否属于一种独立的解释方法，存在争议。参见本书第七章第三节。

③ 参见黄茂荣：《法学方法与现代民法》（第七版），302、308、318页，厦门，厦门大学出版社，2024。

规范的事实构成可以被补充上某种案件类型，以至于它可以适用于没被它的初始词义所包括的事实（扩张，Extension）。最后，一个规范的事实构成可以被添加限制条件，以至于它不再包括某些根据初始词义可以适用的事实（限缩，Reduktion）。”[①] 由此可见，法的解释与法的续造在区分上存在一定的难度。但两者的根本区别还是在于是否以法律文本为依据：解释是基于法律文本的语言，如果超出法律文本的语言，则不是法的解释而是法的续造。因此，我们必须限制法解释的范围，将其与法的续造加以严格区分。可以说，只有在解释不能的情况下，才有必要采取法的续造方法。由于在刑法中实行罪刑法定原则，因而只能进行法律解释，在解释不能的情况下，就视为法律没有明文规定，因而必然推导出不为罪的结论。由此可见，以扩展入罪范围为目的的法的续造在刑法中是绝对禁止的。也正是如此，在刑法领域对法的解释与法的续造的区分具有特别意义。

（三）刑法推理方法[②]

在哲学中，推理是一个含义较为宽泛的概念。例如英国学者亚当·弗格森在论述推理时，指出：“推理由观察、安排和论证组成。”这里的论证，弗格森认为是指运用理智形成确信。弗格森将论证分为先验的论证与后验的论证。其中，先验的论证，是用法则证明或否定事实，或用原因推断结果。每一种此类型的论证都被化约为一个完整的三段论（syllogism），由三个命题组成，其中一个命题陈述肯定的或否定的法则；另一个命题将法则与待证明的事实相比较；第三个命题根据事实符合或违反法则的情况来确认或否认事实。后验的论证，是通过例举特殊情形来证明或否证法则。每一种此类型的论证都被化约成一个三段论，由两个命题组成：一个命题是事实的归纳或列举；另一个命题根据用来确立法则的特殊

① ［德］罗伯特·阿列克西：《法 理性 商谈：法哲学研究》，朱光、雷磊译，83～84 页，北京，中国法制出版社，2011。

② 推理一词，在英文中往往对应着以下两种含义：一是 reasoning，通常译为推理。二是 inference，通常译为推论。本书一概称其为推理，特此说明。

情形是否真的发生来证明或否证法则。① 根据弗格森对推理的论述可以看出：论证是推理的一项内容，其中先验的论证与后验的论证的区分，进一步明确了推导的内容。然而，形成确信始终是推理所追求的目标，这是确定无疑的。当然，弗格森对推理及其论证的阐述仍然停留在哲学的层面，因而具有宏观性与抽象性。此后，随着推理在各个领域的广泛适用，其含义逐渐明确化与具象化。例如英国学者指出："我将法律推理视为实践理性得以应用的一个分支，所谓实践理性，亦即人们运用理性决定在特定情势下如何行动才算正当。"② 由此可见，法律推理是以实践理性为基础的一种推理活动，它为司法活动提供正当性根据。

我国学者在论及推理的概念时指出，推理通常是指人们的一种逻辑思维的活动，即从一个或几个已知的判断（前提）推导出另一个未知的判断（结论）。③ 上述意义上的推理是狭义上的推理，主要是指符合特定逻辑形式的三段论推理。当然，推理还包括归纳推理和类比推理等形式。人们通常都是在这个意义上理解推理的，因而属于推理的本来之义。然而，推理还包括采用论证的方式支持自己的主张、证明论题真实性的过程，目的是为所获得的结论提供理由。这是广义上的推理，其含义聚焦于对结论的论证，其方法并不局限于逻辑推理，而是为结论提供实质根据。我国学者将狭义上的推理对应于亚里士多德的必然推理或证明推理，而把广义上的推理对应于亚里士多德的辩证推理或修辞推理。④ 由此可见，这两种推理具有不同的形式和功能。在法律推理中，上述两种推理各有其作用领域，因而缺一不可。

刑法推理是法律推理的一种特殊形态，而法律推理则是推理方法在法律适用中的具体应用。刑法推理方法与其他法律的推理方法相比，并无根本差别，而与

---

① 参见［英］亚当·弗格森：《道德哲学原理》，孙飞宇、田耕译，34～35页，上海，上海世纪出版集团、上海人民出版社，2003。

② ［英］尼尔·麦考密克：《法律推理与法律理论》，姜峰译，前言，1页，北京，法律出版社，2018。

③ 参见葛洪义：《法律方法讲义》，159页，北京，中国人民大学出版社，2009。

④ 参见葛洪义：《法律方法讲义》，159页，北京，中国人民大学出版社，2009。

法律适用方法具有较大的关系，尤其是法律推理在一定程度上受到法系的制约，各个法系在推理方法上具有不同倚重。① 正如我国学者指出："在大陆法系国家，正式的法律渊源只有制定法，这些推理和论证是在制定法框架下完成的；在英美法系国家，制定法和判例法被认为都是正式的法律渊源，这些推理和论证是在制定法和判例法框架下完成的。基于制定法的推理与论证统称为制定法推理（reasoning from statute law）；基于判例法的推理与论证统称为判例法推理（reasoning from case law）。"② 因此，在制定法和判例法的不同法系背景下，法律推理具有不同的特征，对此应当加以分别考察。当然，随着成文法和判例法在一定程度上的融合，演绎推理、归纳推理和类比推理在法律适用中的重要性逐渐接近。同时，演绎推理和类比推理、归纳推理之间也并不是截然对立的，而是在法律适用中可以结合使用。正如美国学者指出："的确，类比法律推理是普通法的特征，而演绎法律推理则是制定法的特征。但是，好的律师也通过演绎的方法使用普通法规则，并通过从案件和其他基点出发的类比推理适用制定法规则。把两种法律推理形式结合起来，可以起到一些非常有用的作用。"③ 本书从五个向度对刑法推理方法进行了考察，它们是演绎推理、归纳推理、类比推理、当然推理和实质推理。

法律及其适用是一种实践理性，因而必然借助于推理方法。推理被认为是人的一种思维活动，古希腊哲学家亚里士多德指出："推理是从某些陈述出发，这些已经作出的陈述必然要引起对陈述之外的另一些事物加以论断，而且是作为这些陈述的一个结果。"④ 在法律适用中，司法者也大量采用推理方法，这就是法律推理。刑法适用的过程同样是一个刑法推理的过程，不能离开推理方法的运

---

① 参见陈兴良：《法系与推理》，载《人民检察》，2005（7）。

② 王洪：《制定法推理与判例法推理》（第三版），5页，北京，中国政法大学出版社，2022。

③ ［美］史蒂文·J. 伯顿：《法律和法律推理导论》，张志铭、解兴权译，70页，北京，中国政法大学出版社，1998。

④ 苗力田主编：《亚里士多德全集》（第1卷），551页，北京，中国人民大学出版社，1990。

用。例如，在刑法中，刑法文本是刑法适用的准绳，所以有一句耳熟能详的话，这就是以事实为依据，以法律为准绳。法律规定出来并不是放在那儿供把玩的，法律的生命在于适用。因此，刑法适用就需要采用推理方法将刑法规定适用于具体案件。在此就存在一个刑法适用的三段论推理：大前提是法律规定，小前提是事实，结论是有罪或者无罪。这里的大前提是找法，小前提是认定事实，最后是将法律规定与案件事实进行比对，当某个案件事实能够被法律规定所涵摄的时候，就可以得出有罪的结论，否则就是无罪。上述法律适用的过程就是通过推理完成的，因而刑法推理在刑法适用中占据着十分重要的地位。在刑法适用过程中，司法者并不是机械地适用法律，而是通过逻辑推理的方法，将法律规则适用于具体案件，因而包含着一定的司法能动性。

德国学者在进行法律判决的逻辑分析时，区分了法律判决证立的两个方面：内部证成与外部证成。内部证成（die interne Rechtfertigung）涉及判决是否从被引证来证立它的句子中逻辑地得出，外部证成（die externe Rechtfertigung）的对象是内部证成之前提的真（Wahrheit）、正确性（Richtigkeit）或可接受性（Akzeptabilität）。[①] 这里的内部证成可以说是形式推理，而外部证成则是指实质推理，也就是所谓法律论证。在内部证成和外部证成之间存在一定的位阶性，即首先进行内部证成，只有完成内部证成以后，才能进行外部证成。由此可见，内部证成是外部证成的前提，而外部证成必须以内部证成为基础。本书将刑法推理方法分为五类，这就是演绎推理、归纳推理、类比推理、当然推理和实质推理。在这五种刑法推理方法中，演绎推理和归纳推理是狭义上的推理方法，其在刑法适用中较为常见，因而是常态的推理方法。类比推理和当然推理则较为少见，因而是补充的推理方法。至于实质推理属于广义上的推理方法，就其内容而言，实质推理是一种论证方法。上述五种推理方法涵括了内部证成和外部证成这两个方

---

① 参见［德］罗伯特·阿列克西：《法 理性 商谈：法哲学研究》，朱光、雷磊译，7页，北京，中国法制出版社，2011。

面，因而展示了刑法推理的完整面貌，对于深刻理解刑法推理具有重要意义。

刑法推理与刑法解释是两种不同的法学方法，两者不能混同而应当严格加以区分。在以往的刑法教义学中，刑法解释获得极大的关注，因而成为刑法学者着力的方向。然而，刑法推理则受到冷落，未能发挥其应有的作用。尤其值得注意的是，在刑法教义学中，由于刑法推理的缺失，因而出现了刑法解释方法的越位，某些应该属于法律推理的方法也被归之于法律解释，由此混淆了法律解释与法律推理的关系。例如我国学者指出："法律论证理论是一种以论证作为基础的法律解释分析工具，它通过合乎逻辑、事实或理性等方式，来证明刑法解释的正当性。"① 这里的法律论证是一种实质推理的方法，它与法律解释是完全不同的两种法学方法。刑法解释主要是探寻法律文本的语义，而法律论证作为一种推理方法，它的作用场景是刑法适用的逻辑推导和法律论证。因此，不能把法律论证归入法律解释的方法。同时，我国学者还提出刑法解释的刑事政策化的命题，指出："刑法解释远非形式法治论者所主张的一种单纯探寻刑法文本含义的学究式思维游戏，刑法解释作为一种典型的利益衡量活动，与刑事政策的价值立场、犯罪控制策略、犯罪控制技术等具有正相关性。"② 我认为，刑事政策对刑法适用具有重要影响，刑法的刑事政策化命题在一定程度上是可以成立的。但刑法解释只能是以法律文本为诠释对象、严格受制于可能语义范围的一种语言分析方法。刑法解释取决于法律文本，而不应受到刑事政策的影响。刑事政策融入刑法教义学并不等同于刑事政策侵入刑法解释，刑事政策作为实质推理的根据，只有在法律文本的语义内容确定以后，对刑法适用发生作用，绝不能将刑事政策与刑法解释相混同。因此，我认为应当把刑法推理从刑法解释中分离出来，各归其位。刑法解释是以语义为核心，主要采用语言分析方法，虽然辅之以体系、历史和目的等解释要素，但它们受到可能语义的范围限制，因而从内容上看，刑法解释具有

① 姜涛：《刑法解释的基本原理》，11页，北京，法律出版社，2018。

② 姜涛：《刑法解释的基本原理》，17页，北京，法律出版社，2018。

某种形式性。然而，刑法适用则是形式推理和实质推理的过程，其既具有形式性，同时又具有实质性。因此，随着刑法推理方法的引入，刑法方法论得以进一步充实，并对刑法解释带来一定的影响。可以说，法律解释和法律推理都属于法学方法论的范畴[①]，然而，刑法解释与刑法推理是两个不同的畛域，解释方法与推理方法是两种不同的技艺，必须加以严格区隔。

① 参见解兴权：《通向正义之路——法律推理的方法论研究》，25页，北京，中国政法大学出版社，2000。

导论

刑法教义学方法论[1]

罪刑法定原则下的刑法适用，在很大程度上依赖于对法律的正确解释以及在此基础之上的逻辑推理。因此，只有娴熟地掌握法律解释技术和法律推理技术才能适应罪刑法定语境下的刑法适用的实际需求。为满足这一需求，在刑法理论上应当加强法教义学方法的研究。我国目前刑法的学术水平之所以低，主要是由于法教义学方法研究之阙如。在此，我从法学方法论的视角出发，对刑法教义学的一般原理加以探讨与检视。

一、法学方法论探寻

"正确的法律理念，是否已为人所知，这实在大可质疑：以我全部的意念看，似乎事实一直不然。这就是说：两可之事，难以为科学之事。"

这是德国作家弗里德里希·冯·洛高（Friedrich Vor Logau，1604—1655）

① 原载《法学研究》，2005（2），收入本书时略有删节。

的诗句，德国著名法学家拉德布鲁赫在《法学导论》一书中引用了这些诗句。诗句反映了洛高从法律理念的主观性出发否认法律的科学性的思想，由此也必然引导出法学的虚无性的结论。这种虚无性，在以下这句格言中得以充分彰显：“立法者三句修改的话，全部藏书就会变成废纸。”显然，拉德布鲁赫是不同意这种观点的，但拉德布鲁赫还是承认对法律科学性的这种怀疑究竟还没有沉寂，对法学方法的研究也愈来愈多。请注意拉德布鲁赫的以下这段话：“就像因自我观察而受折磨的人多数是病人一样，有理由去为本身的方法论费心忙碌的科学，也常常成为病态的科学，健康的人和健康的科学并不如此操心去知晓自身。”[①] 从这段话中我们可以引申出以下三层含义：(1) 一门学科的科学性问题，主要取决于方法论，因而对该学科的科学性拷问就成为对方法论的探究。(2) 病态的科学与健康的科学的区分，这里的科学均应指学科，而病态与健康是一种拟人化的比喻，实则指幼稚与成熟的区分。按照拉德布鲁赫的观点，越是幼稚的学科，越为该学科的方法论所困扰。(3) 显然，在拉德布鲁赫看来，法学就是这样一门幼稚的学科，因而法学方法论仍然是一个未解的问题。从拉德布鲁赫的以上论述，我们引申出了法学方法论问题，并且已经获得了方法论之于法学学科的重要性的警示。

那么，什么是法学方法论，甚至说法学有自己独特的方法论吗？对这个问题的回答取决于对法学的理解。如果是广义的法学，则法史学、法社会学和法哲学均包括在内。显然，法史学是把法作为一种历史现象加以研究的，其所采用的是史学方法论；法社会学是把法作为一种社会现象加以研究的，其所采用的是社会学方法论；法哲学则是对法的形而上的研究，其所采用的是哲学方法论。如果再扩大一些，法经济学采用经济学方法论，法人类学采用人类学方法论，如此等等。在这个意义上说，法学是没有自己的方法论的，法只不过是一种研究客体，只要是以法为研究客体的学问均属法学。但当我们把法学界定为一门规范学科，

① ［德］拉德布鲁赫：《法学导论》，米健、朱林译，169页，北京，中国大百科全书出版社，1997。

即以法规范为研究客体，则法学自有其独特的方法论。因此，只有在狭义的法学，即规范法学的意义上，我们才有可能确立法学方法论。

方法论始终是一个与各学科的生存相关联的元问题，因而存在各学科的方法论研究，例如社会科学方法论[①]、经济学方法论[②]、伦理学方法论[③]以及社会学方法论[④]等。尤其值得一提的是迪尔凯姆的《社会学研究方法论》一书，可以说是社会学的奠基之作。正是在方法论意义上，迪尔凯姆确立了社会学的独立学科地位。法学方法论也是一个研究的热点问题，存在大量研究法学方法论的著作。

那么，在此所讨论的法学方法论是指法学研究中采用的方法论还是以法律方法作为研究客体的一种理论呢？我认为，这个问题是首先应当予以澄清的。为阐明这个问题，下面，我仅以具有代表性的三本以法学方法论为书名的著作为例，考察目前法学界对于法学方法论的理解。

1. 德国学者卡尔·拉伦茨的《法学方法论》。[⑤] 拉伦茨将法学界定为：以某个特定的、在历史中逐渐形成的法秩序为基础及界限，借以探求法律问题之答案的学问。因此，法学是以法规范为中心而展开的，因此法学方法论是与法适用相联系的，尤其是法以语言为其载体，因而法学方法论探讨的是理解法之意义关联的特殊方式，一般的诠释学即为法学方法论的基础。[⑥] 由此可见，拉伦茨十分强调诠释学，并在此基础上形成一种法教义学方法论。

2. 我国台湾地区学者杨仁寿的《法学方法论》。[⑦] 杨仁寿认为法学之任务在

① 参见［德］马克斯·韦伯：《社会科学方法论》，李秋零、田薇译，北京，中国人民大学出版社，1999。

② 参见［爱］托马斯·A. 博伊兰、［爱］帕斯卡尔·F. 奥戈尔曼：《经济学方法论新论》，夏业良译，北京，经济科学出版社，2002。

③ 参见王海明：《伦理学方法》，北京，商务印书馆，2004。

④ 参见［法］迪尔凯姆：《社会学研究方法论》，胡伟译，北京，华夏出版社，1988。

⑤ 参见［德］卡尔·拉伦茨：《法学方法论》（全本·第六版），黄家镇译，北京，商务印书馆，2020。

⑥ 参见［德］卡尔·拉伦茨：《法学方法论》（全本·第六版），黄家镇译，315 页，北京，商务印书馆，2020。

⑦ 参见杨仁寿：《法学方法论》（第二版），北京，中国政法大学出版社，2013。

于研究司法活动，指出："法律之解释与适用，虽均属司法活动，惟二者并非相同。前者端在发现或形成一般法律规范，以为裁判之大前提；而后者则以所发现或形成之一般法律规范为大前提，以事实认定为小前提，透过涵摄之作用，运用演绎的逻辑方式，导出结论，亦即一般所谓裁判。"① 因此，在杨仁寿看来，法学方法论主要研究解释方法和裁判方法。解释方法论研究在于保证对法规范的正确理解，而裁判方法论研究的意义则在于保证裁判结论的正当性。

3. 我国学者胡玉鸿的《法学方法论导论》。② 胡玉鸿将法学理解为一种人学，认为法学是以人为本的学问，它关注的是人类的实际法律生活以及人在社会生活中所面临的法律问题。由此出发，胡玉鸿认为法学方法论分为三个层次：一是法学研究的总体方法，即哲学研究方法；二是法学研究的一般方法，主要是就法学方法论与政治学方法论、经济学方法论相通的部分进行分析，以借鉴其他学科研究方法的长处。三是法学研究的特殊方法。③ 在这个意义上，胡玉鸿实际上是将法学方法论视为一种法学理论形态。

通过对上述三本法学方法论著作内容的一个简单对比，我们发现了对于法学方法论在理解上的巨大差异。拉伦茨和杨仁寿基本上是将法学方法理解为法规范及其适用的方法，包括法律解释方法、法律适用方法等，对这些方法的研究谓之法学方法论。而胡玉鸿则把法学方法论理解为法学研究或者法学理论的方法，并且其所理解的法也并非法规范，而是所谓法律现象。由此可见，此法学方法论非彼方法论也。那么，为什么会出现这种在法学方法论理解上的巨大差异呢？我认为，主要还是在于用语上的混乱。我国学者郑永流对此进行了详尽的考察，认为应当区分法学方法与法律方法。法学方法，即法学研究方法，这种法学方法关注的核心是何谓正确之法这一法哲学的第一个基本命题，有关法学方法的学说便是

① 杨仁寿：《法学方法论》（第二版），35 页，北京，中国政法大学出版社，2013。

② 参见胡玉鸿：《法学方法论导论》，济南，山东人民出版社，2002。

③ 参见胡玉鸿：《法学方法论导论》，133～134 页，济南，山东人民出版社，2002。

法学方法论。而法律方法是应用法律的方法，其中狭义上的法律方法的内容为法律解释，广义上的法律方法则包括法律推理方法等。[①] 根据这样一种界定，本书讨论的应当是法律方法而非法学方法，这种法律方法正是法教义学方法。法律方法本身是十分丰富的，它是一个开放性的概念，并且存在于司法过程中。我国学者陈金钊认为，法律方法包括以下各种方法：法律发现、法律推理、法律解释、漏洞补充、法律论证、价值衡量。[②] 我个人赞同将法学方法与法律方法加以区分，对于部门法来说，需要深入研究的是法律方法。在此，我是在法律方法的意义上使用法学方法论一词的。论及法学方法论，似乎首先要对方法加以界定。方法其实是一种思维方式，法律方法也就是法律思维方式。在某种意义上说，法律方法问题也就是一个法哲学问题。正是在这个意义上，论及法律方法，我们不能不满怀崇敬地提及德国著名学者考夫曼的名著《法律哲学》，该书提供给我们一种对法律方法的哲学“共思”，对于整个法律适用都具有方法论的指导意义。当然，由于各个部门法的性质有所不同，在通行的法律方法的采用上也会有所不同，例如，在罪刑法定原则制约下的刑法，像法律漏洞补充这样的法律方法一般是不能采用的。即使是于广泛适用的法律解释方法，也要求严格解释，禁止类推解释等，对此必须予以充分关注。

二、法教义学及其方法论

法教义学或称法律教义学（Rechtsdogmatik），这是一个在我国法学界并不多见的术语，常见于大陆法系的法学著作之中。拉伦茨把法学直接等同于法教义

① 参见郑永流：《法学方法抑或法律方法?》，载郑永流主编：《法哲学与法社会学论丛》（六），24 页以下，北京，中国政法大学出版社，2003。

② 参见陈金钊：《法律方法引论》，载陈金钊、谢晖主编：《法律方法》，第 2 卷，152 页以下，济南，山东人民出版社，2003。

学，当然是在狭义的法学即法规范学的意义上作如是界定。尽管拉伦茨本人未对法教义学明确地下定义，他还是引用有关学者的观点对教义学这个用词加以解释。例如拉伦茨引用迈尔—科丁的以下论述：法教义学可以用来描述一种——以形成某些内容确定的概念、对原则作进一步的填补以及，指明个别或多数规范与这些基本概念及原则的关系为其主要任务的——活动。透过这种活动发现的语句，其之所以为教条，因为它们也有法律所拥有的——在特定实证法之教义学范围内——不复可置疑的权威性。教义学一语意味着：认识程序必须受到——于此范围内不可再置疑的——法律规定的拘束。① 由此可见，法教义学是以实证法，即实在法规范为研究客体，以通过法律语句阐述法律意蕴为使命的一种法律技术方法。

德国学者考夫曼明确地将法教义学与法哲学加以区分，指出：法哲学并非法学，更非法律教义学。据康德，教义学是“对自身能力未先予批判的纯粹理性的独断过程”，教义学者从某些未加检验就被当作真实的、先予的前提出发，法律教义学者不问法究竟是什么，法律认识在何种情况下、在何种范围中、以何种方式存在。这不意指法律教义学必然诱使无批判，但即便它是在批判，如对法律规范进行批判性审视，也总是在系统内部论证，并不触及现存的体制。在法律教义学的定式里，这种态度完全正确。只是当它把法哲学和法律理论的非教义学（超教义学）思维方式，当作不必要、纯理论甚至非科学的东西加以拒绝时，危险便显示出来。② 根据这一界定，法教义学与法哲学首先是在研究客体上存在区分的，法教义学研究的是表现为部门法的实在法规范，而法哲学则是研究法本身，即法的本体论与认识论，当然也包括方法论。而且，法教义学所持的是一种价值中立的立场，它以假定法规范是正确的为前提。法哲学则总是一种价值批判，它

① 参见［德］卡尔·拉伦茨：《法学方法论》（全本·第六版），黄家镇译，294～295页，北京，商务印书馆，2020。

② 参见［德］阿图尔·考夫曼、［德］温弗里德·哈斯默尔主编：《当代法哲学和法律理论导论》，郑永流译，4页，北京，法律出版社，2002。

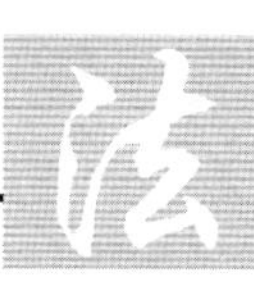

是超越实在法的，由此而决定了法教义学与法哲学在方法论上的区别。当然，对于法教义学是否必须坚守价值中立这一点，在法学当中也并非没有争议。例如，拉伦茨就认为法教义学包含着评价性问题，因而提出这样的设问：价值评判问题的解决方案真的能够被转换成一种完全价值无涉的概念并且因此变得“可操作”吗？（现今的）法教义学工作还能被称为“价值中立的概念作业”吗？或许更可能的是，教义学即便不是完全，至少也在很多领域运用着价值导向的思维方式？[①] 显然，拉伦茨的答案是在法教义学中包含价值导向。但即使这样，也没有从根本上否认法教义学价值中立的性质。这里的价值中立是指法教义学不能臧否法规范，对于法规范来说，法教义学是永远不能持批判态度的。但这并不排斥在对法规范进行诠释，尤其是采用目的解释时，解释者的价值导向在其中会起到一定的作用，对此，应予正确地认识。

如果我们在与法哲学相区分的意义上界定法教义学，则法教义学是法学中最基本的内容。德国学者罗伯特·阿列克西认为，法教义学是一个多维度的学科。法教义学包括以下三种活动：（1）对现行有效法律的描述；（2）对这种法律之概念—体系的研究；（3）提出解决疑难的法律案件的建议。与之相适应，法教义学就可以分为以下三个维度：（1）描述—经验的维度；（2）逻辑—分析的维度；（3）规范—实践的维度。[②] 在这三个维度中，也许逻辑——分析的维度是最重要的，因为法教义学的主要使命就在于为法的适用提供某种法律规则，因此需要对法律概念的分析，而且包括对各种不同规范和原则之逻辑关系的考察。德国学者在分析法教义学的功能时指出：当人们将这种法官依据法律作出判决的模式，限制在判断法律文本与法律文本直接能达到的语义学内容的关系时，明显地不能坚守这一模式。由于法律必然是一般地表达出来，因而连法律也不能自己解决待决

① 参见［德］卡尔·拉伦茨：《法学方法论》（全本·第六版），黄家镇译，290页，北京，商务印书馆，2020。

② 参见［德］罗伯特·阿列克西：《法律论证理论——作为法律证立理论的理性论辩理论》，舒国滢译，308页，北京，商务印书馆，2019。

的个案。尽管如此，如果应遵守法官受法律规则的约束，那也必须为法官提供法律以外的其他具体的法律规则。法律教义学的任务是准备这种法律规则。[①] 实际上，法教义学不仅提供法律规则，而且关注法律规则在司法活动的实际运用，从而为司法裁判的正当性提供某种逻辑上的保障。

如上所述，法教义学是为法适用提供某种法律规则，因而它是以法适用为中心而展开的。在论及法适用的时候，不能不论及大陆法系通行的司法三段论。建立在形式逻辑之上的司法三段论被认为是欧陆法官寻求正当裁判的经典推理工具。为清扫法官的恣意裁判，同时亦为了使法律推理具科学客观性之品格，法官在判案时被要求排除其个人情感与意志因素，通过一种不具个人色彩的、必然的推理方式来达到唯一正确的判决。形式逻辑的三段论满足了这一要求。[②] 在刑法领域，贝卡里亚基于罪刑法定原则下对法官的定罪权加以严格限制的刑法理念，在刑事司法中引入了司法三段论。贝卡里亚指出："法官对每个刑事案件都应进行一种完整的三段论式逻辑推理。大前提是一般法律，小前提是行为是否符合法律，结论是自由或者刑罚。"[③] 尽管贝卡里亚的司法三段论是就刑事司法而言的，但它也可以引申为一般司法的规则。可以说，任何司法活动都是这样一种三段论的逻辑演绎过程，即：大前提，小前提，结论。拉伦茨将这种司法三段论的逻辑语式称为确定法效果的三段论法。在其中，一个完全的法条构成大前提；将某具体案件事实视为一个事例，而将之归属法条构成要件之下的过程，则是小前提。结论则意指：对此案件事实应赋予该法条所规定的法效果。用公式来表示，就是：

T→R（对 T 的每个事例均赋予法效果 R）

---

① 参见［德］乌尔弗里德·诺伊曼：《法律教义学在德国法文化中的意义》，郑永流译，载郑永流主编：《法哲学与法社会学论丛》（五），15 页，北京，中国政法大学出版社，2002。

② 参见朱庆育：《私法推理的典型思维：从司法三段论到意思表示解释论》，载郑永流主编：《法哲学与法社会学论丛》（五），84 页，北京，中国政法大学出版社，2002。

③ ［意］切萨雷·贝卡里亚：《论犯罪与刑罚》，黄风译，13 页，北京，商务印书馆，2017。

S=T(S 为 T 的一个事例)

S→R(对于 S 应赋予法效果 R)[①]

因此，在司法活动的三个环节，法官具有不同的使命，其所采用的方法也是有所不同的。在第一个环节，确定大前提，法官的使命是找法，这是通过解释方法来完成的。在第二个环节，确定小前提，法官的使命是事实识别，这是通过确认方法和推定方法完成的。在第三个环节，推导出结论，这是通过逻辑演绎方法来完成的。当然，司法三段论的三个阶段并非同等重要，而是有轻重主次之分的。正如我国台湾地区学者指出：就方法论的观点而言，适用法律的重点，实在落于法律认识活动之上，更有一项实践上的问题，如何将一件生活中的犯罪事实透过一种法律规则的评价标准，加予推断，使产生一定的法律效果，始能符合法治国家的原则？换句话说，审判者如何确认具有定型性的生活行为事实，而对此寻找出具体妥当的标准法则，公平公正地去确定其应该产生的法律效果？这些课题，也就是法律逻辑在审判实务应用上的问题。[②] 由此可见，司法三段论不仅是一个逻辑意义上的形式问题，实际上也是一个法治意义上的实质问题。下面，按照司法三段论，分别对法教义学中采用的三种方法加以论述：

（一）解释方法

司法是以法为前提的，因而在任何一个司法活动中，确定法的存在总是不可或缺的大前提。因此，找法是必不可少的司法环节。找法，也被称为法律发现。以往我们往往存在一种对法律适用的错误理解，以为法律是现成地放在那儿等着我们去适用的，其实不然。法律是需要我们去寻找的，这种寻找法律的过程，就是一个法律解释过程：任何法律都需要解释，否则就无法适用。德国学者考夫曼曾经指出：法律使用清楚的概念的情形，而且真正的清楚，不需要解释，也根本

---

① 参见［德］卡尔·拉伦茨：《法学方法论》（全本·第六版），黄家镇译，345 页，北京，商务印书馆，2020。

② 参见苏俊雄：《刑法推理方法及案例研究》，11～12 页，台北，自印本，1999。

不能解释的只有数字概念（18 岁）。所有其他的概念都是有扩张可能的，而且也常常需要解释。[①] 实际上，数字概念本身在某些情况下也是需要解释的，例如 18 岁，到底是周岁还是虚岁？由于中国民间关于年龄计算有不同的习惯，因而需要作出解释。及至 1997 年刑法，明确地将年龄标明是周岁，才解决了这个问题。由此可见，法律解释之于司法的意义，有时比我们想象的还要重要得多。

法律解释本身当然存在一个方法论问题，就是主观解释论还是客观解释论，这在很大程度上决定着解释的结果。当然，主观解释论与客观解释论是各有其理的。正如拉伦茨所评价的那样：主观解释论的真理在于：法律规则与自然法则不同，它是由人类为人类而创造的，它表现了立法者创造某种满足正义可能性和社会需要的秩序的意志。制定法背后隐含了立法参与者追求的某种确定的调整意图、价值、欲求以及对于事理的考量。

客观解释论的真理性就在于：制定法一旦开始适用，就会发展出自身特有的实效性，其将逾越立法者当初的意图。制定法涉入的是立法当时不能全部预见的——多样而且不断变更的生活关系中，对于一些立法者当时不能完全预见的丰富多彩且变动不居的生活关系；它必须对一些立法者根本没有考虑到的问题做出回答。随着时光流逝，它仿佛逐渐发展出自己的生命，并因此远离它的创造者最初的想法。就此而论，制定法与其他精神作品并无不同。[②] 显然，主观解释论与客观解释论关注的重点是有所不同的，前者关注的是法的实证性，而后者关注的是法的正当性。无疑，法的实证性与法的正当性都是法所应有的品性，因而两者难以舍弃。在这种情况下，在法解释问题上的折中说也就有其存在的合理性。正如考夫曼所指出的那样，没有主观与客观解释之间选择的问题，就如同没有法律正当性与实证性之间的选择一样。只有具备二者才能共同建立法律。如果人们注

---

① 参见［德］阿图尔·考夫曼：《法律哲学》（第二版），刘幸义等译，77 页，北京，法律出版社，2011。

② 参见［德］卡尔·拉伦茨：《法学方法论》（全本·第六版），黄家镇译，400 页，北京，商务印书馆，2020。

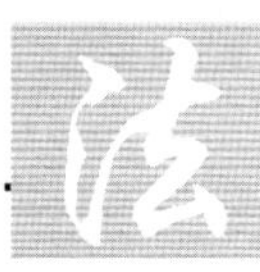

意倾听这两个解释理论的最近代表者的论证，就可以发现，事实上没有人再主张纯粹的客观理论或纯粹的主观理论。[①] 关键的问题是如何协调两者的关系。我认为，法律解释应当以罪刑法定原则为限度，也就是在罪刑法定范围之内领会立法意蕴。实际上，法律是立法者的一种陈述，但这种陈述一旦成为法律就相对独立于立法者。理解主体，也就是司法者对其意义的领受在一定程度上取决于主体所感受到的客观需要。司法者总是根据自己的需要来领会法律，并且通过这种法律解释，使立法者的法、自在的法成为司法者的法、自为的法。在这一转化过程中，存在一个主体与客体的互动问题，而不是主体与客体的单向关系。

法律解释的客体当然是法律，而法律是以语言为载体的，因而法律解释主要采用语言分析方法，也就是所谓语法解释或者文义解释。但法律不仅仅是一种语言现象，法律还是一种逻辑现象，法条总是在一定的逻辑相关性中存在并生效的。因此，需要对法律进行逻辑解释也就是论理解释。同时，法律还是一个历史的存在物，在法律解释中需要处理历史与现实的关系，从法律沿革中探寻法律意义，这就是对法律的历史解释或者沿革解释。最后，在进一步强调解释者的能动性与主体性的情况下，还存在着对法律的体系解释。

（二）确认方法和推定方法

司法三段论的第二个环节是确定小前提，也就是案件事实。案件事实是客观的，这种客观性是指其存在不以人的主观认识为转移，而不是指案件事实的内容只能是客观事实。事实上，存在着主观事实。同时，案件事实当然是客观存在的，但这并不意味着案件事实是自为的存在，实际上案件事实需要去查明，最终形成作为陈述的案件事实。德国学者拉伦茨在阐述这里的陈述时指出：在判决的事实构成部分出现的案件事实实际上是关于案件事实的陈述。事件必须为此目的而被说明并进行一定的整理。在无限多样且变动不居的现实事件之流中，为了形

① 参见［德］阿图尔·考夫曼：《法律哲学》（第二版），刘幸义等译，110页，北京，法律出版社，2011。

成关于案件事实的陈述总是要进行选择；在作这种选择时，判断者已经在考虑个别事实在法律上可能具有的意义。因此对于判断者而言，作为陈述的案件事实并非是自始“给定的”，相反他必须一方面考量已知的事实，另一方面考虑个别事实在法律上的意义，两者结合进行才能形成案件事实。[①] 因此，这里存在一个由自在的案件事实转化为自为的案件事实，也就是从客观事实转化为法律事实的问题。这种转化过程，实际上是一个认识过程。在这一对案件事实的司法认识过程中，涉及两种认识方法：

第一是确认方法。这里的确认是指在现有证据下对某一事实的认定。因此，确认方法在案件事实的认定中是广泛采用的一种方法。在某种意义上来说，确认是在一定证据基础之上，根据经验法则对某一案件事实的肯定性判断。

第二是推定方法。如果说确认作为一种对案件事实存在与否的判断，更具有直接性，那么，推定对于案件事实的认定则具有一定的间接性。推定是指根据已经确认的事实，按照一定的经验法则和逻辑规则，推断另一事实的存在。确认是需要证据证明的，而推定则不需要证据证明，因而是对案件事实的一种特殊的证明方法。

（三）演绎方法

从法律规定这一大前提出发，经过案件事实这个小前提，最终得出结论，这个过程就是法律规定与案件事实的耦合过程。在这一耦合过程中，存在一个从法之一般到案件之个别的逻辑演绎过程。这个过程，称为 Subsumition。Subsumition 这个概念，我国学者通常译为涵摄。例如，拉伦茨指出：在逻辑学中，人们将涵摄推理理解为一种“将外延较窄的概念归属到外延较宽的概念之下，也即是说将前者涵摄于后者之下”的推理。[②] 拉伦茨指出了作为法律适用基

---

① 参见［德］卡尔·拉伦茨：《法学方法论》（全本·第六版），黄家镇译，353 页，北京，商务印书馆，2020。

② 参见［德］卡尔·拉伦茨：《法学方法论》（全本·第六版），黄家镇译，152 页，北京，商务印书馆，2020。

础的涵摄推论的特殊性：它并不是将处延较窄的概念涵摄于较宽的概念之下，毋宁是将事实涵摄于法律描述的构成要件之下，至少看来如此。通过这种涵摄推理，就使法律之一般规定适用于个别案件。

刑法学作为一个部门法学，既具有理论品格，又具有技术特征。因此，刑法学可以分为不同的理论层次，既包括形而上的刑法哲学研究，又包括形而下的规范刑法学研究。在规范刑法学研究中，刑法教义学方法论之倡导十分必要。以往我们往往把规范刑法学等同于注释刑法学。实际上，规范刑法学在某种意义更应当是刑法教义学。对此，德国学者指出：刑法学的核心内容是刑法教义学（Strafrechtsdogmatik），其基础和界限源自刑法法规，致力于研究法规范的概念内容和结构，将法律素材编排成一个体系，并试图寻找概念构成和系统学的新的方法。作为法律和司法实践的桥梁的刑法教义学，在对司法实践进行批判性检验、比较和总结的基础上，对现行法律进行解释，以便利于法院适当地、逐渐翻新地适用刑法，从而达到在很大程度上实现法安全和法公正。① 因此，我主张在方法论的意义上使用刑法教义学这一概念。刑法学如欲成为一门科学，必须推进刑法教义学方法论的研究。刑法教义学方法论具有一般法学方法论的共性，由刑法学科的性质所决定，又具有其特殊性。在刑法教义学方法论的研究中，我认为更应当强调的是特殊性。

三、刑法解释方法论

刑法解释具有不同于其他法律解释的特殊性，这就是因为刑法关系到对公民的生杀予夺，因而应当严格解释之。《法国刑法典》甚至明文规定“刑法应当严格解释之”，并将其视为罪刑法定原则的应有之义。当然，这里的刑法应当严格

① 参见［德］汉斯·海因里希·耶赛克、［德］托马斯·魏根特：《德国刑法教科书（总论）》（上），徐久生译，59～60页，北京，中国法制出版社，2017。

解释，是指对被告人不利的解释应当严格限制，对被告人有利的解释则不受此限。那么如何理解这里的不利于被告人的解释呢？对此，法国学者指出：刑法严格解释规则并不强制刑事法官仅限于对立法者有规定的各种可能的情形适用刑法。只要所发生的情形属于法定形式范围之内，法官均可将立法者有规定的情形扩张至法律并无规定的情形。例如，1810 年《法国刑法典》在规定对盗窃罪进行惩处时，并未就在电表上作假进行偷电的行为作出规定，也未对直接与电力公司的输电网进行搭接连线进行偷电的行为作出规定。但是，判例并没有因此而对采取这些方法窃电的人不适用《法国刑法典》第 179 条的规定，并且法院认为"电是一种可以占有的动产物品"①。当然，在理解上述论述时，"法官均可将立法者有规定的情形扩张至法律并无规定的情形"这句话可能引起误解，即如何理解这里的"有规定"与"无规定"？我认为，对法律之有规定与无规定不能作机械的理解。法律规定可以分为显性规定与隐性规定。在法律规定是显性规定的情况下，只要通过法律文字即可理解法律规定的内容。在法律规定是隐性规定的情况下，需要通过法律解释以明确其内容。刑法没有规定偷电是犯罪，从这个意义上说偷电似乎是法律没有规定，但这只是没有显性规定。将电解释为财物，从而可将偷电行为涵括在盗窃之中以盗窃罪论处。由此可见，偷电是有法律规定的，这是一种隐性规定，这种法律规定是通过刑法解释而得以彰显的。从表面上看，好像是通过刑法解释使法律没有规定变成法律有规定。但实际上，在解释之前，某一含义在逻辑上已经或者可能为某一概念所涵括，只是受到某种遮蔽而已。通过刑法解释，对此种含义加以明确，因此，刑法解释并不能把法律文本所没有的东西加诸它，而只能把法律文本所隐含的东西彰显。同样是对窃电的理解，德国刑法却经历了一个复杂的过程。德国帝国法院对于窃取电能是否构成盗窃罪，表示否定的看法，理由是电能并非《德国刑法典》第 242 条盗窃罪构成要件中的

① ［法］卡斯东·斯特法尼等：《法国刑法总论精义》，罗结珍译，143 页，北京，中国政法大学出版社，1998。

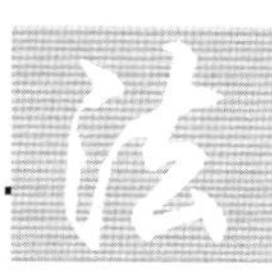

“物（Sache）”。此举引起相当的争议，并导致1900年4月9日颁布《窃取电能处罚法》，在1953年被纳入德国刑法典，另外规定于第248条。对于这个过程，Baumann表示，对于《德国刑法典》第242条中“物”的概念，不可以作一个宽到可以包含电能的解释。换言之，他认为以大众对于德文语词“Sache”的日常使用来说，如果要说“Sache”包括电，会是一个相当罕见的用法。因此，他说：尽管从现今自然科学的认识来说，电可以被视为物，但是帝国法院的这个判决仍可说是法政策的重大成就。因为，如果当初帝国法院将电视为一种物质标的，那么现在物的概念将会模糊到漫无边际的地步。[①] 由此可见，对于相同的法律问题，各国刑法可能采取不同的处理方法。这里当然有各国语言上的差异和民众认同的程度以及刑事政策因素的考量。

刑法严格解释原则表明，刑法是不能作类推解释的，这里涉及类推解释的问题，需要深入研究。类推是以法律存在漏洞为前提的，因而被认为是一种填补法律漏洞的方法。类推存在两种情形：一是类推适用，二是类推解释。类推适用往往是以类推解释为前提的。通过类推解释，获得法律适用三段论的大前提，使案件得以处理。因此，在一般情形下，类推适用与类推解释是无须区分的。但在我国1979年刑法规定类推制度而最高人民法院又有司法解释权的情况下，类推适用与类推解释还是有所不同的：类推适用是指个案的法律适用问题，即在法无明文规定的情况下，对某一行为援引刑法分则最相类似的条文定罪处刑。而类推解释是指最高人民法院采用类推方法对某一法律进行解释，由于这种解释是有权解释，从而获得了某种“法”的效力。这种类推司法解释颁行以后，各级司法机关对于此类案件不再需要类推适用，而可以直接定罪处刑。由此可见，类推司法解释所具有的这种普遍法律拘束力，甚于个案的类推适用。当然，我国1997年刑法废除了类推制度。在这种情况下，类推解释同样应当禁止，因为它与罪刑法定原则是相违背的。应当说，类推解释在民法当中是允许的，因为在民法中，类推

① 参见徐育安：《刑法上类推禁止之生与死》，122页，台北，自印本，1998。

适用是填补法律漏洞的一种正当方法。类推适用是指：将制定法针对某事实构成（A）或者若干彼此类似的事实构成而设定的规则，转用于制定法未做调整，但与前述事实构成“类似的”事实构成（B）。转用的基础在于：由于对法律评价有决定意义的方面，两类事实彼此类似，因此应被相同评价，也就是说，转用是基于公正的要求：同类事物相同对待（Gleichartiges gleich zu behandeln）。[①] 在民法中，通过类推适用可以填补法律漏洞。那么，在刑法中是否允许类推解释呢？一般认为，罪刑法定原则本身包含着对实体法规范的确定性要求，其目的在于限制司法解释，确保犯罪（或加重处罚）规范的适用，不超出法律明文规定的范围。根据这一原则，犯罪规范或总的来说不利于罪犯的规范不得类推。无论是根据相似条文进行的“法律（legis）类推”，还是根据法律的一般原则进行的“法（juris）类推”，均在禁止之列。[②] 但是，在司法实践中，对于如何把握禁止类推原则并非毫无争议。尤其是关于扩张解释与类推解释，本身就是难以区分的，因而就出现了在扩张解释的名义下实行类推解释的问题。例如：德国曾经发生过一起抢劫案：X携带盐酸泼洒于一名女会计的脸上，进而抢走她的钱包。在联邦法院的判决中，涉及的问题在于：X是否犯了加重强盗罪。根据行为当时有效的《刑法》第250条的规定，加重强盗罪的构成在于：“当行为人……携带武器实施强盗行为，而以武力或以武力胁迫，防止或压制他人反抗时。”因此必须判断的是：在该案中使用的盐酸是否为一种武器。联邦法院确认了这点。因为这个判决相当有争议，并且多数人认为应该可以否定，所以立法者相应地修改了《刑法》第250条，现在的规定是：“携带武器或其他器械或方法实施强盗行为，而……”[③] 这里

① 参见［德］卡尔·拉伦茨：《法学方法论》（全本·第六版），黄家镇译，479页，北京，商务印书馆，2020。

② 参见［意］杜里奥·帕多瓦尼：《意大利刑法学原理》（注评版），陈忠林译评，30页，北京，中国人民大学出版社，2004。

③ ［德］考夫曼：《法律哲学》（第二版），刘幸义等译，87页，北京，法律出版社，2011。这里的强盗即为抢劫，本书两词交替使用。

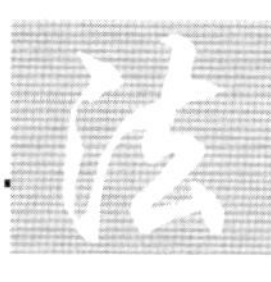

关于盐酸是否属于武器的争议，就是扩张解释与类推解释之争议。肯定论者认为将盐酸解释为武器是一种扩张解释，盐酸虽然不是常识意义上的武器，但在特定情况下它也可以作为武器来使用，因为它像其他武器一样能够伤害他人。而且，武器既可以包含物理武器，也包含化学武器，盐酸可以说是一种化学武器。否定论者则认为将泼洒盐酸抢劫作为使用武器抢劫认定是一种类推解释，盐酸本身并不是一般意义上的武器，当它用于伤害人时与武器具有某种类似性，因而将刑法关于使用武器抢劫的规定适用于泼洒盐酸抢劫的案件。考夫曼显然是赞同类推解释说的，他指出：联邦法院究竟是如何将盐酸与武器等同处置的呢？照字面及可能的字义是不行的。体系的因素也得不出这种结论，因为法律秩序中（武器法）没有任何一处将化学药品视同武器。主观（历史）解释同样也提不出历史的立法者有这样一种想法。联邦法院得出它的结论只是根据一个极端客观目的论的、扩张的解释，它已经深入类推里去了。但考夫曼并没有以该解释是类推解释而否认，而是进一步地引申出在刑法中是否应当禁止类推这样一个问题。考夫曼指出：因此，正确应被提出的问题在于：这里涉及的究竟是被允许的还是禁止的类推？在刑法学界内正确的通说观点是：这是一种禁止类推的案型。因此，反面推论的结果应是：不构成加重强盗罪。联邦法院所提出的，是一种未被反思的权力宣示，而且必须多加一句的是：这里没有主观与客观解释之间选择的问题。①

应当指出，对于盐酸案，考夫曼最初认为德国联邦最高法院的解释是一种根据类型的思维所作的被容许的类推解释，其思路是：类型的思维是要从实际存有的事物中，比较事物本质上的类似性，而这个事物的本质，会因时间而改变，而武器正是要取决于此时此地用以杀人或伤人者。从武器是一个功能性概念出发，可以得出化学物质是一种武器的结论。但 Fitkentscher 严厉地质疑考夫曼在《类

---

① 参见［德］考夫曼：《法律哲学》（第二版），刘幸义等译，110 页，北京，法律出版社，20011。

推与事物本质——兼论类型理论》一书中对盐酸案的解释。在 1982 年该书发行第二版时，考夫曼对于第一版的内容虽未更动，但是增加了一篇后记以作为对其他学者批评的回应，其中同意 Fitkentscher 对他的批评，坦承自己对于盐酸案的见解不当。在此后的著作中，考夫曼也再次明言联邦最高法院对盐酸案的判决是应禁止的类推适用。[①] 尽管考夫曼对盐酸案的见解发生了一百八十度的转变，但他对于类推的观点并无变化。考夫曼认为，刑法中存在类推适用，且是正当的，它与罪刑法定原则并不相悖。在考夫曼看来，所谓"无法律则无犯罪"（nulum crimen sine lege）原则在真实中的意义，它不可能是一种严格的类推禁止，因为这样必须要有一个先决要件，即犯罪在立法的构成要件中，通过单义的概念，总结地被定义，但这是不可能的。罪刑法定原则，是指将可处罚的行为的类型，在一个形式的刑法加以确定，也就是说必须或多或少完整地被描述。因此，在刑法上，类推适用的界限在于立法的构成要件所奠基的不法类型中。[②] 对于考夫曼提出的观点，我们不能简单地予以否定，而是应当从科学的角度加以分析。

类推的性质如何界定，这是一个关系到正确理解类推功能的重要问题。考夫曼提出一个观点，认为类推不是逻辑的推论，而是一种比较。考夫曼将类推和演绎、归纳及设证等推论方法作了比较，认为演绎是从规则推论到案件，归纳是从案件出发找到规则，设证是从结论出发的推论。而类推（比较）不是逻辑上的推理，而是一种带有相当复杂机构的比较。在类推时，拟加以认识的事物，并不是在它之中或者接近它（在其本质中）加以认识的，而是在一个与另一比它为众所周知的事物的关联（关系）中加以认识的。因此，在此仅有陈述逻辑是不够的，还需要谓词逻辑及关系逻辑。在类推时，一直是一种从一些特征中的一致性，推

① 参见［德］阿图尔·考夫曼：《类推与事物本质——兼论类型理论》，吴从周译，161 页，台北，学林文化事业有限公司，1999。

② 参见［德］阿图尔·考夫曼：《法律哲学》（第二版），刘幸义等译，149 页，北京，法律出版社，2011。

论到一些未知的其他特征的一致性。[①]

我认为，类推到底是否如同演绎一样，是一种推理，关键在于如何理解类推的概念。在逻辑学上，存在一种类比推理，也简称为类比。有时也可以把类比理解为比较，即类比是指两个并不等同却仅仅在某个方面看来对象之间有一致之处的比较，如果从这种比较作出推理，这样的推理就叫作类比推理。[②] 因此，类比本身包含两个环节。第一个环节是比较，也就是类比。这种类比是建立在类似性之上的。类似性是一种比较，即在两个事物之间进行相同性的比较。在两个事物具有某些大于不同点的相同点的情况下，我们就可以对这两个事物作出类似性的判断。第二个环节是推导，即基于类似性进行逻辑上的推理，这种推理在逻辑学上是一种特殊的归纳推理。如果从两个对象（现象、范围）的某些类似性和一个对象的一个已知特性推出另一个对象也具有这种类似特性，那么这就是类比推理的逻辑定义。

通过类比推理，我们对某种未知事物的认识具有一定的或然性。那么，类推能否等同于类比呢？我认为，类推与类比还是有所不同的。类比推理更是一种认识的形式，通过类比可以获得对某些事物的未知特征或者性质的认识。在英美判例法制度下，由于按照遵循先例原则判案，因此就存在一个本案与先例案件之间类似性的比较问题，以决定是否可以援引先例作为判案根据。美国学者孙斯坦在论述法律推理时专设一章讨论类推推理。但从其内容来看，似乎应当译为类比推理。孙斯坦指出："法院之所以为类推推理所吸引，在很大程度上是由于类推允许人们达成未完全理论化的协议。如果要说一个案例与另一个案例相似，那么我们就需要某个理由或原则来说明。但在通常情况下，我们至少可以提供一个在低层次目标上发挥作用的理由或原则。"[③] 显然，判例法是以类比推理为逻辑基础

① 参见［德］阿图尔·考夫曼：《法律哲学》（第二版），刘幸义等译，93、95页，北京，法律出版社，2011。

② 参见王亚同：《类比推理》，1页，保定，河北大学出版社，1999。

③ ［美］凯斯·R. 孙斯坦：《法律推理与政治冲突》，金朝武、胡爱平、高建勋译，73页，北京，法律出版社，2004。

的，但绝不能认为类比推理等同于类推推理，因而判例法都是建立在类推基础之上的。孙斯坦在论述法律中的类推思维时指出：某些人认为，类推推理实际上是演绎推理的一种形式，但这种观点是错误的。确切地说，如果没有识别出一个可以适用的观点——即原则、标准或规则——以说明源案例和目标案例中的结果，那么人们将无法进行类推推理。[①] 实际上，孙斯坦否认是演绎推理之一种形式的是类比推理而不是类推推理。

在大陆法系成文法的语境中，类推推理具有某种演绎推理的特征。德国学者考夫曼认为在类推中包括演绎、归纳等逻辑推理形式，但又否认类推本身是一种推理，这里存在自相矛盾之处。我认为，在大陆法系成文法的三段论法律适用的逻辑推理中，大前提是关键，而大前提的获得又是找法的结果。找法是一个法律发现过程中。考夫曼认为，其科学性不在于把这个过程化约成为涵摄的逻辑推理，相反，它的科学性只在于：澄清这个过程的复杂性，而且合理地反思所有在该过程中不是以形式逻辑得出的一切事物。法学方法必须认真地了解到：法学方法的核心不在于一个逻辑推理，而在于一个比较——很可能是在一个案例比较中，这种比较没有规范，没有规则，没有比较点是不可能的。现实、实际中绝大多数都不是精确地、形式逻辑地、合理地发生着，这点便提供了法学方法的本质不在于逻辑推理的支持论据。[②] 在此，考夫曼阐述了在法律发现过程中类比推理方法运用的可能性。也就是说，在确定某一概念的蕴含时，法官往往采用类比推理方法。例如，在盐酸是否属于武器的解释过程中，就会在盐酸和武器之间进行类比，确定两者之间的相似性，以决定能否把盐酸解释在武器之中。对此，刑法学者也是予以认同的。例如，德国学者指出：原则上在刑法中也有其合法地位的类比推理（Analogieschluss，argumentum a simile）说明，适用于特定案件类型

① 参见［美］凯斯·R. 孙斯坦：《法律推理与政治冲突》，金朝武、胡爱平、高建勋译，77～78页，北京，法律出版社，2004。

② 参见［德］阿图尔·考夫曼：《法律哲学》（第二版），刘幸义等译，106页，北京，法律出版社，2011。

的法规范，可适用于其他案件，如果后者与上述特定案件类型在重要关系上是相一致的。[①] 这种类比推理中的类似性与类推推理中的类似性之间存在什么关系呢？我认为，在类比推理的情况下，这种类似性是一种强类似，即相同大于相异，因而可以根据事物之本质将其归入某一概念或者类型之中。而在类推推理的情况下，这种类似性是一种弱类似，即相异大于相同，因而不能按照一般的法律解释方法将其涵括在某一概念或者类型之中，也就是属于法无明文规定的情形。在这种情况下，非要适用这一法律，就需要类推推理。类推推理以类推解释为前提，将大前提法律规定的涵括面加以扩大，然后由此出发进行司法三段论的演绎推理，最后得出结论。因此，类推推理与类比推理是有所不同的。

在罪刑法定原则下，包含在可能语义范围之内的类比推理是允许的，超出可能语义范围的类推推理则是被禁止的，这是一条不可逾越的原则界限。当然，如何区分两者是一个复杂而困难的问题，它关涉对可能语义的界定。罪刑法定原则与类推的排斥性，这应是不争的事实。考夫曼对这一铁则提出质疑，认为罪刑法定原则并不绝对地禁止类推。这是要冒极大学术风险的。这里存在一个如何界定罪刑法定原则下刑法解释的限度问题。以往通行的观点是可能语义说，例如德国学者拉伦茨就是可能语义说的有力倡导者。按照拉伦茨的观点，可能语义应当理解为：根据一般的语言用法或者当时的立法者视作是标准的语言用法——这可能只在特殊情况下才存在——能够被理解为这个用语指称的意义。[②] 这种可能语义说，主要是借助于语言的张力对其内容加以界定。因此，如果超出可能语义的解释就是类推解释。但考夫曼则不同意可能语义说，认为可能语义只是一种表面的解释，不足以承担探求法律意义的使命。而法律意义是指超乎文字形式的法律“精神（Geist）”。为此，考夫曼提出了不法类型说。考夫曼指出：立法者的任

① 参见［德］汉斯·海因里希·耶赛克、［德］托马斯·魏根特：《德国刑法教科书（总论）》（上），徐久生译，208页，北京，中国法制出版社，2017。

② 参见［德］卡尔·拉伦茨：《法学方法论》（全本·第六版），黄家镇译，406页，北京，商务印书馆，2020。

务是去描述各种类型。此时，抽象概念在法律的建构上具有极大的重要性，因为它能给予这项建构所需的外形，并担保其法律安定性。然而详尽地去描述一个类型是不可能的，这种描述只能不断去接近类型，但无法掌握其最终的精细性。因为类型永远比抽象地被定义的概念在内容上来得较为丰富，较为有思想，较为直观。[①] 因此，在考夫曼看来，对于司法者来说，其主要的工作，便是回溯到抽象概念背后那些立法者所欲规范之类型，根据类型解释，借而判断法律是否适用于具体案例事实，不会拘泥于抽象概念之表面字句。[②] 我认为，类型思维引入刑法学用于描述犯罪构成要件的观念是正确的，对此将在后文专门论述。在犯罪构成要件意义上，犯罪是一种不法的行为类型。例如杀人，其本质特征是非法剥夺他人生命，凡是符合这一本质特征的，就是杀人。但在对刑法具体概念的理解上，例如何谓武器，何谓物等，将武器和物也理解为一种类型，不受其可能文义的限制加以理解，可能是有所不妥的。这里，是否应当区分行为类型与事物类型？行为类型受其事物本质的支配，而事物类型则受其语言外延的限制。考夫曼提出一切类型甚至一切概念都是类推的，其实是对类推的一种误用。考夫曼强调类推中的比较方法的使用，这是无可指摘的，但不能说采用比较方法地理解一个概念就一定是类推。是否类推，关键还是要看能否为可能语义所容纳。在这个意义上，我还是赞同可能语义说。如果允许超出可能语义范围，根据事物本质进行实质判断，将使罪刑法定原则的形式理性丧失殆尽。也许，在文化国意义上，考夫曼允许类推的实质理性是有其存在合理性的。身在法治国的我，对于考夫曼的实质理性持一种同情的理解，但仍然坚持我之形式理性的司法理念。至于说，类推制度能否以崭新的面貌再现于中国刑法[③]，我以为现在还言之过早。

在各种解释方法之间，是否存在严格的位阶关系（Rangverhaltnis），也是一

① 参见［德］阿图尔·考夫曼：《类推与事物本质——兼论类型理论》，吴从周译，117 页，台北，学林文化事业有限公司，1999。

② 参见徐育安：《刑法上类推禁止之生与死》，91 页，台北，自印本，1998。

③ 参见朱峰：《不同法治背景下的类推制度》，载《环球法律评论》，2004 年春季号，100 页以下。

个值得研究的问题。如前所述，法律解释方法通常有四种：语义解释、体系解释、历史解释和目的解释。那么，这四种解释方法是可以随意选用呢，还是存在一种内在的顺序关系呢？对于这个问题，我国台湾地区学者王泽鉴主张采取一种折中的立场，指出："既不认为各种解释方法具有一种固定不变的位阶关系；但亦不认为解释者可任意选择一种解释方法，以支持其论点。法律解释是一个以法律意旨为主导的思维过程；每一种解释方法各具功能，但亦受有限制，并非绝对；每一种解释方法的分量，虽有不同，但须相互补足，共同协力，始能获致合理结果，而在个案中妥当调和当事人利益，贯彻正义的理念。"① 我国学者梁慧星则较王泽鉴的立场稍稍偏向于对各种解释方法之间大致规律的认同，指出：虽然不能说各种解释方法之间存在着固定不变的位阶关系，但也不应认为各种解释方法杂然无序，可由解释者随意选择使用。② 我个人较为赞同梁慧星教授的观点，认为应当承认各种解释方法之间存在一定的位阶关系，但这种位阶关系不是固定不变的，尤其不能将位阶关系直接等同于顺序关系。如果这种解释方法的位阶关系得不到遵守，可能会影响解释结论的合理性。例如，历史解释，也就是沿革解释在一定条件下优于语义解释。因此，在解释刑法时，立法沿革，也就是刑法的历史因素是不能不考虑的，它形成对语义解释的某种限制。

任何法律都必然存在某种漏洞，法律漏洞可以分为法外漏洞和法内漏洞。在民法中承认法官的法律补充权，因而可以通过类推或者其他方法填补各种法律漏洞。但在刑法中，基于罪刑法定原则，并不承认法外漏洞的概念，更不允许对所谓法外漏洞进行填补。对于那些应该规定为犯罪但由于有意或者无意，以及其他原因刑法没有加以规定的，就应当视为法无明文规定，不为罪，不允许以法律漏洞为由加以填补。当然，这并不意味着在刑法中不能进行法内漏洞的填补，以及

① 王泽鉴：《法律思维与民法实例——请求权基础理论体系》，199 页，北京，北京大学出版社，2009。

② 参见梁慧星：《民法解释学》（第五版），208 页，北京，法律出版社，2022。

有利于被告人的法外漏洞的补充。例如，刑法分则第六章第三节规定了妨害国（边）境管理罪，主要涉及偷越国（边）境罪（第 322 条）、组织他人偷越国（边）境罪（第 318 条）、运送他人偷越国（边）境罪（第 321 条）。这些犯罪的认定都存在一个前提问题：如何理解这里的偷越？在刑法理论上一般认为，偷越包括两种情形：一是没有出入境证件而出入境，二是使用伪造、变造的出入境证件而出入境。但《刑法》第 319 条关于骗取出境证件罪的规定中，将组织他人偷越国（边）境使用作为该罪的主观目的。由此推论，使用骗取的出境证件也是偷越国（边）境。但骗取的出境证件，无论是护照还是签证形式上都是合法的，将这种持有形式上合法的出境证件的行为规定为偷越国（边）境，显然不符合偷越的意思。在这种情况下，就需要将这里的为组织他人偷越国（边）境使用为目的，理解为以非法移民为目的。上述刑法规定是一种漏洞，这种漏洞可以通过目的性限缩的方法加以补充。我国台湾地区学者指出："目的性限缩，系指对于法律文义所涵盖的某一类型，由于立法者之疏忽，未将之排除在外，为贯彻规范意旨，乃将该一类型排除在该法律适用范围外之漏洞补充方法而言。目的性限缩的基本法理，系非相类似之事件，应作不同之处理，可将不符规范目的之部分排除在外，俾仅剩的法律意义更为精纯。"① 这种目的性限缩之法律漏洞补充，是有利于被告人的，因而并不违反罪刑法定原则。

四、犯罪构成方法论

在刑法中，犯罪认定过程是案件事实与刑法规定的耦合过程。这也是一个司法推理过程，但它不同于一般的司法推理之处在于：犯罪认定是以犯罪构成要件为中心展开的。犯罪构成的构造与运用本身都存在一些方法论问题需要研究。

---

① 杨仁寿：《法学方法论》（第二版），200 页，北京，中国政法大学出版社，2013。

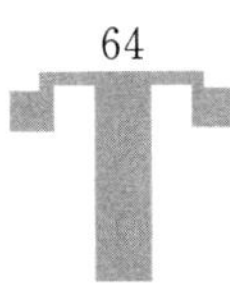

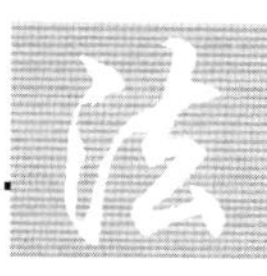

这里首先涉及的一个问题是犯罪构成要件的性质问题。犯罪构成要件是以刑法分则规定为根据形成的一些理论模型，而刑法分则的规定到底是一种概念还是一种类型呢？这里要从法律演进的历史说起，并且涉及中西法律文化上的重大区别。

我国古代的法学称为律学，律学发端于秦、汉时期，到魏晋南北朝时达到了相当发达的境界。晋代著名律学家张斐的《律注表》，是我国古代法律学的经典作品。该表对古代刑法中的 20 个重要名词作了精确的诠释，这 20 个名词是：故、失、谩、诈、不敬、斗、戏、贼、过失、不道、恶逆、戕、造意、谋、率、强、略、群、盗、赃。例如，张斐释盗曰："取非其有谓之盗。"这就十分确切地将盗的侵犯他人财产所有权的性质予以揭示，为窃盗与强盗的罪名设置提供了法理基础。我国学者对张斐律学的方法论作了分析，指出：在张斐的《律注表》中，由于使用了逻辑思维的抽象方法，因此，在解释法律名词时，明显地比汉代采用经学的方法要进步。同时，当时玄学家的辨名析理的学风也影响了律学研究，通过对法律名词的内涵与外延的逻辑界定，对法律名词的普遍属性和特殊个性的抽象分析，使魏晋律学进一步朝着逻辑化、抽象化、精密化、系统化的方向发展。[①] 及至《唐律疏议》，中国古代律学发展到炉火纯青的程度。《唐律疏议》在内容上由律文、注文以及疏文三部分构成：注文是对律文的说明解释，疏文又是对律文和注文的说明解释。这里尤其需要探讨的是疏这种解释形式。《唐律疏议》中的疏为何意？《名例律》的注疏曰：昔者，圣人制作谓之经，传师所说则为之传，此则立明、子夏于《春秋》《礼经》作传是也。近代以来，兼经注而明之则谓之为义疏。疏之为字，本以疏阔、疏远立名。又《个雅》云："疏者，识也。"案疏训识，则书疏记识之道存焉。由此可见，疏的本义虽是指疏远，其引申义为识、为注，其义明之也。《唐律疏议》中的疏，又由"议"及"问答"两部分组成。其中，"议"是解释议论部分，"问答"是假设案例的提出与解答。《唐律疏议》广泛采用了训诂学的方法对律文和名词进行解释，正如我国学者所

① 参见何勤华：《中国法学史》，第 1 卷，286 页，北京，法律出版社，2000。

说，疏文探求制度的由来，并对事物作考证，以示制度的庄严正统，达到《进律疏表》所讲的“网罗训诰，研核丘坟”以为“信百代之准绳”[①]。我国古代以语言诠释为主要内容的律文，到清代又得到进一步发展。例如清代王明德在《读律佩觿》[②] 一书中，对解律之法作了体系性的归纳，提出读律八法：一曰扼要，二曰提纲，三曰寻源，四曰互参，五曰知别，六曰衡心，七曰集义，八曰无我。王明德还论述了“律母”与“律眼”。王明德云：律有以、准、皆、名、其、及、即、若八字，各为分注，冠于律首，标曰八字之义，相传谓之律母。相对应于律母的是律眼，律眼是指例、杂、但、并、依、从、从重论、累减、听减、得减、罪同、同罪、并赃论、折半科罪、坐赃数罪、坐赃论、六赃图、收赎等。这里的律母与律眼都是律文中的关键词。我国古代律学的精妙在于对律文的文字解释与义理阐述，透过文字的隔膜而尽得立法之精义。

尽管我国古代律学达到了相当高的理论水平，但我们不能不看到，它只囿于对律文的语言解释，把法律规定当作一般的概念加以注疏，而没有建立起法律的一般模型，缺乏形式理性的法逻辑思维。对此，马克斯·韦伯指出：中国古代不仅形式的法学未能发展，而且它从未试图建立一套系统的、实在的、彻底理性化的法律。总的看来，司法保持着神权政治的福利司法所特有的那种性质。就这样，不仅哲学的和神学的（Theologisch）逻辑学（Logik），而且法学的逻辑学，都无法发展起来。[③] 换言之，我国古代法律学缺乏形式的法逻辑（Rechtslogik），而这种法逻辑，恰恰是西方法学的基础。

西方法学的古典形式是罗马法，而罗马法是借助于古希腊的逻辑学方法发展起来的，由此形成一套法律概念体系，对后世产生了深远的影响。法律存在一个从具体到抽象，也就是从个别到一般的演变过程，这在中外法律史上皆是如此。

---

① 钱大群：《唐律研究》，50 页，北京，法律出版社，2000。

② 参见（清）王明德：《读律佩觿》，何勤华等点校，北京，法律出版社，2001。

③ 参见［德］马克斯·韦伯：《儒教与道教》，洪天雷译，175 页，南京，江苏人民出版社，1993。

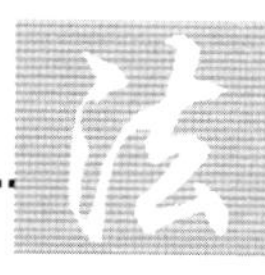

但中国古代法律史上的从具体到抽象更多的是表现为语言上的抽象化，使之能够涵括更多的内容。而西方法律史上的从具体到抽象则更多的是类型化，建立起某种法律模型，从而能够容纳更多的事实内容。因此，我国古代法律的抽象化是一种语言的抽象化，而西方法律的抽象化是一种逻辑的抽象化。这种逻辑上的抽象化就表现为一种形式主义的特征。例如英国学者论述了罗马法的形式主义，指出：原始制度注重对形式的使用，法律后果并不是产生于单纯的协议或者简单的意思表示。如果要创设或者转让某一权利，必须实施某种特定的行为，或者使用特定的话语。[①] 在此基础上古罗马法发展出一种法律程式，这种法律程式需要具备某种要件才能发生法律后果，由此形成所谓要式行为，例如要式买卖（mancipatio）等。因此，罗马法更强调行为要素。例如，关于盗窃的规定，《唐律·贼盗律》规定："诸盗，公取、窃取皆为盗。"疏文曰：公取，谓行盗之人，公然而取；窃取，谓方便私窃其财，皆名为盗。因此，唐律中盗的概念，指以公开或秘密的方式非法取得他人财物的行为。然后，《唐律疏议》再将盗进一步区分为：（1）强盗，即以威若力而取其财，先强后盗，先盗后强等。（2）窃盗，即窃盗人财，谓潜形隐面而取。[②] 我们再来比较一下罗马法中关于盗窃的规定。在罗马法中，盗窃（furto）是以获利为目的，欺诈地窃取他人的可动物，或者经被窃人同意而持有物品的人非法使用或非法侵吞该物。在优士丁尼法中，人们将盗窃区分为窃取（furtum rei）、窃用（furtum usus）、侵吞（furtum possessionis）。因此，盗窃具有以下要件：第一，取得（contrectatio），这个概念包括窃取他人物品，非法使用（furtum usus）和非法侵吞（furtum possessionis）。第二，欺诈性意图（contrectatio fraudulosa，animus 或 affectio furandi）。第三，从被窃取物中获利的意图（animus lucrifacierdi）。第四，可动产。[③] 通过对比，我们发现

① 参见［英］巴里·尼古拉斯：《罗马法概论》，黄风译，60页，北京，法律出版社，2000。

② 参见钱大群：《唐律研究》，319～320页，北京，法律出版社，2000。

③ 参见［意］彼德罗·彭梵得：《罗马法教科书》，黄风译，402页，北京，中国政法大学出版社，1992。

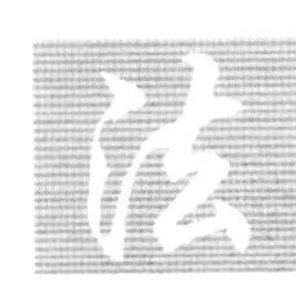

《唐律疏议》对盗窃的规定更是一种描述性的，例如使用潜形隐面这样一种形象的语言对行为特征加以描述。而罗马法对盗窃的规定更是一种分析性的，可以分解出各种构成要素，以便加以把握。

犯罪构成要件理论就是建立在这种分析基础之上的，关于犯罪的一种类型化的理论体系。构成要件的概念与民法上的法律行为的概念具有构造上的相似性。例如在《德国刑法典》中，所谓法律行为是指私人的、旨在引起某种法律效果的意思表示。此种效果之所以得依法产生，皆因行为人希冀其发生。法律行为之本质，在于旨在引起法律效果之意思的实现，在于法律制度以承认该意思方式而于法律世界中实现行为人欲然的法律判断。简言之，法律行为即旨在引起法律后果的行为。[①] 民法上的法律行为充分体现了意思自治原则，是法律授予民事主体以实现个人意思的法律上的权利手段。在罗马法上，本无抽象的法律行为概念，只有各种具体的名称，如买卖行为、使用借贷行为、赠与行为、遗嘱行为，等等。19 世纪初德国法学家、历史法学派的创始人胡果（Gustav Hugo，1764—1844）在研究罗马法时，概括了各种法律方面的行为的共同点，首创了法律行为这个词。[②] 此后，该词被各国民法所采纳。法律行为这个抽象概念的形成，对于民法调整方式来说，是一个重大突破。法律行为的成立必须具备一定的条件，因而需要讨论法律行为的成立要件。法律行为的成立要件是指依照法律规定成立法律行为所必不可少的事实要素。我国学者指出："当行为人的某一表示行为符合特定法律行为的成立要件时，其行为构成特定的法律行为；当行为人的具体表示行为不符合任何法律行为的成立时，观念上应视为法律行为不存在。此类法律规则的作用在于将社会生活中民事主体有意从事法律行为的活动与无意从事法律行为的活动区别开，使得一切法律行为均取得法律规定的典型特征。基于这一观念，民

---

① 参见［德］迪特尔·梅迪库斯：《德国民法总论》，邵建东译，142～143 页，北京，法律出版社，2013。

② 参见周枏：《罗马法原论》（下册），582 页，北京，商务印书馆，1994。

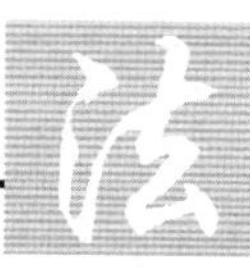

法理论中有学者主张将法律行为的成立要件称为法律行为的构成要素或构成要件。”[①] 因此，从法律行为概念中就可以推导出构成要件的概念。这里的构成要件，就是指 Tatbestand。Tatbestand 起初是指一种事实性存在，此后才被确认为法律上的一种模型并与事实相脱离。日本学者小野清一郎曾经对构成要件的概念作了分析，指出：在一般法学上，则由于一定的法律效果发生，而将法律上所必要的事实条件的总体，称为“法律上的构成要件”。在刑法学上，犯罪的构成要件，其理论性只是它其中的一种情况——因为在历史上，刑法中最早出现的构成要件概念是采用一般法学的思维方式得出的。但是必须注意的是，按照一般法学的用法，构成要件一词仅仅意味着是法律上的、抽象的、观念性的概念。与此相反，在心理学等方面，在使用 Tatbestand 一词时，基本上指的是事实性的东西。[②] 因此，在由犯罪构成建构的方法论中，涉及一个从事实到概念，再到类型，最后到模型的这样一个演变过程。

犯罪本身是对社会生活中的法益侵害行为的一种概括，由此形成概念，这种概念表现为罪名概念。概念是以语言为载体的，因而为确定某一犯罪的内容需要对语言进行解释。罪名概念与犯罪事实之间的关系，实际上是一种名实关系。胡适在论述中国古代的法治逻辑时，揭示了这种法治逻辑的基础是循名责实。不仅法家如此，儒家也是如此。孔子的正名学说：名不正，则事不成，刑罚不中，而民无所措手足。由此可以勾画出儒家名实关系学说的清楚线索。[③] 在这种情况下刑法理论还是描述性与解释性的，而没有达到一种理论上的建构。

从罪名概念到犯罪类型，这是一个重大的跨越。德国学者考夫曼对类型与概念进行了比较，指出：类型是建立在一般及特别之间的中间高度，它是一种相对

---

① 董安生：《民事法律行为——合同、遗嘱和婚姻行为的一般规律》，188～189 页，北京，中国人民大学出版社，1994。

② 参见［日］小野清一郎：《犯罪构成要件理论》，王泰译，5 页，北京，中国人民公安大学出版社，2004。

③ 参见胡适：《先秦名学史》，146 页以下，上海，学林出版社，1983。

具体，一种事物中的普遍性。类型一方面与抽象一般的概念相异，一般概念，通过一个有限数量独立的特征被加以定义（被限制），并因此——依康德的意思，与直观相对。类型在它与真实接近的以及可直观性、有对象性来看，是相对的不可以被定义，而只能被描述。它虽然有一个确定的核心，却没有确定的界限，以至于一个类型存在的特征轮廓或多或少有所缺少。而这却不会造成对于一定事实类型化的困难。概念（在这里一直被理解为抽象一般的概念），当作一种种类概念或分类概念是封闭的，而类型则是开放的。概念只认识一种犀利的“不是什么，就是什么”。概念作区隔，概念性的思考是一种区隔性的思考。而类型（次序概念、功能概念和意义概念）相反的，让自己在“或多或少”多样的真实中存在。[①] 考夫曼这一对类型与概念的对比考察，对于我们正确地认识两者的关系是具有重要意义的。当然，类型与概念也不是互不相干，事实上，概念也正是某种类型的载体，因而存在所谓类型概念化或者概念类型化的问题。对于类型与概念的这种关系，考夫曼曾经引述康德的名言加以说明：概念没有类型是空的，类型没有概念是盲目的。[②]

依我个人之见，概念是对事物本质特征的概括，因其抽象性而都具有某种类型性特征。但概念的主要作用在于区隔，即区分不同事物，其概括功能反而未受到应有重视。而类型的主要功能在于概括，形成一种直观的、整体的认识。在这个意义上，类型毋宁说是一种思维方式，即所谓类型化思考，正如德国学者指出：当人们借助于抽象—普遍的概念及其逻辑体系都不足以清晰明白地把握生活现象或者某种意义脉络时，首先想到的是求助于类型（Typen）的思维方式。[③]

---

① 参见［德］阿图尔·考夫曼：《法律哲学》（第二版），刘幸义等译，148页，北京，法律出版社，2011。

② 参见［德］阿图尔·考夫曼：《法律哲学》（第二版），刘幸义等译，149页，北京，法律出版社，2011。

③ 参见［德］卡尔·拉伦茨：《法学方法论》（全本·第六版），黄家镇译，577页，北京，商务印书馆，2020。

类型化思考，是人文社会科学中广泛使用的一种思考方法，例如马克斯·韦伯将类型化思考方法引入社会学，形成了理想类型的分析框架。韦伯在讨论社会学方法论基础时，从定律概念出发引申出类型的概念，人们习惯于作出各种各样的社会学概括，例如像格雷欣定律这样的定律。事实上，这些定律是由观察所证实的类型或然性。其意思是指，在某些给定条件下，将会出现社会行动的可期望道路，这一道路根据活动者的类型动机和类型主观意向是可以理解的。这些概括既是可理解的，也是高度确定的，只要根据纯理性的目的追求这种在类型意义上的行动观察道路是可以理解的，或这种理论类型的方法论便利的理由可以有启发地运用，情况便是如此。① 马克斯·韦伯所谓的类型，是一种经验性类型，一种纯粹理想类型。韦伯认为，所建立的理想类型越是严格和精确，从而在某种意义上它越是抽象和非现实，那么，它就越能较好地在阐述术语、分类和假设方面发挥其功能。②

类型化思考同样适用于法学，但法学中的类型不同于社会学中的类型，它是一种规范的类型。对此，考夫曼指出：放在法律层次上看，就可以证明出类型——在这里指的是规范的类型，不是以平均或者经常的类型，也不是以马克斯·韦伯的理想类型的意义来看，而是以在法律理念及生命事实的当中来看，围绕着所有的法律思想：是规范的正义与实质的正义的中间。③ 考夫曼还明确指出：事实上，刑法的构成要件都是不法类型，即类型化之非价的生活事实。④ 只有使用类型的方法，才能形成犯罪构成要件的概念。换言之，犯罪构成要件概念本身具有某种类型性特征。因此，犯罪构成要件的形成与类型化的刑法思维的成

① 参见［德］马克斯·韦伯：《社会科学方法论》，杨富斌译，52页，北京，华夏出版社，1999。

② 参见［德］马克斯·韦伯：《社会科学方法论》，杨富斌译，55页，北京，华夏出版社，1999。

③ 参见［德］阿图尔·考夫曼：《法律哲学》（第二版），刘幸义等译，148页，北京，法律出版社，2011。

④ 参见［德］阿图尔·考夫曼：《类推与事物本质——兼论类型理论》，吴从周译，109页，台北，学林文化事业有限公司，1999。

型，是一个相关的过程。正如我国学者所指出：从贝林到小野清一郎，构成要件理论从萌芽发展到了极致。伴随构成要件理论的成熟，构成要件类型化的思维亦逐步成型。无论是行为类型、违法类型抑或责任类型，无论是犯罪的外部轮廓或价值类型，无疑都是一种类型化思维的过程和结果。在这个意义上，甚至可以将刑法学称为类型刑法学。[①] 由此可见，类型化思考是犯罪构成要件建构的重要方法论。

基于类型化思考方法，刑法中对犯罪的规定不再是一些单纯的概念，例如杀人、放火、强奸、抢劫，都是一种犯罪类型，这是刑法理论的一次方法论革命。在这种情况下，我们不再把刑法对犯罪的规定看作是一种对事实的简单描述，而是认定犯罪的一种法律模型，由此引申出模型的概念。模型，也可以说是模式或者范式。Paradigm 源自希腊文，含有共同显示的意思，由此引申出模式、模型、范例等意思。在《刑法哲学》一书中，我曾经从定罪的模式意义上论述犯罪构成，并对大陆法系的递进式的犯罪构成结构与我国及苏俄的耦合式的犯罪构成结构进行了对比，指出了两种模式的逻辑差别。[②] 在《本体刑法学》一书中我将作为一种法律标准的犯罪构成与构成事实作了区分，在"将社会生活中出现的事实加以类型化的观念形象，并进而将其抽象为法律上的概念"（小野清一郎语）之意义上理解犯罪构成[③]，就是把犯罪构成看作是一种法律模型。因此，犯罪构成之作为一种法律模型，恰恰是类型化思考的结果。对此，我国学者也作了精辟的论述：就刑法条文对犯罪所谓的明文规定而言，其实只是建构一种与生活中具体行为相比较的模型。由于刑法条文在字面上、技术上对犯罪特征表述的局限性，模型往往都显得粗糙和过于简单，造成条文在运用中缺乏可操作性和难得要领，于是注释刑法学在刑法罪状的基础上建立起犯罪构成及其要件的学说体系，以便

① 参见张文、杜宇：《刑法视域中"类型化"方法的初步考察》，载《中外法学》，2002（4），423～424页。

② 参见陈兴良：《刑法哲学》（第六版），714～717页，北京，中国人民大学出版社，2017。

③ 参见陈兴良：《本体刑法学》（第三版），154页，北京，中国人民大学出版社，2017。

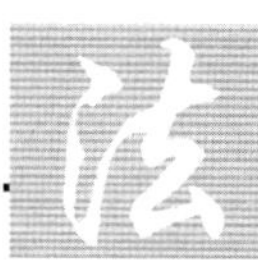

为司法提供可供操作的具体分析思想及方法。刑法理论家们凭着自己的专业知识、生活经验以及约定俗成定型化的犯罪既往处理模式，从理论上对刑法条文的字义进行深入浅出、字斟句酌的分析，原则释之具体、模糊阐之清晰、疏漏补之完整，并将这种刑法关于犯罪规定的概念体系冠名为犯罪构成，将聚合犯罪构成的诸要素称为要件（必要条件）。[①] 这种对犯罪构成由来的描述，尤其是从模型的意义上界定犯罪构成，我认为是十分科学的，也可以使我们头脑中的犯罪构成要件立体化。

犯罪构成作为一种模型，是由各种构成要件（要素）组建而成的，那么，构成要件之间存在一种什么样的逻辑关系呢？我认为，这是一个值得研究的问题。这里涉及犯罪构成要件之间的位阶问题。所谓位阶，实际上是指各个构成要件在体系中的确定位置，或者说是在认定犯罪过程中的先后顺序。关于这个问题，大陆法系的递进式的犯罪构成结构，构成要件该当性、违法性和有责性这三个犯罪成立条件之间的位阶关系是十分明确的。对此，日本学者大塚仁曾经进行过探讨。大塚仁指出：那么，应该在怎样的序列中对待那些犯罪的构成要素呢？在形式逻辑上，按照犯罪本身的发展经过，构筑认识它的体系，或者考虑刑事裁判中犯罪事实的认定过程建立与其相适应的理论体系，都并非不可能。从前一种看法出发建立体系，当然应该从犯罪的主观面出发，逐渐及于客观面。但是，犯罪概念的体系的目的在于把握科刑的前提，根据后一种看法是适合的。从这种观点来看，在研讨各种犯罪要素时，在思考及判断的经济上，应该从一般的犯罪要素开始，其后研讨具体的、特殊的犯罪要素。而且，对于定型的、形式的判断能够认识的东西，要先于非定型的、实质的判断予以处理，才是所希望的。通过以上考察，大塚仁赞同构成要件该当性、违法性及有责性这三个要素的体系，认为它以抽象的、一般的而且定型的构成要件该当性的判断为前提，对于肯定了构成要件该当性的行为，再进行具体的、个别的而且非定型的违法性及责任的判断。那

① 参见冯亚东、胡东飞：《犯罪构成模型论》，载《法学研究》，2004（1），75页。

么，相对于构成要件该当性，对违法性和责任的要素是应该都并列地对置理解，还是应该重叠地、发展地考虑呢？违法性的判断是从法规范的立场客观地、外部地论事，而责任的判断则是主观地、内部地研讨能否进行与行为人人格相结合的非难，着眼于这一点时，应该给予两者先后的顺序。① 在此，大塚仁教授确立了先客观后主观、先定型后非定型这样一个决定犯罪构成要件之间的位阶关系的原则。可以说，阶层犯罪论解决得最好且最合乎逻辑的就是犯罪构成要件之间的位阶关系。

传统的四要件，相对于阶层犯罪论而言，属于对合犯罪论。在对合犯罪论中，犯罪客体、犯罪客观方面、犯罪主体、犯罪主体方面这四个要件虽然具有对应性，但其位阶关系并没有得到圆满的解决。例如，苏俄学者在论述犯罪构成时指出：犯罪构成不仅是犯罪要件的总和，而且是犯罪要件的严密系统。犯罪构成反映犯罪特有的构成犯罪要素的内部联系。刑法科学的最大成就就是揭示了各种犯罪的统一的共同结构，并在这一基础上由犯罪的客体、犯罪的主体、犯罪的客观方面和犯罪的主观方面四类基本要件组成每一个犯罪构成。犯罪构成是这样一些必要的和充分的要件的系统，而且它们足以认定某人犯有相应罪行。这些要件之所以是必要的是从如下的意义上说的，即：在犯罪构成的全部要件中，缺少任何一个要件，行为人就不能被指控为犯罪，因此，他就不负刑事责任。这些要件之所以是充分的，就在于对有关行为人指控其犯罪，没有必要查明任何补充材料。② 这段话论及犯罪构成的结构，但就是没有阐述各个犯罪构成要件之间的位阶关系。也许在其犯罪构成体系中，这种位阶关系本身就是不存在的。我国学者曾经在犯罪构成研究中引入系统方法，提出了犯罪构成系统论这样一种颇有创见的理论。应该说，犯罪构成要件之间的位阶关系是犯罪构成系统论的题中应有之

---

① 参见［日］大塚仁：《刑法概说（总论）》（第三版），冯军译，108～109页，北京，中国人民大学出版社，2003。

② 参见［苏］B. H. 库德里亚夫采夫：《定罪通论》，李益前译，71页，北京，中国展望出版社，1989。

义，但恰恰没有涉及这个问题。根据论者的观点，犯罪构成体系是一个动态系统结构，犯罪主体和犯罪客体就是构成这个系统结构的两极，缺少其中任何一极都不可能构成犯罪的系统结构，不可能产生犯罪活动及其社会危害性。① 在这种情况下，犯罪构成系统论成了一种使人无从把握的东西，犯罪构成要件之间的关系反而更加模糊。在我国刑法学界，曾经展开过四要件之排列顺序的讨论。通说是根据犯罪认定过程将犯罪构成要件按照犯罪客体要件——犯罪客观要件——犯罪主体要件——犯罪主观要件的顺序排列。② 个别学者则是根据犯罪发生过程将犯罪构成要件按照犯罪主体要件——犯罪主观要件——犯罪客观要件——犯罪客体要件的顺序排列。③ 但这种讨论意义极其有限。正如我国学者指出：在我国犯罪构成理论体系中，各要件之间互为前提、互相作用，任何一个方面的要件，如若离开其他三个方面的要件或其中之一，都将难以想象，要件的齐合充分体现出要件的同时性和横向联系性；撇开论述上的逻辑顺序不谈，四个要件哪个也不能独立在先、独立在后。④ 根据这种观点，四个构成要件的排列不是逻辑顺序而只是一种理论叙述的顺序。在这个意义上说，我国现行的犯罪构成要件之间根本就不存在位阶关系。

我认为，犯罪论体系，无论是阶层犯罪论还是对合犯罪论，各要件之间的位阶关系都是首先需要明确的。这种位阶关系表明：顺序在先的构成要件独立于顺序在后的构成要件，顺序在后的构成要件则以顺序在前的构成要件为前提，这种顺序关系不能颠倒。由于在对合犯罪论中，四要件之间的位阶关系没有得到确认，因而在认定犯罪过程中，往往出现某种逻辑上的混乱。例如，先客观后主观，这是构成要件之间的一种基本位阶关系。根据这一原则，行为是否构成犯罪，首先要进行客观的判断，包括构成要件行为、构成要件结果以及因果关系的

---

① 参见何秉松：《犯罪构成系统论》，112页，北京，中国法制出版社，1995。

② 参见高铭暄、马克昌主编：《刑法学》，105～106页，北京，中国法制出版社，1999。

③ 参见赵秉志：《论犯罪构成要件的逻辑顺序》，载《政法论坛》，2003（6），16～24页。

④ 参见肖中华：《犯罪构成及其关系论》，213页，北京，中国人民大学出版社，2000。

判断。只有在客观上作出了肯定判断的基础上，才能再进行主观的判断，包括有无罪过等。但在某些案件中，法官本来应该根据客观上不具有构成要件该当的行为而不认为是犯罪，却以主观上不具有罪过或者某种特定目的为由不认为是犯罪。结论虽然是相同的，逻辑论证则有所不同。这种不受位阶关系限制的跳跃式思维方式十分容易出错，这是应当防止的。

我在《本体刑法学》（商务印书馆，2001 年版）中提出了罪体与罪责之分的犯罪构成体系，这里的罪体是指犯罪的客观要件，罪责是指犯罪的主观要件。此后，我在《规范刑法学》（中国政法大学出版社，2003 年版）中，根据我国刑法中犯罪存在数量因素这样一个特征，在罪体与罪责以外，又提出了罪量要件，由此形成三位一体的犯罪构成体系。在此，涉及罪体与罪责之间的关系。我曾经指出，这是一种对合关系。那么，这种对合关系是否存在位阶呢？我的回答是肯定的。在认定犯罪中，罪体是首先需要确认的，包括行为、结果及因果关系这样一些罪体要素是前置于罪责而存在的。只有在罪体的基础上，才有罪责可言。这里还需要研究一个问题，就是我之所谓罪体是否能够独立于罪责而成立。我这里的罪体是行为事实与规范评价的统一，不同于大陆法系递进式犯罪构成体系中的构成要件该当性，它没有包括构成要件的故意与过失，但包括了违法性的评价。当然，在行为事实与规范评价之间，又是行为事实先在于规范评价。根据这样一种分析，罪体是可以独立于罪责而存在的。罪责中的责任能力是一个独立的判断要素。至于罪过，是心理事实与规范评价的统一。同样，在心理事实与规范评价之间，也是心理事实先在于规范评价。某些犯罪，只要具备了罪体与罪责即构成犯罪。还有些犯罪则不然，在具备了罪体与罪责的基础上，还需要考察罪量因素。如果虽然具备罪体与罪责，法律所要求的罪量要件不具备，仍然不构成犯罪。基于以上分析，我认为罪体—罪责—罪量这三个构成要件之间存在明确的位阶关系，这就为定罪提供了正确的逻辑径路。

五、案件事实认定方法论

案件事实并非一种“裸”的事实，而是一种构成要件该当的事实，它是经由规范的“格式化”而形成的一种法律事实。因此，在司法三段论的推理当中，小前提——案件事实的认定本身并非完全独立于大前提——法律规范的确定，而是在事实与规范之间互相检视的一种复杂认识过程。因此，在实际司法活动中，不能将大前提——法律规范的确认与小前提——案件事实的认定截然分开。在某种意义上说，案件事实的形成过程本身就是一个法律判断过程。例如，构成要件该当性的判断，当然是一种法律判断，但这一法律判断的实体内容就是构成要件事实的形成过程，两者具有不可分割的同一性。

当然，我强调案件事实的形成与法律判断在过程上的同一性，并非要将案件事实与法律规范加以混淆。正确地区分事实问题与法律问题具有重要意义。尤其是在三审终审的情况下，事实审与法律审相分离，基层法院以解决事实问题为主，二审法院以解决法律问题为主，终审法院不解决事实问题只解决法律问题。在这种情况下，事实问题与法律问题就应当在刑事诉讼的不同审级得以解决。应该说，事实问题与法律问题是存在区别的。事实问题是一个存在论的问题，即有还是没有的问题；而法律问题是一个价值论的问题，即是或者不是的问题。

事实问题与法律问题的区分，首先是一个在刑法理论上需要解决的问题。在刑法理论上，事实问题与法律问题的区分主要表现在犯罪构成要件的设置上。一个人有罪还是无罪的问题，需要同时解决事实问题与法律问题。犯罪构成要件作为定罪的根据，同样也包含了事实与法律两个层面的内容。在大陆法系递进式的犯罪构成体系中，构成要件该当性是一个事实的问题，构成要件包括行为、客体和结果等行为事实以及故意和过失等心理事实。只有在充足构成要件的基础上才能进入违法性的判断。当然，构成要件也并非完全的事实内容。贝林认为构成要

件是客观记叙性的事实，而不包含规范的、主观的要素。而麦耶尔则认为构成要件中包含规范的、主观的要件，但没有予以正面肯定。到了梅茨凯尔那里，由于认为构成要件是不法类型，所以从正面肯定了构成要件中的主观要素及规范要素。[①] 尽管在构成要件该当性中包含规范要素，但这种规范要素本身还是作为一种规范事实存在的。例如“他人的财物”（《德国刑法典》第242条、第303条），这里的财物当然是物理性存在，而“他人的”就是法律上的所有关系，这是一种规范要素。但这种规范要素存在本身又是一个事实问题，即财物的所有权归属问题。在认定盗窃罪时，财物是否属于“他人的”是一个事实性的前提。在这个意义上说，它与作为法律问题的违法性评价还是有所不同的。在构成要件该当的基础上，才能进一步进行违法性判断。一般来说，构成要件该当的行为是一种不法类型，因为构成要件该当行为一般可以推定为违法，除非存在违法性阻却事由。在违法性基础上进一步作有责性的判断，有责性是一个主观归责问题，在主张规范责任论的情况下，它同样也是一种法律判断。由此可见，在大陆法系的递进式的犯罪构成体系中，事实问题与法律问题有机地统一在一个犯罪构成中，互相协调，对于正确认定犯罪具有重要意义。

而在对合犯罪论中，事实问题与法律问题没有明确地加以区分。我在《刑法哲学》一书中曾经指出：行为事实是一种纯客观的存在，它只有经过一定的价值评判，才能转化为具有犯罪意义的行为、客体、结果及因果关系。在我国刑法理论中，行为事实与价值评判这两个层次的问题未加区别，混为一谈。因此，造成了许多理论上的混乱。[②] 例如，因果关系问题，我国以往关于因果关系的讨论纠缠于因果关系的必然性与偶然性，这都是在事实层面上对因果关系的讨论，没有充分关注法律层次的因果关系。实际上，因果关系不仅是一个事实问题，也是一

---

① 参见［日］小野清一郎：《犯罪构成要件理论》，王泰译，49～55页，北京，中国人民公安大学出版社，2004。

② 参见陈兴良：《刑法哲学》（第六版），101页，北京，中国政法大学出版社，2017。

个法律问题。因此，将因果关系区分为事实因果关系与法律因果关系的思路是可取的。[①] 尤其是客观归咎论的提出，真正使因果关系成为一个法律上的客观归属问题。当然，在大陆法系递进式的犯罪构成体系中，客观归属的体系性地位仍然是一个没有得到很好解决的问题。在我罪体—罪责—罪量的犯罪构成体系中，罪体是行为事实与规范评价的统一，罪责是心理事实与规范评价的统一，唯此才能体系性地把握事实问题与法律问题。

事实问题与法律问题的区分不仅对于刑法理论具有重要意义，而且在司法活动中对于正确地认定犯罪同样具有重要意义。在具体犯罪的认定过程中，应当分别解决事实问题与法律问题，尤其是需要正确地确定事实问题与法律问题之间的位阶关系，即在入罪时，评价以事实的存在为前提，既不能以事实代替评价，也不能以评价代替事实。出罪则不受此限。事实的确定是法律评价的前提，因为法律评价是对事实的评价，没有事实当然也就无所谓法律评价。因此，对于认定犯罪来说，事实的确定无疑是最重要的。但在司法活动中，事实问题与法律问题的区分又是极其困难的。某些事实本身就包含着规范评价要素。更为重要的是，在具体犯罪的认定过程中，事实问题与法律问题的解决孰先孰后的问题，是否有一个可遵循之规则的存在？我想，大体上是有的，但也不能绝对化。一般地说，就入罪而言，须先认定案件事实，再作法律判断。如果案件事实没有，可以中断法律判断。但在出罪的情况下，案件事实难以认定，但法律判断是容易作出的，也可以通过否定的法律判断得出出罪结论。

【案例 1】张某喜辩护人妨害作证案[②]

1999 年 3 月 11 日，被告人张某喜接受犯罪嫌疑人陈某鸿之姐陈某明的委托担任陈某鸿盗窃案的一审辩护人。陈某鸿被指控盗窃 5 次，盗窃财物价值人民币

---

① 参见陈兴良：《本体刑法学》（第三版），226 页以下，北京，中国人民大学出版社，2017。

② 参见最高人民法院刑事审判第一、二、三、四、五庭编：《中国刑事审判指导案例（妨害社会管理秩序罪）》，83～85 页，北京，法律出版社，2009。

11 530 余元，其中 1998 年 12 月 30 日晚盗窃铝锭，价值人民币 3 134.10 元。被告人张某喜于 1999 年 3 月 6 日和 4 月 20 日两次会见了陈某鸿。会见中，陈某鸿辩称自己未参与 1998 年 12 月 30 日晚的盗窃，因当时其与李某在一起打扑克牌。此后，被告人张某喜告诉陈某明，陈某鸿不承认起诉书指控的第三次盗窃（即 1998 年 12 月 30 日晚盗窃铝锭），该次盗窃成立与否关系对陈某鸿的量刑，李某如能作证则该次盗窃不能成立，并要求其找到李某。4 月 20 日晚，陈某明将李某叫到自己家中，被告人张某喜也随即到了陈家。张某喜向李某介绍了从诉讼材料上得知的陈某鸿盗窃、同案嫌疑人韦某亮在逃以及会见陈某鸿时陈改变部分供述的情况，并告知李某，他如能作证可以减轻陈某鸿的罪责。接着，被告人张某喜以只要李某回答“是”或“不是”的形式，对李某进行诱导式询问，并制成一份“1998 年 12 月 30 日晚陈某鸿与李某在一起打扑克牌，陈某鸿无盗窃作案时间”的调查材料。张某喜还故意将调查人写成“张某喜、何某两人”，调查地点写成“李某家”，并告诉李某如有人问起调查情况，就说是张某喜、何某两人在李家调查。1999 年 4 月 27 日，陈某鸿盗窃案公开开庭审理中，陈某鸿当庭推翻原先关于 1998 年 12 月 30 日晚盗窃铝锭的供述，辩称自己当晚与李某在一起打牌，未作案。为核查事实，法庭休庭。4 月 30 日，陈某鸿盗窃案的公诉人、法院主审人与张某喜一起找李某调查取证，李某作了与 4 月 20 日证词内容相同的证言。5 月 4 日，被告人张某喜及其同事徐某再次会见陈某鸿，张某喜将李某的证词内容告诉了陈某鸿。5 月 5 日，陈某鸿盗窃案继续开庭审理。陈某鸿根据被告人张某喜告知的李某证言继续坚持 4 月 27 日开庭时所作的翻供，其翻供陈述与李某证言相吻合。一审判决未采纳李某的证言，陈某鸿提出上诉。二审期间，因被告人张某喜制作的李某的证词，使审判活动不能正常进行。

对于本案，一审法院认定被告人张某喜担任陈某鸣辩护人，为减轻陈的罪责，采用诱导设问的方式，引诱证人李某作伪证，其行为妨害了刑事诉讼的正常进行，构成辩护人妨害作证罪。二审法院则认为，原判认定的事实证据不足，故

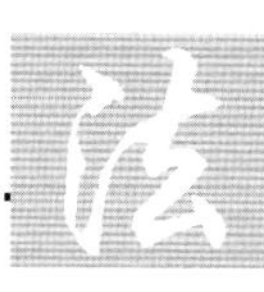

而判处上诉人张某喜无罪。从本案的情况来看，涉及是否构成犯罪的两个基本问题：一是事实认定问题：控方认为存在引诱他人作伪证的事实，而辩方则认为不存在这一事实。一审法院认定存在这一事实，由此形成事实之争。二是法律适用问题：控方认为诱导性设问形成虚假证言，就是引诱证人作证。辩方则认为，只有以金钱、物质或其他利益引诱证人作伪证才构成本罪。一审法院采纳控方意见，并且明确指出：物质、金钱或其他利益引诱不是刑法所规定的本罪的必要要件，由此形成法律之争。在本案中，二审法院仅就事实争议作出判断，法律争议则完全没有涉及。当然，这一判决的逻辑不能说错误，但它回避了对法律争议的解决，丧失了成为一个对《刑法》第 306 条引诱证人作证规定理解的判例的机会，令人扼腕痛惜。像这样的案例，如果事实争议难以解决，径直依否定的法律判断也同样可以作出无罪判决。也就是说，即使认定在事实上进行了诱导性询问，但这种诱导性询问并非《刑法》第 306 条所规定的引诱证人作伪证，因而判决无罪。由此可见，这里存在一个选择问题，以法律判断代替事实判断。

在司法实践中，还存在法律判断转化为事实判断的问题。例如，在一个被指控为职务侵占的案件中，涉及对国有资产的界定。国有资产的界定在该案中直接涉及罪与非罪，但该法律问题的解决又有一定难度。而在本案中，存在一个情节，就是国有公司曾经将该企业零转让给被告人，而被指控为职务侵占是在零转让以后。在这种情况下，法院没有纠缠在企业性质是否属于国有资产这一法律问题上，而是以被告人没有职务侵占的主观故意为由判决无罪。也就是说，即使企业性质属于国有资产，但在零转让给被告人以后，被告人主观上认为这不是国有资产，因而不可能具有职务侵占的主观故意，因为职务侵占的主观故意是以明知是企业（包括国有企业）财物为前提的。

案件事实还有客观事实与主观事实之分。客观事实是事实，且具有客观性，这当然没有问题。主观事实也是事实，同样具有客观性，对此却容易发生误解。在一个具体犯罪中，客观事实与主观事实是互相依存、不可分割的，只是为了理

论研究的需要才予以分而考察之。但在犯罪认定过程中，客观事实与主观事实的判断顺序又是不能颠倒的，应当严格地坚持先客观事实后主观事实的认定原则，否则，就会造成逻辑上的混乱。

【案例2】吴某丽贷款诈骗案[①]

1995年8月至10月，被告人吴某丽以盖州市有色金属铸造厂的名义先后从盖州市辰州城市信用社贷款105万元。贷款期满后，吴某丽未能偿还。1995年12月30日，吴某丽以盖州市镁厂的名义，从辰州城市信用社贷款235万元，将所欠该信用社的贷款本金、利息及其弟吴某辉、其妹吴某静欠辰州信用社的贷款本金及利息转入该合同。贷款期满后，吴某丽仍未偿还。1997年12月24日，吴某丽又以营口佳友铸造有限公司的名义，用盖州市镁厂2 214平方米厂房作抵押，与盖州市辰州城市信用社签订310万元的借款合同，将原未偿还的235万元贷款的本金及利息转入该合同。1996年6月至8月间，被告人吴某丽以盖州市镁厂名义，两次从盖州市城建信用社共计贷款人民币200万元。贷款期满，吴某丽未偿还。1997年12月8日，吴某丽用盖州市镁厂1 404平方米厂房和机器设备作抵押，重新与盖州市城建信用社签订贷款251万元的借款合同，将原200万元贷款的本金及利息转入该合同。上述贷款到期后，经两个信用社多次催要，吴某丽没有偿还借款。1998年9月3日，吴某丽因在上述两信用社抵押财产未在产权机关登记，擅自将镁厂的全部建筑物并厂区土地（包含上述两项贷款抵押物）作价人民币400万元，一次性转让给盖州市亚特塑料制品厂厂长王某春，双方在签订镁厂“转让合同书”过程中，吴某丽隐瞒了镁厂已有部分建筑已经抵押给信用社的事实。吴某丽从转让镁厂中收到王某春分期给付的300万元现金，但未用于偿还贷款。

---

① 参见最高人民法院刑事审判第一、二、三、四、五庭编：《中国刑事审判指导案例（破坏社会主义市场经济秩序罪）》，209～212页，北京，法律出版社，2009。

对于本案，一审法院认为，被告人吴某丽明知其厂房已被用于银行贷款的抵押而将该厂房卖掉，其行为已构成贷款诈骗罪。而二审法院则认为，上诉人吴某丽在贷款当时没有采取欺诈手段，只是在还贷的过程中将抵押物卖掉，如果该抵押是合法有效的，银行可随时采取法律手段将抵押物收回，不会造成贷款不能收回的后果；且吴某丽在转让抵押物后，确也采取了诉讼的手段欲将抵押物收回，因认定抵押合同无效才致使本案发生，故对吴某丽不构成贷款诈骗罪的上诉理由予以支持，原审认定被告人吴某丽犯贷款诈骗罪不能成立。

在本案中，被告人吴某丽不构成贷款诈骗罪的裁判理由到底是什么呢？对此，法院的裁判理由指出：从本案的事实来看，被告人吴某丽是否构成贷款诈骗罪，一是要分析吴某丽是否实施了《刑法》第193条列举的四种具体行为或者是吴某丽所实施的行为能否归属于以其他方法诈骗贷款；二是要认定吴某丽在主观上是否具备非法占有贷款的目的。具体来说，吴某丽在多次贷款中，并没有采取《刑法》第193条列举的四种具体行为方式来取得贷款。另一方面，吴某丽在贷款的过程中以及在得到贷款之后，并不具备非法占有贷款的目的。上述裁判理由在客观方面只论述了吴某丽未实施《刑法》第193条列举的四种贷款诈骗行为，而没有讨论其行为是否属于《刑法》第193条规定的其他方法，而一审法院恰恰认定吴某丽使用其他方法进行贷款诈骗。我认为，《刑法》第193条规定的其他方法不包括合法贷款后采用欺诈手段拒不还贷的行为。因此，吴某丽之不构成贷款诈骗罪并不在于主观上没有非法占有的目的而在于客观上没有实施贷款诈骗行为。客观上有没有实施《刑法》第193条规定的以其他方法诈骗贷款，这是一个客观事实问题，当然这一事实问题的解决与如何理解以其他方法诈骗贷款这一法律问题是有关的。二审法院对本案被告人吴某丽作出无罪的结论是正确的，但给出的裁判理由却是有问题的，未经客观事实认定而跳跃式地进入主观事实的判断。

六、刑法论证方法论

法学方法论是以保证司法裁判的正当性为终极目标的，而法律论证对于保证司法裁判的正当性具有重要意义。目前在法学理论上，对于法律论证的含义如何确定仍然存在争议。一般将法律论证限于对法律规范的论证，认为法律论证的主要任务就是论证作为法律推理大前提的合法性和合理性，是法律推理能否得出正确判断和结论的保障。法律论证一方面能使论证者清晰法律背后的原则、政策、原理，另一方面可以解决现行法中模糊和空缺的部分。另外，法律论证也是法律人阐明自己所认定法律的理由，从而不仅说服自己，也说服当事人。法律论证不是要简单地宣布什么样的法律结果，而是要说出判决的理由和根据。① 但法律推理前提的合理性之证成与判决结果的正当性之证成虽然联系紧密，又是不能等同的。换言之，法律论证是仅指对法律推理之大前提的合理性论证呢，还是包括对判决结果之正当性的论证？判决结果的正当性当然是依赖于法律的逻辑推理来实现的，但逻辑推理解决不了一切问题。因此，我主张对法律论证作广义上的理解：不仅是对法律问题的论证，而且包括对事实问题的论证，尤其是在司法实践活动中，判决结果并非直接从大前提与小前提中推导出来的，而是包括着大量具体而微小的论证活动。对于某一具体事实问题或者法律问题，应当在听取控辩双方充分发表意见的基础上作出判断，而且这种判断结果应当是经过论证的，使之成为控辩双方从论辩中引申出来的必然结论。因此，法律论证的问题，归根到底还是一个说理的问题。无论是控辩双方还是裁判者，都应当持之有故、言之有理。但在司法实践中，如何正确地进行论证，确实是一个重大问题。

---

① 参见陈金钊：《法律方法引论》，载陈金钊、谢晖主编：《法律方法》，第2卷，175页，济南，山东人民出版社，2003。

【案例 3】于某龙非法经营案[①]

被告人于某龙因非法经营黄金而涉嫌非法经营罪被起诉。公诉机关指控：被告人于某龙在无黄金收购许可证的情况下，收购黄金并进行倒卖。被告人于某龙违反国家规定，未经许可经营限制买卖的物品，其行为触犯了《刑法》第 225 条第 1 项之规定，已构成非法经营罪。辩护人认为，起诉书指控被告人于某龙的犯罪行为，因国家黄金管理体制的重大改革和国家关于黄金相关行政法规的重大变化，依法不构成犯罪。2003 年国务院发布《关于取消第二批行政审批项目和改变一批行政审批项目管理方式的决定》，该决定第 3 项取消了根据《金银管理条例》设立的黄金收购许可。这使被告人于某龙的行为不具有构成非法经营罪所要求的"违反国家规定"的必备条件，故于某龙的行为依法不构成犯罪。法院判决认定，被告人于某龙在无黄金经营许可证的情况下大肆收购、贩卖黄金的行为，严重地扰乱黄金市场秩序，情节严重，已构成非法经营罪。虽然 2003 年年初国务院下发了国发〔2003〕5 号文件取消黄金收购许可证审批制度，但对于国内黄金市场的发展运行，还有行政法规、政策及相关部门的规章加以规范，不许任其无序经营。《金银管理条例》在废止前，该条例的其他内容仍然有效，于某龙的行为在目前的情况下也属违法行为，故公诉机关指控的事实清楚、证据充分，罪名成立。

在我看来，法院的上述判决结论之得出，缺乏必要的法律论证。本案争议的焦点是在黄金收购许可取消以后，黄金是否还属于《刑法》第 225 条第 1 项所规定的限制买卖的物品。这里的限制买卖的物品，是指国家根据经济发展和维护国家、社会和人民利益的需要，规定在一定时期实行限制性经营的物品。[②] 法院判决没有直接讨论在黄金收购许可取消以后，黄金是否属于限制买卖的物品。该判

① 参见陈兴良、张军、胡云腾主编：《人民法院刑事指导案例裁判要旨通纂》（上卷·第三版），577～579 页，北京，北京大学出版社，2024。

② 参见胡康生、李福成主编：《中华人民共和国刑法释义》，317 页，北京，法律出版社，1997。

决引用 2003 年 9 月 19 日中国人民银行办公厅给公安部办公厅的《关于认定非法经营黄金行为有关问题的复函》第 1 条："中国人民银行发布的《关于调整携带黄金有关规定的通知》（银发〔2002〕320 号）不适用于个人。"以此说明取消的是对单位的黄金收购许可，《金银管理条例》对个人的禁止性规定仍然有效，由此推论个人收购黄金是非法经营行为。的确，《金银管理条例》第 8 条规定："金银的收购，统一由中国人民银行办理。除经中国人民银行许可、委托的以外，任何单位和个人不得收购金银。"在《金银管理条例》中只对单位收购黄金有许可规定，国务院前述决定取消黄金收购许可，当然是指对单位收购黄金许可的取消。在《金银管理条例》中根本就没有对个人收购黄金许可的规定，当然也就无所谓许可的取消问题。那么，能否就此得出结论，前述决定颁布以后，对个人收购黄金仍然是禁止的呢？从文字上来看，似乎取消黄金收购许可并没有直接否定"个人不得收购金银"的规定，因而这一禁止性规定仍然有效。但是，黄金收购许可的取消的实质含义是指国家对黄金的经营不再实行许可制度。在这个意义上说，黄金不再是限制经营的物品。这一判断不仅适用于单位，同样适用于个人。由此可见，本案中被告人于某龙的行为是否构成非法经营罪，就取决于对黄金是否属于限制性经营的物品之法律性质的判断，这一判断结论需要经过缜密的论证。应该说，这一判断并非一个太大的难题，但法院的判断结论显然是经不起推敲的。

【案例 4】昌达公司、杨某钊侵犯商业秘密案①

1996 年 4 月，被告人杨某钊受聘担任建汉公司副经理，主管建汉公司 IC 卡食堂管理系统的销售工作。在销售活动中，杨某钊发现该管理系统市场潜力大、经济效益高，有利可图，决定另起炉灶。同年 7 月，杨某钊离开建汉公司，应聘到昌达公司担任经理，并将建汉公司的 IC 卡食堂管理系统确定为昌达公司的龙

① 参见陈兴良、张军、胡云腾主编：《人民法院刑事审判指导案例裁判要旨通纂》（上卷・第三版），466～467 页，北京，北京大学出版社，2024。

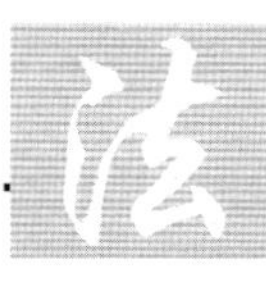

头产品。由于该系统的核心软件窗口机、写卡机为建汉公司经过硬件三级加密写入 CPU 内，并由该公司职员刘某汉、陈某掌握、管理，为获取技术秘密，杨某钊便与昌达公司销售人员沈某多次劝说陈某来昌达公司工作。陈某拒绝后，杨某钊便要求陈某利用业余时间为昌达公司提供一年技术服务，并提供 IC 卡食堂管理系统的窗口机、写卡机 CPU 的 EPO 目标程序和主机管理系统的 PRG 和 ON 的源程序等软件，昌达公司则支付陈某“技术服务费”7 万元。陈某应允后，昌达公司先后三次付给陈某 7 万元，陈某依约定将有关系统软件提供给昌达公司。之后，被告人杨某钊与销售人员沈某、宋某在陈某的协助下，利用自己在建汉公司带来的样机对软件进行解剖、分析，于 1996 年 11 月将该管理系统复制成功，随后，大肆生产并进行销售。1996 年 12 月至 1998 年 12 月间，昌达公司先后将复制的产品销往湖北、重庆、广西等 10 个省、市、自治区的 47 所大、中专院校，销售金额 578.946 9 万元。其中，1997 年 10 月 1 日之前非法获利 69.136 4 万元、1997 年 10 月 1 日之后非法获利 257.822 7 万元，给建汉公司造成了重大经济损失。

在昌达公司商业秘密案中，涉及三个争议问题：（1）本案所涉及的被害人的技术信息是否属于商业秘密；（2）昌达公司是否实施了如公诉机关所指控的侵犯被害人商业秘密的行为；（3）昌达公司的行为是否给被害人造成重大损失。对此，法院判决都作了归纳与论证，这是值得肯定的，但这种论证的逻辑推理却难以成立。法院判决认为，公诉机关向法院出示了某市中衡信资产评估有限公司出具的评估报告，该报告的评估结果认为六名被告人的行为给五金首饰厂造成经济损失人民币 1 160 万元。该评估报告认为五金首饰厂经济损失难以计算，因此用上海流行饰品厂和上海宏艺五金饰品有限公司的获利来替代。对此，法院认为，五金首饰厂属来料加工企业，这种企业性质决定五金首饰厂只能以收取加工费的方式获得营利，其所受的经济损失也只能是加工费的损失，而上述两厂的利润是经营利润，二者性质不同，不能相互替代；而且作为来料加工企业，五金首饰厂的进口原料和出口制成品均属海关监管货物，其数量、价格均有据可查，其加工费如有损失也就容易计算，不存在损失难以计算的问题，因此以上述两厂的获利来替代五金首饰厂的损失明显不合理。中衡信资产评估有限公司的评估报告作为证据不具有合法性和客观性，而且在关联性上有严重缺陷，对其评估结论合议庭不予采信。

上述论证涉及侵犯商业秘密罪的损失计算问题。在司法实践中，一般主要是根据侵犯商业秘密行为给权利人造成的经济损失数额来判定。最高人民法院在长沙昌达实业公司侵犯商业秘密案中，关于侵犯商业秘密案的经济损失数额确立了以下规则：经济损失数额一般为被害人的实际损失，如商业秘密的研制开发成本，侵犯商业秘密犯罪行为致使被侵害人遭受技术及信息转让方面的损失，商业秘密的利用周期、市场容量和供求状况，被害人竞争地位、能力的减弱或丧失，商业信誉的下降，市场份额的减少，出现亏损甚至破产等。被害人的实际损失难以计算的，可以参照行为人在侵权期间因侵犯商业秘密所获得的实际非法利润来认定。[①]

在本案中，评估报告认为五金首饰品厂的损失难以计算，因而以侵权的非法利润作为损失数额。而法院判决认为，五金首饰厂的损失并非难以计算，其来料加工的加工费是可以计算的，因而不能以侵权的非法利润作为损失数额。但这一逻辑是如何推论的呢？来料加工的加工费本身也并不是侵犯商业秘密本身的经济损失，因为侵权产品是在境内销售，五金首饰厂的产品是为境外加工并在境外销售。在这个意义上，侵权行为并不影响五金首饰厂的加工费收入。但并不能以此认为五金首饰厂就没有经济损失，五金首饰厂的商业秘密被他人无偿披露并使用，使其通过许可第三方使用而获得相应利益的权利受到损失。只是由于五金首

① 需要指出，《刑法修正案（十一）》第22条将《刑法》第219条修改为："有下列侵犯商业秘密行为之一，情节严重的，处三年以下有期徒刑，并处或者单处罚金；情节特别严重的，处三年以上十年以下有期徒刑，并处罚金：（一）以盗窃、贿赂、欺诈、胁迫、电子侵入或者其他不正当手段获取权利人的商业秘密的；（二）披露、使用或者允许他人使用以前项手段获取的权利人的商业秘密的；（三）违反保密义务或者违反权利人有关保守商业秘密的要求，披露、使用或者允许他人使用其所掌握的商业秘密的。"因此，现在我国刑法中的侵犯商业秘密罪的罪量要素不是侵犯商业秘密行为给权利人造成的经济损失，而是情节严重。

饰厂目前没有将此商业秘密许可他人使用，其所受损失的具体数额无法计算。在这种情况下，可以直接以侵权的非法利润作为经济损失数额。因此，法院判决在本案经济损失并非难以计算因此不能以侵权的非法利润作为损失数额这一推理的逻辑是正确的，问题在于将来料加工的加工费作为经济损失，而加工费是可以计算的，因此不能以侵权的非法利润作为损失数额这一推理上存在判断失当。

【案例 5】吴某湘合同诈骗案

被告人吴某湘在忠智有限公司尚未依法成立和未取得土地使用权的情况下，违规取得了智成大厦项目的"建设用地规划许可证"等审批手续，并于 1994 年 3 月 28 日隐瞒了违规取得智成大厦项目和该项目所属土地已被抵押借款的事实，与大亨地业发展有限公司法定代表人周某龙签订名为联营实为转让合同，将智成大厦项目连同忠智公司以 980 万元人民币的价格转让给周某龙，实际获款 640 万元。后因吴某湘未归还以项目用地抵押的 200 万元债务，该土地被法院查封并拍卖，周某龙因此遭受巨大损失。法院认为：被告人吴某湘在转让忠智公司和智成大厦项目及附属土地时，隐瞒了忠智公司已以该项目土地作抵押借款 200 万元的事实。在收取转让金后，又未在约定的还款期限内还款，在还款期限届满后也仅归还 73 万元，将其余 127 万元借款占为已有并将该债务转嫁给受让人大亨公司周某龙。被告人吴某湘在签订、履行合同过程中，隐瞒并转嫁债务，在人民法院执行抵押项目附属土地时，继续隐瞒事实，导致项目土地被拍卖，最终将债务完全转嫁给他人，其主观上具有非法占有的故意，客观上将 127 万元尚未归还的债款占为己有且至今未还，其行为符合合同诈骗的特征，已构成合同诈骗罪，且数额特别巨大，应依法惩处。

在本案中，公诉机关认定被告人通过项目转让合同骗取的数额是实际获得的转让费 640 万元，但法院认定的诈骗数额是未归还的借款 127 万元。从基本相同的案件事实中，推导出的是两个不同的诈骗数额。公诉机关认为诈骗的是项目转让款，这与签订虚假的项目转让合同这一诈骗手段是相对应的，因而诈骗数额应

为项目转让款。但法院虽然认为签订的项目转让合同是虚假的，即隐瞒了以项目土地作抵押借款 200 万元的事实，但认定的诈骗数额又是借款未还部分，即 127 万元。这显然存在一个逻辑错误，本案被害人是大亨公司周某龙，其通过转让合同获得的实际上就是项目所属土地，而土地被拍卖以归还吴某湘的债务，周某龙损失的是 640 万元。而吴某湘未归还的借款 127 万元实际上与大亨公司周某龙并无关系。因此法院在本案诈骗数额的认定上转换了内容，其结论缺乏正当根据。

从以上三个案例可以看出，判决结论的正当性要以法律论证为保证。在我国司法实践中，司法人员大多缺乏这种法律论证的训练，因而事实认定与法律判断往往仅仅依赖直觉或依靠简单的逻辑知识，而这些都还难以保证判决结论的正当性。为此，我认为应当大力展开法律论证理论的研究，并将其适用于司法裁判。

上　编

刑法思维论

第一章 形式思维

形式思维亦可称为形式理性，它与实质思维或者实质理性是刑法教义学中的两种思维方法，形式理性与实质理性的思维方法对于刑法解释与刑法适用具有重要意义。[①] 然而，如何处理形式思维与实质思维之间的关系，尤其是如何确定形式思维与实质思维各自的效力范围，则是在刑法教义学中值得关注的一个问题。本章从罪刑法定原则出发，对形式理性的思维方法在刑法中的重要功能进行论述。

第一节 形式思维的概念

形式思维与实质思维在刑法教义学中的作用领域在很大程度上是由刑法的性质所决定的，并且受到罪刑法定原则的制约。形式思维是指基于事物的形式特征

① 本章中的形式思维与形式理性、实质思维与实质理性是在相同的意义上使用的，因此，它们可以互换。

所展开的思维活动，因而它是相对于实质思维而言的，这里的实质思维是指基于事物本质所展开的思维活动。刑法中的形式思维是从罪刑法定原则中引申出来的必然结论。可以说，罪刑法定为刑法的形式思维奠定了基础。

一、刑法方法论条款

奥地利学者克莱默提出了方法论条款的概念，克莱默认为在法律文本中存在某些规范法律适用方法的法律规定，因此——至少在原则上——存在“方法的法”[①]。方法论条款就是这里的“方法的法”的主要载体。克莱默认为，《瑞士民法典》第 1 条和第 4 条是典型的方法论条款，其中第 1 条第 2 款规定：“本法无相应规定的，法院应依据习惯法裁判；如无习惯法的，得依据自己如作为立法者应提出的规则裁判。”在本款中，立法者授权法官在法律没有规定的情况下，可以将自己假设为立法者，以此为立场创制规则并据此进行裁判。这一规定实际上是授予民事法官法律续造的权力，因而具有实质思维的特征。《瑞士民法典》第 4 条还规定：“如果法律指示法院进行裁量、对具体情形进行评价或指示重大事由，其应当依据公平与正义做出裁判。”这是在没有法律规定和习惯法，立法者对民事法官在行使自由裁量权时应当遵循的实体公正原则的规定。以上《瑞士民法典》的两个方法论条款，从形式和内容两个方面规定了民事法官对法律漏洞进行填补时的权力及其限制。不仅在《瑞士民法典》中存在方法论条款，而且在《瑞士刑法典》中同样存在方法论条款。克莱默认为《瑞士刑法典》第 1 条是刑法的方法论条款，对刑法司法具有指引意义。该条规定：“只有本法明确规定处以刑罚的行为，才允许对该行为处以刑罚。”这一规定也就是各国刑法所通行的罪刑法定原则，它对刑事法官的裁量权加以严格限制，刑事法官完全没有法律续造的权力。不仅《瑞士民法典》和《瑞士刑法典》，而且其他国家的民法典和刑

① ［奥］恩斯特·A. 克莱默：《法律方法论》，周万里译，8 页，北京，法律出版社，2019。

法典都存在类似的方法论条款。我国《民法典》第10条规定："处理民事纠纷，应当依照法律；法律没有规定的，可以适用习惯，但是不得违背公序良俗。"这一规定将民法的裁判规范从法律规定扩展到习惯，而习惯缺乏明确的规范特征，因而在处理案件时，法官具有实质上的裁量权。同时，我国《刑法》第3条规定了罪刑法定原则："法律明文规定为犯罪行为的，依照法律定罪处刑；法律没有明文规定为犯罪行为的，不得定罪处刑。"这一规定将犯罪严格限制在法律明文规定的范围之内，对于刑法具有方法论的蕴含。

通过以上对比，我们可以明显地发现刑法作为公法与民法作为私法在法律方法论上的差异。这种差异主要体现在：当法律没有明文规定的情况下，法官能否进行法律续造。十分明显，刑民这种思维方法上的差异是由民法与刑法的方法论条款所确立的。刑法中的所谓方法论条款就是罪刑法定原则，罪刑法定原则的基本含义是法无明文规定不为罪。因此，罪刑法定原则将法官的裁量权限制在法律明文规定的范围之内，这反映的是一种形式思维。也就是说，在法律没有明文规定的情况下，即使行为具有再大的法益侵害性也不能认定为犯罪。在这个意义上说，罪刑法定原则赋予刑法以形式理性的品格。罪刑法定原则的价值当然并不是，甚至主要不是为刑法提供思维方法。罪刑法定原则更为基本的价值在于限制立法权和司法权，为人权保障提供规范根据。然而，不可否认的是，罪刑法定原则从限制立法权和司法权的政治功能中衍生出方法论意义，因而无可争辩地成为刑法"方法的法"。

定罪处刑以法律的明文规定为依据的刑法方法论条款与允许法官在法律没有明文规定的情况下，授权法官进行法律续造为内容的民法方法论条款之间，存在着巨大的差异。德国学者以窃电案为例，对民法的解释与刑法的解释之间的差异作了比较，指出："窃电案涉及的是'电'是否为'动产'（《德国刑法典》第242条），由于在刑法中禁止不利于犯罪嫌疑人的（法律续造的）类推，帝国法院已经对动产这一概念作了严格的解释（1871年《德国刑法典》第1条），但'电'并未在其中。立法者必须创造一个新的刑法构成要件，如今天的《德国刑

法典》第248c条。从刑法中的法律续造禁止原则可知，解释在这里是严格的。窃电案还表明，方法规则受法域（Rechtsbereich）和法律规范结构的限制。刑法中的方法要严格于民法中的方法。这也改变了解释和法律续造的界限。方法规则越严格，则解释的空间越狭窄。”① 由此可见，刑法思维方法与民法思维方法之间存在较大的差异。这种差异也正是刑法思维与民法思维之间在找法活动中的差别之所在。德国学者在论及刑法和民法在找法活动中的差异时，以类推为例对刑法与民法在方法论上的区别进行了比较，指出：“虽然类推在民法中是合法的，但在刑法中，只有有利于行为人的类推是合法的，而不利于行为人的类推是不被允许的（禁止类推）。换言之，当您确认尽管存在一个法律漏洞，但是这个法律漏洞只能通过法律续造加以填补时，您的解释工作便结束了。”② 因此，在法律没有明文规定的情况下是否允许法律续造，是刑法方法论与民法方法论之间的主要区别。

在此，我们需要进一步追究的问题是：这种方法论差异何以产生？这里涉及刑法与民法在功能上的区分。我们从法律对于类推的不同态度可以明显地看出，立法者对民事法官和刑事法官的裁判权具有两种完全不同的立场：对民事法官不仅允许类推，甚至授予续造法律——实际上是立法的权限，而对刑事法官则禁止类推，将其裁判行为完全限制在法律明文规定的范围内。我国学者在论述这种差异时指出：“如果说刑法基于其调整非正常社会关系的特性能做到或基本做到法定主义，而民法调整正常社会关系的特性使其面临着无限广阔的调整范围，做到法定主义实不可能，因此民法更为强调灵活性。”③ 部门法的法定主义与非法定

---

① ［德］约阿希姆·吕克特、［德］拉尔夫·萨伊内克：《民法方法论：从萨维尼到托伊布纳》（第三版·上册），刘志阳、王战涛、田文洁译，32页，北京，中国法制出版社，2003。

② ［德］罗尔夫·旺克：《法律解释》（第6版），蒋毅、季红明译，156页，北京，北京大学出版社，2020。

③ 徐国栋：《民法基本原则解释——成文法局限性之克服》（增订版），361页，北京，中国政法大学出版社，2001。

主义之差异，确实与调整范围相关。然而，这只是表面上的原因。我认为，民法与刑法在方法论上存在上述区分，其根源还是在于民法与刑法性质上的差异。民法的功能是解决平等主体之间的各种纠纷，民事法官居于调解者的中立地位，裁判结果是原告与被告之间的损益。在这种情况下，民事法官相对于原告与被告具有一定的超然性。因此，在民事审判中，法官具有较大的裁判权并不会损害当事人的权益。但在刑事审判中，虽然也存在原告、被告与法官的三方构造，但这里的原告是代表国家提起公诉的检察机关，相对于被告人及其辩护人而言是更为强势的一方，法官的中立地位更难以保持。在这种情况下，对法官的裁判权加以严格限制，对于保障被告人的合法权利具有重要意义。民法与刑法在性质上的差异，决定了民法和刑法在找法活动中思维方法的不同，这主要表现为：在找法活动中，刑法更加强调形式思维，民法则更为注重实质思维。

克莱默根据《瑞士刑法典》第1条的规定推导出禁止类推原则，罪刑法定的基本含义可以用一句法律格言来表达，这就是法无明文规定不为罪。这里的法无明文规定，是指刑法分则对某种行为没有规定为犯罪。这里的不为罪，则是指刑法总则对此明确规定不构成犯罪。从上述对罪刑法定的理解，可以得出以下结论：在刑法的语境中不存在所谓法律漏洞，因而也就不能进行法律漏洞的补充。因为法律漏洞是立法的疏忽，也就是应当规定而没有规定。例如德国学者指出："漏洞是在一个整体内部的令人不满意的不完整性。"① 因此，法律漏洞是较为常见，并且需要补充的。然而，在刑法中虽然可能存在法律的不完整性，例如我国《刑法》第125条规定了非法制造、买卖、运输、邮寄、储存枪支罪，这里规定的行为客体是枪支，枪支是武器中较为常见的一种类型。因此，立法机关在此采用枪支一词而没有采用武器的用语，这表明立法机关将本罪的范围限于非法制造、买卖、运输、储存枪支。那么，如果在现实生活中出现非法制造、买卖、运输、邮寄、储存枪支以外的其他武器的情形，是否可以认为这是一个法律漏洞

① ［德］卡尔·恩吉施：《法律思维导论》（修订本），郑永流译，168页，北京，法律出版社，2014。

呢？对此，我的答案是否定的。因为，刑法总则已经明确规定，只要是法律没有明文规定的行为就不构成犯罪。因此，立法机关已经通过罪刑法定原则对没有明文规定的行为作出了不构成犯罪的一般宣告。就此而言，非法制造、买卖、运输、邮寄、储存枪支以外的其他武器的行为虽然刑法分则没有规定为犯罪，但刑法总则基于罪刑法定原则而宣告这种行为不是犯罪。就此而言，对于非法制造、买卖、运输、邮寄、储存枪支以外的其他武器的情形，刑法并不是没有规定而是有规定，对此，可以采用与类比推理（类推）相对立的反面推理。德国学者指出："与类推相反的就是反面推理（argumentum e contrario，argumentum e silentio），也就是如果法律对某一生活事实没有作出规定，那就可以得出立法不愿意对此作出调整，因此有意保持沉默。立法在此处的沉默是经过深思的、适格的沉默。"[①] 正是在这个意义上可以说，在罪刑法定的语境中根本就没有法律漏洞存在的空间。

根据罪刑法定原则，法律的明文规定是定罪的法律依据，如果没有法律规定则不得定罪。那么，为何在理解罪刑法定原则的时候都强调禁止类推呢？这是因为刑法中的类推适用是对法律没有规定的行为入罪，因而它与罪刑法定之间存在逻辑上的矛盾。当然，通过类推定罪的行为是在法律没有明文规定的所有行为中最接近法律规定的情形，因为它与刑法规定的犯罪行为之间具有最相类似的关系。如果类推定罪都不允许，那么，其他法律没有明文规定的行为当然也就更不得定罪，这里隐含着当然推理的逻辑。[②] 因此，禁止类推是罪刑法定原则的题中应有之义。罪刑法定原则彰显了法定主义的精神：只有犯罪才需要法律规定，不是犯罪则不需要法律规定。因为在任何一个社会，犯罪只是人类行为中的极小一部分，绝大部分行为都不是犯罪。因此，立法机关只对犯罪进行规定，没有法律规定的行为当然就不是犯罪。由此可见，罪刑法定原则的基本功能是要将犯罪限制在法律明文规定的范围之内，这就是所谓限制机能。在某种意义上说，罪刑法

---

① ［德］伯恩·魏德士：《法理学》，丁小春、吴越译，370 页，北京，法律出版社，2013。

② 关于当然推理，参见本书第十四章。

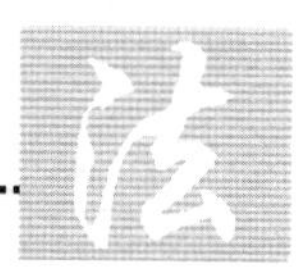

定原则是价值选择的结果：它以牺牲某个价值而追求另外一个价值。正如德国学者指出："从罪刑法定原则中产生类推禁止；如果一个举止没有被构成要件按其最大可能语义所包含，那么即使它与构成要件的意义与目的相适应，也不能论证出该行为的可罚性。在这里，对类似事物进行同等处理的正义要求因而退到了法安定性的利益之后。"① 由此可见，在刑法中，法的安定性与法的正义性发生冲突的情况下，根据罪刑法定原则，应当牺牲法的正义性而确保法的安定性。因为刑法涉及对公民的生杀予夺，而公民的人身权利和财产权利是至高无上的，为此即使丧失一定限度内的正义性，也在所不惜。

二、形式思维的性质

形式思维是以形式理性为内容的一种思维方法，因而对形式思维的考察必然会深入揭示其所具有的形式理性的性质。罪刑法定原则在是否入罪标准问题上，将形式理性置于实质理性之上。当然，这并不意味着罪刑法定原则本身不具有实质价值，只不过罪刑法定原则的实质价值是通过形式理性而呈现的。也就是说，通过将法律没有明文规定的行为排除在犯罪范围之外，由此而彰显了刑法的人权保障价值。在这个意义上，且正是在这个意义上，我们绝不能说罪刑法定原则只是形式法治或者形式公正。实际上，罪刑法定原则具有实质正义的性质。例如从罪刑法定中引申出来的明确性原则是对刑法立法的要求，明确性原则具有其独立的价值。对此，德国学者罗克辛指出："一部不确定的和因此不清楚的法律，不能保护公民免受专制的压迫，因为它不能为国家的刑罚权带来具体的自我限制手段；它违反了分权的基本原理，因为它允许法官随意解释从而侵犯立法领域；它不能发挥一般预防的作用，因为个人无法知道不应当做的事情是什么；同样，它

① ［德］乌韦·穆尔曼：《德国刑法基础课》（第7版），周子实译，57～58页，北京，北京大学出版社，2023。

的存在也不能为罪责性谴责提供基础。”① 罗克辛还引用许乃曼的一句话揭示明确性与罪刑法定原则之间的关系：法典的明确性要求是“无法无刑原理的最低限度”②。可以说，明确性是指刑法规定的明确性，因而通过刑法规定限制定罪范围，这恰恰是罪刑法定原则的形式理性所要达致的目标。就此而言，罪刑法定原则作为刑法方法论条款，以形式理性为基础的形式思维是刑法解释的基本理念。

形式理性作为现代法律的特征首先引起德国学者马克斯·韦伯的关注，在法律社会学的开创性研究中，韦伯将形式理性确定为法治思维的主要特征。例如，韦伯揭示了近代法律的形式性质，并且对近代法律形式理性的演变过程进行了描述。尤其是韦伯对在法律中的形式理性与实质理性之间的紧张关系做了论述，认为法律逻辑的抽象的形式主义与其欲以法律来充实实质主张的需求之间存在着无可避免的矛盾。③ 在此，韦伯将法律的形式理性与实质理性加以并置，这对于正确理解法律在社会生活中的功能发挥具有重要意义。在刑法中，同样存在形式理性与实质理性之间的矛盾。因为法律规定是有限的，而通过法律所追求的社会价值却是无穷的。这里存在一种两难的选择：如果坚持形式理性，就会丧失实质理性；反之亦然。在这种情况下，近代法治社会中刑法存在着一种形式化的趋势，罪刑法定原则正是近代刑法形式化的标志性成果。在罪刑法定原则下的刑法之所以采用形式思维方法，主要是为了限制法官的罪刑擅断、滥用刑罚权，因而对于保障公民的人身权利和财产权利具有重要意义。

形式思维与实质思维相对应，涉及形式与实质之间的关系。在某种意义上说，形式与实质之间的关系是我国刑法教义学中最为混乱的一对范畴。因此，我

---

① ［德］克劳斯·罗克辛：《德国刑法学总论》（第 1 卷），王世洲译，100 页，北京，法律出版社，2005。

② ［德］克劳斯·罗克辛：《德国刑法学总论》（第 1 卷），王世洲译，100 页，北京，法律出版社，2005。

③ 参见［德］马克斯·韦伯：《韦伯作品集Ⅸ法律社会学》，康乐、简惠美译，220 页，桂林，广西师范大学出版社，2005。

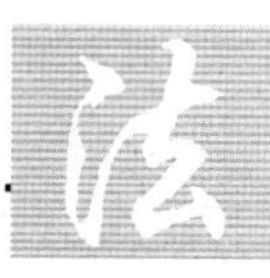

们首先需要对形式和实质的内容和关系加以厘清。形式和实质的关系具有存在论、价值论和方法论这三个面向：第一，存在论意义上的形式与内容。在存在论意义上，形式是指事物存在的外观或者框架，通常来说，与形式相对应的是内容：内容是形式的实体。因而，形式和内容是一对范畴，它揭示了事物存在的外在与内在的两种形态。第二，价值论意义上的形式与本质。在价值论意义上，形式是事物存在的外部表象，而本质则是事物的内在性质。第三，方法论的意义上的形式与实质。在方法论意义上，形式思维是基于规范标准进行的思维方法，而实质思维是根据事物本质进行的思维方法。在此，我是在方法论意义上采用形式与实质这对范畴的，形式思维是指根据法律规范的思维，而法律规范又是以语言为载体的，因此，形式思维是以法律语言为范围的思维。与之对应，实质思维是以事物本质为根据的思维，它不受法律规范的限制。

在刑法教义学中，形式思维与实质思维当然并不是一种完全互斥的关系，而是在不同的环节各自发挥其功能。现在的问题在于：应当正确界定形式思维与实质思维之间的位阶关系，合理确定形式思维与实质思维的作用空间。这里涉及对法律解释和法律适用之间关系的理解，因而需要厘清刑法解释与刑法适用的关系。在我国目前的刑法学界，刑法解释与刑法适用之间的关系是模糊不清的，尤其是缺乏对刑法适用的准确界定。我国学者对刑法适用的含义做了归纳，认为我国法学界对刑法适用的理解存在两种不同的观点[①]：第一种观点认为，法律解释是法律适用的前提，因而法律解释不是法律适用的内容。第二种观点则认为，法律解释与法律适用是部分与整体的关系，法律解释是法律适用的组成部分。上述两种观点可以概括为刑法适用的广义说与狭义说：广义上的刑法适用包含刑法解释，狭义上的刑法适用则不包括刑法解释。尽管可以将刑法适用分为广义与狭义两种情形，但在通常情况下，我国学者是在广义上使用刑法适用一词，因而其包含了刑法解释。例如，我国学者将刑法适用过程界定为构成要件符合性的判断过

---

① 参见王凯石：《刑法适用解释》，72 页以下，北京，中国检察出版社，2002。

程，其中包含三项内容：第一是规范分析，第二是事实认定，第三是法律推理。① 这里的规范分析其实就是刑法解释，我国学者将其称为构成要件的诠释，认为构成要件的诠释是一个将蕴含在刑法条文中的正义释放出来的过程。② 在客观上，刑法解释与刑法适用确实存在难以切割的密切关系，因而正如我国学者指出：存在一种越来越有力的观点，这就是动态的广义的刑法适用解释观。这种观点将刑法解释与刑法适用视为同一事物，刑法适用解释就是刑法适用。③ 由此可见，广义的刑法适用概念是我国刑法学界的通说。我认为，广义说将刑法解释揉进刑法适用概念之中，在刑法解释与刑法适用的互动关系中过于强调后者对前者的制约性，并将实质思维引入刑法解释，这对于刑法解释会带来一定的冲击，因而值得商榷。因此，我主张刑法解释与刑法适用相区隔，也就是采用狭义上的刑法适用概念。可以说，刑法解释的使命是阐述刑法文本的含义，而刑法适用的内容则是解决案件事实的法律归属的问题。例如，什么是重婚，这是一个刑法解释问题，案涉行为是否构成重婚则是一个刑法适用问题。从犯罪论体系考察，刑法解释是确定构成要件的要素，刑法适用则是进行构成要件符合性的判断，两者虽然密切相关却又性质有别。如果说，刑法解释主要处理法律文本的语言载体与其所欲表达的立法内容之间的关系，因而其立法内容只能得之于法律语言，并受其制约。在这种情况下，刑法解释本身应当采用形式思维。然而，在刑法解释基础上所展开的刑法适用，涉及刑法推理方法的采用。推理方法可以分为形式推理和实质推理，因此，只有在实质推理中才能引入实质思维。由此可见，刑法解释主要采用形式思维，而刑法推理则涉及实质思维。

---

① 参见吴学斌：《刑法适用方法的基本准则——构成要件符合性判断研究》，45 页以下，北京，中国人民公安大学出版社，2008。

② 参见吴学斌：《刑法适用方法的基本准则——构成要件符合性判断研究》，113 页，北京，中国人民公安大学出版社，2008。

③ 参见王凯石：《刑法适用解释》，73 页，北京，中国检察出版社，2002。

三、形式思维的界定

如前所述，刑法解释通常采用基于语义的形式思维方法。即使是具有实质判断性质的目的解释，也只有在语义范围内才能成立。如果是超出语义范围的目的性限缩或者目的性扩张则并非目的解释的内容，而已经进入实质推理的领域。①在刑法适用中，由于运用刑法推理方法，因而在实质推理中可以采用基于事物本质的实质思维方法。

刑法解释应当采用形式思维方法的原因在于：法律文本是解释的对象，在解释的内容没有超越法律文本语义范围的条件下，这种解释才是能够成立的。反之，如果超越了法律文本的语义范围，就不是法律解释而是法律续造，而法律续造具有立法的性质。例如 2000 年 12 月 5 日最高人民法院《关于对变造、倒卖变造邮票行为如何适用法律问题的解释》明确规定："对于变造或者倒卖变造的邮票数额较大的，应当依照刑法第二百二十七条第一款的规定定罪处罚。"这里所说的《刑法》第 227 条第 1 款将伪造或者倒卖伪造的邮票行为规定为伪造、倒卖伪造的有价票证罪，因此，前引司法解释实际上是将变造解释为伪造。那么，在我国刑法中，变造和伪造这两个概念是否存在区别呢？回答是肯定的。我国《刑法》第 177 条规定了伪造、变造金融票证罪，在本罪中，伪造和变造是两种不同的行为方式。尤其是《刑法》第 170 条规定了伪造货币罪，其法定最低刑是 3 年，法定最高刑是无期徒刑；同时，《刑法》第 173 条规定了变造货币罪，其法定最低刑是拘役，法定最高刑是 10 年有期徒刑。由此可见，在我国刑法中，伪造和变造是存在明显区别的，通常来说，伪造的严重性远远大于变造。从伪造和变造的含义上分析，两者存在区别。例如伪造、变造金融票证罪中，伪造是指仿照真实的汇票、本票或者支票的形式、图案、颜色、格式，通过印刷、复印、绘

① 关于实质推理，参见本书第十五章第三节。

制等制作方法非法制作金融票证的行为。而变造是指在真实的汇票、本票或者支票的基础上或者以真实的金融票证为基本材料，通过剪接、挖补、覆盖、涂改等方法，对金融票证的主要内容非法加以改变的行为。[①] 由此可见，伪造和变造在行为方式上是不同的：伪造是无中生有，而变造则是改变内容。我国学者在论及伪造、倒卖伪造的有价票证罪时指出，这里的伪造含有变造的意思，即以拼接等方式变造车票、船票、邮票或者其他有价票证。[②] 如果这种伪造包含变造的解释可以成立，那么，刑法根本就没有必要规定变造货币罪，伪造、变造金融票证罪中的变造也是多余的。其实，伪造与变造虽然在性质上接近，但两种行为性质有别：伪造是高度行为，变造是低度行为，两者的关系恰如杀人与伤害之间的关系。更为重要的是，伪造可以大规模地制假，但变造则只能是零星、个别地制假。因此，两者的严重性程度存在重大差别。立法机关并不是无意疏漏了变造有价票证行为，而是因为有价票证，诸如车票、船票、邮票的价值较低，变造制假的规模较小，因此有意未作规定。而变造货币、变造金融票证行为则严重性程度较高，因而立法机关将其规定为犯罪。由此可见，刑法对变造邮票等有价票证行为未作规定，并非法律漏洞，而是有意留白。我国学者周光权提出了立法留白的概念，指出："在刑法解释上，类推解释以及处罚漏洞的填补却是绝对不能接受的，因为这是基于罪刑法定原则以及保障人权的考虑。在刑法立法中，存在一些立法者有意留下的空白，这和中国传统山水画创作中的'留白'是完全相同的道理，即立法者总是有意对某些行为予以放过，对其要么交由行政法律去处罚，要么由当事人承担民事上的侵权或违约责任，但不进行刑罚处罚，这样的情形处处可见。所以，即使实践中有些行为貌似严重，在刑法上也必须予以容忍。因此，与民法学名正言顺地接纳类推解释不同，刑法解释应当绝对禁止使用类推解释来填补法律漏洞或者进行规范续造，从而发挥其对于刑事司法领域的人权保障所起

---

① 参见陈兴良、刘树德、王芳凯编：《注释刑法全书》，803 页，北京，北京大学出版社，2022。

② 参见张明楷：《刑法学》（下·第六版），1103 页，北京，法律出版社，2021。

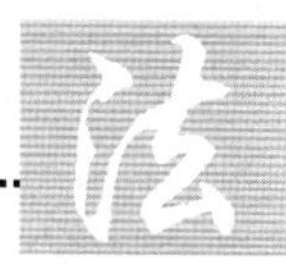

的至关重要作用，使之真正成为现代法治国家刑事司法中不可动摇的铁则。”[①]对于上述观点，我完全赞同。对于刑法规定的解释一定要采取严格、谨慎，乃至保守的态度，这也是形式思维的基本立场。在司法实践具体案件的处理中，我国实质思维对法官适用解释的影响也极为深远。在社会危害性观念的引导下，法律解释十分明显地打上了实质思维的烙印。

【案例6】朱某勇故意毁坏财物案[②]

2002年4月29日至5月10日，被告人朱某勇利用事先获悉的账号和密码，侵入被害人陆某辉、赵某花夫妇在证券营业部开设的股票交易账户，然后篡改了密码，并使用陆、赵夫妇的资金和股票，采取高进低出的方法进行股票交易。5月16日，朱某勇再次作案时被当场发现。按照股票成交平均价计算，用首次作案时该账户内的股票与资金余额，减去案发时留有的股票与资金余额，朱某勇共给陆、赵夫妇的账户造成资金损失19.7万余元。被发现后，朱某勇立即如实供认了全部事实，并赔偿了陆、赵夫妇的经济损失。上海市静安区人民法院于2002年10月24日判决：被告人朱某勇犯故意毁坏财物罪，判处有期徒刑一年六个月，宣告缓刑二年。

本案确立了以下裁判要旨：“被告人为泄私愤，侵入他人股票交易账户并修改密码，在他人股票交易账户内，采用高进低出股票的手段，造成他人资金损失数额巨大的行为，构成刑法第二百七十五条规定的故意毁坏财物罪。”法官在论证本案的裁判理由时，指出：“刑法第二条规定：‘中华人民共和国刑法的任务，是用刑罚同一切犯罪行为作斗争，以保卫国家安全，保卫人民民主专政的政权和社会主义制度，保护国有财产和劳动群众集体所有的财产，保护公民私人所有的财产，保护公民的人身权利、民主权利和其他权利，维护社会秩序、经济秩序，

① 周光权：《刑法软性解释的限制与增设妨害业务罪》，载《中外法学》，2019（4）。

② 参见《最高人民法院公报》（2004年卷），303～306页，北京，人民法院出版社，2005。

保障社会主义建设事业的顺利进行。’第十三条规定：‘一切危害国家主权、领土完整和安全，分裂国家、颠覆人民民主专政的政权和推翻社会主义制度，破坏社会秩序和经济秩序，侵犯国有财产或者劳动群众集体所有的财产，侵犯公民私人所有的财产，侵犯公民的人身权利、民主权利和其他权利，以及其他危害社会的行为，依照法律应当受刑罚处罚的，都是犯罪，但是情节显著轻微危害不大的，不认为是犯罪。’第二百七十五条规定：‘故意毁坏公私财物，数额较大或者有其他严重情节的，处三年以下有期徒刑、拘役或者罚金；数额巨大或者有其他特别严重情节的，处三年以上七年以下有期徒刑。’被告人朱某勇为泄私愤，秘密侵入他人的账户操纵他人股票的进出，短短十余日间，已故意造成他人账户内的资金损失 19. 7 万余元。这种行为，侵犯公民的私人财产所有权，扰乱社会经济秩序，社会危害性是明显的，依照刑法第二百七十五条的规定，已构成故意毁坏财物罪，应当受刑罚处罚。”

上述裁判理由引用了我国《刑法》第 2 条关于刑法任务的规定、《刑法》第 13 条犯罪概念的规定、《刑法》第 275 条关于故意毁坏财物罪的规定，但并没有对本案被告人的行为能否认定为故意毁坏财物罪的核心问题：秘密侵入他人的账户操纵他人股票的进出，故意造成他人账户内的资金损失的行为是否属于毁坏行为作出任何论证。

值得注意的是，本案的审理法官曾经撰写了《朱某故意毁坏财物案——侵入他人账户恶意交易股票损失较大的，构成故意毁坏财物罪》一文，对朱某勇案中的法律问题作了进一步阐述，其中论及故意毁坏财物行为时，指出：“使财物的价值降低或者丧失是故意毁坏财物的本质特征。所谓毁坏，就是指毁灭或损坏。这种行为的本质就是使其侵害的对象全部或部分丧失其价值或使用价值。毁坏的方式通常是以一种直观的物理的方式表现出来，如打碎杯子或者将杯子上的手柄打断，等等。但随着社会的进步，新生事物与新现象日益增多，毁坏财物的方式也呈现出多样性，具体表现是某些有形物即使不使其物理上发生变更，同样可以降低其价值或使用价值；对某些无形物在客观上往往都是通过非物理的手

段使其价值降低或灭失。在此情况下，如果我们仍坚持传统思维，将物理上的毁损方式视为故意毁坏财物罪的唯一行为方式，就不能适应实践中保护公私财产的客观需要，就背离了立法者设立故意毁坏财物罪的立法原意。我们认为，认定毁坏财物的行为，不应将眼光局限于行为手段是否具有物理性质，而应着眼于毁坏行为的本质特征，即该行为是否使刑法所保护的公私财物的价值或使用价值降低或者丧失，只要能使财物的价值或使用价值降低或丧失，都可以视为毁坏行为。本案中，被告人朱某利用高进低出买卖股票的方法使被害人的股票市值降低，实际上使作为财产性利益代表的股票丧失部分价值，这就是毁坏他人财物的行为。”①

在上述裁判理由中，法官将使财物的价值降低或者丧失确定为故意毁坏财物罪的本质特征，也就是所谓事物本质，这是一种典型的结果导向的实质思维。毫无疑问，故意毁坏财物行为确实会造成他人财物损失，然而并非只要造成他人财物损失就是毁坏财物。关键问题在于：如何界定这里的“毁坏”？关于刑法中的“毁坏”，在日本刑法教义学中存在三种观点②：第一是物质的毁损说，认为毁损是指对财物的整体或部分造成物质的破坏或毁坏，从而使此种财物完全不能或部分不能按其本来的用法使用。第二是有形侵害说，认为毁损是指对财物施加有形的作用力，从而使财物的无形价值、效用受损，或者损害物体的完整性的情形。第三是效用侵害说，认为毁损是指损害财物的效用的所有行为。在以上三种观点中，物质的毁损说可谓狭义说，将毁坏限制为对财物的物理性损毁，这是最接近于毁坏一词本意的。有形侵害说强调毁坏的外部作用力的有形性，以此揭示毁坏的行为特征。效用侵害说将所有损害财物的效用的行为都界定为毁坏，这是结果导向的思维方法的结论，在一定程度上扩张了毁坏一词的外延。我认为，对于毁坏应当从行为和结果两个维度加以界定：就行为而言，毁坏具有对财物是物理或

① 卢方主编：《经济、财产犯罪案例精选》，413～418页，上海，上海人民出版社，2008。

② 参见刘明祥：《财产罪专论》，296～297页，北京，中国人民大学出版社，2019。

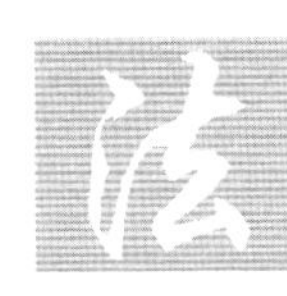

者功能的破坏性，例如从物理上将财物损毁，致使财物不能发挥效用。就结果而言，毁坏导致财物不能发挥其正常效用。只有在同时具备行为和结果两个特征的情况下，才能认定为毁坏。如果只是从结果上界定毁坏，就会扩张毁坏的范围，甚至将所有致使他人财物丧失的行为都以毁坏论处，这是明显不妥的。根据我对毁坏的定义，朱某勇案中以高进低出的方式买卖股票，没有对财物的破坏性，即使造成他人财物损失，也不符合毁坏财物的性质。① 只有采用形式解释论，才能对毁坏一词作出合理界定，并且将故意毁坏财物罪与因为其他行为造成他人财产损失的行为得以区分。值得注意的是，我国学者张明楷对本案做了以下论述："能否将高进低出买卖股票评价为毁坏，需要将规范向事实拉近，将事实向规范拉近，而将二者拉近时需要考虑事物的本质。当高进低出买卖股票导致他人遭受数额较大的财产损失（丧失应有价值），刑法规定故意毁坏财物罪就是为了保护他人财产免遭损失（保护他人的财产价值）时，就有必要将毁坏解释为使他人财物（股票）价值减少或者丧失的行为。"② 这是实质解释论的完美呈现，反映了论者实质推理的思维过程。在我看来，实质解释的核心是首先确定处罚必要性，然后以此作为解释的价值导向，继而确定法律文本的含义。因此，这是一种处罚必要性决定法律文本含义的思维方法。根据实质解释论，毁坏一词中起到决定性作用的是财产损失结果，至于何种行为造成财产损失结果并不重要，行为的限制机能在实质解释中荡然无存。在这种情况下，故意毁坏财物罪就扩张为致使他人财产损失罪，毁坏的字面含义在实质解释中被吞噬了。因此，将他人的戒指扔进大海，放飞他人的小鸟，只要罪量要素达到入罪标准，都应当以故意毁坏财物罪论处。这一结论难道不是将法律文本没有规定的行为进行入罪解释吗？因此，刑法解释应当受到罪刑法定原则的严格限制。

---

① 参见陈兴良：《判例刑法学》（下卷·第三版），408 页，北京，中国人民大学出版社，2024。

② 张明楷：《罪刑法定与刑法解释》，212 页，北京，北京大学出版社，2009。

第二节　形式思维的特征

刑法教义学的核心是刑法解释，因此，刑法教义学属于司法论的范畴而不是立法论的范畴。这里的司法论是指以刑法适用为使命的刑法理论研究。通过司法论研究，一方面解释法律文本的正确蕴含，为刑法适用提供法律根据；另一方面沟通案件与刑法之间的链接，为法官的裁判提供法理根据。

在刑法教义学的研究过程中，存在着形式逻辑和实体逻辑之间的关系需要正确处理。德国学者指出："在概念和体系构成方面，刑法教义学不仅需要形式上的法学逻辑，因为形式逻辑只提出了法学的一般规则，而且需要一个从被保护的法益角度提出论据的实体上的逻辑，并因此而对制定和论证法规范起到推进作用。实体逻辑包含了从价值体系中引导出来的实体裁判的理由，此等裁决从司法公正的角度和刑事政策的目的性方面看，内容是正确的，或者至少是可以证明是正确的。"① 在此，德国学者提出了刑法教义学中的形式逻辑和实体逻辑的关系问题，我认为对于正确理解形式思维具有参考价值。

形式与实体是一对哲学范畴。从哲学上说，形式与实体具有一种对应关系，这种对应关系又不同于对立关系。对于犯罪认定来说，需要同时具备形式的构成要件与实体的不法内容。因此，在认定犯罪的时候，应当进行形式逻辑判断和实体逻辑判断。形式逻辑的判断侧重于对法条的形式特征的界定，尤其是涉及对法条之间逻辑关系的确定。而实体逻辑的判断则偏向于对法条的实质内容的界定，尤其是对法条的内容进行价值考量。因此，形式逻辑的判断是指形式推理，而实质逻辑的判断则是指实质推理。在当前我国司法实践中，形式推理当然是十分重要的，因为它关系到罪刑法定原则的贯彻。罪刑法定原则并不意味着法条主义或

---

① ［德］汉斯·海因里希·耶赛克、［德］托马斯·魏根特：《德国刑法教科书》（上），徐久生译，60页，北京，中国法制出版社，2017。

者形式主义，因此还要进行实质推理。就此而言，我国社会当前某些引起轰动性的案件，在很大程度上未能进行有效的实质推理，而是存在机械适用法律的倾向，这是应当克服的。

一、形式逻辑方法

刑法教义学首先当然必须遵循形式逻辑，这是毫无疑问的。基于刑法教义学的立场，在对刑法文本进行解释的时候，强调形式逻辑方法是重要的。因为刑法体系本身就是一个具有内部和谐关系的规范体系。当然，如何运用形式逻辑方法科学地理解刑法条文之间的逻辑关系是一个值得研究的问题。例如，我国《刑法》第 20 条分三款对正当防卫制度作了规定："为了使国家、公共利益、本人或者他人的人身、财产和其他权利免受正在进行的不法侵害，而采取的制止不法侵害的行为，对不法侵害人造成损害的，属于正当防卫，不负刑事责任（第 1 款）。正当防卫明显超过必要限度造成重大损害的，应当负刑事责任，但是应当减轻或者免除处罚（第 2 款）。对正在进行行凶、杀人、抢劫、强奸、绑架以及其他严重危及人身安全的暴力犯罪，采取防卫行为，造成不法侵害人伤亡的，不属于防卫过当，不负刑事责任（第 3 款）。"

对以上三款条文内容的理解涉及各款之间逻辑关系的界定。从条文内容分析，第 1 款是对正当防卫概念以及构成要件的规定。其中，为了使国家、公共利益、本人或者他人的人身、财产和其他权利免受正在进行的不法侵害是正当防卫的主观要件，也是正当防卫的主观正当化根据。采取的制止不法侵害的行为，对不法侵害人造成损害的，这是正当防卫的客观要件，也是正当防卫客观正当化根据。由此可见，正当防卫是目的的正当性与行为的正当性的统一。正当防卫行为不负刑事责任，这是正当防卫的性质及其法律后果。据此，正当防卫行为具有合法性，属于排除刑事责任的事由。第 2 款是对防卫过当的规定，即如果正当防卫明显超过必要限度，造成重大损害的，就应当负刑事责任，只不过应当减轻或者

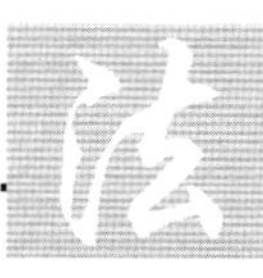

免除处罚而已。应该说，第 2 款的内容是明确的，但涉及第 2 款与第 1 款的关系，就会存在两种不同观点。其中，第一种观点认为，第 1 款规定的正当防卫没有对必要限度进行规定，而第 2 款把防卫过当规定为正当防卫明显超过必要限度的情形。因此，防卫过当也属于正当防卫，即正当防卫包括两种情形：第一种是没有明显超过必要限度的正当防卫，第二种是明显超过必要限度的正当防卫。根据这种理解，正当防卫与防卫过当的关系是包含与被包含之间的逻辑关系。第二种观点认为，第 1 款条文中虽然没有涉及正当防卫必要限度的内容，但这并不意味着正当防卫的构成不需要具有必要限度的要件。其实，第 2 款中的必要限度是对第 1 款正当防卫要件的补强规定，只有结合第 1 款和第 2 款才能最终确定正当防卫的构成要件。第 2 款规定的防卫过当是明显超过正当防卫必要限度的情形，因此，防卫过当违反正当防卫的限度要件，因而不是正当防卫。根据这种观点，第 1 款规定的正当防卫和第 2 款规定的防卫过当之间不是包含与被包含的关系，而是对立关系。对于以上两种观点，如果仅仅从字面来看，第一种观点似乎更有道理。因为根据第 1 款的表述，正当防卫确实没有必要限度的要件；而根据第 2 款的表述，防卫过当是正当防卫明显超过必要限度的情形。因此，即使超过必要限度还是正当防卫，防卫过当只不过是正当防卫的一种特殊情形。我认为如此处理正当防卫与防卫过当之间的逻辑关系，并非对正当防卫逻辑性质的正确理解。防卫过当与正当防卫相比，在具有防卫性质这一点上是相同的，但由于防卫过当已经明显超过必要限度，它已经不是正当防卫。据此，应当把防卫过当排除在正当防卫范畴之外。当然，以第 2 款关于防卫过当规定中涉及的必要限度的内容对第 1 款规定的正当防卫要件进行补强，这是完全正确的。第 1 款与第 2 款之间的关系表明，在对刑法条文进行解读的时候，不能单独就某一个条款进行解释，而是应当把条款之间结合起来进行解读。如果割裂条款之间的关系，孤立地进行评注，就会破坏条文之间的逻辑关系。例如在评注第 1 款的时候，刑法条文并没有规定正当防卫的限度要件，如果此时把第 2 款中关于限度的内容提前到第 1 款进行解释，就会打破条款之间的顺序关系。当然，如果进行刑法教义学的体系化解读，就不会存在这个问题。这也说明，刑法教义学所具有的体系化解释方法对于完整地理解刑法规定的内容具有重要意义。

更为复杂的是第 2 款与第 3 款之间的逻辑关系。第 3 款规定的是特殊防卫。第 3 款的内容，如果从字面上来看，是对第 2 款的防卫过当的补充规定。根据第 3 款，对正在进行行凶、杀人、抢劫、强奸、绑架以及其他严重危及人身安全的暴力犯罪，采取防卫行为，造成不法侵害人伤亡，不属于防卫过当。就这一规定而言，特殊防卫是第 2 款防卫过当的例外。因此，第 2 款与第 3 款之间具有一般与例外的逻辑关系。因为，根据第 2 款的规定，只要明显超过正当防卫必要限度，造成重大损害的，就构成防卫过当。但第 3 款规定，如果是对于刑法所列举的严重暴力犯罪实行正当防卫，即使造成不法侵害人伤亡，也不属于防卫过当。因此，特殊防卫根本就不受必要限度的限制。可以说，在特殊防卫的情况下，包含了没有过当的防卫与已经过当的防卫这两种情形。所谓没有过当的防卫，是指即使没有特殊防卫的规定，根据第 2 款这种情况也没有超过正当防卫必要限度。所谓已经过当的防卫，是指如果根据第 2 款的规定，这种情况已经明显超过正当防卫必要限度，但考虑到这是对严重暴力犯罪实行正当防卫，为了彻底解除防卫人的后顾之忧，立法者将过当行为拟制为没有过当的防卫，构成对第 2 款防卫过当规定的一种例外，同时又形成对第 1 款规定的一种补充。

那么，以上对我国《刑法》第 20 条三款规定的这些形式逻辑分析具有什么意义呢？我认为，这对于案件处理具有现实意义。例如于某故意伤害案[①]：于某的行为是构成正当防卫还是防卫过当？如果构成正当防卫，是适用《刑法》第 20 条第 1 款还是第 3 款，以及第 2 款是否包含造成不法侵害人伤亡的内容？这些问题的理解都直接关系到对正当防卫的性质认定。

---

① 参见陈兴良、张军、胡云腾主编：《人民法院刑事指导案例裁判要旨通纂》（上卷・第三版），879～880 页，北京，北京大学出版社，2024。

【案例 7】于某故意伤害案

2014 年 7 月，山东源大工贸有限公司（位于冠县工业园区）负责人苏某霞向赵某荣借款 100 万元，双方口头约定月息 10%。2016 年 4 月 14 日 16 时许，赵某荣以欠款未还清为由纠集郭某刚、程某贺、严某军十余人先后到山东源大工贸有限公司催要欠款，同日 20 时左右杜某浩驾车来到该公司，并在该公司办公楼大门外抱厦台上与其他人一起烧烤饮酒，约 21 时 50 分，杜某浩等多人来到苏某霞和苏某霞之子于某所在的办公楼一楼接待室内催要欠款，并对二人有侮辱言行。22 时 10 分许，冠县公安局经济开发区派出所民警接警后到达接待室，询问情况后到院内进一步了解情况，被告人于某欲离开接待室被阻止，与杜某浩、郭某刚、程某贺、严某军等人发生冲突，被告人于某持尖刀将杜某浩、程某贺、严某军、郭某刚捅伤，出警民警闻讯后返回接待室，令于某交出尖刀，将其控制，杜某浩、严某军、郭某刚、程某贺被送往医院抢救。杜某浩因失血性休克于次日 2 时许死亡，严某军、郭某刚伤情构成重伤二级，程某贺伤情构成轻伤二级。一审法院认为，被告人于某面对众多讨债人的长时间纠缠，不能正确处理冲突，持尖刀捅刺多人，致一名被害人死亡、二名被害人重伤、一名被害人轻伤，其行为构成故意伤害罪，公诉机关指控被告人于某犯故意伤害罪成立。被告人于某所犯故意伤害罪后果严重，应当承担与其犯罪危害后果相当的法律责任，鉴于本案系因被害人一方纠集多人，采取影响企业正常经营秩序、限制他人人身自由、侮辱谩骂他人的不当方式讨债引发，被害人具有过错，且被告人于某归案后能如实供述自己的罪行，可从轻处罚。据此，法院以被告人于某犯故意伤害罪，判处其无期徒刑，剥夺政治权利终身。

于某故意伤害案在媒体以《刺死辱骂者》为标题披露以后[①]，引起社会公众的广泛关注。在刑法学者中，对于于某刺死辱母者杜某浩的行为一致认为具有防

① 参见《刺死辱母者》，载《南方周末》，2017－03－26。

卫前提，但于某的防卫行为是否过当则存在两种不同观点：第一种观点认为于某的正当防卫行为没有明显超过必要限度，属于正当防卫。第二种观点则认为于某的正当防卫行为已经明显超过必要限度，属于防卫过当。在主张正当防卫的观点中，又存在于某的行为适用《刑法》第 20 条第 1 款还是第 3 款的分歧。这主要涉及对《刑法》第 20 条第 3 款的严重暴力犯罪的理解，即在于某故意伤害案中，讨债人的不法侵害是否属于严重暴力犯罪？从第 3 款规定来看，严重暴力涉及对人的生命和健康的严重危害，一般构成故意杀人罪和故意伤害罪或者类似犯罪。而在于某案中，讨债人对于某母子主要采取了非法拘禁的措施，并且存在侮辱和打骂，但尚未达到严重暴力犯罪的程度。因此，我认为，于某的防卫行为不能适用第 3 款特殊防卫的规定，而只能根据第 2 款判断是否超过必要限度。对于《刑法》第 20 条第 2 款与第 3 款之间的逻辑关系，我国学者虽然认为这是一种例外关系，但同时又对第 3 款进行反对解释，由此得出结论："并非对正在进行行凶、杀人、抢劫、强奸、绑架以及其他严重危及人身安全的暴力犯罪，采取防卫行为，造成不法侵害人伤亡的，属于防卫过当，应负刑事责任。"[①] 据此，只要防卫行为造成不法侵害人伤亡的，就构成第 2 款的防卫过当。在本案中，于某的防卫造成了不法侵害人的伤亡，其又不属于第 3 款的特殊防卫，因此只能构成第 2 款的防卫过当。其理由在于："在普通防卫的情况下，防卫人所遭遇的只是不危及人身安全的普通不法侵害，却可以采取危及不法侵害者的人身安全的防卫手段，且可以在造成他人死伤的情况下不负刑事责任，这显然有失法益的平衡。"[②] 根据这种观点，对于普通正当防卫而言，只要造成不法侵害人的伤亡结果就是防卫过当。对此，我完全不能认同。显然，这种观点不适当地限缩了正当防卫的范围，从而扩大了防卫过当的范围。事实上，在司法实践中也不是按照这种理解认

① 邢馨宇：《于欢构成正当防卫的法解释学质疑——与陈兴良、周光权、徐昕教授商榷》，http://www.suilengea.com/show/bvvemhnd.html。

② 邢馨宇：《于欢构成正当防卫的法解释学质疑——与陈兴良、周光权、徐昕教授商榷》，http://www.suilengea.com/show/bvvemhnd.html。

定正当防卫与防卫过当的。上述观点之所以偏颇，主要是因为论者错误地运用了反对推理的方法。在刑法方法论中，所谓反对推理是指对正面规定法律条文从反面推断该法律条文的反面意思。反对推理是建立在逻辑学的反对关系的基础之上的，这里的反对关系是指 A 与非 A 的关系。而我国《刑法》第 20 条第 2 款与第 3 款之间并不是 A 与非 A 的关系，因此，不能通过对第 3 款的反对解释以限制第 2 款的内容。

刑法教义学的形式逻辑方法虽然没有涉及法条的实体内容，但对于理解法条的实体内容具有重要意义。在某种意义上说，它限定了法条实体内容的范围，由此可以引导我们正确地理解法条的内容。

二、实体逻辑方法

刑法教义学的实体逻辑方法涉及对法条内容的价值判断，也就是说，对于法条内容不能只从形式上进行理解，而是要进行实质的价值分析，由此确定保护法益的内容。在这个意义上说，实体逻辑方法要比形式逻辑方法更为重要。正如德国学者指出："在概念和体系的构成方面，刑法教义学不仅需要形式上的法学逻辑，因为形式逻辑只提出了法学的一般规则，而且还需要一个从被保护的法益角度提出论据的实体上的逻辑，并因此而对制定和论证法规范起到推进作用。"①如果说，形式逻辑只是规范判断；那么，实体逻辑就是价值判断。形式逻辑是单纯的逻辑演绎，而实体逻辑则需要进行论证。例如，德国学者以《德国刑法典》第 249 条与第 250 条为例对形式逻辑和实体逻辑的关系做了说明："根据形式上的逻辑，情节严重的抢劫（《刑法典》第 250 条）是普通抢劫（《刑法典》第 249 条）的特殊形式，而根据实体逻辑，由于前者行为方式的危险性，或对被害人具

① ［德］汉斯·海因里希·耶赛克、［德］托马斯·魏根特：《德国刑法教科书》（上），徐久生译，60 页，北京，中国法制出版社，2017。

有特别的危险性，有理由认为必须科处较重的刑罚，是情节特别严重的结果加重犯。”① 因此，形式逻辑方法只是确定了第249条与第250条是普通抢劫与特殊抢劫的逻辑关系，而实体逻辑方法则确定特殊抢劫的情节严重所具有的法益侵害的危险性。由此可见，形式逻辑方法与实体逻辑方法的功能是有所不同的。例如，我国《刑法》第128条第1款规定了非法持有、私藏枪支罪：“违反枪支管理规定，非法持有、私藏枪支、弹药的，处三年以下有期徒刑、拘役或者管制；情节严重的，处三年以上七年以下有期徒刑。”在此，刑法对非法持有枪支罪的规定可以分为规范的构成要件要素和事实的构成要件要素这两部分内容。规范的构成要件要素是指违反枪支管理规定，而事实的构成要件要素则是指持有枪支。应当指出，这里持有枪支之前的“非法”一词，对于确定本罪的罪名虽然具有意义，但对于认定本罪的实行行为来说却是多余的，因为其功能与“违反枪支管理法规”是重复的。如果表述为非法持有枪支，就没有必要规定“违反枪支管理法规”这一规范的构成要件要素。从《刑法》第128条第2款的规定来看，似乎只要非法持有枪支，就可以构成本罪。那么，在此还需要实体逻辑的价值判断吗？我的回答是肯定的。因为对于如何犯罪的认定来说，只有形式上符合犯罪构成要件还是不够的，还必须具有实体上的法益侵害性，因此，实体逻辑的判断还是必不可缺的。这里涉及对危险犯的理解。在刑法教义学中，危险犯可以分为具体危险犯和抽象危险犯。一般认为，具体危险犯的危险是司法认定的危险，因此需要法官进行具体判断。而抽象危险犯的危险是立法推定的危险，不需要法官进行具体判断。在这种情况下，行为人只要实施了抽象危险犯的实行行为，就足以构成犯罪，不再对实行行为进行危险的判断。但即使不需要进行这种危险的判断，也并不意味着只要形式上具备构成要件，实体逻辑的判断就是可以放弃的。从总体上分析，这种价值判断还是需要的，只是采取不同的方法而已。如果放弃这种实体逻辑的判断，就会发

① ［德］汉斯·海因里希·耶赛克、［德］托马斯·魏根特：《德国刑法教科书》（上），徐久生译，61页，北京，中国法制出版社，2017。

生形式主义或者法条主义的判决结果，由此而与社会生活常识相抵触。

【案例8】赵某华非法持有枪支案[①]

2016年8月至10月12日间，被告人赵某华在某大街附近，摆设射击摊位进行营利活动。2016年10月12日22时许，公安机关在巡查过程中发现赵某华的上述行为将其抓获归案，当场查获涉案枪形物9支及相关枪支配件、塑料弹。经天津市公安局物证鉴定中心鉴定，涉案9支枪形物中的6支为能正常发射、以压缩气体为动力的枪支。一审法院认为，被告人赵某华违反国家对枪支的管制制度，非法持有枪支，情节严重，其行为已构成非法持有枪支罪，判决被告人赵某华犯非法持有枪支罪，判处有期徒刑3年6个月。

本案一审判决以后，经媒体披露，引起了社会舆论的广泛关注。从一审判决可以发现，其并没有对被告人赵某华行为的法益侵害性的实体逻辑判断，而是直接根据构成要件的行为得出构成犯罪的结论。本案的一审判决与社会公众对被告人赵某华所谓非法持有枪支行为的性质认知之间存在严重的偏差。被告人赵某华上诉以后，二审判决认为：赵某华明知其用于摆摊经营的枪形物具有一定致伤力和危险性，无法通过正常途径购买获得而擅自持有，具有主观故意。赵某华非法持有以压缩气体为动力的非军用枪支6支，依照刑法及相关司法解释的规定，属情节严重，应判处3年以上7年以下有期徒刑。考虑到赵某华非法持有的枪支均刚刚达到枪支认定标准，其非法持有枪支的目的是从事经营，主观恶性程度相对较低，犯罪行为的社会危害相对较小，二审庭审期间，其能够深刻认识自己行为的性质和社会危害，认罪态度较好，有悔罪表现等情节；天津市人民检察院第一分院也建议对赵某华适用缓刑，故酌情对赵某华予以从宽处罚。综上，二审法院认为一审判决认定赵某华犯非法持有枪支罪的事实清楚，证据确实、充分，定罪准确，审判程序合法。综合考虑赵某华的各种情节，对其量刑依法予以改判，遂

① 参见天津市河北区人民法院（2016）津0105刑初442号刑事判决书。

以非法持有枪支罪判处上诉人赵某华有期徒刑3年，缓刑3年。在二审判决中，对被告人赵某华非法持有枪支行为的性质进行了实体逻辑的论证，仍然得出有罪的结论，但以危害性较轻为由，改判缓刑。虽然二审的缓刑判决在一定程度上回应了社会公众的关注，并且二审判决说理较为充分，这就表现在对行为性质进行了实体逻辑的判断，但这一判决结果，仍然是难以令人满意的。尤其是一审判决的实体逻辑判断的缺失，生动地反映了我国当前司法实践中形式主义的司法逻辑，并由此而与社会公众的常识形成尖锐的对峙。

赵某华非法持有枪支案是在一定背景下发生的，这个背景就是枪支认定标准的大幅降低以及未能对枪支进行有效的分类管理。就枪支的认定标准而言，我国学者指出：2007年10月29日公安部发布的《枪支致伤力的法庭科学鉴定判据》（以下简称《枪支鉴定判据》）和2010年12月7日公安部发布修正后的《公安机关涉案枪支弹药性能鉴定工作规定》（以下简称《枪支鉴定规定》）根本性地改变了2001年8月17日公安部发布的《公安机关涉案枪支弹药性能鉴定工作规定》以来的刑法上枪支的鉴定标准，将鉴定为枪支的临界值大幅度地降低到接近原有标准的1/10左右。这直接导致司法实践中出现了大量被告人坚称行为对象是“玩具枪”或者“仿真枪”但因为被鉴定达到了新的枪支认定标准而被以有关枪支犯罪追究刑事责任的案件。现行的枪支司法认定标准和多数民众对枪支的认知相差悬殊，导致不少被告人不服司法裁判，也影响了相关司法裁判的公众认同。[①] 这里的枪支认定标准的大幅降低，表现为从射击干燥松木板法到测定枪口比动能法的改变。根据射击干燥松木板法，枪口比动能是16焦耳/平方厘米；而根据测定枪口比动能法，枪口比动能从原先的16焦耳/平方厘米降到1.8焦耳/平方厘米，出现了将近1/10的降幅。比较理想的安排，是对刑事处罚的枪支与治安处罚的枪支规定不同的认定标准，而不是现在这种单一的枪支认定标准，但在枪支认定标准修改之前，只能采用上述公安部门制定的枪支认定标准。值得注意的是，《枪

① 参见陈志军：《枪支认定标准剧变的刑法分析》，载《国家检察官学院学报》，2013（5）。

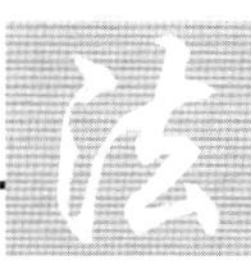

支管理法》第 47 条规定："单位和个人为开展游艺活动，可以配置口径不超过 4.5 毫米的气步枪（第 1 款）。具体管理办法由国务院公安部门制定。制作影视剧使用的道具枪支的管理办法，由国务院公安部门会同国务院广播电影电视行政主管部门制定（第 2 款）。博物馆、纪念馆、展览馆保存或者展览枪支的管理办法，由国务院公安部门会同国务院有关行政主管部门制定（第 3 款）。"这是《枪支管理法》对特殊类型枪支的特别规定，其中就包括了第 1 款规定的游艺活动的用枪。显然，本案被告人赵某华的枪支属于游艺用枪。对于游艺用枪应当与其他枪支区别对待，并制定相应的规范进行分类管理。遗憾的是，公安部门并没有及时制定游艺用枪的具体规范，以至于对此适用枪支认定的一般标准。

在这种特殊的情况下，法官在认定犯罪的时候，还是否需要进行实体逻辑的判断呢？以往一般都认定，对此不再要求进行实体逻辑的判断，可以直接认定为犯罪。但这种犯罪的认定结果却与社会公众的常识发生了严重的抵触。对于这个问题，当然可以进行目的性限缩，例如将非法持有枪支罪解释为目的犯，即行为人主观上具有非法使用目的，从而将在游艺活动中未经批准持有枪支的行为排除在本罪范围之外。但在我国目前的司法实践中，主要还是以社会危害性的综合判断或者主观故意的实质认定为根据予以出罪处理。

【案例 9】赵某胜等非法买卖枪支案

2012 年 7 月 16 日，北京市大兴区检察院收到公安机关移送提请审查起诉的赵某胜等涉嫌非法买卖枪支案。赵某胜等摆摊卖玩具枪以维持生计，民警发现他们的摊位上有仿真枪，即将赵某胜摊上的玩具枪带走鉴定，发现 43 支枪状物中，有 18 支可认定为刑法意义上的枪支。

该案以买卖枪支罪移送到检察院以后，对于赵某胜等的行为是否构成该罪，办理该案的检察官周某通过观看民警现场执法记录仪的视频资料，发现除了摊位上摆放的，摊位后边一辆小货车上的纸箱里，也放有枪状物。纸箱上印着玩具字样，每个枪状物都有包装，长方形白色塑料泡沫盒，与一般的玩具包装没有区

别。另外，起获的枪状物中，大多数都是塑料质地，低于认定枪支标准中规定的枪支构成要件，所发射金属弹丸或其他物质的枪口比动能小于 1.8 焦耳/平方厘米。被认定为枪支的 18 支枪状物中，有 16 支刚刚达到或超过这一数字。再从赵某胜夫妇购进和销售枪状物的场所、价格、枪状物的外观看，难以认定他们明知这些是刑法意义上的枪支。为此，大兴区检察院专门向北京市检察院请示。北京市检察院随后就“涉枪案件适用法律有关问题”，向最高人民检察院请示。[①] 最高人民检察院为此作出了答复，指出：“关于如何认定涉枪犯罪行为人的主观故意问题，应当综合全案情况正确判断行为人的主观故意。同时，还应考虑其行为的社会危害性，对情节显著轻微危害不大的，可以不作为犯罪处理。”检察官周某指出：“关键问题是，对犯罪嫌疑人而言，买卖玩具枪行为的社会危害性认识，是否达到了刑法规范中认定犯罪的主观罪过程度?”周某说，以赵某胜等非法买卖枪支案为例，在司法实践中曾出现过分歧意见，经过评析和检委会讨论，最终认为，无证据证明赵某胜等主观上具有非法买卖刑法意义上枪支的故意，认定二人构成非法买卖枪支罪不符合主客观相一致原则。另外，以非法买卖枪支罪对赵某胜等判处刑罚，不符合刑法罪责刑相适应原则。“赵某胜等买卖玩具枪或者仿真枪的行为，当然具有一定的潜在危险性，但依照《枪支管理法》第四十四条第（五）项之规定，对于销售仿真枪的可以进行警告或者十五日以下的行政拘留，这种行政处罚足以对这些小商贩起到警示和震慑作用，没必要对其课以重刑。”周某介绍，该院认为，认定嫌疑人主观上具有非法买卖刑法意义上的枪支的故意证据不足，不能认定其构成非法买卖枪支罪，经检委会研究依法对嫌疑人作出了存疑不起诉处理。“此类案件对犯罪嫌疑人做出不起诉处理的做法，在最高检答复北京市检察院有关请示意见中得到认可。”[②] 可以说，赵某胜等非法买卖枪支案最终以存疑不起诉结案，这是十分

① 参见《揭秘京版“摆摊大妈涉枪案”同样认定为真枪 检方为何选择不起诉》，http://beijing.jinghua.cn/20170221/f280047.shtml。

② 《揭秘京版“摆摊大妈涉枪案”同样认定为真枪 检方为何选择不起诉》，http://beijing.jinghua.cn/20170221/f280047.shtml。

难得的，而且是请示最高人民检察院的结果。

非法持有枪支罪与非法买卖枪支罪相比，前轻而后重。但天津检察机关以有罪起诉而北京检察机关存疑不起诉，两案的处理结果天差地别。事实上，北京市的赵某胜案在前而天津市的赵某华案在后。最高人民检察院的答复只是个案性的意见，未经公布，其他地方的检察机关也就无法参照执行。现在建立了案例指导制度，“赵某胜案”如果作为指导性案例加以公布，就可以为各地检察机关一体执行提供规范根据。最高人民检察院的答复明确肯定了对于此类涉枪案件应当进行实体逻辑的判断，即社会危害性的判断，这是完全正确的。这也肯定了在抽象危险犯的情况下，如果明显没有法益侵害性，同样也不能认定为犯罪。值得注意的是，答复认为在这种没有明显的社会危害性的情况下，应当适用我国《刑法》第 13 条的但书规定出罪。可以说，但书规定是我国刑法所特有的一个规定，对于那些犯罪情节显著轻微、危害不大的，就可以不作为犯罪处理。但书规定为在某些特殊情况下的出罪，提供了具体的法律根据，这是值得肯定的。当然，在以往的司法实践中，对于在何种情况下可以适用但书规定出罪是没有明确规定的，在刑法理论上也缺乏对此的充分研究。因为但书是一种刑法总则性的规定，而刑法分则又规定了犯罪的罪量要素。对于大多数犯罪而言，如果情节较轻，都是直接根据分则性规定出罪。而直接根据刑法总则的但书规定出罪的情形是极为罕见的。在一般情况下，如果没有相关司法解释的明文规定，司法机关都不敢直接以但书出罪。而最高人民检察院的答复明确规定涉枪案件如果情节显著轻微危害不大，可以不作为犯罪处理，无疑是为这种情形下的出罪提供了规范根据。其实，根据罪刑法定原则，入罪需要法律根据，出罪则并不需要法律根据。因此，只要某种符合构成要件的行为，不具有法益侵害性或者法益侵害性没有达到犯罪程度，就可以依据但书规定出罪。这也正是在犯罪认定过程中的实体逻辑判断，对于赵某华非法持有枪支案也是如此。

事实上，将但书规定作为一种特殊的出罪方式采用，甚至以此作为对法律规定或者司法解释的一种补救措施而采用，在以往的司法解释中就已有先例。例

如，我国《刑法》第125条第1款规定了非法制造、买卖、运输、邮寄、储存枪支、弹药、爆炸物罪。最高人民法院于2001年公布了《关于审理非法制造、买卖、运输枪支、弹药、爆炸物等刑事案件具体应用法律若干问题的解释》，该解释明确规定了该罪的罪量要素。前引司法解释公布以后，最高人民法院又公布了对执行《关于审理非法制造、买卖、运输枪支、弹药、爆炸物等刑事案件具体应用法律若干问题的解释》有关问题的通知，该通知作了补充性的规定，指出："一、对于《解释》施行前，行为人因生产、生活所需非法制造、买卖、运输枪支、弹药、爆炸物没有造成严重社会危害，经教育确有悔改表现的，可以依照刑法第十三条的规定，不作为犯罪处理。二、对于《解释》施行后发生的非法制造、买卖、运输枪支、弹药、爆炸物等行为，构成犯罪的，依照刑法和《解释》的有关规定定罪处罚。行为人确因生产、生活所需而非法制造、买卖、运输枪支、弹药、爆炸物，没有造成严重社会危害，经教育确有悔改表现的，可依法免除或者从轻处罚。"由此可见，这是一个出罪或者从轻处罚的规定，而出罪或者从轻处罚的事实根据在于行为人因生产、生活所需非法制造、买卖、运输枪支、弹药、爆炸物没有造成严重社会危害，而其中出罪的法律根据就是但书规定。及至2009年，最高人民法院对前引司法解释进行了修订，将上述通知的精神吸收到前引司法解释之中。修订后的前引司法解释第9条规定："因筑路、建房、打井、整修宅基地和土地等正常生产、生活需要，以及因从事合法的生产经营活动而非法制造、买卖、运输、邮寄、储存爆炸物，数量达到本解释第一条规定标准，没有造成严重社会危害，并确有悔改表现的，可依法从轻处罚；情节轻微的，可以免除处罚。"在此，虽然不再适用但书规定予以出罪，但还是予以从轻或者免除处罚。因此，对于涉枪案件，也同样可以参照以上司法解释的规定，对于情节显著轻微危害不大的，可以不作为犯罪处理。

对于刑事案件进行综合性的实体逻辑判断，这是以行为已经符合构成要件为前提的。因此，我们也可以将但书出罪称为特殊的出罪方式，这是在不得已的情况下采用的。而前引最高人民检察院答复提出的主观故意问题，则是一个构成要

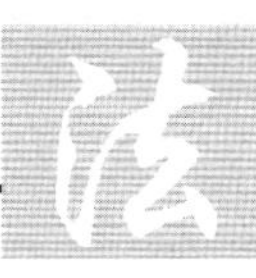

件是否具备的问题，以此作为出罪根据相对较为容易。因为我国传统四要件的犯罪论体系，主观故意是一种实质故意的概念：既包括构成要件的故意内容，同时又包括责任故意的内容。在前述赵某胜非法买卖枪支案中，就是以缺乏对买卖刑法意义上的枪支的故意为由而存疑不起诉的。对于赵某华非法持有枪支案，也可以做这种判断。仿真枪如果符合枪支认定标准应当认定为刑法意义上的枪支，这是没有问题的。但如果被告人主观上认为这只是仿真枪而并没有认识到这是刑法意义上的枪支，则非法持有枪支罪的故意并不存在。例如 2018 年 3 月 28 日最高人民法院、最高人民检察院《关于涉以压缩气体为动力的枪支、气枪铅弹刑事案件定罪量刑问题的批复》第 1 条规定："对于非法制造、买卖、运输、邮寄、储存、持有、私藏、走私以压缩气体为动力且枪口比动能较低的枪支的行为，在决定是否追究刑事责任以及如何裁量刑罚时，不仅应当考虑涉案枪支的数量，而且应当充分考虑涉案枪支的外观、材质、发射物、购买场所和渠道、价格、用途、致伤力大小、是否易于通过改制提升致伤力，以及行为人的主观认知、动机目的、一贯表现、违法所得、是否规避调查等情节，综合评估社会危害性，坚持主客观相统一，确保罪责刑相适应。"在此，该批复就提及主观认知、动机目的等因素对涉枪犯罪认定的重要意义。因此，在涉枪案件的处理中，应当根据主客观相统一原则的要求，根据在案证据对行为人主观明知作出准确认定，对于不能认定行为人主观上明知涉案物品系枪支的，不认定为犯罪。对于以收藏、娱乐为目的，非法购买、持有以压缩气体为动力、枪口比动能较低且不属于易于通过改制提升致伤力的枪支的，社会危害性相对较小，应当依法从宽处罚；如果行为人系初犯，确有悔改表现，没有造成严重后果的，可以依法不起诉或者免予刑事处罚；情节显著轻微危害不大的，不以犯罪论处；确有必要判处刑罚的，可以非法持有枪支罪依法从宽处罚。①

① 参见最高人民法院研究室刑事处：《〈最高人民法院、最高人民检察院关于涉以压缩气体为动力的枪支、气枪铅弹刑事案件定罪量刑问题的批复〉的理解与适用》，载《人民司法（应用）》，2018（13）。

第三节　形式思维的适用

形式思维在司法过程中的适用，主要反映在刑法解释如何正确采用和对待形式思维方法。在刑法解释方法中，语义解释是以可能语义为边界的解释。体系解释、历史解释和目的解释是根据法律演变的脉络和法律系统的语境对法律文本进行解释，同样不会超出法律语义的范围，因而也是一种形式解释。[①] 至于目的解释，到底是形式解释还是实质解释，则存在一定的争议。这主要取决于对目的解释的界定：如果将目的解释理解为在法律文本语义范围内的解释，则目的解释仍然可以归属于形式解释。反之，如果将目的解释理解为包括法律文本语义范围外的目的性限缩和目的性扩张，则此时所谓目的解释确实具有实质解释的性质。在刑法方法论中，通常是将目的解释与目的论解释加以区隔。其中，目的解释只能是在语义范围内的解释，而目的论解释则超出语义范围，因此，其并不属于法律解释的范畴。因此，将所谓目的论解释归之于目的考量的实质推理更为合理。[②] 无论是目的性限缩还是目的性扩张，都会得出不同于语义解释的结论，在一定程度上对法律文本的语义进行了修正。其中，目的性限缩基于一定的规范目的将法律规定的含义加以收缩，使某些根据语义解释符合构成要件的行为被排斥于构成要件之外；而目的性扩张则是基于一定的规范目的将法律规定的含义予以延展。因此，刑法解释只能是形式解释；如果在法律文本含义之外，采用实质方法扩展语义范围，我认为并不是法律解释而是法律推理。在这个意义上说，刑法解释是以法律文本的语义范围为限度或者限制的解释，因而只能是形式解释。

---

① 体系解释可以分为外部体系解释和内部体系解释。通常认为，外部体系解释采用形式逻辑分析方法，具有形式解释的特征。但内部体系解释采用价值分析方法，是一种价值判断体系，因而具有实质解释的性质，甚至将内部体系解释等同于目的解释。参见葛恒浩：《刑法解释基础理论研究》，86 页，北京，法律出版社，2020。

② 关于目的考量的实质推理，参见本书第十五章第三节。

一、形式解释的概念

在刑法解释中，坚持形式解释论还是实质解释论曾经引发一场学术争论，这对于厘清我国刑法解释中的方法论具有重大的理论意义。值得注意的是，在通常意义上，法律解释都是指对法律文本的阐释，因而法律解释的对象毫无疑问是法律规范。因此，刑法教义学中讨论的形式解释与实质解释也应当是指两种对刑法规定的解释方法。然而，我国学者提出了构成要件解释的概念，在此，解释对象从法律文本转换成构成要件。例如我国学者在构成要件解释的基础上引申出构成要件的形式解释与实质解释的命题，其中构成要件的形式解释是从形式犯罪论推导出来的，而构成要件的实质解释则是从实质犯罪论引申出来的。我国学者指出："从逻辑上说，由于行为构成要件说将构成要件视为价值中立的现象，符合构成要件的行为均等地包含了违法行为与非违法行为，故对构成要件只能进行形式解释。而违法类型说与违法有责类型说则要求构成要件说明行为对法益的侵害与威胁，因而应对构成要件进行实质的解释。"① 上文所论及的行为类型说、违法类型说与违法有责类型说是三种对构成要件类型的不同界定，在这个意义上的解释是指构成要件在内容上是否包含违法性和有责性的问题。在这种情况下，解释就不是针对法律文本而言的，而是对构成要件内容的判断，因而构成要件就不可能是形式判断，必然是实质判断。

需要指出的是，构成要件的解释这种说法来自日本。日本刑法学只承认刑法解释学，而不承认刑法教义学，因此，日本刑法学的方法论只是解释方法而并不存在其他方法论。基于这一前提，日本学者对解释概念作了十分宽泛的界定，甚至承认不针对法律文本的解释概念，例如类推解释和当然解释等。因此，在日本刑法学中，存在构成要件解释的概念，例如日本学者大谷实指出："刑罚法规中

① 张明楷：《刑法的基本立场》（修订版），134页，北京，商务印书馆，2019。

规定犯罪的部分，正如《日本刑法典》第199条中的‘杀人的’一样，是有关该罪的一般成立要件的规定。这被称为犯罪的成立要件或构成要件。构成要件，是立法者将那些侵害法益的形态、程度重大，对于维持社会秩序来说不能置之不理的行为，即当罚行为，根据社会通常观念，在法律上进行抽象化、类型化，以表示成为犯罪的行为的形式要件，并把它作为可罚行为。行为是否成立犯罪，是由是否符合构成要件来决定的，因此，在刑法各论中，构成要件的解释最为重要。”[①] 在此，日本学者将构成要件该当性的判断理解为构成要件解释。这种所谓解释当然需要采取实质判断的方法，因此，构成要件的判断也被称为实质的构成要件解释。例如日本学者前田雅英在论述实质的构成要件解释时，指出：“既然刑罚法规也是以‘言词’书写而成，那么在具体的适用中，为了确定言词的意义，将言词嵌入事实之中，‘解释’是有必要的。而且，尽管社会在发生着变化，新出现了当罚性很高的行为，但刑法的修改却很少，基本上与民法等部门法一样，‘目的（论）解释’在刑法中也是必不可少的。”[②] 前田雅英这里所说的目的解释，是指可以超出法律文本语义范围的目的解释，甚至将解释论之于刑法与民法的功能相提并论，这就存在着背离罪刑法定原则的潜在危险。前田雅英还提出了“解释的实质容许范围与实质的正当性（处罚的必要性）成正比，与和法律条文的通常语义之间的距离成反比”的论断[③]，对此，日本学者大谷实指出：“在刑法解释上，虽然一般的法律解释论中所使用的目的解释也必不可少，但是，解释者的价值观不同，也必然影响到对法律目的的理解。所以，目的论的解释方法，具有违反刑法的严格解释的危险。因此，首先必须客观认识法条用语的意义，尽可能地尊重形式理论的法则；其次，只有在作为形式理论解释的结果，出

---

① ［日］大谷实：《刑法讲义各论》（新版第5版），黎宏、邓毅丞译，3页，北京，中国人民大学出版社，2023。

② ［日］前田雅英：《刑法总论讲义》（第7版），曾文科译，54页，北京，北京大学出版社，2017。

③ 参见［日］前田雅英：《刑法总论讲义》（第7版），曾文科译，55页，北京，北京大学出版社，2017。

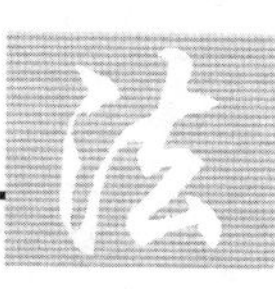

现了数个结论的时候，从可以根据目的论的解释，选择其中一个结论。”① 也就是说，目的解释也应当受到法律文本语义范围的限制。就此而言，大谷实的观点与形式解释论并无差别。由此可见，日本刑法学界对刑法解释能否采用实质解释的方法，观点并不相同。

真正造成构成要件解释实质化的原因在于：这里的构成要件其实并不限于对构成要件本身的解释，而在于将构成要件符合性、违法性，甚至有责性的内容都纳入构成要件解释的范围，因此，构成要件解释就成为定罪的代名词。在这种情况下，所谓实质解释当然也就获得了存在的正当性。应当指出，构成要件与刑法规定之间存在密切联系：构成要件是根据刑法规定所建构的犯罪的客观轮廓，因此构成要件要素的确定应当以刑法规定为依据。从法律规定到构成要件，这是一个从法律语言所描述的犯罪特征到逻辑所构造的犯罪轮廓的转化过程。构成要件的确定不能离开刑法规定，同时刑法规定通过构成要件而形成犯罪的认定标准。在这个意义上说，只有刑法文本才存在解释，构成要件则只能是构造。事实上，在我国刑法学界，对构成要件的三种类型并没有完全主张行为类型说的观点。因此，这个意义上的所谓构成要件的形式解释论与实质解释论的争论并不存在。这里的构成要件是实质解释，其实应该是指在行为符合构成要件的基础上所进行的实质推理。显然，这种具有实质价值判断性质的实质推理不能归入解释的范畴。

值得注意的是，我国学者对构成要件的解释又进一步从广义上加以理解，认为实质解释论主要是针对构成要件的解释而言（包括构成要件符合性的判断以及与构成要件相关的未遂犯等问题的解释）。② 由此可见，这里的实质解释包含了构成要件要素的解释、构成要件符合性的判断，甚至还包括未遂犯、共犯等犯罪特殊形态的认定等，几乎囊括了犯罪论的基本内容。在上述内容中，只有构成要

① ［日］大谷实：《刑法讲义各论》（新版第5版），黎宏、邓毅丞译，3～4页，北京，中国人民大学出版社，2023。

② 参见张明楷：《实质解释论的再提倡》，载《中国法学》，2010（4）。

件要素的解释属于法律解释的范畴，而构成要件符合性的判断均属于刑法适用与犯罪认定的问题。由此可见，形式解释论与实质解释论并不是在同一个面向上的观点争辩。我认为，在与形式解释论相对应意义上并不存在所谓实质解释论，因为这个意义上的实质解释已经超出法律文本的语义范围，因而不是法律解释而是法律适用。应该说，在法律适用中，采用法律推理方法对构成要件的事实进行价值判断，必然会运用实质推理等方法。因此，在刑法适用过程中，坚持实质立场是没有争议的，但在刑法解释上，则不能采用实质的思维方法。

我国刑法教义学中的形式解释论与实质解释论，主要围绕着对法律文本的态度与立场而展开。基于罪刑法定原则，某个行为是否可以入罪，应当以刑法是否有明文规定为根据。而刑法的明文规定是以法律文本为载体的，因此，对于法律文本的尊崇是罪刑法定原则的应有之义。在法律解释中，法律文本是解释的对象与根据。法律解释并不是创制法律而只是对法律文本的意蕴加以揭示。因此，法律文本是法律解释不可逾越的边界。在这个意义上说，在刑法解释上应当坚持形式解释论，摒弃实质解释论。

二、形式解释的证立

形式解释论中之所谓形式是指形式思维方法，因此，形式解释就是忠实于法律文本的解释或者受到语义范围限制的解释。值得注意的是，美国学者提出了蕴含于解释过程的形式性之程度的命题，指出："各种解释方法都或多或少是形式化的，因而能左右作为结果的形式性法律依据。一种解释如果只关注语词的字面意思，或者待解释之规范性行为或其他事实的狭义界限，那么它就是高度形式化的。通过一种或两种方式，解释可以变得更少形式化，而更趋实质化。如果解释者寻求或适用隐含于法律文本中的潜在目标与理由，或者根据其他渊源（例如立法史）来探求这项目标和理由，那么解释就会是实质化的。有时虽然无法确认这种目标和理由，但解释仍然可以是实质化的，那就是作判决者转而以一些实质性

依据为判决基础，而这项依据得自于其他的、非法律的渊源，例如法官运用了本人的政治的道德素养，或者运用了他自己归之于立法机关或公众身上的政治道德。这种两种解释方法都是实质性的，因而有别于那种更趋形式化的解释推理。”① 在此，美国学者提出了法律解释的形式性和实质性程度问题，形式性程度与实质性程度可以因法律解释根据的不同而有所变化。这一论述似乎肯定了法律解释既具有形式性，亦具有实质性。我认为，法律解释的形式性与实质性的判断，关键在于是否受到语义范围的限制。如果从一般意义上考察，以法律文本作为解释根据的，具有形式解释的特征；而根据法律文本以外的因素作为解释根据的，则具有实质解释的特征。在法律解释中，作为根据确实包含了法律文本以外的其他因素，但不能由此得出结论，认为法律解释也可以是实质解释。问题在于：以法律文本以外的因素作为解释根据是否受到法律文本语义范围的限制。如果以法律文本以外的其他根据进行解释的时候，例如历史解释情况下的立法意图，以及目的解释情况下的规范目的，都受到法律文本语义范围的限制，则此种意义上的解释仍然属于形式性解释。反之，如果根据法律文本以外的因素进行解释，其解释结论可以超出法律文本语义范围的限制，则具有实质解释的特征，但其获得的含义并非法律文本的语义所包含，在这种情况下，所谓实质解释就已经不是法律解释，而是法的续造。在这个意义上说，法律解释只能是形式解释，实质解释是不能成立的。

在形式解释的刑法语境中，如果法律对某一行为没有规定，则无论基于何种理由都不得作出入罪解释，否则就是违反罪刑法定原则。正如罗克辛指出：“刑事法官适用法律认定行为人有罪的权力，终止于解释的边缘。”② 在任何一部刑法典中，刑法分则的罪状规定，都采取不同的文本表述形式，这就是简单罪状、

① ［美］P. S. 阿蒂亚、［美］R. S. 萨默斯：《英美法中的形式与实质——法律推理、法律理论和法律制度的比较研究》，金敏、陈林林、王笑红译，13页，北京，中国政法大学出版社，2005。

② ［德］克劳斯·罗克辛：《德国刑法学总论》（第1卷），王世洲译，79页，北京，法律出版社，2005。

叙明罪状、引证罪状和空白罪状。这四种罪状对具体犯罪的构成要件要素规定的繁简程度是存在重大差异的，因而法定化的程度具有一定的区别。根据形式解释论，应当依据法律文本的内容，对罪状进行正确阐述。

在此，我以简单罪状和空白罪状为例进行分析。简单罪状是指刑法分则条文对能被罪名加以概括的具体分则的过程特征的类型化表述。在通常情况下，简单罪状等同于罪名。例如我国《刑法》第 232 条对故意杀人罪的规定，罪状就是故意杀人，这也是本罪的罪名。由此可见，简单罪状对具体犯罪的构成特征并没有展开描述，而只是提供了本罪的罪名。简单罪状适合于那些人所共知的自然犯，这些犯罪具有悠久历史，其特征已经为人所知，因而没有必要再对其构成特征加以具体描述，但如果对法定犯采用简单罪状，则还需要参照前置法的规定。例如我国《刑法》第 128 条规定的非法持有、私藏枪支、弹药罪，这里的枪支，就应当依照《枪支管理法》第 46 条的规定予以认定。由于简单罪状的法律规定具有简明性，因而在法律解释上通常不会出现争议。与之不同的是空白罪状，空白罪状缺乏具体内容，因而存在较大争议。空白罪状是指刑法分则条文援引其他条文对具体犯罪的构成特征的类型化表述。在空白罪状中，刑法对具体犯罪的构成特征未加描述，而是指明参照法规，根据参照法规确定某一具体犯罪的构成特征。显然，在空白罪状的立法例中，刑法对罪状的描述是存在空缺的，此种空缺需要通过参照其他法规予以明确。在刑法教义学中，对于空白罪状是否违反罪刑法定原则是存在争议的。① 通说的观点认为，虽然在空白罪状的情况下，刑法条文存在空白之处，但如果其所参照的法规的规定是明确的，则入罪根据仍然有法可依，因而并不违反罪刑法定原则。正确适用空白罪状的前提是通过合理地解释填补这里的所谓空白，这就要求解释者本着刑法谦抑原则，避免无限度地扩张犯罪的范围。由此可见，在实行罪刑法定原则的情况下，法律解释应当尽可能地依照法

① 关于空白罪状的争议，参见杨剑波：《刑法明确性原则研究》，93 页以下，北京，中国人民公安大学出版社，2010。

律文本的规定，对各种法律规定作出符合立法解释的解释。这里应当指出，我国刑法在某些条款中，采用了列举加兜底规定的立法方式，例如《刑法》第263条规定的抢劫罪，是指以暴力、胁迫或者其他方法抢劫公私财物的行为。在此，立法机关对抢劫罪的方法，除了列举暴力、胁迫以外，还规定了其他方法。这里的其他方法是一种空白规定。在解释其他方法的时候，通常采用同类解释的方法。[①] 同类解释采用类比方法，因而具有类推的性质。然而，在这种兜底条款的情况下，比照法律的列举规定确定兜底条款的规范内容，因而并不违反罪刑法定原则。

形式解释论的基本立场是严格依照法律文本，由此划定法律解释的边界，将刑法是否具有明文规定作为罪与非罪区分的标准。这里应当指出，在解释法律的时候，虽然应当把握法律的精神实质，这就是刑法教义学中的所谓规范目的，然而，无论如何探求法律的规范目的，都不能突破语言的边界。如果是超出语义范围，根据规范目的对法律文本的处理就不是解释。例如《刑法》第133条将交通肇事后逃逸作为交通肇事罪加重处罚的事由之一。对于这里的逃逸，2000年最高人民法院《关于审理交通肇事案件具体应用法律若干问题的解释》第3条规定为："在发生交通事故后，为逃避法律追究而逃跑的行为。"在此，"逃避法律追究"是逃逸的动机，前引司法解释将逃逸解释为逃跑，也完全符合逃逸的语义。例如我国台湾地区学者指出："处罚肇事者逃逸的目的，是要求肇事者留在车祸现场，一方面排除可能发生的后续危险，一方面静待警方的调查，把肇事责任厘清。换言之，肇事者一离开残破的车祸现场，不能主动参与肇事责任的调查，即属肇事逃逸。如果肇事者没有离开车祸现场，但既未电招救护车或警方，亦未采取排除危险的措施，而是在现场停车睡觉，依照最基本（但在这里不太合理）的语义解释。"[②] 因此，对于肇事后逃逸这个描述性的用语，只能从其所描述的事物现象加以理解。然而，对于交通肇事后逃逸，我国学者作了不同解释，指出：

① 关于同类解释，参见本书第十章第三节。

② 林东茂：《一个知识论上的刑法学思考》（增订三版），82页，北京，中国人民大学出版社，2009。

"应当以不救助被害人（不作为）为核心理解和认定逃逸，即逃逸就是逃避救助被害人的义务。一般来说，只要行为人在交通肇事后不救助被害人的，就可以认定为逃逸。所以，交通事故发生后，行为人虽然仍在原地，但不救助伤者的，应认定为逃逸。"[①] 在此，论者将逃逸一词解释为含义完全不同的逃避。逃逸是指从现场离开，而逃避则是指躲避承担某种义务或者责任。《刑法》第 133 条规定的交通肇事后逃逸，就其文字含义而言，显然是指在交通事故发生后逃离现场。至于是前引司法解释所规定的为逃避法律追究而逃离现场，还是为不救助被害人而逃离现场，都符合刑法的规定。如果脱离逃逸的字面含义，以逃避取而代之，甚至把没有逃离现场，而是留在现场但不救助被害人的情形亦解释为逃逸，我认为这是完全脱离了逃逸的语义，缺乏对法律文本的应有尊重。我国学者在评论这种对交通肇事后逃逸的实质解释时认为，这种实质解释并非目的解释，因为目的解释是运用法律的目的来确定法律文本的真实含义。只有当文本对刑法用语界定不清晰时，才可能运用目的解释。但是，上述实质解释采取的逻辑，显然不是建立在文本有效性的基础上的，而是对明确的文本含义的颠覆，既非拓展也非限缩。因为这已经不是在解释文本，而是在重构文本。[②] 应当指出，对于交通肇事后逃逸，也不能做机械解释。我国学者认为，除逃离现场以外，刑法中的逃逸还包括下列情形：（1）行为人将被害人送到医院后再从医院逃跑；（2）行为人在事故中受伤被送往医院治疗，后擅自离开医院；（3）行为人隐藏在事故现场附件；（4）行为人在事故现场或医院但隐瞒自己的肇事者身份；（5）行为人让他人顶包。[③] 上述情形尽管表现形式各异，但都没有背离逃逸的"脱离现场"的基本语义，因而属于非典型的逃逸。

当然，在罪刑法定原则之下，立法机关对犯罪的规定仍然是具有局限性的，

---

① 张明楷：《刑法学》（下・第六版），926 页，北京，法律出版社，2021。

② 参见石聚航：《刑法目的解释研究》，67 页，北京，法律出版社，2022。

③ 参见邹兵建：《刑法教义学的案例进路》，102 页，北京，北京大学出版社，2024。

因而需要正确处理。罪刑法定原则并不能要求立法者制定一部完美无缺的刑法典，因为这种法典理想主义本身就是虚幻的。法律规定不能将所有刑法应当处罚的行为一网打尽，毫无遗漏地在一部刑法典中加以规定。这是由立法者的认识能力所决定的，换言之，法律规定必然会有缺失，某些应当受到刑法处罚的行为会因为立法者的能力所限而未能规定在刑法中，因而不能受到刑罚处罚。在这种情况下，能不能突破法律文本的语义范围予以法外制裁呢？这是考察一部刑法是否坚守罪刑法定原则的试金石。在实行罪刑法定原则下的刑法，由于对犯罪的规定必然有所遗漏，因而如何对待法无明文规定的行为，是一个立场选择问题。基于形式理性的立场，只要法律没有规定就不是犯罪，这样就不能不承受因为罪刑法定而带来的实质价值的丧失。在这个意义上说，实行罪刑法定是会付出代价的，整个社会都必须忍受这种必要的代价。当然，罪刑法定所带来的遗漏，也完全可以通过立法的方式加以弥补，罪刑法定原则直接对抗的是对法律文本的无视与罔顾。在法律规定存在疏漏的情况下，绝不允许采用类推等方式进行填补，而应当对法律没有规定的行为作出无罪的判断。

三、形式解释的适用

根据形式解释论的立场，不仅对于自然犯的构成要件要素应当采用形式思维，而且对于法定犯的规范要素也应当进行形式解释。法定犯是以违反前置法为前提的，在构成要件中存在规范要素，例如我国《刑法》规定的法定犯中违反国家规定或者非法等内容，这种规范要素对于法定犯的认定具有重要意义。那么，如何认定这里的规范要素呢？例如，以非法为规范内容的法定犯，这里的非法是采用形式判断还是实质判断，这是存在争议的一个问题，而这种争议在很大程度上影响对犯罪的正确认定。例如我国《刑法》第 336 条规定的非法行医罪，是指未取得医师执业资格的人非法行医，情节严重的行为。根据 2016 年 12 月 16 日修正后的最高人民法院《关于审理非法行医刑事案件具体应用法律若干问题的解

释》第1条的规定，以非法手段取得医师资格从事医疗活动的，属于非法行医行为。这里所谓以非法手段取得医师资格，是指采用行贿、作弊或者其他方法。在司法实践中曾经出现在获取医师资格证书的时候，对相关负责人员行贿。对于此种情形，不仅追究行为人行贿罪的刑事责任，而且在取消医师资格以后，对行为人以非法行医罪论处。

【案例10】 章某理非法行医案

被告人章某理1989年5月至1998年11月期间，为牟取非法利益，通过做虚假广告，诱骗广大患者就诊；明知道不符合行医条件，却非法开设个体诊所，采取蒙骗诱导的办法，以免费检查、清洗为由，在被害人不同意或不知情的情况下，违反医疗常规，对患者牙齿进行扩大化、非治疗性、破坏性地锯冠、磨冠等处置，致患者重伤乙级3人，轻伤甲级1人。此外，在章某理非法行医期间，共有1 089名就诊者受到严重损害，造成被害人经济损失5 191 127元。法院认为，被告人章某理明知自己不具备卫生行政部门规定的行医资格，却通过不正当和不法手段获取执业许可证，非法从事医疗活动，致使1 124名患者身体健康受到严重损害，构成非法行医罪。

对于本案涉及的非法性认定问题，我国学者提出了审查无限的解释规则。所谓审查无限，是指司法机关对案件涉及具体行政行为的审查，根据案情既可以作形式审查，也可以作实质审查。在章某理非法行医案案中，法院认为章某理虽有医疗机构许可证，但通过实质审查却发现其不符合规定的行医条件，本不应具备医师职业资格，最终认定章某理构成非法行医罪。① 由此可见，审查无限就是指实质审查，因为医师资格证书是通过行贿手段获得的，因而通过实质判断，否定其行医的合法性。这里涉及对医师资格的判断标准问题，我认为，医师资格的判断标准只能是形式标准而非实质标准。也就是说，只要具有医师资格而行医的，

① 参见储槐植：《刑事一体化论要》，77页，北京，北京大学出版社，2007。

就应当认定为合法行医；反之，如果没有医师资格，即使在实际上具有行医的知识和经验，也同样应当认定为非法行医。对此的争议不大。关键在于：当行为人采用非法手段获取医师资格证书的情况下，是否就不再采用形式判断标准，转而采用实质判断标准？对此，我认为，即使是采用行贿等非法手段获取医师资格，也同样不能否定行医的合法性。这里的合法性，是指形式合法性。至于在案发以后，按照一定的程序撤销其医师资格，从撤销之时起，其就不再具有行医资质，因而在这种情况下继续行医的，才能认定为非法行医。也就是说，撤销医师资格的行政行为不具有溯及既往的效力。只有使用伪造的医师资格证书行医的，才能认定为非法行医。行为的非法性如何判断，这是一个值得研究的问题。在我国立法和司法中，对这里的非法性通常采用实质判断标准，我认为，这是违背法理的。应当指出，在章某理非法行医案中，法院判决强调被告人明知自己不具备卫生行政部门规定的行医资格，以此强化非法性的主观要素。但被告人明知的是自己的医师资格是通过行贿的非法手段获取的，而不是明知自己不具备卫生行政部门规定的行医资格。

对于前置法的非法性认定，直接关系到对此后接续发生的行为是否构成犯罪的判断，因而是刑法教义学中不容忽视的一个问题。这里涉及对前置法的违法性判断标准，即客观判断还是主观判断选择。对此，我国民法关于以合法形式掩盖非法目的的规定的演变值得刑法借鉴。我国《合同法》第 52 条第 3 项曾规定：以合法形式掩盖非法目的的签订的合同无效，但《民法典》对这一规定予以删除。我国学者指出："以合法形式掩盖非法目的之所以作为认定无效事由被取消，主要是因为：一方面，非法目的的表述容易引发争议，因为它是当事人的主观意图，很难判断；另一方面，即便当事人的目的非法，但是，其实施的民事法律行为本身是否要被宣告无效，需要具体分析。在审判实践中，以合法形式掩盖非法目的的案件类型很少，以签订合同的形式掩盖犯罪目的为典型，其他的如订立赠与合同，目的在于逃避法院的强制执行，人民法院适用合同法第五十二条第三项判决的案件更少。现在看来，这类合同可以违反法律、行政法规的效力性强制规定为由认定无效。因此，民法典施行以后，适用民法典裁判的民事案件中，以合法形式掩盖非法目的这一认定民事法律行为无效的事由不会再出现。”[①] 在我国司法实践中，所谓以合法形式掩盖非法目的是一种较为通行的司法观念，不仅流行于民事审判中，而且在刑事审判中也具有广泛影响。在我看来，以合法形式掩盖非法目的是一种主观主义的司法观念，而且具有明显的实质思维特征。这种司法观念反映在刑事审判中，主要表现在对前置法行为的非法性判断不是根据客观行为，而是根据主观上的非法目的，以此将客观上的合法行为认定为非法，从而为入罪判断大开方便之门。例如，我国刑法中的重婚罪，以存在合法婚姻关系为前提，如果先前没有婚姻关系或者虽然有婚姻关系但已经解除的，则不能构成重婚罪。我国婚姻法对婚姻采取登记主义，即只有经过婚姻登记机关的合法登记才能缔结婚姻，同样也只有经过婚姻登记机关的合法登记才能解除婚姻关系。在我国现实生活中存在以下两种较为常见的现象：第一，以欺骗方式解除婚姻关系，又与他人登记结婚的，这就是骗取离婚后又与他人结婚。第二，为某种目的，双方商定合意离婚，目的达到以后再复婚，但一方在离婚以后不愿复婚而与他人结婚的，这就是假离婚以后与又与他人结婚。对于上述行为在民法上如何评价离婚的效力，这是民法婚姻领域需要解决的问题。[②] 在刑法中面临的问题是：此后行为能否认定为重婚罪？对此，我国司法实践中存在争议。关于骗取离婚以后又与他人结婚的行为，该骗取离婚行为属于可撤销的民事法律行为，因而在离婚期间的结婚行为并非重婚，对此不能构成重婚罪。

【案例 11】李某重婚案

李某与刘某 1995 年结婚，婚后感情较好。1999 年李某在广东某市打工期

---

① 最高人民法院民法典贯彻实施工作领导小组主编：《中华人民共和国民法典总则编理解与适用》（下），730～731 页，北京，人民法院出版社，2020。

② 在婚姻法中，对于假结婚、假离婚的效力，属于无效还是可撤销，存在争议。参见贺剑：《意思自治在假结婚、假离婚中能走多远？——一个公私法交叉研究》，载《华东政法大学学报》，2022（5）。

间，与叶某开始同居生活。李某为了达到与叶某结婚的目的，和叶某一起商量，编造了与他人做生意亏了大本，欠下很多债务的谎言。李某哄骗刘某，假离婚后，家庭的财产都归刘某所有，如此，所欠债务就不会连累刘某及孩子。刘某信以为真，于2000年9月和李某一起到婚姻登记机关办理了离婚手续。2001年8月，李某和叶某进行了结婚登记。12月，刘某得知此事，经与李某协商无效后，即向人民法院提起刑事自诉，要求追究李某和叶某构成重婚罪的刑事责任。

对本案的处理存在两种截然不同的意见：第一种意见认为，李某和叶某的行为构成重婚罪。理由是：根据《民法通则》第58条第1款第3项的规定，一方以欺诈、胁迫的手段或者乘人之危，使对方在违背真实意思的情况下所为的民事行为是无效的民事行为。无效的民事行为，从行为开始起就没有法律约束力。由此可见，李某采取欺诈的手段使刘某在违背真实意思的情况下作出的离婚行为是无效的。刑法规定重婚罪是指自己有配偶而与他人结婚，或者明知他人有配偶而与之结婚的行为。既然李某与刘某的离婚行为是无效的，那么，李某是有配偶而与叶某结婚，叶某是明知李某有配偶而与之结婚，两人的行为已构成重婚罪。第二种意见认为，李某和叶某的行为不构成重婚罪。理由是：《民法通则》第58条第1款第3项的规定，已不适用于确认本案李某骗取离婚的行为无效，而应认定这种行为是可撤销的民事行为。因为李某和刘某的离婚行为已经合法的机关办理了手续并发给了离婚证，虽然此行为是违背刘某真实意思的，但刘某知道李某欺骗后，客观上存在着两种不同的选择：明示或默认这种离婚行为的有效性；认为离婚行为非其真实意思表示，请求撤销离婚登记。《婚姻法》第11条规定，因胁迫结婚的，受胁迫的一方可以向婚姻登记机关或人民法院请求撤销该婚姻。婚姻法虽然没有对一方采用欺诈、胁迫的手段，使对方在违背真实意思的情况下而离婚的行为明文规定为可撤销的行为，但从立法的本意和精神上是可以确认的。从合同法的规定上来讲，也可以作为一个佐证。《合同法》第54条第2款规定，一方以欺诈、胁迫的手段或乘人之危，使对方在违背真实意思的情况下订立的合

同，受损害方有权请求人民法院或者仲裁机构变更或者撤销。婚姻、收养、监护等有关身份关系的协议，虽然不适用合同法的规定，但从法律的体系和立法的精神方面，可以佐证本案中采用欺诈手段骗取离婚的行为是可撤销的民事行为。在上述两种观点中，我认为第二种观点是正确的。因为在第二次结婚的时候，第一次的婚姻已经解除，因而不存在重婚问题。在被欺骗而离婚的情况下，前一个婚姻关系已经解除，因此并不发生与后一个婚姻关系重合的问题。即使经过一定程序，被欺骗的离婚被撤销，那么，后一个婚姻关系自然就应当解除。在这种情况下，同样不存在两个婚姻关系的重合，因而不构成重婚罪。至于双方合意的所谓假离婚，严格从法律效力上理解，离婚并无真假之分，同样结婚也无真假之分。只要在婚姻登记机关登记结婚或者登记离婚，无论动机如何、目的如何，都不影响婚姻效力。因此，假离婚只是一种民间称谓，并非法律术语。基于非法目的或者其他目的而解除婚姻关系，都不能认为是假离婚，而应当视为婚姻关系的合法解除，因此，此后再与他人结婚的行为，不能认定为重婚。在《民法典》取消关于以合法形式掩盖非法目的的规定以后，对于行为的非法性判断，应当严格秉持客观的立场。这一理念对于刑法中的犯罪认定也具有重要意义，也就是说，对于以前置法的违反为构成要件要素的犯罪来说，在对前置法的违反进行判断的时候，应当坚持形式解释，而不能采用以合法形式掩盖非法目的之类的思维方法。

第四节　实质思维的适用

刑法适用是一个包含事实判断和逻辑推理的复杂过程，这里的逻辑推理，主要是指演绎推理。[①] 正如我国台湾地区学者指出："法律适用（Rechtsanwendung）是将抽象的法律与具体的案例事实做一个逻辑的联结，以确定此案例事实的法律

① 关于演绎推理，参见本书第十一章。

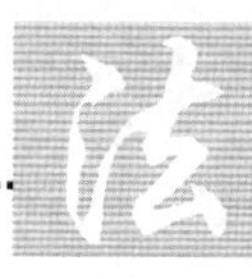

效果。传统的法律逻辑学认为，法律适用的逻辑程序可以化约为一个三段论推理，此即所谓司法三段论（Justizsyllogismus）。”① 在历史上，司法三段论是意大利刑法学家贝卡里亚最早提出的。值得注意的是，在贝卡里亚的司法三段论中，作为大前提的法律规定是不能进行解释的。② 当然，贝卡里亚之所以否定法律解释，也是以法律已经规定的明确无误因而不需要解释为前提的。在这种情况下，通过司法三段论的推理就足以确保刑法的正确实施，从而实现罪刑法定。当然，事实已经证明，完全否定法官对刑法文本的解释权，这是难以完成司法职能的。因此，作为司法三段论大前提的法律，在适用之前需要进行解释，没有解释就没有法律的适用。在这种情况下，对法律文本的解释在司法活动中具有其独立的地位。只有在通过刑法解释明确法律文本含义的基础上，由此获得司法三段论的大前提，才能接下来对案件事实进行法律归属的判断，这就是所谓涵摄。涵摄是将特定案例事实置于法律规范之下，以期获得一定结论的一种思维过程。涵摄推理的逻辑形式可以保证结论从前提中得出，因而是罪刑法定的应有之义。在确定构成要件的基础上，然后判断涉案行为是否符合构成要件，这是一个刑法适用的过程。

一、刑法适用的概念

应该指出，在法学方法论中，对法律适用的理解上存在一定的分歧意见。关键在于：如何厘清法律适用与法律发现之间的关系。如果严格按照司法三段论，则法律适用是单纯的法条涵摄，不同于法律发现。对此，德国学者考夫曼指出：“传统的且在今日可能还是支配性的方法论，将法律适用与法律发现视为具有本质上的不同。所谓法律适用，是当拟判断的案件只是已经被规定在可适用于绝大

① 转引自徐育安：《刑法上类推禁止之生与死》，26页，台北，自印本，1998。

② 参见［意］切萨雷·贝卡里亚：《论犯罪与刑罚》，黄风译，13页，北京，商务印书馆，2017。

多数案件的法律时，这时所进行的只是一种单纯的涵摄。相对于此，法律发现就是少数的例外，当对拟判断的案件找不到法律规定，而这个法律规定是依照法律秩序的计划必须被期待时，亦即当法律出现违反计划的不圆满性时。这个此处必要的漏洞填补不是经由涵摄就可以的，而是经由类推（或反面推理）或法官自由造法的途径才可能。"[①] 按照以上通说观点，法律适用不同于法律发现。然而，考夫曼并不同意这种通说观点，而是提出了法律适用和法律发现具有本质上的相同性的观点。考夫曼指出："法律适用并不是单纯的涵摄，而且法律适用与法律发现并没有本质上的不同，而只是法律扩张的程度的区别而已。通说所称的法律适用，只是法律发现的一种情形，后者是上位概念。"[②] 按照考夫曼的观点，单纯的法律适用，除了在绝对确定的法律概念的情况下，例如所谓数字概念才是存在的。在其他场合，都需要通过类推或者法官造法才能为涵摄提供充足的涵摄的规范前提。因此，考夫曼认为即使在刑法适用中也需要经由类推进行法律漏洞的填补。对于这种观点，我们当然是不能同意的。根据罪刑法定原则，只要是法律没有明文规定的行为，就不能认定为犯罪，因此，在刑法中并不承认法律漏洞，并且禁止法律的类推适用。在这种情况下，法律适用是在找法的基础上进行的对案件事实的演绎推理。我国台湾地区学者黄茂荣论述了法律解释与具体案件的关联性，指出："真正的法律解释问题与其说是从法律条文自身，毋宁说是从应去或拟去处理的案件所引起。换言之，这些问题是在追求一个对具体案件之既公正且衡平的裁判时才发生。该现象在不确定概念的具体化与适用上清楚地表现出来。在这里解释的问题与生活事实的评价问题互相渗入对方，从而在依不确定的法律概念所作的裁判内，事实问题与法律问题便在这个限度内合二为一。上面所提到的法律解释对具体案件的关联性，在法律解释的意义，不应因为认为法律解释是适用法律之过程的一部分，或只是适用法律的准备工作，或是一个伴随法律

① ［德］阿图尔·考夫曼：《法律哲学》（第二版），刘幸义等译，77页，北京，法律出版社，2011。

② ［德］阿图尔·考夫曼：《法律哲学》（第二版），刘幸义等译，77页，北京，法律出版社，2011。

适用过程的并存的活动而有不同。”[①] 由此可见，法律解释本身不可能脱离案件事实而存在，通常是基于案件事实而引发法律解释活动。两者之间具有紧密的关联性，但并不能由此而认为法律解释就是法律适用的一部分，法律解释在逻辑上先在于并且独立于法律适用，它是法律适用的逻辑前置条件。因此，对法律解释与法律适用不仅应该而且完全可能加以分立。

在刑法解释与刑法适用分立的基础上，我们可以得出结论：刑法解释和刑法适用的思维方法是存在区分的：刑法解释是要严格遵循法律规定的语义内容，并受到语义范围的限制，因而只能采形式思维方法。而刑法适用具有事实性质的判断，因而可以在形式思维的基础上，采用实质思维方法，并且不受形式思维的约束。从时间关系上说，刑法解释总是前置于刑法适用的，两者之间存在位阶关系。通过刑法解释确定某一犯罪的构成要件，然后在查明案件事实的基础上，在构成要件与案件事实之间进行同一性的比对。尽管在具体案件的刑法适用中，法律规定和案件事实之间会存在互相的拉扯，即法律规定会影响案件事实的认定，反之，案件事实也会影响法律解释，然而，这只是一种法律规定与案件事实之间的适当性微调，并不能从根本上影响法律规定与案件事实之间的逻辑关系。

刑法适用的主要内容是依法认定案件事实的法律性质，以此确定某一行为是否构成犯罪。这个过程在刑法教义学中称为构成要件该当性，也就是在案件事实与构成要件之间寻求同一性。因此，刑法适用不同于刑法解释，在刑法适用的过程中经常采用实质思维方法。当然，刑法适用中的实质思维也是受到一定限制的，对此应当正确对待。在刑法中经常使用变相这个词，这也正是犯罪认定时进行实质判断的一个标志性用语。变相的含义是：A 形式上不是 B 但实质上是 B。根据变相的思维方法进行判断，是典型的实质判断。在法律解释中，不能采用变相的思维方法。例如，前述答复中的大炮与枪支虽然都是武器，但这是两种性能

---

① 黄荣茂：《法学方法与现代法学》（第七版），285 页，厦门，厦门大学出版社，2024。

完全不同的武器，不能采用变相的思维，将大炮归之于枪支。在我国刑法中存在将某种变相行为明确规定为犯罪的情形，例如《刑法》第 176 条规定的非法吸收公众存款罪包括两种行为：第一是非法吸收公众存款；第二是变相吸收公众存款。其中，非法吸收公众存款是指违反国家法律、法规的规定，在社会上以存款的形式公开吸收公众资金的行为。① 非法吸收公众存款的本质是不具有吸收公众存款的主体资质而吸收，在此种行为中，非法性主要表现为主体资质的缺失。因为只有金融机构依法具有吸收公众存款的职权，其他机构或者个人都没有吸收公众存款的权力，因而本罪的保护法益是金融机构的吸储权。而变相吸收公众存款则是不以存款的名义而是通过其他形式吸收公众资金，从而达到吸收公众存款的目的。② 由此可见，这里的变相吸收公众存款，其所吸收的资金在形式上不是存款，但实质上具有存款的性质。对于变相吸收公众存款的表现形式，2022 年 2 月 23 日最高人民法院《关于审理非法集资刑事案件具体应用法律若干问题的解释》第 2 条规定，变相吸收公众存款包括以下情形：（1）不具有房产销售的真实内容或者不以房产销售为主要目的，以返本销售、售后包租、约定回购、销售房产份额等方式非法吸收资金的；（2）以转让林权并代为管护等方式非法吸收资金的；（3）以代种植（养殖）、租种植（养殖）、联合种植（养殖）等方式非法吸收资金的；（4）不具有销售商品、提供服务的真实内容或者不以销售商品、提供服务为主要目的，以商品回购、寄存代售等方式非法吸收资金的；（5）不具有发行股票、债券的真实内容，以虚假转让股权、发售虚构债券等方式非法吸收资金的；（6）不具有募集基金的真实内容，以假借境外基金、发售虚构基金等方式非法吸收资金的；（7）不具有销售保险的真实内容，以假冒保险公司、伪造保险单据等方式非法吸收资金的；（8）以网络借贷、投资入股、虚拟币交易等方式非法

① 参见王爱立主编：《〈中华人民共和国刑法〉理解与适用》（上），440 页，北京，人民法院出版社，2021。

② 参见王爱立主编：《〈中华人民共和国刑法〉解释与适用》（上），440 页，北京，人民法院出版社，2021。

吸收资金的；(9) 以委托理财、融资租赁等方式非法吸收资金的；(10) 以提供“养老服务”、投资“养老项目”、销售“老年产品”等方式非法吸收资金的；(11) 利用民间“会”“社”等组织非法吸收资金的；(12) 其他非法吸收资金的行为。在上述明文列举的12种情形中，前引司法解释都采用了非法吸收资金的表述。也就是说，非法吸收资金并不是变相，但对于非法吸收公众存款来说则是一种实质判断。也就是说，从表面来看，前引司法解释规定的上述行为都具有销售、租赁、理财等各种伪装，以此掩盖非法吸收公众存款的本质，然而无论如何掩盖，这些情形都具备非法吸收公众存款的本质特征，这就是以固定回报吸收资金。例如以返本销售房屋为名的非法吸收公众存款虽然打着房屋销售的旗号，但并不具有房屋销售的真实内容，实际上是以房屋销售的形式吸收资金，吸收方以购房款的名义获得资金，而被吸收方以返本的名义获得固定回报，因而属于变相非法吸收公众存款的行为。在这种情况下，就应当采用实质推定方法，刺穿掩盖形式的面纱，由此正确认定犯罪的性质。

那么，如果《刑法》第176条只是规定了非法吸收公众存款行为，但并没有规定变相非法吸收公众存款行为，在这种情况下，能否对变相非法吸收公众存款行为以本罪论处？在此，关键问题在于：这是一个法律解释问题还是一个案件事实的认定问题。如果是法律解释则应当采用形式思维的方法，不得超出可能语义的范围。但如果说是案件事实认定则可以采用实质思维的方法，进行穿透性审查。这里的变相吸收公众存款，是指在某些非法吸收公众存款的案件中，行为人为规避法律，采取某些掩盖手段，将吸收公众存款行为伪装成投资或者其他经营活动，因此，变相吸收公众存款在形式上不是非法吸收公众存款的行为，只有在实质的意义上才能归之于非法吸收公众存款。也就是说，变相吸收公众存款是无吸收公众存款之名而有吸收公众存款之实。在这种情况下，完全可以进行穿透性审查，因为这本身是一个对案件事实的性质判断问题，而不是法律解释的问题。前引司法解释所列举的12种情形是对刑法规定所作的解释。因为刑法规定的变相吸收公众存款已经包含了这些情形，因而司法解释对此加以明确。当然，即使

是在刑法没有规定变相吸收公众存款行为的情况下，在案件事实认定的意义上，法官也完全可以采取这种实质思维方法。

在司法实践中还存在一些较为复杂的案件类型，对其性质的判断涉及形式与实质这两种思维方法的功能辨析。例如我国《刑法》第 228 条规定的非法转让、倒卖土地使用权罪是指将依法管理和持有的土地使用权违反法律、行政法规的有关规定，擅自转让给他人的行为。这里的非法倒卖，是指行为人将依法管理和持有的土地使用权违反法律、行政法规的有关规定，将土地使用权进行倒卖，从而牟利的行为。[①] 无论是转让还是倒卖，都是将一定主体依法所有的土地使用权让渡给第三方。因而，从刑法解释上来说，转让与倒卖的含义是明确的。在司法实践中，这种直接将土地使用权让渡给第三方的情形极为极为罕见，较为常见的是通过股权转让的方式，第三方获得对土地使用权的实际支配。那么，对于这种行为能否认定为土地使用权的转让呢？对此，我国刑法学界存在较大争议，同时在司法实践中对类似案件也存在不同的判决结果。

【案例 12】 青岛瑞驰投资有限公司、栾某先非法转让土地使用权案[②]

被告单位瑞驰投资公司与商务区开发建设公司签订“协议书”，约定由瑞驰投资公司对青岛中央商务区 A－1－8 地块 A 区进行开发建设及土地摘牌。2010 年 1 月 14 日，在未支付全部土地使用权出让金、未取得土地使用权证书、未进行投资开发的情况下，瑞驰投资公司与华昱诚置业公司签订协议，约定将瑞驰建设公司 100％股份转让给华昱诚置业公司，瑞驰投资公司通过上述交易共获利 3 999 万元。山东省青岛市城阳区人民法院认为，瑞驰投资公司的上述行为违反

① 参见王爱立主编：《〈中华人民共和国刑法〉解释与适用》（上），637～638 页，北京，人民法院出版社，2021。

② 参见陈兴良、张军、胡云腾主编：《人民法院刑事案例裁判要旨通纂》（上卷・第三版），620 页，北京，北京大学出版社，2024。

土地管理法规，扰乱市场秩序，牟取了非法利益。被告人栾某先系被告单位直接负责的主管人员，代表瑞驰投资公司具体实施非法转让土地使用权行为。瑞驰投资公司及栾某先的行为符合刑法关于非法转让土地使用权罪的构成要件。因而一审以被告单位青岛瑞驰投资有限公司犯非法转让土地使用权罪，判处罚金人民币250万元。被告人栾某先犯非法转让土地使用权罪，判处有期徒刑三年零六个月，并处罚金人民币250万元；犯挪用资金罪，判处有期徒刑四年，决定执行有期徒刑六年零六个月，并处罚金人民币250万元。追缴被告单位青岛瑞驰投资有限公司的违法所得3 999万元，追缴被告人栾某先违法所得500万元。一审判决后，被告人栾某先不服，提出上诉。青岛市中级人民法院经审理认为，上诉人栾某先与原审被告单位瑞驰投资公司竞拍土地的最初目的是用于开发，后经核算后发现因当时房地产开发成本剧增，预留资金不足以开发，而且瑞驰投资公司已经与商务区开发公司签订“协议书”并支付了定金，如果不参与竞拍土地将支付巨额违约金，为此经两委研究决定将拍卖土地的瑞驰建设公司股权转让给华昱诚置业公司，目的是降低投资风险。在案证据尚不足以证明栾某先、瑞驰投资公司单纯出于牟利的目的而转让土地，且股权转让后仍由瑞驰建设公司持有及开发土地，亦未改变土地用途、性质，故该行为不宜纳入刑法的范畴作为犯罪处理。故二审撤销原判，依法认定栾某先、瑞驰投资公司不构成非法转让土地使用权罪；上诉人栾某先犯挪用资金罪，判处有期徒刑4年。

在上述案件中，一审判决与二审判决的判决结果正好相反：一审判决有罪，二审改判无罪。本案的争议问题首先在于：本案中是否存在非法转让土地使用权的行为？对此，一审判决是肯定的，但二审判决则认为，土地使用权转让和公司股权转让的要件和法律依据不同，将股权转让行为认定为土地使用权转让行为没有法律依据。对以股权转让方式实现土地使用权流转的行为的认定，具有较强的政策性，应当全面把握犯罪构成要件、案件具体情况及国家土地政策精神，按照罪刑法定的原则综合加以评判。本案中涉案土地使用权利人并没有发生变化，且

没有证据显示瑞驰投资公司转让股权的行为有明显的社会危害性，因而二审法院认定被告单位瑞驰投资公司和被告人栾某先的行为不构成非法转让、倒卖土地使用权罪。由此可见，二审判决明确将土地使用权的转让和公司股权的转让加以区分，认为在以股权转让方式实现土地使用权流转的案件中，只有股权转让但土地使用权仍然在公司名下，并没有发生转移，因而不符合非法转让土地使用权的构成要件。那么，一审判决认为本案存在转让土地使用权的理由又是什么呢？从形式上来看，只是发生了股权转让，并没有发生土地使用权的转让，因此，只能在实质的意义上认定土地使用权转让，也就是所谓变相转让土地使用权，这显然是一种实质思维。

如前所述，在刑法教义学中如果是法律解释就不能采用实质思维方法，但如果是法律适用则可以采用实质思维方法。那么，本案这种以转让股权的方式转让土地使用权的行为究竟是归属于法律解释还是法律适用呢？我认为，这是法律适用而非法律解释，因此，将本案的行为判断为变相转让土地使用权，因而符合本罪的构成要件，是可以成立的。相反，二审判决的裁判理由认为在本案中根本就不存在非法转让土地使用权的构成要件行为，否定了土地使用权实质上的转让，其理由不能成立。那么，能否就此认为本案一审判决是正确的呢？我认为，基于实质判断，本案被告人虽然具备非法转让土地使用权的行为，但在此基础上进一步考察违法性，则应当适用法秩序统一原理，并以此作为出罪的根据。换言之，本案属于具有构成要件符合性但不具有违法性的情形，不应当认定为犯罪。根据我国《公司法》规定，土地使用权是和知识产权等财产权性质相同的非货币财产，其可以用于出资，当然也可以用于以转让股权的方式转让。而且，在我国民事审判中，有判决确认股权转让的目的是转让土地使用权，股权转让合同的内容和形式也并不违反法律法规的强制性规定，因此应当认定股权转让合同合法有效。[①] 既然前置法确认公司以转让股权的方式转让土地使用权的行为是合法的，

① 参见周光权：《刑法各论》（第四版），378～379 页，北京，中国人民大学出版社，2021。

作为保障法的刑法当然就不能将此种行为规定或者认定为犯罪；否则，就会违反法秩序统一的原理。最后应当指出，只有在行为符合构成要件的前提下，才存在适用法秩序统一原理予以出罪的问题。如果公司以转让股权的方式转让土地使用权的行为不能认定为土地使用权的非法转让，则本罪的构成要件不符合，可以据此直接出罪，因而没有必要适用法秩序统一原理。

罪刑法定是刑法的基本原则，它不仅具有价值论的蕴含，而且具有方法论的意义。从罪刑法定原则中我们可以合乎逻辑地引申出形式理性的思维方法。刑法方法论虽然具有一般法学方法论的共同特征，但又具有其特殊性，这种刑法方法论的特殊性就是刑法思维要受到罪刑法定的制约。在刑法解释中，应当遵循形式思维方法，以法律文本的可能语义为最远边界。其他解释方法都只是具有补充的性质，并且不能违背罪刑法定原则。当然，如果是在刑法适用中，则完全可以采用实质思维，对案件符合构成要件的行为是否构成犯罪进行实质判断。

【案例 13】何某民危险驾驶案①

2009 年 4 月 14 日，被告人何某民初次领取机动车驾驶证，准驾车型为 C1；2020 年 6 月 28 日，被告人何某民因本次驾驶与准驾车型不相符的车辆、机动车未悬挂号牌、醉酒驾驶的违法行为，被佛山市公安局顺德区分局处以罚款 1 200 元并吊销机动车驾驶证；被告人何某民对公诉机关指控的犯罪事实、罪名及提出的量刑建议均无异议。佛山市顺德区人民法院经审判委员会讨论，依照《刑法》第 13 条“情节显著轻微危害不大的，不认为是犯罪”的规定，判决被告人何某民无罪。一审宣判后，公诉机关认为一审判决确有错误，向佛山市中级人民法院提起抗诉。佛山中院将本案发回重审后，公诉机关撤回起诉。

对于本案的无罪理由，判决书指出：“在法律效果方面，刑法第十三条但书

① 参见广东省佛山市顺德区人民法院（2020）粤 0606 刑粤 0606 刑初 2648 号刑事判决书。

部分，解决的就是那些简单从形式上看符合犯罪构成，但综合全案情况，属于情节显著轻微危害不大行为的出罪问题，本案的裁判依据就在于此。对本案被告人不做有罪追究，不但不违反罪刑法定，更是罪刑法定原则的应有之义。因为，罪刑法定原则解决的是入罪限制，即认定一个人的行为构成犯罪，必须有刑法的明确规定。刑法没有也不可能对不构成犯罪的行为进行规定，因此，对于出罪，只能依理，这个理就是人们基于社会生活经验的常识常理常情。根据最高法院相关办案指南，刑法第十三条但书的规定是针对刑法所有的罪名，不能因为危险驾驶罪没有情节严重等限制性条件就将其排除在外。”① 上述案件，危险驾驶罪的构成要件完全具备，这也就是判决书所说的行为在形式上符合犯罪构成，然而，这只是符合犯罪的形式特征，不能就此而定罪，还需要对符合犯罪构成要件的行为进行实质审查，这就是实质推理所应当承担的功能。尤其是我国《刑法》第 13 条的但书规定，为出罪提供了法律根据。在这种情况下，从实质上的法益侵害性考察，本案被告人何某民的行为可谓显著轻微，对其不以犯罪论处是完全正确的。而且，正如裁判理由所指出，罪刑法定只是限制入罪，但并不限制出罪。这也是入罪以法，出罪以理的法理之所在。更何况，本案的出罪其实是具有法理根据的，这就是《刑法》第 13 条的但书规定。

二、案件事实的实质判断

案件事实的性质认定是刑法适用的重要内容，在案件事实的认定过程中，应当采用实质思维方法。这里的实质是相对于现象而言的，因为案件事实和其他事实一样，存在现象和实质这两个层面。在案件事实的认定中，透过现象看实质就

① 万选才：《对酒后无证驾驶摩托车不能简单定罪》，载《人民司法（案例）》，2022（35）。本判决书是一审判决书，检察机关抗诉以后，二审法院发挥重审，检察机关撤回起诉，因而本判决书并未生效。特此说明。

是实质思维方法的生动体现。因此，我们不能把案件事实认定中的思维过程误解为是实质解释。

应当指出，我国民事审判活动中提出了穿透式审判的命题，这里的穿透式审判是指法官在办案时，若机械适用法条或合同等文本字义、直接采信书证的表述内容或严格限于当事人诉请的表述内容，则可能使裁判结论与实质公正、朴素正义观或公序良俗等出现明显偏差，导致表面看似遵循意思自治、有约必守、合同相对性、外观主义、不告不理等法律原则规则，但实质上是破坏了这些规则内在应有的价值和秩序，给当事人或社会公众造成机械司法、就案办案、简单办案的不良形象，严重减损法治基础和司法公信力，此时应当穿透表面合意、穿透表面证据、穿透合法外衣或穿透诉讼请求，通过查明当事人真实意愿、真实目的、真实交易、真实利益等，整体评判案件全貌，准确认定实质法律关系，妥善调整裁判说理和结论，最终恢复或矫正上述原则背后应有的实质公正和秩序价值，同时尽可能一揽子解决相关联的纠纷问题，实现办案法律效果、政治效果、社会效果相统一。[①] 在这种穿透式审判中，可以看出是明显地采用了实质思维的方法。需要注意的是，论者是在民事审判的意义上主张穿透式审判的，以此对抗形式主义的民事审判方式，追求实质法治和实质公正。因此，民事审判中倡导穿透式审判具有一定的现实意义。例如在（2020）最高法民申 7050 号事益公司、付某借款合同纠纷案中，最高人民法院确立了“名为投资、实为借贷”法律关系的认定规则。

【案例 14】 事益公司、付某借款合同纠纷案[②]

2015 年 4 月，事益公司（甲方）与付某（乙方）签订“投资合作协议”，协议第 1 条“协议签订的前置条件”第 6 项约定：甲方融资后，该项目总体投资额 1 亿元。项目投资和建设期间的经营费用超过 1 亿元时，追加部分由甲方负责，乙方不追加投资。第 2 条“乙方投资及收益计算”第 1 项约定：乙方投资 1 300

① 参见黄海龙、潘玮璘：《论“穿透式审判”的基本内涵与实践方法》，载《法律适用》，2023（7）。

② 参见（2020）最高人民法院事益公司、付某借款合同纠纷案再审判决书（民申 7050 号）。

万元，按照甲、乙双方约定的时间（合同签订后3日内汇款300万元，2015年4月22日前余款全部到位）汇入甲方指定的账户，甲方为乙方开具收据；第3项约定：本协议签订后，建设期间内（1年）按实际收益的15%计算分红；建设期满后，年净收益不足3 000万元时，按3 000万元计算分红，超过3 000万元时，按实际净收益计算分红，甲方承诺4年内支付给乙方的收益达到乙方投资额度，实际收益未达到的，用甲方收益弥补并支付给乙方；第5项约定：分红每年一次，12月30日结账，次年1月15日前分红。第4条"违约责任"第4项约定：因甲方经营管理不善造成亏损，乙方不承担经济损失，并按约定标准计算投资收益。协议签订后，付某通过银行转账方式，于2015年4月14日至6月2日分六笔向事益公司转款1 300万元。协议履行过程中，付某多次向事益公司监事林某要求支付其固定收益，但是事益公司均未履行。双方发生纠纷，多次协商未果。付某向一审法院起诉请求：(1) 解除"投资合作协议"；(2) 事益公司向付某偿还1 300万元借款，支付付某624万元利息（自2016年6月至2018年6月，按年利率24%计算利息），支付付某律师代理费19万元。

最高人民法院在再审判决中指出："事益公司与付某签订的《投资合作协议》约定内容表明，付某所获收益是以固定回报方式计算，且约定无论公司经营情况如何，是否亏损，付某均按标准获得投资收益。因此，《投资合作协议》的约定不具有共同经营、共享收益、共担风险的投资合作特征。事益公司工商登记虽变更付某为公司股东，但事益公司并未提交证据证明付某参与了公司的实质性经营活动。付某不参与事益公司的经营管理，其投入的资金不承担任何经营风险，只收取固定数额的收益，该1 300万元名为投资，实为借款。仅就事益公司与付某双方之间的法律关系而言，原审认定为民间借贷性质，并无不当。事益公司收到付某支付的1 300万元后，没有按照双方协议约定按期给付利息，事益公司应当将借款偿还给付某，并按照约定支付相应的利息。原审依照《最高人民法院关于审理民间借贷案件适用法律若干问题的规定》的有关规定，结合合同的内容及履

行情况，并根据交易习惯、市场利率等因素确定事益公司应支付的利息标准，亦无不当。”据此，最高人民法院裁定：驳回事益公司的再审申请。

本案最高人民法院的再审判决确立了以下规定：“当事人之间签订的《投资合作协议》并不具有共同经营、共享收益、共担风险的投资合作特征，而是约定一方出资后，无论公司经营情况如何，是否亏损，均按标准计算并享有固定投资收益。应认定双方之间法律关系的性质‘名为投资、实为借贷’。”从本案可以看出，在民事案件的审理中，对于民事法律关系的性质认定，应当采取穿透式审查的方式。在本案中，虽然双方当事人签订的是投资合同，但在其条款中设定的权利义务内容，并不符合投资的性质，而符合借贷的性质。在这种情况下，应当认定为名为投资、实为借贷，按照借贷法律关系处理。当然，在民事审判中的法律规则，例如物权变动规则等还是应当遵循，只不过在具有事实证据的情况下，应当在规则允许的范围内穿透这些明显不符合事实和证据的规则，从而获得实质合理性。

应该指出，在刑法适用中，对案件事实的认定同样应当坚持穿透式审查原则。因为行为人在实施犯罪行为的时候，往往采取掩盖的手段，因此，在审理刑事案件的时候，就应当采用实质思维方法，进行穿透式审查。例如，在司法实践中认定犯罪的时候，往往涉及对民事或者行政法律关系的判断，对此到底是采用形式判断还是实质判断，应当根据案件具体情况进行分析。如果这种民事或者行政法律关系是虚假的，对此应当进行实质判断，得出否定的结论。例如在司法实践中常见的虚设交易环节的贪污或者职务侵占，从表面来看，这个中间环节是客观存在的，具备一定的民事形式，但实际上，这种民事关系只是行为人为掩盖贪污或者职务侵占而虚设的交易环节，应当予以否定。

【案例 15】王某某、赵某某贪污案①

王某某（女）、赵某某（男）系恋人关系。王某某出资，以赵某某名义成立

---

① 参见韩火青、郭大伟、雷志杰：《增设中间交易环节侵害国有单位应得利益行为定性分析》，https://www.sohu.com/a/753937556_121117080，2024 年 3 月 7 日访问。

A公司，利用王某某任某国有公司总经理，有权在一定范围内决定纸张纸浆出售价格的职务便利，在Z公司出面与下游客户谈好交易价格后，明示或暗示下游客户以该价格与A公司签订购销合同，再由A公司以较低价格采购某国有公司纸张纸浆后完成交易。通过上述低买高卖赚取差价的方式，王某某、赵某某共获利人民币239.28万元。

本案属于典型的虚设中间环节的贪污罪，这是贪污罪的一种特殊类型。这种犯罪的特征在于，国家工作人员不是直接利用职务上的便利侵占公共财物，而是在国有单位和交易上家之间虚设一个交易对象，通过交易向其所虚设的交易对象输送利益。如果仅仅从现象形态进行考察，则于国有单位、虚设交易对象和真实的交易上家之间似乎存在交易关系，因而虚设交易对象的利益是经营所得，因此，这种情形在某些情况下容易混同于非法经营同类营业罪。对此，本案的裁判理由指出：虽然非法获取购销差价的同类营业行为与虚增交易环节截留国有资产的贪污行为存在诸多相似之处，但透过现象看本质，可以从以下方面进行甄别。(1) 中间交易环节是否专门增设。两罪行为都虚增交易环节，使国有公司、企业与客户之间的直接购销关系变成了有其他公司、企业参与进来的间接购销关系，这个环节并非因正常经营需要自然产生，而是行为人为谋取非法利益故意增设。对获取购销差价的非法经营同类营业行为而言，由于需要从事同类营业，故增设的中间环节通常是客观所需，且中间环节所涉及的公司、企业往往成立一段时间并从事同类或者类似的经营行为。而对增设中间环节截留国有资产的贪污行为而言，中间环节并非客观所需，也无开展正常经营活动，通常是专门为了截留国有资产而临时虚增新的公司或在已有公司中临时虚增业务单元。在本案中，采购纸浆客户从某国有公司综合实力、商业信誉等方面考虑，本身一直与某国有公司发生直接交易。此后之所以从A贸易公司采购，是因为王某某利用担任某国有公司总经理的职务便利直接安排或授意相关业务员推荐有需求的客户，并告知客户采购的商品质量、价格等并无区别。A贸易公司是王某某、赵某某为了介入某国

有公司和客户之间的购销关系而预谋设立的，客户完全可以直接向某国有公司采购而不必通过A贸易公司。(2)承担虚增交易环节的公司、企业或业务单元是否具备经营能力。一般情况下，非法经营同类营业罪中增设的中间环节，往往是有投资、有经营场所、有经营人员的真实经营，即具有经营同类营业的完全能力。而贪污罪中为截留国有资产而增设的中间环节，往往是无经营投资、无经营场地和无经营人员、不具有经营能力的空壳公司或正常经营企业中新设立的空壳业务，只是为变相贪污国有资产而掩人耳目。在本案中，A贸易公司成立后，并不具备实体经营特征，因为：一是A贸易公司注册资金仅为90万元，而同时间段同等条件下，若先购买一定数量纸浆再销售给不同客户至少需要千万元以上资金，如果客户不是先与A贸易公司签订纸浆销售合同并支付货款，则A贸易公司不具备购买纸浆的经济实力。二是A贸易公司不具备开展经营活动所需的组织机构和场所。A贸易公司法定代表人、总经理都是王某某，王某某按照赵某某的安排负责在A贸易公司、某国有公司和客户之间签署合同，A贸易公司不具备开展实体经营场所、人员等条件。三是从A贸易公司的经营情况来看，公司成立后除了从某国有公司购买纸浆后销售给甲拉来的客户外，基本没有开展其他业务。四是A贸易公司虽然缴纳了相应税款，但这是购销纸浆必然产生的成本，不能作为公司进行实体经营活动的根据，因此，可以判定A贸易公司并不具备实际经营能力。(3)是否真实经营并承担相应风险。非法经营同类营业罪与贪污罪都要求利用职务便利，但非法经营同类营业行为通常要求行为人具有独立于其职务之外的经营行为并承担市场经营风险，表现为行为人违背竞业禁止义务，通过将其任职国有公司、企业的商业机会交给其本人控制的公司等方式，与所任职公司、企业形成竞争或者利益冲突关系，通过真实的经营行为，承担市场风险，获取预期的利润。如果行为人通过虚增交易环节等非法手段，将本应属于国有公司、企业的利润转移给其本人控制的公司，则属于截留国有资产的贪污行为。在本案中，王某某利用职务便利，在某国有公司与客户正常的商品交易过程中，增设双方与A贸易公司的交易环节，该行为直接造成某国有公司利润减少，使本

应归属某国有公司的利润被王某某、赵某某占有，虚增交易环节的行为与王某某、赵某某非法获利之间具有刑法上的因果关系，具有截留国有资产的性质。综上所述，王某某身为某国有公司总经理，利用职务便利，在某国有公司与客户正常的商品交易过程中，虚增交易环节，截留本应归属某国有公司的资产，构成贪污罪，赵某某构成贪污罪共犯。

从上述认定来看，司法机关显然是采用了实质思维方法，或者称为穿透式审查。由此可见，对于案件事实性质的判断，不能仅仅根据事物的现象，而是要透过现象看本质。因此，刑法适用中应当采用实质思维方法，尤其是在刑民交叉案件中，表面上的民事法律关系往往掩盖着实质上的刑事法律关系。在这种情况下，不能根据存在民事法律关系的形式而排除犯罪，而是要考察民事法律关系的真实内容是否存在，如果答案是肯定的，才能否定某种与之对应的犯罪。当然，在这种情况下，可能构成其他犯罪。例如强迫交易罪与抢劫罪的区分，在司法实践中具有一定的疑难性。

【案例16】顾某等人强迫交易案①

被告人顾某等人系出租车驾驶员，单独、分别结伙或伙同他人，在上海市浦东新区接载日本籍乘客后采用言语威胁、关闭车门、开车绕圈、急刹车等手段强迫被害人支付超额车费，实施强迫交易行为共计11次。上海市第一中级人民法院认定：被告人顾某等人的行为均已构成强迫交易罪。

对于本案的性质，如果仅仅从外观上看，顾某等人客观上实施了暴力手段，并且取得了远远高于出租车车费的费用，具有与抢劫罪的类似性。然而，本案发生在出租车承运过程中，顾某等人履行了承运合同，但利用强迫手段索取高额出租车费用，这是一种典型的强迫交易行为。在强迫交易罪中，虽然使用强迫手段，但交易关系仍然存在，这也正是本罪与抢劫罪之间区分的主要根据。在交易

① 参见罗开卷：《暴力、威胁手段下强迫交易罪与抢劫罪的区分》，载《人民法院报》，2011-09-01。

过程中的抢劫罪，交易形式只不过是行为人利用的手段，其目的在于抢劫他人财物，因而这里的交易关系应当否定。如果行为人利用提供服务等机会，引诱被害人进行消费，然而采用暴力手段索取高额服务费用，则应当以抢劫罪论处，例如在现实生活中较为常见的酒托，利用女子引诱被害人进入酒吧进行消费，事实上提供的酒品或者果品都是伪劣产品，如在劣质酒中冲兑可乐，冒充贵重红酒，索要超高价款。如果被害人不支付价款，就受到暴力或者威胁。在这种情况下，虽然也存在一定的消费活动，但这只是一种道具，完全可以进行穿透式审查，否定交易活动，直接将这种行为认定为抢劫罪。因此，强迫交易罪和抢劫罪的根本区分就在于是否存在有效交易活动，对于交易活动应当进行实质判断，以此将强迫交易罪与抢劫罪加以正确区分。

三、构成要件的实质审查

构成要件是一种犯罪的规格与标准，因而具有形式的品格。然而，符合构成要件的事实却是一个实体的概念。如果仅仅根据演绎推理的法条涵摄直接定罪，而不对符合构成要件的行为进行法益侵害性的实质审查，就会陷入概念法学的机械司法的泥沼。因此，在行为符合构成要件的基础上，还要进行法益侵害性的实质审查。例如我国《刑法》第225条规定的非法经营罪，其中第4项采用了兜底条款的空白立法方式："其他严重扰乱市场秩序的非法经营行为。"这个规定包括性质与数量两个方面的内容：就性质而言，要求是扰乱市场秩序的非法经营行为；就数量而言，要求达到严重扰乱市场秩序的程度。立法机关的兜底条款使构成要件的限制机能有所减弱，在这种情况下，对符合兜底条款的非法经营行为进行实质审查就显得十分重要。然而，在司法实践中存在着忽视实质判断的情形。

【案例 17】王某军非法经营案[①]

2014 年 11 月 13 日至 2015 年 1 月 20 日，被告人王某军未办理粮食收购许可证，未经工商行政管理机关核准登记并颁发营业执照，违法收购玉米卖给粮库，非法经营数额 218 288.6 元，非法获利 6 000 元。一审法院认为，被告人王某军违反国家法律和行政法规规定，未经粮食主管部门许可及工商行政管理机关核准登记并颁发营业执照，非法收购玉米，非法经营数额 218 288.6 元，数额较大，其行为构成非法经营罪。鉴于王某军案发后主动到公安机关投案自首，主动退缴全部违法所得，有悔罪表现，对其适用缓刑确实不致再危害社会，决定对王某军依法从轻处罚并适用缓刑。该院于 2016 年 4 月 15 日作出（2016）内 0802 刑初 54 号刑事判决，以王某军犯非法经营罪，判处其有期徒刑一年，缓刑二年，并处罚金人民币 2 万元。宣判后，王某军未上诉，检察机关未抗诉，判决发生法律效力。

王某军收购玉米被以非法经营罪判刑后，引起了舆论争议。最高人民法院主动对本案进行了复查，并依照《中华人民共和国刑事诉讼法》第 243 条第 2 款之规定作出再审决定，指令内蒙古自治区巴彦淖尔市中级人民法院对本案进行再审。内蒙古自治区巴彦淖尔市中级人民法院再审认为，原判决认定的原审被告人王某军于 2014 年 11 月至 2015 年 1 月期间，没有办理粮食收购许可证及工商营业执照买卖玉米的事实清楚，其行为违反了当时的国家粮食流通管理有关规定，但尚未达到严重扰乱市场秩序的危害程度，不具备与《刑法》第 225 条规定的非法经营罪相当的社会危害性和刑事处罚必要性，不构成非法经营罪。原审判决认定王某军构成非法经营罪，适用法律错误。该院于 2017 年 2 月 14 日作出再审判决，撤销内蒙古自治区巴彦淖尔市临河区人民法院（2016）内 0802 刑初 54 号刑事判决，改判王某军无罪。再审判决认为，原判决不具备与《刑法》第 225 条规

① 参见陈兴良、张军、胡云腾主编：《人民法院刑事指导案例裁判要旨通纂》（上卷·第三版），600～601 页，北京，北京大学出版社，2024。

定的非法经营罪相当的社会危害性、刑事违法性和刑事处罚必要性，不构成非法经营罪。我国学者在评论本案的再审判决时，指出："再审判决重点着眼于王某军行为的实质，即行为有无严重的社会危害性，改判王某军无罪是基于对行为严重社会危害性实质判断得出的结论。"① 那么，这里的实质是指刑法解释中的实质思维，还是指刑法适用中的实质思维？对此，论者指出："本案的诉讼过程特别是再审改判无罪，很清晰地展现出刑法实质解释对于罪与非罪区分的重要意义。"② 显然，论者将这里的实质理解为刑法的实质解释。王某军的无证收购玉米的行为属于非法经营行为，并且数额较大，达到了入罪标准。因此，王某军的非法经营行为是否具有扰乱市场经济秩序的性质，这是一个实质推理问题，它与法律解释无关。我认为，王某军再审案确实是基于实质推理而出罪，但这是刑法适用的实质推理而不是实质解释。我国刑法学者在讨论形式与实质关系的时候，没有将法律解释与刑法适用加以严格区分，因而不适当地扩张了法律解释的范围，甚至将所有刑法适用问题都归结为刑法解释，由此论证实质解释的必要性与必然性，我认为是值得商榷的。在我看来，刑法解释不能采用实质思维方法，而只能按照形式思维方法，在法律语义边界之内确定犯罪的范围。在刑法适用的时候，对案件事实的判断当然需要实质的价值判断，但并不能由此认为这是刑法解释的实质思维。

构成要件的实质审查是以实质推理的方式完成的，它是法律适用的重要内容，也是犯罪认定所必不可缺的一个环节。实质推理中之所谓实质，是指基于法律文本以外的其他因素而采用实质思维，以此作为适用的根据。如果说，形式解释是基于法律文本的解释，那么，实质推理就是基于事物本质的判断或者论证。事物本质是隐含的事物背后，对事物起到支配作用的因素。在某种意义上说，事物本质就是这里所谓实质。例如考夫曼将事物本质与类推相关联，认为事物本质

① 何荣功：《刑法适用方法论》，5 页，北京，北京大学出版社，2021。

② 何荣功：《刑法适用方法论》，6 页，北京，北京大学出版社，2021。

与类推是法发现技术上的不同方法。考夫曼指出："事物本质是一种观点，在该观点中存在与当为互相遭遇，它是现实与价值互相联系（对应）的方法论上所在。因此，从事实推论至规范，或者从规范推论至事实，一直是一种有关事物本质的推论。事物本质是类推（类似推论）的关键点，它不仅是立法也是法律发现之类推过程的基础。因此，它是事物正义与规范之间的中间点，而且本身是在所有法律认识中均会关系到的、客观法律予以的固有负载者。"① 基于事物本质的推理，就是一种实质思维方法的运用。

在保留类推的刑法中，类推成为一种实质推理的方法，正如我国学者指出："类比推理是实质法律推理中及其重要的推理方法（方式）。"② 因此，类推与事物本质可以说是一脉相承的。我国主张实质解释论的学者也是以事物本质作为入罪解释的根据，并以类型思维论证作为类推解释的合理性。例如我国学者认为，倘若认为类推解释意味着对案件事实与刑法规范之间寻找相似性，当然不可能禁止类推解释。因为规范与事实之所以能够取得一致，是由于存在一个第三者，即当为与存在之间的调和者——事物的本质。③ 因此，事物本质就成为实质解释的理论支柱。根据实质解释论，只要某一行为具备法律的本质特征，实质上值得科处刑罚，则虽然缺乏形式规定，仍然可以在不违反民主主义与预测可能性的前提下作出入罪解释。在此，实质解释是以处罚必要性作为事物本质，对法律所做的解释。就法律语义与处罚必要性之间的关系而言，不是法律语义决定处罚必要性，恰恰相反，是处罚必要性决定法律语义。实质解释是一种典型的后果取向的实质推理，这里的后果取向的实质推理是指根据某一项建议或者政策如果付诸实施后将可能产生的具体后果，进而断定该项建议或政策是否应当付诸实施。实质

① ［德］阿图尔·考夫曼：《类推与'事物本质——兼论类型理论》，吴从周译，103、105页，台北，学林文化事业有限公司，1999。

② 余继田：《实质法律推理研究》，176页，北京，中国政法大学出版社，2013。

③ 参见张明楷：《罪刑法定与刑法解释》，96页，北京，北京大学出版社，2009。

法律推理作为实践推理，必须考量行为或决策之后果，因而属于后果推理。[①] 后果取向的实质推理是一种结果导向的推理，其具有一定的实质合理性。然而刑法的定罪活动，并不是单纯以行为的法益侵害结果为根据，而是应当以法律规定为依据。在这种情况下，如果抛开法律规定，仅凭行为造成的法益侵害结果就予以入罪，这明显违反罪刑法定原则。

我国学者在论述实质解释论的立场时，指出：存在实质上值得科处刑罚，但缺乏形式规定的行为，应当在不违反民主主义与预测可能性的前提下，对刑法作扩张解释。[②] 对于上述观点，我认为存在较大的疑问。例如，这里的形式规定如何理解，刑法没有形式规定到底是刑法有规定还是没有规定？如果是没有规定，则根本就不存在通过实质解释入罪的可能性。如果是有规定，可以根据规定直接入罪，也就毫无通过实质解释入罪的必要性。我认为，刑法规定可以分为显性规定与隐性规定。显性规定是指字面的明确规定，而隐性规定则是指虽然字面没有规定但被法律规定的逻辑所涵括。例如我国《刑法》第 151 条第 2 款规定的走私贵重金属罪只包括走私黄金出口的行为，走私黄金进口的行为并不构成走私贵重金属罪。因而，走私贵重金属罪是刑法没有显性规定的行为。但《刑法》第 153 条规定的走私普通货物、物品罪，是指走私本法第 151 条、第 152 条、第 347 条规定以外的货物、物品。这里的规定是指规定为犯罪，也就是说，走私黄金出口的行为已经被《刑法》第 151 条规定为走私贵重金属罪，因而不能再构成走私普通货物、物品罪；但走私黄金进口的行为并没有被规定为走私贵重金属罪，因而完全可以构成走私普通货物、物品罪。因此，走私黄金进口的行为就是在没有显性规定的情况下，具有隐性规定而入罪的适例。由此可见，无论是显性规定还是隐性规定，都属于法律有明文规定。实质解释论所说的形式规定，就是刑法的语言表述，因而没有形式规定就是没有法律规定。在刑法没有规定的情况下，仅依

① 参见余继田：《实质法律推理研究》，218 页，北京，中国政法大学出版社，2013。

② 参见张明楷：《罪刑法定与刑法解释》，68 页，北京，北京大学出版社，2009。

靠所谓实质解释并不能为入罪提供法律根据。此外，以上论述还提及在刑法缺乏形式规定的情况下，可以对刑法作扩张解释。但扩张解释本身就是语义解释的一种情形，它是将法律文本的含义从通常语义扩大到可能语义。根据德国学者的观点："条文的词义是解释的要素，因此在任何情况下必须将可能的语义视为最宽的界限。"① 因此，扩大解释仍然属于形式解释。在所谓法律具有形式规定情况下的实质解释，则逾越了可能语义的边界，因而会导致法律名义明文规定的行为经由实质解释得以入罪。基于以上分析，我认为所谓实质解释，在罪刑法定的语境中是不能成立的。因为罪刑法定将解释限制在法律的语义范围之内，而实质解释是以法律以外的其他要素作为判断的根据。这种超越法律明文规定的所谓解释，即使在民法教义学中也并不称为解释，而是法律续造或者漏洞补充。在刑法教义学中，由于实行罪刑法定原则，因而法律续造或者漏洞补充都被法律所禁止，因而以实质解释的名义现身于世。我认为，在刑法教义学中应当摒弃实质解释的提法。就刑法解释而言，应当以语义解释优先，以行为符合语义为基本根据，在语义范围内考察行为的实质内容，这就需要采用实质推理的方法。正是在这个意义上，刑法解释应当注重形式，但实质解释则在行为不符合语义的情况下，以语义之外的事物本质作为解释的根据，这种情形并非法律解释而是实质推理。因此，将所谓实质解释归入实质推理，将其置于法律解释之后进行考察，两者之间形成一定的位阶关系。

① ［德］海因里希·耶赛克、［德］托马斯·魏根特：《德国刑法教科书》（上），徐久生译，220页，北京，中国法制出版社，2017。

第二章 价值思维

价值判断是刑法教义学中的一个重要问题，它关系到犯罪论体系的合理建构，因而需要认真对待。德国学者伯恩·魏德士在论及法教义学中的价值因素时曾经指出："教义学的一切概念、分类和原则本质上都与价值有关。不涉及价值的教义学是不存在的。教义学总是受到'世界观'的影响。它原本就不是形式逻辑，而是实质的目的（materiale Teleologie）。"① 因此，法教义学与价值判断是密切相关的。然而，价值判断本身又是一个十分难以界定的概念，以至于德国学者马克斯·韦伯发出以下感慨："无止境的误解，尤其是术语上的、从而也是完全没有意义的争执，都是从'价值判断'这个词出发的。"② 由此可见，在刑法教义学中采用价值判断的命题是存在相当风险的，本章在揭示与界定价值内容的基础上，对价值判断在刑法教义学中的地位与功能进行阐述。

---

① ［德］伯恩·魏德士：《法理学》，丁小春、吴越译，147页，北京，法律出版社，2013。该书将德文中的Dogma一词译为信条，本书统一改为教义。特此说明。

② ［德］马克斯·韦伯：《社会科学方法论》，李秋零、田薇译，118页，北京，中国人民大学出版社，1999。

第一节　价值判断的概念

价值这个概念，在刑法教义学中是经常使用的。价值一词来自哲学，即价值哲学。价值哲学是近代出现的一种哲学流派，在此之前的古典哲学，其内容囿于本体论与认识论，属于存在论与知识论的哲学。价值哲学的出现拓展了哲学研究界域，并且极大地丰富了哲学研究内容，从而为价值分析方法的普遍适用提供了条件。德国学者文德尔班被认为是价值哲学的首创者，在他看来，哲学是关于一般价值的科学，研究绝对价值判断原理；而其他科学的课题则是理论判断。文德尔班论述价值判断与其他理论判断的区别时举例说：当我们说“这东西是白的”的时候，我们是在陈述一种客观事物所呈现的性质；而当我们说“这东西是好的”的时候，我们是在陈述一种客观事物与主体之间的关系。① 也就是说，“这东西是白的”是一种事实判断，“这东西是好的”是一种价值判断。事实判断具有客观真实性，而价值判断则具有主观偏好性。价值判断是基于价值所作的判断，因此，价值判断中的价值是判断的根据。根据一定的价值标准对事物所作的评价，就是价值判断。在这个意义上说，价值判断是一种评价，评价虽然是以一般认知为基础的，但评价与一般认知是不同的，这主要表现为评价包含了主体的主观倾向性，而一般认知尽管也会受到前见的影响，但主体都会尽可能地对认知过程保持某种客观中立性。在一定意义上说，价值判断是一种特殊的认知活动。我国学者指出：“评价是一定价值关系主体对这一价值关系的现实结果或可能结果的反映。或者换一种说法：人们对自己价值关系的现实结果或可能结果的认识，以各种精神活动的方式表达出来就是评价。”② 在法学中，涉及的是法价值评价，这是一种基于法律规范所作的价值评价，其虽然具有价值评价的一般特

---

① 参见［美］梯利：《西方哲学史》（下册），270页，北京，商务印书馆，1979。

② 李德顺：《价值论》，257页，北京，中国人民大学出版社，1987。

征，同时又具有法律评价的特殊性质。我国学者在论及法价值评价时，指出："法价值评价是评价主体依据一定的标准结合诸相关因素对法价值行为或法律现象的估计、衡量和评判。法价值评价理论根植于相应的哲学理论之中。也就是说，任何一种法价值理论都有其哲学理论根源，法价值理论是相应的哲学价值理论的具体化。"[①] 在刑法教义学，尤其是犯罪论体系中，包含了各种认知活动，其中也离不开价值判断。例如某种行为是否属于杀人这是一般认知活动，其中被害人是否死亡的判断甚至是一种科学认知活动。杀人虽然具有剥夺他人生命的性质，但只有非法剥夺他人生命才是犯罪行为，如果是正当防卫杀人则是合法的行为。在此，剥夺生命的非法性的判断就是一种价值判断。在刑法教义学中正确界定价值判断，需要将价值判断与事实判断、规范判断和实质判断加以区分。

一、价值判断与事实判断

事实判断是一般的认知活动，其目的在于确定某种客观存在，因而这是一个是与不是的问题。例如人是张三杀的还是李四杀的，这就是一个事实问题。事实是不以人的主观意志为转移的客观存在，因而事实判断具有客观性、中立性和价值无涉性。对于人是张三杀的还是李四杀的这个问题，无论我们希望是张三杀的而不是李四杀的，或者相反，都不影响案件事实的真实性。价值判断不同于事实判断，它是带有主体偏好的评价性判断。例如，张三是当地一霸，李四将张三杀死，李四被誉为为民除害，这就是对李四杀死张三这一杀人行为的一种价值判断。由于对任何事物都存在不同的看法，因而相对于事实判断具有结论的唯一性而言，价值判断更容易存在争议。例如对于张三，有些人说他是好人，有些人说他是坏人，因此，对于杀死张三，有人叫好，有人称坏。这种判断结论的差异性

---

① 杨震：《法价值哲学导论》，163页，北京，中国社会科学出版社，2004。

反映了对杀死张三行为的不同评价，因而价值判断具有多元性。在某种意义上说，事实判断是以判断客体为取向的认知活动，其本质在于把握客体的真实面目，因而在判断过程中应当尽可能地摒弃主观情感。而价值判断是以判断主体为取向的认知活动，其本质在于主体与客体之间客观价值关系的评价，因而价值判断必然反映特定主体的主观愿望。①

刑法教义学中的犯罪论体系包含了事实要素与价值要素，因而在犯罪认定中既存在事实判断又存在价值判断。然而，如何正确处理事实判断与价值判断之间的关系，却是在刑法教义学中长期以来存在观点对立的一个问题，正是事实与价值之间的紧张对峙推动了刑法学术的演进。在某种意义上可以说，从古典的犯罪论体系经由目的行为论的犯罪论体系，再到目的理性的犯罪论体系，犯罪论体系的演变史就是一个从存在论的犯罪论体系到吸纳价值要素，逐渐向价值论的犯罪论体系演变的过程。当然，这种演变的结局并不是以价值论取代存在论，而是形成事实要素与价值要素相融合的犯罪论体系。纯粹的价值论的犯罪论体系和纯粹的存在论的犯罪论体系一样，都是片面不可取的。

以李斯特为代表的古典犯罪论体系是以自然主义为特征的，正如我国学者指出："古典体系以自然主义的因果性和心理性，着眼于外部事实因素，强调行为的物理特征和责任的事实状态，试图建立如同自然科学般精准的犯罪成立理论。"② 例如李斯特对行为采取的是因果行为论，这是一种将行为建立在因果性之上的行为理论，它最为真切地反映了李斯特的自然主义刑法观。李斯特指出："行为概念不同于具体的行为本身，行为概念源自于对具体行为的抽象。这些具体行为是外界的显而易见的改变，这种改变是由人作用于他人或作用于物造成

① 关于事实判断与价值判断之间的区分，参见孙伟平：《事实与价值：休谟问题及其解决尝试》，154～155页，北京，中国社会科学出版社，2000。

② 方泉：《犯罪论体系的演变——自"科学技术世纪"至"风险技术社会"的一种叙述和解读》，32页，北京，中国人民公安大学出版社，2008。

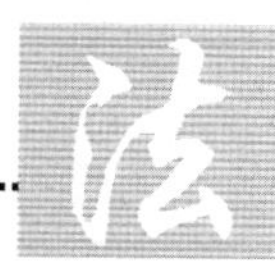

的，而这种作用是基于意志的我们身体运动的结果。”[①] 在李斯特的行为概念中，行为是由主观的任意性与客观的举止性这两个要素构成的，并且主观意思是原因，客观举止所引发的外在世界的改变是结果，刑法中的行为就是这样一个因果历程，因而李斯特的行为论称为因果行为论。因果行为论严格地建立在事实基础之上，具有实证主义的价值中立性。李斯特甚至对具体犯罪的罪体进行自然主义的描述，例如把侮辱行为理解成引起空气流动，并使神经受到刺激的过程。[②] 虽然因果行为论在一定程度上揭示了刑法中行为的自然属性，但它并没有揭示行为的价值内容，因而具有其片面性。

在因果行为论之后，德国学者韦尔策尔提出了目的行为论，强调目的在行为中的主导作用，相对于李斯特关注行为因果性的观点，是对行为概念的一次观念的革命。韦尔策尔批判了因果行为论，认为因果行为论的根本性错误在于，它忽视了操控性的意志所具有的构建行为的功能。不仅如此，它甚至还摧毁了这一功能，使行为变成了一种单纯由某个随意的意志活动（“任意活动”）所引起的因果事件。[③] 在批判因果行为论的基础上，韦尔策尔提出了目的行为论，指出：“人的行为是对目的活动的执行。因此，行为是‘目的性’，而不是纯粹‘因果性’事件。目的性的活动是被人有意识地引向目标的一种作用，而纯粹偶然的因果事件则不受目标的操控，它是由各种现存之原因要素偶然引起的结果。”[④] 目的行为论与因果行为论相比，在刑法的行为概念中引入了目的性的概念，并将之取代因果性而成为行为概念的核心要素，在一定程度上克服了因果行为论的机械

---

① ［德］弗兰克·冯·李斯特：《论犯罪、刑罚与刑事政策》，徐久生译，63页，北京，北京大学出版社，2016。

② 参见［德］汉斯·韦尔策尔：《目的行为论导论：刑法体系的新图景》（增补第4版·中文增补版），陈璇译，8页，北京，中国人民大学出版社，2024。

③ 参见［德］汉斯·韦尔策尔：《目的行为论导论：刑法体系的新图景》（增补第4版·中文增补版），陈璇译，9页，北京，中国人民大学出版社，2024。

④ ［德］汉斯·韦尔策尔：《目的行为论导论：刑法体系的新图景》（增补第4版·中文增补版），陈璇译，1页，北京，中国人民大学出版社，2024。

性，并赋予行为一定的能动性，因而具有积极意义。当然，目的行为论仍然属于存在论的行为概念，只不过将行为概念的本体性要素从客观因果性转变为主观目的性。因果性与目的性都属于行为概念中的事实性要素，因此，目的行为论仍然排斥在行为概念中的价值要素。无论是因果行为论还是目的行为论，都在价值中立的意义上界定刑法中的行为，因而这是一种“裸”的行为论。

在此之后，社会行为论兴起，开始在行为概念中引入社会评价这一价值要素。社会行为论是德国学者埃贝哈德·施密特在修订李斯特的德国刑法教科书的时候提出的，它并不是对因果行为论和目的行为论的彻底否定，而是在行为的因果性与目的性的基础上引入了社会性要素，从而在一定程度上克服了因果行为论的机械性与目的行为论的片面性，由此发展成为社会行为论。[①] 社会行为论又称为社会的行为概念，以此区别于自然的行为概念。德国学者指出：“如果能找到一个评价种类的上位概念，该观点使在存在领域不可结合的要素在规范领域结合；那么，就可以将作为和不作为置于统一的行为概念之下。这种综合法必须在人的态度对环境中去寻找。这是社会行为概念（sozialer Handlungsbegriff）的意义。根据该行为概念，行为是对社会有意义的人的态度。”[②] 在此，德国学者揭示了社会的行为概念中的两个重要内容，这就是社会重要性和人的态度。社会行为论将价值要素引入行为概念，由此克服了本体论或者存在论中的行为概念所具有的不可避免的局限性，例如因果行为论对不作为缺乏有力的解释，因为在物理意义上不作为是一种“无”的状态，无中不能生有，不作为的行为性难以在自然意义上获得。只有采用社会重要性和人的态度的价值判断，才能在规范层面肯定不作为的行为性。而目的行为论对过失行为不能作出正确描述，因为过失行为本身不具有目的性，而将盲目性也解释为目的性，显然是难以成立的。由此可见，

---

① 参见方泉：《犯罪论体系的演变——自“科学技术世纪”至“风险技术社会”的一种叙述和解读》，125页，北京，中国人民公安大学出版社，2008。

② ［德］汉斯·海因里希·耶赛克、［德］托马斯·魏根特：《德国刑法教科书》（上），徐久生译，306～307页，北京，中国法制出版社，2017。

在刑法教义学中，事实性要素是基础，但价值性要素也是不可或缺的。只有将事实性要素与价值性要素有机地结合起来，才能正确解决刑法教义学中的重要理论问题。

当然，社会行为论也存在不足，主要是社会重要性这个概念的含义较为宽泛，缺乏明确的界定。因此，德国学者将社会行为论中的社会重要性和人的态度这两个要素进行综合，由此引申出人格行为论。人格行为论亦称为人格的行为概念，例如罗克辛就是人格行为论的倡导者，认为人格的行为概念不仅完整包含了事件的任何一个组成部分，而且完整包含了这个事件本身的整体。在人格表现的判断中，要接受主观的目标设定和客观的效果，个人的、社会的、法律的和其他的评价，这些必须全部在一起才能详细阐述它的意义内容。① 因此，在罗克辛看来，人格的行为概念中既有客观要素又有主观要素，既有事实要素又有价值要素，这是一个综合的行为概念，它既具有联结功能，又具有界限功能，因而是一个功能的行为概念。人格行为论将事实要素与价值要素结合起来，较为全面地揭示了行为的本质，因而具有一定的合理性。

二、价值判断与规范判断

规范这个概念在伦理学和法学中是十分重要的一个范畴，然而其含义具有多重性。在法学中，规范是指法律规范，因此规范判断是指根据一定的法律规则所进行的判断。可以说，规范判断是规范学科所特有的一种思维方法。规范判断具有一定的规范根据，因而其判断标准具有明确性和确定性。与之不同，价值是根据主体的主观偏好所做的判断，不同的主体具有不同的价值取向，因而会出现各种价值冲突。在这种情况下，通过一定的途径达成价值共识，由此形成价值规

① 参见［德］克劳斯·罗克辛：《德国刑法学总论》（第1卷），王世洲译，163页，北京，法律出版社，2005。

范。德国学者哈贝马斯在论及价值与规范的区别时指出：价值总是带有个体的目的论的特征，而规范总是向所有的个体提出共同的义务规则；价值体系与规范体系的内在一致性标准也不尽相同。① 因此，规范的一致性与价值的个别性之间的差别是十分明显的，只有当价值以规范的形式呈现的时候，价值才获得了普遍遵守的约束力。

刑法教义学中的刑法规范可分为行为规范和裁判规范，我国学者认为刑法规范具有行为规范与裁判规范的二重性。例如刑法关于杀人罪的规定，它首先是一种裁判规范，为杀人罪的司法认定提供构成要件。同时，在杀人罪背后隐含的是禁止杀人的行为规范。② 在这个意义上说，裁判规范是刑法规定的，而行为规范则是前置法的规定，甚至是伦理准则。由此可见，刑法教义学中的规范判断并不能局限于根据刑法所做的判断，而且包括根据前置法或者伦理规则所做的判断。在刑法中，最早对规范与法规进行区分的是德国学者宾丁。正如李斯特所言，宾丁将他整个刑法体系建立在规范概念之上。③ 其实，在宾丁的法规与规范的二元论语境中，法规是指作为裁判规范的刑法条文，而他所说的规范则是指作为行为规范的前置法或者伦理规则。因此，当宾丁将犯罪的本质确定为规范违反的时候，在一定程度上揭示了犯罪的本质。只不过，规范违反仍然具有形式的性质，尚未触及犯罪的实质的价值内容。

刑法教义学中的规范判断与事实判断和价值判断并不在同一层面上：规范判断具有形式性，根据规范所做的判断具有形式判断的性质。但事实判断和价值判断中的事实与价值都具有一定的实体内容。因此，事实判断和价值判断经常以规范判断的形式呈现。我国学者指出："规范是依靠事实与价值取向来建构的，但

---

① 参见［德］哈贝马斯：《在事实与规范之间》，童世骏译，316页，北京，三联书店，2003。

② 关于刑法规范二重性的进一步论述，参见刘志远：《二重性视角下的刑法规范》，111页以下，北京，中国方正出版社，2003。

③ 参见［德］弗兰克·冯·李斯特：《论犯罪、刑罚与刑事政策》，徐久生译，49页，北京，北京大学出版社，2016。

它的合理性却不是单纯依靠事实来说明的。无论是个体行为，还是集体行为，在遵守规范时都会表现出某种价值取向。”① 因此，规范的内容既可以是事实也可以是价值，由此可以将规范区分为事实规范与价值规范。根据三阶层的犯罪论体系，构成要件要素可以分为记述的构成要件要素和规范的构成要件要素。其中，记述的构成要件要素是指采用日常用语或者法律用语并描述现实世界的情况的概念，这些概念的功能在于用来确定某种事实。规范的构成要件是指针对仅在符合规范的逻辑条件下才被设想和考虑的事实。规范的构成要件要素包括三种情形：第一种是本来的法概念，第二种是与评价有关的概念，第三种是与意识有关的概念。② 在规范的构成要件要素中，既包括事实要素又包括价值要素，因而应当区分为事实的规范判断和价值的规范判断。

（一）事实的规范判断

事实的规范判断是指规范内容是事实，因而通过规范判断认定某种事实。这种规范判断与价值判断并无关系。事实的规范判断中的事实是指规范性事实，以此区别于自然事实。规范性事实是以规范形式呈现的，通过规范刻画其特征。而自然事实则是纯粹的自然的行为事实，其未经规范评价。德国学者将规范性特征所创制的行为事实称为制度性的行为事实，而将自然特征所创制的行为事实称为自然的行为事实。刑法不仅必须规定制度的行为事实，而且要规定自然的行为事实，而纯粹自然的行为事实则更多的是一种（少数的）例外。③ 例如，前述规范构成要件要素中的第一种情形，即本来的法概念，这是典型的规范性事实。本来的法概念在多数情况下是指前置法所规定的法律概念，例如我国《刑法》第 205 条之一规定的虚开发票罪涉及发票这个概念，发票是我国税法中的专业术语。我

---

① 潘自勉：《论价值规范》，16 页，北京，中国社会科学出版社，2006。

② 参见［德］汉斯·海因里希·耶赛克、［德］托马斯·魏根特：《德国刑法教科书》（上），徐久生译，366、367 页，北京，中国法制出版社，2017。

③ 参见［德］乌尔斯·金德霍伊泽尔：《刑法总论教科书》（第六版），蔡桂生译，74 页，北京，北京大学出版社，2015。

国 2023 年 7 月 20 日修订的《发票管理办法》第 3 条规定："本办法所称发票，是指在购销商品、提供或者接受服务以及从事其他经营活动中，开具、收取的收付款凭证。"在司法活动中应当按照《发票管理办法》第 3 条的规定，正确予以认定。刑法是其他法律的保障法，这就决定了其具有后置法的性质，因此，刑法中的概念并不是"裸"的事实概念而是规范概念，其规范根据就在于前置法。几乎刑法中的所有概念都有相关法律的出处，因而正如德国学者贝林引用拉斯克的论断：真实的情况是，所有法律概念都是"披上了规范的绸缎"①。因此，在刑法教义学中的事实判断，往往表现为根据一定的前置法对刑法中的实体性存在所做的规范判断。

（二）价值的规范判断

价值判断在一定意义上表现为规范判断，也就是说，价值内容经由立法者制定为法律规范，在这种情况下，价值判断就转变为规范判断。美国学者在论及规范与价值的关系时指出："法律规则和其他的法律形式不仅仅是形式的容器，而是有实质内容的。当法律被创设和适用时，它的内容必定被价值锁定。"② 因此，在某种意义上说，规范本身就是价值的容器。在哲学上甚至还存在价值规范的概念，是指价值化的规范。我国学者指出："以价值为依据的社会规范体系（如道德规范、宗教规范、法律规范等），在其历史形成过程中，同时也构成了一种社会规范机制。"③ 因此，法律规范是社会规范的特殊类型，它以价值为依据进行判断，并且以国家强制力为后盾。在刑法教义学中，价值规范可以进一步区分为作为保护法益的价值规范与作为构成要素的价值规范。前者是指隐含在法律规范背后、受到刑法保护的价值内容。例如杀人罪的设立，其目的是保护人的生命价

① ［德］恩施特·贝林：《构成要件理论》，王安异译，13 页，北京，中国人民公安大学出版社，2006。

② ［美］罗伯特·S. 萨默斯：《美国实用工具主义法学》，柯庆华译，28 页，北京，中国法制出版社，2010。

③ 潘自勉：《论价值规范》，29 页，北京，中国社会科学出版社，2006。

值。后者是指作为构成要素的价值规范。前述规范构成要件要素中的第二种情形，即与评价有关的概念，是指需要通过价值评价予以明确的概念，例如我国《刑法》第 364 条规定的传播淫秽物品罪中的淫秽，就属于评价性的概念。此外，前述规范构成要件要素中的第三种情形，即与意识有关的概念是指包含主观要素的概念，例如我国《刑法》第 237 条规定的强制猥亵罪中的猥亵，其中就包含了满足性刺激或者性欲望的意图。[①] 由此可见，在刑法的规范判断中包含了价值判断的内容。在这个意义上说，价值判断在某些情况下是通过规范判断实现的，在另外一些情况下，则是在规范判断之外需要独立进行价值判断。因此，规范判断与价值判断之间的关系存在全部或者部分的重合。

三、价值判断与实质判断

在哲学中，现象与本质是一对范畴：现象是指事物的表象，本质是指事物的根据。在刑法教义学中一般将现象与本质称为形式与实质，它与现象和本质虽然在表述上有所不同，但其内容则基本相同。刑法教义学中相对于形式判断的实质判断，我认为可以分为事实的实质判断与价值的实质判断。

（一）事实的实质判断

事实的实质判断是通过实质判断揭示事物本质的判断。如果说，事实的形式判断是根据一定的标准（包括规范）对事实所做的判断；那么，事实的实质判断就是基于一定的实质根据对表现为现象的事实所做的穿透式判断，这个意义上的

① 对于猥亵罪是否具有性意图，贝林认为如果没有淫欲意图就不能称为猥亵。参见［德］恩施特·贝林：《构成要件理论》，王安异译，19 页，北京，中国人民公安大学出版社，2006。日本通说亦将猥亵罪解释为倾向犯，行为人主观上应当具有性意图。日本学者山口厚对此持相反的观点，认为作为强制猥亵罪之保护法益的性的自由所受到的侵害与行为人的性意图没有关系。这里的意图不能理解为主观的违法要素。2017 年 11 月 29 日，日本最高裁判所以大法庭判决的方式进行了判例变更，否定了成立强制猥亵罪需要性意图。参见［日］山口厚：《刑法总论》（第 3 版），付立庆译，99～100 页及译者注，北京，中国人民大学出版社，2018。

事实的实质判断就是所谓透过现象看本质。因此，在某种意义上说，实质判断是事实判断的一种特殊类型。在刑法教义学中，实质判断也是经常采用的一种方法，对于犯罪认定具有重要意义。例如2021年修订的最高人民法院《关于审理非法集资刑事案件具体应用法律若干问题的解释》第2条第1款第1项规定：不具有房产销售的真实内容或者不以房产销售为主要目的，以返本销售、售后包租、约定回购、销售房产份额等方式非法吸收资金的，以非法集资罪论处。这一规定中，行为人以房屋销售为名进行非法集资，对此应当进行实质判断，虽有房屋销售的形式，但实质上并无房屋销售的内容或者不以房屋销售为主要目的，因而应当否定房屋销售的民事法律关系，对此直接认定为非法集资行为。这就是一种典型的事实的实质判断，在司法实践中一般都以变相或者以——为名，实质上则是——的判断句式出现。

（二）价值的实质判断

如果事实的实质判断是通过实质否定形式，刺破形式的面纱，那么，价值的实质判断则是在形式判断的基础上，进一步揭示实质的价值内容。因此，价值的实质判断并没有否定形式，而是以形式为逻辑前提，在形式判断与实质判断之间存在逻辑上的位阶关系。

价值的实质判断关键在于判断的根据是价值，具有价值判断的性质。通过实质判断，将一定的价值内容灌注于相应的形式之中，由此形成符合标准的法律概念或者构成要件。例如最高人民法院指导性案例97号王某军非法经营案，本案的裁判要点2指出："判断违反行政管理有关规定的经营行为是否构成非法经营罪，应当考虑该经营行为是否属于严重扰乱市场秩序。对于虽然违反行政管理有关规定，但尚未严重扰乱市场秩序的经营行为，不应当认定为非法经营罪。"根据上述裁判要点，被告人王某军虽然实施了无证收购玉米的行政违法行为，但是否构成非法经营罪，还要进一步判断被告人是否具备严重扰乱市场秩序的要件。这里的严重扰乱市场秩序，就是一种价值的实质判断，易言之，是一种表现为实质判断的价值判断。这一价值的实质判断并没有否定被告人先前所实施的违反行

政管理有关规定的经营行为，而是对这一行为做了实质的价值判断。这一实质的价值判断既包括对行为性质的判断，又包括对是否达到严重程度的判断。

我认为，将实质判断区分为事实的实质判断和价值的实质判断，对于正确厘清实质判断的性质具有重要意义。在事实判断和价值判断中都可以采用实质判断的方法，但这两种实质判断的性质和根据全然不同，对此不可不察。

第二节　价值判断的体现

刑法教义学与价值判断的关系，始终是一个存在争议的问题。这个问题关涉法教义学的一般性质。法教义学从价值中立到价值包含，经历了一个演变过程。对此，德国学者拉伦茨曾经进行了十分生动的描述。拉伦茨介绍了德国学者埃塞尔的价值判断否定说立场，这些立场包括：所有的法现象都能在概念中被把握，人们能将前者涵摄于概念之下，因此可以构想一种或多或少封闭的概念体系，它能够借助逻辑思维程序来回应新出现的法律问题；这种立场进而主张，在法学领域中，其学术思维与价值中立的客体—认知模式，即自然科学式的科学概念并无不同。埃塞尔坚持教义学是一种价值中立的概念作业，但将其任务限定于：将从别处得到的判决方案和价值判断按照客体—认知模式转换为理性思考的语言以及这种语言构成的概念体系，由此使其可适用于司法裁判并同时保持司法判决的稳定性。[①] 因此，埃塞尔是在价值中立的立场上对法教义学中的价值判断予以否定。对此，拉伦茨并不以为然。拉伦茨认为，埃塞尔所描述的价值中立的教义学形象显然是以 19 世纪末及 20 世纪最初十年教义学研究的基本理论立场为基础的。在现今的法教义学中，类型描述已经取代能够进行涵摄的概念构成，具有越来越重要的意义，因此法教义学不再是价值中立的概念作业。拉伦茨甚至提出，

① 参见［德］卡尔·拉伦茨：《法学方法论》（全本·第六版），黄家镇译，289、290 页，北京，商务印书馆，2020。

现今教义学中存在运用价值导向思维方法的广阔空间。[①] 由此可见，从价值中立到价值导向是法教义学方法论的一个重大转型。在刑法教义学中，价值判断对于犯罪认定十分重要。因为犯罪本身既具有事实要素又具有价值要素，因而价值判断贯穿整个犯罪论体系。以下，分别对犯罪论体系各个阶层中的价值判断进行考察。

一、构成要件中的价值判断

构成要件是犯罪成立的基础性要件，德国学者贝林的构成要件理论为古典的犯罪论体系奠定了基础。贝林将构成要件界定为是客观而不包括主观，并且是价值中立的，也就是说，贝林将价值判断完全排斥在构成要件之外。贝林将构成要件与违法性从功能上加以区分：构成要件的功能在于为犯罪提供客观外在轮廓，而违法性则对符合构成要件的行为进行价值判断。因此，构成要件与违法性的关系是一种事实与价值的关系。贝林指出："虽然可以说，构成要件的类型具有相关犯罪类型的特征，该犯罪类型与其所有要素一道直接指向构成要件类型。构成要件一般是犯罪类型的纯粹指导形象：适用时，犯罪类型的所有要素（包括了充足构成要件）都与这一纯粹指导形象有着特殊的关系。"[②] 在这种情况下，贝林的构成要件概念就与价值判断做了明确的区隔。贝林这种价值无涉的构成要件十分容易沦为只有形式而无内容的构成要件，因而被德国学者萨克斯评论为"光秃秃的指导形象论"[③]。对于贝林的构成要件论，我国学者指出："贝林否认了构成要件符合性和违法性的关联，使得在从构成要件符合性判断进入违法性判断时，出现了逻辑说理上的困难：何以在价值无涉的构成要件符合性判断之后要进行价

① 参见［德］卡尔·拉伦茨：《法学方法论》（全本·第六版），黄家镇译，290、291页，北京，商务印书馆，2020。

② ［德］恩施特·贝林：《构成要件理论》，王安异译，7页，北京，中国人民公安大学出版社，2006。

③ 蔡桂生：《构成要件论》，101页，北京，中国人民大学出版社，2015。

值有涉的违法性判断？这也是后世刑法学者认为构成要件不是价值中立的范畴的一个学说史上的理由。”[①] 因此，虽然贝林提出的构成要件概念为犯罪论体系做出了重大贡献，但完全排斥价值要素的构成要件难以为人所接受。

在贝林之后的德国刑法学受到价值论哲学的影响，将价值判断引入构成要件，出现了所谓构成要件的实质化运动，这里的实质化是指价值的实质化。例如新古典的犯罪论体系就受到与价值相关的新康德主义方法论的影响，对构成要件理论按照被保护的法益进行解释。[②] 也就是把侵害法益的概念引入构成要件，由此而对构成要件的价值化起到了推动作用。在这种情况下，构成要件与违法性之间的关系发生了重大变化。构成要件与违法性之间的彼此关联，不再如同贝林所说，是互相分割的两个领域，构成要件仅仅是行为类型，而是不法行为类型或者不法类型的构成要件，因而构成要件的要素包含了价值判断。例如日本学者西原春夫揭示了构成要件的价值性特征，指出：“本来作为价值无涉的概念来把握的构成要件概念，包含着越来越多的价值，更多地包含着主观性和规范性这两种要素。因此，本来被认为具有独立性于违法性之机能的构成要件，与违法性的关系也越来越紧密。”[③] 随着价值要素渗入构成要件，其必然结果是构成要件的内容愈加丰富，而违法性的功能则逐渐萎缩。例如，关于被害人同意问题，根据古典的犯罪论体系，被害人同意属于违法性范畴的问题。在医疗行为中，经患者同意对其进行截肢手术的行为，根据古典的犯罪论体系，这是符合故意伤害罪的构成要件的，只有在违法性阶层才能依据被害人同意而阻却违法性。因为截肢这是一个事实问题，至于是否同意这是一个价值选择问题。在构成要件中只能处理事实问题，价值问题应当置于违法性阶层解决。此后，德国出现了二元论的观点，将

① 蔡桂生：《构成要件论》，107页，北京，中国人民大学出版社，2015。

② 参见［德］克劳斯·罗克辛：《刑事政策与刑法体系》（第二版），蔡桂生译，17页，北京，中国人民大学出版社，2011。

③ ［日］西原春夫：《犯罪实行行为论》（重译本），戴波、江溯译，56页，北京，北京大学出版社，2018。

合意与同意加以区分，认为只有合意才排除构成要件的该当性，同意则阻却违法性。例如，经妇女同意与之发生性关系，即可排除强奸罪的构成要件；经他人同意而进入住宅，即可排除侵入住宅罪。因为在这种情况下，由于他人的同意而形成合意，法益并没有受到侵害，因而否定了构成要件本身。但如果虽然存在同意但法益同样会侵害。这里不仅仅涉及独立的受法律保护的价值问题，因此，该同意被作为合法化事由对待。[①] 例如经权利人同意毁坏其财物，或者经器官提供者同意进行器官移植。及至罗克辛，根据其所主张的目的理性的犯罪论体系，坚持一元论的立场，认为无论是合意或者同意，都排除构成要件。罗克辛指出："同意所具有的排除构成要件的效力，因此不是以其为根据的行为的习惯法或者社会适当性中产生出来的，而是直接来自受到《德国基本法》第 2 条第 1 款的宪法权利保护的行为自由。正是同意人行使的行为自由，使得同时损害一个其享有权利的法益以及相关的构成要件的满足，成为不可能。"[②] 由此可见，价值判断引入构成要件以后，对构成要件与违法性的关系带来重大变动，使各自的内容此消彼长。

此外，价值判断还对构成要件传统的理论带来内容更新与知识增量，例如刑法中的因果关系是一个例证。在古典的犯罪论体系中，对因果关系采用的是条件说，这是一种典型的事实因果关系，否认在因果关系中的价值关涉。例如李斯特指出："我们应当坚决支持这样的观点，'因果性'（Kausalsatz）只涉及事件前的时空，不涉及概念的逻辑关系对行为的社会伦理评价。"[③] 同样，贝林也同意李斯特关于因果关系的条件说，否定区分原因与条件两个等级的可能性，认为所

---

① 参见［德］汉斯·海因里希·耶赛克、［德］托马斯·魏根特：《德国刑法教科书》（上），徐久生译，505 页，北京，中国法制出版社，2017。

② ［德］克劳斯·罗克辛：《德国刑法学总论》（第 1 卷），王世洲译，358 页，北京，法律出版社，2005。

③ ［德］弗兰茨·冯·李斯特：《李斯特德国刑法教科书》，［德］埃贝哈德·施密特修订，徐久生译，150 页，北京，北京大学出版社，2021。

有导致结果之条件在纯粹意义上是一样的。那种试图区分原因与条件的观点是混淆了因果性与责任这两个不同的问题，所以才陷入错误之中，将评价要素硬塞入因果性中。[①] 在条件即原因的理论中，坚持自然的与事实的因果性概念。随着构成要件实质化，因果关系理论发生了重大变化。这就是在肯定条件说的基础上，引入了对因果关系的价值判断，其中较为典型的是罗克辛的客观归责理论。在客观归责中，刑法因果关系具有双重因果关系的结构：第一个层次是以条件说为内容的事实因果关系，第二个层次是以结果归责为内容的法律因果关系。其中，法律因果关系就是对事实因果关系的一种价值判断。罗克辛指出："一个由实施行为人造成的结果，只能在行为人的举止行为为行为的客体创造了一个不是通过允许性风险所容忍的危险，并且这种危险也在具体的结果中实现时，才能归责于客观行为构成。"[②] 在客观归责理论中，传统的因果关系理论包含归因与归责这两个层次，归因只是一种基于条件说的事实判断，而归责则包含了对行为的危险性和结果的归责性的价值判断。在刑法教义学中，关于因果关系与客观归责的关系存在一元论与二元论之争，一元论认为因果关系与客观归责是相互重合的，两者可以合为一体，而二元论则认为因果关系判断与客观归责是相互独立不可替代的。正如我国学者指出，因果关系是事实判断，客观归责是价值判断，二者不能相互替代，这就是客观归责判断与因果关系判断相互独立性说的根据。[③] 我认为，正如不能将事实与价值相混同，归因与归责也应当加以区隔，不应等同视之。只有明确归因与归责之间的位阶关系，才能在构成要件中更为妥当地确定事实判断与价值判断之间的关系。

---

① 参见［德］恩施特·贝林：《构成要件理论》，王安异译，79 页，北京，中国人民公安大学出版社，2006。

② ［德］克劳斯·罗克辛：《德国刑法学总论》（第 1 卷），王世洲译，246 页，北京，法律出版社，2005。

③ 参见孙运梁：《因果关系与客观归责论》，116 页，北京，社会科学文献出版社，2021。

二、违法性中的价值判断

违法性是一个规范评价的概念，然而，对违法性却有着不同的理解，或者说存在不同含义的违法性。在刑法教义学中，存在形式违法性与实质违法性之分，例如李斯特指出，形式违法是指违反国家法规、违反法制的要求或禁止性规定的行为。实质违法是指危害社会的（反社会的）的行为。[①] 根据以上界定，形式违法性作为一种规范判断，其所解决的是某个行为是否符合法律规定的构成要件的问题，这个意义上的规范判断只能说一种事实判断。例如某个行为是否属于杀人行为，如果符合杀人罪的法律规定就具有形式违法性。这个判断的内容是将案件事实与刑法分则的罪状规定进行比对：如果符合构成要件就具有形式违法性，反之，如果不符合构成要件则不具有形式违法性。在这个比对过程中，并不能加入价值评判。实质违法性则是一种价值判断，正如李斯特指出："只有当其违反规定共同生活目的之法秩序时，破坏或危害法益才在实质上违法；对受法律保护的利益的侵害是实质上的违法。"[②] 从这个意义上说，犯罪之所谓违反刑法只能是形式违法。根据三阶层的犯罪论体系，违反刑法规定是根据构成要件而确认的，因而符合构成要件的行为具有形式违法性。在这个意义上，符合构成要件可以等同于形式违法性，而作为第二个阶层的违法性则是指实质违法性。实质违法性中的违法并不是指符合构成要件意义上的违反刑法，而是指违反刑法背后的价值内容，具有法益侵害的性质，从而为犯罪认定提供实质根据。

应当指出，在古典犯罪论体系中，实质违法性的判断是违法性阶层的功能，

---

① 参见［德］弗兰茨·冯·李斯特：《李斯特德国刑法教科书》，［德］埃贝哈德·施密特修订，徐久生译，162页，北京，北京大学出版社，2021。

② ［德］弗兰茨·冯·李斯特：《李斯特德国刑法教科书》，［德］埃贝哈德·施密特修订，徐久生译，162页，北京，北京大学出版社，2021。

而构成要件阶层只是一种单纯的形式违法性的判断。在构成要件实质化以后，将实质违法性的功能前置到构成要件阶层，在构成要件中不仅要完成形式违法的判断，而且要完成实质违法的判断。换言之，在形式上符合构成要件的前提下，如果缺乏实质违法性，则否定构成要件。至于违法性阶层则主要承担违法阻却的功能，为正当防卫、紧急避险等正当化事由提供出罪根据。

刑法中的正当化事由可以分为法定的正当化事由与超法规的正当化事由，所谓法定的正当化事由是指刑法明文规定的正当化事由，对于正当化事由的刑法规定，各国刑法各有不同。我国刑法只是规定了两种最为重要的正当化事由，这就是正当防卫和紧急避险，而其他国家刑法则除此以外还规定了正当行为，即依法令或正当业务上之行为，以及其他正当化事由。例如《日本刑法第》第 35 条规定："基于法令或者正当业务的行为，不处罚。"正当防卫和紧急避险的成立条件在刑法中都有明确规定，因而应当严格根据法律规定认定正当防卫和紧急避险。在这个意义上说，正当防卫和紧急避险的认定类似于犯罪的认定，应当依法进行事实判断和规范判断。但在正当防卫和紧急避险的认定中，同样具有价值判断的性质。正当防卫虽然在形式上符合构成要件，但在实质上具有维护法律秩序和个人权利确证的性质，紧急避险虽然在形式上符合构成要件，但实质上具有保护优越利益的性质，因而并不具有实质违法性，因而予以出罪。例如，目前较为通行的紧急避险正当化根据是优越利益说或者利益权衡说，认为在所保护的法益优越于或者大于所牺牲的法益的情况下，紧急避险获得了正当性。由此可见，违法阻却事由是通过实质价值判断而获得正当性的，其本身包含了价值判断，这是没有疑问的。至于超法规的违法阻却事由，在刑法没有明确规定的情况下，对符合构成要件的行为可以阻却违法，则其根据当然来自实质的价值判断。因此，正当防卫和紧急避险的正当化根据同样适用于超法规的违法阻却事由。同时，我国学者还指出了超法规的违法阻却事由在正当化根据上的特殊性，以此解决在刑法并未明示的情况下，如何能够被正当化的问题。我国学者认为，这就涉及超法规的违法阻却事由是否违反罪刑法定原则的问题。[①] 罪刑法定原则只是限制入罪但并不限制出罪，这就是入罪以法，出罪以理的法理，因而在没有刑法明确规定的情况下，超法规的违法阻却事由根据实质的价值判断获得而予以出罪，并不违背罪刑法定原则。从这个意义上说，超法规的违法阻却事由在正当化问题上完全可以和法定的违法阻却事由共用同一实质根据。

三、有责性中的价值判断

有责性是犯罪论体系的第三个阶层，在行为符合构成要件和违法性的基础上，进一步考察是否应当承担责任。刑法教义学中的责任论经历了从心理责任论到规范责任论的演变过程。心理责任论是事实的责任概念，而规范责任论则是价值的责任概念。根据规范责任论，有责性阶层主要是在具备归责能力和一定的主观心理的基础上，通过违法性认识和期待可能性对行为人进行主观归责的判断。可以说，归责判断本身就是一种价值判断。

责任问题也许是刑法教义学中争议最大的问题之一，而刑法中的责任观也是随着理念的发展而逐渐演变的。在早期存在客观责任概念，这主要表现为归因与归责的混淆。对此，李斯特指出："因果律只涉及事件前的时空，不涉及概念的逻辑关系或对行为的社会伦理评价；此外，还应当特别引起我们注意的是，因果关系属于一种思维方式，借助于因果关系的思维方式，我们将实际存在的情况联系在一起，而不对导致事件过程的力量作出任何评价。从因果关系的这一观点实现可以得出如下结论，对原因问题与责任问题应当作出严格的区分。"[②] 在客观归责理论中，对构成要件采取双重构造，由此而将因果关系与客观归责明确地区

---

① 参见王骏：《超法规的正当化行为研究》，29页，北京，中国人民公安大学出版社，2007。

② ［德］弗兰茨·冯·李斯特：《李斯特德国刑法教科书》，［德］埃贝哈德·施密特修订，徐久生译，150页，北京，北京大学出版社，2021。

分开来。在责任与因果关系分立以后，责任又与主观心理相混淆，这就是心理责任论。心理责任论是一种建立在主观事实基础之上的责任概念，它直接将责任与故意或者过失等心理事实相等同。心理责任论将责任确定为故意与过失的上位概念，并且只要存在故意或者过失就应当承担责任。显然，以心理事实作为责任要素的心理责任论，是一种主观的责任概念，同时也是一种事实的责任概念，其结果是架空了责任的内容，形成所谓没有归责的责任概念。在刑法教义学中，直到规范责任论的出现，才为责任灌注了归责的内容。

规范责任论并不是对心理责任论的简单否定与取代，而是在心理事实的基础上增加归责要素，由此形成责任的双重结构。故意与过失只是一个主观事实，不能直接从故意与过失的心理要素中引申出责任，责任是以责难为核心的。故意与过失只是责难的前提，但并不是责难本体。德国学者韦尔策尔提出了作为可谴责性和作为价值概念的责任的命题，认为责任是意志形成所具有的可谴责性。责任概念本身不再包含主观心理的要素，它只保留了可谴责性这一规范的标准，我们可以根据该标准对行为意志的有责性加以判断。① 因此，责任是一种价值评价，归责是根据一定的价值标准对行为人所进行的规范评价。规范责任论的重心是归责，并且通过违法性认识和期待可能性这两个要素实现归责的目的。

违法性认识是归责的必要要素，这里的违法性认识错误也可以称为禁止错误。在存在不可避免的禁止错误的情况下，可以排除行为人的责任。因为就法律的归责判断来说，之所以能够就一个已经出现的行为人展开规范上的责难，必然是因为他本可避免实施该行为，这种可避免性又是以行为人对于该行为具有认识或者认识的可能性为前提的。② 因此，虽然从形式上看，违法性认识只是行为人对本人行为是否违反法律规定的状况的一种主观认识，似乎属于主观认知要素，

---

① 参见［德］汉斯·韦尔策尔：《目的行为论导论：刑法体系的新图景》（增补第 4 版·中文增订版），陈璇译，53 页，北京，中国人民大学出版社，2024。

② 参见陈璇：《刑法归责原理的规范化展开》，190 页，北京，法律出版社，2019。

但正是基于这种违法性认识为实施不法行为，从而为对行为人进行谴责提供了可能性。[①] 因此，韦尔策尔将违法性认识称为可谴责性的智识性要素。

期待可能性是指法律对行为人实施合法行为是可以期待的，如果不具有这种期待可能性，则不能对行为人进行归责。法不能强人所难的法理为将期待不可能作为排除责任的事由提供了伦理根据。期待可能性理论的倡导者是德国学者弗朗克，其最早提出将附随状态纳入责任考察的范围，认为各种附随状态的通常性质属于归责要素。[②] 在各种附随状态具有通常性的情况下可以归责；反之，如果附随状态具有异常性则排除责任。附随状态是否具有通常性，虽然在形式上是一种对客观事实状态的描述，似乎属于客观事实判断，但其背后所征表的却是期待可能性。正如韦尔策尔指出："法律考虑到存在某些不可归咎于行为人的疲劳状态或激愤状态，这些状态使具有理解能力的行为人遵守客观注意义务的难度有所上升，或者使其完全无法遵守该注意义务；当行为人在惊慌、恐惧、害怕、恍惚、劳累过度之类的状态下，不假思索地实施了行为时，法律不会因为行为人违反了客观要求的注意义务而对他加以谴责。"[③] 因此，韦尔策尔将服从法律的期待可能性界定为可谴责性的意愿性要素。

第三节 价值判断的适用

价值判断就像红线一样贯穿犯罪论体系三个阶层，它是犯罪成立条件中的不可或缺的要素。然而，在司法实践中正确适用价值判断还需要处理以下三者之间

① 参见［德］汉斯·韦尔策尔：《目的行为论导论：刑法体系的新图景》（增补第 4 版·中文增订版），陈璇译，73 页，北京，中国人民大学出版社，2024。

② 参见［德］弗朗克：《论责任概念的构造》，冯军译，载冯军主编：《比较刑法研究》，138 页，北京，中国人民大学出版社，2007。

③ ［德］汉斯·韦尔策尔：《目的行为论导论：刑法体系的新图景》（增补第 4 版·中文增订版），陈璇译，95 页，北京，中国人民大学出版社，2024。

的关系。

一、罪刑法定中的价值判断

德国学者马克斯·韦伯曾经提出形式理性与价值理性这样一对范畴。韦伯指出：法规范理性化的终极是形式理性，即法规范是以构成要件要素为基础，经由抽象化、逻辑化之概念结构所组成之概念数学（Begriffsmathematik）。至于价值理性，亦称为实质理性，是指法规范设定之目的，在于追求价值理性之实现，就此而论，法规范应合乎目的理性。亦即，法律之创设本身不是自我目的，而是指以法律价值为目的，使社会生活变得快乐而有意义。[①] 在韦伯的观念中，价值理性、目的理性和实质理性这些用语可以说是可以互换的同义词。韦伯揭示了在法律中形式理性与价值理性之间的紧张关系，这就是法律逻辑的抽象的形式主义与他们欲以法律来充实实质主张的需求之间，无可避免的矛盾。在上述法律的形式理性与价值理性的矛盾之间，韦伯显然偏向于法律的形式理性。这是因为，法律形式主义可以让法律机制像一种技术合理性的机器那样来运作，并且以此保证各个法利益关系者在行动自由上，尤其是对本身的目的行动的法律效果与机会加以理性计算这方面，拥有相对最大限度的活动空间。[②] 韦伯是在法治的特定意义上肯定形式理性的重要性，认为形式理性是现代法治的基础。韦伯将法的形式理性的发展分为三个阶段：第一阶段是从原始的诉讼中源于巫术的形式主义和源于启示的非理性的结合形态的阶段。第二阶段是源于神权政治或家产制的实质而非形式的目的理性的转折阶段。第三阶段是愈来愈专门化的法学的、也就是逻辑的合理性与体系化，并且因而达到——首先纯由外在看来——法之逻辑纯化与演绎的

① 转引自高金桂：《利益衡量与刑法之犯罪判断》，10～11页，台北，元照出版有限公司，2003。

② 参见［德］马克斯·韦伯：《韦伯作品集Ⅸ法律社会学》，康乐、简惠美译，220～221页，桂林，广西师范大学出版社，2005。

严格化，亦即诉讼技术之越来越合理化阶段。[①] 在刑法中，形式理性最为典型的体现就是罪刑法定主义。[②]

罪刑法定主义正是随着现代法治的确立而诞生的刑法原则，它是现代法治刑法的内在生命。罪刑法定主义的基本含义是法无明文规定不为罪，法无明文规定不处罚。罪刑法定主义的精髓是通过法律的明文规定限制国家刑罚权，从而保障公民个人的自由与权利。因此，罪刑法定主义的手段具有限制机能，但其所追求的人权保障目的则具有价值功能。我认为，罪刑法定主义的主要机能还是限制入罪的形式理性机能，尤其应当注意的是不能以实质理性的要求突破罪刑法定主义的形式理性的限制。从这个意义上说，罪刑法定主义所蕴含的形式理性实际上具有为价值判断厘定范围的机能。在日本刑法教义学中，通常将罪刑法定原则分为形式内容（侧面）与实质内容（侧面）。所谓形式内容是指以法律形式限制犯罪范围，而实质内容是指刑法法规应当具有适当性。[③] 在上述两种内容中，我认为最为重要的还是罪刑法定主义的形式理性，这是罪刑法定主义的限制机能。

关于罪刑法定主义在我国刑法中的地位，可以将社会危害性作为一个例证进行讨论。在我国传统的刑法学中，社会危害性被认为是犯罪的本质特征，因而赋予社会危害性在犯罪概念中的核心地位，刑事违法性和应受惩罚性这两个特征都应当服从于社会危害性特征，它们之间是决定与被决定的关系。显然，社会危害性一种价值判断，将其置于犯罪概念中的至尊地位，则意味着价值判断凌驾于规范判断之上。在我国 1997 年《刑法》第 3 条确立罪刑法定原则以后，社会危害性与罪刑法定之间的冲突与对立得以彰显。在这种情况下，社会危害性概念就面临着重大危机。我认为，依据罪刑法定主义，在认定犯罪的时候首先应当考量的

---

① 参见［德］马克斯·韦伯《韦伯作品集Ⅸ法律社会学》，康乐、简惠美译，319～320 页，桂林，广西师范大学出版社，2005。

② 关于罪刑法定与形式理性的关系的进一步论述，参见王瑞君：《罪刑法定：理念、规范与方法》，64 页，济南，山东大学出版社，2006。

③ 参见［日］曾根威彦：《刑法学基础》，黎宏译，9 页以下，北京，法律出版社，2005。

是构成要件。因为构成要件是以刑法的明文规定为根据而建构的，因此，只有在行为符合构成要件的前提下，才能对符合构成要件的事实进一步进行实质的价值判断。在这种情况下，以社会危害性为中心的犯罪概念就失去了其存在的合理性，由此可以引申出事实判断先于价值判断的规则。这里的事实判断是指构成要件的判断，而价值判断则是指基于法益侵害的实质判断。我所主张的形式解释论，就是要在构成要件的形式判断与法益侵害的实质判断之间建立起一定的位阶关系。

社会危害性虽然是一个价值判断的概念，但它并不具有规范性，而是一个决断式的价值概念。在这种情况下，采用法益侵害性的概念取代社会危害性概念，我认为是较为可取的一种选择。社会危害性是一个整体性判断的概念，只能存在于犯罪的一般概念中，而在具体犯罪中，就难以容纳社会危害性概念。例如在四要件的犯罪论体系中，具体犯罪的性质又取决于犯罪行为所侵害的具体客体，由此形成社会危害性与犯罪客体这两个概念之间的疏离。但如果采用法益侵害的概念，则一般法益和具体法益之间具有协调性，共同为犯罪性质的判断提供实质根据。如在故意杀人罪的构成要件中可以将生命权确定为本罪的保护法益，由此而将一般的法益侵害具体化为对生命法益的侵害。保护法益不仅具有对具体犯罪性质的征表功能，而且在某些犯罪中还具有解释功能。根据对某个具体犯罪保护法益的不同解释，则构成要件要素的理解就会发生某种改变。我国学者指出：“由于法益具有解释论的机能，所以，对某个刑法规范所要保护的法益内容理解不同，就必然对犯罪构成要件理解不同，进而导致处罚范围的宽窄不同。”① 由此可见，以法益侵害性的概念取代社会危害性的概念具有其合理性。

二、刑事政策中的价值判断

刑事政策是一个观念性而不是一个实体性的概念，例如李斯特指出：“刑事

---

① 张明楷：《法益初论》（增订本·上册），264 页，北京，商务印书馆，2021。

政策是指国家借助于刑罚以及与之相关的机构同犯罪作斗争的基本原则。”[①] 在此，李斯特将刑事政策确定为指导与犯罪作斗争的一种原则，而原则属于理念性的范畴。然而，李斯特虽然是刑事政策的积极倡导者，但他明确地将刑事政策排斥于犯罪论体系之外，李斯特的一句名言是：“刑法是刑事政策的不可逾越的屏障”，由此形成罗克辛所称的李斯特鸿沟。[②] 李斯特之所以将刑事政策置于犯罪论体系之外，主要是因为在李斯特的观念中，犯罪论具有存在论的性质，它是价值无涉的，并且是建立在事实基础之上的。而刑事政策则具有价值判断的性质，例如李斯特认为我们一方面可以从刑事政策中找到对现行法律进行批判性评价的可靠标准，另一方面我们也可以找到未来立法纲要发展的出发点。[③] 由此可见，具有批判性并立足于立法论的刑事政策不相容于李斯特自然主义的犯罪论体系，当然是合乎逻辑的结论。

罗克辛对李斯特将刑法与刑事政策二元对立的所谓李斯特鸿沟进行了批判，认为将刑法与刑事政策对立，就会产生两个评价标准，亦即在教义学上是正确的东西，在刑事政策上却是错误的；或者在刑事政策上正确的东西，在教义学上却是错误的。[④] 罗克辛创立了目的理性的犯罪论体系，这是一个以价值为导向的体系性方案。罗克辛指出：“在刑事政策和刑法之间存在一种对立关系的看法，已经过时了。从法治国要求的体系性处理方式出发，不能得出任何支持刑法和刑事政策存在对立关系的观点，也不能得出反对根据刑事政策的引导性观点进行体系

① ［德］弗兰克·冯·李斯特：《论犯罪、刑罚与刑事政策》，徐久生译，212 页，北京，北京大学出版社，2016。

② 参见［德］克劳斯·罗克辛：《刑事政策与刑法体系》（第二版），蔡桂生译，1、13 页，北京，中国人民大学出版社，2011。这里的“屏障”通常亦译为“藩篱”，我认为，译为“鸿沟”而与罗克辛所冠名的李斯特鸿沟相对应，更为贴切。

③ 参见［德］弗兰茨·冯·李斯特：《李斯特德国刑法教科书》，［德］埃贝哈德·施密特修订，徐久生译，13 页，北京，北京大学出版社，2021。

④ 参见［德］克劳斯·罗克辛：《刑事政策与刑法体系》（第二版），蔡桂生译，14 页，北京，中国人民大学出版社，2011。

化的观点。”[①] 李斯特之所以对刑事政策进入刑法体系持一种戒备态度，主要是担心以惩治犯罪为目的的刑事政策冲击以保障人权为机能的刑法，认为刑法与刑事政策是两股道上跑的车，不能合为一体。刑法具有性质机能，它以罪刑法定为依归。而刑事政策追求惩治犯罪的有效性，它以社会保护为目的。在对刑法与刑事政策机能的差别性的基础上，李斯特要求严格区隔刑法与刑事政策似乎言之有理。然而，罗克辛是从法治国理念的基础之上提出刑事政策应当融合在刑法之中才是正确之道。罗克辛指出：“只有这样，该价值选择的法律基础、明确性和可预见性、与体系之间的和谐、对细节的影响，才不会倒退到肇始于李斯特的形式—实证主义体系的结论那里。法律上的限制和合乎刑事政策的目的，这二者之间不应该互相冲突，而应该结合到一起，也就是说，法治国和社会福利国之间其实也并不存在不可调和的对立性，反而应当辩证地统一起来。”[②] 在罗克辛看来，李斯特的担心是没有必要的，关键在于：刑事政策纳入刑法体系以后，它的发挥作用受到刑法规范的限制，正是刑法所具有的一定空间，为刑事政策大显身手提供了可能。在刑事政策引入刑法体系以后，犯罪论的各个阶层都应当体现刑事政策的价值精神，这样就可以克服刑法教义学的僵硬性和机械性，刑事政策为刑法体系注入了价值内容，以刑事政策的目的激活了刑法体系，使刑法在可能的范围内最大限度地实现刑事政策的目的，同时也使刑法更好地发挥人权保障的效果。例如，以刑事政策的预防为目的的处罚必要性被罗克辛引入责任概念之中，在规范责任论的基础上形成以答责性为核心的功能责任论。在功能责任论的构造中，答责性范畴取决于两个要素：(1) 归责要素，(2) 以预防为目的的处罚必要性要素，罗克辛认为这两个要素在归责中同等重要。[③] 在这种情况下，以预防为目的

① ［德］克劳斯·罗克辛：《德国刑法学总论》(第1卷)，王世洲译，137页，北京，法律出版社，2005。

② ［德］克劳斯·罗克辛：《刑事政策与刑法体系》(第二版)，蔡桂生译，15页，北京，中国人民大学出版社，2011。

③ 参见［德］克劳斯·罗克辛：《刑事政策与刑法体系》(第二版)，蔡桂生译，79页，北京，中国人民大学出版社，2011。

的处罚必要性被严格限制在不可避免的禁止错误和期待可能性之后进行考察，因而其结果不是扩张而是限缩了处罚范围。也就是说，在规范责任论中，只要缺乏不可避免的禁止错误和期待不可能这两个排除责任事由，行为人就应当承担责任。但根据罗克辛的功能责任论，在此基础上还要考察是否具有以预防为目的的处罚必要性。如果缺乏这种处罚必要性，仍然不能进行处罚。因此，刑事政策进入刑法体系之后，通过刑事政策的功能发挥，提高了刑法体系的合理性。在罗克辛的目的理性犯罪论体系中，所谓目的并不是物本逻辑，亦即存在论意义上的目的，而是价值论意义上的目的，其价值载体就是刑事政策。

三、法律解释中的价值判断

对刑法进行合理解释以便将之正确适用于个案，这是刑法教义学的主要职能。我国学者指出："法解释是法律适用层面的核心事务，它本质上是价值判断的结果。"① 在此，论者强调了价值判断在法律解释中的重要性，这无疑是正确的。当然，我们还必须看到在法律解释中语义对于价值判断的限制。其实，法律解释是语义和价值这两个要素交互作用的结果，而非完全受价值判断的主宰。在通常情况下，法律解释通过语义解释即可达成其效果。但在某些情况下，语义本身存在空缺或者含糊，因而需要采用价值判断的方法，对法律的含义进一步加以明确。因此，在概括条款或者兜底条款等情形中，往往需要进行价值补充。② 这里的价值补充，是指根据客观伦理秩序、价值观念及公平正义原则，对法律规定的空缺进行填补，对法律规定的模糊予以厘清。因此，概括条款和兜底条款的适用必然包含着一定的价值判断。

法律解释与价值判断之间的关系，主要体现在语义解释与目的解释的关系之

---

① 劳东燕：《功能主义的刑法解释》，48页，北京，中国人民大学出版社，2020。

② 参见杨仁寿：《法学方法论》（第二版），185页以下，北京，中国政法大学出版社，2013。

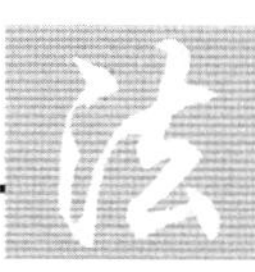

中。在法律解释方法中，目的解释也许是争议最大的一种解释方法。目的解释方法的产生是以目的主义法学的兴起为背景的。德国著名法学家耶林认为目的是所有法的创造者，没有哪个法条不将其起源归功于某一目的，即某种实际的动机(Motiv)[①]，因此，对于法律的理解也应当探寻其目的。在此基础上，目的解释的方法开始成为法律解释的一种重要方法。然而，目的一词本身就是含糊的，在某种意义上说，目的概念与价值概念是可以等同的。应该说，目的解释并不是首选的法律解释方法，而是替补的或者说是候选的法律解释方法。这里涉及法律解释方法的位阶性问题，这个问题十分复杂，以至于法律解释方法之间是否具有位阶性都存在争议，更不用说各种解释方法之间的位阶如何确定或者根据何种原则加以确定。

关于语言与目的的关系，可以追溯到耶林的利益法学。耶林关注法的目的，并彻底怀疑语言。耶林认为，对于解释而言意味着：思想优先于语言、思维优先于表达。基于这一视角可知，逻辑解释（iogische Interpretation）优先于语法解释（grammatische Interpretation）。[②] 这里的逻辑要素，是指法律规范的精神或者目的，总之，属于法条的价值内容。耶林认为将个别的法律制度以及与之相关的法条分解为其本身所包含的逻辑要素，再将这种逻辑要素提纯，然后通过组合这些要素，不仅能构造出已经为人所知的法条，而且能构造出全新的法条。[③] 由此可见，所谓逻辑要素就是指价值要素，它的地位高于法律的语言。这种轻视法律规范的语言，而注重法律的价值内容的偏好，明显具有实质合理性的特征。因此，目的解释优位于语义解释就成为通行的看法。如果说，这些观念在民法方法

---

① 参见［德］卡尔·拉伦茨：《法学方法论》（全本·第六版），黄家镇译，63 页，北京，商务印书馆，2020。

② 参见［德］约阿希姆·吕克特、［德］拉尔夫·萨伊内克：《民法方法论：从萨维尼到托伊布纳》（上册），刘志阳、王战涛、田文浩译，162～163 页，北京，中国法制出版社，2023。

③ 参见［德］卡尔·拉伦茨：《法学方法论》（全本·第六版），黄家镇译，36 页，北京，商务印书馆，2020。

论中具有其合理性，那么，在刑法方法论中则并不可取。因为罪刑法定原则要求以法律的明文规定作为犯罪的认定根据，正如德国学者指出："罪刑法定原则还有一个特殊效用，即它构成实证法所规定的法官造法的限制。刑法中，究竟属于适当的法解释，还是失当的构罪与加罪的法续造，语义界限是据以判断的红线。"① 在罪刑法定原则的基础上，刑法解释可以达成共识的是：语义解释方法和目的解释方法可以说是法律解释方法的两个极端。就此而言，语义解释方法优先于目的解释方法，对此不再会有疑问。也就是说，如果能够采用语义解释方法阐明法律文本含义的就不应当采用目的解释方法；只有在根据语义解释方法难以得出妥当结论的情况下，才会采用目的解释方法作为补充。法律是以文本为载体的，因而法律解释是以处理法律文本的语言为手段的，在这个意义上的法律解释就是一种法律语言学。然而，语言并不能解决一切问题。当采用语义解释方法得出的结论存在分歧的时候，就应当超越法律文本，进入更深层次的目的解释。由此可见，目的解释是一种价值判断。

目的解释与语义解释全然不同：它不是在法律文本中寻求法律含义，而是突破了法律文本的限制。例如，目的主义法学总是在探寻立法根据。如同耶林所指出："作为法学家必须提出关于其根据问题。我总是忍不住要思考制度的立法根据的问题。对于我来说，追问所有法律理论的目的简直已经成了我的固定习惯。"② 如果把法律解释方法限于语义解释，那么，法律是实然的。而如果采用目的解释，探寻立法根据，则法律就可能是应然的，它是在探寻法律文本的应然之意。耶林的论述意在强调立法根据对于法律解释的基础性作用。就此而言，耶林明显不同于萨维尼重视法律文本的语义解释方法的立场，由此形成有趣的对立。例如，萨维尼对所谓实质解释进行了批评，指出："实质解释的第一步是从

① ［德］托马斯·M.J.默勒斯：《法学方法论》（第4版），杜志浩译，19页，北京，北京大学出版社，2022。

② ［德］鲁道夫·冯·耶林：《法学的概念天国》，柯伟才、于庆生译，56、58页，北京，中国法制出版社，2009。

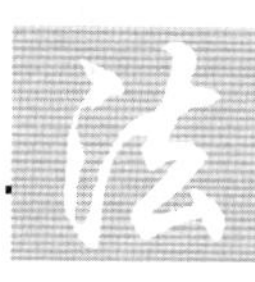

法律中的语词与规则上升到立法理由。那么，如何寻求此种理由？在某些法律中，规则本身就包含立法理由，但这种情况很少见，这也符合关于立法的理论。在大多数情况下，立法理由并非表现为规则，而是必须由解释者以模拟的方式去探求、补充。显然，这种操作充满了任意性，与真正意义上的解释毫不相干。因为法官在这个过程中附加给立法的东西不能借由立法客观化，而且，操作过程的不确定性使得这种弊端更为显而易见。”① 萨维尼认为，目的解释，也就是实质解释是诉诸法律文本之外的因素，例如立法理由，需要去探寻，因而它赋予解释者一定的任意性和不确定性。萨维尼以扩张解释和限缩解释为例进行了论述，指出：“人们借此从形式上对法律本身进行补充与修正，那就是‘立法理由（ratio legis，法律目的）解释’。人们把法律规则视为结论，而把立法理由视为［三段论］的大前提（Obersaz），并且依据后者扩张或者限缩前者的外延。”② 因此，萨维尼是极端重视法律文本解释的，认为法官不能从外部把某些东西添加到法律规则之中。值得注意的是，萨维尼所说的扩张解释和限缩解释，是指目的解释中的目的性扩张和目的性限缩，而不是指语义范围内的扩张解释和限缩解释。现在，我们已经能够将这两种解释方法明确地加以区分，而萨维尼并没有进行区分，因而会给人以误解。从萨维尼论述的前言与后语的特定语境中，例如他说扩张解释和限缩解释是对法律文本的外延的扩张与限缩，这明显属于目的解释而不是语义解释。萨维尼认为，扩张解释和限缩解释绝非真正意义上的解释，可以把它称为实质解释，因为纯粹的形式解释将会得出完全不同的结论。③ 在此，萨维尼明确地论及形式解释与实质解释，而它是站在形式解释的立场上进行言说的。

---

① ［德］弗里德里希·卡尔·冯·萨维尼：《法学方法论：萨维尼讲义与格林笔记》，杨代雄译，87页，北京，中国民主法制出版社，2024。

② ［德］弗里德里希·卡尔·冯·萨维尼：《法学方法论：萨维尼讲义与格林笔记》，杨代雄译，84页，北京，中国民主法制出版社，2024。

③ 参见［德］弗里德里希·卡尔·冯·萨维尼：《法学方法论：萨维尼讲义与格林笔记》，杨代雄译，85页，北京，中国民主法制出版社，2024。

然而，过于拘泥于法律文本的语义解释，是难以满足司法对规则的需求的，也是不合时宜的。尤其是扩张解释和限缩解释均在法律语义范围之内进行扩张与限缩，没有超出法律文本的语义范围，因而其仍然属于语义解释的方法。[①] 而目的解释则已经超出法律文本的语义范围，具有引入价值要素对法律规则加以形塑的性质。

我认为，刑法解释只能是形式解释，以语义边界作为解释的最大射程而不得超越。至于实质解释实际上是基于法律规定而对案件事实进行判断，它属于法律适用而不是法律解释。在刑法教义学中，关于法律解释与法律适用存在不同理解。广义上的法律适用是指从找法到涵摄的整个过程，因而包括法律解释，而狭义上的法律适用则不包括法律解释，而只是指将法律规定适用于具体案件的逻辑演绎与事实判断的过程。在此，本章采用狭义上的法律适用概念，因而与法律解释之间是截然可分的。我认为，刑法解释只能遵循形式思维方法，因而主张形式解释论。但法律适用则涉及事实判断与价值判断，因而完全可以采用实质思维方法。从时间维度上说，法律解释前置于法律适用，因此在逻辑位阶上，形式思维应当先于实质思维。在这个意义上说，形式解释论是以形式理性为基础的，其功能首先在于将不符合刑法分则构成要件规定的行为排斥在范围之外，真正实现法无明文规定不为罪的目标，因而，形式解释论的主要价值就在于保障罪刑法定原则的司法化。当然，并不能认为只要符合刑法构成要件规定的行为就一概构成犯罪。在构成要件该当的基础上，还应当进行法益侵害性的价值判断。在我国目前的刑法适用中，同时存在两种情形：第一种情形是形式解释没有能够阻挡不符合刑法分则构成要件规定的行为入罪，这是形式解释的缺失而实质解释的泛滥。第二种情形是只要符合构成要件的行为均认定为犯罪，这是形式解释的泛滥而实质判断的缺失。以上两种情形：前者违反罪刑法定原则，后者违反法益侵害原则，

---

① 当然，也有学者认为扩张解释与限缩解释是法律续造的方法或者类推的方法。参见姜福东：《扩张解释与限缩解释的反思》，载《浙江社会科学》，2010（7）。

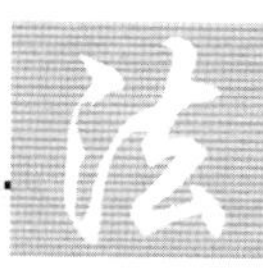

都是和法治国的理念背道而驰的。笔者认为，在刑法适用过程中，首先，应当进行形式判断，将那些形式上就不具备构成要件的行为排除在犯罪范围之外。此时，形式判断优先于实质判断。其次，应当对符合构成要件的行为进行实质判断，从而将那些形式上符合构成要件但不具有法益侵害性的行为排除在犯罪范围之外。此时，实质判断优越于形式判断。通过以上形式与实质的双重审查，某一行为具备了可罚性的客观基础。在此基础上，再进行责任判断。因此，从形式判断到实质判断，再到责任判断，这就是运用三阶层的犯罪论体系认定犯罪的基本逻辑进路。

我们不能认为刑法教义学中的语义解释只是一种咬文嚼字的概念法学，因此不能否定价值判断在法律解释中的重要性。然而，价值判断应当受到语义解释的一定程度的限制，而且要遵循罪刑法定主义。例如以处罚必要性确定语义边界的实质解释论认为，凡是具有处罚必要性的行为，都没有超过语义边界，这种观点是应当警惕的。总之，价值判断在刑法解释中的作用应当是限缩犯罪范围而不是扩张犯罪范围。

四、刑法适用中的价值判断

刑法适用是一个将法律规范适用于具体案件的过程，因此，刑法适用也可以说是司法论的核心内容，它对应于立法论。在法学方法论中，对于价值判断在法律中的作用具有不同的理解。例如立法本身包含了价值判断，那么，司法还是否需要价值判断，就是一个争议较大的问题。根据汉斯·凯尔森的观点，依据一有效规范对一种事实行为所作的应当是这样或不应当是这样的判断，就是一种价值判断。[①] 其实，问题并不那么简单。司法活动中是否采用价值判断不可一概而

① 参见［美］埃德加·博登海默：《法理学：法律哲学与法律方法》，邓正来译，525页，北京，中国政法大学出版社，2017。

论，而是要加以区分。事实上，在法律规范明确，可以直接将其适用于具体案件的场合，这个意义上的刑法适用只要依靠司法三段论就能完成，因此并不需要价值判断。例如美国学者博登海默指出："法官把他发现的事实归入某种正式或非正式的法律渊源的各种行为，在性质上并不都是评价性的。在法官运用分析推理的场合，司法价值论的适用范围极小，或者说是大大缩小了。"① 因此，博登海默认为，当一核心含义清晰明了的规范适用于某个案件的事实时，司法适用就不再需要价值判断了。因此，如果一项谋杀毋庸置疑地得到了确凿证据的证实，那么被告犯有谋杀罪的结论就不需要法院进行价值判断了。在这种情形中，法院得出的这一结论乃是三段论演绎逻辑方法。但也并不是说，在所有司法活动中都不需要价值判断，即使是经过司法三段论演绎推理的情况下，对于其结论也不是完全被接受的，同样要进行实质审查。这就是在形式推理的基础上还要进行实质推理，实质推理的过程其实就是一个价值判断的过程。至于在刑法规定不明确，如兜底条款的情况下，法律适用过程更是不能离开价值判断。当然，这种价值判断应当受到限制。

① ［美］埃德加·博登海默：《法理学：法律哲学与法律方法》，邓正来译，525页，北京，中国政法大学出版社，2017。

第三章

规 范 思 维

规范可以说是法学和伦理学中最为常见的一个概念，它与规则是同义词。在法学中表现为法律规范，在伦理学中表现为道德规范。其实，不仅法学和伦理学中，而且社会学中都采用规范一词，例如社会规范。以规范为中心形成一种规范论的思维方法，这对于法学以及其他社会科学具有重要意义。规范论是在刑法教义学中经常涉及的一个概念，这里的规范论在德国和日本的刑法教义学中具有不同的含义。在德国刑法教义学中，规范论是相对于存在论而言的，但在日本刑法教义学中，规范论是指行为规范与裁判规范的二元论。无论是德国刑法教义学中的规范论还是日本刑法教义学中的规范论，都具有刑法思维的性质，为犯罪论体系的构造提供了方法论。本章在对规范概念进行界定的基础上，揭示规范评价在犯罪构造中的作用。

第一节　规范思维的概念

规范思维也称为规范论，它不仅是犯罪论体系中的规范要素，而且是一种相对于存在论的思维方法。存在论思维是一种以实然的事实为基础的思维方法，在刑法教义学中通常都采用存在论的思维方法。然而，存在论的思维方法具有其局限性，因而规范论对存在论起到补充作用。在规范评价中，核心词是规范。德国学者对规范一词的起源作了论述："'规范'这个概念来自拉丁文'norma'，最初是指工匠们的标准量器。因此，法律规范（Rechtsnorm）就应当规范人们的行为。在适用的时候，它就像一把度量生活事实的尺子。"[①] 丹麦学者罗斯在论及规范概念的使用范围时，指出："规范是一个被广泛用于法律理论、社会学、道德哲学与逻辑学的术语，但关于其含义是什么并没有一致见解。"罗斯给出的规范的定义是："规范是一种与社会事实之间有着对应关系的指令。"[②] 在与指令相对应的意义上界定规范，可以说是揭示了规范的内在蕴含，对于从更为广泛的意义上理解规范具有重要参考价值。如果从法律规范的意义上认识规范的性质，则需要将规范与法律相联系。例如奥地利学者凯尔森从效力角度界定法律规范，认为法律规则如果有效力的话，便是规范。[③] 这里的效力其实是违反规范的后果，因此，效力规范论是一种效果论，它强调了制裁效果之于规范的重要性。当然，规范更为重要的还是内容，就此而言，规范是指对行为的命令或者禁止。刑法规范，是所有的法律规范中是最具强制性的规范。日本学者指出："所谓规范，是一种当为命题，内容包括'不得为……'这类禁止规范与'应为……'这类命令规范。（刑）法就是这类规范的代表。"[④] 该规范的定义虽然是就刑法规范而言的，但它同时也适用于其他法律规范。规范一词不仅在法学中是一个通用名词，而且在伦理学中也是一个常用术语。在法学中，规范与法律相关联，因而称为法

---

① ［德］伯恩·魏德士：《法理学》，丁小春、吴越译，293页，北京，法律出版社，2013。

② 参见［丹麦］阿尔夫·罗斯：《指令与规范》，雷磊译，99、104页，北京，中国法制出版社，2013。

③ 参见［奥］凯尔森：《法与国家的一般理论》，沈宗灵译，32页，北京，中国大百科全书出版社，1996。

④ ［日］西田典之：《日本刑法总论》（第2版），王昭武、刘明祥译，2页，北京，法律出版社，2013。

律规范；在伦理学中，规范与道德相联系，因而称为道德规范。在上述意义上，规范是法律与道德的一种存在方式，也是法律与道德区别于其他事物的重要特征。因此，规范具有尺度、规矩和规则的含义。德国哲学家哈贝马斯把规范理解为是对职责（obligation）的一种普遍有效的陈述。对规范的这种处理是"康德式的"，因为哈贝马斯竭力辩护的规范即商谈理性（discourse ethics）规范的约束力被等同于理性思考和交往本身的约束力。① 在刑法教义学中，法律规范是指法律所确认的行为准则，道德规范则是指道德所确认的行为准则。法律规范与道德规范在通常情况下，无论是性质还是内容都是不同的，因而不能混为一谈。然而，法律规范与道德规范之间又存在密切联系，在功能上具有互补性。可以说，法律规范是一种最具有典型意义的规范类型。在法律规范中，法律是规范的内容，而规范则是法律的形式。

一、法律规范与法律条文

法律条文，又称为法条，是指立法机关对法律内容的语言表述。在某种意义上说，法条是规范的载体，规范存在于一定的法条之中。立法机关通过制定法条而创制法律规范，因而法条是法律规范的外在形态。我国学者将刑法规范与刑法条文之间的关系界定为形式与内容的关系，指出："刑法条文是指以文字的形式对刑法内容进行直接而明确的分条说明。相对于刑法内容而言，刑法条文只是一种载体、一种表述方式，属于形式的范畴。刑法规范则属于刑法内容的范畴，因此，刑法条文与刑法规范之间是一种形式与内容的关系。"② 正因为刑法条文与刑法规范之间具有这种形式与内容之间的关系，因此在理解刑法规范的时候，应

① 参见［美］希拉里·普特南：《事实与价值二分法的崩溃》，应奇译，141页，北京，东方出版社，2006。

② 刘志远：《二重性视角下的刑法规范》，14页，北京，中国方正出版社，2003。

当以刑法条文作为切入口，以此揭示刑法规范的存在形态。

刑法规范可以分为总则规范和分则规范。其中，总则规范是对定罪量刑的一般原则的规定，因而具有抽象性。例如罪刑法定原则等刑法基本原则、犯罪构成一般条件以及刑罚适用原则和制度等规定，对于所有犯罪具有普遍适用性。分则规范，也称为刑罚法规，是对具体犯罪的特殊构成要件以及刑罚后果的规定。德国学者在论及法律规范的构造时指出："法律规范通常规定，在特定条件下（当存在特定'事实构成'之时）会有特定的义务（作为'法律后果'）发生、变更或消灭。"① 刑法分则规范就属于典型的法律规范，它由假设与制裁两部分构成：假设就是事实构成，是指设定一定的条件。在刑法规范中，这些条件是由罪状描述的，通常是犯罪构成的客观因素。例如，在"杀人的，处死刑"这一刑法规范中，杀人是指如果发生杀人的行为，因而属于刑法规范中的假设。处死刑则是法律后果，即对杀人行为的制裁措施。因此，一个完整的刑法分则规范包含了罪状和法定刑。其中，罪状是假设，法定刑是制裁。

在法律中，法律规范是以法律条文（以下简称法条）为载体的，因此，需要到法律规范中解析出规范。由此可见，法律规范与法条之间存在密切关系，对法律规范的分析必须始于法条。德国学者拉伦茨将法条区分为完整法条与不完整法条。完整法条是指以一个法条完整地呈现一个法律规范的情形，例如刑法关于故意杀人罪的规定就是一个完整的法条。通常来说，完整法条对应于法律规范，因而较为容易理解。不完整法条并不能以一个法条完整地呈现一个法律规范，而只是对其他法条起补充作用的法条。拉伦茨指出："制定法通常由很多条文组成，但这些条文并不全是完整法条。有些法条只是用于更详细地规定法条构成要件、构成要件要素或法律后果；有些则将特定案件类型从另一法条的适用范围中排除出去，借此限制适用范围界定过宽的法条；还有一些法条，就其构成要件或法律后果，指示参照另一法条。所有此类法条在语言上都是完整的语句，但作为法条

① ［德］齐佩利乌斯：《法学方法论》，金振豹译，39页，北京，法律出版社，2009。

则是不完整法条。”[①] 因此，不完整法条区别于完整法条的主要之处就在于：完整法条直接创制法律规范，而不完整法条则对法律规范进行补充规定，因而间接规定法律规范。拉伦茨将不完整法条又进一步区分为三种亚类，这就是说明性法条、限制性条文和指示参照性条文。拉伦茨的上述三种不完整法条是就一般法律规范，尤其是民法规范而言的。在刑法条文中，刑法总则条文是对法律与刑罚的一般制度的规定，因而说明性条文较多。其中，最为典型的是我国《刑法》第13条关于犯罪概念的规定。刑法分则条文是对具体犯罪的构成要件和法定刑的规定，其中大多数是完整条文，但也存在补充性的不完整条文。例如我国《刑法》第287条关于利用计算机实施有关犯罪的规定，就属于提示性条款，可以归之于拉伦茨所说的指示参照性条文。

这里应当指出，法律规范与法律事实是有所不同的。法律事实是指基于法律规范所确认的事实，它是一个存在论的概念。例如，刑法中的杀人、强奸、抢劫和盗窃，当被司法机关根据刑法的规定予以认定的时候，它们就属于法律事实的范畴，在刑法教义学中亦称为构成要件事实。这种法律事实与法律规范是不特定的，因为法律规范是评价标准，其内容具有当为的性质。而法律事实则是评价结果，其内容具有存在的性质。例如刑法中的构成要件是根据法律规定所确定的犯罪标准，因而构成要件理论的创始人贝林称为法定构成要件。贝林指出：“每个法定构成要件肯定表现为一个‘类型’，如‘杀人’类型、‘窃取他人财物’类型等。但是，并不意味着这种——纯粹‘构成要件’的——类型与犯罪类型是一样的。二者明显不同，构成要件类型绝对不可以被理解为犯罪类型的组成部分，而应被理解为观念形象（Vorstellungsgebild），其只能是规律性的、有助于理解的东西，逻辑上先于其所属的犯罪类型。”[②] 因此，在贝林的观念中，构成要件不

① ［德］卡尔·拉伦茨：《法学方法论》（全本·第六版），黄家镇译，327页，北京，商务印书馆，2020。

② ［德］恩施特·贝林：《构成要件理论》，王安异译，5～6页，北京，中国人民公安大学出版社，2006。

能等同于犯罪类型，它是一个功能性的概念而不是一个事实性的概念。只有符合构成要件的犯罪要素才是事实性的概念，这就是构成要件事实。日本学者小野清一郎曾经对构成要件与构成要件事实这两个概念做过辨析，指出："我们在构成要件理论中所指的构成要件，是法律上的概念。这个'构成要件'本身必须与符合构成要件的事实明确地区分开来。"① 因此，符合构成要件的事实虽然是根据法律规范加以认定的，可以说是一种规范性的事实，但它与法律规范本身还是不同的。由此可见，法律规范和法律事实这两个概念不能混为一谈。

总之，法律条文与法律规范之间具有密切的关联性。因为法律规范存在于法律条文之中，没有法律条文就没有法律规范。我们只能到法律条文中去寻找法律规范，法律规范不能脱离法律条文而存在。当然，法律条文也不能直接等同于法律规范，只有通过对法律条文内容的分析才能确定法律规范。

二、法律规范与规范类型

法律规范是制定法的表现形态，它以一定的法典作为其载体。法律规范是法律所规定的一种规范形式，这里的规范，根据奥地利学者凯尔森的界定，规范是指这样一个规则，它表示某个人应当以一定方式行为而不意味任何人真正"要"他那样行为。② 法律规范是由立法者制定的、具有法律效力的规则，因而法律规范具有不同于自然规则和其他社会规范的特殊性。例如，根据约翰·奥斯丁和哈特的传统实证主义法学理论，法律是一种能将其本身与包括礼仪和道德规范在内的其他各式规范或规则相区分的某种恰当系谱的生活规范或规则系统。③ 法律规

---

① ［日］小野清一郎：《犯罪构成要件理论》，王泰译，11页，北京，中国人民公安大学出版社，2004。

② 参见［奥］凯尔森：《法与国家的一般理论》，沈宗灵译，37页，北京，中国大百科全书出版社，1996。

③ 参见［英］布莱恩·莱特编：《法律和道德领域的客观性》，高中等译，14页，北京，中国政法大学出版社，2007。

范的直接作用是为纠纷解决提供法律依据，刑法规范则是为定罪量刑提供法律根据。法律规范可以分为不同类型，这些规范类型对于理解规范的性质与功能具有重要意义。刑法的定罪量刑活动必须遵循以事实为根据，以法律为准绳的原则，这里的以法律为准绳，就是指对某一行为是否构成犯罪以及如何裁量刑罚，都要以刑法的规定作为衡量标准。这一功能在法教义学中称为裁判规范的功能，也就是说，法律规范首先是一种裁判规范。然而，法律规范的功能并不仅在于此，法律规范还为全体公民提供了行为准则，某一行为是否违法，以及违反何种法律，也应当从法律规定中寻找依据，这一功能在法教义学中称为行为规范的功能。因此，法律规范可以分为行为规范与裁判规范。

行为规范是指法律对于社会公众的引导作用，法律具有强制性，因而在所有社会规范中，上升为法律的行为规范具有强制性，这也是法律的行为规范不同于道德规范或者其他社会规范的显著特征。大部分法律的内容都表现为行为规范，然而，刑法法规中是否存在行为规范，换言之，刑法规范是否具有行为规范的性质，却成为一个存在争议的问题。我认为，刑法法规不同于其他法律规范。如果说，其他法律规范是第一性规范，那么，刑法规范就是为保障其他法律规范而设立的第二性的法律规范。刑法作为整个法律体系的强制力量，它是以惩罚为中心的，因而刑法并不直接设置行为规范，刑法作为一种后置法，具有前置法所规定的行为规范的保障功能。因此，刑法法规并不是自足的，而是与前置法的规定紧密联系的。在这种情况下，只有将刑法法规与其他法律规范结合起来才能确定刑法所保障的行为规范。由于刑法是前置法的强制力量，因而在刑法分则规定的具体犯罪都是刑法所禁止的行为，而不是直接设置行为规范。例如刑法分则对犯罪行为的具体描述，在刑法教义学中称为犯罪的构成要件。构成要件的核心是行为，也就是刑法所禁止的行为。刑法所规定的构成要件行为本身并不是行为规范之行为，因为行为规范之行为是指应当实施的行为，或者说是正当行为。而构成要件行为则是违法的行为，被刑法所禁止。在这种情况下，德国学者宾丁明确地将刑法法规与行为规范加以区分，认为犯人与其说是由于其行为违反了刑罚法规而受罚，倒不如说是由于与刑罚法规前句中的规定相一致才受处罚。因此，犯人所犯之法，在概念上、原则上甚至时间上，必然在规定判决方法的法律之前便已存在。可见，按照宾丁的说法，行为规范并不存在于刑罚法规之中，而是存在于刑法法规之外。[①] 例如宾丁认为，"杀人的，判处死刑"是一个刑法法规，但不是刑法规范，也就是说它不是一个行为规范。那么，行为规范是什么呢？宾丁认为这个刑法法规背后所隐含的行为规范是禁止杀人。禁止杀人的行为规范是先在于刑法法规而存在的。刑法中的犯罪可以分为两种，这就是自然犯和法定犯。自然犯所违反的行为规范通常是社会生活中通行的伦理道德规范，但法定犯所违反的行为规范则是由经济、行政法规所规定的。例如我国《刑法》第134条规定的重大责任事故罪，是指在生产、作业中违反有关安全管理的规定，因而发生重大伤亡事故或者造成其他严重后果的行为。因此，重大责任事故罪以违反有关安全管理规定为前提，在有关安全管理规定中，对生产、作业人员的行为规范做了具体规定，对于那些严重违反有关安全管理规定的行为才能以重大责任事故罪论处。因此，重大责任事故罪所违反的行为规范应当到有关安全管理规定中去寻找。由此可见，刑法法规并没有直接规定行为规范，而是以禁止规范的方式间接地确认了其他法律规范或者伦理道德规范所规定的行为规范。只有在这个意义上，我们才能说刑法具有行为规范的性质。

在刑法教义学中，行为规范可以区分为命令规范与禁止规范这两种类型。其中，命令规范是指要求行为人实施一定行为的规范，而禁止规范则是指不得实施一定行为的规范。无论是命令还是禁止，都是对行为人实施一定行为的规范要求。如果违反上述命令规范与禁止规范，就会带来一定的法律后果。对于刑法来说，其本身并不设立命令规范与行为规范，而是援引前置法所设立的命令规范与禁止规范，以此作为刑法规范的前置条件。这里应当指出，违反命令规范与违反禁止规范在法律表现上有所不同：如果违反命令规范，也就是应为而不为，就是

① 参见刘志远：《二重性视角下的刑法规范》，114页，北京，中国方正出版社，2003。

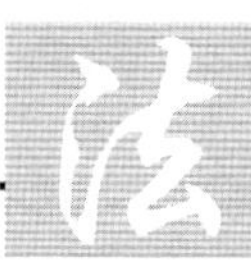

不作为。如果违反禁止规范，也就是不应为而为之，就是作为。作为与不作为，是违反法律规范的两种常见形式。在刑法中，根据违反规范的两种形式，可以将犯罪分为作为犯与不作为犯。作为犯与不作为犯虽然是根据刑法认定的，但其所违反的规范却是指刑法之外的其他法律、法规或者规范。因为刑法规定的犯罪行为都是被刑法所禁止的，如杀人行为。但杀人行为却可以由作为构成，也可以由不作为构成。这里的作为与不作为则根据违反刑法之外的其他法律、法规或者规范而确定，例如母亲对处于哺乳期的婴儿应当喂食而故意不喂食，导致其死亡。该行为构成的是故意杀人的不作为犯，其不作为所违反的就是基于母亲的身份所产生的对婴儿的喂食义务。

在刑法中，除了行为规范以外还存在裁判规范，尤其是刑法总则条文，通常具有裁判规范的性质。例如我国刑法中的罪刑法定原则是指导立法与司法的基本原则，其主要的规范对象就是立法机关和司法机关。《刑法》第 3 条规定："法律明文规定为犯罪行为的，依照法律规定定罪处罚；法律没有规定为犯罪行为的，不得定罪处罚。"这一法条从正反两个方面规定了罪刑法定原则的核心命题，这就是法无明文规定不为罪，法无明文规定不处罚。这一规定具有人权保障的蕴含，其规范效果惠及被追诉者以及一般公民。然而，在罪刑法定的规范语境中，司法机关才是被规范的对象。在刑法教义学中，也把裁判规范称为制裁规范。日本学者高桥则夫指出：裁决规范也本来就是关于刑事程序的东西，被包含于制裁规范中。因此，刑法上应该限定于行为规范和制裁规范的对置。而高桥则夫所称的制裁规范是指如果具备了怎样的要件是否发生一定制裁的东西。根据刑法总则的补充规范而被完全化了的刑法分则的刑罚规定就是制裁规范。[①] 根据高桥则夫的观点，在"杀人的，判处死刑"这一刑法规定中，包含假定与制裁这两部分内容。其中，假定是指法律规范所规定的适用该法律规范的具体条件，制裁是指法

① 参见［日］高桥则夫：《规范论和刑法解释论》，戴波、李世阳译，3 页，北京，中国人民大学出版社，2011。

律规范所规定的具备假定条件时将要承担的法律后果。因此，杀人是假定，判处死刑是制裁。在此，似乎并没有行为规范和裁判规范的踪影。但如果仔细分析，隐藏在杀人之意假定规范背后的禁止杀人是行为规范，而处死刑虽然是制裁规范，但在与行为规范相对应的意义上，应当是裁判规范。也即是说，禁止杀人是规范一般公民的行为准则，而处死刑则是规范司法人员的裁判根据。我认为，不能把制裁规范与裁判规范相混同，因为制裁规范只是裁判规范的表现形式之一，在与行为规范对置的意义上应该是裁判规范。裁判规范的规范对象是裁判者，也就是司法机关，这是裁判规范的首要特征。裁判规范是一种裁判准则，对于司法机关具有引导作用。司法机关在从事司法活动的时候，必须严格遵循法律规范，即所谓依法裁判。在刑法中由于以罪刑法定原则为皈依，因而依法裁判显得尤为重要。在这种情况下，裁判规范对于司法人员来说具有一定的强制性。

三、法规与规范的二元区分

德国学者宾丁是规范论的最初倡导者。宾丁将法规与规范相区分，认为法规是指法律，而规范则是指前置于法律的其他实证法规范或者道德规范。犯罪人的行为并不是违反刑法法规，而恰恰是符合刑法法规。宾丁最著名的论断是：杀人者因其违反禁止杀人的规范而符合刑法关于杀人者的规定。因此，根据宾丁的观点，应当严格将法规与规范加以区分。在论及规范的含义时指出：“规范是一种指令（Befehl，包括禁止，即 Verboten 和命令，即 Geboten 两种）。犯罪所背反的行为指令就是这样一种法律上的禁止或命令，并未指示出行为的任何法律后果。本质上，我们是通过刑法条款的第一部分表明了该指令，并进而发现命令：不得实施该行为。这种法律指令，就是我所谓的规范。”① 因此，宾丁的规范并

① 转引自马克昌主编：《近代西方刑法学说史略》，255～256 页，北京，中国人民公安大学出版社，2008。

不是指刑法法规而是指前置法规范。宾丁主张法规与规范的二元区分，因而否定刑法法规具有行为规范的性质，这一观点是以实证法思想为基础的。实证法是相对于自然法而言的，自然犯追求超越实在法的公平与正义等价值理念，而实证法则重视规范的价值，以现行法律规定为基础，阐述实证法的具体内容。宾丁揭示了刑法的特殊性，即其对于前置法的附属性，因此，在理解刑法法规的时候不能割裂刑法法规与前置法规范之间的关联性。宾丁将前置法的违反性以违反规范为特征纳入犯罪的构成要件之中，由此充实了构成要件的内容。

宾丁的规范论从刑罚法规之外寻找规范，因而受到某些学者的批评，认为适用不成文法或者刑法外规范并不能脱离刑法规范，该规范的合理性、科学性等都须进一步加以考察，不能越俎代庖，以一般规范代替刑法。因此，那些构成刑法基础的文化现象或者那些宾丁在一些个案研究中提出的社会目的，在规范理论中没有立足之地。[①] 因此，批评说认为，行为符合构成要件受到刑罚处罚就意味着行为违反行为规范，因而行为规范不应当从刑罚法规之外去寻找。这里的刑罚法规是指规定具体刑罚的法规，也就是刑法分则规范，以此区别于没有规定具体刑罚的刑法总则规范。这种批评认为在杀人者处死刑的刑罚法规中，其实已经内含着违反禁止杀人的行为规范的内容。然而，对于行为规范而言，刑法之外的法规的义务设定是第一性的规则，它是行为规范的终极来源。而刑罚法规通过构成要件符合而确认的行为规范，只是间接的第二性规则。即是刑法分则条文将违反前置法的规定纳入构成要件，行为规范的具体内容还是应当根据前置法的相关规定而确定。因此，行为规范只能到刑法之外寻找，也就是符合构成要件的行为具有前置法的违反性，这是不可否认的事实。

应该说，宾丁的规范论为深刻理解犯罪的不法本质另辟蹊径，具有其思想价值与理论深度。我认为，宾丁的规范论揭示了自然犯所具有的前置规范之违反性。因为在宾丁时代，刑法典是以自然犯为主要内容的，而刑法典中的法定犯则

① 转引自马克昌主编：《近代西方刑法学说史略》，257页，北京，中国人民公安大学出版社，2008。

极为罕见。刑法对自然犯的规定通常并不涉及前置法的违反性，而只有法定犯具有前置法的违反性，这里的前置法通常是指成文化的经济、行政法规范。因此，宾丁将法律与规范加以区分，试图从刑法之外的规范中寻找犯罪的处罚根据。例如宾丁对当时德国刑法中的盗窃罪的规定做了分析，指出："在对盗窃罪的评判中，刑法规定（Anordnung）构成了大前提（Obersatz），犯罪人的盗窃行为为小前提（Untersatz），刑罚制裁为结论（Schluss）。犯罪之所以要受到制裁，是因为罪犯实施了刑法所规定的盗窃行为；其制裁根据，不仅在于他违反了刑法，更重要的却是，他本来必须按照刑法规定之第一部分的命令而符合规范地实施行为，但他没有如此，这样才能对其处以刑罚。"[①] 对于自然犯来说，在刑罚法规中只是规定了构成要件行为，但并没有规定前置法所提供的行为规范，因而参考前置法规范具有一定的合理根据。

随着法定犯时代的到来，尤其是我国将所有犯罪全部规定在一部刑法之中，摈弃了附属刑法的立法例，因而刑法中存在大量的法定犯，在法定犯的构成要件中就包含了前置法的违反性。例如我国《刑法》第 186 条规定的违法发放贷款罪，是指银行或者其他金融机构的工作人员违反国家规定发放贷款，数额巨大或者造成重大损失的行为。这里的违反国家规定，就是指违反有关贷款的法律、行政法规。在《商业银行法》等有关贷款的法律、行政法规中，对贷款的条件、程序等都做了具体规定，这些规定是银行或者其他金融机构的工作人员在从事贷款业务活动中的行为规范，如果违反这些行为规范，造成严重后果，就构成违法发放贷款罪。因此，对于违法发放贷款罪来说，行为规范规定在前置法，即金融管理法规中。同时，《刑法》第 186 条将违反有关贷款的法律、行政法规的行为直接设置为本罪的构成要件行为，也正是在刑法意义上确认了这种行为规范。当然，这些规定只是具有引导意义，具体内容还是要参照相关法律、法规。

我国刑法不仅法定犯的构成要件具有前置法的违反性，而且某些自然犯也具

---

① 转引自马克昌主编：《近代西方刑法学说史》，254 页，北京，中国人民公安大学出版社，2008。

有前置法的违反性，只不过没有规定为构成要件要素。例如，我国刑法规定的财产犯罪，通常认为其保护法益是物权。我国《民法典》第207条规定："国家、集体、私人的物权和其他权利人的物权受法律平等保护，任何组织或者个人不得侵犯。"这一规定确立了禁止侵害国家、集体、私人的物权的行为规范。因此，虽然在《刑法》第264条盗窃罪的构成要件中没有明确规定违反这一行为规范的内容，但在逻辑上是隐含其中的。可以说，《民法典》第207条的规定，是我国刑法中所有财产犯罪的前置法规范，因而决定了我国刑法中的财产犯罪都包含禁止侵害国家、集体、私人的物权的行为规范。当然，我国刑法还规定了缺乏成文化的前置法规范的自然犯。例如我国《刑法》第303条规定的赌博罪，是典型的自然犯。赌博罪的行为规范是禁止赌博，但对此并没有成文化的前置法规范。在这种情况下，行为规范就要求诸道德伦理规范或者文化规范等。当然，即使如此，道德伦理或者文化规范所包含的行为规范也还是通过赌博罪的构成要件体现出来。由此可见，在法定犯中刑法已经将前置法的行为规范引入构成要件，对于前置法所规定的行为规范具有确认功能。但在自然犯中，行为规范并不是构成要件要素，而往往存在于前置法或者道德伦理规范之中，因而应当透过构成要件确认隐含在构成要件背后的行为规范。我认为，宾丁的规范论揭示了犯罪所具有的刑法规范与前置法规范的双重构造，对于理解构成要件的构造具有重大的理论贡献。

第二节　规范思维的特征

规范思维是相对于存在论的事实思维而言的，规范概念可以对应于存在论意义上的事实概念。在刑法教义学中，概念通常是以事实为基础的，这就是所谓事实性概念。例如犯罪本身就是一个事实性概念，但同时又具有规范性。可以说，事实性与规范性的纠缠是不可回避的现象。更为重要的是，规范和事实不仅是一种实体性概念，而且是工具性概念。例如德国学者认为，规范性概念存在狭义和广义之分。狭义上的规范是指指引人的行为，也就是规定一些事项，即诫命、禁止或允许，或者出于精确化需求而至少与行为指引相关。广义上的规范不只涉及法规条例，还涉及评价和归因，因此，用于评价或归属或者至少与评价、归属效果的存在。[①] 显然，广义上的规范包含评价的含义，而规范评价与规范思维在一定意义上可以等同。因此，以规范为评价标准的判断具有方法论的功能，在很多情况下，事实不够而以规范补充是一种在描述事物时经常采用的方法。例如刑法分则中财产犯罪中的占有，是一个十分重要的概念。占有的概念起源于古罗马法，例如萨维尼在论述古罗马法中的占有时，提出了法律占有与自然占有的区分：法律占有是作为权利的占有，自然占有是事实上的占有。[②] 这里的法律占有就不是纯事实的占有，而是存在于一定法律关系中的占有，因此权利占有是具有一定规范因素的占有。占有是刑民通用的法律概念，但刑民中的占有概念并不完全相同。民法更强调法律占有，但刑法则更主张事实占有。例如日本学者指出："刑法中的占有，是指对财物的事实上的支配。"[③] 然而在刑法中，事实性的占有概念并不能涵盖所有财产犯罪中的占有现象，因而以支配意思为内容的主观占有概念应运而生，这就是观念的占有，也被称为占有的观念化。[④] 观念的占有本来是民法教义学的概念，刑法并不承认。观念占有不同于事实的占有，它是指若人对物具有某种法律关系存在，则即使人与物没有空间和时间上的结合关系，仍然可以成立占有，是占有由直接的实力支配而逐渐扩展至观念上的支配。然而，观念的占有作为判断刑法中财产犯罪的占有，存在扩张犯罪范围之嫌。在事实上的占有难以完全覆盖刑法中的占有的情况下，刑法学者将规范概念引入占有概念。

---

① 参见［德］阿明·英格兰德：《现代社会中的法与刑法》，邓卓行译，207页，北京，北京大学出版社，2023。

② 参见［德］弗里德里希·卡尔·冯·萨维尼：《论占有》，朱虎、刘智慧译，61页，北京，法律出版社，2007。

③ ［日］山口厚：《刑法各论》（第2版），王昭武译，204页，北京，中国人民大学出版社，2011。

④ 参见王世柱：《论刑法上的占有》，407页，北京，中国法制出版社，2018。

例如德国学者提出了社会—规范性归属的命题，指出："社会—规范性归属（sozial-normative Zuordnung）给予论证。唯有立足于此，农民对于留在地里的犁耙、去旅行的房屋主人对于房屋内物品之支配，才能够从概念本身衍生，因为交往观念将耕地和房屋视为其使用者的支配领域，并将第三人对其范围内物品的拿取解读为对此归属的侵扰。"① 这里的交往观点是指日常生活观念，它对于事实占有具有补强性。值得注意的是，我国学者提出了占有的事实与规范的二重性说。我国学者指出："在刑法上占有尽管也包含了事实与规范两个方面的因素，但仍然是一个侧重于事实性的概念，规范性的因素只是在事实性的支配力减弱时的一种补强。"② 虽然在占有的概念中，规范性因素只是具有补救的功能，但这也说明规范思维在刑法教义学中发挥着其不可忽视的作用。德国学者提出了构成要件规范化的命题，将构成要件规范化区分为三个面向：第一是含义构成层面的规范性，是指所有的构成要件在一定意义上都具有规范的特征或者至少含有规范的特点。第二是概念功能层面的规范性，在某些情况下，规范性这一概念是在评价和归属的意义上使用的，例如《德国刑法典》第 212 条中的"卑劣动机"就具有评价性的含义。第三是事实情状的规范性，是指构成要素的对象，即社会现实的各个方面，例如货币、财产、名誉等具有评价要素。因此，规范性概念有着不同含义，在法律解释中发挥着不同作用。③ 因此，在法律解释中可以引入规范评价要素。例如占有的规范性只是一个采用规范思维解决刑法疑难问题的个例，它远不足以显示规范思维在刑法教义学中的功能。我认为，规范思维在犯罪论体系建构中所发挥的作用，才真正体现了规范思维在刑法教义学中不可或缺的方法论

---

① ［德］约翰内斯·韦塞尔斯、［德］托马斯·希伦坎普、［德］扬·舒尔：《德国刑法分论侵犯财产价值的犯罪》，赵冠男译，70 页，北京，法律出版社，2023。

② 徐凌波：《存款占有的解构与重建：以传统侵犯财产犯罪的解释为中心》，343 页，北京，中国法制出版社，2018。

③ 参见［德］阿明·英格兰德：《现代社会中的法与刑法》，邓卓行译，212～214 页，北京，北京大学出版社，2023。

贡献。德国学者将德国近代犯罪论从古典派到新古典派的发展划分为三个阶段：古典的犯罪论、新古典的犯罪论和目的论的犯罪论。[①] 在上述近代犯罪论从古典派至新古典派的演变过程中，可以明显地发现从存在论向规范论转向的趋势。古典的犯罪论主张中性无色，排斥价值要素与规范评价，因而可以归属于存在论的犯罪论体系。新古典和目的论的犯罪论受到新康德主义价值学说的影响，在犯罪论中引入规范要素，因而相对于古典的犯罪论，可以说是规范论体系。至于罗克辛的目的理性犯罪论和雅克布斯的机能主义的犯罪论，则可以归属于纯粹规范论体系。当然，各种犯罪论的规范化程度并不完全相同，因而在划分标准上存在一定的争议。[②] 通过对各种犯罪论演变过程的考察，可以使规范评价要素在犯罪论体系的地位和功能昭然若揭。

一、存在论的犯罪理论

古典犯罪论的首创者李斯特承认曾经非常崇拜宾丁的规范概念，但李斯特又说，现在本人已经知道，为什么规范理论（至少在宾丁设想的结构上）必须被认为是站不住脚的和致命的。这是因为当宾丁将所有发现归因于被其“发现的”规范时，当他仅仅视为规范违反时，他忽视了，规范和规范违反仅是我们思想的抽象，它们只是我们从作为根据的事实中获得的概念。在李斯特看来，作为实际与犯罪概念相一致的，永远是外界的显而易见的事情，是发生在人或物上的事情，是对自然具有控制作用的因果关系的改变。[③] 显然，当宾丁的规范论对犯罪的不

---

① 参见［德］汉斯·海因里希·耶赛克、［德］托马斯·魏根特：《德国刑法教科书》（上），徐久生译，276页，北京，中国法制出版社，2017。

② 参见方泉：《犯罪论体系的演变——自“科学技术世纪”至“风险技术社会”的一种叙述和解读》，84页，北京，中国人民公安大学出版社，2008。

③ 参见［德］弗兰茨·冯·李斯特：《论犯罪、刑罚与刑事政策》，徐久生译，48、49页，北京，北京大学出版社，2016。

法本质从法规违反追溯到规范违反的时候，李斯特并不以为然。在李斯特看来，犯罪并不是一种规范的存在，而是事实的存在，这就是李斯特的自然主义的犯罪论。李斯特的犯罪论的核心概念是因果性，亦称为因果律（Kausalsatz），李斯特将因果律上升到方法论的高度，指出："'因果律'只涉及事件前的时空，不涉及概念的逻辑关系或对行为的社会伦理评价；此外，还应当特别引起我们注意的是，因果关系涉及一个思维方式问题，借助这个思维方式，我们将实际存在的情况联系在一起，而不对导致事件过程的力量作出任何评价。"① 由此可见，李斯特认为因果性是客观存在的事实本身，它排斥任何主观评价。李斯特建立在存在论基础上的犯罪论，注重现实存在，以此展开对刑法教义学的叙述。由此可见，对于宾丁将规范视为行为规范，并且从刑法法规之外去寻找行为规范的观点，李斯特是持否定态度的。李斯特所主张的是采用实然的方法界定犯罪，因而否定与存在论相对应的规范论，也就是以当为诠释犯罪的方法论意义上的规范论。因此，李斯特虽然批判了宾丁的规范论，但实际上为方法论意义上的规范论的产生提供了可能。同时，李斯特还以法益概念抗拒宾丁的规范概念，宾丁认为法益和规范这两个概念是规范理论的两个支点，不仅是刑法的体系，而是法律的整个体系都是建立在规范理论意义上的两个支点之上的。但李斯特指责宾丁的法益概念是一个虚假概念，也就是说，是一个无内容的空洞的概念。② 不同于宾丁主要以规范违反为基础建构规定犯罪论，李斯特将法益保护视为刑法的基础，由此建构犯罪论。这也是此后长期争论的不法本质究竟是规范违反还是法益侵害之争的源头。

李斯特提出了作为法益保护的刑法之命题，并对此进行了论证，指出："所有的法益，无论是个人的利益，还是集体的利益，都是生活利益，这些利益的存

① ［德］弗兰茨·冯·李斯特：《李斯特德国刑法教科书》，［德］埃贝哈德·施密特修订，徐久生译，150页，北京，北京大学出版社，2021。

② 参见［德］弗兰茨·冯·李斯特：《论犯罪、刑罚与刑事政策》，徐久生译，51页，北京，北京大学出版社，2016。

在并非法制的产物，而是生活本身的产物。但是，法律的保护将生活利益上升为法益。在反对国家权力专断的宪法和打击侵犯他人的利益的刑法颁布之前，人身自由、住宅不受侵犯、通讯自由（通信秘密权）、著作权、发现权等一直是生活利益，而非法益。生活的需要产生了法律保护，而且由于生活利益的不断变化，法益的数量和种类也随之发生变化。因此，如同法律规范根植于国民的宗教、道德和审美观之中一样，它也根植于国民的良知之中。只有在国民这里，法律规范才找到了其牢靠的立足点，也只有在国民这里，它才有发展动力。”① 李斯特的上述论断简直可以看作是站在法益论的立场上对规范论的反驳。在李斯特看来，就法益与规范的关系而言，法益是第一性的，规范是第二性的，不是规范决定法益而是法益决定规范。规范只是法律形式主义的概念，而法益可以追溯到更原生态的生活利益，因而具有事实的性质。在我看来，如果不考虑语境，李斯特的观点是正确的，生活利益不仅是刑法法规背后的决定因素，而且是行为规范的支配性根据。然而，以宾丁规范论中的行为规范前置于刑法所规定的构成要件，对构成要件起到实质化功能，而法益即法律所保护的生活利益，则是对不法本质的阐述，处于构成要件之后的违法性阶层。就此而言，不能简单地以法益概念否定规范概念，两者具有在犯罪论体系不同阶层的内容各异的作用。

贝林是古典的犯罪论的另外一位代表人物，他对待规范论的态度不同于李斯特。如果说李斯特是基于法益说的立场，将规范评价排除在犯罪概念的范围之外；那么，贝林恰恰主张规范论，认同规范评价在犯罪论中的地位。② 贝林的规范论在一定程度上接受了宾丁关于法规与规范相区分的观点，认为所谓行为违法，是指行为违反了法规范的命令或禁止；所谓行为违反规范，不是指行为违反刑罚法规，而是指行为违反作为刑罚法规前提的规范（行为法）的命令或禁止。

---

① ［德］弗兰茨·冯·李斯特：《李斯特德国刑法教科书》，［德］埃贝哈德·施密特修订，徐久生译，6页，北京，北京大学出版社，2021。

② 参见张明楷：《法益初论》（增订本·上册），75、76页，北京，商务印书馆，2021。

贝林批驳了在刑法中禁止实施刑法所规定的可罚行为就是在刑法中规定了刑事违法性，即犯罪人“违反”或“损害”了刑法的观点，指出：“正如宾丁所指出的那样，该观点的错误在于：对刑罚威慑与禁止之间的意义关系进行了简单化处理，将二者混为一谈。”[①] 贝林不同于宾丁的规范论之处在于贝林对规范违反与违法性的关系的独特处理，与其所倡导的构成要件理论具有密切联系。贝林将犯罪成立条件分解为构成要件、违法性和有责性三个阶层，其中构成要件与违法性的分立是其特色。贝林认为构成要件是存在论的概念，适用事实判断规则；而违法性是价值论的概念，适用规范评价规则。贝林指出：“如果说，违法性表达了法律对行为的不允许，是规范的（价值的）概念，那么法定构成要件的功能，就是描述性地勾勒出刑法中相关的客观事实（Tatbestaende）。对行为的法律评价，不可能在法律上规定出来。构成要件与违法性之间彼此关联，正如相互分割的两个领域。既有符合构成要件而未违法的行为，也有违法却未符合构成要件的行为。”[②] 在构成要件中，贝林坚持客观的、事实的、价值无涉的立场，因而排拒规范的侵入。对于刑罚法规是否包含行为规范，贝林与李斯特的观点还是存在明显区分的，贝林并不否认规范在刑法中的作用，甚至揭示了刑法与其他法律之间的关联性。例如贝林指出：“规范人的行为，并不是刑法的专利；其他部门法，如民法、行政法等，所有符合这一规则的，都是行为规范。只有某行为违法的时候，刑法才考虑用刑罚处罚刑法规定的行为——行为的违法性在逻辑上是可罚性的前提。刑法是一个建构在其他法律之上的、在相关方面与其他法律密切联系的部门法，在此范围内，其他法律也包括行为规范，只有从这些其他规范中才能得出刑法中行为的违法性存在与否及其范围之结论，如果没有确定这种行为，也就

---

① ［德］恩施特·贝林：《构成要件理论》，王安异译，43 页，北京，中国人民公安大学出版社，2006。

② ［德］恩施特·贝林：《构成要件理论》，王安异译，67～68 页，北京，中国人民公安大学出版社，2006。

是不能确定该行为是否具有可罚性。"① 由此，贝林得出如下结论：不存在一个特别的"刑事违法性"（Strafrechtewidrigkeit）。同时，贝林还坚持整体实证法秩序的观点，以此作为判断违法性的标准。贝林指出："行为在何种程度内是违法的，取决于整体实证法秩序，正如法官在使用正确方法时所发现的那样。因此，它并不仅仅拘泥于法律条款（实证法违反性）。在此特别要注意的是，刑法虽然没有明确规定以违法性为必要条件，但要求行为人遵守行为规范，这是一个规则。"② 在此，贝林基于整体法秩序的思想，强调从刑法之外寻找行为规范，这与宾丁的规范论具有一定的契合之处。正如我国学者指出："以贝林的构成要件理论为基础的古典体系，受到宾丁规范论思想的启发，试图为某种行为对规范的违反提供一个在法技术上可把握的模型，以此回避在刑法规范之外无限制地寻求处罚载体所带来的不明确性。"③ 然而，在贝林的犯罪论中，囿于其构成要件事实性的存在论立场，他认为行为规范违反性并不是构成要件的要素，而是违法性的要素。例如贝林指出："符合构成要件的行为只有具备违法性（不法、不允许、反法律），才能构成犯罪，无违法性则无犯罪。准确地说，符合性行为只有在其本质上不被允许，法律不允许符合该构成要件时，该行为才具有可罚性。"④ 显然，贝林在此所说的违法性并不是构成要件中的违反行为规范，而是符合构成要件之后进行的实质违法性的考察。因为在贝林的犯罪论中，构成要件是形式要件，而违法性是实质的审查。在这个意义上，违法性的本质究竟是规范违反还是法益侵害，就成为一个值得研究的问题，甚至演变为行为无价值与结果无价值的根本分歧点。

---

① ［德］恩施特·贝林：《构成要件理论》，王安异译，43、44 页，北京，中国人民公安大学出版社，2006。

② ［德］恩施特·贝林：《构成要件理论》，王安异译，88 页，北京，中国人民公安大学出版社，2006。

③ 李世阳：《规范论在刑法解释中的作用》，19 页，北京，法律出版社，2020。

④ ［德］恩施特·贝林：《构成要件理论》，王安异译，87 页，北京，中国人民公安大学出版社，2006。

透过以上叙述可以看出，正面对抗规范论的是李斯特，因为规范论直接与其所倡导的自然主义的犯罪论之间存在逻辑上的对立。而贝林则不同，其实贝林是认同宾丁的规范论的，只是由于贝林的构成要件论排斥规范，具有客观事实的性质，因而将规范违反看作是违法性阶层的问题。也正是在这个意义上，贝林的犯罪论与李斯特可以归为一类，都属于存在论的犯罪论。

二、规范论的犯罪理论

在古典犯罪论之后，新古典犯罪论推进了犯罪论的规范化，其代表人物是德国学者迈耶、弗兰克等人。除了揭示了构成要件中的主观要素以外，新古典学派的创新之处在于将规范论引入犯罪论体系，尤其是以规范责任论取代心理责任论。因而，新古典的犯罪论也被归之于规范论体系。

迈耶在继承宾丁的规范论的基础上，提出了文化规范论。宾丁的规范是前置法规定的，其内容是行为规范，因而在宾丁的规范论中，所谓规范显然是指法律规范，只不过不是刑罚法规的规范，而是刑法之外的其他法律的规范。然而，迈耶的文化规范论中的规范则并不是法律规范，而是前法律的规范。迈耶认为，法规范只是对于国家机关裁判、执法的依据，而对一般公民而言则很难了解其内容，很难发挥命令和禁止的功能。相反，支配人们日常生活的是文化规范(Kulturnormen)，即构成人们行为之命令和禁止的是宗教、道德、风俗、习惯、买卖规则、职业规则等，并非一般的法规范。因此，迈耶文化规范的要求，例如符合业务上的义务，行为人的行为即使表面上符合相反规定，也不能科以刑罚。[①] 虽然从表面上看，文化规范论似乎十分荒谬，犯罪不以法律规范为成立条件，而是以文化规范为其根据，这岂非违反罪刑法定原则？其实不然。迈耶的文

① 转引自马克昌主编：《近代西方刑法学说史》，309～310页，北京，中国人民公安大学出版社，2008。

化规范是在行为符合构成要件的基础上，在违法性中进行实质判断的根据。而且，迈耶还明确指出，不能直接将违反文化规范的行为作为处罚对象，因此，文化规范并不是入罪的根据，而是在符合构成要件的基础上，如果没有违反文化规范，则其行为也不能入罪，因而文化规范就成为出罪根据。

如前所述，贝林认为构成要件是事实的、价值无涉的，但迈耶却揭示了构成要件的规范要素，提出规范的构成要件的命题。迈耶指出："构成要件要素不止是单纯描述行为客观样态的记述性要素，还包括融入国民价值判断的规范性要素。"① 这里的规范性要素是指具有价值评价性质的要素，在迈耶提出构成要件的规范要素以后，构成要件的概念本身包含规范性的观念获得普遍认同。刑法教义学通常认为构成要件的规范要素主要包括以下三种情形②：第一，本来的法概念。本来的法概念是指前置法中已有规定的法律概念，由于我国刑法中存在大量的法定犯，其中相关概念都出自前置法，因而属于本来的法概念，如枪支、股票、债券、增值税专用发票等，对于这些概念应当依照前置法的规定加以认定。第二，与评价有关的概念。与评价有关的概念是指包含价值评价的概念，例如我国刑法中情节恶劣的规定，具有明显地否定性评价的蕴含。第三，与意识有关的概念。在通常情况下，行为的客观要素与主观要素是可以分离的，例如杀人罪，客观上表现为剥夺生命，主观上具有故意。在此，杀人行为与杀人故意可互相独立而存在。但在某些情况下，主观意识与行为的性质之间具有密切的关联性，如果离开了意识就难以确定行为的含义。例如猥亵，在客观上表现为对异性采取抠摸生殖器或者其他性刺激的手段，同时主观上具有满足性欲的意图。如果离开了满足性欲的意图，仅仅根据客观行为难以认定为猥亵。③

---

① 转引自李世阳：《规范论在刑法解释中的作用》，23 页，北京，法律出版社，2020。

② 参见［德］汉斯·海因里希·耶赛克、［德］托马斯·魏根特：《德国刑法教科书》（上），徐久生译，276 页，北京，中国法制出版社，2017。

③ 对此的争议，参见［日］山口厚：《刑法总论》（第 3 版），付立庆译，99～100 页，北京，中国人民大学出版社，2018。

新古典的犯罪论对于在犯罪理论中引入规范评价贡献最大的是开启并推进了从心理责任论向规范责任论的转变，可以说，规范责任论的确立是规范论对犯罪论的重大影响。规范责任论的核心是期待可能性理论，而期待可能性概念来自德国帝国法院在 1897 年对“癖马案”的判决。在该案中，被告人对于被害人的身体伤害结果是具有心理过失的，但判决认为要想建构刑法上的过失概念，必须增加进一步的内容，即在上述情况中行为人实施行为时未能履行足够的对公共利益的注意和关注，同时他可以被要求达到这种程度的注意和关注。① 这个判决的意义在于：对于过失犯的成立，除了过失心理以外，还要求增加规范评价内容，即法律能否期待行为人履行注意和关注义务，由此而在过失犯的构造中引入了规范要素，突破了心理责任论。在“癖马案”判决公布以后，迈耶关注本案并于 1901 年发表了《有责行为及其种类》的论文，认为有责行为，即故意行为与过失行为，均为违反义务的意思活动，而这种违反义务性则是规范的要素。迈耶首先将违反义务性确定为责任的规范要素，由此开启了规范责任论的先河。此后，弗兰克在 1907 年发表《论责任概念的构造》一文，认为责任的本质并不是心理要素，而在于附随情状的正常性。弗兰克不仅提出了附随状态是责任要素，而且将其提高到归属能力的高度。弗兰克指出：“某一被禁止的态度必须被归属于某人的责任，如果人们根据该人实施了被禁止的态度就能够谴责该人的话。”② 在一定意义上说，弗兰克已经触摸到了刑法中责任的实质，这就是建立在规范评价基础上的可谴责性。当然，此后随着德国学者接力般的不断推进对责任概念中规范要素的研究，终于形成了以期待可能性为核心的规范责任论。正如我国学者所评价的那样：“从弗兰克附随情状论到戈登斯密特的义务规范论、弗洛登塔尔的伦理的责任要素论，进而到施密特的规范责任论，以极为清晰的历史脉络演绎了

---

① 参见《德国帝国法院刑四庭关于癖马案的判决书》，车浩译，载陈兴良主编：《刑事法判解》，第 10 卷，383 页，北京，北京大学出版社，2009。

② ［德］弗兰克：《论责任概念的构造》，冯军译，载冯军主编：《比较刑法研究》，136 页，北京，中国人民大学出版社，2007。

期待可能性概念如何一步步成熟，直至以其为核心促成规范责任理论的完成的历史过程。”[①] 因此，新古典的犯罪论虽然继承了古典犯罪论的基本立场，例如客观主义的不法论等，但由于引入了规范论而在一定程度上撼动了古典犯罪论的存在论之地基。

在近代德国犯罪论体系中，继新古典的犯罪论之后具有重大影响的是韦尔策尔的目的论的犯罪论。目的论的犯罪论的核心概念是目的性，韦尔策尔的目的论的犯罪论与李斯特的犯罪论相比，只不过将关注重点从客观的因果性转移到主观的目的性。韦尔策尔并没有否定因果性，而是说没有目的的因果性是盲目的。因为目的性的活动是被人有意识地引向目标的一种作用，而纯粹的因果事件则不受目标的操控，它是由各种现存之原因要素偶然引起的结果。因此，目的性——形象地说——是“注视着的”，而因果性则是“盲目的”[②]。韦尔策尔的构成要件论与责任论之间在方法论方面存在明显区别：在构成要件论中还是坚持存在论的立场，只不过从客观因果性转向主观目的性。正如德国学者在评论韦尔策尔时所指出的那样：“韦尔策尔的目的论的犯罪概念，在其方法论上抛弃了过去的抽象的思维方式和价值相对主义。韦尔策尔想再次将人的行为的实际存在作为犯罪论的中心概念（存在论的思考方法，ontologische Betrachtungsweise）。”[③] 在韦尔策尔语境中，构成要件是禁止的质料，它包含了对受到禁止之举动的实体性的描述。[④] 然而，在责任论中韦尔策尔完全接受了规范论。例如韦尔策尔将可谴责性要素作为责任的本质，由此超越了心理责任论。韦尔策尔指出：“可谴责性是一种特殊的关系，即行为意志与法秩序之间的关系。这一关系说明，尽管行为的意

---

① 童德华：《刑法中的期待可能性论》（修订版），13页，北京，法律出版社，2015。

② ［德］汉斯·韦尔策尔：《目的行为论导论：刑法体系的新图景》（增补第4版·中文增订版），陈璇译，1页，北京，中国人民大学出版社，2024。

③ ［德］汉斯·海因里希·耶赛克、［德］托马斯·魏根特：《德国刑法教科书》（上），徐久生译，288页，北京，中国法制出版社，2017。

④ 参见［德］汉斯·韦尔策尔：《目的行为论导论：刑法体系的新图景》（增补第4版·中文增订版），陈璇译，27页，北京，中国人民大学出版社，2024。

志本来能够与规范相符，但它实际上并未如应当的那样符合于规范。因此，具有责任能力的行为人就具体行为而言本来能够不形成违法的行为意志，而形成合法的行为意志，为说明这一点所必要的全部因素，就是可谴责性的基本要素。”[①]这些可谴责性要素包括可谴责性的智识性要素——违法性认识的可能性和可谴责性的意愿性要素——期待可能性。

新古典的犯罪论基本上接受古典犯罪论的立场，并启动了从心理责任论向规范责任论的转变过程。至于目的论的犯罪论在构成要件上仍然坚持存在论，但责任论则完全主张规范责任论，并为规范责任论的最终形成作出了贡献。值得注意的是，新古典的犯罪论和目的论的犯罪论虽然在犯罪论中引入规范要素，但规范要素只是起到了补充作用，它并没有完全否定犯罪论中的事实要素，并力图在事实要素与规范要素之间保持某种协调。在这个意义上说，它是一种存在论与规范论的混合体系，但与古典犯罪论的纯粹存在论体系而言，将其归之于规范论似乎也能成立，而且更好地反映了犯罪论从存在论向规范论的转变趋势。

三、纯粹规范论的犯罪理论

纯粹规范论是在新古典的犯罪论和目的论的犯罪论引入规范论的基础上，进一步规范化而形成的犯罪论体系，包括了罗克辛的目的理性的犯罪论和雅克布斯的机能主义的犯罪论。就这两种犯罪论而言，在规范化程度上又存在明显的差异。可以说，机能主义的犯罪论是规范论的极致。

罗克辛的目的理性的犯罪论在构成要件和责任这两个阶层都极大地推动了规范化。罗克辛宣称：“和以前不同时代的体系性发展相比，我的犯罪论最大的不同点在于，我并不是按照存在论的标准（因果关系和目的论），而是按照刑事政

① ［德］汉斯·韦尔策尔：《目的行为论导论：刑法体系的新图景》（增补第4版·中文增订版），陈璇译，70～71页，北京，中国人民大学出版社，2024。

策的目标设定（刑法的任务和具体的刑罚科处）来进行体系化建构的；同时，按照我这种观点，在不法阶段增添了客观归属理论，在罪责阶段引入了以预防为目的的处罚必要性，因此发展出了答责性理论。”① 由此可见，罗克辛的犯罪论就是建立在否定存在论的基础之上的。罗克辛的客观归责理论与答责性理论都采用了规范论的思维方法，由此进一步改变了犯罪论的面貌。

在古典的犯罪论中，构成要件是由行为和结果这两个实体性要素构成的，并且以因果关系为联结而形成归因结构。例如李斯特将归因与归责加以区分，因果关系只是解决归因问题，归责则是责任论的内容。然而，在采用心理责任论的古典犯罪论中，即使在责任论中也缺乏真正意义上的归责。李斯特指出：“‘因果律’只涉及事件的时空，不涉及概念的逻辑关系或对行为的社会伦理评价。”② 罗克辛的客观归责不仅完成了从归因到归责的转变，而且对整个构成要件进行了规范论的改造。客观归责由制造法所不允许的风险、不允许风险的实现和构成要件的效力范围等具体规则构成，在这些客观归责的下位规则中，制造法所不允许的风险虽然是对构成要件行为的实质审查（这里的风险具有明显的价值判断的性质），然而，这种风险又是法所不允许的，这里的法是指相当广泛意义上的法律规范，因而法所不允许的风险具有规范违反性。如果法所允许的风险，例如在遵守道路交通规则情况下发生事故，则可以排除归责，因为这是一种允许性风险。罗克辛指出：“是否存在构成要件的行为，并不取决于因果关系，也不取决于目的性，而是取决于实现了不被允许的风险。”③ 因此，客观归责具有对古典的犯罪论和目的论的犯罪论的超越性，为实现归责提供了某种制度性安排，完成了客

① ［德］克劳斯·罗克辛：《刑事政策与刑法体系》（第二版），蔡桂生译，81 页，北京，中国人民大学出版社，2011。

② ［德］弗兰茨·冯·李斯特：《李斯特德国刑法教科书》，［德］埃贝哈德·施密特修订，徐久生译，150 页，北京，北京大学出版社，2021。

③ ［德］克劳斯·罗克辛：《刑事政策与刑法体系》（第二版），蔡桂生译，72 页，北京，中国人民大学出版社，2011。

观上从归因到归责的转变。罗克辛的客观归责理论被认为是一种范式的转换，其方法论意义在于：不法的构造不应该再从存在论的原理中推导出来，而应该从刑法的目的中推导出来。[①] 这里的目的，显然不是存在论意义上的目的，而是规范论意义上的目的。这两种目的的差别在于：存在论的目的是指行为的目的，属于构成要件的事实范畴。而规范论的目的则是指规范的目的，例如罗克辛的目的是刑事政策的目的，属于规范的范畴。

在纯粹规范论中，雅克布斯比罗克辛走得更远。雅克布斯的刑法教义学完全是建立在规范论之上的一种理论演绎。罗克辛虽然采用规范论立场，但在不法的本质上还是坚持法益侵害说，但雅克布斯则主张规范违反说。罗克辛在论及他与雅克布斯的理论对比时指出：雅克布斯和我一样，是以规范论发端的。我是按照刑事政策的目的来建立刑法体系的，而雅克布斯将刑法的目的建立在纯粹规范化理论原理之上。[②] 雅克布斯采用了卢曼的社会系统论的分析方法，其中机能[③]是一个重要概念，卢曼论述了法律的机能，认为法律的机能与期待有关，而且当人们是依靠社会而不是依靠个人的时候，就涉及交流期待和在交往中使期待得到承认的可能性。卢曼进一步从机能中推导出规范的概念，指出：我们的法律机能定义，为规范概念（或更详细地说：为期待的规范性模式概念）得出了特定结论。由此，卢曼把规范定义为对抗现实而稳定化的行为期待。[④] 雅克布斯将其本人的刑法体系称为机能主义，雅克布斯指出：“机能是一个系统——单独或者与其他事物共同——具有的功效（Leistungen)。功效所涉及的，在这里是刑法的全体，并非特别只是刑罚。只有在把行为看成是与规范相冲突的宣告和把刑罚看成是为

① 参见［德］克劳斯·罗克辛：《刑事政策与刑法体系》（第二版），蔡桂生译，74页，北京，中国人民大学出版社，2011。

② 参见［德］克劳斯·罗克辛：《刑事政策与刑法体系》（第二版），蔡桂生译，83页，北京，中国人民大学出版社，2011。

③ 机能，亦译为功能，本书统一译为机能。

④ 参见［德］卢曼：《社会的法律》，郑伊倩译，67、68页，北京，人民出版社，2009。

确证规范作出的回答这种相联系的理解上，才可能显现一种直接的、理性意义上的联系。”① 机能主义刑法在某种意义上，意味着与古典的犯罪论的彻底决裂。

雅克布斯将规范论贯彻于整个犯罪论，其中规范化的行为概念最为鲜明地体现了机能主义立场。传统的刑法教义学都把行为区分为作为与不作为，承认两者在构造上的不同。然而，雅克布斯从行为的规范概念出发，几乎颠覆了传统的作为与不作为的二元区分论。雅克布斯指出：“行为是规范有效性的不承认的客观化，即一种意义表达，这种意义表达的内容是认为相关的规范不是指导性规则。”② 通过上述行为概念，雅克布斯已经完全抽离了行为的实体内容，甚至否认了作为与不作为的区分。在雅克布斯的语境中，行为是个体能够避免的产生结果的决定性根据，这一理解既适合于作为，也适合于不作为。因为行为的关键之处不在于身体活动这种事实，也不在于确定的身体活动缺乏这种事实，而在于非自然主义性事实的东西，即在于把结果向一个人的归属。③ 雅克布斯不仅将行为的本质归结为规范的否认，而且直接将结果的归属界定为作为与不作为的共同属性。如果说，贝林曾经引述拉斯克的名言，所有法律概念都是“披上了规范的绸缎”④。那么，在雅克布斯这里，规范已经不再是法律概念的外衣，而是内化为犯罪论的躯体与血肉。

第三节 规范思维的适用

我国学者将规范论视为刑法归责原理的基石，指出：“以禁止和命令为其内

① ［德］京特·雅克布斯：《行为 责任 刑法——机能性描述》，冯军译，102页，北京，中国政法大学出版社，1997。

② ［德］京特·雅克布斯：《行为 责任 刑法——机能性描述》，冯军译，91页，北京，中国政法大学出版社，1997。

③ 参见［德］京特·雅克布斯：《行为 责任 刑法——机能性描述》，冯军译，88页，北京，中国政法大学出版社，1997。

④ ［德］恩施特·贝林：《构成要件理论》，王安异译，13页，北京，中国人民公安大学出版社，2006。

容的行为规范，其目的在于保护法益；作为制裁规范的罪刑条文，旨在通过定罪处刑维护行为规范的效力；作为能力维持规范的注意义务，其功能在于将公民遵守行为规范的能力维持在合理的水平之上。”[①] 因此，刑法归责是规范论在刑法中的具体应用。规范评价要素能够弥补存在论的犯罪论之不足，因而具有其积极意义。当然，极端的规范论并不可取，规范评价要素并不能完全取代事实性要素。

一、不作为犯的规范构造

作为与不作为的二元区分是刑法中行为的基本分析模式，不作为又可以分为纯正的不作为与不纯正的不作为。其中，纯正的不作为是以违反刑法所确认的义务规范为其构成要件的，因此在司法认定上并无难度。但不纯正的不作为与作为犯共用一个构成要件，如何确定其行为性，则可以说是存在论的犯罪论的阿喀琉斯之踵。例如李斯特主张因果行为论，指出：“行为概念不同于具体行为本身，行为概念源自于对具体行为的抽象。行为是外界的显而易见的改变，这种改变是由人作用于他人或作用于物造成的，而这种作用是基于意志的我们身体运动的结果。这里，以不作为的方式同样可能产生这样的显而易见的改变。”[②] 因此，李斯特把身体运动造成外界的改变，理解为作为与不作为的共同本质。也就是说，行为既不仅仅是身体运动，也不仅仅是外界的改变，而是身体运动引发的外界改变。这里的外界改变是指结果，无论是作为还是不作为都必须具备，这是确定无疑的。因此，作为与不作为的区分就在于身体运动，而恰恰在这一点上，李斯特的论述可谓含糊其词。例如，李斯特在论述作为时明确地指出：“作为是借助由意志支配的身体活动造成——结果的产生。结果必须由身体活动促成；身体活动

① 陈璇：《刑法归责原理的规范化展开》，5～6 页，北京，法律出版社，2019。

② ［德］弗兰茨·冯·李斯特：《论犯罪、刑罚与刑事政策》，徐久生译，63 页，北京，北京大学出版社，2016。

与结果之间必须存在原因与结果之间的关系（因果关系）。”① 但在论及不作为时，李斯特认为不作为是指对结果的意志上的不阻止。意思活动存在于身体活动的任意的不实施之中。它要求一个非强制的，由思想支配的行为人的行为，也即意志的客观化。② 因此，李斯特对不作为的界定中，意志取代了身体活动。如果说，作为是身体活动；那么，不作为就变成了意志活动。但身体活动是可以客观把握的事实，意志活动则是难以客观把握的心理。尤其是在因果关系上，不作为的原因力成为一个难以解决的问题。

在不纯正不作为的构造上，如果引入规范评价要素，不作为的原因问题就迎刃而解了。可以说，不作为并不是身体活动引发构成要件结果，而是违反命令规范而引起构成要件结果，这种违反命令规范就是违反作为义务。因此，应当将作为义务确定为理解不作为的核心。其实，在李斯特之前，费尔巴哈以启蒙时期的自由思想所特有的理由来证明，公民原始的义务仅涉及不作为。仅法律和契约即足以构成避免结果的义务的法根据。德国学者指出，随着自然科学的思想渗入刑法理论，在 19 世纪中叶开始尝试通过证明不作为与发生的结果之间的纯正因果关系，来解决同等地位问题。德国学者认为，这是一段弯路和错路。因为不作为的应受处罚性是与认定因果关系完全无关的，起决定作用的更多的是规范的观点，即某人通过对期待的行为的不作为，侵害对他的帮助给予信任的利益，且由于缺乏其他的保安措施而得不到保护。因此，同等地位问题变成了违法性问题。③ 这里所说的同等地位问题就是指不作为犯违反作为义务，由此获得与作为犯性质上的同等性，即等置性或者等价值性。而违反作为义务变成了违法性问

---

① ［德］弗兰茨・冯・李斯特：《李斯特德国刑法教科书》，［德］埃贝哈德・施密特修订，徐久生译，149 页，北京，北京大学出版社，2021。

② 参见［德］弗兰茨・冯・李斯特：《李斯特德国刑法教科书》，［德］埃贝哈德・施密特修订，徐久生译，156 页，北京，北京大学出版社，2021。

③ 参见［德］汉斯・海因里希・耶赛克、［德］托马斯・魏根特：《德国刑法教科书》（下），徐久生译，807、808 页，北京，中国法制出版社，2017。

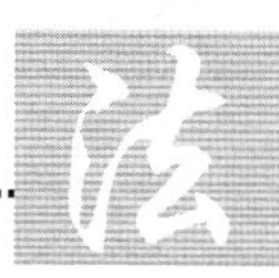

题，则是指贝林的犯罪论。贝林的犯罪论中的构成要件是事实的、价值上中性无色的，因而不作为犯之违反作为义务问题就不能在构成要件中解决，而只能延后至违法性阶层。贝林指出，以不作为实施的作为犯，即不纯正的不作为犯，只有在下述情况下，才能比照作为犯处理。即：（1）有特殊规则要求当事人积极作为；（2）因特定法律地位而依法产生的义务要求实施积极作为；（3）某人有意掌握未来的风险；即使法律并未禁止该危险行为，或者某人对此并无责任，但自主地担当了保护他人的角色。① 与李斯特相比，贝林否定不作为犯的因果关系说，而是主张违反作为义务说。作为义务是一个不作为犯能否成立的构成要件阶层的问题，贝林却为了维持构成要件的纯粹事实性，而将具有规范性的违反作为义务问题置于构成要件之后的违法性阶层，这明显突破了构成要件与违法性之间的位阶关系。而且，不作为犯的违反作为义务虽然具有规范性，但它与构成要件符合以后需要进一步考察的违法性，在性质上并不相同。

不作为犯的作为义务，存在一个从形式的作为义务论演变为实质的作为义务论的过程。形式的作为义务论将义务来源分为法律、契约和先行行为，这就是所谓形式三分说。形式的作为义务论虽然为不作为犯的认定提供了规范根据，但上述三种义务来源的范围较为宽泛，可能导致不作为犯的扩张，而且它不能说明不作为犯处罚的实质根据，因而存在明显的局限性。② 在这一背景下，刑法教义学中出现了实质的作为义务论。德国学者骚尔和基辛基于实质违法观，倡导作为义务的实质化。因为形式的作为义务是置于构成要件阶层考察的，上述学者认为符合构成要件之不作为仅具形式违法性，因而，为贯彻其实质违法性理论以所谓实质的概念，补充不作为之违法性。③ 由此可见，实质义务论并没有否定形式义务

---

① 参见［德］恩施特·贝林：《构成要件理论》，王安异译，88～89页，北京，中国人民公安大学出版社，2006。

② 参见栾莉：《刑法作为义务论》，90～91页，北京，中国人民公安大学出版社，2007。

③ 参见许玉秀：《主观与客观之间——主观理论与客观归责》，263～264页，北京，法律出版社，2008。

论，在构成要件阶层判断是否具有形式义务以此确定构成要件符合性。在此基础上，在违法性阶层根据该不作为是否具有对于国家及其成员害多于利，即危害性，进行实质违法性判断，从而为不作为犯的处罚提供实质根据。形式义务与实质义务分布在构成要件与违法性两个不同的阶层，实际上分割了不作为犯的构成要件。也即是说，无论是形式的作为义务还是实质的作为义务，都属于不作为犯的构成要件而不是违法性要件。因此，实质的作为义务论存在逻辑上的混乱。

在批判实质的作为义务论的基础上，德国基尔学派提出了保证人说，并由此引发保证人之实质化运动。保证人说是纳格勒所创立的，该说根据不纯正不作为是否属于构成要件之行为，是否具备作为所必要之构成要件符合性，以决定不作为是否与作为等价，从而具有相同之可罚性，因此又可称为构成要件说。① 不同于实质的作为义务论，将形式的作为义务与实质的作为义务分别置于构成要件与违法性两个阶层。纳格勒的保证人说将作为义务完全确定为构成要件的要素，由此正确地厘清了不作为的作为义务在犯罪论中的体系性地位。纳格勒将保证人的地位认定为作为义务的核心，因而在一定程度上将不作为犯的作为义务界定为主体身份问题。基于主体身份而产生的作为义务，深刻地揭示了作为义务之于不作为犯的规范效力。尤其是雅克布斯将行为的内涵确定为行为人因保证人地位而获得某种特定义务。雅克布斯指出："构成人格体义务的内容并不是说，任何人随时都应当尽自己最大的努力，从而避免给别人造成损害。从不作为犯中可以清楚地发现，在与作为相同的不作为中，只有保证人有义务阻止受到威胁的损害流程。这与作为犯中的情况并没有什么不同。作为犯中，积极行为人一般来说同样应当保证，他不能因自己的作为而给他人带来损害。"② 因此，在雅克布斯看来，无论是作为还是不作为都是违反基于保证人地位而具有的义务。其中，作为犯是违反不能因自己的作为而给他人带来损害的义务，而不作为犯则是违反阻止他人

① 参见许玉秀：《主观与客观之间——主观理论与客观归责》，254页，北京，法律出版社，2008。

② ［德］京特·雅克布斯：《刑法归责体系》，赵书鸿译，35～36页，北京，法律出版社，2024。

受到损害的义务。因此，在保证人意义上，雅克布斯将作为与不作为置于相同的规范语境之中，由此而消解行为的实体性质。

不作为犯的构造，从存在论的难以自圆其说到规范论的合理论证，可以看出规范评价要素在犯罪论中具有不可或缺的作用。

二、过失犯的规范构造

过失犯如同不作为犯一样，也是存在论的犯罪论的解释上的痛点，尤其是忘却犯，即过失犯的不作为犯，被称为犯罪论的试金石。对于过失犯，无论是客观上的过失行为还是主观上的过失心理，都经历了一个从存在论到规范论的演变过程。

古典的犯罪论认为，过失犯只是一个主观心理的问题，在客观行为上无异于故意犯。因为在构成要件中，故意行为与过失行为是可以共用的，只是于责任类型上有差别而已。至于故意和过失的区别，李斯特认为只是在于心理认识的不同。故意（领域）中未必故意停止之处，可能是过失（领域）开始之时。因此，如果故意所特有的对符合构成要件的结果及其社会危害性与行为意志之间存在特有联系，则不是过失。[①] 换言之，过失是没有达到故意程度的责任形式。但实际上故意犯与过失犯不仅主观要素不同，而且客观行为亦有所不同，尤其是对于过失犯，应当视为不同于故意犯的特殊犯罪类型。

过失犯与故意犯共用一个构成要件，是传统的存在论的犯罪论所主张的观点。例如在致人死亡的案件中，故意杀人引起他人死亡结果，则构成故意杀人罪。如果是过失引起他人死亡结果，则构成过失致人死亡罪。在这种情况下，虽然客观上都是致人死亡，但故意犯的场合是由于杀人行为造成死亡结果，因而故

① 参见［德］弗兰茨·冯·李斯特：《李斯特德国刑法教科书》，［德］埃贝哈德·施密特修订，徐久生译，243页，北京，北京大学出版社，2021。

意杀人罪的构成要件包括杀人行为与死亡结果；但在过失犯的场合，则只有致人死亡结果，对于其行为则不甚了然。这里涉及的问题是：故意犯的构成要件行为具有定型性，例如故意杀人行为是指在杀人故意支配下的致人死亡行为。但过失犯的构成要件行为则缺乏这种定型性，例如因疏忽引起他人死亡结果，这里的疏忽是一种主观要素，因而给人错觉，似乎疏忽本身就是过失行为。如果答案是肯定的，那么，疏忽既是行为又是主观心理，其功能具有客观与主观之一身而二任的性质，其实是混淆了过失犯中的客观行为与主观过失的界限。正如韦尔策尔指出："引起某人死亡结果发生的不可能是过失，而只能是过失行为。"这说明韦尔策尔也注意到了过失犯的构成要件行为。同时韦尔策尔又说："过失犯的构成要件行为并非在法律中被规定下来，因而其构成要件是开放的或需要补充的构成要件。"① 这就是所谓开放的构成要件或者待补充的构成要件的理论。那么，如何对过失犯的开放的构成要件加以补充呢？韦尔策尔提出了交往中必要注意的概念，这个概念是客观的和规范的，因而韦尔策尔是以过失犯的构成要件中通过开放的构成要件，为规范要素提供了置身空间。及至罗克辛的客观归责理论，则是以制造法所不允许的风险这样一种更为抽象的表述描述过失犯的构成要件行为。虽然过失犯中的制造法所不允许的风险是抽象的，但罗克辛提出了具体化的方案。罗克辛将过失犯中的制造法所不允许的风险具体化为违反法律规范、违反交往规范、违反信赖原则等情形。② 这些规范要素对于理解与认定过失犯的构成要件行为具有重要的指导作用。

在日本刑法教义学中，过失论分为旧过失论、新过失论和新新过失论，其中，主要的争议发生在旧过失论与新过失论之间。旧过失论认为，预见可能性是过失犯的责任基础。亦即只要结果已经发生，则在行为的构成要件的该当性、违

---

① ［德］汉斯·韦尔策尔：《目的行为论导论：刑法体系的新图景》（增补第4版·中文增补版），陈璇译，40页，北京，中国人民大学出版社，2024。

② 参见［德］克劳斯·罗克辛：《德国刑法学总论》（第1卷），王世洲译，715页以下，北京，法律出版社，2005。

法性方面，过失犯与故意犯并无不同。二者的不同仅仅在于：故意犯是对结果的认识、预见，而过失犯则是对结果的认识可能性。[①] 此后，随着现代社会危险源的增加，过失犯的案件数量，如交通犯罪案件的数量亦随之大幅度上升。在这种情况下，过失犯引起学者的关注与重视，因而出现了对过失行为加以强调的观点，这种观点在日本刑法教义学中被称为新过失论。新过失论认为，过失的本质不在于预见可能性，而在于违反结果避免义务。亦即过失是指对社会生活中一般要求的结果避免行为，即基准行为的懈怠。[②] 因此，新过失论也称为基准行为说。新过失论与旧过失论的最大差别在于：新过失论以基准行为之违反这一客观内容弥补了过失犯的构成要件的缺失。在刑法教义学中，违反基准行为一般称为违反客观注意义务，以此与过失犯的主观心理之违反主观注意义务相对应。显然，无论是违反基准行为还是违反客观注意义务，都在过失犯的构成要件中采用了规范评价标准。例如日本学者高桥泽夫提出了过失犯的行为规范的命题，认为过失犯的行为规范的内容是以可能认识的危险状况的存在为契机，当行为人认识到或者可能认识到该行为能够导致法益侵害时，为了回避该侵害，尽了必要的注意而实施或者不实施该行为。[③] 与此同时，修正的旧过失论亦以违反客观注意义务弥补过失犯的构成要件，由此而与违反主观注意义务相对应，形成独立于故意犯的过失犯构成要件。[④] 因此，即使日本刑法教义学中的旧过失论，经过修正以后，也不再认为过失犯是单纯的心理责任。

值得注意的是，过失犯可以分为以下两种情形：一是不纯正的过失犯，即同一行为，故意行为与过失行为都构成犯罪的，刑法分则在同一条文或者不同条文

---

① 参见［日］西田典之：《日本刑法总论》（第 2 版），王昭武、刘明祥译，228 页，北京，法律出版社，2013。

② 参见［日］西田典之：《日本刑法总论》（第 2 版），王昭武、刘明祥译，229 页，北京，法律出版社，2013。

③ 参见［日］高桥则夫：《刑法总论》，李世阳译，180 页，北京，中国政法大学出版社，2020。

④ 参见［日］甲斐克则：《责任原理与过失犯论》，谢佳君译，84～85 页，北京，中国政法大学出版社，2016。

分别予以规定的情形。二是纯正的过失犯，即某种行为，只能构成过失犯罪，而并不存在与之对应的故意犯的情形。[①] 在不纯正的过失犯的立法例中，由于刑法对同一行为分别设立故意犯与过失犯，因而采用旧过失论尚有一定的可能性。例如我国刑法中的故意杀人罪与过失致人死亡罪，客观行为都是致人死亡，但主观上存在故意与过失两种责任形式。与之不同，在纯正的过失犯的立法例中，过失犯并不存在与之相对应的故意犯，因而也就根本不存在与故意犯共用一个构成要件的可能性。对于纯正的过失犯的构成要件，刑法作了具体规定。例如我国《刑法》第 133 条规定的交通肇事罪，是指违反交通运输管理法规，因而发生重大事故，致人重伤、死亡或者使公司财产遭受重大损失的行为。这里的违反交通运输管理法规，是以规范违反的方式规定了交通肇事罪的构成要件行为，由此可以推导出行为人的客观注意义务。我国学者将我国刑法中的纯正的过失犯的罪状理解为空白规定，而认为应当通过法律、法规、规章等成文规范进行填充。这种填充规范既可以类型性地推断注意义务，也可以划定被容许风险的边界。[②] 在这种情况下，纯正的过失犯的构成要件行为就具有了明确的规范标准。

对于过失犯来说，不仅构成要件行为需要通过规范进行填充，而且主观过失心理也只有引入规范评价要素才能为司法认定提供判断标准。在刑法教义学中，过失心理可以分为有认识的过失与无认识的过失。其中，有认识的过失，即轻率过失，是指行为人在主观上已经认识到可能发生构成要件的结果，因为缺乏相应的谨慎而导致结果发生。在这种情况下，轻率过失的主观心理事实是客观存在的，即使采用存在论也可以描述轻率的过失心理。然而，无认识的过失，即疏忽过失则有所不同。无认识的过失是指行为人在主观上没有认识到可能发生构成要件的结果，因而缺乏主观心理事实。在这种情况下，只有引入规范评价要素才能

---

① 参见陈兴良：《纯正的过失犯与不纯正的过失犯：立法比较与学理探究》，载《法学家》，2015(6)。

② 参见陈璇：《刑法归责原理的规范化展开》，76 页，北京，法律出版社，2019。

呈现过失犯的主观要件，也就是说，将疏忽心理理解为违反主观的注意义务。我国刑法规定的疏忽过失，是指应当预见自己的行为会发生危害社会的结果，因为疏忽大意没有预见而导致结果发生。由此可见，疏忽过失的主观要件是对结果预见义务的违反，即应当预见而没有预见。因此，结果预见可能性是违反注意义务的核心，它将为疏忽过失的主观归责奠定基础。

三、义务犯的规范构造

在规范论的犯罪论中，罗克辛的义务犯理论可以说是最具魅力的刑法教义学知识贡献，它可以在很大程度上消解存在论对犯罪论的某些窒碍，因而值得特别关注。

义务犯的概念并非罗克辛的首创，它是随着与法益侵害说相对立的规范违反说的出现而产生的概念。20 世纪 30 年代，德国学者沙夫施泰因认为应当把义务违反视为犯罪的本质，由此构成的犯罪可以称为义务犯。[①] 由于义务犯的概念出现在纳粹时期，因而从其产生之日起就蒙上了一层阴影。罗克辛是法益侵害说的有力主张者，因而其义务犯的概念并非来自规范违反说，而是其规范论演绎的必然结果。罗克辛将犯罪分为支配犯与义务犯，其中，支配犯是建立在犯罪支配的基础之上的，这里的支配是指对行为的因果流程的控制，具有支配关系的人就是正犯。罗克辛将这种支配关系分为三种，由此将正犯区分为三种类型：第一是行为支配，行为人亲自实施了构成要件所规定的行为，因而具有行为支配，由此构成直接正犯。第二是意志支配，行为人虽未亲自实施构成要件的行为，但利用自己的意志控制了犯罪的因果流程，因此具有意志支配，由此构成间接正犯。第三是机能支配，行为人通过和其他犯罪人的分工合作，机能性地支配了犯罪，因此

① 参见［日］大塚仁：《刑法概说（总论）》（第三版），冯军译，103、104 页，北京，中国人民大学出版社，2003。

具有机能支配，由此构成共同正犯。这三种正犯形态采取了支配这一实质分析工具，穿透了纯粹存在论的面纱。当然，支配犯还不是建立在规范论的基础之上的概念，与之对应的义务犯才是规范论的逻辑演绎的结果。罗克辛认为，义务犯是指违反构成要件之前的、刑法之外的特别义务的人。因此，义务犯不是以因果流程的控制而是以特别义务的违反为其特征的，由此而与支配犯相区分。① 罗克辛从侵害法益与侵害方式等视角揭示了义务犯与支配犯之间的区分，指出："在义务犯中，构成要件所保护的是那些生活领域的功效，而这些生活领域是人们在法律上精心构建过的，具体而言，如财产维护人和委托人之间、看守人员和犯人之间、律师和委托人之间的关系；而在支配犯上，行为人则是通过破坏和平的方式（如故意杀人、抢劫、开拆他人信件、秘密窃听等），从外部侵入了为法律所保护的不容侵犯的领域。"② 基于义务犯与支配犯的以上差别，在义务犯的情况下，行为人的外部举止根本就不重要，关键在于考察行为人是否违反特定义务。因此，违反特定义务成为义务犯构成要件的核心内容。罗克辛以《德国刑法典》第266条规定的背信罪为例进行了考察，德国刑法中的背信罪是指根据法律、官方委托或法律行为，有权处分他人财产或对他人负有义务而滥用其权利；或基于法律、官方委托、法律行为及信托关系有义务管理他人财产利益，破坏其义务，致他人的财产利益遭受损失的行为。罗克辛认为背信罪是典型的义务犯，指出："在《德国刑法典》第266条中，对于那些违反其管理他人财产利益的义务的人，人们利用刑罚加以威胁。这样，只要行为人对财产的损害在根本上违反了他的义务就可以了，至于他到底具体是怎么做的，则显然并不重要。"③ 也就是说，对于类似背信罪这样的义务犯，构成犯罪的根据在于特定义务之违反，而不在于其

---

① 参见何庆仁：《义务犯研究》，13页，北京，中国人民大学出版社，2010。

② ［德］克劳斯·罗克辛：《刑事政策与刑法体系》（第二版），蔡桂生译，23～24页，北京，中国人民大学出版社，2011。

③ ［德］克劳斯·罗克辛：《刑事政策与刑法体系》（第二版），蔡桂生译，23页，北京，中国人民大学出版社，2011。

客观行为样态。由于义务犯的义务并不是刑法本身所规定的，而是刑法之外的其他法律、法规或者其他规范所规定的，因而义务违反的概念在性质上可以等同于规范违反。就此而言，义务犯概念贯彻了规范论的立场。

义务犯概念对于分析刑法所规定的构成要件具有重要意义。我国传统的犯罪构成理论是建立在存在论基础之上的，对于罪状的分析也是采用事实分析方法，因而出现一些理论上的障碍。例如我国《刑法》第 201 条规定的逃税罪，该罪在 1979 年刑法中称为偷税罪，并且采用简单罪状对本罪的构成要件进行规定，在这种情况下，将偷税罪归之于纯正的不作为犯，也就是违反纳税义务而构成的犯罪，对此并没有疑问。但 1997 年刑法不仅将本罪行为修改为逃税，而且对本罪采用叙明罪状的方式进行规定，本罪包括两种情形：第一是虚假申报，第二是不申报。不申报是指税务机关要求纳税人申报而不申报逃避缴纳税款，因而具有不作为的特征。但虚假申报则是纳税人采用欺骗或者隐瞒手段逃避缴纳税款，因而具有作为的特征。在这种情况下，逃税罪究竟是不作为，抑或作为，还是同时包括不作为与作为？对此，如果采用存在论的方法难以做出符合逻辑的解释，尤其是既可以由作为，又可以由不作为构成的观点，难以自圆其说。如果是在一个逃税案件中采用了虚假申报的行为方式，而在另外一个案件中则采用不申报的行为方式，对此分别认为前者是作为构成的逃税罪，后者是不作为构成的逃税罪，尚有道理。但如果在同一个案件中，行为人既采用虚假申报手段又采用不申报手段，对此要么认定为作为犯，要么认定为不作为犯，而不可能同时是作为犯与不作为犯。显然，对逃税罪采用支配犯的分析方法，是难以获得合理解释的。但如果采用义务犯的概念，则能够合理地解释逃税罪在手段行为中既有作为又有不作为的现象。根据义务犯原理，逃税罪主体是具有纳税义务的人，只要违反纳税义务即可构成本罪。至于行为人是采用虚假申报还是不申报的方法，对于逃税罪的成立并无影响。又如，我国《刑法》第 270 条规定的侵占罪，是指将代为保管的他人财物非法占为己有数额较大，拒不退还的行为。对于侵占行为的性质，我国学者主要以取得行为说与越权行为说为中心展开论述。其中，取得行为说认为，侵占是将占有变为不法所有的意志取得行为。越权行为说则认为，侵占是指破坏委托信任关系，对委托物超越权限的行为。[①] 但无论是取得行为说还是越权行为说都存在一定的缺陷，例如取得行为说，因为代为保管的他人财物已经处于行为人占有之下，因而不再存在需要取得的问题。至于越权是指对保管物的处分，但侵占的核心是占为己有，即使没有处分财物也可以成立侵占罪。我认为，违反保管物的返还义务才是侵占罪的本质特征，至于行为人在客观上采取何种举止，对本罪的构成并不重要。综上所述，义务犯有助于解释刑法中以违反特定义务为特征的犯罪，它是在作为犯与不作为犯之外的第三种犯罪类型。

罗克辛的义务犯概念虽然具有一定解释力，但如何正确界定也还存在一些值得研究的问题。例如，义务犯与不作为犯的关系就是一个存在争议的问题。罗克辛曾经将所有的不作为犯都归之于义务犯，不作为犯之所以属于义务犯，是因为它并不存在支配关系。罗克辛认为，支配犯既可以由作为构成，也可以由不作为构成。在由作为构成的情况下是纯正的支配犯，在由不作为构成的情况下则是不纯正的支配犯。罗克辛将不纯正的支配犯又称为伪装的义务犯。这种所谓伪装的义务犯虽然充足的仍然是支配犯的构成要件，但实际上决定正犯的已经不是犯罪支配原则，而是违反特别义务。罗克辛指出，不纯正的支配犯不仅仅是伪装的义务犯，而且是纯正的义务犯。[②] 罗克辛的上述观点受到某些学者的批评，认为其扩张了义务犯的范围。不仅如此，罗克辛还将过失犯也纳入义务犯的范畴，认为在过失犯的教义学上，该领域面对的也是义务犯而并非支配犯的问题。[③] 我认为，罗克辛的这些观点过于扩张了义务犯的范围，因而并不妥当。因为在刑法中，多数罪名都是支配犯，义务犯只是个别罪名，因而义务犯与支配犯难以平起平坐。当然，义务犯理论为我们正确理解某些特殊犯罪的构成要件提供了一条思

---

① 参见张明楷：《刑法学》（下・第六版），1264 页，北京，法律出版社，2021。

② 参见何庆仁：《义务犯研究》，37～38 页，北京，中国人民大学出版社，2010。

③ 参见［德］克劳斯・罗克辛：《刑事政策与刑法体系》（第二版），蔡桂生译，29 页，北京，中国人民大学出版社，2011。

路，因而值得参考。

在宾丁提出规范论以后，引发了刑法教义学中对规范概念的重大争议。规范具有区别于实体的意义，因而规范论开启了对不法本质认识的另外一个面向，并由此影响到从新古典的犯罪论到目的论的犯罪论的构造。这个时期的犯罪论受到规范论的“渗透”，犯罪论不再是纯粹的存在论体系，规范论起到了重要填补作用。及至罗克辛的目的理性犯罪论和雅克布斯的机能主义犯罪论，借用我国学者的描述，规范论表现为价值对事实的“淹没”[①]，规范论因而发展到极端。回顾犯罪论从存在论到规范论的演变历史，可以使我们更加深刻地把握犯罪论的实质内容，对于我国刑法教义学中的犯罪论体系的构造具有参考价值。

① 方泉：《犯罪论体系的演变——自“科学技术世纪”至“风险技术社会”的一种叙述和解读》，84页，北京，中国人民公安大学出版社，2008。

第四章 类型思维

类型—类比与等置是刑法教义学中的一种思维方法，对犯罪论体系的构造具有重要意义。我国刑法学界对类型思维的功能与适用存在不同理解，在这种情况下，对类型思维进行深入研究，尤其是在刑法中厘定类型思维的适用范围，具有重要意义。本章在对类型思维的一般特征进行论述，尤其是厘清类型思维与概念思维关系的基础上，对刑法教义学中类型思维的适用进行分析。

第一节　类型思维的演变

法学方法经历了比对方法到涵摄方法，再到类比—等置方法的演变过程，各种方法都与一定的思维方式相关。例如比对方法是以具象思维为根据的，涵摄方法是以概念思维为前提的，类比—等置方法是以类型思维为内容的。

一、具象思维—比对方法

从习惯法到成文法的转变，是法律发展的一个里程碑。法律的成文化意味着

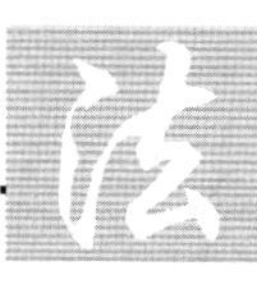

法律获得了某种永久性的承载方式，法律由此而具有明示性与安定性。数千年来，虽然社会发生了巨大的变化，但法律以语言文字为载体这一特征始终未变。当然，法律的语言表述方法本身也是适应法律规范的要求而向前发展的，例如初期的法律语言是具象的，由此决定了在法律适用过程中主要采用比对方法，即将待决的案件事实与法律所规定的观念形象进行比对，以此确定某一法律规定能否适用于个案。比对方法作为一种法律适用方法，是指在形象化与个别化的法律规定与案件事实之间进行内容比较对照，并将比对结果作为法律规范适用的根据。在比对方法中，具象化的法律规定是比对的摹本，通过直观的对照方法，确定某种案件事实与具象的法律规定是否具有相同性，由此完成比对过程。

比对方法是一种较为低层次的认识事物之间的关联性的方法，它之所以在法律适用中被采用，主要是与法律规定的具象化有关的。例如在我国古代的法律适用中，就存在这种比对的思维方法。这里的比对的重点在于"比"，可以说，"比"的思维方法在我国源远流长，可以追溯到汉代的决事比。决事比以春秋决狱而著名，是指从《春秋》的具体事件中抽象出一般的法律原则，再将这些原则运用于现实发生的司法审判中，以此断案。[①] 由此可见，决事比是以儒家著作《春秋》作为法律规定的来源，以此比附适用于具体案件。通过将待决案件与《春秋》中的具体事件作比对，以此作为援引适用的根据。比对方法在我国古代司法中得以广泛适用，比对方法在法律适用中的采用在一定程度上是与当时的立法技术相关联的。

在古代早期立法中，法律规定具有以下两个特点：其一是法律规定的形象化，其二是法律规定的个别化。所谓法律规定的形象化是指采用形象的方法描述犯罪成立条件，使犯罪成立条件具有直观的特征。在这种情况下，人们对犯罪的认识还处于感性认识阶段，由此而获得的犯罪认知是一种"感官映像"[②]，因此，

---

① 参见王宏治：《中国刑法史讲义·先秦至清代》，111页，北京，商务印书馆，2019。

② ［日］宗岗嗣郎：《犯罪论与法哲学》，陈劲阳、吴丽君译，6页，武汉，华中科技大学出版社，2012。

对犯罪的规定具有形象化的特征。例如，根据《唐律·贼盗律》的规定，窃盗罪（现在刑法中的盗窃罪）的手段是“潜形隐面”。《唐律疏议》在解释窃盗时指出：“窃盗人财，谓潜形隐面而取。”[①] 这里的潜形隐面，采用了一种文学的描述手法，以此刻画窃盗罪的构成要件要素。我国学者在解释潜形隐面时指出：潜形是指潜踪匿迹、潜踪隐迹而不为人知。隐面是隐瞒行为人的社会身份信息，而无法知道何人所窃。这一行为的秘密性的内容在于身份，而不在于行迹与面貌。[②] 由此可见，我国古代的刑律在某些情况下是依靠文字描述的方法规定犯罪成立条件的。为此，我国以刑律为研究对象的律学通过言语描绘方法对法律规定进行解释。在某种意义上说，我国古代的律学就是法语言学。在法律规定通过语言描述具有形象化特征的情况下，法律适用主要采用的是比对的方法，也就是将案件所呈现的事实与法律所描述的形象加以对比，以此确定两者是否具有重合性。如果两者具有重合性的，即可认定为犯罪；反之，则不能认定为犯罪。所谓法律规定的个别化是指采用一事一议的立法方式，使犯罪具有个别化的特征。在这种情况下，缺乏抽象性的法律规定只能适用于个别场景，因而为了将个别的法律规定适用于法律没有规定的情形，就必须采用“比”的方法。我国学者指出了“比”的思维方法在我国古代法律适用中的采用与当时制定法所规定的行为模式与法律后果过于个别化的立法技术有关。正是为了解决法律规定过于个别化所带来的法律规范的短缺，才导致“比”的思维方法在我国古代司法活动中规范采用。[③] 我国学者以秦墓竹简中的“比疻痏”为例做了说明。在古汉语中，凡殴伤皮肤起青黑而无创瘢者为疻，有创瘢者曰痏。因此，疻和痏分别是殴斗造成的具体结果。由于疻痏的具体性，在殴斗但没有造成疻痏，却造成其他结果，例如“决人唇”，也就是毁坏他人嘴唇的情况下，如何定罪？对此，《秦律》规定“比疻痏”，也就

① （唐）长孙无忌等撰：《唐律疏议》，刘俊文点校，358页，北京，中华书局，1983。

② 参见孙向阳：《中国古代盗罪研究》，335、336页，北京，中国政法大学出版社，2013。

③ 参见胡兴东：《比、类和比类——中国古代司法思维形式研究》，载《北方法学》，2011（6）。

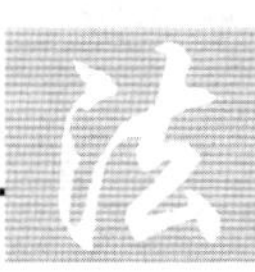

是比照殴斗造成疻痏处理。此外，《唐律疏议》中还有“见血为伤”的规定，将见血作为判断伤害的标准，同样具有个别性的特征。由此可见，没有到达概念程度的个别性规定，只能适用于完全对应的个别情形。在这种情况下，为扩大这种个别性规定的适用范围，就不得不采用“比”的方法。

随着人类的抽象能力提高，在刑法中采用抽象概念的立法方式，概念可以涵盖更为丰富的内容，因而演绎推理就取代了“比”的思维方法。

二、概念思维—涵摄方法

随着法律语言的专业化，日常语言与专业语言逐渐分化。德国学者考夫曼在揭示日常语言与法律的专业语言之间的区别时指出：“日常语言与法律的专业语言，是两个层面，但是有不同的重点。其中一种是较为平常的，另外一种是较为抽象的；一种是具有图像式的形态，另外一种则是一种符号式的观念；一种的内容是丰富的，因此具有较大的讯息价值，另外一种在形式上较为严格，因此具有较大的操作价值。两者必须相互拉近，使得生活事实的日常世界以及法律规范世界，不会毫无关系地相互割裂。”[①] 随着法律语言的专业化程度提升，为适应法律用语严谨性的要求，在立法中越来越多地采用概念的表述方法。在这种情况下，通过概念进行逻辑推理就成为法律适用的基本方法。司法三段论就是建立在概念思维基础之上的，其主要的思维方法是涵摄。

在相当长的一个时期，在法学中通行的是概念思维。美国学者指出：“法律概念可以被视为是用来以一种简略的方式辨识那些具有相同或共同要素的典型情形的工作性工具。概念乃是解决法律问题所必需的和必不可少的工具。没有限定严格的专门概念，我们便不能清楚地和理性地思考法律问题。没有概念，我们便无法将我们对法律的思考转换为语言，也无法以一种可理解的方式把这些思考传

① ［德］阿图尔·考夫曼：《法律哲学》（第二版），刘幸义等译，137页，北京，法律出版社，2011。

达给他人。如果我们试图完全否弃概念，那么整个法律大厦就将化为灰烬。”[①]由此可见，概念之于法律和法学都是最为基础性的承载工具和分析工具。概念可以分为抽象概念和具体概念。例如黑格尔法哲学就是建立在抽象—普遍概念之上的，黑格尔指出：“法哲学这一门科学以法的理念，即法的概念及其现实化为对象。”[②] 在此，黑格尔论及法的理念与法的概念。那么，这两者之间是一种什么关系呢？在黑格尔看来，法的理念是以概念的形式存在的，因此，法的概念是法的理念的载体。由此可见，黑格尔的法哲学研究主要采用的是以概念为核心的辩证逻辑的推理和论证方法。可以说，黑格尔将概念思维方法推到了登峰造极的程度。概念不仅是一种思维方法，而且它是一种范式性认识，因而在法律思维中占据着十分重要的地位。德国学者考夫曼指出：“概念作为最简单的思维形式，是对对象的这样一种思想上即抽象—精神性的说明；它是‘什么’（‘什么样’），而不必先行提出关于它的命题；它只是提供了一种范式性的认识，因为它形成的只是与实然无关、并不需要通过实然中的规定来铸造的内容。”[③] 在此，考夫曼将概念的形成完全与实然相割裂，这是值得商榷的。当然，考夫曼将概念界定为一种范式性认识方法，深刻地揭示了概念思维之于法律思维的重要性。

在概念思维的基础上，形成所谓概念法学。概念法学（Begriffsjurisprudenz）一词是由德国著名学者耶林所首创的，耶林在《法学上之诙谐与严肃》一书中指出：“任何法学以概念进行操作，法律思维等同意义于概念思维，在这等意义下任何法学都是概念法学。”[④] 由此可见，概念法学是指以概念思维为特征的法学。

① ［美］埃德加·博登海默：《法理学：法哲学与法律方法》，邓正来译，501、504页，北京，中国政法大学出版社，2017。

② ［德］黑格尔：《法哲学原理》，范扬、张企泰译，1页，北京，商务印书馆，1961。

③ ［德］阿图尔·考夫曼：《法律获取的程序——一种理性分析》，雷磊译，88页，北京，中国政法大学出版社，2015。

④ 转引自吴从周：《概念法学、利益法学与价值法学：探索一部民法方法论的演变史》，5页，北京，中国法制出版社，2011。

不能不说，这个意义上的概念法学是泛指而非特称。也就是说，凡是将法律归结为以概念为中心形成的法学概念体系都是耶林所说的概念法学。只是在德国学者赫克在与概念法学相对立的意义上提出利益法学的概念以后，概念法学才具有特殊含义。[①] 概念法学将法律归结为以概念为中心形成的法学概念体系。概念法学认为，法是概念逻辑的产物，法律概念具有独立的功能。正如我国学者指出，概念法学强调了法学（法律科学）通过纯粹逻辑的方式进行法学概念的建构对于一个国家的法律（法条）体系形塑的意义。[②] 概念法学将法律载体从语言转化为概念，并为从单纯的语言方法到逻辑方法的转变创造了条件。拉伦茨曾经对建立在概念法学基础上的教义学的基本理论立场做过以下描述："所有的法现象都能在概念中被把握，人们能将前者涵摄于概念之下，因此可以构想一种或多或少封闭的概念体系，它能够借助于逻辑思维程序来回应新出现的法律问题；这种立场进而主张，在法学领域中，其学术思维与价值中立的客体—认知模式，即自然科学式的科学概念并无不同。"[③] 概念法学实际上是以概念为核心，采用三段论的逻辑推理方式，将一定的事实涵摄在相关的法律概念之中，由此得出司法判断的思维过程。这是一种概念借助于逻辑以实现法律与事实的沟通的思维方法，符合形式理性的要求。当然，概念法学所具有的形式主义特征受到诟病。例如司法三段论就是建立在概念思维方法基础之上的法律适用过程，在司法三段论中，关键是大前提法律规定，确定大前提的过程被称为找法活动，也就是寻找法律规则的活动。可以说，概念法学是以法律规定的完美无缺为前置条件的，但这是一种法律乌托邦，在这种情况下，司法三段论就会面对形式主义的谬误的指责："在批评者看来，传统的司法三段论无视法律规范体系的不完备性及其事实涵摄的困难，

① 转引自吴从周：《概念法学、利益法学与价值法学：探索一部民法方法论的演变史》，217 页，北京，中国法制出版社，2011。

② 参见舒国滢：《法学的知识谱系》，1001 页，北京，商务印书馆，2020。

③ ［德］卡尔·拉伦茨：《法学方法论》（全译本·第六版），黄家镇译，289 页，北京，商务印书馆，2020。

将程序看成是绝对一致的演绎推理，因而犯了形式主义的谬误。”[①] 因此，问题还是出在法律规定本身所具有的不确定性和模糊性上，只要这个问题不能得到妥当的解决，三段论对案例类型的全面涵摄就难以达致，由此限制了三段论的司法适用功能。

司法三段论虽然以概念为核心，但其逻辑基础却是所谓涵摄，这里的涵摄是指将案件事实包含在概念的涵盖范围之内。[②] 三段论的逻辑推理是从大前提——法律规定进行演绎推理，由此推导出结论。然而，德国学者考夫曼指出：“法律适用并不是‘单纯的涵摄’，而且法律适用与法律发现并没有本质上的不同，而只是法律扩张的程度的区别而已。唯一以涵摄就可能完成的，只有在：法律使用清楚的概念的情形，而且真正的清楚，不需要解释，也根本不能解释的只有数字概念（十八岁）。”[③] 考夫曼的上述对以概念为基础的演绎推理局限性的论述当然是夸张的，却又不无其理。

三、类型思维—类比与等置方法

类型是一个分类学的概念，根据一定的标准将事物区分为不同类型，各种类型都具有自身的特殊性质。在某种意义上说，类型思维是认识客观现象的一种方法。类型的观念可以追溯到工业生产中的模型，模型是指依照实物的形状和结构按比例制成的物品。随着对具有共同形状物品的大规模生产，人们利用模具生产具有相同形状的物品，由此而从物品中提炼出可以作为样板的模具，因此，模型就成为通过主观意识借助实体或者虚拟表现、构成客观阐述形态、结构的一种表

---

① 张其山：《司法三段论的结构》，70页，北京，北京大学出版社，2010。

② 关于涵摄，参见本书第十一章。

③ ［德］阿图尔·考夫曼：《法律哲学》（第二版），刘幸义等译，77页，北京，法律出版社，2011。本书译者将 Subsumtion 翻译为包摄，我国通常译为涵摄。为统一起见，本书均改为涵摄。特此说明。

达目的的物件。[①] 在类型这个概念中，“类”与“型”并不能等同。“类”是指事物的种类，这是对事物的一种性质归属。“型”则是指事物的构造，是对事物的一种外观描述。从思维的角度来说，从模型到类型是一个归纳的过程，最终上升为思维方法，是指将具有相同结构或者形状的事物归为同一种类，由此形成类型的概念。

在社会科学中，最早提出并采用类型分析方法的当属德国著名社会学家马克斯·韦伯，韦伯在对人类社会形态进行研究的时候，提出了理念类型的概念。这里的理念类型是从大量的事实特征中进行归纳，由此形成某种具有典型性的事物模型。韦伯在对社会形态进行社会学考察的时候，将不同发展阶段的社会形态界分为不同的类型，称之为理念类型（Ideal Type）。例如韦伯指出：“类概念—理念类型—理念类型的类概念；那种实际存在于人类头脑中的思维方式意义上的观念——这类观念即支配着人们的理念的理念类型——这种理念即历史学家用以探讨历史事实的理念的理念类型。”[②] 在韦伯的观念中，理念类型中的理念是区别于现实的意思。因此，理念类型的社会不能等同于现实的社会，是根据一定的价值观念对现实社会所做的抽象概括。同时，理念类型中的类型是指符合某种标准的形态。因此，理念类型的社会是根据一定标准对社会所做的逻辑归类。韦伯的理念类型的概念对于此后的社会科学研究起到了重要作用，也是韦伯对社会科学方法论的主要贡献。正如德国学者指出：“在韦伯关于社会科学方法论的著作中，再也没有别的命题能像这一命题（指理念类型——引者注）这样引起如此广泛的

---

① 参见“模型”的百科释义，https://hanyu.baidu.com/zici/s?wd=%E6%A8%A1%E5%9E%8B&query=%E6%A8%A1%E5%9E%8B&srcid=28232&from=kg0，2022年5月21日访问。

② ［德］马克斯·韦伯：《社会科学方法论》，杨富斌译，198页。韦伯书中的Ideal Type一词，我国学者通常译为理想类型，但我国台湾地区学者译为理念型，即将Ideal译为理念，将Type译为型。参见金星：《马克斯·韦伯思想中的自然法》，135页注释②，北京，中国社会科学出版社，2011。我国学者还将理想类型译为理想典型，即将Type译为典型。参见［德］马克斯·韦伯：《社会科学方法论》，李秋零、田薇译，42页，北京，中国人民大学出版社，1999。本书采用理念类型的译法，特此说明。

讨论了——这种推理一直持续至今天。”①

随着法律的发展，法律方法的形式化倾向不断加剧，概念脱离社会事实更远。为此，在概念的基础上形成类型的方法，类型方法的核心是类比—等置思维。在法学中，首次引入类型思维的是德国著名学者拉德布鲁赫。拉德布鲁赫在1938年发表了《法律思维中的分类概念与次序概念》一文，在传统概念的基础上，分别对分类概念与次序概念进行了研究，在此基础上形成类型思维。拉德布鲁赫首先对传统概念的特征作了描述，指出：“传统观念的主要功用不在于把握，即抓住特定的思想内涵，而在于界分，它就像是一堵防火墙，借此将来自外部的其他思想内涵堵在外边。简言之，传统的概念思维是一种分类思维（Trennungsdenken）。”② 因此，概念具有严格的内涵与外延，它用于定义事物，由此而将不同事物加以区分，可以说概念是认知世界的基本方式。当然，概念思维本身具有局限性，德国学者保罗·奥本海默和卡尔·亨普尔在概念思维的框架内提出了分类概念（Klassenbegrifffe）与次序概念（Ordungsbegriffe）。分类概念由这样的特征组合而成，人们只能要么将之归于某个具体现象，要么不将之归于某个具体现象；相反，次序概念包含着可分层的属性，人们可在不同的程度（或高或低的程度）上将他们给予某个具体现象。在次序概念的基础上形成类型概念（Typenbegriffe）。拉德布鲁赫指出：“人们从次序概念中挑选出特别显著、纯粹和经典的现象，无论它是极端形式，抑或相反是平均形式，以便于根据它们来衡量其他现象。”③ 由此可见，类型思维是从概念思维中发展起来的，它更为贴近生活现实，并且具有其他抽象概念所没有的特殊功能。此后，德国学者考夫曼、拉伦茨等学者对类型思维作了进一步研究，由此确定了类型思维在法学方法中的重要地位。

---

① ［德］迪尔克·克斯勒：《马克斯·韦伯的生平、著述及影响》，郭锋译，216页，北京，法律出版社，2000。

② ［德］拉德布鲁赫：《法哲学导引》，雷磊译，186页，北京，商务印书馆，2021。

③ ［德］拉德布鲁赫：《法哲学导引》，雷磊译，188页，北京，商务印书馆，2021。

德国学者拉伦茨在论及类型概念时，指出："当人们借助于抽象—普遍的概念及其逻辑体系都不足以清晰明白地把握某生活现象或者某种意义脉络时，首先想到的是求助于'类型（Typen）的思维方式'。"① 因此，类型思维方法是在概念思维方法之后形成的，它当然并不是完全取代概念思维方法，而是在一定程度上弥补概念思维方法的不足。在大陆法系的法学中存在一个从概念法学到评价法学的演变过程，因而随之发生从概念思维方法到类型思维方法的转变。我国学者提出了从概念到类型的还原的命题，指出："虽然成文法规范是用概念化的方式书写的，但法的适用是一种反向的推理，法官对法律的适用完全可以将概念化的法律规范还原到类型状态。这就要求法官在形成裁判规则的过程中，他所设想的不仅仅是法律条文，而是该条文所调整的生活原型。这种思路亦被考夫曼所采用，他认为应回到立法原初的'不法之生活类型'或'不法之类型'，我们便可了解真正立法的'目的'，立法所欲规范（防止或制裁）的行为类型是什么。而拉伦茨则指出：由立法者所发现的评价首要是指向'由立法者所想象的生活类型'，因此司法应不断回到位在法律的类型背后的'生活类型'中。"② 这就是从概念思维到类型思维的转向，虽然类型思维并不能取代概念思维，但类型思维的出现在一定程度上改变了法学思维的方法论。

德国学者考夫曼对概念思维与类型思维进行了比较，由此论证了类型思维具有相对于概念思维的优势。考夫曼指出："从法律语言的操作功能（法律安定性）看，它应该尽量地精确且单义，法律语言的重点是抽象概念化、准确、单义的，是单一个面向，它仅在理性化的范畴层面移动着。但上文又说，抽象的法律规范仅能在规范的抽象概念，能对生命的事实开启时，才可能具有真实性。从严格的意义看，单一只是一种数字概念。在所有其他的情形，法律概念必须在适用时，

① ［德］卡尔·拉伦茨：《法学方法论》（全本·第六版），黄家镇译，577 页，北京，商务印书馆，2020。

② 张其山：《司法三段论的结构》，82 页，北京，北京大学出版社，2010。

采取不同于抽象的、一般化的其他形式。从分类概念可引申出次序概念、功能概念及类型概念。”① 在此，考夫曼从抽象概念中推导出类型概念，类型概念不同于其他概念的特征在于：它并不是对一种现象是什么加以定义（并借此加以界定），而是比较的、可观察的。由此可见，类型概念与其他概念也是不同的，借助于类型概念，法律适用就不仅只是一个涵摄的过程，而且是一个归类的过程。在归类中，类比和等置是两种十分重要的方法。其中，类比是将待决案件与法律规定的类型进行相似性的判断，而等置则是在待决案件与法律规定之间具有相似性的基础上根据事物本质进行等价性的判断。

类型思维的核心是类比与等置。这里的类比是同类相比，具有归类的性质，即将具有类似关系的两个事物进行比对，由此而将其归之为一类，获得相同的法律评价。在类比的方法中，“类”是一个十分重要的概念，类比就是建立在“类”的基础之上的。具有类似关系的两个事物可以归之于同类。在某种意义上说，类比是一种推理方法，在逻辑学中类比就是类比推理，在这种情况下应当把类比理解为类比推理的简称。② 在某种情况下，可以把类比理解为比较，即类比是指两个并不等同却在某个方面看来对象之间有一致之处的比较，如果从这种比较作出推理，这样的推理就叫作类比推理。③ 除了类比，在类型思维中还包含等置性的判断，这里的等置是指根据事物的实质进行考察，在两个事物具有等置性的情况下，可以将两个事物在性质上予以等同，作出相同的价值判断。因此，类比与等置这两种方法的功能并不完全相同：类比侧重于外观形态的比较，而等置则偏重于本质特征的权衡。因此，类型思维较之概念思维是一种复合的思维形态，它能够解决某种较为复杂事项的判断。在德国学者考夫曼看来，概念思维中的演绎，也就是涵摄方法，只是将包含在大前提中的应有之义提炼出来适用于小前提，三

---

① ［德］阿图尔·考夫曼：《法律哲学》（第二版），刘幸义等译，145、146页，北京，法律出版社，2011。

② 关于类比推理，参见本书第十三章。

③ 参见王亚同：《类比推理》，1页，保定，河北大学出版社，1999。

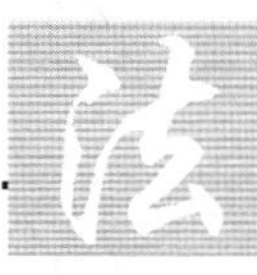

段论的演绎推理因而是必然的，但它是分析的，并未扩展我们的认识。而类型思维中将案件与规范等同处置的思维操作，不具有演绎的性格，也不是分析的，而是综合的。“新”的事物是隐藏在每一次的法律适用之中。① 也就是说，类型思维是可以获取新的事物的一种方法，即法律发现的方法。

应该指出，虽然按照对复杂事物的认识能力，可以将具象—比对方法、概念—涵摄方法和类型—类比与等置方法依次排列，但这并不意味着这三种思维方法必然具有前后衔接的顺序关系。事实上，在人类认识史上这些思维方法是同时并存的，只不过在某个时期某种思维方法占据主导地位，因而更加受到关注而已。例如在我国古代的法律实践中，上述三种思维方法都见诸典籍和律例。如前所述，《唐律疏议》将潜形隐面规定为窃盗罪的行为特征，因而与之相适应就产生了具象—比对的思维方法，同样是在《唐律疏议》中，规定了“入罪，举轻以明重；出罪，举重以明轻”原则。这一法律适用原则所确定的轻重相举的思维方法，其实是一种当然推理。只不过“入罪，举轻以明重”是入罪的当然推理；“出罪，举重以明轻”则是出罪的当然推理。② 至于类推方法，则更早见诸我国春秋时期著名学者荀况所著的《荀子》一书，该书指出：“有法者以法行，无法者以类举。”这里的“类举”就是指类推。荀况的这句话是说，在法律有明文规定的情况下，依照法律规定处理；如果法律没有规定的，则按照同类相推的方法解决。显然，荀况并没有罪刑法定主义的观念。在荀况看来，对于法律没有规定的行为，完全可以适用类推。这种类推就是我国古代的类型思维运用的实例。当然，虽然我国法律适用中的类推思维可谓源远流长，但并不意味着我国古代已经娴熟地掌握了类型思维方法。我国古代的类推观念只是类型思维的萌芽而已，具有方法论意义的类型思维则是近现代西方哲学的产物。

---

① 参见［德］阿图尔·考夫曼：《法律哲学》（第二版），刘幸义等译，89页，北京，法律出版社，2011。

② 关于当然推理，参见本书第十四章。

第二节　类型思维的特征

从以上对类型思维方法的产生可以看出，类型思维是与概念思维相对应的一个概念。可以说，概念与类型是极为相似的，两者之间存在密切联系。在某种意义上甚至可以说，类型是一种特殊的概念。在很多情况下，类型是被归之于概念范畴的，因而所谓类型的特征也就是概念的特征。德国刑法学者对于类型概念是否存在本身就存在不同意见，例如德国学者论述法律概念的时候，认为法律概念具有不确定性与开放性的特征。[①] 然而，在将类型从概念中分离出来的情况下，这种开放性就不再是概念的特征而被认为是类型的特征。由此可见，类型与概念的区分并不是绝对的，它完全取决于对待类型的态度。

如何正确理解类型，这是在论述类型思维的时候，首先需要解决的问题。如前所述，类型不同于概念，它是从概念中分立出来的。我国台湾地区学者黄荣茂指出："学说上依不同的标准构成各种不同的类型以作为思考上的工具或方法。种类之建构有因长期间一再重复出现，而依其频率或不断出现之平均特征构成类型者。对于该意义之类型而言，类型之意义与通常可期待的情形相当。此为以平均或频率为基础之类型。"[②] 由此可见，类型在一定意义上说，它并不是如同概念那样，完全是一个逻辑意义上的用语，而是基于共同特征而对某类事物的描述和建构，因此，类型具有构造性。根据类型的存在形态，可以将类型区分为三种情形：第一是经验类型（empirischer Typus），第二是逻辑类型（logischer Typus），第三是规范类型（normative Typus）。上述三种类型之间并不是相互分割的，而是具有密切联系。对此，黄荣茂指出："逻辑类型虽多导自经验的类型，但逻辑类型已经属于思考上之想象的存在，学说上可以利用它，经由类型特征之

---

① 参见［德］伯恩·魏德士：《法理学》，丁小春、吴越译，84～85页，北京，法律出版社，2013。

② 黄茂荣：《法学方法与现代民法》（第七版），228页，厦门，厦门大学出版社，2024。

增减建立各种可能只在思想界存在的模式。当逻辑类型经由评价被赋予规范上的意义，作为规范上要求去实现、接近或避免的典范，在该逻辑类型便兼具有规范类型的意义，以课以义务的方式，要求受规范拘束者，在实际生活上，以该规范类型作为生活安排上的参考对象。”① 因此，上述三种类型之间存在某种演化关系，从经验类型到逻辑类型，再到规范类型，它们之间是层层递进的关系。当然，在法学中关注的是规范类型。但作为法学方法论，最为重要的则是逻辑类型。因为逻辑类型具有方法论的性质，作为一种思维方法的类型，应该是指逻辑类型。在此，基于概念与类型相区分的观点，即类型说的立场出发讨论类型的特征，据此，我认为类型思维具有以下四个特征。

一、类型思维的开放性

类型的开放性是相对于概念的封闭性而言的，当然，开放和封闭都是相对的。德国学者考夫曼在对比类型和概念的时候，提出了概念具有封闭性和类型具有开放性的命题，由此确立了开放性是类型的重要特征。考夫曼指出：“概念（此处一直理解为系指抽象的—普遍的概念），系‘种类概念’，‘分类概念’是封闭的，类型是开放的。”② 那么，如何理解概念的封闭性与类型的开放性呢？这里应当指出，考夫曼所说的概念是指抽象的、普遍概念。在形式逻辑中，普遍概念是反映一类事物的概念，普遍概念又可以分为种类概念（种概念）和分类概念（属概念）。因此，概念的封闭性是指概念的外延被内涵所决定，具有不可扩展性。在形式逻辑中，概念是反映事物的本质和范围的思维形式。所谓质的规定性，就是事物之所以为某事物的规定性。质的规定性是事物内在的固有属性，它

① 黄茂荣：《法学方法与现代民法》（第七版），229页，厦门，厦门大学出版社，2024。

② ［德］阿图尔·考夫曼：《类推与“事物本质”——兼论类型理论》，吴从周译，111页，台北，学林文化事业有限公司，1999。

对于同类事物来说，是相同的或共有的属性；对于不同类的事物来说，是相异的或特有的属性，在这个意义上说，也可以称为事物内在的共同属性。所谓量的规定性，是指概念所反映的事物的范围。概念具有内涵与外延，内涵就是对事物本质的反映，而外延则是对事物范围的反映。[①] 在某个概念中，当其内涵已经确定的情况下，外延是不变的，这就是概念的封闭性的应有之义。然而，类型则与之不同，类型则有一部分要素是流动性的，其构成内容具有层级性，由此决定了类型整体的边界是不确定的，因而具有开放性的特征。正如我国学者指出："类型的开放性思维，首先表现为类型与要素之间的相互开放。此种开放，一方面显现为类型向着要素的开放，另一方面则呈现为要素向着类型的开放。这两种开放的过程，并非分开进行的、彼此割裂的进程，而是类型向着要素、要素向着类型的'双向对流'的过程，是一种'交互澄清和阐明'的过程。"[②] 这里的开放性和封闭性是由概念和类型在结构上的差异性所决定的，因而具有相对性。[③] 对此，在理解类型的开放性这一特征的时候应当特别予以关注。

二、类型思维的描述性

类型的描述性是相对于概念的可定义性而言的。概念已经穷尽地列举了对象的全部特征，因而它具有可定义性。通过这种定义的方法，可以揭示定义项的所有特征。但类型则不能被定义，因为类型的特征是或多或少具备，甚至可以被舍弃的，因而类型只能由不同强度的个别特征加以限定，因而具有可描述性但不具有可定义性。德国学者指出，类型无法被"定义"，只能被"描述"。因此，对立法者而言有两种极端情况：或者整个放弃描述类型而只给予该类型一个名称；或

① 参见中国人民大学哲学系逻辑教研室编：《形式逻辑》（修订版），19、24页，北京，中国人民大学出版社，1984。

② 杜宇：《类型思维与刑法方法》，30页，北京，北京大学出版社，2021。

③ 参见张其山：《司法三段论的结构》，151页，北京，北京大学出版社，2010。

者试着尽可能精细地（“列举地”）描述类型。[①] 在此，刑法中的简单罪状就是所谓放弃描述的立法情形，而刑法中的叙明罪状则是尽可能精细地描述的立法情形。在简单罪状的情况下，立法机关只规定了罪名，但对其犯罪的构成要件要素并没有详细作出描述。在叙明罪状的情况下，则立法机关对犯罪的构成要件要素作出了详细描述。在作出了详细描述的叙明罪状的情况下，该犯罪是一种法定的行为类型。但在没有作出详细描述的简单罪状的情况下，该犯罪同样是一种行为类型，只不过其构成要件要素需要通过刑法解释加以明确而已。正是在这个意义上，德国学者认为犯罪是一种行为类型而非概念。然而，在刑法中也存在定义式的罪状立法例。例如我国《刑法》第 385 条规定：“国家工作人员利用职务上的便利，索取他人财物，或者非法收受他人财物，为他人谋取利益的，是受贿罪。”这是典型的定义式罪状，在这种情况下，罪状明显是以概念的形式规定的。由此可见，不能说所有的罪状都是类型，在某些情况下罪状完全可能采取概念的形式。这种概念式罪状对某个犯罪的构成要件作了完整规定，因而具有明确性和精确性。至于那些兜底式的罪状，则归之为类型具有一定合理性。例如我国《刑法》第 114、115 条规定的以危险方法危害公共安全罪，其罪状是“以其他危险方法致人重伤、死亡或者公私财产遭受重大损失”。这里的其他危险方法是相对于放火、决水、爆炸、投放危险物质这些明示的危险方法而言的，它具有兜底的功能。因此，以危险方法危害公共安全罪在一定意义上说，不具备概念的特征而具有类型的性质。

三、类型思维的整体性

类型的整体性是相对于概念的个别性而言的。概念的构成要素是彼此孤立

① 参见［德］阿图尔·考夫曼：《类推与“事物本质”——兼论类型理论》，吴从周译，117 页，台北，学林文化事业有限公司。

的，因而具有个别性。但类型的过程要素是相互关联的，因而具有整体性。可以说，类型是以一种整体的面貌呈现事物的形象和内涵。正如我国学者指出，在某种意义上说，类型乃是一种须以整体性的方式被认知理解的普遍事物。[①] 类型思维之所以具有整体性的特征，是因为其组成内容具有散发性，只有在互相形成一个有机整体的情况下才能共同构成一个意义体。[②] 类型的整体性表明它可以容纳更多的事物，而概念的个别性则只能包含较少的事物。因此，类型相对于概念而言，其涵括力更强、涵盖面更广。

四、类型思维的具象性

类型的具象性是相对于概念的抽象性而言的。涵摄是采取从一般到个别的演绎逻辑推理方法，将定义项包含到概念之中。因此，凡是符合概念本质特征的事物都被该概念所涵摄。但类型采用的是归属模式，只要或多或少具备类型构成要素的事物都可以归入类型的范围。例如，在类型概念中包含了一个可区分等级的要素，因而其内容并非同质的，而是包含一定的异质要素。正如德国学者指出："所谓的类型概念（Typusbegriffe），就是从选言式的概念确定方式继续发展出来的。这是指在一个概念中出现了至少一个可区分等级（abstufbar）的要素。这个要素以外的其他因素，要不就同样也是可层升的，不然就是仅为选择性的必要（alternativ notwendig）。"[③] 由此可见，在类型概念中存在不同等级的事物，因而其内容较之概念更具有具象性。

---

① 参见张其山：《司法三段论的结构》，152页，北京，北京大学出版社，2010。

② 参见林立：《法学方法论与德沃金》，129页，北京，中国政法大学出版社，2002。

③ ［德］英格博格·普珀：《法学思维小学堂——法律人的6堂思维训练课》（第二版），蔡圣伟译，54页，北京，北京大学出版社，2024。

第三节　类型思维的性质

类型思维具有不同于概念思维的特殊功能，因而在法学中采用类型思维为法律解释与法律适用带来了一股新鲜空气。然而，类型思维在刑法教义学中的解释适用却引发热议，甚至形成立场的尖锐对峙。例如我国学者指出，考夫曼根据事物本质建构类型理论，继而得出类推在刑法解释中广泛、客观存在的结论。该结论犹如一颗重磅炸弹，给本不平静的刑法解释场域带来震动与喧嚣。① 刑法的性质决定了类型思维在刑法教义学中的命运多舛，因此，类型思维在刑法中虽然是一种具有开创性的分析径路，但其适用范围显然会受到限制。我认为，类型思维虽然具有灵活性，由此在一定程度上能够纠正概念所谓的僵硬性，但类型思维会带来法的不确定性。由此可见，类型思维在具有一定优势的同时，伴随而来的是其劣势。德国学者拉伦茨比较了概念思维与类型思维的各自特点，指出："与纯粹概念性的观察方式相比，类型化的观察方式拥有大得多的弹性，但这种弹性似乎要以降低法的安定性程度为代价才能取得。事实上，因为在没有确定界限而只存在梯级化的过渡地带或混合类型案件中，司法裁判就不是以概念性的方式取得，而多少是以感觉的方式取得。"② 因此，在对法的安定性程度要求不是特别高的法域中，采用类型思维更具有合理性。然而，刑法却是一个对法的安定性程度要求最高的法域，尤其是罪刑法定原则对司法范围做了严格限制，在这种情况下，类型思维在刑法中只能适用于法律框架范围之内，例如兜底条款等场合，而不能一般性地在刑法教义学中倡导类型思维的方法。

---

① 参见赵运锋：《刑法类推解释禁止之思考》，载《当代法学》，2014（5）。

② ［德］卡尔·拉伦茨：《法学方法论》（全本·第六版），黄家镇译，384页，北京，商务印书馆，2020。

一、类型思维与罪刑法定

类型思维与概念思维之间的主要区别在于推理过程中所采用的方法不同：概念思维采用的是涵摄方法，而类型思维采用的则是类比与等置方法。涵摄是一种事实判断，被涵摄的内容本来就包含在概念之中，因而通过涵摄的演绎推理，只不过是将本来就包含在概念中的意义揭示出来。在这个意义上说，涵摄推理是价值无涉的。但在类型思维中，等置方法是一种价值判断，它是以类型所具有的本质为根据的实质推理。例如德国学者考夫曼指出："立法者的任务是对类型加以描述。而在此，抽象的概念对于法律的建立就非常重要。概念给法律形式及保证的法律安定性，但是要将类型精确地描述是不可能的，描述只能够尽量靠近类型，它无法对最细微的细节加以掌握。因为类型往往较抽象定义的概念在内容上更丰富、更人文、更有意义、更可直观性。由此可以看清法永远无法与法律相一致，因为它无法让自己在它的具体内容上，在法律的观念中被包含。也因此不可能有一种封闭的最终原则的法律体系存在，而顶多只能够是一种开放观点的集合论点式体系。"① 在此，考夫曼揭示了概念与类型的主要区分，这就是概念的定义性与类型的描述性。定义对含义是可以穷尽的，而描述对要素却是难以封闭的。在这种情况下，类型思维是根据事物本质进行的复杂论证，因而不同于涵摄的简单推理。

近代刑法确立了罪刑法定原则，因此，刑法思维无不受到罪刑法定的制约。在早期倡导罪刑法定主义的学者中，意大利著名学者贝卡里亚就十分强调法律文字规定的重要性，甚至认为当一部法典业已厘定，就应逐字遵守，法官唯一的使命就是判定公民的行为是否符合成文法律。因为一个社会如果没有成文的东西，就绝不会具有稳定的管理形式。② 因此，贝卡利亚主张在刑法适用中应当严格遵

① ［德］阿图尔·考夫曼：《法律哲学》（第二版），刘幸义等译，148页，北京，法律出版社，2011。

② 参见［意］切萨雷·贝卡里亚：《论犯罪与刑罚》，黄风译，12页，北京，商务印书馆，2017。

循三段论的逻辑推理，贝卡里亚的司法三段论显然是建立在概念—涵摄的思维基础之上的，它以刑法的明文规定为依据。可以说，在贝卡里亚这里，罪刑法定主义并不只是某种宣示或者口号，而是直接制约刑法思维的至上规则。因此，自从罪刑法定主义产生之日，概念—涵摄思维就已经渗透到刑法的每一个细胞。

在罪刑法定的语境中，法律的明文规定成为区分罪与非罪的唯一根据，由此而引申出来的类推禁止立场具有不可动摇的地位。因为类推是以法律没有明文规定为前提的，具有填补法律漏洞的性质。如果允许类推，则罪刑法定的大厦就会轰然倒塌。在这种情况下，以类推为内容的类型思维在罪刑法定面前毫无疑问应当让步。正如我国学者指出，罪刑法定构成了禁止类推的上位原则。刑法中的被禁止的类比行为是指：逾越了一个具体制定法规则的词义，并通过诉诸制定法中不利于行为人的基本思想来发展出新法。这种对限制类比论证的反限制，体现了法律体系理念融贯性的要求。这样一种类推禁止的规定具有强制性的性格，在法律论证中必须被遵守。[①] 当然，罪刑法定并不是禁止所有类推，而只是禁止不利于被告人的类推。因此，在有利于被告人或者在法律授权的限度内，仍然可以将类推作为法律适用的方法。由此，类推就可以分为两种情形：禁止的类推与允许的类推。既然在刑法中存在允许的类推，这就表明类型思维在刑法教义学中并非完全被排斥，而是在一定范围内仍然具有适用的空间。

二、类型思维与事物本质

德国学者拉德布鲁赫提出了作为法律思维形式的事物本质的命题[②]，在思维方法的意义上揭示了事物本质的方法论蕴含。在某种意义上说，类型思维是以事

---

① 参见雷磊：《类比法律论证——以德国、学说为出发点》，301～302 页，北京，中国政法大学出版社，2011。

② 参见［德］拉德布鲁赫：《法哲学导引》，雷磊译，206 页，北京，商务印书馆，2021。

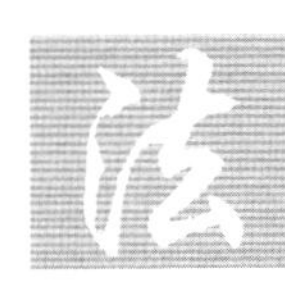

物本质为根据的一种思维方法。

拉德布鲁赫在追溯事物本质这一思维方法的起源时指出，作为法律思维形式的事物本质思想并不是一种连续的发展过程，而是一种一再被打断的相互没有关联的序列。这一想法的源头在于希腊思想（自然正义），它的拉丁语新创词“物性”（rerum natura）可以追溯到卢克来修。[①] 它的广泛传播要归功于《卢克来修全集》的编纂者西塞罗。事物本质的思想从他那儿传到了罗马法学家，进而影响到了《学说汇纂》。中世纪继受了这种思想，尤其是托马斯·冯·阿奎那。在近代，事物本质的概念尤其为孟德斯鸠的《论法的精神》所继受。[②]

在《论法的精神》一书中，孟德斯鸠对法的性质，也即法的精神作了以下论述：“从最广泛的意义上来说，法是由事物的性质产生出来的必然关系。在这个意义上，一切存在物都有它们的法。上帝有他的法；物质世界有它的法；高于人类的‘智灵们’有他们的法；兽类有它们的法；人类有他们的法……由此可见，是有一个根本理性存在着的。法就是这个根本理性和各种存在物之间的关系，同时也是存在物彼此之间的关系。”[③] 在此，孟德斯鸠提出了“法是由事物的性质产生出来的必然关系”的重要命题，由此而使法从宗教神学中挣脱出来，赋予其客观的内涵。因此，德国学者拉德布鲁赫指出：“事物本质的概念在古代就已经出现，它借由孟德斯鸠成为关注的核心。”[④] 根据拉德布鲁赫的观点，事物本质中的事物，是指自然的、社会的和法律的状态，立法者发现它们，并对它们加以调整。至于本质，则是指事物的本性和意义，从生活关系状态本身中提炼出来如何能有意义地被构想为某个特定价值思想的实现。[⑤] 由此可见，事物的本质是隐

① 提吐司·卢克来修·卡鲁斯（公元前 99—前 55 年），罗马共和国末期的诗人和哲学家，以长诗《物性论》著称于世。

② 参见［德］拉德布鲁赫：《法哲学导引》，雷磊译，206～207 页，北京，商务印书馆，2021。

③ ［法］孟德斯鸠：《论法的精神》（上册），张雁深译，1 页，北京，商务印书馆，1961。

④ ［德］拉德布鲁赫：《法哲学导引》，雷磊译，23 页，北京，商务印书馆，2021。

⑤ 参见［德］拉德布鲁赫：《法哲学导引》，雷磊译，23、25 页，北京，商务印书馆，2021。

藏在事物表象背后对事物起到决定性作用的东西，在某种意义上说，它类似于黑格尔所谓的客观理性或者客观规律。因此，事物的本质对法的认知具有重大参考价值。我国台湾地区学者将事物本质之理称为事物本然之理，指出："事物本然之理被理解为客观（即独立于人类思维之外）存在于万事万物本身的道理或意义。"[①] 因此，事物本质等同于客观规定，它是不以人的主观意志为转移的。任何事物存在都是基于事物本然之理。类型就是建立在事物本然之理基础之上的，每一种类型反映了该种类型所涵盖的事项的共同特征，这种共同特征正是其本质。因此，类型思维可以成为一种普遍化的思考方式。

在此，涉及形式理性与实质理性的关系问题。德国学者马克斯·韦伯首先提出了形式理性与实质理性这对范畴，由此形成建立在法律形式主义基础之上的法治思维。韦伯揭示了法律逻辑的抽象的形式主义与其欲以法律来充实实质主张的需求之间，无可避免的矛盾。因为，法律形式主义可以让法律机制像一种技术合理性的机器那样来运作，并且以此保证各个法利害关系者在行动自由上，尤其是对本身的目的行动的法律效果与机会加以理性计算这方面，拥有相对最大限度的活动空间。[②] 根据韦伯的观点，法治是建立在形式理性基础之上的，因而它与其所欲追求的实质理性之间存在一定的紧张关系。在这种情况下，对实质理性的追求应当受到形式理性的限制，并不得超越形式理性。因此，韦伯将法的形式理性置于至上的地位。之所以如此，是因为形式理性具有客观上的可操作性标准，因而可以确保法的规范功能得以实现。而实质理性则具有主观评价的价值属性，在缺乏严格规制的情况下，就会走向擅断和恣意。韦伯以形式理性与实质理性之间关系的变化为线索，为我们勾画了人类社会的法律演变史，这就是从原始的诉讼里源于巫术的形式主义和源于启示的非理性的结合形态，时而途径源于神权政治

① 林立：《法学方法论与德沃金》，102页，北京，中国政法大学出版社，2002。

② 参见［德］马克斯·韦伯：《韦伯作品集Ⅸ法律社会学》，康乐、简惠美译，220～221页，桂林，广西师范大学出版社，2005。

或家长制的实质而非形式的目的理性的转折阶段，发展到越来越专门化的法学的，也就是逻辑的合理性与体系性，并且因而达到——首先纯由外在看来——法之逻辑的纯化与演绎的严格化，以及诉讼技术之越来越合理化的阶段。① 确实，如果坚持形式理性的立场，将形式理性置于实质理性之上，则可能或多或少地丧失实质理性。然而，如果以实质理性取代形式理性，则法律的基础就不复存在。对于法治来说，总是在形式理性与实质理性之间拉扯与徘徊。

以事物本质为根据的类型思维，无疑是更偏向于实质理性的，甚至在一定程度上导向类推。毫无疑问，在民法或者其他部门法学中采用类型思维是没有任何障碍的。然而，在刑法中采用类型思维却受到罪刑法定主义的限制。在现代法治社会的刑法中，罪刑法定主义被奉为圭臬。罪刑法定以法律的明文规定作为入罪的前置条件，坚持“无法无罪、无法无刑”的理念，这就是所谓书面的罪刑法定。可以说，书面的罪刑法定是罪刑法定主义的基本含义。根据书面的罪刑法定，只有在法律有明文规定的情况下才能将某个行为认定为犯罪。德国学者罗克辛指出：“解释与原文界限的关系绝对不是任意的，而是产生于法治原则的国家法和刑法的基础上；因为立法者只能在文字中表达自己的规定。在立法者的文字中没有给出的，就是没有规定的和不能‘适用’的。超越原文文本的刑法适用，就违背了在使用刑罚力进行干涉时应当具有的国家自我约束，从而也就丧失了民主的合理性基础。”② 因此，类型思维如果与罪刑法定相抵牾，我们应当坚持罪刑法定主义，只有将类型思维限制在罪刑法定所允许的范围内，才具有正当性。这里涉及罪刑法定与类推之间的关系。类推是以类比推理为内容的，它具有填补法律漏洞的功能。例如德国学者拉伦茨明确地将类推称为法律的“转用”，指出：“我们将类推理解为：将制定法针对某事实构成（A）或者若干彼此类似的事实

① 参见［德］马克斯·韦伯：《韦伯作品集Ⅸ法律社会学》，康乐、简惠美译，319～320页，桂林，广西师范大学出版社，2005。

② ［德］克劳斯·罗克辛：《德国刑法学总论》（第1卷），王世洲译，86页，北京，法律出版社，2005。

构成而设定的规则，转用于制定法未做调整，但与前述事实构成‘类似的’事实构成（B）。”① 因此，类推的适用明确是以法律没有规定为前提的，将对（A）事项的法律规定转而适用于没有法律规定的（B）事项，这就是类推所具有的填补法律漏洞的功能。

然而，在刑法教义学中如何看待以语言为载体的法律规定，却是一个值得深究的问题。古代法律的解释在很大程度上依赖于语言，因而法学几乎是一种语言学。尤其是我国古代的律学，实际上就是一种法律语言学。语言在法律的表述上当然具有天然的优势，但语言本身具有某种程度的模糊性，以及立法者在创制法律时有意创设的某些一般条款和兜底条款等，对法律解释带来一定的障碍。不过，语义可能性成为法律解释的边界，这样一个戒律还是得到维持。然而，在类型思维进入法律适用领域以后，突破语言的桎梏的呼声逐渐增高。在这种情况下，本来存在于罪刑法定与类推之间的对立似乎也可以消融。例如德国学者考夫曼指出：“从这里，可以看出，所谓‘无法律则无犯罪’（nullum crimen sine Lege）原则在真实中的意义。它不可能是一种严格的类推禁止，因为这样必须要有一个先决条件，那就是犯罪在立法的构成要件中，通过单义的概念，总结地被定义。但这是不可能的。‘罪刑法定原则’，是指将可处罚的行为的类型，在一个形式的刑法加以确定，也就是说必须或多或少完整地被描述。因此，在刑法类推适用的界限是在于立法的构成要件所奠定的不法类型中。”② 考夫曼以立法不可能通过概念对犯罪进行规定为由，对罪刑法定主义加以类型化的重构。这样，从语言的罪刑法定到逻辑的罪刑法定，进一步演变为类型的罪刑法定，罪刑法定最终与类推解释握手言欢。我认为，这是对罪刑法定主义的阉割。考夫曼在刑法解释中容纳类推方法，这是背离罪刑法定主义的精神的。因此，在刑法教义学中采用

---

① ［德］卡尔·拉伦茨：《法学方法论》（全本·第六版），黄家镇译，479页，北京，商务印书馆，2020。

② ［德］阿图尔·考夫曼：《法律哲学》（第二版），刘幸义等译，149～150页，北京，法律出版社，2011。

类型思维必须受到罪刑法定主义的限制。如果滥用类型思维，则会毁弃法治刑法的内在生命。

在刑法适用中，以事物本质为根据的实质判断应当受到形式的限制。不可否定，刑法适用中经常会采用穿透式的判断，也就是刺穿法律形式的外衣，直至事物的本质。在某种形式掩盖下实施的犯罪行为，就不能止步于合法外衣，而是应当进行实质判断。例如对于以借款为名的受贿行为与民事借贷行为之间的界限，2003 年 11 月 13 日最高人民法院《全国法院审理经济犯罪案件工作座谈会纪要》第 3 条第 6 项明确规定，具体认定时，不能仅仅看是否有书面借款手续，应当根据以下因素综合判断：（1）有无正当、合理的借款事由；（2）款项的去向；（3）双方平时关系如何、有无经济往来；（4）出借方是否要求国家工作人员利用职务上的便利为其谋取利益；（5）借款后是否有归还的意思及行为；（6）是否有归还能力；（7）未归还的原因。在民事活动中，通常以借据作为借贷关系的凭证：如果有借据的，可以认定借贷关系的存在。但在以借款为名索取或者非法收受财物行为的认定中，前引纪要明确规定不能只是根据借据进行形式判断，而是要对是否存在借贷关系进行实质考察，这里的实质考察就是根据事物本质所进行的一种穿透式判断。由此可见，在犯罪认定中，基于事物本质所做的实质判断是不可或缺的。但这种实质判断应当受到一定的限制，尤其是在刑法解释中，只有在进行形式判断并得出肯定结论的基础上，才能进行实质判断。也就是说，形式判断是实质判断的前置条件。只有这样，实质判断才能发挥其出罪功能，从而避免利用实质判断直接入罪的现象发生。

三、类型思维与类推适用

类推适用是建立在类型思维的基础之上的，类型思维为类推适用提供了正当化根据。[①] 相对于概念思维来说，类型思维具有一定的开放性，因而更能够容纳

① 关于类推解释，参见本书第十章。

类推的理念。例如德国学者考夫曼曾经以“盐酸案”为例对比了概念思维与类型思维的差别。在“盐酸案”中，被告人在抢劫的时候将盐酸泼洒于被害人女会计的脸上，进而抢走她的钱包。对于本案被告人能否适用加重刑罚的关键在于盐酸是否属于武器？德国联邦法院认可了这一点，因而判决被告人构成加重抢劫罪。[①] 对此，考夫曼评论指出：“‘武器’在加重抢劫罪并不是一种‘概念’，而是一种‘类型’。当然，这里，而且正是这里，会提出的问题是：在怎样的范围内，此种类型概念可以被打开，以及在怎样的范围内，抽象普遍的概念必须被划定界限。”[②] 在此，考夫曼根据类型思维，认为武器的本质是具有对人身的危险性，而盐酸同样对人身具有危险性，因而盐酸具有武器的本质，由此可以将盐酸归之于武器。当然，考夫曼以上论证是以盐酸并不包含在武器的语义之中为前提条件的。由此可见，采用类型思维的方法，确实能够扩张武器一词的语义范围。因为类型思维方法，是以具有弹性的思考去操作那些难以借着列举特征的方法就可穷尽的概念。我国台湾地区学者在对概念思维与类型思维这两种方法对比的意义上，对武器一词的解释作了论述，指出：“以武器概念为例，如果我们对于武器的两个特征——某种器具和机械性作用，认为这两个特征虽然有助于判断，但是，仍然不足以道尽实际上所有堪称为武器之物时，类型的思考方法就会转而以上位的整体图像（Gesamtbild）作为依循，对武器来说，就是以具有相当的杀伤力作为武器的整体形象，进行弹性的判断。也就是说，只要合乎于武器之整体形象者，即可称之为武器，并不一定要完全具备上述的两个特征——某种器具和机械性作用。因此，例如化学性器具足以发挥相当的杀伤力者，虽然只具备其中一个特征，还是可以称之为武器。”[③] 因此，对盐酸是否属于武器，采用概念思维与类型思维就会得出迥然有别的结论。

---

① 对盐酸案的进一步论述，参见本书第十章。

② ［德］阿图尔·考夫曼：《法律哲学》（第二版），刘幸义等译，113页，北京，法律出版社，2011。

③ 徐育安：《刑法上类推之生与死》，70页，台北，自印本，1998。

对此，德国学者罗克辛在对考夫曼关于反对刑事法官应当受法律原文文字的制约的言论时指出："这些意见都没有提出说服力的理由，说明原文文字界限为什么站不住脚。一个经常提出的论点是，在解释和类推之间并不存在逻辑上的区别，因为各种解释都要进行相似性的比较。这在事实上是正确的，例如，当人们把向受害人泼盐酸的行为解释为使用'武器'的攻击时，理由就是：从法律价值观点来看，化学手段与手枪或者刀具一样，两者是相似的；然而，在被禁止的类推性推理中，诸如在把被害人的头撞向墙壁的例子中，这个逻辑过程并没有什么两样。但是，这种逻辑推理过程中的相同性，并没有妨碍我们对原文文字界限在内部与外部的推论性使用中做出区分，也没有妨碍我们宣布第一个案件是允许的，而第二个案件是在刑法中禁止的。"[①] 在此，罗克辛提及的另外一个案件是指"撞壁案"：罪犯拎着受害人，将其头部撞到建筑物的墙上。这样的行为属于危险性人身伤害吗？对于"盐酸案"，德国联邦最高法院的判决认定：盐酸属于武器的一种。化学武器在战争中的广泛应用是众所周知的。人们的语言习惯没有异议。但对"撞壁案"，德国联邦最高法院判决否定撞壁案中的被告人是使用工具，伤害他人。联邦最高法院对本案的解释指出：将一面结实的墙壁、自然土壤或者一块岩石视为工具，这有悖口语习惯。如果将墙壁解释为工具，将被告人行为认定为危险伤害罪而处以更严厉的刑罚，可能更符合设立严厉刑罚的目的，但是这并不能成为偏离字面含义进行解释的理由，否则构成类推解释。[②] 罗克辛通过对比盐酸案和撞壁案，认为盐酸案中将盐酸解释为武器并没有超出可能语义的范围，只不过是一种扩张解释。这里的扩张解释是将文字含义从通常含义扩大到可能含义，就盐酸案而已，盐酸不是武器的通常含义，但却是可能含义。而且，随着化学武器等用语的流行，将盐酸解释为武器并无障碍。由此可见，考夫曼是

① ［德］克劳斯·罗克辛：《德国刑法学总论》（第1卷），王世洲译，88页，北京，法律出版社，2005。

② 参见［德］克劳斯·罗克辛：《德国刑法中的法律明确性原则》，载梁根林、［德］埃里克·希尔根多夫主编：《中德刑法学者的对话——罪刑法定与刑法解释》，36～37页，北京，北京大学出版社，2013。

在对武器做了过于狭窄理解的基础上，认为将盐酸解释为武器是类推解释，并认为只有采用类型思维，将使用武器视为一种行为类型，才能通过事物本质的推论，将盐酸归之于武器的类型。根据考夫曼的上述理由进一步推论，则当然也可以将撞墙行为通过事物本质的类型思维归之于使用工具伤害罪。

随着类型思维传入我国刑法学界，首先面对的就是对待类推的态度问题。我国在 1979 年刑法中规定了类推制度，但在当时我国刑法理论中并没有采用类型的概念。1997 年刑法以罪刑法定原则取代了类推，因而至少在法律形式上，类推退出了我国刑法的舞台。然而，在类型思维开始受到我国学者的青睐以后，随之而来的禁止类推的立场也发生了动摇。例如考夫曼的类型理论，在很大程度上包含着对类推的反思、肯定与吸纳。那么，建立在类型概念基础上的类推是否与罪刑法定原则相矛盾呢？这个问题是值得思考的。其实，考夫曼的类型理论以及建立在类型概念基础之上的类推观念即使在德国也只是个别说，并没有得到普遍的认同。正如我国台湾地区学者徐育安在评论考夫曼的类型理论时指出，类型以具有弹性见长，却也注定了它与罪刑法定相互扞格的体质，无怪乎类型论一直无法获得多数德国刑法学者的青睐，迄今仍乏人问津。[①]

我国学者在倡导考夫曼类型思维的同时，也提出了如何对待类推的问题，其中问题之一是：考夫曼的类比推理与类推解释之间的关系。我国学者指出："考夫曼是在更广泛的意义上使用类推，它包括了法律推理中的类比推理，而不限于我们所讲的类推解释。类型思维将不典型的案情与犯罪构成要件所预想的典型事实进行比较，忽略它们的外观上不重要的差别，而找出二者在规范意义上、在事物本质上的相同，最后将不典型案情归类到犯罪构成要件，因而类型思维就是比较的思维，就是法律推理中的类比推理思维。犯罪构成要件要适用于任何一个现实的案例，都要在类型思维下进行这样的类似推理，在这个意义上，考夫曼认为

① 参见徐育安：《刑法上类推禁止之生与死》，64 页，台北，自印本，1998。

法原本带有类推的性质具有合理性。”[①] 在此，我国学者将考夫曼的类推描述为是类比推理，它不同于刑法所禁止的类推。其实，考夫曼类型理论就是以类比推理为内容的。考夫曼对解释与类推之间的界分是持否定态度的，指出：“我们只要查阅一下相关的文献，对于可允许的解释与被禁止的类推之区别均承认：实际界定是完全无可行性的。而且，这涉及的绝非只是一种高难度的区分，而是根本性质上二者无从区分。因为当我们说，解释可以及于‘可能的文义’时，其实我们已经处在类推之中了，因为这种‘可能的语义’既非单义亦非相当，而只是一种类似。”[②] 确实，考夫曼对类推作了扩大解释，在此基础上得出解释与类推无法区分的结论。在这种情况下，考夫曼以一种隐晦的方式实际上消融了解释与类推的界限，从而取消了对法外类推，即禁止的类推的禁止。

我国学者在借鉴考夫曼的类型理论的基础上，提出了合类型性解释的方法，指出：“根据合类型性的解释要求，法官必须在法律规范所意涵的类型中去把握案件事实。这种解释方法，从积极侧面而言，就是要求对规范意义的探寻必须回溯到‘作为规范基础之类型’；从消极侧面而言，则要求对超出类型轮廓的行为予以排除。质言之，刑法解释必须以类型为指导观念，同时以类型轮廓为法律发现之界限。”[③] 这一观点主张将法律解释定性为法律发现，并以类型轮廓作为解释的边界。这就会提出值得深思的问题：所谓法律规范的类型轮廓与法律文本的明文规定之间的关系如何处理？在通常的刑法解释中，都以可能语义作为解释的边界，而可能语义是根据法律规定之语义确定的。尽管由于各种原因，可能语义的边界如何确定是一个难题，但毕竟存在一个可以尽量接近的目标。然而，类型轮廓则较之语义边界更加难以达成共识。例如我国学者认为类型是存在于立法或

---

① 齐文远、苏彩霞：《刑法中的类型思维之提倡》，载《法律科学》，2010（1）。

② ［德］阿图尔·考夫曼：《类推与事物本质——兼论类型理论》，吴从周译，11页，台北，学林出版事业有限公司，2003。

③ 杜宇：《类型思维与刑法方法》，193～194页，北京，北京大学出版社，2021。

法律形成之前的事物。一个刑法规定的形成，在某种意义上就是一个类型的构建。[①] 如果说，以可能语义为目标的解释路径是以法律载体——语言为依托，因而具有明确的指向的一种探寻，那么，由于类型是在立法之前形成的事物，以类型轮廓为解释的根据，在这种脱离了具体语境的情况下，解释的目标就会变得更加虚无缥缈。例如类型具有层级性（Abstufbarkeit），一个类型之内可能会有无数的层级之依序排列，而由这个特性也同时导出另一个特性，即边界的不明确性。因为，如果一个类型要过渡到另一个类型将会产生模糊的边界地带，即由一个类型到另一个类型之间是由流动的过渡所相接的。[②] 相对于类型的边界模糊的特征，概念则具有明确的内涵与外延。因此，如果在刑法解释中不是采用以语义范围为边界的概念思维而是采用边界模糊的类型思维，这就会彻底颠覆了解释的命运。

美国学者提出了语义穷尽解释（semantics exhausts interpretation）的命题，认为解释就是对语义内涵的确定。这正是斯卡利大法官所坚持的文本主义者（textualists）的立场。斯卡利坚信，宪政民主框架内的法治要求，解释应当受适用于当下情形的法律文本的原意的限制，而不应借那些像法律制定者意图或者过去或现在的道德和政治理想等文本之外的渊源。斯卡利认为，只有文本主义解释进路方能确保法治而非人治。[③] 虽然法律解释的文本主义具有某种理想主义的色彩，但文本毕竟是解释的凭据，而语义是法律意图的载体。因此，无论如何，解释都不能远离文本，类型思维对于解析法律规定具有一定的参考意义，然而，它会诱导人们疏离法律文本，这是需要警惕的。

---

① 参见杜宇：《类型思维与刑法方法》，192页，北京，北京大学出版社，2021。

② 参见林立：《法学方法论与德沃金》，126～127页，北京，中国政法大学出版社，2002。

③ 参见［美］布莱恩·莱特编：《法律和道德领域的客观性》，高中等译，30页，北京，中国政法大学出版社，2007。

第四节　类型思维的适用

在刑法教义学中，类型思维具有其独特功能，因而应当认真对待类型性的判断方法。在某种意义上说，类型思维突破了概念思维的平面性与单义性而具有立体性，可以容纳更多的内容，在解决某种复杂的事物中发挥其思维优势。

一、类型思维与阶层体系

类型思维是从次序概念中引述出来的，德国学者拉德布鲁赫将概念区分为分类概念和次序概念，并对分类概念和次序概念的特征与功能做了比较。[①] 这里的次序，实际上是指层级或者阶层，因此，犯罪的次序概念就是指犯罪的层级概念或者阶层概念。拉德布鲁赫指出："量刑是以犯罪概念作为基础，而刑罚裁量的理由即应从犯罪要素中导出，而违法性与有责性这两个犯罪要素是具有层级性的。因此，犯罪即是一个'会升级的概念'（Steigerungsbegriff），它的不同等级即相当于不同的刑度。"[②] 根据拉德布鲁赫的观点，分类概念采用的是概念思维，它具有单义性；而次序概念采用的是类型思维，它具有层级性。拉德布鲁赫将犯罪概念分为分类的犯罪概念与层级性的犯罪概念。分类的犯罪概念是概念思维的产物，它具有明确与封闭的范围，它唯一的功能就是区别犯罪与非犯罪。与之相反，层级性的犯罪概念的范围则是由数个层级构成的，其范围从较高的一直下降到较低的罪责等级。甚至，行为人的罪责也可能从较低上升到较高的等级。它是一个继续的序列中的部分，将犯罪事实互相联结，而非如分类概念将犯罪事实彼

① 参见徐育安：《刑法上类推禁止之生与死》，64页，台北，自印本，1998。

② 转引自徐育安：《刑法上类推禁止之生与死》，68页，台北，自印本，1998。

此分离。[①] 在拉德布鲁赫的以上论述中，实际上揭示了类型概念具有层级性的特征，这里的层级也就是阶层。例如，德国学者考夫曼就曾经提出法律秩序的阶层构造这一命题，并对此进行了具体论述。[②] 阶层思维与类型思维具有一定的关联性，它们都是在概念思维的基础上发展而来的，因而是对概念思维的重要补充。在法学，包括刑法教义学中，法律方法是多元的，各种法律方法都具有不同的作用，因此应采取一种包容的态度。

刑法教义学中的犯罪论体系的建构是采用集合体系还是阶层体系，这就是一个值得反思的问题。我国目前存在两种犯罪论体系，这就是四要件的犯罪论体系与三阶层的犯罪论体系。无论是上述何种犯罪论体系都是建立在犯罪概念之上的，是犯罪概念的具体化。然而，两种犯罪论体系所赖以存在的犯罪概念之间具有明显差异。在四要件的犯罪论体系中，犯罪概念是指具有社会危害性、刑事违法性和应受处罚性的行为。这个犯罪概念的三个特征是从三个不同的侧面揭示犯罪的性质，因而它们之间并不是在实体上分离的，而是存在重合关系。例如，对犯罪概念分别从社会危害性、刑事违法性与应受处罚性这三个方面进行论述，而这三个特征又将社会危害性确定为犯罪的本质特征，因而刑事违法性和应受处罚性在一定程度上依附于社会危害性。在这个犯罪概念的基础上，将犯罪成立条件分为犯罪客体、犯罪客观方面、犯罪主体、犯罪主观方面。显然，犯罪概念的三个特征与犯罪构成的四个要件之间并不具有对应性，由此而使犯罪概念论与构成要件论成为两个虽然具有一定联系却又互不相容的内容，这就分割了犯罪概念与犯罪构成之间的内在逻辑关系。我国四要件的犯罪论体系采用的是概念思维，它是建立在对犯罪概念的要素分解基础之上的，因此，四要件的犯罪论体系是集合体系。

---

① 参见徐育安：《刑法上类推禁止之生与死》，68 页，台北，自印本，1998。

② 参见［德］阿图尔·考夫曼：《法律哲学》（第二版），刘幸义等译，98 页，北京，法律出版社，2011。

层级性的犯罪概念采用的是类型思维，这种犯罪概念认为犯罪是构成要件、违法和有责的行为。因此，犯罪特征与犯罪构成的要件之间具有对应性，构成要件、违法性和有责性之间存在逻辑上的位阶关系。这里的位阶关系是指构成要件在逻辑上前置于违法性，只有在具备构成要件的基础上才能进入违法性的阶层。构成要件、违法性又前置于有责性，只有在具备构成要件和违法性的前提下，才能进入有责性的考察。因此，构成要件、违法性和有责性之间就形成了类型思维中的次序概念。我国学者论述了犯罪论体系从要素体系到阶层体系的演变过程，指出："这两种理论模式之间的差异，其实是一个理论体系形成的两个阶段：在第一阶段，提炼和抽象出建构体系所必需的关键要素或概念；在第二阶段，将各个要素或概念有机地结合起来，按照一定的认知规律和逻辑层次科学地安排好各个概念之间的前后秩序，从而形成体系。"① 由此可见，以类型思维为基础的阶层体系对犯罪的各个层级及其关系的掌握更为深刻，为司法机关的犯罪认定提供了逻辑分析框架。可以说，阶层犯罪论是采用类型思维所结出的丰硕果实。

二、类型思维与构成要件

犯罪是以行为为核心的，"无行为则无犯罪"成为现代法治社会刑法必须遵循的准则。例如李斯特将行为视为一个抽象的概念，摒弃了行为的外在特征，将行为定义为相对于外部世界的任意举止。② 这就是因果行为论的立场，这是典型的采用概念思维所确定的行为概念。然而，仅仅将犯罪理解为行为，并不能为揭示犯罪丰富而复杂的内容提供有效的方法，因为抽象的行为概念是空洞的。正如日本学者指出："犯罪是行为。可是只有当行为类型化的违法、是有责行为时，

① 车浩：《阶层犯罪论的构造》，125页，北京，法律出版社，2017。

② 参见［德］弗兰茨·冯·李斯特：《李斯特德国刑法教科书》，［德］埃贝哈德·施密特修订，徐久生译，143页，北京，北京大学出版社，2021。

才成为犯罪。所以，‘犯罪是行为’这一表述就是不太准确的。不如说是某一行为适合犯罪类型时，才成为犯罪。”[①] 因此，犯罪应当从概念转变为类型。德国学者贝林首倡构成要件的概念，而构成要件就是犯罪的行为类型，由此贝林提出了犯罪类型的概念。贝林指出：“类型性是一个本质的犯罪要素。犯罪类型贯穿着有责的违法性行为之不同阶段，完全存在于该行为内部的各个领域，表明所规定的特别类型。根据其内部构造实质内容，犯罪类型首先是不法的类型（某违法性行为和某种类型的违法性行为）；鉴于责任之特别指示而要求以相应法定刑为前提，不法类型因此也就成了犯罪类型。”[②] 因此，类型思维为构成要件理论的建立以及为三阶层的犯罪论体系的构造提供了基础。构成要件是一种犯罪类型的命题，对于构成要件的理解具有重要意义。在把犯罪理解为一种行为概念的情况下，犯罪的内涵与外延都是封闭的，并且在外在形象上具有平面性。而当犯罪被理解为构成要件的类型的情况下，构成要件包含了各种要素，这些要素都从属于构成要件，或多或少并不影响犯罪的成立，因而贯彻了类型思维。值得注意的是，贝林将构成要件描述为犯罪的客观轮廓或者指导形象，使构成要件获得了某种立体形象。例如贝林以杀人类型为例进行了说明：每个法定构成要件表现为一个“类型”，如“杀人”类型，但是，并不意味着这种——纯粹“构成要件”的——类型与犯罪类型是一样的。贝林认为，二者明显不同，构成要件类型绝不可以被理解为犯罪类型的组成部分，而应当理解为观念形象（Vorstellungsgebild），其只能是规律性的、有助于理解的东西，逻辑上先于其所属的犯罪类型。[③] 这里贝林论及构成要件类型与犯罪类型之间的关系，在贝林的构成要件论中，构成要件只是客观的、价值中立的犯罪轮廓，不能等同于犯罪类型。贝林说构成要件在逻辑上是先于犯罪类型的，它只是犯罪类型中的最低层级。一个行为符合构成要

① ［日］龙川辛辰：《犯罪论序说》，王泰译，6页，北京，法律出版社，2005。

② ［德］恩施特·贝林：《构成要件理论》，王安异译，2页，北京，中国人民公安大学出版社，2006。

③ 参见［德］恩施特·贝林：《构成要件理论》，王安异译，5～6页，北京，中国人民公安大学出版社，2006。

件还并不一定构成犯罪，在具备构成要件的基础上，还要考察违法性和有责性阶层，因而贝林断言构成要件只是犯罪的一种观念形象。

三、类型思维与兜底条款

在刑法中存在所谓兜底条款，是指表现为以“其他——”形式描述的法律规定，通常出现在刑法分则罪状规定中。我国刑法分则中此类规定数量较大，根据我国学者的统计，涉及犯罪构成要件的兜底条款多达 49 个。[①] 我国刑法中的兜底条款可以分为以下三种情形：第一是兜底罪名，也就是说整个罪名都是以兜底条款的形式设立的。例如《刑法》第 114、115 条规定的以危险方法危害公共安全罪，刑法规定的罪状是：“放火、决水、爆炸以及投放毒害性、放射性、传染性病原体或者以其他危险方法危害公共安全。”在此，立法机关采用了排列式罪名的方式，分别设立了放火罪、决水罪、爆炸罪、投放危险物质罪和以危险方法危害公共安全罪。刑法对以危险方法危害公共安全罪的方法并没有具体描述，而是采用了“其他危险方法”的表述。在这个意义上说，以危险方法危害公共安全罪是前所列举的具体危害公共安全罪的兜底罪名。第二是兜底的行为方式，也就是说在明文列举某个犯罪的行为方式的同时，又采用兜底条款的形式规定了兜底的行为方式。例如我国《刑法》第 225 条规定的非法经营罪，刑法分四项列举了非法经营行为，其中前三项是具体列举的非法经营行为，第四项规定了兜底的非法经营行为方式：“其他严重扰乱市场经济秩序的非法经营行为。”在此，第四项所规定的就是非法经营罪的兜底的行为方式。第三是兜底的手段行为。我国刑法中的复行为犯，同时存在手段行为和目的行为，例如强奸罪是指以暴力、胁迫或者其他手段强奸妇女的行为。其中，暴力、胁迫或者其他手段是手段行为，强奸妇女是目的行为。在手段行为中的“其他手段”就是采用兜底的立法方式进行规定

---

① 参见张建军：《刑法中不明确概念类型化研究》，193 页，北京，法律出版社，2016。

的，因而属于兜底条款。以上三种兜底条款具有共同特征，就是在列举不尽的前提下，以“其他”的形式留下适用空间。德国学者考夫曼将这种列举＋其他规定的立法方式称为例示法，认为例示法介乎于个案列举法与概括条款中间。例示法具有广泛的构成要件灵活性的意义，以便适应不得已时尚可忍受的法律不安定性。①

在一定意义上说，这种兜底条款具有法律漏洞的性质，然而它不是法外漏洞而是法内漏洞。法律漏洞是指制定法的漏洞，它表现为法律规定的不完整性。在法学方法论中会讨论各种法律漏洞及其填补漏洞的方法。然而，刑法不同于其他部门法，刑法受到罪刑法定主义的限制，对法律漏洞的理解具有特殊性。法律漏洞的概念是随着法典化达到一定程度而出现的，因而与一定的法律观念密切相关联。例如，法律漏洞就与所谓“法律无涉的空间”存在范围有关。这里的法律无涉空间是指法秩序不予调整的领域②，法律无涉的空间存在范围越大则法律漏洞越小，反之则越大。就此而言，刑法的罪刑法定主义决定了法律无涉的空间远大于其他部门法。根据罪刑法定原则，法无明文规定不为罪，也就是说，只有法律有规定的才是犯罪，否则不是犯罪，由此将犯罪范围限制在法律明文规定的范围之内：法外无罪，法外无刑。因此，在讨论刑法中的法律漏洞的时候，就不能把法律没有规定的情形判断为法律漏洞，这就是刑法中的法外无漏洞的规则。至于法内漏洞，是指法律语义上的空白，涉及一般条款和其他法官自由裁量的规定。例如过失犯成立条件中的应当预见、正当防卫成立条件中的必要限度等一般规定，以及我国刑法中数额较大、情节严重等罪量规定，都属于法内漏洞。由于法律漏洞在形式上是有规定的，因而也有学者否认法内漏洞的概念。③ 德国学者将

① 参见［德］阿图尔·考夫曼：《法律哲学》（第二版），刘幸义等译，98 页，北京，法律出版社，2011。

② 参见［德］卡尔·拉伦茨：《法学方法论》（全本·第六版），黄家镇译，466 页，北京，商务印书馆，2020。

③ 参见［奥］恩斯特·A. 克莱默：《法律方法论》，周万里译，161 页，注释（619），北京，法律出版社，2019。

法律漏洞分为立法者意识到的漏洞和立法者未意识到的漏洞，指出：“如果立法者不对某问题进行规定，而是将其留给司法裁判和法学来决定，这样就会产生立法者意识到的漏洞。而立法者未意识到的漏洞则是立法者忽略了根据规则赖以为基础的调整意图本应当调整的问题，或者是错误地以为已经进行了调整。”[①] 显然，刑法中的兜底条款属于立法者意识到的漏洞，甚至是有意为之的一种立法方式。因此，在法律方法论中亦将这种法律语义内的漏洞（intra verba legis）称为“授权漏洞”[②]。就此而言，兜底条款与其说是法律漏洞，不如说是法律留白。[③]

兜底条款是为弥补立法不能完全涵盖各种应当受到处罚的行为，因而授权司法机关对法律留白进行自行处置，因此，兜底条款也可以说是“一块开放的立法”[④]。这里涉及立法与司法之间权限的划分。严格来说，只有立法机关才能设置犯罪，司法机关只是依据法律规定处罚犯罪，这是罪刑法定主义给出的立法与司法分权与制衡的理想图景。但在现实生活中，由于立法能力不足，难以尽其所能地将各种应当处罚的行为都在刑法中作出具体规定，在这种情况下，立法机关就采取了兜底条款的方式，在其所授权的范围内，司法机关可以根据一定的方法填补法律留白。在这个意义上说，兜底条款具有一定的立法价值。正如我国学者指出：“兜底条款作为一种刑事立法的有意而为，其存在一定的价值。其虽使罪刑法定明确性要求与刑法的开放性形成一种紧张关系，但没有违背罪刑法定原则的精神实质。”[⑤] 在某种意义上可以说，大量的兜底条款也正是以罪刑法定取代类推的一种代价，只不过将过去完全由司法机关适用的类推，改变为在立法机关

① ［德］卡尔·拉伦茨：《法学方法论》（全本·第六版），黄家镇译，476页，北京，商务印书馆，2020。

② ［奥］恩斯特·A. 克莱默：《法律方法论》，周万里译，161页，北京，法律出版社，2019。

③ 这里的留白不同于空白。留白是中国画的特有表现方式，是指在画面的景物布局中，特意留下某处空白，以达到画家的审美观念。

④ ［奥］恩斯特·A. 克莱默：《法律方法论》，周万里译，161页，注释（620），北京，法律出版社，2019。

⑤ 马东丽：《我国刑法中兜底条款研究》，98页，北京，中国政法大学出版社，2019。

划定的范围内进行类推。因为兜底条款适用本身同样是采用类推的方法，正如德国学者指出："类推无异于法学逻辑的通常的推理程序，该程序在所有法领域，包括刑法中，并不仅仅在'对行为人有利'时才使用。但是，如果人们清楚地知道，禁止类推是为制定新法律规范目的而类推，那么对该表述的使用就不会存在疑虑了。"① 因此，只有在刑法没有明文规定的情况下，采用类推解释才是应当禁止的，如果是在刑法有规定，包括兜底式的规定，只要没有超过法律划定的范围，采用类比方法解释刑法文本，也就是同类解释则是应当允许的。

兜底式的规定虽然并不违反罪刑法定原则，但它所具有的粗疏性，如果把握不当，确实会形成我国学者所诟病的口袋罪。尤其是兜底罪名，如果在解释或者适用的时候没有进行严格限制，就会出现扩张适用，对罪刑法定原则造成一定的冲击。例如我国刑法中的以危险方法危害公共安全罪，这是一种较为极端的兜底罪名。如果孤立地观察本罪，立法机关将其构成要件行为规定为"其他方法"，至于其具体内容则完全没有明示，但这里的"其他方法"是对放火罪、决水罪、爆炸罪、投放危险物质罪的兜底，因此"其他方法"应当具有与上述放火、决水、爆炸、投放危险物质方法的性质上的类似性。然而，在某些司法解释中并没有按照这种思路解释"其他方法"，因而在无形中扩张了以危险方法危害公共安全罪的范围。例如 2020 年 3 月 16 日最高人民法院、最高人民检察院、公安部发布了《关于办理涉窨井盖相关刑事案件的指导意见》第 2 条规定："盗窃、破坏人员密集往来的非机动车道、人行道以及车站、码头、公园、广场、学校、商业中心、厂区、社区、院落等生产生活、人员聚集场所的窨井盖，足以危害公共安全，尚未造成严重后果的，依照刑法第一百一十四条的规定，以以危险方法危害公共安全罪定罪处罚；致人重伤、死亡或者使公私财产遭受重大损失的，依照刑法第一百一十五条第一款的规定处罚。过失致人重伤、死亡或者使公私财产遭受

① ［德］汉斯·海因里希·耶赛克、［德］托马斯·魏根特：《德国刑法教科书》（上），徐久生译，185 页，北京，中国法制出版社，2017。

重大损失的，依照刑法第一百一十五条第二款的规定，以过失以危险方法危害公共安全罪定罪处罚。”根据前引指导意见的上述规定，盗窃、破坏人员密集往来的非机动车道、人行道以及车站、码头、公园、广场、学校、商业中心、厂区、社区、院落等生产生活、人员聚集场所的窨井盖的行为，应当以以其他危险方法危害公共安全罪论处，包括危险犯、实害犯和过失犯。然而，我认为盗窃、破坏公共场所的窨井盖，虽然会造成他人人身伤亡，但这一方法本身不具有危害公共安全的性质，因此对此种行为以以危险方法危害公共安全罪论处，并不妥当。因为盗窃、破坏公共场所的窨井盖的行为并不具有与放火、决水、爆炸、投放危险物质方法的性质上的类似性。我们可以发现，放火、决水、爆炸、投放危险物质方法不仅具有对不特定的人群造成重大人身危害的可能，而且具有紧迫性，一旦实施就难以控制对公共安全的危害范围与程度。但盗窃、破坏公共场所的窨井盖不仅在危害范围与程度上，而且在危害的紧迫性上都难以与放火、决水、爆炸、投放危险物质方法相比拟，两者不可相提并论，因此，在对兜底条款进行解释适用的时候，应当采用类型思维的类比与等置方法。

在兜底条款的解释适用中，首先应当采用类比方法，这里的类比是指将待处理案件的事实与兜底条款的本项规定进行类似性的考察。在兜底条款中，本项规定是相对于具有概然性的“其他规定”而言的；其中，本项规定是类比摹本，而其他规定则是类比目标。例如我国刑法中的强奸罪的“其他手段”属于兜底规定，在解释适用的时候，应当将其他手段与本项规定，即暴力、胁迫进行类比。在此，应当采用同类解释的方法。同类解释的根据是基于事物本质的实质判断，对类似事物作相同评价。例如德国学者指出：“由于在对法律评价有决定性意义的方面，两类事实构成彼此类似，因此应被相同评价，也就是说：同类事物相同对待（Gleichartiges gleich zu behandeln）。”[①] 同类解释其实就是一种类推解释，

① ［德］卡尔·拉伦茨：《法学方法论》（全本·第六版），黄家镇译，479 页，北京，商务印书馆，2020。

在刑法中由于罪刑法定主义的限制，同类解释不能在法律没有明文规定的场景中适用，但兜底条款不属于法律没有明文规定，在法律规定的限度内进行同类解释是完全允许的，并不违反罪刑法定原则。例如在解释强奸罪的“其他手段”的时候，我们要对暴力、胁迫手段进行考察，这两种法律明文规定的强奸手段具有对妇女身体和精神的强制性，因而只有具有与之类似的手段才能解释为其他手段，例如麻醉或者灌酒就可以解释为强奸罪的其他手段，因为这两种手段具有强制性，与暴力、胁迫手段具有类似性。

兜底条款的解释适用还要采用建立在事物本质之上的等置方法，这里的等置不同于涵摄，涵摄是概念演绎的思维方法，而等置则是类型的思维方法。这里的等置是指两个事物在性质上的等同性与程度上的相当性。例如欺骗手段能否成为强奸罪的其他方法，在刑法教义学中存在肯定说与否定说以及折中说之争。在此，肯定说将强奸罪的欺骗手段理解过于宽泛，就会把那些明显不具有强奸性质的行为认定为强奸罪。反之，否定说完全否定欺骗可以构成强奸罪的其他手段，也会出现将个别情况下确实因欺骗而处于不知抗拒或者不能抗拒状态发生性关系的情形排除在强奸罪之外，并不合理。因此，对于欺骗手段能否成为准强奸罪的其他手段，应当区别对待。这里的关键问题是对因欺骗而发生性关系的行为进行甄别，由此提出作为认定以欺骗为手段的强奸罪的判断标准。我国学者认为对行为性质的欺骗和对身份的欺骗应当以强奸罪论处。这里的行为性质的欺骗经常发生在医生与患者之间：医生通过欺骗让患者对行为的属性产生错误认识，误认为正在发生的性行为不是性事。身份欺骗是指冒充丈夫与女性发生性关系。[①] 我认为，强奸罪的本质特征是违背妇女意志，也就是侵害妇女的性自主权，因此，只有具有违背妇女意志性质的手段才能认定为强奸罪的其他手段。在欺骗的情况下发生性关系的情形，如果采取虚假承诺结婚或者假冒身份等欺骗妇女与之发生性关系的，虽然妇女受到欺骗，但性自主权并没有受到侵害，因而不能将这种欺骗

① 参见罗翔：《刑法中的同意制度——以性侵犯罪为切入》，164、167页，北京，法律出版社，2012。

认定为强奸罪的其他手段。但在利用封建迷信，以治病为名与妇女发生性关系的，则此时妇女错误地理解了性行为的性质，误以为该性行为是治疗行为，而没有意识到该行为是侵犯其性自由权的行为。而且，被害人同意的是治疗行为，而不是侵害自己性自由权的奸淫行为。在这种情况下，欺骗可以认定为强奸罪的其他手段，因为采用此种欺骗手段与妇女发生性关系与采用暴力、胁迫手段与妇女发生性关系之间，具有性质上的等同性。[①] 由此可见，在对兜底条款进行解释的时候，应当对列举事项与案件事实进行比对，只有在两种之间具有性质上的等同性的情况下，才能将案件事实归入兜底条款。

类型思维是一种在概念思维以后出现的思维方法，它突破了概念的封闭性，以事物本质作为推理的实质根据，具有极强的容纳力，因而类型思维方法作为一种法学方法受到学者的青睐。在刑法教义学中，类型思维同样受到学者的重视，并对罪刑法定原则形成一定的冲击。例如，罪刑法定与禁止类推的矛盾在类型理论中被淡化，乃至于被消解；以事物本质的核心的实质判断在刑法教义学中获得了某种正当性。不可否认，类型思维具有其合理性，在刑法教义学中存在发挥作用的余地，例如对概括条款和兜底条款的正确适用，类型思维都具有重要意义，然而，在刑法教义学中扩张类型思维的适用范围，则可以导致类推解释死灰复燃，明显有悖于罪刑法定原则。

① 参见陈兴良：《准强奸罪的定性研究》，载《政治与法律》，2022（6）。

第五章

阶层思维

阶层思维是指基于位阶关系的思维方法。这里的位阶是指客观事物之间的一种位次安排，由此形成事物之间具有内在逻辑关系的层级次序。[①] 本章在科学界定阶层思维的概念特征的基础上，对阶层思维方法在犯罪论体系、解释方法和保护法益等领域的适用问题，从刑法教义学的层面展开具体论述。

第一节　阶层思维的概念

阶层思维相对于价值思维、规范思维和类型思维等较为常见的思维方法而言，是较为少见的一种思维方法。阶层这个用语来自德国，其德语表述是 Rangordnung。从字面含义来看，位阶是指地位和等级的意思。[②] 值得注意的是，我国学者亦将 Rangordnung 一词译为位序。[③] 由此可见，位阶是指事物之间的层

① 在本书中，阶层与位阶这两个概念可以互相替换，特此说明。

② 参见葛恒浩：《刑法解释基础理论研究》，18 页，北京，法律出版社，2020。

③ 参见舒国滢等：《法学方法论》，376 页，北京，中国政法大学出版社，2007。

级关系，这种层级关系在逻辑学中也称为位阶关系。因此，阶层思维是关于事物之间逻辑关系的一种思维方法。

一、阶层思维与法律体系

阶层思维方法在法学中的范例是法律体系的建构，可以说阶层思维的客观基础就是法律秩序所具有的层级性。在某种意义上说，法律体系是建立在法律概念的位阶性之基础上的。我国台湾地区学者黄荣茂提出了法律概念之位阶性是将法律体系化的逻辑基础的命题，指出："法律概念通常被认为是组成法律规定或整套法律的基本单位。当然所谓基本单位还是相对的，概念与概念之间不但有由抽象化程度的高低，而且由其所负荷之价值的根本性所决定之位阶构造。"① 不仅法律体系是由法律概念之间的位阶性构造的，而且法律秩序也是以法律概念之间的位阶性为框架形成的，因而具有阶层的特征。例如德国学者提出了法律秩序的阶层构造的命题，认为只有从阶层构造出发，才能深刻理解法律秩序的内在结构。德国学者指出：我们将法律秩序区分为三个阶层：第一阶层由抽象的—普遍的，超实证的及超历史的法律原则所构成；第二阶层为具体化的—普遍的，形式的—实证的，非超历史的，但对一个或多或少长久的时期（制定法时期）有效的法律规则（法律规范）；第三阶层为具体的，实质的—实证的，历史的法律。因此，这三个阶层表现为：法律原则（法律理念）—法律规范—法律判决。② 由此可见，阶层现象在法律世界中是客观存在的，由此形成了法律位阶理论（Stufenbaulehre），该理论最早由维也纳学派的代表人物梅克尔（Adolf Julius Merkl）提出，后被凯尔森采用，作为其纯粹法学的核心观点之一，并得到广泛

---

① 黄荣茂：《法学方法与现代民法》（第七版），122页，厦门，厦门大学出版社，2024。

② 参见［德］阿图尔·考夫曼：《法律哲学》（第二版），刘幸义等译，98页，北京，法律出版社，2011。

传播。[①] 任何一个法治国家，都存在内容不同、颁布时间不同以及效力不同的法律，而这些法律又可以采用法典、法规、规范、决定、规则、决定、意见等各种不同的形式。如果对这些法律不是按照一定的逻辑关系加以梳理，那么，这些杂乱无章的法律之间就会发生各种冲突，难以形成具有内在逻辑关系的法律体系。因此，需要对这些法律进行科学分类。在各种分类中，最为重要的是按照规范效力将法律分为一定的层级，形成上位法与下位法之间的关系。奥地利学者凯尔森在其纯粹法理论中提出了法律秩序的等级结构的命题，凯尔森指出："若对意识层面之宪法——即基础规范——之功用加以分析，便可知法律独一无二之特质：其规制着自身之创制。具体而言，某法律规范规定另一规范之创制程序，并多少确定其内容。既已知晓法之动态性，则一规范非依另一规范所定之方式创制，便不生效力，则后者便充任前者之效力根据。此二规范呈现为上位秩序与下位秩序之空间图式（schema）。则法律秩序并非同位规范之体系，而系不同位阶法律规范之等级秩序。"[②] 由此可见，法律体系中的法律规范具有一定的位阶关系，这就是上位法与下位法之间的关系。从法律效力的角度分析，下位法的效力低于上位法，因为上位法是下位法的创制根据。因此，当上位法与下位法之间存在矛盾的情况下，应当依照上位法优于下位法的原则，适用上位法。法律规范之间的位阶关系的确定，在一定程度上厘清了法律规范之间的上下关系，形成了上位法与下位法之间的法律秩序，因而对于一个国家法律体系的建构具有重要意义。

二、阶层思维与解释方法

阶层思维在法律解释方法之间关系的确定中也被采用，法律解释可以分为各种不同的方法，但在这些法律解释方法之间是否存在某种适用上的优先顺位呢？

---

① 参见王锴：《法律位阶判断标准的反思与运用》，载《中国法学》，2022（2）。

② ［德］凯尔森：《纯粹法理论》，张书友译，88页，北京，中国法制出版社，2008。

这就涉及法律解释方法的位阶问题，德国学者称为确定的次序（gesicherte Rangordnung）。[①] 在历史上，最早对法律解释方法的位阶问题进行论述的是萨维尼。萨维尼提出了制定法解释中应当区分四个要素，这就是文法要素、逻辑要素、历史要素和体系要素。与之相对应，可以将法律解释方法区分为语法解释、逻辑解释、历史解释和体系解释。[②] 虽然萨维尼没有明确揭示四种解释方法之间的位阶关系，但并不能认为萨维尼完全否定四种解释方法之间的位阶与次序，可以允许法官自由选择。[③] 在法律解释理论中，关于法律解释方法之间是否具有位阶关系存在争议，例如德国学者拉伦茨明确肯定法律解释方法之间具有一定的逻辑关系，拉伦茨以法律文本的意义脉络为线索，将法律解释方法加以勾连，指出：根据一般语言用法获得的文义构成揭示的出发点。一般而言，预定的制定法的语言还存在不同的意义可能；那么，其他标准在此时就往往具有决定性的意义。[④] 在此，拉伦茨首先确定了语义解释的优位性，其他解释方法只有在语义存在不同意义的前提下才能发挥作用。在其他解释方法中，首先是体系解释，拉伦茨指出：要理解某术语或语句在其所处文本关联结构中的特定意义，制定法的意义脉络、文本上下文就是不可或缺的。此外，处于同一规则体系中的不同规范在事理上应相互一致。因此有疑义时，个别规范的理解应能取得事理一致性的方式进行。而关于这种法律规定在事理上的脉络关联的说明可以从制定法的外部体系以及其赖以为基础的概念体系中得出。其次是历史的目的论解释，也就是历史解释方法。假如制定法的可能文义及其意义脉络仍然有作不同解释的空间，则应优先采取最能符合立法者的调整意图和相互规范之目的的解释（历史的目的论的解

① 参见［德］卡尔·恩吉施：《法律思维导论》（修订版），郑永流译，95页，北京，法律出版社，2014。

② 参见［德］弗里德里希·卡尔·冯·萨维尼：《当代罗马法体系》（第一卷），朱虎译，162页，北京，中国人民大学出版社，2023。

③ 参见王利明：《法律解释学导论——以民法为视角》（第二版），718页，北京，法律出版社，2017。

④ 参见［德］卡尔·拉伦茨：《法学方法论》（全本·第六版），黄家镇译，432页，北京，商务印书馆，2020。

释)。最后是目的解释，如果迄今已经列举的标准仍不够用，解释者就不得不追溯到客观的—目的论的标准，即便立法者很可能没有完全意识到这些标准。此类客观的—目的论的标准，一方面指涉规范领域的事理结构，另一方面指涉法秩序内在固有的法律原则的事理结构。[①] 按照拉伦茨的上述论述，各种法律解释方法之间形成一种符合意义脉络的关联性，这种关联性虽然还不能形成一种固定的位阶关系，但对于法律解释具有重要意义。应该说，拉伦茨的观点是具有代表性的，也就是说，在法律解释方法的位阶问题上采取一种相对的态度：一方面肯定法律解释方法之间的逻辑联结，另一方面又否定法律解释方法之间固定的顺位关系。正因为如此，这使法律解释方法之间的位阶问题显得扑朔迷离、莫衷一是。我认为，法律解释方法并不是每次法律解释必须同时依次采用的方法，因此，正如德国学者所指出的那样，对法律解释方法无法提供一份标准的分层目录(Stufenkatalog)或者位阶排序(Rangordnung)。[②] 尽管如此，我们还是不能否定法律解释方法之间的内在逻辑关系，以此避免任意解释。可以确定的是，在法律解释方法中，语义解释具有对其他解释方法的优位性，在这个意义上肯定法律解释方法的位阶性。至于其他解释方法，对于解释者来说，实际上是根据法律文本处在一种选用的状态。例如，在经过语义解释以后，存在复数的语义，在这种情况下，可以通过体系解释进行遴选，由此获得最佳解释结论。又如，在语义解释得出的结论违反立法意图的情况下，可以通过目的解释予以匡正。在通常情况下，都是经过语义解释与其他解释的两轮筛选，就可以获得满意的结论，因此，并不需要进一步确定体系解释、历史解释和目的解释之间的位阶关系。尽管对法律解释方法之间的位阶关系存在较大的争议，但阶层思维在厘清法律解释方法之

---

① 参见［德］卡尔·拉伦茨：《法学方法论》(全本·第六版)，黄家镇译，432、433页，北京，商务印书馆，2020。

② 参见［德］罗伯特·阿列克西：《法律论证理论——作为法律证立理论的理性论辩理论》，舒国滢译，302～303页，北京，商务印书馆，2019。

间的关系中还是发挥了重要作用，这是不可否定的。[①]

三、阶层思维与犯罪论体系

阶层思维在刑法教义学中的运用，对于犯罪论体系的架构具有至关重要的意义。可以说，正是犯罪论体系的位阶关系使犯罪论体系不仅是犯罪成立条件的总和，而且成为对定罪的司法活动具有引导功能的思维方法，这就是所谓位阶式的思维。在犯罪论体系中，犯罪成立要件之间具有位阶性，这种位阶性决定了犯罪论体系的内在逻辑结构。日本学者西田典之在论及阶层犯罪论的作用时指出："在如何保证裁判官作出正确、适当的判断这一意义上，构成要件该当性→违法性→有责性这一判断顺序也具有相应作用。理由在于，是否该当于可罚性行为类型这构成要件该当性的判断，在某种程度上具有形式性、明确性，正因为如此，若由此首先设定个限制性框架，即便其后对违法性、有责性进行实质性判断，也不会扩大处罚范围；接着进行的违法性判断是一种实质性判断，即便如此，由于原则上是基于客观性要素所作的判断，仍有可能相对明确地进行判断；相反，由于有责性判断考虑的是行为人的主观，因而在其认定中，包含有使之归于不明确的要素。正是出于这种考虑，犯罪论体系通过阶段性的深入，即由形式性判断进入实质性判断，由对客观性要素的判断进入对主观性要素的判断，从而力图确保裁判官的判断的正确、适当。根据上述解释，可以说，对于控制裁判官的思考过程，进而将刑法的适用限定于适当正确的范围之内，构成要件该当性、违法性、有责性这种犯罪论体系是一种行之有效的做法。"[②] 根据西田典之的以上论述，阶层犯罪论体系有助于保证法官判断结论的正确性，而这种正确结论的获得，主

---

① 关于解释方法之间的位阶关系的进一步论述，参见本书第五章。

② ［日］西田典之：《日本刑法总论》（第2版），刘明祥、王昭武译，60～61页，北京，法律出版社，2013。

要是遵循了阶层思维方法。在此，所谓阶层思维方法是指层层递进式的逻辑思维方法。这种思维方法不仅规定了定罪的阶层与次序，而且使后一阶层的判断结论受到前一阶层的判断结论的严格限制，从而使定罪的司法过程呈现出一种递进式结构，并把那些非罪行为从犯罪中予以逐个排除。

通过以上论述可以看出，阶层思维在法学中是不可或缺的思维方法，在刑法教义学中尤其如此。阶层思维中的阶层虽然具有顺序的含义，但它又不同于事物之间的次序关系。因为各种事物是可以随意排列的，因此，这种排列并不能反映事物之间的内在关系，而具有一定的随意性。但阶层思维中的位阶则是根据事物的性质确定不可任意更替的顺位，因而阶层反映了事物之间的逻辑关系：前一个事物为后一个事物提供存在的前提，后一个事物对前一个事物具有某种依存性。

第二节　犯罪要件的阶层构造

将位阶思维适用于犯罪论研究就形成了犯罪论体系的阶层构造，也就是阶层犯罪论。这里的犯罪论体系，是指在法定的犯罪成立条件的基础上形成的具有内在逻辑关系的犯罪构成体系。犯罪论的阶层构造是在犯罪成立条件的二分法的基础上发展起来的，它以犯罪成立条件的分立为前提，并逐步在各个条件之间确立逻辑上的位阶关系，从而为犯罪论的阶层构造奠定了基础。

一、阶层犯罪论的演变

犯罪成立要件是由刑法规定的，这种规定可以分为分则性规定与总则性规定。在一般情况下，分则所规定的是犯罪成立的特殊要件，总则所规定的是犯罪成立的共通条件。犯罪成立的特殊要件，主要是指犯罪成立的客观要件；而犯罪成立的共通条件，通常是指犯罪成立的主观要件。因此，犯罪成立要件可以分为

客观要件与主观要件。在刑法理论上，对犯罪成立要件进行理论概括，最初形成的就是这种犯罪的客观要件与主观要件相区分的理论。例如意大利在18世纪的自然法理论的基础上，形成所谓古典的二分理论（Lateoriabipartitaclassica）。意大利学者在介绍古典的二分理论时指出："从犯罪是一个'理性的实体'（entediragione）的前提出发，古典大师们认为犯罪由两种本体性因素构成。他们称这些因素为'力'（forza），包括'物理力'（forzafisica）和'精神力'（forzamorale）。尽管有不尽然之处，这两种'力'大致相当于现代刑法学中的犯罪的'客观要件'和'主观要件'。根据古典学派的理解，这两种力又包含一个客观方面和主观方面：'物理力'的主观方面即主体的行为，而其客观方面则是犯罪造成的危害结果；'精神力'的主观方面指的是行为人的意志，而其客观方面表现为犯罪造成的'精神损害'（如在社会中引起了恐慌或者为公民所树立的坏榜样）。在这种'力'的二分模式中，犯罪的本体性因素与评价性因素合成了一个整体。但是，合法化原因在这种体系中却无存身之处，后来只好将其勉强解释为因主体受'强制'而排除精神力的原因。"① 古典的二分理论是十分简陋而原始的犯罪论，在这一理论中，客观要件与主观要件之间的位阶关系并未确定，因而也就谈不上阶层思维方法的采用。

费尔巴哈与施就别尔虽然对犯罪坚持二分结构，并初步确定了客观要件与主观要件之间的顺位关系，但费尔巴哈将客观要件与主观要件加以分割，只有违反法律的外在的行为才能归之于犯罪的必要条件，至于故意和过失等主观要件只是违法的主观的不同原因而已。② 由此可见，从逻辑上来说，费尔巴哈还是将客观要件置于主观要件之前，但他却将故意和过失排除在犯罪构成要件之外，由此反映出在犯罪论中的客观主义立场。因此，苏俄学者特拉伊宁在论及犯罪构成时，

---

① ［意］杜里奥·帕多瓦尼：《意大利刑法学原理》（注评版），陈忠林译评，92页以下，北京，中国人民大学出版社，2004。

② 参见［德］安塞尔姆·里特尔·冯·费尔巴哈：《德国刑法教科书》（第十四版），徐久生译，39、58页，北京，中国方正出版社，2010。

把古典学派关于犯罪构成的理论称为客观结构，认为古典学派十分肯定地提到首要地位的并不是主观因素，而是客观因素行为的质，而不是主体的质。例如费尔巴哈在论述犯罪概念时指出："犯罪是一个刑法中规定的违法或者说由刑法加以威慑的与他人权利相违背的行为。因此，一个行为如果被评价为犯罪，其前提条件是：Ⅰ. 外在的可认识性，因为只有外在的行为才可能违反法律；Ⅱ. 缺少法律根据，因为如果一个行为是由法律规定的因而有法律根据，那么，该行为就是合法的；Ⅲ. 如果犯罪要求特定之人作为违法的对象，那么，只有受到国家保护之人才可能成为犯罪的对象，而国家的刑罚法将其视为违法；因为，如果不受国家保护，也就意味着不受国家刑罚法的保护。"① 在上述犯罪概念和犯罪成立条件中，费尔巴哈确实仅仅论及犯罪的客观要素而并没有论及犯罪的主观要素。

特拉伊宁在评论费尔巴哈时指出："如 A. 费尔巴哈给犯罪构成下了如下的定义'犯罪构成乃是违法的（从法律上看来）行为中所包含的各个行为的或实施的诸要件的总和……'可见，A. 费尔巴哈在这里十分肯定地列入犯罪构成的只是表明行为的特征。A. 费尔巴哈并没有忽略责任的主观根据罪过的意义。可是，根据他所下的定义，罪过却处在犯罪构成范围之外，也就是说：只有那些第一，实现了犯罪构成，第二，行动有罪的人，才负刑事责任。"② 在以上的论述中，费尔巴哈所说的犯罪构成，是指刑法分则规定的犯罪成立的客观要件。所谓实现了犯罪构成，是指行为符合刑法分则规定的犯罪成立的客观要件。客观要件是放在第一位的，其次才是罪过，即主观要件。当然，特拉伊宁在意的并不是客观要件与主观要件之间的位阶关系，而是费尔巴哈将罪过放在犯罪构成的范围之外这一问题。其实，费尔巴哈这里所说的犯罪构成是指特殊的构成要件，即刑法分则规定的犯罪成立要件。从犯罪成立要件总和的视角出发，去看费尔巴哈关于犯罪

---

① ［德］安塞尔姆·里特尔·冯·费尔巴哈：《德国刑法教科书》（第十四版），徐久生译，34、39～40 页，北京，中国方正出版社，2010。

② ［苏］A. H. 特拉伊宁：《犯罪构成的一般学说》，王作富等译，15 页，北京，中国人民大学出版社，1958。

构成的定义，确实给人一种难以理解的感觉。只有在刑法分则规定的犯罪成立要件的意义上，才能透彻地领悟费尔巴哈的思想。特拉伊宁还对施就别尔关于犯罪构成的理论作了以下描述："A. 费尔巴哈的同代人施就别尔（Stübel）在1805年出版的犯罪构成的专著中，也只把客观因素引入犯罪构成。施就别尔说：'犯罪构成，乃是那些应当判处法律所规定的刑罚的一切情况的总和，因为这些事实是同责任能力无关的。'同时，在施就别尔看来，责任能力的概念包括一切主观因素，首先包括罪过。由此可见，无论是 A. 费尔巴哈或者是施就别尔，都不容许在没有罪过的情况下负刑事责任，但同时又都把罪过置于犯罪构成的范围之外。在他们看来，犯罪是：（1）实现犯罪构成的行为；（2）有罪的行为。"①

施就别尔关于犯罪构成的概念与费尔巴哈如出一辙。这反映了18世纪后期至19世纪初期在德国通行的构成要件是指特殊的构成要件，因而是刑法分则规定的、客观的并且是事实的，并不包括主观因素在内。对此，日本学者小野清一郎曾经作过以下评论："在19世纪的刑法学中，还没有出现与今天完全一致的构成要件理论。Tatbestand 一词仅限于在犯罪事实或法律上制约着成立犯罪的诸条件的意义上加以使用，而且它又被分成了一般构成要件和特殊构成要件，或是主观构成要件和客观构成要件。例如，弗朗克的《注释书》中，最清楚而又直截了当地表现出这一点。他认为，所谓一般构成要件，是指成立犯罪所必须的要素的总和；所谓特殊构成要件，则是各种犯罪所特有的要素。作为一般构成要件，有人的一定态度在内，并且它必须是有意志的行为或者有责任的行为。而有责任，往往说的是主观的构成要件，是与客观的、外部的构成要件相对立的。弗朗克的上述观点，被认为是19世纪的通说。在这个时期，虽有构成要件的概念，但并没有考虑它的特殊理论机能，所以还不是今天这种意义上的构成要件理

① ［苏］A. H. 特拉伊宁：《犯罪构成的一般学说》，王作富等译，15页，北京，中国人民大学出版社，1958。

论。"[①] 小野清一郎所说的今天这种意义上的构成要件，是指在贝林以后的构成要件概念，而这一构成要件概念与19世纪刑法学中的特殊构成要件的概念是较为接近的。例如，李斯特指出："如果谈到刑法中的构成要件，通常是指特殊的构成要件，它表明分则章节中规定的具体不法类型特征的总和。特殊的构成要件让我们知道，立法者是如何规定谋杀、抢劫、贿赂和叛国罪等的。易言之，特殊的构成要件为刑警（kriminalist）了解对从刑法上确定犯罪种类（stafrechtliche Subsumtion）具有重要意义的特别之违法性和其后为适用刑法而确定罪责，打开了方便之门。因此，特殊的构成要件对刑法教义学具有重大价值，该得到承认的且源自于科学的价值，是贝林的无可争议的功绩。"[②] 在整个19世纪，虽然客观上的构成要件与主观上的责任区分是十分明显的，但对两者关系的界定仍然是模糊不清的。因此，犯罪论体系尚处在一个前位阶时代。

犯罪成立要件之间的位阶关系的真正确立，肇始于李斯特。李斯特将犯罪界定为符合构成要件的、违法的和有责的行为。在论及违法性与有责性的关系时，李斯特指出："仅具有符合犯罪构成的违法性并不构成'犯罪'这种否定评价的理由。犯罪还是一种有责的行为（schuldhafte Handlung）；也就是说，有刑事责任能力的犯罪人是故意或过失地实施了符合犯罪构成的违法行为，也即刑法中的罪责问题涉及符合犯罪构成的违法行为。因此，也就必然得出这样一个结论：刑法制度中的罪责只能在违法性学说之后来探讨。"[③] 在此，李斯特提出了"刑法制度中的罪责只能在违法性学说之后来探讨"这一重要命题，首次明确地界定了违法性与有责性之间的位阶关系。违法性与有责性之间的位阶关系的形成，可以说是古典犯罪论体系诞生的标志。正是在这个意义上，我们可以把李斯特称为古

---

① ［日］小野清一郎：《犯罪构成要件理论》，王泰译，4页以下，北京，中国人民大学出版社，2004。

② ［德］弗兰克·冯·李斯特：《德国刑法教科书》，［德］埃贝哈德·施密特修订，徐久生译，165～166页，北京，北京大学出版社，2021。

③ ［德］弗兰克·冯·李斯特：《德国刑法教科书》，［德］埃贝哈德·施密特修订，徐久生译，136页，北京，北京大学出版社，2021。

典的犯罪论体系的创始人之一。对此，我国台湾地区学者许玉秀指出："如今被称为古典的犯罪阶层体系，是刑法理论史上第一个成型的犯罪阶层体系。这个体系又称为贝林—李斯特体系（BelingLisztsches System），因为完整的体系结构固然是贝林于 1906 年发表的，但李斯特于 1881 年第一版教科书中区分违法性（Rechtswidrigkeit）和罪责（Schuld），被视为最早区分刑法体系阶层之作，后世因而将贝林与李斯特合称为第一个犯罪阶层体系的创始者。"①

违法性与有责性的区分，即不法与责任的分野，是围绕客观违法论与主观违法论而展开的，并且涉及刑事不法与民事不法的界分，这是一场亘贯 19 世纪的学术争论，它对三阶层的犯罪论体系的形成产生了深刻的影响。一般认为，不法理论可以追溯到黑格尔，黑格尔提出的不法理论，尤其是民事不法与犯罪的区分学说，为此后的主观违法论与客观违法论之争埋下了伏笔。黑格尔明确地把不法区分为以下三类：（1）无犯意的不法；（2）诈欺；（3）犯罪。他指出："法作为特殊的东西，从而与其自在地存在的普遍性和简单性相对比，是繁多的东西，而取得假象的形式时，它或者是自在的或者直接的假象，即无犯意的或者民事上的不法，或者被主体设定为假象，即诈欺，或者简直被主体化为乌有，即犯罪。"②黑格尔把不法看作是对法的否定，而这种对法的否定又可以分为不同的发展阶段，由此形成不同的不法形态。尤其是黑格尔对民事上的不法和刑事上的不法加以区分。我国学者在评论黑格尔的不法理论时指出："他（指黑格尔——引者注）把民事上的不法同刑事上的不法，都看作是同一不法的不同的发展阶段，力求从不法本身找出它们之间的内在联系，力求把它看作是一个过程；并把不法区分为无犯意的不法、部分无犯意的不法和完全的不法，或者说是对法说来的假象、对我说来的假象和对法对我说来都不是假象，而是真正的不法，是对法的完全否定，因而对自在的法说来它完全是一种虚假的东西，而不是真实的东西，总是要

① 许玉秀：《当代刑法思潮》，63 页以下，北京，中国民主法制出版社，2005。

② ［德］黑格尔：《法哲学原理》，范扬、张企泰译，92 页，北京，商务印书馆，1961。

被扬弃的。”[①] 黑格尔指出的“无犯意的不法”概念，被认为是客观违法论的肇始。由于受到黑格尔的客观精神法哲学以及“无犯意的不法”概念的深刻影响，客观违法论在德国法学界处于通说的地位。[②] 黑格尔的客观违法论是建立在他关于法的学说基础之上的。黑格尔把法分为抽象法与道德法，这是法的辩证发展的两个阶段，抽象法是指客观法，道德法是指主观法。而不法属于客观法领域的问题，责任则属于主观法领域的问题。客观法与主观法的区分，也就是法与道德的区分。

在黑格尔之后，德国学者阿道夫·默克尔（Adolf Merkel）教授于1867年发表了《可罚不法与民事不法之关系》一文，这里所称的可罚不法，就是指刑事不法，即犯罪。默克尔摆脱了黑格尔关于抽象法这样一种抽象的描述，而把法看作是一种命令规范，并且寻求可罚不法与民事不法的上位概念——不法。默克尔指出，不法的内容主要由两个要素组成：一是否定了法所包含的客观化的共同意思或侵害法所保护的共同利益；二是归责可能性要件。如果认为法是由国家制定并由国家强制力保障实施的，那么就不得不承认国家的权威，而藐视法的权威、否定国家意思则是一切不法的特征。法规范表现为命令性规范或禁止性规范，不法则是对命令性或禁止性规范的侵害，然而命令只向具有责任能力的人下达，故侵害此等命令即可认定为违法。为此，法的义务只能赋于具有责任能力之人，即义务只有在客观可能的情况下才有意义，人类在不可能实现的无法预见或无法避免的情况下不具有义务性，即使发生损害事实，行为人并没有否定法的共同意思，而是尊重了法本身。[③] 由是，默克尔主张主观违法论，即认为只存在“有责的不法”而否认“无责的不法”。在默克尔看来，任何不法都必然以违法主体具有责任能力与故意或者过失为前提。而无责任能力人的行为或者缺乏故意与过失的行

---

① 武步云：《黑格尔法哲学：法与主体性原则的理论》，193页，北京，法律出版社，1995。

② 参见肖吕宝：《主、客观违法论在刑法解释上的展开》，20页，哈尔滨，黑龙江人民出版社，2008。

③ 参见余振华：《刑法违法性理论》，15页，台北，元照出版有限公司，2001。

为，都不能评价为不法。由此可见，主观违法论实际上是把可归责性纳入不法要件，从而将不可归责的行为从不法概念中予以排除。主观违法论尤其强调主体对于法的理解能力，因而得出“有责的不法”的结论。

在1876年默克尔提出主观违法论的同时，德国著名学者耶林在《罗马私法中的责任要素》一文中提出了与主观违法论对立的客观违法论，进一步引发了主观违法论与客观违法论之争。客观违法的概念就是耶林为与默克尔的主观违法论相抗衡而制造出来的概念。① 耶林是从民法上的善意占有与恶意占有的性质区分入手开始其论证的，他认为善意占有他人之物绝不是合法的，只能认为是不法的。这种不法相对于恶意占有的主观违法而言，是一种客观的违法。因此，耶林论证了客观违法的存在，同时没有完全否认主观违法，而是为主观违法留下了存在空间。在这个意义上，耶林是赞同客观违法论的，但并非完全的绝对客观违法论者。② 应该说，耶林的客观违法论是不彻底的，并且是在民法领域展开对主观违法论的批判，对刑法的贡献不是直接的。当然，耶林对把责任要素纳入违法范畴的主观违法论的抨击，对于古典派的犯罪论体系建构阶层理论仍然具有启迪意义。

在刑法中坚持客观违法论的李斯特，也是从对法的理解上入手的。李斯特提出了法具有双重功能的命题，这里的双重功能是指命令规范与评价规范。李斯特在评论主观主义的强制理论时指出：“此等主观主义的强制理论的结果可能是，当行为是由无责任能力或其他不负责任之人实施时，行为的不法特征即告消灭。该理论的不正确性源于它的武断的片面性。它忽略了法律的双重功能，即法律不只是命令，即命令规范，而且，从逻辑上的必要性出发，法律也是评价规范。仅就此点而言，法律以抽象的价值标准的面目出现，其适用可能性完全不取决于被评价的对象、人的行为所发生的方式（有责或无责）。”③ 李斯特在此所批评的主

① 参见［日］泷川幸臣：《犯罪论序说》，王泰译，47页，北京，法律出版社，2005。

② 参见肖吕宝：《主、客观违法论在刑法解释上的展开》，27页，哈尔滨，黑龙江人民出版社，2008。

③ ［德］弗兰克·冯·李斯特：《德国刑法教科书》，［德］埃贝哈德·施密特修订，徐久生译，160～161页，北京，北京大学出版社，2021。

观主义的强制理论，实际上就是指主观违法论。李斯特认为主观违法论的错误在于片面地把法律理解为命令规范，由此否认无责的不法。但如果把法律同时理解为评价规范，则完全可以成立“无责的不法”。根据李斯特的观点，在不法阶层，主要是对行为是否具有法益侵害性进行客观外在的判断，因而应当承认客观违法。李斯特指出：“法律是作为一个客观评价规范的整体出现在我们面前的。依据这些规范，人类行为的特征作为客观上合法或违法而出现。”① 只有在有责性阶段，才涉及行为人的内心世界与将该行为评价为非法的法律规范之间的联系。正是在主观罪责的意义上，法律的规范功能的性质才得以彰显。

在李斯特关于不法与罪责的分离，并且正确地界定了不法与罪责的位阶关系的基础上，贝林进一步地阐述了构成要件在犯罪论体系中所处的指导形象的地位，从而正式宣告阶层式的犯罪论古典体系的诞生。贝林把犯罪类型与刑法分则规定的法律的构成要件加以区分，法律的构成要件是一种指导形象，它在逻辑上是先于犯罪类型的，这就是构成要件对于其他犯罪成立条件所具有的位阶上的优先性。贝林指出：“每个法定构成要件肯定表现为一个‘类型’，如‘杀人’类型、‘窃取他人财物’类型等。但是，并不意味着这种纯粹‘构成要件’的类型与犯罪类型是一样的。二者明显不同，构成要件类型绝不可以被理解为犯罪类型的组成部分，而应被理解为观念形象（Vorstellungsgebild），其只能是规律性的、有助于理解的东西，逻辑上先于其所属的犯罪类型。”② 贝林把构成要件确定为首要的构成要素，它在逻辑上是先于其他犯罪构成要素的。他还形象地把构成要件比喻为一个钩子，阐述了构成要件在定罪的司法过程中的优先作用，指出：“实务中，法官首先会在犯罪种类（独立的犯罪类型）范畴内一如既往地考察，某行为可以构成哪些犯罪类型。法官就相当于有了一个钩子，他可以把案件悬挂

① ［德］弗兰克·冯·李斯特：《德国刑法教科书》，［德］埃贝哈德·施密特修订，徐久生译，202页，北京，北京大学出版社，2021。

② ［德］恩施特·贝林：《构成要件理论》，王安异译，5页以下，北京，中国人民公安大学出版社，2006。

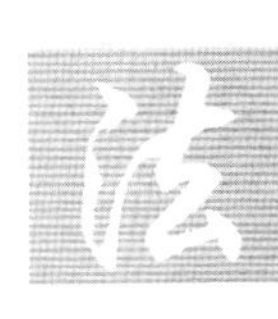

在这样一个钩子上面。因为所有犯罪类型（独立、直接的或者附属、间接的）都离不开一个作为指导形象的法定构成要件，然后分别进行排除，即客观方面的相关行为是否充足（genügen）法定构成要件（一般称为构成要件符合性，这是由揭示犯罪形象而与构成要件建立联系的问题），也即是处于优先考虑地位的问题，因为所有后续研究都有赖于该问题的解决，该问题本身相对于其解决的答案则具有独立性。”① 构成要件对于犯罪成立其他要件的优先性与独立性，这是贝林对构成要件性质的重要界定。由此，古典派的犯罪论体系确立了“违法是客观的，责任是主观的”这一命题，并将客观要件置于较主观要件优先的位阶，形成了犯罪论体系的不法与责任两大支柱。

在古典派的犯罪论体系之后，新古典的犯罪论体系提出了主观违法要素，打破了“违法是客观的”这一命题。但主观违法要素只是例外的情形，它并不能否定在一般情况下违法是客观的这一事实。即使是目的主义的犯罪论体系，将故意与过失等主观要素纳入构成要件，形成所谓主观的构成要件，在这种情况下，仍然没有改变三阶层的体系，也没有动摇不法与责任这两大支柱。至于目的论的犯罪论，虽然在构成要件和责任要件的内容上做了调整，但并没有改变不法与责任之间的位阶关系。例如韦尔策尔指出：“构成要件符合性、违法性和责任是使某一行为成立犯罪的三个犯罪要素。在此，责任——对违法行为的个人答责——是以行为具有违法性为其前提的，而违法性自身也必须在法定构成要件中得以具体化。在构成要件符合性、违法性和责任中，任何一个后位的犯罪要素都以前一要素已经具备为前提；通过这种方式，这三者就在逻辑上被紧密地联系在了一起。”② 这里的逻辑上联系在一起，就是指确定了三个阶层之间的位阶关系。因此，对三阶层之间的关系采用阶层思维，这是从古典学派到行为目的论的方法论的共同特征。

① ［德］恩施特·贝林：《构成要件理论》，王安异译，30 页，北京，中国人民公安大学出版社，2006。

② ［德］汉斯·韦尔策尔：《目的行为论导论：刑法体系的新图景》（增补第 4 版·中文增补版），陈璇译，19 页，北京，中国人民大学出版社，2024。

二、阶层犯罪论的价值导向

阶层思维不仅在犯罪论体系的形成过程中具有引导功能，而且对于犯罪论体系的价值实现具有不可轻忽的作用。犯罪成立要件是多元的并且相互之间互相联结，由此形成一种金字塔形的结构。贝林指出："在方法论上，人们按照合目的的方式提出了六个有此特征的犯罪要素，其顺序和结构为：'构成要件符合性'需要置于'行为'之后，然后依次就是'违法性'——'有责性'——'相应的法定刑罚威慑''刑罚威慑处罚的条件'。构成要件符合性应当是先于违法性和有责性的，这样后续其他概念才能完全定义于刑法意义上。"① 在以上犯罪成立的六个条件中，构成要件符合性、违法性与有责性是最为基本的，由此形成犯罪论体系的逻辑框架。尽管在具体要素的归属上，古典的、新古典的、目的主义的和目的理性的犯罪论体系之间存在各自不同的见解，然而，犯罪论体系的框架仍然是三阶层，犯罪成立要件的位阶性是各种犯罪论之间的最大公约数。在刑法学说史上，对于犯罪的认识是一个逐步深化的过程，可以分为以下两个阶段。

第一阶段是犯罪成立要件的主客观相统一的认知过程。在这一期间经历了主客观相分离，即主观归罪与客观归罪的惨痛教训，最终达致主客观相统一，犯罪成立需要同时具备客观要件和主观要件，两者缺一不可的见解。贝卡里亚对于犯罪成立问题上的意图说和罪孽说进行了猛烈的抨击，强调法律不惩罚犯意，只有犯罪对社会的危害才是衡量犯罪的标尺。② 而费尔巴哈将构成要件（客观要件）与罪过（主观要件）确认为犯罪成立条件，从实体法上获得了犯罪的主客观相统一的认知结论。

---

① ［德］恩施特·贝林：《构成要件理论》，王安异译，62页以下，北京，中国人民公安大学出版社，2006。

② 参见［意］切萨雷·贝卡里亚：《论犯罪与刑罚》，黄风译，67页，北京，商务印书馆，2017。

第二阶段是犯罪成立要件之间位阶关系的认知过程。在这一期间确立了不法与责任的位阶关系，由此开创了犯罪论体系的知识进路。前一阶段解决的是犯罪成立需要哪些要件的问题，后一阶段解决的是犯罪成立要件之间究竟是何种关系的问题。后一问题的解决以前一问题的解决为前提。犯罪论体系的形成是以犯罪成立要件之间的位阶关系的确立为标志的。

德国学者提出了区分不法与责任是否具有超越实定法基础这样一个问题。在德国学者看来，不法与责任的区分，是“物本逻辑的结构”，无论刑法学者是否认识到不法与责任的区分，这种区分本身是客观存在的。就此而言，区分不法与责任并不是一个超越实在法的问题，而只是在刑法规定基础上的一种理论构造。德国学者指出：“然而这绝非意味着，不法与罪责的区分出于上述的考虑已经在个别的情况先行确定，以及甚至可能确立超越实定法的基础。因为我们还可能高估了规范性指导原则与物本结构间的一致性效果，而且可能重蹈目的行为论通常犯下的那个错误。我借用不甚精确的建筑学用语或是拱形支架的名词，这种情形称呼为超越支撑限度的托架（Hyper—überkragung）。”① 以上论述包含着较为深刻的哲理，它一方面阐明了不法与责任的区分并非一种理论臆断，而是刑法的“物本逻辑的结构”。就此而言，是刑法自身所具有的不法与责任相区分的性质决定了在犯罪论体系中应当将两者加以区分，后者只不过是对前者的反映而已。另一方面，德国学者还引入了一个拱形支架的概念，认为它具有对结构的支撑功能，并且指出：托架不能超越支撑限度。这两方面的思想都是令人深思的。

就不法与责任的区分是刑法的“物本逻辑的结构”而言，它表明对刑法规定的理解不能停留在法条表象，而是应当深刻地解释法条背后的法逻辑。这也就是所谓“物本逻辑”。在此，德国学者明显采用了现象与本体的二元思维方法，认为法条规定本身只是一种表象，隐含在背后的是“物本逻辑”。我们通常只看到

① ［德］许乃曼：《区分不法与罪责的功能》，彭文茂译，载许玉秀、陈志辉主编：《不移不惑献身法与正义——许乃曼教授刑事法论文选辑》，445页，台北，新学林出版股份有限公司，2006。

法条表象，认为犯罪成立的要件是由刑法规定的，这一点没有问题。而犯罪成立要件之间的关系，例如不法与责任的位阶关系，则是刑法理论所形塑的。德国学者指出：不法与责任的区分本身仍然是刑法自身的逻辑所决定的。这一点具有重大的启迪意义。

就不法与责任的区分是拱形支架这一比喻而言，是十分形象的。犯罪成立要件是多种多样的，但在所有犯罪成立要件中，只有不法与责任这两个要件具有拱形支架的功能，对于整个刑法体系起到支撑作用。不法与责任被称为犯罪论体系的两大支柱①，这种支柱作用是由不法与责任之间的位阶关系所决定的。如果只有不法与责任这两个要件，但并不存在两个要件之间的位阶关系，那么就难以支撑犯罪论体系，因为在犯罪成立要件之间缺乏有意义的架构。不法与责任之间形成位阶关系：责任以不法为前提，不法对责任形成制约。在这种情况下，犯罪论体系才是具有内在逻辑性的，并且构成恢宏的理论大厦。

阶层犯罪论是由不法与责任这两大支柱为托架的，不法又是以构成要件该当为前提的，因而形成构成要件该当性、违法性与有责性这样三个阶层。在刑法理论上，对于构成要件该当性与违法性的区分是否必要，存在各种不同的观点。相当有力的观点认为，这种区分是不必要的，只有在古典派的犯罪论体系中将构成要件形式化，才存在这种区分的必要。随着构成要件的实质化，这种区分的必要性随之丧失。例如，日本学者西原春夫指出："纵观德国与日本构成要件论发展的历史，简直就是构成要件论向违法论靠近的历史。"② 西原春夫主张将构成要件并入违法性，采取并不承认构成要件或者构成要件该当性是独立的犯罪要件的立场。但是，通说仍将构成要件该当性与违法性加以区分，因为两者的功能并不相同。实际上，犯罪论体系具有以下三种价值。

---

① 参见张明楷：《以违法与责任为支柱构建犯罪论体系》，载《现代法学》，2009（6）。

② ［日］西原春夫：《犯罪实行行为论》（重译本），戴波、江溯译，25页，北京，北京大学出版社，2018。

（一）人权保障价值

罪刑法定原则的基本含义是“法无明文规定不为罪”。因此，法律，这里主要是指刑法分则，是否有明文规定，就成为区分罪与非罪的基准。我国学者在论述构成要件与罪刑法定的关系时，深刻地指出：“纵观犯罪构成（指构成要件——引者注）的形成史，我们可以发现，构成要件本来就是在罪刑法定主义的基础上产生和形成的，罪刑法定化必定要求构成要件法定化……构成要件是将客观的案件事实和罪刑法定化后的刑法规范联系起来的枢纽，通过审视案件事实是否符合法定的构成要件样板，决定行为是否该纳入刑事领域……可以说，正是借助于作为不法类型的构成要件，‘罪刑法定’方得以从逻辑的世界走向经验的世界。”① 以上论述十分真切地解释了构成要件与罪刑法定的关系。罪刑法定原则是以人权保障为使命的，因而构成要件所具有的人权保障价值也是十分明显的。

构成要件之所以能够发挥罪刑法定原则所要求的人权保障机能，主要是由构成要件的类型性特征所决定的。例如贝林指出：“立法者首先已对所有人们的行为给出了特定的形象、类型、抽象的法律形式指导，这些东西指示着具体的犯罪类型（‘谋杀罪’‘盗窃罪’等），还指示着这些类型彼此之间的价值关系。按照立法者的意志，这些东西同时扮演着这样的角色，即未符合上述形象之一的行为（非类型性行为），也就不具有刑罚可罚性。”② 类型具有某种封闭性，它使行为形成一个封闭的区间，从而将不具有构成要件该当性的行为排除在犯罪之外，起到了第一道关卡的作用。正是在这个意义上，构成要件成为罪刑法定原则的实现途径。当然，在刑法学上对贝林的构成要件能否起到人权保障的机能，也是存在质疑的。例如西原春夫指出：“贝林的构成要件论志在实现人权保障，强调罪刑法定主义，与此相对，他的构成要件论到底起到了怎样的作用呢？如前所述，他

---

① 劳东燕：《罪刑法定本土化的法治叙事》，204页以下，北京，北京大学出版社，2010。

② ［德］恩施特·贝林：《构成要件理论》，王安异译，59页，北京，中国人民公安大学出版社，2006。

之所以将构成要件作为客观的、描述性的概念来把握，乃是为了据此在确定构成要件符合性之时尽可能地排除法官的价值判断。如果说在贝林以前，违法性的确定是在与实定法没有任何关联的情况下任意进行的；那么，贝林这种试图在确定违法性之前，首先将不符合构成要件的情形排除在违法性判断对象之外的见解，我认为是应当听取的。但是，第一，当时，德国刑法学在费尔巴哈以后已经意识到了罪刑法定主义思想，在脱离实定法的情况下恣意地确定违法性的罪刑擅断主义已经被排除了。如果是这样，那么，即使在判断构成要件符合性之时排除了包含有价值判断以及行为人主观方面的判断，由于在进行如下的违法、责任判断之时仍然必须作出这种判断，因此，可以说贝林的构成要件论并不能如其所期待的那样，实质性地发挥人权保障的机能。”① 在以上论述中，西原春夫虽然肯定构成要件论的初衷是限制罪刑擅断，强调罪刑法定主义，但是，他又认为在罪刑法定主义被接受、罪刑擅断主义被排除的情况下，构成要件论的作用就丧失了。笔者认为，这一理由是较为牵强的。因为正如上文所述，罪刑法定主义正是通过构成要件发挥其限制机能的。在某种意义上说，取消构成要件也就是在一定程度上削弱罪刑法定主义。即使贝林所主张的事实的而非规范的、客观的而非主观的、形式的而非实质的构成要件论在某种程度上被改变，出现了规范的构成要件与主观的构成要件，尤其是构成要件的实质化，给构成要件论带来深刻的变革，但这并不能从根本上否认构成要件所具有的人权保障机能。

（二）社会保护价值

阶层犯罪论的违法性，不是指违反刑法，即刑事违法性，而是指实质违法。实质违法是与形式违法相对的，形式违法是通过构成要件而确认的：凡是具备构成要件该当性的行为，当然就具有形式违法性。因为构成要件本身就是违法行为类型。而实质违法则与之不同，它是指对法益的危害。对此，李斯特曾经指出：

---

① ［日］西原春夫：《犯罪实行行为论》（重印本），戴波、江溯译，33页，北京，北京大学出版社，2018。

“实质违法是指危害社会的（反社会的）行为。违法行为是对法律保护的个人或集体的重要利益的侵害，有时是对一种法益的破坏或危害。对重要利益的保护是法律的首要任务。通过对因受法律保护而上升为法益的重要利益进行认真的界定，利益之矛盾、法益之冲突也不可能被完全排除。构成法制最后和最高任务的人类共同生活目标的要求，在此等矛盾、冲突中牺牲价值低的利益，如果只有以此为代价才能维护价值高的利益的话，据此可以得出以下结论：只有当其违反规定共同生活目的之法秩序时，破坏或危害法益才在实体上违法；对受法律保护的利益的侵害是实体上的违法，如果此等利益是与法秩序目的和人类共同生活目的相适应的。”①

对于违法性之违法，不能从规范上加以考察，而应当从实质上加以界定。它是指违反法秩序，其根本性质在于对法益的侵害。法益侵害不是绝对的，对法益的保护是通过解决法益冲突来实现的。在李斯特的以上论述中，也论及利益之矛盾和法益之冲突的问题。在违法性中，主要讨论违法阻却事由，即合法化事由，而这些合法化事由是以具备构成要件该当性为前提的。对此，德国学者指出：“合法化事由不是以规范的一般之例外为基础，而是为了解决社会矛盾冲突情况，要求在具体情况下进行价值权衡（Wertabwaegungen），基于这样的价值权衡，不受影响地维持被保护的法益的利益，必要时必须退却到同样被法秩序承认的其他价值之后。但这不是绝对的，而在必要性和适当性的范围内，有效的等价没有包含对一般禁止的总的限制，而是在具体情况下独立处理禁止规范及其固有的价值内容。”② 违法阻却的基本法理是法益衡量，而法益衡量是以法益冲突为前提的。构成要件的设置本身也具有法益侵害的考量。因此，在一般情况下，可以从构成要件推定违法性。但在法益冲突的情况下，需要通过违法阻却而达致保护更

① ［德］弗兰克·冯·李斯特：《德国刑法教科书》，［德］埃贝哈德·施密特修订，徐久生译，162页，北京，法律出版社，2017。

② ［德］汉斯·海因里希·耶塞克、［德］托马斯·魏根特：《德国刑法教科书》（上），徐久生译，343页，北京，中国法制出版社，2017。

为重要法益的刑法机能。因此，缺乏构成要件该当性的行为与违法阻却的行为在性质上是有所不同的。也就是说，缺乏构成要件该当性的行为根本没有侵害刑法所保护的法益。但违法阻却事由之所以不受处罚，是因为尽管行为对刑法保护的法益造成了损害，但例外地不是实质的不法。

（三）公正价值

基于“责任是主观的”这一命题，心理责任论认为，责任能力和故意、过失是责任的全部要素。从心理责任论向规范责任论转变以后，故意、过失不再被看作是责任要素，目的行为论的犯罪论体系甚至将其逐出责任概念，纳入构成要件，而把体现法敌对性意识的违法性认识和可非难性条件的期待不可能作为主观上的归责要素。及至目的理性的犯罪论体系，又进一步地将罪责改造成为包含了预防必要性的实质性罪责概念。例如，德国学者罗克辛指出：“规范罪责概念仅仅说，一种有罪责的举止行为必须是‘可谴责的’。但是，这个概念仅仅具有形式上的性质，还没有回答这个问题：这种可谴责性应当取决于哪一些内容上的条件。这是一个关于实质性罪责概念的问题。”①

这里的实质性罪责概念是与形式性罪责概念相对应的。罗克辛认为规范责任论仍然是一个形式性的罪责概念，没有涉及可谴责性的根据。那么，什么是可谴责性的根据呢？这个可谴责性根据是指预防必要性。我国台湾地区学者在论及罗克辛的负责性的罪责概念时指出：“Roxin 认为，在传统‘罪责’（Schuld）这个阶层要问的是：是否在刑法的观点下，对个别的行为人加以制裁是必要的？从这个观点来看，以‘罪责’（Schuld）这个概念来称这个阶层就是不适当的。因为 Roxin 认为，刑法中的‘罪责’只能意味着‘行为人可以为合法行为的能力’。而他认为这个意义下的罪责，并不是作为刑罚制裁必要性的概念。Roxin 主张，刑事制裁的必要性不只取决于行为能力，亦取决于立法者的刑事政策观点，两者

① ［德］克劳斯·罗克辛：《德国刑法学总论》（第 1 卷），王世洲译，562 页，北京，法律出版社，2005。

合称为负责性（Verantwortlichkeit）。”[1] 从以报应为内容的罪责概念到包含了一般预防的负责性的罪责概念，这是责任理论的一个巨大变化。尽管如此，以责任限定犯罪成立范围，从而限制刑罚发动的机能并无改变。只不过从规范责任论从单纯的非难可能性以限定犯罪成立，到实质性罪责概念采用非难可能性与预防必要性这双重标准限定犯罪成立，其宗旨都是使刑法的公正价值得到实现，以防止刑罚滥用。

以上所述犯罪论体系的三个阶层，体现刑法的三种价值：人权保障、社会保护和刑法公正，但是，刑法的这三种价值不是并列的，也不是我们通常所说的那样，是辩证统一的。刑法的这种价值是存在位阶关系的。其中，刑法的人权保障价值处于优先地位，也是刑法所追求的首要价值。刑法的社会保护价值处于第二位，它受到罪刑法定原则的限制，这就意味着，当人权保障与社会保护这两种价值发生冲突时，应当将人权保障置于优越地位。对于那些法无明文规定、不具有构成要件该当性的行为，即使造成了再大的法益侵害结果，也不能构成犯罪。至于有责性，它是一个责任归咎问题，应当充分考虑行为人的个人要素，尤其是非难可能性与预防必要性，从而将犯罪概念建立在公正的基础之上。这里应当指出，罗克辛虽然在责任的概念中引入了刑事政策的价值内容，包括预防必要性等因素，但由于它是以行为人具有非难可能性为前提的，因而预防必要性是对罪责的进一步限制而非扩张。就此而言，负责性的罪责概念具有合理性。这也体现了从存在论的责任概念向价值论的责任概念的转变，从形式上的责任概念向实质性的责任概念的转变。

第三节　阶层犯罪论的功能考察

如前所述，德日的犯罪论体系是一种阶层构造，因而可以称为阶层犯罪论。

① 李文健：《罪责概念之研究 非难的实质基础》，222页，台北，自印本，1998。

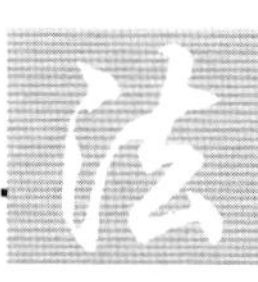

因为这种犯罪论是由三个要件构成的，因而也被称为三阶层的犯罪论，简称三阶层。与此相对应，苏俄的犯罪论体系是以客观要件与主观要件的二元区分为基本框架的，客观要件与主观要件之间存在对合关系，因而可以称为对合犯罪论。因为这种犯罪论是由四个要件构成的，因而也称为四要件。这两种犯罪论之间存在重大区分，其中就包含了各个要件之间逻辑关系上的明显差异：阶层犯罪论在各种犯罪成立条件之间存在阶层性，而对合犯罪论则在各个犯罪成立条件之间存在对合性。

一、犯罪论的类型构造

苏俄刑法学的对合犯罪论，是在继承沙俄时期关于 Tatbestand（构成要件）概念的基础上逐渐形成的。如前所述，费尔巴哈只把客观要素纳入构成要件，而把主观要素排除在构成要件以外，作为另一个犯罪成立的要件。这一观点中包含了犯罪成立的客观要件与主观要件之间的位阶性的思想萌芽。但这一观点受到特拉伊宁的批判，将其指责为是一种人为地割裂犯罪构成统一概念的做法。[①] 在主客观相统一原则的指导下，特拉伊宁对犯罪构成作出如下界定："犯罪构成乃是苏维埃法律认为决定具体的、危害社会主义国家的作为（或不作为）为犯罪的一切客观要件和主观要件（因素）的总和。"[②] 特拉伊宁将构成要件改头换面，由此形成犯罪构成的概念。而犯罪构成涵括了犯罪成立的所有客观与主观要件，犯罪构成成为犯罪成立的一切客观要件和主观要件的总和。这里的"总和"一词表明，犯罪构成只是犯罪成立要件的简单相加，而这些犯罪成立要件之间的位阶性不复存在。

对合犯罪论把犯罪构成分为以下四个要件：犯罪客体、犯罪客观方面、犯罪

---

① 参见［苏］A. H. 特拉伊宁：《犯罪构成的一般学说》，王作富等译，15 页，北京，中国人民大学出版社，1958。

② ［苏］A. H. 特拉伊宁：《犯罪构成的一般学说》，王作富等译，48 页以下，北京，中国人民大学出版社，1958。

主体、犯罪主观方面。显然，在四要件之间是存在一定顺序性的，但这种顺序性并不能等同于位阶性。那么，如何区分顺序性与位阶性呢？位阶本身也是一种顺序，但顺序不能等同于位阶。顺序只是一种确立前后关系的概念，而位阶则具有逻辑蕴含。在阶层犯罪论中，构成要件该当性、违法性和有责性，这三者之间显然存在一定的顺序，但这种顺序是不逆转的。因为后要件的存在以前一要件为前提，前一要件则可以独立于后一要件而存在。这样一种前后要件之间的关系，就是犯罪论体系的位阶关系。而在对合犯罪论中，虽然四个要件的排列是存在一定的顺序的，但四要件之间是一种互相的依存关系：不仅后一要件的存在以前一要件的存在为前提（这是位阶性所要求的），而且前一要件的存在也以后一要件的存在为前提（这一点是不同于位阶性的），因而形成一有俱有、一无俱无的依存关系。依存性是四要件之间的关系，它与三阶层的位阶性存在本质区别。

二、犯罪论的结构差别

我国学者对阶层犯罪论与对合犯罪论的结构作了对比，指出：“在德日三阶层体系下，是将一个整体平面的刑法规范裁为三块：构成要件该当性与中国体系的客观方面大致相似——均系对客观外在之事实特征的符合性分析；违法性实质上是讨论刑法规范中必然隐含的法益侵损问题——与中国体系的客体要件意义极为相似而只是排序不同；有责性涉及的是主体的一般性资格及具体心态问题——中国体系的主体和主观方面两要件可以完整将其包容。由此可见，德日体系的所谓阶层递进，只是一些学者们的一种想象式的理解。如果将德日体系理解为一种递进路径，那中国体系又有何理由不能如此相称呢——从客体递进到客观方面，再递进到主体，最后达到主观方面——呈一种较德日体系更为清晰、更为合理的递进理路。”[①] 以上论述充满了似是而非之处。

---

① 冯亚东：《中德日犯罪成立体系比较分析》，载《法学家》，2009（2）。

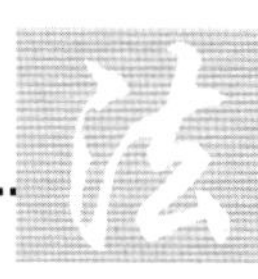

首先，阶层犯罪论与对合犯罪论的要素对比并不能说两种犯罪成立体系的相似或者相同，因为这些犯罪成立条件是由刑法规定的，而不是由犯罪论体系确定的。唯有如此，才能说明同一个法律规定是可以采用不同的犯罪论体系加以诠释的。因此，从阶层犯罪论与对合犯罪论所指称的犯罪成立要件相似甚至相同，无论如何也不能得出“德日体系的所谓阶层递进只是一些学者们的一种想象式理解”这样的结论。因为阶层递进并不是由犯罪成立要件本身决定的，而是由犯罪成立要件互相之间的关系决定的。就三阶层之间的关系而言，从构成要件该当性到违法性，再到有责性，这样一种递进关系是客观存在的：在逻辑上，不法是先于责任的，而不可能相反。因此，只有在确立了行为不法以后，才能考察责任追究的问题。责任的存在以不法为前提，而不法的存在则不以责任为前提，即存在“无责的不法”，但不存在“没有不法的有责”。这难道不是一种实实在在的阶层递进关系吗？

其次，对合犯罪论的四要件之间确实存在一定的顺序，但不能将这种顺序错误地理解为位阶，因为四要件中后一个要件的存在并不以前一个要件的存在为前提，而前一个要件也不能独立于后一个要件而存在。例如，就正当防卫杀人而言，按照阶层犯罪论的逻辑，具备杀人罪的构成要件该当性但不具备违法性而出罪；但如果是精神病人杀人，则不仅具备杀人罪的构成要件该当性而且具备违法性，但是因为缺乏有责性中的责任能力而出罪。只有同时具备构成要件该当性、违法性和有责性这三个要件的杀人行为才构成杀人罪。但根据对合犯罪论的立场，正当防卫杀人与精神病人杀人是没有区分的，都是犯罪构成要件不具备。而且，正当防卫杀人和精神病杀人都是四要件不具备，因而与杀人罪之间没有任何关联。换言之，正当防卫杀人仅仅在形式上符合杀人罪的客观要件，而实质上是不具备杀人罪的犯罪构成的，因而连杀人这一事实本身也被否定了。这样一种犯罪成立要件之间的关系，怎么可能存在层层递进关系？因此，对合犯罪论的所谓阶层递进，才是一些学者的一种想象式理解。

更为重要的是，阶层犯罪论中的某些要素尽管可以在不同阶层之间进行调

整，例如故意与过失是属于责任要素还是构成要素，对此是存在争议的。但无论如何，三个阶层之间的顺序是不能前后颠倒的，这说明在三个阶层之间存在位阶关系。而且，即使故意与过失纳入构成要件在构成要件内部，客观构成要件与主观构成要件之间的位阶关系也是客观存在的，即客观判断先于主观判断。但对于对合犯罪论来说，四要件之间的顺序是可以随意调整的，这是四要件不存在位阶关系的明证。

三、犯罪论的要件排列

我国刑法学界曾经讨论过对合犯罪论中四要件的排列顺序。我国从苏俄引入的传统排列顺序是犯罪客体一犯罪客观方面一犯罪主体一犯罪主观方面，这是我国刑法学界的通说。对于这一顺序，我国学者认为，这是一种从立法者认识犯罪行为的角度出发得出的排列顺序。[①] 还有学者认为，这是一种侦查逻辑顺序。[②]对于这种传统的四要件的排列顺序，我国有学者提出了批评并提出了与之相异的排列顺序，指出："通说的观点将犯罪客体排在首位，在没有论述犯罪行为之前就突如其来地谈犯罪客体，不符合犯罪构成各要件之间的逻辑关系。犯罪构成要件的排列，应以从犯罪构成要件各要件之间的逻辑关系作为排列标准。据此，犯罪构成要件应当按照犯罪主体要件——犯罪主观要件——犯罪客观要件—犯罪客体要件进行排列。因为犯罪构成要件在实际犯罪中发生作用而决定犯罪成立的逻辑顺序是这样的：符合犯罪主体要件的人，在其犯罪心理态度的支配下，实施一定的犯罪行为，危害一定的客体即社会主义的社会关系。"[③]

这是一种以犯罪主体为中心的犯罪构成要件的排列顺序，是依据犯罪构成要

---

① 参见王充：《从理论向实践的回归——论我国犯罪构成中构成要件的排列顺序》，载《法制与社会发展》，2001（3）。

② 参见储槐植、高维俭：《犯罪构成理论结构比较论略》，载《现代法学》，2009（6）。

③ 赵秉志：《论犯罪构成要件的逻辑顺序》，载《政法论坛》，2003（6）。

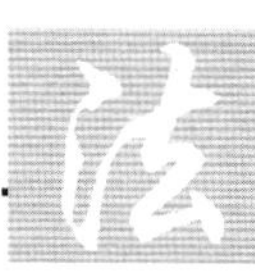

件在实际犯罪中发生的作用而决定犯罪成立的逻辑顺序。[①] 我认为，这是一种犯罪发生顺序，其仅具有犯罪学意义而不具有刑法学意义。[②] 值得注意的是，我国学者把这种排列顺序称为审判逻辑顺序，指出："司法人员首先审查的是被告人是否具备相应的刑事责任能力（即主体要件），如否，则指控罪名不成立；如是，则继续审查该行为人是否实施了受指控的行为（客观要件），侵害了刑法所保护的社会关系（客体要件）；最后，再审查其主观罪过（主观要件）是否成立，如否，则宣告无罪；如是，则判定为犯罪。"[③] 以上描述并不是定罪的司法过程的真实反映。在任何一起案件中，首先引起关注的是刑法上的行为，即构成要件行为，其他一切要素都是以此为依据的，没有构成要件行为就没有犯罪。如果认为犯罪主体是犯罪成立的第一个要件，那么我们每个人都具备犯罪主体要件，只是在犯罪构成的客观要件，才将没有实施犯罪行为的人从犯罪中排除出来。反之，一个不具备犯罪主体要件的人，从第一个要件就被排除，而与根本就没有实施犯罪行为的人完全相同。例如我国学者认为，对于实行行为人明显属于不满 14 周岁的案件，司法人员首先就从主体要件上对其行为作出非犯罪性的评价，无须从客观要件、更谈不上从所谓客体要件开始审查。[④] 这种观点显然不妥，它完全抹杀了一个没有实施杀人行为的不满 14 周岁的人与一个实施了杀人行为的不满 14 周岁的人之间的差别。例如，一个不满 14 周岁的人被指控杀人，首先需要解决的是该人到底是否杀人的问题，而不是简单地根据其不满 14 周岁而不考虑其到底有没有实施杀人行为就判其无罪。正确的判断是：先判断是否实施了构成要件该当的杀人行为，如果不具有构成要件该当的杀人行为，则该人不是因为不满

---

① 参见王充：《从理论向实践的回归——论我国犯罪构成中构成要件的排列顺序》，载《法制与社会发展》，2001（3）。

② 对这一犯罪构成要件排列顺序的批评性意见，参见冯亚东：《对我国犯罪构成体系的完善性分析》，载《现代法学》，2001（4）。

③ 储槐植、高维俭：《犯罪构成理论结构比较论略》，载《现代法学》，2009（6）。

④ 参见赵秉志：《论犯罪构成要件的逻辑顺序》，载《政法论坛》，2003（6）。

14 周岁而无罪，而是因为不具备构成要件该当性而无罪。那么，这两种情形是否存在差别呢？当然是有差别的。这种差别表现在：如果是具有构成要件该当性而仅仅由于不满 14 周岁而无罪，则应该适用《刑法》第 17 条第 5 款的规定："因不满十六周岁不予刑事处罚的，责令其父母或者其他监护人加以管教；在必要的时候，依法进行专门矫治教育。"但如果是因为不具备构成要件该当性而无罪，即使对于不满 14 周岁的人也不能适用上述规定。

对于对合犯罪论来说，四要件是可以按照不同的逻辑关系进行排列的。正因为如此，四要件之间只有顺序性而没有位阶性。这种顺序性并非四要件之间的逻辑关系的反映，而仅仅是出于表述上的安排。就四要件之间的逻辑关系而言，它们之间是相互依存的：犯罪客体是犯罪行为所侵犯的刑法所保护的社会关系，没有犯罪行为，也就不可能存在犯罪客体。反之，一种没有侵犯犯罪客体的行为也不可能是犯罪行为。这就是犯罪客体与犯罪行为之间的依存关系。犯罪主体也是如此，没有实施犯罪行为的人不可能是犯罪主体，因为犯罪主体是具有刑事责任能力、达到刑事责任年龄并且实施了犯罪行为的人。反之，没有犯罪主体也不可能实施犯罪行为。这就是犯罪主体与犯罪行为之间的依存关系。至于犯罪行为与犯罪故意或者过失之间的依存关系更是明显：因为犯罪故意是行为人明知自己的行为会发生危害社会的结果，并且希望或者放任这种结果发生的一种主观心理态度，没有犯罪行为，怎么可能存在犯罪故意呢？反之，犯罪行为（也称危害行为）是指在人的意志支配下实施的危害社会的身体动静。[①] 在没有明确区分上述定义中的意志支配与故意心理的关系的情况下，很容易得出没有犯罪故意就没有犯罪行为的结论。四要件之间的依存关系在我国学者以下论断中体现得最为明显："犯罪构成要件的实质是各种犯罪行为特殊本质在不同侧面的体现，它们分别从不同的角度说明了罪与非罪、此罪与彼罪的区别。犯罪构成是有内在必然联系的浑然不可分的整体。任何一个犯罪构成要件的成立都有赖于整个犯罪构成的

① 参见高铭暄、马克昌主编：《刑法学》，68 页，北京，北京大学出版社，2000。

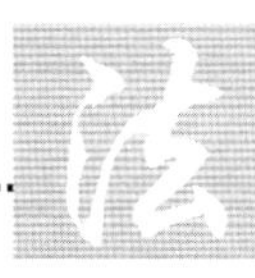

成立，任何一个犯罪构成要件的成立也标志着整个犯罪构成的成立。犯罪构成各要件间存在着一种既相互联系又相互限制，既相互包含又相互转化的辩证关系。”[①] 在以上论断中，论者采取的是整体性思维，它是以犯罪已经成立为前提的。[②] 在犯罪已然成立的情况下，对犯罪的构成要素从四个方面加以描述。显然，这种思维方法不能反映定罪的动态过程。定罪的司法过程，是一个从无罪到有罪的过程，在寻找犯罪成立条件中不断地把非罪行为予以排除。只有在三阶层的犯罪要件同时具备的情况下，犯罪才能成立。这一定罪过程是符合无罪推定原则的，并且与诉讼程序设计和举证责任分配相匹配。如果说在上述论断中把四要件的犯罪构成称为一个整体还可以理解，那么把四要件的犯罪构成要件界定为相互转化的辩证关系，则无论如何难以捉摸。

我国学者还主张一种以犯罪主观要件为中心建立犯罪构成体系的观点，提出了主观罪过是犯罪构成的核心的命题，指出：“当我们分别把犯罪构成各要件与犯罪的本质与犯罪的法律后果（刑事责任）和犯罪构成其他要件的相互关系联系起来考察时，我们就不能不得出一个与现行犯罪构成理论大相径庭的结论：犯罪构成的核心不是构成中的客观要件——‘行为’，而是犯罪构成的主观要件——行为中所包含的主观罪过（故意和过失）。”[③] 在上述命题的论证中，论者提出的理由之一是：犯罪主观要件是唯一直接包含了全部构成要件内容的构成要件。在一般情况下，我们很难想象一个构成要件可以包含另一个构成要件。如果是这样的话，犯罪成立只要一个构成要件足矣，何必要其他被包含的构成要件呢？陈忠林教授认为犯罪构成要件之间存在相互包含的关系。[④] 既然是相互包含，何以犯罪主观要件与其他要件存在包含与被包含的关系，其他要件为什么不能包含主观

---

① 陈忠林：《刑法散得集》，267 页，北京，法律出版社，2003。

② 关于犯罪构成的整体性，参见何秉松主编：《刑法教科书》（上卷），214 页，北京，中国法制出版社，2000。

③ 陈忠林：《刑法散得集》，269 页，北京，法律出版社，2003。

④ 参见陈忠林：《刑法散得集》，272 页，北京，法律出版社，2003。

要件呢？这在逻辑上是存在明显漏洞的。关键是：这里的包含如何界定？论者认为存在两种包含关系：直接包含（即根据一要件可以推出另一要件）与间接包含（即一要件通过其他要件才能推出另一要件）。[①] 根据这一包含关系，犯罪主观要件就不是唯一直接包含了全部构成要件内容的构成要件。任何一个犯罪构成要件都可以包含全部构成要件内容。例如，犯罪主体可以包含犯罪客观要件，因为行为是犯罪主体的行为。犯罪主体可以包含犯罪主观要件因为故意与过失都是犯罪主体的主观心理态度。犯罪主体还可以包含犯罪客体，因为犯罪客体是犯罪主体所侵犯的社会关系。如此等等，依此类推。这些结论都是从犯罪构成要件之间相互依存的关系中推导出来的，也是否定犯罪构成要件之间的位阶性的必然结果。

我国学者还提出了主观要件优先于客观要件的命题，并由此得出犯罪构成的核心要件将由犯罪客观要件转变为犯罪主观要件的结论，指出："在构成犯罪的诸事实要素中，唯有罪过之意志因素方能与犯罪的价值本质直接通连。换言之，正是罪过之意志因素方使得犯罪行为对刑法法益形成威胁，因而构成了犯罪的事实本质。"[②] 这一观点确实对于传统犯罪论体系具有颠覆性，因而需要加以辨析。这里涉及对行为与罪过之间关系的界定与理解，因为行为是犯罪客观要件的核心，罪过则是犯罪主观要件的核心。在上述论述中，论者提出了犯罪的事实本质的概念，是在行为与罪过究竟何者是犯罪的事实本质的意义上提出问题的。事实本质显然是与价值本质相对应的，价值本质揭示的是事物的功能效用，而事实本质揭示的则是事物的本体属性。就行为与罪过之间的关系而言，如果从价值本质上理解，则行为对于犯罪认定来说具有无可争辩的优位性。例如德国学者贝林指出："从主观到客观要素的适用，司法上并不是以此为基本考察，该考察虽符合人们对行为的道德考察，而不符合法律的本意，法律在社会生活中是直接规范外

① 参见陈忠林：《刑法散得集》，272页，北京，法律出版社，2003。

② 陈荣飞：《行为概念对犯罪论体系的基底性诠释》，241页，天津，南开大学出版社，2023。

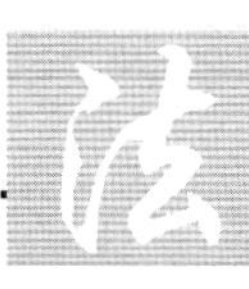

在要素，只是结合外在要素才间接考虑内在心理要素。”① 也就是说，基于道德是主观的，法律是客观的这一原理，通过规范人的内心而约束人的外在行为的道德更为关注人的内在主观要素，但规范人的外在行为的法律，尤其是行为，则更关注人的外在客观要素。因此，在司法活动中认定犯罪的过程总是起于客观判断，终于主观判断，这一位阶关系不可动摇。更进一步从事实本质上理解行为与罪过之间的关系，两者共存在于犯罪构成要件之中。然而，构成要件的外在形象是由客观行为决定的，即使是主张目的行为论的德国学者韦尔策尔也不否定这一观点。例如韦尔策尔指出：“构成要件是一个观念上的形象，它从概念上对可能出现的人的举止方式加以描述的、受到禁止规范禁止的行为（例如杀害某人）得到实现，那么这一现实的行为就违反了规范的要求，由此就产生了行为的规范违反性。”② 由此可见，构成要件实现是由以行为为核心的客观要素构造而成的。最初在古典派的犯罪论体系中，构成要件是纯客观的，其主观要素依附于行为是不言而喻的。即使是在韦尔策尔的目的行为论的犯罪论体系中，将故意犯之故意纳入构成要件，故意对于行为的依附性仍然是存在的。例如韦尔策尔指出：“在故意犯罪中，故意都是不可缺少的不法要素。由此可以得出结论，不法理论的存在性基础只能是目的行为概念，而不可能是因果行为概念。目的行为论证实了故意是在客观上对行为起塑造作用的因素，故意是不法概念的一个本质要素。”③ 韦尔策尔将主观要素纳入构成要件，使之成为不法要素而非责任要素，但并没有改变行为与主观要素之间的逻辑关系。也就是说，行为仍然是构成要件的形塑者，故意要素只是在一定程度上赋予构成要件一定的目的性。因此，无论是价值还是事实两个面向，都表明以行为为核心的构成要件先在于并优位于主观要件。

---

① ［德］恩施特·贝林：《构成要件理论》，王安异译，31 页，北京，中国人民公安大学出版社，2006。

② ［德］汉斯·韦尔策尔：《目的行为论导论：刑法体系的新图景》（增补第 4 版·中文增订版），陈璇译，21 页，北京，中国人民大学出版社，2024。

③ ［德］汉斯·韦尔策尔：《目的行为论导论：刑法体系的新图景》（增补第 4 版·中文增订版），陈璇译，37 页，北京，中国人民大学出版社，2024。

犯罪构成要件之间的位阶关系是以不法与责任为支柱的，基于“违法是客观的，责任是主观的”命题，不法与责任的位阶性，也就是客观要件与主观要件的位阶性。对此，我国学者提出质疑，认为司法实践在认定犯罪主观方面的内容之前，先认定犯罪客观方面的要件，这是一个任何人都不可能完成的任务。论者提出了以下这个他自认为无法回答的问题：“面对某甲砍了某乙一刀这一客观事实，在认定行为人主观方面是否有犯罪的故意或过失，有何故意或过失（即如果不先确定某甲主观上是否有伤害、杀人或危害公共安全等方面的故意或过失）之前，谁可能认定某甲的行为是否具备犯罪的客观要件，具备何种犯罪行为的客观要件？”①其实这个问题也可以反过来问：面对某甲砍了某乙一刀这一客观事实，在认定行为人客观方面是否具备杀人罪、过失致人死亡罪或者危害公共安全罪的行为之前，谁可能认定某甲的主观上是否具备犯罪的主观要件，具备何种犯罪行为的主观要件？按照论者的逻辑，犯罪客观要件与犯罪主观要件是互相依存的：没有犯罪客观要件，也就没有犯罪主观要件，反之亦然。因此，在没有认定行为人主观方面是否有犯罪的故意或过失以及具有何种故意或过失之前，无法认定其行为是否具备犯罪的客观要件以及具备何种犯罪行为的客观要件，反之亦然。因为客观上没有犯罪行为，主观上也就没有犯罪故意，犯罪故意是支配着犯罪行为的主观心理状态，并且有何种犯罪行为就有何种犯罪故意：客观上是杀人行为，主观上则有杀人故意；客观上是盗窃行为，则主观上有盗窃故意。由此可见，从犯罪构成要件之间相互依存的关系出发，必然陷入循环论证的陷阱而无法自拔。

我国学者提出的客观要件能否在位阶上先于主观要件的问题，其实是是否存在“无责的不法”的问题。应该说，在绝大部分情况下，客观要件是不以主观要件为转移的，因而不法是在位阶上先于有责的。例如秘密窃取，这是盗窃罪的构成要件，它并不以主观要件为转移。而恰恰相反，主观要件受客观要件性质的制约，支配着秘密窃取的故意，只能是盗窃故意而不可能是其他犯罪的故意。因

① 陈忠林：《现行犯罪构成理论共性比较》，载《现代法学》，2010（1）。

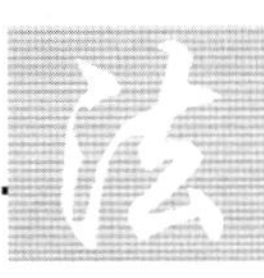

此，构成要件具有个别化机能。日本学者在论及构成要件的个别化机能时指出："从这种保障人权机能出发，就要求对犯罪进行个别化、明确化。例如，即便在同样地剥夺了他人生命的场合，由于构成要件该当事实不同，符合杀人罪、伤害致死罪、过失致死罪中的哪一种就成为问题，必须通过构成要件对犯罪进行个别化。这一机能称为构成要件的犯罪个别化机能。"① 应该说，在绝大多数情况下，客观构成要件本身就可以实现个别化。但在同一行为，既处罚故意又处罚过失的情况下，例如放火罪与失火罪，在客观上均具有引起火灾的行为，如果不考虑主观上的故意或者过失，是无法实现个别化机能的。此外，像故意杀人罪与过失致人死亡罪，客观上都具有非法剥夺他人生命的行为，如果不考虑主观上的故意与过失，同样也无法实现个别化机能。如果再加入故意伤害致人死亡这一情形，个别化就更加困难。正因为如此，有些学者主张将故意与过失纳入构成要件。例如日本学者在论及故意、过失在犯罪论体系上的地位时，指出："在构成要件符合性、违法性以及责任的犯罪成立要件之中，故意与过失应当被定位于哪个要件呢？关于这一问题，存在学说对立。认为故意与过失是行为人应当受到谴责的心理状态，本来作为责任的条件或形式（种类）完全仅仅是责任要素的见解很有力。但是，例如杀人罪（第 199 条）和过失致死罪（第 210 条）相区别就是基于其主观要素（故意、过失）的不同，从这点可以看出，故意以及过失作为构成要件的主观要素，具有对犯罪进行个别化的机能（通说）。"②

我认为，犯罪个别化机能是分阶层实现的。构成要件承担了绝大多数犯罪的个别化机能，极少数犯罪的个别化机能留待有责性阶层实现，并不会从根本上影响定罪。因此，没有必要以犯罪个别化为由将故意与过失纳入构成要件。而且，即使将故意与过失纳入构成要件，在犯罪的客观构成要件要素与主观构成要件要

① ［日］大谷实：《刑法讲义总论》（新版第 5 版），黎宏、姚培培译，96 页，北京，中国人民大学出版社，2023。

② ［日］大谷实：《刑法讲义总论》（新版第 5 版），黎宏、姚培培译，114 页，北京，中国人民大学出版社，2023。

素之间仍然存在位阶关系。因此，就某甲砍某乙一刀的行为如何定罪而言，首先需要确定将人砍伤这一事实，如果根本没有伤害（轻伤或者重伤）发生，则不可能构成犯罪。在确认伤害事实存在以后，如果没有考虑其主观故意的内容，则依其客观事实确认其具备伤害罪的构成要件，在有责性中如果认定某甲系出于伤害故意而砍乙，则构成故意伤害罪；如果认定某甲系出于杀人故意而砍乙，则属于故意杀人罪的未遂。而未遂属于构成要件的修正形式，即构成要件不齐备，对于杀人罪的未遂来说，就是死亡结果没有发生。但在某些情况下，虽然杀人行为没有造成死亡结果，却造成了伤害结果。此时，存在未遂的杀人行为与伤害行为的竞合。对此，日本学者指出："在未遂成为犯罪时，即使其行为本身符合其他的犯罪，也不另外定罪处罚。例如，被承认是杀人罪的未遂时，即使其行为相当于伤害罪，也不能追究伤害罪的责任。"① 因此，不能以未遂的杀人行为与伤害行为在构成要件上的竞合这种极为特殊的、个别的情形否认客观要件对于主观要件的位阶性，否则就是以偏概全。

第四节 阶层犯罪论的实效分析

阶层思维作为一种思维方法本身具有抽象性，然而，建立在阶层思维基础之上的阶层犯罪论具有实践导向，其在犯罪认定的司法过程中发挥着重要作用，因此具有不可否认的实效性。通过阶层犯罪论与对合犯罪论的对比，我们可以进一步认识阶层思维的实效性。阶层犯罪论的位阶性与对合犯罪论的对合性之间的对立，是一个不容否定的事实。虽然我在理论上论证了犯罪成立要件之间的位阶关系具有合理性，但其实效性如何，仍然是需要加以证明的。为对合犯罪论辩护的学者指出："有的学者认为，我国犯罪构成理论体系逻辑上存在所谓'要件位阶

① ［日］大塚仁：《刑法概说（总论）》（第三版），冯军译，251页，北京，中国人民大学出版社，2003。

关系’（或者阶层关系）缺失。我认为，如果说要件的阶层关系对于任何一个国家的犯罪构成理论体系来说都是必不可少的，那么毫无疑问，我国犯罪构成理论体系的确存在根本性缺陷，必须被推倒。问题是，体系不属于阶层，本身（疑系‘平面’之笔误——引者注）并不是缺陷，这是我国体系在形式上的特点。换个角度，我们也不能因为大陆法系国家犯罪成立理论体系中不存在要件平面关系，没有直接将行为分解为要件要素就指责阶层的犯罪论体系存在平面关系的缺失′，因为这种差别正是与我国犯罪构成理论的形式比较结果，形式的差别就是划分要件方法、组合要件途径的差别。重要的是，形式上要件不具备阶层关系的体系是否意味着其在逻辑上是不能自立的？在形式背后，是否存在因为形式属于要件平面关系而产生的根本实用性缺陷？”① 在此，作者提出了一个实用性缺陷的问题。以下，我通过相关案例来分析缺乏位阶性的对合犯罪论的实用性缺陷，同时也就是论证具有位阶性的阶层犯罪论的实效性。

一、阶层思维的经济性

犯罪论体系是一种定罪的思维方法论，思维的经济性是衡量一个犯罪论体系优劣的标准之一。阶层犯罪论所具有的位阶式思维能够提供一个较为经济的思维方法。其优点是首先找到问题所处的阶层，然后集中精力解决该问题。尤其是在前一阶层的构成要件不存在的情况下，就无须再作下一阶层的判断。而在前一阶层的构成要件存在的情况下，可以通过推定来认定下一阶层。例如构成要件就具有违法性的推定机能，在一般情况下，具备构成要件该当性即可推定违法性的成立，除非存在违法阻却事由。但对合犯罪论不仅在构成犯罪的情况下需要作全部犯罪成立要件的逐一判断，而且不构成犯罪也要作全部犯罪成立要件的逐一判

① 肖中华：《我国现行犯罪构成（成立）理论总置评 为我国现行犯罪构成（成立）理论的辩护》，载刘宪权主编：《刑法学研究》，第4卷，109页，北京，北京大学出版社，2007。

断，甚至此罪与彼罪的区分也要作全部犯罪成立要件的逐一判断。从思维的经济性来考察，这显然是存在缺陷的。例如顾某波非法拘禁案，公诉机关以绑架罪向人民法院提起公诉，人民法院审判后改变了公诉机关的定性以非法拘禁罪定罪处罚。对于被告人顾某波的行为不构成绑架罪，有关裁判理由是这样论述的："1. 行为人顾某波没有以勒索他人财物为目的的主观要件；2. 行为人顾某波没有以扣押人质为目的的主观要件；3. 行为人顾某波在客观方面没有使用暴力、胁迫或其他方法，绑架被害人的行为。"① 以上论述是按照绑架罪的定义"绑架是以勒索财物或者以扣押人质为目的，使用暴力、胁迫或其他方法，绑架他人的行为"所提供的犯罪成立要件的顺序展开的：(1) 没有勒索财物的目的；(2) 没有以扣押人质为目的；(3) 没有使用暴力、胁迫或其他方法，绑架他人的行为，因此不构成绑架罪。但是，这一论述根本就没有厘清前述目的与后述绑架行为之间的逻辑关系。使用暴力、胁迫或其他方法，绑架他人这一行为是不以行为人主观上是否具有勒索财物、扣为人质的目的为转移的。上述目的是主观违法要素，是一种超过的主观要素。因此，按照阶层犯罪论，在构成要件该当性中首先考察是否存在绑架行为。如果没有绑架行为，又怎么可能具有通过绑架而向他人勒索财物或扣为人质的主观目的呢？因此，在判断没有绑架行为以后，其绑架罪已然被否定，不再需要对主观上是否具有勒索财物的目的或扣为人质的目的进行考察。通过对两种定罪思维方法的对比，何种定罪的思维方法具有经济性难道不是一目了然吗？

以上裁判理由还进一步论述了绑架罪与非法拘禁罪之间的区分，指出："在审判实践中常把索债型的绑架行为或以一定行为为目的的扣押人质的非法拘禁罪与以勒索财物为目的的扣押、绑架人质的绑架罪相混淆。二者均侵犯了人身自由权利，客观上均实施了扣押、绑架人质等行为。但二者是有区别的，主要区别有

---

① 国家法官学院、中国人民大学法学院编：《中国审判案例要览》(2008 年刑事审判案例卷)，276 页，北京，人民法院出版社、中国人民大学出版社，2009。

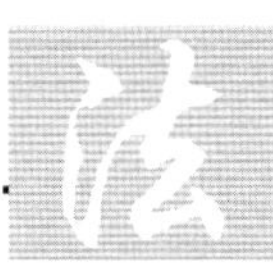

三点：一是犯罪的主观目的不同。前者以逼索债务为目的，后者以勒索财物为目的。二是犯罪的对象不同。前者的犯罪对象大多数是有过错的，后者的犯罪对象基本上是无过错的。三是实施的客观行为不同。前者是以扣押、拘禁人质等作为索债的手段，其实施的行为比后者轻，不包括轻伤以上的暴力行为存在。若在实施行为中致被害人轻伤、重伤、死亡的，以结果论罪，可定故意伤害或故意杀人罪。后者暴力、胁迫手段突出，直接危害被害人的生命健康，社会危害性较大，完全可致被害人轻伤、重伤、死亡，并可能触及数罪，可以进行数罪并罚。”[①] 应该说，以上论述前后是自相矛盾的。前面说索债型的绑架行为属于非法拘禁，后面又说绑架行为与非法拘禁行为存在区别。那么，绑架行为与拘禁行为是否存在区别呢？其实，绑架和拘禁都是采取强制手段使他人丧失人身自由，并在一定期限内维持这种状态。因此，就客观行为而言，绑架与拘禁之间存在竞合关系。两者之间的区分，仅仅在于主观目的之不同。因此，对于绑架罪与非法拘禁罪的关系可以这样来表述：绑架罪是以勒索财物为目的的非法拘禁，而非法拘禁罪是不以勒索财物为目的的绑架。对于本案中被告人顾某波的行为构成非法拘禁罪而不构成绑架罪，在认定被告人客观上实施了将他人扣押使其丧失人身自由的基础上，再确认行为人主观上是否具有勒索财物的目的即可，而根本没有必要对各个要件逐一分析，因而这样反而模糊了焦点问题，不利于对疑难问题的解决。

二、客观判断的优位性

在阶层犯罪论中，客观要素与主观要素之间存在位阶关系，只有先进行客观判断，然后才能进行主观判断。贝林指出：“从主观到客观要素的适用，司法上并不是以此为基本考察；该考察虽符合人们行为的道德考察，而不符合法律的本

① 国家法官学院、中国人民大学法学院编：《中国审判案例要览》（2008 年刑事审判案例卷），276 页，北京，人民法院出版社、中国人民大学出版社，2009。

意，法律在社会生活中是直接规范外在要素，只是结合外在要素才间接考虑内在心理要素。”① 就犯罪的客观因素与主观要素的功能而言，客观因素彰显的是行为的不法性，而且它具有外在的物理性。主观要素则反映行为人的有责性，并且它具有内在的心理性。相对而言，客观行为更易于认定。如果不是将主观心理建立在客观行为之上，对于犯罪性质的判断就会陷于主观归罪，导致罪与非罪的界限之混淆。

【案例 18】陆某协助组织卖淫案②

被告人陆某为了牟利，明知包括李某华在内的若干被告人在杭州某街何家村开设休闲店，控制女性卖淫及卖淫女出去看病不便于老板控制等情况，仍然听从组织卖淫者的吩咐和安排，多次无证上门为这些卖淫女治疗，为组织卖淫活动起到辅助的作用，因此以协助组织卖淫罪对陆某提起公诉。2012 年 4 月 18 日杭州中院认定陆某犯协助组织卖淫罪，判处有期徒刑一年六个月，并处罚金人民币 5 000 元。

在本案中，司法机关在对陆某行为定性的时候，首先关注的是主观上的明知，即明知他人组织卖淫活动，然后将陆某为卖淫女治疗性病的行为认定为协助组织卖淫罪。然而，如果我们首先考察陆某的客观行为的性质，这是一种治疗行为，无论是否明知病人为卖淫女，治疗的是否性病，都不能改变治疗行为的性质。如果要把这种治疗行为认定为犯罪，则在明知他人组织卖淫的情况下，为其提供场所、提供餐食、提供交通的所有人员都构成协助组织卖淫罪。这显然是错误的。我国《刑法》第 358 条第 3 款规定的协助组织卖淫罪的客观行为是：“为组织卖淫的人招募、运送人员或者有其他协助他人卖淫行为”，这里的“其他协助组织他人卖淫行为”应当具有与招募、运送卖淫人员行为在性质上的相当性。

---

① ［德］恩施特·贝林：《构成要件理论》，王安异译，31 页，北京，中国人民公安大学出版社，2006。

② 参见《乡村医生为“卖淫女”看病，被判协助组织卖淫罪》，https://baijiahao.baidu.com/s? id=1794885614155161498&wfr=spider&for=pc，2024 年 4 月 5 日访问。

而为卖淫女治疗性病，只是一种中立的帮助行为，与他人组织卖淫不具有直接关联性。如果违反医疗管理法规，应当予以行政处罚，但其行为完全不符合协助组织卖淫罪的行为特征。因此，在没有正确的客观行为性质判断的情况下，仅仅根据对他人组织卖淫活动的明知，就将陆某的治疗行为认定为协助组织卖淫罪，这明显是一种主观归罪。

之所以应当坚持客观判断先于主观判断的原则，不仅因为客观因素较之主观要素更容易判断，而且是客观因素与主观要素之间的关联性所决定的。在一般情况下，客观要素可以独立于主观要素而存在，但主观要素却在很大程度上依附于客观要素而存在。德国学者提出了犯罪构成的主观要素对于客观因素的归属性的命题，指出："主观的特征对行为构成的归属性，在过去和今天都没有争论。这首先是由行为构成是犯罪类型和不法类型的理解产生的。"[①] 因为以行为为主要内容的客观因素是犯罪类型的基础，具有基本要素机能。日本学者大塚仁曾经引述德国学者迈霍弗的观点，揭示了行为概念具有基本要素机能。这里的基本要素机能是指逻辑意义的机能，即在刑法判断的范围内，作为记述性确认或者规范性评价而考虑的所有宾语和附加语都必须回溯到行为这一共同概念之上。[②] 在此，大塚仁将行为形容为主语，而故意、过失或者其他附属要素形容为宾语或者附加语。这充分揭示了客观要素对于主观要素的主导性和主观要素对于客观因素的依附性。例如，杀人行为是指剥夺他人生命的行为，只要在客观上能够引起他人死亡的行为都可以评价为杀人行为，甚至过失致人死亡的行为也是一种杀人行为，即过失杀人而故意伤害致人死亡，是故意伤害罪与过失致人死亡罪的竞合。因此，故意伤害致人死亡罪在客观上也包含了过失杀人行为。至于主观要素，如果是故意，只有其所支配的是杀人行为，该主观故意才能认定为系人的故意。因

① ［德］克劳斯·罗克辛：《德国刑法学总论》（第1卷），王世洲译，204页，北京，法律出版社，2005。

② 参见［日］大塚仁：《刑法概说（总论）》（第三版），冯军译，108页，北京，中国人民大学出版社，2003。

而，脱离客观上的杀人行为，杀人故意是不能成立的。如果是过失，也同样取决于客观要素：对于致人死亡这一结果存在过失，其主观过失才能认定为过失致人死亡的过失。

在司法实践中，如果不是严格遵循客观判断先于主观判断这一位阶式思维的基本要求，那就会导致定性上的错误。

【案例 19】成某彬诈骗案[①]

2006 年 2 月至 11 月间，被告人成某彬使用假身份证和驾驶证在佛山市各地的一些工厂应聘司机一职。进厂后即利用外出送货之机将被害单位的车辆开走，并将部分赃车销售给他人。综上，被告人成某彬共侵占财物价值 272 080.7 元。对于本案，佛山市南海区人民检察院以佛南检刑诉（2007）492 号起诉书指控被告人成某彬犯诈骗罪，于 2007 年 4 月 24 日向佛山市南海区人民法院提起公诉。佛山市南海区人民法院经审理认为，被告人成某彬身为被害单位的司机，利用职务上的便利，将被害单位的财物非法占为己有，数额较大，其行为均已构成职务侵占罪。公诉机关指控被告人成某彬、黄某基构成诈骗罪罪名有误，予以纠正。一审法院以职务侵占罪判处被告人成某彬有期徒刑 3 年 6 个月。一审宣判后，佛山市南海区人民检察院抗诉及广东省佛山市人民检察院支持抗诉称：一审判决对原审被告人成某彬的行为定性有误。理由是：主观上，原审被告人成某彬在进入各被害单位之前就已具有骗取被害单位车辆的犯罪故意；客观上，两被告人在意图非法占有被害单位车辆的思想指导下，首先使用假身份证和驾驶证到职介所登记，再去被害单位应聘，既虚构了其身份及其遵纪守法的事实，又隐瞒了其并非想从事司机职务及其曾经诈骗其他单位车辆的真相，骗取了被害人的信任，使被害人陷入错误认识，自愿将车辆交其保管，从而实现其非法占有被害单位财物的目的。综上，原审被告人成某彬的行为已构成诈骗罪，且诈骗数额巨大。一审判

---

① 参见陈兴良、张军、胡云腾主编：《人民法院刑事指导案例裁判要旨通纂》（下卷·第三版），1439～1441 页，北京，北京大学出版社，2024。

决将原审被告人成某彬的行为定性为职务侵占罪，脱离了原审被告人主观上具有诈骗犯罪故意的事实，割裂了原审被告人实施诈骗行为的整体性，忽视了本案作为整体对社会的危害程度，从而直接造成了量刑畸轻的结果。佛山市中级人民法院经审理认为，原审被告人成某彬以非法占有为目的，虚构事实，隐瞒真相，骗取他人财物，数额巨大，其行为均已构成诈骗罪。广东省佛山市南海区人民检察院及广东省佛山市人民检察院认为原审被告人成某彬的行为应定性为诈骗罪的抗诉及支持抗诉意见有事实和法律依据，予以采纳。对于原审被告人成某彬的辩护人提出原审被告人成某彬的行为应构成职务侵占罪的辩护意见，经查，原审被告人成某彬以非法占有为目的，使用假身份证和驾驶证骗取被害单位招聘成某彬作司机，后成某彬利用给被害单位送货之机，将被害单位的车辆非法占为己有；成某彬没有为被害单位从事司机一职的主观愿望，其骗取司机一职只是其骗取被害单位财物的一种手段，原市被告人成某彬的行为已构成诈骗罪。故对原审被告人成某彬的辩护人提出原审被告人成某彬的行为构成职务侵占罪的辩护意见不予采纳。原审判决认定事实清楚，证据确实、充分，审判程序合法，但对原审被告人成某彬的行为定罪不准及对原审被告人成某彬的量刑稍轻，应予纠正。佛山市中级人民法院撤销佛山市南海区人民法院（2007）南刑初字第 851 号刑事判决的定罪部分及第一项的量刑部分，判被告人成某彬犯诈骗罪，判处有期徒刑 4 年，并处罚金人民币 4 000 元。

在上述成某彬诈骗案中，成某彬等人的行为究竟是构成诈骗罪还是职务侵占罪，在检察院和法院以及一审法院和二审法院之间存在意见分歧。在司法实践中，类似双重欺骗的案件时有发生。例如王某职务侵占案，对该案存在三种意见的争议：第一种意见认为，该案构成诈骗罪。因为王某主观上有骗取被害单位小轿车的犯罪故意，客观上使用虚假身份证和驾驶证去被害单位应聘，骗取被害单位的信任，使被害单位陷入错误认识，而自愿将车辆交由其驾驶、保管，由此得以非法占有他人财物。第二种意见认为，该案构成职务侵占罪。因为王某虽然在应聘驾驶员职位时使用了虚假身份证和驾驶证，但一旦成为驾驶员，就获得了实际驾驶、控制车辆的职务上的便利，并利用这种职务上的便利，将本单位的车辆非法占为己有，数额特别巨大，应以职务侵占罪认定。第三种意见认为，该案属于诈骗型盗窃，应以盗窃罪认定。因为即使行为人在实施犯罪过程中采用了诈骗手段，使他人相信某种虚假事实从而产生某种错误的理解，甚至上当受骗，但只要被害人在整个过程中未交付财物，或者虽交出财物但未处分该财物，行为人趁被害人不备或对财物的支配暂时松懈而秘密窃取财物，就仍应视为盗窃而非诈骗。况且，王某利用的只是工作便利，而非职务之便，王某并不具有经手、保管车辆之职务便利。[①] 我认为，对于双重欺骗案定性问题上的意见分歧主要反映了是采取客观先于主观还是主观先于客观的不同定罪思维方法之间的差异。如果承认客观与主观之间的位阶性，坚持客观先于主观的判断径路，则可以将被告人的行为从客观上分为前后衔接的两个环节：第一个环节是假冒身份进行虚假应聘，由此获得司机职位。第二个环节是担任司机以后利用职务上的便利，将单位车辆非法占为己有。第一个环节并不构成单独的犯罪，因为我国刑法对于虚假应聘行为并没有规定为犯罪，它只不过是后一犯罪的预备行为而已。第二个行为则完全符合我国刑法中的职务侵占罪的构成要件，因此一审法院的判决结论是正确的。但如果从主观先于客观的判断方法进行分析，就会如同抗诉理由所认为的那样，被告人在进入各被害单位之前就已具有骗取被害单位车辆的犯罪故意，因此把诈骗行为的起点确定为虚假应聘之时，把虚假应聘和担任司机以后取得单位车辆认定为是在诈骗故意支配下的欺骗行为和取得财物行为，从而满足了诈骗罪的构成要件。以上两种观点的分歧就在于：犯罪实行行为从何时着手？而犯罪实行行为的着手首先是一种客观判断而不是主观判断。因此，只有被告人骗取司机身份担任司机以后，基于司机的职务便利取得对单位车辆的支配，被告人才有可能利用职务上的便利将单位车辆非法据为己有，这时才有犯罪实行行为的着手可言。

---

① 参见许少宇：《以虚假身份应聘司机开走单位汽车如何定性》，载《检察日报》，2009-10-24。

对于这种认为行为人在采取虚假身份骗取司机职务时，其主观上就存在诈骗的故意，而其后利用骗取的司机职务占有单位财物均是在诈骗的故意下实施的，所以应当将其后续的利用职务便利侵占看作是诈骗行为的继续，作为诈骗行为整体看待的观点，成某彬诈骗案的评析意见指出："判断行为人行为时出于何种主观故意，不能先入为主，而应结合行为人对行为及其结果的认识来进行判断。行为人在实行以虚假身份证明骗取被害单位职务时，认识到其行为的性质及结果是欺骗并骗取被害单位的职务，而其骗取单位职务的行为并非诈骗罪中的诈骗行为，又何来诈骗罪的故意？而行为人在利用骗得的职务占有财物时，其主观上则是认识到其行为是利用职务侵占被害单位财物的心理状态，即职务侵占的犯罪故意。因此，行为人在采取虚假身份骗取单位职务时，其主观上的目的是非法占有单位财物，也就是说行为人在行为时主观上存在的是非法占有的目的，进而选择了利用虚假身份获得单位职务，利用职务之便占有单位财物。正是由于非法占有目的的支配，行为人选择骗取职务的方法与利用职务之便侵占之间形成了方法行为与目的行为之间的牵连，但是由于行为人利用虚假身份骗取职务的行为并不成立犯罪，故对于方法行为应当作为目的行为即职务侵占罪的一部分而作一体评价。"① 对于这一评析意见，我是完全赞同的。这里涉及客观行为与主观故意之间的位阶关系。事实上，在认定犯罪的时候，我们首先应当对行为的性质进行构成要件的判断，即被告人的行为符合哪一种犯罪的构成要件，这是一种客观判断。只有确定了行为性质符合构成要件以后，我们才能据此进一步判断行为人主观上是否具有故意，至于故意的内容则是由行为的性质所决定的。例如，某一致人死亡的行为，我们需要分析这是杀人行为还是伤害行为致人死亡的行为。以往，对此区分在刑法理论上往往认为在于是否具有杀人故意：如果有杀人故意就是杀人行为，没有杀人故意就是伤害行为。这样，行为的客观性质就会取决于主

---

① 陈兴良、张军、胡云腾主编：《人民法院刑事指导案例裁判要旨通纂》（下卷·第三版），1439～1441页，北京，北京大学出版社，2024。

观要素，显然是不合适的。其实，究竟是杀人行为还是伤害行为，还是应当从客观要素进行判断，例如使用工具、捅刺部位、死亡原因等。只有在确认了行为性质以后，我们才能进一步分析主观责任形式，即行为系出于故意还是过失？至于故意或者过失的内容则是由客观行为的性质所决定的：如果客观行为是杀人，主观故意当然是杀人故意；如果客观行为是伤害，主观故意当然是伤害故意。在此，故意内容对于客观行为具有依附性，主观故意或者过失的内容是被客观行为的性质所决定的。这也正是犯罪构成的客观要件与主观要件之间具有位阶关系的根本原因之所在。

从司法实践的情况来看，对双重欺骗案以诈骗罪论处的意见占有相当的比例。我认为，对于此类案件如何定性在很大程度上取决于上述王某案件中使用虚假身份证件应聘取得司机职位的性质，即这一身份能否因为是采取欺骗手段获得的因而无效。对此，2004 年 3 月 30 日最高人民法院研究室《关于对行为人通过伪造国家机关公文、证件担任国家工作人员职务并利用职务上的便利侵占本单位财物、收受贿赂、挪用本单位资金等行为如何适用法律问题的答复》指出："行为人通过伪造国家机关公文、证件担任国家工作人员职务以后，又利用职务上的便利实施侵占本单位财物、收受贿赂、挪用本单位资金等行为，构成犯罪的，应当分别以伪造国家机关公文、证件罪和相应的贪污罪、受贿罪、挪用公款罪等追究刑事责任，实行数罪并罚。"由此可见，采用欺骗手段获得职位，并且利用这一职位上的便利侵占本单位财物，如果骗取的是国家工作人员的职位，则定贪污罪；如果骗取的是公司、企业或者其他单位工作人员的职位，则定职务侵占罪。按照这一司法解释，对被告人的行为认定职务侵占罪是没有任何问题的。但成某彬诈骗案的裁判要旨认为，不能机械比照最高人民法院研究室《关于对行为人通过伪造国家机关公文、证件担任国家工作人员职务并利用职务上的便利侵占本单位财物、收受贿赂、挪用本单位资金等行为如何适用法律问题的答复》。该答复中侵占本单位财物的行为是随机的，即行为人骗取身份时并不具有侵占本单位财

物的故意，行为人的侵占行为与骗取证件行为是难以形成牵连关系的。[①] 我认为，这一理由不能成立。利用虚假证件骗取的身份能否认定为职务犯罪的职务这是一个客观判断，它与行为人骗取身份时主观上是否具有侵占本单位财物的故意这一主观要素并无直接关联。因此，不能以此否认在双重欺骗案中，利用骗取的身份所具有的职务上的便利侵占本单位财物的行为构成职务侵占罪。对于双重欺骗案，如果从客观上来分析，从被告人实施的行为入手，就会发现被告人实施了先后衔接的两个行为：第一是骗取司机职位的行为，第二是利用骗取的司机职务上的便利，非法占有公司车辆的行为。前一行为，如果存在伪造证件等犯罪的，应当依法认定。后一行为，明显就是一种职务侵占行为。那么，为什么会把上述王某的行为认定为诈骗罪呢？如前所述，这与没有按照客观判断先于主观判断原则有着直接的关系。例如，我国学者在对双重欺骗案分析时指出：被告人的行为应当以诈骗罪论处，理由如下：首先，被告人诈骗犯罪的主观故意贯穿全案始终。被告人非法占有的主观故意产生于获取驾驶员职务之前，其在虚构事实、隐瞒真相的掩护下，带着骗走财物的主观故意，实施了“应聘——任职接近财物——获取财物”等一系列行为，其目标明确、行动周密，行为过程中贯穿着明确的诈骗故意。其次，被告人在客观方面的表现符合诈骗犯罪的特征。正是因为被告人所采取的隐瞒真相、虚构事实手段，让被害人陷入错误认识，从而自愿交付、处分财物，才使被告人犯罪目的得以顺利实现，这一客观表现行为完全符合诈骗犯罪的特征。[②] 在上述论述中，论者采取了从主观判断到客观判断的次序。问题在于：没有认定其行为是诈骗之前，怎么可以将行为人的主观故意认定为诈骗故意呢？事实上，诈骗故意是依附于诈骗行为而存在的，是行为人在实施诈骗行为时的主观心理状态。从论者的分析来看，所谓诈骗故意是指占有公司财物的

① 参见陈兴良、张军、胡云腾主编：《人民法院刑事指导案例裁判要旨通纂》（下卷·第三版），1441页，北京，北京大学出版社，2024。

② 参见许少宇：《以虚假身份应聘司机开走单位汽车如何定性》，载《检察日报》，2009-10-24。

意图，这是上例中王某使用虚假身份应聘的动机。由此可见，论者是把行为人的动机与犯罪故意混为一谈了。如果按照客观判断先于主观判断的原则，这样的错误本来是可以避免的。当然由于对合犯罪论在客观要件与主观要件之间并不存在逻辑上的位阶关系，因此，出现上述错误也是可以理解的。

应当指出，在我国目前的司法实践中，从客观到主观的判断位阶并没有确立。相反，司法人员习惯于从主观到客观的判断过程。其结果往往是具有浓厚的主观主义色彩，导致定罪上的错误。

【案例 20】 赵某明等故意伤害案①

赵某明与马某超曾经有矛盾，案发前赵某明听说马某超放风要把自己砍掉，决定先下手为强。某日晚 7 时许，赵某明在汉川城区欢乐商城得知马某超在紫云街出现后，邀约李某及韩某雄、韩某杰、韩某、汪某、谢某（均另案处理）前往帮忙，并在一租住处拿一尺多长的砍刀 7 把，一行人乘出租车到紫云街。在车上赵某明发给每人砍刀一把，车行至紫云街看见马某超正在街上同人闲聊后，被告人赵某明等人下车持刀向马某超逼近，距离马某超四五米时被马某超发现，马某超见势不妙立即朝街西头向涵闸河堤奔跑，被告人赵某明持刀带头追赶，被告人李某及韩某雄、韩某杰、韩某、汪某跟随追赶。当被告人赵某明一行人追赶 40 余米后，马某超从河堤上跳到堤下的水泥台阶上，摔倒在地后又爬起来扑到河里，并且往河心游。被告人赵某明等人看马某超游了几下，因为怕警察来了，就一起跑到附近棉花田里躲藏，等了半小时未见警察来，被告人等逃离现场。同年 8 月 16 日，马某超尸体在涵闸河内被发现。经法医鉴定，马某超系溺水死亡。

在该案中，被告人赵某明等人持刀追砍被害人，被害人跳入河中溺水而亡。汉川市人民法院判决认为：被告人赵某明等人为报复被害人，主观上有故意伤害他人身体的故意，客观上实施了持刀追赶他人的行为，并致被害人死亡后果的发

① 参见陈兴良、张军、胡云腾主编：《人民法院刑事指导案例裁判要旨通纂》（上卷·第三版），807～809 页，北京，北京大学出版社，2024。

生，其行为均已构成故意伤害（致人死亡罪）。法院在论证裁判理由时指出："赵某明等人持刀追砍被害人时已具有伤害的故意，且已着手实施犯罪，该伤害行为本身具有致人死亡的高度危险，其持刀追砍的行为与被害人死亡结果之间具有刑法意义上的因果关系。根据主客观相一致的定罪原则，可以对赵某明等人以故意伤害罪定罪处罚。"在上述裁判理由中，是按照伤害故意——伤害行为——造成死亡结果——因果关系这样一种顺序进行判断的，表现为主观判断先于客观判断，把持刀追赶人的主观心理界定为伤害故意，然后推导出伤害行为等其他要件，这是一种较易入人以罪的思维方法。按照三阶层的犯罪论体系，定罪过程应当按照以下顺序递进：是否存在伤害行为——是否存在伤害结果——伤害行为与伤害结果之间是否存在因果关系——是否存在伤害故意。这是客观判断先于主观判断的思维逻辑，因为伤害行为的存在不以伤害故意为前提，而伤害故意则以伤害行为为前提，这就是伤害行为与伤害故意之间的位阶关系。并且，在定罪过程中，任何一个环节得出否定性判断，定罪过程就告中断。按照这样一种定罪思维方法，对于赵某明案，首先要判断的是：是否存在伤害行为？赵某明等人持刀追赶被害人能否认定为伤害行为？这里的关键是如何判断伤害行为的着手。追赶行为是为了伤害，但其本身还不能认定为伤害，因为追赶并不会造成他人的人身损伤。在这种情况下，不存在故意伤害罪的构成要件行为，故意伤害罪的定罪进程就结束了，本案就不能认定为故意伤害罪。通过对赵某明等故意伤害案采用四要件与三阶层两种不同的犯罪成立条件理论加以分析，得出了完全不同的结论。结论之所以不同，就是由于四要件的犯罪构成体系缺乏阶层性造成的，这难道不是一种实用性缺陷吗？

我国学者认识到了对合犯罪论存在缺乏阶层性的缺陷，因而提出在现有的犯罪构成体系上，贯彻客观优先的阶层递进理念，并且认为犯罪构成体系不必重构。① 我认为，阶层关系是通过犯罪论体系加以确定的，犯罪论体系是阶层关系

① 参见黎宏：《我国犯罪构成体系不必重构》，载《法学研究》，2006（1）。

的一种制度性安排。如果犯罪成立要件之间不存在逻辑上的位阶关系，即使倡导客观优先的阶层递进理念，也是无济于事的。正如我国学者指出："刑法学通说认为，坚持从客观到主观认定犯罪是人类社会的进步成果和科学经验，并意图在犯罪构成要件的排列顺序上，加以具体落实和说明。遗憾的是，由于受各种因素的影响，这种观念在其对具体问题的说明当中，并没有得到充分的展现。"① 事实已经充分证明没有阶层的犯罪构成并不能为客观判断先于主观判断、形式判断先于实质判断、类型判断先于个别判断这些人类社会的进步成果和科学经验在定罪过程中的适用，提供制度性保障。犯罪成立要件之间是否具有位阶性是阶层犯罪论与对合犯罪论之间的根本区别之所在。如果对四要件之间的关系进行阶层式改造，那么对合犯罪论就不复存在，而变成阶层犯罪论了。这也正是对合犯罪论的改造说不能成立的根本原因。

三、违法性判断的体系性地位

在阶层犯罪论中，违法性是犯罪成立要件之一，在犯罪构成中予以讨论。但在我国刑法学中，违法性只是犯罪概念的特征之一，在犯罪概念中进行讨论，而在对合犯罪论中并没有违法性的一席之地。这里涉及违法性判断的体系性地位问题，它对于正确认定犯罪具有重要意义。

在各种犯罪论体系中都存在实质的违法性判断，虽然在对合犯罪论中没有专门设置违法性要件，但这并不意味着在对合犯罪论中不存在实质判断，而只是在四要件之外进行这种实质判断。其中社会危害性作为犯罪的本质特征，起着重要作用。但由于社会危害性是游离于并且凌驾于四要件之外、之上的，因此在具体案件的判断过程中，往往容易产生逻辑上的混乱。

---

① 黎宏：《刑法总论问题思考》，64页以下，北京，中国人民大学出版社，2007。

【案例 21】 陈某强奸案[①]

陈某（男，33 岁）通过网络聊天结识了卖淫女李某（27 岁），商定嫖娼价格为一次 300 元、包夜 800 元。二人上午 8 时见面后，陈某先支付 800 元，并与李某发生了一次性关系。15 时许，因有其他人出更高价格嫖宿李某，李某遂要求陈某离开。陈某要求退还 500 元，李某不同意，陈某遂强行与李某发生了性关系。

对于陈某第二次强行与李某发生性关系的行为是否构成强奸罪，在本案审理过程中存在两种意见：第一种意见认为，陈某事先与李某达成了包夜协议，且已支付嫖资，但李某反悔，且拒不返还 500 元嫖资，陈某强行与其发生性关系具有正当性，不构成强奸罪。第二种意见认为，陈某强行与李某发生性关系的行为，完全符合强奸罪的构成要件，不能因陈某多给付了 500 元嫖资就认为其行为具有正当性，对陈某的行为仍应认定为强奸罪。

上述案件，根据对合犯罪论，四要件都是具备的，由此可以简单地得出结论：陈某的行为构成强奸罪。但这种结论并不是建立在充分的法理论证基础之上的。因为在上述案件中，不同于一般的强奸案的特殊性在于：陈某事先已经支付了包夜的嫖资，李某不履行协议，而拒不退还 500 元嫖资。在这种情况下，陈某强行与之发生性关系的行为到底是否具有违法性？这个问题，在对合犯罪论中，往往是在四要件之外进行社会危害性的判断。但这种社会危害性的判断是含混的，如果说陈某的行为具有社会危害性，那么李某的反悔而拒不退还嫖资的行为是否也具有社会危害性呢？如果结论是都具有社会危害性，那么就要对这两种社会危害性进行比较，陈某的行为是否构成强奸罪，就取决于社会危害性比较的结果。在这种情况下，对合犯罪论对于罪与非罪的决定作用就完全被社会危害性所架空。而按照阶层犯罪论，本案就能够获得逻辑上的清晰论证。即使存在不同见

① 参见方文军：《刑事违法性的判断逻辑 由一起先嫖娼后强奸案展开》，载《人民法院报》，2008-07-30。

解，互相之间的逻辑对立也十分明确。例如，我国学者在评论本案时指出："若以这种犯罪构成体系来判断陈某行为的性质，可以发现争议的焦点实际上就是陈某的行为是否具有违法性的问题。否定论者的论证逻辑是，陈某已经支付了800元嫖资，李某应允，双方达成了嫖宿合意，但李某违约后又拒不退还陈某多支付的嫖资，陈某强行与李某发生性关系，系以实现二者事先约定为基础，故阻却其行为的违法性，不构成强奸罪。这种判断逻辑以陈某的行为在伦理、道德上不属于'恶'行为根据，显然是行为无价值论的立场。肯定论者的论证逻辑是，李某违反约定又拒不返还陈某多支付的嫖资，在情理上的确对双方矛盾激化有责任，但陈某的行为侵害了李某的性自决权，即使承认陈某对多支付的嫖资享有债权，但500元的债权与李某的性自决权相比是较小法益，不可能具有阻却陈某行为违法性的效力，故陈某的行为构成强奸罪。这种以是否侵害法益及比较法益大小的判断逻辑显然又是结果无价值论的立场。"① 由此可见，按照阶层犯罪论，可以在违法性这一阶层中对本案展开讨论。如果主张行为无价值的观点，就会通过否定违法性而将陈某出罪；如果坚持结果无价值的立场，则可以通过肯定违法性而使陈某进入有责性阶层的判断。因此，上述案例充分说明了违法性要件在犯罪认定中的作用。这也说明，对合犯罪论对于简单的犯罪案件在认定上不会出现太大问题，例如一般的强奸案件，只要简单地罗列四要件即可论证强奸罪的成立。但遇到类似本案这样较为复杂的强奸案件，由于在对合犯罪论中，事实性要件与价值性要件之间没有形成位阶关系，因此在认定上就会出现疑惑难以排除。因此，犯罪论的位阶性不仅是一种逻辑关系，缺乏这种位阶性也绝不是无关紧要的，而是会对定罪的司法过程产生重大影响。正是在这个意义上，我认为具有位阶性的犯罪论与没有位阶性的犯罪论之间存在质的区分，而犯罪论的位阶性具有司法上的实用功能，这是无可否认的。对此，我国台湾地区学者许玉秀指出："犯罪阶层理论提供的犯罪判断阶层构造，从分析和定位构成要件要素，可以提

① 方文军：《刑事违法性的判断逻辑 由一起先嫖娼后强奸案展开》，载《人民法院报》，2008-07-30。

供一个精确判断犯罪成立与否以及处罚与否的步骤，借以确保刑罚制裁制度的合理和有效。”[①] 所言甚是。

第五节　保护法益的阶层厘定

刑法教义学中的保护法益是指刑法所保护的一定的利益。法益的概念来自贝卡里亚，贝卡里亚认为法益可以分为个人法益、社会法益和国家法益。在此基础上，贝卡里亚将犯罪分为以下三类：第一类是直接地毁伤社会的或者社会的代表的犯罪，即危害国家法益的犯罪。贝卡里亚认为这一类犯罪由于其危害较大，因而是最严重的犯罪，这就是所谓叛逆罪。[②] 第二类是侵犯私人安全的犯罪，即危害个人法益的犯罪。贝卡里亚指出：“一切合理的社会都把保卫私人安全作为首要的宗旨。所以，对于侵犯每个公民所获得的安全权利的行为，不能不根据法律处以某种最引人注目的刑罚。在这类犯罪中，一部分是侵犯人身，一部分是侵犯名誉，还有一部分是侵犯实物。”[③] 第三类属于同公共利益要求每个公民应做和不应做的事情相背离的行为，即危害社会法益的犯罪。具体地说，就是那些扰乱公共秩序和公民安宁的犯罪。[④] 因此，法益的直接作用就是为犯罪分类提供标准，从而为刑法典的分则体系建构提供根据。

一、保护法益的立法功能

所谓法益的立法功能是指为刑法分则的罪名体系提供区分实质根据的功能。

① 许玉秀：《当代刑法思潮》，59 页，北京，中国民主法制出版社，2005。
② 参见［意］切萨雷·贝卡里亚：《论犯罪与刑罚》，黄风译，71 页，北京，商务印书馆，2017。
③ ［意］切萨雷·贝卡里亚：《论犯罪与刑罚》，黄风译，72 页，北京，商务印书馆，2017。
④ 参见［意］切萨雷·贝卡里亚：《论犯罪与刑罚》，黄风译，75 页，北京，商务印书馆，2017。

在刑法的立法中，犯罪分类是以侵犯不同的法益为区分根据的，由此形成一定的罪名体系。罪名是刑法中的主要内容，尤其是刑法分则就是以罪名为中心建立的一个逻辑体系。我国刑法分则的基本框架是罪名的章节分类，因而这是讨论罪名之间逻辑关系的起点。罪名的章节分类其实就是一个罪名的类型化问题。任何一部刑法典，都会存在数以百计，甚至数以千计的罪名。大多数国家的刑法形式可以分为刑法典、单行刑法和附属刑法，不同罪名根据其属性，归属于不同的刑法载体。例如，自然犯通常规定在刑法典，法定犯通常规定在附属刑法，专属性（地域专属或者主体专属）犯罪通常规定在单行刑法。而我国采用统一刑法典的模式，刑法典之外没有犯罪，也没有刑罚，所有犯罪和刑罚全部规定在刑法典。在这种情况下，罪名类型化显得尤为重要。罪名类型化的基础是犯罪的侵害法益或者保护法益，根据法益对犯罪进行分类，这是刑法分则罪名体系建构的基本原理。例如日本学者指出："犯罪在终极意义上讲是侵害国家利益的行为，但是，对刑法所直接保护的利益，应当区分为个人利益（个人法益）、社会公共利益（社会法益）、国家自身的利益（国家法益）来进行认识。根据这种方法构筑刑法体系的立场是法益三分说。从这种观点来构建刑法各论体系的话，就是：第一，个人法益是应当通过刑法加以保护的各种利益的基础；第二，社会法益作为个人的集合体的公共利益，应当被放在个人法益之后；第三，国家法益，在国家的存在、方式、职能都受制于全体国民的意愿，而且，个人只有受到国家的保护才能追求幸福的意义上，具有保护的价值，换句话说，它应当处在所有法益的顶点。"① 因此，德日刑法典都是按照法益三分说对罪名进行分类，并以此建构刑法分则体系。当然，在刑法典关于犯罪的分类中，往往按照国家法益、社会法益、个人法益的顺序进行规定，但学者在安排刑法各论体系的时候，则按照个人法益、社会法益、国家法益进行编排。

---

① ［日］大谷实：《刑法讲义各论》（新版第5版），黎宏、邓毅丞译，2～3页，北京，中国人民大学出版社，2023。

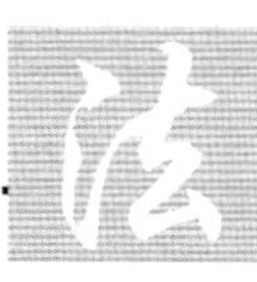

二、保护法益的竞合关系

无论是刑法分则的罪名体系还是刑法各论的罪名体系，尽管存在顺序上的明显差异，但在罪名的构成要件规定上，却明显地反映出个人法益犯罪的构成要件优先于社会法益的犯罪，社会法益的犯罪优先于国家法益的犯罪。因此，在罪名的数量上，也同样呈现出一种递减的趋势：个人法益的罪名最多，社会法益的罪名次之，国家法益的罪名再次之。其中的缘由就在于：刑法分则首先对各种侵害个人法益的犯罪作了规定，个人法益包括人身法益、财产法益，其内容广泛，因而罪名覆盖面宽泛，数量自然较多。侵害社会法益的犯罪和侵害国家法益的犯罪只能规定那些侵害个人法益的犯罪所未能涵盖的犯罪行为，因而具有拾遗补阙的性质。如果同一种行为既侵害个人法益，同时又侵害社会法益或者国家法益的，则优先适用侵害个人法益的犯罪，排斥适用侵害社会法益和侵害国家法益的犯罪。如果发生竞合的，则按照想象竞合犯的原理加以解决。例如，《日本刑法典》在侵害社会法益的犯罪中规定了公共危险罪，如放火罪和失火罪。《日本刑法典》规定的放火罪和失火罪包括以下具体罪名：现住建造物等放火罪（第 108 条）、非现住建造物等放火罪（第 109 条、第 115 条）、建造物等以外放火罪（第 110 条、第 115 条）、延烧罪（第 111 条）、现住建造物等放火未遂罪（第 112 条）、放火预备罪（第 113 条）、消防妨碍罪（第 114 条）、失火罪（第 116 条）、业务上失火罪、重过失失火罪（第 117 条之 2）。日本学者指出：放火及失火的犯罪，是通过火力烧损建造物及其他物件的犯罪，是公共危险罪的典型。这里的公共危险罪既包括抽象的危险犯，同时包括具体的危险犯。[①]

我们可以将《日本刑法典》中的放火罪和失火罪与我国刑法中的放火罪和失火罪加以比较，从中发现罪名设置上的重大差别。我国刑法中的放火罪和失火罪

① 参见［日］大塚仁：《刑法概说（各论）》（第三版），冯军译，407～408 页，北京，中国人民大学出版社，2003。

归属于危害公共安全罪，这里可以将我国刑法中的危害公共安全罪与日本刑法中的公共危险罪加以对比。应该说，我国刑法中的危害公共安全罪与日本刑法中的公共危险罪都属于侵害社会法益的犯罪，这是没有争议的。然而，我国刑法中的危害公共安全罪主要是实害犯，在某些情况下包含危险犯。在有些罪名中，同时规定了实害犯和危险犯。例如放火罪，根据我国《刑法》第114条、第115条的规定，既包括实害犯，又包括危险犯，这里的危险犯是指具体危险犯。在放火罪的实害犯中，其实害结果是指致人重伤、死亡或者致使公私财产遭受重大损失。由此可见，在实害结果中，同时包括侵害人身的内容和侵犯财产的内容。其中，致人重伤、死亡，不仅是指过失致人重伤、死亡，而且包括故意伤害和故意杀人。仅就侵害人身的内容而言，放火罪就包含了故意伤害罪、故意杀人罪、过失致人重伤罪、过失致人死亡罪这四个罪名。当然，放火罪还会造成公私财产的重大损失，因而又包含了故意毁坏财物罪的内容。放火罪和上述侵害人身犯罪、侵害财产犯罪之间存在法条竞合关系，即整体法与部分法的法条竞合，按照整体法优于部分法的原则，在上述情况下，应当以放火罪论处。

我国刑法对放火罪规定了死刑，因而放火罪的刑罚也足以容纳故意杀人罪和故意伤害罪的内容。与之不同，日本刑法中的公共危险罪属于危险犯，并不包含侵害人身犯罪的内容。在放火的时候，当然也可能造成他人的伤害或者死亡。在这种情况下，日本学者指出：以杀人或者伤害的故意放火、杀伤了人的，是放火罪与杀人罪或者伤害罪的观念竞合。[①] 在日本刑法中，上述情况之所以是观念竞合，也就是想象竞合而不是法条竞合，就在于：日本刑法的放火罪中并不包含杀人和伤害的内容，因而以放火手段杀人或者伤害的，属于一行为触犯数罪名，成立想象竞合犯。而我国刑法中的放火罪包含故意杀人和故意伤害的内容，所以当采用放火的手段杀人或者伤害时，属于一行为符合数法条所规定的构成要件，并且在构成要件之间存在包含与被包含关系的情形，这是法条竞合。当然，日本刑

① 参见［日］大塚仁：《刑法概说（各论）》（第三版），冯军译，407～416页，北京，中国人民大学出版社，2003。

法中的放火罪，只要是既遂，就会包含毁坏财物的内容。对此，日本学者指出：放火及失火的犯罪同时一并具有财产罪的性质。不过，应该认为，财产性法益的保护毕竟是第二次予以考虑的。[①] 这里的第一次考虑是指优先考虑；而第二次考虑是指次要考虑。因此，日本刑法中的放火罪和毁坏财物罪之间具有特殊法和普通法之间的法条竞合关系，按照特殊法优于普通法的原则，应当优先适用第一次考虑的放火罪的法条规定。

根据以上对我国刑法中危害公共安全罪和日本刑法中公共危险罪的对比，可以看出，在日本刑法中，在通常情况下，侵害个人法益的犯罪是优先设置的，在侵害个人法益的犯罪和侵害社会法益的犯罪或者侵害国家法益的犯罪发生竞合的情况下，应当优先适用侵害个人法益的犯罪。只有在没有侵犯个人法益犯罪可以适用的情况下，才适用侵犯社会法益的犯罪和侵犯国家法益的犯罪。因此，在立法的时候，就设置罪名而言，应当尽量避免罪名之间的重合与交叉。至于在司法实践中发生的罪名之间不可避免的重合，则按照想象竞合的原则处理。但我国刑法并没有遵循以上原则，而是对同一行为根据侵害法益的不同，分别作出多重评价，导致定罪的复杂化。

我国刑法分则中的罪名分类原理，主要来自苏俄刑法学的客体理论。这里的客体，也称为犯罪客体，它是犯罪构成要件之一，是指犯罪行为所侵害的社会主义社会关系。而犯罪客体又可以分为一般客体、同类客体和直接客体。其中，同类客体是指一定范围内的相同或同类的社会关系。这些社会关系通常受到统一的、密切联系在一起并相互补充的刑法规范的保护。[②] 同类客体的主要功能就是为刑法分则的犯罪分类提供客观基础，将侵害同类客体的犯罪归为一类，以此建立刑法分则体系。我国传统刑法理论中的四要件犯罪论体系，就是根据苏俄刑法学，并结合我国刑法规定形成的，其中，犯罪客体理论具有重要意义。在我国刑

---

① 参见［日］大塚仁：《刑法概说（各论）》（第三版），冯军译，407～408 页，北京，中国人民大学出版社，2003。

② 参见［苏］H. A. 别利亚耶夫、M. 科瓦廖夫：《苏维埃刑法总论》，马改秀、张广贤译，95 页，北京，群众出版社，1987。

法分则体系的建构中，犯罪客体是基本根据之一。例如我国学者在论及 1979 年刑法分则体系时，指出："我国现行刑法分则按照犯罪行为所侵犯的同类客体共分为八章。应当承认，作为我国第一部社会主义刑法典，这个刑法分则体系较充分地反映了当时历史条件下犯罪的概貌，并且具有分类统一体系的特点。"① 此后，1997 年刑法基本上保留了 1979 年刑法分则的架构，只不过对罪名较多的刑法分则第三章和第六章，采取章下分节的方式，以便容纳更多的罪名。在我国目前的刑法分则体系中，基本上是按照侵害国家法益的犯罪、侵害社会法益的犯罪和侵害个人法益的犯罪这样一个顺序编排的。当然，侵害社会法益的犯罪中间插入了侵害个人法益的犯罪，由此形成了目前的刑法分则体系。

三、保护法益的位阶关系

根据我国刑法分则体系，侵害国家法益的犯罪和侵害社会法益的犯罪被置于优先的地位。尤其是在罪名设立的时候，侵害社会法益的犯罪包含侵害个人法益犯罪的内容，由此形成罪名之间较为复杂的逻辑关系，表现为存在大量重合型的法条竞合关系。在我国刑法中，危害公共安全罪与侵害个人法益的犯罪完全不重合的罪名，可谓凤毛麟角。② 我们还是以放火罪为例进行分析：我国刑法中的放火罪属于危害公共安全罪，放火罪的构成要件中包含故意杀人罪、故意伤害罪、过失致人死亡罪、过失致人重伤罪，以及故意毁坏财物罪等侵害个人法益的犯罪内容，由此形成整体法和部分法之间的法条竞合关系。在对放火行为定罪的时候，就需要先做是否危害公共安全的判断，以便确定是否构成放火罪。只有排除放火罪以后，才进一步考虑是否构成故意杀人罪或者其他侵害个人法益的犯罪。在这种情况下，罪名之间的逻辑关系就变得十分复杂，定罪活动也相应地变得烦

① 赵国强：《刑事立法导论》，173 页，北京，中国政法大学出版社，1993。

② 在我国《刑法》分则第二章，只有恐怖主义犯罪，以及枪支犯罪中的某些罪名，是纯正的危害公共安全罪，其他犯罪都与侵害个人法益的犯罪存在法条竞合。例如，在危害公共安全罪中占据重要地位的责任事故犯罪，虽然是过失犯，但都包含过失致人重伤、过失致人死亡的内容。

琐。由此带来的后果之一，就是决定犯罪性质的时候，犯罪客体的作用置于行为类型之上，严重影响了或者淡化了行为类型在定罪中的决定意义。例如，我国1979年《刑法》第101条甚至规定了反革命杀人、伤人罪，由此而与普通杀人罪、伤害罪形成特别法与普通法之间的法条竞合关系。此外，故意杀人罪和故意伤害罪还被放火罪等危害公共安全罪所包含，因而刑法中最为重要的罪名被肢解，也增添了司法机关定罪的难度。

基于以上分析，我认为在确立刑法分则体系和设置罪名的时候，应当以法益的位阶性原理为根据。这里的法益位阶性，是指在个人法益、社会法益和国家法益这三种法益之间，应当建立一定的位阶体系。例如个人法益可以分为人身法益和财产法益，这两种法益，除了抢劫罪同时侵犯人身权利和财产权利以外，其他罪名之间并无重合关系。因此，应当将个人法益置于罪名设置的优先地位。例如以放火为手段的杀人，同时侵犯公共安全和人身权利。在我国当前的罪名体系中，基于法益的重要性，采取法条竞合的立法体例，优先以放火罪论处。但如果基于个人法益优位于社会法益的原理，则只能以故意杀人罪论处，排除放火罪。因此，放火罪只能是单纯侵犯公共安全的犯罪，并不包括侵犯人身权利的内容。

应当指出，我国学者基于从法益保护的必要性到法益保护的优先性的视角转换，提出了法益保护位阶的命题，指出："在刑法意义上，法益保护位阶是指不同法益按照某种次序形成的刑法保护阶梯。法益保护位阶是世界的客观现象，反映了不同法益之间在刑法规范上的轻重或主次关系。优位法益优先于低位法益得以实现的法益保护位阶法则不仅决定着刑法中的法益保护出现竞合或冲突之时规则的选择，而且对刑法解释具有重要意义。"[①] 我认为，这里的法益保护位阶性的含义是指法益保护的优位性，也就是说，刑法所保护的不同法益，其重要性与必要性有所不同，因而形成刑法保护法益之间的位阶关系。这是对刑法保护法益的一种实质判断，对于刑法立法与司法，乃至于刑法解释都具有重要参考价值。

---

① 姜涛：《刑法解释的基本原理》，230页，北京，法律出版社，2019。

然而，我在这里所说的保护法益的位阶关系则并不是就刑法所保护法益的重要性与必要性之间的比较，而是从刑法立法技术出发所进行的考量。例如刑法中的罪名设立和章节编排，不仅应当考虑保护法益的优位性，而且应当基于保护法益的位阶性处理罪名之间的关系。从这个意义上说，刑法保护法益的位阶性是一个刑法的立法技术问题，通过罪名的合理设立可以在一定程度上避免轻罪被重罪所涵括的现象。

第六节　解释方法的阶层关系

在刑法解释论中存在四种解释方法，这就是语义解释、体系解释、历史解释和目的解释。这四种解释方法通常是按照语义、体系、历史和目的这样一个顺序排列的。毫无疑问，语义解释相对于体系解释、历史解释和目的解释而言，具有逻辑上的优位性。也就是说，语义解释在位阶上先于其他三种解释，这里涉及法律解释方法的位阶关系，可以说，它是阶层思维在刑法解释方法关系问题上的实际运用。

一、解释方法层级性的观点聚讼

德国学者考夫曼将法律解释方法之间的位阶问题称为“非常核心又相当困难的论证理论难题”[①]。在法学方法论中，关于解释方法之间是否具有位阶性的问题存在一定的争议。从刑法学者对于该问题的论述来看，对于各种解释方法之间是否存在一定的位阶关系，往往语焉不详，模棱两可。例如萨维尼指出：“对于制定法内容的理解通过这四个要素而得以实现。这四个要素并非是人们可以根据

① ［德］阿图尔·考夫曼：《法律哲学》（第二版），刘幸义等译，52页，北京，法律出版社，2011。

其趣味和偏好而任意选择的四种解释方式，毋宁说，如果解释能够成功达成，这四个要素必须是协调作用的不同活动。无疑，或者是此要素或者是彼要素可能更为重要和明显，但必不可少的是考量要始终取向所有这四个方面，尽管在许多具体的案件中，对这四个要素的其中之一的明确考虑可能被认为是不必要的和不方便的从而被省略。同时这对于解释的缜密性而言并无危险。"[①] 在此，萨维尼虽然没有明确揭示四种解释方法的先后顺序，但他认为这四种解释方法之间是存在内在联系的，需要加以协调作用。这就从宏观上肯定了四种解释方法之间的关联性，为揭示四种解释方法之间的位阶性奠定了基础。德国学者抱怨他们的法律解释学说的缺陷在于，在各种解释标准中并未找到一个“确定的次序”。我们必须估计到不同的方法导致矛盾的结果的可能性。例如，语词意义指点一个方向，而体系关联或产生史指向另一个方向。德国学者指出，并不缺乏在不同解释方法之间确立次序关系的努力。经常是，例如由学说汇纂派学者温德沙伊德和格雷尔斯贝格尔提出的，置语词于优先地位。试图消除争辩的“明确的和单义的”语词意义的接受，在根本上不可再称为接受，从这一立场上看，语词意义同样被普遍视为是首要的。只有在“多义的”语词意义中，也即辅助的意义中，其他的解释方法能有机会发挥作用。[②] 在此，德国学者虽然没有对四种解释方法排列一个严格的次序，但还是强调了语义解释在四种解释方法中的优位性。

我国刑法学界对于解释方法的位阶性问题，较为明确地存在肯定说与否定说之争。[③] 肯定说认为刑法解释方法之间的位阶关系具有重要的意义，而且是与我们思维过程的客观规律相一致的，应当承认刑法解释方法位阶的存在。例如我国台湾地区学者黄茂荣在论述法律解释的五个因素，即语义因素、历史因素、体系因素、目的因素和合宪性因素之间关系的时候，指出：“语义因素首先确定法律

---

① ［德］弗里德里希·卡尔·冯·萨维尼：《当代罗马法体系》（第一卷）朱虎译，163 页，北京，中国人民大学出版社，2023。

② 参见［德］卡尔·恩吉施：《法律思维导论》（修订版），郑永流译，95、96 页，北京，法律出版社，2014。

③ 参见葛恒浩：《刑法解释基础理论研究》，183 页以下，北京，法律出版社，2020。

解释活动的范围，接着历史因素对此范围再进一步加以调整界定，同时对法律的内容，即其规定意旨，作一些提示（der Hinweis）。紧接着体系因素与目的因素开始在该范围内进行规范意旨之内容的发现与确定工作。这个时候，合宪性因素也作了一些参与，并最终获得了解释的结果。最后，再复核一下看它是否合乎宪法的要求。"[①] 上述论述以时间为轴线，对法律解释的五种因素，其实也就是五种法律解释方法在法律解释场景中登场的先后次序作了描述，由此表达了论者对这五种解释方法的位阶关系的见解。否定说则认为在各种法律解释方法之间并不存在严格的位阶关系。例如我国学者周光权指出："语义解释处于解释的起点位置，但并不意味着语义解释是绝对性的；目的解释在何种情况下是最高准则，不可一概而论；司法判断的高度复杂性决定了在各种解释方法中，并没有一个确定的次序。因此，所谓刑法解释方法的位阶性并不存在，讨论位阶性的有无并无理论上的实益。"[②] 我国还有学者在论述体系解释的时候，基于刑法的体系解释与语义解释、目的解释以及历史解释的特殊关系，明确否定刑法解释方法之间的位阶差异，因此，无法就体系解释、语义解释、目的解释和历史解释四种解释方法做出一个可以信赖的位阶排序。[③] 由此可见，对于刑法解释方法的位阶性问题在我国刑法学界存在较大的争议。我认为，这是争议在很大程度上与对解释方法的位阶性这个命题的理解本身有关。

二、解释方法层级性的合理界定

如何理解这里的解释方法的位阶性，这是一个首先需要合理界定的问题。我国学者认为，运用刑法解释方法是否需要遵循一定的先后顺序？当不同解释方法得出的解释结论不同甚至互相冲突时如何解释，这就是刑法解释方法的位阶问

---

① 黄茂荣：《法学方法与现代民法》（第七版），322 页，厦门，厦门大学出版社，2024。

② 周光权：《刑法解释方法位阶性的质疑》，载《法学研究》，2014（5）。

③ 参见贾银生：《刑法体系解释研究》，120 页，北京，法律出版社，2021。

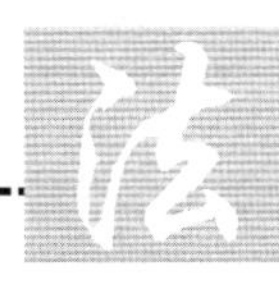

题，即刑法各种解释方法之间的关系与次序。[①] 在此，论者将刑法解释方法的位阶界定为各种解释方法之间的关系和次序。其中，解释方法的关系是指解释结论的地位等级，即当不同解释方法得出的结论不同乃至冲突时，何种解释方法得出的结论在效力上具有优位性，以排除其他解释方法的结论。解释方法的次序是指运用解释方法时间上的先后顺序，即何种解释方法先用、何种解释方法后用的问题。对此，我国学者正确地指出："二者属于两个层面，相互联系又有所区别，共同说明刑法解释方法的位阶。既不能把二者混淆，也不能把刑法解释方法的位阶简单等同于运用上的先后顺序或结论的效力等级。一方面，先使用的某种解释方法，其结论并不必然具有优先效力；另一方面，仅仅研究解释结论的效力等级，也不能反映解释刑法这一思维过程的逻辑特点与先后顺序。"[②] 因此，从各种解释方法的关系来看，是指在各种解释方法中，何种解释方法具有价值上的优越性。而从各种解释方法的次序来看，则是指在这些解释方法中，在具体适用时的先后顺序，即适用序位上的优先性。在解释方法的位阶性存在以上双重含义的情况下，不加区分地对解释方法的位阶性的肯定或者否定都是偏颇的。

位阶这个概念首先是指逻辑顺位，运用于对各种解释方法的描述，是指何种解释方法先用，何种解释方法后用的问题，这是一个解释方法使用的次序问题，因而是一个形式问题。问题在于，只有在每个解释方法都要同时使用的情况下，才存在一个先后顺序问题。例如四个人乘坐一辆公交车，车上正好有四个空位，但车门狭窄，每次只能上一个人，因此需要这四个人排队，以此决定谁先上谁后上。回到解释方法的次序，并不是在某次解释活动中，四种解释方法都需要同时使用，每次解释所需要使用的解释方法通常只有一个，这就是语义解释。在大多数情况下，语义解释就可以完成解释使命。只有在少数情况下，语义解释还不能解决法律文本的含义，因此需要采用体系解释或者历史解释，至于目的解释那是在极个别情况下才使用的解释方法。对此，德国学者拉伦茨指出，首先，根据一

① 参见苏彩霞：《刑法解释方法的位阶与运用》，载《中国法学》，2008（5）。

② 苏彩霞：《刑法解释方法的位阶与运用》，载《中国法学》，2008（5）。

般语言用法活动的文义构成解释的出发点，同时也构成解释的边界。一般而言，预定的制定法的语言用法还存在不同的意义可能；那么其他解释方法就具有决定性的意义。其次，要理解某些术语或语句在其所处的文本关联结构中的特定意义，制定法的意义脉络、文本上下文，则需要采用体系解释方法。再次，假如制定法的可能文义及其意义脉络仍然有作不同解释的空间，则应优先采取最能符合立法者的调整意图和相关规范之目的解释（历史的目的论的解释）。最后，如果迄今已经列举的方法仍不够用，解释者就不得不追溯到客观的—目的论，即便立法者很可能没有完全意识到这些标准。[①] 由此可见，在一个解释过程中，并非每个解释方法都一一采用，而是首先采用语义解释的方法，只有在语义解释不能得出唯一结论或者仍然存在两种以上理解的情况下，可能继而采用其他解释方法作为补充。也就是说，从解释方法的先后次序来看，语义解释具有优先性。关于语义解释的优先性，我国学者指出："语义解释是刑法解释的第一步，也是不可缺少的一步，任何刑法解释都应从语义解释入手，这既是法律以语言为载体的必然要求，也是罪刑法定的本质要求。经过语义解释后，如果没有不同的解释结论，一般就不再运用其他解释方法。但是，由于语言的多义性，事物的复杂性，社会是不断发展变化的，语义解释往往不能单独完成阐释法律含义的使命，法律用语的含义不一定能在语义解释中被阐释。因此，可以运用其他解释方法来辅助语义解释方法得出合理的解释结论或检验语义解释得出的解释结论。"[②] 由此可见，在肯定语义解释具有优先性的同时，确立了体系解释、历史解释和目的解释在刑法解释中的替补性质。语义解释有时需要体系解释替补，有时需要历史解释替补，有时则需要目的解释替补。根本就不存在一次解释同时使用四种解释方法的可能性，因而就解释方法的先后次序而言，只有语义解释是优先使用的，其他三种解释方法则是并行地处在替补的顺位，由此形成以下不同的顺位组合：语义解

① 参见［德］卡尔·拉伦茨：《法学方法论》（全本·第六版），黄家镇译，432～433页，北京，商务印书馆，2020。

② 陈兴良主编：《刑法方法论研究》，187页，北京，清华大学出版社，2006。

释—体系解释；语义解释—历史解释；语义解释—目的解释。只有在个别情况下存在语义解释—体系解释—历史解释的组合，在极个别的情况下存在语义解释—体系解释—历史解释—目的解释的组合。就此而言，在四种解释方法可以依此区分出先后顺序的意义上肯定四种解释方法之间存在位阶性的观点是不能成立的。只能在肯定语义解释具有优位性的基础上，分别讨论语义解释和体系解释、语义解释和历史解释以及语义解释与目的解释之间的位阶关系。

解释方法在价值上的优越性问题，则需要就不同的情形进行分析，就在大多数情况下通过语义解释就可以解决法律文本的解释使命而言，语义解释在法律解释中占据着重要地位，它是适用最多的一种解释方法。德国学者提出了语义解释的相对优位性的命题，指出："只要我们还是采用制定法，而非判例法或法官法，那么依据语义所为的解释便需要有某种优先性。因为所有的解释都是对于一个制定法的文本所为，所以解释必须从字面上的解释（所谓文理解释）开始。只有从法条的文义出发，才能够描述解释问题，才能够确定法律的体系位置或目的。"[①] 因此，语义解释的优位性是指任何解释必须从法律文本的文义开始，这是解释方法的优先使用，而不是语义解释在价值上优越于其他方法。解释方法在价值上的优越性，是指在数个解释结论相互抵牾的情况下，应当选择哪一个解释结论的问题。此时的选择应当根据解释方法的价值上的优越性而确定。就此而言，语义解释方法并不具有价值上的优越性。恰恰相反，其他解释方法往往在不同情况下都可以在可能语义范围内否定语义解释的效力。尤其是历史解释和目的解释，这两种解释方法都是在不满足于语义解释结论的情况下，对语义解释的一种代位解释，因而其解释结论的效力等级都要高于语义解释。尤其是目的解释在四种解释方法中占据着重要地位，正如我国学者指出："目的解释在各种解释方法中处于最高位阶，刑法解释活动都是通过语义解释而最终实现对目的的揭示。"[②] 由此

---

① ［德］英格博格·普珀：《法学思维小课堂——法律人的 6 堂思维训练课》（第二版），蔡圣伟译，195～196 页，北京，北京大学出版社，2024。

② 葛恒浩：《刑法解释基础理论研究》，198 页，北京，法律出版社，2020。

可以得出刑法解释始于语义解释，终于目的解释的命题。因此，从效力等级上说，目的解释具有最高位阶。只有从四种解释方法时间上的优先性和价值上的优越性这两个不同的视角考察解释方法的位阶性问题，并对此分而论之，才能就法律解释方法的位阶性问题得出正确的结论。

三、解释方法层级性的具体论述

各种刑法解释方法之间具有一定的层级性，这对于理解不同解释方法之间的关系具有参考价值，因此，应当根据解释方法层级性原理，对各种解释方法之间的关系进行论述。

（一）语义解释与体系解释

语义解释是法律解释的基本方法，因此，在大多数法律解释中，语义解释就可以得出正确的结论，因而无须再采用其他解释方法。但在某些特殊情况下，语义解释的结论需要通过体系解释予以补强。例如中国公民梁某从香港乘飞机到济南，私自携带了十多千克的黄金，没有报关缴纳关税。那么，梁某的行为是否构成走私罪呢？我们开始寻找法律规定。因为根据罪刑法定原则，一个行为是不是犯罪，关键是要看法律有没有明文规定。因此，如何正确理解法律明文规定，就成为正确地贯彻罪刑法定原则的关键。法律的规定并不是放在那儿等着我们去机械地适用，在法律适用过程中，首先就有一个找法的问题。可以说，找法活动是法律适用的前提。从法律规定来看，实际上有两种情形：一种是显性的法律规定。在显性规定情况下，我们只要通过法律条文的字面含义就可以正确地来理解法律的规定。在隐性规定情况下，通过法律字面可能并不能直接得出法律有规定还是没有规定的结论，还需要对法律内容进行逻辑分析，尤其是要对相关法律进行逻辑判断，才能够确切地对某个法律内容加以掌握。在显性规定的情况下，法律规定是容易寻找的，但在隐性规定的情况下，法律规定就不太容易寻找，需要采取各种法律解释的方法，包括语义解释和体系解释。

我们首先找到的法律是《刑法》第 151 条第 2 款关于走私贵重金属罪的规

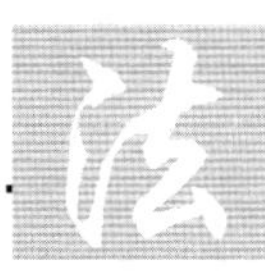

定，刑法关于走私贵重金属罪的法律条文中就有关于走私黄金的规定。我们仔细地看《刑法》第151条第2款关于走私贵重金属罪的规定："走私国家禁止出口的文物、黄金、白银和其他贵重金属。"也就是说，刑法规定的走私贵重金属罪是指走私黄金出口，而并不包括走私黄金进口。这不是立法机关的疏忽，因为在同一款当中，后面对走私珍贵动物及其制品罪，刑法明确规定："走私国家禁止进出口的珍贵动物及其制品。"由此可见，刑法在这里只是规定将走私黄金出口的行为规定为走私贵重金属罪，但并没有把走私黄金进口的行为规定为走私贵重金属罪，所以走私黄金进口罪的行为并不符合《刑法》第151条第2款关于走私贵重金属罪的构成要件，不能按照该罪处理。既然刑法没有规定走私黄金进口的行为构成走私贵重金属罪，是不是说这种走私黄金进口的行为就不构成犯罪了呢？我们还要接着找法，《刑法》第153条是关于走私普通货物、物品罪的规定。按照刑法第153条的规定，走私普通货物、物品罪的普通货物、物品是指走私本法第151条、第152条和第347条规定以外的货物、物品。由于本案涉及的是黄金，因而应当讨论的是黄金是否属于《刑法》第151条规定以外的普通货物、物品。对这个问题存在两种不同的观点：第一种观点认为，法律明确规定这里的普通货物、物品是《刑法》第151条规定以外的货物、物品，而黄金在《刑法》第151条已经有规定。因此，黄金不能包含在走私普通货物、物品罪的货物、物品概念之中。第二种观点认为，走私本法第151条规定以外的货物、物品，应当理解成根据《刑法》第151条规定为犯罪以外的货物、物品。走私黄金出口的行为，根据第151条的规定已经构成走私贵重金属罪，因此不能按照走私普通货物、物品罪论处。但走私黄金进口的行为，按照《刑法》第151条的规定并不构成走私贵重金属罪。因此，走私进口的黄金可以包括在《刑法》第153条规定的走私普通货物、物品罪的货物、物品之中。我认为，第二种观点是可取的。因为《刑法》第151条和第153条规定的虽然都是走私罪，但两罪的性质有所不同：《刑法》第151条规定的是走私那些国家禁止进出口的或者国家限制进出口的物品的犯罪，这种走私罪所破坏的是国家对货物的海关监管制度。而《刑法》第153条规定的走私普通货物、物品罪，这些普通货物、物品是国家允许进出口

的，这种走私罪的危害性表现在偷逃国家关税，因此《刑法》第 153 条规定的走私普通货物品罪，是根据偷逃关税的税额作为定罪量刑的标准。根据这样的理解，作为贵重金属的黄金，法律规定是禁止出口，但并不禁止进口。因此，走私黄金出口的行为按照 151 条规定的走私贵重金属罪论处，但黄金进口应当缴纳关税，走私黄金进口的行为偷逃了关税，所以完全符合《刑法》第 153 条关于走私普通货物、物品罪的规定，应当构成走私普通货物、物品罪。从梁某私自携带黄金入境案的找法过程来看，是十分复杂的。走私黄金进口行为，如果孤立地看待《刑法》第 151 条第 2 款的规定，似乎可以得出不构成犯罪的结论。但结合《刑法》第 153 条的规定就会发现，它实际上隐含在第 153 条的内容之中。在此，实际上是采用了体系解释的方法，也就是在与《刑法》第 151 条的关联中解释《刑法》第 153 条，将走私黄金进口的行为解释为属于《刑法》第 153 条的走私本法第 151 条以外的货物、物品。如果不是对《刑法》第 153 条进行体系解释，本案就难以找到适当的法律规定。

体系解释除了可以帮助我们找到相应的法律规定以外，还可以在两个相互排斥的法律规定的情况下，按照一定的规则进行法条的选择。例如法条竞合中的特别法与普通法的竞合，就是指一行为同时符合特别法和普通法的规定，在这种情况下，究竟是适用特别法还是普通法，就成为一个法条适用问题。而这个问题已经超出了语义解释的范围，也就是说，这个问题不是语义解释所能解决的，对此应当适用体系解释。例如我国《刑法》第 149 条第 2 款规定："生产、销售本节第一百四十一条至第一百四十八条所列产品，构成各该条规定的犯罪，同时又构成本节第一百四十条规定之罪的，依照处罚较重的规定定罪处罚。"在此，《刑法》第 140 条规定的是生产、销售伪劣商品罪的普通罪名，第 141 条至第 148 条规定的是生产、销售伪劣商品罪的特殊罪名。当生产、销售伪劣商品行为同时符合上述两个法条规定的犯罪构成要件的情况下，属于刑法中的法条竞合，也就是特殊法与普通法的竞合。对此，刑法明确规定应当适用重法，因而是特别法优于普通法的法条适用原则的例外。在以上法条竞合的情况下，对于法律规定就应当采用体系解释的方法，要同时考虑各种相关法律规定，然后依法定罪量刑。

（二）语义解释与历史解释

历史解释是在语义解释中引入历史因素，因而形成对语义解释结论的某种更改。历史解释中的历史因素，例如立法沿革、立法资料等对于最终确定法律文本的含义具有重要参考价值。语义解释与历史解释之间存在矛盾，到底是选择语义解释还是选择历史解释，这是一个值得研究的问题。在语义解释和历史解释之间，可以明显地看出，语义解释是对法律文本解释的一般方法，也就是说，解释本身就是为了获得法律文本的准确含义，因而采用语义解释是最优选择。只有在语义解释不能获得对法律文本的准确理解的情况下，才需要以历史解释作为候选的解释方法。因此，在语义解释和历史解释这两种方法存在冲突的情况下，应当根据一定的规则进行选择以便确保解释结论的合理性。在一般情况下，语义解释当然是应当优先考虑的，在语义是单一的、确定的情况下，不能进行超出语义可能范围的解释。但在语义是非单一的、不明确的情况下，则应根据立法沿革进行历史解释以符合立法精神。在这种情况下，历史解释具有优于语义解释的效力。例如，对于遗弃罪中扶养一词的解释即是如此，根据语义解释，扶养既包括家庭成员间的扶养也包括非家庭成员间的扶养。那么，非家庭成员间的扶养是否包括在遗弃罪的扶养概念中呢？根据历史解释，遗弃罪属于妨害婚姻、家庭罪，自不应包括非家庭成员间的扶养。①

（三）语义解释与目的解释

如果说体系解释和历史解释是从法律规范的内外关联或者历史演变过程对语义解释的一种补充，那么，目的解释在很大程度上就是从规范目的上探寻法律文本的含义。因此，目的解释对于正确理解法律文本的内容具有重要价值。法律规范是立法者制定的，因而从法律文本中解读的法律含义当然反映了立法者的意图。在这种情况下，只要采用语义解释就可以获知规范内容，因而目的解释并不需要。然而，在某些情况下，法律文本存在模糊或者笼统等现象，对从语言上获知立法意图带来一定的障碍。同时，法律文本在面对某个具体案件的时候，可能

① 关于遗弃罪的历史解释的进一步论述，参见本书第八章。

会产生一定的歧义，在这种情况下，仅凭语义解释难以达成找法的使命，因而有必要借助于目的解释。目的解释不再拘泥于法律文本的语言，而是透过语言现象去探寻立法者的立法意图，以此作为选择法律文本含义的一种方法。在这个意义上说，目的解释同样具有对语义解释的补充性。就语义解释和目的解释之间的关系而言，语义解释是基本解释方法，而目的解释只是在语义解释难以圆满完成解释法律的例外情况下，具有补强性的解释方法。

在语义解释和目的解释的关系问题上，存在一个值得研究的问题，这就是目的解释往往被认为是一种实质解释，因而将超越语义范围的目的考察也称为目的解释。如果按照这种理解，则目的解释的结论就会与法律文本的语义相背离。德国学者指出："目的论的考量经常被用来反于语义地限缩某个规定的适用范围，像通过添加不成文构成要件要素，或者导入不成文的例外。人们称此为目的性限缩（teleologische Reduktion）。"① 因此，目的性限缩具有对法律文本语义的逾越性，这是目的解释的根本特征，它使目的解释成为法律解释的王冠（Krone der Auslegung）。② 我认为，这里的目的论解释是指目的性限缩，它确实逾越了法律文本的语义，但此时法官所从事的已经并不是解释，而是对法律文本的目的考察，这是一种实质推理。在刑法实行罪刑法定原则的背景下，目的考察只能限于有利于被告的情形，不利于被告的目的考察则应当被禁止。因此，就语义解释与目的解释的关系而言，虽然目的解释的结论可能凌驾于语义解释之上，但目的解释的结论不能超出可能语义的范围。例如德国学者曾经提出解释方法之桂冠当属于目的论之解释方法的命题，指出："只有目的解释方法直接追求所有解释之本来目的，寻找出目的观点和价值观点，从中得出有约束力的重要的法律意思。"③

---

① ［德］英格博格·普珀：《法学思维小课堂——法律人的 6 堂思维训练课》（第二版），蔡圣伟译，175 页，北京，北京大学出版社，2024。

② 参见［德］英格博格·普珀：《法学思维小课堂——法律人的 6 堂思维训练课》（第二版），蔡圣伟译，125 页，北京，北京大学出版社，2024。

③ ［德］汉斯·海因里希·耶赛克、［德］托马斯·魏根特：《德国刑法教科书》（上），徐久生译，215 页，北京，中国法制出版社，2017。

但与此同时，德国学者又指出："法律意思只能从条文的语义中找到。条文的语义是解释的要素，因此在任何情况下必须将可能语义视为最宽的界限。该界限的另一端是什么意思，已经是法适用问题，已不能从方法上再称之为解释。从法治国家理由出发，可能的语义标准是不可缺少的，因为它提供了唯一的在客观上可检验的特征，而该特征可从能达到的可靠性上来加以认识，由此使法官对自己创造之法律开始负责任。"[①] 这里的法律创造是指法律续造，显然，法律续造已经不是法律解释。因此，目的解释也不能超出法律文本的语义范围。也就是说，目的解释虽然可以取代语义解释的结论，但仍然受到可能语义范围的限制。德国学者对此作了举例说明：《德国刑法典》第123条规定了非法侵入他人住宅罪，但夜间的骚扰电话不得以非法侵入他人住宅罪处罚，因为它不具备"侵入"特征的可能语义。也就是说，虽然非法侵入他人住宅罪的设立目的是保护他人的居住安宁，夜间骚扰电话也同样侵害了他人的住宅安宁，似乎符合本罪的立法目的，但由于夜间打骚扰电话已经超出了"侵入住宅"的可能语义范围，因而不能采用该目的解释。但在某些情况下，则可以取代语义解释而采用目的解释。

【案例22】刘某洋故意毁坏财物案[②]

2002年1月29日、2月5日和2月23日，清华大学机电系学生刘某洋先后两次在北京动物园熊山黑熊、棕熊展区，分别将事先准备的氢氧化钠（俗称火碱）溶液、硫酸溶液，向上述展区内的黑熊和棕熊进行投喂、倾倒，致使3只黑熊、2只棕熊（均属国家二级保护动物）受到不同程度的损伤。2003年5月1日，北京市西城区人民法院对刘某洋硫酸泼熊案作出一审判决。

法院认定刘某洋的行为已经构成故意毁坏财物罪，但考虑到他能够真诚悔罪，且其在故意毁坏财物犯罪中，情节轻微，故免予刑事处罚。在本案中，刘某

① [德]汉斯·海因里希·耶赛克、[德]托马斯·魏根特：《德国刑法教科书》（上），徐久生译，220页，北京，中国法制出版社，2017。

② 参见《"硫酸泼熊案"一审判决：刘某洋被法院定罪免刑》，https://www.lawyers.org.cn/info/3e61b84ea4b6439295cae7dcec48e3d6，2024年5月17日访问。

洋对动物园的黑熊和棕熊实施的是伤害行为，但我国刑法规定的故意伤害罪的对象是人，对动物则并没有设立故意伤害罪。然而，将刘某洋伤害动物的行为认定为故意毁坏财物罪，首先需要把本案中的伤害行为解释为毁坏行为，同时还要把本案中的动物解释为财物。从故意毁坏财物罪的立法目的来说，是为保护他人财产不受毁坏，因而上述解释属于目的解释。从语义来看，上述解释并没有超出可能语义的范围。然而，超出可能语义范围的目的解释是违背罪刑法定原则而被禁止的，例如将小鸟从笼子放飞或者将鱼塘中的鲤鱼放走，使他人财产受到损失。对于该行为能否认定为故意毁坏财物罪？《日本刑法典》规定了伤害动物罪，以此与损坏器物罪相提并论，被归属于毁坏型财产犯罪，但日本判例把将他人养的鸟放飞和将他人鱼塘中的鲤鱼放走的行为也认定为伤害动物罪，则受到日本学者的批判，认为在将他人鱼塘中的鲤鱼放走的情况下，明明没有让鲤鱼受伤，却要认定为伤害了鲤鱼，这种解释还是过于勉强。[①] 在德国刑法中曾经讨论将他人的观赏鸟放飞的行为如何定罪的问题，认为将动物作为“物”在刑法对所有权的保护框架内对待的处理，是不存在问题的。因为它们处于人的物权控制之下，且法秩序对它们是生命的特征也以动物保护法和其他特别法予以了注意。但该行为虽然破坏了他人对观赏鸟的占有，却并未对放飞的观赏鸟形成新的（自己的或者他人的）占有，因而可以排除以盗窃罪论处。那么，将他人饲养的鸟儿放飞的行为是否构成毁坏财物罪呢？对此存在两种观点：主流的观点认为将他人饲养的鸟儿放飞的行为，构成的只是一个不受处罚的（纯粹的）脱离占有（Besitzentziehung）行为。少数人的观点则认为，对所有权人确定的用途目的的任何挫败，都足以成立破坏或者损坏的概念。对此，德国学者评论指出：“少数人的上述观点已经超出了法律文字字义对扩张性解释划定的界限，因为在适用损坏的概念时对行为人的对物自身的作用无论是直接的还是间接的，他们都未予考虑。”[②] 显然，上述

---

① 参见［日］松宫孝明：《刑法各论讲义》（第4版），王昭武、张小宁译，268页，北京，中国人民大学出版社，2018。

② ［德］约翰内斯·韦塞尔斯：《德国刑法总论》，李昌珂译，28页，北京，法律出版社，2008。

少数人的观点并不能获得语义解释的支持，将不属于语义范围的含义强加给某个语词，只能是基于事物本质或者目的论的考量。由此可见，在超出可能语义范围的情况下，基于目的论的解释是不被允许的，因为此时已经不是法律解释而是法律续造。

（四）解释方法的竞合

语义解释与其他三种解释方法之间并非单一的替补或者排斥关系，同时还存在竞合关系。这里的竞合是指在对法律文本进行解释的时候，不仅采用语义解释方法，而且需要同时采取其他解释方法加以补充。在这种情况下，语义解释和其他解释方法就可以相互补充、同时并用，由此得出合理的解释结论。例如在对故意毁坏财物罪的毁坏一词进行解释的时候，由于毁坏概念本身具有一定的抽象性，因而需要进行语义解释，也就是通过语义解释明确毁坏一词的具体含义。根据语义解释中的平义解释方法，毁坏一词分为两种情形，这就是毁灭和损坏。毁灭是指将财物或者物品从实体上予以消灭，这是一种极端的或者严重的毁坏状态。损坏是指财物或者物品的部分损毁，这是一种程度较轻的毁坏状态。当然，在现实生活中还存在两种特殊的毁坏情形：第一是财物或者物品的实体或者外观没有毁坏，但其功能受到破坏，甚至完全丧失。第二是财物或者物品的功能没有丧失，但外观受到损坏。对于这两种情形通过对毁坏一词的扩大解释还是可以包含在毁坏概念的含义之内的。通过以上语义解释，基本上可以明确毁坏一词的内容。但与此同时还可以采用体系解释的方法，进一步强化语义解释的结论。例如我国学者指出：运用体系解释的方法可以最大程度地实现这一目标。我国刑法及司法解释使用了诸多与毁坏类似的语词，基于每一构成要件要素都应具有特定含义的思想，从这些语词中可以大致勾勒出毁坏行为的轮廓。我国学者对毁坏概念进行了体系解释：第一，毁坏包括但不限于物质毁损，在我国刑法中，损毁这个词专指物质毁损的情形。我国《刑法》第 324 条规定了故意损毁文物罪、故意损毁名胜古迹罪与过失损毁文物罪。第二，毁坏不包含隐匿、剥夺占有、占用等行为。例如我国《刑法》第 162 条之一规定了隐匿和销毁两种行为，尽管这两种行为都能让会计凭证、会计账簿、财务会计报告丧失其效用，立法者依然认为隐匿

不属于可被视为毁坏的销毁行为。第三，毁坏介于损毁与破坏两者之间，其范围大于损毁，小于破坏。据此，毁坏是指那些足以造成财物本体物质毁损的行为。换言之，毁坏行为并非一定要给财物造成物质毁损，但若站在理性第三人角度进行事前判断，这些行为却具有造成物质毁损的可能或者危险。[①] 由此可见，通过刑法文本中其他与毁坏相关概念的拆解和辨析，可以帮助我们进一步理解故意毁坏财物罪中的毁坏一词，这就是体系解释对语义解释的补强作用。

刑法解释方法的竞合在某些情况下呈现出较为复杂的情形，例如数种解释方法的竞合。我们通常所说的解释方法是四种，这就是语义解释、体系解释、历史解释和目的解释。在特殊情况下，还包含同类解释。在某些情况下，会出现上述三种甚至三种以上的解释方法的竞合。例如在我国刑法中存在以“其他”为语言特征的规定，就其内容空缺而言，这种类型的规定可以说是空白的构成要件。我国刑法中的空白的构成要件的立法例，如我国《刑法》第114、115条规定的以方法危害公共安全罪，其罪状是“以其他危险方法危害公共安全的”，对于本罪的构成要件要素完全未作规定。又如《刑法》第225条第1项规定的“其他限制买卖的物品”，对这里的限制买卖物品的内容也未作规定。由此可见，我国刑法中的空白的构成要件是指客观构成要件要素的完全缺失。此类规定的功能是为了将文字所未载明的构成要件要素纳入罪状之中，因此，在刑法教义学中又将这种空白的构成要件称为堵截的构成要件（Auffangtatbestand，Aufgreiftatbestand）。[②] 根据罪刑法定原则，立法机关对犯罪构成要件的规定应当具有明确性，因而这种堵截的构成要件应当是不允许的，因而在其他国家刑法典中十分罕见。值得注意的是，在德国刑法教义学中存在空缺的构成要件的概念，德国学者指出：“所谓的空缺的构成要件是指这样一些刑法规定：它们缺乏构成要件补充的实质的指导形象（Leitbild），以至于在实践中不能借助法律条文来找到被禁止的行为和被允

① 参见邓卓行：《故意毁坏财物罪的语义边界与行为评价》，载《政治与法律》，2023（5）。

② 关于堵截的构成要件，参见王安异：《非法经营罪适用问题研究》，94页，北京，中国法制出版社，2017。

许的行为的区别。”[①] 如果仅仅从文字上看，似乎十分近似于我国刑法中的空白规定。然而，这里的空缺的构成要件之空缺并非客观构成要件的空缺，而是指不法评价的空洞。德国学者曾经以《德国刑法典》第 240 条为例进行说明。《德国刑法典》第 240 条规定：(1) 违法以强暴或胁迫施以重大恶害之方式使人作为、忍受、不作为者，处三年以下有期徒刑或罚金。(2) 称违法者，谓强暴或胁迫所欲达成之目的具可非难性。德国学者认为上述第 2 款中的使用强暴或胁迫的“可非难性”就属于空缺的构成要件，此种构成要件缺乏不法类型的轮廓。解决问题的办法只能是将对行为人的行为进行非难的事实情况纳入构成要件。因此，德国学者提出了空缺的构成要件理论必须拒绝的结论。[②] 相对于德国刑法中的空缺的构成要件只是违法评价要素缺失，我国刑法中的空白的构成要件则是客观构成要件要素的缺失。应该说，这种具有框架结构的罪状表明我国刑法规定中的罪刑法定还是不彻底和不完善的，有待进一步提高罪刑法定化的程度。

在对我国刑法中的空白构成要件进行解释的时候就会发现，无法采用语义解释的方法。因为立法机关根本就没有对此处的构成要件要素进行语言描述，也就是说，没有以语言的方式将罪状呈现出来，因此，对空白的构成要件只能采取语义解释以外的其他解释方法。首先是体系解释，也就是通过刑法上下文的其他规定理解空白构成要件的含义。其次是历史解释，也就是考察空白构成要件的历史演变过程，由此探究其含义。最后是目的解释，也就是探寻空白构成要件的规范目的，以此明确其含义。当然，如果在前文具有例举的情况下，例如《刑法》第 263 条规定的“暴力、胁迫或者其他方法抢劫公私财物”，立法机关对抢劫罪的方法在例举了暴力、胁迫的基础上，又规定了“其他方法”。在解释这里的其他方法的时候，就可以采用同类解释的方法。正如我国学者在论及对非法经营罪的兜底条款的解释时指出：“鉴于非法经营罪兜底条款的可预测程度相对较低，基

① ［德］汉斯·海因里希·耶赛克、［德］托马斯·魏根特：《德国刑法教科书》（上），徐久生译，339 页，北京，中国法制出版社，2017。

② 参见［德］汉斯·海因里希·耶赛克、［德］托马斯·魏根特：《德国刑法教科书》（上），徐久生译，339、340 页，北京，中国法制出版社，2017。

于其堵截的规范逻辑及补充法规则，可采用不同方法对其进行全面解释，使之更明确。”[①] 由此可见，解释方法的竞合在对某些较为特殊的法律规定进行解释的时候，具有必要性，尤其是我国较多存在具有空白构成要件性质的兜底条款，因此需要动用数种解释方法对某个兜底条款进行解释，以此得出较为合理的解释结论。

① 王安异：《非法经营罪适用问题研究》，156页，北京，中国法制出版社，2017。

中编

刑法解释论

第六章

语 义 解 释

语义解释是法律解释的基本方法，也是最重要的方法。可以说，其他解释方法都是建立在语义解释的基础之上的。对于刑法解释论来说，亦是如此。语义解释之所以重要，就在于语言是法律的载体，立法者通过语言传达立法意思。在某种意义上说，语言是架设在立法者和司法者之间的一座桥梁。而且，对于公民来说，只能通过法律文本了解和理解法律的内容，因此，只有通过语义解释才能知晓法律。正如美国学者博登海默指出："一个可以用来支持按字面含义解释法律的论点，是建立在这样一种考虑基础上的，即这种解释理论能使法律具有确定性和明确性。当一个人为了了解他的权利与义务或他人的权利与义务而研读法律时，应当能够使他信赖该法律文本，而不应该强迫他对立法者通过此法律时脑子里所真正思考的东西进行费力的考查。"① 尽管博登海默也认为这种解释方法显然过分简单化了，但不可否认语义解释是解释方法的基本的，甚至是主要的方法。本章根据法律解释的一般原理，对刑法教义学中的语义解释进行论述。

---

① ［美］埃德加·博登海默：《法理学：法哲学与法律方法》，邓正来译，556页，北京，中国政法大学出版社，2017。

第一节　语义解释的概念

语义解释是刑法解释中最为常用的解释方法，因此在刑法教义学中受到高度重视。然而，由于语言的复杂性，看似简单的语义解释在实际操作中存在各种疑难问题，需要结合语言学和刑法学的相关知识加以解决。

一、语义解释的含义

语义解释，又称为文义解释或者文理解释，是指揭示法律文本的语言含义的解释方法。在语义解释概念中，首先涉及对解释一词的理解，这也是法解释学的出发点。这里的解释，亦称为阐释。在法学中通常称为解释，而在哲学中则往往称为阐释，其实两者的含义相同。德国学者伽达默尔认为，对文本的理解技术的古典学科就是诠释学。[①] 因此，阐释学是基于文本的理解，在此，理解是阐释学的核心。阐释学（Hermeneutik，Hermeneutics）一词源自希腊文（hermeneutikos)，意即诠释、描绘。该词乃从古希腊神话里一名为 Hermes 、专司传递神界意旨予人类世界的神祇的名字演变而来。因 Hermes 在传递神旨时往往须加以说明、解释并转化为人类语言，因此语言意蕴（meaning-context）的厘清、诠解，即借用 Hermes 之名予以定名。[②] 伽达默尔对阐释学的原始形态作了论述，指出："自古以来，就存在一种神学的诠释学和一种法学的阐释学，这两种阐释学与其说具有科学理论的性质，毋宁说它们更适应于那些具有科学教养的法官或牧师的实践活动，并且是为这种活动服务的。因此，阐释学问题从其历史起源开始就超

① 参见［德］汉斯-格奥尔格·伽达默尔：《阐释学 I 真理与方法》（修订译本），洪汉鼎译，241 页，北京，商务印书馆，2010。

② 参见黄建辉：《法律诠释论》，11 页，台北，新学林出版股份有限公司，2000。

出了现代科学方法论概念所设置的界定。”[①] 由此可见，阐释学最初是从神学和法学发展起来的，因而法阐释学具有悠久历史。阐释具有转达和说明的含义。如果说希腊神话中的 Hermes 是将神界的意旨传达给人类，并需要加以诠释。那么，法律解释就是把立法者的意思转达给司法者。因此，从诠释神旨到解释法意，解释学经历了一个非神话的巨大变化。无论是对神旨还是对法意的解释，在方法上具有共同性，这就是追寻事物的意义。弗洛伊德曾经指出：“所谓解释就是揭示其隐藏的意义。”[②] 因此，法律解释是要透过法律文本的语言而获知立法意蕴的方法。当然，法律解释不同于对神旨的转达，神旨并不是以文本为载体的，其含义完全取决于传递者的叙述和诠释，法律解释则是以法律文本为对象的，因而法律解释本身就隐含着立法意图和法律文本之间的二元区分。也就是说，在法律解释中，首先需要面对的是法律文本，同时还需要透过法律文本捕捉到立法意图。那么，立法意图和法律文本之间又是一种什么样的关系呢?

德国学者萨维尼提出了法学的语文性研究的命题，并且把语义解释称为语法解释，认为法律文本中存在语法要素，因此语法解释就是对法律表达的思想所使用的媒介进行阐明。[③] 萨维尼这里所说的媒介就是语言，因此，萨维尼所谓语法要素中的语法，并不是语言学意义上的语法，而是指法律文本中的语言要素。在这个意义上说，正如德国学者所指出，法学也是文本学。有效的法律文本对法学具有特殊的约束力。[④] 语义解释的对象是法律文本中的语言，德国学者指出：“法律由语言来服务，这是一句日常的句子。我们换句话说，法律是通过语言被带出来的。”[⑤] 事物是各种各样的，描写事物的语言也是千姿百态的。在法律文

---

① ［德］汉斯-格奥尔格·伽达默尔：《阐释学Ⅰ真理与方法》（修订译本），洪汉鼎译，3页，北京，商务印书馆，2010。

② ［奥］弗洛伊德：《精神分析引论》，高觉敷译，60页，北京，商务印书馆，1984。

③ 参见［德］弗里德里希·卡尔·冯·萨维尼：《法学方法论：萨维尼讲义与格林日记》，杨代雄译，34页，北京，中国民主与法制出版社，2024。

④ 参见［德］伯恩·魏德士：《法理学》，丁小春、吴越译，135页，北京，法律出版社，2013。

⑤ ［德］阿图尔·考夫曼：《法律哲学》（第二版），刘幸义等译，133页，北京，法律出版社，2011。

本中，其通常含义本身也是变化的，而且在不同的情境下具有不同的通常语义。因此，语义解释在法律解释中占据着重要地位。

德国学者提出了文本隶属性的命题，认为解释者对于文本的隶属性类似于视点对于某幅图画的透视的隶属性（Zugehörigkeit）。[①] 这里的文本隶属性，是指在解释的时候应当受到文本的限制，只有在文本范围内所揭示的含义才是解释的目标。在法律解释中亦如此，法律解释具有对法律文本的隶属性，超越法律文本范围的解释是不被允许的。法律解释对于法律文本的隶属性表明作为一种法律解释方法，语义解释具有语文性，因而语义解释过程中涉及对法律文本的语言分析。这里涉及语言与思想的关系，只有透过语言才能表达某种思想，就此而言，语言是思想的物质外壳。德国学者拉德布鲁赫指出："'语言替我们思考和创造'——它的意思是：当我思考和说话时，我将我的想法潜入了一个思想的世界，它具有自己独特的内在法则。只要我无法自己来独创一种语言和一个概念的世界，我就要将我说出的东西交付给概念世界（我必须在这个世界中活动）自身的法则，就要通过这句话与我无法远离和忽视的概念建立起联系。"[②] 基于语言和思想的上述密切关系，我们只能透过语言理解思想，因而语言分析是触摸和把握思想的主要途径。然而，法律文本的语言特征具有不同于其他语言载体的特殊性，因而法律解释的独特性是应当予以强调的。拉德布鲁赫将法学解释与语文学解释作了区分，语文学解释是"已经认识的认识"——对先前思考的再思考。语文学解释的目的在于确定一个所谓主观意义上的事实，而法学解释则专注于法律原则的客观意义。[③] 在此，拉德布鲁赫论及语文学解释和法学解释之间的一个重要区分，这就是前者揭示的是事实的主观意义，后者揭示的是法律规则的客观意义。这里的主观意义和客观意义的区分，恰恰反映了两种不同的解释理念。这就

① 参见［德］汉斯-格奥尔格·伽达默尔：《诠释学Ⅰ真理与方法》（修订译本），洪汉鼎译，465页，北京，商务印书馆，2010。

② ［德］拉德布鲁赫：《法哲学导引》，雷磊译，166页，北京，商务印书馆，2021。

③ 参见［德］拉德布鲁赫：《法哲学》，王朴译，113页，北京，法律出版社，2005。

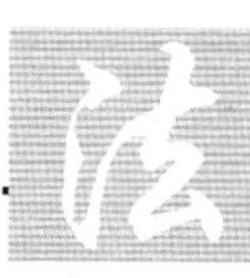

是上文所说的法律条文与立法意图之间的关系：法学解释到底是以法律文本为依据揭示其客观含义还是揭示其立法意图？拉德布鲁赫认为，立法者的意志不是解释方法，而只是解释目的和解释结果，是对法律规则总体系统化、无矛盾解释的先验必然性的阐述。因此，我们有可能将在法律起草者有意识的意志中从未出现过的东西作为立法者的意志来加以确定。[①] 由此可见，拉德布鲁赫采取的是客观主义的解释论立场：立法意图并不完全等同于法律起草者的意志，而是隐含在法律文本中的客观意义。拉德布鲁赫以一种十分形象的手法描述了法学解释的功能，指出："法学解释不是对先前思考的再思考，而是将已经思考的东西思考完毕。它出自对法律的语文学解释，是为了以后能够超越语文学解释——这就像一艘船在出航时是由领航员掌舵穿过港口水域，引至规定的航道上，然后由船长引导在公海上寻找自己的航线。法学解释完成了出于立法者精神的解释到规定一种不可觉察的过渡，解释者将自己'变成了立法者'。"[②] 可以说，拉德布鲁赫对语文学解释和法学解释之间关系的论述是十分独特的，尤其是其客观主义解释论的立场引人瞩目。这里应当指出，法律解释并不是一个对法律文本机械寻章摘句的过程，而是一个对法律文本进行建构的过程，甚至在一定程度上可以对法律文本进行补偏救弊。因此，法律解释不能改变法律的内容，但可以通过解释消除法律之间的矛盾，填平法律中的罅隙，这是法律解释能够做到，也是应当做到的。

应当指出，制定法与判例法具有不同的法系特征，因而在对待解释上也是有所不同的。例如美国法官波斯纳曾经对制定法和普通法对待解释的差异性进行了论述，指出："普通法和制定法似乎有深刻的差异，最根本的区别在于一个是概念系统，而另一个是文本系统。看上去这种区别会使得解释成为制定法的核心，而就普通法而言，解释只是沾边，甚至是毫不相关。"[③] 由于制定法完全依赖于

① 参见［德］拉德布鲁赫：《法哲学》，王朴译，115 页，北京，法律出版社，2005。
② ［德］拉德布鲁赫：《法哲学》，王朴译，115 页，北京，法律出版社，2005。
③ ［美］理查德·A. 波斯纳：《法理学问题》，苏力译，312 页，北京，中国政法大学出版社，2002。

语言文本，因而语义解释方法更为重要。当然，即使是普通法，也并非完全与语义解释无关。随着普通法国家中制定法的增加，法律解释的地位随之提高，因此，无论是制定法还是判例法都离不开语义解释。

（一）语言

语言之于人类的重要性，无论如何强调都不为过。正如文学、哲学、史学，都不能须臾离开语言一样，法学也是一门语言的技艺。在某种意义上说，语言和法律可以相提并论。例如萨维尼曾经多次将语言和法律相比，指出："法律以及语言，存在于民族意识之中。法律堪与语言相比。对于法律来说，一如语言，并无决然断裂的时刻。"[①] 法律和语言相伴生，语言成为法律不可或缺的载体。

德国学者在论及语言的重要性时指出："语言产生自人类的某种内在需要，而不仅仅是出自人类维持共同交往的某种外部需要，语言发生的真正原因在于人类的本性之中。对于人类精神力量的发展，语言是必不可少的；对于世界观的形成，语言也是必不可缺的，因为，个人只有使自己的思维与他人的、集体的思维建立起清晰的联系，才能形成对世界的看法。"[②] 正如德国著名哲学家路德维希·维特根斯坦在《逻辑哲学论》指出："我的语言的界限意谓我的世界的界限。世界是我的世界，这一点显示于语言的界限即意谓我的世界的界限。"[③] 在某种意义上说，语言的界限同样也是法律的界限。

语言是一种表达意义的工具，在言和意之间存在表里关系。因此，意义是语言的生命，语义解释就是从语言当中析解其所包含的意义。在论及语言的功能时，德国学者指出："语言形塑真实，谁有语言，就有世界。"[④] 就语言和真实的

① ［德］弗里德里希·卡尔·冯·萨维尼：《论立法与法学的当代使命》，7、9 页，北京，中国法制出版社，2001。

② ［德］洪堡特：《论人类语言结构的差异及其对人类精神发展的影响》，姚小平译，25 页，北京，商务印书馆，1999。

③ ［德］路德维希·维特根斯坦：《名理论（逻辑哲学论）》，张申府译，71 页，北京，北京大学出版社，1988。

④ ［德］阿图尔·考夫曼：《法律哲学》（第二版），刘幸义等译，134 页，北京，法律出版社，2011。

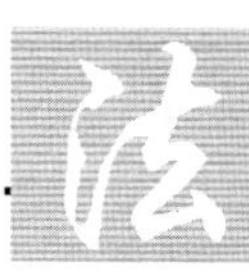

关系而言，当然是真实决定语言，而非相反。然而，在一定意义上说，真实又确实依赖于语言的表述和塑造。如果离开了语言，真实的呈现程度就会相去甚远。例如法律的发展可以分为不成文法和成文法这两个阶段，它以法律是否通过语言表达为区分标准。应当指出，这里的成文与不成文不是以口头语言而是以书面语言为标志的。人类语言的发展是从口头语言开始的，以口口相传为特征。在口头语言的基础上，经过漫长的演进，人类才十分缓慢地发展出书面语言。随着书面语言的出现，成文法也就应运而生。书面语言具有确定性，法律通过书面语言加以确定，也就获得了稳定性。因此，法律，尤其是刑法的成文化是一个历史性的进步。语言文字是思想的载体，也是法律的载体。通过语言文字将法律所体现的普遍意志确定下来，由此获得稳定性和确定性。当然，法律文本的性质是复杂的，它的确定性与模糊性处于一种共生状态。英国学者哈特根据语义分析理论意识到语言都有一个意思中心（core of meaning），所以法律必然具有确定性。同时他还认为语言都有一个空缺结构（open texture），所以法律又具有一定的模糊性。因此，当我们把特殊情况纳入一般规则时，任何东西都不能消除这种确定性核心和非确定性边缘的两重性。哈特认为确定性是主导，模糊性只是一些较为偶然的情形。[①] 正是法律文本的这种复杂性，决定了法律解释应当在充分关注法律文本的性质多重性的基础上探究其正确含义。

（二）意义

语义是指语言的意义。这里应当指出，意义概念的外延远远大于语义。语言的意义只是意义的一种类型，意义具有更为广泛而丰富的内容。换言之，意义并不以语言为其存在前提，除了语言以外，其他事物都具有一定的意义。在哲学上对意义的专门研究形成所谓意义哲学，我国学者指出："意义体现了人与社会、自然、他人、自己的种种复杂交错的文化关系、历史关系、心理关系和实践关系。它是人类交往的纽带、文化传播的桥梁、自我实现的媒介。没有意义，人类

① 参见贾敬华：《确定性的法向客观性的法的变迁》，11页，北京，人民出版社，2009。

社会不仅无法继续下去，而且亦无法存在。概而言之，一个没有意义的社会是不可设想的。”[①] 意义存在于自然和社会之中，然而意义是以人类为中心的，它是人类精神社会的一个基本要素，所有的人文科学都在一定程度上与意义相关联。法学可以说是一门研究法律文本意义的科学，法教义学就是以释义为其核心内容的，因而正确界定语义的要素对于法教义学具有重要意义。正如德国学者指出：“任何文本的解释都始于对文字语义的解释。我们将语义理解为某一措辞或者文字组合在一般语言用法中应该具有的意义，或者是按照言说之时的特殊语言用法组成之语句的意义。”[②] 因此，言以表义，义出于言。在言与义之间存在表里关系：言之为表，义之为里。

意义在于理解，因此，法律解释的核心是理解。德国学者拉伦茨提出了借助解释达致理解的命题，指出：“法学主要致力于理解语言表述及其表达的规范性意义。解释是一种媒介行为，借助解释，解释者使得在他看来存在疑问的文本的意义变得可以理解。”[③] 法律是以语言为载体的，然而，法律语言的意义虽然主要由日常语言承载，其含义却不能等同于普通语义，而是规范性意义。拉伦茨在此所说的规范性意义十分重要，这也是法律解释的特殊性之所在。当然，刑法文本具有严谨性，因为它关涉犯罪的界限，因而其语义应当明确。当然，立法并不总是完美的，因此会存在某些表述上的瑕疵，由此导致理解上的困难。例如我国《刑法》第 293 条规定的寻衅滋事罪，包含了“在公共场所起哄闹事，造成公共场所秩序严重混乱”的内容。应该说，起哄闹事是一个十分市井化的词语，因此其规范性含义并不容易把握，在刑法教义学中通常解释为出于取乐、寻求精神刺

---

① 刘安刚：《意义哲学纲要》，1 页，北京，中央编译出版社，1998。

② ［德］卡尔·拉伦茨：《法学方法论》（全本·第六版），黄家镇译，403 页，北京，商务印书馆，2020。

③ ［德］卡尔·拉伦茨：《法学方法论》（全本·第六版），黄家镇译，264 页，北京，商务印书馆，2020。

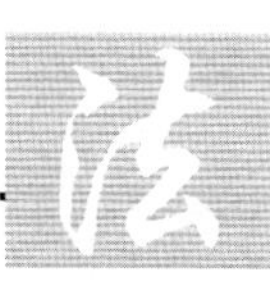

激等目的，在公共场所无事生非，制造事端，扰乱公共场所秩序。[①] 这一解释对起哄闹事描述的核心语义是制造事端，因为只有该内容才是客观行为方式，因而有可能被理解。当然，制造事端的含义仍然是十分宽泛的，缺乏足够的类型性，因而给此种寻衅滋事行为的认定带来一定的难度。由此可见，透过语言的外表，理解法律文本的规范性含义，对于法律解释来说是一种艰难的使命。

语言还具有变动性的特征，任何语言都不是一成不变的，而是随着社会生活的发展而处于不断变化的过程之中。在某种意义上说，语言的变动性会在很大程度上影响语义解释，因此对此必须加以关注。法国学者指出："一个词的通常的意义是在逐渐发展的，在事实的不断出现中形成的。因此，当一个看来是属于某一词的意义范围内的事物出现时，它好像就被自然而然地收纳进去了。这个语词的词义会逐渐伸展、逐渐扩张，直到人们根据事物本身的性质将应归入这个词名下的各种事实、各种概念都包含了进去。"[②] 因此，在刑法解释中应当及时发现这种语义的变化，对某种事实作出合乎社会事实的解释。例如我国刑法中的卖淫概念中包含了性交的内容，这里的性交通常是指异性之间性器官的交合。然而，在现实生活中，出现了同性之间的性交易，同时，性交易包括性器官的交合外的手淫、口淫、鸡奸等其他性行为类型。在这种情况下，2001 年 2 月 18 日公安部作出公复字（2001）4 号《关于对同性之间以钱财为媒介的性行为定性处理问题的批复》。该批复指出："根据《中华人民共和国治安管理处罚条例》和全国人大常委会《决定》的规定，不特定的异性之间或者同性之间以金钱、财物为媒介发生不正当性关系的行为，包括口淫、手淫、鸡奸等行为，都属于卖淫嫖娼，对行为人应当依法处理。"上述批复属于行政解释，对于处理治安案件具有法律效力，但不能作为定罪依据。当然，上述批复对于审理卖淫嫖娼刑事案件具有一定的参考价值。值得注意的是，在 2017 年 7 月 26 日最高人民法院、最高人民检察院

---

① 参见陈兴良、刘树德、王芳凯编：《注释刑法全书》，1642 页，北京，北京大学出版社，2022。

② ［法］基佐：《欧洲文明史》，程洪逵、沅芷译，7 页，北京，商务印书馆，1998。

《关于办理组织、强迫、引诱、容留、介绍卖淫刑事案件适用法律若干问题的解释》中，由于分歧较大因而并未对卖淫作出规定，但参与制定该解释的人员指出："司法实践中对于如何认定刑法意义上的卖淫，应当依照刑法的基本含义，结合大众的普遍理解及公民的犯罪心理预期等进行认定，并严格遵循罪刑法定原则。在目前情况下，不能将刑法意义上的卖淫局限于性交行为，对于性交以外的肛交、口交等进入式的性行为，应当依法认定为刑法意义上的卖淫。也就是说，将卖淫行为的具体方式解释为性交行为和其他进入式性行为（即肛交、口交）且易传播性病的淫乱行为并不违背罪刑法定原则，更不是类推，而是刑法体系内的合理解释。"① 由此可见，卖淫的行为方式随着社会生活的发展发生了重大变化，因而卖淫的刑法意义也要随之演变。在这种情况下，就要以变化的观点正确理解卖淫的含义。

（三）可能语义

法律文本由语言和意义这两个要素构成，形成所谓语义。法律文本的语义恰恰是法律解释所探寻的内容。可以说，法律解释是以揭示语义为使命的，同时可能语义也形成了法律解释的限制。德国学者拉伦茨曾经对可能语义的概念作了以下界定："根据一般的语言用法或者当时的立法者视作是标准的语言用法——这可能只在特殊情况下才存在——能够被理解为这个用语指称的意义。"② 拉伦茨也承认，语言上的语义范围未必始终能被界定。尽管如此，在法学方法论中还是必须承认可能语义的客观存在。

以法无明文规定不为罪为核心的罪刑法定原则，其根本目的就在于将法律文本的可能语义确定为犯罪的最远边界。德国学者罗克辛在论述解释与文本的关系时指出："解释与原文界限的关系并不是任意的，而是产生于法治原则的国家法和刑法的基础上：因为立法者只能在文字中表达自己的规定。在立法者的文字中

① 陆建红、杨华、田文莎：《涉卖淫刑事犯罪案件的司法认定》，12页，北京，人民法院出版社，2019。

② ［德］卡尔·拉伦茨：《法学方法论》（全本·第六版），黄家镇译，406页，北京，商务印书馆，2020。

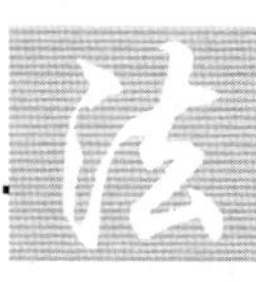

没有给出的，就是没有规定的和不能适用的。超越法律文本的刑法适用，就违背了在使用刑罚力进行干涉时应当具有的国家自我约束，从而也就丧失了民主的合理性基础。公民也只能根据文本才能得知法律的意思，从而在自己的思想中考虑：应当根据法律规定来安排自己的行为。因此，仅仅在可能词义这个框架内的解释本身，就能够同样起到保障法律的预防性，并且使违反禁止性规定的行为成为应受谴责的。”① 因此，在成文法的社会里，存在着所谓书面的罪刑法定，语义界限就成为刑罚权的不可逾越的鸿沟，起到限制立法权和司法权，保障公民权利的功能。在任何部门法的解释中，语义解释都是最为基本，也是最为重要的解释方法。就语义解释而言，在采用罪刑法定原则的刑法中具有更为重要的意义。正如我国学者指出：“各种解释方法在案件中的权重是不一样的。譬如说，对于刑法，语义解释的权重要比民法中的语义解释权重分量更重。”② 刑法与民法这两个部门法领域，语义解释权重的差别表明法律解释在各个部门法具有不同的发挥空间。刑法由于罪刑法定原则所决定，对刑法规范应当作严格解释，《法国刑法典》甚至将严格解释作为刑法解释的原则加以规定，因而以文本为界限的语义解释对于确定刑法的明文规定具有优位性。

语义界限表明语义具有一定的空间范围，该范围的最远端就是语义边界，也称为可能语义的射程（Wortlautgrenze）。德国学者指出：“在刑法中，为了避免民众因语义不明而承受预期之外的刑罚，确定所谓语义射程尤具正当性。”③ 由此可见，刑法关涉公民的重大权益，因而刑法的明确性原则尤为重要。只有在可能语义射程范围内的惩罚性规范，才能加诸公民，这是法治刑法的应有之义。语言并非单义的，而是存在一个意义域，从而为可能语义的存在奠定了基础。正如德国学者指出：“具体的语词通常情况下都有一个包括各种可能语义的空间。可

① ［德］克劳斯·罗克辛：《德国刑法学总论》（第1卷），王世洲译，86页，北京，法律出版社，2005。

② 舒国滢等：《法学方法论问题研究》，379页，北京，中国政法大学出版社，2007。

③ ［德］托马斯·M.J.默勒斯：《法学方法论》（第4版），杜志浩译，192页，北京，北京大学出版社，2022。

能之语义的界限也即是解释的界限。如果法学要越过这一界限，再而不能通过法律解释，而只能借助法律补充的（gesetzesergänzend），或法律纠正性的(gesetzessberichtigend)法律续造，尤其是漏洞补充来实现。"[①] 上述观点肯定可能语义的概念，并且将其作为法律解释与法律补充或者法律续造的边界。然而，在法学方法论中，可能语义确实是一个充满争议的概念。如果说，在民法或者其他私法中，由于法官具有填补法律漏洞的权限，因而对于可能语义的确定并不是十分重要，那么，刑法中由于实行罪刑法定原则，可能语义的确定直接关系到是否违背罪刑法定原则，因而显得格外敏感。需要指出，否定可能语义概念的观点并不是主张将语义范围限制在通常语义之内，而是认为可能语义本身是难以确定的，因而得出可能语义无非是类推的结论，由此而为类推正名。[②] 我认为，虽然可能语义的确定是较为困难的，不同语词的可能语义确定并没有统一的标准。但这并不意味着可能语义这个概念不可接受。当然，在不同的语境下可能语义的范围并非完全相同。尽管如此，可能语义的客观性还是应当承认的。在刑法教义学中，存在一种以处罚必要性决定可能语义的观点，例如我国学者指出："不能只考虑行为与刑法用语核心含义的距离远近，也要考虑行为对法益侵害的程度；因此，处罚必要性越高，对与刑法用语核心距离的要求就越缓和，作出扩大解释的可能性就越大。"[③] 这里的核心语义也就是所谓通常语义，它并不受可能语义的限制。在处罚必要性与核心语义这两个要素中，真正决定法律解释容许范围的应该是可能语义，而不是处罚必要性。如果可能语义取决于处罚必要性，则语义解释的边界就会随着处罚必要性的增大而不断扩张，因而成为一条不设防的边界。在这个意义上的扩大解释，其实已经超越可能语义的界限。

---

① ［德］齐佩利乌斯：《法学方法论》，金振豹译，66 页，北京，法律出版社，2009。

② 参见［德］阿图尔·考夫曼：《法律哲学》（第二版），刘幸义等译，65 页，北京，法律出版社，2011。

③ 张明楷：《罪刑法定与刑法解释》，69 页，北京，北京大学出版社，2009。

二、语义解释的特征

刑法中的语义解释是以刑法文本为对象的，因而必须结合刑法文本的内容探讨语义解释的特征。在一定意义上说，语义解释具有语义学的性质。然而，语义学与解释学虽然具有一定的联系，但两者又是不同的。对此，德国著名哲学家伽达默尔曾经对语义学和解释学的关系作了论述，指出："语义学和解释学两者都把我们借以阐述思想的语言表达形式作为自己的出发点。正因为它们都研究语言领域，语义学和解释学就显然取得了一种真正普遍的观点。可以说，语义学表现为从外部描述语言事实的领域，通过这种描述，它就能对语言的性状作出一种分类。与此相对照，解释学则关注我们对这个符号世界的使用的内在方面，或者说，关注说话的内部过程。如果从外面看，这个过程就表现为我们对符号世界的使用。解释学和语义学两者都以自己的方法系统阐述我们同世界的全部关系，这种关系以语言表述出来，并且两者都把自己的研究指向多种自然语言背后的东西。"① 在此，伽达默尔从外部与内部两个面向对语义学和解释学的不同功效作了分析。可以说，语义学关注的重点是语言本身的结构与类型；而解释学则更强调语言分析在现实世界的功用性，因而两者有所不同。

（一）描述性构成要件要素的语义解释

描述性构成要件又称为记述性的构成要件，是指以对案件事实进行描述为内容的刑法规定。描述性构成要件要素具有事实的性质，是对某种客观事物的描述，因而在语词和其所描述的对象之间存在一定的关联性。尤其是在语言较为模糊的情况下，就需要依照一定概念对具体事物进行判断。德国学者菲利普·赫克将概念划分为概念核心含义和概念边缘含义。在采用某个概念对事物进行描述的时候，奥地利学者提出了三领域模式。根据三领域模式，在使用模糊的表述时，

① ［德］伽达默尔：《哲学解释学》，夏镇平、宋建平译，83页，上海，上海译文出版社，1994。

会产生以下三种情形：第一，当能够明确某个有疑问的表述适用于它们的时候，这是一种肯定的候选。第二，当能够明确某个有疑问的表述不能适用于它们的时候，这是一种否定的候选。第三，当不能确定某个有疑问的表述是否适用于它们的时候，这是一种中性的候选。① 如果是上述第一种情形，属于法律有规定的情形，因为事物能够被概念所涵摄。如果是上述第二种情形，则不能将事物涵摄在概念之中，因而属于法律没有规定的情形。至于上述第三种情形，需要通过扩张解释才能将其涵摄。也就是说，肯定的候选是指事物处在概念的核心语义，否定的候选是指事物处在概念的语义之外，中性的候选则是事物处在概念的边缘语义。例如刑法中的叙明罪状所规定的构成要件就是描述性的构成要件，在这种情况下，立法机关对犯罪的构成要件进行了较为详细的语言描述，因而可以通过对罪状的语义解释而明确构成要件的内容。例如我国《刑法》第 384 条规定的挪用公款罪采用了定义方式，指出："国家工作人员利用职务上的便利，挪用公款归个人使用，进行非法活动的，或者挪用公款数额较大、进行营利活动的，或者挪用公款数额较大、超过三个月未还的，是挪用公款罪。"上述概念规定了挪用公款罪的主体、三种挪用公款行为及其罪量要素。可以说，《刑法》第 384 条对挪用公款罪的构成要件作了十分详细的规定。在这种情况下，只要明确刑法规定的各个要素的语义，就可以建构起挪用公款罪的构成要件。

（二）空缺性构成要件要素的语义解释

在刑法规定中，存在空缺性的构成要件，这种构成要件不像记述性的构成要件那样，立法机关对构成要件要素作了具体描述，而是采用框架式的规定方式。对于空缺的构成要件在德国刑法教义学中是存在争议的，虽然存在支持者，但反对的观点更为强烈。例如德国学者指出："空缺的构成要件理论必须被拒绝，因为，如果构成要件被理解为不法类型，它只能被认为是封闭的，原因在于它恰恰缺少类型特点。这意味着，构成要件必须毫无例外地包含全部的对某一犯罪类型

① 参见［奥］恩斯特·A. 克莱默：《法律方法论》，周万里译，30 页，北京，法律出版社，2019。

的不法内容具有共同决定作用的特征。”[1] 如果说，刑法总则中的空缺或者开放的规定，尚有其必要性，例如过失犯的预见可能性和避免可能性等情形，可以通过刑法教义学原理进行填补和充实，那么，刑法分则对罪状的空白规定，则如同德国学者韦尔策尔所言，在这种情况下，对于构成要件的补充来说，缺乏一种实体性的指导形象。[2] 因此，封闭的构成要件是罪刑法定原则之明确性的必然要求。然而，我国刑法虽然规定了罪刑法定原则，但刑法规定尤其是犯罪构成要件的明确性尚有不足。这主要体现在我国对罪状的规定还存在这种空缺的构成要件的情形。我国刑法中的空缺的构成要件往往称为堵截规定、兜底条款、空白罪状等。在这种空缺性构成要件的情况下，无法展开语义解释。因为所谓“空缺”，也就是指构成要件的语言记述的缺失，从而导致语义解释失去作用，此时，就不得不采用体系解释、目的解释和同类解释等其他解释方法。

（三）类型性构成要件要素的语义解释

类型性构成要件的概念是德国学者贝林提出的，贝林将犯罪视为一种类型，认为犯罪类型是一个由不同要素组成的整体，这些要素形成某种犯罪类型的观念形象。贝林指出：“该观念形象表达了该犯罪类型的共性，如果没有该观念形象，这些要素就会失去其作为类型性要素的意味。该观念形象是该犯罪类型的‘法律构成要件’。”[3] 我认为，贝林的这一理论特别适合于解释刑法中的自然犯。通常来说，立法机关对自然犯往往采用简单罪状的立法方式，而对法定犯则采用叙明罪状的立法方式。简单罪状是相对于叙明罪状而言的，在叙明罪状的情况下，立法机关对某个犯罪的构成要件作了较为详细的规定，因而为犯罪的认定提供了具体的规范根据，但在简单罪状的情况下，立法机关只是规定了罪名，但对犯罪的

---

① ［德］克劳斯·罗克辛：《德国刑法教科书》（上），徐久生译，339 页，北京，中国法制出版社，2017。

② 参见［德］汉斯·韦尔策尔：《目的行为论导论：刑法体系的新图景》（增补第 4 版·中文增订本），陈璇译，32 页，北京，中国人民大学出版社，2024。

③ ［德］恩施特·贝林：《构成要件理论》，王安异译，4 页，北京，中国人民公安大学出版社，2006。

构成要件的具体内容未作规定。这是因为法定犯是违反行政法规所构成的犯罪，其行为方式需要加以明确具体的规定。而自然犯，其构成要件内容广为人知，因而没有必要在刑法中加以具体描述。例如盗窃罪、抢夺罪和诈骗罪就是自然犯的典型。这三个是常见多发的财产犯罪，其行为特征在刑法文本中并没有加以规定。因此，对盗窃、抢夺和诈骗，仅仅从罪名进行语义解释，很难呈现出这三种犯罪的构成要件具体内容。这里就需要透过法律文本所确定的这些犯罪的观念形象，进行构成要件的还原。例如，盗窃罪，如果仅仅从语义解释上，通常解释为秘密窃取，但这并不能准确地反映盗窃罪的构成要件内容。贝林以盗窃罪为例证，对构成要件还原过程作了论述，指出："盗窃罪的类型，其所有的要素，包括客观的或心理的要素，都反映出'取走他人财物'之指导形象。因为盗窃罪要存在，则必须：（1）取走他人财物之行为实际上已得以实施；（2）该行为已为行为人主观故意所包含；（3）以该行为为落脚点而引申出来的类型性要素即'占有目的'，在此，该要素也同样与被取走的他人财物相关。'取走他人财物'概念支配着所有盗窃罪的类型性要素。这些要素以不同方式与该概念联系着，该概念奠定了该类型的共性（Zusammengehoeigkeit）。"[①] 因此，在盗窃罪中，取走他人财物是其观念指导形象，其他要素是在此基础上衍生出来的。而简单罪状中的罪名，恰恰规定的就是该犯罪的类型性要素。

应当指出，对于这种类型性构成要件，并不能简单地采取语义解释的方法，而是要基于该构成要件所塑造的观念形象，进行刑法教义学的展开。例如在刑法教义学中，盗窃罪的构成要件被进一步抽象概括为："打破他人占有，建立新的占有。"德国学者在论述盗窃罪的构成要件时指出："在（《德国刑法典》）第242条框架内，作为犯罪行为，取走（Wegnahme）意味着对他人的单独或共同支配（Gewahrsam）的打破（Bruch），以及新的（并非必然）但通常是自己的

① ［德］恩施特·贝林：《构成要件理论》，王安异译，4页，北京，中国人民公安大学出版社，2006。

支配的建立（Begründung）。”[①] 显然，从盗窃一词的语义上是难以解读出“打破他人占有，建立新的占有”这些内容的。这是因为盗窃一词过于概括，只有根据其语义再进一步根据该犯罪的观念形象进行构成要件的还原，由此才能刻画出盗窃行为的客观轮廓。至于诈骗罪的构成要件那就更加复杂，我国刑法理论上采用“虚构事实，隐瞒真相”这八个字描述诈骗行为，应该说还是较为生动的。但这八个字只是描述了诈骗罪的构成要件行为，但并没有完整地呈现诈骗罪的构成要件。德国学者在描述诈骗罪的构成要件时指出：“诈骗罪是指犯罪人意图为自己或第三方获得非法的经济利益，通过不正确地声称事实，或违反提供信息的义务而并未告知，来欺骗他人，从而导致该人因错误认识而处分财物，并最终损害该人的财产。”[②] 根据上述诈骗罪的概念，诈骗罪的构成要件可以分解为以下五个要素：（1）非法占有目的；（2）欺骗行为；（3）致使他人产生认识错误；（4）基于认识错误而处分财物；（5）他人遭受财产损失。由此可见，诈骗罪的构成要件较为复杂，这些构成要件要素根本不可能从诈骗这个语词中通过语义解释而获得。自然犯是各国刑法中共同具有的犯罪类型，这一点与法定犯完全不同。可以说，自然犯反映的是各国所共通的犯罪类型，而法定犯反映的则是各国所特有的犯罪类型。因此，关于自然犯的法教义学原理具有跨越国境的性质，如同“硬通货”可以作为一种教义学知识在各国之间“流通”。因此，在对自然犯的构成要件进行语义解释的时候，通常可以参考其他国家的法教义学原理。当然，刑法教义学根植于一定国家的刑法文本，因而在引入其他国家的刑法教义学知识的时候，应当考察不同国家刑法规定之间的差异性。例如关于诈骗罪的财产损失要件，《德国刑法典》第 263 条明确将造成他人财产损失作为诈骗罪成立的构成要件要素。德国学者指出：“诈骗罪保护的法益是整个财产，是扣除负债后的所有

---

① ［德］约翰内斯·韦塞尔斯、［德］托马斯·希伦坎普、［德］扬·舒尔：《德国刑法分论：侵犯财产价值的犯罪》，赵冠男译，69 页，北京，法律出版社，2023。

② ［德］约翰内斯·韦塞尔斯、［德］托马斯·希伦坎普、［德］扬·舒尔：《德国刑法分论：侵犯财产价值的犯罪》，赵冠男译，431 页，北京，法律出版社，2023。

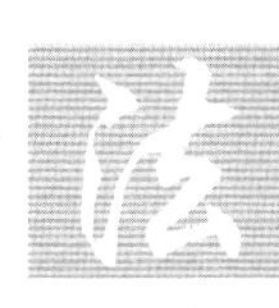

经济利益的缩影，而不是情感利益、单纯的处置自由，也不是经济交往中的‘真相’或‘自由’。因此，诈骗罪是一种财产犯罪，处罚的并非任何欺骗，也非欺骗行为本身，而是损害财产的欺骗。”① 然而，我国《刑法》第266条对诈骗罪并无财产损失的规定。随着德国刑法教义学被介绍到我国，我国学者在论述诈骗罪的构成要件的时候，也开始将财产损失作为诈骗罪的构成要件要素。② 应当指出，德国刑法中的诈骗罪之所以要求造成财产损失，这是与其诈骗罪的构造相关联的。实际上，德国刑法中的诈骗罪包含了我国的刑事诈骗和民事欺诈，对于刑事诈骗通常并不存在财产损失的问题，被害人基于错误认识而交付的财物就是损失的财物，因此无须计算财产损失。但在民事欺诈的情况下，行为人在民事活动中采用了欺诈方法，在这种情况下，不能将被害人处分的财物直接等同于财产损失，应当将正常交易的部分财物数额减去，因而需要计算财产损失。德国刑法将诈骗罪称为整体财产犯罪，它不同于个别财产犯罪的盗窃等其他财产犯罪。德国学者指出：“（《德国刑法典》）第263条意义上的财产损失（Vermögensschaden），是指在财产处分之前和（直接的）之后受处分影响而产生的存在于财产价值之间的不利差异。损失应根据整体清算（Gesamtsaldierung）原则语义确定。”③ 因此，在交易型诈骗罪中，诈骗罪的财产损失数额就是收益与支出之间的差额。例如德国刑法中的交易型诈骗的形式可以分为缔约诈骗和履约诈骗。根据德国刑法理论，在计算财产损失的时候，应当将缔约诈骗与履约诈骗加以区分。在缔约诈骗（Eingehungsbetrug）的情况下，如果没有实际交易，或至少没有实现被骗者的履行，或者随后的交易不再符合诈骗罪之犯罪构成，则应特别注意缔约诈骗（合同订立时的欺骗）。其中，应对双方的合同义务进行相互比较。在这种情况

① ［德］约翰内斯·韦塞尔斯、［德］托马斯·希伦坎普、［德］扬·舒尔：《德国刑法分论》，赵冠男译，431～432页，北京，法律出版社，2023。

② 参见张明楷：《论诈骗罪中的财产损失》，载《中国法学》，2005（5）。

③ ［德］约翰内斯·韦塞尔斯、［德］托马斯·希伦坎普、［德］扬·舒尔：《德国刑法分论：侵犯财产价值的犯罪》，赵冠男译，489页，北京，法律出版社，2023。

下，财产损失发生，以及在订立合同时已经既遂的诈骗行为的出现，应以被骗者获得的诉求的经济价值，低于其所承担的义务为条件。对此，必须根据客观的价值标准进行评估，同时考虑违约风险以及有关人员的个人需求和个人情况。[①] 由此可见，在缔约诈骗的情况下，所谓财产损失是指因合同不能履行所造成的经济价值的减损。此种情形，在我国刑法中或者属于合同欺诈，不以犯罪论处；或者属于合同诈骗未遂，比照既遂处理，都不存在需要计算财产损失的问题。履约诈骗（Erfüllungsbetrug）则区分为真正的履约诈骗和不真正的履约诈骗。在真正的履约诈骗的情况下，合同相对方在合同订立后才决定不按照合同履行，并在这方面实行诈骗，然后，应比较合同义务和实际提供的履行。如果出现不利的差异，损害了被骗者的利益（他收到的金额少于他有权获得的金额，或支付的金额超过他在法律上必须支付的金额），则构成财产损失。在非真正的履约诈骗的情况下，如果所提供的服务不值约定的价格，则存在欺骗行为。相反，如果价格与所交付货物的市场价格相对应，则在任何情况下都不存在缔约损失。然而，商品物有所值这一事实，也构成对履行的损害。对非真正的履约诈骗行为不应被作为真正的履约诈骗，不应作为履约诈骗处理。[②] 由此可见，德国刑法中的交易型诈骗，无论是缔约诈骗还是履约诈骗，都明显地包含了交易中的民事欺诈行为，因此，对于这种交易型诈骗罪就不能像其他财产犯罪那样直接将行为人所取得的财物都认定为诈骗数额。尤其是在某些交易型诈骗罪的情况下，根本就没有交付财物，因而应当根据利益损失计算财产损失。不同于德国，《日本刑法典》对诈骗罪并没有规定财产损失，但由于日本刑法中的诈骗罪包括利益诈骗，而且其诈骗罪的范围同样包含民事欺诈，因而通说也认为财产损失是诈骗罪的构成要件要素。例如日本学者西田典之主张实质的个别财产说，认为既然诈骗罪属于财产犯

---

① 参见［德］约翰内斯·韦塞尔斯、［德］托马斯·希伦坎普、［德］扬·舒尔：《德国刑法分论：侵犯财产价值的犯罪》，赵冠男译，493 页，北京，法律出版社，2023。

② 参见［德］约翰内斯·韦塞尔斯、［德］托马斯·希伦坎普、［德］扬·舒尔：《德国刑法分论：侵犯财产价值的犯罪》，赵冠男译，497 页，北京，法律出版社，2023。

罪，就必须具备存在实质的财产损失这一要件。例如，承包人原本具有领取工程承包款的权限，却采取欺骗手段不正当地提前支取了工程款。对此，判例认为，要对承包款全额认定为成立诈骗罪，必须是行为人得以提前支取的承包款，达到（提前获取的承包款）与不采用欺骗手段而会获得的承包款相同的金额，按照社会一般观念，可以被认为达到另外支付的程度。[①] 从以上论述可以看出，日本刑法中的诈骗罪的范围是极为宽泛的，实际上包含民事欺诈行为。因此，尽管《日本刑法典》对诈骗罪没有规定财产损失的要件，但为限制诈骗罪的处罚范围，仍然将财产损失作为诈骗罪成立的不成文的构成要件要素。然而，我国刑法中的诈骗罪完全不同于德国和日本。我国刑法严格区分刑事诈骗和民事欺诈，虽然我国《刑法》除第 266 条规定了普通诈骗罪以外，还规定了金融诈骗罪、合同诈骗罪以及其他经济诈骗罪，但在观念上，诈骗罪与民事欺诈之间的界限仍然是被坚守的。与此同时，我国还出现了民事欺诈行为的刑事化的立法倾向。例如在刑法规定贷款诈骗罪的同时，设立骗取贷款罪；以及专节设立生产、销售伪劣产品罪，其行为在通常情况下都具有欺诈的性质。换言之，我国刑法中的生产、销售伪劣产品的行为在德国和日本刑法中都构成诈骗罪。正因为我国刑法中的诈骗罪的范围只限于通过实施诈骗行为而无对价地取得他人财物的情形，因而如同盗窃罪一样，基于欺骗所取得的财物就是被害人的财产损失。在这种情况下，当然也就没有必要将财产损失单独列为诈骗罪的构成要件要素。由此可见，引入其他国家的法教义学原理，应当建立在不同国家之间法律规范的相同或者相似的基础之上，而不能简单地照搬其他国家的刑法教义学知识。

（四）特殊构成要件要素的解释

特殊构成要件是指表面的构成要件要素和不成文的构成要件要素。通常的构成要件要素都是犯罪成立条件，因而需要纳入对犯罪的构成要件要素的语义解释

---

① 参见［日］西田典之：《日本刑法各论》（第七版），［日］桥爪隆补订，王昭武、刘明祥译，240 页，北京，法律出版社，2020。

范围。但在表面的构成要件要素和不成文的构成要件要素中，则存在特殊情况。可以说，这两种构成要件要素都背离了语义，对此如何理解是一个在语义解释中值得考察的问题。

表面的构成要件要素是与真正的构成要件要素相区分的，因而也称为虚假的构成要件要素，其功能并不是为了给违法性提供根据，只是为了区分相关犯罪界限所规定的要素。[①] 例如我国《刑法》第 114 条规定："放火、决水、爆炸以及投放毒害性、放射性、传染病病原体等物质或者以其他危险方法危害公共安全，尚未造成严重后果的，处三年以上十年以下有期徒刑。"上述规定中的"尚未造成严重后果"就是表面的构成要件要素。也就是说，放火、决水、爆炸以及投放毒害性、放射性、传染病病原体等物质或者以其他危险方法危害公共安全的犯罪，分为两种情形：第一种是尚未造成严重后果的情形，第二种是《刑法》第 115 条规定的致人重伤、死亡或者使公共财产遭受重大损失的情形。在刑法教义学中，上述第一种情形称为危险犯，第二种情形则称为实害犯。对于危险犯的成立来说，并不需要发生实际损害结果，只要实施危害行为即可构成犯罪。显然，《刑法》第 114 条规定的是危险犯，因此，该条规定中的尚未造成严重后果，并不是其真正的构成要件要素，由此称为表面的构成要件要素。从语义解释的角度来看，《刑法》虽然对第 114 条的犯罪规定了尚未造成严重后果，但其要素表现为消极的要素，因而本罪的构成并不需要这种表面的构成要件要素。因此，表面的构成要件要素并未纳入本罪构成要件要素的语义解释范围，似乎是对该法律规定的"视而不见"。然而，此种情形是由于这种表面的构成要件要素的功能所决定的，并不违反罪刑法定原则。

不成文的构成要件要素是与成文的构成要件要素相区分的，刑法条文表面上没有明文规定，但根据犯罪的本质、刑法条文之间的相互关系、刑法条文对相关

---

① 参见张明楷：《刑法学》（上·第六版），159 页，北京，法律出版社，2021。

要素的描述所确定的，成立犯罪所必须的要素。[①] 例如诈骗罪中的被害人基于错误认识而处分财物，在诈骗罪的规定中并没有文本根据。因此，这里的成文与不成文是以是否具有刑法的文本规定为前提的。然而，罪刑法定原则虽然要求刑法对具体犯罪具有明文规定，但这并不意味着对犯罪成立的所有要素都要求具有法律的字面规定。尤其是在简单罪状的情况下，立法机关只是给出了罪名，对犯罪的具体构成要件要素并未描述。在这种情况下，根据犯罪的类型性特征，分解出刑法并无明确规定的构成要件要素，并不违反罪刑法定原则。

三、语义解释的类型

语义解释是法律解释的基本方法，也是最常用的方法。语义解释直接采用语言分析方法，对法律文本进行解释。然而，在进行语义解释的时候，还可以对语义解释进一步分类。也就是说，语义解释并不是只有一种方法，而是可以根据不同标准区分为不同方法。例如英国哲学家边沁曾经对法律解释（interpretation）的方法进行了论述，指出："解释可以被区分为严格的（strict）与宽松的（liberal）。严格解释是这样的，你将你所认为的立法者在制定法律之时实际所含有的［含义］归予立法者。宽松解释则是这样的，你没有将你所认为的立法者实际所含有的含义归予立法者，而是你认为他仅仅是因为疏忽而未能含有某种含义、且将这种含义归予立法者。"[②] 如果从主观与客观的维度进行分析，则上述严格解释属于主观解释，即以立法者的意图作为解释的目标；而宽松解释则以解释者的理解作为解释目标，因而属于客观解释。然而，需要深究的是，边沁在此所说的宽松解释之宽松程度，到底是否受到法律文本的语义范围的限制。对此，边沁指出："根据宽松解释模式来解释法律的话，看来是在一定程度上将扩展性

---

① 参见张明楷：《刑法学》（上·第六版），159页，北京，法律出版社，2021。

② ［英］杰里米·边沁：《论一般法律》，毛国权译，209页，上海，上海三联书店，2008。

条款或修饰限定性条款适用到祈使性（imperative）条文之上；因而宽松解释，可以被区分为扩大解释与缩小解释。因此，为了宽松地解释法律，要么在容纳幅度上、要么在辨别力的角度上，指控法律是有缺陷的；如果是扩大解释，就是在内容幅度上进行解释，如果是限缩解释，就是在辨别力的角度上进行解释。因此，在任何情况下，如此解释法律，都要变更法律；解释是替换变更的某种委婉说法。扩展一项旧法律，事实上就是制定一项新法律；在另外一方面，给一项旧法律进行修饰限定，就是破坏它。可以用来区分这样方式上的变更与重大变更的惟一情节，是变更有没有更远地偏离那项看来被认为是立法者的意志，即如果将所涉及的问题提交给立法者考虑，他的意志将会是那样的——即从他的实际意志到他的推定意志。"[①] 由此可见，边沁所称的宽松解释在很大程度上已经偏离了法律文本的语义范围。在法律文本与立法意图之间，边沁明显是选择了立法意图，为此可以超越法律文本的语义范围。这个意义上的扩大解释，就已经不是法律解释而是法律续造。[②] 因此，在对语义解释的具体方法进行分类的时候，还是应当限制在法律文本的语义范围之内。

在坚守法律文本的语义范围的前提下，我认为语义解释可以区分为平义解释、缩小解释和扩大解释。这三种解释是以通常语义为标准进行划分的：平义解释是根据通常语义所作的解释，缩小解释是小于通常语义的解释，扩大解释是大于通常语义的解释。根据法律文本的不同情形，应当分别采用平义解释、缩小解释或者扩大解释。应当指出，语义解释之所以可以作如上区分，主要是由于语言本身的特征所决定的。因为人类的语言是形形色色、变化无穷的，由于语言具有一定的语义空间，因而可以应对纷繁复杂的世间万物。但这也导致语言与其所指称的事物难以一一对应，因而需要进行解释。德国学者指出："可能的语义是变

① ［英］杰里米·边沁：《论一般法律》，毛国权译，211～212 页，上海，上海三联书店，2008。

② 关于边沁严格解释与宽松解释的进一步论述，参见郭华成：《法律解释比较研究》，51～54 页，北京，中国人民大学出版社，1993。在该书中，作者将严格解释与宽松解释译为从严解释与从宽解释。

化不定的。在各种不同的意义中，如果其中一种意义相对于其他可能的意义的适用范围更狭窄，则称为‘狭义’；如果其适用范围更广，则称为‘广义’。源自日常生活的用语，其狭义意义通常与其所谓的核心区域重叠，后者是该术语的用法首先意指的范围；它的广义意义则或多或少将其覆盖范围延及处于边缘部位的现象，这些现象仅仅是一般语言用法偶尔会意指的。如果超越了尽可能广义理解的边缘区域的极限，就已经不再是解释，同样地，如果将确凿无疑属于核心区域的现象排除在外，也不再是解释。前者是类推，后者则是制定法的目的论的限缩。”① 以上论述根据语义范围内的不同内容，将语义区分为核心语义和边缘语义。处于核心语义的是平义解释，小于核心语义的就是缩小解释，大于核心语义的就是扩大解释。

第二节　平义解释的适用

平义解释是指以法律文本的通常含义对语言进行解释，因而属于语义解释中的常见解释方法。法律文本需要解释，这是通说。但是否所有的法律文本都需要解释，则存在不同认识。其中，肯定说认为所有的法律文本都需要解释，因而法律解释是法律适用的前提。否定说则认为，并非所有法律文本都需要解释，只有在法律文本在表述上存在歧义或者理解上存在疑难的情况下，才需要解释。如果法律文本的规定是直白的、含义是一目了然的，则不需要解释。德国学者对这两种观点作了归纳：前者认为任何法律、具体的法律规定以及受合同约束的协议在能够恰当地适用或执行之前都需要解释。后者认为，清晰明确地表达的法律规定不需要任何解释。② 值得注意的是，奥地利著名法学家凯尔森赞成否定说的观

① ［德］卡尔·拉伦茨：《法学方法论》（全本·第六版），黄家镇译，445页，北京，商务印书馆，2020。

② 参见［德］伯恩·魏德士：《法理学》，丁小春、吴越译，311页，北京，法律出版社，2013。

点，指出："解释之必要仅在于待适用之规范或规范体系所包含之众多可能，这表明规范未作出何种利益具有更高价值之结论，而是将其留待未来之规范创制行为解决，譬如司法裁判即属之。"① 需要指出，凯尔森是把法律解释的对象界定为规范而不是规范的语言表述，因此，凯尔森将解释理解为规范冲突的解决之道。其实，法律解释是对法律文本的解释，其解释对象的是语言而非规范。当然，语言背后是规范，但规范通过语言表述出来的时候，它就是一种语言现象。因此，法律解释不是处理规范冲突，而是通过对语言的解读明确其含义的方法。因此，解释是法律适用的必要前提，在某种意义上可以说，没有不需要解释的法律。正如德国学者指出："每一个法规范均需要解释，即使表达清楚的条文也需要解释。这是因为法条所具有的法学意义，可能与通常的理解有所不同。"②

在理解法律文本的时候，由于立法的清晰明确的标准难以达到，因而人们形成的共识是：任何法律规范都需要解释。值得注意的是，我国学者在论证解释必要性时，提出了解释只不过是一个例外的命题，认为揭示的必要性来自：在交流的情形中，当决定语词含义的那些因素无法起到决定效果时，就需要对此进行解释。所以对于那些有关字面意义的知识而言，解释只不过是一个例外情形。解释来自语言交流现象中有关意义的例外情形，即通常的意义决定因素不再能够发挥作用，此时就需要进行解释。③ 这是解释的例外说显然是对解释作了较为狭义的理解，因而在很大程度上否定了平义解释。因为是否所有法律文本都需要解释的肯定与否定的两种观点的区分就在于是否承认平义解释。如果承认平义解释则就会认同所有法律文本都需要解释的观点，反之则不然。我赞同平义解释也是法律解释的一种方法，在这个意义上，认同所有法律文本都需要解释的观点。正如德国学者指出："任何法律规范都需要解释。规范内容是'清晰的'或者'明确

---

① ［奥］凯尔森：《纯粹法理论》，张书友译，101 页，北京，中国法制出版社，2008。

② ［德］汉斯·海因里希·耶赛克、［德］托马斯·魏根特：《德国刑法教科书》（上），徐久生译，212 页，北京，中国法制出版社，2017。

③ 参见陈景辉：《实践理由与法律推理》，186 页，北京，北京大学出版社，2012。

的’，这一结论往往正是可以不受文义约束的解释的结果。”①

平义解释的概念来自英美法系。在英美普通法中，对法律解释方法的划分不同于大陆法系。在大陆法系国家，自萨维尼以来，法律解释通常分为语义解释、体系解释、历史解释和目的解释。因此，在大陆法系国家，语义解释是一种基本的法律解释方法，萨维尼称为语法解释。德国学者指出：“语法解释是要考察，按照一个语言共同体的语言习惯以及立法者的语言规则，对法律语词可赋予哪些意义。这其实也就是要去探究法律语词的意义范围。法律语词的意义可以通过语言习惯或者定义加以界定。”② 因此，语义解释是与体系解释、历史解释和目的解释相并列的一种解释方法。在英美法系的普通法中，语义解释是法律解释规则中最基本、最重要的一项，也是法院解释法律的首选方法。它要求按照法律规定的字面意义进行解释，取其最自然、明显、正常和常用的含义，而无须顾及该含义所产生的结果是否公平或合理；如果制定法的词语本身是精确和不模糊的，对其解释就无须超越其自然和普通含义，所以它又被称为平义解释规则（plain meaning rule）。在平义解释的基础上，又有黄金规则（golden rule）、除弊规则（mischief rule）等加以补充。③ 大陆法系国家中的语义解释包括缩小解释和扩大解释，因而不能将语义解释等同于平义解释。日本学者井田良将平义解释归之于根据形式进行分类的解释方法，并与缩小解释和扩大解释相提并论，同时把语义解释（文理解释）归入根据实质进行分类的解释方法。④ 在某种意义上说，平义解释是相对于缩小解释和扩大解释而言的一种解释方法。

平义解释这个概念也被我国学者所采用，但在平义解释的理解上并不完全相同。例如我国学者将语义解释分为平义解释和专业语义解释，指出：“根据文字

① ［德］伯恩·魏德士：《法理学》，丁小春、吴越译，312页，北京，法律出版社，2013。

② ［德］齐佩利乌斯：《法学方法论》，金振豹译，60页，北京，法律出版社，2009。

③ 参见姚国建：《论普通法对香港基本法实施的影响——以陆港两地法律解释方法的差异性为视角》，载《政法论坛》，2011（4）。

④ 转引自张明楷：《刑法分则的解释原理》（上册），43页，北京，高等教育出版社，2024。

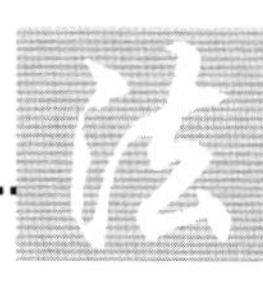

通常含义是以普通民众所使用的通常含义还是以法律共同体所使用的通常含义为标准，可以将语义解释分为平义解释和专业语义解释。平义解释是指按照普通民众的语言习惯和含义来解释刑法条文含义的方法。专业语义解释又称为特殊语义解释，是指对法律条文中的某些语词，以法律共同体通常理解的含义来进行解释的方法。"[①] 我认为，日常语言和专业语言确实存在较大的区别，尤其是日常语言和法律专业语言之间的区别更为明显。因为专业语言具有特定含义，因而其含义具有确定性，这就在很大程度上减轻了解释的压力。当然，有些用语具有日常语言和专业语言的双重属性。在这种情况下，日常语义和专业语义之间可能会发生冲突，其解决方案是日常含义要服从于专业含义。正如我国学者指出："如果法律用语是特定行业的专门术语，那就不能使用其普通含义，而只能适用其专门术语的含义。"[②] 例如垃圾是一个较为普通的生活用语，其含义是丢弃的无用之废物，然而，在环境法中垃圾又是一个专门术语。《德国循环经济法》第 3 条第 1 款规定："本法所称的垃圾，是指所有人丢弃、想丢弃的所有材料或物品。"在德国刑法中，垃圾概念的内涵更为广泛，并且将垃圾分为主观的垃圾概念和客观的垃圾概念。主观的垃圾概念是指垃圾所有权人处置的物品，客观的垃圾概念是指那些它们的持有者必须处置的物品。[③] 由此可见，一个普通的生活用语当其上升为法律专业用语的时候，是更为严谨的，能够满足法教义学的要求。此外，枪支这个概念较之垃圾概念更具有专业性，枪支概念日常生活中是十分常用的。但枪支还是一个军事用语，同时又是一个法律用语。我国《枪支管理法》第 46 条规定："本法所称枪支，是指以火药或者压缩气体等为动力，利用管状器具发射金属弹丸或者其他物质，足以致人伤亡或者丧失知觉的各种枪支。"这个枪支的概念十分严谨，而且具有法律效力。它与日常用语中的枪支含义是不同的，刑法

---

① 王凯石：《刑法适用解释》，198 页，北京，中国检察出版社，2008。

② 郭华成：《法律解释比较研究》，61 页，北京，中国人民大学出版社，1993。

③ 参见［德］保罗・克雷尔：《德国环境刑法》，张志刚译，100、104 页，北京，中国社会科学出版社，2022。

在认定枪支犯罪的时候，就应当以上述《枪支管理法》第46条的规定为法律依据。从这个意义上说，平义解释只适用于日常语言的解释而不适用于专业用语的解释。

平义解释是对法律文本的一般解释，它所揭示的是法律用语的通常含义。在英美法系的法律解释理论中，存在通常含义与边际含义的区分。这里的通常含义是指普通词义的核心内容，又称为字面含义、自然含义或者平义含义。边际含义是指两个事物之间互相联系的含义。[①] 由此可见，平义解释中的平义是指通常含义，通常含义适用于大多数情形，而边际含义则适用于少数情形。在进行法律解释的时候，首先应当采用平义解释，只有在平义解释难以获得正确的含义的情况下，才能采用其他解释方法。换言之，平义解释在各种语义解释的方法中具有优位性。例如2023年12月4日最高人民法院《关于适用〈中华人民共和国民法典〉合同编通则若干问题的解释》第1条第1款对合同解释的一般原则作了以下规定："人民法院依据民法典第一百四十二条第一款、第四百六十六条第一款的规定解释合同条款时，应当以词句的通常含义为基础，结合相关条款、合同的性质和目的、习惯以及诚信原则，参考缔约背景、磋商过程、履行行为等因素确定争议条款的含义。"这里的合同解释虽然不能完全等同于法律解释，但两者之间还是具有一定的相通之处。根据以上规定，以通常含义为内容的解释就是平义解释，而且，在通常情况下都应当首先采用平义解释。只有在通常含义难以确定或者存在争议的情况下，才有必要采用其他解释方法。因此，最高人民法院关于合同解释方法的规定，对于我们理解平义解释具有一定的参考价值。

法律文本的具体表现方式是各有不同的，因此平义解释在对不同的法律文本进行解释的时候，具有以下不同的形态。

---

① 参见郭华成：《法律解释比较研究》，61、62页，北京，中国人民大学出版社，1993。

一、填充解释

法律文本的语言在某些情况下含义是特定的，因而只要按照其通常含义进行解释即可获得正确的结论。但在法律文本中往往存在抽象概念，其内容具有一定的空洞性，也被称为不确定概念或者抽象概念。德国学者指出：我们把不确定的概念理解成一个其内容和范围极其不确定的概念。在法律中，绝对确定的概念是罕见的。大多数法律概念至少是部分地不确定。① 德国学者认为，在不确定概念中存在概念核与概念晕。这里的概念核与概念晕，在一定意义上类似于核心语义和边缘语义。但概念核本身也是抽象的，并不像一般概念那样具体明确。因此，就抽象概念而言，并不存在核心语义与边缘语义的具体划分。在某种意义上说，这种抽象概念由于其内容的不确定性，因而很难说存在缩小解释和扩大解释的区分。对抽象概念的唯一解释方法就是基于抽象概念的基本语义予以填充，使其内容具体化。除了抽象概念以外，刑法中还存在框架立法的现象，也就是采用概然性的规定，对具体内容未予明确，实际上是授予司法机关对由于框架立法所形成的法律空白加以具体化，因而具有二次立法的性质。因此，在刑法的语义解释中，存在一种对现有的刑法文本进行语义填充的现象，可以称之为填充解释。

在填充解释中包含着具体化的方法，德国学者将具体化当作对不确定概念解释时的一种工作步骤，指出："具体化（Konkretisiernung）这一概念来源于公法领域，它是处理基本权利时的原则。在进行具体化时，解释者所要完成的是更为艰巨的展开义务（Spezifizierungsleistung），因为此时的文义无法直接予以涵摄。"② 这里的具体化被认为是解释之外的，有些德国学者甚至认为解释与具体

① 参见［德］卡尔·恩吉施：《法律思维导论》（修订版），郑永流译，133页，北京，法律出版社，2014。

② ［德］托马斯·M.J·默勒斯：《法学方法论》（第4版），杜志浩译，413～414页，北京，北京大学出版社，2022。

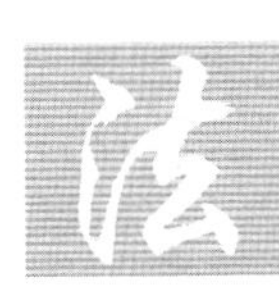

化是相对立的，因为解释是确定规范的内容，而具体化则是创造性地充实一些原则性的规定。也就是说，解释是从法律文本中揭示其本身所具有的内容，但具体化则是对法律文本的创造性形塑，因而具有建构性。德国学者还提出了具体化究竟是解释还是涵摄的疑问。对此，德国学者认为，这一问题不应作为涵摄问题，而应作为解释问题（Auslegung）提出。德国学者在论及具体化时指出："（具体化）这样一个决定是针对法律上的'大前提'，而不是具体的事实或其涵摄问题，从而它对于将来的同类案件也是有意义的。正因为如此，人们可以把这样一个决定上升为'裁判要旨（Leitsatz）'，并将其记录在法律注释（Kommentraen）当中。因此，具体状态下的事实及其可涵摄性（Subsumierbarkeit）问题提供了对规范的意义范围——借助于当前的事实——加以衡量和精确化的契机。这是一个法律规范面对当前的生活现实'具体化'的过程，在这过程当中需要在规范及与该规范有关的事实之间进行'眼光的往返流转'。在这一过程中，规范的适用范围在对具体案件作出正义解决的追求的指引下被进一步界定。"① 我认为，具体化是否属于解释，这里关键要看如何界定解释的概念。在通常情况下，法律文本本身的内容是确定的，因而解释就表现为将该内容予以揭示。但在法律文本内容是不确定的情况下，在语义范围内将空洞的语言具体化，将其与具体事实相对应，从而明确抽象概念的内容，这也应当归之于解释的范畴。在这个意义上说，以填充的方法使抽象概念的内容具体化，也是一种语义解释的特殊方法。例如我国《刑法》第 20 条第 2 款规定的正当防卫的必要限度，这里的必要限度就是典型的规范性的构成要件，也就是说，必要限度的内容需要进行价值填补。2020 年 9 月 3 日最高人民法院、最高人民检察院、公安部公布了《关于依法适用正当防卫制度的指导意见》，该指导意见第 12 条对如何准确认定正当防卫明显超过必要限度作了具体规定，指出："防卫是否'明显超过必要限度'，应当综合不法侵害的性质、手段、强度、危害程度和防卫的时机、手段、强度、损害后果等情

① ［德］齐佩利乌斯：《法学方法论》，金振豹译，142～143 页，北京，法律出版社，2009。

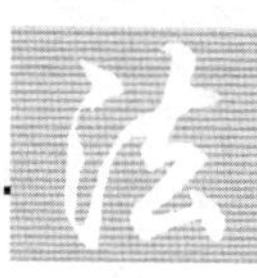

节，考虑双方力量对比，立足防卫人防卫时所处情境，结合社会公众的一般认知作出判断。在判断不法侵害的危害程度时，不仅要考虑已经造成的损害，还要考虑造成进一步损害的紧迫危险性和现实可能性。不应当苛求防卫人必须采取与不法侵害基本相当的反击方式和强度。通过综合考量，对于防卫行为与不法侵害相差悬殊、明显过激的，应当认定防卫明显超过必要限度。”在此，前引指导意见并没有对必要限度进行定义式的规定，而只是对判断标准与规则作了具体规定，至于其标准的具体化程度应当根据对正当防卫案件的总结和归纳而确定。由此可见，这里的必要限度难以采用定义式的方法进行解释，而只能对如何判断提供思路。

语义并不是一成不变的，而是随着社会生活的发展而发生变动的。在某种意义上说，语义的变动只不过是社会生活变化的一种折射而已。一部法律的有效期间是漫长的，有些著名法典的有效时间甚至长达百年。在这样一个漫长的时间段里，语言本身会发生变化。然而，事物的变化是无穷的，语言却是有限的。语义对事物不可能完全一一对应，语言应当具有一定的延展性，以便适应事物的变化而在一定程度上保持语言的稳定性。在这种情况下，旧瓶装新酒，也就是以现有的语言来表达新生事物。德国学者提出了规范环境变化的命题，指出：在导致迄今沿袭的解释被重新审视，乃至改变的诸多原因中，规范环境的变化具有突出的意义。这里涉及的是历史上的立法者面对立法当时的事实关系或习俗，深思熟虑地创制了规范，但时过境迁，环境发生如此巨大的改变，以至于既存的规范不再能适应变化了的事实关系。在这里，时间的因素引人注目。”[①] 在某种意义上说，抽象概念更能够适应这种时间因素所带来的规范环境的变化，因为可以采取解释的方法将新生事物不断填充到概念中去，由此使法律规范的内容不断更新。因此，在解释法律的时候存在一种所谓现时取向（gegenwartsbezogen）解释，其根据在于：现时有效的法效力之合法性并非立基于过去，而是立基于现在。德国

① ［德］卡尔·拉伦茨：《法学方法论》（全本·第六版），黄家镇译，440 页，北京，商务印书馆，2020。

学者指出："到目前为止对法律涵义的分析都是着眼于法律颁布之时的状态的；然而也可以从历史的、发展的角度来考察这一问题。法律规范大多数都有一个解释空间。在这个解释空间内，可以（从字面上）赋予同一法律规范不同的含义，而在解释的时候只能从中选择一种作为对该法律规范的解释。作为对该法律规范之解释的这种理解应该在考虑到其他解释标准的前提下尽可能地接近有多数公认力的正义观念。"① 因此，法律文本的含义并不是一成不变的，而是随着社会的发展而变迁。当然，应对这种变迁的首先是立法修改，但在可能语义的范围内，通过语义解释也完全难以适应这种社会的变迁。例如法律上的"物"，是德国学者所说的至少部分不确定的概念，"物"的概念具有抽象性。在汉语中，"物"的概念呈现出一种无所不包的框架构造。只有通过填充解释才能使其内容具体化。同时，"物"的概念的外延可以随着时间的流逝，通过填充解释而不断被延展。

"物"是一个抽象名词，它指称客观存在的事物。人类最初只有对客观事物的具体认知，在刑法规定中针对具体事物设立惩罚规范。例如规定盗窃牛羊等畜类的罪名，甚至我国《秦律》中还规定了盗窃桑叶的罪名。这个时期由于人类认知能力尚停留在具象的程度，因此，法律规定是一事一议。只有到了人类具备抽象认识能力以后，才设立针对一般事物的盗窃罪，并且形成具有高度抽象性的"盗"的概念。我国晋代张斐注律，就有"取非其物谓之盗"的论断。这里的"物"就已然超越具体的事物，而达到了相当高的抽象程度。而且，"物"这个语词具有延展性，它可以包容各种不同种类的事物。

对于法律上的概念，是追求精确性还是追求适应性，这是一个两难的问题，并且在精确和适应之间往往存在着此消彼长的对立关系。萨维尼曾经赞叹罗马法中所包含的事物的精确法律概念，是多么的重要而具有广泛的适用性。② 可以

① ［德］齐佩利乌斯：《法学方法论》，金振豹译，36～37页，北京，法律出版社，2009。

② 参见［德］弗里德里希·卡尔·冯·萨维尼：《论立法与法学的当代使命》，73页，北京，中国法制出版社，2001。

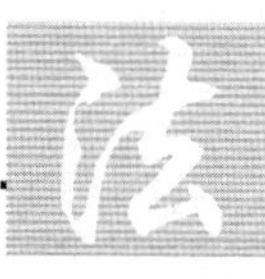

说，精确性和适应性之间存在一定的紧张关系，将两者关系处理的十分贴切殊为不易。然而，在精确性和适应性之间，萨维尼更为重视的是精确性。例如法律上的“物”，是相对于“人”而言的一个基础性概念。如果说，“人”是法律关系的主体；那么，“物”就是法律关系的客体。萨维尼曾经对《普鲁士法典》中对“物”的规定从宽泛到具体的分化过程作了生动的描述，指出：“对于‘物’这一概念的定义是如此宽泛，以至于没有什么不可称之为‘物’：艺术、学问、技艺和理念，凡此均在此宽泛意义上一并涵括于‘物’中。现在，有两个最为重要的法律概念即直接以‘物’这一概念为基础：possession（占有）和 property（财产）。但是，也正因为如此，这些概念并未真正成型，全然无用。”[1] 在此情况下，“物”是一个无所不包的宽泛概念，其实际上涵盖了所有财产，并且将其他可以占有或者使用的客体都归之于“物”的概念。例如，萨维尼论及的一个学者的学问也被归结为其合法占有物，其实，学问并非物权的客体，而是知识产权的客体。此外，债权的客体也明显不同于物权。在这种情况下，萨维尼指出：“一个更为狭窄、涵义不明的‘物’的概念，乃渐次悄然滋生。”[2] 由此可见，在民法上随着权利概念的分化，“物”的概念也随之发生着从宽泛到具体的演化。

我国刑法中的货物、物品、物质、财物等概念都是建立在“物”的概念基础之上的，或者说是“物”的概念的衍生词。应该说，“物”首先是一个民法的概念，刑法并无特殊的“物”的概念，而是遵从民法上的“物”的概念。在古代社会，“物”通常表现为有体物，此时的“物”是一个有形的、实体的概念，因而称为有体物。对于无体物是否属于“物”，自从罗马法以来就有不同的立法例。《法国民法典》承认无体物，《德国民法典》则排斥无体物。德国学者指出：“根据《德国民法典》第 90 条规定，物仅指有体物，亦即——粗略地说——一切可

---

① ［德］弗里德里希·卡尔·冯·萨维尼：《论立法与法学的当代使命》，73 页，北京，中国法制出版社，2001。

② ［德］弗里德里希·卡尔·冯·萨维尼：《论立法与法学的当代使命》，73 页，北京，中国法制出版社，2001。

以把握的东西。”[①]《日本民法典》仿效德国民法典。在19世纪初，随着“电”的出现，对“物”的概念带来重大冲突。《法国刑法典》是1810年制定的，《德国刑法典》是1871年制定的。在立法之时还没有出现“电”这个事物，因此作为盗窃罪对象的“物”都是指有体物，并不包含类似“电”这种无体物。此后，随着近代科技的进步，发明了“电”这一事物，并且在社会生活中广泛应用，随之出现了窃电的行为。在这种情况下，刑法就面对一个问题：能否把电解释为物，对窃电行为以盗窃罪论处。对此，法国和德国采取了不同的对策。在法国刑法中，窃电的问题是通过判例予以解决的。因为1810年《法国刑法典》在规定对盗窃罪进行惩处时，并未对直接与电力公司的输电网搭接连线进行窃电的行为作出规定，但判例并没有因此而对采取这些办法窃电的人不适用《法国刑法典》第379条的规定，并且法院认为电是一种可以占有的动产物品。对此，法国学者指出：“刑法严格解释原则并不强制刑事法官仅限于对立法者有规定的各种可能的情形适用刑法。只要所发生的情形属于法定形式范围之内，法官均可将立法者有规定的情形扩张至并无规定的情形。”[②] 这里的“法定形式范围”是指语义范围，而立法者有规定和立法者并无规定，都是在语义范围内的扩张适用，也就是扩大解释。由此可见，随着窃电行为的出现，对于“电”这种前所未有的物品，只要包含在“物”的语义范围内，就可以加以涵括。在这种情况下，刑法中的“物”这个概念的内容就随之发生扩张性变动。

在德国关于窃电的问题，1900年德国帝国法院的判决拒绝了将未经许可使用电力能源的行为作为盗窃罪（第242条）加以惩罚，因为“电”不能成为（物质性的）物品。[③] 这里涉及对刑法中的“物”的理解，在德国刑法学界存在对立

---

① ［德］迪特尔·梅迪库斯：《德国民法总论》，邵建东译，875页，北京，法律出版社，2013。

② ［法］卡斯东·斯特法尼等：《法国刑法总论释义》，罗结珍译，143页，北京，中国政法大学出版社，1998。

③ 参见［德］克劳斯·罗克辛：《德国刑法学总论》（第1卷），王世洲译，86页，北京，法律出版社，2005。

的观点。考夫曼认为“物”在日常用语中是十分清楚的，但在法律上的意义却并非如此（盗窃），法律所理解的物不一定是物的实体，在有些情况下，基于复杂的考量，其有可能也指或仅指物的价值。[①] 但德国学者鲍曼恩（Baumann）则认为：“对德国刑法第241条‘物’（Sache）的概念，不可以做一个宽泛到可以包含电能的解释。以大众对于德文语词‘Sache’的日常使用来说，如果要说‘Sache’包括‘电’，会是一个相当罕见的用法。因此如果当初帝国法院将‘电’视为一种物质标的，那么现在物的概念将会模糊到漫无边际的地步。”[②] 对于德国法律中的“物”的概念宽泛化的警觉，其实早在萨维尼时代就已经存在，例如在论及《普鲁士法典》时，他曾经指出：对于“物”这一概念的定义是如此宽泛，以至于没有什么不可被称之为“物”：艺术、学问、技艺和理念，凡此均在此宽泛意义上一并涵括于“物”中。[③] 因此，德国学者对刑法中的物的概念往往在狭义上使用，避免其含义过于宽泛。

日本刑法学界由于受到日本民法典关于有体性说的影响，将“电”界定为与财物并列的客体。例如在20世纪初，日本著名刑法学家牧野英一对刑法中的财物是否限于有体物的问题作了以下论述：“本来‘物’之观念者，非物理上之观念，法律上之观念也。故由法律而物理学上所不可称为物质者，即如权利力等，尚包含于无体物之‘物’之观念之内也。然立法例一般之趋势，有使物理上之观念与法律上之观念日以一致者。我民法既以有体物（民法85条），于新刑法之财物之语，亦以限于有体物为当。夫刑法上以‘物’当限于有体物与否，特关于电气而有所论争。判例于现行法之解释上，以‘物’之语，为不必限于有体物。苟业为管理之可能者，刑法上视之为物也。因以所谓电气窃盗，为犯窃盗之罪（明

① 参见［德］阿图尔·考夫曼：《法律哲学》（第二版），刘幸义等译，119页，北京，法律出版社，2011。

② 转引自徐育安：《刑法上类推禁止的生与死》，122页，台北，自印本，1998。

③ 参见［德］弗里德里希·卡尔·冯·萨维尼：《论立法与法学的当代使命》，73页，北京，中国法制出版社，2001。

治三十六年五月二十一日判决)。然新刑法于电气特设明文，而定为与财物等视(245条)，则其所谓财物之语，苟无特别之规定，解为有体物者，宁当然也。”[①]在以上这段论述中，牧野英一对刑法中的“物”的概念的演变过程作了较为深入的阐述。《日本民法典》将“物”规定为有体物，刑法中的“物”在传统上也被解释为有体物，但在“电”出现以后，日本判例突破了物必有体的有体性说，提出了管理可能性说，由此将“电”解释为刑法中的“物”。日本学者指出：日本法院认为值得处罚的新行为出现时，会通过软性地解释刑罚法规来应对。代表性的例子：在过去有判决认为，旧《刑法》第366条中所谓的所有物包含电气。[②]日本学者在此所说的软性解释是相对于硬性解释而言的，如果说，硬性解释是严格解释；那么，软性解释就是宽松解释。就日本学者所举的例子，将“电”解释为所有物而言，在这里的所有物是有体物的情况下，基于管理可能性而将“电”解释为所有物，确实是超越了“物”的语义范围，因而属于软性解释。但在未将“物”限于有体物，而是作为一个抽象概念的情况下，将“电”解释为“物”则不能说软性解释，而具有填充解释的特征。

至于在我国刑法中，由于“物”这个概念具有强大的包容性，所谓世间万物，几乎所有的事物都可以包罗在“物”的概念之中，因此“电”等无体物当然可以归入“物”的概念。然而，我国《民法典》对“物”并没有作出明确的界定，因而也就没有正面回答“物”是否包括无体物。《民法典》第115条规定：“物包括不动产和动产。”在此，立法机关没有对“物”进行定义，而只是列举了“物”的两种常见类型。尽管如此，我国民法学者还是认为广义上的“物”包括

---

① ［日］牧野英一：《日本刑法通义》，陈承泽译，李克非点校，214～215页，北京，中国政法大学出版社，2003。这里的新《刑法》是指1907年日本刑法。

② 参见［日］佐伯仁志：《刑法总论的思之道·乐之道》，于佳佳译，23页，北京，中国政法大学出版社，2017。这里的判决，是指1902年日本大审院判决，该判决认为电力虽然不是有体物，但具有管理可能性，因而属于财物，窃取电力构成盗窃罪。这里的旧《刑法》是指1880年《日本刑法典》。

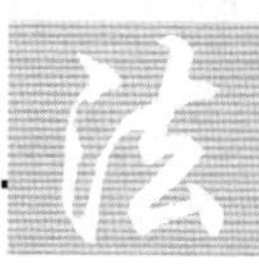

无体物。[①] 然而，作为物权客体的“物”，我国学者认为主要是指有体物，指出：“传统的物权法主要规范的是因有体物上权利的设定、转移等而发生的法律关系，这是由物权主要是对有体物的支配权利所决定的。在物权法中，物权的客体一般限于有体物，尤其是就所有权而言，其客体原则上应限于有体物。在一般情况下，物权以有体物为支配对象。思维物权的支配性，就是指对有体物的支配权，整个物权法的规则都是建立在对有体物支配的基础上的。如果物权法主要调整无体物上权利的设立转移关系，则整个物权法的概念、体系和基本规则都要发生根本性的改变。因此，物权主要以有体物，即动产不动产为客体。”[②] 由此可见，物权法意义上的“物”主要是，甚至只能是有体物，而排斥无体物。然而，对刑法中财产犯罪中的财物如何理解，则取决于刑法所保护的财产法益限于物权，还是也包括无形财产权利。这里的无形财产主要是指除有体物以外的其他权利和利益，如股权、债权、智力成果等权利。[③] 显然，刑法不仅保护有体物，同时也保护无体物，因此我国刑法学界都认同刑法中的“物”包括有体物和无体物的观点，因而电能、热能等都属于我国刑法中的“物”，受到刑法保护。我国《刑法》第 92 条在界定公民私人所有的财产的时候，其第 4 项明确将依法归个人所有的股份、股票、债券和其他财产归之于公民私人所有的财产。这些财产就是所谓无形财产，因此，该规定虽然旨在界定公民私人财产的范围，但在不经意间将无形财产纳入刑法保护的范围。由此可见，我国刑法采用的是广义上的“物”的概念。

随着网络社会的到来，“物”这个概念再次面临挑战。网络孕育了虚拟财产等网络的衍生物。在虚拟财产出现以后，面对侵犯虚拟财产的犯罪，就产生了一个问题：对虚拟财产是否能够按照“物”加以保护？这不仅是一个刑法问题，首先是一个民法问题。那么，虚拟财产的本质是什么呢？虚拟财产是以数据为载体

① 参见王利明：《物权法》，16 页，北京，中国人民大学出版社，2015。

② 王利明：《物权法》（第二版），14 页，北京，中国人民大学出版社，2021。

③ 参见王利明：《物权法》（第二版），14 页，北京，中国人民大学出版社，2021。

的，因而在此涉及虚拟财产和数据的关系问题。我国《数据安全法》（2021 年 6 月 10 日）第 3 条规定："本法所称数据，是指任何以电子或者其他方式对信息的记录。"值得注意的是，我国《民法典》第 127 条规定："法律对数据、网络虚拟财产的保护有规定的，依照其规定。"该条将数据与网络虚拟财产相提并论，但并不意味着两者是一种并列的关系，虚拟财产本身就是以数据为载体的，因而可以把网络虚拟财产理解为是数据的一种特殊类型，即具有财产属性的数据。事实上，法学界对于数据的法律属性，即数据是否属于财产，存在一定的分歧。然而，数据本身具有财产属性则是不可否认的共识。我国学者提出了数据的可财产性的命题，指出："数据作为数字世界的产物，可被商品化，在交易的过程中同样可以产生经济价值，具有财产属性。数据的效用性体现在使用价值和交换价值，数据的可控性体现在技术可控、协议可控和法权控制，数据的稀缺性体现在获取稀缺和使用价值稀缺。"① 因此，数据不仅是虚拟财产的载体，而且有可能成为一种独立的"物"的种类。虚拟财产虽然具有虚拟性，但其财物的价值属性是客观存在的，并且具有可支配性，因而完全可以纳入"物"的范畴。当然，虚拟财产具有财物和数据的双重属性，在刑法中是作为财物加以保护，还是作为数据加以保护，这是一个值得研究的问题。对于侵犯虚拟财产的案件，起初我国司法机关都以盗窃罪等财产犯罪论处，对此并无争议。然而，2009 年 2 月 28 日全国人大常委会颁布了《刑法修正案（七）》，增加了第 285 条第 2 款，设立了非法获取计算机信息系统数据罪，此后，对虚拟财产的司法保护路径发生了重大转折。2010 年最高人民法院研究室出台的《关于利用计算机窃取他人游戏币非法销售获利如何定性问题的研究意见》，确定了作为电子数据予以保护的司法路径，在一定程度上扭转了此前我国司法机关对虚拟财产作为财物保护的进路。2010 年 10 月，有关部门就利用计算机窃取他人游戏币非法销售获利如何定罪问题征求最高人民法院研究室意见。研究室经研究认为：利用计算机窃取他人游戏

---

① 文禹衡：《数据产权的私法构造》，118 页，北京，中国社会科学出版社，2020。

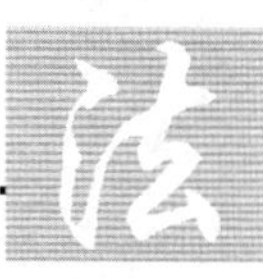

币非法销售获利行为目前宜以非法获取计算机信息系统数据罪定罪处罚。此后，侵犯虚拟财产的案件通常都以非法获取计算机信息系统数据罪论处。我认为，对于侵犯虚拟财产的案件以非法获取计算机信息系统数据罪论处的观点，是建立在否定虚拟财产具有“物”的属性的基础之上的。如果肯定虚拟财产属于“物”，则即使虚拟财产和数据具有重合性，也应当将虚拟财产作为财物加以保护。虽然虚拟财产具有无形的特征，但其内容表现为一种电子数据，完全应当归之于“物”的概念。而且，随着以数据为载体的数字货币以及比特币或者其他数字资产的出现，“物”的含义还将进一步嬗变。

从以上刑法中“物”一词的演变过程来看，新生事物是层出不穷的，然而语言的进化却是相对迟缓的。因而，只要没有超出语言边界，就可以采用现有语言描述新生事物，通过语义的更新以适应法律的需要。因此，语义解释应当顺应语言的变动，对法律规范作出适应时代需求的法律解释。正如我国学者指出：“社会发展的事实要求当今的司法者必须从社会变迁的视角去关注法律概念和法律规范在新的社会条件下应当发挥的社会功能，要求以文义解释的方式将法律的变迁反映出来并予以客观化和合法化。”① 当然，如果某一事物不能解释到法律文本的语言之中，则仍然应当受到语义边界的限制。因此，采用现有的语言描述新生事物，应该止步于语义边界。就“物”这个概念而言，它具有某种空框结构，因此对新生事物具有极强的包容力。在这种情况下，通过对“物”这一概念的填充解释，可以将各种新生事物纳入刑法调整的范围。当然，填充解释本身也是具有限度的。例如日本学者就对软性解释的界限问题进行了论述，指出：“根据罪刑法定主义的原则，法院的软性解释是有界限的。无论如何，法院努力以解释来应对新情况，以至于背负着国民的过大期待，这反而会危及法院的权威。”② 我国

① 魏治勋：《法律解释的原理与方法体系》，153页，北京，北京大学出版社，2017。

② ［日］佐伯仁志：《刑法总论的思之道·乐之道》，于佳佳译，24页，北京，中国政法大学出版社，2017。

学者认为，日本学者所谓软性解释是指创造性地变通适用刑法的情形，并将这种解释称为创造性解释。[①] 应该说，无论是软性解释还是创造性解释都包含了变通解释的含义，因而具有超越法律文本之虞。然而，填充解释虽然也是一种在立法迟缓的情况下不得已而采取的应对之策，但填充解释局限于抽象概念和框架立法的情形，它与刑法的变通解释还是存在区别的。因此，对于填充解释和软性解释、创造性解释不能等同视之。当然，对于出现的新事物还是应当采取立法的方式加以解决，只有在不得已的情况下才采用填充解释。这就是所谓立法的归立法，司法的归司法，才是法治的应有之道。正如我国学者指出："为了应对非典型案例与规范供给不足之间的紧张关系，解释论的能动主义甚至功能主义倾向是解决问题的出路之一。在刑法解释中，体现解释论功能主义特色的软性解释在所难免。问题的关键是软性解释一定存在限度，否则遇到'难办案件'或'临界案件'时，就会产生'涟漪效应'，冲击罪刑法定原则，使得解释论的功能主义被推向极致。在实务中，特别需要注意的是，软性解释不能滑向类推解释。"[②] 因此，确实应当警惕软性解释和创造性解释。

二、语境解释

语言的功用在于交流，然而并不是所有语言的意义都是明确的，在某些情况下，语义具有多义性或者模糊性，因而对通过语言的交流活动带来一定的难度。法律语言也是如此，往往会存在语焉不详的状态。刑法中的语言可以分为自然语言和专业语言，对这两种语言的对比分析，对于我们正确认识语言的多义性具有一定的意义。德国学者曾经提出了语言哲学的两个方向：第一个方向关心的是一种理想语言的创造，这是一种人工语言，在其中仅具有单一象征的语言可以被使

① 参见周光权：《刑法"创造性解释"的司法现状与控制路径》，载《法商研究》，2023（1）。

② 周光权：《刑法软性解释的限制与增设妨害业务罪》，载《中外法学》，2019（4）。

用。第二个方向是从一般性的说话语言引出基本语言哲学，它的目的在于将语言从超验的层面带回到它原始的意义，并透过对于自然语言的正确使用，去除概念上的不清晰。[①] 语言哲学的这两个面向描绘了两种语言形态，这就是人工语言和自然语言。人工语言是经过加工的语言，其具有专业性，因而又称为专业语言。而自然语言是日常生活中使用的语言，虽然经过一定的提炼，但它还是保留了语言的原始特征。相对来说，人工语言更具有准确性，自然语言不可避免地具有多义性。在法律中，虽然创造了某些法言法语，也就是法律领域的专业术语，但主要还是采用自然语言进行立法。因此，在法律文本中，除了类似年龄等含义具有单义性的语言，法律语言往往具有多义性，这是难以避免的，因而需要对其进行语境解释。可以说，语境解释是语言现象的必然结果。德国学者指出："语言哲学中有一个核心的观点，即是说，语词本身并不能传达含义，相反，它必须结合使用语词的表达者所置身的语境（Zusammenhang）。维特根斯坦认为，语词的意义在于它在语言中的使用。因此，对语词之解读必须是在它系统性的语境中展开。"[②] 由此可见，语义解释不能脱离其所在的语言环境，因而语境解释具有其重要性。英国学者在论述法律的模糊性的时候，论及语义自主性和语境依赖性之间的矛盾，语义自主性是以去语境化为前提的，认为语义独立于语境而具有自主性。然而语境依赖性则否定语义自主性，认为语义取决于语境，不能脱离语境。[③] 语义是否具有自主性，主要取决于语言是否具有确定性。如果语言是确定的，则其含义可以直接从语言中引申出来；但如果语言具有不确定性，则其理解在很大程度上被语境所决定，因而语义具有对语境的依赖性。法律文本作为一种特殊语言，立法者在立法的时候当然是追求确定性的，然而这种确定性并不是绝

---

① 参见［德］阿图尔·考夫曼：《法律哲学》（第二版），刘幸义等译，136页，北京，法律出版社，2011。

② ［德］托马斯·M.J. 默勒斯：《法学方法论》（第4版），195页，北京，北京大学出版社，2022。

③ 参见［英］蒂莫西·A.O. 恩迪科特：《法律中的模糊性》，程朝阳译，26、27页，北京，北京大学出版社，2010。

对的，法律文本的一定程度的模糊性也是不可避免的。在这个意义上说，对法律语言的解释需要将其置于一定的语境之中。由此可见，语境解释是语义解释的应有之义。

美国学者曾经提出了法律解释中的语境性因素的概念，并将之与规范性要素并列，由此在法律解释中引入语用学的面向。美国学者指出："言说者所传达的内容通常部分地是由某些语境性因素和规范性因素所决定的，这是自然语言为我们所熟知的一面。这些语境性和规范性因素所确定的语言内容，就被称为语言的语用学面向。"[①] 因此，法律解释也像其他方面的语言交流一样具有语境依赖性(context dependent)。正是这种语境依赖性要求将法律文本置于一定的语言环境中进行解释，应当根据语言使用的特殊情境理解语义。在某种意义上说，语境是确立法律解释之正当性的方式。我国学者指出："这种方式是根据法律文本及其相关语境（context）的关系来确立法律解释的正当方法。其根据是语义哲学中的一种观点：任何语言成果的可理解性都取决于相关的语境，文本的含义取决于人们在一定的语境中对它的阅读，它是语境的一种功能。"[②] 与此同时，法律解释还具有规范性因素，美国学者曾经引述语用学家保罗·格莱斯的论断，认为在任何交际语境中都必定会预设的规范性框架的角色。其基本观点是：在一个日常会话中，相关各方通常是在进行一种相互协作的信息交流，并且这种互相协作的信息交流的通常目的，使会话的各方必须遵守某些特定的规范。[③] 应当指出，在解释法律的时候，不同角色的法律活动参与者基于各自的立场会有不同的理解，因而会产生解释结论的分歧。如果任由这种现象发生，则法律解释就会演变成自说自话而无法沟通，因此，寻求各个法律活动参与者的规范框架具有必要性。不可否认，在法律解释中权力的因素十分重要，尤其是在我国存在立法解释和司法

---

① ［美］安德瑞·马默：《法哲学》（重排本），200 页，北京，北京大学出版社，2024。

② 张志铭：《法律解释操作分析》，98 页，北京，中国政法大学出版社，1999。

③ 参见［美］安德瑞·马默：《法哲学》（重排本），202 页，北京，北京大学出版社，2024。

解释以及行政解释等以权力为根据的解释形式的背景下更是如此。我国学者对刑法解释的权力因素进行分析，提出了作为权力运用的刑法解释的命题，指出："作为制度及其运作的刑法解释，本身就是一个充满了各类型权力的系统或者体制，超越刑法解释的具体结论和某一个具体的解释行为，就会看到正是权力的运用构成了刑法解释的背后内容，刑法解释自始至终都不仅是一种纯粹的语言陈述技术，而是一种权力的运用策略、分配或者应用技术。"① 可以说，我国的刑法解释是以权力为基础建构的规范性框架。通过权力等级的划分，由此形成一个具有规范效力的法律解释体制，从而为法律解释提供规范性框架。这一法律解释体制对于同一解释秩序，保障法律实施，具有一定的作用。当然，解释权的垄断也带来一定的弊端，例如从部门利益出发对法律进行扭曲性的解释现象并不鲜见。同时，在有权解释无所不在的情况下，学者的无权解释的空间范围受到极大挤压。凡此种种都表明，法律解释在不同权力体制下具有不同的规范性框架。这种规范性框架，就成为刑法解释的独特语境。我国学者王政勋指出："在刑法的理解和解释过程中，应该重视语境的作用——语用意义是文本在具体语境中表现出来的意义。"② 语境解释是将语言置于特定的语言使用环境中揭示语言的含义，这里的语言特殊使用环境就是语境。当然，语境解释是以一般的语义为前提的。对于法律文本的理解，如果仅仅是孤立地对语词进行语义解释，虽然可以帮助我们领会语词的一般含义，但只有结合该语词的使用的具体语境才能获得正确的含义。

语境解释是以解释学的前理解（Vorverständnis）为逻辑基础的，因而需要对前理解的命题进行论述。这里的前理解是哲学诠释学中的一个概念，德国哲学家海德格尔认为，理解具有某种前结构，其在一切解释中发挥作用。前理解的结构包括三种要素：前有、前见和前把握。前有是指解释者在对某种东西进行理解

① 林维：《刑法解释的权力分析》，42页，北京，中国人民公安大学出版社，2006。

② 王政勋：《刑法解释的语言论研究》，305页，北京，商务印书馆，2016。

时，并不是一无所有地去进行理解的，而是基于某种历史处境与传统观念，和已经被理解了的生活世界的语境关联的整体预先就具有了某种关系，解释者要把理解的东西置入这种先有的关系中。前见是指解释者理解某种事物的先行立场或视角。前把握是指解释者进行理解时事先所具有的概念框架，这种概念框架是解释者在进行理解之前要具有的。[①] 在诠释学中引入前理解，表明解释活动并不是孤立的认知过程，而是受到解释者的前判断结构的制约。在法律解释中亦如此。德国学者考夫曼曾经指出："相对于裁判的字义，法官在案件中有着先前判断与先前理解。法官有这些判断或理解，并不必对其责难，因为所有的理解都是从一个先前理解开始，只是我们必须把它——这是法官们所未作的——开放、反思、带进论证中，而且随时准备作修正。"[②] 也就是说，在法律适用过程中对法律进行解释的时候，解释者并不是大脑一片空白，而是带着具体问题，主要是指疑难案件事实，去理解法律文本的，因而必然具有某种前理解。如对"妇女"这一概念，在通常情况下是十分容易理解的，但在某个具体案件中，则会面临困惑。

【案例 23】张某林拐卖妇女案[③]

1990 年 5 月 12 日，被告人张某林伙同四川省芦山县仁加乡村民竹某刚（已判刑），以外出旅游为名，邀约被告人张某林的女友李某，并通过李某邀约芦山县双石镇西川四组"女青年"王某一同外出。四人从芦山县出发，乘汽车、火车到达安徽省利辛县后，张某林、竹某刚对王某谎称外出的钱已用完，叫王某到竹某刚一朋友家暂住几天，他们去其他地方找到钱后再来接王某，并由竹某刚通过其姐夫张某贤（安徽省利辛县人）介绍，将王某卖与利辛县赵桥乡谭阁村村民谭某为妻，获赃款 1 900 元，除去路费，张某林分得赃款 380 元。谭某将王某带回

① 参见洪汉鼎：《诠释学——它的历史和当代发展》，204 页，北京，人民出版社，2001。

② ［德］阿图尔·考夫曼：《法律哲学》（第二版），刘幸义等译，63～64 页，北京，法律出版社，2011。

③ 参见最高人民法院刑事审判第一、二、三、四、五庭编：《中国刑事审判指导案例（侵犯公民人身权利、民主权利罪）》，485～487 页，北京，法律出版社，2009。

家，当晚同居时发现王某有生理缺陷，遂将王某退回竹某刚姐夫家，后王某被送回芦山县。经芦山县人民医院检查诊断，王某系以男性为主之两性人。

对于本案，辩护人提出被告人张某林的行为不符合拐卖妇女罪的构成要件，不构成拐卖妇女罪。理由是：被告人张某林拐卖的是两性人，不是妇女，也就不是拐卖妇女罪所保护的对象，且张某林及其同案犯竹某刚事前并不知道王某是两性人，其行为也不可能构成其他犯罪。四川省芦山县人民法院认为：被告人张某林无视国法，以出卖为目的，采用欺骗的手段，将王某卖与他人为妻，张某林的行为已触犯刑律，构成拐卖妇女罪，虽事后经检查王某系两性人，但被告人拐卖时并不知情，仍视作妇女拐卖，属对犯罪对象的认识错误，本案中并不影响其刑事责任。这里的两性人，同时具有女性和男性的生理特征，这就为刑法中的性别判断带来困难。而且，两性人还可以分为以女性特征为主的两性人和以男性特征为主的两性人，使判断更为复杂。并且，解释者的不同立场，会导致解释结论的差异。例如站在指控立场与站在辩护立场，对同一个法律用语的理解会出现尖锐的对立。在本案中，辩护人认为王某不是妇女，但检察机关则认为王某是妇女。当然，法院判决以对象认识错误为由回避了对王某性别的判断问题，认定被告人张某林构成购买妇女罪，属于对象不能犯的未遂。当然，判决的逻辑前提还是认为以男性特征为主的两性人不能认定为拐卖妇女罪中的“妇女”。由此可见，离开前理解就不可能正确地解释法律。正如我国学者指出：“刑法解释学也是一种诠释学，那么对刑法文本的理解就不可能不从前理解开始。任何想理解刑法文本之人，必须首先向该文本提出一种意义期待（诠释学的前理解），这种意义期待使文本开口讲话，文本的意义由此浮现。”①

在诠释学的前理解的基础上，可以引申出诠释学循环（der hermeneutische Zirkel）问题。德国哲学家施莱尔马赫（Schleiemacher）是哲学诠释学的创立

① 周维明：《刑法解释学中的前理解与方法选择——刑事裁判的实践理性保障》，51页，北京，知识产权出版社，2018。

者，他率先提出了诠释学的循环命题，认为作者的每一个思想都与其整个思想的发展过程有关。在文本中，只有理解整体才能理解部分，反之亦然。[①] 此后，德国哲学家进一步发展了诠释学循环的理论，例如狄尔泰认为诠释学的循环包括相互依赖的三种关系：单个词与文本整体的循环，作品本身与作者心理状态的循环，作品与它所属的种类与类型的循环。海德格尔则认为完满的理解不是整体与部分之间循环的消除，而是这种循环得到最充分实现。伽达默尔继承了海德格尔的观点，在其诠释学理论中认为理解就是不断地整体到部分，再从部分到整体的过程。伽达默尔指出："我们必须从个别理解整体并从整体理解个别这一诠释学规则，来自古代的修辞学并经由近代诠释学而从一种说话艺术转变为理解的艺术。不管在修辞学中还是在诠释学中，它都是一种循环的关系。对整体得以被意指的意义的预期是通过以下这点而达到清楚的理解，即从整体出发规定着自己的部分也从它这方面规定着该整体。"[②] 正是在个别与整体的循环往复之中获得对法律文本的准确理解，由此达到法律解释的目标。因此，诠释学循环的思想为语境解释奠定了理论基础。我国学者指出："从诠释学循环的角度来说，刑法解释学本体论具有三种诠释学循环结构。第一种类型的诠释学循环涉及前理解与刑法文本之间的关系。第二种类型的诠释学循环涉及刑法文本自身整体与部分之间的关系。第三种类型的诠释学循环涉及刑法规范与事实之间的关系。"[③] 在这三种诠释学循环中，刑法文本的整体与部分之间的循环和刑法规范与案件事实之间的循环对于语境解释具有重要意义。其中，刑法文本的整体与部分之间的循环是指在解释刑法的时候，应当根据上下文的关系理解刑法文本的含义，这是语境解释的应有之义。刑法规范与案件事实之间的循环是指从案件事实出发对刑法文本进

---

① 参见刘亚丛：《事实与解释：在历史与法律之间》，149 页，北京，法律出版社，2010。

② ［德］汉斯-格奥尔格·伽达默尔：《诠释学Ⅱ：真理与方法（修订译本）》，洪汉鼎译译，70 页，北京，商务印书馆，2010。

③ 周维明：《刑法解释学中的前理解与方法选择——刑事裁判的实践理性保障》，45～48 页，北京，知识产权出版社，2018。

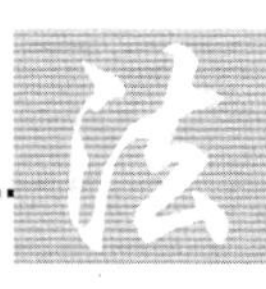

行理解，在这个意义上所获得的是特定语境下的法律规范的含义。例如我国《刑法》第 384 条规定了挪用公款罪，这里的公款从字面上理解，是指公共款项，在通常情况下是指现金以及存单等。那么，有价证券是否属于公款中的款项呢？这里的有价证券是指设定并证明持券人有权取得一定财产权利的书面凭证。如果泛泛地从这个概念出发，还不能得出有价证券属于公款中的款项的结论。因为有价证券有广义与狭义两种概念：广义的有价证券包括商品证券、货币证券和资本证券，狭义的有价证券是资本证券。因此，只有货币证券才能归属于公款中的款项，因为其内容代表了一定的货币价值。由此可见，在面对挪用国库券或者其他货币有价证券的案件时，需要结合具体案件事实对挪用公款罪的公款进行解释的时候，就应当对刑法规范与案件事实进行反复比对。只有在一定的语境中我们才能理解法律文本的含义，并且获得语词的应然期待，这也正是诠释学循环方法对刑法解释所带来的启示。

语境解释的性质是一个存在较大争议的问题，这主要源于对语境概念的界定。我国学者指出："语境可以是泛指，也可以是狭义的。狭义的语境，可以说体系解释的方法，即必须将一个法律文本作为一个整体来理解、把握和解释，而不能将之肢解化地加以理解。泛指的语境解释则包括所要解释的文本之外的东西，其中包括其他文本和读者的因素，甚至可以无限展开，直达伽德默尔的本体论的哲学阐释学。最狭义的语境解释是将法律文本作为一个有内在完整结构、融贯一致的体系，每个语词和句子都不能和该文本发生冲突。"① 由此可见，语境本身就是一个十分含混的概念，其狭义理解与广义理解之间相去甚远。如果采用广义的语境概念，则所有解释都是语境解释。例如，如果按照广义的语境解释概念，无法解决语境解释与体系解释之间的区分问题。对此，我国学者指出："体系解释方法又称为语境解释方法，是指对法律条文的解释要依据法律条文在法律

---

① 苏力：《解释的难题：对几种法律文本解释方法的追问》，载梁治平编：《法律解释问题》，48～49 页，北京，法律出版社，1998。

体系中的地位，结合相关法条的法意进行解释。语言的多义性使得语言的含义具有不确定性，只有结合具体的语境才能确定一个语词的含义。法律条文不是孤立的，都处在一定的法律体系之中。对法律条文的体系解释就是语境解释。”① 如果把某个法律文本，甚至把全部法律文本都视为法律语境，则上述将语境解释等同于体系解释的观点是能够成立的。但相对于单个语词而言，在一定语境下理解法律文本的含义，则不能认为是体系解释而是语义解释。例如，我国《刑法》第232条规定的故意杀人罪，这里的杀人中的人，如果仅仅对人字进行解释，当然包括他人和本人。那么，能否说杀死本人，即自杀也属于这里的故意杀人呢？对此，我国通说认为，由于刑法不承认自杀是犯罪，所以此处的“人”应当是指行为人以外的人。② 但我国亦有学者认为这里的“人”包括自己在内，因此自杀也是杀人。③ 从我国司法实践中的情况来看，就故意杀人罪的理解而言，从来没有人将自杀包含在内，但帮助自杀的人实现自身意图的，则以故意杀人罪论处，并从轻处罚，例如夏某仁故意杀人案，就是帮助自杀而被认定为故意杀人罪的典型案例。④ 因为我国刑法并没有设立帮助自杀罪，因此帮助自杀行为认定为故意杀人罪的逻辑前提只能是故意杀人罪中的“人”包括本人，因而自杀符合故意杀人罪的构成要件。在此基础上，才能获得帮助自杀行为应当以故意杀人罪的帮助犯，亦即我国刑法中的从犯论处的规范根据。与之不同，日本学者对杀人罪中的“人”的解释受到其刑法规定的制约，因而在解释路径上具有其特殊性。例如日本学者指出，《日本刑法典》第199条（关于杀人罪的规定）中的“人”，从广义上来说是指所有的人，但在狭义上则指的是“他人”，在这种情形下，如果通过扩

---

① 杨艳霞：《刑法解释的理论与方法：以哈贝马斯的沟通行动理论为视角》，245、246页，北京，法律出版社，2007。

② 参见周光权：《刑法各论》（第4版），12页，北京，中国人民大学出版社，2021。

③ 参见黎宏：《刑法学各论》（第2版），217页，北京，法律出版社，2016。

④ 参见陈兴良、张军、胡云腾主编：《人民法院刑事指导案例裁判要旨通纂》（上卷·第三版），632～633页，北京，北京大学出版社，2024。

张解释将“人”解释成所有人的话，那么第199条的规定中就包括自杀行为。果真这样，自杀既遂时不能处罚自杀者，但若自杀未遂，对自杀者就应当以杀人未遂罪进行处罚。然而，判例和学说都将这里的“人”解释为“他人”。原因在于：刑法第202条就参与自杀特别作了减轻处罚的规定。所以，对第199条的解释就不能考虑只是对自杀者本人加以重罚的旨趣。这被称为缩小解释或者严格解释。[①] 根据以上日本学者的论述，如果将“人”孤立地来看，将其解释为“他人”，这当然具有缩小解释的性质。此外，还有德国学者认为将杀人中的“人”解释为他人是目的性限缩。德国学者指出：“《德国刑法典》第212条要求‘杀死一个人’。大多数构成要件的前提都是将‘另一个人’作为被害人。然而，如果严格遵循文字表述，那么《德国刑法典》第212条也包含（未遂的）自杀。但是人们一致认可的是，《德国刑法典》第212条只保护他人的生命（=条文的目的），并因而以杀死另一个人为前提。前述示例同时也说明了，鉴于适用领域中的规范的意义与目的，按照文字表述被明确包含的情形也可能会被排除。人们在此提及目的论上的限缩，这当然只有在有利于行为人时才是被允许的。”[②] 由此可见，对于杀人中的人如何理解存在各种不同的见解。我认为，杀人本身已经是一个常用语，“杀”和“人”是不可分割解释的，因此不需在杀人这个语词的整体意义上加以解释。也就是说，在杀人这个特定的语境中，这里的人应当如何理解。就此而言，杀人中的“人”只能是指他人而不包括本人，因此，这里的杀人是指杀他人而不包括自杀。杀人这一语词中的“人”的含义和孤立的“人”这一语词的含义，两者之间存在明显的差别，这也就是语境解释的独特内容。因此，我们不能将语境解释中的语境泛化，而是应当将这里的语境限制在法律文本的语言范围内，由此而将语境理解为文本语境。在这种情况下，语境解释就属于语义解释的一种特殊方

① 参见［日］松宫孝明：《刑法总论讲义》（第4版补正版），钱叶六译，17页，北京，中国人民大学出版社，2013。

② ［德］乌韦·穆尔曼：《德国刑法基础课》（第7版），周子实译，142页，北京，北京大学出版社，2023。

法，并且也能够将语境解释与体系解释或者其他解释方法加以区隔。日本学者所采用的缩小解释虽然也是语义解释，但支持《日本刑法典》刑法第 199 条中杀人不包括自杀的主要理由还是在于有《日本刑法典》第 202 条规定的参与自杀罪，因此，如果杀人罪中的"人"包括本人，则参与自杀罪中的教唆自杀和帮助自杀行为就应当以杀人罪的共犯论处，因而，第 202 条规定就没有意义。由此可见，通过《日本刑法典》第 202 条论证第 199 条的杀人不包括自杀，这与其说是缩小解释不如说是体系解释。总之，语义解释中的语境解释和体系解释之间的联系是十分紧密的，两者的界限并不容易区分。但是从侧重于语言分析还是逻辑分析的角度，还是可能对语境解释与体系解释加以区隔的。

英美法系中存在语境主义原则（the context principle），语境主义旨在探求语词和句子在语境中的意义。语境一词，就其字面含义而言，是指"上下文"。这里的上下文不限于某种狭小的范围，而是对正确理解文本的含义具有背景意义的事物。[①] 因此，语境就是对于理解语言意义具有重大影响的一定背景或者环境，离开一定的语境就难以正确理解语言的意义。在英美法系中存在从上下文求字义规则（noscitur a sociis），根据该规则，一个句子中某个词语的含义受到该词语所处的句子与同一部法律中上下文的影响。[②] 因此，这里的从上下文求字义规则在某种意义上说，就是法律解释的语境方法。

语境主义原则是英美实用主义法学的基本特征之一，认可实用主义的法学理论家通常都会将关于法律的问题镶嵌在某一特定的语境内进行讨论。[③] 例如英美传统实用主义法学代表人物霍姆斯大法官认为："语词并非像水晶那般清晰和透明，也不是一成不变的，它是鲜活思想的外衣，随着使用的环境和时间的变化会

① 参见张志铭：《法律解释操作分析》，99 页，北京，中国政法大学出版社，1999。

② 参见郭华成：《法律解释比较研究》，83 页，北京，中国人民大学出版社，1993。

③ 参见卢志强：《英美法合同解释制度的历史变迁及发展革新》，载《深圳大学学报（人文社会科学版）》，2020（5）。

呈现出各种不同的色彩与内容。”① 英美新实用主义法学代表人物波斯纳主张：“字典的定义是非语境的，而语词和句子的含义主要取决于语境，也包括对背景的理解。”② 当然，英美法系法学理论中的语境主义并不仅仅是一种解释方法，而是相对于文本主义的一种解释理论：文本主义关注的是纯粹语言学意义上的文本含义，排斥其他因素对法律解释的影响，因而不可避免地具有形式主义的特征，而语境主义则在文本之外，引入语言之外的情境因素。因此，英美法系中的语境主义和我们所倡导的语境解释还是存在较大区分的，但毫无疑问，英美法系的语境主义原则对于我们理解语境解释具有重要的参考价值，因而值得借鉴。

我国学者王政勋引用语言学者的观点，将语境分为言内语境、言伴语境和言外语境。这里的言内语境是指由文章的段落、语篇等所构成的语境，它受语言知识规则，例如语言结构规则、语义搭配规则、语用适合规则等的制约，由于上下文的意义依赖于具体的词语、句子，而每个词语、句子的意义又必须通过上下文来显现，所以言内语境对于理解和诠释具有决定性意义。言伴语境分为现场语境和伴随语境，前者指和交际现场直接联系的语境因素，例如时间、地点、场合、景况、话题、事件等所构成的语境；后者指和交际者个人特点相联系的因素，例如语体、风格、目的、体态、关系等所构成的语境。言外语境包括社会文化语境和认知语境，虽然言外语境具有隐含性，但它具有可推导性，理解文本时不可能离开对社会心理、时代环境、思维方式、民族习俗、文化传统、认知背景等言外语境的把握，通过对这些言外语境因素的把握，能够更加准确地理解文字的意义。③ 在刑法的语义解释中，上述三种语境解释都具有特定的适用场景，因而有必要加以论述。

（一）刑法的言内语境解释

根据我国学者王政勋的观点，刑法的言内语境是指在刑法文本中所形成的法

① 孙新强：《论美国〈统一商法典〉的立法特点》，载《比较法研究》，2007（1）。

② ［美］理查德·A. 波斯纳：《司法反思录》，苏力译，209页，北京，北京大学出版社，2014。

③ 参见王政勋：《刑法解释的语言论研究》，308～309页，北京，商务印书馆，2016。

律语境，同时包括其他部门法的文本所形成的法律语境。因此，刑法和其他部门法一起构成部门法整体，在刑法文本之外形成了一个更大文本，其中刑法文本是近景语境，其他部门法是远景语境。[①] 我认为，其他部门法文本对于刑法的语义解释具有重要意义，尤其是对于刑法来说，其大量的概念都来自前置法，因而在对刑法进行语义解释的时候，不可能脱离前置法的文本。但如果将言内语境的范围理解得过于宽泛，不仅包括刑法文本的语境，而且包括其他部门法共同形成的法律语境，则这个意义上的语境解释确实难以与体系解释加以区分。因此，我认为，刑法的言内语境还是应当限制在特定的法律条文规定的范围之内。刑法的言内语境解释要求对刑法文本进行语义解释的时候，不能孤立地就某个语词进行解释，而是要将其置于一定的法律语境进行解释。即使是同一个概念，在不同的法律语境中也会具有不同的含义。在通常情况下，同一部法律中，对同一概念应当作相同理解。然而，这一解释规则并不是绝对的，对同一法律中的相同概念作不同理解的现象时有发生。对于这种现象，奥地利学者称为法律概念的相对性。[②] 之所以存在这种所谓法律概念的相对性现象，主要是基于同一概念在不同的法律语境中含义各有不同，这也正是语境解释的应有之义。在此，我以暴力这个在我国刑法中广泛采用但含义却互异的概念为例，对刑法的言内语境解释进行论述。

德国学者指出："即便对于立法定义，也不能盲目地从法律文本中认识其含义，而是应当从其语境出发，作出目的性的解释。即使在同一部法律中，概念也可能需要作不同之解释。甚至可能出现这样一种情况：同一条法律规范当中的同一概念（在不同情况下）也会作出不同的解释。"[③] 我国刑法中的暴力是相对于非暴力而言，它似乎具有内容的确定性。但在法律文本和司法实践中，暴力的含义却是完全不同的，并没有统一的内涵。暴力一词，就其字面含义而言，是指使

---

① 参见王政勋：《刑法解释的语言论研究》，314 页，北京，商务印书馆，2016。

② 参见［奥］恩斯特·A. 克莱默：《法律方法论》，周万里译，34 页，北京，法律出版社，2019。

③ ［德］托马斯·M.J. 默勒斯：《法学方法论》（第 4 版），杜志浩译，331、332、333 页，北京，北京大学出版社，2022。

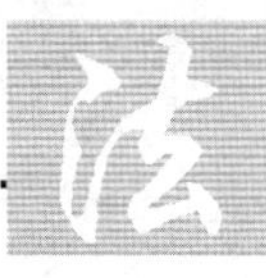

用一定的工具或者其他物理的强制力对他人的人身进行攻击。这里应当指出，在刑法理论上存在对人暴力和对物暴力之说。但我认为，任何暴力都是对人的，根本就不存在对物暴力。例如抢劫罪的手段中包含暴力，虽然抢劫罪具有人身犯罪和财产犯罪的双重属性，但其暴力是对人的而非对物的。在抢劫罪中，通过对人使用暴力，以此作为非法劫取他人财物的手段，因此，在抢劫罪中只有人才是暴力的标的，物只是实现了占有转移而并没有遭受暴力。我国学者在论及暴力概念的时候，指出："在中文语境的通常意义上，暴力是指'强制的力量'、'武力'，意指通过武力等强制手段侵害他人人身、财产、精神的行为。"① 在此，论者将财产、精神等客体均归之于暴力的标的，由此隐含着暴力范围扩大化的可能性。其实，我国《刑法》第 20 条第 3 款采用了"行凶"的概念，可以完美地诠释暴力的含义。这里的行凶，当然是针对人身的侵害，这也是暴力概念的核心蕴含。值得注意的是，德国学者对比了下述两个案例：案例一：O 将其提包松散地挎在肩上，T 将其从 O 的肩上拿走。案例之二：O 将手放在提包上，当感觉到猛烈的拉拽时，其使劲将提包按住。T 仍然将提包从其手中夺走。由此德国学者得出结论："暴力包含了对一项反抗的克服。"② 这是从施暴者与受暴者之间的互动关系而言的，在通常情况下暴力的功能主要是压制他人的反抗。然而，这个暴力概念对暴力作了较为限缩的描述。我认为，只要客观上符合暴力的特征，则无论使用暴力的目的如何，都不影响暴力的成立。例如，对沉睡中的被害人痛下杀手，这当然是暴力，但这一场景中并不存在反抗以及对反抗的压制。因此，只要是对他人的人身进行强制性的侵犯，无论是出于何种目的，都属于暴力的范畴。

刑法中广泛使用暴力一词，然而在多数情况下，暴力的含义却并不相同。这主要是由于暴力有程度之分，因而与之对应的刑罚的严厉性也有所不同。日本学者指出："所谓暴力（暴行），是指对他人的身体施加物理力。最典型的例子是，

---

① 石经海：《"暴力"的实质与"软暴力"的认定》，载《人民法院报》，2021-05-13。

② ［德］罗尔夫·旺克：《法律解释》（第 6 版），蒋毅译，26 页，北京，北京大学出版社，2020。

对他人身体实施拳打、脚踢、拉拽等行为，也包含利用噪声、放射性、电流、强光等物理力的情形。”[①] 由于暴力的含义极为宽广，并且暴力这一词语被使用于多种犯罪类型，日本刑法学界将暴力区分为以下四种类型：（1）最广义的暴力，包含对物施加物理力（对物暴行）的情形；（2）广义的暴力，也包含指向他人而施加物理力（间接暴行）的情形；（3）狭义的暴行，就是暴行罪中所说的暴力，实质针对他人的身体施加物理力；（4）最狭义的暴行，要求达到抑制他人的反抗，或者使其反抗明显困难的程度。[②] 由此可见，在日本刑法中，暴力和暴行虽然几乎是同义词，但在程度上存在些微区分。而且，日本刑法中的暴力与伤害之间存在区别，例如日本刑法承认非暴力引起的伤害。只有暴行罪直接采用暴力一词，至于伤害则在多数情况下是暴力的后果，因此，暴行罪属于行为犯，而伤害罪则属于结果犯。

我国刑法中并未规定暴力的行为犯，即类似于日本刑法中的暴行罪，只是在寻衅滋事罪中规定了殴打行为，类似于日本刑法中的暴行罪。我国刑法根据暴力造成伤害的程度分为轻伤害、重伤害和致人死亡这样三个等级。我国刑法总则有两个关于暴力犯罪的规定：第一是《刑法》第 20 条第 3 款关于特殊防卫的规定：“对正在进行行凶、杀人、抢劫、强奸、绑架以及其他严重危及人身安全的暴力犯罪，采取防卫行为，造成不法侵害人伤亡的，不属于防卫过当，不负刑事责任。”在此，立法机关采用列举加兜底的方式规定了特殊防卫的对象，将暴力犯罪的本质特征归结为严重危及人身安全，由此可见，立法机关更为强调的是暴力犯罪所造成的后果的严重性。第二是《刑法》第 50 条第 2 款关于限制减刑的规定：“对被判处死刑缓期执行的累犯以及因故意杀人、强奸、抢劫、绑架、放火、爆炸、投放危险物质或者有组织的暴力性犯罪被判处死刑缓期执行的犯罪分子，

① ［日］西田典之：《日本刑法各论》（第七版），［日］桥爪隆补订，王昭武、刘明祥译，42 页，北京，法律出版社，2020。

② 参见［日］西田典之：《日本刑法各论》（第七版），［日］桥爪隆补订，王昭武、刘明祥译，43 页，北京，法律出版社，2020。

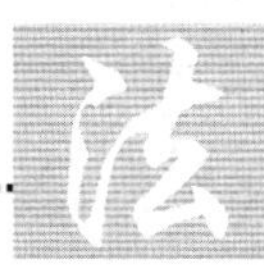

人民法院根据犯罪情节等情况可以同时决定对其限制减刑。”在此，立法机关规定了暴力性犯罪的概念，从所列举的罪名来看，只有杀人、强奸、抢劫、绑架等是重合的，其他则存在出入。由此可见，立法机关对暴力犯罪并没有一个完全统一的概念。这里以投放危险物质罪为例进行论述，如果以严重危及人身安全为标准，则投放危险物质罪也应当属于《刑法》第 20 条第 3 款规定的暴力犯罪，这是从危害行为的后果出发进行界定所得出的必然结论。因为投放危险物质行为，也就是投毒，会造成不特定的多数人的伤害或者死亡，后果极为严重。然而，就手段而言，投放危险物质行为采取隐蔽的方法，在他人不知情的情况下在食物、水源等介质中投放毒物，其行为特征并不符合暴力的法律形象。由此提出的一个问题是：暴力是仅仅从所造成的后果加以界定还是应当考察其行为是否具有暴力性？我认为，暴力是行为的暴力性和后果的严重性的统一，在界定暴力的时候不能仅仅根据后果而全然不考虑行为特征。据此，我认为投放危险物质罪并能归之于暴力犯罪。换言之，暴力犯罪不能理解为严重犯罪的代名词，而具有其特定的含义。这一含义就是采用物理的强制力对他人的人身造成损害或者死亡，暴力的具体行为由轻到重表现为：殴打、轻伤害、重伤害、致死亡。除了我国刑法总则以外，分则还规定了较多的以暴力为手段的犯罪，但在各个不同的罪名中，暴力的含义，这里主要是指程度并不相同。为了叙述的便利，选取某些包含暴力的犯罪，并根据法定刑从轻到重进行排列：(1)《刑法》第 257 条暴力干涉婚姻自由罪，包含暴力方法，法定最高刑是 2 年有期徒刑。(2)《刑法》第 293 条之一催收非法债务罪，包含暴力方法，法定最高刑是 3 年以下有期徒刑。(3)《刑法》第 237 条强制猥亵侮辱罪，包含暴力方法，法定最高刑是 5 年以下有期徒刑。(4)《刑法》第 226 条强迫交易罪，包含暴力方法，法定最高刑是 7 年以下有期徒刑。(5)《刑法》第 244 条强迫劳动罪，包含暴力方法，法定最高刑是 10 年有期徒刑。(6)《刑法》第 263 条抢劫罪，包含暴力方法，法定最高刑是死刑。从以上罪名的构成要件来看，都包含暴力方法，但法定最高刑则从 2 年到死刑，相去甚远。由此可见，这些罪名中的暴力程度是完全不同的，因而可以得出结论：

对我国刑法分则所规定的罪名中的暴力一词不能作相同的解释，而是应当结合法定刑的轻重分别界定暴力的程度，这就是对暴力概念所作的语境解释。这种以法定刑的轻重作为确定刑法中某个概念的确切含义的解释方法，我国学者称之为以刑释罪。我国学者指出，这里的以刑释罪，即用“刑”来解释“罪”，是指以法定刑为参照标准来对法条中含义不清的名词概念作限缩或者扩张解释，以法定刑作为标尺来划定罪状的范围。也就是当刑法条文中出现罪刑配置严重不均情形时，法定刑越重，则罪状越窄、入罪越严；法定刑越轻，则罪状越阔、入罪越宽。[①] 应该说，在对刑法规定作解释的时候，应当引入刑罚轻重的参考因素，这是完全正确的。我认为，在采取这种以刑释罪方法的时候，将法定刑轻重作为解释根据，这是一种语境解释。也就是将刑罚轻重作为语境因素加以考虑，即使是同一个概念描述的罪状要素，在立法机关设置了不同法定刑的情况下，对该概念也应当作出不同解释。

在此，还存在一个问题，就上述罪名而言，在刑法所规定的犯罪方法中都包含暴力，但暴力并非唯一方法，立法机关还同时并列规定了其他方法。例如《刑法》第 236 条规定的强奸罪，是指以暴力、胁迫或者其他手段强奸妇女的行为。根据不同的强奸方法，可以将强奸罪区分为暴力强奸、胁迫强奸和其他手段强奸这三种类型。其中，暴力强奸当然属于暴力犯罪；那么，胁迫强奸和其他手段的情节是否也属于暴力犯罪呢？这里也关系到对《刑法》第 20 条第 3 款特殊防卫的对象的界定：对暴力强奸可以实施特殊防卫，那么，对胁迫强奸和其他手段的强奸是否也可以实施特殊防卫呢？对此，我的观点是否定的。也就是说，我国刑法中的暴力犯罪应当区分为纯正的暴力犯罪和不纯正的暴力犯罪。纯正的暴力犯罪是指只能由暴力方法构成的犯罪，而不纯正的暴力犯罪则是指既包含暴力犯罪，又包含非暴力犯罪的犯罪。例如我国刑法中的伤害罪和故意杀人罪属于纯正的暴力犯罪，但其他包含暴力方法的犯罪，同时还规定了可以由非暴力的方法构

① 参见徐松林：《以刑释罪：一种刑法实质解释方法》，136 页，北京，法律出版社，2015。

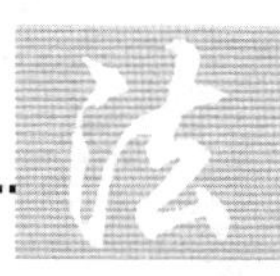

成，因而属于不纯正的暴力犯罪。

如前所述，在刑法明确规定以暴力方法构成的犯罪才是暴力犯罪，如果是以暴力以外的威胁或者胁迫等方法构成的犯罪就不能认定为暴力犯罪。然而，我国出现了一个软暴力的概念，以此将那些以威胁或者其他非暴力方法构成的犯罪戴上一顶暴力的“帽子”。软暴力的概念最初出现在 2018 年 1 月 16 日最高人民法院、最高人民检察院、公安部、司法部《关予办理黑恶势力犯罪案件若干问题的指导意见》，该指导意见第 4 条对依法惩处利用“软暴力”实施的犯罪作了明确规定：“黑恶势力为谋取不法利益或形成非法影响，有组织地采用滋扰、纠缠、哄闹、聚众造势等手段侵犯人身权利、财产权利，破坏经济秩序、社会秩序，构成犯罪的，应当分别依照《刑法》相关规定处理：（1）有组织地采用滋扰、纠缠、哄闹、聚众造势等手段扰乱正常的工作、生活秩序，使他人产生心理恐惧或者形成心理强制，分别属于《刑法》第二百九十三条第一款第（二）项规定的‘恐吓’、《刑法》第二百二十六规定的‘威胁’，同时符合其他犯罪构成条件的，应分别以寻衅滋事罪、强迫交易罪定罪处罚。”在此，前引指导意见虽然没有对软暴力的概念作出定义，但从上述规定来看，所谓软暴力是指刑法所规定的恐吓和威胁方法，具体表现为滋扰、纠缠、哄闹、聚众造势等手段。2019 年 2 月 28 日最高人民法院、最高人民检察院、公安部、司法部又公布了《关于办理实施“软暴力”的刑事案件若干问题的意见》，该意见第 1 条规定：“‘软暴力’是指行为人为谋取不法利益或形成非法影响，对他人或者在有关场所进行滋扰、纠缠、哄闹、聚众造势等，足以使他人产生恐惧、恐慌进而形成心理强制，或者足以影响、限制人身自由、危及人身财产安全，影响正常生活、工作、生产、经营的违法犯罪手段。”从以上司法解释对软暴力的规定来看，所谓软暴力就是指暴力以外的胁迫或者威胁方法，对此刑法都有明文规定，在这个意义上说，软暴力就是非暴力。既然软暴力并非暴力，那么，司法解释为什么又要采用软暴力概念呢？我认为，软暴力中的暴力并非真正意义上的暴力，因而不能把所谓软暴力犯罪归入暴力犯罪的范畴。司法解释中采用软暴力的概念，是对暴力概念的一种模拟性或者形容性的描述，除了在一定程度上夸张和渲染胁迫和威胁手段的法律形象以外，并没有实际功效。

值得注意的是，我国《反有组织犯罪法》第23条第2款规定："为谋取非法利益或者形成非法影响，有组织地进行滋扰、纠缠、哄闹、聚众造势等，对他人形成心理强制，足以限制人身自由、危及人身财产安全，影响正常社会秩序、经济秩序的，可以认定为有组织犯罪的犯罪手段。"这是司法解释中所谓软暴力的内容，但《反有组织犯罪法》并没有采用软暴力的概念，而是在第23条第1款规定，关于利用网络实施的犯罪，符合本法第2条规定的，应当认定为有组织犯罪的后面对此作出规定，由此表明上述非暴力的行为主要发生在网络有组织犯罪之中。因此，软暴力在我国并非法律概念，而只是司法解释中所采用的概念。

应当指出，对暴力概念作出这种丧失界限的（entgrenzende）法官性解释现象在其他国家也同样存在。例如德国学者罗克辛指出，德国联邦宪法法院判例集第92卷，第1页中的判决，把（《德国刑法典》）第240条第1款中的暴力概念扩大解释（eine erweiternde Auslegung）为包含静坐示威（Sitzdemonstrationen）的含义，是违反《德国基本法》第130条第2款的。在"暴力仅仅身体在场"就存在，并且"强迫仅仅对受强制人产生心理性的逼迫"时，人们就"再不可能有充分的把握预见到，在为了从心理上阻止他人贯彻其意志的身体行为中，什么样的举止行为是应当被禁止的，什么样的是不被禁止的"①。因此，德国联邦宪法法院将这种对暴力的超越语言界限的解释判断为违宪。

在我国法律领域，暴力概念的夸张性采用具有蔓延的趋势，这种现象是十分值得研究的。我国学者揭示了暴力概念的精神化问题，指出："所谓暴力概念的精神化，指的是放弃暴力中的人身要素，只要某种行为足以对被害人产生物理上的或心理上的强制作用，就可以被认定为抢劫罪意义上的暴力。这种理解抛开了

---

① ［德］克劳斯·罗克辛：《德国刑法学总论》（第1卷），王世洲译，103页，北京，法律出版社，2005。

针对被害人身体实施现实恶害的要求，而将一切值得处罚的行为全都涵盖在暴力的范畴之中。”① 这一论述虽然是针对抢劫罪而言的，但这种暴力概念的精神化现象在我国刑法中是较为普遍的。暴力概念的精神化在对抢劫罪的解释中，模糊了暴力方法与威胁或者其他方法之间的界限，在一定程度上扩张暴力的范围，甚至在相关立法中也有所体现。例如我国《反家庭暴力法》第 2 条规定：“本法所称家庭暴力，是指家庭成员之间以殴打、捆绑、残害、限制人身自由以及经常性谩骂、恐吓等方式实施的身体、精神等侵害行为。”在此，家庭暴力实际上分为两种：第一种是以殴打、捆绑、残害、限制人身自由为方式构成的家庭暴力，第二种是以经常性谩骂、恐吓等方式构成的家庭暴力。其中，上述第一种是严格意义上的家庭暴力，即身体暴力。第二种是扩大意义上的家庭暴力，即精神暴力，也称为冷暴力。家庭暴力从身体暴力扩张到精神暴力，这是对暴力概念的一种夸张性采用。除此以外，我国还广泛采用网络暴力的概念，2023 年 9 月 20 日最高人民法院、最高人民检察院、公安部公布了《关于依法惩治网络暴力违法犯罪的指导意见》，该指导意见明确采用了网络暴力的概念，这里的网络暴力，根据该指导意见第 1 条的规定，是指在信息网络上针对个人肆意发布谩骂侮辱、造谣诽谤、侵犯隐私等信息的网络暴力行为。根据前引指导意见的规定，网络暴力包括以下三种情形：第一，网络诽谤行为，是指在信息网络上制造、散布谣言，贬损他人人格、损害他人名誉。第二，网络侮辱行为，是指在信息网络上采取肆意谩骂、恶毒攻击、披露隐私等方式，公然侮辱他人。第三，网络侵犯公民个人信息行为，是指组织“人肉搜索”，在信息网络上违法收集并向不特定多数人发布公民个人信息。应当指出，在现实空间中，诽谤、侮辱和侵犯个人信息等犯罪都不是暴力犯罪，那么，何以当这些犯罪发生在网络空间时就变成了暴力犯罪？其实，网络暴力中的暴力并非真实暴力，而是一种比拟，因此，网络暴力是一个比拟性的概念。以上法律和司法解释的规定表明，暴力这个概念越来越获得法律和

---

① 马寅翔：《抢劫罪中暴力概念的精神化及其限定》，载《法学》，2021（6）。

司法解释的青睐，以至于以一种夸张性的、形容性的方式在法律文本中得以呈现，这是不正常的，也会给对法律和司法解释的语义解释带来不必要的困扰。[①]正如我国学者指出的那样，刑法用语可能具有的含义，并不完全等同于用语的日常含义或者口语含义。例如刑法分则许多条文使用了暴力概念，媒体与普通百姓经常使用冷暴力的概念，但绝对不能认为冷暴力也属于刑法分则条文中的暴力，不能因为父母对子女实施了冷暴力而构成暴力干涉婚姻家庭自由罪。[②] 因此，作为日常用语的暴力和作为刑法用语的暴力不能等同，在日常语言中可以采用比拟、形容和夸张等语言表现手法，但刑法，也包括其他法律的用语应当严谨。

我国刑法中暴力概念的解释充分说明望文生义的语义解释难以揭示暴力概念的具体含义。只有将暴力概念放在其所置身的特定法律语境中，才能对各个不同的暴力概念作出准确的解释。同时，暴力的概念不能滥用，否则就会使暴力所具有的特定含义消弭，由此造成语言的混乱。

（二）刑法的言伴语境解释

刑法的言伴语境既包括由立法时的社会形态、立法目的、立法过程等构成的具体情况，还包括司法者解释法律时面临的具体情况，即法官正在审理的案件事实等因素所构成的司法者的言伴语境。[③] 刑法中的概念虽然以文本的形式呈现，因此可以脱离具体案件事实而解释其含义。但在很多情况下，局限于刑法文本对概念的解释，只能获得通常的语义。在处理具体案件的时候，还需要结合案件事实对法律概念进行语境解释，由此获得适合于案件事实的法律文本含义。例如工具一词，其含义是十分明确的，但在具体语境中理解工具的概念则会发生疑问，

---

① 2024 年 6 月 12 日国家互联网信息办公室等四部门发布了《网络暴力信息治理规定》，其第 32 条规定："本规定所称网络暴力信息，是指通过网络以文本、图像、音频等形式对个人集中发布的，含有侮辱谩骂、造谣诽谤、煽动仇恨、威逼胁迫、侵犯隐私，以及影响身心健康的指责嘲讽、贬低歧视等内容的违法和不良信息。"上述行政规章提出了网络暴力信息的概念。

② 参见张明楷：《罪刑法定与刑法解释》，121 页，北京，北京大学出版社，2009。

③ 参见王政勋：《刑法解释的语言论研究》，308 页，北京，商务印书馆，2016。

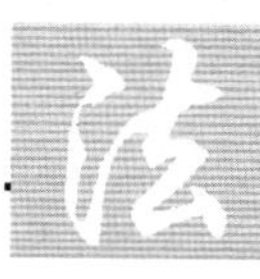

因而需要结合具体语境进行解释。德国学者提出了一个问题：当行为人指使一只受过训练的狗去攻击他人，这只狗也因此咬伤对方时，这只狗是否属于《德国刑法典》第224条（危险伤害罪）所规定的“危险工具”？德国学者指出，直到目前为止，我们都只将无生命的物件涵摄到工具概念之下。街上说话的人在这种情形也许还会说，主人把他的狗当作工具来使用。他也许考虑到，无论行为人是用刀子刺伤被害人，还是让他的狗去咬伤对方，都没有任何的差异。但这其实已经是基于法律脉络的目的论考量。① 在此，涉及对工具这个语词的理解，如果脱离具体语境，很难将狗解释为工具，只有在唆使狗将人咬伤这样一个特定语境中，才能理解狗可以成为法律文本中的工具。因而，在德国司法实务中将唆使狗咬人的行为归属到“使用危险工具伤害他人”的概念之中。至于这一解释是属于目的论考量还是语境解释，是值得推敲的。我认为，工具并不是一个抽象的概念，而是需要在特定语境中明确其含义的用语，通过使用语境使工具这个概念的内容得以丰富，因此属于语境解释而非目的论考量。例如德国学者进一步对工具的理解提出问题：抓着他人的头去撞墙、撞地板或是撞其他坚硬的物体，这种行为能够引起重大的身体伤害，那么，这种行为是否属于“使用危险工具”呢？德国学者指出，这样的话，就必须要把墙面或地板称为工具。然而，依照一般的语言理解，如此将会逾越“危险工具”概念解释的界限。无论是墙面还是地板，我们都无法操作，也无法支配。墙面与地板，除它们可以用来作为达成特定目的之手段这个特性外，没有在任何语言使用习惯的意义下表现出工具的特性。因此，将被害人的头撞向墙壁或地板的行为，司法实务拒绝将之涵摄到使用危险工具伤害的构成要件选择要素下。② 在此，德国学者将支配或控制理解为工具的特征。但当我们只是在一般意义上解释工具，但并没有将工具与其所使用的特定情境结合起

① 参见［德］英格博格·普珀：《法学思维小学堂——法律人的6堂思维训练课》（第二版），蔡圣伟译，143页，北京，北京大学出版社，2024。

② 参见［德］英格博格·普珀：《法学思维小学堂——法律人的6堂思维训练课》（第二版），蔡圣伟译，144页，北京，北京大学出版社，2024。

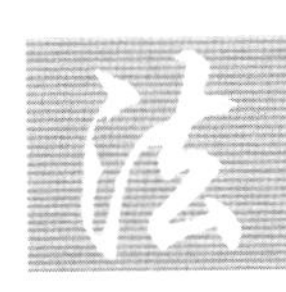

来的时候，我们对工具很难得出如此准确的解释结论。因此，语伴解释具有其必要性。更为重要的是，在此与其说是对“工具”的解释问题还不如说是对“使用”的理解问题。其实，使用存在积极使用与消极使用之分，在不同语境下“使用”一词的含义有所不同。因此，不能将对物件积极支配理解为使用的唯一特征，因此把能被行为人支配视为工具的本质特征。在消极地利用某个物件以达成目的的情况下，仍然可以理解为对某个物件具有支配力。

在我国刑法中对某些概念的解释，由于没有严格地把握其特定的语境，因而产生一定的偏差，这是需要认真对待的。

【案例 24】李某、何某民、张某勃等人破坏计算机信息系统案[①]

2016 年 2 月 4 日，西安市长安区环境空气自动监测站（以下简称长安子站）[②] 回迁至西安市长安区西安邮电大学南区动力大楼房顶。被告人李某利用协助子站搬迁之机私自截留子站钥匙并偷记子站监控电脑密码，此后至 2016 年 3 月 6 日间，被告人李某、张某勃多次进入长安子站内，用棉纱堵塞采样器的方法，干扰子站内环境空气质量自动监测系统的数据采集功能。被告人何某民明知李某等人的行为而没有阻止，只是要求李某把空气污染数值降下来。被告人李某还多次指使被告人张某 1、张某 2 采用上述方法对子站自动监测系统进行干扰，造成该站自动监测数据多次出现异常，多个时间段内监测数据严重失真，影响了国家环境空气质量自动监测系统正常运行。为防止罪行败露，2016 年 3 月 7 日、3 月 9 日，在被告人李某的指使下，被告人张某 1、张某 2 两次进入长安子站将

---

① 参见陈兴良、张军、胡云腾主编：《人民法院刑事指导案例裁判要旨通纂》（下卷・第三版），1535～1536 页，北京，北京大学出版社，2024。

② 西安市长安区环境空气自动监测站系国家环境保护部确定的西安市 13 个国控空气站点之一，通过环境空气质量自动监测系统采集、处理监测数据，并将数据每小时传输发送至中国环境监测总站（以下简称监测总站），一方面通过网站实时向社会公布，另一方面用于编制全国环境空气质量状况月报、季报和年报，向全国发布。长安子站为全市两个国家直管监测子站之一，由监测总站委托武汉宇虹环保产业股份有限公司进行运行维护，不经允许，非运维方工作人员不得擅自进入。

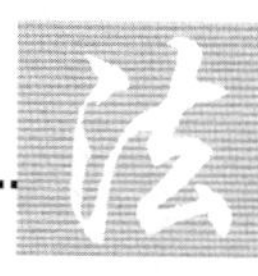

监控视频删除。2016 年 2、3 月间，长安子站每小时的监测数据已实时传输发送至监测总站，通过网站向社会公布，并用于环保部编制 2016 年 2 月、3 月和第一季度全国 74 个城市空气质量状况评价、排名。2016 年 3 月 5 日，监测总站在例行数据审核时发现长安子站数据明显偏低，检查时发现了长安子站监测数据弄虚作假问题，后公安机关将五被告人李某、何某民、张某 1、张某 2、张某勃抓获到案。

本案的裁判理由认为：2011 年 6 月 20 日最高人民法院、最高人民检察院《关于办理危害计算机信息系统安全刑事案件应用法律若干问题的解释》第 11 条规定，计算机信息系统和计算机系统，是指具备自动处理数据功能的系统，包括计算机、网络设备、通信设备、自动化控制设备等。而根据 2016 年 12 月 23 日最高人民法院、最高人民检察院《关于办理环境污染刑事案件适用法律若干问题的解释》（以下简称《2016 年解释》）第 10 条第 1 款的规定，干扰环境质量监测系统的采样，致使监测数据严重失真的行为，属于破坏计算机信息系统。长安子站系国控环境空气质量自动监测站点，产生的监测数据经过系统软件直接传输至监测总站，通过环保部和监测总站的政府网站实时向社会公布，参与计算环境空气质量指数并实时发布。空气采样器是环境空气质量监测系统的重要组成部分。PM10、PM2.5 监测数据作为环境空气综合污染指数评估中最重要的两项指标，因被告人用棉纱堵塞采样器的采样孔或拆卸采样器的行为，必然造成采样器内部气流场的改变，造成监测数据失真，影响对环境空气质量的正确评估，属于对计算机信息系统功能进行干扰，造成计算机信息系统不能正常运行的行为。

本案涉及对破坏计算机信息系统罪的客观行为中干扰一词的解释。这里的干扰通常是指关涉和扰乱，例如干扰他人的生活。因此，干扰一词的字面含义是十分明确的。但在我国《刑法》第 286 条第 1 款规定中，干扰是指采用删除、修改、增加以外的其他方法，破坏计算机信息系统功能，使之不能正常运转。也就是说，对于干扰一词必须在一定的法律语境下加以解读，因此，以干扰为行为方式破坏计算机信息系统行为是以侵入计算机信息系统为前提的。如果没有侵入计

算机信息系统，而是采用外部物理方式干扰计算机信息系统数据的采集行为，就不能认定为破坏计算机信息系统罪。正如我国学者指出："李某、何某民、张某勃等被告人的行为虽然有着'干扰'行为的形式外观，但仅仅只是日常生活语境下的'干扰'。由于被告人的行为并没有直接针对计算机信息系统，也没有导致计算机信息系统无法运行，没有损害保护法益，故对被告人不能适用《刑法》第286条第1款的规定。"[①] 然而，《2016年解释》第10条规定，违反国家规定，针对环境质量监测系统实施下列行为，或者强令、指使、授意他人实施下列行为的，应当依照《刑法》第286条的规定，以破坏计算机信息系统罪论处：(1) 修改参数或者监测数据的；(2) 干扰采样，致使监测数据严重失真的；(3) 其他破坏环境质量监测系统的行为。根据这一规定，即使是采用外部物理方式干扰计算机信息系统数据的采集，致使环境监测数据失真的，也构成破坏计算机信息系统罪。及至2023年8月9日，最高人民法院、最高人民检察院又公布了《关于办理环境污染刑事案件适用法律若干问题的解释》（以下简称《2023年解释》），第11条第2项仍然规定："干扰系统采样，致使监测数据因系统不能正常运行而严重失真的"，这种干扰是指物理干扰，并且是一种外部干扰。

本案的裁判要点认为，环境质量监测系统属于计算机信息系统，这是完全正确的。但将采用物理方法从外部干扰监测，导致监测数据失真的行为认定为破坏计算机信息系统行为，是值得商榷的。我认为，破坏计算机信息系统罪中的破坏行为，应当以侵入计算机信息系统为前提，只有在侵入计算机信息系统的情况下，才能对计算机信息系统采用删除、修改、增加、干扰的方式进行破坏。这里的干扰，是指在计算机信息系统内植入病毒程序等，致使计算机信息系统不能正常运行。而在本案中，被告人用棉纱等物品堵塞环境质量监测采样设备，干扰采样，致使监测数据严重失真。我国学者指出，在解释这里的干扰一词的时候，应当从行为对象和保护法益两方面对其进行限制：一方面，干扰行为必须直接针对

① 江溯：《环境监测中干扰采样行为的刑法定性》，载《政法论丛》，2024 (1)。

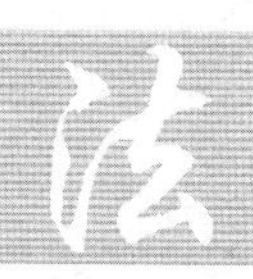

计算机信息系统实施；另一方面，干扰行为必须损害本罪保护法益，造成计算机信息系统无法正常运行，而非仅仅是计算机信息系统的目的无法实现。在以物理方式干扰采样的案件中，行为人的行为针对的是外在于计算机信息系统的样本，而非计算机信息系统本身，因此并不符合干扰行为的对象要求；并且这样的行为也只是导致环境监测设备的目的无法实现，无法反映真实环境中的数据，但环境监测设备本身仍然能够正常运行，能够正确输出更换样本后的相应数值。[①] 因此，外部的物理干扰使计算机数据失真，这其实是一种篡改数据的行为。我国《刑法》并没有一般地规定其为犯罪，至于是否构成破坏计算机信息系统罪，则要根据是否侵入计算机信息系统而确定。例如，司法实践中存在非法删除交通违章信息的行为，这种行为是采用非法侵入计算机信息系统的方法实施的。对于这个行为如何认定，在我国司法实践中存在意见分歧，其中主导性的意见认为应当以破坏计算机信息系统罪论处。对此，最高人民法院研究室《关于对交警部门计算机信息系统中存储的交通违章信息进行删除行为如何定性的研究意见》明确规定："违反国家规定，对交警部门计算机信息系统中存储的交通违章信息进行删除，收取违章人员的好处，应当认定为刑法第二百八十六条第二款规定的对计算机信息系统中存储、处理、传输的数据进行删除的操作，以破坏计算机信息系统罪定罪处罚。"采用外部干扰的方法致使环境空气质量监测数据失真的行为与侵入交警部门计算机信息系统删除交通违章信息的行为之间存在明显的区分：前者并没有侵入计算机信息系统，因而不存在侵害计算机信息系统安全的法益；而后者侵入计算机信息系统，因而具有对计算机信息系统安全的法益侵害性。只有从破坏计算机信息系统罪的保护法益出发，才能对上述两种行为进行科学界分。由此可见，对于我国《刑法》第 286 条规定的破坏计算机信息系统罪中的干扰行为，应当联系其他三种行为进行语境解释。《2016 年解释》和《2023 年解释》都脱离破坏计算机信息系统罪的特定语境，对干扰行为作了宽泛解释，因而有违反

---

① 参见江溯：《环境监测中干扰采样行为的刑法定性》，载《政法论丛》，2024 (1)。

罪刑法定原则之虞。

（三）刑法的言外语境解释

刑法的言外语境因素当然可以列举出不同的种类，我国学者指出："言外语境包括理解和解释时的社会、民族、历史、文化、传统、习俗、社会规范等，它们以不同方式、在不同程度参与了话语意义、文本意义的生成，在法律解释过程中，指导思想、国家政策、社会形势、文化观念、历史传统等会以各种方式参与到法律文本意义的形成过程中。"① 由此可见，刑法的语义解释并不是字典式的对语言文字进行释义，而是处在一定的社会环境中，受到各种因素的影响下，对法律规定进行解释。我国学者在论述言外语境对正当防卫规定解释的影响时指出，2020年9月3日最高人民法院、最高人民检察院、公安部《关于依法适用正当防卫制度的指导意见》及所附判例中6次出现"社会公众的一般认知"的表述，其中在正当防卫的时间条件、明显超过必要限度的认定中出现2次，在所附判例中出现4次。对"社会公众的一般认知"的判断只能依赖于社会文化因素这一言外语境因素。② 在此，我国学者将"社会公众的一般认知"这一言外语境因素提炼出来，并且论述了其在该指导意见中多次出现，由此可见其对正当防卫司法解释的影响。当然，这里的"社会公众的一般认知"本身还是较为抽象的，具体到正当防卫制度在我国成为僵尸条款的现实状况，我们可以挖掘到在正当防卫问题上，社会公众存在的"打架无曲直"观念。同样，日本社会也存在"打架两成败"的习惯法。日本学者指出，日本历史上流传下来对打架的法律规制原则是"打架两成败"，即对打架双方都予以否定的法律和道德评价，各打五十大板。日本学者盐田见对"打架两成败"的法理进行了考察，根据日本1932年大审院昭和七年的判例，实施所谓的打架争斗者的争斗行为具有相互地对于对方同时实施了攻击与防御行为的性质，因此，不能仅仅将其中一方的行为视为不正侵害，而

① 王政勋：《刑法解释的语言论研究》，308页，北京，商务印书馆，2016。

② 参见王政勋：《法教义学与语言分析——基于正当防卫判例研究》，载《中国法律评论》，2022（4）。

将另一方的行为视为单纯的实施防御行为，据此，在打架之际，对于争斗者双方的行为而言，认为不具有想象其成立《刑法》第 36 条的正当防卫之余地的理由也存在于以下这一点：自古以来，在日本就存在“打架两成败”这一格言，打架的争斗者双方的行为不具有相互阻却违法性的性质，因此均处罚两者的行为。① 因此，“打架两成败”的含义是指，对打架不问是非对错，对双方均施加制裁。盐田见将“打架两成败”的法理归结为自力救济的禁止，然而，此后日本判例发生转变。对此，日本学者山口厚指出，判例当初提到了“斗殴各打五十板”，认为就斗殴作为而言没有容纳正当防卫观念的余地，后来则接受学说的批判，认为有必要观察斗殴状况的整体来进行判断，遂转移到了肯定斗殴中有适用正当防卫之余地的立场。② 由此可见，日本社会对于正当防卫的公众认知也是从具有消极色彩的“打架两成败”演变到接受并肯定正当防卫的存在。然而，在我国社会中，“打架无曲直”的观念还具有一定的市场，这对于司法机关在对斗殴与防卫的混淆上具有一定的影响。随着正当防卫制度的激活，法不能向不法让步的观念逐渐建立起来。在这种情况下，正当防卫制度越来越获得社会公众的支持，这也为正当防卫制度的实施奠定了民意基础。由此可见，无论是一种法律制度的施行，还是一个法律条款的解释，都会受到社会因素的影响，因而言外语境解释具有必要性。

三、补正解释

在语言表述中，并不能总是保持内容的正确性和准确性。在某些情况下，也会出现言不达意，或者言与意违的现象，甚至出现表述的歧义性，因而不能获得

---

① 参见［日］盐见淳：《打架与正当防卫》，李世阳译，载陈兴良主编：《刑事法评论》，第 40 卷，284 页，北京，北京大学出版社，2017。

② 参见［日］山口厚：《刑法总论》（第 3 版），付立庆译，132 页，北京，中国人民大学出版社，2018。

正确的语义。正如德国学者魏德士指出："法律是由人制定的。立法者也会犯错误，他们也可能做出明显矛盾的规定或者错误的表达，即使文义'清晰明确'。"① 魏德士形象地把立法者在语言表达上的错误称为"口误"②。如果这种现象发生在立法中，则使解释者陷于两难境地：如果严格按照法律文本的字面含义理解，则结论是明显不能接受的；如果不按照法律文本的字面含义理解，则又会存在违法之虞。这是语义解释中需要面对的一种窘况。正如德国学者指出："对立法所期待的规范内容（规范目的）而言，语言是有歧义的、不确定的传达工具。虽然语义具有重要意义，但是对文字的过分服从（文字崇拜主义）便是一条歧途。"③ 当然，如何确定这种表述错误是一个较为复杂的问题。如果将表述错误的范围界定得过于宽泛，则会出现对法律文本的不适当的背离；反之，则可能陷于法律表述的错误而不能自拔。相对来说，法律表达错误的范围还是应当严格把握。德国学者将这种表述错误称为编辑错误，指出："只有法律条文中存在的编辑错误（Redaktiosfehler），才能不拘泥于可能的语义。"④ 当然，如何在对法律文本的过分服从与合理服从之间画出一条界线，这是十分困难的。

法律文本中的歧误性规定是一种语言表达错误，但它不能等同于法律漏洞。关于法律漏洞，奥地利学者指出，如果在可能的语义范围内解释法律，该法律违反计划地遗漏一个规定，而从整体上来看，法秩序需要这个规定，漏洞得以成立。因此，以现行整个法秩序的标准衡量，漏洞是实在法违反计划的不完整性，即在可能的语义范围内的法律制度有违反计划的不完整性。⑤ 因此，法律漏洞是法律规定的缺失：应当规定而没有规定，所以对法律漏洞需要进行填补。然而，

---

① ［德］伯恩·魏德士：《法理学》，丁小春、吴越译，312页，北京，法律出版社，2013。

② ［德］伯恩·魏德士：《法理学》，丁小春、吴越译，312页，北京，法律出版社，2013。

③ ［德］伯恩·魏德士：《法理学》，丁小春、吴越译，316页，北京，法律出版社，2013。

④ ［德］汉斯·海因里希·耶赛克、［德］托马斯·魏根特：《德国刑法教科书》（上），221页，北京，中国法制出版社，2017。

⑤ 参见［奥］恩斯特·A. 克莱默：《法律方法论》，周万里译，157页，北京，法律出版社，2019。

法律的歧误性规定不是法律规定的漏洞，也就是说不是对某个应当规定的内容没有规定，而是有规定，但这一规定存在歧误。如果严格按照这一规定适用法律，则会违反法律规范目的或者导致谬误的结果。因此，在发生法律规定歧误的情况下，不能完全按照文本的语义进行解释，而是要进行语言上的纠偏，这就需要采用补正解释。正如德国学者指出："法律适用者应当通过解释来纠正或者消除立法者的编撰疏忽和评价矛盾，这个观点反驳了法律适用者应当严格拘泥于文字的观点。"① 正是立法错误的难以避免性，为补正解释留下了用武之地。

在刑法教义学中，补正解释是指刑法的文字表述等发生错误时，统观刑法全文加以补正，以阐明刑法真实含义的解释方法。补正解释是法律解释中的一种较为特殊的解释方法，它是以刑法的文字表述有错误为前提的，由此进行补救性的解释。例如美国学者曾经举过一个十分典型的例子：一条横贯马里布（位于美国洛杉矶西部，是加利福尼亚州的一个城市）的太平洋海岸高速公路沿线有一些路标，上面这样写着："醉酒驾驶者，请拨打 911（DRUNK DRIVER CALL 911）。"设立路标者的本意是：如果你发现一个司机可能是在醉驾，你应该拨打 911 并将此事告知警察，而不太可能是官方想让醉驾的司机自己拨打 911。② 如果这条路标是一个法律，那么，按照字面理解显然不能得出正确的含义，并且路过的司机也都知道这条路标所要表达的真实含义。在这种情况下，对路标内容的理解就不能无条件地遵从文字，而是对路标的文字进行改正，以此获得正确的含义。这样一种对路标的解释，就是补正解释。因此，补正解释是为立法者纠正法律文本的表述错误。那么，在这种情况下，解释者是否就无视法律文本，从而使解释变成了立法了呢？答案是否定的，因为这种法律文本的歧误是人所皆知的，即使是立法者也会同意这种纠正。

---

① ［德］伯恩·魏德士：《法理学》，丁小春、吴越译，313 页，北京，法律出版社，2013。

② 参见［美］安德瑞·马默：《法哲学》（重排本），孙海波、王进译，141 页，北京，北京大学出版社，2024。

关于补正解释之补正只限于法律文本的表述歧误，而不能通过补正的方法去改变法律文本的内容，因此，补正解释只是语义解释中一种十分罕见的解释方法。我国学者认为，对于可以补正的错误，补正解释可以综合运用体系解释、同类解释、当然解释等多种解释方法来弥补刑法的文字、逻辑错误。[①] 对于这一观点，我不能赞同。这里涉及补正解释与其他法律解释方法的区分问题。除了语义解释以外，其他解释方法，例如体系解释、历史解释和目的解释都在一定程度上具有不满足于语义解释的结论，因而在语义之外寻找法律文本的含义。在这个意义上说，这些解释方法都具有一定的补正性质。如果按照这个思路，则所有法律解释方法都可以分为两种，这就是语义解释和补正解释。然而，事实并非如此。语义解释和其他三种解释方法并不是根据功能进行划分的，而是根据法律文本的要素进行划分的，补正解释的补正是一种解释功能，它所纠正的是法律文本中的语言和逻辑歧误，因此它只是从属于语义解释的一种方法，而不能认为是可以综合体系解释等各种方法对法律文本的错误进行纠正的解释方法。

在英美法系中，存在类似于大陆法系的补正解释的方法，这就是所谓法律解释的黄金规则。这里的黄金规则的含义是指：法官可以根据立法意图改变法律用语的字面含义，或者插入一些可以认为是立法意图中必须暗含的意义，或者省略字面含义的某些内容，以免出现荒谬的结论。其具体方法包括：第一，取代（substitution）：法官可以采用取代方法来弥补法律规范的缺陷。所谓取代是指以另外一个词语来代替法律中被认为是使用不当、不符合立法原意的词语，并据以作出解释。例如1955年英国《适航水域油污染法》第1条规定："如果油污从英国船只泄漏于海洋禁区的海域中，船主或船长构成犯罪。"在此，虽然法条中的船主与船长之间用的是连词"或"，但在某案的判决中泄油船只的船主与船长均被判决有罪。被告人向贵族院上诉，贵族院以三比二的多数驳回了上诉。在此，对法条进行解释的客观效果是以"和"取代了"或"。第二，添加：在艾德

① 参见罗翔：《论刑法中的补正解释——以拐卖犯罪为展开》，载《中国刑事法杂志》，2023（3）。

勒诉乔治案中，涉及一项法律用语的理解。在机场附近妨碍机场运行的人构成犯罪，那么，在机场上妨碍机场运行是否有罪呢？法官认为，在机场附近一词必然包含在机场上或者机场附近这两层含义，因此，法官在“在机场附近”一词中添加或插入“在机场上”是必须的，也是合法的。[①] 由此可见，在英美法系国家，对制定法进行解释的时候，也会采用补正解释的方法，以此排除法律文本中的歧误与瑕疵。[②] 正如英国丹宁勋爵所指出的那样，如果立法者自己偶然遇到法律织物上的这种皱褶，他们会设法把它熨平。法官也必须像立法者那样去做，一个法官绝不可以改变法律织物的编织材料，但是他可以也应该把皱褶熨平。[③] 这就是著名的“熨平皱褶”规则，这条规则的核心内容是：法官可以，也应该以他们的善意去弥补法律规范的缺陷。[④] 这里的改变编织材料就是漏洞填补，而熨平皱褶则属于补正解释。由此可见，在填补漏洞和补正解释之间存在明显区分。值得注意的是，我国学者肯定刑法漏洞的概念，并将刑法漏洞分为动态漏洞和静态漏洞。这里的动态漏洞是指社会发展让有限的立法语言出现的缺陷；静态漏洞是指立法者由于疏忽出现了法律语言或逻辑上的错误。我国学者指出：在动态漏洞的情况下，在立法时法律本身没有错误，无法预测未来是人类的局限而非错误，因此，对于超越立法语言最大范围的漏洞就只能通过立法形式予以弥补。在静态漏洞的情况下，可以采用补正解释。[⑤] 动态漏洞和静态漏洞的区分具有一定的新意，但在刑法中采用漏洞一词并不妥当，因为漏洞是指法律应当规定而没有规定。法律漏洞的概念在民法教义学中是可以成立的，并且民法典本身也规定了法

---

① 参见郭华成：《法律解释比较研究》，72～73页，北京，中国人民大学出版社，1993。

② 我国学者认为在乔治非法进入皇家机场案中，法官应当适用当然解释的方法，对法条的字面含义进行扩张解释，将这种行为认定为犯罪。参见杨艳霞：《刑法解释的理论与方法》，228页，北京，法律出版社，2007。

③ 参见［英］阿尔弗雷德·汤普森·丹宁：《法律的训诫》（第二版），杨百揆、刘庸安、丁健译，16页，北京，法律出版社，2011。

④ 参见郭华成：《法律解释比较研究》，75页，北京，中国人民大学出版社，1993。

⑤ 参见罗翔：《论刑法中的补正解释——以拐卖犯罪为展开》，载《中国刑事法杂志》，2023（3）。

律漏洞的填补方法。但在刑法中，基于罪刑法定原则并不存在法律漏洞。那些刑法分则没有规定为犯罪行为的情形，即使是应当处罚而没有处罚，也不能说是刑法漏洞。对于这种情形，虽然刑法分则没有规定，但刑法总则却有规定，这就是法无明文规定不为罪。既然罪刑法定原则已经作了如此明确的规定，怎么还能说存在法律漏洞呢？因此，在刑法教义学中我们应当十分谨慎地使用法律漏洞的概念。

补正解释的适用范围是有限的，它只能纠正法律文本中的语言歧误和逻辑矛盾。这些法律文本的瑕疵并不涉及价值判断，而纯粹是技术性的错误。因为如果是价值判断的正确与歧误，往往是一个公说公有理，婆说婆有理的问题，很难对歧误作出唯一性的判断。因此，补正解释的对象只能是语言歧误和逻辑矛盾，孰是孰非就一目了然，不会发生争执。

言不达意是需要通过补正解释加以纠正的第一种情形。这里涉及言与意的关系问题，言以表意，因而在言和意之间应当具有某种通达性。然而，在某些情况下，法律文本中却会偶尔出现言不达意的现象，对此应当进行补正解释。例如我国《刑法》第 270 条规定的侵占罪，是指将代为保管的他人财物方法占为己有，数额较大，拒不退还的行为。在此，立法机关采用了“代为保管”这一表述。对于这里的保管，可以采用两种解释方法：第一是扩大解释，也就是将这里的保管扩大解释为基于合同关系而合法占有他人财物的状态。因为如果将《刑法》第 270 条的保管仅仅理解为民法中保管关系中的保管，则必然极大地限缩侵占罪的范围，这显然是不合理的。在民法中，合法占有他人财物的状态，除了保管关系以外，还有其他合同关系，例如租赁合同、委托合同、运输合同、承揽合同、承包合同、仓储合同等。在这些民事合同关系中，都存在获得对他人财物的占有并加以保管的状态，因此，对《刑法》第 270 条规定的保管一词就不能拘泥于文字，仅仅解释为保管关系中的保管，而是基于立法目的，解释为基于合同关系合法占有他人财物。这是将保管这个概念作了扩大化的处理，使之能够涵括基于其他合同所形成的对他人财物的占有状态。第二是补正解释，将这里的保管纠正为

占有。在保管的情况下，基于保管关系当然也会获得对他人财物的占有，但就保管和占有这两个概念而言，占有更难准确地描述侵占罪的非占有转移的性质。因为根据财产犯罪教义学，财产犯罪可以分为占有转移的财产犯罪和非占有转移的财产犯罪。占有转移的财产犯罪是指在实施财产犯罪之前，作为财产犯罪标的物的财物处于他人占有的状态，因此财产犯罪的方法主要表现为占有转移，例如盗窃罪，就是采用窃取的方法完成对他人财物的占有转移。非占有转移的财产犯罪是指在实施财产犯罪之前，他人财产已经处在本人占有之中，因而其财产犯罪的方法表现为将处于本人占有之中的他人财物据为己有，即进行非法的支配或者处分。侵占罪就是典型的非占有转移的财产犯罪，因而将《刑法》第 270 条所规定的保管解释为占有是最为恰当合理的。因此，我认为，对保管不应当作扩大解释，而是应当作补正解释，通过补正解释纠正《刑法》第 270 条侵占罪的罪状中“保管”这一言不达意的语言歧误。

逻辑矛盾是需要通过补正解释加以纠正的第二种情形。这里的逻辑矛盾是指不同法条的规定之间互相矛盾。在一部法律中，应当具备一种和谐统一的状态，这就是对法律文本的无矛盾的要求。德国学者指出：无矛盾的要求，适用于每个应该从语句导出更进一步语句的语句体系。[①] 在法律文本中，逻辑矛盾通常表现为不同法条规定之间相互抵牾。在这种情况下，就要在相互矛盾的两个规定中进行选择：确认其中一种规定为正确，对另外一种歧误规定进行补正解释，由此克服这种相互矛盾的状态。那么，如何确定何者正确、何者歧误呢？这就要对两种规定加以分析，通常来说，个别规定要服从于一般规定，因而应当对个别规定进行补正解释。例如我国《刑法》第 63 条第 1 款规定：“犯罪分子具有本法规定的减轻处罚情节的，应当在法定刑以下判处刑罚。”《刑法》第 99 条又规定：“本法所称以上、以下、以内，包括本数。”按照上述两个条款的规定，减轻处罚的在

① 参见［德］英格博格·普珀：《法学思维小学堂——法律人的 6 堂思维训练课》（第二版），蔡圣伟译，147 页，北京，北京大学出版社，2024。

法定刑以下判处刑罚中的以下包括本数，因而判处3年有期徒刑也属于减轻处罚。但这一理解结果并不妥当，这一解释的结果会导致减轻处罚与从轻处罚在某种特殊状态下的重合，因而混淆减轻处罚与从轻处罚之间的关系。因此，我国刑法中的减轻处罚应当解释为判处低于法定刑的刑罚。也就是说，减轻处罚并不包括判处法定最低刑的刑罚，这就是典型的补正解释。那么，在上述情况下，为什么对《刑法》第63条第1款规定采取补正解释，但却尊崇《刑法》第99条的规定呢？因为就这两个法条的关系而言，《刑法》第63条是个别规定，而《刑法》第99条是一般规定，因此，《刑法》第63条第1款的规定要服从于《刑法》第99条的规定。值得注意的是，虽然我国《刑法》第63条第1款关于减轻处罚的规定存在明显的歧误，但立法机关并没有对此加以修正，而是默许了采用补正解释的方法对减轻处罚规定中的逻辑矛盾进行纠正。当然，上述补正解释还是较为简单的，因为所涉及的对以上、以下的解释，其歧误性容易发现和认同。然而，在某些关涉刑法实体内容的法条解释中，对于是否存在逻辑矛盾，以及能否采用补正解释，直接关系到犯罪成立的问题，因而更为复杂。

【案例25】顾某均等人组织偷越国（边）境案①

2002年9月30日，被告人顾某均注册成立了通州市三盟经济技术合作有限公司（以下简称三盟公司）。公司成立后，顾某均等人在明知公司无对外劳务合作经营权和签约权及我国政府与马来西亚无劳务合作关系的情况下，伙同他人擅自招收赴马来西亚的出国劳务人员，收取每人人民币2.8万元至3.5万元不等的费用。江苏省南通市中级人民法院经审理认为：被告人顾某均等人违反国（边）境管理法规，明知三盟公司无对外劳务经营权及我国与马来西亚无劳务合作关系，为牟取非法利益，擅自招收出国劳务人员，以旅游签证的形式，非法组织他们赴马来西亚非法务工，其行为完全符合组织他人偷越国（边）境罪的主客观特

① 参见最高人民法院刑事审判第一庭、第二庭编：《刑事审判参考》，第38辑，北京，法律出版社，2004。

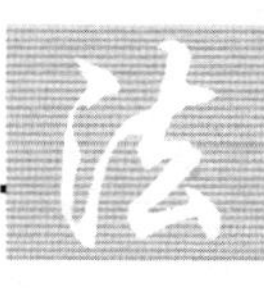

征；且组织人数众多（140余人），其行为已触犯《中华人民共和国刑法》第318条第1款第（2）项，构成组织他人偷越国境罪。一审判决以后，被告人提出上诉。江苏省高级人民法院经审理认为：上诉人王某忠、原审被告人顾某均等人为牟取非法利益，在明知三盟公司无对外劳务经营权及我国与马来西亚无劳务合作关系的情况下，伙同他人，以办理旅游签证的形式，非法大量招收、组织人员赴马来西亚务工，其行为严重破坏了国家对国（边）境的正常管理秩序，其行为已构成组织他人偷越国（边）境罪，且多次组织他人偷越国境，人数众多，应依法惩处。

本案的争议焦点在于：以旅游名义骗取出境证件，非法组织他人出境劳务是否构成组织他人偷越国（边）境罪？对此，在本案审理过程中存在三种不同意见：第一种意见认为，本案被告人的行为不构成犯罪。此又分为两种不同的观点：一种观点认为所谓偷越，是指使用伪造、变造的假证件在设关处越境，或在不设关处秘密越境。本案中，被告人所组织的成员均持真实有效的出国证件，经国家边防检查部门依法验证后出国，并非偷渡，所以被告人客观上无组织他人偷越国（边）境的行为，主观上亦无组织他人偷越国（边）境的故意，其行为不为罪。另一种观点认为，被告人以“合法”的形式掩盖非法的目的，组织他人在马来西亚打工，非法逗留在国外，其行为属组织他人偷越国（边）境的行为。但本案中两被告人的行为属职务行为，其责任应由所在单位三盟公司承担，而根据《刑法》的规定，组织他人偷越国（边）境罪的主体为自然人，所以对三盟公司不能认定为犯罪，更不应追究两被告人的刑事责任。第二种意见认为，被告人的行为构成骗取出境证件罪。因为从立法上看，骗取出境证件实质上是组织他人偷越国（边）境行为的一种特殊情况，两者为特殊与普通的关系。本案被告人以出境旅游为名，弄虚作假，骗取出境签证，为组织他人非法出境打工使用，其行为符合骗取出境证件罪的构成特征，应以骗取出境证件罪定罪处罚。第三种意见认为本案应以组织他人偷越国（边）境罪定罪。因为三盟公司成立的目的是非法组织劳务出境，公司成立之后又实际实施了该行为，根据相关司法解释的规定，两

被告人的行为应认定为个人行为而非单位行为。另外，掩盖真实意图，骗取出境证件，以“合法”形式出境，属偷越的行为。所以，本案中被告人用骗取的旅游签证，以“合法”的形式组织他人非法出境打工，构成组织他人偷越国（边）境罪。两罪间为吸收关系，根据高度行为吸收低度行为的原则，应以组织他人偷越国（边）境罪定罪。

本案之所以存在争议，与对《刑法》第318条组织他人偷越国（边）境罪、第319条骗取出境证件罪和第322条偷越国（边）境罪的规定相关联。从上述三个法条内容来看，第322条偷越国（边）境罪是基础性规定，而第318条组织他人偷越国（边）境罪是以偷越国（边）境罪为内容的，只有被组织者的行为构成偷越国（边）境罪，其组织行为才能成立组织他人偷越国（边）境罪。在某种意义上说，组织他人偷越国（边）境罪是偷越国（边）境罪的共犯形态，只不过刑法将组织者与被组织者的行为分别设立罪名，并对组织他人偷越国（边）境的主犯行为设置了远远高于偷越国（边）境罪的法定刑。偷越国（边）境行为的特征是无证出入境，或者使用伪造、变造和无效的证件出入境。因此，如果被组织者的行为不符合偷越国（边）境罪的特征，那么，组织者的行为也不可能构成组织他人偷越国（边）境罪。然而，《刑法》第319条规定的骗取出境证件罪的构成要件行为是：“以劳务输出、经贸往来或者其他名义，弄虚作假，骗取护照、签证等出境证件，为组织他人偷越国（边）境使用。”在这一规定中，骗取出境证件是本罪的构成要件行为，而劳务输出、经贸往来或者其他名义，弄虚作假则是欺骗的手段，为组织他人偷越国（边）境使用则是骗取出境证件的主观目的。由此可见，《刑法》第319条对骗取出境证件罪作了某些限制，只有将骗取的出境证件用于组织他人偷越国（边）境才能构成本罪。这样就带来一个逻辑问题，即从上述规定可以推导出使用骗取的出境证件可以构成偷越国（边）境罪，由此而扩张了偷越国（边）境罪的范围。在这种情况下，形成了《刑法》第319条与《刑法》第322条之间的矛盾。

这里首先需要研究的是这种矛盾是否存在，对此，本案的裁判理由指出：

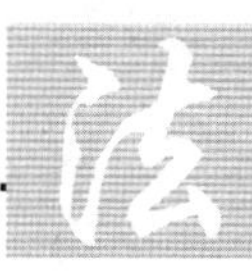

“行为人‘骗证出境’，本质上不具备合法出境资格，不能出境，但为达到出境目的，隐瞒真实意图，骗取出境证件出境。此时，行为人出境证件的取得是非法的，出境资格是虚假的，行为人借此出境，无异于以欺骗手段越境，该越境行为当然侵犯到了国家国（边）境管理秩序，属非法越境。”上述裁判理由将非法越境解释为以骗取的出境证件出境，由此进一步论证骗取出境证件而出境的行为构成偷越国（边）境罪。那么，非法越境与偷越国（边）境这两个概念能够等同吗？这里的非法越境，准确地表述是非法出境。偷越国（边）境当然是非法出境，但反之则不然，也就是说，非法出境不能等同于偷越国（边）境。因为非法出境的范围较为宽泛，包括各种不符合出境条件而出境的情形。在某种意义上说，使用骗取的出境证件出境也可以说是一种非法出境的情形。但偷越国（边）境则是非法出境中的一种严重情形，它是属于无证出境，骗取出境证件而出境则属于有证出境，因此，无证出境与有证出境之间存在性质上的区别。由此可见，《刑法》第319条将骗取出境证件行为规定为犯罪并无问题，但在罪状表述中，将骗取出境证件罪的主观目的限制在为组织他人偷越国（边）境使用，却在无意中扩张了偷越国（边）境行为的含义，因而连带地将使用骗取出境证件而使用的行为认定为偷越国（边）境罪，从而将组织他人使用骗取证件出境的行为认定为组织他人偷越越国（边）境罪。这种不经意间的表述而影响其他犯罪的构成要件的内容，确实是立法不慎造成的结果。那么，对于上述法条之间的矛盾如何处理呢？对此，我国学者主张采用目的解释方法，指出：“从目的解释来看，刑法分则第六章第四节规定了妨害国（边）境管理罪、组织他人偷越国（边）境罪、偷越国（边）境罪与骗取出境证件罪，侵害的法益都是国（边）境管理秩序，而我国的国（边）境管理法规规定，公民在申请出入境证件时，申请理由必须真实、合法。组织他人使用以旅游、经贸往来等虚假理由骗取的出入境证件进出国（边）境的侵犯了国（边）境管理秩序，符合本罪的目的。”[①] 我认为，这一目的

① 苏彩霞：《刑法解释方法的位阶与运用》，载《中国法学》，2008（5），107页。

解释以使用骗取的出入境证件而出入境的行为与偷越国（边）境行为一样，都侵犯了国（边）境管理秩序为由，将前者解释为后者，是难以成立的。正如我们不能以故意杀人罪与过失致人死亡罪都侵犯了他人的生命权为由而将后者解释为前者一样。我认为，还是要作法内解释而不应作法外解释。更为重要的是，目的解释只能是在语义范围内，根据规范目的进行解释，但使用骗取的证件出境行为，并不符合偷越国（边）境罪的构成要件。如果将使用骗取的证件出境的行为解释为偷越国（边）境罪，则不是目的解释，而是目的性扩张，这是一种基于规范目的的实质推理，从根本上违反我国刑法中的罪刑法定原则。在这一点上，我国学者张明楷的解释径路更为可取。这里实际上存在两个需要厘清的问题：

第一是对于《刑法》第 319 条骗取出境证件罪中的“为组织他人偷越国（边）境使用”如何理解？对此，我国学者指出：“‘为组织他人偷越国（边）境使用’，应属于责任要素。如果将其解释为客观的构成要件要素，那么，该条就没有存在的必要，也无法处理本罪与组织他人偷越国（边）境的关系。因为如果要求行为人将骗取的出境证件已经用于自己或者第三者组织他人偷越国（边）境，那么，骗取出境证件的行为就基本上丧失了独立的意义。因此，一方面，行为人出于组织他人偷越国（边）境的目的，采取上述手段骗取了护照、签证等出境证件，实际上还没有用于组织他人偷越国（边）境的，既是组织他人偷越国（边）境罪的预备犯，也是骗取出境证件罪的既遂犯，应认定为骗取出境证件罪。另一方面，偷越国（边）境的组织者以外的行为人实施本罪行为的，既是组织他人偷越国（边）境罪的帮助犯，也是骗取证件罪的正犯，应认定为骗取出境证件罪。”① 因此，对于骗取证件罪来说，组织他人偷越国（边）境使用属于超过的主观要素。换言之，骗取出境证件罪属于目的犯，本罪的成立并不以他人实施组织他人偷越国（边）境而使用的行为为必要。

第二是使用欺骗手段取得的出境证件出境，是否属于使用无效证件出境？对

① 张明楷：《刑法学》（下・第六版），1460 页，北京，法律出版社，2021。

此，我国学者持否定的态度，理由在于："一方面，在行为人通过一定程序取得了出境证件后，即使是采取弄虚作假的手段取得的出境证件，也只有经过相应权威机构的确认，才能宣布为无效证件，不能随意将骗取的签证视为无效证件。另一方面，对出境所要求的出境证件，进行形式的判断即可，不必进行实质审查。况且，从现实情况来看，由于签证种类繁多、签证手续过于复杂，人们为顺利取得签证，又为了减少麻烦，或多或少会使用某种欺骗手段。如果将使用类似一定欺骗手段取得签证并出境的行为认定为偷越国（边）境，必然造成打击面过宽的局面，不符合我国的刑事政策。"[①] 因此，不能将骗取出境证件而使用的行为解释为偷越国（边）境。确实，无论是从法律解释上还是从刑事政策上来看，使用骗取的出入境证件而出入境的行为都不应解释为偷越国（边）境。对此，我是持完全赞同态度的。

上述解释虽然能够解决一部分问题，但还是不能从根本上消除《刑法》第319条与第322条之间的矛盾，因为根据《刑法》第319条，实际上已经把骗取出境证件而使用的行为间接地规定为偷越国（边）境罪。在这种情况下，为消除上述法条之间的逻辑矛盾，我认为应当采用补正解释的方法进行处理。通过上述理论分析，偷渡只能是指非法偷越国（边）境，只要出境证件合法就不存在偷渡问题。因此，使用骗取的出境证件出境，需要惩罚的是骗取行为，不能由此否认出境的合法性。既然出境是合法的而不是偷越国（边）境，组织者当然也就不存在构成组织他人偷越国（边）境罪的问题。如前所述，补正解释是指刑法的文字表述等发生错误时，统观刑法全文加以补正，以阐明刑法真实含义的解释方法。因此，补正解释的根据并不在于法律文本的规定，恰恰是在法律语言表达存在歧误情况下的一种补救措施。显然，补正解释是法律解释中的一种极为特殊的解释方法，它是以刑法的文字表述有错误为前提的。在刑法解释中，补正解释应当慎用，尤其应当受到罪刑法定原则的限制。补正解释不能入罪，即不能将法无明文

---

① 张明楷：《刑法学》（下·第六版），1460～1461页，北京，法律出版社，2021。

规定的行为通过补正解释而认定为犯罪。正如我国学者指出："刑法学中的补正解释的核心结束在于'正'，而不是在于'补'，即在于纠正刑法的文字表述错误与体系安排错误，以阐明法条的真实含义，而不是将刑法没有明文规定的'犯罪'补充解释为犯罪，否则便违反罪刑法定原则。"[①] 补正解释的适用需要解决三个问题，下面对《刑法》第 319 条中的"为组织他人偷越国（边）境使用"一语的补正解释进行阐述。[②]

（一）补正解释的适用前提

补正解释是以法律规定存在文字表述上的错误为前提的，无此前提则无补正解释。立法者不是神而是人，人就难免犯错误，因此法律规定之存在错误是在所难免的。正如我国台湾地区学者林山田指出："刑法因其本质上之不完整性，故在刑法本质即存有为数甚多之漏洞。况且，刑法对于可罚行为仅就点而非就面设定处罚规定，为数甚多之社会有害行为中，只有一些典型的不法行为，始经由刑事立法而成为科处刑罚的犯罪行为。此外，刑法并非就一个系统结构设计而成的法律，而是以道德规范为根源，逐渐进展而成的。因此，刑法的规定，必然存在漏洞。"[③] 法律漏洞在某种意义上说就是立法上的错误，当然，这种错误的情形是十分复杂的。在一般情况下，立法的错误只能通过立法加以纠正或者弥补，对于刑法来说尤其如此。在民法或者其他法部门，法官可以采用类推解释等方法加以补充。例如，我国学者梁慧星在论及法律漏洞补充方法时指出："当法律被认定为存在漏洞时，即须对法律漏洞进行补充。其补充方法，可大别为三：其一，依习惯补充；其二，依法理补充；其三，依判例补充。其中，在法解释学上最具重要性的，当然是第二类依法理补充。"[④] 在刑法中，法律漏洞，如果是实质性的漏洞，一般是不能通过法律解释加以补充的，因为它受到罪刑法定原则的限

① 张明楷：《刑法分则的解释原理》（上册），106 页，北京，高等教育出版社，2024。

② 参见陈兴良：《判例刑法学》（上卷·第三版），85～90 页，北京，中国人民大学出版社，2024。

③ 林山田：《刑法通论》（上册·增订十版），88 页，北京，北京大学出版社，2012。

④ 梁慧星：《民法解释学》（第五版），228 页，北京，法律出版社，2022。

制。但如果这种漏洞是文字表述上的，则自然可以通过补正解释加以弥补。关键问题在于：这种文字表述上的错误是否存在？我认为，文字表述上的错误是否存在应当采用语言学和逻辑学的判断标准。从语言学上来说，当法律条文中存在编辑错误（Redaktiosfehler）时，可以进行校正。[①] 从逻辑学上来说，当根据法律条文的字面意思加以理解时会发生逻辑上的错误，亦应认为存在文字表述上的错误。就《刑法》第319条而言，如果将骗取出境证件罪的目的"为组织他人偷越国（边）境使用"理解为使用骗取的合法证件出境的行为也是偷越国（边）境，并以此界定《刑法》第318条组织他人偷越国（边）境罪、《刑法》第321条运送他人偷越国（边）境罪和《刑法》第322条偷越国（边）罪，则明显不符合逻辑，由此可以认定为文字表述上的错误。

（二）补正解释的适用范围

法律规定的文字表述上的错误是否能够通过补正解释方法加以纠正？我认为并非所有法律规定的文字表述上的错误都可以通过补正解释方法加以纠正。因此，只有在法律规定的文字表述上的错误可以通过补正解释加以纠正的情况下，才能采用补正解释。那么，《刑法》第319条的规定在文字表述上的错误能否通过补正解释加以纠正呢？我认为是可以的。这种纠正方法就是将"为组织他人偷越国（边）境使用"理解为骗取出境证件是为非法移民或者非法劳务输出使用，但并不认为使用这些证件出境的行为是偷越国（边）境，也不把组织使用这些证件出境的行为界定为组织他人偷越国（边）境。

（三）补正解释的正当根据

补正解释应当符合刑法的真实含义。这里的真实含义是指刑法的合理含义，因此，补正解释必须具有正当合理根据。对《刑法》第319条中的"为组织他人偷越国（边）境使用"一语进行补正解释之所以是正当的，主要理由在于：这种

① 参见［德］汉斯·海因里希·耶赛克、［德］托马斯·魏根特：《德国刑法教科书》（上），徐久生译，221页，北京，中国法制出版社，2017。

补正解释符合刑法修订的意思。1994 年全国人大常委会《关于严惩组织、运送他人偷越国（边）境犯罪的补充规定》曾将骗取出境证件为组织他人偷越国（边）境使用的行为规定为以组织他人偷越国（边）境罪论处。在这种情况下，立法者把骗取出境证件的行为作为组织他人偷越国（边）境罪的共犯以该罪论处。因此，“为组织他人偷越国（边）境使用”就成为构成共犯的必要条件，由此而确立了使用骗取合法证件出境也是偷越国（边）境的逻辑。但 1997 年刑法修订时，已经将骗取出境证件罪从组织他人偷越国（边）境罪中分离出来单独成罪。为什么作出此种修订，立法者并未说明理由，立法者只是指出：“本条规定的主要内容，全国人大常委会《关于严惩组织、运送他人偷越国（边）境犯罪的补充规定》已有规定，本条作了适当修改后纳入新刑法。”① 而有些学者在论及骗取出境证件罪与组织他人偷越国（边）境罪的界限时指出：“两者在主观上都是以组织他人偷越国（边）境为目的；在客观上骗取出境证件罪是明知他人组织偷越国（边）境而给其提供证件，实际上是组织他人偷越国（边）境的共犯行为。因此，《关于严惩组织、运送他人偷越国（边）境犯罪的补充规定》第 2 条对这种行为规定按照组织他人偷越国（边）境罪处罚。1997 年修订刑法时，考虑到骗取出境证件，为组织他人偷越国（边）境使用的行为，与组织他人偷越国（边）境罪无论在客观方面还是其社会危害性都有一定的差别，因而决定单列罪名，修订的刑法施行后，对于明知他人组织偷越国（边）境介绍其提供出境证件的行为就不能再以组织他人偷越国（边）境罪处罚了；但是，如果骗取证件行为人同时还实施了其他组织行为的，对行为人则应以组织他人偷越国（边）境罪定罪处罚。”② 这段话虽然就将骗取出境证件行为单独列罪的理由作了一定的论述，但仍然语焉不详。我认为，刑法将骗取出境证件行为单独设罪表明立法者对该行为的评价已经不同于上述补充规定，而是将之作为一种独立的妨害国（边）境管

① 胡康生、李福成主编：《中华人民共和国刑法释义》，451 页，北京，法律出版社，1998。

② 周道鸾、张军主编：《刑法罪名精释》，3 版，632 页，北京，人民法院出版社，2007。

理的行为，这是完全正确的，但在文字表述上，仍保留了补充规定中的“为组织他人偷越国（边）境使用”一语，以至于使人误解为使用骗取的合法证件出境的行为也是偷越国（边）境行为。将该用语理解为文字表述上的错误，对其进行补正解释，与刑法修订的意思是相符的。而且，我国国（边）境管理制度已经随着社会发展进行了某些政策调整，这些政策调整措施必将影响到对刑法的解释。随着护照申请的逐渐放宽，由审批制改为申领制，尤其是护照申领与出境的分离，骗取护照的行为会逐渐减少。至于骗取签证，出境的签证是入境国（地区）有关机构签发的，这种行为侵犯的是外国或地区的入境制度，是否侵犯我国国（边）境管理制度都是值得质疑的。在这种情况下，将为组织他人非法移民而骗取出境证件的行为单独予以惩罚即可，不应构成组织他人偷越国（边）境罪，更不能由此将使用骗取的合法证件出境的行为界定为偷越国（边）境罪。

第三节　缩小解释的适用

语义解释在一般情况下，是根据通常语义对法律文本进行解释。这里的通常语义是指语言在日常生活中的含义。在语义解释中，基于法律文本的特定内容，可以采用小于通常语义的解释，这就是缩小解释所要解决的问题。

一、缩小解释的含义

缩小解释，又称为限缩解释或者限制解释，是指对法律文本的语义作出小于其通常语义的解释的方法。缩小解释是相对于平义解释而言的，平义解释是揭示法律文本规定的通常语义，而缩小解释则是以通常语义为基准，对法律文本的语义加以限制。由于这种限制并没有超越法律文本的语义范围，因而仍然属于语义解释的范畴。

缩小解释在司法实践中是较为常见的解释方法，通过缩小解释可以使法律文本的含义更为合理。当然，由于缩小解释在一定范围内限缩了法律条文的通常语义，因而容易引起争议。因为在绝大多数情况下，人们都是按照法律条文的通常语义进行理解的，因而在何种条件下、根据何种理由对法律条文的语义加以缩小，这是一个值得考虑的问题。

【案例 26】郗某菲等盗窃案①

2016 年 11 月 10 日，被告人林某驾驶车牌号为陕 A8L×××的轿车载着被告人郗某菲、李某共同前往网吧盗窃。林某驾车在外接应，郗某菲、李某进入网吧窃得手机 1 部。后三人又于 11 月 14 日、22 日，采取相同方式先后在其他网吧盗窃手机 2 部。以上手机价值共计人民币 9 041 元。2016 年 11 月 18 日、25 日、29 日，被告人郗某菲、李某伙同被告人蒋某超采取上述方式，由蒋某超驾驶车牌号为陕 AZ2×××的轿车接应，郗某菲、李某进入网吧实施盗窃，先后在陕西省西安市灞桥区、经济技术开发区等地网吧窃得手机 4 部，价值共计人民币 12 097 元。

陕西省西安市长安区人民法院于 2017 年 10 月 23 日作出（2017）陕 0116 刑初 296 号刑事判决：被告人郗某菲犯盗窃罪，判处有期徒刑 2 年，并处罚金人民币 18 000 元；被告人李某犯盗窃罪，判处有期徒刑 1 年 8 个月，并处罚金人民币 15 000 元；被告人蒋某超犯盗窃罪，判处有期徒刑 1 年 1 个月，并处罚金人民币 9 000 元；被告人林某犯盗窃罪，判处有期徒刑 1 年，并处罚金人民币8 000 元；涉案车牌号为陕 A8L×××的轿车、陕 AZ2×××的轿车系作案工具，依法予以没收（其他判项略）。宣判后，林某、蒋某超不服，提出上诉。陕西省西安市中级人民法院于 2017 年 12 月 17 日作出（2017）陕 01 终 911 号刑事判决，

① 参见陈兴良、张军、胡云腾主编：《人民法院刑事指导案例裁判要旨通纂》（下卷·第三版），1331～1332 页，北京，北京大学出版社，2024。

撤销陕西省西安市长安区人民法院（2017）陕 0116 刑初 296 号刑事判决书第（4）项，即“涉案车辆陕 A8L×××小轿车、陕 AZ2×××小轿车系作案工具，依法予以没收，由西安市公安局长安分局予以执行，上缴国库；作案工具铁丝钩两根、手套一个，予以没收。”改判“作案工具铁丝钩两根、手套一个，予以没收”。维持其他判项。

在本案审理过程中，存在的争议问题是：《刑法》第 64 条规定的“供犯罪所用的本人财物”如何认定？对此，存在两种意见：第一种意见认为，被告人蒋某超等人在盗窃犯罪中分别驾驶车辆多次到网吧实施盗窃，并在盗窃完成后作为逃离工具，应认定为“供犯罪所用的本人财物”。第二种意见认为，被告人蒋某超等人在盗窃犯罪中驾驶的车辆虽然起到了载人到达和逃离犯罪现场的工具作用，但该车之上设定有其他合法抵押权，且该车并非蒋某超为盗窃犯罪而购买。对此，本案裁判理由认为：对《刑法》第 64 条规定的应当予以没收的“供犯罪所用的本人财物”，应结合财物与犯罪的关联程度、是否损害他人合法民事权利等因素，综合衡量财物价值与犯罪情节的相当性作出认定。主要根据如下：

第一，供犯罪所用的财物应是与犯罪有经常性或密切性联系，对犯罪实施具有重要作用的财物。对于“供犯罪所用”的理解认识，按照文义解释方法，即为犯罪而使用的财物。从广义范围而言，所有在犯罪预备、犯罪实行过程中使用的与犯罪有联系的财物都包含在上述范围内。照此逻辑，犯罪中被告人实际使用的与犯罪没有必然联系的生活必需品或日常用品，如穿着的衣服、鞋袜也都属于“供犯罪所用”，如果予以没收，显然有违常情常理，会引发法律评价与社会经验的冲突问题。按照法律解释方法理论，在文义解释出现问题时，就需要采用文理解释方法，从立法本意和法律精神去把握条文的内涵和外延。《刑法》之所以规定将“供犯罪所用的本人财物”予以没收，主要目的是特殊预防、剥夺被告人再犯能力，当然实际上也会产生一定惩罚效果。基于对没收“供犯罪所用的本人财物”这一行为的目的、性质的分析，因而在认定“供犯罪所用的本人财物”时主要应从财物与犯罪的关联性方面去把握，需要考量财物对于犯罪的作用大小、联

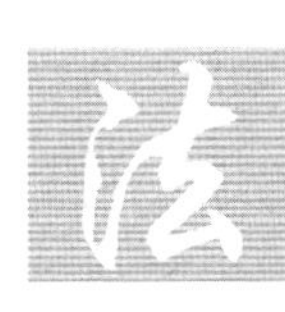

系紧密程度等因素。对于专门用于犯罪的财物应认定为供犯罪所用没有争议。对于非专门用于犯罪的财物，可从以下两个方面去判断：其一，财物与犯罪应该存在直接或者密切联系。所谓直接联系就是该财物对犯罪行为或结果的发生起到决定或者直接作用，或者说该财物是实施或者完成犯罪行为的必要条件或重要条件，比如在运输毒品犯罪中的轿车，就与犯罪有着直接联系；所谓密切联系，即财物和犯罪存在经常性的联系，财物经常用于犯罪，反复使用。其二，被告人有将财物用于犯罪的主观认识。《刑法》第64条虽未限定没收“供犯罪所用的本人财物”必须发生在故意犯罪中，但从文义解释来看，供犯罪所用是被告人在主观上对财物用于犯罪有明确的认识，继而积极主动地在犯罪中使用该财物。由于过失犯罪中，被告人对犯罪实施缺乏主动性，对犯罪目的实现也没有积极追求，对于财物在犯罪中的使用缺乏主动性和明确认识，故所涉财物不属于应当没收的情形。本案中，被告人蒋某超、林某的轿车的主要用途为家庭生活和工作，没有连续性或者长期性用于实施盗窃犯罪，故不属于专门用于犯罪的财物。同时，该轿车只是交通工具，并非盗窃犯罪实施的必要条件或者重要条件，故不应认定为供犯罪所用。

第二，没收的财物应为本人所有且予以没收对第三人的合法权利不会构成损害。按照文义解释，本人财物就是指被告人进行犯罪活动所使用的属于其本人所有的财物。但随着经济社会的快速发展，财产流转日益频繁，权利主体多元化，权利内容呈现多层次性和交叉性。一个财物可能同时存在叠加的多项权利，因此，在作出没收供犯罪所用的本人财物判决时，仅审查被告人本人是否对该财物具有所有权尚不全面。对本人财物的认定，不仅要对被告人是否具有所有权进行审查，还应注意予以没收是否会损害第三人合法权利。本案中，被告人蒋某超、林某的轿车涉及夫妻财产共有关系和银行的抵押权，如果刑事判决不顾上述情况简单予以没收，割裂了刑民关系，必然侵害合法民事权利，有损法律的统一性和严肃性。

第三，应坚持相当性原则，衡量拟没收财物的价值是否与犯罪的危害性相

当。对供犯罪所用的财物予以没收，虽然不属于我国刑法所规定的法定刑罚种类，但并不能否定其所具有的惩罚性效果。因此，在认定是否属于应当没收的供犯罪所用的财物时，应坚持相当性原则，根据罪刑相一致的基本原则进行衡量，如果拟没收的财物价值明显超过犯罪危害性质和危害程度所对应的应受惩罚程度，说明没收会与社会基本认知和普遍价值判断产生冲突，反向证明没收的不合理。

上述案例主要是围绕着如何解释我国《刑法》第64条规定的供犯罪所用的本人财物而展开的，这是一个语义解释的问题。应该说，从字面分析，这一规定的含义是容易理解的。这里涉及两个关键词：本人财物和供犯罪所用。本人财物的含义排除了他人财物，当然，对于共有财物能否认定为这里的本人财物，如果认定，那么是按照份额认定还是按照比例认定？这些问题还需要进一步明确。但困难的问题还是在于如何认定供犯罪所用的财物：如果按照平义解释，则只要是在犯罪过程中作为犯罪工具使用的都属于供犯罪所用的财物。在本案中，被告人在实施盗窃时，将两辆轿车作为交通工具使用，符合供犯罪所用的财物的特征，因此，一审判决就是按照平义解释理解供犯罪所用的财物，因而将两辆轿车予以没收。但二审判决则认为供犯罪所用的财物应是与犯罪有经常性或密切性联系，对犯罪实施具有重要作用的财物；同时还要考虑没收财物的价值与犯罪的危害性的相当性。这就是对供犯罪所用的财物作了某种程度的限缩解释，但仍然在这一用语的语义范围之内，因而属于缩小解释。二审判决根据对供犯罪所用的财物的缩小解释，认为一审判决对两辆轿车的没收不当，予以纠正。可以说，本案是缩小解释的一个适例，对于正确理解供犯罪所用的财物具有重要参考价值。

通过以上论述，可以看出，缩小解释之缩小的衡量标准是通常语义，也就是说，通过缩小解释所获得的语义要小于通常语义。通常语义是更被公众所理解与接受的，因此，缩小解释的结论必须具有合理性和正当性，才能在刑法教义学中采用。值得注意的是，我国台湾地区学者将核心语义作为缩小解释的衡量标准，指出："缩小解释，是指法律规定之文义，过于广泛，限缩法文之意义，局限于

核心，以期正确适用而言。”[①] 这里的核心语义是相对于边缘语义而言的，从逻辑上说，核心语义范围小于边缘语义，因而将语义从边缘缩小为核心，似乎符合缩小解释的特征。但对法律规定进行解释的时候，在一般情况下并不是采用核心语义，因此以核心语义作为缩小解释的衡量标准并不可行。只有以通常语义作为缩小解释的标准才合理。就此而言，不能将语义限制在核心语义作为缩小解释的含义，而是应当把小于通常语义作为缩小解释的内容。例如，我国《刑法》第111条规定的为境外窃取、刺探、收买、非法提供国家秘密、情报罪中的情报一词，它的通常含义是包括国家掌握的、尚未公开或者依法不应公开的各种事项。对于情报的范围，法律并未作出具体规定，在司法实践中要根据具体案件作具体分析，从严掌握。不能把所有未公开的内部情况，都列入情报的范围，以免扩大打击面。[②] 在这种情况下，2001年1月17日最高人民法院《关于审理为境外窃取、刺探、收买、非法提供国家秘密、情报案件具体应用法律若干问题的解释》第1条第2款将其解释为：“关系国家安全和利益、尚未公开或者依照有关规定不应公开的事项。”上述司法解释将这里的情报作了缩小解释，将其范围限于关系国家安全和利益的情报，而将与之无关的其他情报排除在外，由此限缩了本罪的范围，这是完全正确的。由此可见，在界定缩小解释的时候，应当以通常语义为限缩的衡量标准，而不能以核心语义为限缩的衡量标准。

二、缩小解释的性质

关于缩小解释的性质，我国学者指出：“缩小解释和扩大解释一样，只是一种解释结果，而非一种具有说服力的、独立的解释方法。本身不能说明为何要对法条文字做出缩小解释，它必须要运用历史解释、体系解释和目的解释的方法去

① 杨仁寿：《法学方法论》（第二版），151页，北京，中国政法大学出版社，2013。

② 参见陈兴良、刘树德、唐志威编：《注释刑法全书》，381页，北京，北京大学出版社，2022。

说明其存在的正当性。”[①] 根据这一观点，缩小解释，根据其根据，可以分为基于体系的限制、基于立法意图的限制和基于目的的限制这三种情形，它们分别属于体系解释、历史解释和目的解释。在这种情况下，缩小解释就没有其独立存在的余地。我认为，这种对缩小解释的理解并不正确，这里涉及缩小解释的正当性根据问题。如前所述，缩小解释是相对于通常语义解释而言的，它们都是在法律文本的语义范围之内进行解释，因而不同于超出法律文本语义范围的目的解释。体系解释的功能主要是消除法律规范中的逻辑矛盾，向着化解自相矛盾或相互冲突的方向去解释法律。[②] 所以，缩小解释和体系解释在功能和内容上都有所不同。至于历史解释是根据立法资料和法律演变历史探寻法律文本的含义，它也不同于缩小解释。综上所述，我认为缩小解释是语义解释的一种特殊方法，应当归属于语义解释的范畴，不能将其界定为是综合采用目的解释、体系解释和历史解释等方法对法律文本进行解释，由此得出限缩性结论的一种情形，否定其是一种独立的解释方法。

三、缩小解释的界定

在理解缩小解释的时候，应当将缩小解释与目的性限缩加以区分。目的性限缩是目的解释的一种情形，它与缩小解释的区分反映了规范目的与规范文义之间的复杂关系。在通常情况下，规范目的与规范语义具有一致性：规范文义正好完美地体现了规范目的，但在某些情况下，规范目的与规范文义并不一致。正如德国学者指出：“按照语义解释的目的使人们看到规范的最大适用范围。不过，根据其条文，规范常常包含了规范目的不应当包含的生活事实。在这种情况下，忠实于文字的规范适用可能导致结果与法律所追求的目的相反。目的性限缩与明确

① 王凯石：《刑法适用解释》，246页，北京，中国检察出版社，2008。

② 参见车浩：《法教义学与体系解释》，载《中国法律评论》，2022（4）。

的条文相背。在这里，规范目的相对于规范文本的优先地位明显。重要的是这样的认识：目的性限缩不是修正规范目的，而是通过修正文义来实现规范目的。”①因此，缩小解释与目的性限缩的相同之处在于：都是对法律文本进行限制解释，因而都在一定程度上限制了犯罪成立范围。但两者存在根本区别则在于缩小的程度：作为语义解释的一种，缩小解释是在法律文本的语义范围内对文本内容进行限缩。例如，对情报进行缩小解释以后，其语义仍然处在情报的范围内，只不过要比情报的通常语义范围小。然而，在目的性限缩的情况下，则限缩的范围已经完全超出了法律文本的内容。例如我国《刑法》第293条采取列举的方式，将下列行为规定为寻衅滋事罪：（1）随意殴打他人，情节恶劣的；（2）追逐、拦截、辱骂、恐吓他人，情节恶劣的；（3）强拿硬要或者任意损毁、占用公私财物，情节严重的；（4）在公共场所起哄闹事，造成公共场所秩序严重混乱的。在此，立法机关对寻衅滋事罪的主观动机并没有规定。当然，基于历史解释，寻衅滋事罪是从1979年刑法的流氓罪分解而来，流氓罪具有流氓动机，因而同时要求寻衅滋事罪具有滋事动机。与此同时，对于寻衅滋事罪还可以采用目的性限缩的解释方法，要求其具有滋事动机。2013年7月15日最高人民法院、最高人民检察院《关于办理寻衅滋事刑事案件适用法律若干问题的解释》第1条规定：“行为人为寻求刺激、发泄情绪、逞强耍横等，无事生非，实施刑法第二百九十三条规定的行为的，应当认定为‘寻衅滋事’。”这里的为寻求刺激、发泄情绪、逞强耍横等，无事生非，就是对滋事动机的规定，这也可以说是一种目的性限缩。在这种情况下，《刑法》第293条对寻衅滋事罪并没有规定滋事动机，但前引司法解释却将该动机规定为本罪的主观违法要素，因而限缩了本罪的成立范围，由于在这种目的性限缩的情况下，已经超出了语义范围，也就是说，是在法律文本之外对语义进行限制，因而完全不同于在法律文本之内对语义进行限制的缩小解释。

---

① ［德］伯恩·魏德士：《法理学》，丁小春、吴越译，370～371页，北京，法律出版社，2013。

第四节　扩大解释的适用

扩大解释是相对于缩小解释而言的。在司法实践中，缩小解释是较少采用的，但扩大解释却经常采用，甚至在很多情况下被滥用，尤其是关于扩大解释和类推解释的区分，始终是刑法教义学中存在较大争议的一个问题，因而需要进行深入考察。

一、扩大解释的含义

扩大解释，又称为扩张解释，是指对法律文本的含义作出大于其通常含义的解释方法。因此，这里的扩大是以通常含义为标准的；扩大解释仍然处在法律文本的语义范围内。例如我国《刑法》第389条规定，行贿罪是指为谋取不正当利益，给予国家工作人员以财物的行为。如何理解这里的不正当利益？根据2012年12月26日最高人民法院、最高人民检察院《关于办理行贿刑事案件具体应用法律若干问题的解释》第12条的规定，行贿犯罪中的“谋取不正当利益”，是指行贿人谋取的利益违反法律、法规、规章、政策规定，或者要求国家工作人员违反法律、法规、规章、政策、行业规范的规定为自己提供帮助或者方便条件。违背公平、公正原则，在经济、组织人事管理活动中，谋取竞争优势的，应当认定为“谋取不正当利益”。前引司法解释将两种情形解释为谋取不正当利益：第一是实体上的不正当利益，第二是程序上的不正当利益，谋取竞争优势属于第二种情形。按照通常语义，不正当利益应该是指实体上的不正当利益，即利益本身不正当。程序上不正当的利益则指利益本身是正当的，只是获取的程序违反规定，因此，程序上的不正当利益超出了通常语义的范围，但仍没有超出不正当利益的语义边界，因而前引司法解释对行贿罪的不正当利益的解释属于扩大解释。

二、扩大解释的界定

对扩大解释如何理解，涉及它与解释边界问题，因而需要结合具体案例进行讨论，尤其是扩大解释作为一种具有边界的语义解释方法和其他超出语义范围的所谓解释之间，更是应当严格加以界分。

（一）扩大解释和平义解释之间的界分

扩大解释是大于通常语义的解释，但它并没有超越语义边界。语义边界是建立在通常语义和可能语义的二元区分基础之上的。通常语义所体现的是法律文本的一般理解，也就是在绝大多数情况下的含义，而可能语义则是法律文本的边缘语义。可能语义在大多数语言中都是存在的，只有在数字等单义语义的语言中才不存在可能语义。德国学者提出了语义空间的概念，这一概念来自语词的多义性，亦即同一个语词具有不同的含义范围。德国学者指出："每个人对某一语词所理解的含义范围，都限于该人习得之与该语词相关的含义范围。从而，当某人使用某一语词之时，其对该词的理解常常与其对话人对该词的理解有所不同。因此，具体的语词通常情况下都有包括各种可能语义的空间。"① 可以说，语义空间为可能语义的概念提供了逻辑基础，因为只有当语义具有一定的空间范围的情况下，才有划定语义边界的可能性。

扩大解释和平义解释都没有超出语义空间的范围，因而仍然属于语义解释。扩大解释与平义解释的区别主要表现为：平义解释是按照语词的通常语义进行解释，而扩大解释则是根据语词的边缘语义进行解释，因此，在正确界定扩大解释的时候，我们应当注意将扩大解释和平义解释加以区分。

---

① ［德］齐佩利乌斯：《法学方法论》，金振豹译，65～66页，北京，法律出版社，2009。

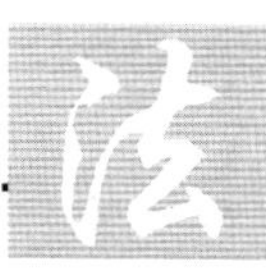

【案例 27】王某某包庇案[①]

唐某某饮酒后（后经检测体内酒精含量为 159.5mg/100ml）驾驶轿车送王某某回家，将他人撞成重伤。唐某某向交警谎称车子系自己妻子所开，王某某也向交警谎称车子当时系唐某某妻子所开。唐某某因交通肇事罪被判处刑罚。公安机关以王某某涉嫌包庇罪移送检察机关审查起诉。

在审查起诉期间，检察机关在本案的定性上产生分歧，主要存在以下两种意见：第一种意见认为，犯罪嫌疑人王某某的行为构成伪证罪。伪证罪系身份犯，犯罪嫌疑人王某某作为本案的目击证人，在公安机关对其进行询问时故意作虚假证言，意图隐匿唐某某罪证、使唐某某逃脱法律惩罚，其行为符合伪证罪的行为特征，对于伪证罪所规定的刑事诉讼中一词的理解，对此应当适当作有利于犯罪嫌疑人的扩大解释，因为伪证罪的最高刑期是 7 年，而包庇罪的最高刑期是 10 年，所以对于伪证罪中的“刑事诉讼中”不应当狭义理解成立案侦查之后而法院判决之前。对于案件发生后公安机关在进行一般侦查、询问、走访等工作期间也应当理解为在刑事诉讼过程之中，且故意作伪证意图使他人脱罪的伪证罪情形和包庇罪情形实质上是特殊法条和一般法条的关系，故应当适用特殊法条，以伪证罪追究刑事责任。第二种意见认为，犯罪嫌疑人王某某的行为构成包庇罪。犯罪嫌疑人明知唐某某系犯罪的人而为其提供假证明包庇，使案件无法进入正常的刑事诉讼流程，其行为符合包庇罪的行为特征。伪证罪中的行为必须发生在刑事诉讼活动当中，但是包庇罪的行为发生在刑事诉讼外。因此，对于刑事诉讼中的理解，除了极少的特殊情形外，不应当随意作扩大解释，不宜人为扩展伪证罪的适用范围而压缩包庇罪的适用空间，包庇罪和伪证罪的“分水岭”就是案件是否已经进入刑事诉讼中。换言之，通过行为人是否通过虚假证言导致案件无法进入刑事诉讼中，以此判断包庇罪与否，若行为已经构成包庇罪则不存在伪证罪适用之

① 参见王超：《伪证罪的“刑事诉讼中”应当作平义解释》，http://yzjd.jsjc.gov.cn/yw/202008/t20200826_1082041.shtml，2023 年 7 月 16 日访问。

可能，反之则继续判断行为是否构成伪证罪。

在本案中，王某某到底是认定为包庇罪还是伪证罪，关键在于如何理解这里的“刑事诉讼中”：究竟是作平义解释还是扩大解释？对此，《伪证罪的“刑事诉讼中”应当作平义解释》一文的作者同意上述第二种意见，认为应当作平义解释而不是扩大解释，主要理由如下：第一，平义解释这里的刑事诉讼更符合解释学本意。将刑事诉讼中这一规范的构成要件要素解释为刑事立案侦查之后，法院判决之前并不会导致该解释明显窄于立法适用范围的情形，因为司法理论、实践中“刑事诉讼”的起点都应当是侦查机关立案侦查后，故对于刑事诉讼中作平义解释即可。将立案侦查前的一般询问、排查等前期工作扩大解释成刑事诉讼中，则违背解释学本身的规定，无合理的理论、实践支撑。第二，平义解释刑事诉讼中更符合立法本意。伪证罪中明确规定需要在刑事诉讼中作伪证的才构成伪证罪，而包庇罪则没有刑事诉讼中的程序性节点的规定，是立法技术方面的考虑，其目的就是将刑事诉讼外和刑事诉讼中证人作伪证的行为分别处理，在刑事诉讼外作伪证意图使他人脱罪的行为应当认定为包庇罪，在刑事诉讼外以伪证的方式意图陷害他人应当认定为诬告陷害罪，在刑事诉讼中以伪证的方式陷害他人或隐匿罪证的，以伪证罪追究刑事责任。第三，平义解释刑事诉讼一词更符合罪责刑相一致精神。伪证罪的法定刑是 3 年以下有期徒刑或者拘役，情节严重的，处 3 年以上 7 年以下有期徒刑；包庇罪的法定刑是 3 年以下有期徒刑、拘役或者管制，情节严重的，处 3 年以上 10 年以下有期徒刑。立法考虑到包庇行为具有导致公安、司法机关不能正常进入刑事诉讼活动的危险，具有更大的法益侵害性，所以才对包庇罪规定了更重的法定刑。因此，扩张解释刑事诉讼中可能导致包庇罪被评价为伪证罪，从而导致重罪轻判的可能，不符合罪责刑相适应的刑事原则。

值得注意的是，我国学者亦有赞同扩大解释的观点，认为对伪证罪构成时间要素的刑事诉讼中可扩大解释为至公安机关决定是否立案之时。① 严格来说，刑

① 参见张明楷：《刑法学》（下·第六版），1420 页，北京，法律出版社，2021。

事诉讼是一个法律专业用语，根据我国《刑事诉讼法》第109条的规定，公安机关或者人民检察院发现犯罪事实或者犯罪嫌疑人，应当按照管辖范围，立案侦查。因此，刑事诉讼的起始时间是立案，立案之前的初查不能理解为刑事诉讼中的侦查活动。由此可见，对刑事诉讼的平义解释并不包括初查活动，因而王某某包庇案的被告人应当以包庇罪而不是伪证罪论处。那么，将立案之前的初查活动解释为刑事诉讼中是否属于扩大解释呢？如果严格按照我国《刑事诉讼法》的理解，这一解释已经超出了刑事诉讼中的语义范围，似乎并不属于扩大解释。但《刑事诉讼法》对刑事诉讼中这个概念并没有加以严格界定，在这种情况下，将刑事诉讼作扩大解释仍然是可能的，只不过在伪证罪中的刑事诉讼中不能作扩大解释。事实上，在相关司法解释中存在对刑事诉讼程序进行扩大解释的例子。我国《刑法》第49条规定："犯罪的时候不满十八周岁的人和审判的时候怀孕的妇女，不适用死刑。"对于这里的审判的时候，如果按照平义解释是指经过侦查阶段和起诉阶段，进入法院的审判阶段，才是这里的审判的时候。但我国司法实践中，通常认为这里的审判时怀孕的妇女，不仅包括审判时正在怀孕的妇女，而且应包括因犯罪被羁押时已怀孕，但在审判前因某种原因自然或者人工流产的妇女，即适用于刑事诉讼的整个过程。也就是说，只要刑事诉讼程序已经启动，尚未结束，对此期间怀孕的妇女，无论基于何种原因，均不适用死刑。[①] 这里对审判的解释就是一种扩大解释。由此可见，平义解释和扩大解释如何区分，主要取决于对法律文本的理解。在通常情况下，对法律文本应当作平义解释。在特殊情况下，也可以采用扩大解释。需要注意的是，扩大解释必须严格适用条件，以此避免不利于被告人的扩大解释的滥用。

（二）扩大解释和超出可能语义的解释之间的界分

超出法律语义的解释是指对某个法律语词的解释超出了法律语词的可能语义

---

① 参见陈兴良、张军、胡云腾主编：《人民法院刑事指导案例裁判要旨通纂》（下卷·第三版），1832～1833页，北京，北京大学出版社，2024。

的边界，因而将法律没有规定的内容包含在法律语词之中的情形。语义本身具有客体的面向：语义的客体是指意义栖息于一定的载体，它是一定物体所蕴含的精神。因此，语义具有客观性，它不能离开其载体而存在。以刑法的语义而言，是指刑法文本所蕴含的内容。刑法的语义是独立于解释者而存在的，并且具有其独立品格。刑法条文具有一定的文本内容，这些内容是立法者创制的，对于司法者或者解释者来说，它是一种客观存在。我们只能到法律文本当中去寻找法律的语义，并且在一定程度上受其制约。

【案例 28】蒋某某危险驾驶案[①]

2022 年 8 月 12 日 1 时 3 分，蒋某某在无机动车驾驶证的情况下，饮用藿香正气水后驾驶小型普通客车行驶至云南省昭通市昭阳区环湖南路中段，被昭阳公安分局交警一大队民警查获。经检验，蒋某某的血液中乙醇含量为 145.45mg/100 毫克，已为醉酒驾驶状态。昭阳区人民法院认定，蒋某某服用藿香正气水后驾驶机动车的行为已经构成危险驾驶罪，根据《刑法》第 133 条之一的规定，判处蒋某某拘役 3 个月，并处罚金人民币 4 000 元。

云南省昭通市昭阳区人民法院认为，根据 2013 年 12 月 18 日最高人民法院、最高人民检察院、公安部《关于办理醉酒驾驶机动车刑事案件适用法律若干问题的意见》第 1 条第 1 款的规定："在道路上驾驶机动车，血液酒精含量达到 80 毫克/100 毫升以上的，属于醉酒驾驶机动车。"该规定没有限定只有酒类，故对危险驾驶罪中"酒"的理解，不应该只限定于白酒、啤酒等酒类，而应该根据立法目的、法律用语的本意解释为乙醇酒精。对"醉酒"应理解为明知含有乙醇的物质而大量服用，正如本案被告人蒋某某明知藿香正气水中含有酒精成分仍大量服用，使自己处于醉酒状态中驾驶机动车，其血液中酒精含量已达到了刑法认定的

---

① 参见《喝藿香正气水后开车，云南一男子被判拘役并罚款》，https://baijiahao.baidu.com/s?id=1770085816752544317&wfr=spider&for=pc，2023 年 8 月 21 日访问。

醉酒驾驶机动车的标准，其行为已经危害公共安全，应对其予以惩罚。

以上蒋某某危险驾驶案中的法院判决理由涉及对“酒”的界定，因而值得商榷。我国《刑法》第133条之一规定，醉酒驾驶机动车属于危险驾驶行为。在我国法律中，醉酒驾驶和酒后驾驶是存在区分的：当饮酒以后血液酒精含量达到80毫克/100毫升以上时，属于醉酒驾驶；当饮酒以后血液酒精含量小于80毫克/100毫升时，属于酒后驾驶。[①] 由此可见，在饮酒的前提下，酒精含量具有区分酒后驾驶和醉酒驾驶的功能，由此将行政处罚和刑事处罚加以区分。人体血液中的酒精含量是测试酒后精神状态的一种指标，但它必然以饮酒为前提。在蒋某某危险驾驶案中，被告人虽然血液中的酒精含量达到145.45mg/100毫克，但这是服用藿香正气水的结果，而非饮酒的结果。在没有实施饮酒行为的前提下，如何能认定被告人醉酒驾驶呢？显然，这一认定突破了在日常生活中对“酒”的通常理解。藿香正气水是药品而不是酒，尽管两者都可能导致酒精含量达到80毫克/100毫升以上，但刑法惩治的前者而并不包括后者。这里应当指出，在生活中存在所谓药酒，这里的药酒是指在酒中添加某种具有治疗功能的药物。药酒当然属于“酒”的范畴，因此在服用药酒导致酒精含量达到80毫克/100毫升以上而进行驾驶时，可以认定为醉酒驾驶。由此可见，“酒”这个用语本身具有其相对固定的含义，在刑法教义学中对其进行解释的时候，不能脱离“酒”这个概念的通常语义。当然，这里还涉及对语义的实质判断问题。醉酒的根据是酒精含量达到法定标准，按照实质判断的思路，就会认为酒精含量是醉酒的本质特征，因此，只要酒精含量达到法定标准就属于醉酒。但这种判断思路忽略了一个根本问

① 2023年12月18日最高人民法院、最高人民检察院、公安部、司法部《关于办理醉酒危险驾驶刑事案件的意见》规定，血液酒精含量达到80毫克/100毫升以上的，情节显著轻微、危害不大，不认为是犯罪的，不予立案。情节显著轻微、危害不大，可以不予立案的情形有五种，分别是：血液酒精含量不满150毫克/100毫升的；出于急救伤病人员等紧急情况驾驶机动车，且不构成紧急避险的；在居民小区、停车场等场所因挪车、停车入位等短距离驾驶机动车的；由他人驾驶至居民小区、停车场等场所短距离接替驾驶停放机动车的，或者为了交由他人驾驶，自居民小区、停车场等场所短距离驶出的；其他情节显著轻微的情形。

题，醉酒包含饮酒和酒精含量达到法定标准这两个要素。在认定醉酒的时候，首先应当考察是否实施了饮酒行为，在此基础上再判断酒精含量是否达到法定标准，因此，饮酒是行为要素，酒精含量达到法定标准是结果要素。如果根本就没有饮酒，而是由于其他行为，例如服用药物或者食用水果等行为导致酒精含量达到法定标准，同样不能仅仅因为酒精含量达到法定标准而认定为醉酒。由此可见，醉酒作为一个刑法概念，有其客观含义，不能采用实质判断方法，仅仅根据其实质内容而偏离其语义范围。对于“饮酒”这个概念来说，主要取决于对“酒”的理解。“酒”的本义是指采用粮食、水果等含淀粉或糖的物质发酵制成的含乙醇的饮料。在此，含乙醇是“酒”的主要特征，以此区别于其他饮料。然而，“酒”这个概念的内容是较为庞杂的，它包含了各种各样的“酒”。“酒”的语义边界是按照语言使用习惯界定的，无论其语义边界如何扩充，“酒”仍然具有一定的客观范围。因此，将服用藿香正气水归入饮酒的范畴，完全违背饮酒这个用语的语言习惯，因而是难以成立的。

（三）扩大解释和违背法律语义的解释之间的界分

违背法律语义的解释是指对某个法律语词的解释完全背离该语词的本来含义的情形，因此，它并不是扩大解释，而是对法律文本的错误解释。

【案例 29】周某雨辩护人毁灭证据案[①]

被告人周某雨系孔某姣开设赌场案的辩护律师，在会见孔某姣时，孔某姣将要尽快转移此前用于开设赌场的赌博机，以防被公安机关查获的意思，传达给了被告人周某雨，让其转达给蒋某梦等人（均另案处理），让他们将孔某姣之前存放在仓库内的涉案物证（疑似赌博游戏机数百台），转移至他处藏匿。

开远市人民法院认为，在本案中，被告人周某雨作为辩护律师，明知赌博机是开设赌场罪的重要物证，在会见孔某姣后将转移赌博机的意图转达蒋某梦等

① 参见云南省开远市人民法院（2020）云 2502 刑初 4 号刑事判决书。

人，且在案证据证明蒋某梦等人在此之后实施了转移赌博游戏机设备的行为，故被告人周某雨构成辩护人毁灭证据罪。本案的裁判理由认为，毁灭证据是指湮灭、消灭证据，既包括使现存证据从形态上完全消灭，又包括丧失或部分丧失证明力。帮助当事人毁灭证据是指为当事人就如何毁灭、伪造证据进行出谋划策、提供物资条件、精神资助等行为。故对辩护人提出的“被告人周某雨传话行为之前蒋某梦等人已进行赌博机转移，传话对毁灭证据未起到实质作用，无犯罪故意，且将赌博机转移行为解释为毁灭是扩大解释，周某雨不构成犯罪”的辩护意见，法院不予采纳，因此，依法判决被告人周某雨犯辩护人毁灭证据罪。在本案中，《刑法》第306条规定的辩护人毁灭证据罪的客观行为是毁灭。这里的毁灭，是指物理上的损坏或者功能上的丧失。证据具有两种形态：第一种是言辞证据，第二种是实物证据。对于言辞证据来说，并不存在毁灭的问题，因而毁灭是针对实物证据，也就是物证而言的。物证是以一定的“物”作为其载体的，因而对物证的毁灭通常表现为将载体予以销毁。物证的载体是不同的，有些物证，例如杀人案中的凶器，是专门用于犯罪的工具，对这种物证的毁灭包括销毁或者丢弃。另外一些物证，例如本案中的赌博机，是在游戏机上附加赌博功能。也就是说，这些赌博机通过游戏进行赌博，而且机器的体积庞大。在这种情况下，如果行为人将赌博机的赌博功能予以删除，还原为游戏机，则可以解释为毁灭证据。但在本案中，被告人周某雨的客观行为表现为帮助他人转移证据，那么，转移证据能否解释为毁灭证据呢？显然不能。值得注意的是，本案辩护人提出了“将赌博机转移行为解释为毁灭是扩大解释”的辩护理由，这是难以成立的。这种将转移证据解释为毁灭证据的做法并不是扩大解释，而是违背法律语义的解释。在判决理由中，法官将毁灭证据理解为湮灭、消灭证据，既包括使现存证据从形态上完全消灭，又包括丧失或部分丧失证明力，这是完全正确的。但为什么按照湮灭、消灭的含义可以将转移解释为毁灭，法官则根本没有进行说理。本案充分说明，对法律文本进行语义解释必须严格遵循语词的本来含义，在语义空间范围内可以进行缩小解释或者扩大解释，但不能作出违背法律文本语义的解释。值得注意的

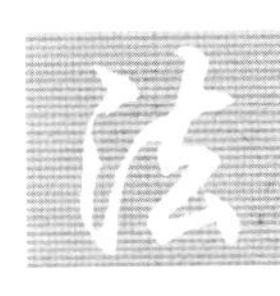

是，对于同类型的案件，在司法实践中也存在判决无罪的案例。

【案例 30】 马某婵辩护人毁灭证据案①

2023 年 8 月 7 日，宁夏回族自治区盐池县人民法院对马某婵案作出一审判决。盐池县人民法院认定，公诉机关指控马某婵犯辩护人毁灭证据罪的证据不足，指控的罪名不能成立。据检方指控，在马某婵担任辩护人期间，在会见严某礼的过程中，严某礼让马某婵带话给王某华（已判刑），将他家中的上述借据、合同等证据进行转移。马某婵将严某礼的要求告知其妻子后，妻子将严某礼放在屋内的关于杨某青的相关犯罪证据转移至他处。经查，严某礼隐藏应当保存的会计凭证，涉案金额 1.85 亿元。盐池县人民法院经审理查明，辩护人毁灭证据罪的毁灭应达到使证据毁灭丧失或部分丧失证明力。严某礼的儿子系被查的恒辉小贷公司财务人员，有独立的转移、隐匿动机。法院认为，被告人马某婵帮助当事人转移证据，但未帮助毁灭证据，公诉机关指控马某婵的行为构成辩护人毁灭证据，但相关证据无法达到证明马某婵有帮助毁灭证据的证明目的，故公诉机关指控被告人马某婵犯辩护人毁灭证据罪的证据不足，指控的罪名不能成立。2023 年 8 月 7 日，盐池县人民法院对本案作出一审判决：经该院审委会讨论决定，判决被告人马某婵无罪。

本案一审判决无罪以后，检察机关提出抗诉。2023 年 12 月，吴忠市中级人民法院驳回盐池县人民检察院的抗诉，维持对马某婵的无罪判决。二审法院的裁判理由指出：根据《刑法》第 306 条规定，构成辩护人毁灭证据罪的客观方面表现为毁灭证据，使证据完全消灭或者完全丧失证据的作用。在案收集的证据可以证实，本案所涉证据刘某霞及其子严某已经上交给公安机关，在案所涉证据没有实际毁灭，未出现毁灭证据的实际后果，因而对本案作出维持一审无罪判决的裁定。在本案中，马某禅也是被指控指使他人转移证据的行为构成辩护人毁灭证据

① 参见《宁夏一女律师被控“辩护人毁灭证据罪”，法院一审判决无罪》，https://finance.sina.com.cn/jjxw/2023-08-13/doc-imzhahxu0191433.shtml，2023 年 8 月 14 日访问。

罪，但人民法院明确认定被告人马某婵帮助当事人转移证据，但未帮助毁灭证据。也就是说，不能将转移证据解释为毁灭证据，因而宣告被告人马某婵无罪。我认为，这一判决结论是建立在正确解释毁灭证据这一刑法规定的基础之上的，值得肯定。由此可见，对于法律文本规定的错误解读会造成出入人罪的严重结果。

根据罪刑法定原则，语义解释受到语义边界的严格限制，不能突破语义边界。在刑法中，有些法律规定的语义边界是较为确定的，因而对解释者来说较为容易把握。但有些语义，其边界距离语义核心内容存在一定的收缩余地，这就是语义空间。德国学者指出："可能语义的界限也即是解释的界限。"① 法律语言也同样存在这种所谓语义空间，因为除了数字是单义的，但凡是语言，尤其是自然语言，往往都具有一定的语义空间，只要能够归属于该语义空间的含义，都是法律文本的意义。这种语义空间的存在，正如德国学者所指出的那样，它既有其弊又有其利。从法律安定性，即法的可计算性和可预见性角度来看，语义空间是一个不利因素，然而从往往被忽视的法的适应性角度来看，语义空间却是一个莫大的优点：这一语义空间具有某种与其所规范之多样性的生活状态以及法律问题，并且尤其是与整个事实情境及占主导地位的社会伦理观念的变迁相适应的能力。②

刑法解释受到罪刑法定原则的限制，其解释方法具有不同于其他部门法的解释方法的特殊性。尤其是语义解释，它是以法律文本为解释对象的，刑法解释在更大程度上受到法律文本的约束。因此，刑法的语义解释方法应当严格地限制在可能语义的范围内，不能超越语义边界。语言存在一定的语义空间，在法律文本的语义空间，存在核心语义与边缘语义之分。在刑法的语义解释中，最为常见的是平义解释，它以通常语义为根据。当然，由于刑法文本的规定形式不同，存在抽象概念和盖然性规定等，因而在进行语义解释的时候，应当根据法律文本的不同规定形式，分别采取填充解释、语境解释和补正解释等具体方法。

---

① ［德］齐佩利乌斯：《法学方法论》，金振豹译，66页，北京，法律出版社，2009。

② 参见［德］齐佩利乌斯：《法学方法论》，金振豹译，67页，北京，法律出版社，2009。

第七章

体 系 解 释

在刑法解释方法中，体系解释也许是一种声名并不显赫但地位十分重要的解释方法，它对于刑法的语义解释具有不可或缺的补充作用。本章从体系性思维方法切入，对体系解释的含义、特征和类型进行刑法教义学的阐述。

第一节　体系解释的概念

在所有刑法解释方法中，语义解释是最为基本的解释方法，因为刑法法条是以语言为载体的，因而在解释刑法的时候必然要透过语言而获得其含义。体系解释如同目的解释和历史解释一样，都属于辅助性的解释方法，它们具有对语义解释的调整性和补充性。这是因为只有语义解释才能获得法律文本的含义，体系解释和其他各种解释方法本身并不直接给出法律文本的含义，而是在法律文本具有两种或者两种以上含义，语义解释难以确定其含义的情况下，只有通过体系解释确定其中一种含义，并以此作为法律文本的最终含义。

一、体系思想的溯源

在理解体系解释的时候，关键在于正确界定体系一词。这里的体系，是指事物的结构安排及其内在逻辑关系。体系的概念与整体、系统等概念之间具有类似性，而与个别、部分等概念具有相对性。德国学者曾经指出："体系思想是法学中自然法理论的遗产。但它同时又深深植根于德国唯心论哲学之中。"[①] 这里的德国唯心论哲学是指以康德、黑格尔为代表的近代德国古典哲学。因此，在追溯体系以及建立在体系概念之上的体系思维的渊源时，必然会将思想源头回溯到德国古典哲学家康德。

康德最早从知识论的角度提出了体系的经典定义，认为所谓体系是指一项理念（Idee）之下的各种认识（Erkenntnis）的统一体或者一个根据原则归类的认识的整体。[②] 以康德之见，知识是经由感觉形成的，这种感觉是对个别事物的感知，最终上升为知识。知识具有零碎性与个别性，因此需要将其体系化，由此构成知识整体。这里的知识整体就是体系化的知识形态。从知识体系可以合乎逻辑地推导出事物的体系化的结论，由此形成对客观事物的整体性认知。在康德之后，黑格尔也对体系思想的形成做出了贡献。在黑格尔哲学中，体系远远不只是意味着素材的清晰明了和更容易把控；而是意味着能够确保真理的认知精神的唯一可能的方式是：内在理性的标准，这也是真正科学性必然提出的要求。[③] 体系思想对于近代科学和理性的发展产生了推动作用，正如我国学者指出："近代以降，体系化一直被视为科学和理性之标志，在多个知识领域彰显其

---

① ［德］卡尔·拉伦茨：《法学方法论》（全本·第六版），黄家镇译，27页，北京，商务印书馆，2020。

② 参见［德］克劳斯-威廉·卡纳里斯：《法学中的体系思维与体系概念：以德国私法为例》（第2版），陈大创译，3页，北京，北京大学出版社，2024。

③ 参见［德］卡尔·拉伦茨：《法学方法论》（全本·第六版），黄家镇译，27页，北京，商务印书馆，2020。

重要价值，其对于知识的掌握和利用发挥着特殊功能：借其可以实现对以往知识的鸟瞰和更好掌握；借助于体系化，可以科学地思考或处理问题，并验证在思考或者处理问题中所取得的知识。”① 由此可见，近代科学的诞生不能离开体系思维。

二、体系解释的演变

德国学者在论及体系解释的时候，提出了一个问题：体系解释的体系是指哪些体系？这个问题的意义在于：对体系的不同界定，就会影响体系解释方法的具体确定。对此，德国学者提出了体系解释中的体系具有两种含义：第一，体系解释的体系是指对法律材料（Rechtsstoff）进行形式上的划分（例如，拥有各自部分领域的民法、公法、刑法）。这个意义上的体系可以称为外在的、形式的秩序体系。第二，按照人们追求的、协调的价值结构所形成的法律规范内部秩序。自菲利普·赫克以来，人们将其称为内部秩序，它指实质性的序位秩序（Rangordnung）、价值体系，也即将整个法律秩序的层级结构理解并解释为内部无矛盾的统一体或意义整体。② 这样，体系解释就被分为两种：其一是形式意义上的体系解释，其二是价值意义上的体系解释。这两种体系解释的性质并不相同，当然也并没有形成完全对立的关系，而是从不同角度对体系解释所作的界定。不过，这两种体系解释之间存在功能上的区分，尤其是价值意义上的体系解释还涉及其与目的解释之间的界分问题，因而需要进一步考察。

体系解释首先涉及体系概念。体系概念来自哲学，因而体系方法也被称为哲学方法。在法学中，德国学者萨维尼完成了从康德的主观先验的体系理念到客观唯心主义的体系理念的转变。萨维尼对康德的主观先验的体系理念持批判态度，

① 舒国滢等：《法学方法论问题研究》，432～433页，北京，中国政法大学出版社，2007。

② 参见［德］伯恩·魏德士：《法理学》，丁小春、吴越译，318页，北京，法律出版社，2013。

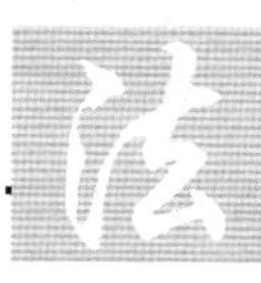

康德将科学理解为一种具备先天形式的体系，这种体系意味着知识的统一性，同时体系是由部分组成的整体，并且能够像动物的躯体一样内部生长。萨维尼的体系理念完全摒弃了康德的主观先验的形式主义传统，提出了客观主义的体系理念。正是在萨维尼的推动下，体系方法引入法教义学，形成所谓有机的法教义学。体系解释是体系方法在法律解释中的采用，可以说是体系理念在法教义学中重要的适用场景。正如我国学者指出："体系意味着不同法律规则的统一，法律解释是体系方法的应有之义。"①

就体系解释的法学背景而言，它是随着概念法学而出现的一种解释方法，此后随着利益法学的兴起，体系解释的内容发生了重大变化。因此，从概念法学到利益法学的演变，可以明显看出体系解释在适用范围上的扩张。概念法学是19世纪中叶以后由历史法学演变而来的，它强调对法律概念的逻辑分析和法律体系的规范构造。概念法学对于19世纪德国的法典汇纂起到了重要的作用，由此形成体系解释，此种意义上的体系是建立在形式理性基础之上的。德国学者萨维尼是历史法学派的缔造者，同时也是体系解释的首倡者。萨维尼在法学研究中提出了体系方法，萨维尼指出："体系方法的本质在于对内在关联（desinneren Zusammenhangs）或亲和性（der Verwandtschaft）进行认识和描述，通过这种内在关联或亲和性，具体的法概念和法规则连接成一个大的统一体。"② 从上述论述来看，萨维尼所说的亲和性是指各个法律规范之间的近似性，正是因为各个法律规范之间具有这种近似性，因而对法律应当进行体系化研究，也就是通过外在排列揭示其内在关联。萨维尼在论及法学的体系性研究时指出：体系＝解释的各种对象的统一。这里的解释对象是指法律规范，体系是指以一定形式呈现出来的法律规范的整体。就法律体系而言，法律规范是内容，而体系则是法律规范的外在形式。萨维尼指

① 肖伟：《萨维尼的"体系"方法——一种塑造"有机的法教义学"的"哲学"方法》，载《澳门法学》，2023（2）。

② ［德］弗里德里希·卡尔·冯·萨维尼：《当代罗马法体系》（第一卷），朱虎译，前言，xiv页，北京，中国人民大学出版社，2023。

出："形式，或者说体系的形式要素的概念：它是认识立法内容——法律规范——的逻辑媒介。所有的形式要么涉及单个的规则，或者说涉及包含于这些规则中的概念：定义与划分；要么涉及这些规则的联结：整合。人们通常将第二种情形称为'体系'。"[①] 由此可见，根据萨维尼对体系的界定，法学研究的体系方法主要涉及法律规则之间的整合。所谓整合，就是排除矛盾，消除抵牾，达致统一。

利益法学是19世纪晚期在批判概念法学的基础上形成的法学流派，利益法学反对传统概念法学的法律形式主义，强调法律是根据利益而制定的，并且具有调整利益的功能。因此，利益法学突破了概念法学的形式特征，将利益确定为法律的本质。在方法论上，利益法学主张实质主义，采用价值分析方法。随着利益法学的出现，体系解释方法发生了重大转向，这就是从注重法律的形式秩序演变为注重法律的价值秩序。德国学者对萨维尼关于体系解释的早期思想与后期思想进行了比较，可以明显地发现它们之间的变化。德国学者指出：萨维尼的早期著作只是将法律体系理解为法律规则的体系，这些法律规则彼此之间是一种逻辑联结关系，特殊规则被理解为源自一般规则并且能够被回溯到一般规则；与之相反，萨维尼的后期著作毋宁是以存在于普遍意识中的鲜活的法律制度的有机脉络为出发点。因此萨维尼认为，恰恰是从这种制度中，个别的法律规则才能嗣后借由抽象而被推导出来；故而，如果解释者想要正确理解某一特定规范，那么在解释时，各个制度就必须经常出现在其直观中。相较于早期著作中严格固守制定法的文义表述立场，在后期著作中，萨维尼更加倾向于注重制定法的目的以及制度的直观中彰显的意义脉络。[②] 以上论断生动地描述了萨维尼从早期将逻辑联结作为体系解释的核心内容，到后期把意义脉络作为体系解释的关键因素的演变过程。可以说，萨维尼作为体系解释的首倡者，对体系解释从着眼于逻辑联结到倾向于意义

---

① ［德］弗里德里希·卡尔·冯·萨维尼：《法学方法论：萨维尼讲义与格林笔记》，杨代雄译，76、78页，北京，中国民主法制出版社，2024。

② 参见［德］卡尔·拉伦茨：《法学方法论》（全本·第六版），黄家镇译，26页，北京，商务印书馆，2020。

脉络转变，就是概念法学的体系解释到利益法学的体系解释的演变历程。

三、法律体系的形成

考诸立法史，法律的演变存在一个从个别化立法到体系化立法的发展过程，体系化立法的最高成果就是在法典的基础上形成一个国家的法律体系。可以说，在现代社会，法律并不是单个规则的存在，而是各种规则的体系化存在。德国著名法学家马克斯·韦伯对近代法律关系通过综合语分析而实现体系化的过程作了生动的描述，指出："法律关系的综合工作实际上还是取得相对令人满意的成果。分析的工作往往会衍生出进一步的逻辑要求，亦即体系化（Systematisierung），而这项体系化的作业虽然和综合性的建构工作基本上可以相容，但事实上经常出现紧张关系。无论是怎样的一种体系化，皆为法学思维模式后期的产物。原生的法，对此一无所知。按照我们现今的思考习惯，体系化意味着：将所有透过分析而得的法命题加以整合，使之成为相互间逻辑清晰、不会自相矛盾，尤其是原则上没有漏洞的规则体系，这样的体系要求所有可以想见的事实状况全都合乎逻辑地涵摄于体系的某一规范之下，以免事实的秩序缺乏法律的保障。"① 韦伯对法律关系通过分析和综合的方法，逐渐从分散的规则到体系化的规范的演变过程进行了论述，揭示了法律体系化的内在逻辑，对于我们理解法律规范的体系化的历史进程具有重要参考意义。

英国学者曾经揭示了法律具有三个特征，这就是强制性、体系性和规范性。这里的法律体系是指法律之间的关联性，也就是法律规范的内在关系。英国学者指出，对于法律概念的分析依赖于对于法律体系概念的分析。因为，要理解某些类型的法律，就需要了解它们之间的内在联系；而且，这些法律的类属性来自它

① ［德］马克斯·韦伯：《韦伯作品集Ⅸ法律社会学》，康乐、简惠美译，27页，桂林，广西师范大学，2005。

们与其他法律之间的共同性。[①] 在上述法律的三个特征中，强制性和规范性都是就法律的实体内容而言的，只有体系性属于法律的形式特征。当然，尽管体系性属于法律的形式特征，但它对于法律来说又是赖以存在的结构与框架。刑法的体系性特征表明，在理解刑法的时候，不能孤立地对待法律规定，而是应当采用整体性的观念，将某一法律规定置于法律体系之中，由此确定法律的含义。这里涉及法律体系的整体性与个别性之间的关系问题，体系性意味着应当将个别法律置于整体的语境中进行理解。也就是说，对于任何一个具体法律规范的解释都不能离开整个法律体系。因此，从法律体系的观念出发，法律体系的存在意味着属于这一体系的法律规范之间具有非常密切的联系。人们可以进一步指出，法律体系的结构问题和法律的个别化问题之间也具有非常密切的联系[②]，因为法律是一个体系，因而就应当采用体系的思维方法作为解释法律的进路。可以说，体系思维是体系解释的基础。德国学者恩吉施曾经指出，法哲学家施塔姆勒引证了一句话："一旦有人适用一部法典的一个条文，他就是在适用整个法典。"对此，恩吉施评价说："人们可以把这一观点视为不小的夸张。但它表达了法律秩序统一原则，这个原则在我们的语境中影响到了应该从整部制定法，另外，的确也应该借助其他制定法来建构大前提。在此，这样的前提为，在一个法律秩序中，法律条文具有相同的、和谐的、关联着的思想整体。"[③] 因此，对待法律应当具有整体性、体系性和关联性的观念，唯有如此，才能不至于在法律的王国中迷失方向。

刑法虽然是以刑法典为核心的一个法律部门，但其法律形式除了刑法典以外，还表现为单行刑法和附属刑法，因此，刑法规范本身就是一个体系。罗克辛

---

① 参见［英］约瑟夫·拉兹：《法律体系的概念》，吴玉章译，202～203页，北京，中国法制出版社，2003。

② 参见［英］约瑟夫·拉兹：《法律体系的概念》，吴玉章译，55页，北京，中国法制出版社，2003。

③ ［德］卡尔·恩吉施：《法律思维导论》（修订版），郑永流译，73～74页，北京，法律出版社，2014。

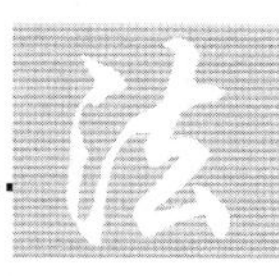

说过一句令人深思的话："体系是一个法治国刑法不可放弃的因素。"① 这句话是指，对于一个法治国来说，刑法应当形成一个体系，这是保障罪刑法定原则的人权保障价值实现的规范基础，它对于实现法治国的刑法机能来说是不可或缺的前提。在理解刑法的时候，应当对刑法具有一种整体性和体系性的观念，因而不可孤立地解释刑法法条，而是应当在互相参照之中解释法律。我国清代律学家王明德曾经提出读律八法，也就是解读刑律的八种方法，其中包括互参的方法。王明德指出："律义精严，难容冗集复著。故其意义所在，每为互见于各律各条中。若非互参而互证之，将何以致其论断欤?"② 这里的互参读律之法，其实就是要在相互参照中解释刑法，因而其含义近乎体系解释。由此可见，我国古代律学方法论中已经包含了体系解释的思想。

刑法可以分为总则与分则，刑法总则是对刑法基本原则和制度的规定，它奠定了刑法的规范基础，刑法分则是对具体犯罪的罪状和法定刑的规定，从而为司法机关定罪量刑活动提供规范根据。当然，刑法总则与分则之间的关系是十分密切的。我国学者指出："总则规定与分则规定大体上是一般与特殊、抽象与具体的关系。但严格来说，一般与特殊、抽象与具体的关系并不是对总则与分则关系的完整表达。因为总则的大部分规定并没有抽象出分则的全部内容，或者说没有全面抽象出分则的规定。应当认为，总则是关于犯罪与刑罚的共通规定，分则原则上是关于犯罪与刑罚的具体规定或特别规定。因为总则是共通规定，所以，它一方面指导分则，另一方面也补充分则。由于分则是具体或特别规定，所以，它完全可能在总则义务之外另设特别例外规定。"③ 因此，刑法的总则与分则的关系是相互分立，同时又相互补充的，由此形成完整的刑法规范体系。就具体犯罪而言，罪状所规定的是该种犯罪的特殊要件，这里的特殊要件通常称为犯罪的构

① ［德］克劳斯·罗克辛：《德国刑法学总论》（第1卷），王世洲译，132页，北京，法律出版社，2005。

② （清）王明德：《读律佩觿》，何勤华等点校，4页，北京，法律出版社，2001。

③ 张明楷：《刑法分则的解释原理》（上册），107页，北京，高等教育出版社，2024。

成要件。至于所有犯罪成立的共同要件，例如故意、过失、责任年龄、责任能力、违法阻却事由等，都是在刑法总则规定的，以此避免刑法分则各个条文规定之间的重复与烦琐。因此，在司法机关认定某个具体犯罪的时候，应当同时适用刑法总则和分则的规定，由此形成该种犯罪完整的成立条件体系。例如，我国《刑法》第263条规定的抢劫罪，刑法分则规定的罪状是“以暴力、胁迫或者其他方法抢劫公私财物”。这一规定是抢劫罪的客观构成要件，至于主观故意、责任年龄和责任能力，应当依照刑法总则的规定认定。抢劫罪属于故意犯罪，因而抢劫罪的故意，应当根据《刑法》第14条的规定予以认定。抢劫罪的责任能力根据《刑法》第17条第2款的规定，已满14周岁不满16周岁的人犯抢劫罪的，就应当负刑事责任。也就是说，达到限制责任年龄的人就应当对抢劫罪负刑事责任，这是我国刑法对抢劫罪的责任能力的特殊规定，其他责任能力按照刑法规定认定。至于责任能力，刑法对抢劫罪没有特殊规定，应根据《刑法》第18条的规定予以认定。从抢劫罪的司法认定可以看出，它并不仅仅是适用刑法分则规定抢劫罪的一个条文，而是要适用与之相关的刑法总则条文，由此完成抢劫罪的法律适用。因此，对于刑法应当进行体系性的考察，而不能对各个部分或者各个条文加以分割。同样，在对刑法文本进行解释的时候，也应当采用体系方法，因为体系解释将刑法某个具体规定置于整个刑法体系加以完整阐述，由此获得刑法文本的正确含义。体系解释是建立在法律体系思想基础之上的，没有体系的观念也就不可能出现体系解释。不仅如此，体系解释还是与整体的法概念（Law as Integrity）密切相关联的，这种整体的法概念认为：众多的法律规范之间并非彼此无关地平行并存，其间有各种脉络关联，呈现出一种体系化的结构。体系思维要求立法者尽可能制定出上下有序、逻辑清晰、完美无缺的法律体系；司法者适用解释规范时，必须同时考量该规范在体系中的地位，把握其意义脉络。[①] 因此，在解释刑法的时候，体系化的思维具有重要意义。

① 参见舒国滢等：《法学方法问题研究》，433页，北京，中国政法大学出版社，2007。

第二节 体系解释的特征

体系解释是在体系思想的引导下，对法律进行整体性的、系统性的考察的一种方法，具有其独特性。在论及体系解释时，德国学者指出："体系解释的基础是：整个法律秩序，也就是大量有效的具体规范与所有法律部门的总和，形成一个统一体、一个体系。法律秩序—体系的观点基于这样的思想，即法律秩序应该是由协调的并且规范的价值目标所组成的有序的规范结构。"[①] 因此，体系解释的理论基础在于法秩序的统一性。法秩序统一是法治的内在要求，也是法律实施的必要前提，因此，法律解释也应当遵循法秩序统一原理。正如德国学者指出："维护'法的统一性'，即使法律解释的结果在逻辑上和目的上与法的整个体系，至少是与其同位阶和更高位阶的规范不相矛盾，同时尽可能地保持术语的统一，也是法律解释的目的之一。在这里，解释的论据来自各法律规范彼此之间的关联。在更为广泛的意义上，体系解释指将个别的法律词语作为整个体系的一部分，即将其置于整个法律，甚至整个法秩序的意义关联当中来理解。为了确定个别要素的意义，人们必须把握意义之整体。"[②] 因此，体系解释要求解释者在法律规范的整体和个别之间进行理解的循环：从个别出发理解整体，从整体的理解回到个别。

在刑法解释中，体系思维同样具有发挥着重要作用。德国学者指出："尽管当时的情况和知识背景都发生了变化，但时至今日，由康德所确立的对科学所要求的理性以及体系性思想却始终被德国刑法学者置于核心的地位。事实上，这种

① ［德］伯恩·魏德士：《法理学》，丁小春、吴越译，316页，北京，法律出版社，2013。
② ［德］齐佩利乌斯：《法学方法论》，金振豹译，74页，北京，法律出版社，2009。

思维方式提供了无可比拟的优势。”[①] 因此，深刻揭示体系解释的特征，将体系解释与其他解释方法加以区分，对于体系解释的司法适用具有一定的理论意义。这里涉及体系解释与其他解释方法之间的逻辑关系，对此，德国学者指出：“从外部体系进行的解释一定程度上是语义解释的延续，而从内部体系进行的解释，则是目的解释的延续，或者更确切地说，仅仅是目的解释内部一个更高层次——这一层次，从‘立法意旨（ratio legis）’前进到‘法之理性（ratio iuris）’；因此，正如目的解释通常而言的那样，从法律的内部体系进行的论证，在各种解释方法中具有最高的位阶。”[②] 由此可见，体系解释与其他解释方法之间具有十分紧密的联系，这对于正确理解体系解释的特征具有重要意义。我认为，体系解释具有以下三个特征。

一、补充性

体系解释的补充性指就它与语义解释的关系而言，具有补充的性质。法律解释存在各种不同方法，其中最为基本的解释方法是语义解释。因为法律文本是以语言为载体的，因此，只有语义解释才能使法律规定的内容得以明确。其他法律解释的方法，包括体系解释都是依附于语义解释而存在的，其功能在于当通常的语义解释不能明确法律文本的含义的情况下，通过体系解释获得法律文本的确切含义，因此，体系解释具有对语义解释的补充性。这种补充性表明，只有在经过语义解释不能明确法律文本语义的情况下，才能采用体系解释的方法。反之，如果通过语义解释能够明确法律文本的语义，就不能采用体系解释的方法。因此，相较于语义解释的通用性，体系解释是一种对语义解释起到补强作用的刑法解释

---

① ［德］米夏埃尔·帕夫利克：《目的与体系——古典哲学基础上的德国刑法学新思考》，赵书鸿等译，97 页，北京，法律出版社，2018。

② ［德］克劳斯-威廉·卡纳里斯：《法学中的体系思维与体系概念：以德国私法为例》（第 2 版），陈大创译，93 页，北京，北京大学出版社，2024。

方法。我国学者曾经将体系解释界定为在语义解释出现复数解释的情况下而采用的一种解释方法。① 这里的复数解释是指数个解释结论，在这种情况下，根据语义解释不能确定正确的解释结论，因而需要采用体系解释从数个解释结论中找出最为合适的结论。

体系解释是对语义解释的一种补充，也就是在语义解释中引入体系思维的方法，从这个意义上说，体系解释是最接近于语义解释的。对于某些具体解释规则，到底是属于语义解释还是体系解释，在法学方法论上还存在争议。例如语境解释，也就是将法条置于一定的法律文本的语境之中进行解释。此种解释究竟是语义解释还是体系解释就存在不同的观点，其中等同说认为体系解释就是语境解释，从而将这两种解释方法完全相等同。如我国学者指出："法律条文不是孤立的，都处于一定的法律体系之中。对法律条文的体系解释就是语境解释。"② 与之不同，从属说则认为法律文本的语境解释不能等同于体系解释，其只是体系解释的一个部分。如我国学者指出："虽然在相当的场合中运用体系解释，须根据前后句语境、上下文语境、待解释的刑法文本所在法律体系中的整体语境等予以阐释论证，但仍然必须认为，解释刑法文本的语境解释不能等同于体系解释，其只是体系解释的一个部分。"③ 这一论述否认语境解释和体系解释完全等同，但这种观点将语境解释从语义解释中剔除，将其归入体系解释的范畴。对此，我认为值得商榷。语境解释要求在进行语义解释的时候，不能孤立地对法律文本的语言要素进行文字解读，而是要结合一定的语境进行解释，例如，结合上下文对法律概念进行解释，只有这样才能获得准确的语义。在这种情况下，基本上还是在透过文字解读法律文本的语义，其所进行的是一种法律规范的语言分析。如果将结合一定的语境解释法律都否定其为语义解释，那么，语义解释就会被掏空。

① 参见王利明：《法律解释学导论——以民法为视角》（第二版），282页，北京，法律出版社，2017。

② 杨艳霞：《刑法解释的理论与方法：以哈贝马斯的沟通行动理论为视角》，245、246页，北京，法律出版社，2007。

③ 贾银生：《刑法体系解释研究》，46页，北京，法律出版社，2021。

我认为，应当采用语义解释中的语境解释和体系解释的区分说，其区分根据在于：是否采用语言分析方法。如果采用语言分析方法，即使在确定语言含义的时候，根据法律规范所处的特定语言环境进行解释，也应当归属于语义解释。而如果在解释法律的时候，主要是将法律文本置于一定的法律体系之中，采用体系分析方法进行解释，则属于体系解释。因此，尽管语境解释与体系解释确实在区分上具有一定的难度，但我认为还是应当加以区别。例如，我国《刑法》第205条规定了三种行为：第一种是虚开增值税专用发票的行为；第二种是虚开用于骗取出口退税发票的行为；第三种是虚开用于抵扣税款的其他发票行为。上述三种行为虽然是虚开发票，但其所虚开的是可以抵扣税款或者退税的发票。这里的虚开行为只不过是骗取国家税款行为的预备行为，因此上述三种犯罪具有虚开行为之名而有诈骗犯罪之实，可以说是诈骗罪的特别规定。然而，三种行为所骗取的税款种类是不同的，例如虚开增值税专用发票罪，行为人虚开的是增值税专用发票，在进行抵扣的情况下，骗取的当然是增值税款。然而，在某些情况下，行为人虚开增值税专用发票但并没有用于抵扣税款，而是帮助他人偷逃其他税款，例如在司法实践中存在过票、变票的案件，过票、变票行为往往发生在偷逃消费税的案件中。成品油生产企业为逃避消费税，通过各种开票公司，在没有实际货物买卖的情况下，将化工产品等消费税非应税产品变更为成品油等消费税应税产品，向成品油生产企业开具增值税专用发票。在此类案件中，成品油生产企业和开票公司之间形成一个发票循环的闭环：成品油生产企业购进成品油加工原材料化工产品，通过多家开票公司循环开具增值税专用发票。在其中某一个环节，开票公司将化工产品变更为成品油，最后向成品油生产企业开具成品油增值税发票，最终，成品油生产企业购买的是化工产品，而收取的却是成品油的增值税专用发票。在这个循环开票的环节中，没有真实交易而只是开具增值税专用发票的行为，称为过票，过票只是为了掩盖变票，因此，变票才是偷逃消费税的关键环节。因为通过变票，改变了产品名称，消费税的应税产品就变成增值税的应税产品。按照税法规定，成品油生产企业购买化工产业，应当由销售企业向其开具化

工产品的进项发票，成品油生产企业将化工产品加工成为成品油对外销售，按照我国税法的规定，应当缴纳消费税，税额在35%左右。但将进项发票变为成品油的增值税专用发票以后，向外销售成品油就只要开具成品油的增值税专用发票，而增值税的税额在17%左右，这样，成品油生产企业就偷逃了消费税和增值税之间的差额税款，这部分税款属于消费税。因此，这种变票行为实际上是一种偷逃消费税的行为。而开票公司通过虚开发票，其收益是每吨数十元不等的开票费，偷逃的部分消费税收益的受益人为成品油生产企业。在这类案件的定罪中，对于骗取国家税款如何解释是一个存在争议的问题。其中存在一种对国家税款解释的观点，认为这里的国家税款除了增值税以外，还包括其他税种，例如变票案件中的消费税。这种观点貌似有理，其实不能成立。虚开增值税专用发票罪是以抵扣税款的方式骗取国家税款，而不包括以此种税额的发票假冒彼种发票的方式骗取国家税款。《刑法》第205条规定的三种发票，都是可以用于抵扣税款的发票，因此，采用虚开增值税专用发票的方式不是抵扣税款而是偷逃方式骗取国家其他税款的行为，不能构成虚开增值税专用发票罪而应当以逃税罪论处。在过票、变票案件中，行为人并没有采用抵扣的方式骗取国家税款，换言之，国家税款的损失并不是通过虚开的增值税专用发票抵扣税款而实现的，而是利用过票、变票，将应当缴纳消费税的应税产品改变为应当缴纳增值税的应税产品，从而少缴消费税和增值税之间的税款差额，以此达到逃税目的。在这种情况下，过票、变票只是偷逃消费税的手段行为，而这一手段行为并不构成虚开增值税专用发票罪，而是上游企业逃税罪的共犯行为。在上述对国家税款的解释中，虽然要把相关法律和相关罪名之间的关联性予以考虑，具有体系解释的外观，但从基本解释方法来看，对国家税款是结合犯罪所处的特定语境进行解释，因而仍然属于语义解释中的语境解释。因此，体系解释不能混同于语义解释，尤其是不能将体系解释和语境解释相混淆。

体系解释虽然是在语义解释不能获得法律文本的准确含义的情况下所采用的一种具有补充性质的解释方法，但它对于正确理解法律规定具有十分重要的意

义。在这个意义上说，体系解释具有消除争议的功能。正如我国学者指出："在刑法解释中，法条文义是解释的起点。但是，针对争议问题的理解，文义解释方法只能提供初步的判断，其功能是有限的。基于法秩序统一性的体系解释有助于消除争议。"① 例如我国《刑法》第205条之一设立了虚开发票罪，根据刑法规定，该罪是指虚开本法第205条规定以外的其他发票，情节严重的行为。这里的《刑法》第205条规定的其他发票是指增值税专用发票，也就是说，《刑法》第205条已经规定了虚开增值税专用发票罪，因此，虚开增值税专用发票行为不能认定为虚开发票罪。根据这一规定，虚开发票罪中的发票不能包含增值税专用发票。这一结论是对《刑法》第205条之一的规定进行语义解释所得出的结论，并且这一结论完全符合该规定的字面含义。如果我国《刑法》第205条规定的是纯正的虚开罪，则上述语义解释是应当接受的，然而，《刑法》第205条规定的虚开增值税专用发票罪并不是纯正的虚开罪，而是具有复合性质的诈骗罪：基本犯是虚开增值税专用发票，加重犯和特别加重犯则是利用虚开的增值税专用发票骗取国家税款的诈骗罪，因此，作为本罪基本犯的虚开行为只是诈骗罪的预备行为，这是一种预备行为正犯化的立法例。而根据我国《刑法》第22条的规定，预备犯具有"为了犯罪"的主观目的，属于目的犯，因此，刑法中的虚开增值税专用发票罪是实质上的目的犯，行为人主观上只有具备骗取国家税款的目的，才能构成本罪。反之，如果行为人虽然实施了虚开增值税专用发票的行为，但主观上并没有骗取国家税款的目的，其行为具有妨害发票管理制度的秩序犯的性质，则此种行为不能认定为虚开增值税专用发票罪。不以骗取国家税款为目的的虚开增值税专用发票行为从虚开增值税专用发票罪的范围中予以排除以后，涉及一个问题，该种行为能否以虚开发票罪论处？如果形式地理解《刑法》第205条规定的虚开发票罪，认为这里的发票只能是增值税专用发票以外的其他发票，则不以

① 周光权：《法秩序统一性的含义与刑法体系解释——以侵害英雄烈士名誉、荣誉罪为例》，载《华东政法大学学报》，2022（2）。

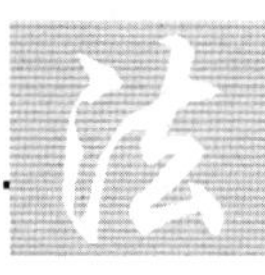

骗取国家税款为目的的虚开增值税专用发票行为就不能以虚开发票罪论处，但不以骗取国家税款为目的的虚开增值税专用发票的行为和虚开其他发票的行为都具有妨害发票管理秩序的性质。基于增值税专用发票特殊保护的性质，虚开增值税专用发票行为的法益侵害性甚至重于虚开其他发票。在这种情况下，就需要对《刑法》第205条规定的虚开本法第205条规定以外的发票进行体系解释，将其理解为虚开《刑法》第205条规定为犯罪以外的其他发票。因此，以骗取国家税款为目的的虚开增值税专用发票行为已经被《刑法》第205条规定为犯罪，当然不能再认定为虚开发票罪，由此厘清虚开增值税专用发票罪与虚开发票罪之间的界限。然而在不以骗取国家税款为目的虚开增值税专用发票的情况下，由于此种行为并没有被《刑法》第205条规定为犯罪，因而完全可以按照虚开发票罪定罪处刑。在此所采用的解释方法就是体系解释，根据这一体系解释的个例，对《刑法》第205条之一的解释，首先采用语义解释的方法。当语义解释的方法不能达到适当的解释效果的情况下，基于体系思维，结合《刑法》第205条关于虚开增值税专用发票罪的规定，对《刑法》第205条之一的虚开发票罪中的发票进行重新解释，由此得出满意的结论。通过上述体系解释的个例，我们可以清晰地看出体系解释对于语义解释的补充性特征。

体系解释对于语义解释的补充性，还体现在当某个语词具有多重含义的情况下，需要通过体系解释加以选择并确定最终的含义。例如我国《刑法》第299条之一规定了侵害英雄烈士名誉、荣誉罪，该罪是指侮辱、诽谤或者以其他方式侵害英雄烈士的名誉、荣誉，损害社会公共利益，情节严重的行为。对英雄烈士如何理解，我国刑法学界存在两种观点的争议[①]：第一种观点认为，英雄烈士是指英雄和烈士。其中，英雄是在世的功勋人士，烈士是牺牲的功勋人士。因此，无论是侮辱、诽谤或以其他方式侵害在世的英雄的名誉、荣誉还是牺牲的烈士的名誉、荣誉，均可以构成本罪。第二种观点认为，英雄烈士都是指牺牲的功勋人

① 参见陈兴良：《规范刑法学》（下册·第五版），411页，北京，中国人民大学出版社，2023。

士，而不包括在世的功勋人士。根据语义解释，以上两种对英雄烈士的理解都符合这一规定的语言含义，因而出现了语言的多义性。其中，将英雄烈士解释为英雄和烈士，这是把英雄烈士这一语句中的英雄和烈士作了并列理解。基于这一解释，英雄是指在世的英雄，烈士是指牺牲的英雄，这一理解是可以成立的。而将英雄烈士解释为已经牺牲的英雄，并不包括仍然在世的英雄，这是把英雄作为烈士的限定词，因而将仍然在世的英雄排除在这里的英雄烈士概念范围之外。我国学者周光权从法秩序统一原理出发，对英雄烈士的概念进行了解读，指出："本罪中的英雄烈士特指具有英雄品质的烈士或英雄般的烈士的核心观点是，我国民法典第一百八十五条和英雄烈士保护法对英雄烈士的保护范围作出了明确规定，并限定为逝者，刑法应该对标这两部法律，立足于法秩序统一性，限定地理解英雄烈士的范围。"① 如果仅仅把英雄烈士当作一个普通词语，那么，第一种理解似乎更为妥帖，但如果把英雄烈士当作一个专有名词，则第二种理解更符合立法意图。在这种情况下，对英雄烈士就应当采用体系解释的方法。英雄烈士的规定来自前置法，因而只有结合前置法才能正确界定这里的英雄烈士。我认为，基于体系解释的方法，这里的英雄烈士应当采用上述第二种观点的理解。理由如下：第一，本罪的前置法是 2018 年 4 月 27 日颁布的《英雄烈士保护法》，该法第 22 条规定，禁止歪曲、丑化、亵渎、否定英雄烈士事迹和精神。英雄烈士的姓名、肖像、名誉、荣誉受法律保护。任何组织和个人不得在公共场所、互联网或者利用广播电视、电影、出版物等，以侮辱、诽谤或者其他方式侵害英雄烈士的姓名、肖像、名誉、荣誉。第 26 条规定，以侮辱、诽谤或者其他方式侵害英雄烈士的姓名、肖像、名誉、荣誉，损害社会公共利益的，依法承担民事责任；构成违反治安管理行为的，由公安机关依法给予治安管理处罚；构成犯罪的，依法追究刑事责任。该法虽然未对英雄烈士作出解释，但从该法条文表述来看，英雄烈士明显是指牺牲的功勋人士。第二，在世的功勋人士的名誉、荣誉属于公民人身

① 周光权：《法秩序统一性的含义与刑法体系解释》，载《人民法院报》，2022-04-24。

权利，如果被侵害的，可以对侮辱、诽谤行为按照侮辱、诽谤罪论处，而没有必要另外设立罪名予以保护。第三，本罪属于妨害社会管理秩序罪，本罪的保护法益是社会公共利益，这也表明本罪的客体只能是牺牲的英雄烈士的名誉、荣誉。值得注意的是，2022 年 1 月 11 日最高人民法院、最高人民检察院、公安部公布《关于依法惩治侵害英雄烈士名誉、荣誉违法犯罪的意见》对本罪中的英雄烈士作了明确界定，该意见第 1 条指出：根据《英雄烈士保护法》第 2 条的规定，《刑法》第 299 条之一规定的英雄烈士，主要是指近代以来，为了争取民族独立和人民解放，实现国家富强和人民幸福，促进世界和平和人类进步而毕生奋斗、英勇献身的英雄烈士。司法适用中，对英雄烈士的认定，应当重点注意把握以下三点：（1）英雄烈士的时代范围主要为近代以来，重点是中国共产党、人民军队和中华人民共和国历史上的英雄烈士。英雄烈士既包括个人，也包括群体；既包括有名英雄烈士，也包括无名英雄烈士。（2）对经依法评定为烈士的，应当认定为《刑法》第 299 条之一规定的英雄烈士；已牺牲、去世，尚未评定为烈士，但其事迹和精神为我国社会普遍公认的英雄模范人物或者群体，可以认定为英雄烈士。（3）英雄烈士是指已经牺牲、去世的英雄烈士。对侮辱、诽谤或者以其他方式侵害健在的英雄模范人物或者群体名誉、荣誉，构成犯罪的，适用刑法有关侮辱、诽谤罪等规定追究刑事责任，符合适用公诉程序条件的，由公安机关依法立案侦查，人民检察院依法提起公诉。但是，被侵害英雄烈士群体中既有已经牺牲的烈士，也有健在的英雄模范人物的，可以统一适用侵害英雄烈士名誉、荣誉罪。上述规定平息了在英雄烈士范围问题上的争议，对于统一司法适用标准具有重要指导意义。可以说，上述司法解释对英雄烈士采用了体系解释的方法，这是值得肯定的。

二、关联性

体系解释是把法律文本置于一个系统之中，作为这个系统的组成要素，以此理解某个具体的法律条文。因此，体系解释的特点就在于：不是孤立地理解法律，而是在与其他法律规定的关联性中解释法律，由此正确把握法律文本的含义。正如德国学者指出："在所谓的体系解释中，并不是单独孤立观察某个法律规范，而是要观察这个规范与其他规范的关联；这个法律规范和其他的规范都是共同被规定在某个特定的法领域中，就此而言，它们共同形成了一个'体系'。体系解释中所称的体系也是如此。"① 因此，体系解释中的关联性是指与其他法律规定的联系，既包括同一法律内部不同条款之间的联系，也包括不同法律之间的联系。只有在与其他相关法律的关照之中，才能获得对法律文本的正确理解。在某种意义上说，关联性也是体系解释与语义解释的主要区别之所在。正如德国学者指出："文义解释与体系解释的区别即在于，体系解释通过诉诸其他规范而探访与整个体系的关联性。因此，法秩序统一以及例外当严格解释等规则都属于体系解释的范畴。"②

（一）同一法律内部不同条款之间的关联性

同一法律内部不同条款之间的关联性，对于理解法律规定的含义具有重要意义。可以说，离开对与之相关的其他法律的理解，就不可能正确解释法律。例如，我国《刑法》第20条规定了正当防卫、防卫过当和特殊防卫。其中，第1款是对正当防卫概念的规定。根据这一规定，我国刑法中的正当防卫是指为了使国家、公共利益、本人或者他人的人身、财产和其他权利免受正在进行的不法侵害，而采取的制止不法侵害的行为，对不法侵害人造成损害的，属于正当防卫，不负刑事责任。从上述规定中可以引申出正当防卫的成立条件，包括五个条件：第一是正当防卫的起因——只有对不法侵害才能实行正当防卫；第二是正当防卫的客体——只有对不法侵害人才能实行正当防卫；第三是正当防卫的时间——只

① ［德］英格博格·普珀：《法学思维小课堂——法律人的6堂思维训练课》（第二版），蔡圣伟译，146页，北京，北京大学出版社，2024。

② ［德］托马斯·M.J.默勒斯：《法学方法论》（第4版），杜志浩译，217页，北京，北京大学出版社，2022。

有对正在进行的不法侵害才能实行正当防卫；第四是正当防卫的意图——正当防卫是为了保护国家、公共利益、本人或者他人的人身、财产和其他权利免受正在进行的不法侵害；第五是正当防卫的限度——正当防卫必须在必要限度内进行，不得造成不应有的危害。我国学者对正当防卫是否应当具有不得已性这个条件存在争议，这是因为日本刑法教义学中的正当防卫条件分为急迫不法的侵害、为防卫自己或他人的权利、不得已而实施的行为这三个方面。第一个条件显然是侵害条件，主要讨论侵害的概念、不法性质以及急迫性。第二个条件则是防卫条件，包括防卫权利、防卫行为等内容。至于不得已性的条件，是日本刑法所特有的，因为《日本刑法典》第 35 条明确规定只有在不得已的情况下才能实行正当防卫。① 那么，在我国《刑法》第 20 条并没有对正当防卫规定不得已的情况下，是否可以将不得已确定为正当防卫的条件呢？对此，我认为，应当结合我国《刑法》第 21 条关于紧急避险的规定加以理解。根据《刑法》第 21 条第 1 款的规定，紧急避险是指在法律所保护的权益遇到危险而不可能采用其他措施加以避免时，不得已而采用的损害另一个较小的权益以保护较大的权益免遭损害的行为。由此可见，我国刑法明确地将不得已规定为紧急避险的条件，这就是所谓紧急避险的可行性条件。紧急避险的可行性条件，是指只有在不得已即没有其他方法可以避免危险时，才允许实行紧急避险。这也是紧急避险和正当防卫的重要区别之一。因为紧急避险是通过损害一个合法权益来保全另一合法权益，所以对于紧急避险的可行性不能不加以严格限制。只有当紧急避险成为唯一可以免遭危险的方法时，才允许实行。十分明显，我国刑法对紧急避险规定了不得已的可行性条件，但对正当防卫却并未规定不得已的可行性条件，因而从这一关照中就可以得出结论：我国刑法中的正当防卫并不要求不得已的可行性条件。这一结论就是采用体系解释，也就是在与刑法关于紧急避险的关联中解释正当防卫条件。由此可

---

① 参见［日］山口厚：《刑法总论》（第 3 版），付立庆译，133 页，北京，中国人民大学出版社，2018。

见，在同一法律文本中进行关联性考察，对于解释法律文本具有参照意义。

（二）不同法律之间的关联性

不同法律之间的关联性，也是解释法律时必须关注的要素。各个法律虽然内容不同，但它们之间存在密切联系。尤其是刑法，它是所有法律的制裁力量，因而刑法和其他法律之间存在后置法与前置法之间的关系：刑法是后置法，其他法律都是刑法的前置法。因此，刑法与其他法律的联系在所有法律中是最为密切的，这也就决定了在解释刑法的时候，必须参照其他法律，应当采用体系解释的方法。正如德国学者指出："从协调的法秩序统一体的思想中还可以推导出，在解决法律问题，也就是在判决具体纠纷的时候，民法、刑法和宪法的规范和原则通常必须联合起来适用。"① 由此可见，各个不同的部门法之间具有密切的关联性。作为后置法的刑法与作为前置法的其他部门法，相互之间具有一种依存和协同关系。具体而言，刑法的前置法可以分为三个法律部门：第一是行政法，第二是民事法，第三是经济法。刑法中的行政犯是以违反行政法规为前置条件的，因而在解释行政犯的时候，应当参照行政法规。刑法中的人身犯罪和财产犯罪是以违反民事法规为前提的，因而在解释人身犯罪和财产犯罪的时候，应当参照民事法规。刑法中的经济犯罪是以违反经济法规为前提的，因而在解释经济犯罪的时候，应当参照经济法规。例如我国《刑法》第 258 条规定的重婚罪，涉及对婚姻的理解，因为它直接关系到重婚的界定。就《刑法》第 258 条规定本身而言，重婚罪是指有配偶而重婚的，或者明知他人有配偶而与之结婚的行为。因而，这一规定的字面含义并不难理解，但在现实生活中存在所谓事实婚的概念，即没有经过婚姻登记而以夫妻关系同居。这种同居是否属于婚姻，对于重婚罪的范围界定具有重要影响。在过去相当长的一个时期，由于各种条件的限制，婚姻登记还不普及，未经婚姻登记而同居的现象时有发生，尤其是在落后地区较为普遍。在这种情况下，我国婚姻法承认事实婚的存在，因此，在刑法中也承认事实重婚的概

① ［德］伯恩·魏德士：《法理学》，丁小春、吴越译，317 页，北京，法律出版社，2013。

念，对于事实重婚以重婚罪论处。但在 1994 年以后，民事法中取消了事实婚，也就是对事实婚不再按照婚姻关系加以保护。在这种情况下，我国司法解释仍然肯定事实重婚，这明显与婚姻法相抵触。我认为，刑法关于重婚罪规定中的婚姻概念应当与婚姻法中的概念保持一致，在婚姻法废除事实婚的概念以后，基于体系解释的方法，刑法中也应当废除事实重婚的概念。由此可见，具有关联关系的不同法律之间，对于同一个法律概念应当作相同的理解。尤其是作为后置法的刑法，在对相关规定进行解释的时候，应当采用以法律（前置法）解释法律（后置法）的体系解释方法。当然，如果刑法有特殊规定，可以对同一个概念作不同于前置法的解释。例如，我国 1997 年刑法修订的时候，《刑法》第 196 条规定了信用卡诈骗罪。此后，2005 年《刑法修正案（五）》又增设第 177 条之一，规定了妨害信用卡管理罪，窃取、收买、非法提供信用卡信息罪等信用卡犯罪。这里的信用卡既包括具有透支功能的银行卡，又包括不具有透支功能的银行卡，其范围较为宽泛，是指所有银行卡。但在此后，我国 2010 年颁布的《商业银行信用卡业务监督管理办法》第 7 条对信用卡作了规定："信用卡是指记录持卡人账户相关信息，具备银行授信额度和透支功能，并为持卡人提供相关银行服务的各类介质。"显然，这个信用卡的概念以具有透支功能为基本特征，尤其区别于不具有透支功能的借记卡。这里的借记卡是指发卡银行向持卡人签发的，没有信用额度，持卡人先存款、后使用的银行卡。在这种情况下，刑法中的信用卡与银行法中的信用卡的含义并不一致，为了消除这个矛盾，全国人大常委会对刑法中的信用卡作了立法解释。根据《关于〈中华人民共和国刑法〉有关信用卡规定的解释》的规定，我国刑法中的信用卡是指由商业银行或者其他金融机构发行的具有消费支付、信用贷款、转账结算、存取现金等全部功能或者部分功能的电子支付卡。因此，在立法解释明确规定的情况下，刑法中的信用卡与银行法中的信用卡具有不同含义，是被法律确认有效的，但在通常情况下，刑法中的概念不能与前置法的相同概念之间发生抵牾。

三、协调性

法律规定具有各自的独立性，但同时又具有各种逻辑上的关联性，因而在司法适用中需要对具有关联性的法律规定进行协调，体系解释就具有这种协调性。以刑法分则规定的罪名而言，各个罪名都具有各自的罪质与罪量，由此区别于其他罪名。然而不可否认的是，出于立法技术的原因，罪名之间具有内涵与外延上的重合性，因此要对这些罪名进行协调处理，从而为司法机关正确认定犯罪提供法理根据。例如我国刑法分则第五章侵犯财产罪，根据侵犯财产的方法分别设立了诈骗罪和侵占罪等。其中，诈骗罪属于占有转移型的财产犯罪，侵占罪属于非占有转移型的财产犯罪，因此，在某些情况下，虽然行为特征相同，但财产占有状态不同，就不能根据行为特征定罪，而是应当根据占有状态定罪。例如甲受他人委托到银行支取存单中的2万元现金，甲在取得现金后，意图占为己有，就伙同乙密谋，伪造现金被抢劫的现场，谎称现金被抢走，以此作为不交出现金的理由。对于本案的犯罪性质存在两种不同的观点：第一种观点认为甲、乙构成诈骗罪的共犯。因为甲谎称现金被抢走，这是一种欺骗方法，采用这种方法非法占有他人现金，符合诈骗罪的构成要件，应以诈骗罪论处。第二种观点则认为，甲受他人委托支取现金，此时已经占有他人现金，甲勾结乙以现金被抢为由不交付现金，其行为构成侵占罪。在上述案件中，甲、乙的行为到底是构成诈骗罪还是侵占罪，要从占有转移的角度进行分析：诈骗罪属于占有转移的财产犯罪，其构成要件是通过欺骗方法将处于他人占有之中的财物转而归本人占有。侵占罪则属于非占有转移的财产犯罪，其构成要件是将处于本人占有之中的他人财物占为己有。从本案的案情分析，在甲、乙占有他人现金之前，该现金就已经处于甲的占有之中，因而本案不可能构成诈骗罪，而是符合将受委托占有的他人现金据为己有，拒不归还的构成要件，成立侵占罪。在本案中，尽管甲、乙采取了欺骗手段，但该欺骗手段的功能并不是为了使财物发生占有转移，而是为了掩盖将他人

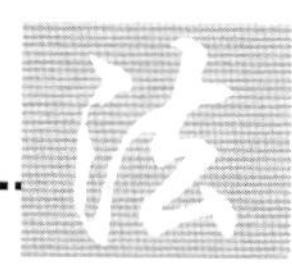

财物占为己有的意图，属于拒不退还的客观表现。通过本案的分析可以看出，诈骗罪和侵占罪虽然是两种性质不同的财产犯罪类型，但在具体案件认定的时候，应当从两个罪名的关联性中加以区分，将它们进行比较，以此明确两个罪名的不同构成要件。在这种情况下，通过体系解释的方法，协调两个罪名的关系就具有重要意义。

第三节　外在体系的解释[①]

外在体系的解释是从形式上对法律进行体系性的考察，采用的是形式—逻辑的分析方法。正如我国学者指出："外在体系关涉的是法律的形式构造、法律的结构以及制度性概念的形成。"[②] 因此，这里的外在体系是指法律规范的外在表现形态。德国学者把按照形式—逻辑规则构建起来的概念体系比喻为概念金字塔：位于整个金字塔顶端的最高概念，凌驾于整个地基之上，俯瞰其下，一览无余。[③] 法律体系也具有这种金字塔的形状：宪法是这个金字塔的顶端，民法、刑法和行政法以及与之对应的诉讼法是法律体系的支柱，居于其下的其他法律则形成金字塔的下层建筑。整个法律体系具有内在的统一性，任何一个法律都只有将其置于整个法律体系之中，才能正确理解并合理适用。由此可见，法律之间存在严密的逻辑关系，这种逻辑要素被萨维尼称为体系要素，在此基础上的解释方法就是体系解释。在这个意义上说，体系解释就是逻辑解释。因此，体系解释首先关注的就是法律之间的整体性和统一性。这种体系观念的内容就是要将个别的法律规范放在整个法律秩序的框架当中，或者如萨维尼所说，在

① 这里的外在体系，在我国刑法教义学中亦称为外部体系。本书统一采用外在体系的概念，与之相对应的是内在体系，我国刑法教义学中亦称为内部体系，本书统一采用内在体系的概念。特此说明。

② 车浩：《法教义学与体系解释》，载《中国法律评论》，2022（4）。

③ 参见［德］卡尔·拉伦茨：《法学方法论》（全本·第六版），黄家镇译，28页，北京，商务印书馆，2020。

将所有法律制度和法律规范连接成为一个大统一体的内在关联当中进行考察。因此，法律解释应当对法的统一起维护作用。也就是说，对个别法律规范的解释应避免逻辑上的抵触，并尽量在各相互冲突的规范意旨之间实现公平合理的平衡。[①] 基于对外在体系解释的如上理解，我认为，对刑法的外在体系解释，应当关注下述三个问题。

一、刑法的合宪性

在法律体系中，宪法处于母法的地位，它是所有法律的规范渊源，因而刑法具有对宪法的从属性。我国《刑法》第1条明确规定，宪法是刑法的制定根据。同时，宪法也是刑法解释的根据。因此，刑法的合宪性问题，也就是合宪性解释，是保持法律体系统一性的首要之义。

在德国刑法方法论中，合宪性解释是一种特殊的解释方法。合宪性解释不同于宪法解释，宪法解释是对宪法规范的解释，但合宪性解释则是基于宪法的解释；同时，合宪性解释与基于宪法对刑法的合宪性审查也有所不同。在存在宪法审查制度的国家，往往根据宪法对法律，包括刑法规范进行合宪性审查。如果刑法规范不符合宪法，则宣告其无效。例如意大利宪法法院（1981年96号判决）宣告《意大利刑法典》第603条因违宪而无效。意大利宪法法院认为该条规定的内容（用他人完全服从自己的方式，将他人置于自己的权力之下）不符合宪法规定的明确性原则，因为不论从行为或是结果的角度看，都既无法确定也无法区分什么样的行为可能使他人处于完全服从的状态，不可能为完全服从制定一个客观的标准，立法上规定的完全，在司法审查中从未得到证实；除此以外，还必须考

① 参见［德］齐佩利乌斯：《法学方法论》，金振豹译，61页，北京，法律出版社，2009。

虑到另有规定专门处罚陷人为奴隶或使他人处于奴隶状态的行为。[①] 由此可见，对刑法的违宪审查完全不同于对刑法的合宪性解释。刑法的合宪性解释是一种解释方法，它是基于宪法而对刑法所进行的解释，这里的解释其实是一种限制。也就是说，合宪性解释本身并不对刑法规范进行阐释，而是对语义解释等解释方法的结论是否合乎宪法进行审查。正如德国学者指出："若规范的多种解释可能性中只有一种符合宪法，则必须依此对规范进行符合宪法之解释。与此相反，违反宪法的解释结论是绝对不可取的。因此，合宪性解释具有一种'过滤功能'。在此意义上，宪法不仅是认知规范（Erkenntnisnorm），同时也是审查规范（Kentrollnorm）。"[②] 由此可见，合宪性解释对于保障刑法解释结论的合宪性具有重要功能。

合宪性解释在刑法解释中具有独特的功能，它对语义解释、体系解释、历史解释和目的解释具有控制作用。而且，宪法本身是实证法体系的一个阶层，同时又是法律所追求之重要价值的宣示所在，所以，关于体系解释及目的解释的讨论，在它们一致的范围内，对合宪性因素亦有适用。[③] 在德国法学方法论中，通常将合宪性解释视为体系解释的一种情形。例如德国学者指出："合宪性解释本身意味着规范可能出现歧义。如果一则规定根据其文义和产生历史可能有多种含义，那么合宪性解释就有用武之地了。这时人们倾向于最符合宪法价值标准的解释。"[④] 因此，合宪性解释在法律解释出现歧义的情况下，具有最终的裁断权，因为在法律体系中，宪法具有最高的法律效力，其他部门法凡是与之相抵触的，就会丧失其规范效力。我国学者揭示了刑法的合宪性的两种含义，指出："宪法作为规范国家与人民权利义务关系的根本大法，在实定法规范体系上具有优先位阶性，称为宪法优位性原则。据此，刑法不但消极上不能抵触宪法的规定，还要

---

① 参见［意］杜里奥·帕多瓦尼：《意大利刑法学原理》（注评版），陈忠林译评，34 页，北京，中国人民大学出版社，2004。

② ［德］托马斯·M.J. 默勒斯：《法学方法论》（第 4 版），609 页，北京，北京大学出版社，2022。

③ 参见黄茂荣：《法学方法与现代民法》（第七版），319 页，厦门，厦门大学出版社，2024。

④ ［德］伯恩·魏德士：《法理学》，丁小春、吴越译，322 页，北京，法律出版社，2013。

积极充实宪法的内涵与基本价值，是以刑法的解释不能脱离宪法的规范要求。当刑法的规定依照上述的解释方式有几种不同的解释可能时，依照合宪性的要求，适用刑法者应该优先选择最为合乎宪法规定及其所宣示基本价值的解释可能。”①因此，宪法是刑法解释的规范依据和价值来源。我认为，刑法解释的合宪性表现在以下两个方面。

（一）实体上的合宪性

刑法以宪法为根据，因而刑法在某种意义上说是宪法的保障法。宪法所规定的各种公民权利，例如生命权、健康权等人身权利，以及选举权、宗教信仰自由权利、通信自由权等民主权利都受到刑法保护，如果侵犯这些公民的宪法权利，就会受到刑法的制裁。例如，我国《宪法》第 40 条规定：“中华人民共和国公民的通信自由和通信秘密受法律的保护。”根据这一规定，《刑法》第 252 条设立了侵犯通信自由罪，该罪是指隐匿、毁弃或者非法开拆他人信件，侵犯公民通信自由权利，情节严重的行为。因此，侵犯通信自由罪的保护法益是宪法所确认的公民通信自由权利，由此出发才能正确解释侵犯通信自由罪的构成要件。例如在互联网普及以后，通信的形式从纸质信件的邮寄转变为电子信息的传递。在这种情况下，如何理解这里的隐匿、毁弃、开拆等行为，就是一个需要解释的问题。对此，全国人大常委会在 2000 年颁布了《关于维护互联网安全的决定》，该决定第 4 条第 2 项规定，非法截获、篡改、删除他人电子邮件或者其他数据资料，侵犯公民通信自由和通信秘密的行为，构成犯罪的，依照刑法规定追究刑事责任。这里的刑法规定就是指刑法关于侵犯通信自由罪的规定，因此，前引决定根据互联网时代通信形式的变化，将非法截获、篡改、删除等手段确定为侵犯通信自由罪的行为方式，这一规定是完全符合宪法规定的，具有合宪性。

应该指出，我国虽然没有建立违宪审查制度，但近些年来我国建立了备案审查制度，这是具有中国特色的宪法监督制度，在一定程度上发挥着合宪性的审查

① 王海桥：《刑法解释的基本原理——理念、方法及其运作规则》，179 页，北京，法律出版社，2012。

功能。2023 年 12 月 29 日全国人大常委会《关于完善和加强备案审查制度的决定》第 2 条规定的审查对象中包括最高人民法院、最高人民检察院作出的属于审判、检察工作中具体应用法律的解释（司法解释）。前引决定第 5 条对推进合宪性审查作了以下规定："在备案审查工作中注重审查法规、司法解释等规范性文件是否存在不符合宪法规定、宪法原则、宪法精神的内容，认真研究涉宪性问题，及时督促纠正与宪法相抵触或者存在合宪性问题的规范性文件。在备案审查工作中落实健全宪法解释工作程序的要求，准确把握和阐明宪法有关规定和精神，回应社会有关方面对涉宪问题的关切。"通过合宪性审查，能够在一定程度上纠正法规和司法解释中与宪法相抵触的内容，在更大程度上保障法秩序的统一。

我国除了全国人大具有备案审查权力以外，地方人大也具有对同级政府和司法机关的备案审查权力。例如 2017 年 9 月，某省人大常委会法制工作委员会收到公民对《某省高级人民法院、人民检察院、公安厅、林业厅〈关于非法占用林地等涉林执法司法问题的指导意见〉》提出的审查建议。审查建议认为，该文件第 2 条把"在林地上种植农作物"确定为"造成林地原有植被或林业种植条件严重破坏或者严重污染"的情形之一，与最高人民法院司法解释的规定不一致，扩大了适用范围，存在超越法定权限设定行政处罚、行政强制等问题。经审查研究，认为该文件存在下列瑕疵和问题：一是该文件个别条文的用语表述不规范、不准确，在具体操作中易引发歧义。二是该文件将公安部《关于对非法收购出售非国家重点保护野生动物如何定性的意见的函》作为认定非法经营罪的法律依据不充分，且《关于对非法收购出售非国家重点保护野生动物如何定性的意见的函》已宣布废止。三是该文件明显具有司法解释性质。根据立法法的规定，最高人民法院、最高人民检察院以外的审判机关和检察机关不得作出具体应用法律的解释。省人大常委会法制工作委员会和制定该文件的四部门反复沟通，并书面发函，要求限期予以清理。2018 年 11 月，省高院、省检察院、省公安厅、省林业厅召开会议，就该文件进行研究，决定进行清理并停止执行。[①] 地方性司法解释本身就不合法，某些内容更是与法律、司法解释相抵触，因而通过备案审查制度予以纠正，对于实现法秩序统一具有现实意义。

（二）程序上的合宪性

刑法解释不仅应当具有实体上的合宪性，而且应当具有程序上的合宪性。在我国的刑法解释中，司法解释占据着重要地位，通过司法解释创制更为具体的司法规则，对于刑法的具体实施起到重要的作用。全国人大常委会将司法解释权授予最高人民法院和最高人民检察院，因而只有最高司法（检察）机关才具有司法解释权，地方司法机关没有司法解释权。对此，最高人民法院、最高人民检察院于 2012 年 1 月 18 日《关于地方人民法院、人民检察院不得制定司法解释性质文件的通知》第 1 条明文规定："自本通知下发之日起，地方人民法院、人民检察院一律不得制定在本辖区普遍适用的、涉及具体应用法律问题的'指导意见'、'规定'等司法解释性质文件，制定的其他规范性文件不得在法律文书中援引。"然而，在上述通知下发以后，所谓地方性司法解释并未根绝，而且有越演越烈之势。2022 年 12 月 28 日全国人大常委会法制工作委员会主任沈春耀在第十三届全国人民代表大会常务委员会第三十八次会议上所做的《全国人民代表大会常务委员会法制工作委员会关于十三届全国人大以来暨 2022 年备案审查工作情况的报告》明确指出："有的省级法院、检察院、公安厅就办理袭警罪案件联合发文。我们经审查研究认为，该联合发文涉及犯罪构成具体内容，扩大了法定袭警罪、妨害公务罪的惩治范围，超出了刑法规定范围；立法法是重要宪法性法律，有关联合发文不符合立法法关于'两高'以外的审判机关、检察机关不得作出具体应用法律的解释的规定，超出了制定机关权限。我们通过衔接联动机制与有关方面

① 参见《某省高级人民法院、人民检察院、公安厅、林业厅〈关于非法占用林地等涉林执法司法问题的指导意见〉关于认定非法经营罪的法律依据等规定》，载全国人大常委会法制工作委员会法规备案审查室编著：《规范性文件备案审查案例选编》，129～130 页，北京，中国民主法制出版社，2020。

沟通，多方面协同行动、督促推动，制定机关很快发文通知停止执行有关文件。最高人民法院、最高人民检察院针对这一事例要求有关法院、检察院开展司法规范性文件自查清理，重申地方一律不得制定在本辖区普遍适用的、涉及具体应用法律问题的司法解释性质文件，制定的其他规范性文件不得在法律文书中援引。”上述报告不仅指出了地方性司法解释关于袭警罪的规定在内容上超出了刑法规定范围，而且指出了地方性司法解释超出了制定机关的权限，因而在实体和程序两个方面都不具有合宪性。报告的上述内容对于刑法解释的合宪性审查具有标志性的意义，这是落实宪法规定的重要举措。

二、法秩序统一性

法秩序的统一性是指所有法律之间形成一个没有矛盾的统一体，这是对法的体系性的基本要求。体系解释的正当性就是建立在法秩序统一原理基础之上的，因此，正确界定法秩序统一对于合理把握体系解释的性质具有重要意义。

（一）法秩序统一的含义

法秩序统一性来自法秩序统一原理，1935 年德国学者卡尔·恩吉施首先提出法秩序统一原理（Die Einheit der Rechtsordung）的概念，认为法秩序统一性要求排除法规范之间的矛盾，要求违法判断的统一性；社会的多样化发展使得作为维系社会秩序、解决纷争的法律制度，在不同的法领域多元化、细致化发展，法官对于个案应个别裁判，但仍然不能脱离全体法秩序而进行判断，因为在适用某个法律条文的同时，就是在整体法秩序下的适用；法官在对于个案适用某个法律条文时，是在整体法秩序下的适用。因此，一个行为在某一法领域被认定为违法，那么在全体法秩序中都应该被认定为违法。如果法律体系内部出现矛盾，不仅无法为公民生活提供行为规范，还会对法律体系本身造成结构性破坏。[①] 因

① 转引自郭研：《部门法交叉视域下刑事违法性独立判断之提倡 ——兼论整体法秩序统一之否定》，载《南京大学学报（哲学·人文科学·社会科学版）》，2020 (5)。

此，在适用法律的时候不能着眼于个别法条，而是应当着眼于整个法典，甚至整个法律体系。正如恩吉施指出："法律秩序统一的原则在我们的语境中影响到了应该从整部制定法，另外，的确也应该借助于其他制定法来建构大前提。在此，这样的前提为，在一个法律秩序中，法律条文具有相同的、和谐的、关联的思想整体。"① 因此，法秩序统一作为原理，存在规范意义上的法秩序统一和违法意义上的法秩序统一这两种含义：规范意义上的法秩序统一是指法律规范之间和谐共存没有矛盾，因而呈现出一致性的圆满状态。违法意义上的法秩序统一则是指某个行为在前置法中没有规定为违法行为的，在刑法中不得认定为违法。在某种意义上可以说，违法意义上的法秩序统一是规范意义上的法秩序统一的一种特殊表现，两种法秩序统一的共同要求都是保持法律体系中的逻辑上的一致性。刑法的体系解释除了基于规范意义上的法秩序统一以外，更为重视的是作为违法性理论的法秩序统一。

在考察法秩序统一的时候，涉及不同法律的层级问题。尤其是在不同层级的法律规定存在差异或者矛盾的情况下，如何正确选择相关法律规定进行体系解释，这是一个值得研究的问题。刑法作为各个法律的后置法，在刑法规定的理解上，当然应当参照其他法律的规定进行体系解释。但由于刑法本身具有特殊的强制性，因而在何种程度上对刑法规定的解释应当服从于前置法的规定，这是需要认真对待的问题。这里涉及处理前置法与后置法之间法律概念是否应当保持同一性的问题。前置法与后置法对某个共同的问题作了规定，在通常情况下，后置法应当服从前置法，尤其是在法律概念的界定上应当具有一致性。正如德国学者指出："《刑法典》偶尔会包含关于语言使用的规则，即所谓'法律定义'。其他法领域的语言规则是否应转用于刑法中，要根据刑法的标准予以确定。如果刑法保护与刑法外的规则相关联，以至于在刑法上应被保护的法益由另一个法领域的规

① ［德］卡尔·恩吉施：《法律思维导论》（修订版），郑永流译，74 页，北京，法律出版社，2014。

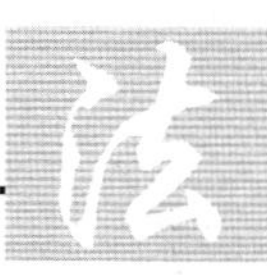

范所构成，那么那里的概念也对刑法有约束力。”[①] 在具体案件中，也应当对刑法中的概念作与前置法相同的解释。

【案例 31】 牟某翰虐待案[②]

2018 年 8 月，被告人牟某翰与被害人包某（女，殁年 24 岁）确立恋爱关系。2018 年 9 月 16 日至 2019 年 10 月 9 日，二人曾在本市某学生公寓以及包某的家中、牟某翰的家中共同居住；2019 年 1 月至 2 月，牟某翰、包某先后到广东及山东与双方家长见面。2019 年 1 月起，牟某翰因纠结包某以往性经历一事，心生不满，多次追问包某性经历细节，与包某发生争吵，高频次、长时间、持续性辱骂包某，并表达过让包某通过“打胎”等方式以换取其心理平衡等过激言词。同年 6 月 13 日，包某在与牟某翰争吵后割腕自残。8 月 30 日，包某在与牟某翰争吵后吞食药物，被牟某翰送至医院采取洗胃等救治措施，院方下发了病危病重通知书。2019 年 10 月 9 日中午，包某与牟某翰再次发生争吵。当日下午，包某独自外出，后入住某公馆房间，服用网购的药物自杀，当日 16 时 19 分至 22 时 30 分，被告人牟某翰通过多种方式联系、寻找包某，后于当日 22 时 55 分将包某送至医院救治。2020 年 4 月 11 日，被害人包某经救治无效而死亡。经鉴定，包某死亡符合口服药物中毒导致呼吸循环衰竭。2020 年 6 月 9 日，被告人牟某翰被公安机关抓获归案。

北京市海淀区人民法院经审理认为：被告人牟某翰符合虐待罪中的犯罪主体要件。牟某翰与被害人不但主观上有共同生活的意愿，而且从见家长的时点、双方家长的言行、共同居住的地点、频次、时长以及双方经济往来支出的情况可以反映出客观上二人已具备了较为稳定的共同生活事实，且精神上相互依赖，经济

---

① ［德］乌韦·穆尔曼：《德国刑法基础课》（第 7 版），周子实译，138 页，北京，北京大学出版社，2023。

② 参见 https://baijiahao.baidu.com/s?id=1772404722446694072&wfr=spider&for=pc，2024 年 3 月 6 日访问。

上相互帮助，牟某翰与被害人之间的共同居住等行为构成了具有实质性家庭成员关系的共同生活基础事实，二人的婚前同居关系应认定为虐待罪中的家庭成员关系。从辱骂的言语内容，辱骂行为发生的频次、时长、持续性以及所造成的后果而言，被告人牟某翰对被害人的辱骂行为已经构成虐待罪中的虐待行为，且达到了情节恶劣的程度。在被害人精神状态不断恶化，不断出现极端行为并最终自杀的进程中，被告人牟某翰反复实施的高频次、长时间、持续性辱骂行为是制造包某自杀风险并不断强化、升高风险的决定性因素，因此与被害人的自杀身亡这一危害后果具有刑法上的因果关系。综上，海淀区人民法院认为，被告人牟某翰虐待与其共同生活的同居女友，情节恶劣，且致使被害人死亡，其行为已构成虐待罪，应予惩处。综合考虑牟某翰犯罪的性质、情节、社会危害程度及其认罪态度等因素，法院以虐待罪判处被告人牟某翰有期徒刑三年二个月，同时判决被告人牟某翰赔偿附带民事诉讼原告人蔡某某（被害人之母）各项经济损失共计人民币73万元。

本案一审判决以后，被告人牟某翰不服，提起上诉。二审法院经查：第一，从牟某翰与包某在2018年9月至2019年10月间经常性共同居住、同居期间曾共同前往对方家中拜见对方父母，且双方父母均认可二人的同居状态及以结婚为目的的男女朋友关系等情况看，虽然牟某翰与包某尚未登记结婚正式组建家庭，但在长期同居期间，二人关系始终稳定、情感相互依赖、生活相互扶持且均在为结婚积极准备，因而二人之间的关系与家庭成员关系并无本质区别，由此牟某翰符合虐待罪中的犯罪主体要求。第二，虽然在案缺乏充分证据证实牟某翰曾对包某实施过肢体暴力，但牟某翰本人供述、多名证人证言及二人的微信聊天记录可以证实，牟某翰在明知且接受包某曾有性经历并已与包某交往且同居的情况下，既不同意包某的分手请求，又纠结于包某以往性经历并借此高频次、长期性、持续性辱骂、贬低和指责包某。牟某翰对包某实施的前述经常性侮辱谩骂行为具有精神折磨性质，属于虐待罪所规范的虐待行为。第三，在2019年9月24日至案发前，包某与牟某翰始终居住在一起。2019年10月9日，牟某翰在包某因长期遭

受其精神折磨而精神依附于自己的情况下再次用言语刺激包某，直接导致其选择离开牟某翰家中并入住宾馆服药自杀。综上，牟某翰的行为符合我国刑法关于虐待罪的构成要件。牟某翰的上诉理由及其辩护人的辩护意见均缺乏事实及法律依据，二审法院均不予采纳。由此，北京市第一中级人民法院二审维持了原审判决。2024 年 2 月 27 日，牟某翰虐待案成为最高人民法院案例库的入库案例。[①]

在牟某翰虐待案中，能否认定为牟某翰的行为构成虐待罪的核心问题在于如何解释《刑法》第 260 条第 1 款规定的家庭成员。这里的家庭成员，以往都参照《婚姻法》进行解释，在我国制定《民法典》以后，《婚姻法》被纳入《民法典》，因而《民法典》就成为解释虐待罪中的家庭成员的前置法根据。《民法典》第 1045 条对家庭成员作了以下规定："配偶、父母、子女和其他共同生活的近亲属为家庭成员。"在此，其将家庭成员分为四种人：第一是配偶，第二是父母，第三是子女，第四是共同生活的近亲属。值得注意的是，《民法典》还对近亲属作了专门规定，包括配偶、父母、子女、兄弟姐妹、祖父母、外祖父母、孙子女、外孙子女。由于在近亲属中，配偶、父母、子女已经作了明确列举，因此，这里的其他近亲属是指兄弟姐妹、祖父母、外祖父母、孙子女、外孙子女。但这些人并非一概可以归属于家庭成员，只有具备共同生活这一条件的其他近亲属才能认定为家庭成员。可以说，《民法典》对家庭成员的界定是明确而清晰的，它为《刑法》第 260 条规定的虐待罪中家庭成员的理解提供了前置法依据。如果按照这个解释，由于牟某翰只是被害人包某的恋人，因而明显不符合《民法典》所规定的家庭成员的定义。需要指出，《反家庭暴力法》第 2 条对家庭暴力作了规定："本法所称家庭暴力，是指家庭成员之间以殴打、捆绑、残害、限制人身自由以及经常性谩骂、恐吓等方式实施的身体、精神等侵害行为。"与此同时，该法第 37 条规定："家庭成员以外共同生活的人之间实施的暴力行为，参照本法规定执

① 参见《人民法院案例库收录"PUA 第一案"牟某翰虐待案》，https://www.sohu.com/a/761014397_121894856，2024 年 11 月 7 日访问。

行。”在此，《反家庭暴力法》第 2 条中的家庭成员，当然应当根据《民法典》的规定进行认定。虽然第 37 条将家庭暴力的范围扩张到家庭成员以外共同生活的人，但这一规定仍然是以其他共同生活的人并不属于家庭成员为逻辑前提的，因而并不能根据这一规定而将其他共同生活的人纳入家庭成员的范围。我国学者将《反家庭暴力法》第 37 条规定的其他共同生活的人称为类家庭成员，指出：“民法的目的在于规范民事关系，刑法的目的在于保护法益。只有基于婚姻关系、较近的血缘关系才能产生扶养、继承等民事权利，因此民法典规定的家庭关系范围较窄。但是，基于中国的文化传统，血缘较为疏远的堂兄弟姐妹、表兄弟姐妹、侄儿、外甥乃至表侄、堂侄等在民间也被认为是近亲属，他们可能在一起共同生活；男女之间如果长期同居（共同生活）在一起，就具有类婚姻关系。这些人员之间不产生扶养、继承等民事权利，但在刑法上当然享有不受虐待的权利。由于民法和刑法的规范保护目的不同，对同一术语的意义界定也就有所不同。这样，对于虐待罪中的‘家庭成员’，既需要把那些基于婚姻、血缘建立起‘类家庭关系’的成员包括在内，又能指‘共同生活’的家庭成员。把牟某翰虐待同居女友的行为认定为虐待罪，符合刑法的规范保护目的。”[①] 显然，如果将类家庭成员包含在虐待罪保护范围之中，则形成刑法与其前置法在家庭成员概念上的相互矛盾。而且，在刑法和《民法典》之间并不存在后者对家庭成员的界定要比前者更窄的问题，因为《刑法》第 260 条本身并没有对家庭成员作具体描述，其内容完全取决于《民法典》的规定。因此，不能得出刑法与《民法典》关于家庭成员的界限存在宽窄之分的结论。更为重要的是，本案主办法官在回答记者关于被告人牟某翰与包某之间是否属于虐待罪意义上的家庭成员的提问时指出：“虐待罪是典型的家庭暴力犯罪，对虐待罪主体的范围界定，应当与《反家庭暴力法》对犯罪主体的范围界定保持一致。在本案中，牟某翰与包某之间形成了实质上的家庭成员关系。牟某翰、包某不但主观上有共同生活的意愿，而且从见家长的时点，

---

① 王政勋：《2023 年度人民法院十大案件之牟某翰虐待案点评》，载《人民法院报》，2024－01－06。

双方家长的言行，共同居住的地点、频次、时长以及双方经济往来支出的情况可以反映出客观上二人已具备了较为稳定的共同生活事实，且精神上相互依赖，经济上相互帮助。牟某翰与包某之间的共同居住等行为构成了实质上的家庭成员关系的共同生活基础事实，二人的男女婚前同居关系应认定为虐待罪中的家庭成员关系，牟某翰符合虐待罪的犯罪主体要件。”① 这里提及对刑法中的虐待罪的对象家庭成员的理解应当与《反家庭暴力法》保持一致，但如前所引述，《反家庭暴力法》第37条对家庭成员并没有作出不同于《民法典》的规定，而只是规定对于家庭成员以外共同生活的人之间实施的暴力行为，参照本法规定执行。这一规定并没有将其他共同生活的人纳入家庭成员的范围，而是对这些人员之间的暴力行为参照《反家庭暴力法》执行。毋宁说，这是一个具有立法类推性质的拟制规定，以共同生活这一事物本质为依据，在一定程度上扩张了家庭暴力的范围，但其效力不能及于刑法中虐待罪的主体。确实，在现实生活中非家庭成员之间的虐待案件时有发生并且具有较为严重的法益侵害性，在这种情况下，不是通过司法扩张将这些非家庭成员之间的虐待行为以虐待罪论处，甚至不是通过立法将其归之于虐待罪，而是应当在家庭成员之间的虐待罪以外，另外设置非家庭成员之间的虐待罪，例如《刑法修正案（九）》设置了虐待被监护、看护人虐待罪就是一个适例。在此基础上，还应当设置非家庭成员虐待罪，即家庭成员以外其他具有共同生活关系的人的虐待罪，以此规制诸如同居关系的伴侣之间的虐待行为。② 由此可见，在对刑法规定进行体系解释的时候，应当充分考虑各个不同法律之间的层级性，妥善处理不同法律之间的抵牾甚至矛盾，从而追求对刑法规定的正确理解。

---

① 《法治日报》，2023-06-27。

② 2014年5月30日最高人民法院公布的指导性案例226号“陈某某、刘某某故意伤害、虐待案”裁判要点之一指出：“与父（母）的未婚同居者处于较为稳定的共同生活状态的未成年人，应当认定为刑法第二百六十条规定的家庭成员。”这一裁判要点确认了具有共同生活关系的人以家庭成员论处的司法规则，具有目的性扩张的性质。

当然，刑法作为后置法对法律概念的理解应当与前置法保持一致的规则并非绝对，而是具有一定条件的。德国学者以物品这个法律概念为例进行了分析，认为在所有权关系对于刑法中的可罚性具有决定性作用的情况下，民法上关于所有权的规则（《德国民法典》第929条及以下）在刑法中也应受到重视。相反，根据《德国民法典》第90a条，动物并非“物品”，这对于财产犯罪没有任何影响。《德国刑法典》第242条的物品概念因而有异于民法上的定义，因为对于财产损失而言，被偷的是狗还是钱包并没有任何区别。[①] 因此，刑法对于民法在法律概念上的从属性应当根据不同的情形分别进行判断，不可一概而论。正如动物在《德国民法典》中并非物品，但在刑法中完全可以按照物品对动物加以保护。

（二）规范意义上的法秩序统一

规范意义上的法秩序统一，也就是各个法律规范之间的无矛盾状态，对此，可以从两个方面加以论述。

首先，法律规范是指一个国家的各种法律规范的有机整体，因此，规范意义上的法秩序统一，其基本含义就是在内容上，各个部门法之间应当保持一致性，不得相互抵触。这里涉及刑法在整个法律体系中的独特地位。在一个国家的法律体系中，除了宪法高居于法律金字塔的顶端以外，其他部门法处在一种并列关系。例如民法和行政法就是以调整不同的社会关系而划分的：民法调整平等主体之间的人身和财产关系。行政法则调整行政隶属关系的主体之间的人身和财产关系，因此，民法和行政法之间具有相互区隔性。但刑法作为法律体系中的制裁力量，它对于宪法、民法和行政法的实施具有保障法的功能。就此而言，刑法与宪法、民法和行政法之间不是并列关系，而是前置法与后置法之间的关系。这里涉及刑法作为后置法与前置法之间的关系问题，对此，在刑法教义学中存在从属性

① 参见［德］乌韦·穆尔曼：《德国刑法基础课》（第7版），周子实译，139页，北京，北京大学出版社，2023。

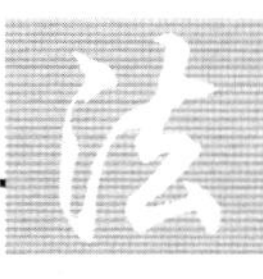

理论与独立性理论的争议。[①] 从属性理论认为，刑法是前置法的制裁规范，对于前置法具有从属性。独立性理论则认为刑法虽然保障前置法实施，但刑法相对于前置法具有独立性，不能认为刑法是前置法的规范内容；否则，刑法就会碎片化，由此导致刑法作为统一部门法的消亡。我认为，刑法就其实质而言，确实可以视为前置法的刑事罚则，刑法典只不过是将这种刑事罚则集中加以规定，至于附属刑法则仍然依附于前置法而存在。因此，在刑法规范的内容上具有对前置法的从属性，但刑法毕竟是一个独立的部门法，由此而从前置法中抽离出来，已经自成一体。在这种情况下，刑法规范作为一个部门法的独立性是不容否定的。在法秩序统一的意义上，刑法规范对于前置法的一定程度的从属性应当获得确认，因此，在解释刑法中的行政犯的时候，应当与作为前置法的行政法规范保持内容上的一致性，这是法秩序统一原理的基本要求。例如上文论及对《刑法》第 299 条之一侵害英雄烈士名誉、荣誉罪中英雄烈士的解释，应当采用体系解释的方法，这种解释就贯彻了规范意义上的法秩序统一原理，也就是要参考作为前置法的《英雄烈士保护法》关于英雄烈士的界定。该法虽然没有明确规定英雄烈士的概念，但从规范内容来看，该法中的英雄烈士明显是指已经牺牲的英雄而不包括仍然在世的英雄。该法第 26 条还规定："以侮辱、诽谤或者其他方式侵害英雄烈士的姓名、肖像、名誉、荣誉，损害社会公共利益的，依法承担民事责任；构成违反治安管理行为的，由公安机关依法给予治安管理处罚；构成犯罪的，依法追究刑事责任。"这就为刑法设立侵害英雄烈士名誉、荣誉罪提供了前置法根据。当然，刑法和前置法也并不是简单的对应，而是应当结合相关法律进行综合判断。正如我国学者指出："法条文义是刑法解释的起点。但语义解释方法只能提供初步的判断，功能有限。基于法秩序统一性的体系解释有助于消除争议。法秩序统一应当理解为法规范的集合不存在内在且根本的矛盾，否则就会产生方法论

---

① 参见［意］杜里奥·帕多瓦尼：《意大利刑法学原理》（注评版），陈忠林译评，4～5 页，北京，中国人民大学出版社，2004。

上的错误。对于侵害英雄烈士名誉、荣誉罪侵害对象的理解，不能仅关注英雄烈士保护法，应当对其他相关周边法律予以全面考察，从而准确把握法秩序统一性原理的含义。在肯定本罪保护健在的英雄的前提下，必须妥当处理其和侮辱罪、诽谤罪的关系。侵害健在的英雄人格的行为，构成本罪和侮辱罪、诽谤罪的想象竞合犯的，虽然两罪的法定刑相同，但考虑到弘扬社会主义核心价值观及实现想象竞合犯明示功能的需要，对被告人通常应当以侵害英雄烈士名誉、荣誉罪论处。”①

其次，法秩序统一还应当适用于刑法内部规范的统一性。刑法本身也是一个法律规范，具有内在的逻辑关系。在理解刑法规定的时候，应当结合其他刑法规定，采用体系性的思维方法。例如我国《刑法》第 273 条规定的挪用特定款物罪，是指挪用用于救灾、抢险、防汛、扶贫、移民、救济款物，情节严重，致使国家和人民群众利益遭受重大损害的行为。如果仅仅从刑法的表述来看，只要是实施了上述挪用特定款物的行为，都可以构成该罪。虽然《刑法》第 273 条规定该罪的犯罪主体是直接责任人员，但罪状并没有将挪用特定款物归个人使用的情形排除在该罪的范围之外。然而，《刑法》第 384 条第 1 款规定了挪用公款罪，同时第 2 款规定：“挪用用于救灾、抢险、防汛、优抚、扶贫、移民、救济款物归个人使用的，从重处罚。”这一规定明确了对于挪用特定款物归个人使用的行为应当以挪用公款罪论处。由此可见，只有将上述两个法条的规定结合起来考察，才能正确理解挪用特定款物罪的构成要件是指违反公款公用原则，改变救灾、抢险、防汛、优抚、扶贫、移民、救济款物的使用性质，因而其所侵害的法益是特定款物的管理制度，而不同于侵害公款使用权的挪用公款罪。在此，就采用了体系解释的方法，由此协调挪用特定款物罪和挪用公款罪之间的界限。

在解释刑法的时候，对于刑法中的罪名或者概念通常应当采用相同的解释，这也是法秩序统一原理所要求的。正如德国学者指出：“法秩序统一系指

① 周光权：《法秩序统一性的含义与刑法体系解释》，载《人民法院报》，2022－04－24。

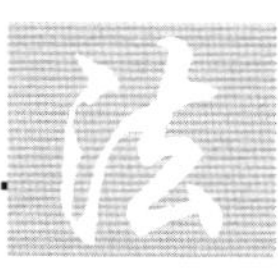

不同法律中的特定概念也须作同一解释，由此法秩序始得保持其统一性。这一规则的根据即同一性的逻辑法则。”① 因此，如果在刑法中出现不同罪名之间构成要件要素上的抵牾，就应当通过体系解释加以纠正。例如我国《刑法》第260条对诈骗罪的规定采用了简单罪状的形式，对诈骗行为的构成要素并没有具体规定。在刑法教义学中，通常认为诈骗罪属于占有型财产犯罪，因而非法占有目的是诈骗罪的不成文的构成要件要素。尤其是《刑法》第193条规定的贷款诈骗罪明文规定以非法占有为目的，同时《刑法》第175条又设立了不以非法占有为目的的骗取贷款罪，两罪的相互印证更加坐实了诈骗罪以非法占有为目的的结论。然而，在金融诈骗罪中，除了集资诈骗罪（第192条）、贷款诈骗罪（第193条）规定了非法占有目的以外，票据诈骗罪（第194条）、信用证诈骗罪（第195条）、信用卡诈骗罪（第196条）、有价证券诈骗罪（第197条）、保险诈骗罪（第198条）等其他金融诈骗罪都没有规定非法占有目的。那么，这些没有规定非法占有目的的金融诈骗罪是否要求以非法占有为目的呢？如果严格按照语义解释，在没有规定非法占有目的的罪名中，非法占有目的就不是这些金融诈骗罪的构成要件要素，但如果按照这一解释，不同的金融诈骗罪之间就会产生矛盾。对此，我认为应当采用体系解释的方法，对不同的金融诈骗罪的非法占有目的予以统一理解。更何况，没有规定非法占有目的的金融诈骗罪并不是不需要非法占有目的，而是从其客观行为本身就可以推断出行为人主观上具有非法占有目的，例如票据诈骗罪的行为之一是明知是伪造、变造的汇票、本票、支票而使用的。在这种情况下，由于行为人对票据的虚假性具有主观上的明知，因而通过使用虚假票据占有票据项下财物的，其主观上的非法占有目的完全可以确认。因此，通过体系解释就可以解决金融诈骗罪不同罪名的非法占有目的问题。

---

①［德］托马斯·M.J. 默勒斯：《法学方法论》（第4版），杜志浩译，230页，北京，北京大学出版社，2022。

（三）违法意义上的法秩序统一

违反意义上的法秩序统一是就刑法与前置法的关系而言的，我国学者将法秩序统一区分为合法性的统一与违法性的统一，认为法秩序统一既是合法性的统一，也是违法性的统一。合法性的统一对应行政犯之消极的行政从属性，因而无行政违法则无刑事犯罪；违法性的统一对应着积极的行政从属性，但在肯定行政违法的前提下，还要立足刑法辅助性保护法益的目的，独立、实质地判断刑事不法是否存在。①

首先，合法性的统一具有对构成要件的实质审查功能。在刑法规定的犯罪，尤其是行政犯，一般都以违反前置法为规范的构成要件。例如我国《刑法》第225条规定的非法经营罪，其前提条件是违反国家规定，如果不具备违反国家规定这一要件，则其经营行为不具有非法性，因而不可能构成非法经营罪。在这个意义上说，刑法的违法性是由前置法的违法性所决定的，由此可以得出结论，前置法中的合法行为不可能构成行政犯。这个意义上的法秩序统一是合法性的统一，缺乏这个意义上的法秩序统一足以排除构成要件，因而属于体系解释的应有之义。此外，在某些犯罪中，虽然立法机关没有明确地将违反前置法规定为规范的构成要件要素，但违反前置法的规定对于构成要件的判断，仍然具有实质作用。例如，甲因为杀人被通缉，想要逃跑。为了筹集外逃经费，甲找到乙。一年前乙曾经向甲借款10万元，借期一年，正好届满。乙明知甲杀人，而且知道甲要外逃，仍将10万元借款的本金连同利息归还给甲。甲利用这笔资金外逃，一年以后才被抓获归案。在本案中，乙的行为虽然在客观上为甲逃避司法追究提供了资助，但我曾经指出："乙的行为虽然符合包庇罪的构成要件，然而，该行为同时是民法上的履行债务的行为，因此是民法上的合法行为。如果将乙的行为认定为包庇罪，其实就是将民法上的合法行为，在刑法中认定为犯罪，这显然违反法秩序统一原理。因此，乙虽然实施了包庇行为，基于法秩序统一原理，不能认

① 参见马春晓：《法秩序统一性原理与行政犯的不法判断》，载《华东政法大学学报》，2022（2）。

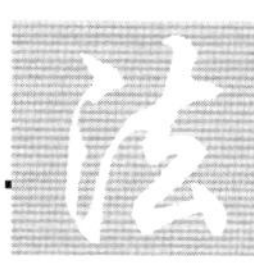

定为包庇罪。由此可见，法秩序统一原理意味着前置法的合法行为，可以成为刑法中的违法阻却事由。”① 在以上论述中，我是将法秩序统一理解为违法阻却事由。但违反前置法的规定属于构成要件的问题而不是违法阻却的问题，基于体系解释，明知是犯罪的人而为其提供财物，帮助其逃匿的行为这一构成要件中的提供财物，并不包括履行债务的合法行为，因为在民法中的合法行为不能在刑法中评价为违反行为，这是合法性的法秩序统一的必然结论。

其次，违法性的统一具有排除违法的功能。刑法中的法秩序统一更多的是作为违法性理论进行讨论的。在阶层犯罪论中，犯罪成立要件分为构成要件、违法性和有责性三个阶层。行为虽然符合构成要件但缺乏违法性的，同样不能构成犯罪，因此，违法阻却是犯罪的出罪机制。这里涉及一个问题，前置法的违法性与刑法的违法性是否具有同一性？对此，法秩序统一性原理内部存在违法一元论与违法相对论的基本对立。前者认为，违法是对整体法秩序的违反，任何违法行为都将破坏整体法秩序。其中，严格的违法一元论认为，在一个法域中被认定为违法的行为，绝不可能在其他法域被认定为合法；缓和的违法一元论认为，违法性虽然在整体法秩序中是统一的，但违法存在不同的类型与程度。违法相对论则认为，不同法域的目的、法律效果各不相同，作为推导出效果的要件，违法性中存在差异也是理所当然的。② 尽管对法秩序统一的含义存在争议，但刑法中的违法性与前置法的违法性应当保持一致，即具有刑法违法性的行为同时也应当具有前置法的违法性，这一点并无疑问。现在的问题是：具有前置法的违法性的行为也应当具有刑法的违法性，这个逆命题是否能够成立。对此，严格的违法一元论持肯定的立场并且态度坚定，缓和的违法一元论虽然也认为刑法与前置法的违法性应当保持一致，但态度有所松动。违法相对论则认为前置法的违法行为未必具有

---

① 陈兴良：《民法典对刑法的影响与刑法对民法典的回应》，载《法商研究》，2021（2）。

② 参见陈文涛：《犯罪认定中的法秩序统一性原理：内涵澄清与规则构建》，载《华东政法大学学报》，2022（2）。

刑法的违法性。我认为，从法秩序统一中当然可以得出违法一元论的结论。因为构成要件成立基础上的违法性，是对整体法秩序的考察，但在我国刑法中，刑法作为部门法的特殊性较为明显，尤其是民法和行政法都具有自身的制裁规范。在这种情况下，违反前置法的行为未必违反刑法。因为我国刑法中的犯罪具有数量要素，违反前置法的行为如果不具备犯罪的罪量要件，就不能构成犯罪。对于这些没有达到犯罪程度的情节显著轻微的犯罪行为，可以作为民事违法行为或者行政违法行为进行处罚。由此可见，我国刑法中的违法意义上的法秩序统一具有特殊性，不可一概而论。

三、刑法的整体性

刑法典是刑法规范的有机组合，各个具体规范，例如总则规范与分则规范之间，各个章节条文之间具有内在的逻辑关系。在解释某个刑法条文的时候，应当将刑法视为一个整体进行考察。德国学者提出了体系解释的完整性要求，指出："法律不应含有规定漏洞（Regelungslücken)，这只能建立在下述前提之上：我们先指定一个领域，数个规范应该无漏洞地规定该区域。"[①] 这里的无漏洞并不是说在存在论上法律规定没有漏洞，而是说从法律的完整性来看，只要将数个规范结合起来进行考察，就会消除漏洞以及其他规范之间的冲突和矛盾，因此，刑法的整体性是体系解释应当秉持的理念。

（一）法条竞合的体系解释

在刑法分则规定的各个罪名之间虽然具有独立性，但同时又具有关联性，其中竞合关系就是较为常见的罪名之间的关联形式。在罪名之间存在竞合的情况下，应当采用体系解释的方法解决刑法适用问题。这里应当指出，罪名之间的竞合可以

① ［德］英格博格·普珀：《法学思维小课堂——法律人的 6 堂思维训练课》（第二版），蔡圣伟译，161 页，北京，北京大学出版社，2024。

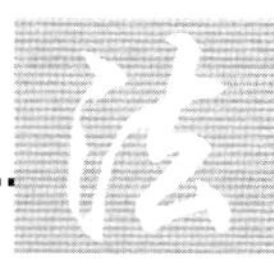

分为法条竞合与想象竞合。这两种竞合的性质是完全不同的：想象竞合是罪名之间的事实关联，其与法律解释没有关系。而法条竞合则是罪名之间的规范关联，涉及法律解释。德国学者指出："体系解释能够发现规范竞合（Normkonkurrenzen）。由此产生了一个问题，对相互冲突的法律规则，何者应当有效。"① 由此可见，作为规范冲突的法条竞合，应当纳入体系解释的视野之中加以讨论。以下，我根据刑法中的法条竞合的两种主要形式，论述体系解释的适用问题。

首先，特别法与普通法之间的竞合关系。罪名之间的特别法与普通法的竞合称为独立竞合。在这种情况下，对同一行为具有特别法与普通法两种评价，反言之，同一行为同时符合特别法与普通法规定的构成要件，对此应当采用特别法而排斥普通法的适用。对于这种罪名竞合，德国学者从冲突规则的意义上作了论述，指出："法秩序统一的思想不仅关乎具体的概念，亦关乎规范之整体。若两个规范同时适用于特定的案件事实，则需要借助于冲突规范回答何种规范应当优先考虑适用的问题。"② 在独立竞合的情况下，两个法条同时对一个行为作了规定，因而究竟是适用此法条还是适用彼法条？这就成为一个不得不解决的问题。因为一个行为只能在相互竞合的法条中选择其一而适用，由此消解法条之间的矛盾。对此，发端于罗马法的处理规则是特别法优于普通法（lex specialis derogate legi generali）。该规则赋予特别法以优先的效力，由此排斥普通法的适用。特别法优于普通法的规则为解决法条之间的竞合关系提供了逻辑根据，这是体系思想在刑法适用中的体现。特别法优于普通法的规则在刑法中并没有明文规定，之所以采用这一规则，是对法条之间的竞合关系进行体系考察的结果。德国学者认为在法条竞合的情况下两个法条之间存在矛盾。在各种排除矛盾的方法中，最简单的方法就是去确认这两个相互矛盾的语句中，哪个语句应当排除另一个语句。依

---

① ［德］伯恩·魏德士：《法理学》，丁小春、吴越译，324页，北京，法律出版社，2013。

② ［德］托马斯·M.J. 默勒斯：《法学方法论》（第4版），杜志浩译，111页，北京，北京大学出版社，2022。

此，当一个较为特定的法律规定了异于另一个较为一般之法律的法律效果时，前者便会排挤掉后者。如果没有特别法排斥普通法这个原则，特别法便不会有自己的适用范围。[①] 从逻辑上说，特别法是普通法的例外，普通法是在没有例外规定的情况下才具有适用的必要性，因此相对于特别法来说，是所谓留作后备用的。如果不采用特别法优于普通法的规则，那么，特别法在任何条件下都没有适用的可能性，因而被虚置，这就完全违反了立法机关设立特别法的本意。我国刑法中特别法与普通法的竞合规定极为普遍，它成为罪名之间作为重要的一种关联类型。例如，金融诈骗罪（第 192—200 条）与诈骗罪（第 266 条）之间，就是典型的特别法与普通法的竞合关系。《刑法》第 266 条明确规定："本法另有规定的，依照规定。"这一提示性条款为优先适用诈骗罪的特别法提供了规范根据。

其次，部分法与全部法之间的竞合关系。这种结合亦称为包容竞合，即部分法被全部法所包含，前者成为后者的组成部分。部分法与全部法之间的竞合不同于特别法与普通法之间的竞合，例如我国《刑法》第 232 条规定了故意杀人罪，该罪与其他犯罪之间存在竞合关系，如《刑法》第 239 条规定的绑架罪包含了杀害被绑架人的内容，因而故意杀人罪成为绑架罪的加重构成要素，因此，故意杀人罪与绑架罪之间具有部分法与全部法的竞合关系。但 1979 年《刑法》第 101 条规定了反革命杀人罪[②]，因此，在 1979 年刑法的语境中，故意杀人罪与反革命杀人罪之间就存在特别法与普通法之间的竞合关系。由此可见，部分法与全部法的竞合是前者成为后者的组成部分；但特别法与普通法的竞合则是前者独立于后者。对于部分法与全部法的竞合，我国刑法也规定了法律适用的提示性条款。例如，《刑法》第 233 条规定了过失致人死亡罪，同时规定："本法另有规定的，依照规定。"又如，《刑法》第 133 条规定了交通肇事罪，该罪包含了致人死亡的

---

① 参见［德］英格博格·普珀：《法学思维小课堂——法律人的 6 堂思维训练课》（第二版），蔡圣伟译，147 页，北京，北京大学出版社，2024。

② 1997 年《刑法》修订中，废除了反革命杀人罪的罪名。

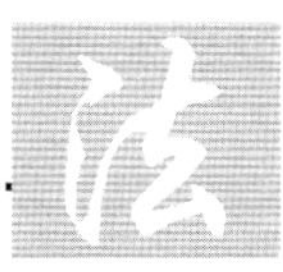

内容，属于全部法。根据全部法优于部分法的规则，在这种情况下，应当以交通肇事罪论处，不再另外追究过失致人死亡罪的刑事责任，因为过失致人死亡的内容已经包含在交通肇事罪的评价当中。

以上独立竞合和包容竞合都是罪名相互之间的关联形式，在处理法条竞合的时候，就是要把各个法条规定的罪名当作一个整体，揭示具有竞合关系的不同罪名之间的逻辑关系，因而法条竞合是体系解释的适例。

（二）特殊条款的体系解释

我国刑法分则中，除了具体规定犯罪与刑罚的罪状条款以外，还存在具有某种特定功能的条款，包括兜底性条款、提示性条款和照应性条款等。对于这些特殊条款的理解，往往需要借助于体系解释。

1. 兜底性条款的体系解释

在我国刑法分则中，采用了较多的兜底的规定方式。这里的兜底规定，也称为空白罪状，或者堵截构成要件，是指刑法对罪状在采用示例法的基础上，以空白罪状作为兜底的规定方式。我国学者认为，兜底性条款属于概括性条款。[①] 就规范内容的不确定而言，兜底性条款确实具有概括性条款的特征。兜底规定可以分为以下三种情形：第一是兜底式罪名，例如《刑法》第 114、115 条规定的以危险方法危害公共安全罪，立法机关在规定了放火罪、决水罪、爆炸罪、投放危险物质罪的基础上，规定了以其他方法危害公共安全的犯罪。在此，放火罪等犯罪属于示例性规定，以其他方法危害公共安全的犯罪属于兜底式规定。由于以危险方法危害公共安全罪对手段行为没有明确规定，而是应当参照放火罪等加以确定，因而这种兜底式罪名也称为口袋罪。[②] 第二是兜底式行为，例如《刑法》第 225 条规定了四种非法经营行为，其中前三种行为都有明文规定，但第四种行为

① 参见姜涛：《刑法解释的基本原理》，214 页，北京，法律出版社，2019。

② 参见陈兴良：《口袋罪的法教义学分析：以以危险方法危害公共安全罪为例》，载《政治与法律》，2013（3）。

采用了空白罪状的方式，规定为“其他严重扰乱市场秩序的非法经营行为”。这是对前三款明文规定的非法经营行为的兜底行为的规定。第三是兜底式手段，例如《刑法》第236条规定的强奸罪，其手段行为是暴力、胁迫或者其他手段。这里的暴力和胁迫都是示例式规定，但其他手段则是对手段行为的兜底式规定。由于兜底条款的内容是不明确的，因而在解释的时候，应当除了参照前面的示例规定进行同类解释以外，还需要结合上下文，以及参照法律的相关规定进行体系解释。这些兜底条款的内容虽然刑法没有明文规定，显示为空白构成要件，但这并不意味着不能对该空白构成要件进行填补式解释。在这种情况下，应当将兜底条款置于法律体系之中，联系刑法和其他法律的相关规定，进行体系解释。例如《刑法》第225条第四项“其他严重扰乱市场秩序的非法经营行为”，立法机关对该种非法经营行为并没有具体规定，因此首先应当参照前置法的规定，相关经济、行政法规中通常都有关于违反经济、行政法规，应当依法追究刑事责任的内容。这些经济、行政法规中的指引性条款，是认定行为是否属于“其他严重扰乱市场秩序的非法经营行为”的前提条件，在此基础上，还要考察该非法经营行为是否属于达到严重扰乱市场秩序的程度。根据2011年最高人民法院《关于准确理解和适用刑法中“国家规定”的有关问题的通知》第3条的规定，对“其它严重扰乱市场秩序的非法经营行为”司法解释未作明确规定的，应当作为法律适用问题逐级向最高人民法院请示。

2. 提示性条款的体系解释

在我国刑法教义学中，提示性条款亦称为注意规定，是指刑法已作基本规定的前提下，提示司法工作人员注意，以免司法工作人员忽略的规定。[①] 刑法分则之所以采用提示性条款，是因为刑法分则规定的条文较多，而且各个条文之间具有一定的关联性。为了便利是否适用，立法机关在某些刑法条文中设立提示性条款。奥地利学者克莱默指出：“指示参引有助于连接法律的外在体系，避免重复

① 参见张明楷：《刑法分则解释原理》（下册），668页，北京，高等教育出版社，2024。

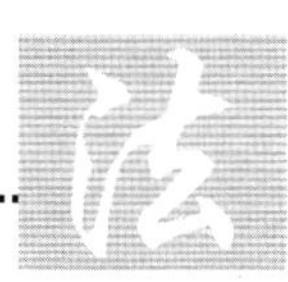

规定相同的规范。”[①] 在此，克莱默揭示了提示性条款的两个功能，这就是法律连接功能和避免重复功能。这里的法律连接功能是指在某些情况下，适用甲法条的时候，关涉乙法条，因而提示司法人员加以注意。例如《刑法》第 163 条第 1、2 款规定了非国家工作人员受贿罪，同时第 3 款规定：“国有公司、企业或者其他国有单位中从事公务的人员和国有公司、企业或者其他国有单位委派到非国有公司、企业以及其他单位从事公务的人员有前两款行为的，依照本法第三百八十五条、第三百八十六条的规定定罪处罚。”这里的第 385 条、第 386 条是刑法对（国家工作人员）受贿罪的规定。因此，上述规定属于提示性条款，同时司法人员在适用本条的时候，应当注意与《刑法》第 385 条、第 386 条相衔接。提示性条款的核心是要求司法人员在适用刑法条文的时候，不能孤立地适用法条，而是应当在与相关法条的联系中适用法条，因此具有体系解释的性质。

3. 照应性条款的体系解释

照应性条款是指规定在刑法分则中规定司法人员在适用某个刑法条文的时候，因为该条文所规定的罪名涉及相应的其他罪名，因而立法机关明确规定在具备一定条件的情况下应当以其他犯罪论处的情形。例如《刑法》第 234 条之一第 1 款规定了组织出卖人体器官罪，本罪的行为是组织出卖人体器官。这里所谓出卖是指有偿转让，因此，在组织出卖人体器官的案件中，他人在对出卖人体器官具有主观上的同意。那么，如果在他人不同意的情况下，强行摘取或者骗取他人的人体器官的行为如何处理呢？对此，《刑法》第 234 条之一第 2 款规定：“未经本人同意摘取其器官。或者摘取不满十八周岁的人的器官，或者强迫、欺骗他人捐献器官的，依照本法第二百三十四条、第二百三十二条的规定定罪处罚。”这里的本法第 234 条、第 232 条是指刑法关于故意伤害罪、故意杀人罪的规定。也就是说，在符合上述规定的情况下，应当以故意伤害罪、故意杀人罪论处。这一条款就是一种照应性的规定，在规定组织出卖人体器官罪的同时，对与之相关的

---

① ［奥］恩斯特·A. 克莱默：《法律方法论》，周万里译，62 页，北京，法律出版社，2019。

行为的定罪处罚问题作了照应性规定。这里应当指出，照应性条款和提示性条款十分相似，都是对相关问题作出规定，两者的主要区别就在于：提示性条款只是具有单纯的提示性，内容较为简单，而照应性条款则对适用相关条款的具体要件作了规定，相当于规定了一种特殊类型的犯罪。例如上述关于摘取人体器官的相关行为以故意伤害罪、故意杀人罪的照应性规定，实际上设立了特殊的故意伤害罪、故意杀人罪。照应性条款也是建立在体系思维基础之上的，根据照应性条款的刑法适用包含了体系解释的性质。

4. 补正性条款的体系解释

这里的补正性条款，是指相对于一般性条款的矫正性规定，由此而使一般性条款的含义更为正确。在对补正性条款理解的时候，必须结合一般性条款，否则无法揭示补正性条款的特殊功能。因此，在解释补正性条款的时候，应当采用体系解释的方法。例如我国《刑法》第 196 条第 3 款规定："盗窃信用卡并使用的，依照本法第二百六十四条的规定定罪处罚。"这里的本法第 264 条的规定是指刑法对盗窃罪的规定。那么，本条规定的意义何在呢？如果仅仅就该法条进行孤立的解读是无法理解其含义的，必须结合《刑法》第 196 条第 1 款第 3 项的规定：《刑法》第 196 条是对信用卡诈骗罪的规定，第 1 款列举了四种信用卡诈骗行为，其中第 5 项是冒用他人信用卡。这里的冒用他人信用卡，是指非持卡人以持卡人的名义骗取财物的行为。[①] 根据我国《刑法》第 196 条的规定，对于这种冒用他人信用卡的行为应当以信用卡诈骗罪论处。这是将在他人不知情的情况下，使用他人信用卡的行为规定为诈骗罪。至于该信用卡的取得方式，刑法并无限制。《刑法》第 196 条第 3 款规定，如果是采用盗窃的方法取得他人信用卡并使用的，应当以盗窃罪论处，而不构成信用卡诈骗罪。这是对刑法所规定的冒用他人信用卡以信用卡诈骗罪论处规定的一种例外性规定。我国台湾地区学者黄荣茂曾经论及拟制性法条的隐藏的限缩功能，指出："拟制的作用通常固然在于透过隐藏的

① 参见陈兴良、刘树德、王芳凯编：《注释刑法全书》，912 页，北京，北京大学出版社，2022。

引用，使被引用的法条之适用范围因而增大，但有时拟制性法条也被用来限缩被引用之法条的适用范围。在后一种情形，拟制具有隐藏的限缩之作用。申言之，有时某案型实际上虽属于另一案型之下位案型，但法律为了使该另一案型之法律效力不被适用到该下位案型，而透过拟制否定该下位案型之为该另一案型的下位案型在这种情形，拟制具有限缩规范该另一案型之法条适用范围的作用。因此，学说上将之称为隐藏的限缩（verdeckte Einschränkung）。”[①] 在此，论者虽然是针对拟制的限缩而言，但其论理之适用范围可以扩及其他情形。例如我国《刑法》第 196 条第 3 款规定，其实就是限缩了冒用他人信用卡构成信用卡诈骗罪的范围。由此可见，这种隐藏的限缩具有对法条的补正功能。这种结合上下法律条款进行的解读，正是体系解释的适例。

第四节　内在体系的解释

如果说，外在体系的解释是基于形式—逻辑关系，对刑法规定进行体系解释；那么，内在解释就是基于价值的意义脉络对刑法规定进行体系解释。因此，这两种体系解释，前者注重逻辑的一致性；后者则强调价值的统一性，具有不同的解释功能。这里的内在体系是指由法律的价值和意义所形成的秩序。内在的体系解释的功能就在于消除法律体系在价值和意义上的抵牾和矛盾，建立具有实质公正性的法律秩序。在内在的体系解释中，我认为以下三个问题值得研究。

一、形式与价值的协调

现代刑法以罪刑法定为原则，而罪刑法定原则是建立在形式理性基础之上

---

① 黄荣茂：《法学方法与现代民法》（第七版），169 页，厦门，厦门大学出版社，2024。

的，它的基本要求是依法定罪和依法量刑，对于刑法没有明文规定的行为不得定罪，对于刑法没有明文规定的刑罚不得适用。通过罪刑法定原则将犯罪和刑罚严格限制在法律明文规定的范围之内，由此限制司法权和立法权，从而达到保护公民个人权利和自由的目的。罪刑法定原则形成对体系解释的规范限制，只有在不背离罪刑法定原则的前提下，对刑法的体系解释才具有正当性。然而，在刑法中除了应当遵循罪刑法定原则以外，还要遵循罪刑均衡原则。罪刑均衡是指刑罚与所犯罪行和所应当承担的责任具有相称性，因而，罪刑均衡原则体现的是刑法的公正性，这是一种司法正义的要求。不可否认，在刑法规范中，存在某种立法瑕疵，对此应当通过体系解释予以克服。在这种情况下，追溯价值脉络，由此获得更为公正合理的规范意义，就成为内在的体系解释所需要承担的功能。例如德国学者指出："法律秩序被设计为越来越协调的、深思熟虑的、无矛盾的法律的价值判断体系。远比外在体系更加精准、更加精细，价值判断体系指导着法律裁判问题的解决。"① 因此，内在的体系解释主要是解决刑法中价值统一和利益权衡的问题，由此实现刑法的实质公正。

二、以刑制罪或以刑释罪

在采用体系解释方法对不同刑法罪名进行协调的时候，涉及一个争议较大的问题，这就是以刑制罪或者以刑释罪的问题。在通常情况下，应当根据犯罪构成要件区分不同罪名，这是罪刑法定原则的必然要求。然而，我国学者提出了以刑制罪的观点，试图以此满足罪刑均衡原则的要求。按照以刑制罪的观点，量刑可以反制定罪，例如我国学者提出了为了量刑公正可变换罪名的命题。② 有学者对"为了量刑公正可以变换罪名"的观点进行了批评，提出了另一种版本的以刑制

---

① ［德］伯恩·魏德士：《法理学》，丁小春、吴越译，318页，北京，法律出版社，2013。

② 参见高艳东：《量刑与定罪互动论：为了量刑公正可变换罪名》，载《现代法学》，2009（5）。

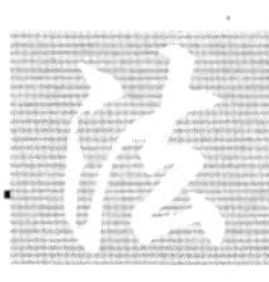

罪，即解释犯罪成立条件时以相关法条所规定的法定刑及其适用作为解释的基点。换言之，应予适用的刑罚的严厉程度反过来会制约与影响犯罪成立要件解释。[①] 这个意义上的以刑制罪，实际上就是以刑释罪。由此，刑罚从决定定罪演变为刑罚影响对构成要件的解释，因而在一定程度上制约定罪。例如我国学者指出："以刑释罪是指根据法定刑的轻重决定表述模糊的构成要件的适用范围大小，进而实现有序的刑法体系并得到正义的刑事裁判结论。"[②] 在采用以刑释罪方法的时候，关键在于如何把握"表述模糊的构成要件"。按照我的理解，这里的"表述模糊"是指认定为甲罪或者乙罪都具有一定根据，在这种情况下才能根据刑罚轻重的合适性将行为解释为甲罪或者乙罪。但是，如果是在法律文本表述清楚，某行为就是甲罪而非乙罪的情况下，则不能以刑释罪；否则，就会违反罪刑法定原则。由此可见，根据体系解释的方法在对不同刑法规定进行协调的情况下，这种协调是有限度的，须受到罪刑法定原则的制约。因此，只有在法律规定的限度内，才能适当地考量刑罚的要素。我国学者在阐述以刑制罪的时候，提出以刑制罪应当以如下思维逻辑展开：（1）在刑法规范的可能文义射程范围内，如果解释者对于刑法规范的解释存在两种以上的方案，那么可以依据刑罚妥当性作为解释方案的决策。（2）在刑法规范的可能文义射程范围内，如果解释者根据初次解释预见到刑罚后果的不妥当性，则应当据此反思对于法律规范的理解。基于这种批判性的审查视角，解释者在刑法规范的可能文义射程范围内重新探索更为妥当的可能处罚解释方案。[③] 上述观点将刑罚影响对构成要件的解释限制在刑法规范的可能语义射程范围内，我认为是可取的。因此，无论是以刑制罪还是以刑释罪，都不能理解为刑罚轻重决定犯罪性质，而只能是刑罚轻重在一定程度上影响对构成要件的解释。由此可以得出结论，基于体系解释对法律规定进行协调，

---

① 参见劳东燕：《刑事政策与刑法解释中的价值判断——兼论解释论上的"以刑制罪"现象》，载《政法论坛》2012（4）。

② 葛恒浩：《刑法解释基础理论研究》，90页，北京，法律出版社，2020。

③ 参见王华伟：《误读与纠偏："以刑制罪"的合理存在空间》，载《环球法律评论》，2015（4）。

应当受到罪刑法定原则的严格限制。

在刑法中，通常情况下对相同概念应当作相同理解，这是外在的体系解释的基本要求，然而，在某些情况下，虽然是相同概念却应当作出不同的解释。如果作相同解释，就会得出明显不符合罪刑均衡原则的结论。在这种情况下，以刑释罪具有一定的合理性。如对我国刑法中规定的暴力概念的解释，就是以刑释罪的适例。暴力犯罪是我国刑法中一类性质较为严重的犯罪，虽然有些罪状中，对暴力的具体形式作了规定，但在大多数情况下，都没有规定暴力的具体形式，而只是笼统地规定为暴力。例如，我国刑法分则罪状中规定的人身犯罪含有暴力一词的罪名有：强奸罪（第 236 条）、强制猥亵、侮辱罪（第 237 条）、侮辱罪（第 246 条）、暴力取证罪（第 247 条）、破坏选举罪（第 256 条）、暴力干涉婚姻自由罪（第 257 条）、组织残疾人、儿童乞讨罪（第 262 条之一）等。在上述罪名中，法定最高刑最高的是死刑，例如强奸罪；法定最低刑最高的是 2 年有期徒刑，例如暴力干涉婚姻自由罪。显然，如果对上述暴力概念都作相同的理解，就完全背离了立法意图，因此，对于上述暴力概念应当根据刑罚轻重设置作不同理解。在我国刑法中，暴力可以分为以下情形：一是杀人，二是重伤，三是轻伤，四是轻微伤。当法定最高刑是死刑的情况下，这里的暴力包括杀人；当法定最高刑是无期徒刑的情况下，这里的暴力包括伤害致人死亡；当法定最高刑是 10 年有期徒刑的情况下，这里的暴力包括重伤；当法定最高刑是 3 年有期徒刑的情况下，这里的暴力包括轻伤。这种根据刑罚轻重对暴力进行解释的方法，也就是以刑释罪。在上文已经论及，刑罚反制定罪的理论如果理解为罪名取决于刑罚，或者根据刑罚轻重选择罪名或者改变罪名，这是难以接受的，但在法律规定模糊或者概括的情况下，只要在法律规定的语义范围之内，采用以刑释罪的方法，则是可以成立的。

三、重法优先适用

刑法中的重法与轻法的关系如何处理，这是一个法律适用问题，同时也涉及

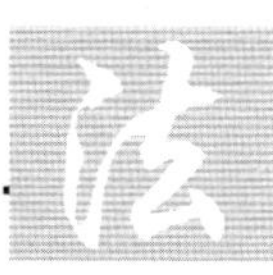

对竞合的解释。重法的优先适用，在想象竞合的情况下，可以说是理所当然的选择。因为想象竞合是一行为触犯数个罪名，此时面临的是按照数罪处罚还是按照一罪处罚的选择。因为想象竞合只是想象的数罪而非实际的数罪，因此对想象竞合只能以一罪论处。那么，是以重罪论处呢还是以轻罪论处，按照从一重罪处断的原则，应当优先适用重法。在这里，相对于以数罪论处而言，适用重罪已然是对行为人较轻的处罚结果，因此，对于想象竞合以重罪处断，这是对行为人有利的合理结果。此外，牵连犯从一重罪处断的原则也类似。因为在牵连犯的情况下，行为人以数行为同时触犯数个罪名，本来应当以数罪论处，但考虑到数罪之间存在牵连关系，因而只定一个重罪，具有牵连关系的轻罪就被重罪所吸收。在这种情况下，牵连犯的从一重罪处断原则也具有合理性。但在法条竞合的情况下，由于立法的错综规定而使法条之间发生竞合，由此而形成特别法与普通法之间的独立竞合或部分法与全部法之间的包容竞合。因此，在法条竞合的情况下，行为人的行为只是触犯了一个罪名，当然只能认定为一个犯罪。如在独立竞合的情况下，其适用原则是特别法优于普通法。在适用特别法的时候，如果特别法是轻法，则适用轻法；特别法是重法，则适用重法。按照外在的体系解释，对于独立竞合应当适用特别法。但在某些情况下，适用特别法与罪刑均衡原则相背离，那么，能否适用重法呢？这就是重法的优先适用问题。需要指出的是，在刑法有明文规定的情况下，对独立竞合的某些特殊情况下，按照重法优于轻法的原则，优先适用重法，对此并无疑问。例如我国《刑法》第 140 条规定了生产、销售伪劣产品罪，这是普通法的规定，第 141 条至第 148 条分别对生产、销售假药、劣药等特殊伪劣产品的行为规定为特别法的罪名。在通常情况下，对此按照特别法优于普通法的原则论处是没有问题的，但由于有些特别法规定的犯罪的法定最高刑较轻，而第 140 条普通法规定的生产销售伪劣产品罪的法定最高刑较重，因而在某些案件中，对此仍然按照特别法适用较轻刑罚，就会导致刑罚的轻重失衡。为此，《刑法》第 149 条第 2 款规定："生产、销售本节第一百四十一条至第一百四十八条所列产品，构成各该条规定的犯罪，同时又构成本节第一百四十条规定

之罪的，依照处罚较重的规定定罪处罚。”这就是刑法对重法优先适用的特别规定，但不能对其他没有规定的情况适用。因为独立竞合中的特别法与普通法之间的关系，通常存在两种情形：第一是特别法轻于普通法，因而将特别法独立规定，并设置较轻的法定刑。在这种情况下，适用较轻的特别法是立法本意。第二是特别法重于普通法，因而将特别法独立规定，并设置较重的法定刑。在这种情况下，适用较重的普通法是立法本意。上述两种情形适用特别法优于普通法原则，都符合立法本意。但在某些情况下，由于立法所没有预想到的原因，适用特别法会发生刑不当罪的结果，对此，能否转而采用重法优于轻法的原则，这是一个值得研究的问题。我认为，这种情况的发生只是个别现象，如果对于此种情形采用重法优先适用的原则，则会导致特别法与普通法竞合的处理出现恣意性，从而破坏刑法规范的安定性。由此可见，内在的体系解释在追求价值秩序的统一性的时候，也还是有限制的，不能违反罪刑法定原则。

5中考作文冲刺热点考点素材

林好故事+时事热点素材+作文热考题型

紧跟中考动向，摸脉命题底牌，挑战高分！

》、《意林·作文素材》、"意林中考作文冲刺"系列等意林书刊已经连续14年惊喜"巧遇"全国多
助力考生挑战高分！

中高考作文冲刺"系列中的《2025中考作文冲刺热点考点素材》①②，精选2025年中考命题者青睐的
联合全国有命题、阅卷经验的老师倾力打造20种热考题型的金题预测，附带热考题型考场快速应题技
"多"，助力考生万千题型见招拆招！精选热考时政热点素材、热考名家多角度经典素材、热考时政
E题挑战高分建议背诵范文、考场速用金句，更有考场解题技法、升格文技巧等。

型拆解、经典美文素材热考话题提炼、热考时政素材话题臻选等均配置热考重点思维导图，热考话题
%。考场速用金句实现可撕式分离阅读，携带方便，背诵更方便。

连续"巧遇"中考作文

林作文预测"为什么己所欲也不能施于人"，天津卷考了："己所不欲，勿施于人"
林作文预测"成为独一无二的自己"，广东省卷考了："当好自己故事的主角"
林作文预测"总有一个地方，让我们思考与成长"，山东省卷考了："这是_____的好地方"
林作文预测"有鼓励相伴"，山西省卷考了："这样的表扬好温暖"
..

林作文预测"说说你的互联网经历和体验"，四川南充卷考了："我的互联网体验"
林作文预测"凡人微光"，四川广安卷考了："微光"
林作文预测"寸草之孝"，山东菏泽卷考了："孝，就在这里"
..

林作文预测"致敬"，四川乐山卷考了："礼赞奋斗者"
林作文预测"人生成败，全凭_____"，四川凉山州卷考了："_____的力量"
..

有更多……

扫描发现更多素材

上架建议：中考作文/升学参考

ISBN 978-7-5321-9172-7

9 787532 191727 >

定价：35.00元

2025中考作文冲刺热点考点素材 ①

《意林·作文素材》编辑部 编

上海文艺出版社
Shanghai Literature & Art Publishing House

陈兴良 /著

刑法方法论 下册

Methodology of Criminal Law

中国人民大学出版社
·北 京·

下册目录

第 八 章　**历史解释**…………………………………………（511）

第一节　历史解释的概念…………………………………（511）

第二节　历史解释的功能…………………………………（525）

第三节　历史解释的类型…………………………………（542）

第四节　历史解释的适用…………………………………（546）

第 九 章　**目的解释**…………………………………………（558）

第一节　目的解释的概念…………………………………（558）

第二节　目的解释的特征…………………………………（578）

第三节　目的解释的适用…………………………………（587）

第 十 章　**类推解释**…………………………………………（606）

第一节　类推解释的概念…………………………………（606）

第二节　语义范围外的类推解释…………………………（641）

第三节　语义范围内的同类解释…………………………（661）

下 编 刑法推理论

第十一章 演绎推理……(687)
第一节 演绎推理的概念……(687)
第二节 法律规则的识别……(705)
第三节 案件事实的构建……(728)
第四节 法条涵摄的推导……(738)
第十二章 归纳推理……(750)
第一节 归纳推理的概念……(750)
第二节 制定法与归纳推理……(758)
第三节 判例法与归纳推理……(774)
第十三章 类比推理……(783)
第一节 类比推理的概念……(783)
第二节 制定法与类比推理……(796)
第三节 判例法与类比推理……(813)
第十四章 当然推理……(825)
第一节 当然推理的概念……(825)
第二节 事理上之当然推理……(851)
第三节 逻辑上之当然推理……(864)
第十五章 实质推理……(876)
第一节 实质推理的概念……(876)
第二节 法益侵害的实质推理……(899)
第三节 目的考量的实质推理……(912)
第四节 后果取向的实质推理……(929)
第五节 利益衡量的实质推理……(942)
第六节 刑事政策的实质推理……(958)

附录Ⅰ　主要参考书目……………………………………………………（976）
附件Ⅱ　名词索引……………………………………………………………（999）
附录Ⅲ　案例索引 …………………………………………………………（1015）

第八章

历史解释

历史解释是指根据新、旧法律规范的连续性、各种立法资料以及法律适用资料，揭示法律文本含义的一种解释方法。在各种解释方法中，历史解释是较少采用的解释方法，因而在法学方法论中对历史解释的研究较为匮乏。本章从刑法解释的基本立场出发，对历史解释的概念、功能和适用进行刑法教义学的考察。

第一节　历史解释的概念

历史解释的关键词是历史，也就是在法律解释中引入历史因素，因而对正确理解法律文本的含义提供了某种历史参照。历史解释的倡导者是创立了德国历史法学派的萨维尼，其认为法学有两大任务：一方面必须系统地理解法律，另一方面必须历史地理解法律。透过系统的法学方法，我们可以凸显并定义这些法律制度，然后在其内在的关联上掌握一个（法律的）系统。支配各个法律制度的民族基本信念是历史的产物。法律科学在历史考察上追索各个法律制度或存或亡的发展，然后在这样的历史考察的基础上，建构其系统的考察。因此，萨维尼的法学

被称为一种历史的—系统的法学。[①] 由此可见，在萨维尼的思想中，体系方法与历史方法是两种基本的法学方法。将这两种方法适用于法律解释，就形成体系解释和历史解释，并且这两种解释方法之间存在密切的关联性。如果说，体系解释是将法律规范置于一定的空间关系中解释其含义，那么，历史解释就是将法律规范置于一定的时间关系中解释其含义。法律解释的对象是现行有效的法律文本，然而，在某些情况下，解释法律的时候又不能不追溯到法律规范的前身。由此可见，历史解释是一种将法律文本置于立法演变过程中进行解释的有效方法。我国学者指出，刑法历史解释是指通过掌握刑法起草的前期准备工作，主要是法律文本最终获得通过之前的立法机关商讨的程序性文字，根据这些立法资料文件，法官得以探求立法者的意图和思想来源的解释方法。[②] 因此，历史解释作为一种解释方法，它具有区别于其他解释方法的独特内容。

一、历史解释的演变

作为历史法学派的创始人，德国学者萨维尼最早倡导历史解释。历史法学派是在与自然法学派相抗衡的基础上形成的，其核心观点在于：法律不是文本与逻辑，主张从历史中寻找法律的真实含义。尤其是将所谓民族精神引入法律，将其作为法律的内在理性。萨维尼在法学解释中提出了历史关联性的命题，那么，如何建立历史关联呢？萨维尼指出："最简单的方法是考察各个历史时期的立法对一个特定问题如何作出不同的回答。然而，我们绝不应该仅仅停留在这一层面上，否则就只能取得很有限的成果，在很多时候甚至几乎不可避免会犯错误。我们必须把法体系看作一个不断发展的整体，易言之，把它视为法体

① 参见林端：《德国历史法学派——兼论其与法律解释学、法律史和法律社会学的关系》，载《萨维尼与历史法学派》，102页，桂林，广西师范大学出版社，2004。

② 参见王海桥：《刑法解释的基本原理——理念、方法及其运作规则》，168页，北京，法律出版社，2012。

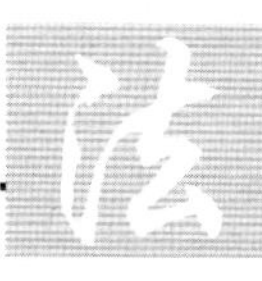

系史的整体。”[①] 法律如同任何事物一样，存在一个发展变化的过程。现行法律是从先行法律演变而来的，在现行法律与先行法律之间并不能划出一条截然可分的界限。基于法律之间这种历史关联性的认知，在解释法律的时候不能不引入历史的视角。例如萨维尼提及法源学，就是专门对法律文本进行追根溯源的考察，以此作为理解法律文本的有效途径。

历史解释存在一个从主观的历史解释到客观的历史解释的演变过程，因此，对历史解释本身也要进行历史解释。如前所述，最先倡导历史解释的是萨维尼，但萨维尼所倡导的是主观的历史解释方法。按照主观的历史解释方法，历史解释以历史上立法者事实上的意思为准。例如萨维尼认为，法律解释的任务是将自己在观念上置于立法者的立场，人为地重复他的活动。也就是说，法律解释是重构法律固有的观念。只不过在萨维尼看来，这并不是指去重复那些参与立法过程的立法者本人高度个人化的功能，而是立法者作为“民族精神的代表”必须想到的那些观念。[②] 在此基础上，温德萨伊德认为，解释者必须重视所有已知的因素，尽可能全面地思考立法者的内心。[③] 这种主观的历史解释以探寻立法者的意图为终极目标，各种历史素材只不过是达致这一目标的工具。然而，立法者的意图具有不确定性，在某些情况下甚至立法者是谁这个问题都难以回答。可以说，在只有一个立法者的情况下，这种主观的历史解释才具有达成目标的可能性。如果是采用议会制则立法者不是个人而是机构，因此立法者意图难以找寻。在这个意义上说，以法律文本的规范目的为目标的历史解释具有一定的合理性，这就是客观的历史解释方法。客观的历史解释主张以法律的意思为准，这种法律意思需要注意所有的历史根源，以及历史上立法者作出的冲突决定。换言之，也就是从掌握的所有证据，如记载法律产生的立法材料，以及更直接地从当时的历史（政治、

① ［德］弗里德里希·卡尔·冯·萨维尼：《法学方法论：萨维尼讲义与格林笔记》，杨代雄译，67页，北京，中国民主法制出版社，2024。

② 参见［德］齐佩利乌斯：《法学方法论》，金振豹译，60页，北京，法律出版社，2009。

③ 参见［奥］恩斯特·A. 克莱默：《法律方法论》，周万里译，89页，北京，法律出版社，2019。

意识形态、社会、经济）背景，从如此理解的促使立法产生的社会框架条件以及立法背后的立法者的目标追求来发现法律意旨。解释目标是探究和实现历史上的规范目的。[①] 从主观的历史解释到客观的历史解释，历史解释的方法发生了重大的嬗变，这对于理解历史解释的含义具有重要意义。

历史解释将历史素材引入法律解释当中，使法律解释的对象不再局限于法律文本，而是关注法律文本在不同历史时期的演变过程，以此作为一种揭示法律规范含义的有效途径。法律的变动性是不可避免的，因为法律所规范的社会关系是变动不居的，因此法律规范也要随之而进行修改，以便及时跟上社会生活的发展。法国学者在论述1994年修订的《法国刑法典》时曾经指出：各种法典，如其有生命，自当有死亡，终有一天会被取代。在新、旧法典之间存在一种“演变中的连续性”。法国学者指出：“所谓演变中的连续性，是说这种演变是缓慢的，自1810年以来从未间断。这种缓慢的演变通过增加对新的犯罪的规定，逐步扩大了刑法的制裁范围。与此同时，这种演变也表明了对1810年法典严格法定观念的某种离弃：承认法官在确定刑罚方面享有越来越大的权力。”[②] 法国学者在这里阐述了新、旧法典之间并不是完全断绝的，而是在法典的演变过程中仍然保持着一定的连续性。尽管法国学者是就《法国刑法典》的内容，包括犯罪规范和刑罚制度的变动而言的，但其对法律的解释同样具有一定的参考价值。也就是说，在解释现行法律文本的时候，鉴于这一文本是在以往的法律基础上形成的，因而在解释方法中，应当采用历史解释的方法，将现行法律文本置于整个法律演变历史中进行考察。唯有如此，才能正确地把握法律文本的精神实质。

历史解释具有回溯性的特征，它是通过追溯法律规范的前身而揭示其现在含义的一种方法。历史解释的回溯性特征，决定了解释者不能局限于对法律规范现

---

① 参见［奥］恩斯特·A.克莱默：《法律方法论》，周万里译，89页，北京，法律出版社，2019。

② ［法］皮埃尔·特律什、［法］米海依尔·戴尔玛斯—马蒂：《序——为〈刑法典〉在中国出版而作》，载《法国新刑法典》，罗结珍译，序，3页，北京，中国法制出版社，2003。

今状况的了解，而是要追溯到法律规范的历史状况，通过法律的前生而理解法律的今世。只有把法律置于历史语境中的考察，才能深刻地把握法律文本的含义。刑法中的犯罪可以分为自然犯和法定犯，自然犯的内容在相当长的一个时期内都不会发生较大的变动。例如故意杀人罪，其行为表现为非法剥夺他人生命，这是历朝历代的刑法中都不可或缺的罪名。尽管在故意杀人罪的罪名设定方式上会存在某些区分，但其含义则始终如一。对于此种自然犯，由于其构成要件的恒定性，因而通常并不需要采用历史解释的方法。而法定犯的构成要件与某个时期国家的行政管理法规具有密切的关联性，随着社会变动，行政管理法规的变化，法定犯的内容也会呈现出变动不居的特征。因此，在解释法定犯的时候，历史解释方法具有重要的适用价值。例如我国 1979 年刑法中设立了投机倒把罪，1997 年刑法修订时，废弃了投机倒把罪，将相关内容进行分解，其中的主要行为被纳入非法经营罪。因此，在投机倒把罪与非法经营罪之间存在着某种承续关系。[①] 在这种情况下，通过投机倒把罪的内容可以帮助我们把握非法经营罪的行为方式的含义。例如《刑法》第 225 条第 1 项规定的非法经营行为中，规定了“未经许可经营法律、行政法规规定的专营、专卖物品或者其他限制买卖的物品”。这里的专营、专卖物品的含义是清楚的，但其他限制买卖物品的含义，如果仅仅从文字来看，内容是空泛的：不仅没有具体物品的提示，而且缺乏物品范围的界定。在这种情况下，对限制买卖物品如果不采用历史解释的方法，则难以确定其内容。这里的限制买卖物品，因为各个词语本身都是明确的，例如限制是指在一定程度上的禁止，至于物品的内容则在刑法罪状中未予规定。由此可见，该规定具有兜底性概念的特征。因此，语义解释并不能获得对限制买卖物品的确切含义。考虑到在限制买卖物品之前，立法机关示例性地规定了专营、专卖物品，因此，对此可以采用客观的目的解释中的同类解释方法。也就是说，这里的限制买卖物品应当具有与专用、专卖物品在性质上的相同性。然而，专用、专卖物品是由专营法

① 参见陈兴良：《投机倒把罪：一个口袋罪的死与生》，载《现代法学》，2019（4）。

和专卖法规定的，但我国刑法只对烟草和食盐设立了专营、专卖制度，并没有设立限制买卖物品制度。在这种情况下，同类解释也不能获得限制买卖物品的确切含义。在我国司法实践中，存在着将违反行政许可法，未经行政许可买卖物品的行为认定为这里的经营限制买卖物品的行为。司法机关将没有取得经营许可证进行药品经营的行为认定为非法经营罪，因而药品就被理解为限制买卖物品。在此，涉及对非法经营罪主观的目的解释，即明确非法经营罪设立的立法意图；同时，还应当采用历史解释的方法，从非法经营罪的沿革中界定限制买卖物品。

非法经营罪是从投机倒把罪演变而来的，在投机倒把罪中存在倒卖型的投机倒把行为。这里的倒卖是指违反法律、行政法规的规定，倒买倒卖某些特定物资、物品。例如 1985 年 7 月 18 日最高人民法院、最高人民检察院印发《关于当前办理经济犯罪案件中具体应用法律的若干问题的解答（试行）》（已废止）对投机倒把行为作了明文列举，其中第一种就是倒卖国家不允许自由买卖的物资（包括倒卖这些物资的指标、合同、提货凭证、车皮指标）。这主要是指：倒卖国家不允许自由经营的重要生产资料和紧俏耐用消费品；倒卖国家禁止上市的物资，如走私物品等；倒卖国家指定专门单位经营的物资，如火工产品（民用炸药、火药等）、军工产品、天然金刚石、麻醉药品、剧毒药品等。在一定时期内，哪些是国家不允许自由买卖的物资，其范围由主管部门规定。在以上对国家不允许自由买卖的物资规定中，采用了不同的表述，包括不允许自由经营、国家禁止上市、国家指定专门单位经营。由此可见，在当时计划经济尚未完成向市场经济转型的社会经济条件下，对市场主体的经营活动存在严格限制。由于涉及的管制物品的种类较多，因而区分不同情形作出规定，并且对于限制措施明确要求由主管部门规定，这在一定程度上保留了禁止和限制经营措施的法定性，尽管这种法定性程度较低。此后，1987 年 9 月 17 日，国务院有关部门发布了《投机倒把行政处罚暂行条例》对投机倒把行为作了具体规定，其中第一种是倒卖国家禁止或者限制自由买卖的物资、物品。在此，我国相关法律法规中第一次明确规定禁止买卖物资、物品和限制买卖物资、物品的概念。这里的禁止买卖物资、物品是指

在任何条件下都不得交易的物资、物品；而限制买卖的物资、物品则是指在一定条件下可以交易的物资、物品。因此，法律对禁止买卖的物资、物品和限制买卖的物资、物品的规制程度存在明显差别，两者大体上可以与《刑法》第225条第1项规定的专营、专卖物品和限制买卖物品相对应。值得注意的是，1988年9月28日国务院颁布《关于化肥、农药、农膜实行专营的决定》明确指出："化肥、农药、农膜是重要的农业生产资料。在目前供不应求的情况下，为了制止多头插手倒买倒卖，解决市场、价格混乱的状况，维护农民利益，促进农村商品经济的发展，国务院决定对化肥、农药、农膜实行专营。"此后，1992年6月29日全国人大常委会颁布《烟草专卖法》、1996年5月27日国务院颁布《食盐专营办法》，由此进一步完善专营、专卖制度。因此，在1997年修订刑法的时候，投机倒把罪被分解，其中倒卖型投机倒把罪的主要内容被非法经营罪所承续。在《刑法》第225条第1项中，对未经许可经营法律、行政法规规定的专营、专卖物品或者其他限制买卖物品作了规定。因此，这里的专营、专卖物品是指实行专营、专卖制度的烟草和食盐。至于限制买卖物品，则在法律、行政法规没有明文列举规定的情况下，不得作为处罚对象。值得注意的是，2001年3月20日国家经贸委颁布了《甘草麻黄草专营和许可证管理办法》，规定对甘草麻黄草采取专营和许可证的管制措施。但国家经贸委制定的规定属于部门规章而不是行政法规，因而不符合非法经营罪的违反国家规定的前置性要件。而且，当时我国并没有建立许可证制度，因而个案性的许可证管理制度的合法性值得质疑。及至2004年7月1日我国施行《行政许可法》，正式建立了行政许可制度，在这种情况下，带来一个问题，这就是违反行政许可从事经营活动是否可以认定为未经许可经营限制买卖物品？对此，司法实践中采用肯定说的观点具有较大影响，例如上述谢某煌非法经营案就是一个典型的案例。该案的判决书援引《刑法》第225条第1项，将药品归于限制买卖物品。按照这一逻辑，则所有违反行政许可法的行为都可以非法经营罪论处，因而非法经营罪就在一定意义上成为《行政许可法》的刑事罚则。对于这一理解，显然不能赞同。我认为，未经行政许可经营与经营限制

买卖物品之间存在明显区分：行政许可并不是对某种经营活动的禁止，而是要求具备一定条件，它是对经营活动准入资质的限制。但限制买卖物品则是根据市场规制的需要，在一定时期对一定物品不得从事经营活动。因此，限制买卖物品的管理制度是对特定物品在实体上禁止经营，对此必须要有法律、行政法规的明文规定。在这个意义上说，我赞同这样的观点：经营许可制度的物品不等于限制买卖的物品，并非《刑法》第225条第1项规定的对象。[①] 由此可见，对限制买卖物品只有从投机倒把罪到非法经营罪的历史演变过程，结合相关立法资料才能确定其内容。在上述谢某煌非法经营案中，未经行政许可经营药品被认定为非法经营限制买卖物品的行为，这里将限制买卖物品理解为未经行政许可买卖物品，虽然在语义解释上也能成立，但考诸限制买卖物品的由来，它应该是指在一定范围内的物品管制，这与行政许可法所要实现的对经营主体的资质进行管理的规范目的并不符合。[②]

历史解释从立法演变过程把握法律文本的含义，这对于正确理解法律规范含义具有重要意义。就以上述限制买卖物品这一概念而言，如果仅仅从字面上理解，这就是一个通常用语，因而其确切含义取决于限制一词。也就是说，采用何种方法限制对于确定这个概念的含义十分重要。由于限制本身并没有特殊内容，对其作过于泛化的解释，就会使这个概念的内容扩大化。但如果对限制买卖物品的立法严格进行考察，就会发现这里的限制买卖物品的限制方法具有特定含义，这就是采用行政法规的方式宣告某些物品在一定时期禁止买卖。因此，限制买卖物品不同于专营、专卖物品，专营、专卖是一种垄断经营的方式，对于不具有专营、专卖资质的主体来说，专营、专卖物品就属于禁止买卖物品。至于需要经过行政许可才能经营的物品，它和限制买卖物品也是完全不同的，因为未经许可经营需要经过行政许可才能经营的物品，属于违反行政许可的经营行为，这是对经

① 参见王安异：《非法经营罪适用问题研究》，264页，北京，中国法制出版社，2017。

② 参见陈兴良：《投机倒把罪：一个口袋罪的死与生》，载《现代法学》，2019（4）。

营主体资质的限制，只要具备经营主体资质，其物品就是允许买卖的物品。由此可见，历史解释是对语义解释的重要补充。

二、历史解释的含义

在探讨历史解释方法的时候，有必要对历史解释的含义进行界定，在此首先应当将法律的历史解释与法律的历史研究加以区分，两者不能混为一谈。例如萨维尼揭示了历史解释与法源学之间的类似性，指出："解释的最高任务是考证，在法律史中存在某些类似之处，即法源学，它也是为历史性研究提供素材，而且，它也同样要么是古文书学，即对流传下来的法源进行一般性的记录，要么是更高层面上的，即对给定的素材进行纯化，这是法律史的最高任务。"① 法源学是法律史的一种研究方法，在对法律文本进行考据的方法上，与历史解释具有一定的相似性。例如德国学者指出："法律人究察'立法者历史意图'的这一职责，同历史学家或哲学家对文献的解释工作相比，在基本特征上可谓异曲同工。"② 但历史解释与法源学的研究之间又具有明显的区别，德国学者揭示了法律教义学者与法律史学家对法律历史的不同关注点：法律史学家的责任在于从法律渊源中揭示法律制定的动机（动机理解），介绍在创制法律作品中的个性特征和精神力量，揭示法律从中产生的整个历史情势，这是法律历史理解的原本方式。相反，拉德布鲁赫将历史解释视作探究客观意义的变化，当作作品的集体精神史的东西，且这首先是由黑格尔所提出的东西——它追求在思想体系的实质关系中去建立思维体系，并将其历史结果理解成一个逻辑构成，去解释客观精神中的整体，一如解释一个精神的作品——不再被认作为纯历史的理解，而被看作

① ［德］弗里德里希·卡尔·冯·萨维尼：《法学方法论：萨维尼讲义与格林笔记》，杨代雄译，67页，北京，中国民主法制出版社，2024。

② ［德］托马斯·M.J. 默勒斯：《法学方法论》（第4版），杜志浩译，237页，北京，北京大学出版社，2022。

历史哲学的解释。[1] 当然，法源学和历史解释虽然都试图采用历史方法去理解法律，但两者的区分在于：法源学的使命是将法律置于一定的历史情势中，揭示法律创制的历史因果，因而具有宏观考察的性质；而法教义学的责任是通过历史的回溯性研究揭示制定法的实质内容，从而为法律适用提供规范根据。

刑法教义学对法律规范进行历史解释，是以法律文本为对象而展开的，其目的在于探明法律规范的含义，但刑法的法律史的研究则以探究法律发展的一般规律为使命，其目的在于揭示法律发展的内在逻辑。例如我国《刑法》中的共犯制度，从法律史视野来看，经历了古代的共犯确立，近代共犯制度的转型以及现代共犯制度的形成等历史演变过程。我国古代的共犯制度，是《唐律疏议》确立的，《唐律·名例律》明确规定“共犯罪，分首从”。对此，我国台湾地区学者指出：“唐之共犯罪，似采取所谓扩张的正犯概念，凡对于实现构成要件的结果，为共同的行为者，即是共犯罪之人。”[2] 自唐之后，宋、明、清历代均采用唐代的共犯罪概念。及至清末法律改制，大陆法系的共犯概念传入我国，1912 年《暂行新刑律》采用大陆法系的共犯概念，将共犯分为正犯、教唆犯和从犯（帮助犯）。自此，我国刑法结束了延续千年的扩张的正犯概念，改而采用限制的正犯概念。《民国刑法》继承《暂行新刑律》关于共犯的规定，只是个别条款有所改动。1949 年以后，我国的刑法立法受到《苏俄刑法典》的影响，从 1950 年开始刑法起草工作，前后三十三稿，其中，共犯是争议和变动最大的问题，最终确定了共同犯罪概念和主犯、从犯、胁从犯、教唆犯的分类。这一共犯立法的沿革具有刑法史的价值，对于我们理解当今我国刑法中的共同犯罪制度具有一定的参考意义。但这些历史考察具有考证的性质，它只是给出了我国刑法中的共同犯罪

---

① 参见［德］卡尔·恩吉施：《法律思维导论》（修订版），郑永流译，104～105 页，北京，法律出版社，2014。

② 戴炎辉：《中国法制史》，73 页，台北，三民书局，1969。

制度的历史背景，却不能从中直接引申出对某个共同犯罪具体规定的解释性结论。对于我国刑法中的共同犯罪的历史解释，应当聚焦于具体的刑法条文。例如《刑法》第25条关于共同犯罪概念的规定，这里的共同犯罪如何理解，这就涉及整个共犯体系的建构。如果参考《唐律疏议》共犯罪的立法体例，则这里的共同犯罪就应当理解为扩张的正犯概念，因此不能包括教唆犯和从犯等狭义上的共犯形态。但参考从《暂行新刑律》开启的共犯立法例以及《苏俄刑法典》关于共同犯罪的规定，就应当将我国刑法中的共同犯罪界定为正犯与共犯的上位概念，也就是广义上的共犯。通过以上论述可以看出，对刑法的法律史考察和历史解释，虽然具有一定的关联性和类似性，但两者的区分也是十分明显的，不能混为一谈。因此，法律史研究对于现行法律文本的理解具有一定的帮助作用，然而，这种帮助主要是指从制度或者规范层面有助于对现行法律的宏观理解。但法律解释是针对具体的或者个别的法律规定所进行的含义解读，在这种情况下，法律史研究不能直接成为法律解释的途径和方式。

历史解释在所有刑法解释方法中是最为独特的一种解释方法，这主要表现在历史解释在法律解释活动中引入了时间维度，因而克服了法律解释的停滞性和静止性，具有其他解释方法所没有的解释优势。在刑法解释中，语义解释是基本的方法，它具有其他解释方法的不可替代性。如果说，语义解释是以处理法律文本的语言为己任的；那么，历史解释就通过法律规范的演变历史去寻找法律文本的真实含义。在这个意义上说，历史解释是一种法律文本的考古学。以古释今，这是历史解释的主要使命。法律有两种情形：第一种是较为稳定的内容，第二种是较易变动的内容。对于前者来说，字面语言的含义没有发生太大的变化，因而通常采用语义解释的方法即可明确其含义；但对于后者来说，法律规范经常性的变化导致法律语义也随之发生变动，因而在理解法律文本的时候，需要了解法律文本的历史素材，以此更加准确地把握法律规范的含义。

三、历史解释的性质

考诸历史解释的历史，我们就会发现，历史解释在法律解释中的性质在很大程度上取决于解释理论，这里主要是指主观解释理论和客观解释理论的制约。如前所述，历史解释可以分为主观的历史解释和客观的历史解释。德国学者指出，主观主义者必须处理（法律）产生的历史。为了认识立法者之所想，我们必须评价立法资料，但是，客观主义者也承认产生历史这种解释准据。其间的区别在于：主观主义者希望认识立法者的意志并且认为受其约束；客观主义者尽管同样希望对立法者的意志加以认识，却认为其不具有约束力。① 从历史演变过程来看，历史解释曾经是主观解释理论的产物，主观的历史解释侧重于通过对法律文本进行历史解释，由此探寻立法者的意图。但随着客观解释理论的兴起，客观的历史解释不再是探寻立法者的意图，而是致力于发现法律文本的客观意旨，在客观解释理论的语境下，历史解释只是语义解释的一种辅助手段。目前通行的是以客观解释理论为基础的历史解释学说，而主观的历史解释学说则淡出历史舞台。

从历史解释的主观理论和客观理论的区分，可以引申出一个问题，这就是：立法者意图和法律文本含义之间的关系。也就是说，法律解释所要探知的究竟是立法者的意图还是法律文本的含义？当两者发生矛盾的情况下，到底是服从于立法者的意图还是法律文本的含义？这个问题，涉及历史解释的性质界定，因而对于历史解释的正确适用具有重要意义。德国学者在回答法律规范是按照“产生时”（ex tunc）还是按照“适用时”（ex nune）进行解释时指出：这个问题的核心在于：在法律解释时，立法者当时的主观意志应当具有关键性意义？还是具有

① 参见［德］罗尔夫·旺克：《法律解释》（第6版），蒋毅、季红明译，112页，北京，北京大学出版社，2020。

约束力的法律内容应该停留在包含客观法律意志的文义和体系中?[①] 主观解释论当然会偏向于前者，但客观解释论则必然会偏向于后者。立法虽然是立法者意图的表达，但法律一旦以文本形式公布，则法律文本就成为立法意图的唯一载体。在这种情况下，法律解释只能通过法律文本重现法律的客观意旨，因此，语义解释就成为法律解释的主要方法。只有在法律语义存在含混或者模糊的情况下，才能借助于历史解释确定法律文本的准确含义。

在根据立法资料对法律规范进行历史解释的时候，应当将立法资料所反映的立法意图和法律文本所反映的立法意旨加以对比。刑法解释是要探求法律文本的立法意旨，因此，如果某种立法意图未能在法律文本中得以体现，则不能以历史解释之名否定法律文本的意旨，这也正是客观的历史解释所具有的蕴含。例如我国1997年刑法修订时，涉及对主犯处罚原则的修订。1979年《刑法》第23条第1款规定了主犯的概念，第2款对主犯的处罚原则作了如下规定："对于主犯，除了本法分则已有规定的以外，应当从重处罚。"这里的本法分则规定，是指刑法分则对某些必要共犯，例如集团犯罪和聚众犯罪的主犯已经在刑法分则中规定了较重的法定刑，对此不再适用刑法总则关于主犯的处罚规定。在此，刑法明确规定对共同犯罪中的主犯应当判处较重的刑罚，体现了对主犯的严厉惩治的政策精神。与此同时，1979年《刑法》第24条第1款规定了从犯的概念，第2款对从犯的处罚原则作了如下规定："对于从犯，应当比照主犯从轻、减轻处罚或者免除处罚。"因此，主犯从重、从犯从轻，就成为对共同犯罪中的主犯和从犯轻重不同的法律评价。但在1997年刑法修订过程中，对主犯概念的修改，主要体现在将主犯分为两种情形：第一是组织、领导犯罪集团进行犯罪活动的人，这些人亦被称为首要分子。第二种是其他在共同犯罪中起主要作用的人，也就是一般主犯。同时，刑法还删除了主犯从重的规定，而是代之以以下规定："对组织、领导犯罪集团的首要分子，按照集团所犯的全部罪行处罚（第26条第3款）。对

① 参见［德］伯恩·魏德士：《法理学》，丁小春、吴越译，328页，北京，法律出版社，2013。

于第三款规定以外的主犯，应当按照其所参与的或者组织、指挥的全部犯罪处罚（第26条第4款）。”这一修改的立法理由在于：“共同犯罪中的主犯及犯罪集团中的首要分子主观恶性深，对社会危害性严重，对他们的处罚原则充分体现了我国刑法罪刑相适应的原则，有利于严厉打击共同犯罪中的首要分子和主犯。”[①]因此，主犯处罚原则修改的立法意图是进一步加重对于主犯的处罚。

那么，这一修改是否体现了这一立法意图呢？我国学者认为对犯罪集团的首要分子，按照集团所犯的全部罪行处罚，可以说是一种从重处罚，而且是重到了极限的程度，不必也无法再从重处罚。[②] 然而，从逻辑上分析，结论恰恰相反：按照修改以后的规定，主犯并没有受到从重处罚。这里的根本原因在于立法机关混淆了共同犯罪的定罪与共同犯罪的量刑这两个不同性质的问题，从而导致以下后果：其一，使除贪污、受贿等少数犯罪以外的绝大多数共同犯罪的主犯从重处罚，于法无据。其二，对主犯不再从重处罚，导致对整个共同犯罪的量刑基点下降到与单独犯罪持平，从而无法体现出刑法对共同犯罪应比单个人犯罪打击更重的原则。因为处罚范围的扩大当然会导致处罚加重，但这是一个承担责任的范围问题，例如犯罪集团的首要分子按照其所组织、领导的全部罪行负责，这属于定罪的范畴。只有在处罚范围相同的情况下，处罚的轻重才属于量刑的范畴。例如在主犯和从犯都参与了全部罪行，在这种情况下，无论是主犯还是从犯都应当对所参与的罪行负责。如果刑法规定主犯从重，那么，对主犯就可以在其所参与的犯罪内从重处罚；对从犯则予以从轻处罚。但由于刑法修改以后取消了主犯从重处罚的原则，在这种情况下，主犯就不能从重，从犯则可以从轻。因而，主犯从刑法修改前的承担重于一般处罚的从重情节就丧失了，从犯则仍然可以获得轻于一般处罚的从轻情节。因此，我认为1997年刑法由于取消了对主犯应当从重处

① 全国人大常委会法制工作委员会刑法室编：《中华人民共和国刑法条文说明、立法理由及相关规定》，39页，北京，北京大学出版社，2009。

② 参见周道鸾等主编：《刑法的修改与适用》，111页，北京，人民法院出版社，1997。

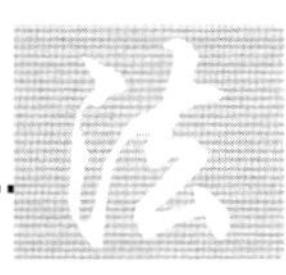

罚的规定，进而从整体上取消了对共同犯罪应较之单独犯罪处罚更重的原则。在这种情况下，主犯从重处罚不再是法定情节，而只是酌定情节。对于司法机关来说，只能按照法律文本的规定对主犯进行处罚，而不能根据加重对主犯的处罚的立法意图作为对主犯从重处罚的根据。因此在这种情况下，不能采用历史解释的方法，而只能采用语义解释。

第二节　历史解释的功能

历史解释考察的是先行法律的含义，以此作为理解现行法律含义的重要参考。正如德国学者指出："历史解释目的在于：重建立法者赋予法律规范的意义和目的。"① 因此，历史解释是要通过回溯法律的演变历史，揭示法律的规范目的。也就是说，历史解释所要还原的是历史上的法律规范目的，而不是历史上的立法者的主观意图。对法律规范目的的演变过程的探寻，有助于获得法律规范的正确含义。因此，在某种意义上说，历史解释并不直接获取法律规范的正确含义，它只是对语义解释起到一种补强作用。正如我国台湾地区学者黄荣茂指出："它（指历史解释，——引者注）的主要任务，与其说在终局地决定法律，不如说是在划定法律解释的活动范围。正像在法律圈内有特别意涵或定义之用语，历史因素在这里的功能也是对一般的可能语义再进一步利用限缩或扩张再予调整，以符合规范规划上的需要。是故，应该在经历史因素参与决定的语义范围内从事解释活动。除非基于其他解释因素的考虑，认为对该范围有加以修正的必要，否则解释活动不得越出该范围。"② 应该指出，历史解释的作用在不同历史时期是各不相同的，这与法律历史的悠久或短暂相关。我国台湾地区学者王泽鉴在论述立法资料的作用时指出："立法资料的价值，应依社会变迁予以评估。一般言之，

① ［德］伯恩·魏德士：《法理学》，丁小春、吴越译，329页，北京，法律出版社，2013。

② 黄茂荣：《法学方法与现代民法》（第七版），307页，厦门，厦门大学出版社，2024。

法律愈新，立法资料愈有参考价值；法律愈老，参考价值较少，但仍不能因此认其无参考的价值。”[①] 在所有法律中，刑法的稳定性要求是最高的，因为刑法关涉对公民的生杀予夺，因而不能朝令夕改。然而，我国当前处于社会转型的剧烈变动时期，刑法修改十分频繁。例如我国第一部刑法是 1979 年制定的，1997 年对刑法进行了大规模的修订。此后，我国立法机关又采用刑法修正案的方式对刑法进行经常性的修订，从 1997 年至今的二十多年时间里，除了一个《决定》[②]以外，颁布了 12 个刑法修正案。刑法修改的频率几乎是每两年修改一次。在这种情况下，刑法内容发生重大的变更，有些罪名甚至在短时间内数次修改。在一定意义上说，刑法修改越是频繁，历史解释也就越具有其必要性。因为正如王泽鉴所指出的那样，法律越老，立法时与解释时相距也就越远，因而立法资料对理解法律文本的作用就相应降低；反之，法律越新，立法时与解释时相距也就越近，因而立法资料对理解法律文本的作用就相应较大。这就决定了历史解释在法律越新的情况下比在法律越老的情况下更有用武之处。以下，对历史解释的三种功能分别加以论述。

一、增强刑法解释的准确性

刑法的修改涉及罪名的增减、合并与分解，它是刑法修订的重要内容之一。每个罪名都有其独特的演变史，对此不能简单地采用语义解释的方法，而是要结合罪名的演变过程进行准确解释，这也正是对罪名的历史解释方法的实际运用。例如我国《刑法》第 246 条设立了侮辱罪，该罪是指以暴力或者其他方法公然侮辱他人，情节严重的行为。刑法对侮辱的对象并没有限制，无论是侮辱男性还是

① 王泽鉴：《法律思维与民法实例：请求权基础理论体系》，172 页，北京，北京大学出版社，2009。

② 这里的《决定》是指 1998 年 12 月 29 日全国人大常委会颁布的《关于惩治骗购外汇、逃汇和非法买卖外汇犯罪的决定》。

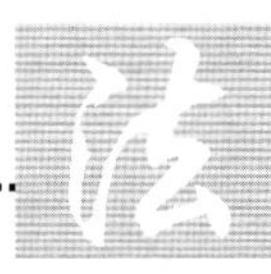

侮辱女性，都可以构成本罪。然而，我国《刑法》第237条又设立了强制猥亵、侮辱罪，该罪是指以暴力、胁迫或者其他方法强制猥亵他人或者侮辱妇女的行为。在此，该罪也包含侮辱妇女的内容。如果仅仅从逻辑上来说，似乎侮辱罪的侮辱妇女和强制猥亵、侮辱罪的侮辱妇女之间是一种特别法与普通法之间的法条竞合关系。按照这一理解，基于特别法优于普通法的法条适用原则，则在侮辱妇女的情况下都应当以强制猥亵、侮辱罪论处，由此而使侮辱罪中的侮辱妇女行为虚置。显然，这并不是立法本意。由此可见，对上述问题采用通常的语义解释方法并不能得出准确的结论，为此，需要借助于历史解释的方法。

强制猥亵、侮辱妇女罪在1979年《刑法》中并无规定，但它包含在1979年《刑法》第160条的流氓罪中。根据1979年《刑法》第160条的规定，流氓罪是指聚众斗殴、寻衅滋事、侮辱妇女或者进行其他流氓活动，破坏公共秩序，情节恶劣的行为。我国学者指出，这里的侮辱妇女，一般是指采用淫秽下流的行为或暴力、胁迫的手段，侮辱和猥亵妇女，甚至在光天化日之下，大庭广众之中，强行扒光、撕烂年轻妇女的衣服进行侮辱、猥亵和摧残，借以寻欢取乐，发泄兽欲。[①] 由于在1979年《刑法》中，侮辱妇女行为包含在流氓罪之中，具有流氓的性质，因而虽然1979年《刑法》也规定了侮辱罪，但它与流氓罪的侮辱妇女存在性质上的区分，这主要表现在两个方面：第一是侮辱妇女发生的地点和对象。我国学者指出，侮辱是针对特定的人实行的。如果在公共场所无目标地谩骂，可以视为流氓行为，不构成侮辱罪。[②] 这里虽然说不构成侮辱罪，但并不排斥在情节严重的情况下可以构成流氓罪。第二是流氓动机。侮辱罪中的侮辱妇女在主观上是有意识地损害他人的名誉、人格，因而属于侵犯人身权利的犯罪。而流氓罪中的侮辱妇女则主观上具有流氓动机。我国学者指出，流氓罪不同于其他

---

① 参见中国人民大学法律系刑法教研室编著：《刑法各论》（修订本），259页，北京，中国人民大学出版社，1985。

② 参见中国人民大学法律系刑法教研室编著：《刑法各论》（修订本），182页，北京，中国人民大学出版社，1985。

犯罪的主观特征，在于它一般既不是以取得某种物质利益为满足，也不是以损害特定的个人为犯罪目的，而是在精神空虚，追求刺激；寻欢作乐，低级下流；哥们义气，帮派利益高于一切等思想情绪以及其他变态心理的支配下，是非颠倒，黑白混淆，把胡作非为当成英雄好汉，把无耻下流的罪恶行径看作是光彩和能耐，以致干出种种下流无耻的罪恶活动，来满足其变态的性的要求，或者填补其精神上的空虚。他们公然向社会挑战，根本不把国家法纪和社会公德放在眼里。① 基于以上两点，就可以将侮辱罪中的侮辱妇女和流氓罪中的侮辱妇女加以区分。在1997年刑法修订中，我国刑法学界提出了分解流氓罪的立法建议，一致认为应予取消流氓罪，并主张将1979年《刑法》第160条规定的流氓罪的罪状分解为聚众斗殴罪、寻衅滋事罪、强制猥亵罪、聚众淫乱罪等。② 上述立法建议被立法机关所采纳。当时主持刑法修订的王汉斌副委员长1997年3月6日在第八届全国人民代表大会第五次会议上所作的《关于〈中华人民共和国刑法（修订草案）〉的说明》中指出："（1979年《刑法》第160条）这一规定比较笼统，实际执行中定为流氓罪的随意性较大。这次修订，将流氓罪分解为四条具体规定：一是侮辱、猥亵妇女的犯罪③，二是聚众进行淫乱活动的犯罪，三是聚众斗殴的犯罪，四是寻衅滋事的犯罪。"④ 通过以上对强制猥亵、侮辱妇女罪的立法沿革的考察和分析就可以为准确理解其含义提供根据。因此，对于1997年刑法中的强制猥亵、侮辱妇女罪，不能简单地从法律文本的字面进行解释，而是要通过立法资料，厘清其演变过程，从而为区分强制猥亵、侮辱妇女罪中的侮辱妇女

① 参见中国人民大学法律系刑法教研室编著：《刑法各论》（修订本），260页，北京，中国人民大学出版社，1985。

② 参见高铭暄、赵秉志编：《新中国刑法立法文献资料总览》（下），3038页，北京，中国人民公安大学出版社，1998。

③ 强制猥亵、侮辱妇女罪中将猥亵、侮辱并列，但在一定意义上说，猥亵本身也是侮辱妇女的一种行为方式。

④ 高铭暄、赵秉志、商浩文编著：《新中国刑法立法沿革全书》，747页，北京，中国人民公安大学出版社，2021。

和侮辱罪中的侮辱妇女提供解释依据。

以法律规范的前身解释现行的法律规范的历史解释方法是建立在先行法律规范与现行法律规范之间的连续性的基础之上的，其主要方法就是在确定新法与旧法之间的关联性的情况下，以先行法律规范作为理解现行法律规范的根据。例如上述对1997年刑法中猥亵、侮辱妇女罪的理解必须参考1979年刑法中流氓罪的规定，因为前者是由后者分解而来，两者之间具有承续关系。正如德国学者所言，在新、旧法律规范具有连续性的叙述语境中，立法者将旧的规范文本未作改动地吸收，也就是承认了之前所主张的内容。[①] 因此，通过历史解释可以准确地理解法律规范的含义。

二、增强刑法解释的合理性

历史解释在某种意义上说，是对法律文本的一种沿革解释，也就是通过法律文本的修改过程，合理地把握法律规定的真实含义。我认为，法律文本的历史沿革具有对语义解释的制约性，换言之，法律文本的语义解释在一定条件下应当服从于法律规定的历史解释。在司法实践中，如何处理法律文本的语义和历史沿革之间的关系，是一个存在争议的问题。在我国司法实践中，存在两个社会抚养机构工作人员遗弃被救助人员的案例，两个案件的案情基本相同，但对行为人是否构成遗弃罪则结论完全不同。

【案例32】王某民等人遗弃案[②]

乌鲁木齐精神病福利院院长王某民指派、安排该院工作人员将精神病福利院

---

① 参见［德］托马斯·M.J.默勒斯：《法学方法论》（第4版），杜志浩译，239页，北京，北京大学出版社，2022。

② 参见国家法官学院、中国人民大学法学院编：《中国审判案例要览》（2003年刑事审判案例卷），218～224页，北京，人民法院出版社、中国人民大学出版社，2004。

的28名病人予以遗弃，除1人以外，其余27名被遗弃的病人均下落不明。乌鲁木齐新市区人民法院根据上述事实和证据认为：被告人王某民等人身为福利院的工作人员，对依赖于福利院生存、救助的“无家可归、无依可靠、无生活来源”的公费病人，负有特定扶养义务，应当依据其各自的职责，积极履行监管、扶养义务，而不应将被扶养的28名病人遗弃，拒绝监管和扶养。被告人王某民等人的行为均已触犯我国刑法中关于对于年幼、患病或者其他没有独立生活能力的人，负有扶养义务而拒绝扶养，情节恶劣的处5年以下有期徒刑的规定，构成了遗弃罪，应予惩处。

本案涉及对遗弃罪主体范围的理解，即遗弃罪主体是否包括家庭成员以外的其他负有扶养义务的人。本案在审理过程中存在较大的争议，尤其是控辩之间分歧明显。控方认为，被告人王益民等人遗弃病人的行为已触犯《刑法》第261条的规定，构成遗弃罪。而辩方则认为，被告人王某民等人不具有遗弃罪的主体资格，其行为不构成犯罪。法院认为本案被告人王某民等人的行为已经构成遗弃罪，指出：认定5名行为人对被遗弃的28名病人有无扶养义务，这是认定他们是否符合遗弃罪特殊主体的关键，当然也是人民法院对他们应否以遗弃罪定罪处罚的关键。扶养义务，主要来自法律的规定，有时也来自道德、职责和业务上的要求。这里的扶养义务应从广义上理解，它不仅包括平辈即夫妻和兄姐对弟妹间的扶养义务，也包括长辈即父母、祖父母、外祖父母对子女、孙子女、外孙子女的抚养义务，还包括晚辈即子女、孙子女、外孙子女对父母、祖父母、外祖父母的赡养义务。这些人的扶养、抚养、赡养义务是我国婚姻法所明确规定的，因此这些义务来自法律的规定，如果他们拒不履行扶养义务，遗弃被扶养人，情节恶劣的，无疑就要被追究遗弃罪刑事责任。除此之外，有的扶养义务还因道德、职责而产生。例如，实行全托制的幼儿园、精神病医院以及人民政府为给社会上那些年老、年幼或身有残疾的人员提供生活、治疗等救助而专门设立的诸如福利院等机构，他们虽然在法律上对这些对象没有扶养义务，但特定的职业道德和职责

要求他们必须履行救助职责；如果他们有条件和能力履行这种救助职责而拒绝履行，应认为是遗弃行为，情节恶劣的，其负责人或其直接责任人就构成了遗弃罪主体，应依法追究其遗弃罪的刑事责任。由此可见，在王某民遗弃案中，法官对遗弃罪中的扶养义务作了语义解释，由此包含非家庭成员间的扶养义务，因而将遗弃罪从家庭成员间的遗弃罪扩展到非家庭成员间的遗弃罪。

【案例 33】 陈某故意杀人案[①]

2005 年 9 月 13 日，江苏省启东市久隆镇民政工作人员将一名身体极度虚弱的被救助人员送至敬老院，由陈某接收。次日，陈某将该人送到某村机耕路旁，弃置不管，致使该人死亡。

对于本案是构成遗弃罪还是故意杀人罪，法官认为：1979 年《刑法》将遗弃罪规定在婚姻家庭犯罪一章中，而 1997 年《刑法》将妨碍婚姻家庭罪全部转移至侵犯公民人身权利、民主权利罪中，但是，不能以遗弃罪在刑法中章节位置的变化，认为对该罪应根据变更后的法益进行重新解释。这种由纯技术性原因导致的罪名归类变动，不能成为对遗弃罪重新解释的理由。遗弃罪本身具有侵犯人身权利的性质，但这是指具有扶养义务的人对受扶养人之人身权利的侵害，而不能宽泛地解释为对社会一般人的人身权利的侵犯。刑法未明确规定遗弃罪的对象范围和该罪中扶养一词的含义，在语义是非单一的、不明确的情况下，应根据立法沿革进行历史解释以符合立法精神。根据语义解释，扶养包括家庭成员间的扶养和非家庭成员间的扶养。那么，非家庭成员间的扶养是否包括在遗弃罪的扶养概念中呢？根据历史解释，遗弃罪属于妨碍婚姻、家庭罪，其中的扶养自不应包括非家庭成员间的扶养。所以，虽然刑法规定的遗弃罪并没有将扶养义务明文规定为家庭成员间的扶养义务，但从立法沿革来说，我国刑法中的遗弃罪自 1950

---

① 参见国家法官学院、中国人民大学法学院编：《中国审判案例要览》（2007 年刑事审判案例卷），192～194 页，北京，人民法院出版社、中国人民大学出版社，2008。

年《中华人民共和国刑法大纲草案》起，从来都是家庭成员间的遗弃，而不包括非家庭成员间的遗弃。由此可见，在陈某故意杀人案中，法官采用历史解释的方法，否定非家庭成员间的遗弃罪。

我认为，之所以存在以上不同意见，与1997年刑法修订对遗弃罪所属的章节位置的调整具有直接关系。在1979年刑法和1997年刑法中，都设立了遗弃罪和虐待罪等发生在家庭成员之间的犯罪。在1979年刑法中，遗弃罪和虐待罪属于妨害婚姻、家庭罪，但在1997年刑法修订时，将妨害婚姻、家庭罪归入侵犯公民人身权利罪之中，但具体内容未作修改，只是在章节的归属上发生了变化。毫无疑问，这里的虐待和遗弃都发生在家庭成员之间。刑法关于虐待罪的规定，明确了虐待对象是家庭成员，例如《刑法》第260条规定，虐待罪是指虐待家庭成员，情节恶劣的行为。在这种情况下，对于非家庭成员之间的虐待就不能认定为虐待罪。但刑法关于遗弃罪的规定，却没有在法条中明确规定是对家庭成员的遗弃。例如《刑法》第261条规定，遗弃罪是指对于年老、年幼、患病或者其他没有独立生活能力的人，负有扶养义务而拒绝扶养，情节恶劣的行为。在此，刑法只是明确了遗弃罪的主体对被遗弃者具有扶养义务，但并没有规定遗弃行为只能发生在家庭成员之间。尽管刑法没有明文规定遗弃行为只能发生在家庭成员之间，但在刑法理论上都认为被遗弃的人只能是家庭成员。也就是说，扶养义务是基于婚姻家庭关系而产生的特定义务。在1997年刑法将遗弃罪移入侵犯公民人身权利罪以后，关于遗弃罪的对象是否还限于家庭成员出现了不同意见。其中，将遗弃罪的对象从家庭成员扩展到家庭成员以外其他具有养护关系的人员的观点具有一定的影响。这里主要涉及对扶养关系的解释，对此，我国学者张明楷指出："现行刑法并没有将遗弃罪规定为妨害婚姻、家庭的犯罪，而是规定为侵犯公民人身权利的犯罪，具有重新解释遗弃罪的余地。诚然，根据沿革解释，遗弃罪是对家庭成员的犯罪，可是，既然现行刑法没有明文将其规定为对家庭成员的犯罪，就有可能适应社会生活的发展变化而作出客观解释。在语义解释和沿革解释之间存在矛盾的情况下，不应当一概以沿革解释优先。如果语义解释得出符合

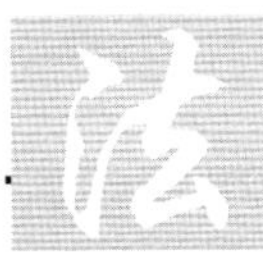

刑法目的的结论，就应当采取这一解释。简言之，根据语义解释，扶养义务包括社会抚养机构的扶养义务，扶养包括家庭成员间的扶养与非家庭成员间的扶养，而且这种解释完全符合刑法保护被害人生命、身体安全的目的，就应当认为遗弃罪可以发生在非家庭成员之间，而不应当产生'非家庭成员间的扶养是否包括在遗弃罪的扶养概念中'的疑问。反之，如果沿革解释不能得出符合刑法目的的结论，就不应当采取沿革解释。而且，如果对任何法条都以沿革解释优先，必然导致刑法的修改丧失意义。"① 这里的沿革解释是历史解释的一种方法，因此上述论述涉及历史解释和语义解释之间的关系问题。对于这两种解释方法而言，确实很难说何种解释方法具有绝对的优先性。历史解释是建立在语义解释的基础之上的，某种情况下基于语义解释可以得出一定的结论。但这一结论是否妥当存在疑义的情况下，采用历史解释进行匡正，具有其合理性。也就是说，这里并不是一个语义解释和历史解释的优先序位问题，而是历史解释的正当性和必要性问题。对于遗弃罪来说，虽然根据刑法对遗弃罪的构成要件规定，刑法并没有明文规定其对象是家庭成员，因而根据语义解释是可以包含非家庭成员的，但在 1979 年《刑法》中，由于遗弃罪规定在妨害婚姻、家庭罪一章，因而理所当然地认为这里的遗弃罪对象是家庭成员。对此，并不存在疑问。问题在于，1997 年刑法修订中将遗弃罪所在的妨害婚姻、家庭罪一章的章名予以取消，将所辖罪名并入侵犯公民权利罪一章。这一修改只是一种分则章节体例的调整，能否就此认为对遗弃罪的构成要件进行了修改，因而将在 1979 年《刑法》的遗弃罪所并不包含的非家庭成员纳入遗弃罪的对象范围呢？显然，王某民案是一种非家庭成员的遗弃。如果将我国刑法中的遗弃罪理解为家庭成员间的遗弃，此类案件就不能定遗弃罪；而如果将我国刑法中的遗弃罪解释为包括非家庭成员间的遗弃，则此类案件就可以定遗弃罪。显然，王某民案就是按照这种对遗弃罪的重新解释而定罪的

---

① 张明楷：《刑法学》（下・第六版），1129 页，北京，法律出版社，2021。

案例。对此，我的回答是否定的。[①] 至于陈某故意杀人案，其行为也是一种遗弃，但陈某对被遗弃者的死亡采取放任态度，因而在否定遗弃罪的情况下，对陈某以故意杀人罪论处。

将遗弃罪的范围扩张到非家庭成员，使之成为不救助的犯罪，这是参考和借鉴了日本关于遗弃罪的立法例。日本刑法中遗弃罪除了普通遗弃罪以外，还包括负保护责任者遗弃罪和遗弃致死罪。这里的遗弃，根据日本学者的解释是指对需要扶助者进行场所上的移动，由此创造出新的危险；或者，对不给予保护就可能产生生命危险的需要扶助者抛弃不管。但无论是哪一种情形，行为者与需要扶助者之间都需要在场所上的隔离。至于这里的需要扶助，是指不具备日常生活的自理能力，存在生命危险。[②] 日本刑法中的遗弃罪既可以由作为构成，例如以移置（场所的变动）为行为特征时就是一种作为；也可以由不作为构成，例如以弃之不顾（不履行义务）为行为特征时就是一种不作为。其中，普通遗弃罪通常是作为的，这里的遗弃具有将之移置某个具有生命危险的场所的行为性质。但保护责任者遗弃罪则既可以由作为，又可以由不作为构成。至于遗弃致死罪，则是上述两种遗弃罪的结果加重犯。从日本刑法中的遗弃罪的构成要件来看，虽然包括家庭成员之间不履行扶养义务的遗弃以及对处于危险境地的家庭成员的不救助，但更多的是对家庭成员以外的其他具有救助义务的人的不救助行为。然而，我国刑法中的遗弃罪是单纯以不履行扶养义务为行为特征的，属于纯正的不作为犯。这里的扶养义务是前置法——《民法典》所设定的，其核心内容是提供维持生命所必需的食物、衣物或者其他生活资料。然而，由于我国法律用语的复杂性，扶养与相关概念如何界分则是一个值得研究的问题。我国学者指出："在《民法典》中，抚养、赡养、扶养这三个概念是交错使用的。从一般含义来说，抚养是长辈

① 参见陈兴良：《判例刑法学》（上卷·第三版），48页以下，北京，中国人民大学出版社，2024。

② 参见［日］西田典之：《日本刑法各论》（第七版），王昭武、刘明祥译，32页，北京，法律出版社，2020。

对晚辈的抚育、教养，赡养是晚辈对长辈在经济和生活上的供养，扶养是平辈之间的经济供养与生活扶助。在《民法典》中，抚养、赡养的含义清晰明确。但是，扶养在不同的场景中则体现出不同的含义，有狭义与广义之分。狭义的扶养仅指平辈之间的关系，而广义的扶养除狭义扶养外，还包括抚养和赡养。因此，扶养的含义应当根据使用的具体场景加以认定。”① 由此可见，法律意义上的扶养有广义和狭义之分。广义上的扶养泛指特定亲属之间根据法律的明确规定而存在的经济上相互供养、生活上相互扶助照顾的权利义务关系，它囊括了长辈亲属对晚辈亲属的抚养，平辈亲属之间的扶养和晚辈亲属对长辈亲属的赡养三种具体形态。狭义上的扶养则专指平辈亲属之间尤其是夫妻之间依法发生的经济供养和生活扶助权利义务关系，具有主体界定的特定性。显然，我国遗弃罪中的扶养是指广义上的扶养。关于扶养是否包括救助，以及扶养和救助这两个概念之间的关系，在刑法理论上是存在争议的。我认为，扶养和救助是两个不同的概念。例如在刑法理论上曾经讨论的见危不救罪是否应当设置为犯罪，对此就存在不同意见。② 见危不救罪是一种违反救助义务的犯罪，许多国家刑法典中都有规定，例如《德国刑法典》第 323 条 c 项规定：“意外事故、公共危险或困境发生时需要救助，根据行为人当时的情况急救有可能，尤其对自己无重大危险且又不违背其他重要义务而不进行急救的，处 1 年以下自由刑或罚金。”通说认为在我国并不具备设立见危不救罪的条件，至于具有职务上的救助义务的人见危不救的，可以按照玩忽职守等罪名论处。日本刑法中的遗弃罪虽然不同于《德国刑法典》中的见危不救罪，其犯罪主体限于具有救助义务的人，但在内容上具有《德国刑法典》中见危不救的性质。在我国立法机关没有设立不救助罪或者见危不救罪的情况下，仅仅因为遗弃罪在刑法分则体例中的位置发生了调整，就可以采用语义解释的方法将家庭成员之间的遗弃罪扩展到非家庭成员之间的不

① 房绍坤、肖滕恺：《论〈民法典〉中的事实扶养》，载《甘肃社会科学》，2022（6）。

② 参见刘仁文：《“见危不救”要否入刑》，载《新京报》，2011－11－05。

救助罪，基于罪刑法定的立场，这是无论如何也难以接受的。只有通过历史解释，将对遗弃罪的范围限制在家庭成员之间，才是一种使刑法规定更为合理的解释方法。

在此存在一个对于扶养义务如何解释的问题。根据语义解释，如上所言，扶养包括家庭成员间的扶养和社会扶养机构的扶养。就此而言，由于我国《刑法》第 261 条并没有将扶养义务明文规定为家庭成员间的扶养义务，因而将非家庭成员间的扶养义务，这里主要是指社会扶养机构的扶养义务解释为遗弃罪的扶养义务似乎并无不妥。但从立法沿革上来说，我国刑法中的遗弃罪从来都是家庭成员间的遗弃，而并不包括非家庭成员间的遗弃。这里存在一个问题，就是罪名归类的变化能否引起其实质内容的变动。对此，我国学者认为，现行刑法将旧刑法中的妨害婚姻、家庭罪全部转移至侵犯公民人身权利、民主权利罪。在此不想探讨起草者进行这种转移的主观动机，而是想得出结论：既然遗弃罪已经归属于侵犯公民人身权利、民主权利罪，那么，就不能像旧刑法时代那样，认为其法益是家庭成员间的权利义务关系等，而应认为其法益是生命、身体的安全。一方面，犯罪所处章节的改变导致了同类法益的改变；另一方面，刑法关于本罪构成要件的表述并不能说明其是对婚姻家庭关系的犯罪。或许起草者以及立法者并没有这样的想法，继续认为遗弃罪的法益是婚姻家庭关系，但是，刑法是成文法，它通过文字（包括语词、体例、标点等）表达立法目的，因此，解释者应当通过立法者所使用的文字的客观含义来发现立法目的。文字是传递信息的工具。从一般意义上说，除文字外，还有其他许多传递信息的方法，但罪刑法定原则的成文法主义所要求的是用文字将罪刑固定下来。所以，立法者表达立法意图的唯一工具是文字，文字中渗透着立法目的；文字又是具有客观含义的，故解释者必须从法文的客观含义中发现立法目的，而不是随意从法文以外的现象中想象立法目的。根据这种客观解释论的观点，再考虑遗弃罪的规定在刑法体系中的地位，得出"遗弃罪是对生命、身体的犯罪，其法益是生命、身体的安全"

的结论，应当没有多大疑问。[①] 对于客观解释论，我是赞同的，但客观解释论并非完全不考虑立法目的，而只是在立法目的不明且又未超出可能语义的情况下可以根据客观需要加以解释。问题在于：1997 年《刑法》将遗弃罪归并入侵犯公民人身权利、民主权利罪，是否引起了论者所说的法益变更因而需要根据变更后的法益进行重新解释？我的回答是否定的，因为罪名归类变化的原因是技术性的，即刑法修订以后增加了大量罪名，旧刑法中的妨害婚姻、家庭罪只有 6 条 6 个罪名，单设一章显得单薄，而且与其他章的罪不协调。这种由纯技术性原因导致的罪名归类变动，不能成为对遗弃罪进行重新解释的理由。而且，遗弃罪本身具有侵犯人身权利的性质，但这是指具有扶养义务的人对于受扶养人之人身权利的侵害，而不能宽泛地解释为对社会一般人的人身权利侵犯。一个法律规定含义的变动，直接修改当然是主要原因，间接修改也同样是原因之一。在间接修改的情况下，某一法律规定本身虽未修改，但与之相关的其他法律规定被修改，从而导致该法律规定含义的变化。罪名归类的变动，既非直接修改也非间接修改，因而对法律规定的含义不能进行重新解释。

历史解释并不是将法律含义桎梏在旧法之中，而是承认法律的新旧更替的必然性。但新旧更替并不是新法完全取代旧法，而是局部替换或者变更。对于进行了修改的部分内容，当然是对旧法的扬弃，旧法被新法所取代而失去其价值。但对于没有修改的部分内容，则仍然应当保留其原来的含义，以体现法律规范的连续性。因此，如何判断新、旧法律的连续性与非连续性，就成为一个较为疑难的问题，给历史解释带来困扰，同样也会引起争议。例如上述遗弃罪就是一个典型的立法例，1997 年刑法对遗弃罪条文本身没有修改，只是在刑法分则罪名分类上发生了改变。在这种情况下，还能够对遗弃罪的规定采用历史解释方法吗？对此应当结合罪刑法定原则以及其他实质性根据进行考察。

---

① 参见张明楷：《刑法分则的解释原理》（上册），384 页，北京，高等教育出版社，2024。

三、增强刑法解释的可靠性

刑法规定是经常变动的，随着刑法修改，法律规范的语义内容也会发生变化。历史解释通过对立法史和立法资料的理论考察，对于确定法律规定的含义具有一定的强化作用。例如我国《刑法》第191条规定的洗钱罪，也许是刑法中修改最多的罪名，经过了三次修订。[①] 1997年《刑法》第191条规定："明知是毒品犯罪、黑社会性质的组织犯罪、走私犯罪的所得及其产生的收益，为掩饰、隐瞒其来源和性质，有下列行为之一的，没收实施以上犯罪的所得及其产生的收益，有下列行为之一的，没收实施以上犯罪的违法所得及其收益，处五年以下有期徒刑或者拘役，并处或者单处洗钱数额百分之五以上百分之二十以下罚金；情节严重的，处五年以上十年以下有期徒刑，并处洗钱数额百分之五以上百分之二十以下罚金：（一）提供资金账户的；（二）将财产转换为现金、金融票据、有价证券的；（三）通过转账或者其他支付结算方式转移资金的；（四）跨境转移资产的；（五）以其他方法掩饰、隐瞒犯罪所得及其收益的来源和性质的。单位犯前款罪的，对单位判处罚金，并对其直接负责的主管人员和其他直接责任人员，处五年以下有期徒刑或者拘役。"之后，2001年《刑法修正案（三）》、2006年《刑法修正案（六）》和2020年《刑法修正案（十一）》分别对洗钱罪作了修改。其中，前两次修改主要是扩大了洗钱罪的上游犯罪的范围，因而对洗钱罪的构成要件影响并不太大。但最后一次修改，也就是《刑法修正案（十一）》则对洗钱罪修改较大。根据《刑法修正案（十一）》，修订的《刑法》第191条规定："为掩饰、隐瞒毒品犯罪、黑社会性质的组织犯罪、恐怖活动犯罪、走私犯罪、贪污贿赂犯罪、破坏金融管理秩序犯罪、金融诈骗犯罪的所得及其产生的收益的来源和性质，有下列行为之一的，没收实施以上犯罪的所得及其产生的收益，处

① 参见王新：《洗钱罪的理论与司法认定研究》，52～55页，北京，北京大学出版社，2024。

五年以下有期徒刑或者拘役，并处或者单处罚金；情节严重的，处五年以上十年以下有期徒刑，并处罚金：（一）提供资金账户的；（二）将财产转换为现金、金融票据、有价证券的；（三）通过转账或者其他支付结算方式转移资金的；（四）跨境转移资产的；（五）以其他方法掩饰、隐瞒犯罪所得及其收益的来源和性质的。单位犯前款罪的，对单位判处罚金，并对其直接负责的主管人员和其他直接责任人员，依照前款的规定处罚。”在这一规定中，将“明知是毒品犯罪、黑社会性质的组织犯罪、走私犯罪的所得及其产生的收益，为掩饰、隐瞒其来源和性质”这一表述修改为“为掩饰、隐瞒毒品犯罪、黑社会性质的组织犯罪、恐怖活动犯罪、走私犯罪、贪污贿赂犯罪、破坏金融管理秩序犯罪、金融诈骗犯罪的所得及其产生的收益的来源和性质”。这里的修改主要是两个方面：第一是删除了明知的规定，由此将洗钱罪从“他洗钱”扩大到“自洗钱”。因为如果规定明知，则上游犯罪非本人所实施，属于为他人洗钱的性质。但删除明知以后，掩饰、隐瞒本人所实施的上游犯罪的所得及其产生的收益的来源和性质，也可以构成洗钱罪，这就是所谓“自洗钱”。第二是改变“为掩饰、隐瞒其来源和性质”的表述，将其置于上游犯罪之前，也就是将掩饰、隐瞒的对象纳入这句话之中，由此改变表述方式。在以上两处修改中，增加“自洗钱”是具有实质意义的修改。那么，如何理解第二处修改呢？此处修改似乎只是表述方法的改变，并没有实质内容，但它涉及对洗钱罪的构成要件的理解，因而需要加以正确解释。

在《刑法修正案（十一）》之前，“为掩饰、隐瞒犯罪所得的来源和性质”是一个独立的短语，其含义本身虽然十分明确，但它在洗钱罪的构成要件中的性质并未得到充分探讨。从语义解释来看，这种以“为”开头的短语，通常都是主观要素。例如，《刑法》第22条关于预备犯的成立条件中就有“为了犯罪”一语，这是对预备犯主观要素的规定。又如第385条受贿罪关于“为他人谋取利益”的规定，以及《刑法》第389条行贿罪关于“为谋取不正当利益”的规定，是对受贿罪和行贿罪的主观要素的规定。这些以“为”开头的短语，都是主观违

法要素。以此推论，则上述洗钱罪中的“为掩饰、隐瞒犯罪所得的来源和性质”一语也可以理解为洗钱罪的主观违法要素。主观违法要素具有两种情形：第一种是短缩的二行为犯，第二种是断绝的结果犯。在前者的情况下，主观违法要素的实现行为并不是构成要件行为，因而犯罪成立并不要求该行为的具体实施，但行为人主观上要求具有实施该行为的意图。在后者的情况下，主观违法要素是构成要件行为的结果，但刑法并不要求该结果的实现，而只要求实现该结果的主观意图。由此可见，无论是短缩的二行为犯还是断绝的结果犯，主观违法要素都停留在主观层面，并不要求客观发生。以此考察洗钱罪的“为掩饰、隐瞒犯罪所得的来源和性质”，似乎与上述主观违法要素的两种情形都不符合，由此可以得出结论，“为掩饰、隐瞒犯罪所得的来源和性质”不能解释为主观违法要素。那么，该短语所描述的内容在洗钱罪的构成要件中究竟属于何种要件呢？我认为，它应该属于《刑法》第 191 条所列举的五种具体洗钱行为的本质特征，它对于正确认定“其他洗钱方法”具有重大参照价值。正如我国学者指出：“从洗钱的本质特征和罪质构造看，无论洗钱的行为方式如何变化和发展，其实质脉络和中心点都是行为人对犯罪所得和犯罪收益的来源和性质进行掩饰、隐瞒，使得‘黑钱’披上‘合法’的外衣，这已成为不同国际组织和国家反洗钱的共识。由此可见，掩饰、隐瞒其来源和性质本身就是洗钱罪在客观行为方面的核心要素。”① 基于以上对《刑法修正案（十一）》之前洗钱罪中“为掩饰、隐瞒犯罪所得的来源和性质”这一规定的理解，在《刑法修正案（十一）》之后，虽然“为掩饰、隐瞒犯罪所得的来源和性质”的规定被“为掩饰、隐瞒毒品犯罪、黑社会性质的组织犯罪、恐怖活动犯罪、走私犯罪、贪污贿赂犯罪、破坏金融管理秩序犯罪、金融诈骗犯罪的所得及其产生的收益的来源和性质”的表述所取代，但其含义并未发生变化。因此，对刑法修订之前的法律规范进行历史解释，可以获得对现行法律更为可靠的理解。

---

① 王新：《洗钱罪的理论与司法认定研究》，157 页，北京，北京大学出版社，2024。

应该说，法律叙述或者法律用语的改变，这是经常发生的，这种改变当然不是没有任何原因的，但它并不意味着法律文本含义的必然变更。例如 1979 年刑法规定的过失杀人罪，在 1997 年刑法中改变为过失致人死亡罪。在此，将过失杀人修改为过失致人死亡。这种修改的原因在于杀人一词在汉语中就表明其主观心理状态是故意的，因此将杀人与过失相匹配，似乎不符合汉语使用习惯。就此而言，这一修改只是措辞上的改变，并不涉及实体内容上的变更。通过这种新、旧法律文本的用语比对，可以使我们对新法规定的理解更有把握。当然，如果修法增添了某些内容，则意味着对原有语义的改动。例如 1979 年《刑法》第 17 条第 2 款规定："正当防卫超过必要限度造成不应有的危害的，应当负刑事责任，但是应当酌情减轻或者免除处罚。"这是对防卫过当的刑事责任的规定。但 1997 年《刑法》第 20 条第 2 款将防卫过当的规定修订为："正当防卫明显超过必要限度造成重大损害的，应当负刑事责任，但是应当减轻或者免除处罚。"对比新、旧刑法的规定，在表述上出现三处修改：第一是超过正当防卫必要限度增加"明显"两字；第二是将"不应有的危害"修改为"重大损害"；第三是删除"应当酌情减轻或者免除处罚"的表述中的"酌情"两字。通过对刑法关于防卫过当规定的历史解释，可以明显地看出立法机关在上述修改中所反映出来的对防卫过当的认定标准从严掌握，对防卫过当的处罚标准从宽掌握的立法意旨，对于正确处理防卫过当具有重大意义。正如我国学者指出："对新、旧条文进行比较，再参考相关立法资料，我们会发现立法的主要修改是放宽了对防卫限度的限制，这样修改的目的是为了鼓励广大人民群众和犯罪分子作斗争。那么我们在解释法条的'明显超过必要限度造成重大损害'时，对'明显'、'必要'、'重大'的解释尺度就会不同于解释旧刑法时的尺度，会宽松很多。"① 因此，这种新、旧法律文本的用语比对研究，可以使我们更能准确地理解和把握新法的规定。

① 杨艳霞：《刑法解释的理论与方法：以哈贝马斯的沟通行动理论为视角》，238 页，北京，法律出版社，2007。

第三节　历史解释的类型

历史解释虽然不像语义解释那样在刑法解释中频繁采用，但在某些较为复杂的法律规定的解释中，历史解释是一种十分重要的解释方法。在某种意义上说，历史解释也就是根据一定的历史素材对法律文本进行解释的过程。因此，对立法的历史素材的分类具有重要意义。德国学者将历史素材区分为前史、狭义的产生历史和发展史。[①] 我国台湾地区学者王泽鉴指出："历史解释，广义言之，应包括三者：（1）法律前史，即法律制定前的法律、社会、政治状态；（2）法律发生史，指某一个法律或规定制定的立法过程；（3）法律发展史，指法律制定后解释适用的发展过程。此三者均有助于探寻立法者制定法律时的立法政策及其所欲实践之目的，亦属解释法律的重要方法。"[②] 历史解释虽然是以历史素材作为解释的根据，然而在法律中，历史素材的载体并不相同，由此可以对历史解释进行区分。例如德国学者将历史解释分为狭义的历史解释和谱系解释。所谓狭义的历史解释是指对规范前身的研究，也就是沿革解释。谱系解释则是对具体规范立法历程的研究。[③] 除了这两种历史解释以外，历史解释还包括根据法律规范适用过程中形成的判例、学说和资料进行的适用解释。由此可见，历史解释可以分为三种情形：第一，狭义的历史解释，就是沿革解释；第二，广义的历史解释，就是谱系解释；第三，最广义的历史解释，就是适用解释。

---

① 参见［德］罗尔夫·旺克：《法律解释》（第6版），蒋毅、季红明译，113页，北京，北京大学出版社，2020。

② 王泽鉴：《法律思维与民法实例：请求权基础理论体系》，171页，北京，北京大学出版社，2009。

③ 参见［德］托马斯·M.J.默勒斯：《法学方法论》（第4版），杜志浩译，238页，北京，北京大学出版社，2022。

一、立法史：沿革解释

历史解释中的立法史，也就是前史，这是一种在历史解释中较为常见的历史素材。根据立法史所进行的历史解释，是指通过对立法演变过程中的新、旧法律文本的对比对法律进行解释，这种解释方法称为沿革解释。这里的沿革是指新、旧法律规范之间的演变过程，因此沿革解释是通过比较分析法律规范的前后变化探究法律文本的含义。德国学者在论及前史时指出，可能存在一项先前的规定，我们可以将其与现行条款加以比较。[①] 通过这种比较，可以进一步明确现行法律规定的含义。例如德国学者通过刑法案例进行了沿革解释适用的分析。A 决定抢劫加油站员工 T。A 戴着面具拿着手枪站在 T 的门前并按了门铃。T 正好放假。A 是否由于加重抢劫未遂而应当被处罚？依据《德国刑法典》第 22 条的规定，未遂由一项主观要素（依据其对行为的想象）和一项客观要素（为实现构成要件直接着手）构成。因此，该条是一种个别客观说的表达。如果考虑到在刑法改革之前对旧《德国刑法典》第 43 条所持有的观点，则可以很容易地理解这种理论：其一为纯粹主观理论，其完全基于行为人对实行行为着手之想法；其二为形式客观理论，依据该理论，行为人必须开始实施了符合构成要件的行为。[②] 也就是说，旧《德国刑法典》对未遂采用的纯粹主观理论，通过对比可以明确新《德国刑法典》对未遂所采用的个别客观理论。由此可见，在新、旧刑法规范表述不同的情况下，采用沿革解释方法对于正确理解现行法律规范的含义具有重要的参考价值。

---

① 参见［德］罗尔夫·旺克：《法律解释》（第 6 版），蒋毅、季红明译，113 页，北京，北京大学出版社，2020。

② 参见［德］罗尔夫·旺克：《法律解释》（第 6 版），蒋毅、季红明译，114 页，北京，北京大学出版社，2020。

二、立法资料：谱系解释

如果说，沿革解释是通过比较新、旧法律的演变过程，对法律规范进行解释，那么，谱系解释就是根据某个法律制定过程中的各种立法资料对法律规范进行解释。虽然这些立法资料本身并不具有法律效力，但它对理解法律规范却具有重要的参考价值。在论及谱系解释的时候，德国学者指出，谱系解释是指参考一部法律的立法历史，并根据立法材料来探究立法者制定规范之初的意图。[①] 历史解释中的立法资料，是指法律草案、对法律草案的说明等书面资料。这里的书面资料，德国学者认为包括以下种类：（1）部门的专家草案；（2）包含官方说理的政府草案；（3）联邦议会与联邦参议院的讨论；（4）委员会的笔录。[②] 这些以文本形式呈现的与法律相关的资料本身虽然不是法律，但它是在立法过程中产生的，因而对于揭示法律文本的含义具有较大的参考价值。我认为，在这些立法资料中，最为重要的还是法律草案的不同稿次，以及立法者对法律修改的说明。一部法律从立项到形成草案，经过征求意见，对立法草案不断改动，经过若干草案稿，最后才经过立法程序正式颁布。这个过程是漫长的，甚至是旷日持久的，在此立法过程中会留下大量的稿本。正如德国学者所说的那样，历史地看，最终成文的法律文本反映的乃是从“数不清的原始文献和故纸堆当中所涌现出来”的“意志之流”[③]。谱系解释是以探究立法者意图为解释目标的，因为在立法过程中某个条款的修改都不是无缘无故而是有理由和根据的，这些理由和根据就成为解读法

---

① 参见［德］托马斯・M. J. 默勒斯：《法学方法论》（第 4 版），杜志浩译，241 页，北京，北京大学出版社，2022。

② 参见［德］罗尔夫・旺克：《法律解释》（第 6 版），蒋毅、季红明译，115 页，北京，北京大学出版社，2020。

③ ［德］托马斯・M. J. 默勒斯：《法学方法论》（第 4 版），杜志浩译，241 页，北京，北京大学出版社，2022。

律规范的最佳切入口。因此，以立法资料为素材的历史解释具有其独特的价值。

三、发展史：适用解释

发展史是指在法律适用过程中对法律的适用和解释所形成的历史，也就是法律适用的历史。因此，这里的发展史不如称为适用史更为恰当。根据法律适用的资料对法律规范进行解释的方法，可以称为适用解释。值得注意的是，我国刑法理论中也存在适用解释的概念，认为刑法的适用解释是指司法人员在个案中适用刑法时对刑法条文含义的理解、分析和说明。[①] 这个意义上的适用解释具有主体的特定性和内容的个案性。但仅仅主体的特定性和内容的个案性并不足以使适用解释成为一种独立的解释方法。事实上，司法人员，尤其是法官在适用刑法的时候，主要参考各种解释结论，同时也会结合其个案确定法律规范的含义。在这个意义上说，法律解释是法律适用的前提。因此，没有必要采用适用解释这个概念。而且，这种所谓适用解释，我国学者亦称为法官解释，认为法官刑法解释也称为刑法适用中的法官解释，是指法官将抽象的刑法规定运用于具体案件以获得判决的过程中对刑法规定的理解、分析与说明。[②] 由此可见，以法官为主体的刑法解释只是主体和内容具有特殊性，但在解释方法上并无根本区分。本书所说的适用解释，是指根据法律生效以后在刑法适用过程中的各种判例、学说和资料理解法律规范的历史解释方法。正如德国学者所指出的："法律生效后所进行的解释对于今天的理解也具有重要意义。由此，我们将面临如何把迄今为止的判例和学说纳入方法上的论证这一问题。这既是一个认识问题，也是一个阐述问题。"[③] 历史解释通常都是根据法律规范形成之前的历史素材对法律文本进行解释，因而历史解释才

① 参见王凯石：《刑法适用解释》，72 页，北京，中国检察出版社，2008。

② 参见李荣：《刑法适用中的法官解释》，25 页，北京，知识产权出版社，2007。

③ ［德］罗尔夫·旺克：《法律解释》（第 6 版），蒋毅、季红明译，117 页，北京，北京大学出版社，2020。

具有某种历史性。然而，在法律规范产生之后，根据法律适用中形成的资料对法律规范进行解释，似乎就不具有历史性，因而能否将这种解释称为历史解释就会发生一定的疑惑。我认为，历史解释区别于语义解释、体系解释和目的解释之处就在于它是根据法律规范形成过程以及适用过程中形成的法律文本以外的资料进行解释，这种解释根据的特殊性正是历史解释的独特性之所在。就此而言，根据法律规范适用过程中形成的资料对法律文本进行解释，可以归入历史解释的范畴。

这里应当指出，在我国法律语境中的适用解释的资料中还包括司法解释。这是因为在我国法律体制中，司法解释虽然不是法律、行政法规，但它是由具有司法解释权的最高人民法院、最高人民检察院制定并发布的，在判决书中可以作为定罪量刑的法律根据援引，因而其具有法律效力。尤其是我国的某些刑法规范，都是先由司法解释进行规定，在条件成熟以后，再吸纳到刑法之中，因此，对于刑法文本的理解离不开司法适用。通过考察司法解释的相关内容，对于揭示刑法文本的含义具有重要意义。在这个意义上说，司法解释和立法史、立法资料一样，都是历史解释不可或缺的参考资料。

第四节　历史解释的适用

历史解释在具体适用中，仅仅根据立法史、立法资料和适用资料进行解释，还不能完全解决法律规范的理解问题。在这种情况下，需要综合运用各种历史素材对法律规范进行解释。例如我国《刑法》第224条之一规定的组织、领导传销活动罪的含义，就在很大程度上需要通过综合利用各种历史素材进行历史解释。下面，我通过对组织、领导传销活动罪的历史解释，展示立法史、立法资料、行政法规和司法解释对理解本罪构成要件中所具有的实际作用。[①]

① 参见陈兴良：《组织、领导传销活动罪：性质与界限》，载《政法论坛》，2016（2）。

一、组织、领导传销活动罪的沿革解释

我国1979年《刑法》并没有设立传销犯罪，这主要是因为在当时计划经济体制下并不存在传销这种营销方式。在计划经济体制下，商品流通受到极大的限制，除了主要生产、生活资料实行统购统销以外，其他生活资料采取以地区为单位多级分销的方式。个人的商品销售行为被归入投机倒把，属于打击对象，因而完全不存在传销的商品销售方式。在从计划经济向市场经济转向以后，国家放开对商品流通的限制，对商品实行批发和分销的方式，并且都是以门店的方式进行销售。但随着对外开放，从国外传入了直销方式，它不仅无店铺销售，而且省略了中间的批发环节，商品直接销售给客户，由此拉低了销售成本，降低了商品价格。为了迅速推销商品，出现了多层次直销，这种直销往往采取多层级的销售方式，因而被称为传销。由于多层级直销的无店铺特征，虽然降低了销售成本，但不能提供有效的售后服务，难以保障消费者的合法权益，而且多层级直销参与人数较多，难免鱼龙混杂，对商品流通秩序具有一定的扰乱性。

鉴于多层次直销活动在社会生活中出现的负面作用，国务院及其职能部门发出通知明令禁止多层次直销活动。1994年8月10日国家工商行政管理局发布了《关于制止多层次传销活动中违法行为的通告》，明确规定，坚决取缔擅自开展的多层次传销活动，对用多层次传销方式推销假冒伪劣商品或走私贩私物品的，依法从重处罚。这里的多层次传销，以推销商品为目的，因而仍然属于直销的范畴。1994年9月2日，国家工商行政管理局发布了《关于查处多层次传销活动中违法行为的通知》，要求立即组织力量认真检查，取缔未经核准登记，擅自开业从事多层次传销活动的企业、单位，并要求申请采用多层次传销方式经营的企业，暂不予登记注册；已经登记注册的企业，凡已采用多层次传销方式开展经营活动的，应自通告发布之日起，停止此类经营方式。上述文件对多层次传销从制止到查处，由此可见力度的加强。1995年9月22日国务院办公厅发布了《关于

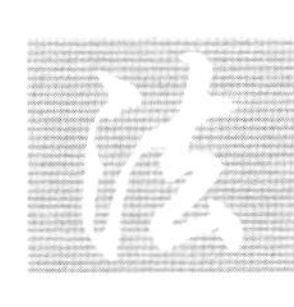

停止发展多层次传销企业的通知》，明确规定立即停止批准成立多层次传销企业。自本通知发布之日起，各地工商行政管理机关和其他有关行政机关一律停止批准、登记注册以传销方式开展经营活动的企业及个体工商户。1998 年 4 月 18 日，国务院发布的《关于禁止传销经营活动的通知》第 2 条指出："自本通知发布之日起，禁止任何形式的传销经营活动。此前已经批准登记从事传销经营的企业，应一律立即停止传销经营活动，认真做好传销人员的善后处理工作，自行清理债权债务，转变为其他经营方式，至迟应于 1998 年 10 月 31 日前到工商行政管理机关办理变更登记或注销登记。逾期不办理的，由工商行政管理机关吊销其营业执照。对未经批准登记擅自从事传销经营活动的，要立即取缔，并依法严肃查处。"从制止、查处、禁止传销活动文件的主体从国务院的主管部门到国务院办公厅，再到国务院，可见层级的不断提升，治理的力度也不断升级。

及至 2005 年 8 月 23 日，国务院颁布了《禁止传销条例》，同日，国务院还颁布了《直销管理条例》。两个条例将传销从直销中分离出来，对传销加以明文禁止，对直销则设立了行政许可，经申请才能获得从事直销的资质。根据《禁止传销条例》第 2 条的规定，传销是指组织者或者经营者发展人员，通过对被发展人员以其直接或者间接发展的人员数量或者销售业绩为依据计算和给付报酬，或者要求被发展人员以交纳一定费用为条件取得加入资格等方式牟取非法利益，扰乱经济秩序，影响社会稳定的行为。《禁止传销条例》第 7 条还采取列举方式规定，下列行为，属于传销行为：(1) 组织者或者经营者通过发展人员，要求被发展人员发展其他人员加入，对发展的人员以其直接或者间接滚动发展的人员数量为依据计算和给付报酬（包括物质奖励和其他经济利益，下同），牟取非法利益的；(2) 组织者或者经营者通过发展人员，要求被发展人员交纳费用或者以认购商品等方式变相交纳费用，取得加入或者发展其他人员加入的资格，牟取非法利益的；(3) 组织者或者经营者通过发展人员，要求被发展人员发展其他人员加入，形成上下线关系，并以下线的销售业绩为依据计算和给付上线报酬，牟取非法利益的。在以上三种传销行为中，第一种行为属于拉人头，第二种行为属于收

取入门费，第三种行为属于团队计酬。传销活动的特点在于发展人员，在组织者或者经营者与被发展的人员之间形成上线和下线的关系，上线从下线获取一定的报酬。

根据《直销管理条例》，直销是指直销企业招募直销员，由直销员在固定营业场所之外直接向最终消费者（以下简称消费者）推销产品的经销方式。因此，直销的特点在于：直销员向消费者直接销售商品。从层级上来说，直销可以分为单层次直销和多层次直销。换言之，单层次直销和多层次直销都属于直销的范畴。但根据我国《直销管理条例》，单层次直销是经批准允许存在的直销经营模式，而多层次直销属于传销，是《禁止传销条例》明令禁止的经营行为。应该说，法律允许的直销和法律禁止的传销之间存在明显的区分：从计酬方式上看：直销人员之间没有连带关系，依赖个人业绩计酬。而传销人员之间具有连带关系，实行团队计酬。此外，传销活动的组织者或者经营者要求参加者通过缴纳入门费或以认购商品等变相缴纳入门费的方式，取得加入、介绍或发展他人的资格，并从中获得回报。而直销公司则不收入门费，只要符合一定条件，即可依法取得直销员的资格。

虽然《禁止传销条例》是 2005 年颁布的，但如前所述，对传销活动的治理始于 1998 年，当年 4 月 18 日国务院颁布了《关于禁止传销经营活动的通知》。此后，2000 年 8 月 13 日国务院办公厅转发了工商局、公安部、人民银行《关于严厉打击传销和变相传销等非法经营活动的意见》，该意见第 2 条规定："工商行政管理机关对下列传销或变相传销行为，要采取有力措施，坚决予以取缔；对情节严重涉嫌犯罪的，要移送公安机关，按照司法程序对组织者依照《刑法》第 225 条的有关规定处理：（一）经营者通过发展人员、组织网络从事无店铺经营活动，参加者之间上线从下线的营销业绩中提取报酬的；（二）参加者通过交纳入门费或以认购商品（含服务，下同）等变相交纳入门费的方式，取得加入、介绍或发展他人加入的资格，并以此获取回报的；（三）先参加者从发展的下线成员所交纳费用中获取收益，且收益数额由其加入的先后顺序决定的；（四）组织

者的收益主要来自参加者交纳的入门费或以认购商品等方式变相交纳的费用的；（五）组织者利用后参加者所交付的部分费用支付先参加者的报酬维持运作的；（六）其他通过发展人员、组织网络或以高额回报为诱饵招揽人员从事变相传销活动的。”前引意见明确规定，对于上述 6 种非法传销行为应当根据《刑法》第 225 条的有关规定处理，而《刑法》第 225 条是关于非法经营罪的规定。虽然前引意见只是一个经国务院办公厅转发的部门规章，并不具有刑事立法效力，但在当时我国刑事法治还不健全的背景之下，前引意见对于传销活动的定罪无疑具有重要的推动作用。

组织、领导传销活动行为的入罪根据是 2001 年 3 月 29 日最高人民法院《关于情节严重的传销或者变相传销行为如何定性问题的批复》该批复指出：“广东省高级人民法院：你院粤高法〔2000〕101 号《关于情节严重的传销和变相传销的行为是否构成非法经营罪问题的请示》收悉。经研究，答复如下：对于 1998 年 4 月 18 日国务院《关于禁止传销经营活动的通知》发布以后，仍然从事传销或者变相传销活动，扰乱市场秩序，情节严重的，应当依照刑法第二百二十五条第（四）项的规定，以非法经营罪定罪处罚。实施上述犯罪，同时构成刑法规定的其他犯罪的，依照处罚较重的规定定罪处罚。”这一规定值得注意的是以下三个方面。

（一）从事传销或者变相传销活动，扰乱市场秩序，情节严重的以犯罪论处

从前引批复对构成要件行为的表述来看，并没有区分传销的组织者或者经营者，只要参加传销活动的，即具备了入罪的行为要件，由此可见，打击范围还是较为宽泛的。当然，前引批复还是对入罪条件作了某种限制性规定，即只有情节严重才能构成犯罪。此外，前引意见对传销行为的表述涉及变相传销活动。也就是说，除了典型的传销活动以外，还包括变相传销活动。那么，如何界定所谓变相传销活动呢？变相传销活动的提法来自前引通知，通知提出加大执法力度，严厉查禁各种传销和变相传销行为。在前引通知第 3 条列举的行为中，就包含了假借专卖、代理、特许加盟经营、直销、连锁、网络销售等名义进行变相传销的；

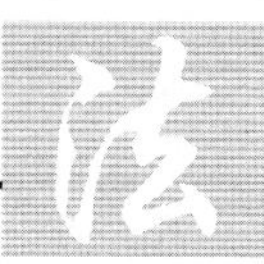

采取会员卡、储蓄卡、彩票、职业培训等手段进行传销和变相传销，骗取入会费、加盟费、许可费、培训费的；以及其他传销和变相传销的行为。因此，这里的变相传销是指销售手段、入门费的称谓等形式上的不同表现。就此而言，这种所谓变相传销行为还不能与典型传销行为相提并论。

（二）以非法经营罪定罪处罚

对于传销行为以非法经营罪定罪处罚，是前引批复最为重要的内容。我国《刑法》第225条对非法经营罪的规定，采取的是空白罪状的立法方式。其中第4项规定的是“其他严重扰乱市场秩序的非法经营行为”，这是一个兜底式的规定，为前引批复的入罪解释留下了极大的余地。因此，将刑法所没有规定的传销行为解释为非法经营行为，也就成为在不经刑事立法程序而将传销行为入罪的最佳选择。当然，这里存在一个问题，即前引通知本身并没有对传销或者变相传销加以界定。如果对这里的传销承袭前引意见的理解，那么，在意见规定依照《刑法》第225条的有关规定处理的6种行为中，除了第一种传销行为，即经营者通过发展人员、组织网络从事无店铺经营活动，参加者之间上线从下线的营销业绩中提取报酬，具有经营性质以外，其他5种传销行为，例如，参加者通过交纳入门费或以认购商品（含服务，下同）等变相交纳入门费的方式，取得加入、介绍或发展他人加入的资格，并以此获取回报的；先参加者从发展的下线成员所交纳费用中获取收益，且收益数额由其加入的先后顺序决定的；组织者的收益主要来自参加者交纳的入门费或以认购商品等方式变相交纳的费用的；组织者利用后参加者所交付的部分费用支付先参加者的报酬维持运作的；其他通过发展人员、组织网络或以高额回报为诱饵招揽人员从事变相传销活动的。这些传销行为都没有经营内容，实际上属于以传销为名的诈骗犯罪。从司法实践的情况来看，按照非法经营罪定罪处罚的还是具有经营内容的传销行为。对于诈骗性质的传销则以诈骗罪或者集资诈骗罪论处。当然，因为没有法律的明文规定，这一界限也不明确，因此，司法实践中存在某些定罪混乱的现象，也是在所难免的。

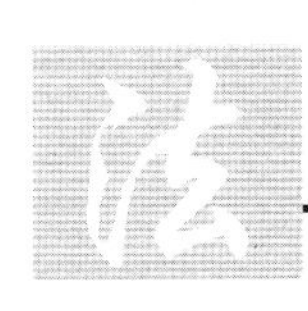

（三）实施传销行为，同时构成刑法规定的其他犯罪的，依照处罚较重的规定处罚

该司法解释在前引批复的最后，还有一句话："实施上述犯罪，同时构成刑法规定的其他犯罪的，依照处罚较重的规定定罪处罚。"应该说，这句话在当时并没有引起应有的重视。其实，这是一个十分重要的规定。这一规定表明，在实施传销行为的时候，可能触犯其他罪名，对此应当从一重罪处断。那么，在实施传销行为的时候，会触犯什么罪名呢？对此，在有关传销的法律规定中，其实已经有蛛丝马迹。例如，前引通知第 1 条在论及禁止传销活动的根据时，指出：不法分子利用传销进行邪教、帮会和迷信、流氓等活动，严重背离精神文明建设的要求，影响我国社会稳定；利用传销吸收党政机关干部、现役军人、全日制在校学生等参与经商，严重破坏正常的工作和教学秩序；利用传销进行价格欺诈、骗取钱财，推销假冒伪劣产品、走私产品，牟取暴利，偷逃税收，严重损害消费者的利益，干扰正常的经济秩序。因此，对传销经营活动必须坚决予以禁止。在此，前引通知提及传销行为可能触犯的其他罪名，包括诈骗罪、销售伪劣产品罪、走私罪、偷税罪（现已改为逃税罪）等。传销行为在性质上的复杂性，也为此后的立法带来一定的争议。在前引批复发布以后，我国司法实践中对于从事传销活动的行为，一般都以非法经营罪论处。在少数情况下，涉及诈骗罪或者集资诈骗罪。而两者区分的界限，就在于是否存在实际的经营活动。

如前所述，组织、领导传销活动罪的罪名设立之前，对具有经营内容的传销行为（区别于以传销为名实施的诈骗犯罪）按照非法经营罪定罪处罚的法律根据是司法解释。对此我国学者指出：仅仅以司法解释的形式对传销和变相传销的性质加以规定，将传销行为纳入非法经营罪的范畴，很难适应传销和变相传销的新特点，必须独设非法传销罪，明确设定非法传销的刑罚。① 对传销犯罪进行立法的建议得到立法机关的回应，并在《刑法修正案（七）》中得以完成。

① 参见熊英：《对设立非法传销罪的立法思考》，载《中国工商管理研究》，2004（12）。

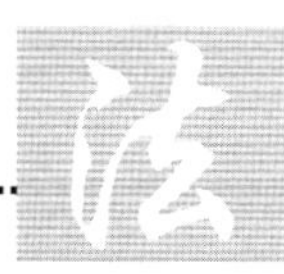

通过对组织、领导传销活动罪的形成过程进行梳理，我们可以发现某些特殊性。我们通常所说的沿革解释，其前身（先行法律规定）与今世（现行法律规定）都属于法律的范畴。但在传销行为中，由于1979年《刑法》没有设立独立罪名，因而先行的法律并无规定，而是司法解释将其解释为非法经营罪的其他严重扰乱经济秩序，情节严重的行为，因而受到刑罚处罚。这是我国刑法中十分特殊的情形，在其他国家不会发生这种情形。这和我国刑法存在司法解释制度有关。因为我国刑法在一定意义上也可以将某个行为采用解释的方法规定为犯罪，因此也就创设了某种犯罪。

二、组织、领导传销活动罪的谱系解释

2009年2月颁布的《刑法修正案（七）》正式设立了组织、领导传销活动罪，在本罪的立法过程中，对行为性质产生争议，因而从扰乱经济秩序的秩序犯改变为以骗取财物为构成特征的财产犯。对此，除了在刑法条文中明确规定骗取财物以外，还可以通过立法资料进一步印证组织、领导传销活动罪属于特殊的诈骗罪。在《刑法修正案（七）》的制定过程中，对于传销犯罪如何设立罪名，存在争议，并且前后发生了重大的变更。在2008年8月25日《刑法修正案（七）》草案第1稿第4条中，对于传销犯罪是这样规定的：在《刑法》第225条后增加一条，作为第225条之一："组织、领导实施传销犯罪行为的组织，情节严重的，处三年以下有期徒刑或者拘役，并处罚金；情节特别严重的，处三年以上七年以下有期徒刑，并处罚金。犯前款罪又有其他犯罪行为的，依照数罪并罚的规定处罚。传销犯罪行为依照法律、行政法规的规定确定。"这一规定是将传销犯罪的组织行为规定为犯罪，因此是一种组织罪。我国刑法中的组织行为，可以分为两种：一种是作为共犯的组织行为，另一种是规定为正犯的组织行为。前者根据刑法总则的规定，以共犯论处，而并没有独立的罪名和法定刑。后者根据刑法分则的规定，以单独犯罪论处。例如我国《刑法》第120条规定的组织、

领导、参加恐怖组织罪以及第294条规定的组织、领导、参加黑社会性质组织罪。而《刑法修正案（七）》草案第1稿对组织、领导传销组织罪的规定，就属于以单独犯罪论处的组织罪。值得注意的是，该草案还规定："犯前款罪又有其他犯罪行为的，依照数罪并罚的规定处罚。"这就是说，对于具体实施传销犯罪活动的，还是按照非法经营罪、诈骗罪或者集资诈骗罪定罪处罚。这一规定，显然也是参照《刑法》第120条和第294条第2款的规定。在这种情况下，组织、领导传销组织的行为构成一个组织犯罪。如果该传销组织又从事传销活动的，则根据传销的性质分别定罪：传销而具有经营内容的，以非法经营罪论处；传销而具有诈骗或者集资诈骗性质的，以诈骗罪或者集资诈骗罪论处，并实行数罪并罚。立法机关在论及这一规定的背景时，指出："国务院法制办、公安部、国家工商总局提出，当前以'拉人头'、收取'入门费'等方式组织传销的违法犯罪活动，严重扰乱社会秩序。影响社会稳定，危害严重。目前在司法实践中，对这类案件主要是根据实施传销行为的不同情况，分别按照非法经营罪、诈骗罪、集资诈骗罪等犯罪追究刑事责任的。为更有利打击组织传销的犯罪，应当在刑法中对组织、领导实施传销组织的犯罪作出专门规定。经同有关部门研究，建议在刑法中增加组织、领导实施传销行为的组织的犯罪。对实施这类犯罪，又有其他犯罪行为的，实行数罪并罚。"① 因此，《刑法修正案（七）》草案的上述规定是在原有司法解释将传销行为纳入非法经营罪规定的基础上，对组织、领导传销组织行为的特别规定。

那么，对这里传销组织中的传销一词如何理解呢？换言之，这里的传销是指具有经营内容的传销还是指以传销为名的诈骗？对此，《刑法修正案（七）》草案虽然并不明确，但草案有"传销犯罪行为依照法律、行政法规的规定确定"的专款规定，这里的行政法规包括前述《禁止传销条例》，而《禁止传销条例》明确把诈骗型传销和经营型传销都纳入传销的范围，因此，这是一种较为宽泛的传

---

① 李适时：《在十一届全国人民代表大会常务委员会第四次会议上关于〈中华人民共和国刑法修正案（七）〉（草案）的说明》。

销概念。《刑法修正案（七）》草案的上述规定，在法案审议中提出了一些意见，主要认为该罪的规定过于笼统，尤其是对传销行为按照行政法规确定，使该罪的构成要件呈现为空白状态，不符合罪刑法定原则。为此，2008 年 12 月 25 日草案第 2 稿第 4 条中，对该罪的规定作了修改：在《刑法》第 224 条后增加一条，作为第 224 条之一："组织、领导以推销商品、提供服务等经营活动为名，要求参加者以缴纳费用或者购买商品、服务等方式获得加入资格，并按照一定顺序组成层级，直接或者间接以发展人员的数量作为计酬或者返利依据，引诱、胁迫参加者继续发展他人参加，骗取财物，扰乱经济社会秩序的传销活动的，处五年以下有期徒刑或者拘役，并处罚金；情节严重的，处五年以上有期徒刑，并处罚金。"《刑法修正案（七）》最后定稿也采纳了这一规定。从定稿的规定来看，不仅对传销活动进行了界定，更为重要的是将组织罪修改为诈骗性质的传销犯罪。并且，该条也从《刑法》第 225 条之一变更为《刑法》第 224 条之一。而《刑法》第 224 条是关于合同诈骗罪的规定，从而将组织、领导传销活动罪的性质确定为诈骗犯罪。如前所述，根据《禁止传销条例》第 7 条对传销的列举式规定，存在拉人头、收取入门费和团队计酬这三种传销方式。但在《刑法修正案（七）》第 4 条关于传销的概念中，只规定了拉人头和收取入门费的传销形式，恰恰没有规定具有经营内容的团队计酬的传销形式。至此，《刑法修正案（七）》关于传销犯罪的规定，在性质上发生了逆转：从经营型传销改变为诈骗型传销。传销这个概念在我国刑法中的界定也发生了根本性的转变：传销本来是一种经营方式，就此而被我国刑法确定为一种诈骗方式，这就是以传销为手段的诈骗罪。因此，组织、领导传销活动罪这个罪名并不贴切，甚至容易产生误解。其实，本罪的合适罪名应该是传销诈骗罪。

三、组织、领导传销活动罪的适用解释

在组织、领导传销活动罪设立之初，对本罪的性质，无论是司法机关还是刑

法学界在认识上都不够明确，因而出现了仍然将扰乱市场秩序的传销商品行为以本罪论处的案例。在这种情况下，2013 年 11 月 14 日最高人民法院、最高人民检察院、公安部发布了《关于办理组织领导传销活动刑事案件适用法律若干问题的意见》。该司法解释第 5 条对团队计酬行为的处理问题作了规定，指出："传销活动的组织者或者领导者通过发展人员，要求传销活动的被发展人员发展其他人员加入，形成上下线关系，并以下线的销售业绩为依据计算和给付上线报酬，牟取非法利益的，是团队计酬式传销活动。"对于团队计酬的传销区分两种情形处理：以销售商品为目的、以销售业绩为计酬依据的单纯的团队计酬式传销活动，不作为犯罪处理。形式上采取团队计酬方式，但实质上属于以发展人员的数量作为计酬或者返利依据的传销活动，应当依照《刑法》第 224 条之一的规定，以组织、领导传销活动罪定罪处罚。至此，司法解释明确将扰乱市场经济秩序的以销售商品为目的的传销排除在犯罪之外，将我国刑法中的组织、领导传销活动罪确定为是以发展人员的数量或者返利计酬依据的传销诈骗罪。由此可见，法律文本即使在法律没有修改的情况下，在其适用过程中也是处于变动之中，因而需要在发展史的意义上解释刑法，这是历史解释的一种特殊现象。除了司法解释以外，最高人民检察院 2018 年 7 月 3 日颁布了指导案例：叶某生等组织、领导传销活动案（检例第 41 号），该指导案例涉及网络组织、领导传销活动罪，"指导意义"指出："随着互联网技术的广泛应用，微信、语音视频聊天室等社交平台作为新的营销方式被广泛运用。传销组织在手段上借助互联网不断翻新，打着'金融创新'的旗号，以'资本运作''消费投资''网络理财''众筹''慈善互助'等为名从事传销活动。常见的表现形式有：组织者、经营者注册成立电子商务企业，以此名义建立电子商务网站。以网络营销、网络直销等名义，变相收取入门费，设置各种返利机制，激励会员发展下线，上线从直接或者间接发展的下线的销售业绩中计酬，或以直接或者间接发展的人员数量为依据计酬或者返利。这类行为，不管其手段如何翻新，只要符合传销组织骗取财物、扰乱市场经济秩序本质特征的，应以组织、领导传销活动罪论处。"上述指导案例进一步明确了网络组

织、领导传销活动罪的特征。无论是对组织、领导传销活动罪的司法解释还是指导案例，都属于在刑法适用中形成的规范性文件和个案性意见，对于正确认定组织、领导传销活动罪具有指导意义。

从以上叙述中我们可以看出，组织、领导传销活动罪的前生后世以及立法过程中经历了重大转变，离开了这些历史素材，我们不可能正确地掌握本罪的行为性质和特征。在《刑法修正案（七）》设立本罪之前，传销活动就已经被司法解释规定以非法经营罪论处。由于《刑法》第 225 条第 4 项具有兜底条款的性质，因而往往通过司法解释将某种刑法没有明文规定的行为解释为“其他严重扰乱市场经济秩序的非法经营行为”，由此得以入罪。这个意义上的传销活动是指多层级的直销，也就是以推销商品为目的的一种营销活动。只不过该种销售方法被法律所禁止，其销售行为因而被认定为非法经营罪。在《刑法修正案（七）》启动传销活动入刑的初期，其立法意图是将司法解释规定的以非法传销活动构成的非法经营罪转化为刑法明文规定的非法传销活动罪，通过独立设罪为惩治非法传销活动提供更为明确的法律依据。然而，在立法过程中，发生了某种变异，其结果是从立法最初的组织、领导传销活动行为入罪，演变为设立了以传销为手段的诈骗罪，也就是从秩序犯转变为财产犯。其结果就是，在《刑法修正案（七）》设立本罪之前本来按照非法经营罪论处的非法传销行为反而被出罪，而增设的组织、领导传销活动罪成为诈骗罪的一个特别规定。

历史解释是建立在法律演变这一命题基础之上的，法律规范如同生命，它是一个生生不息的生长过程，在历史长河中表现出连续性与断裂性的统一。连续性赋予新、旧法律规范的内容一致性，但断裂性则显示新、旧法律规范的内容变动性。显然，断裂性是法律规范修订的根据之所在，连续性则表现出法律规范的适应性。在历史解释中，是基于法律规范的连续性和断裂性，探寻法律规范的含义。在这个意义上说，历史解释类似于法律的考古学，它并不是对失效的法律规范的历史凭吊，而是对现行法律规范的以古知今。因此，历史解释虽然颇受冷落，但它对于理解法律规范来说却不可或缺。

第九章

目 的 解 释

目的解释在刑法解释中占据着重要地位，其重要性不言而喻。正如德国学者指出："处于解释的中心地位的是目的解释，也就是按照条文的意义与目的进行解释。这一解释方法具有特殊的重要性，因为它以成功追求规范目的的意义上的合乎事理为指向。"① 当然，目的解释本身也存在较大的争议。例如，如何理解目的解释中的目的就是一个聚讼不断的问题。因此，对于目的解释应当在正确界定目的的基础上，揭示目的解释的特征与功能，从而为在司法实践中合理地适用目的解释提供法理根据。

第一节　目的解释的概念

目的解释是在语义解释不能明确含义或者语义含糊的情况下，诉诸规范目的

① ［德］乌韦·穆尔曼：《德国刑法基础课》（第7版），周子实译，142页，北京，北京大学出版社，2023。

的解释方法。目的解释是在语义范围通过规范目的确定法律文本含义，因而具有对语义解释的补充性。德国学者指出："目的解释（来自希腊语 telos＝目的，目标）要求对法律规范的规则目的进行考察。"[①] 在法律解释方法中，目的解释是晚近出现的解释方法，因而存在较大的争议。在刑法教义学中甚至对目的解释是否为独立的解释方法这个问题，都还存在否定性的观点。本章基于罪刑法定原则的价值取向，对目的解释方法进行刑法教义学的分析和考察。

一、目的论思想的溯源

目的论思想起源于对自然世界的认识方法论，在关于自然界的考察方式中，从来就存在机械论与目的论的对立，这种对立在很大程度上影响着人类对世界现象的认知。我国学者指出，在哲学史上把目的看作是整个世界的普遍有效的原则，甚至无机自然界的一切现象也是受目的原则的支配的，这就导致了所谓目的论的思想。[②] 在哲学中，目的论是自亚里士多德哲学以来的传统问题，这是一种有关对世界解释的理论问题。近代哲学家康德十分关注目的论，把目的的运用严格限定在具体判断的历史情景中，认为把目的的概念直接运用于自然是没有意义的，目的论实际上是一种探求人类思维主体自身所具有的合目的性的理论体系。[③] 因此，目的论思想是建立在对人类自身的认识基础之上的，它具有哲学的反思性。

目的解释是目的论思想在法律解释中的运用，而法学中的目的论最早是德国著名法学家耶林提出来的。目的论远远超出了法律解释方法的畛域，具有法学方法论的蕴含。美国学者博登海默明确地指出："耶林法哲学的核心概念是目的。"[④] 正

---

① ［德］N. 霍恩：《法律科学与法哲学导论》（第 3 版），罗莉译，136 页，北京，法律出版社，2005。

② 参见夏甄陶：《关于目的的哲学》，48 页，上海，上海人民出版社，1982。

③ 参见陈金钊等：《法律解释学》，190 页，北京，中国政法大学出版社，2006。

④ ［美］埃德加·博登海默：《法理学：法律哲学与法律方法》，邓正来译，122 页，北京，中国政法大学出版社，2017。

是目的论思想开启了近代法学发展的另外一个面向，从而为此后的法学指明了方向。在《法律中的目的》一书中，耶林提出了社会目的论的命题，指出："目的是整个法律的创造者，没有任何一个法条，其来源没有被赋予一个目的。也就是说，没有被赋予一个实践的动机。"① 在此，耶林明确地将目的界定为实践的动机，也是法律背后的精神。在《为权利而斗争》一书中，耶林开宗明义地指出："法权（Recht）的概念是一个实践的概念，即一个目的概念。"② 当然，目的概念并不是孤立存在着的，与之相关的是手段的概念，两者之间具有紧密的关联性。耶林指出："每个目的概念据其本性，是在双重意义上形成的，因为它包含着目的与手段的对立——仅仅说明目的尚不够，还必须同时指明如何达到目的之手段。"③ 因此，耶林关注的不仅仅是目的，而是直接将法律视为达致保护权利这一目的的手段。因此，法律只是一种手段，目的对于法律来说是一种外在的东西，将目的灌注于法律，使法律获得了某种价值目标，这是耶林对近代法学的根本贡献。耶林将目的论思想贯彻到对法律规范的解释之中，要求对每个规范的目的加以研究。我国台湾地区学者在论述耶林的目的法学与法律解释之间的思想关联性时指出："耶林强调法律乃人类意志之产物，有一定之目的，故应受目的律之支配，与自然法则系以因果律为基础，有其必然的因果关系，截然有异。故解释法律，必先了解法律究竟竟欲实现何种目的，以此为出发点，加以解释，始能得其肯綮。"④ 由此可见，耶林不仅是法学中的目的论的首倡者，而且是目的论解释的肇始者。

目的论思想真正成为一种哲学方法论，还要归功于德国著名社会学家马克斯·韦伯。韦伯通过对法律的逻辑结构的研究，揭示了法律逻辑的抽象的形式主义与人们欲以法律来充实实质主张的需求之间无可避免的矛盾。韦伯指出："法律形式主义可以让法律机制像一种技术合理性的机器那样来运作，并且以此保证

① 转引自舒国滢：《法学的知识谱系》，1012～1013页，北京，商务印书馆，2020。

② ［德］鲁道夫·冯·耶林：《为权利而斗争》，郑永流译，1页，北京，法律出版社，2007。

③ ［德］鲁道夫·冯·耶林：《为权利而斗争》，郑永流译，1页，北京，法律出版社，2007。

④ 杨仁寿：《法学方法论》（第二版），101～102页，北京，中国政法大学出版社，2013。

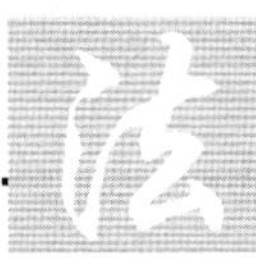

各个法利害关系者在行动自由上，尤其是对本身的目的行动的法律效果与机会加以理性计算这方面，拥有相对最大限度的活动空间。”① 在此，韦伯提出了法律的形式合理性与实质合理性之间的目的，而在实质合理性中包含了目的理性的内容，将目的纳入法律合理性中加以考量。可以说，法律演变就是从形式主义到实质主义，进而两者适当妥协而达成某种平衡的过程。在这当中，目的理性占据着重要地位。韦伯将目的理性上升到社会科学方法论的高度加以确立，指出：“当目的、手段及其附属物都被理性地加以考虑和权衡时，行动在工具意义上就是理性的。这涉及可选择的手段对目的的理性考虑，涉及目的对次要结果的关系，最后涉及不同的可能目的的相对重要性。”② 这里的目的理性就是目的取向的方法论。在韦伯的理论中，目的一词可以等同于实质、价值等用语。我国学者在论述韦伯的方法论时指出：“法律之为‘实质的’，根据韦伯的表述，是指诉诸伦理上的无上命令（imperative）、功利的或者其他目的取向的规制、政治准则等，以伦理的、感情的或者政治的价值判断为其判断基准的法律。”③ 目的理性的提出，对于观察和分析各种社会现象和制度，也包括法律制度，提供了一种崭新的思路，这是韦伯对社会科学方法的重要贡献。

目的论的方法论引入法学以后，对法学方法论产生了重要影响。例如德国学者德布鲁赫提出了法的合目的性概念，指出：“为了能从正义中推导出法律准则，就必须补充上合目的性（Zweckmäßigkeit）。就此而言，‘法的目的’不应被理解为一种经验上的目的设定，而要被理解为应然的目的理念。”④ 在刑法中亦是如此。德国学者指出：“目的主义的思考方式受从新康德主义的现实世界和法严格区分，向社会存在的现实转变所决定。因此，人们致力于探讨每一个法形态所规

① ［德］马克斯·韦伯：《韦伯作品集Ⅸ法律社会学》，康乐、简惠美译，220～221页，桂林，广西师范大学出版社，2006。

② ［德］马克斯·韦伯：《社会科学方法论》，杨富斌译，61页，北京，华夏出版社，1999。

③ 金星：《马克斯·韦伯思想中的自然法》，123页，北京，中国社会科学出版社，2011。

④ ［德］拉德布鲁赫：《法哲学导引》，雷磊译，31～32页，北京，商务印书馆，2021。

定的‘事实结构’，并将刑法建立在‘事物本质’之上。”[①] 刑法中的目的论思想首推李斯特，李斯特在1882年在马堡大学做了题为《刑罚的目的思想》的著名讲演，针对传统的报应刑思想，提出了目的性思想。在该文中，李斯特引述了耶林关于法的目的的论述，指出：“耶林于1877年在其《法律中的目的》一书中，将相对理论的基本思想作为其研究的出发点，并将法的目的描述为法和国家源自于自身的动力。”[②] 这里的相对理论对应于绝对理论，相对理论是指目的论，绝对理论则是指正义论。在刑法中，相对理论是指刑罚预防主义，而绝对理论则是指刑罚报应主义。李斯特将耶林目的论的思想引入刑法之中，提出了目的刑的思想。李斯特指出：“目的思想存在于法之中，这便是耶林的观点的基本思想。但是，本能行为从概念上讲与目的思想无关，而从时间上讲要先于目的思想而存在。由此可以认为，本人关于刑罚的观点与耶林的目的思想不无一致，只不过我的观点因耶林的目的思想被赋予了新的解释，并得到确认；也可以反过来讲，耶林的目的思想由于本人的观点被赋予新的解释，并得到确认。”[③] 由此可见，李斯特的目的刑思想与耶林的目的思想可谓一脉相承。需要指出的是，李斯特虽然在刑法学中引入了目的论思想，但他将其限制在刑罚论之中，在犯罪论中仍然坚持自然主义方法论。李斯特的这一方法论上的二元区分的观点，被德国学者罗克辛称为李斯特鸿沟（Lisztsche Trennung）。[④]

在李斯特之后，德国学者韦尔策尔将目的思想引入刑法教义学的犯罪论，针对李斯特的因果行为论提出了目的行为论。目的行为论将目的论思想引入行为

---

① ［德］汉斯·海因里希·耶赛克、［德］托马斯·魏根特：《德国刑法教科书》（上），徐久生译，289页，北京，中国法制出版社，2017。

② ［德］弗兰克·冯·李斯特：《论犯罪、刑罚与刑事政策》，徐久生译，4页，北京，北京大学出版社，2016。

③ ［德］弗兰克·冯·李斯特：《论犯罪、刑罚与刑事政策》，徐久生译，14页，北京，北京大学出版社，2016。

④ 参见［德］克劳斯·罗克辛：《刑事政策与刑法体系》（第2版），蔡桂生译，7页，北京，中国人民大学出版社，2011。

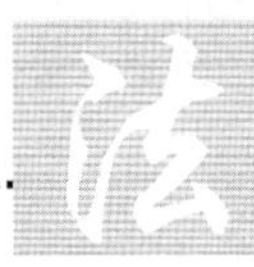

论，同时也引入犯罪论。换言之，目的行为论并不仅仅是一种行为论，而且是一种犯罪论。韦尔策尔在论述目的行为论的核心观念时指出："意志不单是一种对现实进行改变的因素，它首先是一种对现实有意识地加以塑造的因素。这不仅仅是意志的主观属性，而且是一种客观的功能：从其客观的形象来看，行为发生的过程并非纯粹盲目地由因果关系所决定，这是被人有目的地加以选择并且指向一定目标的过程；也就是说，不论因果关系如何，行为发生的过程是由人的有目的地（注视着）预先支配或者凌驾支配的过程。"① 韦尔策尔的目的论思想并不限于行为论，甚至并不限于犯罪论，而是贯穿于整个法律认知。例如在论及目的思想在法秩序中的目的性时，韦尔策尔指出："所有文化的、社会的以及法律的定在，都建立在意志所拥有的这种客观—目的性的功能之上。一种法秩序，如果它追求的目的始终在于，维护某种当前具有价值的状态，或者推动未来形成某种具有价值的状态，那么，只有当我们拥有一种因果要素，它能够有意识、有目的地去塑造未来时，这种法秩序才能成为现实。"② 目的行为论的犯罪论体系在一定程度上扭转了以李斯特为代表的古典派犯罪论体系的自然主义的机械性，为犯罪论注入了以目的为标志的主观能动性。

目的论思想在刑法教义学中的进一步发扬光大，当属德国学者罗克辛的目的理性犯罪论体系。在这一犯罪论体系中，目的论思想得到更为充分的体现。在罗克辛的犯罪论体系中，目的是通过刑事政策得以实现的，由此而与规范性的刑法形成对应关系，但罗克辛并没有将两者置于对立的位置，而是将刑事政策引入犯罪论，以此建构目的理性的犯罪论。哲学上的目的理性是指思考、追问以及追求思想或行动的合目的性或手段目的上的合理性。③ 当这种目的理性引入刑法领

① ［德］汉斯·韦尔策尔：《目的行为论导论：刑法体系的新图景》（增补第4版·中文增订版），陈璇译，113页，北京，中国人民大学出版社，2024。

② ［德］汉斯·韦尔策尔：《目的行为论导论：刑法体系的新图景》（增补第4版·中文增订版），陈璇译，113页，北京，中国人民大学出版社，2024。

③ 参见王洪：《司法判决与法律推理》，46页，北京，时事出版社，2002。

域，就将手段的合目的性置于重要地位。正如罗克辛指出："刑法是这样一种形式，在这种形式中，人们将刑事政策的目的设定转化到法律效力的框架之内。如果人们目的性地（teleologisch）将犯罪论建立在这种意义上，那么，针对自实证主义时代一直流传下来的抽象—概念性教义学的反对声音，就可以彻底消弭了。我们以这种方式设计的这种目的性的体系，较之于根据抽象或者前提性东西演绎的体系而言，能使得法律领域的只以规范方式体现的内部关联，得到更为清晰的呈现。"① 由此可见，目的论思想越来越深刻地影响，甚至塑造着刑法教义学的理论形象。目的论思想作为法学方法论，同时也是刑法方法论，具有重大意义。

二、目的解释的含义

如果说，语义解释是与法俱生的，那么，目的解释则是晚至 19 世纪末期，随着法学思潮的变化而产生的一种解释方法。目的解释中的目的是指法律的目的，狭义上的目的是指立法者的目的，而广义上的目的则是指法律的规范目的。英国哲学家边沁最早从功利主义出发，对法律的目的进行了论述，指出："这里的目的（end）一词不是指最终目的，那是一种偶然性事项，而是指预期目的，这是一种规划设计的事项。但是，从总体上来说，任何行为的预期目的，以及存在于法律发布之中的特定行为或措施种类的预期目的，是我们曾经有机会再动机一词之下讨论的那些事物中的一种，即预期的外在动机（the external motive in prospect)。"② 随着法律的目的观念的形成，为法律加注了能动性，从而改变了对法律的机械的刻板印象。法律的目的观念也为法律解释提供了指向与目标，因而在一定程度上为目的解释方法创造了条件。

---

① ［德］克劳斯·罗克辛：《刑事政策与刑法体系》（第二版），蔡桂生译，49～50 页，北京，中国人民大学出版社，2011。

② ［英］杰里米·边沁：《论一般法律》，毛国权译，40 页，上海，上海三联书店，2008。

在近代西方法律思想史中，存在从概念法学到利益法学的转向，这一法学思潮的转向在很大程度上影响了法律解释方法的嬗变，其中就包含对目的解释的立场变化。在概念法学的影响下，形式—逻辑方法盛行一时，因而目的解释被排斥。在利益法学兴起以后，目的解释获得了正当性。对于目的解释的演进与发展，耶林的贡献可以说是开创性的，尤其是其法律的目的思想直接催生了目的解释。正如我国学者指出："在概念法学的巅峰时期，德国学者耶林认识到概念法学的严重缺陷，将法律中的目的纳入法学研究和法律解释的范畴，从而实现由概念法学向目的法学的思想转变，进而引发法律方法论的重大变革。"[①] 以下，我以德国学者萨维尼为例，描述目的解释的演变过程。

德国学者萨维尼将法律解释分为四种，这就是文法解释、逻辑解释、历史解释和体系解释，这四种解释方法直接对应于制定法的四种要素，这就是文法要素、逻辑要素、历史要素和体系要素。[②] 在这一分类中并没有目的解释的一席之地。当然，萨维尼在描述逻辑解释的时候，提及逻辑解释涉及意图的划分，因此，逻辑要素是指意图的具体组成部分相互之间的逻辑关系。在这个意义上的逻辑解释似乎与目的解释具有一定的关联性。尤其值得注意的是，萨维尼在论述扩张解释和限缩解释的时候，论及所谓立法理由解释，其实这就是目的解释。萨维尼指出："逻辑（定义）本身虽然是必要的，但却被误用。不过也有一种偶然的、形式上操作能够给法体系带来谬误，即借助纯粹的形式对法体系语义补充，或者把法体系中多余的东西祛除。这就是关于扩张解释与限缩解释——立法理由（ratio legis，法律目的）解释——理论。"[③] 在此，萨维尼将目的解释称为立法理由解释，它不是仅仅从法律文本，而是在法律文本之外的立法理由中寻找对语义

① 葛恒浩：《刑法解释基础理论研究》，123 页，北京，法律出版社，2020。

② 参见［德］弗里德里希·卡尔·冯·萨维尼：《当代罗马法体系》（第一卷），朱虎译，162 页，北京，中国人民大学出版社，2023。

③ ［德］弗里德里希·卡尔·冯·萨维尼：《法学方法论：萨维尼讲义与格林笔记》，杨代雄译，85 页，北京，法律出版社，2024。

进行扩张或者限缩的解释。在某种意义上说，扩张与限缩是一种逻辑推理而非解释。显然，萨维尼并不赞同这种以立法理由作为根据，从法律文本之外的目的要素中寻找法律含义的解释方法。萨维尼对法律解释区分了形式解释和实质解释，认为语义解释只能是一种形式解释，但基于立法理由的目的解释作为一种实质解释可能会以解释者的意思代替立法者的意思，从而导致法律解释中的任意操作。之所以应当否定目的解释，萨维尼在论及其理由时指出："立法理由并未借由立法而实现客观化，但立法却必须表达某种客观的东西。在某些情形中，立法理由并不是特定化的，而是一般化的，以至于可以涵盖任何事项。总之，由于这种操作具有纯粹的偶然性，所以不能将其应用于法律科学。"① 由此可见，萨维尼对目的解释是持否定态度的，这就反映出萨维尼站在形式解释的立场上对实质解释的质疑与警惕。这样一种观点来源于萨维尼对法律解释的理解，萨维尼认为，法律解释是以文本为基础的，对法律表达出来的思想予以阐述。因此，萨维尼坚持一种客观的、形式的解释论，指出："法律必须是客观的，也就是说，它必须自我展现。因此，解释的全部前提条件都必须存在于法律自身之中，或者存在于一般知识之中。唯其如此，解释本身才能具备一般性与必然性，借此可以更准确地界定这条规则：'解释者应当站在立法者的立场上'——此种立场必须能够直接从法律本身显现出来。"② 在萨维尼看来，立法者的意思只存在于法律文本之中，不能到法律文本之外去寻找立法者意思。因此，立法理由不是法律本身，不能成为解释根据。如果允许到法律文本之外寻找解释根据，那么就会突破法律的形式界限，导致实质主义的任意操作。萨维尼曾经引用了意大利刑法学家贝卡里亚关于法律解释的一句话："刑事法官根本没有解释刑事法律的权力，因为他们不是

① ［德］弗里德里希·卡尔·冯·萨维尼：《法学方法论：萨维尼讲义与格林笔记》，杨代雄译，87页，北京，中国民主法制出版社，2024。

② ［德］弗里德里希·卡尔·冯·萨维尼：《法学方法论：萨维尼讲义与格林笔记》，杨代雄译，34页，北京，中国民主法制出版社，2024。

立法者。”[①] 从这句话可以看出，贝卡里亚是反对法律解释的，反对的主要理由就是：如果允许法官对法律进行解释，法律精神就会取决于法官对法律的理解。萨维尼认为，贝卡里亚之所以禁止法官解释法律，就是因为在解释过程中，法官会采用实质解释的任意操作，从外部把某些法律中所没有的东西添加到法律中去。[②] 萨维尼虽然并不否定法律解释的必要性，但他坚持客观的解释立场，反对目的解释。由此可见，萨维尼对目的解释的否定态度是其客观解释论一以贯之的结论。萨维尼的目的解释否定说和他早期坚持外部的体系解释的态度都是一脉相承的，反映了作为解释理论基础的概念法学的方法。按照该方法，通过纯粹的形式逻辑方法，仅从法律概念，也就是从概念的逻辑关系推导出法条的意旨。加工整个概念体系（概念金字塔），从中以几何的精神和几何学的方式进行无价值的演绎。这种方法的创始人普塔赫指出：“科学的任务是在法律规定的体系关系中认识法律规定，把法律规定视为相互依赖和相互衍生的，用以追寻单个法律规定的起源直到它的原则，以及同样能够从基本原则延伸到最外面的分支。”[③] 基于概念法学的理念，采用形式—逻辑的思维方法，因而必然引申出否定目的解释的结论。

目的解释是随着利益法学取代概念法学而出现的一种解释方法，这在很大程度上应当归功于德国法学家耶林。耶林把目的置于重要地位，基于目的的解释方法不是在法律文本中寻求法律含义，而是突破了法律文本的限制。因此，利益法学也可以称为目的主义法学。目的主义法学总是在探寻立法根据，如同耶林指出：“作为法学家必须提出关于其根据问题。我总是忍不住要思考制度的立法根据的问题。对于我来说，追问所有法律理论的目的简直成了我的习惯。”[④] 耶林

---

① ［意］切萨雷·贝卡里亚：《论犯罪与刑罚》，黄风译，12 页，北京，商务印书馆，2017。

② 参见［德］弗里德里希·卡尔·冯·萨维尼：《法学方法论：萨维尼讲义与格林笔记》，杨代雄译，87 页，北京，中国民主法制出版社，2024。

③ ［奥］恩斯特·A. 克莱默：《法律方法论》，周万里译，128 页，北京，法律出版社，2019。

④ ［德］鲁道夫·冯·耶林：《法学的概念天国》，柯伟才、于庆生译，56、58 页，北京，中国法制出版社，2009。

的以上论述强调了立法根据在法律解释中的重要性，而不满足于对法律文本的阐述。因此，自从利益法学产生以后，目的要素被引入法律解释，由此推动了目的解释方法的形成。受到利益法学的影响，萨维尼在晚期表现出对目的解释方法一定程度上的接受。例如萨维尼指出："在基础本身是确定（也许在制定法之中被表达出来）的情形中，不确定性产生于一种居于制定法基础和内容之间的未被表达出来的中间环节的存在可能性，通过此中间环节，制定法基础和内容两者之间的显著差别可能被证成。"① 萨维尼在这里将制定法分为两种情形：第一种情形是制定法的含义处于确定的状态，也就是法律文本的含义已经通过语言明确地表达出来，因而只要直接根据语言就可以获取法律文本的内容。第二种情形是制定法的含义处于不明确的状态，法律文本的含义并未能通过语言明确地表达出来。在这种情况下，从法律语言本身难以确定法律文本的内容，因而就需要通过探寻立法理由确定法律规定的含义。显然，在上述第二种情况下，目的解释具有其存在的必要性，这就为目的解释保留了栖身的空间。从否定目的解释到提倡目的解释，除了利益法学的影响以外，还反映了萨维尼的历史法学思想的转变：在早期著作中，萨维尼的思想接近制定法实证主义，强调制定法必须排除所有的恣意专断（Willkür），而且必须是客观的，它是独立于所有个人信念之上的东西；它是如此完备，以至于应用它的人，完全不需要自己添加任何东西上去。然而，萨维尼在创立了历史法学派以后，其后期作品在法律观念上发生了重大改变，不再主张制定的法律为优先的法源，而认为民族精神是最重要的法源。② 以民族精神为核心的历史法学思想对法律解释也产生了重大影响，根据这种思想，法律文本的重要性降低了，法律文本背后所体现的所谓历史精神成为法律的灵魂。因此，语义范围对法律解释的限制也不再是绝对的，而目的解释由此获得生存空间。

① ［德］弗里德里希·卡尔·冯·萨维尼：《当代罗马法体系》（第一卷），朱虎译，166页，北京，中国人民大学出版社，2023。

② 参见林端：《德国历史法学派——兼论其与法律解释学、法律史和法律社会学的关系》，载《萨维尼与历史法学派》，95页，桂林，广西师范大学出版社，2004。

三、目的解释的界定

目的解释产生以后，对法律解释方法产生了深远影响，但它并没有取代语义解释方法，而是在法律解释中发挥着独特的作用。然而，在目的解释的理解上，还存在较大的分歧。

（一）目的解释的存否问题

目的解释是否为一种独立的解释方法，对此在法学方法论中存在一定的争议。其中，否定说认为，目的解释根本不是一种独立的解释方法，它只是解释的目标。例如德国学者霍普夫纳和魏德士都认为，不存在目的解释这样的事物，因为规范的目的本来就是任何解释方法的目标，其本身因而并不构成解释之方法。[①] 这里所谓不存在目的解释这一事物，并不是说在法律解释的时候不需要考虑目的要素，而是说目的要素本身是各种解释方法都需要关注的，它是法律解释的目标。因此，目的解释的否定说并不是否定目的在法律解释中的作用，而只是否定它是一种独立的解释方法。德国学者魏德士明确地将解释方法与解释目标加以区分，认为规范目的是解释目标而非解释方法。魏德士指出："规范目的是一切解释的重要目标，这与大多坚持萨维尼的四个标准的传统法律解释理论相反。任何解释都应当有助于实现规范内容所追求的规范目的。其他解释标准也应当服从这个目标；它们是解释者必须借以认识规范目的的工具。可见，解释目标与解释手段的区别是：1. 解释的目标就是规范目的；2. 解释方法是（1）语义解释；（2）体系解释；（3）历史解释。这一区别同样也确定了其中的顺序，即解释方法的重要性从属于解释目标。如果并且只要解释目标（规范目的/Telos）与规范条

---

① 参见［德］托马斯·M.J. 默勒斯：《法学方法论》（第 4 版），杜志浩译，256 页，北京，北京大学出版社，2022。

文之间出现矛盾关系，那么，可识别的规范目的通常占据优先地位。”① 由此可见，魏德士将探寻语义范围内的规范目的的目的解释从解释方法中予以剔除，而将之归入语义解释等方法。同样，我国刑法学界也存在否定目的解释是一种独立解释方法的观点。例如我国学者指出：“目的解释并不是一种可以与语义解释、体系解释和历史解释等量齐观的解释方法。目的解释在所有解释方法中处于支配地位，因此，与其说目的解释是一种解释方法，毋宁说是一种解释的指向。”② 在上述论述中，突出或者强调规范目的对于理解法律文本的语义内容当然是正确的，然而，完全否定目的解释的独立性则难以成立。我认为，目的解释和体系解释、历史解释一样，都是在语义范围内对法律文本进行解释，因而是对语义解释方法的必要补充。在某个法律文本的解释中，如果语义解释可以得出明确的结论，就没有必要再动用体系解释和历史解释，更没有必要采用目的解释。只有在语义解释难以得出适当的结论，例如在不明确规定等情形下，才需要采用体系解释、历史解释和目的解释的方法，因此，不能因为所有法律解释的目标都是探寻立法意图，由此而否定目的解释的独立性。

（二）目的解释与语义解释

如前所述，在通常情况下，语义解释是最为基本的解释方法，而目的解释则是补充性的解释方法，只有在语义解释不能完成对法律文本的合理阐述的情况下，目的解释才获得出场的机会。那么，如何界定目的解释中的目的呢？奥地利学者指出：“目的（Zweck）是一种被构想与期待的，因而要去实现的状态。被颁布的规则是实现目的的手段。在语言层面的不同解释可能中，更符合要求的解释可能更适于在更大的范围内（即获得更大的可能性）去实现被限定的状态。这个目的不能仅仅通过语言考量来确定，还需要事实分析，这时就要考虑其他解释

---

① ［德］伯恩·魏德士：《法理学》，丁小春、吴越译，309～310页，北京，法律出版社，2023。

② 吴学斌：《刑法适用方法的基本准则——构成要件符合性判断研究》，157页，北京，中国人民公安大学出版社，2008。

方法的预计后果。”[①] 因此，法律文本的语义解释和目的解释之间并非相互排斥而是相互成就的。只有在存在数种语义解释结论的情况下，才需要通过目的解释，在数种语义解释结论中确定最具有目的合理性的结论。如果说，语义解释是对法律文本的语言分析；那么，目的解释就是基于立法意图而对法律文本所进行的价值判断。因此，语义解释不能替代目的解释，而目的解释却可以弥补语义解释的不足，两种解释方法之间具有密切的关联。就目的解释与语义解释的关系而言，我认为语义解释的可能语义对于目的解释具有限定作用，也就是说，尽管目的解释具有价值性和实质性，但它只有被限制在可能语义范围内的时候，才能以解释的形式存在于世，否则就不是解释而是在解释之外的目的考察的实质推理。反而言之，目的解释对于语义解释则具有重要的补充功能。因此，就目的解释和语义解释这两种解释方法的功能而言，只要处理得当并不会发生抵牾。正如我国学者指出：“目的解释也不否认刑法文本的稳定性，相反，倡导目的解释的观点通常也认为目的解释有利于维护刑法的稳定性。维护刑法的稳定性并不意味着对刑法文本的解释就一定采取字面解释或语义解释而排挤其他解释方法。在语义解释不能为刑法规范提供明确的界定时，语义解释的有效性便大打折扣。况且，在很多情况下语义解释有时得出的结论并不能有效解决疑难案件。”[②] 因此，目的解释对于语义解释具有不可或缺的补充功能。

（三）目的解释与体系解释

目的解释与体系解释之间也存在着密切的关系。德国学者对目的解释与体系解释之间的关系做了论述，指出：“每一个法律规范，当它们大部分承担着与其他规范一道实现具体的目的，最终补充其他规范这一任务时，在意义上关系到整个法律程序，它们主要是目的性的。所以，体系解释很少可以与目的解释分开。

① ［奥］弗朗茨·比德林斯基、［奥］彼得·比德林斯基：《法学方法论入门》，吕思远译，61页，北京，中国政法大学出版社，2024。

② 石聚航：《刑法目的解释研究》，56页，北京，法律出版社，2022。

它作为体系解释很大程度上同时又是目的解释。”① 上述观点似乎具有将目的解释与体系解释混为一谈之虞。当然，德国学者主要是从目的解释与体系解释具有功能上的相似性的角度论述的。因为目的解释方法是一种多维的解释方法，目的概念本身也是灵活和多义的。法律规范所遵循的目的既可能存在于法律规范内部，也可能存在于法律规范外部。在这种情况下，需要采用体系解释的方法加以确认。由此可见，目的解释和体系解释这两种方法在功能上并非截然可分，往往同时发挥作用。

（四）目的解释与历史解释

目的解释中的目的存在主观目的与客观目的之分，这里的主观目的就是指立法意图，因而目的解释是从法律文本中探寻立法意图，由此而逻辑地推导出法律文本的含义的一种解释方法，正如萨维尼所说，目的解释就是立法理由解释。然而，历史解释也同样是以历史上的立法意图为根据对法律文本进行解释，因而目的解释和历史解释具有一定的重合性。例如德国学者指出：“历史解释力图从法律规定产生时的上下文中确定规范要素的内容和规范目的。它涉及规范产生时发挥共同作用的各种情况和影响因素。”② 因此，历史解释在某种意义上可以说是一种历史的目的解释。我国学者在论及法意解释（即历史解释）与目的解释的关系时，指出：“为弥补文义或平义解释方法之难题，许多学者提出了所谓的法意解释或原意解释，即探求立法者或准立法者于制定法律时所作的价值判断及其所欲实现的目的，以推知立法者的意思。在这个意义上，法意解释也可以包括目的性解释。因为一个立法的目的，往往就是立法意图的构成部分。但是习惯认为目的解释不同于法意解释，其区别大致在有两点：其一，目的可以基于对原意的考察，也可以是今天读者的构建，而一般说来，法意解释拒绝构建的说法。其二，目的性解释从根本上是向前看的，强调为适应未来而解释法律，强调法条现时所

① ［德］卡尔·恩吉施：《法律思维导论》（修订版），郑永流译，92页，北京，法律出版社，2014。
② ［德］伯恩·魏德士：《法理学》，丁小春、吴越译，327～328页，北京，法律出版社，2013。

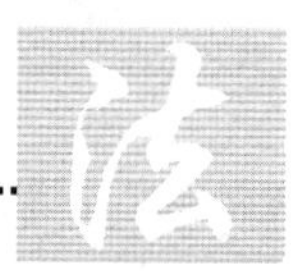

具有的合理含义，而法意解释是向后看的，强调的是忠实于过去，即立法者立法时的意图。”① 确实，在将立法者意图作为法律目的的意义上，目的解释与历史解释具有竞合性。尽管如此，我们还是可以将目的解释与历史解释加以区分：因为规范目的除了主观目的，还包括客观目的。因而目的解释虽然在一定范围内与历史解释存在重合，但目的解释中的客观目的不能被历史要素所涵括。与此同时，历史解释除了考察立法当时的立法意图以外，还要将法律文本的沿革纳入考察范围，因而其内容也完全溢出了目的解释的范围。

四、目的解释的性质

在目的解释中存在一个较为复杂的问题，这就是目的论与目的解释之间的关系。这个问题涉及目的解释的性质，因而值得加以深入探究。这个问题的核心在于：如何正确界定目的解释？如果仅仅从语义上进行分析，只要是采用探寻规范目的的方法，对法律文本进行解释，就属于目的解释。然而，当法律文本的语义与规范目的不相一致的情况下，是否置法律文本于不顾而完全服从于规范目的？这是一个需要认真对待的问题。

德国学者拉伦茨将解释严格限制在语义范围之内，指出：“如果我们从语义入手，那么解释就是将已包含于文本之中，但被遮蔽的意义分解、展开并且予以说明。透过解释，这项意义就可以被谈论，也就是说，它能以其他词语更清楚、更精确地表达，并且能够被用于交流。”② 因此，拉伦茨严格地将解释限于语义范围之内，超出语义范围就不是、也不可能是解释。拉伦茨指出：“如果解释的结论已经不再处于语言上可能的语义范围内，那么它实际上就是在从事漏洞填

---

① 苏力：《解释的难题：对几种法律文本解释方法的追问》，载梁治平编：《法律解释问题》，40～41页，北京，法律出版社，1998。

② ［德］卡尔·拉伦茨：《法学方法论》（全本·第六版），黄家镇译，395页，北京，商务印书馆，2020。

补、类推适用或者目的论限缩。”[1] 在解释之外，拉伦茨列举了三种其他方法，这就是漏洞填补、类推适用或者目的论限缩。在解读拉伦茨的上述论述时，我国学者指出：“在拉伦茨看来，围绕规范适用而进行的方法论体系可以分作法律解释（Gesetzauslegung）与法的续造（Rechtsfortbildung）两大部分，而后者又可以进一步被区分为法律内的法的续造（gesetzesimmanente Rechtsfottbildung）与法律外的法的续造（gesetzesübersteigende Rechtsbildung）。法律内的法的续造即为漏洞的填补，类比是用以填补漏洞的方式之一。上述三种的界分在于：可能语义（möglicher Wortsinn）构成了法律解释的界限；超越这一界限而乃处于立法者原本的计划、目的之内的，即构成了制定法漏洞，需要运用包括类比在内的漏洞填补手段进行法律内的法的续造；而假如进一步超越这一界限，但仍属于整体法秩序（Gesamtrechtsordnung）的基本原则范围之内，则归为超越法律的法的续造。”[2] 因此，各种法律解释与其他法学方法是以法律文本的可能语义范围作为区分界限的，这一结论对于我们区分目的解释与目的考量这两种不同的法学方法具有重要参考价值。

基于规范目的而理解法律文本，存在两种情形：第一种是在法律文本范围内，以规范目的为根据对法律文本进行目的论解读。第二种是法律文本范围外，对法律文本进行目的考量的实质推理，其中包括目的性限缩与目的性扩张这两种情形。上述第一种情形当然属于目的解释，它是以明确法律文本的含义为目标的解释活动。然而，第二种情形则已经超出法律文本的范围，它并不属于目的解释，而是一种目的考量的推理方法。在民法适用中，规范目的优先于法律语义，法官可以通过规范目的修正语义内容，因而目的性限缩与目的性扩张属于漏洞填补。例如德国学者魏德士又将超出法律文本的语义范围的目的性限缩（应该也包

① ［德］卡尔·拉伦茨：《法学方法论》（全本·第六版），黄家镇译，406页，北京，商务印书馆，2020。

② 雷磊：《类比法律论证——以德国学说为出发点》，12～13页，北京，中国政法大学出版社，2011。

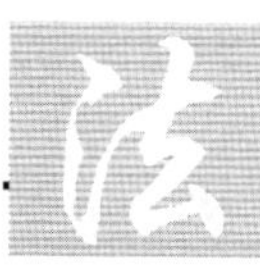

括目的性扩张）视为法律漏洞填补的工具。魏德士指出："按照语义解释的目的使人们看到规范的最大适用范围。不过，根据其条文，规范常常包含了规范目的不应当包含的生活事实。在这种情况下，忠实于文字的规范适用可能导致结果与法律所追求的目的相反。在这里，规范目的相对规范语义的优先地位特别明显。重要的是这样的认识：目的性限缩不是修正规范目的，而是通过修正语义来实现规范目的。"① 由此可见，超出法律文本范围的目的论考察不能归之于目的解释。只有在这个意义上理解目的解释，才能对目的解释作出客观评价。例如，我国学者在评论目的解释的功能时指出："从一开始，目的解释就被当作堵截刑法漏洞的主要的解释方法，它的基本功能是确保刑法之网的严密性与开放性，以堵塞不断涌现的处罚上的可能的漏洞。目的解释中的目的扩大了法律的范围，因为它将目的这一形式上的法律因素也当成了法源。这样，作为法价值的一些东西，如公平、正义、秩序等都以目的的形式进入个别法律中，目的成了一般法律的替代品。"② 在此，我国学者将目的解释界定为堵塞法律漏洞的工具，在此基础上对目的解释作出负面评价。问题在于，这里所指的目的解释是指法律文本范围内的目的解释还是指法律文本范围外的目的考量的实质推理？确实，相对于语言文字的形式化，目的具有天然的实质化特征，因而，即使是法律文本范围内的目的解释，如果使用不当，也会存在冲击法律形式化之屏障的危险。尽管如此，基于法律文本的目的解释还是会受到语言限制，它不是法律漏洞的填补工具。只有法律文本之外的目的考量的实质推理，才具有法律漏洞的填补功能，但它并不是目的解释。更为重要的是，在罪刑法定原则的限制之下，超出法律文本语义范围的目的考量的实质推理也是不允许的，除非有利于被告人。由此可见，只有在正确界定目的解释的基础上，才能对目的解释作出公允的评价。

目的解释是以规范目的为根据对法律文本所进行的解释。既然是解释，当然

---

① ［德］伯恩·魏德士：《法理学》，丁小春、吴越译，370～371页，北京，法律出版社，2013。

② 劳东燕：《功能主义的刑法解释》，188页，北京，中国人民大学出版社，2020。

就应当受到可能语义的限制。对于法律文本的语义，基本的解释方法是语义解释，也就是诉诸语言分析的方法。然而，语言分析方法并非万能，尤其是在法律文本存在含混或者模糊的情况下，仅仅依赖语言分析方法，并不能圆满地完成对法律文本的阐述。因此，需要以其他解释方法作为语义解释的补充。其中，体系解释和历史解释都是常见的补充方法。体系解释是从法律条款之间的相互关系（内在体系）和法律部门之间的相互关系（外部体系）上对法律文本进行解释，以此阐明法律文本的含义。历史解释则是从法律文本的历史演变过程，探寻立法意图，以此作为法律文本的解释方法。体系解释和历史解释对于解决法律文本表述中的歧义具有一定的功能。这两种解释方法都是在语义解释的基础上展开的，并且没有超出法律文本的语义范围，符合解释的本义。然而，目的解释是以规范目的作为解释根据，凡是通过揭示法律文本的规范目的对法律文本进行解释的，都可以归之于目的解释。那么，目的解释是否应当受到法律文本语义范围的限制呢？换言之，超出语义范围，按照规范目的探寻法律文本含义的方法是否属于目的解释？如果仅仅从以目的为根据而言，此种情形似乎应当归入目的解释。因此，传统对目的解释的界定都包括目的性限缩和目的性扩张，认为这是目的解释的两种方法。[①] 在刑法方法论中，目的解释存在狭义和广义之分：狭义上的目的解释是指在语义范围内，当存在歧义的时候，根据规范目的确定或者选择法律文本的含义。而广义上的目的解释则是指超越语义范围的目的解释，也就是说，当法律文本的含义与规范目的存在不一致，例如语义范围或者窄于或者宽于规范目的，在这种情况下，根据规范目的对语义作窄于或者宽于法律文本语义范围的解释。可以说，目的解释是根据规范目的对语义范围所进行的修正。因此，目的解释确立了规范目的相对于规范语义的优先地位。因为规范目的本身就是解释目的，正如德国学者指出："在任何法律规范后面都隐藏着服从特定目的与目标的、

① 在以往的论述中，我也持这种见解，参见陈兴良：《规范刑法学》（上册·第五版），68页，北京，中国人民大学出版社，2023。

立法者的、法政策学的形成意志。规范中确定的规范目的因为有效的（符合宪法的）立法而具有约束力。”① 这种观点实际上是将那种超出语义范围的目的考量的实质推理，也归入目的解释的范畴。显然，将目的性限缩和目的性扩张称为目的解释，完全违背了解释概念的应有之义。正是在这个意义上，德国学者认为目的性限缩和目的性扩张是一种漏洞确定的工具，同时也是一种漏洞补充的工具的观点，在相较其自身之目的而言，其文义过于宽泛或者狭窄，因此需要修正。②因此，目的性限缩与目的性扩张就是这种修正的方法。

目的解释不同于目的考量，如同拉伦茨指出，目的解释是指根据能被认识到的规则体的目的及其基本思想而形成的解释。个别规定应当在其可能的语义，并且与制定法意义脉络保持一致的范围内，以最能符合法律调整目的以及目的位阶关系的方式来进行解释。③ 在这种情况下，应当把目的解释限制在法律文本的语义范围之内。例如我国学者指出：“目的解释属于狭义的法律解释，因为目的解释的结论仍然处于法律的可能语义范围之内，而不能超出该可能的语义范围。而在目的性扩张和目的性限缩的情况下，其或者超出了法律的可能语义范围或者损及了核心语义，因此都属于漏洞补充。正是基于这一原因，我们不能将目的性扩张和目的性限缩作为目的解释的次类型来理解。”④ 由此可见，在法学方法论中，不能将目的性限缩和目的性扩张界定为目的解释。在刑法中，由于受到罪刑法定原则的约束，也不能接受法律漏洞补充的概念。在这种情况下，我认为，可以将目的性限缩和目的性扩张归入刑法推理的范畴，且属于实质推理的范畴。当然，有利于被告人的目的性限缩和目的性扩张是被允许的，而不利于被告人的目的性

---

① ［德］伯恩·魏德士：《法理学》，丁小春、吴越译，307页，北京，法律出版社，2013。

② 参见［德］克劳斯-威廉·卡纳里斯：《法律漏洞的确定：法官在法律外续造法之前提与界限的方法论研究》（第2版），杨旭译，72页，北京，北京大学出版社，2023。

③ 参见［德］卡尔·拉伦茨：《法学方法论》（全本·第六版），黄家镇译，418页，北京，商务印书馆，2020。

④ 王利明：《法律解释学导论——以民法为视角》（第二版），361页，北京，法律出版社，2017。

限缩和目的性扩张则是被禁止的。[①] 因此，目的解释只能限于在法律文本的语义范围之内，根据规范目的对法律进行解释。如果超出语义范围，则不是目的解释而是目的考量的实质推理。

第二节　目的解释的特征

德国学者曾经指出，目的解释在于探究法内在的理性（ratio leigs），即探究一部法律的精神与目的。[②] 这里的内在理性是相对于外在理性而言的，语义解释主要探寻法律文本通过语言表达出来的含义，这是一种以语言为载体的外在理性。然而，对于正确理解法律来说，这是远远不够的。而目的解释就是透过语言的屏障，探寻法律的内在理性的方法。德国学者提出了规范语义与规范目的之间紧张关系的命题，如果规范语义正好涵盖规范目的，则是一种理想状态。然而，在现实中往往存在规范语义与规范目的之间的抵牾或者矛盾。在这种情况下，就要根据规范目的对语义范围加以适当调整，由此需要目的解释。

一、目的解释的根据

在刑法解释论中，存在主观解释论与客观解释论之争，德国学者将它称为法学方法论中旷日持久的争议。[③] 在大陆法系法学方法论中，主观解释论认为，法律是有约束力的宣示，它以参与作出立法决议的人的意图为基础。由此，主观解释论的典型观点主张法律解释必须尽可能与参与立法决议的人的个人观念相一

① 关于实质推理，参见本书第十五章。

② 参见［德］托马斯·M. J. 默勒斯：《法学方法论》（第 4 版），杜志浩译，253 页，北京，北京大学出版社，2022。

③ 参见［德］托马斯·M. J. 默勒斯：《法学方法论》（第 4 版），杜志浩译，349 页，北京，北京大学出版社，2022。

致。相反，客观解释论的典型观点则是，不应去考察立法者的意图，而是要考察法律本身的意图。法律永远是人的观点的表达，因此，标准的法律含义应以人的观念视野为基础。① 由此可见，主观解释论与客观解释论是一种在刑法解释的基本立场上的对立，它关涉目的解释的根据问题，并且会严重影响对刑法解释方法的选择。在英美法律解释理论中，同样存在主观解释论与客观解释论之分，它缘于对立法意图的理解。我国学者指出，英美法系法律解释理论的核心问题是立法意图问题，立法意图在英美法系法律解释理论中极端重要。在英美法系理论中，立法意图具有两层含义：一是立法机关在制定该法律规范时的意图；二是立法机关所制定的法律在客观上表现出来的意图。对立法意图的内容理解不同，就会在法律解释的原则、规则的选择上导致侧重点不同。根据上述立法意图的第一种含义进行解释，就是法律解释的主观说；根据立法意图的第二种含义进行解释，则是法律解释的客观说。② 法律解释的主观说与客观说代表了法律解释的两种不同立场，因而对如何理解目的解释具有重大意义。

主观解释论将刑法解释的目的确定为探寻立法原意，也就是立法者的意图，这在通常的立场来看是具有正当性的。因为刑法解释不同于刑法创制，它是以刑法文本为依归，以解释刑法文本的含义为目标的一种解释活动。在这个意义上说，刑法解释受到刑法文本的严格限制。尤其是基于罪刑法定原则，对刑法明文规定的阐释，必须符合刑法的立法原意；否则，就会超出法律明文规定的范围，因而有悖于罪刑法定原则。因此，刑法的解释应当将探寻立法原意置于十分重要的位置。从法理上说，上述对主观解释论的正当性的论证都是合理的。然而，主观解释论同时还具有另外一个面向，这就是基于对立法意图的理解而进行超越法律文本的目的解释。在这种情况下，法律文本并不能限制解释，而立法意图恰恰为超越法律文本提供了正当性根据。这种主观解释论在英美法系法律解释理论中

---

① 参见［德］齐佩利乌斯：《法学方法论》，金振豹译，31页，北京，法律出版社，2009。

② 参见郭华成：《法律解释比较研究》，54、55页，北京，中国人民大学出版社，1993。

占据着重要地位。在英美法系法律解释理论中，目的解释法是法律解释中最宽泛的一种，法官权力很大，而引起的争论也最多，更是宽松解释派与严格解释派之间的争议焦点。严格解释派认为，法官无权超出法律规范字面含义作出解释。宽松解释派则认为在明显的不公正面前，法官逐字逐句地解释法律是不负责任的。例如丹宁勋爵指出："这种从字面上解释法律的方法现在已经完全过时了，它已经被迪普洛克勋爵所说的'探求意图的方法'所取代。"① 这里的探求意图的方法就是指目的解释方法。由此可见，英国的目的解释是可以超越法律文本的。当然，考虑到这是对一般法律解释而言，尚能理解。至于在刑法解释中，受到罪刑法定原则的限制，目的解释是不可能超出法律文本的可能语义范围的。

主观解释论面对的一个主要难题在于：如何确定立法者？立法原意与法律文本之间究竟是一种什么关系？我们是通过立法者获得立法原意还是通过法律文本获得立法原意？就谁是立法者而言，这似乎是一个不言而喻的问题，立法机关当然是立法者。也就是说，立法者不是个人而是机构。但立法机关的意志又是通过个人体现的，例如法律草案是个人执笔起草的，那么，这个法律文本的执笔者是否立法者？这些问题都不无疑问。在立法机关制定法律的时候，当然会听取多方面的意见，由法律起草者进行归纳与综合，最后通过投票表决通过形成正式的法律文本。在这种情况下，立法者的意图就集中蕴含在法律文本之中。因此，只能通过法律文本的解读获得立法原意。在这个意义上说，立法原意并不是立法者在立法的时候是如何想的，而是在法律文本中如何表达的。就此而言，完全采用主观解释论具有不可行性。一旦法律通过，立法者的意图就借助于法律语言得以表达，因而法律文本在法律解释中占据着中心地位，因此，以法律文本为凭据的客观解释论同样具有一定的合理性，也更具有可行性。因为客观解释论是从法律文本中获取立法原意，因而解释者的立场对于刑法解释具有较大的重要性，由此而

① ［英］阿尔弗雷德·汤普森·丹宁：《法律的训诫》，2版，杨百揆、刘庸安、丁健译，20页，北京，法律出版社，2011。

使刑法解释的结论更加贴近现实生活，应因社会的发展变化与时俱进。当然，客观解释论以法律文本为皈依，并不是完全拘泥于对法律语言进行机械的解释，而是在语义允许的范围内进行能动解释。

德国学者提出了解释目标究竟是立法者的意志抑或是规范性的法律意义这样一个值得深思的问题。对此，德国学者的结论是："两种学说（主观解释论与客观解释论——引者注）都只包含了部分真理，因此都不能毫无保留地接受。主观理论的真理性在于：法律规则与自然法则不同，它是由人类为人类而创造的，它表现了立法者创造某种满足正义可能性和社会需要的秩序的意志。制定法背后隐含了立法参与者追求的某种确定的调整意图、价值、欲求以及对于事理的考量。而客观说的真理性就在于：制定法一旦开始适用，就会发展出自身特有的实效性，其将超越立法者当初的意图。制定法涉入的是立法者当时不能全部预见的丰富多彩且变动不居的生活关系；它必须对一些立法者根本没有考虑到的问题做出回答。随着时光流逝，它仿佛逐渐发展出自己的生命，并因此远离它的创造者最初的想法。"① 上述观点同时兼顾主观解释论和客观解释论的作用，具有折中说的性质，因而是一种较为完整的解释论。

值得注意的是，刑法教义学中关于主观的目的解释与客观的目的解释也存在争议，争议焦点在于：目的解释的目的究竟是主观目的还是客观目的，因而这两种目的解释是否可以并存。主流的观点认为，主观的目的解释与客观的目的解释都有存在的合理性，它们都是服务于裁判的说理工具。② 当然，也有学者认为，主观的目的解释是按照历史上立法者制定法律时的主观意图对法律条文所作的解释，其探求的目的是立法者在立法时的主观目的，这种解释方法其实就是历史解释。而客观论的目的解释是按照法律规范的现实意义和法律自身的目的所作的合

---

① ［德］卡尔·拉伦茨：《法学方法论》（全本·第六版），黄家镇译，400页，北京，商务印书馆，2020。

② 参见石聚航：《刑法目的解释研究》，87页，北京，法律出版社，2022。

理解释，其探求的是现今符合事理的客观目的。我们通常所说的目的解释，就是指客观的目的解释。[①] 我认为，主观的目的解释和客观的目的解释这两种目的解释都具有其存在的合理性。在主观的目的解释中，涉及对立法目的的探寻，尤其是在立法意图不是那么明确的情况下，主观的目的解释就要去详细研究立法资料中关于法律意旨的表示。因此，主观的目的解释也被称为主观历史的解释，在某种意义上容易与历史解释相混淆。我认为，主观的目的解释与历史解释尽管都以寻求立法者的意图为主要目标，但这两种解释方法还是有所不同的。历史解释主要是从法律文本的历史演变中揭示现今法律文本的含义，因而也称为沿革解释。而主观的目的解释虽然也以探寻立法者的立法意图为解释法律的途径，但并不强调法律的沿革变化对法律解释的重要性，因此，主观的目的解释具有独立于历史解释而存在的价值。

二、主观的目的解释

主观的目的解释中的主观是指目的解释所凭借的是立法者的意图，以此作为目的解释途径。立法者的意图就是指立法意图，在通过立法机关的立法活动创制法律的场合，经常会追问立法意图。因此，在制定法的语境中立法意图才具有存在的可能性。如果是习惯法或者行业规则，是在漫长的社会生活或者交易活动中逐渐形成的，它所反映的是集体意识或者参与者的意识，因此立法意图是难以成立的。就此而言，应当肯定制定法条件下的立法意图。由于现代立法的主体并非个人而是机构，因此就存在复数的立法者，也被称为立法原意之多数人模型(the majority model)。美国学者指出："当大多数立法者对他们所制定的法律共有某一特定意图时，立法原意即存在。多数人模型似乎提供了一种非常合理的模式，它顾及到立法机关的意图归属问题，是将意图归属于一群人之最常见模式的

① 参见王凯石：《刑法适用解释》，225页，北京，中国检察出版社，2008。

一个实例；也即是说，是使用共有意图概念的一个实例。”[①] 在肯定立法意图的多数人模式的基础上，还需要进一步追问立法意图的形式，即立法者的何种意图可以归属于立法意图。立法机关在立法过程中存在多种意图，那么，何种意图可以称为立法意图呢？这个问题涉及对立法意图的内容界定。美国学者提出了三种意图类型：第一种是法律语言自身所展现的意图，第二种是深层意图（further intentions），是指立法者制定法律所欲达到的目的，也可以称为立法动机。第三种是适用意图（application intentions），是指立法者对他们所制定的法律之正确适用的意图。[②] 在以上三种意图中，第一种意图已经被法律语言所表述，因而只要依照法律文本即可理解其含义，因此也就没有必要去考察立法意图。至于深层意图则是立法的动机，即通过立法所欲达致的目的。这种立法动机本身虽然对了解立法意图是有帮助的，但它并不能成为独立的立法意图。因此，只有适用意图对司法才具有指向意义。美国学者指出，在立法者的适用意图和深层意图之间存在某种手段—目的的关系，因此，只有当立法者的适用意图与其深层意图相一致时，才应考虑立法者的适用意图。[③] 由此可见，立法意图的含义是丰富的，其发挥作用的场景也是有限的，并不是在所有法律解释中都要考察立法意图。针对上述意图主义的观点，反对说提出了无须意图的立法的命题，完全否定立法意图的存在，认为法律是通过语言表达出来的意义而非隐藏在法律文本中的立法意图。美国学者指出：“有益的立法可以被理解为是，通过我们一直讨论的那种非人格的或机械的过程无意识地产生的。在所有这些情形中，我们赋予立法运作过程的结果以权威时所依据的所有理由，也是我们把具体立法者自己考虑的那些见解或

---

① ［美］安德瑞·马默：《解释与法律理论》（第二版），程朝阳译，188页，北京，中国政法大学出版社，2012。

② 参见［美］安德瑞·马默：《解释与法律理论》（第二版），程朝阳译，192页以下，北京，中国政法大学出版社，2012。

③ 参见［美］安德瑞·马默：《解释与法律理论》（第二版），程朝阳译，197、198页，北京，中国政法大学出版社，2012。

与的权威不当回事的理由。”① 我认为，完全否定立法意图的存在并不可取，需要处理的只是立法意图与法律语义之间的关系。在通常情况下，如果法律文本的含义是清晰的，那就可以直接根据语义理解法律规定，而没有必要探寻立法意图。然而在某个法律规定具有多义性的情况下，只是从文字上难以确定其正确的含义，则需要通过追溯立法过程，根据立法资料，理解立法意图，以此作为解释法律的必要进路。因此，主观的目的解释虽然不是常规性的解释方法，但在某些特定情况下具有其功效。因此，主观的目的解释是一种借由法律的形成史探寻法律文本含义的方法。在这个意义上说，主观的目的解释在一定程度上具有与历史解释的重合性。

立法意图必须到立法过程中去探寻，因此立法过程对于确定立法意图，可以说是必由之路。立法过程形成的相关资料是立法意图的某种载体，透过这些立法资料，我们可以获知立法者在制定法律时候的主观意图。例如我国《刑法》第205条规定了虚开增值税专用发票罪，该条第3款将虚开规定为四种情形，这就是为他人虚开、为自己虚开、让他人为自己虚开、介绍他人虚开。这里的虚开是指没有提供服务或者没有交易地开具增值税专用发票，那么，代开是否属于虚开呢？代开有两种情形：第一是无货代开，第二是有货代开。所谓无货代开是指受票方不仅与开票方之间没有货物交易，而且与他人也没有货物交易，因而为他人虚开是一种虚开增值税专用发票的行为，对此并无争议。存在争议的是有货代开，也即是虽然受票方与开票方之间没有货物交易，但与他人存在货物交易，以交易的实际内容为他人代开。这种有货代开如果限于受票方与开票方之间的关系而言，属于没有货物交易的虚开行为。但如果纳入第三方，则又具有货物交易，因而属于有货代开。此种情形是否构成虚开增值税专用发票罪，如果仅仅从法律规定上考察难以获得唯一的答案。但追溯立法过程，该罪最初是由1995年10月

① ［美］杰里米·沃尔德伦：《立法者的意图和无意图的立法》，载［美］安德瑞·马默主编：《法律与解释——法哲学论文集》，张卓明、徐宗立等译，437页，北京，法律出版社，2006。

30日全国人大常委会颁布的《关于惩治虚开、伪造和非法出售增值税专用发票犯罪的决定》所设立的，1997年刑法修订时被纳入刑法。在该决定（草案）审议过程中，全国人大常委会有些委员提出：草案中规定的代开、虚开增值税专用发票及其他发票中代开一词含义不清楚，在实践中，代开行为有合法代开和非法代开两种情况，对合法代开不能作为犯罪处理，而非法代开实际上已包含于虚开发票之中，应当删去本决定中的代开一词。[①] 由此，决定（草案）中的代开一词被删除，其内容并入虚开。虽然在立法通过以后，对这里的合法代开与非法代开如何区分存在不同理解，如果将这里的合法代开理解为有货代开，则在代开并入虚开以后，虚开就不能再包含有货代开。利用先前的立法资料对虚开一词的含义进行界定，就是一种主观的目的解释。

三、客观的目的解释

相对于主观的目的解释而言，客观的目的解释是更为常见的解释方法。在客观的目的解释中，这里的目的是指法律文本的规范目的，也就是法律用语中体现出来的规范意义。德国学者认为客观目的这一说法具有拟人论（Antropomorphismus）的特征，因为在客观目的一词中，其主体是法律文本。但只有人类在行为时才会有目的，法律文本则不可能存在目的。因此，客观目的的真实含义是解释者自己放进法律中的目的。[②] 在这个意义上，所谓客观目的也就是解释者的目的，因此，德国学者十分准确地提出了客观解释是隐蔽的立法这一命题。[③] 事

① 参见薛驹：《全国人大法律委员会关于〈全国人民代表大会常务委员会关于惩治伪造、虚开代开增值税专用发票犯罪的决定〉（草案）审议结果的报告》，1995年10月23日在第八届全国人民代表大会常务委员会第十六次会议上，载高铭暄、赵秉志编：《新中国刑法立法文献资料总览》（上），710～711页，北京，中国人民公安大学出版社，1998。

② 参见［德］英格博格·普珀：《法学思维小课堂——法律人的6堂思维训练课》（第二版），蔡圣伟译，174页，北京，北京大学出版社，2024。

③ 参见［德］伯恩·魏德士：《法理学》，丁小春、吴越译，346页，北京，法律出版社，2013。

实上也是如此，因为客观的目的解释基于规范目的在一定程度上改变了法律文本的含义。正如德国学者指出："由耶林和利益法学派论证的对任何条文的与利益相关的目的进行思考，当然地成为客观目的的解释方法的理论基础。基于该解释方法，历史上确定的目的不一定有决定性作用，更多的是基于当前的利益状况及其一致的评价，力图使合乎社会的规范解释处在中心的位置。"① 因此，相对于严格遵循法律文本的含义的语义解释而言，客观的目的解释存在着偏离规范含义的可能性。正因为如此，客观的目的解释应当受到罪刑法定原则的限制，以此避免对法律的恣意解释。

客观的目的解释基于法律对社会生活的适应性，因而使法律文本含义随之发生某种变动。可以说，法律存在的时间越长，距离制定法律的时间越久，主观的目的解释的效果就越是会降低，而客观的目的解释的必要性越是会增长。这是因为法律文本是凝固的，而社会生活却是动态的，如果不对法律进行客观的目的解释，它就难以适应社会生活的需要。德国学者指出："客观的目的解释理论并不停留于法律的发生过程及其发生史。客观的目的解释理论更倾向于认为，法律的含义会随着时代精神的变迁而变迁。这种意义变迁常常在法律语词的语义空间当中进行。法律语词的语义空间从一开始就是为法律目的精确化而存在的。然而，即使如此，在可以清晰确定的有关立法目的及其合目的性的决定已经不再能与当今占主导地位的社会伦理观念相符时，对法律按照当今的观念作不同的解释（uminterpretieren）也是合法的。"② 因此，客观的目的解释不再探寻立法者的意图，而是从社会生活的变迁中去拓展法律文本的语义范围。例如我国《刑法》第252条规定的侵犯通信自由罪，是指隐匿、毁弃或者非法开拆他人信件的行为。这里的信件，根据立法时立法者所可能理解的含义是指纸质信件，但随着通讯的电子网络化，现在通信已经不再采用纸质信件，而是采用电子邮件的方式，则针

① ［德］恩斯特·A. 克莱默：《法律方法论》，周万里译，31页，北京，法律出版社，2019。

② ［德］齐佩利乌斯：《法学方法论》，金振豹译，73页，北京，法律出版社，2009。

对纸质信件的开拆行为也难以成立，因此，如果拘泥于对纸质信件的方法开拆，则上述刑法条文已经过时，无法再适用。但根据客观的目的解释，则可以将这里的信件界定为包括电子邮件，并将开拆行为界定为截获、删除。目前我国立法机关并没有对《刑法》第252条进行修改，但2000年全国人大常委会《关于维护互联网安全的决定》第4条第2项规定，对非法截获、篡改、删除他人电子邮件或者其他数据资料，侵犯公民通信自由和通信秘密的行为依照刑法有关规定追究刑事责任。这里的有关规定是指《刑法》第252条的规定。在某种意义上说，前引规定的上述内容属于立法解释，它所采取的就是客观的目的解释方法。由此可见，客观的目的解释在现实生活中对于保持刑法的稳定性与适应性，具有一定的作用。

第三节　目的解释的适用

目的解释是在法律文本不能提供适当解释的情况下，通过寻求规范目的作为获取规范含义的一种解释方法。如前所述，法律解释的目的是指规范目的，所有解释都是为了实现规范目的。在这个意义上说，语义解释、体系解释和历史解释等各种解释方法都是为规范目的的实现服务的。德国学者在论述目的解释与其他解释方法的关系时，曾经引用霍荀·普罗伊斯的一句话："目的问题有如流动的蜡，它融化任何法律概念。"[①] 这句话虽然不无夸张，但还是在一定程度上揭示了目的解释的重要性。

语义范围内的目的解释，是指在出现数种语义的情况下，根据规范目的选择其中一种作为解释结论；或者在法律文本的语义较为含混或者模糊、难以通过语义解释阐明其含义的情况下，按照规范目的对法律文本进行解释。由此可见，语

① ［德］伯恩·魏德士：《法理学》，丁小春、吴越译，310页，北京，法律出版社，2013。

义范围内的目的解释是在语义解释难以确定或者明确法律文本含义的状态下，以规范目的为根据对法律文本进行补充解释的方法。例如在以下五种情形中，法律含义就不能仅仅通过语义可以轻松获得的：第一种是抽象性的法律概念；第二种是不确定的法律概念；第三种是一般条款；第四种是不明确的法律概念；第五种是不准确的法律概念。在这五种情况下，都需要借助于目的解释才能获得法律的正确含义。因此，目的解释并不满足于对法律概念的文本解读，而是透过文本揭示法律概念的含义。

一、评价性法律概念的目的解释

评价性法律概念是与描述性法律概念相对应的，这两种法律概念在内容上存在较大的差别，因而适用的法律解释方法也会有所不同。德国学者指出："描述性概念的特性在于，那些含有描述性概念并将之运用到某种情形上的语句有真伪（假）之别。"[①] 在通常情况下，描述性概念以事物原型为对象加以描述，因而能够较为直观地反映事物的特征。德国学者指出："描述性概念指向某种'实在事实'（Wirklichkeitssachverhalt），也即描述了真实的或者类真实的、原则上可为人感知或者经验的客观事物。"[②] 在这种情况下，对描述性概念采用语义解释就可以把握其真实含义。例如《刑法》第 127 条规定的盗窃、抢夺枪支、弹药、爆炸物罪中的枪支、弹药、爆炸物就是描述性概念，对于这些概念，具有一般社会生活经验的人都能够理解。对于这些概念，只要采用语义解释就可以获得正确的含义。当然，在司法实践中也存在一些疑难问题，因而枪支的合理界定对于涉枪类案件的处理具有重要意义。对于枪支，通常都采用我国《枪支管理法》第 46

① ［德］英格博格·普珀：《法学思维小课堂——法律人的 6 堂思维训练课》（第二版），蔡圣伟译，14 页，北京，北京大学出版社，2024。

② ［德］托马斯·M. 默勒斯：《法学方法论》（第 4 版），杜志浩译，200 页，北京，北京大学出版社，2022。

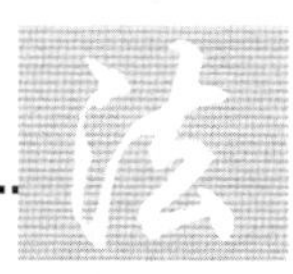

条对枪支所作的描述性的规定，根据这一规定："本法所称枪支，是指以火药或者压缩气体等为动力，利用管状器具发射金属弹丸或者其他物质，足以致人伤亡或者丧失知觉的各种枪支。"这一规定描述了枪支的四个特征：第一，动力特征，以火药或者压缩气体等为动力。第二，发射工具特征，利用管状器具作为发射工具。第三，发射物特征，发射物质是金属弹丸或者其他物质。第四，性能特征，足以致人伤亡或者丧失知觉。可以说，上述枪支的概念较为完整地规定了枪支的含义。当然，这一枪支概念仍然具有数量要素上的缺失：这里的足以致人伤亡或者丧失知觉的数量特征并没有完整的提供。为此，《枪支鉴定判据》第 3 条规定：制式枪支、适配制式子弹的非制式枪支、曾经发射非制式子弹致人伤亡的非制式枪支直接认定为具有致伤力。未造成人员伤亡的非制式枪支致伤力判据为枪口比动能 eo≥1.8 焦耳/平方厘米。这里所谓枪口比动能，是指弹头出枪口后在检测点（以火药为动力发射的，以距枪口 50 厘米处为检测点，以气体为动力发射的，以距枪口 30 厘米处为检测点）所具有的动能与弹头的最大横截面积之比值。《枪支鉴定判据》规定的枪口比动能大于或者等于 1.8 焦耳/平方厘米，就成为司法实践中鉴定枪支的具体标准。枪支可以分为制式枪支与非制式枪支：制式枪支是指根据国家标准或者公安部和军队发布的指标要求，经国家有关部门或者军队批准，可以在规定的时间内完成合法企业生产的各种枪支，还包括国外制造的各种古旧枪支和历史遗留下来的各种枪支。非制式枪支是指未经有关部门批准或者不符合国家标准的各类枪支，包括自制、改造枪支和其他中间产品是枪械生产厂家研发的枪支。对制式枪支的认定是容易的，但对非制式枪支则需要进行专门的鉴定才能认定为枪支。目前我国司法实践中对仿真枪等非制式枪支在认定上存在一定的问题，主要还是由于枪支认定标准过低造成的。由此可见，我国刑法中的枪支概念通过语义解释可以明确其含义。

评价性概念则不同于描述性概念，它的内容具有价值性。德国学者指出："评价性（bewertend）概念不仅是在描述一个事实（像某个情状或行为），而且表达了对该事实的正面或负面判断，亦即这个事实应当如何、应该（或不应该）

通过行为来追求（或避免）这个事实。评价性概念始终表达了一个规范。如果有概念种类应当被标示为规范性概念，那就应当是评价性概念。”[①] 由此可见，诸如违反公序良俗、违反诚实信用、色情猥亵、情节恶劣等都属于评价性概念。这里应当指出，评价性概念与规范性概念虽然存在一定的关联性，但其内容还是有所不同的。德国学者指出：“规范性概念指的是涉及价值判断或者其他抽象事物的法学专业表达（termini technici），其与现实层面并无必然关联。规范性概念异于日常的语言习惯，而仅仅承载于法律自身。”[②] 因此，规范性概念于具有价值判断的性质而言，它与评价性概念具有相同性。然而，在规范性概念指涉法律专业用语的意义上，它与评价性概念又存在区隔，例如，刑法中的规范性概念主要适用于负面评价。

如果说，描述性概念只是满足于对解释对象的外观描述；那么，评价性概念则引入了价值评判的要素，因而具有一定的相对性。例如我国刑法分则第六章第九节规定了制作、贩卖、出版、贩卖、传播淫秽物品罪，这里涉及淫秽物品的概念，就是一个评价性概念。《刑法》第 367 条对淫秽物品专门作了解释，指出：“本法所称淫秽物品，是指具体描绘性行为或者露骨宣扬色情的诲淫性的书刊、影片、录像带、录音带、图片及其他淫秽物品。有关人体生理、医学知识的科学著作不是淫秽物品。包含有色情内容的有艺术价值的文学、艺术作品不视为淫秽物品。”相对于枪支来说，淫秽物品是一个更为抽象的概念。因为在淫秽物品这个概念中涉及价值和伦理的判断，因而对其含义的把握是更为困难的。在淫秽物品概念中，对于理解其含义来说，重要的不是物品而是淫秽。物品只不过是淫秽的载体，采用何种载体并不重要，重要的是某种物品是否具有淫秽性。例如在现实生活中大量出现电子淫秽物品以后，2004 年 9 月 3 日最高人民法院、最高人

---

① ［德］英格博格·普珀：《法学思维小课堂——法律人的 6 堂思维训练课》（第二版），蔡圣伟译，24～25 页，北京，北京大学出版社，2024。

② ［德］托马斯·M. 默勒斯：《法学方法论》（第 4 版），杜志浩译，200 页，北京，北京大学出版社，2022。

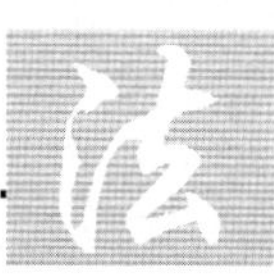

民检察院发布了《关于办理利用互联网、移动通讯终端、声讯台制作、复制、出版、贩卖、传播淫秽电子信息刑事案件具体应用法律若干问题的解释》，该司法解释第9条规定："刑法第三百六十七条第一款规定的'其他淫秽物品'，包括具体描绘性行为或者露骨宣扬色情的诲淫性的视频文件、音频文件、电子刊物、图片、文章、短信息等互联网、移动通讯终端电子信息和声讯台语音信息。有关人体生理、医学知识的电子信息和声讯台语音信息不是淫秽物品。包含色情内容的有艺术价值的电子文学、艺术作品不视为淫秽物品。"前引司法解释将各种电子载体的淫秽物品纳入"其他淫秽物品"的范围，界定淫秽的内容并没有发生变化，而是将晚近出现的淫秽物品的电子载体作了补充规定。对这里的淫秽一词进行解释的时候，就需要从伦理的否定评价上进行描述。可以说，淫秽是一个随着社会价值观念和伦理规则的变动而不断变化的概念，对此就应当采用目的解释而不能拘泥于淫秽的用语本身。

二、不确定法律概念的目的解释

不确定法律概念是指内容空泛的概念，此类法律概念通常用于某些内容难以具体界定的特殊场景。在不确定法律概念中，立法机关并没有提供明确的法律标准而只是提供了内容的框架，因而在一定意义上授权给司法机关对空泛的内容进行填补。我国学者指出，不确定概念是相对于确定概念而言的，是指在内涵和外延上都具有广泛不确定性的概念。① 由此可见，不确定概念主要是指其内容，包括内涵与外延具有不确定性。我国学者提出了不确定性概念的以下四个特征：第一是概括性，第二是模糊性，第三是多义性，第四是灵活性。② 上述四个特征都

① 参见王利明：《法学方法论——以民法适用为视角》（第二版），449页，北京，中国人民大学出版社，2021。

② 参见吴国喆：《不确定法律概念研究》，21～28页，北京，商务印书馆，2024。

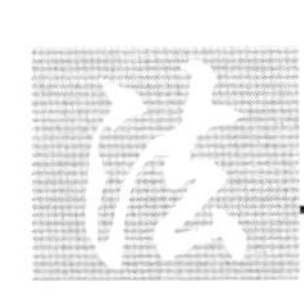

是语言的特征，因为立法中采用大量的自然语言，自然语言是在人类社会中逐渐形成的，因而具有其自身不可克服的某些局限性。不确定法律概念就是建立在法律语言的上述特征基础之上的。其中，不确定概念的概括性是相对于单一性而言的，针对单一性事物可以采用单一概念，由此形成概念与事物之间的一一对应。但对概然性事物则需要采用概然性概念，以便包含更为复杂的含义。不确定概念的模糊性是相对于精确性而言的，在立法中大量使用自然语言，当然也就难以达至精确性。因此，精确性是立法所追求的，而模糊性则是追求精确而不得的结果，而非立法者有意为之。多义性是相对于单义性而言的，语言本身具有表意功能，某些语言只能表达单一的含义，另外一些语言则具有多重含义，因而带来了法律概念在某些情况下的多义性。灵活性是相对于固定性而言的，语言的含义具有固定性与灵活性之分，固定性的语言含义具有稳定不变的特征，而灵活性的语言含义则具有变异性，随着时间与场景的改变而发生变化。因此，具有灵活性的法律概念，其含义往往发生变化，由此形成不确定法律概念。

在通常情况下，任何法律概念都应当有其确切的内容，这就是确定概念。如果某个概念内容空泛则难以被理解，更何况理解基础上的适用。然而，事物并不是绝对的，在某些立法机关难以设立明确标准的场合，就会不得已采用不确定的法律概念，并授予司法机关对框架性概念进行填充的权限。德国学者在论述法律概念的不确定性与开放性时指出："法律调整的社会事实多种多样，无法穷尽。反之，出于各种原因，法律条文和法律信条的数量则尽可能精简而且具备条理性。法律所调整的适当无限性与法律规范数量的有限性要求之间的辩证关系或者说在语言上产生如下结果：成文法规范必须包含普遍的、一般化的评价标准。尤其是在需要调整大范围的生活事实或者案件类型时，上述矛盾就更加明显。解决上述矛盾的手段很多，例如使用不确定的法律概念（unbestimmte Rechtsbegriffe）。通过这种方式，就能够为相应的法律规则确立比较大的适用范围和裁量空间，法律也因此具备了灵活性（Elastizität）借助于法律概念的这种'开放性'（Offenheit）和不确定性，既可以将法律适用于新的事实，又可以适用于新的社

会与政治的价值观。”[①] 因此，不确定的法律概念虽然不能提供确定的法律含义，却在调整社会生活方面具有其独特的功能。

不确定的法律概念在各国刑法中都存在，在我国刑法中也并不鲜见。以刑法总则而言，以下三处可以说是不确定概念的范例。《刑法》第20条规定的正当防卫，刑法除了对正当防卫的成立条件进行规定以外，还规定了限度条件，指出：“正当防卫明显超过必要限度造成重大损害的，应当负刑事责任，但是应当减轻或者免除处罚。”《刑法》第21条规定的紧急避险，除了对紧急避险的成立条件进行规定以外，还规定了限度条件，指出：“紧急避险超过必要限度造成不应有的损害的，应当负刑事责任，但是应当减轻或者免除处罚。”《刑法》第15条疏忽大意过失的规定中的应当预见，也是缺乏具体内容的法律概念。上述三种情形，都属于典型的不确定法律概念。

从上述刑法规定可以看出，不确定概念的特征在于：不确定概念并不是没有任何内容，而是对该内容的数量缺乏具体标准。例如必要限度的规定表明我国《刑法》第20条第1款规定的普通正当防卫是具有限度的，由此区别于《刑法》第20条第3款规定的特殊防卫。对于特殊防卫来说，不受防卫限度的限制，因而是一种例外规定。对于特殊防卫，刑法设置了特殊条件，它只能适用于某些特殊场景。然而，对于限度的具体标准，考虑到难以规定一般性的衡量标准，它具有因案而异的特点，因而只是规定必要限度。至于在一个具体案件中，何谓必要，何谓不必要，就需要有司法人员结合具体案情进行个别判断。正因为刑法对正当防卫和紧急避险的限度没有规定具体标准，因而对于这里的必要限度就存在不同的认识。显然，对于必要限度无法通过语义解释而明确其含义，因为语义解释可以给出限度的确切含义，却不能提供是否必要的明确标准。而对于正当防卫和紧急避险的认定来说，重要的不是限度而是这种限度在何种情况下是必要的。因此，对于必要限度之必要性的判断，就只能借助于目的解释。根据目的解释，

---

① ［德］伯恩·魏德士：《法理学》，丁小春、吴越译，84～85页，北京，法律出版社，2013。

刑法之所以对正当防卫和紧急避险设立限度条件，就在于正当防卫和紧急避险虽然具有使国家、公共利益、本人或者他人的人身、财产和其他权利免受正在进行的不法侵害或者危险，而采取的防卫行为或者避险行为，具有目的的正当性和手段的防卫性或者避险性，但仍然需要顾及不法侵害人的利益，尤其是紧急避险的情况下，所牺牲的第三人的利益本身就是合法利益，只是为了保全较大利益而不得已牺牲较小利益。在这种情况下，防卫行为和避险行为都应当具有节制性，不得超过一定的限度。如果超过一定的限度，防卫行为就转化为侵害行为，成立防卫过当；避险行为就转化为损害行为，成立避险过当。因此，只有基于对正当防卫和紧急避险的立法目的的理解，才能对必要限度作出合理的界定。

在刑法教义学中对于防卫限度如何理解，存在较大的争议。之所以存在争议，也就是因为不确定概念具有内容空泛的特征，在解释的时候不像语义解释那样具有一定的凭借。对于必要限度的判断标准，我国刑法学界主要存在三种观点：(1) 基本适应说，认为防卫行为不能超过必要的限度，就是说，防卫行为和侵害行为必须基本相适应。怎样才算基本相适应？这要根据侵害行为的性质和强度以及防卫利益的性质等来决定。(2) 客观需要说，认为防卫行为只要是为制止不法侵害所需要的，就是没有超过限度，因此，只要防卫在客观上有需要，防卫强度既可以大于，也可以小于，还可以相当于侵害的强度。(3) 基本适应和客观需要统一说，认为考察正当防卫行为是否超过必要限度，关键是要看是否为有效制止不法侵害行为所必需，必要限度也就是必需限度。但是，如何认定是否必需，脱离不了对侵害行为的强度、其所保卫权益的性质以及防卫行为的强度作综合的分析研究。① 上述三种观点，对正当防卫的立法目的的理解不尽相同，由此造成对防卫限度界定标准的某种差别。其中，基本适应说强调的是防卫行为与侵害行为之间的对等性，这种观点偏向于对正当防卫进行较为严格的限制，因而追求防卫行为与侵害行为之间的对等，也就是要以侵害强度约束防卫限度。客观需

① 参见陈兴良：《正当防卫论》（第四版），295～296 页，北京，中国人民大学出版社，2023。

要说则将足以制止不法侵害作为确定防卫限度的根据，不再机械地追求防卫行为与侵害行为之间的对等，而是站在防卫人的立场上，着重于考察防卫行为是否足以制止不法侵害。如果没有超过制止不法侵害的客观需要，则即使防卫强度超过侵害行为的强度，也不能认为超过必要限度。至于结合说，实际上是综合说，以客观需要为判断防卫限度的根据，但同时参考侵害行为的强度，以此作为判断是否超过必要限度的标准。我个人较为赞同上述第三种观点，认为在认定防卫限度的时候，应当采取综合标准，从侵害强度、侵害缓急和侵害权益这三个方面进行考察。[①] 在司法实践中，对于防卫限度的判断，在某个时期存在一定的混乱，将正当防卫混同于防卫过当，甚至混同于违法犯罪的情形时有发生。为此，最高人民法院、最高人民检察院、公安部《关于依法适用正当防卫制度的指导意见》第 12 条对准确认定明显超过必要限度作了明确规定，指出："防卫是否'明显超过必要限度'，应当综合不法侵害的性质、手段、强度、危害程度和防卫的时机、手段、强度、损害后果等情节，考虑双方力量对比，立足防卫人防卫时所处情境，结合社会公众的一般认知作出判断。在判断不法侵害的危害程度时，不仅要考虑已经造成的损害，还要考虑造成进一步损害的紧迫危险性和现实可能性。不应当苛求防卫人必须采取与不法侵害基本相当的反击方式和强度。通过综合考量，对于防卫行为与不法侵害相差悬殊、明显过激的，应当认定防卫明显超过必要限度。"这一司法解释的规定，从防卫行为和侵害行为两个面向，采用综合方法对防卫限度进行考察，对防卫限度的司法认定具有重要参考价值。

紧急避险的必要限度虽然在刑法规定中似乎与防卫限度相同，但在理解上两种必要限度却存在较大的差别。这种差别的原因在于：正当防卫和紧急避险的性质不同，正当防卫的本质是与不法侵害做斗争的正义行为，因而其防卫限度不能与侵害行为相对应，而是应当以是否足以制止不法侵害为限度。然而，紧急避险

① 参见陈兴良：《正当防卫论》（第四版），299 页，北京，中国人民大学出版社，2023。

的本质是以牺牲较小的合法利益保全较大的合法利益，因而所保全的利益不能小于所牺牲的利益就成为认定必要限度的标准。这种思想，在刑法教义学中称为利益权衡。因此，紧急避险的必要限度之必要性的内容，在刑法教义学中称为相对最小损害原则，这是从利益权衡中引申出的必然结论。我国台湾地区学者指出："避险行为仅是法所容任的行为，并非以正对不正的积极权利行使行为，因此受到利益权衡的限制，而这主要就是优越利益原则以及行为相当性原则的双重限制，必须同时通过以上两种评价者，才能主张阻却违法之紧急避险。"① 因此，对于紧急避险来说，避险限度受到更为严格的限制，也就是说，避险所牺牲的利益必须小于所保全的利益，否则就是避险过当，应当承担相应的刑事责任。因此，在对紧急避险的必要限度进行目的解释的时候，应当从紧急避险的本质出发，并注意与正当防卫的必要限度在解释论上的差别。

如果说，正当防卫和紧急避险的必要限度属于未能提供判断标准的不确定概念，对此可以提供探寻这两种违法阻却事由的本质特征，由此通过目的解释明确必要限度的具体标准，那么，刑法关于疏忽大意过失的应当预见，则属于韦尔策尔所说的开放的构成要件，需要通过目的解释予以填补。根据我国《刑法》第15条的规定，疏忽大意的过失是指应当预见自己的行为可能发生危害社会的结果，因为疏忽大意而没有预见，以致发生这种结果的，是疏忽大意的过失。上述规定中，刑法只是规定了应当预见，但并没有对预见义务和预见能力作出具体规定，因而在疏忽大意过失的认定中，在何种情况下属于应当预见的判断权完全授予司法机关。对于开放的构成要件，韦尔策尔指出："存在着大量的构成要件，法律在这些构成要件中仅仅描述了构成要件要素中的一部分，而对于另一部分构成要件要素，法律只向法官说明了对构成要件的补充标准，从而授权法官对这部分要素的内容加以填补。这种开放的或者需要填补的构成要件主要存在于过失犯和不真正不作为犯当中。过失犯和不真正不作为犯的构成要件只有一部分是法定

① 林钰雄：《新刑法总则》，266页，台北，元照出版有限公司，2018。

的构成要件，而在另一部分上则是由法官加以补充的构成要件。”[①] 韦尔策尔论及对过失犯主要根据违反交往中必要的注意进行填补，因而过失犯构成要件中的应当预见而没有预见，其内容表现为违反结果回避可能性，这就是根据目的解释所得出的结论。

三、一般条款的目的解释

一般条款是指对法律适用具有普遍指导意义的概括性条款。一般条款是相对于具体条款而言的。具体条款是针对具体事项或者具体案件所作的规定，因而具体条款具有针对性和明确性。然而，一般条款则具有抽象性和开放性。德国学者指出：“我们应当把一般条款理解成一个这样的事实构成措辞，它通过很大的普适性包括一类案件领域，并引导着法律的处置。”[②] 因此，一般条款在适用上明显不同于具体条款。对于具体条款，立法者往往采用描述性概念或者列举式规定的方法，因而其内容明确，易于适用，但一般条款则概括性较强，在适用上较为困难。

关于一般条款的性质，德国学者甚至提出一般条款作为漏洞的命题，德国学者 J. W. 赫德曼将一般条款切合实际地称为立法遗漏的部分，也就是立法者希望的法律漏洞。菲利普·赫克在方法上更为准确地将这些规定定义为授权规范，它们使法官负有立法的任务。立法者希望法官能够对特定的案件类型灵活地造法，以适应当时的技术经济、社会和政治的发展，因此，这样的条款也是故意的，而不是违反计划的法律漏洞。[③] 也就是说，一般条款虽然在形式上符合法律漏洞的特征，但它是立法者的故意留白，并非真正意义上的法律漏洞，因此，一般条款

---

① ［德］汉斯·韦尔策尔：《目的行为论导论：刑法体系的新图景》（增补第 4 版·中文增订版），陈璇译，21 页，北京，中国人民大学出版社，2024。

② ［德］卡尔·恩吉施：《法律思维导论》（修订版），郑永流译，149 页，北京，法律出版社，2014。

③ 参见［德］伯恩·魏德士：《法理学》，丁小春、吴越译，348～349 页，北京，法律出版社，2013。

的内容具体化并不是漏洞填补，而仍然属于法律解释。

一般条款的适用可以称为具体化，即对包含在一般条款之中的内容进行分析与分解，使之具体化，从而为适用提供细则化的规范根据。在一般条款具体化过程中，通常会采用多种解释方法，例如语义解释、体系解释等，其中目的解释也是一种不可或缺的重要方法。因为在一般条款的情况下，立法者并没有将立法目的通过具体语言表达出来，而是采用了抽象概念，因而需要对一般条款的规范目的加以明确，这个明确过程也就是目的解释的过程。

这里应当指出，相对于民法中存在较多的一般条款，刑法中的一般条款较少。这主要是因为民法典条文数量庞杂，各种法律关系交错，因而需要设置一般条款予以拾遗补阙。正如我国民法学者王利明指出："近代以来的大陆法系国家法典化运动中，由于法典的制定者希望借助法典全面规范社会生活，法典便成为唯一的法律渊源。但是，鉴于法律规定内容过于庞杂，在此背景下，一般条款应运而生。"① 因此，在民法典中，一般条款是较为常见的立法现象，但在刑法中，由于实行罪刑法定原则，对犯罪和刑罚都要求加以具体规定，因而一般条款并不常见。在刑法中，不能把刑法原则理解为一般条款。刑法原则具有抽象性，它是对刑法适用指导思想的归纳与概括，因此在形式上类似于一般条款。刑法基本原则，无论是罪刑法定原则、罪刑均衡原则还是罪刑平等原则，其内容都适用于所有定罪量刑活动。然而，这些刑法基本原则并不是相对于具体条款而言的一般条款；同时，也不能把刑法总则条款混同于一般条款。刑法总则条款是相对于刑法分则条款而言的，分则条款是对犯罪和刑罚的个别性规定，而总则条款则是对定罪量刑的一般制度的规定，在定罪量刑过程中不仅要遵循分则条款，而且要遵循总则条款。刑法总则条款具有抽象性，并且适用于所有分则条款，因此在形式上类似于一般条款。但刑法总则条款在性质上不同于一般条款，因为一般条款的功

① 王利明：《法学方法论——以民法适用为视角》（第二版），455页，北京，中国人民大学出版社，2022。

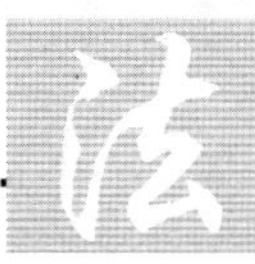

能是拾遗补阙，而刑法总则条款则是关于整个刑法的基本制度和基本原则的规定。

那么，我国刑法中是否存在一般条款呢？这个问题是值得研究的。德国学者在论述刑法中的一般条款时，将其与列举条款相对应，认为如果刑法采用例举方式进行规定的就是列举条款，反之如果刑法采用概括方式进行规定的则是一般条款。例如德国学者将《德国刑法典》中的以下规定理解为列举条款："如果故意伤害身体的后果是，受害者身体的重要部分，一只或两只眼睛的视力、听力、语言或生殖能力丧失或严重地持续地受到损害，或遭致久病不愈，瘫痪或精神病，那么……"后来该条款修改为："如果受害者在其身体和健康上遭受严重损害……"经过修改以后，删除了列举事项，代之以损害这一概括性规定，因而德国学者认为这一规定可以被视作一般条款。[①] 我认为，这只是概括规定，它并不能等同于一般条款。我国刑法中的一般条款立法例，可以列举出《刑法》第287条的规定："利用计算机实施金融诈骗、盗窃、贪污、挪用公款、窃取国家秘密或者其他犯罪的，依照本法有关规定定罪处罚。"该条款虽然采用列举加兜底的规定方式，但其内容是对不纯正的网络犯罪适用法律的提示性条款，具有一般条款的性质。我国刑法规定了若干纯正的网络犯罪，即只能以网络的形式构成的犯罪。其中，较为典型的是《刑法》第286条之一规定的拒不履行信息网络安全管理义务罪。但除此以外，还存在利用计算机实施刑法规定的其他犯罪的情形，这些犯罪既可以在现实空间实施，也可以在网络空间实施，可以称为不纯正的网络犯罪。对于此类犯罪，刑法并不需要逐一规定，而只要以一般条款的方式作出概括规定即可达到立法目的。在对《刑法》第287条进行解释的时候，除了立法机关所列举的犯罪，对于其他犯罪能否按照网络犯罪论处，就要按照规范目的进行解释。从立法目的来说，该条款是刑法规定的通常之罪如果发生在网络空间，则

① 参见［德］卡尔·恩吉施：《法律思维导论》（修订版），郑永流译，149页，北京，法律出版社，2014。

应当依法定罪处罚。至于何种犯罪可能发生在网络空间，何种犯罪不能发生在网络空间，则应当根据具体犯罪的情形而确定。

四、不明确法律概念的目的解释

不明确的法律概念是相对于明确的法律概念而言的，明确的法律概念给出了法律概念的确切含义，因而通过语义解释就可以获得法律概念的内容。而不明确的法律概念，则需要通过目的解释才能明确其含义。我国学者将不明确与明确相对应，认为明确性是刑法罪刑法定原则的基本要求，而不明确则在一定程度上与罪刑法定原则相抵牾。因此，将不明确概念界定为容易引起明确性争议的概念，并将不明确概念分为四种类型，这就是空白罪状、规范的构成要件要素、定量要素以及兜底条款。[①] 在与明确相对应的意义上界定不明确，当然具有一定的合理性，然而，这还不能真实地揭示不明确的含义。我认为，应当采用模糊性来界定不明确。如果采用这个标准，则上述四种类型未必都符合不明确的特征。这里应当指出，不明确概念与不确定概念还是具有一定区别的：不确定概念是指内容空泛难以确定其内容的概念，但不明确概念则是指虽有内容但含义模糊的概念。因此，我认为应当在含义模糊的意义上界定不明确的法律概念。例如我国刑法中广泛存在的“数额较大”和“情节严重”等用语，都是采用模糊性概念的适例。这种立法例备受质疑，然而正如德国学者指出：“我们的法律之所以运用这种模糊的数量概念，是为了能够根据不同的状况调整其内涵，而无须因此更动法条文字。”[②] 由此可见，在一定条件下，采用模糊性概念的立法具有其合理性。

在我国刑法中，不明确的法律概念也是客观存在的。应该说，我国刑法中不

---

① 参见张建军：《刑法中不明确概念类型化研究》，128页，北京，法律出版社，2016。

② ［德］英格博格·普珀：《法律思维小学堂——法律人的6堂思维训练课》（第二版），蔡圣伟译，17～18页，北京，北京大学出版社，2024。

仅存在模糊性的数量概念，还存在模糊性的程度概念，它们都属于不明确的法律概念的范畴。例如《刑法》第166条规定的为亲友非法牟利罪，其中第2项行为是："以明显高于市场的价格从自己的亲友经营管理的单位采购商品、接受服务或者以明显低于市场价格向自己的亲友经营管理的单位销售商品、接受服务。"这里涉及明显高于市场的价格和明显低于市场的价格的表述，都具有不明确概念的特征。另外，《刑法》第169条之一规定的背信损害上市公司利益罪，其中第2项行为是："以明显不公平的条件，提供或者接受资金、商品、服务或者其他资产。"第3项行为是："向明显不具有清偿能力的单位或者个人提供资金、商品、服务或者其他资产。"第5项行为是："无正当理由放弃债权、承担债务。"这里涉及的明显不公平的条件、明显不具有清偿能力、无正当理由等表述，都具有不明确概念的特征。上述法律规定中，明显高于或者明显低于、明显不公平、明显不具有以及无正当理由等规定，对所表述的内容采用的是一种不明确的规定方式。在此，刑法并没有明确提供判断标准，而只是给出了一个具有一定含糊性的衡量准则。在这种情况下，授予司法机关对具体事项的裁量权。例如这里的明显不公平，法律要求在这种情况下具有不公平的性质，这是可以理解的，但何谓明显，则是较为模糊的，法律并没有给出确定的衡量标准。对此，司法机关应当根据案件的具体情况加以认定。明显的一个程度的概念，它反映了立法机关的一种倾向性立场取向。在这种情况下，如果采用语义解释是很难把握明显不公平的含义的，因而需要基于本罪设立的立法理由，采用目的解释的方法，揭示明显不公平的确切含义。除了上述不明确概念，《刑法》第225条第1项规定的限制买卖物品也属于不明确概念。《刑法》第225条规定的非法经营罪，其中第1项规定的非法经营行为是未经许可经营法律、行政法规规定的专营、专卖物品或者其他限制买卖的物品。在上述规定中，专营、专卖物品的含义是十分明确的，我国专门颁布了相关专营专卖法，据此可以认定专营、专卖物品。但对限制买卖物品则因为我国并没有相关法律、行政法规，因而其内容是十分模糊的。通常认为，限制买卖物品是指国家根据经济发展和维护国家、人民群众利益的需要，规定在一定时期实行限制性经营的物品。[①] 由此可见，这是一个框架性规定，具体内容是不明确的。那么，在司法实践中如何认定限制买卖物品，是根据相关法律、行政法规认定，还是可以由司法机关根据案件的具体情况认定？这些问题都是存在争议的。例如国家实行经营许可制度的物品，是否属于限制买卖物品？在薛某煌非法经营案中，裁判理由认为："在本案中，根据《中华人民共和国药品管理法》第 14 条、第 73 条以及《药品流通监督管理办法》第 10 条第 1 款的规定可见，国家对药品实行经营许可管理制度，经营者必须取得经营许可证才能从事许可证规定范围内的经营活动。潮州市食品药品监督管理局证实被告人没有取得药品许可证。本案被告人违反上述法律、行政法规的规定，在没有取得经营许可证的情况下，借用其他企业的经营条件进行药品经营，其行为应认定为非法经营罪。"[②] 从本案判决所引用《刑法》第 225 条第 1 项的法条可以看出，对本案被告人是以非法经营限制买卖物品认定为犯罪的。根据上述裁判理由，只要没有取得行政许可而产生某种经营活动，就属于非法经营限制买卖的物品。然而，我国刑法是 1997 年修订的，《行政许可法》则是 2003 年 8 月 27 日颁布，并于 2004 年 7 月 1 日实施的。在刑法规定非法经营罪的时候，我国并没有建立行政许可制度。在这种情况下，能否直接将未取得行政许可经营某种物品的行为确定为非法经营限制买卖物品的行为，法律规定是不明确的。对此，我们应当采用目的解释的方法，探寻非法经营罪的设立初衷，尤其是第 1 项将限制买卖物品和专营、专卖物品相提并论，就是要在某些特定情况下，对影响国计民生的某些重要物品的经营活动加以限制。也就是说，这一规定并不具有保障行政许可制度实施的立法意图，因而不能将违反行政许可法的行为归之于限制买卖物品的非法经营罪。

---

① 参见陈兴良、刘树德、王芳凯编：《注释刑法全书》，1080 页，北京，北京大学出版社，2022。

② 陈兴良、张军、胡云腾主编：《人民法院刑事指导案例裁判要旨通纂》（上卷·第三版），559 页，北京，北京大学出版社，2024。

五、不准确法律概念的目的解释

不准确法律概念是指虽然法律的含义清楚，但如果完全按照字面含义理解，并不符合立法目的，因而在一定限度内予以适当纠偏，以便法律规定的准确适用。应当指出，法律规定并不是在任何情况下都完美无缺的，语言表达总会存在这种或者那种缺点或者瑕疵。对于法律用语的这种不准确，法律解释是可以基于立法目的而加以纠正的。例如我国《刑法》第270条规定侵占罪，是指将代为保管的他人财物非法占为己有，数额较大，拒不退还的行为。在此，立法机关对本罪的客体——财物描述为代为保管的他人财物，也就是说，在行为人与他人财物之间存在着保管关系。保管关系是一种民事法律关系，根据《民法典》第888条的规定："保管合同是保管人保管寄存人交付的保管物，并返还该物的合同。"基于保管关系，他人财物作为保管物处于行为人合法占有状态，利用这种占有状态将保管物占为己有的，属于侵占行为。但如果将《刑法》第270条的保管仅仅理解为保管关系中的保管，则必然极大地限缩侵占罪的范围，这显然是不合理的。其实，合法占有他人财物的状态，除了保管关系以外，还有其他合同关系，例如租赁合同、委托合同、运输合同、承揽合同、承包合同、仓储合同等。在这种情况下，对《刑法》第270条规定的保管关系就应当基于立法目的，将这里的保管解释为基于合同关系合法占有他人财物。对此，立法机关将侵占罪中的保管解释为基于委托合同关系，或者根据事实上的管理，以及因习惯或信任关系而拥有对他人财物的持有、管理。[①] 因此，对这种不准确的法律概念，可以采用目的解释加以纠正。我国学者张明楷还从普通用语规范化的角度对代为保管的含义进行了论述，指出："刑法第270条中的'代为'保管是一个普通用语，其规范意义是

---

① 参见王爱立主编：《〈中华人民共和国刑法〉释解与适用》（下），757页，北京，人民法院出版社，2021。

受委托占有他人财物，以财物的所有人或其他权利人与行为人之间存在委托关系为前提，委托关系发生的原因多种多样，例如租赁、担保、借用、委任、寄存等。委托关系的成立不一定要以成文的合同为根据；根据日常生活规则，事实上存在委托关系即可。”① 在此，论证主要从“代为”这一用语的规范化进行解释，认为“代为”是普通用语，应当将其规范化地解释为委托关系，基于委托关系而获得对他人财物的占有，并将这种财物予以侵占的，构成普通侵占罪，并在性质上区别于盗窃罪。无论是从“保管”还是从“代为”的用语上进行解释，都是根据规范目的，对《刑法》第 270 条不准确或者不规范的用语进行某种纠偏，由此而使普通侵占罪的构成要件明确化。

在法律概念不准确，也就是言不达意的情况下，采用目的解释的方法，通过规范目的匡正法律文本的含义，这在一定程度上是允许的。但它究竟能走多远，这是一个值得关注的问题。也就是说，利用目的解释对法律文本进行匡正是有限度的，对于法律文本的疏漏和瑕疵，如果不能采用目的解释予以匡正的，应当采用刑法修改程序加以解决，这也是罪刑法定原则的必然要求。例如我国《刑法》第 247 条规定的暴力取证罪，其行为是使用暴力逼取证人证言，因此，本罪的客体是证人。根据《刑事诉讼法》第 62 条的规定，这里的证人是指知道案件情况而向司法机关作证的人。那么，那些不知道案件情况或者知道案件情况但拒绝作证的人是否属于这里的证人，对这些人暴力取证是否构成本罪呢？如果严格按照刑事诉讼法关于证人的定义，则不知道案件情况或者知道案件情况但拒绝作证的人就不能解释为证人，但在我国刑法中通常都将这些人解释为证人。② 在此采用的是目的解释的方法，虽然在一定程度上扩张了证人的语义范围，但并不认为违反罪刑法定原则。在此，还存在一个问题，就是刑事诉讼中的被害人能否解释为

---

① 张明楷：《刑法分则的解释原理》（下册），866 页，北京，高等教育出版社，2024。

② 参见王爱立主编：《〈中华人民共和国刑法〉释解与适用》（下），702 页，北京，人民法院出版社，2021。

本罪中的证人？对被害人暴力取证是否构成本罪？对于这个问题，我国学者持肯定的观点，认为刑事诉讼中的被害人作为诉讼当事人，其诉讼地位虽然不同于证人，但被害人陈述与证人证言一样，都是刑事诉讼中重要的证明案件情况的言辞证据，且作为犯罪行为的直接受害者，被害人所作的陈述能较为全面地反映案件情况。为保障被害人的人身权利，暴力取证罪的对象——证人不应从规范意义上理解，而应当作扩大解释，即应当将其理解为包括被害人在内。我国学者指出，这里的证人不仅限于刑事诉讼法上的证人，还包括被害人、鉴定人。[①] 我认为，被害人已经完全超出了证人的语义射程，因而上述解释不是扩大解释而是一种目的性扩张解释，基于罪刑法定原则，对于上述情形，如果需要对针对被害人的暴力取证行为追究刑事责任的，应当通过刑法修订的方式予以犯罪化处理。

① 参见曲新久：《刑法学》（第三版），434 页，北京，中国政法大学出版社，2012。

第十章 类推解释

在考察刑法解释方法的时候，类推解释是一个绕不过去的问题；并且，围绕着类推解释存在各种观点的聚讼。在某种意义上说，类推解释是刑法解释中的阿喀琉斯之踵（Achilles'Heel）。类推解释并不是刑法的一种解释方法，而只是在考察刑法解释方法过程中需要认真处理的一个问题。因此，本章所论述的类推解释并不能与语义解释、体系解释、历史解释和目的解释相提并论。严格来说，类推解释并不是一种独立的刑法解释方法，甚至类推解释这个概念本身都是存在争议的。本章在对类推解释概念加以辨析的基础上，对刑法中的类推及类推解释进行体系性考察。

第一节 类推解释的概念

类推解释概念中的类推一词，如果仅仅从字面来看，是类比推理的简称。①

---

① 关于类比推理，参见本书第十三章。

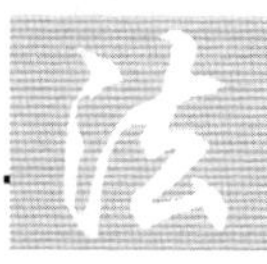

然而，在刑法教义学中，类推已经成为一个专用名词。如果说，类比推理是一个逻辑学概念；那么，类推解释就是一个法学概念。因此，对于类推解释的概念应当在法学方法论的意义上加以把握。

一、类推解释的含义

在刑法方法论中，类推解释这个概念本身，在日本刑法教义学与德国刑法教义学中就存在巨大差异。可以说，类推解释的概念只存在于日本刑法教义学中，而在德国刑法教义学中则并无类推解释只有类推适用的概念。例如日本学者指出："所谓类推解释，就是以刑法明文规定的事项与无明文规定的事项之间所存在的类似性为依据，将前一事项的规定适用于后一事项的逻辑操作。"① 在此，虽然日本学者将类推解释归之于逻辑操作，实际上就是逻辑解释，但仍然对类推解释冠以解释之名。日本学者是在罪刑法定原则中论及类推解释之禁止的，并且将其视为罪刑法定的派生原则。日本学者山口厚指出："一般认为，作为刑法的解释来说，'允许扩张解释而不允许类推解释'。这是因为，如下所示，类推解释无非就是裁判所（指法院——引者注）的事后的立法而已，由于其违反了法律主义以及禁止事后法，故而不为罪刑法定原则所允许。"② 在此，山口厚在禁止的意义上论及类推解释，其含义是说，类推解释本身是成立的，只不过被罪刑法定原则所禁止，不能在刑法解释中采用而已。日本之所以认可类推解释这个概念，是因为日本在第二次世界大战之前，类推解释是允许的。只是在第二次世界大战以后，类推解释才被禁止。但被禁止以后，类推解释这个概念则仍然保留了下来，成为刑法解释中在与扩大解释相区分的意义上具有一定学术价值的概念。此

① ［日］关哲夫：《论禁止类推解释与刑法解释的界限》，王充译，载陈兴良主编：《刑事法评论》，第 20 卷，357 页，北京，北京大学出版社，2007。

② ［日］山口厚：《刑法总论》（第 3 版），付立庆译，13 页，北京，中国人民大学出版社，2018。

外，日本学者认为虽然刑法中禁止类推解释，但在民事法律中采用类推解释（也被称为“准用”）是理所当然的。其理由在于：为了合理解决民事纠纷，即便允许类推解释，也并无弊端。[①] 由此可见，即使在罪刑法定原则的语境下，日本仍然保留了类推解释的概念。

德国则与日本不同，在德国刑法教义学中只有类推适用的概念但并没有类推解释的概念，德国学者称类推时往往是指类推适用。例如德国学者罗克辛将禁止类推而非禁止类推解释作为罪刑法定的派生原则，是严格的罪刑法定的应有之义。罗克辛指出：“类推是通过类似性推理的方法，将一个法律规则转而适用于一个在法律中没有规定的其他案件的做法。任何一种在其他法律领域中被认为是很平常的作为获得法律手段的类推用法，只要是发挥对行为人不利的作用的，那么在刑法中，出于保护行为人的目的，都要为《德国基本法》第103条第2款所禁止。对于仅仅类似于法律规定的案件，这种刑事可罚性在法律上就是不确定的。”[②] 值得注意的是，罗克辛在上述叙述中，认为罪刑法定所禁止的并不是类推解释而是类推适用，因此，在罗克辛的语境中，类推并不是一种解释方法，而是一种基于类似性的法律推理方法，可以归属于法律适用。应该说，解释方法与推理方法之间是具有明显区分的。在日本的法学方法论中并无推理的概念，所有法学方法都归之于解释。而在德国的法学方法论中，将解释与推理加以区分。解释是语言分析方法，而推理是逻辑分析方法，两者具有各自的功效。而且，即使在民法或者其他法学领域的方法论中，都不存在类推解释的方法。例如德国学者拉伦茨将类推确定为一种开放型漏洞的填补方法，指出：“《德国民法典》第463条第2句提供了将制定法的规定类推适用于制定法并未提及，但根据价值评判应

---

① 参见［日］西田典之：《日本刑法总论》（第2版），王昭武、刘明祥译，43页，北京，法律出版社，2013。

② ［德］克劳斯·罗克辛：《德国刑法学总论》（第1卷），王世洲译，79页，北京，法律出版社，2005。

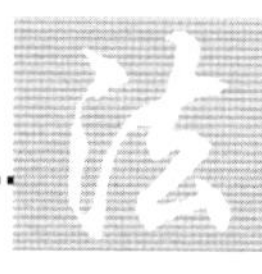

做相同评价的事实构成的例子，之前我们在阐述漏洞概念时已经提到过这个条文。”[①] 根据拉伦茨的以上论述，在刑法中禁止的是类推适用而不是类推解释。同样，在民法中允许的是漏洞填补而不是类推解释。由此可见，在日本法学方法论和德国法学方法论中，类推的性质是不同的：日本法学方法论中，类推解释是存在的，只不过在刑法中被禁止，在民法中则被允许。但在德国法学方法论中，类推是一种推理方法而不是解释方法，其功效在于填补法律漏洞。刑法中禁止类推，是指基于法无明文规定不为罪的原理，禁止通过类推填补（如果有的话）刑法漏洞，而民法中不禁止类推，是指允许通过类推填补法律漏洞。

我国对类推的理解，从传统上看接近于日本而不同于德国。因此，我国刑法教义学中采用类推解释的概念，尤其是我国 1979 年刑法曾经设立类推制度，在这种类推合法化的法律语境中，类推解释的概念当然也就具有其存在的现实空间。及至 1997 年刑法废除类推制度，引入了罪刑法定原则，在这种情况下，不仅类推适用，而且类推解释都丧失了其存在的根基。然而，类推解释的概念仍然作为罪刑法定原则的对立物而被我国刑法所保留。例如立法机关在阐述罪刑法定原则的含义时指出：“贯彻罪刑法定原则就必须在进行法律适用、解释的过程中，坚持禁止类推的精神，正确把握类推解释和扩大解释的界限，前者违反罪刑法定原则，后者在法律用语的含义之内并不违反罪刑法定原则。”[②] 由此可见，类推解释的概念虽然不符合解释的本义，但由于历史传统的原因，类推解释在我国刑法话语体系中还是占据着一席之地。

如果从逻辑上来说，类推不可能是一种解释方法，因为解释是对法律文本含义的揭示，它以法律规定为前提。在没有法律规定的情况下，根本就不存在解释。因此，类推解释的概念是与法律解释的概念相矛盾的，因而难以成立，只有将类推确定为一种法律适用的推理方法才具有合理性。法律推理意义上的类推，

① ［德］卡尔·拉伦茨：《法学方法论》（全本·第六版），黄家镇译，480 页，北京，商务印书馆，2020。
② 陈兴良、刘树德、王芳凯编：《注释刑法全书》，7 页，北京，北京大学出版社，2022。

是指采用类比推理的方法，以法律文本的含义与待决案件事实之间具有相似性为依据，将法律规定适用于待决案件的逻辑推导方法。当然，鉴于我国的特殊语境，本章还是在特定的意义上采用类推解释一词。因为在刑法中对法律没有明文规定的行为，根据其与法律规定之间具有类似性而解释为具有定罪根据，这一类推解释的含义已经约定俗成，被广泛接受，因而，这里的类推解释是指类推的入罪解释。在这种情况下，本书严格将类推解释的含义定义为超出法律范围的类推解释。至于在法律文本语义范围内采用类比推理方法的解释，本书称为同类解释。在某种意义上说，同类解释其实也是一种类推解释，只不过是在法律文本语义范围内的类推解释。

无论是类推解释还是类推适用，都是以类推为基础的，而类推本身是一种思维方法，其内容表现为类比推理，因此类推具有思维方法的性质。[①] 作为思维方法，类推不同于演绎和归纳，它是以两个事物之间的类似性为根据，而将一事物等同于另一事物的推理过程。类推的思维方法在法律适用中也经常被采用，因此类推同时又是一种法律适用方法。法律适用是以法律具有明文规定为前提的，在类推的情况下，并没有法律的明文规定，在这个意义上说，类推并不是通常意义上的法律适用方法，只有在法律允许的情况下，类推才能成为一种适用方法。例如，根据《瑞士民法典》第 1 条的规定，法官可以在法律没有规定的情况下，自行提出规则裁判，因此，通过类推将现有的法律规定适用于与其具有类似关系的案件事实，这是完全合法的。在我国 1979 年《刑法》第 79 条规定类推制度的情况下，根据类推定罪，只要经过最高人民法院核准就是合法的，因此，类推就成为我国 1979 年《刑法》确认的一种刑法适用方法。然而，在实行罪刑法定原则的刑法中，定罪处刑要求以刑法的明文规定为根据，因此类推就被禁止，不能成为刑法的适用方法。如果类推不能成为刑法适用方法，那么，类推是否可以成为刑法解释方法呢？我国传统刑法理论将类推称为解释方法，即类推解释。例如我

① 关于类比推理，参见本书第十三章。

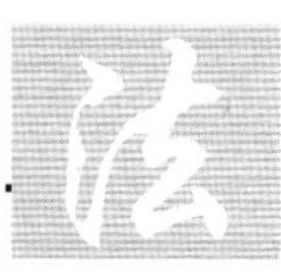

国学者指出："类推解释是以法律没有明文规定的事实与援引的条文的明文规定具有类似性为前提的。该类似性反映到犯罪构成上，就是其构成要件在总体上相类似。因此，类推解释是依据立法精神和原则对犯罪构成要件，即法律明文规定做实质判断的结果。"[①] 按照这一论述，类推解释不是以法律明文规定为前提的，而是以立法精神为依据的。然而，这种对法律解释的理解本身并不符合解释一词的含义。而德国学者则明确将解释与类推加以区分，例如拉伦茨将类推归之于一种开放型法律漏洞的填补方法，因此，拉伦茨认为法学上的类推无论如何都是一种价值评判性的思维过程，而不仅仅是形式的—逻辑的思维过程。[②] 显然，解释是对法律规定含义的揭示，因而它是以法律明文规定为前提的。而类推是在法律没有明文规定情况下对法律的一种续造，因而类推与解释之间存在互斥关系，不能将类推归之于解释。即使是在刑法明文规定类推制度的语境中，类推也不是一种解释，而是刑法的一种特殊适用方法。只有在类比推理的意义上，类推解释的概念具有一定的存在空间，但它绝不能作为合法的刑法解释方法。

那么，根据罪刑法定原则为什么必然得出禁止类推的结论呢？我认为，这是由罪刑法定所内含的形式理性与类推所依据的实质理性这两种思维方法之间的对立所决定的。罪刑法定是以法律明文规定作为入罪的标准，因而将犯罪予以法定化，以此严格限制犯罪范围。根据罪刑法定原则，只要是法律没有明文规定的行为，无论其实质上具有何种法益侵害性都不得认定为犯罪，因此，法无明文规定不为罪的规定具有明显的形式思维特征。与之相反，类推则突破了法律明文规定，只要行为的法益侵害性达到严重程度，就可以通过类推予以入罪，从而实现实质的合理性。因此，类推所依据的是以实质合理性为根据的思维方法。由此可见，罪刑法定与类推的对立并不仅仅是入罪标准的差异，更为重要的是刑法思维

---

① 薛瑞麟：《论刑法中的类推解释》，载《中国法学》，1995（3）。

② 参见［德］卡尔·拉伦茨：《法学方法论》（全本·第六版），黄家镇译，479～480页，北京，商务印书馆，2020。

方法的对立。在这个意义上说，坚持罪刑法定原则就意味着在刑法中将形式理性置于优先地位。应当指出，虽然世界各国刑法都基于罪刑法定原则而禁止类推，我国亦在1997年刑法修订过程中废除了1979年《刑法》第79条规定的类推制度，转而规定了罪刑法定原则，但还是有个别国家刑法在规定罪刑法定原则的同时，允许类推。日本学者在介绍丹麦刑法时指出："在丹麦刑法中，最具特色的解释方法是允许类推。即，丹麦刑法第1条前部分所规定的：'可处罚的行为仅为根据制定法处罚的行为或完全可比的行为'。这里的根据制定法处罚的行为，是指刑法明文规定的行为；而完全可比的行为则是指与制定法规定的行为之间具有类似关系因而可以进行类比的行为。由此可见，丹麦刑法是允许类推的，这在世界范围内都是罕见的，一直以来备受关注。"① 当然，丹麦刑法虽然承认类推，但是只在非常有限的范围内予以承认。尽管如此，日本学者认为丹麦这种类推是一种实质解释方法。

在刑法方法论中，如何正确区分语义解释与类推解释是一个争议较大的问题，这个问题的核心是如何确定可能语义的范围。德国刑法学界曾经围绕着盐酸案②，产生了一场关于能否认定为类推解释的争论。X携带盐酸泼洒于一名女会计脸上进而抢走她的钱包。在联邦法院的判决中，涉及的问题在于：X是否犯了加重强盗罪（抢劫罪——引者注）。根据当时有效的《德国刑法典》第250条规定，加重强盗罪的构成在于："当行为人……携带武器实施强盗行为，而以武力或以武力胁迫，防止或压制他人反抗时"。在本案中需要判断的问题是：被告人使用的盐酸是否属于刑法规定的武器？对此，德国联邦法院肯定了盐酸是武器的观点，却引起相当大的争议。德国联邦法院对武器一词的理解存在一个转变的过程。在1950年代以前对于武器的认定，是以能发生一定的机械性的作用为根据，

① ［日］松泽伸：《机能主义刑法学理论——丹麦刑法学思想》，吕小红译，81页，北京，中国政法大学出版社，2024。

② 参见［德］阿图尔·考夫曼：《法律哲学》（第二版），刘幸义等译，87页，北京，法律出版社，2011。

例如砍、刺、撞击、投掷、射击，因此腐蚀性的物资并不被视为一种武器。1950年代以后，德国联邦法院对武器的认识发生了变化，认为过去对武器的见解是从刑法之外、一般而技术性语言的观点立论，而随着战争技术的发展，能造成例如焚烧、昏迷、中毒等作用的武器，并不下于机械性武器之威力。因此在一般的语言使用上，武器的概念早已不再区分所造成的究竟是机械性抑或是化学性的作用，二者皆包含在对武器概念的理解之中。而且，从立法目的而言，如果使用化学物质会产生同样高度的危险性，当然不能做不同之处遇。[①] 按照这一观点，德国联邦法院将盐酸采用语义解释的方法解释为武器。对此，也有德国学者认为盐酸可以说是一种化学武器，因而语义解释就可以完成本案的找法任务。然而，虽说存在化学武器的概念，但化学物品不能直接等同于化学武器，只有按照武器的使用目的进行加工形成的特殊物质，才能称为化学武器。所以，按照语义解释并不能将盐酸归之于武器，对他人泼洒盐酸也不能简单等同于使用武器。就此而言，利用盐酸进行抢劫不能认定为使用武器进行抢劫，因而此种行为属于刑法没有规定的情形。对此，使用武器的规定属于类推解释，其原理在于：盐酸虽然不是武器，但具有与武器相同的性能，因而使用盐酸进行抢劫具有与使用武器进行抢劫在性质上的相似性，按照类比推理的方法，可以解释为加重强盗罪。这种类推实际上是在法律明文规定之外，按照类比推理的方法进行定罪。这种观点在德国刑法学界也具有一定的影响。此后，立法者相应地修改了刑法第250条，现在的规定是："携带武器或其他器械或方法实施强盗行为，而……"这一修改表明，立法者也不认可将盐酸解释为武器是一种语义解释，而应是类推解释。由此可见，如何判断可能语义的范围，以此避免将刑法规定扩张于法律范围之外非常重要。在某种意义上说，禁止类推解释表明刑法解释具有不同于其他部门法中的法律解释的特殊性，这是因为刑法涉及出入人罪，基于罪刑法定原则，不得将刑法没有明文规定的行为进行定罪处罚，这也就剥夺了具有扩张犯罪范围功能的类推

① 参见徐育安：《刑法上类推禁止之生与死》，15页，台北，自印本，1998。

解释在刑法适用中存在的正当性。

在论及类推解释的时候，还涉及类推解释与目的解释的区分问题。在法学方法论中，往往将目的解释视为类推解释的一种形式。例如德国学者指出："规范的事实构成可能太窄，以致根据规范目的必须囊括的某些事实不能被涵摄于其中。这种目的延展（teleologische Extension）的出发点同样也是规范语义与其目的之间的紧张关系。语义表达范围过于狭窄，因此拘泥于文字地适用法律不能达到所追求的调整目标。重要的是，如何超越语义的'解释'事实上都是以漏洞认定为前提的。由于现行法律规范的规范目的可能更加广泛，所以认为这里存在法律漏洞，应当以类推来补充。因此，目的延展是法律类推的一种类型。"[①] 这里的目的延展就是指目的性扩张，在此德国学者将目的性扩张定性为一种法律漏洞的补充方法，属于类推的范畴。此外，德国学者萨克斯（Sax）在1953年发表的《刑法上的类推适用》一书中明确提出了"刑法中根本不存在所谓的'禁止类推适用原则"的观点，认为类推是对于法律语义所明显加以规范的案例和语义上未规范的案例，借由目的性作为中介所推导出的法律意义中，取得两者之间共同的一致性，因此，类推不外乎是一个在目的解释的范围之中所进行的逻辑的及法律的推理程序。[②] 在此，德国学者又将类推归之于目的解释的范畴。值得注意的是，德国学者还在目的解释之外提出了目的论的法律解释的概念，例如萨克斯主张类推程序必须借助规范目的方得开始，并将这种解释方法称为目的论的法律解释。萨克斯论述了目的论的法律解释与目的解释在效果上的相同性，借此阐述类推与目的解释具有一致性的理由，由此得出以下结论：既然目的解释在刑法上是被容许的，那么类推在刑法上也应该是被容许的，即便它被用来当作处罚或加重处罚的理由亦是如此。[③] 这种观点是在将类推混同于目的解释的名

① ［德］伯恩·魏德士：《法理学》，丁小春、吴越译，372页，北京，法律出版社，2013。

② 参见王祖书：《法诠释学视域内"可能的字义"界限理论之反思》，载《北方法学》，2015（1）。

③ 参见徐育安：《刑法上类推禁止之生与死》，52页，台北，自印本，1998。

义下为类推张目，并为推翻禁止类推原则提供根据。此外，在上述论述，目的解释与目的论解释的分立的提法也是值得商榷的。事实上，目的解释与目的论解释的区分标准在于是否超出法律文本的语义范围：目的解释是在语义范围内，基于目的所进行的法律解释。目的论解释则是超出法律文本的语义范围，基于目的所进行的法律解释。但是，如果将解释限定为以法律文本的语义范围，则超出法律文本语义范围的所谓目的论解释根本就不是法律解释，而是一种法律推理。

如果说，上述观点可谓类推解释与目的解释的等同说，那么，以下观点就是类推解释与目的解释的相似说。这种观点没有将类推解释与目的解释完全等同，但认为两者的性质相近。例如德国学者指出："这种目的论扩张在效果上与类推适用极为相近。两者均将一项规则扩张适用于规则可能的语义并未包含的其他案件事实。两者都是为了充分实现制定法规则的目的以及避免不正当的评价矛盾。因此禁止类推之处，同样必然不允许进行目的论扩张。"[①] 相近说虽然没有将类推解释与目的解释完全相等同，但论者并没有揭示两者之间的差别，因而与等同说并无根本区分。当然，在上述论述中，德国学者都是以目的性扩张为例进行对比的，在目的解释中，除了目的性扩张解释，还存在目的性限缩解释。但对于类推来说，则只有对法律规定的扩张适用而并无对法律规定的限制适用。因此，目的性扩张解释就扩张法律适用范围而言，确实在效果上可以等同于类推解释。当然，类推解释也存在有利于被告人的类推解释与不利于被告人的类推解释之分，刑法只是禁止后者但并不禁止前者。就此而言，目的解释也是相同的：目的解释也存在有利于被告人的目的解释与不利于被告人的目的解释。刑法也只是禁止后者但并不禁止前者。尽管类推解释与目的解释存在某些方面的共同之处，但两者还是具有明显的差异，对此应当予以充分关注。例如，日本学者对禁止的类推解

---

① ［德］卡尔·拉伦茨：《法学方法论》（全本·第六版），黄家镇译，501页，北京，商务印书馆，2020。

释与目的论解释的关系作了论述，认为在学说上大致存在三种观点[①]：第一，坚持严格解释的要求的立场，被称为严格解释说。第二，基于目的论的解释以实质的解释为指向的立场，被称为实质解释说。第三，依据具体的解释情况，调整严格解释的要求与目的论解释的立场，被称为调整解释说。上述三种观点，从三个方面对类推解释与目的论解释之间的划分标准提出了不同的见解。尽管界分的标准不同，但在肯定类推解释与目的论解释之间存在区别问题上的立场则是完全一致的。

我认为，类推解释和目的解释关系的处理取决于对类推解释和目的解释这两个概念的界定。如前所述，如果把类推解释界定为在法律没有明文规定的情况下按照最相类似的根据所进行的解释，则这种解释是不能成立的，因为它已经背离了解释的含义。至于法律范围内采用类比方法的解释，也就是同类解释则是法律所允许的一种解释方法。同样，目的解释也只能是指在法律文本语义模糊不清或者存在歧义的情况下，依照规范目的选择确定法律文本含义的解释方法，这是对语义解释的一种补充，由于没有超越语义范围，当然是被法律所允许的。至于超出法律语义范围的目的考量，包括目的性限缩和目的性扩张则并不是一种法律解释方法，而是一种漏洞填补方法。可以说，类推是一种由此及彼的推理，也就是对此事物没有规定，引用与之存在最相类似关系的法律规定加以适用。因此，类推是以类比推理为根据的，类似性是类推的基础。也就是说，在类推的情况下，无论是目的性限缩还是目的性扩张，其将法律规定限缩或者扩张于语义范围之外，并不是基于类似性而是基于规范目的。德国学者在论及类推与目的解释之间的区分时指出："具体类推和目的性限缩的共通之处在于，规范的文义都不能囊括案件事实，但规范的目的却与案件事实相符。于此类情形则不得不修正法律之文义，以维护规范之理性。(具体类推）要预设两个留待合理论证的前提，即存

---

① 参见［日］关哲夫：《论禁止类推解释与刑法解释的界限》，王充译，载陈兴良主编：《刑事法评论》，第20卷，360～361页，北京，北京大学出版社，2007。

在违反计划的漏洞，且法律未规定的情形与法律规定的情形之间存在类似性。”① 例如将虚开增值税专用发票罪的构成要件限缩为具有骗取国家税款目的的情形，或者将审判时怀孕妇女不适用死刑的规定扩张理解为包括侦查、审查起诉时怀孕的妇女也不适用死刑，即属于目的论考量。在这种情况下，目的考量并不是以法律规定与限缩事项或者扩张事项之间具有类似性为根据的。在刑法中，受到罪刑法定原则的限制，因而只能适用于对被告人有利的情形，包括出罪或者罪轻的目的性限缩或者目的性扩张是被允许的，法外类推亦如此。反之，入罪或者罪重的目的性限缩或者目的性扩张则是不被允许的，法外类推亦如此。

二、类推解释的演变

作为一种法律解释和适用方法，类推可谓源远流长。中国古代春秋时期著名思想家荀况曾经指出：“有法者以法行，无法者以类举。”荀况所说的类举，就是指类推。由此可见，早在春秋时期我国就已经产生了类推的观念。这里的“类”是指具有类似关系而被归之为一类。因此，类似关系与同一关系之间存在区别：类似关系是指两个事物之间虽然不完全相同但具有较高的相似性，同一关系则是指两个事物完全相同没有任何差异。所谓有法者以法行，就是指在案件事实与法律规定之间具有同一关系的情况下，应当直接依法处理。无法者以类举则是指在案件事实与法律规定之间具有类似关系的情况下，应当依照类推原则处理案件。因此，类推与完全依法处理是有所不同的。通过类推将法律规定扩大适用于法律虽然没有规定，但与法律规定之间具有类似关系的案件事实，因此，类推是一种扩张法律规定的涵括面的适用方法。应该说，在古代语言书写方式简陋，例如春秋时期采用竹子作为文字载体，将律文刻写在竹简上，因而成文法极为不发达的

① ［德］托马斯·M. J. 默勒斯：《法学方法论》（第4版），杜志浩译，371页，北京，北京大学出版社，2022。

状态下，不可能制定十分详尽的法律规定，因而通过类推扩大法律的涵盖范围，具有一定的合理性。

我国古代的类推是以比附的形式出现的。传统中国刑律中的比附，是指在法律没有明文规定的情况下，可以比照最相类似的条款或先前案例来定罪判刑的制度。[①]比附作为一种刑法适用制度，最早可以追溯到西周时期。例如《尚书》就有“五刑之属三千，上下比罪”的记载。这里的“上下比罪”就是指刑罚轻重相比：“上刑适轻下服，下刑适重上服”，以此达到刑罚轻重均衡。在秦代的刑事立法中，同样存在比附制度，分为以律文相比附与以成例相比附两种方式。[②] 及至汉代，通行决事比，也就是以类比作为判决的依据。决事比是汉代的法律形式之一，它是指将已判决的典型案例汇编后经皇帝批准，具有法律效力，可以作为判案的依据。决事比是通过比照典型判例以此弥补律令之不足，《周礼·秋官·大司寇》注云：“若今律其有所事，皆依旧事断之；其无条，取比类以决之，故云决事比。”从形式上看，决事比类似于遵循先例的判例法，即从既往判例中寻找法律规则，以此作为处理目前案件的法律依据。决事比起源于董仲舒首倡的《春秋决狱》，具有推衍经义以决狱的性质。在春秋决狱中，决事比先前的故事，这些故事通常来自春秋等儒家的经典著作。因此，决事比也称为《春秋决狱》。董仲舒在断狱中往往引用儒家经典的论断作为断案的根据，由此形成一种司法制度。例如，时有疑狱曰：“甲无子，拾道旁弃儿乙养之，以为子。及乙长，有罪杀人，以状语甲，甲藏匿乙，甲当何论?”仲舒断曰：“甲无子，振活养乙，虽非所生，谁与易之。《诗》云，螟蛉有子，蜾蠃负之。《春秋》之义，父为子隐。甲宜匿乙，诏不当坐。”这个案例的案情是养父隐匿犯罪的养子，对此能否适用亲亲相隐不为罪的免责事由。根据儒家学说，父子相隐不为罪，如《论语·子路》：“孔子曰：吾党之直者异于是。父为子隐，子为父隐，直在其中矣。”但本案的甲

① 参见黄源盛：《汉唐法制与儒家传统》，303 页，台北，元照出版有限公司，2009。

② 参见黄源盛：《汉唐法制与儒家传统》，302 页，台北，元照出版有限公司，2009。

与乙并不是亲父子关系，而是养父养子关系。那么，原本适用于父子之间的亲亲相隐不为罪的规定能否适用于养父子呢？董仲舒采用决事比的方式，认为对于养父子应当比照父子，适用亲亲相隐不为罪的规定，这就是一种典型的类推。此后，决事比逐渐发展为根据已经生效的判决中寻找判案根据的一种方法，这是中国古代判例法的肇始。正如我国学者指出："决事比，其性质相当于判例汇编。按照汉律，某些案例若无律法明文规定，可比附近似的条文，并上报皇帝定案。由此形成的种种判例汇编起来，再奏请皇帝批准，称为《决事比》，同样具有律法效力，可作为以后判案的根据。"①

决事比是以法律没有明文规定为前提的，因而是一种类推的特殊形式。决事比中的"比"，是指两个事物之间的对比和比较，因此，"比"的观念更为强调的是在不同事物中寻找相同之处，以此作为认知的一种方法。中国汉代司法活动中大力推行的决事比，就是采取类比的方法适用法律的断案形式。从逻辑学上考察，"类"和"比"具有共同特征，因而将其合为一体，称为类比推理，简称为类推。中国古代刑法中并无类推一词，类似于类推的概念是比附援，简称为比附。我国学者指出："在唐代法典中已经可以看到，'比'与'附'结合为一个特定的法律词汇。律学作品对它的注解是'以物相并曰比，依凭为则曰附'。在此之前，《汉书·刑法志》中已经可以看到'所欲活则傅生议，所欲陷则予死比'、'傅所当比律令以闻'这样'比'与'傅'并存的记载，从词义上看，'傅'有'附'、'依附'之意（《汉语大词典》），'附'与'傅'相通，所以'比'与'附'两字连用应该是水到渠成之事。考虑到《唐律疏议》与之前法典紧密的渊源关系，'比附'作为一个独立的法律术语也有可能出现在唐代以前。"② 由此可见，比附制度在我国可谓源远流长。自唐以后，比附制度在我国古代司法活动中

① 增亦：《〈春秋〉为"刑书"——兼论中国古代法律的儒家化问题》，载《孔子研究》，2022（5）。

② 陈新宇：《帝制中国的法源与适用：以比附问题为中心的展开》，33页，上海，上海人民出版社，2015。

具有强大的生命力。例如我国学者引用清代刑部（山东司）在某个案件中的以下论述，总结了比附原理：“审理案件遇有例无明文原可比附它律定拟，然必所引之条与本案事理切合，即或事理不一而彼此情罪实无二致方可援照定谳，庶不失为平允。”① 由此可见，我国古代刑法中的比附援引是以事理和情理相同为根据的一种类比推理。在我国古代的比附中，存在所谓类推式比附。例如我国学者将比附分为三种类型：第一是名分的比附，也就是主体身份的比附。第二是类推式比附，即采用比附的方式进行类推。第三是特别的比附，这是一种更为广泛的类比，在缺乏构成要件的类似性的情况下，基于某种“意义”上的类似性的比附，这种特别的比附甚至已经超越了类推的程度，完全不受法律条文的限制。② 因此，比附制度在法无正条的情况下，实际上具有补充立法的功能。可以说，比附制度对我国后世的法律制度具有重要影响，正如我国学者在评价古代刑法中的比附制度时指出：“‘比’，既可用作动词，也可用作名词。其最早为动词，从秦与汉初出土的文物中已可得见，指在国家事务（司法与立法）中，处理事实与规范对应关系时，在援引者认可的相似性前提下，参照或者依据某一对象处理。其最初援引的是律令为代表的制定法或者案例，后在汉代开始的法律儒家化时期，经义被援引并成为更高位阶的法源。尽管后世因为法律儒家化的完成和法律体系的发展而经义决狱相对式微，但这种诉诸制定法之上更高位阶的规范具有正当性思维，对中国法律思想的影响相当深远。”③

在大陆法系国家的法律中，类推是在法律续造的名义下进行讨论的，认为规范不能解决案例，故而必须通过具体类推，对构成要件要素予以补充，由此使案

① 陈新宇：《从比附援引到罪刑法定——以规则的分析与案例的论证为中心》，36 页，北京，北京大学出版社，2007。

② 参见陈新宇：《从比附援引到罪刑法定——以规则的分析与案例的论证为中心》，50～55 页，北京，北京大学出版社，2007。

③ 陈新宇：《帝制中国的法源与适用：以比附问题为中心的展开》，45 页，上海，上海人民出版社，2015。

件事实得以涵摄于规范之下。[①] 因此，类推是以法律没有明文规定为前置条件的，通过类推弥补法律规范的所谓漏洞。在这个意义上说，类推是一种弥补法律漏洞的方法，因而具有法律续造的性质。例如在古罗马法中就已经出现类推适用的情形，奥地利学者指出："从法律史的视角来看，对类推适用方法的认可，是克服了早期法秩序中典型的形式主义（最终是以文字魔法为基础）的文字约束后。有趣的是在古罗马法实践中一个有关类推适用的故事：按照古罗马《十二铜表法》，四脚动物的所有人对其动物出于野性造成的损失承担责任。在布匿战争之后，非洲的鸵鸟被带入意大利，产生了令人担忧的问题，即所提到的诉讼是否也适用于两只脚的动物。诉讼条款的文字明确不涵盖两脚动物，但是从目的角度来看，鸵鸟显然与四脚动物有同等的地位。因此，裁判官使用类推的方法，准许了扩用诉讼：'如果不是四脚动物，而是其他的动物造成损害，本诉讼可以类推适用'。"[②] 由此可见，类推适用在古罗马法中就已存在。类推适用的前提除了法律没有明文规定以外，还必须具备另外一个条件，这就是法律未规定的情形与法律规定的情形之间的相似性。也就是说，并非所有法律没有明文规定的情形都可以通过类推获得规范依据，只有在具备类似性条件的情况下，才能适用类推。德国学者指出，历史上的具体类推在《学说汇纂》中已经存在，并且已用于《十二铜表法》。随着在立法上确认法官具有法续造的权限，在大陆法系国家，在德国几乎没有争议地得到了认可，法国法亦承认类推适用。在英美法系国家，将先例适用于类似案例的法官法可谓众所周知的类推适用。[③] 由此可见，无论是大陆法系还是英美法系，都普遍采用类推方法。例如，德国学者萨维尼指出："实在法应当根据自身而得到完善，因为我们认为实在法中存在一种有机的形成力量

① 参见［德］托马斯·M.J. 默勒斯：《法学方法论》（第 4 版），杜志浩译，371 页，北京，北京大学出版社，2022。

② ［奥］恩斯特·A. 克莱默：《法律方法论》，周万里译，173 页，北京，法律出版社，2019。

③ 参见［德］托马斯·M.J. 默勒斯：《法学方法论》（第 4 版），杜志浩译，372 页，北京，北京大学出版社，2022。

(eine organisch bildende Kraft)。根据我们对于实在法的基本观点，我们必须将此种处理方式被视为正确的和必要的方式，并且此处理方式与以下处理方式是相同的，即在通过消除矛盾而确立统一性之中所应用的处理方式。通过这种处理方式而发现的法规定与既定的实在法之间的关系，我们称之为类推（Analogie），我们必须通过类推而填补任何已被发现的漏洞。”[①] 因此，萨维尼将类推明确地定性为法发现（Rechtsfindung），认为类推是基于法律的论证（ex argumento legis），它是一种法完善的途径。

类推作为法律适用的一般方法，受到各国法律的承认，这是毫无疑问的。然而对于刑法能否采用类推的适用方法，则随着罪刑法定原则的确立发生了根本改变。例如意大利刑法学家贝卡里亚明确否定法官具有对刑法解释的权力，指出：“刑事法官根本没有解释刑事法律的权力，因为他们不是立法者。”由此可见，贝卡里亚是从立法权与司法权的严格区分的角度反对法官的法律解释权的。禁止解释而不是禁止类推解释，成为贝卡里亚从罪刑法定原则中引申出来的结论，这里的罪刑法定是严格的罪刑法定。当然，贝卡里亚并不否认严格的罪刑法定在刑法适用过程中也会出现各种问题，但这种问题的性质与法官任意解释法律显然不能相提并论。反之，在刑法适用中暴露的法律局限性会促使立法者对法律文本进行必要修正。正是在这个意义上，贝卡里亚提出罪刑法定原则，并将禁止类推作为其派生原则。这种禁止解释的观点甚至被立法者所接受，被明确规定在刑法中。也就是说，立法者试图使法官受法律字句的约束。例如，1749 年—1751 年的“Corpus Juris Fridericiani”[②] 的前言和 1813 年的《巴伐利亚王国刑法典》都曾经规定禁止解释（Kommentierungsverbot）。德国学者指出：“禁止解释绝非意味着，欲创设立法者未能想到的法律案件，也不意味着规定法官不得回忆由其过

---

① ［德］弗里德里希·卡尔·冯·萨维尼：《当代罗马法体系》（第一卷），朱虎译，221 页，北京，中国人民大学出版社，2023。

② Corpus Juris Fridericiani 是指一个法律文献收集项目，旨在收集和整理与罗马帝国法律相关的文献。

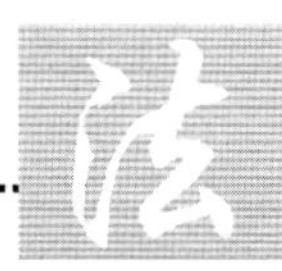

去所作之裁判。问题只是以何种方式来保证，解释并不会破坏刑法的保障功能。"① 因此，禁止解释并不意味着法官不能根据自己的理解适用刑法，就此而言，禁止解释不可能是彻底的。随着罪刑法定原则从绝对走向相对，解释权成为法官裁判权的不可分割的组成部分。法律解释被解禁，当然对刑法应当严格解释，这是必须坚持的。严格解释也被某些国家规定在刑法中。例如 1994 年《法国刑法典》第 111—4 条规定："刑法应该严格解释之。"② 法国学者在评论上述规定时指出："负责适用刑法的法官无权将其扩张至立法者并未指明的情况。凡是法律没有明文规定的行为均不受惩处。即使某一相类似的行为，情节甚至可能还要轻一些，但因为有规定而受到惩处，对法律没有规定的行为仍不得惩处。"③ 因此，虽然法律解释被允许，但类推解释仍然是被禁止的，即使是从绝对的罪刑法定向相对的罪刑法定转变以后，禁止类推的派生原则仍然有效。可以说，禁止类推已然成为现代刑法不可动摇的铁则。

三、类推解释的特征

从法学方法论上来说，类推解释与类推适用之间并不完全相同。一般意义上的类推解释是指在法律没有规定类推制度的情况下，将类推作为一种解释方法，为定罪处罚提供法律根据。因此，类推解释可以作为一种解释方法独立存在。不同于类推解释，类推适用是在刑法明确规定类推制度情况下，对法律没有明文规定的案件按照类推定罪处罚。具体而言，类推适用是基于类比推理将刑法规定适用于与之最相类似的案件事实。类推适用与依法适用之间存在明显的区别：依法

① ［德］汉斯·海因里希·耶赛克、［德］托马斯·魏根特：《德国刑法教科书》（上），徐久生译，212 页，北京，中国法制出版社，2017。

② 《法国刑法典》，罗结珍译，2 页，北京，中国人民公安大学出版社，1995。

③ ［法］卡斯东·斯特法尼等：《法国刑法总论精义》，罗结珍译，140 页，北京，中国政法大学出版社，1998。

适用是指将刑法规定适用于与其具有同一性的案件事实。因此，依法适用是“有法司法”，但类推适用在某种意义上说是“无法司法”。当然，在民法中即使没有法律规定，亦可通过类比推理进行类推适用。在类推适用中，并不需要进行法律解释就可以直接通过类比推理获得法律规定，并将其适用于最相类似的案件。因此，类推解释和类推适用这两个概念虽然紧密联系但其区别也是显而易见的。在日本刑法教义学中，类推往往是指类推解释；在德国刑法教义学中，类推则往往是指类推适用。因此，我们需要厘清类推解释与类推适用之间的关系。

应该说，无论是类推解释还是类推适用，都属于类推的范畴。在我国刑法学界，关于类推解释和类推适用的关系存在三种不同观点[①]：第一种观点认为，类推解释与类推适用没有区别。第二种观点认为，类推解释与类推适用截然不同：前者属于狭义的法律解释范畴，后者则是一种法律漏洞之补充技术。第三种观点认为，在狭义的法律解释观念下，类推是一个外在于解释的范畴，因而类推解释本身是一个悖论，根本没有成立的余地。以上三种关于类推解释和类推适用关系的观点是从不同前提和角度出发的，虽然各不相同，但又各有其理。我认为，关键问题在于如何界定这里的类推：如果把类推理解为一种类比推理的逻辑方法，则它既可以界定为法律解释方法，又可以界定为法律适用方法。当它作为法律解释方法的时候，在超出法律文本语义范围的情况下，类推不是法律解释而是以类推为依据的法律适用的方法。但在未超出法律文本的语义范围的情况下，类推则是法律解释而不是法律适用的方法。

在超出法律文本语义范围的情况下，把类推解释理解为采用类比推理的方法对法律文本进行解释的观点，在逻辑上是难以成立的。因为类推和解释之间是存在矛盾的：解释排斥类推，而类推是以法律没有明文规定为前提的，在某种意义上说，类推是一种法律漏洞填补的工具。正如德国学者指出：“在对已确认的法律漏洞进行补充的时候，法院常常使用类比推理。由于法院缺乏关于待决法律问

① 参见黄奇中：《刑法解释的沟通之维》，180页，北京，中国人民公安大学出版社，2011。

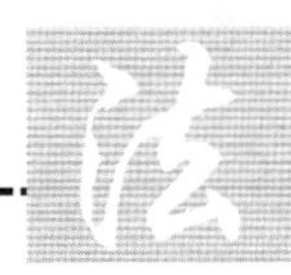

题的法律规定，它就参考其他调整类似问题的法律规定。这种将具有不同事实构成前提的法律规范适用于类似的、没有规定的事实情况，人们就称之为类推。”①由此可见，只有在法律没有规定的情况下，才有类推存在的可能性。在这个意义上说，类推不是、也不可能是对法律文本的解释。因此，类推解释本身就是一个错误的用语。即使是在法律允许类推适用的情况下，也不应该采用类推解释的概念。例如我国 1979 年《刑法》第 79 条规定了对于本法分则没有明文规定的行为，可以比照最相类似的条文定罪处刑，但应当报请最高人民法院核准。也就是说，类推适用是一案一报，具有严格的程序限制。在这种情况下，如果允许类推解释，那么实际上就否定了类推适用。对于那些需要类推的案件直接根据类推解释的结论进行定罪处刑，就不再需要一案一报，因而彻底否定了 1979 年《刑法》第 79 条所规定的类推制度的适用。

然而，在没有超出法律文本语义范围的情况下，类比推理的方法是完全可以采用的。这种类比推理的解释方法，我认为不应当称为类推解释，而可以称为同类解释，同类解释就是类比推理在法律解释中的实际运用。正如我国学者指出：“法律解释是对法律进行解释，寻找大前提的过程，即将抽象法条具体化的过程，可见法律解释是法律适用过程中的重要一环。既然类推思维贯彻刑法适用的整个过程，那么类推思维和法律适用也是交织的。”② 我国学者还以抢劫罪的“其他方法”的解释为例对类比推理方法在法律解释中的适用情形进行了说明：当法官将“用酒灌醉或药物麻醉来实施抢劫”解释为抢劫罪的“其他方法”时，就意味着他把这种情形与“暴力”“胁迫”进行了类比并肯定它们之间具有充分相似的刑法意义。在刑事裁判中，类比推理方法可以启迪思维，起到举一反三、触类旁通的作用，从而对模糊性和概括性刑法规范的解释发挥重要作用。③ 因此，在上

① ［德］伯恩·魏德士：《法理学》，丁小春、吴越译，366 页，北京，法律出版社，2013。

② 孙祎晨：《刑法适用中类比推理的系统检视——对“禁止类推”命题的反思》，载《福建警察学院学报》，2014（6）。

③ 参见沈琪：《刑法推理方法研究》，96 页，杭州，浙江大学出版社，2008。

述对抢劫罪的“其他方法”的解释过程就是类推思维的运用过程。其实，不仅在同一罪名中存在类比推理，而且在不同罪名之间也同样存在类比推理。例如我国《刑法》第114、115条在规定放火罪、决水罪、爆炸罪、投放危险物质罪的同时，还规定了以危险方法危险公共安全罪。在刑法教义学中，将以危险方法危害公共安全罪称为兜底罪名。也就是说，立法机关对“其他危险方法”并没有具体规定，在这种情况下，在解释“其他危险方法”的时候就应当类比放火、决水、爆炸、投放危险物质等方法，因而这里需要采用同类解释的方法，这也是类比推理方法的实际运用。[①] 应该说，类推思维和类比思维的含义是相同的，因此在叙述中也是可以相互替换的。但为避免误解，我认为在法律解释意义上还是尽可能采用同类解释一词。

类推情形中的刑法适用当然也始于找法，也就是解释法律。如果找到法律，则无须类推。只有在找法而不得的情况下，才需要进行类推。因此，类推是以法律没有明文规定为前提的。如果说类推是一种解释的话，它是一种越界解释或者越权解释。因此，完全摒弃类推解释的概念，将其还原为类推适用，这种做法虽然具有一定的合理性，却并不能彻底解决以解释名义出现的类推在现实生活中存在的状况。需要特别指出的是，我国1979年《刑法》第79条曾经规定了类推制度，在这种情况下，类推适用是合法的。在依法进行类推适用的时候，当然就不需要类推解释。因为类推适用本身就是以“本法分则没有规定”为前提的。在这个意义上说，类推适用排斥类推解释。然而，值得关注的是，在我国1979年《刑法》规定类推适用应当报请最高人民法院核准的严格程序限制的情况下，对法律没有明文规定的行为直接通过类推解释而定罪，这种做法当然是违法的。然而，类推制度的存在却助长了类推解释的流行。最高人民法院本身也在司法解释中采用这种类推解释的方法，此外，最高人民法院还颁布了具

① 参见陈兴良：《口袋罪的法教义学分析：以以危险方法危害公共安全罪为例》，载《政治与法律》，2013（3）。

有类推性质的案例，以此指导下级法院的刑事审判活动。在 1997 年《刑法》废除类推制度以后，类推解释概念也就更没有其存在的法律基础，因而本来应当随着类推制度的废除而废弃不用，然而，由于历史惯性的作用，我国刑法理论中仍然保留了类推解释的概念。当然，我国学者通常都是在否定的意义上使用的，同时都认同禁止类推解释的罪刑法定派生原则。由此可见，在我国刑法中，类推解释已经不是一个法律概念，它作为一个学理概念仍然具有其存在的叙述价值。

类推解释与类推适用这两个概念都以类推为基本内容，但前者将类推称为解释方法，后者将类推称为适用方法。因此，类推解释和类推适用在方法论意义上不能完全等同。例如在民法方法论中，也只有类推适用而无类推解释。我国学者指出："类推适用虽然是从法律文本出发进行的法律解释，但是，其已经超出了法律语义的可能范围，属于漏洞填补方法，而不属于狭义的法律解释方法。"① 在此，类推适用似乎包含了法律解释的蕴含，这是值得商榷的。但否定类推是一种法律解释方法却是正确的，因为超出法律的语义范围就没有解释可言，这是区分类推适用与类推解释必须坚持的底线。当然，在刑法中，类推更不可能是一种解释方法，然而，采用类比推理的解释，如果是在法律的语义范围内，仍然不失为一种解释方法。

关于类推解释与刑法适用的关系，涉及类推与解释的区分问题，而这个问题又影响到类推解释概念的存废。德国学者指出，对于解释，应当援引条款的语义、体系、产生历史以及意旨与目的②，因此，根据对法律的解释方法可以将法律解释分为语义解释、体系解释、历史解释和目的解释。这四种解释方法除了语义解释是单纯围绕法律文本所进行的语言学阐述以外，其他三种解释方法都是在

① 王利明：《法学解释学导论——以民法适用为视角》（第二版），587 页，北京，法律出版社，2017。

② 参见［德］罗尔夫·旺克：《法律解释》（第 6 版），蒋毅、季红明译，159 页，北京，北京大学出版社，2020。

语义范围内，基于体系、历史和目的等要素，对法律文本的语义进一步加以明确。无论如何，法律解释都是从法律文本中寻找法律含义，因而它是以存在一定的法律规范为前置条件的。如果没有法律，也就是不存在法律解释。然而，类推则不然，正如德国学者所指出，类推的首要前提是存在一个法律漏洞。[①] 因此，与解释相反，类推是以不存在法律规范为前提的。换言之，如果存在法律规范，则对法律规范进行解释；只有在不存在法律规范的情况下，同时待决案件又具有与法律规范的内容具有类似性的前提下，才有可能适用类推。在这个意义上说，类推是一种法律漏洞的填补方法。

法律本身并不是完美无缺的，任何法律都存在一定的漏洞。德国学者指出，漏洞是一种不令人满意的、违反计划的不完整性。如果从这个普遍语言用法中推导出的概念转用于法律漏洞，那么可以得出以下结论："法律漏洞是法律违反计划的不完整性。"[②] 因此，法律漏洞的存在是客观的，也是必然的。对于法律漏洞需要加以填补，这就是在法律之外发现法律。显然，类推就是一种填补法律漏洞的方法。因此，法律到底是有规定还是没有规定，就成为区分类推与解释的一个关键问题。对此，德国学者认为不能一概而论。德国学者在论述漏洞与类推的关系时，指出："至少在核心领域，解释和漏洞填补能够借助于可能语义清楚区分；而且如果涉及内在相似关系的领域，无论如何也不能再要求区分标准：漏洞补充与解释之延续并无不同。"[③] 根据上述论述，德国学者认为在语义的核心领域，解释和类推的区分标准是明确的，因而容易区分。但在语义的边缘领域，则漏洞填补和法律解释的延续并无区分。这里的法律解释的延续实际上是指类推，

① 参见［德］罗尔夫·旺克：《法律解释》（第6版），蒋毅、季红明译，161页，北京，北京大学出版社，2020。

② ［德］克劳斯-威廉·卡纳里斯：《法律漏洞的确定：法官在法律外续造法之前提与界限的方法论研究》（第2版），杨旭译，2页，北京，北京大学出版社，2023。

③ ［德］克劳斯-威廉·卡纳里斯：《法律漏洞的确定：法官在法律外续造法之前提与界限的方法论研究》（第2版），杨旭译，3页，北京，北京大学出版社，2023。

也就是说，在这种情况下，类推就是一种漏洞填补的方法。因此，德国学者认为，在对法律上相似构成要件予以相同处理意义上的类推无疑还是落入了依据法律的法之发现领域。

事实上，对于是否承认类推解释这个概念，在刑法教义学中是存在较大争议的：有的学者将法类推与法律类推加以区分，认为法律类推而不是法类推可以称为解释，由此将类推归入解释的领域。还有学者认为，类推既是合意义的解释的工具，又是自由的法之发现的工具。如此等等。[①] 由此可见，究竟如何区分类推与解释的关系，在刑法教义学中可谓聚讼纷呈。如果说，这个问题在民法领域尚不是那么重要，因为无论是类推还是解释在民法适用中都是允许的，因而类推与解释的区分只是一个形式的问题，但在刑法领域则不然，因为刑法实行罪刑法定原则，因而只允许解释而排斥类推。在这种情况下，某种方法如果界定为解释，其就具有适用的正当性；反之，如果界定为类推，则被禁止不得采用。在罪刑法定语境中，类推与解释具有天然的紧张关系。然而，个别刑法学者仍然对类推与解释之间的这种对立关系持质疑态度。其中，最为典型的就是德国学者考夫曼。考夫曼提出了类推性概念的命题，考夫曼将类推性概念理解为是介乎于明确的、单义的概念与模糊的、多义的概念之间的中点。类推性概念一方面指出了一个统一性的要素，即一个固定的核心，不使用它无法掌握任何事物，但另一方面它也能接纳不同的意义，否则它将缺乏结合多样类似事物的能力。类推性概念的主要意义之一在于：透过它，可以使我们观念世界的语言移转到心灵或精神生活。[②] 根据考夫曼的以上论述，类推性概念其实就是类型概念。考夫曼将类推性概念引入对法律概念的考察，指出："实际上所有的法律概念，所谓的描述性概念亦同，都是类推的概念，因为它们绝非只是直观的事物，而只是一直（至少也）表达着

---

① 参见［德］克劳斯-威廉·卡纳里斯：《法律漏洞的确定：法官在法律外续造法之前提与界限的方法论研究》（第2版），杨旭译，11页注释［35］，北京，北京大学出版社，2023。

② 参见［德］阿图尔·考夫曼：《类推与"事物本质"——兼论类型理论》，吴从周译，69、71页，台北，学林文化事业有限公司，1999。

一种精神上的，特别是法律上的意义。”[①] 在法律概念都是类推性概念的命题提出以后，类推就不再是在法外发现法律的工具，而且是在法内发现法律的工具，因而发生了类推与解释的重合。按照考夫曼的观点，在法律适用过程之中，将具体的案例事实涵摄于法律规范，例如将刀、枪都涵摄于武（凶）器的概念之内，就是在进行类似性的思考，在寻找刀与枪所具有的相同点。因此，在对法律进行解释进而确定适用的过程之中，必然带有类推的成分，解释与类推之间与其说是具有区别的困难性，毋宁说是无法区别。所以，即便是在可能语义的范围之内，法官所从事的法律解释与适用，仍然是在类推。[②] 考夫曼由此得出结论：以可能语义作为界限以区分类推与解释的说法根本就不能成立，以此否定类推与解释的区分。正是在此基础上，形成了类推解释的概念，换言之，类推本身就是解释的一种方法。由此可见，考夫曼实际上是将某些采用类比方法的解释归之于类推，在这个意义上，当然也就抹杀了类推与解释的界限。

综上所述，就类推与解释的关系而言，存在两种互相排斥的观点：第一种是对立说，认为类推与解释不能两立：类推是以法无明文规定为前提的，解释是以法律有明文规定为前提的，因而两者不可能并存。在这种情况下，类推就是类推，解释就是解释，因而类推解释就是一个矛盾的概念。第二种是重合说，认为类推是以类比为根据的一种推理方法，更为极端的是考夫曼甚至不承认类推是推理方法，而只是一种比较。正如学者所指出，考夫曼对类推（Analogie）做了较为广义的理解，凡是在做类似性比较者，皆称之为类推。[③] 在这种情况下，类推与解释根本无法区分。因此，类推解释的概念也就具有存在的合理性。那么，考夫曼对类推扩展到什么程度呢？我们可以来看考夫曼的以下论述：“这种本质不同者之间对应的统一性：在当为与存在间、在规范与生活事实间对应的统一性，

---

① ［德］阿图尔·考夫曼：《类推与“事物本质”——兼论类型理论》，吴从周译，73页，台北，学林文化事业有限公司，1999。

② 参见徐育安：《刑法上类推禁止之生与死》，85页，台北，自印本，1998。

③ 参见徐育安：《刑法上类推禁止之生与死》，86页，台北，自印本，1998。

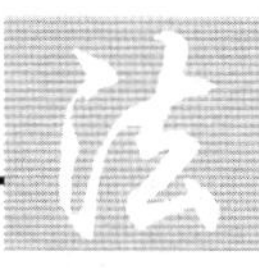

就是具体的，真实的法。照我的规定：‘法是当为与存在的对应’。因此可以说：‘在法之中，当为与存在既非同一亦非相异，而是类似地（对应地）联系在一起’——可以说，法的现实性本身是基于一种类推，因此法律认识一直是类推性的认识。法原本即带有类推的性质。”① 在此，考夫曼将类推确定为法认识的本质，不仅如此，考夫曼还将类推确定为法本体。这个意义上的类推与作为法律适用或者法律解释方法的类推已经相去甚远。因此，我们不能根据考夫曼的上述观点论证类推在法律适用中的正当性与合理性。

当然，类推与解释的关系确实是一个复杂的问题，尤其是在刑法领域更是如此。对于那种一概否定类推的传统观点是值得反思的。我国学者指出：“我们极有必要重新反思刑法上‘禁止类推’之命题：一方面，解释与类推之间并不存在某种截然两分的界限。至少到目前为止，我们尚未发现一种合理且实用的隔珊。何处是‘可允许的接受’（扩张解释）之结束，何处是‘应禁止的类推’之开始，实在难以清晰确定，类推禁止缺乏技术上的可行性支撑。另一方面，问题的更深纠结乃在于，解释与类推之间并不存在誓不两立的关系，两者在思考方式上高度交织。如果没有类推作为内在的动力与方法，解释就无从推动和展开。基于上述的考虑，我们无法将类推完全驱逐出刑法适用的领域。”② 我国学者所主张的类推在刑法适用中无从禁止的观点我是认同的，至于完全否定禁止的类推与允许的类推之间区分可能性的观点则还需要推敲。德国学者指出：“类推也可以被用作单纯的解释工具。比如，倘若不清楚某个规定应该作狭义还是广义解释，那么，有时就可以通过考虑某个法律上相似并由法律所明确规定的情形去解决该问题。除此以外，所有的类推皆要求已存在法律漏洞。”③ 由此可见，德国学者并没有

---

① ［德］阿图尔·考夫曼：《类推与“事物本质”——兼论类型理论》，吴从周译，45页，台北，学林文化事业有限公司，1999。

② 杜宇：《类型思维与刑法方法》，292页，北京，北京大学出版社，2021。

③ ［德］克劳斯-威廉·卡纳里斯：《法律漏洞的确定：法官在法律外续造法之前提与界限的方法论研究》（第2版），杨旭译，10、11页，北京，北京大学出版社，2023。

将类推与解释截然对立，而是在某种特定的情况下承认类推解释概念。这个意义上的类推解释是指在语义范围内，根据类比推理的方法解释法律文本的含义，因此，这是一种语义范围内的类推解释。由于通常所说的都是指语义范围外的类推解释，因而语义范围内的类推解释并没有受到重视。

在我国刑法学界存在一种为类推解释辩护的现象，对禁止类推解释提出了质疑。如果仅仅从题目上看，似乎有些难以接受。然而如果我们不是只看题目而是关注其内容，就可以发现，这些质疑禁止类推解释的观点并不是禁止法外的类推解释，而是提倡法内的类推解释。例如我国学者认为，《刑法》第 114、115 条规定的“其他危险方法”，在司法实践中通过与放火、决水、爆炸以及投放危险物质行为相比较确定这里的“其他危险方法”的做法，就是一种类推解释。[①] 此外还有我国学者明确地提出将法外类推与法内类推加以区分，应当禁止法外类推，但法内类推则应当允许。这里涉及类推与解释这两个概念能否相容的问题。我国学者指出：“类推解释概念能否存在，关键在于对类推的解读。如果认为类推是法的续造，那类推解释自然就是在语义之外所作的解释，与解释不能超出法律的语义范围相违背，从而相互排斥。但如果认为类推解释是在解释过程中运用了类推思维，那么类推解释显然就可以在解释的范畴之内了。第二种理解更具合理性，否则很难解释为什么类推与解释水火不容，类推解释概念本身就是个悖论，而学界却有这么多学者前赴后继地去讨论这一问题。”[②] 我认为，如果把类推的本质理解为是建立在事物之间类似性基础之上的类比推理，那么，无论是法律没有规定的类比推理还是法律语义范围内的类比推理都属于类推。只不过在法律没有明文规定情况下的类推不是解释而是漏洞填补，法律语义范围内的类推则属于法律解释，这个意义上的类推解释是可以成立的。也就是说，类推解释可以分为法外类推和法内类推，法外类推是应当禁止的，但法内类推则是允许的。然而，

---

① 参见黎宏：《“禁止类推解释”之质疑》，载《法学评论》，2008（5）。

② 杨绪峰：《反思与重塑：刑法上类推解释禁止之研究》，载《环球法律评论》，2015（3）。

将上述两种类推都称为类推解释，是十分容易引起混淆的。为此，我认为可以将法律禁止的类推按照习惯称为类推适用，而把法律允许的类推称为解释。为避免歧义，这个意义上的类推解释称为同类解释，以示区别。

四、类推解释的类型

这里应当指出，在能否采用类推方法填补法律漏洞的问题上，民法和刑法对此的立场截然对立。例如德国学者萨维尼指出："解释总是涉及如下问题：就规则所涉及的案例而言，什么是法律规定？只是在实际应用的时候比较困难。在民法中，总得有一方当事人享有权利，对此，必须寻找一条能够解决这个案件的规则：既可以从一条更抽象的规则推导出来，也可以从其他特殊规则中找到它。人们把第二种方法称为类推（Analogie），它也属于对立法的补充，但它是立法的自我补充，而不是从外部把某种东西添加给立法。刑法与民法截然不同。在刑法领域，法律可以对某个问题保持沉默。此刻该如何处理？不适用刑罚。因为，在实践中，或者说从法官的视角看，可罚性（Strafbarkeit）是偶然的。易言之，以存在相关的法律规定为前提。"① 因此，在民法中类推是一种漏洞补充方法，民法教义学称其为法律续造。在刑法中类推，这里是指对法无明文规定行为的入罪类推是被禁止的。当然，类推是一个内涵较为丰富的概念，并且在法教义学中对其含义存在不同的理解。在法学方法论中，类推适用可以分为不同的类型，因此，对于类推的类型考察对于全面理解刑法中的类推具有重要意义。

（一）法律类推

法律类推，也称为制定法类推，是指援引某个法律文本条款作为类推依据，由此将该条款适用于与之最相类似的案件事实。因此，法律类推是狭义上的类

① ［德］弗里德里希·卡尔·冯·萨维尼：《法学方法论：萨维尼讲义与格林笔记》，杨代雄译，88、90页，北京，中国民主法制出版社，2024。

推，我们通常所说的类推就是指法律类推。可以说，法律类推是以法律文本的条款为根据的类比推理。在罪刑法定的语境中，法律类推是禁止的。但在我国1979年《刑法》第79条规定设立了类推制度的情况下，类推是合法适用的，这个意义上的类推就是法律类推。以下是适用我国1979年刑法类推定罪的案例，通过对这两个类推案例的分析，可以发现类推适用中存在的问题。

【案例34】王某堂妨害婚姻家庭案

被告人王某堂（男，45岁）系宁夏某局职工，自1981年以来，王某堂与本局职工陈某英通奸。1982年12月，被陈某英的丈夫邵某某发现，劝其改邪归正，王某堂不思悔改，继续与陈某英通奸，并给陈某英写信对陈及其丈夫和女儿继续威胁。1983年3月，王某堂在陈某英提出和其断绝关系后，仍对陈某英纠缠不休。最为严重的是，1983年7月16日，王某堂给陈某英写信，对陈某英施加精神压力。次日下午，陈某英服毒自杀身亡。

在上述王某堂妨害婚姻家庭案中，陈某英虽然系自杀，但与王某堂与其通奸，并且在被陈某英的丈夫发现以后，继续与陈保持通奸关系有关。在陈某英提出断绝关系后，王某堂不仅继续纠缠，而且写信威胁，最终造成陈某英服毒自杀身亡。由此可见，王某堂的行为妨害了他人的婚姻家庭，并造成严重后果，已达到犯罪程度，应当予以刑罚处罚。由于王某堂的行为属于通奸的性质，如果在刑法设立通奸罪的情况下，可以通奸罪论处。但该种行为不仅在1979年刑法中没有明文规定，而且在我国现行刑法中也没有规定为犯罪。由于1979年《刑法》第79条规定了类推，鉴于本案王某堂的通奸行为引发他人自杀的后果，司法机关认为王某堂的行为具有严重的社会危害性，因而类推以妨害婚姻家庭罪定罪处刑。宁夏回族自治区银南地区中级人民法院于1985年4月25日以（85）南刑一再字第1号刑事判决书，认定被告人王某堂的行为已构成妨害婚姻家庭罪，比照我国1979年《刑法》第179条第2款的规定，类推判处王某堂有期徒刑5年。依照我国1979年《刑法》第79条的规定，案经宁夏回族自治区高级人民法院审

核同意后，报请最高人民法院核准。最高人民法院于1985年7月29日裁定核准宁夏回族自治区银南地区中级人民法院于1985年4月25日以（85）南刑一再字第1号以妨害婚姻家庭罪，类推判处被告人王某堂有期徒刑5年的刑事判决。值得注意的是，类推是以构成要件的行为最相类似为前提的，因而被援引的是规定具体犯罪的法律条款，但在本案中，却是类推以妨害婚姻家庭罪定罪处刑，而妨害婚姻家庭罪在我国1979年《刑法》中并不是各罪而是类罪。也就是说，在1979年《刑法》中，妨害婚姻家庭罪属于刑法分则第六章规定的类罪名。在这种情况下，本案被告人的行为虽然具有妨害婚姻家庭的性质，但其行为与妨害婚姻家庭罪中的任何一个罪名都没有最相类似的关系。从这个意义上说，本案并不符合类推定罪的条件。因为即使是在刑法规定了类推制度的情况下，也不是任何刑法没有明文规定的行为都可以以类推之名入罪。

【案例35】马某东侵占财物案

被告人马某东曾与郭某一同从上海到达广州，此时，因郭要到深圳办事，就将一只密码箱交给马代为保管。马某东在郭去深圳后，撬开密码箱，窃取郭在上海的银行存折3份（存款39 000元）、现金270元及马的私章一枚等财物。携带密码箱回到上海后，马某东先后三次从银行支取郭的存款19 000元，然后回到广州挥霍享用。以后返回上海，马某东又将郭的存款余额及利息共20 274.40元全部从银行取出，继续挥霍花用。在郭告发后，被公安机关追回赃款12 500元。上海市南市区人民法院依照《刑法》第79条规定，比照第152条以非法侵占他人财产罪类推判处马某东有期徒刑15年，剥夺政治权利5年。经市中级人民法院和高级人民法院逐级审核同意，依法报送最高人民法院核准。最高人民法院审核认为，原判以非法侵占他人财产罪判处是正确的，但量刑过重，判决被告人马某东以侵占他人财产罪类推判处有期徒刑10年，剥夺政治权利3年。

在马某东侵占财物案中，被告人马某东受郭某委托保管财物，在保管期间，马某东撬开密码箱，窃取郭某财物。司法机关认为本案的行为属于侵占，但由于

我国1979年《刑法》并没有设立侵占罪，因此，司法机关对本案类推盗窃罪定罪处刑。本案引用的类推条款是1979年《刑法》第152条，该条是盗窃罪、诈骗罪、强盗罪的加重条款。从内容来看，本案类推的对象是盗窃罪，也就是说，本案侵占财物的行为，与盗窃罪最相类似，由于本案数额达到了数额巨大，因而援引《刑法》第152条作为类推的法律依据。就本案以盗窃罪类推定罪而言，在类推的引用条款上是正确的，但本案存在类推必要性问题，确实值得思考。因为类推的前提是法律没有明文规定，如果是法律有明文规定则根本就没有类推的必要性。但在本案中，对于马某东的行为是否属于刑法没有明文规定这一点上，恰恰存在可以商榷之处。马某东的行为并不是直接侵占代为保管的他人财物，因为在本案中，马某东受托保管的是密码箱，委托人对密码箱加了锁，马某东是撬开密码箱窃取他人财物。这种行为在刑法教义学中称为侵占缄封物，对此的定性存在盗窃说和侵占说的争议。盗窃说，此说也称为委托者占有说，认为，侵占缄封物的行为具有盗窃的性质。在本案中，他人委托保管的是密码箱本身，并且对密码箱加锁，因此密码箱内的财物仍然处于委托人的占有之下。在这种情况下，撬开密码箱窃取密码箱内财物的行为完全符合盗窃罪的构成要件，应以盗窃罪论处。侵占说，也称为受托者占有说，认为在本案中，他人在委托保管密码箱的同时，实际上也将密码箱内的财物委托给马某东保管，密码箱内财物处于受托者占有的状态。因此，马某东撬开密码箱非法占有财物的行为，具有侵占的性质；否则，在将缄封物交给他人保管的情况下，就没有成立侵占罪的可能性。对于上述两种观点，我国刑法学界虽然存在争议，但这种争论只是存在于刑法同时设立了盗窃罪和侵占罪的法律语境中。如果刑法只是设立了盗窃罪但并没有设立侵占罪的情况下，从刑法适用角度来说，对于侵占缄封物的行为直接认定为盗窃罪并无不当。因此，马某东侵占财物案也是一个错误适用类推的案件。

通过对上述两个类推案件的分析，我们可以看到，法律类推的适用是具有严格的实体和程序的条件限制的。类推并不意味着可以在缺乏法律根据的情况下，对法律没有明文规定的行为任意定罪。这是我们在理解法律类推的时候，应当特

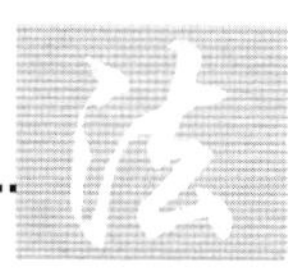

别注意的问题。尤其应当指出的是，我国 1997 年《刑法》第 3 条规定了罪刑法定原则，废弃了 1979 年《刑法》第 79 条的类推制度，因此，在我国刑法中，禁止适用法律类推。

值得注意的是，在我国刑法中，即使是在 1979 年刑法规定类推的情况下，类推解释的现象仍然还是存在的，只不过类推解释采取较为隐蔽的形式。例如在 1979 年《刑法》实施期间，最高人民法院法［研］发（1985）16 号文《关于破坏军婚罪的四个案例》，对全国各级司法机关处理破坏军婚案件起到了司法解释的作用。例如破坏军婚罪四个案例之四赵某祥破坏军人婚姻案，就是具有类推性质的案例：

【案例 36】赵某祥破坏军人婚姻案

被告人赵某祥从 1978 年 2 月起，与现役军人陆某全之妻马某兰通奸，起初每个月一、二次，后来日渐频繁，每星期就有两三次和马在一起住宿，持续 3 年之久。1978 年 4 月以来，马某兰提出离婚，并拒收陆从部队寄给她的钱和物。经建筑公司和部队派人多次调解，马某兰仍坚持离婚。1981 年 6 月 7 日上午 10 时许，陆某全从外地回家，发现院门反锁着，就从邻院越墙进屋。这时，赵某祥已躲进里屋，马某兰正在穿衣裳。马借口屋里闷热，要陆一起到院里谈谈。出去后，马提出去饭馆吃饭，途中借口取粮票，回家将赵放走。陆在胡同里与赵相遇，随即返家，与马发生口角。同年 6 月 12 日，陆某全向包头市东河区人民法院自诉。东河区人民法院审理认定：赵某祥与现役军人之妻马某兰长期通奸，后果严重，影响极坏，但不构成破坏军人婚姻罪，于 1981 年 8 月 15 日裁定，驳回自诉。陆某全不服，提出上诉。包头市中级人民法院于 1982 年 9 月 13 日裁定，驳回上诉，维持一审法院的裁定，并建议主管单位给赵某祥、马某兰党纪、政纪处分。赵某祥受到了开除党籍、撤销行政职务的处分。

对于本案，最高人民法院按语指出："被告人赵某祥明知马某兰是现役军人的配偶而与之长期通奸，破坏军人的婚姻家庭，造成军人夫妻关系破裂的严重后

果，已构成破坏军人婚姻罪。由于过去在审判实践中对属于这种情况的案件可否适用刑法第一百八十一条在理解上不够明确，当时未予定罪的，现在不必重新追究刑事责任。今后在办理破坏军人婚姻案件中遇到类似情况的，应当适用刑法第一百八十一条的规定予以判处。”这一按语具有司法解释的性质，它是对刑法规定所作的类推解释。1979 年《刑法》第 181 条规定的破坏军婚罪是指明知是军人的配偶而与之同居或者结婚的行为。在此，刑法明确规定只有在与军人配偶同居或者结婚的情况下才能构成破坏军婚罪。这里的结婚是指法律上的结婚，即登记婚，这是容易认定的，但在现实生活中，此种采用婚姻登记的方式破坏军婚的情形极为罕见。在大多数情况下，破坏军婚行为都表现为与军人配偶同居，这里的同居是指以夫妻关系共同生活，因而属于事实婚的性质。但通奸不同于同居，通奸通常是异性之间在较为短暂的时间内保持一种隐蔽的性关系，没有共同生活的内容，并且不以夫妻关系对外相称。与军人配偶通奸，确实也是对军婚的破坏，但由于它并未达到同居的程度，不符合 1979 年《刑法》关于破坏军婚罪的构成要件，因而当时各地司法机关对于此种案件往往判决无罪。但最高人民法院对四个破坏军婚案例的按语，却将通奸解释为同居，这是一种典型的类推解释。采取通奸的方式破坏军婚在 1979 年《刑法》中并无规定，但这种行为与采取同居的方式破坏军婚具有类似关系，因而最高人民法院的按语将这里的通奸解释为同居。应当指出，1979 年《刑法》第 79 条规定了类推，这里的类推具有程序的规定，必须报请最高人民法院核准。但最高人民法院以对具体案例按语的方式进行解释，而该解释具有对同类案件普遍适用的效力，因而在一定程度上规避了类推程序。值得注意的是，我国学者提出了变相的类推解释的概念，认为将长期通奸造成严重后果的行为认定为同居，是一种整体思维的表现，是变相的类推解释。[①] 这里的变相类推解释，似乎表明它与典型的类推解释存在某种差异。典型的类推解释是建立在法律文本的规定与案件事实之间类似性的基础之上的，但在变相的类推解释中，法律文本的规定与

① 参见张明楷：《罪刑法定与刑法解释》，194 页，北京，北京大学出版社，2009。

案件事实之间只有程度上的接近性，例如刑法规定的同居本身当然包含通奸，但单纯的通奸并没有达到同居的程度。在这种情况下，最高人民法院按语将长期通奸解释为同居，换言之，将同居扩展到长期通奸，这是将法律没有明文规定的行为解释为犯罪，具有一定的类推解释的性质。因此，我国学者将其称为变相的类推解释，这在某种意义上可以说是对类推解释的扩大解释。

（二）法类推

法类推（Rechtsanalogie）是指基于一般法目的的类推。在法教义学中，法类推是相对于法律类推而言的，法律类推是具体类推，而法类推则是整体类推。如果说，法律类推是根据某个具体法律规范的类推；那么，法类推就是从许多法规范当中抽象出一个一般性的思想，之后再使之形成一项一般性的法律陈述，从而即可将其应用于法律所未规定的构成要件上。其理由在于，该构成要件与法律所规定的各种构成要件相比，在价值上具有一致性。① 由此可见，法类推和法律类推的类比前提是不同的：法律类推的类比对象是具体的法律规范，是基于法规范的类比推理。而法类推的类比对象是从数个法规范中抽象出来的法目的或者法的一般思想，是基于法目的的类比推理。显然，法类推脱离具体法律规定的特征决定了在罪刑法定的语境中，更是绝对禁止的。至于在民法领域，则作为一种法律漏洞的填补方法，法类推具有采用的余地。

（三）法律类推与法类推的区别

法律类推和法类推虽然都是法律适用中的类推，但这两种类推还是存在较大差别的。我国学者从以下三个方面阐述了法律类推与法类推间的差异②：第一，两者在适用前提上的差异。在法律类推的情况下，从单一的法律规定出发，将该法律规定类推适用于待决案件；而在法类推的情况下，从复数法律规定出发，将

① 参见［德］托马斯·M.J.默勒斯：《法学方法论》（第4版），杜志浩译，381～382页，北京，北京大学出版社，2022。

② 参见王利明：《法律解释学导论——以民法为视角》（第二版），599～600页，北京，法律出版社，2017。

该复数法律规定的共同原理适用于待决案件。第二，两者在逻辑方法运用上的差异。在法律类推中，仅仅有演绎的方法，即借助于类似问题类似处理来进行演绎，法官没有进行归纳操作。而在法类推中，其不仅有演绎的方法，还有归纳的方法，即通过数个法律规定，归纳出共同的法理，进而将其适用于法律没有规定的情形。第三，从适用情况来看，法律类推是常态，属于类推适用的一般情况，而法类推是特别规定，仅适用于特殊情况。由此可见，法律类推是较为常见的类推方法，但法类推则是较为特殊的类推方法。因为法律类推是以具体法条为根据的类推，但法类推则是以一般法律原则为根据的类推。例如我国《民法典》第10条规定："处理民事纠纷，应当依照法律；法律没有规定的，可以适用习惯，但是不得违背公序良俗"。这是民事审判中在法律没有明文规定的情况下，可以适用习惯的一般条款，它对于所有民事案件的适用都具有指导意义。因此，根据这一规定对法律没有明文规定的情形，归纳出法律规则，然后适用于待决案件，这就是法类推。由于我国刑法实行罪刑法定原则，对于法律没有明文规定的行为不得定罪处罚，因此，我国刑法禁止法外类推，并且没有适用法类推的余地。

这里应当指出，刑法中的类推还可以区分为不利于被告人的类推和有利于被告人的类推这两种情形：不利于被告人的类推是指入罪或者罪重的类推，即以类推作为被告人有罪或者罪重的根据。有利于被告人的类推是指无罪或者罪轻的类推，即以类推作为被告人无罪或者罪轻的根据。可以说，有利于被告人的类推与不利于被告人的类推这一分类是刑法所特有的。德国学者在论述类推在刑法中的特殊之处时，指出："虽然类推在民法中是合法的，但在刑法中，只有有利于行为人的类推是合法的，而不利于行为人的类推是不被允许的（禁止类推）。换言之，当您确认尽管存在一个法律漏洞，但是这个法律漏洞只能通过法律续造加以填补时，您的解释工作便结束了。"① 在通常情况下，不利于被告人的类推都是

① ［德］罗尔夫·旺克：《法律解释》（第6版），蒋毅、季红明译，156页，北京，北京大学出版社，2020。

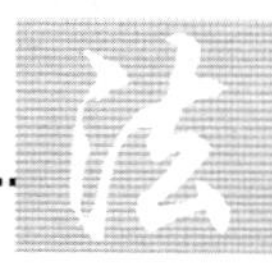

指入罪类推，因此，入罪类推是狭义上的刑法类推，其他情形则是广义上的刑法类推。在刑法中只有入罪或者罪重的类推违反罪刑法定原则，因而被禁止，但无罪或者罪轻的类推则是允许的。因此，对刑法中的类推应当全面正确与科学合理地理解。

第二节　语义范围外的类推解释

语义范围外的类推解释，简称法外类推解释，是指在法律没有明文规定的情况下，采用类比推理的方式对法律文本所进行的解释。因此，法外类推解释其实就是类推解释的本来之意，它是一种漏洞填补的方法。这里应当指出，法外类推解释是以超出法律文本语义范围为特征的，但超出了法律文本的语义范围的解释也不能一概称为类推解释。在某种意义上说，法律禁止的类推解释与法律解释的关系，实际上就是法律漏洞填补与法律解释的关系。德国学者指出："法律解释和漏洞填补之间的关系是不能被忽视的。法律解释和法律漏洞的不同在于法律规范的可能语义：法律解释是在法律语词的意义范围之内进行。如果越出这一界限，即进入了法律漏洞的发现和填补的领域。这一界限的意义在于，出于维护法律安定性的考虑，对法律规范之语义范围的超越应增加其难度，在某些情况下由于禁止类推原则的存在甚至完全不允许这么做。"① 这里的不允许这么做是指禁止对法律漏洞采用类推的方法加以填补。因此，具有法律漏洞填补功能的类推解释，也就是法外类推在刑法适用中是不被允许的。

应当指出，不能把所有对法律没有明文规定事项的所谓解释都视为法外类推解释。根据类推概念，只有待决案件与刑法的明文规定之间具有最相类似关系的情况下才能进行类推。如果不存在这种类似性的情形，则不存在类推的空间。因此，

---

① ［德］齐佩利乌斯：《法学方法论》，金振豹译，105页，北京，法律出版社，2009。

在司法实践中，以下两种超出法律文本语义范围的情形不能视为类推解释：第一种是超出法律文本可能语义，并且与法律规定之间并不存在最相类似关系的解释；第二种是违背法律文本语义的解释。在超出法律文本语义的解释中，只有超出的内容与法律规定之间存在最相类似关系的部分才属于类推解释，其余部分则缺乏类推解释的前提条件，不属于类推解释。至于违背法律文本语义的解释，其内容与法律文本的含义是背离的，则无论如何都不能归之于类推解释的范畴。由此可见，所谓类推解释是以待处理事项与法律文本的规定之间存在最相类似的关系为前提的，它也不同于其他超出法律文本语义的解释，更不同于背离法律文本语义的解释。

在刑法领域之所以仍然存在法外类推解释的概念，这是与罪刑法定原则所形成的刑法特殊语境密切相关的。可以想见，在民法领域并不存在类推解释的概念，因为民法是允许类推适用的，因而对于法律没有明文规定的行为，直接进行类推适用即可，完全没有必要再创设一个类推解释的概念。但在刑法领域，基于罪刑法定原则，对刑法没有明文规定的行为是不得定罪处刑的，因而才保留了类推解释这个概念，类推一旦打上了解释的印记，似乎就获得了正当性。其实，所谓法外类推解释并不是解释，而只是打着解释名义的类推适用。值得注意的是，德国刑法学界都不采用类推解释的概念，而直接称为类推。例如，德国学者在论述类推与解释的关系时，指出："任何法律规范（Rechtsnorm）都需要解释（Aualegung），但要规定出准许的解释与禁止的类推之间的界限，由于两者间的流动交叉性又常常是困难的。如果说解释所要做的仅仅是阐明法律规范或者法律概念的关键性意义，并且限制在对法律规范或者法律概念的意思解读之上，那么类推所寻求的则是离开法律条文本来框定的直接适用范围。解释的目的是将法律意思明了化，使之在面对出现的相应情况时能够适应今天已经变化了的要求与观点。类推的目的相反则是通过扩展和进一步发展法律条文而充填法律的空白。"① 因此，超出法律文本语义范围的类推解释是违反罪刑法定原则的，被刑法所禁止。

① ［德］约翰内斯·韦塞尔斯：《德国刑法总论》，李昌珂译，23～24页，北京，法律出版社，2008。

在类推解释的考察中，关键在于如何区分类推解释和扩大解释，可以说这两者之间的区分是在毫厘之间，因而区分的难度是极大的。在刑法教义学和刑法适用过程中，对于如何区分类推解释与扩大解释往往存在争议。这种争议在一定程度上影响了刑法的正确适用，因此，应当从不同层面对类推解释与扩大解释的区分问题进行不同视角的考察。

一、类推解释与扩大解释区分的理论分析

类推解释（这里指法外类推解释）与扩大解释区分的主要根据就是解释内容是否超出了法律文本的语义范围。但难题在于：如何确定是否超出法律文本的语义范围？这个问题恰恰是扩大解释与类推适用区分的难点。类推解释与语义解释的区分难度还是在于类推解释与扩大解释之间的区分，如果两者不能妥当地区分，则即使在禁止类推解释的语境中，类推解释仍然会以扩大解释的名义大行于肆。类推解释与语义解释之间的区分，实际上就是刑法解释的界限问题。对此，日本学者指出了类推解释与扩大解释相区分的五种观点①：第一，犯罪定型说。该说认为类推解释与语义解释之间的区分应以该解释是否局限于各条文所预想的犯罪定型的范围之内为基准。根据犯罪定型说，超越各法条预想的法的犯罪定型的范围的解释是类推解释，与这种被罪刑法定原则所禁止的解释相对，没有超越犯罪定型范围的对文义进行扩张的解释却是被允许的。也就是说，被禁止的类推解释与被允许的扩大解释相区别的基准是是否处于法的犯罪定型的范围之内，形式的定型性/类型性成为判断标准。第二，法文语义说。该说认为应以解释是否处于语言的可能的意义的界限之内作为基准。根据这一观点，被禁止的类推解释和被允许的扩大解释区别的基准是，是否局限于刑法成文的语言的可能的意义界

① 参见［日］关哲夫：《论禁止类推解释与刑法解释的界限》，王充译，载陈兴良主编：《刑事法评论》，第20卷，367～372页，北京，北京大学出版社，2007。

限之内。第三，预测可能性说。该说认为类推解释与扩大解释的区分应以是否局限于国民的预测可能性的范围之内为基准。第四，形式/实质衡量说。该说认为为了避免给刑法解释设定划一的界限，可以通过形式要素和实质要素的比较衡量而为解释划定界限。根据这种观点，比较衡量作为形式要素的“与语言本来的意义的距离”和作为实质要素的“处罚必要性”，划定被允许的解释的范围。第五，合目的性说。该说认为由于存在罪刑法定原则，意味着为了处罚就必须具有法律上的根据，刑法当然就对法官具有约束力。仅限于个别法规的目的、法整体的目的的制约机能，使类推不至于导致语义的无限扩张。以上关于区分类推解释与语义解释的观点各说其话，从不同角度和面向提出了不同的基准，具有一定的参考价值，然而，在具体操作上难度还是较大的。也正是在这个意义上，类推解释为刑法解释的界限提供了比对基准，因而具有其存在的意义。

我国学者提出了扩大解释边界的概念，认为它对于区分扩大解释与类推具有重要意义。我国学者归纳了在扩大解释边界，也就是界分扩大解释与类推问题上的五种观点[①]：第一，可能含义说。该说认为扩大解释应以文义射程为限，超出射程之外，不属于扩大解释。扩大解释可以超出刑法规定的应当含义，但不能超出法律规定的通常的、普遍的、一般的含义。第二，合法合理标准说。该说认为扩大解释应以不违背立法基本精神（合法限度）和文义所能扩张的合理程度（合理限度）作为限度。凡超出刑法立法基本精神和字义所能扩张的合理程度的扩大解释就违背了罪刑法定原则，不违背刑法基本精神和不超出字义所能扩张的限度的扩大解释符合罪刑法定原则。第三，核心属性说。该说认为凡是所解释的事项，具有被解释的概念所需要的核心属性的，就是合理的扩大解释，二者的区别仅仅在于解释结论是否超出刑法规范本身的蕴含范围。第四，国民预测可能性说。该说认为扩大解释的基准不是国家维持治安的必要性，而应求诸国民的预测可能性。第五，逻辑含义许可范围说。该说认为扩大解释必须符合立法原意，并

① 参见赵运锋：《刑法解释边界研究》，151～153页，北京，中国政法大学出版社，2019。

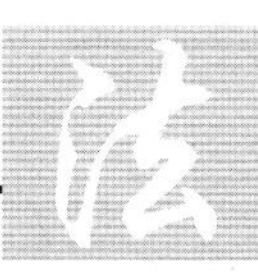

在法律条文的逻辑含义许可范围内进行。逻辑含义许可范围的具体判定标准是：所要解释的条款或用语与被解释对象应当是种属关系或包含与被包含关系，而不能是并列关系。在上述五种观点中，我认为可能含义说较为妥当。这里的可能含义，也称可能语义，它是法律文本某个用语语义的最大射程。任何一个语言，都具有一定的语义范围，这个语义范围的边界就是所谓可能语义。

语义具有一定的意义域，可能语义处在这个意义域的边缘，也就是处在语义射程的最远端。因此，可能语义并不是日常语义，如果仅仅局限在日常含义，则不能包含可能语义。但可能语义没有超出用语的语义边界，仍然可以涵摄在内，因此，可能语义属于扩大解释而不是类推。正如我国学者指出："刑法用语的字面含义本身就包含刑法用语的可能含义，无论刑法用语的意义域如何变动，都处于刑法条文用语的字面含义之内，因此，超出刑法条文字面用语的解释，不是扩大解释；超出刑法条文用语的通常含义，但是仍然处在刑法条文用语的字面含义之内的解释，才是扩大解释。"①

在刑法教义学中，如何区分扩大解释和类推适用的界限，是一个较为复杂的问题。例如，财物在我国刑法分则中是一个常用词，不仅财产犯罪的对象表述为财物，而且贿赂犯罪的对象也表述为财物。如果根据财物一词的日常含义，通常是指具有财产价值的物品。货币是财产价值的一般代表，可以用作商品交互的媒介，因而将其包含在财物概念中当然没有问题。但财产性利益通常是指财物以外的具有财产价值的股权、债权等财产权利和其他具有财产价值的利益，因此无论是在内容还是形式上与财物都存在明显的区分。在这种情况下我们就面对一个问题：将财产性利益解释为财物是否超出了财物一词的可能语义？值得注意的是，财产性利益的概念来自日本，日本学者认为，财产性利益是指财物以外的一切财

① 冯军：《论刑法解释的边界和路径——以扩张解释及类推适用的区分为中心》，载《法学家》，2012（1）。

产性质的利益，是积极地增加财产还是消极地减少财产，在所不问。[①] 因此，日本刑法采取财物与财产性利益的二分说，财产性利益并不包含在财物的概念之中，因此日本刑法对侵犯财产的犯罪和侵犯财产性利益的犯罪分别设立了罪名，如利益诈骗罪。日本学者认为，财产性利益的取得方式有三种：一是行为人处分受害人放弃某种财产性利益，这种行为往往表现出行为人消极利益的减少，例如债务的免除和延期支付等；二是表现为行为人从受害人处取得某种利益，这种行为直接表现为行为人利益的增加，例如在赌博的过程中采用欺诈的手段让被害人欠债等行为；三是通过不法手段免费享受他人提供劳务的行为。[②] 当然，日本刑法中的财物概念主要是在财产犯罪中采用，在贿赂犯罪中并不采用财物概念而是称为贿赂，只是贿赂的内容十分空泛，不仅包括财物、财产性利益，而且包括其他非财产性利益。在我国刑法学界，对于财物的理解不同于日本，一般将财产性利益扩大解释为财物。因此，我国刑法中的财物就可以分为狭义上的财物和广义上的财物，其中广义上的财物包含财产性利益。尤其是我国刑法总则采用了财产的概念，将财产分为公共财产和私人所有财产。其中，《刑法》第 92 条第 4 项规定，依法归个人所有的股份、股票、债券和其他财产属于私人所有的财产。这里的股份、股票、债券都属于财产性利益。因此，尽管在我国刑法分则没有采用财产的概念，而是采用了财物的概念，但这里的财物应当具有与财产相同的含义。基于以上理解，我认为我国刑法分则中的财物应当包括财产性利益。也就是说，我国刑法中的财物分为狭义上的财物和广义上的财物，其中广义上的财物包括财产性利益。那么，将我国刑法中的财产性利益解释为财物是否违反罪刑法定原则呢？这个问题的实质是：这种解释属于类推解释还是扩大解释？如果是类推解释当然就违反罪刑法定原则，反之，如果是扩大解释就不违反罪刑法定原则。对于

---

① 参见［日］山口厚：《刑法各论》（第 2 版），王昭武译，289 页，北京，中国人民大学出版社，2011。

② 参见［日］西田典之：《日本刑法各论》（第七版），［日］桥爪隆补订，王昭武、刘明祥译，225～226 页，北京，法律出版社，2020。

这个问题，我国学者指出："某种解释是扩大解释还是类推解释，应当根据本国的刑法及其用语进行判断，而不能根据外国刑法用语得出结论。"[①] 对于这一立场，我深表赞同。在日本刑法明确将侵犯财产性利益的犯罪单设罪名的情况下，当然也就不能将财产性利益解释为财物，否则将发生解释上的矛盾。但我国刑法对侵犯财产性利益的犯罪并没有另设罪名，因而也就不存在法律上的障碍；而且，我国刑法对包含财产性利益的财产一词与财物一词并没有严格区分，因而完全具备将财产性利益解释为财物的法律基础。更为重要的是，将财产性利益解释为财物并没有超出财物一词的可能语义的边界。财物的日常含义当然主要是具有财产价值的货物或者物品，尤其是具有有形载体的实体。但我国语言中，"物"这个用语的含义十分空泛，将股权、债权等财产性利益的内容涵摄在"物"的概念中并没有语言上的障碍。在我国司法解释中，扩大解释也是经常采用的。上述讨论的财物概念，在关于贿赂犯罪的司法解释中就作了扩大解释。我国司法解释对财产犯罪的财物没有明确解释，但对贿赂犯罪的财物则作了明文规定。例如2016年4月18日最高人民法院、最高人民检察院《关于办理贪污贿赂刑事案件适用法律若干问题的解释》第12条规定："贿赂犯罪中的'财物'，包括货币、物品和财产性利益。财产性利益包括可以折算为货币的物质利益如房屋装修、债务免除等，以及需要支付货币的其他利益如会员服务、旅游等。后者的犯罪数额，以实际支付或者应当支付的数额计算。"在此，前引司法解释将财产性利益解释为作为贿赂，这在一定程度上扩张了财物一词的语义范围。

某种解释到底是应当禁止的类推解释还是可以允许的扩大解释这个问题，在面对某些随着社会发展而出现的新型犯罪的时候，对于是否能够通过扩大解释适用刑法规定，会带来重大的影响。例如2023年5月25日最高人民法院、最高人民检察院发布《关于办理强奸、猥亵未成年人刑事案件适用法律若干问题的解释》第9条规定："胁迫、诱骗未成年人通过网络视频聊天或者发送视频、照片

---

① 张明楷：《罪刑法定与刑法解释》，203页，北京，北京大学出版社，2009。

等方式，暴露身体隐私部位或者实施淫秽行为，符合刑法第二百三十七条规定的，以强制猥亵罪或者猥亵儿童罪定罪处罚。”这里所规定的行为被称为隔空猥亵，实际上是网络猥亵。隔空猥亵是随着网络在社会生活中的普及所带来的一种犯罪现象，尤其是对儿童的隔空猥亵犯罪案件较为突出。在这种情况下，前引司法解释明确规定对儿童的隔空猥亵应当以猥亵儿童罪论处。隔空猥亵以强制猥亵儿童罪论处，最先来自最高人民检察院颁布的指导案例——骆某猥亵儿童案，该指导案例确认的要旨指出：“行为人以满足性刺激为目的，以诱骗、强迫或者其他方法要求儿童拍摄裸体、敏感部位照片、视频等供其观看，严重侵害儿童人格尊严和心理健康的，构成猥亵儿童罪。”

【案例37】骆某猥亵儿童罪[①]

2017年1月，被告人骆某使用化名，通过QQ软件将13岁女童小羽加为好友。聊天中得知小羽系初二学生后，骆某仍通过言语恐吓，向其索要裸照。在被害人拒绝并从QQ好友中将其删除后，骆某又通过小羽的校友周某对其施加压力，再次将小羽加为好友。同时骆某还虚构“李某”的身份，注册另一QQ号并添加小羽为好友。之后，骆某利用李某的身份在QQ聊天中对小羽进行威胁恐吓，同时利用周某继续施压。小羽被迫按照要求自拍裸照10张，通过QQ软件传送给骆某观看。后骆某又以在网络上公布小羽裸照相威胁，要求与其见面并在宾馆开房，企图实施猥亵行为。因小羽向公安机关报案，骆某在依约前往宾馆途中被抓获。2017年6月5日，某市某区人民检察院以骆某犯猥亵儿童罪对其提起公诉。7月20日，该区人民法院依法不公开开庭审理本案。法庭经审理，认定被告人骆某强迫被害女童拍摄裸照，并通过QQ软件获得裸照的行为不构成猥亵儿童罪。但被告人骆某以公开裸照相威胁，要求与被害女童见面，准备对其实施猥亵，因被害人报案未能得逞，该行为构成猥亵儿童罪，系犯罪未遂。2017

① 参见最高人民检察院指导性案例第43号。

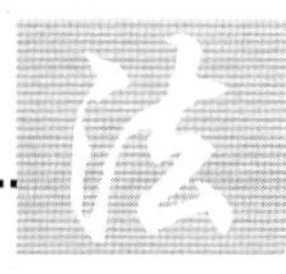

年 8 月 14 日，某区人民法院作出一审判决，认定被告人骆某犯猥亵儿童罪（未遂），判处有期徒刑一年。

一审宣判后，某区人民检察院认为，一审判决在事实认定、法律适用上均存在错误，并导致量刑偏轻。被告人骆某利用网络强迫儿童拍摄裸照并观看的行为构成猥亵儿童罪，且犯罪形态为犯罪既遂。2017 年 8 月 18 日，该院向某市中级人民法院提出抗诉。某市人民检察院经依法审查，支持某区人民检察院的抗诉意见。2017 年 11 月 15 日，某市中级人民法院开庭审理本案。某市中级人民法院经审理，认为原审被告人骆某以寻求性刺激为目的，通过网络聊天对不满 14 周岁的女童进行言语威胁，强迫被害人按照要求自拍裸照供其观看，已构成猥亵儿童罪（既遂），依法应当从重处罚。对于市人民检察院的抗诉意见，予以采纳。2017 年 12 月 11 日，某市中级人民法院作出终审判决，认定原审被告人骆某犯猥亵儿童罪，判处有期徒刑二年。

猥亵儿童罪属于猥亵罪，它是除了强奸罪以外的一种侵犯性权利的犯罪。我国刑法分别规定了强制猥亵罪和猥亵儿童罪。这里应当指出，刑法使用了猥亵一词，但并没有明确规定猥亵的含义，因此，对于猥亵的理解应当借助于该用语的通常语义。通常意义上的猥亵是指用性交以外的方法实施的淫秽行为。猥亵儿童罪是指以抠摸、指奸等淫秽下流的手段猥亵儿童的行为。[①] 从以上含义来看，猥亵行为具有其特定的内容。在某种意义上说，猥亵是以身体的直接接触为前提的面对面实施的犯罪。但本案的“指导意义”指出：“网络环境下，以满足性刺激为目的，虽未直接与被害儿童进行身体接触，但是通过 QQ、微信等网络软件，以诱骗、强迫或者其他方法要求儿童拍摄、传送暴露身体的不雅照片、视频，行为人通过画面看到被害儿童裸体、敏感部位的，是对儿童人格尊严和心理健康的严重侵害，与实际接触儿童身体的猥亵行为具有相同的社会危害性，应当认定构

① 参见陈兴良、刘树德、王芳凯编：《注释刑法全书》，1222 页，北京，北京大学出版社，2022。

成猥亵儿童罪。”上述指导意见否定身体的直接接触是猥亵儿童罪的必备要件，因而创设了隔空猥亵的概念。那么，在所谓隔空猥亵中，行为人所实施的行为包括哪些表现方式呢？对此，前引司法解释第9条规定为胁迫、诱骗未成年人通过网络视频聊天或者发送视频、照片等方式，暴露身体隐私部位或者实施淫秽行为。从这一规定来看，隔空猥亵的行为包括以下两种类型：(1)隔空通过网络传递裸照或隔屏裸聊，即行为人要求儿童通过网络软件发送自己身体隐私照片供其观看。(2)隔屏触碰儿童身体，具体由儿童实施自摸或儿童间互摸的行为实现行为人的猥亵目的。[①] 应该说，传统的猥亵都是以身体接触为前提的，可以说没有身体接触就不可能发生猥亵行为。但在网络普及以后，隔空性交在计算机软件的辅助下成为可能，随之而来的就发生了利用网络对儿童进行隔空猥亵的现象。在上述两种隔空猥亵行为中，第一种是利用网络观看儿童的隐私部位或者传递儿童隐私部位的视频或者照片。这种情形是否构成猥亵儿童罪，需要考虑的是在现实空间观看儿童的隐私部位或者对儿童隐私部位进行拍摄或者摄影的行为是否属于猥亵儿童的行为。对此，我的回答是肯定的，而在网络空间实施上述行为，只不过是将现实空间的猥亵行为转换到网络空间实施而已。在这个意义上说，这种方式的隔空猥亵完全符合猥亵儿童罪的构成要件，就如同原本发生在现实空间的诽谤行为转换到网络实施的网络诽谤一样，不能否定其诽谤的性质。至于第二种隔空猥亵是指隔屏触碰儿童身体，在现实空间中这种猥亵行为表现为对隐私部位进行抠摸或者迫使儿童进行自渎。对于迫使儿童自渎，其目的在于观看，因此这是在隔空的情况下可以完成的，无异于现实空间的猥亵。至于对儿童隐私部位进行抠摸，这在隔空的状态下是无法完成的。由此可见，在网络空间虽然行为人未对儿童进行直接的身体接触，但其采用强迫或者诱骗的方式让儿童自己或者经由他人对隐私部位实施淫秽行为，因而行为人可以完成现实中的绝大多数猥亵行为，

---

① 参见张杰：《“隔屏猥亵”儿童行为的入罪疑义与理论证成——兼论价值判断在性侵儿童犯罪中的刑法教义学贯彻》，载《法学评论》，2023 (2)。

只有个别行为无法完成，但这并不影响隔空猥亵的成立。隔空猥亵作为猥亵罪的一种行为方式，是随着网络空间的出现而产生的行为方式，通过对猥亵行为的扩大解释，可以达到将原本只适用于现实空间的刑法规范扩大适用于网络空间的效果。正如我国学者指出："许多传统当面实施的犯罪都具备了网络隔空实施的可能性，网络犯罪数量大增，甚至已经成为当前犯罪的主要形态。在这样的背景下，猥亵行为中传统基于接触或当面实施的主要猥亵形式也大量向隔空网络猥亵形式转变，能够达到当面交流效果的音视频网络通讯使得行为人既能够利用网络通讯工具隔空迫使受害人实施对自身的性意味行为，也能够通过网络隔空迫使受害人观看行为人或他人做出的色情行为，从而使得网络猥亵能够达到与当面猥亵相当的对性自主权的侵害程度，因此对网络猥亵有纳入猥亵犯罪进行刑事归责的必要性。"① 综上所述，隔空猥亵以刑法中的猥亵论处，这是对猥亵的一种扩大解释而不是类推解释，通过这种扩大解释可以化解随着网络发展所带来的新型犯罪的法律适用问题。正如我国学者指出："刑法教义学上应当持扩张解释立场强化儿童性权利保护。就刑法解释而言，刑法上历来禁止不利于被告人的类推解释，对扩张解释也持慎重态度。虽然一般情况下，从保障被告人权利立场出发，对不利于被告人的扩张解释应当持谨慎和排斥态度，但是，在涉及未成年人犯罪的问题上，应当基于保护未成年人权利的目的，在教义学上对刑法法条作扩张解释，实现未成年人利益最大化的原则。特别是在涉未成年人性犯罪问题上，从保护未成年人利益出发，对与实质性侵害未成年人权利具有相当性的行为，应当允许并鼓励扩张解释，将处罚的触角往前移，实现处罚的扩张。"② 由此可见，扩大解释的适当采用，对于应对新型犯罪现象具有现实意义。当然，类推解释是应当禁止的，这是罪刑法定原则的应有之义。因此，在司法实践中正确区分扩大解

① 李川：《网络隔空猥亵犯罪的规范原理与认定标准》，载《法学论坛》，2024（1）。

② 张杰：《"隔屏猥亵"儿童行为的入罪疑义与理论证成——兼论价值判断在性侵儿童犯罪中的刑法教义学贯彻》，载《法学评论》，2023（2）。

释和类推解释十分重要。

应当指出，将现实空间的犯罪行为在网络空间实施，也就是我国《刑法》第287条规定的利用计算机实施相关犯罪，这种规定是否属于扩大解释，这是一个值得研究的问题。我国学者提出了当网络作为犯罪空间时对网络犯罪中'关键词'的含义应作扩大解释的命题，指出："伴随着人们对网络空间依赖度的日益增强，网络空间和现实空间并存的局面快速形成。网络在网络犯罪中的地位也从犯罪对象、犯罪工具转变为犯罪空间。在信息时代，所有的犯罪都可以在网络空间实施，并且可以实现线上与线下互动、现实空间与网络空间过渡。网络空间的存在，使得传统犯罪由现实空间一个发生平台增加为现实空间和网络空间两个发生平台，一个犯罪行为既可以是全部犯罪过程都发生于网络空间，也可以是同时发生于网络空间和现实空间两个空间。虽然我们有可能套用传统的罪名体系对网络作为犯罪空间的犯罪进行规制，但是如果不作扩大解释，那么传统的罪名根本无法适用于规制此类犯罪行为。两个犯罪平台并存的现实迫使我们必须找到让传统刑法能够适用于两个平台的解释路径和适用规则。面对网络成为犯罪空间的现实，通过有权解释对网络犯罪中'关键词'的含义进行扩大解释就变得极为迫切。"① 应该说，这一观点具有一定合理性。尽管从传统的语义解释来看，所谓扩大解释的含义是指对语义的扩张，但在将适用于现实空间的刑法规定适用于网络空间的情况下，适用范围当然是从现实空间扩大到网络空间。但法律条文的语义是否也随之而扩张呢？应该说，从语义所涵盖的范围有所扩大这个意义上说，这也是另外一种意义上的扩大解释，它与传统的扩大解释所指称的内容并不完全相同。但从扩大解释的意义上，也许更能解决传统刑法分则的规定转型适用于网络空间的急迫问题，而不拘泥于原本在现实空间所具有的语义内容。

---

① 于志刚：《网络犯罪的发展轨迹与刑法分则的转型路径》，载《法商研究》，2014（4）。

二、类推解释与扩大解释区分的案例分析

在抽象的层面讨论类推解释与扩大解释的区分当然是容易的，但结合具体案例进行区分，则具有一定的难度，并且总是存在各种观点的纠缠不清，因此，我们需要从具体案例切入，对类推解释与扩大解释的关系进行界分。

【案例 38】李某组织卖淫案[①]

被告人李某为营利，采取张贴广告、登报的方式招聘男青年做“公关人员”，并制定了“公关人员管理制度”。李某指使刘某、冷某宝对“公关先生”进行管理，并在其经营的“金麒麟”、“廊桥”及“正麒”酒吧内将多名“公关先生”多次介绍给男性顾客，由男性顾客将“公关人员”带至南京市“新富城”大酒店等处从事同性卖淫活动。李某辩称，其行为不构成犯罪。其辩护人提出，刑法及相关司法解释对同性之间的性交易是否构成卖淫未作明文规定，而根据有关辞典的解释，卖淫是指妇女出卖肉体的行为。因此，组织男性从事同性卖淫活动的，不属于组织卖淫，不危害社会公共秩序和良好风尚；依照罪刑法定原则，李某的行为不构成犯罪。一审法院判决认为：李某以营利为目的，招募、控制多人从事卖淫活动，其行为已构成组织卖淫罪，依法应予严惩。李某关于其行为不构成犯罪的辩解，其辩护人关于卖淫不包括男性之间的性交易的辩护意见不能成立。根据我国刑法规定，组织卖淫罪是指以招募、雇佣、引诱、容留等手段，控制、管理多人从事卖淫的行为；组织他人卖淫中的“他人”，主要是指女性，也包括男性。李某以营利为目的，组织“公关人员”从事金钱与性的交易活动，虽然该交易在同性之间进行，但该行为亦为卖淫行为，亦妨害了社会治安管理秩序，破坏了良好的社会风尚，故李某的行为构成组织卖淫罪。一审判决后，李某不服，以组织

① 参见陈兴良、张军、胡云腾主编：《人民法院刑事指导案例裁判要旨通纂》（下卷·第三版），1922～1923 页，北京，北京大学出版社，2024。

同性卖淫不构成犯罪、量刑过重为由，提出上诉。经审理，二审法院维持了一审原判。

在李某组织卖淫案中，涉及的疑难问题是：卖淫是否包括同性之间的性交易？对此，在本案审理过程中存在不同意见，因而导致本案审理过程的一波三折。本案在法学界引发了对于罪刑法定和类推解释的争议，这是前所未有的。[①]争议的核心问题是：同性之间的性交易是否构成刑法中的卖淫？辩护人认为：刑法及相关司法解释对同性之间的性交易是否构成卖淫未作明文规定，依照罪刑法定原则，李某的行为不构成犯罪。有关媒体上的舆论也有观点认为，对组织男青年向同性卖淫的行为“比照组织卖淫罪定罪量刑”是一种类推定罪，法院的判决在司法中再次开启了类推定罪的先例，是有悖于罪刑法定原则的。[②] 围绕着李某组织同性卖淫案而展开的争论，实际上是一个如何界定类推解释的问题。也就是说，在本案中，将同性之间的性交易解释为卖淫，是否属于类推解释？对于这个问题，李某组织同性卖淫案的裁判理由认为，卖淫，就其常态而言，虽是指女性以营利为目的，与不特定男性从事性交易的行为；但随着立法的变迁，对男性以营利为目的，与不特定女性从事性交易的行为，也应认定为卖淫；而随着时代的发展、社会生活状况的变化，卖淫的外延还可以、也应当进一步扩大，亦即还应当包括以营利为目的，与不特定同性从事性交易的行为（为论述方便，以下简称此种卖淫行为为同性卖淫）。对卖淫作如上界定，并不违背刑法解释原理和罪刑法定原则，相反，是刑法立法精神的当然要求，主要理由是：第一，刑法本身及相关立法、司法解释均未曾对刑法中“卖淫”一词的内涵作出过明确界定，均未曾明确将“卖淫”仅限定于异性之间的性交易行为。鉴于此，认为“卖淫”也包括同性卖淫，并不与现行立法和有效刑法解释相抵触；或者说，至少在形式上并不违背罪刑法定原则。第二，由于种种原因，辞典，尤其是非专业性辞典对某一

① 参见曹峰峻：《“同性卖淫”案引发法学界观点交锋》，载《民主与法制》，2006（4）。

② 参见王北京：《“类推定罪”借同性卖淫案“复活”》，载《南方周末》，2004-02-26。

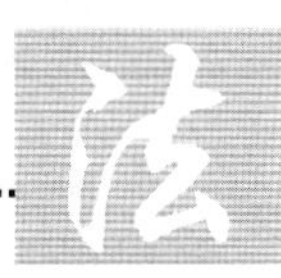

刑法用语的解释，往往与我们对该刑法用语所作的规范解释不尽一致，有的甚至与刑法规定本身相冲突。第三，《刑法》所规定的卖淫的本质特征在于，其是以营利为目的，向不特定的人出卖肉体的行为。至于行为人的性别是男是女，以及其对象是异性还是同性，均不是判断、决定行为人的行为是否构成卖淫所要考察的因素。第四，根据刑法解释原理，对刑法用语，应当适应社会发展，结合现实语境，作出符合同时代一般社会观念和刑法精神的解释。这并不违背罪刑法定原则，相反是贯彻罪刑法定原则的当然要求。

根据上述裁判理由，我们就同性之间的性交易是否属于卖淫的问题进行语义分析，以便考察同性之间的性交易是否超越了卖淫一词的语义范围。先就卖淫这个用语而言，它虽然在刑法及其他法律中使用，但它并不是一个专业的法律术语，而是一个日常生活用语。正如裁判理由所言，刑法本身及相关立法、司法解释均未对刑法中卖淫一词的内涵作出过明确界定。在这种情况下，卖淫的含义应当按照通常语义来理解。卖淫一词的字面含义是性交易，也就是肉体与金钱之间的一种交易，即日常所言的皮肉生意。从字面来看，对交易双方的性别并没有限定。在日常使用中，包括词典释义，都在卖淫一词之前加上限定，如妇女出卖肉体。在此，妇女是肉体出卖者，而出卖对象则是男性，因此，传统中的卖淫是异性之间的性交易，具体而言，是指妇女与男性之间的性交易。从立法沿革考察，1979 年《刑法》第 140 条最早设立了强迫卖淫罪，表述为强迫妇女卖淫，其确切含义是指强迫妇女向男性卖淫。由此可见，卖淫主体和对象都在卖淫一词之外。当然，由于长时间使用，卖淫一词的含义固定化为妇女向男性出卖肉体。1991 年 9 月全国人大常委会《关于严禁卖淫嫖娼的决定》增加规定了组织他人卖淫和协助组织他人卖淫的犯罪，并将强迫“妇女”卖淫犯罪修改为强迫“他人”卖淫犯罪。这主要是根据当时一些地方的卖淫嫖娼活动出现的现象，即在现实生活中，不仅存在传统的组织妇女向男性卖淫现象，而且出现了组织男性向妇女卖淫的现象。正是在这种背景下，前引决定将“妇女”修改为“他人”。1997 年刑法吸纳了上述决定的规定。男性向男性提供性服务以换取财物的现象有所增加。在这种情况下，2001 年 1 月 28 日公安部下发的《关于对同性之间以钱财为媒介的性行为定型处理问题的批复》规定："不特定的异性之间或者同性之间以金钱、财物为媒介发生不正当关系的行为，包括口淫、手淫、鸡奸等行为，都属于卖淫嫖娼行为，对行为人应当依法处理。"这是在相关法规中明确规定同性之间性交易属于卖淫行为。正如我国学者指出："同性向同性提供性服务事实的出现，使得卖淫的含义也随之发生变化。在当今时代，认为同性之间存在卖淫嫖娼，已不可避免。"① 就卖淫的用语而言，虽然在过去基于与之对应的现实状况，其含义曾经固定化为妇女与男性之间的性交易，但由于卖淫这一用语本身具有宽泛的语义空间，因而同性之间性交易现象出现以后，完全可以将其容纳在卖淫的概念之中。就此而言，不能认为将同性之间的性交易解释为卖淫是一种类推解释。

三、类推解释与扩大解释区分的司法解释分析

我国存在司法解释制度，这是其他国家所没有的。司法解释在我国司法活动中发挥着重要的作用，它实际上是细则化了的刑法，因而被我国学者称为副法体系。司法解释对于司法机关的定罪量刑来说是必不可少的法律依据。尤其是在刑法规定不明确的情况下，都有待于司法解释加以明确。从这个意义上说，司法解释通过续造司法规则，对于刑法明确性的实现发挥着重要作用。司法解释属于有权解释，它对人民法院审理刑事案件具有法律效力，需要在刑事裁判文书中加以援引。在某种意义上说，创制司法解释具有一定的立法功能，只不过这是细则化立法。司法解释既然是法律解释，同样应当遵循法律解释的规则，也就是它只能揭示法律文本本身所具有的含义，而不能添加法律文本所不具有的含义。但不可否认，在我国司法解释制定过程中，存在着某种越权现象，由此制定的司法解释

① 张明楷：《罪刑法定与刑法解释》，220 页，北京，北京大学出版社，2009。

可以说是越权解释。例如司法解释在对刑法概然性规定予以明确的过程中，因为缺乏刑法文本的参照，因而往往出现越权。这里的越权是指司法解释超越司法权而对立法权形成某种侵犯。这种越权解释在某些情况下，表现为类推解释。

类推的司法解释与扩张解释如何区分也是一个难题，如果两者不能区分，则很可能在扩张解释的名义下实际进行着类推的司法解释，因此，区分类推解释与扩张解释是十分必要的。我认为，从逻辑上来说，类推解释是将法无明文规定的情形以其具有与法律规定的类似性而将之适用于法律规定；而扩张解释是以法律明文规定为前提的，只是刑法条文所使用的文字过于狭隘，不足以表明刑法的真实意义，于是扩张其意义，使其符合刑法的真实意义。在实际区分上，要看某一解释是否超过刑法规定的可能语义：如果已经超出可能语义的范围，那就属于类推解释。我国的司法解释，存在这种超出可能语义的解释。例如，《刑法》第145条规定了生产、销售不符合标准的医疗器材罪，本罪的客观行为是生产、销售，但2001年4月9日最高人民法院、最高人民检察院《关于办理生产、销售伪劣商品刑事案件具体应用法律若干问题的解释》第6条第4款规定："医疗机构或者个人，知道或者应当知道是不符合保障人体健康的国家标准、行业标准的医疗器械、医用卫生材料而购买、使用，对人体健康造成严重危害的，以销售不符合标准的医用器材罪定罪处罚。"司法解释的制定理由认为，之所以作出这一规定，主要是因为：(1) 从事经营性服务的医疗机构或者个人，其购买、使用医用器材的行为属于以牟利为目的的经营行为，与销售医用器材的行为无异。(2)《产品质量法》有类似规定。[①] 我认为，这一理由是完全不能成立的。销售医用器材与购买、使用医用器材在性质上能等同吗？即使把购买后的使用医用器材行为理解为经营行为，经营当中包含销售的内容，这种销售是有偿提供服务，它也不能与销售医用器材等同。至于《产品质量法》有类似规定也不能成为作出

① 参见张军主编：《解读最高人民法院司法解释（刑事、行政卷，1997—2002）》，164页，北京，人民法院出版社，2003。

此种刑法解释的根据，因为《产品质量法》只是行政法，而刑法在性质上与之完全不同。上述司法解释完全超出了可能文义，因而属于类推解释，实际上是在类推立法。

在司法实践中认定犯罪的时候，司法机关容易对刑法规定进行类推适用。这种情形通常存在于刑法设立的某个罪名对其适用范围作了某种限定，但在现实生活中出现了类似案件，在这种情况下，能否突破刑法对某个罪名的限定，扩大其适用范围，就成为一个引人关注的问题。例如我国《刑法》第223条规定的串通投标罪，是以违反《招标投标法》为前提的。该法第53条规定："投标人相互串通投标或者与招标人串通投标的，投标人以向招标人或者评标委员会成员行贿的手段谋取中标的，中标无效，处中标项目金额千分之五以上千分之十以下的罚款，对单位直接负责的主管人员和其他直接责任人员处单位罚款数额百分之五以上百分之十以下的罚款；有违法所得的，并处没收违法所得；情节严重的，取消其一年至二年内参加依法必须进行招标的项目的投标资格并予以公告，直至由工商行政管理机关吊销营业执照；构成犯罪的，依法追究刑事责任。给他人造成损失的，依法承担赔偿责任。"因此，本罪是《招标投标法》的刑事罚则。也即，只有串通投标行为才能认定为本罪。然而，在我国现实生活中，除了串通投标行为，还存在串通拍卖等违法行为。应该说，串通拍卖行为和串通投标行为在性质上是极为相似的：两者都存在串通行为，只不过发生在不同领域而已。《拍卖法》第65条规定："违反本法第三十七条的规定，竞买人之间、竞买人与拍卖人之间恶意串通，给他人造成损害的，拍卖无效，应当依法承担赔偿责任。由工商行政管理部门对参与恶意串通的竞买人处最高应价百分之十以上百分之三十以下的罚款；对参与恶意串通的拍卖人处最高应价百分之十以上百分之五十以下的罚款。"在此，《拍卖法》并没有涉及刑事责任问题，而且我国刑法也没有相应地设立串通拍卖罪，因此，串通拍卖行为不具有刑事可罚性，更不能采用类推方式，对串通拍卖行为以串通投标罪定罪处罚。

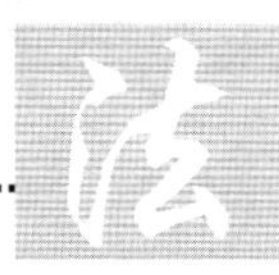

【案例39】许某某、包某某串通投标立案监督案[①]

犯罪嫌疑人许某某、包某某在江苏省连云港市海州区锦屏磷矿“尾矿坝”项目拍卖过程中，分别与江苏甲建设集团有限公司（以下简称“甲公司”）、江苏乙工程集团有限公司（以下简称“乙公司”）合作参与竞拍，武汉丙置业发展有限公司（以下简称“丙公司”，代理人王某某）也报名参加竞拍。甲公司、乙公司、丙公司三家单位经两次举牌竞价，乙公司以高于底价竞拍成功。连云港市公安局海州分局（以下简称“海州公安分局”）根据举报，以涉嫌串通投标罪对许某某、包某某立案侦查。许某某、包某某向连云港市海州区人民检察院提出监督申请，认为海州公安分局立案不当，严重影响企业生产经营，请求检察机关监督撤销案件。海州区人民检察院经调查，向海州公安分局发出《要求说明立案理由通知书》。公安机关回复认为，许某某、包某某的串通竞买行为与串通投标行为具有同样的社会危害性，可以扩大解释为串通投标行为。海州区人民检察院认为，投标与拍卖行为性质不同，分别受《招标投标法》和《拍卖法》规范，对于串通投标行为，法律规定了刑事责任，而对于串通拍卖行为，法律仅规定了行政责任和民事赔偿责任，串通拍卖行为不能类推为串通投标行为。并且，许某某、包某某的串通拍卖行为，目的在于防止项目流拍，该行为实际上盘活了国有不良资产，消除了长期存在的重大安全隐患，不具有刑法规定的社会危害性，因此，公安机关以涉嫌串通投标罪对二人予以立案的理由不能成立。同时，许某某、包某某的行为亦不符合刑法规定的其他犯罪的构成要件。2019年7月18日，海州区人民检察院向海州公安分局发出“撤销案件通知书”，并与公安机关充分沟通，得到公安机关认同。2019年7月22日，海州公安分局作出“撤销案件决定书”，决定撤销许某某、包某某串通投标案。

本案涉及的法律适用问题是：串通拍卖行为能否认定为串通投标罪？拍卖和

① 参见最高人民检察院指导性案例第90号。

招投标性质上具有一定的相似性，都是以竞价的方式取得某个项目或者某种业务。然而，串通投标行为是以违反《招标投标法》为前提的，而串通拍卖行为则是以违反《拍卖法》为前提的，这两种行为的前置法是不同的，因而在刑法中不能混淆两者的性质。将串通拍卖行为比照串通投标罪定罪处罚，其实是一种类推定罪，与我国刑法中的罪刑法定原则相背离。正如我国学者指出："对于拍卖、挂牌竞买过程中的串通行为不予定罪，不是立法上的疏漏，而是我国刑法立法经过充分论证后所形成的'意图性的处罚空白'，这也是刑法谦抑性的题中之义。在某种交易和招标投标的规范目的不同时，对交易参与者串通行为性质的评价就应该有所差异。因此，对于串通拍卖、挂牌竞买行为，不能以其可能和串通投标行为具有大致相同的社会危害性，就在司法上作出有悖于罪刑法定原则的类推解释。"[①] 因此，在刑事司法活动中，应当警惕基于对实质合理性的追求而采用类推解释的入罪方法。

意图性的处罚空白概念的提出，我认为具有重要意义。意图性的处罚空白，其实就是有意或者故意的处罚空白，因此，相对于意图性的处罚空白，还存在无意性或者过失的处罚漏洞。由此可见，这种处罚空白或者处罚漏洞，如果不是立法机关的有意留白，那么就是立法机关的无意遗漏。如果是前者，遵循法律规定不予处罚就是对立法的最大尊敬；如果是后者，遵循法律规定不予处罚就是对立法的最大体谅。因此，在司法实践中应当正确对待处罚空白或者处罚漏洞，克制处罚冲动。不可否认，之所以进行这种类推解释的方法，关键在于某些刑法规定存在这种处罚空白或者处罚漏洞，因而司法解释通过越权解释的方式起到了漏洞填补的功能。这里涉及立法权与司法权的界分问题，罪刑法定原则实际上具有界分立法权与司法权的作用：规定犯罪的权力只能由立法机关行使，司法机关只能根据刑法的明文规定认定犯罪和处罚犯罪。应该说，立法漏洞在任何一部法律中都存在，但这种漏洞只能由立法手段解决，而不能求助于越权的司法解释，刑法没有明文规定的行为不能

① 周光权：《串通投标罪的关键问题》，载《法学》，2024（3）。

通过解释而成为犯罪。因此，在罪刑法定原则下，刑事司法解释的功能应当受到严格的限制，立法权与司法权的界限应得到进一步明确的划分。

第三节　语义范围内的同类解释

语义范围内的同类解释，是指在法律规定的范围内，采用类比推理的方式对法律文本所进行的解释。在英美法系法律解释中，同类解释也称为同类规则(ejusdem generis)，其主要内容是：如果概括性用词只是把每一种或某一类的人或物归类，而不是概括所有种类而得出结论，对它们的解释则应限制在该种类的事物上。[①] 因此，严格来说同类解释是在语义范围内的类比解释，也就是没有超出法律文本语义范围的类推解释。可以说，同类解释是建立在类比推理基础之上的解释方法。

一、同类解释的概念

同类解释是采用类比推理的一种解释方法，它主要适用于刑法兜底条款的场景。兜底条款所具有的空框结构，使同类解释可以发挥填补的功能。我国学者指出：例举式规定中的“等”“其他”之类的兜底语或兜底条款，并不是可毫无限制地包罗万象的而是必须对其做严格的限定，这个限定就是对其须作同类解释。所谓同类解释，是指如果一个法律条文作出例举式规定，未被列举的概括性概念应当与例示概念作“同类”的解释。[②] 因此，同类解释是以待决事项与刑法所列举事项进行比对，在类似性的基础上，对待决事项比照刑法所列举事项处理的一

① 参见郭华成：《法律解释比较研究》，81 页，北京，中国人民大学出版社，1993。

② 参见余文唐：《法律解释的同类规则》，见中国法院网，2017－05－15，https://www.chinacourt.org/article/detail/2017/05/id/2860528.shtml，2023 年 8 月 20 日访问。

种解释方法。

同类解释是以类比推理为逻辑方法的，因此，同类解释的适用根据是类比。所谓类比，是指在两个事项之间进行比较。这里的两个事项，第一是比较标的，第二是待决事项。例如在“A、B或者其他方法”的句式中，在确定“其他方法”含义的时候，A、B是比较标的，而“其他方法”则是待决事项。通过类比，就可以明确“其他方法”的含义，即与A、B具有同类关系的事项。我国学者对同类解释的步骤作了描述，指出：“在司法操作上，大体上可以将同类解释的过程分为三大步骤：一是确定判断基准。即从法条已经例举的事项中提取其共同特征，作为判断是否同类的标准。二是分析系争案型。即从性质、手段和后果等方面对系争案型进行分析，并得出具体的分析结果。三是比对两个案型。即将系争案型的分析结果与法条已经例举的法定案型的共同特征相比较，确定两者是否同类。在此过程中需要运用类比方法，得出‘同类’结论后则需要进行类推适用，对系争案型作出与法定案型相同或类似的处理。”[①] 在上述各项步骤中，第一个步骤，也就是确定是否同类的判断标准是最为重要的，只有科学地确定同类的判断基准，才能对是否同类得出正确的结论。

由于类推解释采用类比方法，从此类推及彼类，因而它的性质就是类推。从某种意义上说，同类解释的本质是类推解释。如果说，通常所说的类推解释是超出法律文本语义范围的，因而其性质不再是法律解释，而是法律适用，那么，同类解释就是在法律文本语义范围内的类推解释，也可以说是一种立法者授权的类推解释。例如在“其他方法”等兜底条款的场景中，对于这里的“其他方法”，立法机关未予明示，而是授权司法人员对其进行解释。司法人员进行解释的时候，往往采用类比推理的方法，这就是同类解释。由此可见，法律文本语义范围内的类推解释，其性质就是一种解释，并且是被法律所允许的类推解释。

---

① 余文唐：《法律解释的同类规则》，见中国法院网，2017-05-15，https://www.chinacourt.org/article/detail/2017/05/id/2860528.shtml，2023年8月20日访问。

同类解释与体系解释联系十分紧密，两者的界限往往难以区分。例如我国学者指出，同类解释是体系解释的一种具体规则，体系解释强调将解释对象置于整个法律文本体系中进行情境化的理解，对解读“其他规定”等这样一些概然性规定尤其具有方法论的意义。同类解释规则（Eiusdem Generis），是指如果法律上列举了具体的人或物，然后将其归属于“一般性的类别”，那么，这个一般性的类别，就应当与具体列举的人或物属于同一类型。[①] 同类解释之所以被归属于体系解释，就是因为它贯彻了从法律整体中对个别规定进行解释的思想。正如德国学者指出：“解释的论据来自个别法律规范彼此之间的关联（体系解释）。在更为广泛的意义上，体系解释是指将个别的法律语词作为整个体系的一部分，即将其置于整个法律，甚至整个法秩序的意义关联当中来理解。为了确定个别要素的意义，人们必须把握意义之整体。”[②] 但是，上述情况只是表明同类解释与体系解释存在竞合关系，并不能由此否定同类解释的独立性。我认为，同类解释的独立性来自其所采用的类比推理的方法。同类解释的功能在于：在兜底规定之前的示例规定的参照之下，通过类比推理揭示兜底规定的含义，由此合理地填充空白罪状的内容。

同类解释源于英美法系的法律解释理论，如英美法系对刑法解释的宪法限制蕴含在“只含同类”的法律解释格言之中。根据这一格言，同类解释规则的基本内容可表述为：“如果超过两项的以同类解释规则为结尾的一系列内容比对象从属的类别更广泛，而哲学对象无法穷尽，同类解释规则的目的可能是不要超出这一类别。”[③] 我国学者在解释同类解释时，指出：“如果一项刑事法律在列举了几个情况之后跟随着一个总括词语，如‘以及诸如此类’，那就意味着只限于包括未列举的同类情况，而不包括不同类情况。根据只含同类规则，司法者在适用解释刑法时，应当通过与法条在罪状中明确列举的构成要件要素的类比推断，明确

① 参见王利明：《法律解释学导论——以民法为视角》（第二版），315页，北京，法律出版社，2017。

② ［德］齐佩利乌斯：《法学方法论》，金振豹译，74页，北京，法律出版社，2009。

③ ［美］布莱恩·G. 斯洛科姆编著：《法律解释的本质：法学家从语言学和哲学中学到的法律解释》，连城译，28页，北京，中国民主法制出版社，2023。

界定总括性构成要件要素的内涵，从而满足刑法明确和确定的要求。为了避免解释的随意性，解释时应根据类比的对象而定，即‘或者其他’之前的情形是参照物，以其他基本相当的情形才可被解释到‘其他’这一用语的内涵之中。按照只含同类规则，这种总括性语词的含义只限于未被明确列举的性质、情状与具体列举的情形或事项类同或基本相当的其他情形或事项，而不包括不类同或不相当的其他情形或事项。”[①] 因此，作为同类解释的“只含同类”规则，在一定程度上限制了兜底条款的内容，对于确定概然性的刑法规定具有重要的意义。当然，同类解释方法也是具有局限性的，这是因为它的适用场景受到较大的限制。只有对例举之后的兜底规定，由于法条已经明确了比照对象，因而才具有采用同类解释的可能性；反之，如果不存在这种例举，则因缺乏比照印象而无法进行同类解释。正如我国学者指出：“只含同类规则的视线始终不离刑法中的列举事项，并非注意到不同部门法之间的衔接，其体系思考受到了很大的限制。”[②]

二、同类解释的性质

在法学方法论中，类比被认为是一种推理方法，亦即类比推理。在法律思维中，类比推理也是经常使用的思维方法，在刑法领域更是如此。因此，作为一种类比思维方法的类推，只有法内类推才具有合理性，而法外类推在刑法领域因为违反罪刑法定原则，因而是应当禁止的。正如我国学者指出：“类推解释概念能否存在，关键在于对类推的解读。如果认为类推是法的续造，那么类推解释自然就是在语义之外所作的解释，与解释不能超出法律的语义范围相违背，从而相互排斥。但如果认为类推解释是在解释过程中运用了类推思维，那么类推解释显然就可以在解释的范畴之内了。在我看来，第二种理解更具合理性，否则很难解释

① 储槐植：《美国刑法》，30、45～46 页，北京，北京大学出版社，2005。

② 王安异：《非法经营罪适用问题研究》，144 页，北京，中国法制出版社，2017。

为什么类推与解释水火不容，类推解释概念本身就是个悖论，而学界却有这么多学者前赴后继地去讨论这一问题。”[①] 这里涉及法律续造的概念，这个概念通常在民法领域采用，类推就被认为是一种法律续造的方法，或者称为法律漏洞的填补方法。在上述意义上的法律续造或者法律漏洞填补都是指制定法外部的法律续造或者法律漏洞的填补。但德国学者拉伦茨提出了制定法内部的法续造的命题[②]，此种情形通常发生在法律的不确定概念或者兜底条款的解释当中，此时的解释采取了类比推理的方法，因而可以说是法律允许的同类解释。我国学者虽然将同类解释确定为体系解释的一种具体规则，我在这一点上难以认同，我认为这是对体系解释作了过于扩张的界定。我国学者对同类解释与类推解释相区分的论述具有合理性，这种区分表现为四个方面。[③] 我认为，在这四个方面中，最为根本的还是在于：类推解释与同类解释在是否超出法律文本的语义边界上的差别。也就是说，类推解释是超出了法律文本的语义边界，同类解释适用于兜底条款，因而它是对法律笼统规定的具体化，并没有超出法律文本的语义范围。值得注意的是，我国刑法学者张明楷也采用同类解释的概念，但将其列为体系解释的下位概念，即同类解释是体系解释的一种具体规则。[④] 从参照先文的明确语词以解释后文的兜底规定的意义上来说，同类解释确实具有体系解释的性质，然而，考虑到同类解释采用的是类比方法，因而将其归之于法律文本范围内的类推解释也是合乎逻辑的。可以说，同类解释是体系解释与类推解释的竞合。

我国刑法分则中大量存在不确定概念和兜底条款，因而同类解释具有存在的必要性。同类解释的核心在于在对框架式刑法规定进行解释的时候，采取类比推理的方法，比照刑法所明文列举的事项推导出立法者所未明确规定的内容。例如

---

① 杨旭峰：《反思与重塑：刑法上类推解释禁止之研究》，载《环球法律评论》，2015 (3)。

② 参见［德］卡尔·拉伦茨：《法学方法论》(全本·第六版)，黄家镇译，500页，北京，商务印书馆，2020。

③ 参见贾银生：《刑法体系解释研究》，221页，北京，法律出版社，2021。

④ 参见张明楷：《刑法分则的解释原理》(上册)，59页，北京，高等教育出版社，2024。

我国《刑法》第276条规定的破坏生产经营罪的主观要素，立法机关规定为："泄愤报复或者其他个人目的。"在此，泄愤报复是比较标的，而且对于泄愤报复也是容易把握的。那么，如何从泄愤报复中推导出"其他个人目的"的含义呢?应当指出，在此，立法机关已经对"其他目的"作了某种限制，这就是要求"个人目的"。这里的个人目的是与行为主体相关联的一种主观目的，但对于个人目的的具体内容并没有明确规定。

【案例40】刘某破坏生产经营案[①]

被告人刘某为了达到通过追求销售业绩而获得升职的个人目的，违反某公司销售限价的规定，故意以低于公司限价的价格大量销售电脑产品，而在向公司上报时所报的每台电脑销售价格则高于公司限价人民币100元至200元，每台电脑实际销售价格与上报公司的销售价格一般相差700元至1 000元。因公司有不成文的规定，当月向大宗客户销售电脑的货款可在两个月后入账，刘某利用该时间差，用后面的销售款弥补前账。后来因销量过大，本人又无经济能力，导致亏空金额越来越大，最后，刘某直接造成公司亏损533万元。上海市静安区人民法院认为，被告人刘某在先后担任某公司销售员、店长、产品采购经理等职务期间，出于扩大销售业绩以助个人升职的动机，违反公司限价规定，擅自以低于进价销售电脑产品，其行为不符合破坏生产经营罪；同时，刘某的行为不符合故意毁坏财物罪的构成要件。根据罪刑法定原则，依法判决被告人刘某无罪。

在本案中，被告人刘某为扩大销售，达到个人升职的个人目的，故意以低于限价价格大量销售公司电脑产品，造成公司财产损失。对于本案，上海市静安区人民法院认为，被告人刘某为了追求销售业绩达到升职目的，擅自将本单位的电脑产品以低于成本价销售，其行为虽然在客观上给单位造成了533余万元的经济损失，但刘某主观上没有泄愤报复或者其他个人目的，因而对本案被告人刘某判

① 参见费晔、孙玮：《公司人员擅自低价销售产品的行为分析》，载《人民司法·案例》，2012（6）。

决无罪。本案的评析意见指出："对于其他个人目的不能做无限制的扩张解释，而应该遵循同类解释规则，作出与列举的泄愤报复相同的解释，不能因为刑法规定了其他个人目的就不加区分一概认定，否则有违立法精神。现在刑法作了特别的列举式规定，就是为了提示法官在认定该罪名时应该特别注意有无与泄愤报复性质相同的恶意目的。显然，被告人刘某既不具有泄愤报复的动机，也没有这种恶意的目的。"① 我认为，本案判决在认定破坏生产经营罪主观目的的时候，将"其他个人目的"确定为一种恶意的目的，只有具备这种恶意目的才能与刑法所列举的泄愤报复的目的有性质上的相同性。判决书以此为根据，否定本案被告人刘某的为个人升职目的属于"其他个人目的"，以此作为判决被告人刘某无罪的根据，这是符合同类解释原则的。在本案中，为个人升职，这无疑属于个人目的，那么，它是否属于与泄愤报复性质相同的个人目的呢？根据同类解释原则，首先应当确定是否同类的判断基准，本案判决将破坏生产经营罪的"其他个人目的"是否同类的判断基准确定为具有主观恶意，在此基础上进行同类解释，以此限制了破坏生产经营罪的"其他个人目的"。如果从主观恶意原则出发，则可以排除中性的目的，只有诸如陷害目的等才能与泄愤报复的目的相提并论，这就极大地限制了"其他个人目的"的范围。

同类解释的适用应当具备一定的前提。我认为，同类解释只能适用于兜底条款。可以说，刑法的兜底条款是同类解释的适用前提，因为在兜底条款中，立法机关采用了盖然性的规定方式，实际上是赋予司法机关一定的自由裁量权。司法机关在行使这种自由裁量权的时候，应当遵循相关规则，其中就包括了同类解释的规则。

三、同类解释的适用

如前所述，类推解释主要适用于刑法中的兜底条款。兜底条款是指刑法对犯

① 费晔、孙玮：《公司人员擅自低价销售产品的行为分析》，载《人民司法·案例》，2012（6）。

罪的构成要件在列举规定以外，采用“其他……”这样一种概然性方式所作的规定，以避免列举不全。因此，兜底条款在本质上属于概然性规定，亦被我国学者称为堵漏条款。兜底条款是刑法对犯罪行为的规定不周延性、不完整性的生动体现，对此，德国学者萨维尼曾经指出：“表述的不明确使得仅根据它对完备的意图进行认识成为不可能，此种不明确具有两种方式：第一种是不完整(Unvollständigkeit)，第二种是模糊（Vieldeutigkeit）。”① 对于这种刑法的不完整性，我国古代曾采用比附援引的类推方式加以弥补；此外，还设立兜底罪名以备不时之需。例如《唐律疏议》曾经设立不应得为罪，这是一个典型的口袋罪，具有对整部法律的兜底功能。《唐律·杂律》不应得为条规定：“诸不应得为而为之者，笞四十（谓律、令无条，理不可为者）。事理重者，杖八十。”我国台湾地区学者黄源盛教授揭示了不应得为罪设立的立法指导思想，即以刑驭民，使民处于疏而不漏的法网之中。② 这样一种立法指导思想，显然是前罪刑法定主义时代的产物，亦即专制思想的体现。从立法技术上来说，不应得为罪起到一个兜底作用，使所有不合法理的行为均落入彀中，难以脱罪。美国学者 D. 布迪把这一规定称为“catch-all ”（“盛装杂物的箱子”）③，相当于我们现在所说的口袋罪，可以说十分生动形象。在我国现行刑法中，虽然不存在上述绝对的兜底性罪名，但仍然存在着兜底性条款，甚至存在相对的兜底性罪名。在兜底条款中，由于刑法的规定具有概然性，因而明确性程度较低。某些立法规定，例如相对的兜底罪名甚至完全没有明确性可言。上述兜底条款在司法适用中往往存在争议，可以说是我国刑法中罪刑法定原则的软肋。在这种情况下，就需要采用同类解释的方法，将兜底条款中的概然性内容具体化和确定化。德国学者萨维尼指出：“不明确的表述最后可以根据以下内容的内在价值的比较而被消除，即此内容根据此阐

① ［德］弗里德里希·卡尔·冯·萨维尼：《当代罗马法体系》（第一卷），朱虎译，172 页，北京，中国人民大学出版社，2023。

② 参见黄源盛：《唐汉法制与儒家传统》，213～259 页，台北，元照出版有限公司，2009。

③ 高道蕴等编：《美国学者论中国传统法律》，316 页，北京，中国政法大学出版社，1994。

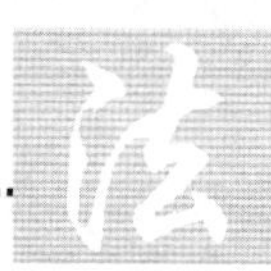

释而被认为包含于制定法之中，此阐释或彼阐释本身是可能的。”[①] 因此，通过与列举规定的比较而确定兜底条款的内容，不失为填补兜底条款的一种方法。

在进行同类解释的时候，类比是一种不可或缺的方法。这里的类比是指对两个事项在形态上进行比较，因而同类解释是以同类相比为核心的。那么，如何确定对比的对象物呢？也就是说，同类的标准如何加以确定。由于同类解释是在性质相同的两个事项之间进行对比，因而这两个事项不可能在外观上等同。如果在外观上等同就可以直接涵摄，而没有必要进行类比同类，因此，同类解释的标准应该是性质上的等同。换言之，两个事项虽然在外观上不同，但其性质相同。因此，对于同类解释中的同类性判断标准，应当从比对事项中抽象或者提炼本质属性，在此基础上再加以推导，由此得出结论。

同类解释在不同场景下的适用具有不同特点，因此，应当结合我国刑法所规定的适用同类解释的不同场景，对同类解释的具体适用问题进行具体论述。

（一）相对的兜底罪名的同类解释

罪名可以分为绝对的兜底罪名和相对的兜底罪名。所谓绝对的兜底罪名是指像不应定为罪那样，对整部刑法起到堵漏作用的兜底罪名。而相对的兜底罪名是指对某一条款起到堵漏作用的兜底罪名，它较之绝对的兜底罪名所兜底的范围更小一些。例如，我国《刑法》第 114 条规定：“放火、决水、爆炸以及投放毒害性、放射性、传染病病原体等物质或者以其他危险方法危害公共安全，尚未造成严重后果的，处三年以上十年以下有期徒刑。”在以上条文中，设立了放火罪、决水罪、爆炸罪、投放危险物质罪和以危险方法危害公共安全罪。其中，以危险方法危害公共安全罪的构成要件行为是“放火、决水、爆炸、投放危险物质以外的其他危险方法”。在此，刑法完全没有描述其他危险方法的具体行为，而只是指明这里的其他危险方法具有与放火等方法的相当性。至于具体内容，完全授权

① ［德］弗里德里希·卡尔·冯·萨维尼：《当代罗马法体系》（第一卷），朱虎译，174 页，北京，中国人民大学出版社，2023。

司法机关加以认定。除上述以危险方法危害公共安全罪以外，我国《刑法》第115条第2款还设立了过失以危险方法危害公共安全罪。

在我国刑法中，唯一的相对的兜底罪名是以危险方法危害公共安全罪。在某种意义上说，以危险方法危害公共安全罪是典型的口袋罪。以危险方法危害公共安全罪之所以称为口袋罪，并不是因为其所包含的犯罪行为广泛，而是因为其缺乏必要的形式限定。从罪名上来看，该罪是以危险方法造成危害公共安全的犯罪，似乎其界限是明确的，但从法条表述上来看，该罪的行为是以“其他危险方法”危害公共安全的犯罪。因此，该罪名中的危险方法实际是放火、决水、爆炸、投放危险物质以外的方法。也正因为如此，以危险方法危害公共安全罪这个罪名并不贴切，容易使人产生其与放火罪、决水罪、爆炸罪、投放危险物质罪之间存在法条竞合的误解。因为放火、决水、爆炸、投放危险物质本身都是危险方法，但实际上以危险方法危害公共安全罪与放火罪、决水罪、爆炸罪、投放危险物质罪之间是并列关系，而不是从属关系。这种以“其他”方法或者行为作为一个独立罪名的行为方式的情形，在我国刑法中可谓绝无仅有。

我国1979年《刑法》存在着类推制度，在这一背景之下，口袋罪或多或少具有其存在的合理性：既然刑法分则没有明文规定的行为，则只要存在着最相类似的条文，都可以入罪；更遑论刑法条文规定得含糊一些。1997年刑法废除类推制度，规定罪刑法定原则以后，口袋罪存在的合理性荡然无存。因此，以危险方法危害公共安全罪在我国刑法中的存在是缺乏正当性的。一种缺乏自身独立的内涵而需要通过与其他犯罪的区分获得其内涵的罪名，无论如何也是说不过去的。所能设想的为该罪辩护的理由也许是：以危险方法危害公共安全罪虽然缺乏犯罪的形式界限，但该罪具有危害公共安全这一实质要素，可以根据这一实质要素进行判断：只要排除放火、决水、爆炸、投放危险物质等行为而具有危害公共安全性质的行为，都可以认定为以危险方法危害公共安全罪。就此而言，以危险方法危害公共安全罪的内涵仍然是明确的。这样一种辩解理由，当然是不能成立的。从表面上来看，这一理由似乎具有一定的说服力。但危害公共安全这一实质

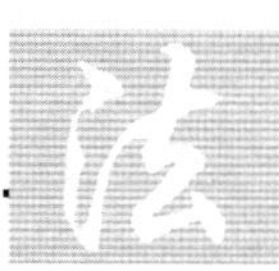

要素则并非《刑法》第114条、第115条犯罪所特有，事实上，刑法分则第二章危害公共安全罪都具有危害公共安全的性质。因此，如果根据危害公共安全这一实质特征作为认定以危险方法危害公共安全罪的规范根据，必然会使该罪成为刑法分则第二章危害公共安全罪的兜底罪名。

应该指出，以危险方法危害公共安全罪是《刑法》第114条、第115条的兜底罪名，但它并不是刑法分则第二章危害公共安全罪的“兜底”罪名。因此，我国学者认为对本罪的构成要件应当采取严格限制解释的态度，指出：“根据同类解释原则，只有与放火、决水、爆炸等相当的方法才属于其他危险方法。换言之，《刑法》第114条中的‘其他危险方法’应当在行为的危险性质上与放火、决水、爆炸等同类，而放火、决水、爆炸的特点是，一旦发生就无法立即控制结果的数量，行为终了后结果范围还会扩大。根据该罪所处的地位，‘其他危险方法’只是刑法第114条、第115条的‘兜底’规定，而不是刑法分则第二章的‘兜底’规定。换言之，对那些与放火、爆炸等危险方法不相当的行为，即使危害公共安全，也不宜认定为本罪。”[①] 此言甚是。因此，不能仅以是否危害公共安全作为认定以危险方法危害公共安全罪的根据，而要将有关行为与放火、决水、爆炸、投放危险物质进行比较，判断两者之间是否具有性质上的等同性。只有有关行为与放火、决水、爆炸、投放危险物资等行为性质等同的，才能适用以危险方法危害公共安全罪。

以危险方法危害公共安全罪作为口袋罪，具有立法上的先天不足，因此在司法适用的过程中，应严格限制其入罪条件。这就需要对以危险方法危害公共安全罪的“其他危险方法”进行同类解释。同类解释是法解释学上的一种较为特殊的解释规则[②]，它对解读“其他规定”等这样一些概然性规定尤其具有方法论的意

---

① 张明楷：《刑法学》（下·第六版），891页，北京，法律出版社，2021。

② 在法学方法论中，通常认为同类解释是体系解释的一种具体规则，体系解释强调将解释对象置于整个法律文本体系中进行情境化的理解。参见王利明：《法律解释学导论——以民法为视角》（第二版），315页，北京，法律出版社，2009。

义。同类解释规则（拉丁语为 Eiusdem Generis），是指如果法律上列举了具体的人或物，然后将其归属于“一般性的类别”，那么，这个一般性的类别，就应当与具体列举的人或物属于同一类型。[①] 将这一同类解释规则适用于对《刑法》第 114 条、第 115 条的解释，必然得出以下结论：在放火、决水、爆炸、投放危险物质或者其他危险方法的规定中，这里的“其他危险方法”应该具有与放火、决水、爆炸、投放危险物质的性质上的同一性。其实，在我国刑法教科书中，学者在解释其他危险方法时，都是这样解释的。例如较早期的刑法教科书指出：“其他危险方法”是指像放火、决水、爆炸、投毒等方法一样，能够造成不特定多人死伤或公私财产重大损失的危险方法。[②] 但我国司法实践中，却在“其他危险方法”的认定上与放火、决水、爆炸、投毒等方法的同一性渐行渐远，而越来越倾向于根据行为是否具有对于公共安全的危险性来认定以危险方法危害公共安全罪。例如，盗窃窨井盖的行为，其行为就是盗窃，这是毫无疑问的，那么，为什么可以将这种明显与放火、决水、爆炸、投毒等方法完全不具有同一性的行为认定为“其他危险方法”呢？我国学者指出：盗窃窨井盖的行为可以解释为以危险方法危害公共安全罪中的危险方法。判断某种方法是否与放火、决水、爆炸、投毒相当的危险方法，就是看这种方法能否造成与放火、决水、爆炸、投毒相当的危害结果。[③] 由此可见，在“其他危险方法”的判断中，结果的危害性的判断取代了方法的危险性的判断，而使“其他危险方法”的判断发生了偏失。

这里首先涉及的是对于我国刑法分则第二章危害公共安全罪的罪名体系的理解。危害公共安全罪的罪名排列并不是杂乱无章的，而是具有其内在逻辑的。我国学者张明楷将危害公共安全罪分为以下五类：一是以危险方法危害公共安全的犯罪，二是破坏公用工具、设施危害公共安全的犯罪，三是实施恐怖、危险活动

---

① 参见王利明：《法律解释学导论——以民法为视角》（第二版），315 页，北京，法律出版社，2009。

② 参见高铭暄主编：《中国刑法学》，377 页，北京，中国人民大学出版社，1989。

③ 参见张亚平：《盗窃窨井盖行为定性之若干思考》，载《黑龙江省政法管理干部学院学报》，2006（3）。

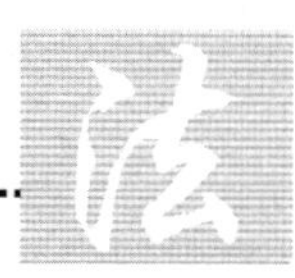

危害公共安全的犯罪，四是违反枪支、弹药管理规定危害公共安全的犯罪，五是违反安全管理规定危害公共安全的犯罪。[①] 危害公共安全是以上五类犯罪的共同特征，其区别在于危害公共安全的内容不同。第一类的特征是手段本身具有对公共安全的危险性，简称手段危险性。第二类的特征是公用工具、设施承载着公共安全，对这些对象的破坏具有对公共安全的危险性，简称对象危险性。第三类的特征是恐怖活动的组织行为具有对公共安全的危险性，简称组织危险性。第四类的特征是枪支、弹药作为工具具有对公共安全的危险性，简称工具危险性。第五类的特征是责任事故犯罪，事故的结果具有对公共安全的危险性，简称结果危险性。根据以上分析，危害公共安全罪的危险性可以区分为手段危险性、对象危险性、组织危险性、工具危险性和结果危险性。显然，这五种危险性是有所不同的。不可否认，各种危害公共安全的犯罪之间存在着竞合关系。例如，当行为人使用放火的方法破坏交通设施的时候，就存在放火罪与破坏交通设施罪的想象竞合。但在一般情况下，可以将不同的危害公共安全罪加以区分。就以危险方法危害公共安全罪而言，其危险性属于手段危险性，而这里的手段又是与放火、决水、爆炸、投放危险物质相当的手段，因此，手段是否具有与放火、决水、爆炸、投放危险物质行为的相当性，才是认定以危险方法危害公共安全罪的关键之所在。如果过分地以结果危险性考量，则会使许多普通的人身犯罪或者财产犯罪被错误地认定为以危险方法危害公共安全罪。

【案例 41】徐某超以危险方法危害公共安全案[②]

2007 年 4 月 1 日 16 时许，被告人徐某超带领旅游团一行 40 人到丽江古城四方街游玩，与地陪导游彭某发生争执。被告人徐某超走进古城某工艺品商店内，从店主手中夺过一把长约 22 厘米的匕首，并将店主刺伤，后挥动匕首奔跑 300 余米，向沿途游客及路人乱刺，造成 20 人受到伤害，其中包括重伤 1 人，轻伤

① 参见张明楷：《刑法学》（上·第六版），883～884 页，北京，法律出版社，2021。

② 参见《最高人民法院人民司法·案例》，2008（16）。

3 人，轻微伤 15 人，未达轻微伤 1 人。中国法医学会鉴定中心就徐某超在作案时的精神状态及其责任能力，作出了“被鉴定人徐某超在作案时患有旅行性精神病，评定为限制（部分）刑事责任能力”的结论。经过审理，法院认为，被告人徐某超在游人众多的旅游景点，持刀连续刺伤来自国内 15 个省市区及国外的无辜游客 16 人、本地行人 4 人的行为，已触犯刑律，构成以危险方法危害公共安全罪，判处有期徒刑 15 年。

在本案中，法院判决书详细分析论证了三个问题。一是被告人徐某超的行为是否具有危及不特定的多数人的安全之现实可能性，认为这是判断其能否构成公共安全罪的关键。二是对被告人徐某超持刀伤人的行为方式是否属于“其他危险方法”的界定。三是对所造成的危害结果是否超出行为人的预料和控制，即行为人对其行为造成的后果的具体认识，认为其不能左右危害公共安全罪罪名的成立。以上判决书对涉及该案定性的三个问题的辩驳，确实进行了较为充分的说理，这是值得肯定的。但是，其中的逻辑错误与判断失误也较为明显。从逻辑上来说，判决书首先认定被告人的行为具有危害公共安全的危险性，然后再判断被告人的行为是否具有与放火、决水、爆炸、投放危险物质行为的相当性，这是存在问题的。正确的方法应该是：先判断被告人的行为是否具有与放火、决水、爆炸、投放危险物质行为的相当性，然后才考量是否具有对公共安全的危险性，即以上两者之间存在逻辑上的位阶关系。因为，是否具有与放火、决水、爆炸、投放危险物质行为的相当性，这是一种具有客观上的可比性的判断，具有一定程度的形式判断的特征。之所以说只是一定程度，是因为以危险方法危害公共安全罪的行为本身缺乏形式界定，它是依赖与放火、决水、爆炸、投放危险物质行为的类比而确定其行为特征的。尽管如此，这种类比毕竟还是具有一定的形式根据的，因而更为可靠。而行为是否具有对公共安全的危险性的判断，完全是一个实质判断，缺乏规范标准。在这种情况下，就会使是否具有公共安全的危险性的判断丧失其规范限制。例如，是否具有公共安全的危险性判断中所强调的危及不特

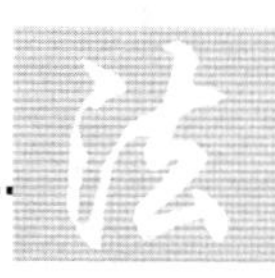

定的多数人的安全，这是所有危害公共安全犯罪的共同特征，除了第一类危害公共安全的犯罪以外，其他四类危害公共安全的犯罪都具有危及不特定的多数人的安全这一特征，据此并不能将以危险方法危害公共安全罪与其他危害公共安全的犯罪加以区分。不仅如此，危及不特定的多数人的安全甚至也不是危害公共安全的犯罪所垄断的性质，其他犯罪也可能具有危及不特定的多数人的安全的特征。例如，从境外将枪支、弹药走私入境的走私枪支、弹药行为与在境内运输、邮寄、储存枪支、弹药行为，在危害公共安全性质上并不存在区别，但前者被规定为扰乱市场经济秩序的犯罪，后者被规定为危害公共安全的犯罪。因此，根据行为是否具有危及不特定的多数人的安全这一特征，也不能将以危险方法危害公共安全罪与其他犯罪加以区分。只有在其行为具有与放火、决水、爆炸、投放危险物质性质相当的前提下，再判断行为是否具有危及不特定的多数人的安全这一特征，才是正确的。除此以外，判决书对持刀伤人的行为方式是一种与放火、决水、爆炸、投放危险物质相当的危险方法的判断，也是偏颇的。在放火、决水、爆炸、投放危险物质中，火、水、炸药、危险物质本身所具有的危险性是与刀子相提并论的。如果持刀向不特定的多人砍杀这样明显的杀人行为被认定为以危险方法危害公共安全罪，那么，持枪见人就射击的行为更应该被认定为以危险方法危害公共安全罪。如此一来，以危险方法危害公共安全罪的“口袋”，越来越大，将会吞噬更多的人身犯罪和财产犯罪，成为罪名中的“利维坦”。

对于以危险方法危害公共安全罪的“其他危险方法”的判断，在司法实践中也有正确解释的判例。例如在吴某等以危险方法危害公共安全案中，该案的裁判理由指出：对以“其他危险方法”的界定必须严格按照文义解释和同类解释规则进行，以社会大众对危害程度的一般理解为其外延，以危害公共安全的现实可能性为其内涵。根据《刑法》第 114 条的语境，依文义解释规则，“危险方法”是指危害公共安全的危险行为，即行为客观上必须对不特定多数人的生命、健康或者重大公私财产安全产生了威胁，具有发生危险后果的现实可能性。没有这种现实可能性，就不是危险行为。这是“危险方法”的内涵。在文义解释的基础上，

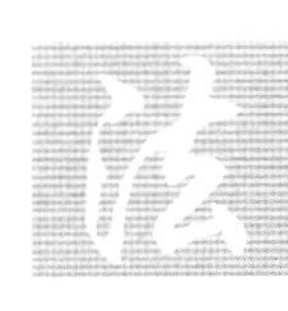

还要按照同类解释规则来进行限制解释，也就是说，“其他危险方法”不是指任何具有危害公共安全可能性的方法，而是在危险程度上与放火、爆炸、投放危险物质等行为相当或超过上述行为危险性的方法。这是对“危险方法”的外延限制。因此那些虽然对公共安全有一定的危险，但还未危及不特定多数人的生命、健康或重大财产安全的行为，则不宜认定构成本罪。[①] 虽然这一裁判理由在对行为对于公共安全的危险性和行为与放火、决水、爆炸、投放危险物质的相当性的判断次序上，我并不赞同，但该裁判理由还是对于“其他危险方法”的判断进行了精彩的阐述，这是值得充分肯定的。

在相对的兜底罪名的场景中，适用同类解释的困难在于其类比标的不在本罪的构成要件范围内，而是与之并列的其他犯罪。例如以危险方法危害公共安全罪的类比对象是规定在其之前的放火等危害公共安全罪的罪名。显然，从外在表现来看，它们之间并不具有类似性，这种类似性在于都具有危害公共安全的性质。但所有规定在刑法分则第二章的犯罪都具有危害公共安全罪的性质，《刑法》第114、115条所规定的放火等罪名的特殊性在于手段本身具有危害公共安全的性质。只有从这一性质切入限定以危害方法危害公共安全罪的“其他方法”，才能将那些虽然结果具有危害公共安全的性质，但手段行为本身不具有危害公共安全性质的情形排除在以危险方法危害公共安全罪的“其他方法”之外。

（二）兜底的行为方法的同类解释

这里的行为方法与上述行为方式有所不同，行为方式是单独可以构成犯罪的行为类型，而行为方法只是某种行为类型所采取的具体方法，这种方法从属于一定的行为类型，因而不能单独成为一种犯罪的行为类型。例如，《刑法》第236条强奸罪，规定的行为方法是“以暴力、胁迫或者其他手段强奸妇女”。又如，《刑法》第263条抢劫罪，规定的行为方法是“以暴力、胁迫或者其他方法抢劫

① 参见刘德权主编：《中国典型案例裁判规则精选》（刑事卷），199～200页，北京，人民法院出版社，2010。

公私财物”。在以上规定中，“其他方法”是强奸行为与抢劫行为的具体方法，具有与法条所列举的“暴力、胁迫”在性质上的相当性，但刑法对此并没有明确规定。这种立法例，在我国刑法规定中十分常见。兜底的行为方法在同类解释的时候，需要关注的是“其他方法”与前面所列举的具体方法之间的相当性，只有在性质上和程度上可以与所列举的具体方法之间具有相当性的方法才能解释为这里的“其他方法”。正如我国学者指出，司法者在适用解释刑法时，应当通过与法条在罪状中明确列举的构成要件要素的类比判断，明确地界定该总括性构成要件要素的内涵，从而满足刑法明确性与确定性的要求。为了避免解释的随意性，解释时应根据类比的对象而定，即“或者其他”之前的情形是参照物，与其基本相当的情形才可被理解到“其他”这一用语的内涵之中。只含同类规则对总括性词语与确定性词语之间的类同性的要求，主要是指两者在事项或情形属性方面的类同。[①]

就我国刑法中的抢劫罪而言，它的构成要件是暴力、胁迫或者其他方法，对于这里的“其他方法”需要采用同类解释的方法加以明确。其中，暴力、胁迫是比较标的，而“其他方法”的具体内容是待决事项。例如，采用麻醉的方法劫取他人财物，这里的麻醉方法是否属于抢劫罪的“其他方法”，就需要通过比较的方式进行论证。如果仅仅从行为方式来看，麻醉方法和暴力、胁迫方法并没有客观外在上的类似性。在这种情况下，如何限定抢劫罪的“其他方法”呢？我国学者提出了从侵害法益角度加以限定的思路，指出：“（抢劫罪的）其他方法也可以作为抢劫罪的手段行为，但作为兜底性规定，在司法适用过程中极易被扩大化，需要结合保护法益对其规范解释。不同于暴力、胁迫，其他方法并不会对人身安全造成实质性侵害。因此，应将人身自由作为解释其他方法的限定要素。例如，行为人采取关禁闭、灌酒等方式以获取被害人财物，这本质上侵害了被害人的人

① 参见梁根林：《刑法适用解释规则论》，载《法学》，2003（12）。

身自由即行动自由，应属于抢劫罪的手段行为。”[①] 这一思路对于确定抢劫罪的“其他方法”具有一定的参考价值，但以侵犯人身自由作为“其他方法”的限定根据，仍然过于宽泛。我认为，应当从抢劫罪的性质出发寻找“其他方法”的限定根据，这就是“致使被害人不能反抗”。暴力或者胁迫表现为对被害人意志的抑制，因此行为人是利用强制手段，使被害人丧失意志自由的状态下，取得被害人财物。基于对抢劫罪本质特征的这一认识，“其他方法”也同样应当具备上述特征。因此，以致使被害人不能反抗作为限定抢劫罪的“其他方法”是妥当的。也就是说，无论是暴力、胁迫还是“其他方法”，虽然行为方式不同，但它们都能造成致使他人不能反抗的状态，在这一点上具有可比性。因此，采用同类解释的方法将麻醉方法解释为抢劫罪的“其他方法”具有合理性。

（三）兜底的行为方式的同类解释

兜底的行为方式是指在对犯罪的行为明文列举以后，又以兜底的形式规定了与之并列的其他行为。这种情形在我国刑法中较为常见，在某些犯罪中，刑法列举了数种行为方式，为防止遗漏，又设兜底条款规定其他行为。例如我国《刑法》第225条非法经营罪，列举了三种非法经营行为，其后又在第4项规定：“其他严重扰乱市场秩序的非法经营行为。”这种情形就是兜底的行为方式。

兜底的行为方式明显不同于相对的兜底罪名，因为相对的兜底罪名相当于完全的空白罪状，唯独剩下“其他方法”，为同类解释留下了一定的空间。而兜底的行为方式的罪状并不是完全空白，而是部分空白，立法机关采取的是列举加兜底条款的表达形式，因而为同类解释提供了类比标的。不仅如此，兜底的行为方式和兜底的行为方法之间也存在明显的区分。在这两种立法例中，立法机关都采取了列举加兜底条款的表达形式，因此两者在外观上极为类似。例如抢劫罪的暴力、胁迫或者其他方法和破坏生产经营罪的毁坏机器设备、残害耕畜或者以其他方法破坏生产经营。两者的不同在于：抢劫罪的“其他方法”只是抢劫罪的方

① 郭晓红：《抢劫罪手段行为限定的必要性与具体路径》，载《人民法院报》，2021-12-16，第6版。

法，在抢劫罪的构成要件中，除了方法行为还包括目的行为，这就是取得财物。因此，在抢劫罪的构成要件中，“其他方法”所占据的地位较低。但在破坏生产经营罪的构成要件中，破坏生产经营的“其他方法”却是独立的行为类型，它和毁坏机器设备和残害耕畜这两种行为具有并列关系，因此，在破坏生产经营罪的构成要件中，破坏生产经营的“其他方法”所占据的地位较高。破坏生产经营罪的“其他方法”属于兜底的行为方式，它和刑法所列举的毁坏机器设备和残害耕畜的行为是相并列的行为方式。

在兜底的行为方式的场景中，存在类比的明确标的，这就是与之并列的行为方式。如在破坏生产经营罪中，类比标的是毁坏机器设备和残害耕畜，这就为同类解释创造了条件。在司法实践中，对于破坏生产经营罪中的“其他方法”如何理解，存在扩大化的现象。

【案例 42】董某超、谢某浩破坏生产经营案①

2014 年 4 月，在淘宝网经营论文相似度检测业务的被告人董某超为谋取市场竞争优势，雇佣并指使被告人谢某浩，多次以同一账号恶意大量购买智齿科技南京公司淘宝网店铺的商品。淘宝平台认定智齿科技南京公司淘宝网店铺从事虚假交易，并对该店铺作出商品搜索降权的处罚。被处罚期间，因消费者在数日内无法通过淘宝网搜索栏搜索到智齿科技南京公司淘宝网店铺的商品，严重影响该公司正常经营。经审计，智齿科技南京公司因其淘宝网店铺被商品搜索降权处罚而导致的订单交易额损失为人民币 159 844.29 元。

对于本案，江苏省南京市雨花台区人民法院一审认为：被告人董某超、谢某浩出于打击竞争对手的目的，以其他方法破坏生产经营，二被告人的行为均已构成破坏生产经营罪。一审宣判后，董某超、谢某浩不服，向南京市中级人民法院

① 参见《董某超、谢某浩破坏生产经营案——互联网经济中破坏生产经营罪的适用》，载《最高人民法院公报》，2018（8）。

提出上诉。董某超、谢某浩上诉提出，仅是刷单行为，不构成破坏生产经营罪。上诉人董某超的辩护人也提出，董某超的行为不属于破坏生产资料、生产工具、机器设备的经营行为，不属于“以其他方法破坏生产经营”，不构成破坏生产经营罪。江苏省南京市中级人民法院二审认为：上诉人董某超、谢某浩由于报复和其他目的，以其他方法破坏生产经营，其行为均构成破坏生产经营罪，且系共同犯罪。根据二上诉人犯罪的事实、性质、情节和对社会的危害程度，决定对二上诉人均予以从轻处罚，并对董某超宣告缓刑。本案被告人董某超、谢某浩的行为属于反向刷单炒信行为，该行为造成被害单位经营损失。但这种刷单行为能否认定为破坏生产经营罪？关键问题在于：它是否属于《刑法》第 276 条所规定的“其他破坏生产经营行为”。本案的裁判理由第二点指出：“网络交易平台的搜索排序属于互联网经济的运营方式，应认定为生产要素。在刑法解释上，可以比照实体经济的信誉、商誉予以解释。反向炒信既损害了对方的商业信誉，同时也破坏了生产经营，二者竞合的，应择一重处。”根据这一规定，本案被告人的反向刷单炒信行为损害了被害人单位的信誉、商誉，因而构成破坏生产经营罪。这里涉及对《刑法》第 276 条规定的破坏生产经营的“其他方法”的正确界定。

网络反向刷单炒信行为能否认定为破坏生产经营罪，关键在于如何理解破坏生产经营罪的性质，以及如何解释破坏生产经营罪的“其他方法”。根据我国《刑法》第 276 条的规定，破坏生产经营罪是指由于泄愤报复或者其他个人目的，毁坏机器设备、残害耕畜或者以其他方法破坏生产经营的行为。在刑法理论上，破坏生产经营罪属于毁坏型财产犯罪，而不是经营性财产犯罪。之所以将之误解为经营性犯罪，主要是被罪状与罪名中“破坏生产经营”的表述所误导。我国学者在论及 1979 年《刑法》中破坏集体生产罪和故意毁坏公私财物罪的关系时，指出：“前者的目的是破坏生产，而毁坏机器设备等只不过是为了达到破坏生产的目的所使用的方法；后者则不直接破坏生产，故意的内容是毁坏公私财物本身。”① 由此可见，

① 高铭暄：《中华人民共和国刑法的孕育诞生和发展完善》，107 页，北京，北京大学出版社，2012。

在 1979 年刑法中，破坏集体生产罪和故意毁坏公私财物罪之间就是一种法条竞合关系：前者是以破坏集体生产为目的的故意毁坏公私财物行为。在 1997 年刑法修订中，将破坏集体生产罪从刑法分则第三章移入刑法分则第五章，使其成为侵犯财产罪，并且罪名也相应修改为破坏生产经营罪。而故意毁坏公私财物罪的罪名则删去“公私”二字，修改为故意毁坏财物罪。在 1997 年刑法中，破坏生产经营罪和故意毁坏财物罪之间的法条竞合关系更为明显。故意毁坏财物罪的手段——毁坏机器设备、残害耕畜，是一种毁坏工农业领域生产资料的行为，因而破坏生产经营罪中的“其他方法”也应当同类解释为对其他生产领域的生产资料的破坏方法。例如，对计算机公司来说，砸毁计算机就属于破坏生产经营罪的“其他方法”。如果破坏计算机信息系统，尽管也会对计算机公司的生产经营造成损失，但该行为不构成破坏生产经营罪，而是构成破坏计算机信息系统罪。

在网络反向刷单炒信案中，董某超等人通过虚假交易，严重影响到受害公司的正常经营活动，但并没有任何财物受到毁坏。南京中院二审认为，上诉人董某超等人具有报复及从中获利的主观目的，客观上实施了通过损害他人商业信誉的方式破坏生产经营的行为，实际造成被害单位 10 万余元的经济损失，而且上诉人的行为与财产损失之间具有因果关系，其行为符合破坏生产经营罪的构成要件，应以破坏生产经营罪定罪处罚。在此，二审判决认定，在本案中董某超等人破坏生产经营罪的“其他方法”表现为“损害他人商业信誉。”显然，商业信誉并不是财物，不可能成为毁坏型财产犯罪的侵害客体。我认为，本案属于妨害业务行为，属于秩序犯；而破坏生产经营罪则属于财产犯，两种犯罪的性质完全不同。目前我国刑法中妨害业务罪的立法缺失，导致将秩序犯以财产犯论处的刑法适用错误。因此，在网络反向刷单炒信行为和毁坏机器设备、残害耕畜行为之间缺乏性质上的相当性的情况下，不能将网络反向刷单炒信行为同类解释为破坏生产经营罪的“其他方法”。

我国学者认为，生产经营罪中的“其他方法”的对象限定于与机器设备、耕畜类似的生产资料，将行为方式限定于暴力、物理性的破坏方式，这完全是停留

于农耕社会和机器工业时代的固有思维和解释水平，不能适应如今以第三产业为主体的后工业社会和网络时代的要求。这些学者认为，“其他方法”并不限于破坏工农业生产资料，而是只要危害行为侵犯了生产经营者基于生产经营的利益，就可以认为是“其他方法”[①]。这是一种客观主义的解释立场，不同于主观主义的解释立场。我国刑法理论和司法实践中一般都坚持这种客观解释论，对此并没有问题。问题在于：如何限定刑法解释的边界？我国学者周光权将这种解释称为软性解释，并将其归结为类推解释，指出：如果不考虑刑法客观解释的限度，破坏生产经营罪势必会沦为口袋罪。反向刷单客观上会造成竞争对手的损失，但被告人的行为手段是损害他人的商业信誉和商品声誉，而不是故意毁坏他人的生产资料。换言之，反向刷单的手段行为并不符合破坏生产经营罪的客观构成要件，对其行为在刑法增设妨害业务罪这一新罪之前，按照《网络交易管理办法》（2014 年 1 月 26 日国家工商行政管理总局颁布）第 19 条第 4 项的规定，网络商品经营者、有关服务经营者销售商品或者服务，不得利用网络技术手段或者载体等方式，以虚构交易、删除不利评价等形式，为自己或他人提升商业信誉，因此对该类行为处以行政处罚可能更为合适。[②] 对于这种观点，我是完全赞同的。虽然刑法对破坏生产经营罪设置了“其他方法”的兜底式规定，但并不意味着这里的“其他方法”的解释可以不受任何限制；否则，就会违反罪刑法定原则。值得注意的是，在司法实践中存在对破坏生产经营罪中的“其他方法”正确理解的案例。

【案例 43】杨某林、杨某兴破坏生产经营案[③]

2014 年 6 月至 9 月间，被告人杨某林伙同被告人杨某兴等人以其所承包的

---

① 陈洪兵：《网络与现实双重社会背景下的刑法解释》，载《法学论坛》，2019（2）。

② 参见周光权：《刑法软性解释的限制与增设妨害业务罪》，载《中外法学》，2019（4）。

③ 参见《破坏生产经营案无罪裁判案例》。[无罪系列] 破坏生产经营案无罪裁判案例（xbhao. net），2023 年 8 月 31 日访问。

土地存在占地纠纷为由，多次到由天津市滨丽建设开发投资有限公司（以下简称滨丽公司）投资建设的天津市东丽区新立新市镇翟庄村段土地整合施工现场阻碍施工，造成承包方中冶建工集团（天津）建设工程有限公司（以下简称中冶公司）各项损失共计人民币32万余元。2014年9月18日8时许，被告人杨某林、杨某兴等人再次来到施工现场阻碍施工，被现场施工人员劝止。当日9时许，被告人杨某林之子杨某（另案处理）驾车将被告人杨某林、杨某兴送至本市东丽区新立街道办事处解决问题。其间杨某欲离开时，负责维持现场秩序的工作组成员——被害人迟某等人予以制止，被告人杨某林遂用拳头将被害人迟某面部打伤，造成被害人迟某左眼部钝挫伤、左侧上颌骨额突骨折、左眼眶下壁骨折。

本案判决认为，依照刑法规定，破坏生产经营罪是指由于泄愤报复、残害耕畜或者以其他方法破坏生产经营的行为。该规定在列举了毁坏机器设备、残害耕畜具体要素后，又规定了“其他方法”，根据同类解释规则的要求，该“其他方法”要与列举要素的危害程度相当。本案被告人杨某林、杨某兴在承包地的土地补偿问题未得到解决、而有相关建筑单位在其承包地上进行施工的情况下阻止施工，并未实施毁坏机器设备、残害耕畜以及与之程度相当的其他破坏行为，而被告人阻止施工的行为不符合破坏生产经营罪的客观要件。在本案中，被告人的行为只是阻止施工，虽然造成一定的经济损失，但该行为并不能根据同类解释被认定为破坏生产经营罪的“其他方法”，因而法院对本案被告人杨某林、杨某兴做出了无罪判决，这是值得肯定的。

下　编

刑法推理论

第十一章 演绎推理

演绎推理是法律推理中最为典型的推理方法，尤其是在制定法的语境中，演绎推理可以说是法律适用的基本逻辑。因此，演绎推理在刑法方法论中占据着重要地位。本章基于罪刑法定原则，对作为刑法适用方法的演绎推理进行研究。

第一节　演绎推理的概念

演绎推理是一个从大前提、小前提到结论的推导过程，因而其逻辑构造十分清晰，可以说是狭义上的逻辑推理。演绎推理在司法中的运用就形成司法三段论，司法三段论是特殊的演绎推理。刑法尤其是在受罪刑法定原则制约的刑法适用中，司法三段论具有特殊价值。

一、演绎推理的演变

在演绎推理的基础上形成的三段论，最早可以追溯到古希腊哲学。古希腊的

亚里士多德首先提出了三段论，其在《前分析篇》第一卷第一章开始就循序渐进地阐述三段论，认为三段论是由前提构成的，而前提（判断）又是由名词构成的，接着他就什么是前提下了明确的定义。亚里士多德认为前提是根据，结论是由根据所得的结果。三段论是由两个前提构成的。结论不能抛开前提，它必须就前提所涉及的内容来肯定或否定一个确定的东西。[①] 可以说，正是亚里士多德最早提出了逻辑上的三段论的格式，从而为此后逻辑学中的演绎推理奠定了基础。正如我国学者指出："经典三段论在法治中得到运用不仅是单纯的思维方法具体化，而是一种方法论作用的结果。这个方法论首先在亚里士多德那里得到体现，业经中世纪哲学家和逻辑学家的发展，直至近代学者的努力，构筑了以基础主义、逻各斯中心主义和科学主义为特征的理性大厦。包括司法三段论在内的近代法治结构伴随着这一漫长的过程而逐步成型。"[②] 由此可见，演绎推理从古希腊到近代，从作为一般思维方法到司法三段论的推理方法，经过了长期的演变过程。尤其是演绎推理在法律适用，包括刑法适用中的实际运用，形成三段论的司法逻辑，为近代法治的启蒙做出了突出的贡献。

制定法及其演绎推理的方法论的哲学基础是理性主义。[③] 理性主义思想可以追溯到古希腊，苏格拉底强调知识来自理性，认识事物就是用理性确定事物的概念。只有确定事物的概念，才能达到对事物的本质的认识。继苏格拉底之后，柏拉图同样注重理性的重要性，认为理性是人性中最为重要的因素，其地位高于情欲与意志，后两者统属于理性。亚里士多德继承了柏拉图的观点，进一步强调理性的重要性。亚里士多德指出："人的功能，绝不仅仅是生命。因为甚至植物也有生命。我们所求解的，乃是人特有的功能。因此，生长养育的生命，不能算作人的特殊功能。其次，有所谓感觉生命，也不能算作人的特殊功能，因为甚至

① 参见马玉珂主编：《西方逻辑史》，51页，北京，中国人民大学出版社，1985。

② 冯文生：《推理与诠释——民事司法技术范式研究》，34页，北京，法律出版社，2005。

③ 关于理性主义的论述，参见陈兴良：《刑法的人性基础》（第四版），2页以下，北京，中国人民大学出版社，2017。

马、牛及一切动物也都具有。人的特殊功能是根据理性原则而具有理性的生活。”① 在这个意义上说，人是理性的动物。亚里士多德将理性分为主动理性和被动理性。主动理性是指纯理性活动，被动理性是指由感觉而来的认知。应该说，亚里士多德这里所说的被动理性实际上是指经验。由此可见，亚里士多德并未将理性与经验的关系完全厘清。当然，亚里士多德将人的主动理性视为至上的，在这个意义上说，他仍然不失为一个理性主义哲学家。人类理性通过罗马时代的历史变迁，发生了宗教化的转向，形成所谓宗教理性。宗教理性孕育着神秘主义，在破除神秘主义的基础上最终导致人本理性的诞生。近代理性精神的觉醒，是以意大利人本主义和路德宗教改革为标志的，由此形成文艺复兴运动。人本主义以对人性解放的执着追求、以知识理性为改善人性的信念，鞭挞宗教神学的蒙昧主义，以人本理性取代了宗教理性。

从 17、18 世纪开始，随着启蒙运动的兴起，欧洲进入了理性时代。近代理性主义的开创者是法国著名哲学家笛卡尔。笛卡尔以清晰的观念作为其哲学的基础，认为理性是人的天赋，人之所以异于禽兽，就在于人的理性禀赋。所以，只有从理性观念出发，从清晰明白的概念出发，才能获得正确的知识。笛卡尔相信人类理性有能力把握确实和普通的知识，在这个意义上说，笛卡尔是一个独断主义者和唯理性主义者。笛卡尔借助于心灵中固有的自明的概念和原理，从事于建立起一个包罗万象的理论，这种理论像几何学的命题那样必然为理性所遵守。笛卡尔在古代演绎方法的基础上创立了一种以数学为基础的演绎法：以唯理论为根据，从自明的直观公理出发，运用数学的逻辑演绎推导出结论。笛卡尔认为，现实世界中有诸多可以用理性来察觉的特性，即它们的数学特性（数和形），运用数学推理思考才是可靠的。在此基础上，笛卡尔确立了基于数学理性的推理原则。法国 18 世纪的唯物主义哲学继承了笛卡尔的理想主义传统，但同时又具有功利主义色彩。

---

① 周辅成编：《西方伦理学名著选辑》（上卷），208 页，北京，商务印书馆，1961。

人类理性精神在18世纪德国古典哲学中发展到理想主义的顶峰。康德将其伦理学建立在理性基础之上，认为人是一个有理性的存在者，只有理性才能决定人之为人的道德价值。德国著名哲学家黑格尔在康德开创的理想主义思想传统的基础上，将人类理性推向极端，把人类理性精神上升到宇宙本体精神的高度。在黑格尔看来，其哲学作为认识绝对存在的最高认识，依据概念的直接规定，从具体理念出发，从而在人的理性高级形式中，把握精神与自然或思维与存在的同一的绝对存在，即绝对理念。

近代法治图景是建立在理性主义基础之上的，可以说理性主义为法治提供了哲学根据。理性主义对人的理性认识能力予以高度肯定，因而认为人类可以制定完美无瑕的法典，包括刑法典。在这部刑法典中，可以将社会上存在的各种犯罪行为都毫无遗漏地规定在刑法典之中，这是一种立法至上的法律理念。在这种情况下，司法者的职能只是通过演绎的推理方法将刑法典所规定的各种犯罪的构成要件适用于具体案件事实。因此，演绎推理的方法在法律推理中就占据了至高无上的地位。司法三段论的认知来源于近代西方启蒙思想家关于立法与司法之间的关系的认识。启蒙时期基于西方中世纪的司法黑暗的惨痛教训，倡导近代法治思想，其中一个重要的理念就是以立法限制司法的权力制衡论。由此出发，启蒙学家认为，应当建立立法至上的法律制度，严格限制司法权，防止司法权的滥用。因此，启蒙时期流行的是司法机械主义的观念。我国学者在论述从普通三段论到司法三段论的进程时指出："近代法治精神促使了司法三段论的最终形成，将立法过程与司法过程严格区分，由代表民意的议会制定法律规范，而法官则只能按照法律规定进行判决，而不允许进行创造和解释。司法三段论与现代法治联系在一起，任何对司法三段论的质疑和否定都会动摇现代法治的基础。"① 因此，司法三段论不再是一种法律逻辑推理的方法，而是被意识形态化，在法治理念中占据一定的地位。

---

① 张其山：《司法三段论的结构》，47页，北京，北京大学出版社，2010。

意大利著名刑法学家贝卡里亚可以说是刑法领域最早倡导司法三段论的学者，并对整个近代法治的形成产生了重大影响。贝卡里亚从限制司法权出发，提出了罪刑法定的思想，指出："只有法律才能为犯罪规定刑罚，只有代表根据社会契约而联合起来的整个社会的立法者才拥有这一权威。任何司法官员（他是社会的一部分）都不能自命公正地对该社会的另一成员科处刑罚。超越法律限度的刑罚就不再是一种正义的刑罚。因此，任何一个司法官员都不得以热忱或公共福利为借口，增加对犯罪公民的既定刑罚。"① 基于罪刑法定主义思想，犯罪和刑罚都必须是立法者通过成文的法律事先明文加以规定的，司法者只能适用法律。无论是有罪还是无罪以及刑罚轻重，都取决于法律的明文规定。在这种立法至上论的法治观念之下，法律的权威性得以确立。司法者只能严格地适用法律，而不能超越法律。贝卡里亚提出了司法者应当逐字适用法律的严苛要求，指出："当一部法典业已厘定，就应逐字遵守，法官唯一的使命就是判定公民的行为是否符合成文法律。"② 正是在这种立法中心论的背景下，贝卡里亚提出了司法三段论的命题，指出："法官对每个刑事案件都应进行一种完整的三段论式逻辑推理。大前提是一般法律，小前提是行为是否符合法律，结论是自由或者刑罚。"③ 至此，三段论推理就成为在罪刑法定语境中，刑法适用的基本逻辑基础。因此，贝卡里亚的司法三段论可以表述为：

大前提：一般法律；

小前提：行为是否符合法律规定；

结论：自由或者刑罚。

从以上贝卡里亚关于司法三段论的论述可以看出，演绎推理方法对于罪刑法定原则的实现具有保障功能，因此，司法三段论在刑法适用中的地位不可动摇。

---

① ［意］切萨雷·贝卡里亚：《论犯罪与刑罚》，11页，北京，商务印书馆，2017。

② ［意］切萨雷·贝卡里亚：《论犯罪与刑罚》，14页，北京，商务印书馆，2017。

③ ［意］切萨雷·贝卡里亚：《论犯罪与刑罚》，13页，北京，商务印书馆，2017。

也就是说，自由或者刑罚这一结论取决于行为是否符合法律规定，而行为是否符合法律规定又是根据一般法律进行判断的结果。由此可以明显看出，贝卡里亚的司法三段论是以刑法适用为模本的逻辑表述。在这一司法三段论中，贝卡里亚所说的一般法律是指刑法，但其小前提不是刑事案件事实，而是行为是否符合法律规定，则与通常将刑事案件事实作为小前提完全不同。因为行为是否符合法律规定这是一种判断，在刑法教义学中称为涵摄，即将某种要素涵括在某个概念之中。后世学者将贝卡里亚的司法三段论美誉为“完美的三段论式推理”，指出：“凡是从事过法律的人都会明白法律对适用于一起特定案件所起的作用甚为有限，然而在许多欧洲法学院仍然传授三段论式的法律推理，由此可知贝卡里亚的影响仍然存在。”① 当然，司法三段论本身是有局限性的，它只是为司法推理提供了模式，除此之外，为保证司法裁判的正确性，还需要采用实质推理方法对司法三段论的结论加以进一步的论证。

二、演绎推理的构造

演绎推理是指从大前提出发，经由小前提，最终得出结论的逻辑推理方法。美国学者在论及演绎推理的内容时指出：“（演绎推理）关键性的问题是：（1）识别一个权威性的大前提；（2）明确表述一个真实的小前提；以及（3）推出一个可靠的结论。”② 在此，美国学者分别采用“权威”一词形容大前提的品格，采用“真实”一词形容小前提的性质，然后采用“可靠”一词形容结论的价值，我认为是十分准确的。最为经典的是古希腊哲学家，也是演绎推理的开创者亚里士多德提出的演绎推理的示例：

---

① ［斯洛文尼亚］卜思天·M. 儒潘基奇：《刑法——刑罚理念批判》，何慧新等译，36页，北京，中国政法大学出版社，2002。

② ［美］史蒂文·J. 伯顿：《法律和法律推理导论》，张志铭、解兴权译，54页，北京，中国政法大学出版社，1998。

大前提：所有的人都会死的；

小前提：苏格拉底是人；

结论：苏格拉底也是会死的。

在演绎推理中，如果一个三段论有效而且大、小前提事实上为真，那么它就是可靠的。有效的三段论把前提的真实转移到结论。① 因此，演绎推理是从真实的前提得出真实的结论的一种推理方法。例如在上述有关苏格拉底的演绎推理中，作为大前提的所有人都会死这是一个不可推翻的客观事实，根据这一大前提，经由苏格拉底是人，得出苏格拉底也会死的结论，可以说是必然之理，该结论具有颠扑不破的性质。由此可见，三段论式的演绎推理将其所确认的真实通过小前提而得出的结论同样具有真实性。那么，建立在演绎推理基础上的司法三段论和普通三段论之间在性质上是否存在区别呢？对于这个问题，在法理上不无置疑的声音。例如英国学者对比了普通三段论和司法三段论的例子，普通三段论的例子是亚里士多德的苏格拉底会死的演绎推理，司法三段论推理的例子是堕胎案：假定A被指控使用了一项流产器械进行了堕胎。支持有罪的论证可以描述如下：根据（英国）1861年《人身侵害法》（the Offences against the Person 1861），无论任何人，只要有意使任何妇女流产，非法使用任何器械，都犯下了该罪行，并因此被判有罪，要被判处终身监禁。A非法使用一项器械使一名妇女流产，因此A犯下了被控的罪行。英国学者在比较上述两个演绎推理的例子时指出："就其文字形式而言，这（堕胎案）与'所有人都是必死的，苏格拉底是人，因此苏格拉底是必死的'是同一种三段论。对于将第二个而非第一个描述成演绎推理的一个例子的证明，这两种陈述之间存在实质性的区别吗？"英国学者对这个问题的两种不同观点及其理由作了叙述：拒绝认为这种类型的司法推理为演绎推理的人主张，堕胎案陈述的含义从根本上来说与苏格拉底必死的含义是不

① 参见［美］史蒂文·J.伯顿：《法律和法律推理导论》，张志铭、解兴权译，53页，北京，中国政法大学出版社，1998。

同的。苏格拉底必死的陈述是一个事实结论，相比之下，堕胎案中A犯下了被控的罪行，这句陈述只有经过参照大量的法律规则且深思熟虑后才能得出，包括那些法官据以被授权惩罚被陪审团发现有罪之人的法律规则。当然应该对这种区别给予适当的注意。而反对使用这种陈述的人也可能指出适用某些有效的演绎标准将法律规则应用到结论之间存在的困难。无论这些规则被描述得多么确定，它们一定总是与其他规则相关，因此通过探究对结论的否定是否定了一种前提还是另一些前提来检验一个以法律规则为基础的三段论的有效性，就会有些困难。[①]以上争论我认为主要涉及结论的有效性问题。亚里士多德的苏格拉底会死的推理是一个事实推理，由于前提的真实性不容置疑，因而其结论的正确性也是公认的。然而，在司法三段论中，演绎推理的结构在形式上完全与亚里士多德的演绎推理相同，只不过由于这是一种以法律规则为大前提的推理，因而其结论的正确性在很大程度上取决于法律规则的内容正确性。也就是说，司法三段论只能保证结论来自大前提，但在不能对大前提进行实质审查的情况下，并不能保证结论一定是正确的。因此，司法三段论的结论有效性只是形式上的可靠性，而不是实质上的正当性。对于这一点，在评价司法三段论的时候必须重视。

演绎推理不同于归纳推理和类比推理等推理方法的特殊性在于：演绎推理是从某些前提出发必然地推出或者得出一定结论的过程。演绎推理的前提与结论之间具有必然联系，结论在某种意义上为前提所包含或蕴含，即其前提与结论之间具有内在一致性。[②] 因此，演绎推理是一种“前提蕴含结论”的推理。正如我国学者指出：“作为演绎推理的一种形式，三段论又可称为‘前提蕴含结论’的推理，这意味着：凡带有必然性的推理，其结论必定以某种方式包含在其前提之中；凡前提中根本没有的东西，就不可能出现在结论中。在这个意义上，司法判

① 参见［英］鲁伯特·克罗斯、［英］J. W. 哈里斯：《英国法中的先例》，苗文龙译，205页，北京，北京大学出版社，2011。

② 参见王洪：《制定法推理与判例法推理》（第三版），251页，北京，中国政法大学出版社，2022。

决本就存在于法律规范之中，而不是立法者所未曾预料的新结论。因此，司法推理的逻辑性质使得法官的司法活动与国家的整个法律体系取得了一致性。”① 在演绎推理中，存在大前提、小前提和结论这三项内容，三者层层递进、环环相扣，形成一个逻辑推导过程。在法学方法论中，将演绎推理称为法律推理的演绎模型。例如意大利学者指出：“按照通常的理解，法律的逻辑方法意味着法律推理的演绎模型。这是指法律推理（或至少是对法律判决的证立）应该具备以下形式：1. 一个法律判决的内容应该是一组预先存在的事实和规范前提（符合演绎推理的标准）的一个结论性结果，以及 2. 包含在这组前提中的规范前提应该是普遍的。(1) 被解释的事实应该是一组前提的逻辑结果，以及 (2) 解释前提应该包括普遍法则，以及已发生的具体事实。除了得到与科学的这个关系的支持外，法律的公理性模型以及应用法律的演绎模型还得到了具体法律价值的支持。”② 在此，意大利学者对法律推理的演绎模型中的规范前提和案件事实这两个要素进行了分析，它们在演绎推理中发挥着重要的作用。

演绎推理存在各种形式，例如假言推理、选言推理等，但其中最为著名的演绎推理形式是三段论演绎推理。③ 司法三段论是指演绎推理在司法活动的实际运用所形成的推论过程。司法活动不同于立法，立法活动是以创制法律规范为内容的，然而，司法活动却是一种法律适用活动，也就是将一般的法律规范适用于个别案件。因此，正如德国学者所指出：“演绎推理与法律适用之间具有平行性(Parallelität)。”④ 这里所谓平行性，是指法律适用的过程正好对应于演绎推理的过程，两者之间具有平行的关系，例如演绎推理的大前提对应于法律规范，小前提对应于案件事实，结论对应于裁判结果。因此，我们完全可以把法律适用的过

---

① 秦策、张镭：《司法方法与法学流派》，238 页，北京，人民出版社，2011。

② ［意］乔瓦尼·萨尔托尔：《法律推理——法律的认知路径》，汪习根等译，430～431 页，武汉，武汉大学出版社，2011。

③ 参见陈锐：《法律推理论》，40 页，济南，山东人民出版社，2006。

④ ［德］伯恩·魏德士：《法理学》，丁小春、吴越译，295 页，北京，法律出版社，2013。

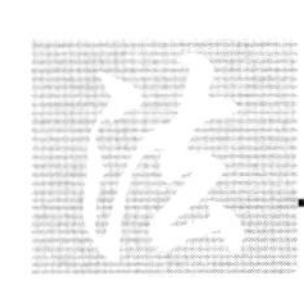

程视为一个演绎推理的过程，如刑法三段论可以表述为：

大前提：刑法的明文规定；

小前提：刑事案件事实；

结论：有罪或者无罪。

德国学者拉伦茨把司法三段论称为确定法律后果的三段论推理，其中，一个完整法条构成大前提，将作为一个事例的某具体案件事实归属于法条构成要件之下的过程构成小前提。结论则是对此案件事实应适用该法条所规定的法律后果。[①] 这种司法三段论形态可以参见我国台湾地区学者王泽鉴的描述，他指出：以 Subsumtion（涵摄）为核心的法律适用过程，得以逻辑三段论表现之，即：(1) 法律规范（T）为大前提。(2) 特定的案例事实（S）为小前提。(3) 以一定法律效果的发生为其结论（R）。此种法律适用逻辑结构，可简单表示如下：

T→R（具备 T 的要件时，即适用 R 的法律效果）

S=T（特定的案例事实该当于 T 的要件）

S→R（关于认为特定案例事实，适用 R 的法律效果）[②]

值得注意的是，在司法三段论中，涵摄到底属于小前提的内容，还是属于结论中进行推导的内容，这是一个需要探究的问题。在一般演绎推理中，大前提，无论是规则还是事实，都是演绎推理的起点，对此并无争议。小前提则是待决的事实，如果该事实可以归属于大前提（涵摄），则得出一定的结论。那么，在一般演绎推理中，大前提和小前提之间的关系是十分直接的，并不需要专门的涵摄操作。例如在苏格拉底会死的演绎推理中，从人都会死到苏格拉底是人，由此得

---

① 参见［德］卡尔·拉伦茨：《法学方法论》（全本·第六版），黄家镇译，345 页，北京，商务印书馆，2020。

② 王泽鉴：《法律思维与民法实例——请求权基础理论体系》，141 页，北京，北京大学出版社，2009。

出苏格拉底会死的结论，这个结论的得出是丝滑顺畅的，根本不需要进行细致分析。在这种情况下，涵摄就不成其为问题，可以忽略不计。但在司法三段论的演绎推理中则不然，小前提的案件事实能否被大前提的法律规则所涵摄则是需要特别关注的：在简单案件中涵摄并不困难，但在复杂案件中涵摄就极为困难。那么，涵摄置于结论中讨论呢还是在小前提中讨论，对此可能存在不同的表述。例如在拉伦茨的论述中，小前提被描述为“作为一个事例的某具体案件事实归属于法条构成要件之下的过程”，显然，这是将涵摄置于小前提中讨论。在王泽鉴对司法三段论的界定中，小前提是特定的案件事实，但在采用公式表述的司法三段论中，S＝T(特定的案例事实该当于 T 的要件)，这里的 T 是大前提法律规定的构成要件，S 是小前提案件事实，因此，S＝T 是指案件事实符合法律规范，也就是涵摄。王泽鉴在此将涵摄专门列为一个推理过程，但将其是归属于小前提还是结论，似乎并不明确。而我国台湾地区学者黄荣茂则明确将涵摄，即法律事实之涵摄于构成要件，确定为属于司法三段论中小前提的认定内容，指出：“法律的适用通常被认为系逻辑之三段论法的应用。法律之一般的规定是大前提，将具体的生活事实通过涵摄过程（Vorgang der Subsumtion)，归属于法律构成要件，形成小前提。然后透过三段论法的推理，导出规范该法律事实的法律效力。”[①]由此可见，论者是把涵摄过程确定为小前提的内容。我认为，涵摄是得出演绎推理结论的基础，而大前提和小前提只是为涵摄提供规范和事实前提。涵摄并不是小前提的内容，而是结论的具体推导过程，因此在结论中考察涵摄问题较为妥当。可以说，涵摄是司法三段论的核心，大前提和小前提都只是为涵摄提供法律和事实前提，因此，在结论环节完成法律规范与案件事实的对接，其成立或者不成立，正是三段论的结论；否则，在小前提中完成涵摄，则结论在小前提中已然获得，因而结论这个环节就形同虚设，因而不妥。

---

① 黄茂荣：《法学方法与现代民法》(第七版)，181 页，厦门，厦门大学出版社，2024。

三、演绎推理的功能

演绎推理是对人类思维方法的一种总结或者描述，它真实地反映了人们通过大前提和小前提而最后得出结论的思维过程。在现实生活中存在贬低演绎推理方法的观点，其主要理由就是一般人在思维的时候并不是按照从大前提到小前提再到结论这样一个过程，因而存在演绎推理的无用论。严格来说，演绎推理方法并不是用来指导思维的，其功能是用来检验思维结论的正确性：凡是按照从大前提到小前提再到结论这样一个顺序进行推理的，其结论的正确性往往更能够得到保障；反之，错误的结论往往违背三段论的推理规则。

在论及演绎推理的功能的时候，在理论上存在一种观点，认为演绎推理是从一般到个别的推理，个别包含在一般之中，因此，演绎推理并不能获得新知。例如德国学者指出："演绎（导出）是从规则推理到案件。它是法官，甚至所有适用或者发现法律之人的思维方式。在演绎中，整个推理都是确定的。因而推理只有在它是从规则（普遍）开始时，才是确定的，所以演绎是个别确定的推理。演绎推理因而是必然的，但它只是分析的，并未扩展我们的认识。"① 这里所谓演绎推理并未扩展我们的认识，是指结论本身就是包含在大前提之中的，因而将大前提的法律规则适用于案件事实，最后所得出的结论是大前提的必然结果，并无知识的增加。这个问题涉及演绎推理的功能，我国学者提出了三段论（演绎推理）的功能究竟是致知还是获信的疑问。对此，我国学者指出：三段论作为推理的形式，其功能不是致知而是获信。也就是说，推理（inference/reasoning）的本质是必然得出。但是这种所谓的必然得出究竟是从已知的知识得到未知的知识，还是在已知的知识之间建立起可以为人所理解的桥梁或思维通道？论者引述亚里士多德关于三段论功能的论述，三段论的目的在于发现一系列探究方法，依

① ［德］阿图尔·考夫曼：《法律哲学》（第二版），刘幸义等译，89 页，北京，法律出版社，2011。

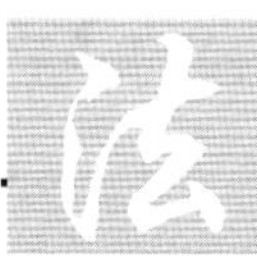

据这些方法，我们将能够就人们向我们提出的每个问题从一般所接受的意见出发进行推理，而且我们在提出一个论证的时候，也将避免说出自相矛盾的东西。由此可见，亚里士多德认为三段论的功能在于保证每个言说者思维过程——方法的有效性和可靠性，从而保证结论的可信性。① 在我看来，从认识论的意义上可以说演绎推理并没有获得新知，因为演绎推理只是从现有的事实或者规则出发，得出一个蕴含在大前提之中的结论，例如苏格拉底会死的演绎推理，可以说并无知识增量。在这个意义上说，演绎推理在认识论上对于知识的扩展并没有正面功效。然而，如果从司法三段论来看，我认为演绎推理具有明显的积极效果，这就是保证法律的实施效果。法治可以分为立法与司法两个环节：立法是创制法律规则，就此而言，立法是具有创制性的，可以增加法律规则，但司法是适用法律规则，将其适用于个案。如果说，立法正义是一般正义，那么，司法正义就是个案正义。法官通过司法活动将立法上的一般正义转化为司法上的个案正义。而演绎推理这就这一正义从一般正义向个案正义转化的逻辑保障。在这个意义上说，演绎推理对于法律实施的正面功能不能否定。而且，司法三段论的演绎推理还对结论的论证具有信服力，它是一种逻辑演示，对于各方当事人都具有说服力。

演绎推理在刑法适用中发挥着重要的作用，这种作用并不在于对刑法个案适用中的具体指导，而在于它为刑法贯彻罪刑法定原则提供了逻辑保障。在刑法三段论演绎推理中，作为大前提的法律规则是指刑法的明文规定，正是通过逻辑演绎，将刑法规定适用于刑事个案，因此，司法三段论是实现罪刑法定原则在刑法中落实的有效方法。正如我国学者指出："在演绎推理的结构中，法官如果要得到刑罚效果，就必须充分证明被告人的行为符合了大前提的前件。这是一种肯定前件式的推理。它符合罪刑法定原则所蕴含的定罪量刑必须以成文刑法规范为依据的要求，为罪刑法定原则理念的实现提供了有效的司法通道。演绎的形式逻辑强调前提的权威性和结论的必然性，与罪刑法定原则的理念正相吻合，不但能突

① 参见冯文生：《推理与诠释——民事司法技术范式研究》，29～30页，北京，法律出版社，2005。

出大前提——刑法规范——的权威性，而且还能为结论——刑事判决——提供终极性的说服力。演绎的推论结构勾勒出了法治国家刑法适用的基本模式和过程，是罪刑法定原则司法化的有效思维根据。”① 因此，在我国实行罪刑法定原则的背景下，更应当注重演绎推理在司法活动中的运用，以此确保刑法规则在个案中得以实现。这里应当指出，演绎推理不仅在制定法的情况下能够起到连结法律规范与案件事实，从而得出结论的功能，而且在判例法中同样起到不可或缺的作用。正如我国学者指出：“在判例法推理中，归纳与类比更多的是从先例中抽取与发现法律的方法，把法律规定与具体案件相连结仍然依赖于三段论式演绎推理的适用。哈特曾指出，就法院引用判例而言，传统观点认为法院从过去判例中抽取规则是归纳推理，而将抽出的规则适用于当前的案件是演绎推理。而且，随着制定法在英美法系国家法律体系中的地位日益增加，演绎推理在司法过程中的运用也越来越广泛。”②

演绎推理在法律适用中，不仅提供基本的逻辑路径，而且法律的语义模型还得到了具体方法论的支持。意大利学者揭示了司法演绎推理具有以下四个作用：(1) 形式平等。如果每个案件都从相同的普遍规则中通过演绎得出判决，相同类型的案件就会得出相同的解决方法。(2) 法律确定性。公民在知晓法律文本和进行演绎推理时，能够知道法律如何调整他们的行为并预测该行为的法律效果。(3) 效率。当事实易于被查明（并且有相应的可运用的规则）时，法律的演绎性适用就会更加简单和直接。(4) 可测性。我们总是可以经验演绎程序是否已经被正确地实施，并因此确定随后的判决是否正确。③ 意大利学者对法律适用中的演绎推理方法的正面效应的上述论述，对于我们深刻理解演绎推理的功能具有重要启示意义。法律适用中的演绎推理虽然具有所谓逻辑的形式性格（der formale

① 沈琪：《刑法推理方法研究》，43 页，杭州，浙江大学出版社，2008。

② 秦策、张镭：《司法方法与法学流派》，236 页，北京，人民出版社，2011。

③ 参见［意］乔瓦尼·萨尔托尔：《法律推理——法律的认知路径》，汪习根等译，431 页，武汉，武汉大学出版社，2011。

Charakter)[①]，但这一形式性格恰恰是罪刑法定原则的逻辑基础。以演绎推理为代表的逻辑推理，在以下三个方面为罪刑法定原则的适用奠定了逻辑基础。

首先，逻辑的形式性格确保刑法规则适用于个案，由此形成立法对司法的制约。德国学者指出，逻辑所处理的并不是语句的内容，而是仅有语句间的真值关联（Wahrheitsbeziehungen）。[②] 这里的真值关联，是指将大前提所蕴含的意义通过小前提传导到结论。因此，真值关联也可以说是一种真值传递[③]，其含义是：只要大前提为真，则结论也必然为真。因此，逻辑的形式性格可以保证论证的有效性。在刑法适用中，从禁止杀人的大前提必然推导出张三杀人应当禁止的结论，除非正当防卫，因此，刑法的一般规定提供演绎推理得以在个案中有效落实。

其次，逻辑的形式性格消除刑法规范之间的矛盾。法律具有无矛盾的要求，刑法更是如此。严谨的逻辑推理是消除矛盾的一种有效手段。德国学者指出："逻辑推理只有在它的前提下成立；它只是较为清楚地表达出原本已经隐含在前提当中的事物。通过逻辑形式性格的揭露，在今日的法学界也化解了反对某个理论构想所提出'这本身有矛盾'的指摘。"[④] 在某种意义上说，自相矛盾是法律的天敌，而内在和谐统一则是法律的必然要求。因此，法律应当建立在逻辑基础之上。在这个意义上说，演绎推理为刑法适用于个案提供了从大前提到小前提，最后到结论的前后一致的逻辑保障。

最后，逻辑的形式性格有助于法律平等的实现。法律面前人人平等是刑法的基本原则，如何平等地对待每个犯罪人，这是法治刑法所追求的目标。逻辑的形

---

① 参见［德］英格博格·普珀：《法学思维小课堂——法律人的 6 堂思维训练课》（第二版），蔡圣伟译，286 页，北京，北京大学出版社，2024。

② 参见［德］英格博格·普珀：《法学思维小课堂——法律人的 6 堂思维训练课》（第二版），蔡圣伟译，286 页，北京，北京大学出版社，2024。

③ 参见［波］耶日·施特尔马赫、［波］巴尔托什·布罗泽克：《法律推理方法》，陈伟功译，18 页，北京，中国政法大学出版社，2015。

④ ［德］英格博格·普珀：《法学思维小课堂——法律人的 6 堂思维训练课》（第二版），蔡圣伟译，270 页，北京，北京大学出版社，2024。

式性格对于实现法律平等是一种有效的途径。德国学者指出："在法学上，还有另一个应遵循逻辑的特殊理由，那就是平等对待（Gleichbehandlung）的要求。如果法官在某个个案中，从一个法律或其他公认的法规则导出了错误的结论，那么他就根本没有把这个规则适用到此一个案上。但如果他在其他相类似的案件中适用了这个规则，那么他便是不平等地对待这两个案件。"① 由此可见，逻辑虽然只是一种形式推理方法，但它是法律适用的基础，尤其是罪刑法定原则是建立在形式理性基础之上的，因而它与逻辑的形式性格具有天然的契合性。

当然，司法三段论本身是具有局限性的，这主要在于它不能解决在复杂案件中的刑法适用问题。应该指出，司法三段论的盛行与启蒙时期立法中心主义影响下的机械司法观念具有重大关联。当时流行的一种法律自动适用理论，认为法律适用是一个自动机械的过程，法官只不过是法律的传声筒和复印机。意大利学者曾经对此作了十分形象的描述："制定法已包揽无疑：任何情形均已事先预见到。法律秩序（正如所说的）并不存在漏洞。法律制度就像一个巨大的格子，每一个格子都包含对特定事实情况的规定：法官的工作就是将认定的事实对号入座，即在法律预见的成千上万的事实状态中找到所对应的事实。一旦对上号，法官只需要打开这个格子（即适用于该案的条款），找到已准备好的答案。这就是著名的以三段论式演绎推理导出判决的逻辑机制：大前提是法律，小前提是事实，事实只要与法律规定相契合，就自动导出结论。"② 这样一种对司法的刻板印象在启蒙学家的论述中反映得淋漓尽致，例如孟德斯鸠指出："在罗马，法官只能够宣告被告犯了某一罪行，而这罪行的处罚，法律是有规定的。这从当时所制定的各种法律可以看到。同样，在英国，由陪审员根据向他们提出的事实，认定被告是否犯罪。如果他们宣告犯罪属实，法官便按照法律的规定宣告刑罚。做这件事，

---

① ［德］英格博格·普珀：《法学思维小课堂——法律人的 6 堂训练课》（第二版），蔡圣伟译，286～287 页，北京，北京大学出版社，2024。

② 王瑞君：《罪刑法定的实现：法律方法论角度的研究》，13～14 页，北京，北京大学出版社，2010。

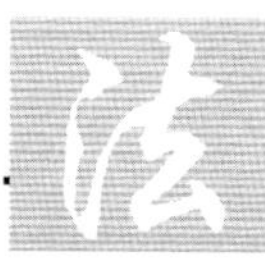

法官只要用眼睛一看就够了。”① 在孟德斯鸠这里，法官的司法活动被简化为“只要用眼睛一看”就能完成的工作，因为一切都由法律规定好了。在这种立法与司法的建构中，法官只是法律的机械执行者而没有任何裁量权，只能完全服从法律，因而法官也就不再握有欺压公民的权力，公民的自由由此获得保障。在论及法官与法律的关系时，孟德斯鸠指出：“专制国家是无所谓法律的。法官本身就是法律。君主国是有法律的：法律明确时，法官遵守法律；法律不明确时，法官则探求法律的精神。在共和国里，政制的性质要求法官以法律的文字为依据；否则在一个有关公民的财产、荣誉或生命的案件中，就有可能对法律作有害于该公民的解释了。”② 显然，孟德斯鸠关于法官以法律的文字为依据适用刑法的论述中，彰显了罪刑法定主义的思想。这种思想被贝卡里亚所继承并进一步发扬光大。贝卡里亚的罪刑法定主义是以立法者对刑法能够作出明确而确定的规定为前提的，在这种情况下，贝卡里亚甚至否定法官具有对法律的解释权。贝卡里亚指出：“刑事法官根本没有解释刑事法律的权力，因为他们不是立法者。严格遵守刑法文字所遇到的麻烦，不能与解释所造成的混乱相提并论。这种暂时的麻烦促使立法者对引起疑惑的词句做必要的修改，力求准确，并且阻止人们进行致命的自由解释，而这正是擅断和徇私的源泉。”③ 贝卡里亚关于法律解释否定论的观点，其出发点是防止法官以解释之名行滥权之实，具有其价值追求。然而，刑法不可能规定得完美无缺，法律的模糊或者瑕疵都是不可避免的，因而刑法不经解释是无法适用的。正如我国学者指出：“禁止解释，以法律规定明了为前提。然社会发展与日俱进，而法律条文，不经修正，其用语即不发生变化。以静的法律与动的社会相比较，虽谓法律制定之翌日，即有穷于应用之所在，亦无不可。故欲不施解释而适用法律，事实上殆不可能。职是之故，禁止解释法律之主张，终

① ［法］孟德斯鸠：《论法的精神》（上册），张雁深译，76～77页，北京，商务印书馆，1961。

② ［法］孟德斯鸠：《论法的精神》（上册），张雁深译，76页，北京，商务印书馆，1961。

③ ［意］切萨雷·贝卡里亚：《论犯罪与刑罚》，14页，北京，商务印书馆，2017。

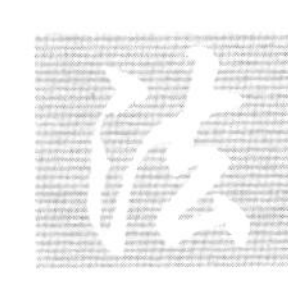

因社会之进化成为不切实际之空论，学者间之通说，由禁止解释主张严格解释。”[①] 因此，在禁止法律解释的情况下，刑法适用就难以简单地套用司法三段论。德国学者对这种机械司法观念做了以下描述：“曾有一个满怀信心地热衷于这一看法的时代：必定能够通过精确制定的规范建立绝对的法律清晰性和法律确定性，特别是保证所有法官和行政机关决定和行为的明确性。这个时代是启蒙时代。博克尔曼（Bockelmann）曾在 1952 年再一次中肯地描述了这一看法的基本思路：‘法官的制定法适用应该像自动机一样运转，它带有的唯一特点是，运转的装置不是机械式的，而是逻辑式的自动控制。’制定法对理性主义的崇拜，使得法官受制定法的严格约束变成了核心的要求。在那里，人们竟然提出了站不住脚的禁止解释和禁止评注，排除了法官的任何刑罚裁量［1791 年刑法典中的‘固定不变的刑罚’（peines fixe）制度］等。[②] 法官应该是制定法的奴隶。”[③] 从中世纪的司法擅断到启蒙时代的机械司法，这是一个巨大的转变，建立在三段论基础之上以逻辑推理为核心的司法观念难以满足司法应对日益复杂的社会生活的客观需要。在这种情况下，对司法三段论质疑与排距的呼声日益高涨。我国学者指出：“自 20 世纪以来，基于对司法三段论的批判立场，有些理论不免言过其实，夸大其词，以至于完全否定了三段论在法律过程中的作用和价值。”又如美国学者庞德指出：“尽管 19 世纪的人们努力地尝试着将这种法官的个人因素消除殆尽，但是事实证明如果没有这种因素的作用，那么当今的发展趋势是在扩大而不是在缩小这种法官的个人感情因素作用的范围。”[④] 庞德对 19 世纪否定法官个人因素的机械司法理论的批评是完全正确的，机械司法的观念确实存在见物不见

---

① 蔡枢衡：《中国法理自觉的发展》，247 页，北京，清华大学出版社，2005。

② 这里的“固定不变的刑罚”制度，是指定期刑制度，与之对应的是不定期刑制度。目前世界各国刑法典通常采用相对不定期刑制度，以此区别于绝对不定期刑。绝对不定期刑是指刑法对刑罚期限未作任何限制，法官具有完全的自由裁量权。而相对不定期刑制度则是指对刑罚规定一定的量刑幅度，法官在该幅度内具有一定的刑罚裁量权。

③ ［德］卡尔·恩吉施：《法律思维导论》（修订版），郑永流译，130 页，北京，法律出版社，2014。

④ ［美］罗斯科·庞德：《法理学》（第二卷），封丽霞译，199 页，北京，法律出版社，2007。

人的问题。法官作为司法者，其行为应当受到法律的约束，但并不意味着司法只是一个单纯的逻辑推理过程。对司法三段论也应当采取正确的态度，刑法适用中的演绎推理存在形式化的不足，它不是万能的司法工具，但它真实地描述了司法活动的逻辑过程，因此，司法三段论对于罪刑法定语境中的刑法适用具有不可撼动的地位，它以逻辑的形式有效地保障司法活动的确定性。

第二节　法律规则的识别

大前提是演绎推理的出发点，因而大前提的确定对于演绎推理来说，具有至关重要的地位。例如德国学者指出："在所谓的涵摄中，寻找前提（Prämissen）几乎是唯一的决定性因素；如果大前提和小前提已足够具体且相互一致——此时，形式逻辑并不重要——法律人的真正任务就完成了；结论的得出，现在几乎可以说是自动的，即便是最后一步，亦即涵摄，也绝非仅是形式—逻辑性的，而很大程度上——即使通常并未明示——是一种评价上的归置（Zuordnung）。"①虽然这一论述不无扩张之处，但对确定大前提的重要性之强调具有其道理。

在一般的演绎推理中，大前提可以说是任何一个具有真实性或者权威性的命题。例如在苏格拉底演绎推理中，"所有的人都会死"作为大前提，它具有经过检验的真理性，由此而推导出来的结论具有不可颠覆的正确性。在刑法演绎推理中，大前提是刑法的明文规定，这是罪刑法定原则所决定的，因而具有毋庸置疑的权威性。

在某种意义上说，演绎推理在刑法中是基本的逻辑方法。正如我国学者指出："根据罪刑法定原则，在刑事司法中，法官对任何行为进行定罪处罚，都必须以刑法规范的明文规定为前提。一个行为无论具有多么严重的社会危害性，只

---

① ［德］克劳斯-威廉·卡纳里斯：《法学中的体系思维与体系概念：以德国私法为例》（第2版），陈大创译，18页，北京，北京大学出版社，2024。

要刑法规定没有明文规定其为犯罪，就不得对其定罪处罚。而且，对刑法规范规定为犯罪的行为进行定罪处罚，必须要以刑法法规的明文规定为标准，根据刑法设定的构成要件来确定罪名和判处刑罚。总之，罪刑法定原则要求法官必须遵守预先设定的成文刑法规范，并且以内在于规范体系的标准来审理案件，而非游走于个案之间就事论事。它强调成文刑法规范在刑事司法中的绝对权威性，追求以刑法规范为标准的判决结论的必然性，这也是法治理念在刑事法领域的基本要求。”[①] 因此，有法司法是刑法适用的基本特征，这也决定了演绎推理方法在刑法适用中的地位。与之不同，在民事审判中存在无法司法，这就是在存在法律漏洞的情况下，需要法官进行法律续造，通过法律续造为演绎推理提供规则。德国学者曾经对刑法和民法的演绎推理在确定大前提环节的差别作了对比性论述，指出：“在规范寻找中可能会出现这样的情况，即对于一个给定案例无法找到相应的、法定的法律规范。如果是一个刑法案件，则大前提寻找就此结束。因为在行为之前如果没有法定的刑罚威胁，则国家的刑事请求权即不存在（德国刑法第 1 条：法无明文规定不为罪；nulla poena sine lege）。在民法领域中则不一样。在大多数情况下，法官必须解决的是双方当事人之间的冲突。司法实践和法学文献经常超越了法条，发展了受到普遍认可的法律规范。”[②] 在此，所谓发展了法律是指填补法律漏洞或者法律续造，此种法官续造的法律规范也可以成为演绎推理的大前提。我国民法学者指出：“漏洞补充以寻找适用于个案裁判的妥当法律规则为目标。填补漏洞都是在个案裁判中，为了确定司法三段论中的大前提而采取的创造性的司法方式。在个案裁判中，因为可供裁判的法律依据的缺失，方有填补法律漏洞的必要。所谓填补法律漏洞，本质上就是法官通过一定的标准和方法，在既有法律规范之外，努力寻求可适用于具体个案的裁判规则，以解决个案争议。漏洞补充只是为了解决个案中的争议，而确定司法三段论的大前提，漏洞

① 沈琪：《刑法推理方法研究》，42 页，杭州，浙江大学出版社，2008。

② ［德］N. 霍恩：《法律科学与法哲学导论》（第 3 版），罗莉译，129 页，北京，法律出版社，2005。

填补中确立的规则并不具有普遍的拘束力。”① 由此可见，民法演绎推理的大前提并不限于法律、法规以及司法解释的规定，还包括法官为填补法律漏洞而创制的个案规则。相比较而言，刑法演绎推理的大前提严格限制为刑法的明文规定。当然，司法解释作为刑法的具有二次法性质的实施细则，在一定条件下也可以成为演绎推理的大前提。

司法三段论推理不同于一般演绎推理之处，在于司法三段论推理的大前提是法律规范，因而司法三段论是基于法律规则的推理。正如德国学者指出：“法律三段论的对象除了检验推理图式（Schlußschemata）的有效性之外，尚有将某些有效的形式识别为有规范约束力的或者/以及实际上被使用的。最重要的要求是，至少有一个前提必须是某个普遍规范的表述。这个要求大多情况下很容易理解，因为法律三段论首先是一种制定法适用的理论，而制定法通常是普遍的规范。”② 例如，典型的司法三段论推理如下所示：《刑法》第 232 条规定：故意杀人的，处死刑、无期徒刑或者 10 年以上有期徒刑；情节较轻的，处 3 年以上 10 年以下有期徒刑。这是我国刑法关于故意杀人罪的规定。由于该规定包含了定罪和量刑两项内容，因而司法三段论也可以分为定罪司法三段论和量刑司法三段论。

定罪司法三段论表述如下：

大前提：故意杀人。

小前提：杀人事实。

结论：杀人事实被故意杀人罪的构成要件所涵摄，构成故意杀人罪。

在定罪三段论中，主要解决被告人的行为是否构成故意杀人罪构成要件的问题。这里应当指出，刑法中的定罪，根据三阶层的犯罪论体系，存在先后衔接的三个步骤：首先考察该行为事实是否符合故意杀人罪的构成要件；其次考察是否

---

① 王利明：《法律解释学导论——以民法为视角》（第二版），564 页，北京，法律出版社，2017。

② ［德］罗伯特·阿列克西：《法 理性 商谈：法哲学研究》，朱光、雷磊译，8～9 页，北京，中国法制出版社，2011。

存在正当防卫等违法性阻却事由；最后考察是否应当承担责任。也就是说，定罪是借助于三阶层的犯罪论体系来完成的。某个行为，只有同时具有构成要件、违法性和有责性这三个要素才能构成犯罪。但在定罪三段论中，只是要解决构成要件该当性的问题，至于违法性和有责性则并不涉及演绎推理，而是在行为具有构成要件的基础上，通过违法性的价值判断和有责性的规范判断完成的。因此，定罪三段论中的定罪是指狭义上的定罪，即构成要件该当性的判断。在这种情况下，定罪三段论是指在考察构成要件该当性的时候，应当采用演绎推理的方法。

量刑司法三段论表述如下[①]：

大前提Ⅰ：故意杀人的，处死刑、无期徒刑、10年以上有期徒刑。

小前提Ⅰ：被告人故意杀人。

结论Ⅰ：被告人应当判处死刑、无期徒刑或者10年以上有期徒刑。

大前提Ⅱ：故意杀人，情节较轻的，处3年以上10年以下有期徒刑。

小前提Ⅱ：被告人故意杀人，情节较轻。

结论Ⅱ：被告人应当判处3年以上10年以下有期徒刑。

在量刑三段论中，由于刑法规定了两个罪刑单位，因此，可以分为两个量刑三段论。无论是定罪还是量刑都应当以刑法的明文规定为前提，因此，应当采用演绎推理的方法解决量刑的法定刑问题，即在法定刑幅度的范围内确定宣告刑，这是罪刑法定原则在量刑中的体现。就定罪司法论和量刑三段论而言，在司法活动中更为重要的是定罪三段论，这也是司法三段论的应有之义。因此，本章在论述司法三段论的时候，主要讨论定罪三段论。

定罪三段论的大前提是刑法及相关法律和司法解释的规则，因而这是一种以

① 关于量刑司法三段论，参见江珞伊、刘树德：《量刑说理中类案运用的审思与规制》，载《法律适用》，2022（1）。

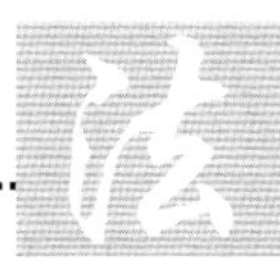

规则作为大前提的演绎推理。根据贝卡里亚的观点，刑法规定是明白无误的，根本就不需要解释，因而否定法官的法律解释权。这种观点是建立在立法者能够制定出明确的法律规则这一假设为基础的，但事实已经证明，立法能力是有限的，它并不能为司法活动提供全部法律根据，以此满足司法活动对规则的需求。因此，在确定司法三段论的大前提的时候，首先需要识别法律规范。这里的识别是指发现、寻找和梳理，这是一个刑法解释的过程。正如美国学者指出："普通演绎推理的第一步是识别一个相关的大前提。与此相类似，演绎法律推理的第一步是识别支配手头案件的法律规则。撇开规则之间的冲突不谈，制定法规则本身描述了它们在其中适用的一批批案件。初看起来，你们可能觉得一项规则很容易适用，而经过细致的阅读和分析之后，你们常常会发现，这种感觉是一种误解。"① 由此可见，法律规则并不是现成地放在那里等着法官去适用的，法律规则需要去发现、去找寻，这就是法律规则的识别。应当指出，法律规则对于案件事实来说，并不是一对一的关系，而可能是一对多的或者多对一的关系。这里存在一个所谓裁判规则竞争的问题。我国学者指出："无论是依据传统司法三段论的思维范式，还是类观点的思维范式，都会面临着裁判规则的竞争问题。法官采取不同法律方法或者同一法律方法的不同运用，可能会得到彼此不同的几个裁判规则，而在其体系内，每一种裁判规则都能根据一定的上位规则乃至法精神、法观念的最终规则正当地演绎。"② 因此，在这种裁判规则竞争的情况下，如果不能准确地识别法律规则，就不能为司法三段论提供大前提，可谓悠悠万事，唯此为大。我国学者曾经对法律规则之抵触进行了分析，指出："涵摄是法律适用的一般方式，许多案件都能够通过仅利用它而得到解决。涵摄程式是从一个既存的法律规范出发推导出法律决定或得到法律判断的。这就意味着它对于发生法律规范抵触

---

① ［美］史蒂文·J. 伯顿：《法律和法律推理导论》，张志铭、解兴权译，54 页，北京，中国政法大学出版社，1998。

② 张其山：《司法三段论的结构》，141 页，北京，北京大学出版社，2010。

的案件的解决很可能存在着困难。因为这样的案件意味着有两个法律规范可以同时适用于同一个案件事实，而且每一个法律规范对该案件主张不同的解决结果。”[①] 因此，在进行涵摄之前，首先需要正确进行法律识别。这里的法律识别，正如我国学者指出，是指当法官面临要解决的案件时，从现行规范中找出相关的法律规范，或者当一个案件面临着两个或两个以上的规范可能被适用时，在其中进行选择的各种专门方法。法律识别的目的在于为妥当地解决纠纷、处理案件寻找合适的规范形式。[②] 在某种意义上说，法律识别与法律规定本身是否明确之间存在密切关系。如果法律规定是明确的，法律规则的识别就相对较为容易，但在法律规定竞合或者模糊，甚至在法律规范之间存在抵触的情况下，法律识别就会十分困难。

一、有无法律规则的识别

有无法律规则的识别就是一个找法的过程，只有找到适当的法律规则，才能为演绎推理确定大前提。德国学者将这一找法过程称为规范寻求，指出：“法律工作者在其实践工作中总是从一个具体的法律关系出发，或者用法律对未来进行规范，或者用法律的方式对过去事件中所出现的矛盾进行裁决。法律工作者以案件为出发点寻求相应的法律规范（＝大前提）。在这个寻求过程中，法律工作者并不是盲目的。通过对案情的研究，基于其一般的法学知识而对于案件有一个初步理解，有助于其对法律规范的寻找和方法论的探讨。”[③] 因此，虽然有无法律规则似乎是一个简单的问题，但在司法活动中寻找法律规则并不容易，法律规则也并非唾手可得。如前所述，法律规定有时是明确的，有时则是模糊的。对于明确的法律规定当然可以直接作为演绎推理的大前提采用，例如故意杀人罪中规定

---

① 王夏昊：《法律规则与法律原则的抵触之解决——以阿列克西的理论为线索》，192页，北京，中国政法大学出版社，2009。

② 参见刘志斌：《法律方法论》，176页，济南，山东人民出版社，2007。

③ ［德］N. 霍恩：《法律科学与法哲学导论》，罗莉译，126～127页，北京，法律出版社，2005。

的故意杀人，这就是一个十分明确的法律规定。因为杀人罪是自然犯，对于故意杀人罪的构成要件社会公众都是知晓的。在这种情况下，即使杀人行为呈现出不同的形态，例如溺婴、安乐死、雇凶杀人等，也完全可以涵括在杀人的概念之内。当然，对于教唆、帮助自杀是否属于杀人，在刑法教义学中仍然存在争议。例如我国学者归纳了在教唆、帮助自杀行为定性问题上的不同观点[①]：第一种观点是故意杀人罪说，这是我国通说。这种观点认为，教唆、帮助自杀并非属于共同犯罪中的教唆犯或帮助犯，但由于行为人的教唆、帮助行为对自杀者的死亡结果提供了原因力，即具有因果关系，所以一般应按故意杀人罪定罪处罚。同时，由于自杀者本人具有意思决定的自由，因而教唆、帮助行为的社会危害性较小，宜依照情节较轻的故意杀人予以从轻、减轻或者免除处罚。第二种观点是无罪说，这是我国的少数说。这种观点认为，教唆、帮助行为不应该作为犯罪处理，主要理由是教唆者和帮助者的行为，同自杀者死亡有一定因果联系，在主观上可能希望或者放任被害人死亡。但是，毕竟是由被害人自己的意志决定自杀的，同违反自己意志被他人杀死有所不同。因此，基于罪刑法定原则，教唆或者帮助自杀的行为与杀人行为本身不能等同，属于法无明文规定的情形，不应以故意杀人罪论处。上述两种对于教唆、帮助自杀行为是否属于《刑法》第232条规定的杀人，存在截然不同的结论，因此，对教唆、帮助自杀行为能否按照司法三段论演绎推理，认定为故意杀人罪就存在疑问。由此可见，即使是看似明确的法律规定，在理解中也存在歧见，这就给演绎推理大前提的确定带来一定的难度。如果是在法律规定模糊的情况下，找法活动更是举步维艰。

【案例44】王某等人非法经营案[②]

2018年1月起，被告人王某等人为获取非法利益，违反《药品管理法》等

① 参见周光权：《教唆、帮助自杀行为的定性》，载《中外法学》，2014（5）。

② 参见宋文健：《王某某、曹某非法经营，张某某非法行医案——非法经营罪适用范围的限制》，载最高人民法院中国应用法学研究所编：《人民法院案例选》2023年第8辑，38页以下，北京，人民法院出版社，2023。

国家药品管理法律法规，在未取得“药品经营许可证”等相关资质的情况下，被告人王某从他人处收购各类药品后加价倒卖给魏某等人。青浦区人民法院以被告人王某犯非法经营罪，判处有期徒刑 6 年 3 个月，并处罚金人民币 30 万元。一审宣判后，被告人不服提起上诉。上海市第二中级人民法院裁定撤销原判，发回重审。重审期间，青浦区人民检察院撤回对被告人王某等人的起诉。法院生效裁判认为：新的司法解释出台后，认定本案被告人王某等人构成非法经营罪已失去法律依据，被告人经营的药品不属于专营、专卖物品和限制买卖的物品，相关经营行为不构成非法经营罪。

本案被告人王某等人的涉案行为是在未取得“药品经营许可证”等相关资质的情况下，收购药品然后加价出售给他人，这是一种非法经营药品的行为。对此，虽然我国刑法对于这种非法经营药品的行为并没有直接规定，然而按照司法解释的规定，非法经营药品的行为应当以非法经营罪定罪处罚。2014 年 12 月 1 日最高人民法院、最高人民检察院《关于办理危害药品安全刑事案件适用法律若干问题的解释》（以下简称《2014 年解释》）第 7 条第 1 款规定：“违反国家药品管理法律法规，未取得或者使用伪造、变造的药品经营许可证，非法经营药品，情节严重的，依照刑法第二百二十五条的规定以非法经营罪定罪处罚。”这是非法经营药品行为以非法经营罪论处的司法解释根据，但这一司法解释并没有明确规定非法经营药品的行为究竟属于《刑法》第 225 条四项规定中的哪一项，因而虽然法律规定落脚于《刑法》第 225 条，而《刑法》第 225 条分为四项①，但司法解释并没有具体到项，这是司法解释存在的模糊之处。及至《药品管理法》修订以后，2020 年 12 月 26 日全国人大常委会通过的《刑法修正案（十

① 我国《刑法》第 225 条规定的四项内容如下：（1）未取得相应许可而经营的法律、行政法规规定的专营、专卖物品或其他限制买卖的物品；（2）买卖进出口许可证、进出口原产地证明及其他法律、行政法规规定的经营许可证或批准文件；（3）未获得国家有关主管部门批准的非法经营证券、期货、保险业务，或非法从事资金支付结算业务；（4）其他严重扰乱市场秩序的非法经营行为。

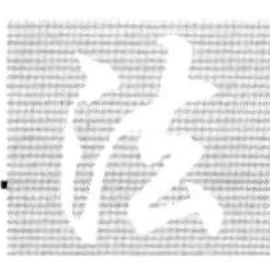

一）》增设了第142条之一，规定了妨害药品管理罪，该罪的四种行为并不包括非法经营药品的行为。并且，2022年3月3日最高人民法院、最高人民检察院发布的《关于办理危害药品安全刑事案件适用法律若干问题的解释》（以下简称《2022年解释》）取消了对非法经营药品行为以非法经营罪定罪处罚的规定。本案审判发生在《刑法修正案（十一）》生效之后和《2022年解释》发布之际，应当适用上述刑法和司法解释的规定。在这种情况下，本案定罪是否还存在法律规定呢？这就涉及作为演绎推理大前提的法律规则的识别问题。对此，在《王某某、曹某非法经营，张某某非法行医案——非法经营罪适用范围的限制》一文中，作者对本案的找法过程作了以下描述：

（一）药品是否属于专营、专卖物品

《刑法》中的专营、专卖物品是指，根据法律、行政法规明确规定由专门的机构经营的专营、专卖物品，例如烟草等。专营、专卖的物品需由法律或广义上的行政法规予以明确规定，非直接列入此类目录范围的，即使没有经营许可，亦不应以此为由认定为非法经营罪。经营药品需经许可，但是药品的经营许可制度有别于法律规定的烟草专卖、食盐专营等，国家没有针对药品的相关专营、专卖法。历经多年的理论争辩和实践检视，药品不属于专营、专卖物品已经逐渐成为当前刑法理论界共识。司法实务中再将药品归入《刑法》第225条规定的“专营、专卖物品”既无法律依据，也与理论共识相悖，亦不符合朴素的国民认知。

（二）药品是否属于其他限制买卖的物品

当前我国有明确规定的专营、专卖物品范围非常有限，对于不属于专营、专卖物品的，在司法实践中存在着归类为“其他限制买卖的物品”，进而以非法经营罪论处的现象。“其他限制买卖的物品”成为非法经营罪的小兜底条款，如何合理限定适用成为难点。

药品是否属于限制买卖的物品不能一概而论，应根据药品的性质和类型予以区别。普通药品不属于限制买卖物品。根据《药品管理法》的规定，从事药品批发和零售活动应取得药品经营许可证，但不能将行政许可中的限制等同于非法经

营罪中的"限制买卖"，还需考察买和卖是否有法律、法规上的限制，例如提供处方、实名登记、买卖数量限制等。

（三）非法经营药品能否适用非法经营罪的兜底条款

非法经营药品不能适用非法经营罪的兜底条款。首先，未经许可经营合法合规的药品，即使存在非法经营也只侵犯了市场经济秩序，并未侵犯药品犯罪所保护的生命健康法益，不具有与其他药品犯罪相当的社会危害程度。其次，根据最高人民法院、最高人民检察院《关于适用刑事司法解释时间效力问题的规定》的规定，若非法经营药品在新解释之后，应适用新的司法解释，若非法经营药品发生在新司法解释实行前，适用旧解释认定构成犯罪，但新解释未规定为犯罪，应当认为适用新的司法解释对被告人有利，判决尚未生效的案件，应适用新司法解释的规定重新认定。由于新的司法解释未对非法经营药品作明确的入罪规定，应作为法律适用问题处理，在未经最高人民法院批复的情况下，不能通过适用兜底条款认定构成非法经营罪。

（四）其他药品犯罪转入非法经营罪路径之否定

以上分析未经许可经营的药品类型不包括假药、劣药和没有取得国内上市许可的药品，因为《刑法》对经营上述药品规定了专门的罪名，即假药、劣药犯罪和妨害药品管理罪，不能再适用非法经营罪进行认定。

该文的最后结论是，非法经营罪中的空白罪状和兜底条款给司法机关留下很大解释空间，司法适用中必须坚持罪刑法定铁则，秉承刑法谦抑理念，禁止有罪推定。在药品犯罪新的法律规范下，基于药品犯罪的保护法益分析，除了非法经营法律、行政法规规定实施特殊管理的药品外，未经许可经营其他药品均难以构成非法经营罪。相关经营行为属于行政违法行为，尚未达到处以刑罚的程度，不具备刑事违法性和刑事处罚必要性，根据行政法律法规进行行政处罚较为适当。

以上论述生动地描述了在本案二审过程中识别法律规则的过程。本案一审判决认定被告人构成非法经营罪，适用的是《2014 年解释》的规定，虽然当时《刑法修正案（十一）》已经出台，但《2014 年解释》并没有直接与《刑法修正

案（十一）》相抵触，因此一审判决仍然对本案适用《2014 年解释》定罪。一审判决以后，《2022 年解释》发布，该司法解释废止了《2014 年解释》关于非法经营药品行为以非法经营罪定罪处罚的规定，因而二审法院将本案发回重审。最终，检察机关撤回了对三被告人非法经营罪的指控，只是对被告人张某某以非法行医罪判处刑罚。由此可见，本案涉及《刑法修正案（十一）》颁布所引发的司法解释的变更。尤其是，对《刑法》第 225 条能否适用于本案进行了具体分析，这可以说是在司法活动中法律识别的一个十分精彩的个案。

二、彼此法律规则的识别

彼此法律规则的识别，是指在法律规则具有类似性的情况下对法律规则所进行的识别。在通常情况下，法律规则各不相同，这是容易辨别的。但在某些特殊情况下，法律规则具有类似性，因而为法律规则的识别带来一定的困难，因此，需要对不同的法律规则进行辨别，以便正确地确定演绎推理的大前提。例如我国《刑法》第 185 条之一规定了背信运用受托财产罪，该罪是指商业银行、证券交易所、期货交易所、证券公司、期货经纪公司、保险公司或者其他金融机构，违背受托义务，擅自运用客户资金或者其他委托、信托的财产，情节严重的行为。这里的擅自运用受托资金，具有挪用的性质，因而擅自运用受托资金罪容易与挪用公款罪或者挪用资金罪相混淆。在这种情况下，如何识别法律规则就成为一个正确区分此罪与彼罪的关键问题。

【案例 45】兴证期货大连营业部、陈某背信运用受托财产案[①]

被告人陈某于 2013 年认识了被害人高某及其妻子孙某，并介绍兴证期货大连营业部有保本理财产品，收益高于银行利息。高某要求保证资金安全，并且随

① 参见陈兴良、张军、胡云腾主编：《人民法院刑事指导案例裁判要旨通纂》（上卷·第三版），326～327 页，北京，北京大学出版社，2024。

取随用，陈某经请示被告人孟某伟后，向高某口头承诺投资期货在保本保息基础上达到7%的年收益率。2013年10月22日，高某与兴证期货有限公司签订了“期货经纪合同”及相关附属文件，按照兴证期货大连营业部工作人员的指引开立了期货保证金账户，并于次日向账户内转款人民币1 670万元，被告人陈某向高某索要了期货账户的交易密码。被告人孟某伟、陈某未能为高某找到第三方投资顾问，在未通知高某也未取得其同意的情况下，二被告人商议后决定自行使用高某的期货账户交易密码进行交易。2013年10月31日至2014年1月20日间，孟某伟、陈某擅自运用高某期货账户进行交易，造成高某期货保证金账户亏损人民币1 043.1万元，共计产生交易手续费1 533 642.48元，其中为兴证期货有限公司赚取手续费825 353.56元，上交给期货交易所708 288.92元。案发后，孟某伟、陈某及胡某兢返还高某人民币共计191万元。大连市中级人民法院经审理认为，被告单位兴证期货大连营业部违背受托义务，擅自运用客户资金，情节特别严重，其行为侵犯了国家的金融管理秩序和客户的合法权益，构成背信运用受托财产罪。被告人孟某伟作为该营业部直接负责的主管人员，被告人陈某作为该营业部其他责任人员，其行为均构成背信运用受托财产罪。根据本案的具体犯罪事实、性质、情节及对社会的危害程度，对被告单位兴证期货有限公司大连营业部及孟某伟、陈某等被告人以背信运用受托财产罪判处刑罚。一审宣判后，被告单位及二被告人均提出上诉。辽宁省高级人民法院经审理认为，原判定罪准确，量刑适当，审判程序合法。依据《刑事诉讼法》第225条第1款第1项之规定，裁定驳回上诉，维持原判。

本案在审理过程中对于被告人是否构成背信运用受托财产罪存在争议，但最终法院对本案作出了有罪判决。本案的裁判要旨指出：“被告单位兴证期货大连营业部违背受托义务，擅自运用客户资金，情节特别严重，其行为侵犯了国家的金融管理秩序和客户的合法权益，构成背信运用受托财产罪。被告人陈某作为兴证期货大连营业部的员工，为单位谋取不正当利益，在未告知高某也未征得高某

同意的情形下，利用其掌握的交易密码自行操作高某的期货账户；被告人孟某伟作为兴证期货大连营业部总经理，明知陈某私自操作高某账户，仍然向其提供交易建议并下达交易指令，具体指导陈某利用高某的账户资金进行期货买卖，属于擅自运用客户资金的行为；二被告人代表兴证期货大连营业部实施上述行为，收取的手续费亦归兴证期货大连营业部所有，故本案构成单位犯罪。被告单位及二被告人均应承担相应的刑事责任。”上述裁判要旨对本案构成擅自运用受托财产罪的事实和法律根据进行了论证，对于理解本案的裁判理由具有重要参考价值。本案涉及背信运用受托财产罪与挪用公款罪或者挪用资金罪等相关罪名的区分，对此，本案的裁判要旨对背信运用受托财产罪与挪用公款罪、挪用资金罪的区分作了论述，指出："背信运用受托财产罪与挪用资金罪、挪用公款罪有时容易产生混淆。实践中可以从以下方面进行区分：首先是主体不同，如果挪用客户资金的行为是有关人员按领导指令，以单位名义、为单位利益实施的则应视情形以背信运用受托财产罪论处；反之，如果该行为是金融机构中有关工作人员个人的行为，则应视情形以挪用资金罪或者挪用公款罪论处。其次，挪用资金、公款等行为指向的资金为公司或国家所有，而背信运用受托财产行为其指向的资金为客户所有，因此，以金融机构名义签订合同后，工作人员以单位名义背信运用受托财产，违法所得归单位所有的，金融机构亦应当承担相应的刑事责任。”

在司法活动中，法律规则存在类似的情况下，如何正确加以区分是一个较为复杂的问题，它对于确定演绎推理的大前提具有重要意义，因此，对于具有类似性的法律规定应当结合立法精神和司法解释，准确地理解法律规定的含义，以便为演绎推理提供可靠的大前提。

三、重合法律规则的识别

重合法律规则的识别，是指在法律规则存在重合性情况下对法律规则所进行的识别。刑法分则是对各罪的规定，这些各罪的罪名之间通常都是各不相同的，因而在司法活动中可以分别适用。但在某些情况下，刑法分则所规定的罪名之间存在一定的重合，因而在确定演绎推理的大前提的时候，其法律规则的识别具有特殊性。我认为，在我国刑法中，重合法律规则的识别可以分为以下三种情形。

（一）一法条数款项中法律规则的识别

在通常情况下，一法条规定一罪名，但一法条又是由数款项组成的，数个款项规定了不同的行为类型。在这种情况下，虽然罪名相同，但行为类型不同。在定罪的时候，应当明确行为人所实施的同一法条具体款项的行为，也就是说，构成要件行为的认定要落脚到具体款项。因此，作为演绎推理的大前提，也应当确定为具体的款项。例如我国《刑法》第225条对非法经营罪的规定分为4款，包含四种非法经营行为，尤其是第4款兜底条款，具有更大的容纳性。因此，在司法活动中认定非法经营罪的时候，法条引用就应当落实到第225条的具体款项。在前引王某某、曹某非法经营案中，就涉及非法经营药品行为的找法问题，其中所论及药品是否属于专营、专卖物品或者其他限制买卖物品，非法经营药品的行为能否适用兜底条款等，对于在条下分款（项）的情况下，如何完成找法活动具有较大的参考价值。

（二）法条竞合关系中法律规则的识别

法条竞合是我国刑法中常见的一种立法方式，是指同一行为因法条的错综规定，出现数个法条所规定的构成要件，在其内容上具有逻辑上的从属或者交叉关系的情形。法条竞合是罪名概念之间的一种逻辑关系，德国学者将法条竞合称为排他性竞合，认为排他性竞合可以分为两种情形：第一种是一项上位规范的具体化。一般来说，竞合只能用于同一位阶的法条（Rechtssatz）。在两项位阶不同的规范（如基本法与普通法）之间的关系中，一方面上位规范具有优先性，另一方面适用对下位规范进行合位阶性解释。如果一个上位规范和一个下位规范都适用于同一案件事实，则仅仅应当以下位规范为准。第二种是位阶相同的规范。对于同一位阶的规范，一个规范可能排除了另一个规范，所以两个相关的规范在结论上只有一个可以继续适用。在这种情况下，存在两种优位：第一是时间上的优

位，即新法优于旧法。第二是内容上的优位，即一个规范优先于另外一个规范可能来自其内容。当一个规范包含一项对案件情形更为特别的规定而不是一个一般性的规定时，情况尤其如此（特别关系：特别法优于一般法）。[①] 按照德国学者所举刑法案例来看，第一种是特别法与普通法的竞合，第二种则是部分法与整体法的竞合。在这种法条竞合的情况下，给法律规则的识别带来一定的难度。

我国刑法中的法条竞合现象较之德国以及其他国家更为复杂，因此对我国法条竞合的分类也不同于德国刑法。通常来说，我国刑法中的法条竞合可以分为从属关系的法条竞合和交叉关系的法条竞合。从属关系的法条竞合是指在两个罪名概念中，其中一个罪名概念隶属于另一个罪名概念。由于罪名概念之间的这种从属关系的表现不同，从属关系的法条竞合又可以分为独立竞合和包容竞合。其中，独立竞合是指一个罪名概念的外延是另一个罪名概念的外延的一部分而形成的法条竞合。在独立竞合的情况下，两个法条之间具有普通法与特别法的从属关系，因此，两个法条所规定的构成要件同样存在这种从属关系。在上述具有从属关系的两个法条中，普通法规定的是属罪名，特别法规定的是种罪名。种罪名由于法律的特殊规定而独立成罪，因而从属罪名中分离出来，两者之间存在排斥关系。显然，如果没有种罪名，则其犯罪行为应当涵括在属罪名之中。因此，当犯罪人实施特别法规定的犯罪行为时，从逻辑上说，其行为同时也符合普通法规定的犯罪构成，从而形成法条竞合。包容竞合是指一个罪名概念的内容是另一罪名概念的内容的一部分而形成的法条竞合。在包容竞合的情况下，两个法条之间具有整体法与部分法的从属关系。其中，整体法规定的是包容罪名，部分法规定的是被包容罪名。在包容竞合的两个罪名概念中，被包容罪名由于法律规定将其涵括在包容罪名中，因而使其在特定条件下丧失独立存在的意义，两者之间存在吸收关系。当行为人实施某一犯罪行为，完全符合整体法规定的犯罪构成时，该行

① 参见［德］罗尔夫·旺克：《法律解释》（第6版），蒋毅、季红明译，166～168页，北京，北京大学出版社，2020。

为的一部分也必然同时符合部分法规定的犯罪构成，从而形成法条竞合。交叉关系的法条竞合是指在两个罪名概念中，其内容各有一部分相交的情形。由于刑法中的罪名概念之间的这种交叉关系的表现不同，交叉关系的法条竞合可以分为交互竞合和偏一竞合两种情形。其中，交互竞合是指两个罪名概念之间各有一部分外延互相重合。每个罪名都是独立的，因而绝大多数犯罪的构成要件是互不相同的。但由于犯罪的复杂性和出于立法技术上的考虑，有时两个罪名概念之间会发生部分重合。交互竞合的情况在逻辑上是一种相互的包含关系，法条规定之间存在择一关系。偏一竞合是指两个罪名概念的内容交叉重合，但实际竞合的内容已经超出所重合范围的情形。偏一竞合也是一种交叉关系的竞合，但它不同于交互竞合，因为其内容已经超出重合范围。在偏一竞合的情况下，法条规定之间存在补充关系。[①] 在司法活动中较为常见的是从属竞合的两种形态，即独立竞合和包容竞合。我国刑法虽然没有规定法条竞合的概念和种类，但在某些法条中存在法条竞合适用规则的指引语，这就是我国刑法分则中“本法另有规定的，依照规定”的规定。这一规定，从文字表述来看，是指刑法分则虽然将某一行为设立为独立罪名，但并非所有该种行为都一概以本罪论处，如果本法在其他法条中对于该种行为另有规定的，应当适用该规定，以其他罪名论处。因此，“本法另有规定的，依照规定”将适用的法条从此法条引向彼法条，具有法条引导功能。从我国刑法分则规定来看，“本法另有规定的，依照规定”的指引语分别对应于独立竞合和包容竞合。

独立竞合的指引语主要规定在刑法分则第十章渎职罪中，第 397 条滥用职权罪和玩忽职守罪中存在“本法另有规定的，依照规定”的规定。我国学者在解释这一规定时指出：“这是指除了本条的一般规定外，刑法规定的其他犯罪中也有滥用职权和玩忽职守的情况，对于本法另有特别规定的，适用特别规定，而不按照本条定罪处罚。例如，本法第四百零三条关于国家有关主管部门的国家机关工

① 参见陈兴良：《规范刑法学》（上册·第五版），393～396 页，北京，中国人民大学出版社，2023。

作人员，对不符合法律规定条件的公司设立、登记申请或者股票、债券发行、上市申请，予以批准或者登记的滥用职权的规定；第四百条第二款关于司法工作人员由于玩忽职守的行为，致使在押的犯罪嫌疑人、被告人或者罪犯脱逃的规定，等等。”[①] 可以说，整个刑法分则第十章的罪名就是按照特别法与普通法的竞合关系进行设置的。其中，第 397 条关于滥用职权罪和玩忽职守罪的规定是渎职罪的普通法，而此后第 398 条至第 419 条是关于滥用职权罪和玩忽职守罪的特别法规定，两者之间由此形成独立竞合关系。独立竞合是特别法与普通法之间的竞合，在“本法另有规定的，依照规定”的法律语境中，本法规定的罪名是普通法，而另有规定的罪名则是特别法，因此，适用“本法另有规定的，依照规定”的结果是特别法优于普通法。

【案例 46】王某筠等国家机关工作人员签订、履行合同失职被骗案[②]

2010 年 5 月江苏省宜兴市新庄街道办事处成立景湖人家安置小区筹建小组，任命被告人王某筠为筹建小组负责人，聘用被告人闵某庚等技术人员为筹建小组成员。2011 年 4 月景湖人家等安置小区的电梯采购经公开招标，由金刚公司和无锡市崇芝电梯有限公司联合体中标。新庄街道委派被告人王某筠、闵某庚参与和金刚公司就电梯改装费补偿问题的前期商谈工作。王某筠在未认真审核的情况下，将上述情况向新庄街道作了汇报，新庄街道遂安排其测算电梯改装费用，王某筠又安排闵某庚根据招投标文件以及江苏省人工工资调整的相关规定测算改装费用。王某筠、闵某庚在未实际至电梯生产商东芝公司处实地核实的情况下，测算出改装费用。经鉴定，已安装的 36 台电梯增加一层的市场价格为269 784元。据此，金刚公司实际骗得新庄街道总计 73 万余元。

对于本案如何适用法条，在审理过程中存在不同意见。本案争议的焦点在于

---

① 陈兴良、刘树德、王芳凯编：《注释刑法全书》，2239 页，北京，北京大学出版社，2022。

② 参见陈兴良、张军、胡云腾主编：《人民法院刑事指导案例裁判要旨通纂》（下卷·第三版），2252～2253 页，北京，北京大学出版社，2024。

被告人王某筠、闵某庚在电梯统计、安装过程中严重不负责任的行为定性。公诉机关指控二人构成玩忽职守罪，法院在审理过程中对此形成了三种不同意见：第一种意见同意公诉机关的意见，认为被告人王某筠等统计、审核电梯停靠层数时不负责任，玩忽职守，使金刚公司有机可乘进行诈骗，最终导致新庄街道的损失，应构成玩忽职守罪。第二种意见认为，被告人王某筠、闵某庚无罪。理由是：王某筠等在统计电梯停靠层数时虽存在失职行为，但新庄街道最终的损失系因金刚公司的诈骗行为导致，且王某筠等后期在与金刚公司就电梯改装费用谈判时已履行审查义务，亦未在合同书上签字，二人的失职行为与损失之间不存在刑法上的因果关系。第三种意见认为，被告人王某筠、闵某庚构成国家机关工作人员签订、履行合同失职被骗罪。理由是：王某筠等受新庄街道委派统计电梯停靠层数时不正确履行职责，误报电梯停靠层数，致使新庄街道依据该错误的事实进行招投标，并与金刚公司签订电梯供需合同。且被告人在后续与金刚公司商谈签订关于电梯改装费用的补充合同过程中，又未对金刚公司单方面提供的材料进行审核，其严重不负责任致使新庄街道被诈骗 73 万余元，二人的失职行为与金刚公司的诈骗行为共同导致国家利益遭受重大损失。最终法院认为本案中被告人王某筠、闵某庚的行为构成国家机关工作人员签订、履行合同失职被骗罪。裁判理由指出，玩忽职守类犯罪罪名竞合时，应遵循特别法优于普通法的原则。玩忽职守罪，是指国家机关工作人员玩忽职守，致使公共财产、国家和人民利益遭受重大损失的行为。该罪客观上要求行为人不履行或者不正确履行工作职责，导致公共利益遭受重大损失。我国《刑法》第 397 条第 1 款对此罪名作了概括性规定；同时，该条表述“本法另有规定的，依照规定”，即玩忽职守罪为一般性的普通罪名，对具有玩忽职守情形另有特别规定构成其他罪的，应当按照特别罪名处理。最高人民法院、最高人民检察院 2012 年公布的《关于办理渎职刑事案件适用法律若干问题的解释（一）》第 2 条中对此进一步明确：“国家机关工作人员实施滥用职权或者玩忽职守犯罪行为，触犯刑法分则第九章第三百九十八条至第四百一十九条规定的，依照该规定定罪处罚。”《刑法》分则中另外规定的玩忽职

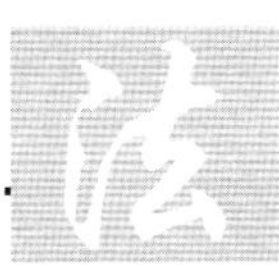

守犯罪，包括第400条第2款失职致使在押人员脱逃罪、第406条国家机关工作人员签订、履行合同失职被骗罪、第408条环境监管失职罪、第409条传染病防治失职罪等，这些罪名均属于特别规定。国家机关工作人员签订、履行合同失职被骗罪，是指国家机关工作人员在签订、履行合同过程中，因严重不负责任被诈骗，致使国家利益遭受重大损失的行为。该罪名也属于玩忽职守类犯罪的特别规定，客观方面需同时具备行为人在签订、履行合同中严重不负责任的失职行为、合同对方的诈骗行为以及由于失职和诈骗双重行为导致的严重损害后果。区分国家机关工作人员签订、履行合同失职被骗罪与玩忽职守罪的关键点在于：(1) 前者的失职行为必须发生在合同的签订、履行过程中；后者的失职行为可以发生在国家机关工作人员履行工作职责的任何过程中，并无具体行为时空范围的限制。(2) 前者损害后果的发生系行为人的失职行为和合同对方的诈骗行为共同导致。失职行为与诈骗行为的关系既可能是因行为人的失职行为使合同对方有机可乘、起意诈骗；也可能是行为人审查不严，未恪尽职守，轻信对方谎言而被骗；或者在被骗后未积极采取补救措施导致利益受损。且该罪名所要求的诈骗行为必须以构成犯罪为充足条件，而非一般的民事欺诈行为。而玩忽职守罪仅要求行为人的失职行为与损害后果存在刑法上的因果关系，即行为人的失职行为直接导致危害后果，不需要结合第三人的行为加以认定。综上，本案被告人的行为既符合玩忽职守罪的犯罪构成要件，同时又符合《刑法》第406条的特别规定，应当遵循特别法优于普通法的基本原则，依照法律及司法解释的规定，以国家机关工作人员签订、履行合同失职被骗罪定罪处罚。

在本案中，涉及玩忽职守罪和国家机关工作人员签订、履行合同失职被骗罪之间的关系，两者之间具有特别法与普通法的竞合关系。本案被告人签订、履行合同失职被骗的行为究竟是适用普通法的规定，以玩忽职守罪论处，还是适用特别法的规定，以国家机关工作人员签订、履行合同失职被骗罪论处，关键还是要看失职被骗的性质。根据《刑法》第406条的规定，国家机关工作人员签订、履行合同失职被骗罪中的失职被骗，是指因失职而被合同相对方实施的合同诈骗行

为所骗，由此造成重大财产损失。如果国家机关工作人员在签订、履行合同中失职被合同相对方实施的民事欺诈行为所骗，由此造成重大财产损失的，则不能认定为本罪，而应当以玩忽职守罪定罪处罚。从本案的具体案情来看，是被合同相对方的合同诈骗行为所骗，因此该行为在符合玩忽职守罪的构成要件的同时，又符合国家机关工作人员签订、履行合同失职被骗罪的构成要件，属于特别法和普通法的法条竞合，对此应当按照特别法优于普通法的原则，适用特别法。由此可见，特别法具有优位于普通法的性质。

包容竞合的指引语主要规定在刑法分则第四章侵犯人身权利罪中，该章存在以下三处“本法另有规定的，依照规定”的指引语：(1)《刑法》第 233 条过失致人死亡罪中存在“本法另有规定的，依照规定”的规定；(2)《刑法》第 235 条故意伤害罪中存在“本法另有规定的，依照规定”的规定；(3)《刑法》第 236 条过失致人重伤罪中存在“本法另有规定的，依照规定”的规定。其他刑法分则章节中也存在此类规定，例如刑法分则第五章侵犯财产罪中，第 266 条诈骗罪中存在“本法另有规定的，依照规定”的规定。包容竞合是部分法与整体法之间的竞合，在“本法另有规定的，依照规定”的法律语境中，本法规定的罪名是部分法，而另有规定的罪名是整体法，因此，适用“本法另有规定的，依照规定”的结果是整体法优于部分法。例如我国学者在论及《刑法》第 233 条过失致人死亡罪中的“本法另有规定的，依照规定”时指出：“关于过失致人死亡罪的刑罚，本体规定，过失致人死亡的，处三年以上七年以下有期徒刑；情节较轻的，处三年以下有期徒刑。同时规定：‘本法另有规定的，依照规定。’也就是说，过失致人死亡，除本法的一般规定以外，刑法规定的其他犯罪中也有过失致人死亡的情况。根据特殊法的规定优于一般规定的原则，对于本法另有特殊规定的，适用特殊规定，而不按本条定罪处罚。如《刑法》第一百一十五条关于失火罪、过失决水罪、过失爆炸罪、过失投放危险物质罪等的规定；第一百三十三条关于交通肇事罪致人死亡的规定；第一百三十四条关于重大责任事故致人死亡的

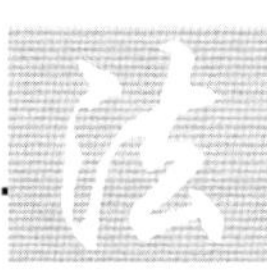

规定等。”[①] 应当指出，这里的一般规定是指部分法的规定，而特殊规定则是指整体法的规定，因而《刑法》第 233 条关于过失致人死亡罪的规定与其他包含过失致人死亡结果的规定之间存在部分法和整体法的竞合关系，对此应当适用整体法而排斥部分法。这里应当指出，我国《刑法》第 232 条关于故意杀人罪的法条中并没有“本法另有规定的依照规定”的引导语，但这并不意味着故意杀人罪不会被其他法条所包含，例如《刑法》第 239 条规定：“以勒索财物为目的绑架他人的，或者绑架他人作为人质的，处十年以上有期徒刑或者无期徒刑，并处罚金或者没收财产；……杀害被绑架人、致人重伤、死亡的，处无期徒刑或者死刑，并处没收财产。”在此，刑法关于绑架罪的构成要件中包含了“杀害被绑架人”的内容，这就是故意杀人罪。由此可见，虽然我国《刑法》第 232 条关于故意杀人罪的规定中并不存在“本法另有规定的，依照规定”的引导语，但仍然适用这一引导语的规定，应当按照整体法优于部分法的原则适用整体法的规定。除了绑架罪中包含故意杀人罪的内容以外，《刑法》第 115 条规定的放火罪、决水罪、爆炸罪、投放危险物质罪等危害公共安全罪的构成要件中也包含故意杀人的内容。因而，故意杀人罪和放火罪等危害公共安全罪之间存在法条竞合关系。

【案例 47】朱某投放危险物质案[②]

朱某因与邻居江某发生口角，欲行报复。当晚，朱某携带装有半针筒甲胺磷农药的注射器到江某家户外敞开式丝瓜棚内，将农药注入多条丝瓜中。次日晚，江某及其外孙女黄某食用了注入农药的丝瓜后，均出现上吐下泻等中毒症状。二被害人被送进医院后，经抢救无效死亡。

对于本案，涉及是适用《刑法》第 232 条以故意杀人罪论处还是适用《刑法》第 115 条以投放危险物质罪论处的问题。对此，我国学者指出：“最后能够

① 陈兴良、刘树德、王芳凯编：《注释刑法全书》，1173 页，北京，北京大学出版社，2022。

② 参见沈琪：《刑法推理方法研究》，50 页，杭州，浙江大学出版社，2008。

被用来充当推理大前提的只能是其中一个，但究竟是哪一个呢？这是在演绎推理之前先要解决的问题。”[①] 按照整体法优于部分法原则，对于本案中朱某的行为应当按照投放危险物质罪论处。

（三）想象竞合关系中法律规则的识别

不同于法条竞合，想象竞合并不是一种立法方式，它与立法本身无关，而是在行为人实施犯罪行为的过程中，一个行为触犯数个罪名的情形。因此，想象竞合是一种犯罪形态而不是法条形态。想象竞合因为一行为而触犯数罪名，从外观来看，造成两个犯罪结果，具有数罪的特征。但由于想象竞合只有一行为，若对其以数罪论，则势必违反禁止重复评价的原则，因此，在刑法理论上对想象竞合实行从一重处断的原则。[②] 这里应当指出，对于想象竞合采用从一重罪处断的原则，从表面来看似乎是对行为人适用更重的处罚，但因为在想象竞合的情况下，一个行为既触犯较轻罪名，同时又触犯较重罪名，因此，只是认定一个较重之罪处罚，对较轻之罪不再单独处罚。就此而言，对想象竞合从一重罪处断，对行为人的处罚结果实际上是从轻而非从重。

我国刑法分则对某些犯罪规定了“犯前款罪，同时又构成本法规定的其他犯罪的，依照处罚较重的规定定罪处罚”的引导语，例如第 329 条第 1、2 款规定：“抢夺、窃取国家所有的档案的，处五年以下有期徒刑或者拘役。违反档案法的规定，擅自出卖、转让国家所有的档案，情节严重的，处三年以下有期徒刑或者拘役。”同时，第 3 款又规定：“ 有前两款行为，同时又构成本法规定的其他犯罪的，依照处罚较重的规定定罪处罚”。我国学者指出：“这是关于有抢夺、窃取国家所有的档案，或者违反档案法的规定，擅自出卖、转让国家所有的档案的行为，同时又构成刑法规定的其他罪行如何处罚的规定，比如，抢夺、盗窃的档案属于文物或者国家秘密的情况。档案法对涉及国家秘密的档案的管理和利用作了

① 沈琪：《刑法推理方法研究》，50 页，杭州，浙江大学出版社，2008。

② 参见陈兴良：《规范刑法学》（上册·第五版），400 页，北京，中国人民大学出版社，2023。

规定，当行为人窃取属于国家的档案，以获取国家秘密，向境外提供的，会同时构成为境外窃取国家秘密罪和窃取国有档案罪。在这种情况下，应当依照处罚较重的规定定罪处罚。根据文物保护法的规定，文物包括历史上各时代重要的文献资料以及具有历史、艺术、科学价值的手稿和图书资料等，某些文献资料可能既是国有档案，又是文物。行为人向外国人出卖国有档案的，可能会同时构成非法向外国人出售珍贵文物罪和擅自出卖国有档案罪，在这种情况下，也应当依照处罚较重的规定定罪处罚。"① 那么，这种"犯前款罪，同时又构成本法规定的其他犯罪"的情形到底属于何种性质呢？我认为，这属于想象竞合。因此，"犯前款罪，同时又构成本法规定的其他犯罪的，依照处罚较重的规定定罪处罚"是想象竞合的引导语。因为在上述情形中，行为人只是实施了一个行为，但该行为可能触犯其他罪名，因而刑法对此明确规定"依照处罚较重的规定定罪处罚"，这就是"从一重罪处断"的法律表述。此外，我国《刑法》第 287 条之二帮助信息网络犯罪活动罪亦有此类规定，该条第 3 款规定："有前两款行为，同时构成其他犯罪的，依照处罚较重的规定定罪处罚。"

如果说，在我国刑法分则中，此种引导语还是个别规定；那么，在司法解释中则大量出现这种想象竞合的引导语。例如 2019 年 2 月 1 日最高人民法院、最高人民检察院《关于办理非法从事资金支付结算业务、非法买卖外汇刑事案件适用法律若干问题的解释》第 5 条规定："非法从事资金支付结算业务或者非法买卖外汇，构成非法经营罪，同时又构成刑法第一百二十条之一规定的帮助恐怖活动罪或者第一百九十一条规定的洗钱罪的，依照处罚较重的规定定罪处罚。"这是关于非法经营罪和帮助恐怖活动罪、洗钱罪的想象竞合的处罚规定。2022 年 3 月 3 日公布的最高人民法院 、最高人民检察院《关于办理危害药品安全刑事案件适用法律若干问题的解释》第 8 条第 3 款规定："实施刑法第一百四十二条之一规定的行为，同时又构成生产、销售、提供假药罪，生产、销售、提供劣药罪

① 陈兴良、刘树德、王芳凯编：《注释刑法全书》，1828 页，北京，北京大学出版社，2022。

或者其他犯罪的，依照处罚较重的规定定罪处罚。”这是关于妨碍药品管理罪和生产、销售、提供假药罪，生产、销售、提供劣药罪或者其他犯罪的想象竞合的处罚规定。尤其值得注意的是 2019 年 7 月 23 日最高人民法院、最高人民检察院、公安部、司法部《关于办理非法放贷刑事案件若干问题的意见》第 6 条规定：“为从事非法放贷活动，实施擅自设立金融机构、套取金融机构资金高利转贷、骗取贷款、非法吸收公众存款等行为，构成犯罪的，应当择一重罪处罚。”在此，司法解释明确对非法放贷构成的非法经营罪和擅自设立金融机构罪、高利转贷罪、骗取贷款罪、非法吸收公众存款罪的想象竞合处罚原则表述为择一重罪处罚，这一表述更接近于刑法教义学关于想象竞合的从一重罪处断的原则。

第三节　案件事实的构建

在确定大前提的基础上，需要根据案件事实确定小前提，从而为演绎推理提供事实根据。司法三段论是从法律规则出发，经由案件事实，最终得出有罪还是无罪结论的逻辑推导过程。因此，案件事实的构建是指对行为人所实施的行为事实进行归纳与提炼，它是演绎推理的必要且重要的一个环节。正如我国学者指出：“为了建构出合格的小前提，法官必须从关于案件事实的原材料之中发现可能真实的事实，确定它们都有相应的证据证明，去除其中不具有法律意义的情节，并对留存下来的事实进行刑法意义上的规范评价和判断，判断案件事实的各个情节是否符合某一具体犯罪构成的所有特征，从而把‘未经加工的案件事实’加工成能够充当演绎小前提的‘作为陈述的案件事实’。”① 因此，在司法三段论推理中，案件事实正如法律规则一样，都需要进行重新塑造，这就是提炼案件事实的过程。

---

① 沈琪：《刑法推理方法研究》，53 页，杭州，浙江大学出版社，2008。

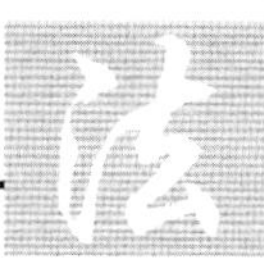

一、案件事实的概念

案件事实是个案性的事实，以此区别于一般性事实。案件事实既然是事实，则它必然具备事实的基本特征。事实是一种客观存在的东西，在法律意义上，事实可以分为客观事实与法律事实。案件事实首先是一种客观事实，然而它同时又必须是一种法律事实。我国学者指出："法律事实是由法律所规定的，被法律职业群体证明、由司法裁判相关人员依据法律程序认定的客观事实。法律事实作为社会性事实的一种，是被法律所处理的或带有法律性质的社会范围内的事实。"① 由此可见，法律事实是从客观事实转化而来的。案件事实具有双重属性：在法律评价之前，它具有客观事实的性质，但在法律评价之后，就成为一种法律事实。我国学者将法律事实分为规范的法律事实和裁判的法律事实：规范的法律事实是法律所规定的、能够引起权利与义务关系的法律事实，而裁判的法律事实则是指曾经发生或者存在的具体法律事实。那么，案件事实究竟属于何种意义上的法律事实呢？我国学者在论述司法三段论时指出："法律规范是大前提，事实是小前提，通过大小前提推导出来的结论就是判决。在这个三段论中，作为大前提的法律依据是以要件事实的形式出现的，也就是规范事实。作为小前提的事实依据就是我们所说的裁判事实，是通过一定的程序，依据证据规则确认了的争议事实。"② 因此，在司法三段论中，法律事实具有不同表现形态。在大前提中法律所提供的规范标准的事实就是规范的法律事实，例如刑法中的犯罪的构成要件，就是规范的法律事实。但在小前提中的法律事实则是裁判的法律事实，也就是我们这里所说的案件事实。

案件事实是法律评价的对象，刑法中的案件事实是指犯罪事实。案件事实的

---

① 刘亚丛：《事实与解释：在历史与法律之间》，80 页，北京，法律出版社，2010。
② 刘亚丛：《事实与解释：在历史与法律之间》，78 页，北京，法律出版社，2010。

认定当然涉及证据问题，但这不在本章讨论的范围之内，在此我们需要考察的是如何归纳案件事实。论及案件事实，事实问题与法律问题的区分，是一个不能回避的问题。我国学者指出："任何关于一项争议或纠纷的法律上的思考和判断，都会涉及两个最基本的问题：一是关于事实是什么，二是应如何判断。我国司法实务界通常将这两个问题称为法律适用中的事实问题与法律问题。所谓事实问题，是指如果争议中的事实不能得到承认，就必须由听取和评价来决定的任何问题。"① 因此，事实问题是处理和解决纠纷或争议的出发点。任何法律判断都必须建立在查清案件事实的基础之上。在刑法中，所谓案件事实是指犯罪事实，在建构犯罪的案件事实的时候，不可离开刑法所规定的构成要件。构成要件是认定犯罪的案件事实的标准，因此，构成要件的判断就是法律的规范判断，这就涉及法律问题。在这个意义上说，事实问题与法律问题并不是截然可分的，而是具有密切联系的。经过法律判断，案件事实就转化为法律事实。我国学者指出："法律适用中的法律问题，是指通常必须由考察和衡量法律规范自身且因其存在理解和解释等认识方面的分歧而必须经由论辩说理来解决的问题。"② 在刑法中，案件事实经由法律判断，就形成构成要件事实，因而构成要件事实是刑事司法活动中所呈现的法律事实。

应当指出，法律问题与事实问题的二元区分，是适用演绎推理的逻辑前提。然而，法律问题与事实问题在区分上并不是那么容易的。奥地利学者埃利希提出了法律问题和事实问题不可分的命题，根据埃利希的观点，不仅法官需要从案件事实中得出裁判规范的场景下，事实问题与法律问题无法区分。即使在能够涵盖当下待决案件的法条已经存在的情况下，也不能够直截了当地从法条中得出判决。埃利希指出："法条的表述总是笼统的，它不可能像案件本身一样具体。法条能够很精确地界定什么是'从物'，但法官还总是必须判断案件争执的标的物是否属于从物的定义。在这里，法官还必须首先查明事实，还必须独立地判断所

① 刘志斌：《法律方法论》，291页，济南，山东人民出版社，2007。

② 刘志斌：《法律方法论》，294页，济南，山东人民出版社，2007。

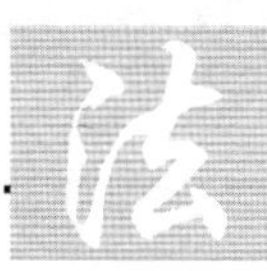

查明的事实是否符合法条所包含的从物的定义。无论法官可能对该问题做出肯定或者否定的回答，判决总是根据他所独立寻找的裁判规范来进行；该裁判规范穷尽了系争的标的物是从物或者不是从物的问题。”① 由此可见，法律问题还是事实问题这本身就是一个问题。当然，也不能完全否定事实问题与法律问题的可分性。关键在于，虽然在逻辑上法律问题与事实问题的判断是存在先后次序的，但在审理案件的过程中，这种次序又不是固定不变的，并且事实问题的判断和法律问题的判断都不是一次性的，而是需要反复推敲和仔细斟酌的，需要在案件事实与法律规定之间循环往返。

德国学者拉伦茨在论述案件事实的形成及其法律判断的时候，对案件事实完成从“未经加工的案件事实”到“作为陈述的案件事实”的转变进行了论述。这里所谓未经加工的案件事实，是指“裸”的案件事实，这些案件事实是客观发生并且真实存在的，但它是未经评价的。某些案件事实对于案件的侦查可能会有意义，但在案件在进入审判，也就是法律评价环节以后，这些案件事实就不再具有法律上的价值。对此，应当将那些与法律评价无关的案件事实予以去除。正如拉伦茨指出：“对某个法律案件作判断的法律人通常都以‘未经加工的案件事实’作为出发点，这种案件事实以描述的方式被呈现。这种描述中会包含许多对最终的法律判断没有意义的个别事件和情况，因此判断者在考虑之后也会将其排除在最后的案件事实陈述之外。”② 在此，拉伦茨引入了判断这一要素，也就是说，对案件事实的加工是通过一定主体的判断活动完成的，由此而将“裸”的案件事实，加工成为“作为陈述的案件事实”。这里的“作为陈述的案件事实”则是指经过加工以后，符合法律规格的案件事实，也就是德国学者考夫曼所说的法律事实。考夫曼将法律事实概念描述为“将生活事实类型化以后的法律构成要件事

① ［奥］欧根·埃利希：《法社会学原理》，舒国滢译，184～185页，北京，中国大百科全书出版社，2009。

② ［德］卡尔·拉伦茨：《法学方法论》（全本·第六版），黄家镇译，354页，北京，商务印书馆，2020。

实”，指出：“将生活事实类型化后的法律构成要件事实。其乃具有法律观点意义（并非纯粹的经验事实），如真实事件及人类行为般的法律事实（如购物、杀人）。法律事实是法律的素材，立法时的实存物。其数量无限。”① 因此，法律事实是经过规范筛选的案件事实，它能够为演绎推理提供小前提。

二、案件事实的陈述

在“作为陈述的案件事实”这一命题中，关键词是“陈述”。这里的陈述是指判断者的陈述。德国学者卡尔·拉伦茨在论及案件事实的形成及其法律判断时，提出了一个命题：作为陈述的案件事实，拉伦茨指出：“对某个法律案件作出判断的法律人通常都以‘未经加工的案件事实’作为出发点，这种案件事实以描述的方式被呈现。这种描述中会包含许多对最终的法律判断没有意义的个别事件和情况，因此判断者在考量之后也会将其排除在最后的案件事实陈述之外。因此，（最终的）案件事实是经过思想加工处理后的结果，法律判断在处理过程中已经被做出。”② 根据上述观点，作为陈述的案件事实与作为客观真实的案件事实其实并不相同。显然，作为客观真实的案件事实是一种自在的、未经加工的，或者说是“裸”的案件事实。而作为陈述的案件事实是一种自为的、渗入陈述者主观判断的，或者说是经过司法“格式化”的案件事实。这两种案件事实正如同康德所揭示的物自体和现象之间的关系。作为法官，它所接触到的永远是作为陈述的案件事实而不可能是作为客观真实的案件事实。这里我们需要追问：谁是陈述者？陈述又是如何进行的？在刑事诉讼中，陈述者首先是证人和被告人，因而证人证言和被告人口供对于刑事案件的犯罪事实的塑造具有直接意义。这些陈述

① ［德］阿图尔·考夫曼：《法律哲学》（第二版），刘幸义等译，123页，北京，法律出版社，2011。

② ［德］卡尔·拉伦茨：《法学方法论》（全本·第六版），黄家镇译，354、355页，北京，商务印书馆，2020。

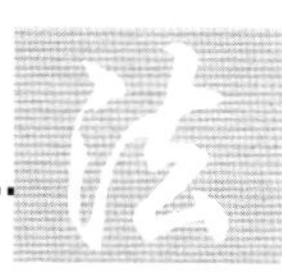

者都是非法律专业人士，他/她们的陈述采用的是日常语言，而证言与口供的记录者是侦查人员。这种记录虽然尽量保持陈述者的语言原貌，但在记录过程中已经开始了对原始陈述的筛选，并使陈述的日常语言向法律语言转换。例如德国学者考夫曼曾经引述过的啤酒垫案：酒店的客人，把女服务生放啤酒瓶的垫子所画的横线，用橡皮涂掉。而这个横线，是女服务生为了以后算账特别记下来的。考夫曼评论道："客人在做这个行为时，大概没有想到这是一种文书犯罪行为。"[①] 确实，本案原始事实就是涂掉啤酒垫上的横线。然而，对该行为定罪却必须将其提炼为消除计算消费啤酒数量的记号，以此才能与《德国刑法典》中伪造文书罪的构成要件行为相对接。正如拉伦茨指出："事件必须为此目的而被说明并进行一定的整理。在无限多样且变动不居的现实事件之流中，为了形成关于案件事实的陈述总是要进行选择；在作这种选择时，判断者已经在考虑个别事实在法律上可能具有的意义。"[②] 在这个意义上说，陈述就是一个取舍的过程。当然，从陈述的日常用语到法律用语的转换的最终完成，是法官在判决书中对案件事实的认定。这一认定是审理的结果，也是判决的前提。实际上，在案件事实的陈述中，已经隐含着判决结论。因此，法官的这种陈述远非纯客观的陈述，而是包含着法官的"前见"的陈述。甚至，案件事实会因法官判决的需要而有所增删。在这种情况下，已经不是从案件事实中推导出裁判结论，而是为裁判需要'重构'案件事实。

【案例48】宋某祥故意杀人案[③]

被告人宋某祥目睹其妻李某寻找工具准备自缢，应当预见李某会发生自缢身亡的后果而放任这种后果的发生，在家中只有夫妻二人的特定环境中，被告人宋某祥负有特定的救助义务，其放任李某自缢身亡的行为，已构成故意杀人罪（不

---

① ［德］阿图尔·考夫曼：《法律哲学》（第二版），刘幸义等译，140页，北京，法律出版社，2011。

② ［德］卡尔·拉伦茨：《法学方法论》（全本·第六版），黄家镇译，353页，北京，商务印书馆，2020。

③ 参见国家法官学院、中国人民大学法学院编：《中国审判案例要览》（1996刑事审判案例卷），34～37页，北京，中国人民大学出版社，1998。

作为），但情节较轻。据此，河南省南阳市人民法院以（1994）南刑初字第264号刑事判决书，根据1979年《刑法》第132条，判决宋某祥犯故意杀人罪，处有期徒刑4年。在一审判决后，被告人宋某祥不服，向河南省南阳市中级人民法院提出上诉称：自己并没有放任李某的死亡，根本想不到她这次真的会自杀，一审判决认定事实错误，处理不当，请求依法改判无罪。在该案的二审中，河南省南阳市中级人民法院认定的事实与一审法院之认定相同，并进而认为，被告人宋某祥与其妻李某关系不和，在争吵厮打中用语言刺激李某，致使其产生自缢轻生的决心。被告人宋某祥是负有特定救助义务的人，却对李某的自缢采取放任的态度，致使李在家中这种特定环境下自缢身亡，其行为已构成故意杀人罪（不作为）。原一审法院的判决定罪正确、量刑适当、审判程序合法，被告人宋某祥的上诉理由不能成立，不予采纳。河南省南阳市中级人民法院以（1995）南刑终字第002号刑事裁定书作出“驳回上诉，维持原判”的裁定。

本案涉及的法律适用问题是对他人的自杀行为不制止或者不救助的行为是否构成不作为的故意杀人罪。对于这个问题不在此讨论，在此讨论的是案件事实的陈述问题。本案经过了二审，一审判决和二审判决的判决结果是相同的，然而，两者对案件事实的陈述却存在微妙的差别。

一审判决陈述的案件事实如下：1994年6月30日，宋某祥在外喝酒后回家，因琐事与其妻李某发生争吵和厮打。李说：“三天两头吵，活着还不如死了。”宋说：“那你就死去。”然后，李在寻找准备自缢用的凳子时，宋喊来邻居叶某对李进行规劝。叶走后，二人又发生吵骂、厮打。在李寻找自缢用的绳索时，宋采取放任态度、不管不问不加劝阻。直到宋听到凳子响声时，才起身过去，但其仍未采取有效救助措施或呼喊近邻，而是离开现场到一里以外的父母家中去告知自己的父母，待其家人赶到时李已无法挽救，于当晚身亡。

二审判决陈述的案件事实如下：1994年6月30日晚，被告人宋某祥酒后回到家中，因琐事与其妻李某发生争吵并厮打。李某说：“三天两头吵，活着倒不

如死了算了。”宋某祥说：“那你就去死吧。”后李某在寻找预备自缢的凳子时，宋某祥喊来了邻居叶某对李某进行规劝。叶某走后，二人又发生吵骂厮打。李某又找来了自缢用的绳子。宋某祥意识到李某要自杀，却无动于衷，直到听到李某踮脚用的凳子响声后，宋某祥才起身过去，但却未采取任何措施，而是离开现场到一里以外的父母家中告诉自己父母，待其家人到时，李某已经无法抢救而死亡。河南省南阳市中级人民法院认定宋某祥故意杀人罪成立，处有期徒刑 4 年。

如果仔细对比一审判决和二审判决对案件事实的陈述，就可以发现，两者的主要区别就在于在案情的描述中增加了“宋某祥听到凳子响声”，由此推断“宋某祥意识到李要自杀”，由此反驳了宋某祥所陈述的上诉理由：“自己并没有放任李某的死亡，根本想不到她这次真的会自杀。”通过这个细节我们可以看出，二审判决是根据上述理由而对案件事实重新作了裁剪。那么，宋某祥是否真的听到了凳子声响呢？由于案件事实发生时除了死者李某和被告人宋某祥，并无第三者，因此，如果听到凳子声响，听者应该是宋某祥。这一细节被法官所知晓，只能是出自宋某祥的供述。那么，一审判决对于如此重要的供述为什么在判决认定的案件事实中没有陈述？二审判决又是从何处获得如此重要的案件事实？这些问题都直接关系到宋某祥故意杀人案的法律适用。

三、案件事实的判断

案件事实在不同案件中，其难易程度是完全不同的：在某些案件中，事实是简单的，反而是法律适用问题更为复杂。反之，在其他一些案件中，案件事实本身极为复杂，对案件事实的把握需要耗费大量的精力。在处理事实复杂的案件的时候，尤其应当仔细梳理案件事实的发展脉络，认真分析案件事实的逻辑关系，由此把握案件事实的特征和性质。在刑法中，相对来说，经济犯罪的案件事实往往较为复杂，因为这些案件具有刑民交叉的特征，因而往往是刑事案件事实中包含着民事法律关系，因而给行为性质的理解与判断带来一定的难度。例如在司法

实践中存在所谓托盘贸易案件，名为贸易，实为融资，因而在定罪上往往存在较大的争议。在托盘贸易案件中，贸易的名义是各种各样的，但其实质上只不过是一种掩盖。因为在托盘贸易案件中，只有贸易之名而无贸易之实。在通常情况下，托盘贸易都是为了掩盖非法融资。正如我国学者指出："在大量涉及托盘融资业务的案件中，单纯从合同形式上看，双方几乎严丝合缝地按照《合同法》关于买卖合同的要求约定了商品交易内容：合同标的物明确（实践中大量案件的合同标的物为钢材、钢卷等）；合同主体清晰，即一方作为卖方销售商品，另一方作为买方购买商品，卖方再将商品销售给第三方获取差价。但是，当事三方的合同有名无实。在很多案件中，三方当事人之间甚至开展了数十笔贸易业务，作为上游的供货方往往是确定的，因为其就是托盘方提供的资金的真正使用者，而托盘方根据合同'取得'货物后所谓的销售对象大多不同，但其实这些销售对象又都是供货方的关联企业。因此，托盘融资交易的特点是：供货方和最终接盘的公司具有一体性，供货方（资金使用者）'一手托两家'；托盘方提供资金后，其收益一定要确保，而且必须固定，在大量案件中，通常在合同交易额的6%～20%的幅度内收取。而这一收益额，实际上就是托盘方出借资金（名义上是支付货款）所收取的高额利息。这些特点，决定了托盘融资贸易不可能成为真正的贸易关系，而是在贸易合同名义下进行的融资、借贷活动。"① 这种托盘贸易如果顺利循环，则对各方都没有损害，但如果因特殊原因发生资金链断裂，就会转化为刑事案件。在办理这种托盘贸易的刑事案件的时候，如何正确认定案件事实就是一个复杂的问题。

【案例49】柯某等合同诈骗案②

某市富某石油有限公司是经营油品贸易业务企业，以该公司为核心的关联企业数十家，简称富某系公司，均由被告人柯某实际控制。被告人李某是富某系公

① 周光权：《实务中对托盘融资行为定罪的误区辨析》，载《环球法律评论》，2018（5）。

② 参见广东省茂名市中级人民法院（2021）粤09刑初46号刑事判决书。

司副总裁，负责管理公司投融、船务等部门。被告人邓某是富某系公司运营总监，负责管理公司船务部。被告人刘某是富某系公司船务部副部长，负责与船务公司具体对接业务。2020 年 1 月至 5 月间，被告人柯某明知富某系公司资金困难，缺乏履行合同能力，仍指使被告人李某、邓某、刘某等人，采取虚构货权或者同一标的重复签订合同手段，以油品交易名义与被害单位某市石化有限公司等企业签订合同，骗取被害单位钱款。经查，对本案中五艘船舶所承运油品，被告人某指使被告人李某等下属人员具体操作，分别使用富某系不同公司名义签订了涉案"背靠背"合同，形式基本类同。合同内容反映，所谓上游销售企业及下游采购企业均为富某系公司，钱款数额以油品数量和约定单价为计算依据，被害单位某市石化有限公司等企业按约定全额交付资金，同时收取下游富某系公司的保证金，只以合同确认控制货权，不承担货物品质、运输和市场价格波动等损失风险，不承担运费、仓储费用成本，赚取合同差价利润，且存在保底补偿条款，在下游富某系公司违约时有权变卖货物并获得差价补偿，下游富某系公司按约定付清款项后才取回货权。此种模式与通常意义上的油品购销贸易中卖方自担风险及成本有明显区别，虽然涉案"背靠背"合同记载内容是油品交易，但考量双方所约定权利义务，实质是以货权为质押的借款合同，即被害单位某市石化公司等企业提供资金并赚取固定收益，富某系公司提供保证金，以油品货权作为质押担保，承担还款义务并支付约定数额利息。

在本案中，被告人柯某及其富某系公司是一家油品承运公司，但其与某市石化公司等企业签订的油品承运合同完全是虚假的，对此法院判决将本案认定为这是以货权为质押的借款合同。也就是说，本案属于借贷关系而非贸易关系。然而，本案是否属于以货权为标的的质押关系，则是本案能否认定为合同诈骗罪的焦点。由于在本案中并不存在真实的油品贸易关系，有关油品贸易合同都是虚假的，是为了掩盖借贷的真实内容，因此在本案中并不存在所谓货权，更不存在货权质押。事实上，本案中的某市石化公司等企业明知涉案"背靠背"合同并不是真正的贸易合同，而是为做大交易流水、逃避金融监管的一套虚假合同，融资双方不存在真实的油品买卖关系，其按照双方真实意思表示（借款法律关系）不可能获得涉案石油。在本案两起合同诈骗事实中，判决认定富某系公司并未向上游供货商足额支付货款实际取得货权，却提供虚假的货权转移确认协议，向被害单位支付小额保证金，以此骗取被害单位的资金。但由于本案属于托盘贸易，所谓货权转移等都是虚假的，并不能将其认定为合同诈骗的事实，因此，本案在客观上并不存在合同诈骗的事实。我国学者认为："在托盘贸易的案件中，不能以虚假货物买卖的事实将交易关联方的虚假交易行为认定为合同诈骗罪。但在极其特殊的情况下，合同主体多次实施托盘融资业务时，可能夹杂某一方欺骗对方，进而成立合同诈骗罪的情形。但并不能由此推论一般的托盘融资业务都成立诈骗犯罪，例如提供虚假担保。如果双方在托盘融资贸易中约定委托方（用款方）必须提供担保，且该担保物是合同标的物之外的财物时，委托方提供虚假的或自己没有所有权的财物作为担保，进而骗取对方借款的，可以按照《刑法》第 224 条第 2 项的规定，针对其提供虚假担保骗取财物的行为判处合同诈骗罪。从目前发生的案件看，因为提供虚假融资担保而被定罪的案件基本不存在。这在很大程度上是因为出借、使用资金的双方大多存在高度信任的关系，在合同中一般并不约定借款行为的担保物。"① 因此，对托盘贸易案件在认定案件事实的时候，应当结合民法关于合同的规定进行准确的判断。

第四节 法条涵摄的推导

法条涵摄是演绎推理的核心，从具体法条到案件事实的推导，充分反映了演绎推理的逻辑过程。因此，法条涵摄可以说是演绎推理的最为重要的一个环节。

---

① 周光权：《实务中对托盘融资行为定罪的误区辨析》，载《环球法律评论》，2018 (5)。

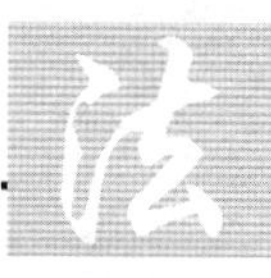

一、法条涵摄的概念

在司法三段论中，得出结论的过程被称为法条涵摄。这里的涵摄一词，并非中文常用语，它是对德语 Subsumtion 一词的翻译，该词亦被译为包摄或者归属。[①] 如前所述，涵摄不能在小前提中论述，而应当作为结论的推导步骤在结论中进行论述。德国学者提出了案件诠释学的命题，案件诠释学在一定程度上可以对应于法律解释学，这里的诠释学和解释学的意思应该是相同的。如果说，法律解释学是对法律的诠释；那么，案件诠释学就是对案件事实的解释。因此，案件诠释学也可以称为案件事实诠释学。德国学者将案件诠释学看作是法学方法论的扩展，指出："在公法领域，人们曾尝试为'案件事实诠释学'确立更加细致的结构，区分了所谓'问题解决领域'、'规范程式领域'和'决断领域'。依 F. 穆勒之观点，规范也并不必然能够适用于案件事实：文本和案件事实应当先交融在一起构成某个法规范，然后再将其适用于案件事实。"[②] 因此，法条涵摄在司法活动中具有重要的意义，它是司法的核心内容。

法条涵摄使大前提和小前提之间发生连接，并从中得出结论。[③] 在某种意义上说，演绎推理中的涵摄其实就是连接。我国学者王利明认为，虽然涵摄一词已经成为一种共识，但还是采用连接一词更为妥当。其主要理由：连接既是不断寻求大前提和小前提结合的过程，同时，又使大前提和小前提最终结合得出裁判结论。从这个意义上说的连接，其实包含了涵摄，即涵摄是连接的一个组成部分，

---

① 参见［德］英格博格·普珀：《法学思维小课堂——法律人的 6 堂思维训练课》（第二版），蔡圣伟译，83 页，译者注，北京，北京大学出版社，2024。

② ［德］托马斯·M.J. 穆勒斯：《法学方法论》（第 4 版），杜志浩译，756 页，北京，北京大学出版社，2022。

③ 涵摄是德文 Subsumtion 一词的翻译，源自拉丁文 subsumere，意为置于……之下。该词在汉语中往往被翻译为包摄、规摄、归入、推论等。参见［德］卡尔·恩吉施：《法律思维导论》（修订版），郑永流译，60 页译者注释，北京，法律出版社，2014。

连接是涵摄的上位概念。[①] 在此，涉及连接与涵摄之间的关系。应该说，连接一词是通俗易懂的，它揭示了从大前提到小前提的推导过程，因而具有一定的动态性。然而，连接与涵摄并非同一层面的概念：连接描述了从大前提到小前提的推演过程，因而只是对演绎推理的现象描述，而涵摄则是将小前提的案件事实涵盖在大前提的一般规则之中，因而涵摄具有逻辑蕴含。可以说，涵摄具有其独特的内容。意大利学者提出了涵摄规则的概念，指出："通过我们所谓的涵摄规则（subsumption rules），可以获得，或者至少可以证立某个规则前件被满足的结论。涵摄规则的意思是一个规则表述满足某个描述的所有事实满足某个另外的描述，而后一个描述为规范条件式提供前件（前置条件类型）。"[②] 因此，采用涵摄一词较之连接的内容更为丰富。当然，涵摄本身也是一个极为复杂的过程，它区别于解释。涵摄与解释往往容易混淆，因为对一个以概念的方式呈现的法律用语进行解释，也是把某个具体内容置于概念之中，因而类似于涵摄。但涵摄与解释并不相同。德国学者在论述涵摄与解释的关系时指出："在一定程度上，法律概念的解释是推理的逻辑前提，从后要谈到的推理这方面看，是一个新的解释结果，并能继续用作比较的材料。"[③] 因此，涵摄是以解释为前提的，只有在解释的基础上才能展开法律推理。但这并不意味着解释可以代替推理，以涵摄为内容的演绎推理在法律适用中具有其不可忽视的重要作用。

二、法条涵摄的性质

由于大前提确定的法律规则是以概念或者命题的形式出现的，具有一定的抽

① 参见王利明：《法学方法论——以民法适用为视角》（第二版），240～241页，北京，中国人民大学出版社，2021。

② ［意］乔瓦尼·萨尔托尔：《法律推理——法律的认知路径》，汪习根等译，605页，武汉，武汉大学出版社，2011。

③ ［德］卡尔·恩吉施：《法律思维导论》（修订版），郑永流译，62页，北京，法律出版社，2014。

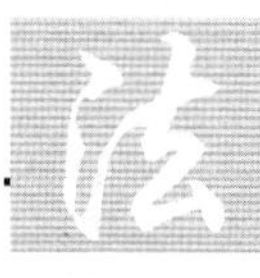

象性，而小前提则是具体的案件事实，因而可以将从大前提到小前提的推导过程视为从一般到个别的过程。在这个意义上说，涵摄就是将具体案件事实归属于法律规则的过程。正如德国学者指出："在法律思维过程当中，涵摄的意义是把通过法律用语所指称的一般概念（即一般的观念单元）等同于具体的情境要素。"①这种涵摄过程在刑法教义学中就是构成要件该当性的判断过程。例如在故意杀人案件中，刑法规定故意杀人行为构成犯罪，这是大前提。张三实施了故意杀人行为，这是小前提。张三的故意杀人行为完全符合故意杀人罪的构成要件，因而可以将张三的故意杀人行为涵摄在故意杀人罪之中，由此完成对张三的故意杀人罪的定罪演绎推理。这就是涵摄过程，通过涵摄而将刑法关于故意杀人罪的规定适用于张三。在一定意义上说，涵摄是一种判断。对此，德国学者指出："法学家必须把他应该判决的、个别的具体的个案与组成实在法的法制的或多或少是抽象把握的各种规则联系起来。规则和案件是他的思维的两大界限。他的考虑从案件到规则，又从规则到案件，对二者界限比较、分析、权衡。案件提供那些可能会等着拿来应用的、可能决定着判决的规则进行分析；反之，规则则是通过某些特定的个案或者案件类型进行解释。就此而言，法学思维就是判断；法律的工作就是行使判断力。"② 正是在这个意义上我们可以说，司法权是以涵摄为内容的一种判断权。作为一名刑法学家的德国学者恩吉施曾经结合盗窃案的认定对刑法适用中的涵摄过程作了以下描述："把一个现实的制定法的具体事实行为置于一个概念之下，可能被解释成为，把这个事实行为、案件，归为由法律概念，即由法律规范的抽象事实构成所标明的案件的类别之中。对那个待判的偷盗案，即通过拆开车顶从载人汽车中偷走东西，根据偷盗是指侵入'一个封闭的空间'这个一般的事实构成概念进行推论。对载人汽车中的东西的具体偷盗，是类别的一个要

① ［德］齐佩利乌斯：《法学方法论》，金振豹译，141页，北京，法律出版社，2009。

② ［德］H. 科殷：《法哲学》，林荣远译，197页，北京，华夏出版社，2002。

素，这个类别被总括在偷盗的概念：侵入‘一个封闭的空间’之下。”①

涵摄在一定意义上说，它是一种概念思维的过程。那么，在类型思维的情况下，是否也存在涵摄呢？对此，在德国学者之间存在一定的争议。例如拉伦茨将涵摄模式界定为：上位概念——法律适用中对应的是法条的构成要件——通过给出全部下述特征就可以被定义：必须而且只要具备这些特征要素，即可将之涵摄于此概念之下，因此，要以涵摄推理的方式将特定案件事实S归属到构成要件T之下。唯有当T借助列举足够确定的特征能被完整地定义时，上述归属才有可能。② 因此，严格意义上的涵摄是作为小前提的案件事实具备作为大前提的法律规则，这里主要是指法律概念的特征，因而可以将案件事实归入法律规则，从而为将一定的法律规则适用于特定的案件提供逻辑根据。但对于评价性概念的适用能否界定为涵摄，对此德国学者齐佩利乌斯持肯定见解。例如《德国民法典》第138条第1款规定：“违反善良风俗的法律行为是无效的。”齐佩利乌斯认为这一问题可以通过类型化的手段作为解释问题，从而作为法律问题来表述：像案涉行为这样的法律行为是否应纳入这一法律概念的意义范围？是否这种行为在所有公平和正义思想的人那里得到与已经被明确为违反善良风俗的法律行为的案例类型相同的评价？之所以可以对法律适用问题采取这种类型化的表达方式，是因为人们（在解决具体案件的过程中）对评价性问题的回答也应能适用于将来的同类型案例。③ 因此，在评价性条款的适用中，齐佩利乌斯认为也可以采用待决案件与之前已经裁判的案件相同的方式进行涵摄。对此，拉伦茨则不认同。拉伦茨指出：“将某生活事件归入某类型或某需填补的标准的意义范围不是涵摄推理，而是评价性归类。构成要件要求的特征要素都具备，这一判断被如下判断所取代：

---

① ［德］卡尔·恩吉施：《法律思维导论》（修订版），郑永流译，61～62页，北京，法律出版社，2014。

② 参见［德］卡尔·拉伦茨：《法学方法论》（全本·第六版），黄家镇译，349页，北京，商务印书馆，2020。

③ 参见［德］齐佩利乌斯：《法学方法论》，金振豹译，144页，北京，法律出版社，2009。

依据对判断具有决定性的观点，待决的案件事实与另一案件事实应无疑问地被判定为相同或相似这同样适用于概念特征本身仅是一种‘指导性’的标准的场合。对这种情况，人们更愿意称之为案件事实被‘归属’（Zuordnung）于法规范的构成要件之下，而不是称之为‘涵摄’（Subsumtion）。”① 这里涉及对涵摄与归属的理解。应该说，涵摄与归属在一定意义上是相通的，但涵摄的含义更为狭窄，而归属的含义则相对宽泛。涵摄是将案件事实包含在一定法律规则含义的射程之内，这个意义上的涵摄也可以说是一种归属。但归属则并非在任何情况下都是涵摄，因为涵摄严格限制在种属概念的关系之内。在评价性条款的情况下，其本身并没有确定一个概念，而只是描述了一种类型，当然也可以说是类型化的概念。类型思维的特点是开放性思维，只要具备该类型的某些特征的情形，都可以归入其中。因此，在适用“违反善良风俗的法律行为是无效的”这一规定的时候，具有“违反善良风俗的法律行为”性质的情形就可以适用“无效”这一后果。而是否违反善良风俗，是一种评价性判断，据此无法继续涵摄。至于根据既往的案例进行对比，以是否与之具有同一性作为根据适用这一评价性条款，这当然不是演绎推理。当然，对于不确定的概念，例如我国刑法中的兜底条款，先通过法律解释予以具体化，再以具体化以后的规则作为大前提，适用于具体案件事实，最后得出结论。因此，以这一法律适用过程符合涵摄的特征。

法条涵摄在司法三段论中是指将法律规定适用于具体案件事实的演绎推理过程，这个意义上的涵摄具有特殊含义。然而，涵摄作为一种推理方法，并非只有在法律适用的司法三段论中被采用，在法律发现中也往往被采用，对此，德国学者考夫曼具有深刻的论述。应当指出，在考夫曼的观念中，法律发现与法律解释并非同一概念：法律解释是以存在法律规定为前提的，而法律发现则是以存在法律漏洞为前置条件的。此外，考夫曼还提出了法律获取的概念，考夫曼将法律获

① ［德］卡尔·拉伦茨：《法学方法论》（全本·第六版），黄家镇译，349页，北京，商务印书馆，2020。

取确定为法律适用与法律发现的上位概念：当同时指涉法律适用与法律发现时，将采用法律获取（Rechtsgewinnung）的概念。考夫曼在论述法律发现时，揭示了法律漏洞填补时无法借由涵摄来完成，而只能以类比（或反向推理）或者一种自由的法官法律续造来完成。考夫曼指出："一方面，法律适用并非单纯的涵摄；另一方面，法律发现同样涉及涵摄，即涵摄于法官规范之下。"[①] 这里的法律适用并非单纯的涵摄，而是指在存在法律漏洞的情况下，法律适用需要采用类比而非涵摄的方法。而在法律发现中也需要采用涵摄，是指对法律所没有规定的事项与法律规定的事项先进行比较（类比），然后将后者归入前者。因此，法律发现同时包含着类比和演绎这两种方法的运用。考夫曼以德国盐酸案为例进行了说明，在盐酸案中涉及对《德国刑法典》第250条中武器一词的理解。当将步枪、手枪、手榴弹归入武器的时候，这是一种法律解释。因为所列举的事项本来就包含在武器这个概念之中。但盐酸是否属于武器？对于这个问题，不能采用解释方法，而只有采用等置方法，即将盐酸与上述步枪、手枪、手榴弹进行类比，属于相同性质的事物，因而将盐酸归之于武器的范畴。考夫曼将这一法律发现的过程称为分析性的涵摄。考夫曼指出："首先人们做出决定，在这里将盐酸作为武器，接着嗣后进行的涵摄证明现在来适用《德国刑法典》第250条是正确的。这恰恰已经存在于等置之中了，分析性的涵摄只是一种正确性审查（Richtigkeikontrolle）。"[②] 这里所谓分析性涵摄，其实就是指建立在等置（也就是考夫曼所说的类比）基础上的涵摄，它对于结论得出而言，并不是决定性的，它只是一种审查而已。至于对于结论具有决定效力的是建立在类比基础之上的等置。由此可见，考夫曼对法律发现中的涵摄所具有的程序性功能的论述，对于我们正确认识涵摄的性质与功能具有参考价值。同时，这也可以帮助我们理解考夫曼所谓类比不是

① ［德］阿图尔·考夫曼：《法律获取的程序——一种理性分析》，雷磊译，26页，北京，中国政法大学出版社，2015。

② ［德］阿图尔·考夫曼：《法律获取的程序——一种理性分析》，雷磊译，192页，北京，中国政法大学出版社，2015。

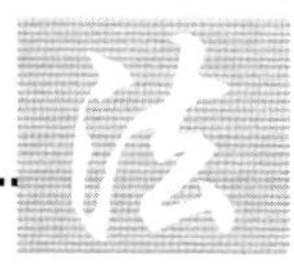

一种推理而是一种比较或者等置的命题。①

三、法条涵摄的适用

法条涵摄在刑法定罪活动中表现为构成要件该当性的判断。这里的构成要件该当性，我国学者亦称为构成要件符合性。我国学者指出："构成要件符合性在大陆法系犯罪论体系中是一个有着专门意义的概念。它是犯罪成立的一个条件，行为符合构成要件后还要进行实质的违法性和有责性的判断。因此德国、日本刑法理论中所讲的构成要件符合性主要是一种事实判断、一般判断。"② 构成要件的符合性是指案件事实与法律规定的构成要件相一致，因此，这是一个法条涵摄的过程。

构成要件的概念是德国学者贝林最先提出的，贝林从犯罪是一个类型概念中推导出构成要件的概念，认为犯罪类型是一个由不同要素组成的整体，这些要素被当作独立的犯罪类型时就形成观念形象。该观念形象表达了该犯罪类型的共性。如果没有该观念形象，这些要素就会失去其作为类型性要素的意味。该观念形象就是该犯罪类型的"法律构成要件"③。具体到犯罪，该观念形象就是犯罪的构成要件。正如日本学者小野清一郎指出："构成要件，是一种将社会生活中出现的事实加以类型化的观念形象，并且进而将其抽象为法律上的概念。德语中的 Tatbestand 一词不仅用来表示法律上的构成要件，也有符合构成要件的事实的意思。"④ 因此，语言意义上的犯罪类型通过观念形象转化为犯罪的构成要件，

---

① 参见［德］阿图尔·考夫曼：《法律获取的程序——一种理性分析》，雷磊译，116 页，北京，中国政法大学出版社，2015。

② 吴学斌：《刑法适用方法的基本准则——构成要件符合性判断研究》，3 页，北京，中国人民公安大学出版社，2008。

③ ［德］恩施特·贝林：《构成要件理论》，王安异译，4 页，北京，中国人民公安大学出版社，2006。

④ ［日］小野清一郎：《犯罪构成要件理论》，王泰译，11 页，北京，中国人民公安大学出版社，2004。

这里的构成要件不是一个事实的概念，而是一个法律规范的类型。构成要件是从刑法对具体犯罪的成立条件中归纳出来的，它是一种犯罪认定的标准。当行为符合犯罪的构成要件的时候，就成立犯罪。可以说，构成要件该当性的推导过程，也就是演绎推理中的法条涵摄。由此可见，作为大前提的刑法规定，需要通过犯罪构成要件理论，将其转化为各种犯罪的构成要件，然后在案件事实认定的基础上，完成构成要件该当性的判断。

法条涵摄是演绎推理的极为重要的一个环节，对于刑法适用来说更是如此。在刑法的定罪过程中，涵摄过程主要表现为构成要件该当性的判断。凡是案件事实符合构成要件的，即具备了犯罪的形式要件。然而，行为符合构成要件还并不一定构成犯罪，因为还要进行法益侵害性的实质判断。因此，构成要件该当性的判断其实分为两个环节：第一是法条涵摄，如果不能被刑法规定的构成要件所涵摄，则不具有构成要件该当性，从而被排除在犯罪范围之外。第二是实质推理，主要是指法益侵害性的判断。上述两者之间存在一定的位阶关系。通过上述形式和实质的双重判断，才能为犯罪成立提供事实基础。值得注意的是，我国学者曾经对我国现行涵摄模式的缺陷提出了批评，认为在运用司法三段论将案件事实涵摄于构成要件的形式推理过程中，存在明显和普遍的不足。这种误区主要表现为法律形式主义倾向，其中两点值得关注：第一是仅从刑法的概念出发（多半表现为对刑法概念的一种纯粹技术分析），以此为依据单向地整理案件事实，而没有寻求规范与事实之间的相互印证。第二是认为构成要件符合性的判断仅仅是一个简单的形式逻辑推理过程，忽视其中应有的实质推理和价值判断。① 我认为，在上述两个问题中，第一个问题，即规范与事实之间的相互印证，这是应当重视的。也就是说，从规范到事实，也就是从大前提到小前提推导过程，并不是线性的走向，而是需要相互印证。这也就是德国学者恩吉施所说的，要把法律应然思

① 参见吴学斌：《刑法适用方法的基本准则——构成要件符合性判断研究》，42页，北京，中国人民大学出版社，2008。

维的那些部分，即对于具体法律案件及判断是急需的部分，拉近，整合。[①] 德国学者拉伦茨曾经引述恩吉施在其《法律适用的逻辑研究》一书中的经典名言："眼光在大前提与生活事实之间来回流转。"拉伦茨指出："我们不能把案件事实与法条之间的'眼光来回流转'想象为：只是判断者眼光方向的改变，其毋宁是一种思想过程，在此过程中'未经加工的案件事实'逐渐转化为最终的（作为陈述的）案件事实，而规范文本（未经加工的规范）也转化为适宜判断案件事实的足够具体的规范形式。这个程序以提出法律问题始，而以对此问题做最终的（肯定或否定的）答复终。"[②] 由此可见，法条涵摄不是单向的，而是复式的互相阐明的过程。因此，将刑法适用中的演绎推理简单化处理，显然是难以应对复杂案件的法条涵摄。至于我国学者所指出的第二点，即构成要件的形式判断与实质判断问题，我认为，对于定罪的第一个环节，也就是构成要件该当性的判断，当然具有形式判断与实质判断的双重属性，但以法条涵摄为核心的演绎推理属于形式推理，它只能解决构成要件该当性中的形式判断问题，至于实质判断则不是演绎推理所能解决的问题，而是实质推理的问题。因此，指责法条涵摄未能顾及价值判断并不妥当。

值得注意的是，我国学者提出所谓三段论倒置的命题，认为在定罪时，往往会先有（临时性的）结论，后寻找大前提，并且使大小前提得以对应。[③] 这种三段论倒置，就其实质而言，就是案件事实决定法律规定，而不是法律规定决定案件事实。所谓法律规定决定案件事实是指在查明案件事实的基础上，根据法律规定确定案件事实的性质，包括是否构成犯罪、构成何种犯罪。基于这一逻辑，案件事实的性质取决于法律规定，而不是相反。但案件事实决定法律规定则是指法

---

① 参见［德］卡尔·恩吉施：《法律思维导论》（修订版），郑永流译，71 页，北京，法律出版社，2014。

② ［德］卡尔·拉伦茨：《法学方法论》（全本·第六版），黄家镇译，356 页，北京，商务印书馆，2020。

③ 参见张明楷：《实质解释论的再提倡》，载《中国法学》，2010 (4)。

律规定的含义取决于案件事实，在司法活动中，法律规定的含义是根据案件事实的处罚必要性程度确定的。以此作为认定犯罪的方法，就会导致先下结论后找理由的论证思路。我国刑法学界具有一定影响的为量刑反制定罪，也同样具有这种逻辑倒置的思维特征。应该说，司法三段论虽然在大前提、小前提和结论之间确定了一定的顺序，但在司法操作中并非完全按照固定顺序逐步进行逻辑推理。在案件的定罪过程中，通常都是先初步掌握案件事实以后，再去寻找法律规定，这就是所谓找法活动。演绎推理也并不是简单地从大前提到小前提，然后得出结论的线性过程。事实上，演绎推理在某种意义上也可以说是一种在法律规范与案件事实之间循环往返的拉扯过程。对此，德国学者曾经引述恩吉施的形象说法“目光来回顾盼”：“在大前提中，重要的是与具体事实所相关的，而在具体事实中，重要的是与大前提所相关的。”因此，德国学者指出：“在事实与构成要件之间来回顾盼就是非常必要的。这种目光的来回顾盼，只是对那些并不能很清楚地查明是否与事实相匹配的构成要件要素来说具有意义。因此，唯有通过解释和具体化的方法来判断事实是否契合规范时，法律人真正的工作才可谓正式开始。‘来回顾盼’的结果不能是回到起点，而是要使我们的理解提升到一个新的层次。”[①] 当然，这并不改变法律规则不以案件事实为转移的性质。正如我国学者指出：“演绎推理是从一般原理推演出个别结论的思维方法。一般而言，演绎推理的逻辑顺序是先从大前提着手，然后再确定小前提，最后在确定了大小前提之间的适当关系后，推演出结论。但司法实践中构成要件符合性的判断过程中并不总是遵循这种逻辑顺序。演绎推理在司法实践中常常出现各种变化形式。例如，大小前提的倒置、省略三段论或把结论置于前提之前等等。这些形式的变化并不是对演绎推理的基本结构和推理原则的否定，毋宁是求证方法的先后问题。因此，不能

① ［德］托马斯·M.J. 默勒斯：《法学方法论》（第4版），杜志浩译，181页，北京，北京大学出版社，2022。

简单地认为这种推理在逻辑上是错误的。”[①] 这里的颠倒大小前提涉及演绎推理中的次序问题。我国学者区分两种情形：第一种颠倒大小前提表现在逻辑形式上：司法人员根据自己的法律知识、经验，甚至仅仅是法律人的一种前理解，在研判刑法规范这一大前提之前，即认定案件事实的性质（小前提），然后将已经确定的小前提（案件事实）置于刑法条文这一大前提的检验之下，并随时准备做适切的修正。在最后一个环节，再严格依照演绎推理的基本结构和推理原则推导出结论。第二种颠倒大小前提表现在逻辑的内容上，司法人员将案件事实作为大前提，将刑法条文作为小前提，然后据此推导出结论。[②] 在以上两种情形中，第一种情形对于结论的正确推导并不会产生消极作用，因而是可行的。然而，第二种情形则涉及三段论倒置，即以结论决定演绎推理。正如我国学者所说，这种置换在构成要件的演绎法律推理中是危险的，其结论也是经不起推敲的。[③] 因此，在通常情况下，演绎推理还是要按照其逻辑顺序展开。当然，在某些情况下，改变顺序只要具有合理根据则应当允许，只是要避免以案件事实决定法律规则的情形。

---

① 吴学斌：《刑法适用方法的基本准则——构成要件符合性判断研究》，222 页，北京，中国人民大学出版社，2008。

② 参见吴学斌：《刑法适用方法的基本准则——构成要件符合性判断研究》，223 页，北京，中国人民大学出版社，2008。

③ 参见吴学斌：《刑法适用方法的基本准则——构成要件符合性判断研究》，223 页，北京，中国人民大学出版社，2008。

第十二章 归纳推理

归纳推理相对于演绎推理而言，在法律推理中的重要性是等而下之的，尤其是在制定法的法律适用中，演绎推理具有不可替代的作用。当然，归纳推理是判例法中不可或缺的推理方法，即使是在制定法的适用中，归纳推理也起到一定的补充作用。正如我国学者指出："归纳推理是普通法国家的法官进行法律推理的重要方法。成文法国家中的法官需要对过去的审判经验教训进行总结，从而提高自己的办案能力，提高法律推理的结论的可靠性程度，这同样要借助于归纳推理。"[①] 因此，对归纳推理方法的研究对于法律推理的适用具有理论意义和现实意义。本章在对归纳推理的一般原理论述的基础上，对制定法和判例法中的归纳推理的具体适用进行分析。

第一节 归纳推理的概念

归纳推理是指从个别事物的特殊知识出发，推导出事物的一般知识的逻辑方

① 陈锐：《法律推理论》，55 页，济南，山东人民出版社，2006。

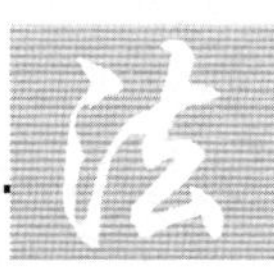

法。归纳方法的明显特点就在于从个别到一般的推论，因而其不同于从一般到个别推理的演绎方法。可以说，归纳推理是演绎推理的反向推理。

一、归纳推理的构造

在逻辑学中，归纳推理是由个别到一般，即由对某个事物的分析研究，概括出反映一般本质结论的推理过程。古典的归纳推理正如同演绎推理，其产生也可以追溯到古希腊的亚里士多德。在亚里士多德的逻辑学中，与其演绎三段论的分类——证明的三段论和和辩证的（即论辩的）三段论——相适应，归纳也是既作为证明推理的形式，也作为辩证推理的形式来讨论的。在亚里士多德看来，功能或归纳三段论是指与三段论相反的一种推理形式。三段论是借中词属于小词指出大小词关系，即大词属于小词；而归纳三段论是借小词指出大词属于中词。三段论富于论证性，归纳三段论具有直观性。这里，亚里士多德把归纳推理当作一种特殊形式的三段论。[①] 由此可见，归纳推理和演绎推理几乎是同时产生的，亚里士多德还提出了完全归纳推理和不完全归纳推理两种归纳推理形式。

归纳推理可以表述为以下公式：

S1 具有 P 属性
S2 具有 P 属性
S3 具有 P 属性
…………
S1，S2，S3……，Sn 是 S 的对象
S 类对象都具有 P 的属性

这个公式可以解读为：如果在各种各样的条件下观察过大量的 S 类对象，所

① 参见马玉珂主编：《西方逻辑史》，82、83 页，北京，中国人民大学出版社，1985。

有这些被观察到的S类对象都无例外地具有属性P，那么所有的S类对象都具有属性P。[①]

如前所述，归纳推理是从个别到一般的推理，也就是说，作为归纳推理的大前提是个别事物，而且这种个别事物需要达到一定的数量；而作为归纳推理的结论则具有一定的或然性，并不像演绎推理那样具有结论的可靠性。从推理的功能上分析，归纳推理能够获得一定的新知。正如我国学者指出："归纳推理所得到的知识超出了前提的已知范围。归纳推理是在直接经验的事物的基础上对未知知识的扩展，它在本质上是一种扩展性推理，是人类获得新知识的有效思维方法之一。"[②] 应该说，在认识论上，归纳推理较之演绎推理更具有价值，但作为法律推理方法则相反，在法律适用中演绎推理方法显然比归纳推理方法更为重要。因此，在看待各种推理方法作用的时候，我们要把认识论的作用与具体方法论的作用加以区分。唯有如此，才能准确地评价各种推理方法在法律适用中的重要性程度。

在逻辑学中，归纳推理可以分为不同的方法，这些方法反映了归纳推理的不同形态，因而对于全面认识和掌握归纳推理方法具有重要参考价值。我国学者将归纳推理分为以下三种方法[③]：第一是古典枚举法。古典枚举法是指根据对于某类事物部分对象的考察，发现它们具有某种属性，而又没有遇见与此相反的情况，从而得出该类事物都具有某种属性的结论的归纳推理方法。第二是排除归纳法。排除归纳法是指通过查阅存在表、缺乏表与程度表逐渐排除外在的、偶然的联系与其他不相干的因素，进而提纯出事物之间内在的、本质的联系的归纳推理方法。第三是统计归纳法。统计归纳法是指利用概率统计原理，通过大量的统计事实得出盖然性高的结论的归纳推理方法。在以上三种归纳法中，最为常见的是

---

① 参见陈锐：《法律推理理论》，49页，济南，山东人民出版社，2006。

② 沈琪：《刑法推理方法研究》，67页，杭州，浙江大学出版社，2008。

③ 参见陈锐：《法律推理论》，50～51页，济南，山东人民出版社，2006。

第一种古典枚举法。事实上，在法律推理中经常采用的也是古典枚举法。当然，通过枚举进行归纳推理，由于枚举不全，因而其局限性也是显而易见的，因此，演绎推理的结论是必然的，而归纳推理的结论则具有或然的性质。

二、归纳推理的哲学基础

司法活动是通过推理完成的，在某种意义上甚至可以说，司法活动本身就是推理活动。大陆法系与英美法系之间存在重大差别，其推理方式也有所不同。大陆法系国家实行的是制定法，因此它采用的是以演绎推理为主要法律适用方法论；英美法系国家实行的是判例法，因此它主要采用归纳推理的方法论。由此可见，演绎推理和归纳推理是与不同的法系相关联的。演绎推理和归纳推理只是两种思维方法，具有各自不同的作用，而且，这两种推理方法也并不是互相对立与排斥的。事实上，制定法和判例法本身也是相互渗透和相互靠拢的。在制定法的适用中虽然以演绎推理为主要方法，但归纳推理起到了重要的补充作用。同样，在判例法的语境中，虽然离不开归纳推理，但演绎推理的方法同样是不可或缺的。正如英国学者指出："当一个司法判例以判例法为基础而没有参照任何制定法时，其推理可以在论证的最后阶段采取三段论形式。一旦法官就相关的规则、规则范围和事实做出了决定，那么其结论的有效性可以通过演绎以被认可的方式建立起来。三段论是微不足道的，但是，无论我们关注的是制定法的适用还是判例的适用，在其被适用的阶段关涉的推论的琐屑并不会改变这样的事实，即它从本质上来说是演绎的。"[①] 因此，在判例法中适用先例的时候并不只是归纳的，同样也要采用演绎推理的方法。

如果说，制定法及其演绎推理的方法论建立在理性主义认识论的基础之上，

① [英] 鲁伯特·克罗斯、[英] J.W.哈里斯：《英国法中的先例》（第四版），苗文龙译，207页，北京，北京大学出版社，2011。

主要反映的是大陆国家的哲学思想；那么，判例法及其归纳推理的方法论是建立在经验主义认识论的基础之上，主要反映的是英美国家的哲学思想。判例法及其归纳推理的方法论的哲学基础是经验主义。[①] 在古希腊哲学中，伴随着理性主义的兴起，经验主义随之发轫，并且以非理性的形式表现出来。例如在亚里士多德的学说中，具有理性与非理性同一的思想。在古希腊哲学中，经验主义的代表人物是伊壁鸠鲁。伊壁鸠鲁主张认识上的感觉论，认为事物是在人的意识之外而且不依赖于人的意识而存在的，感觉是唯一可靠的认识源泉和标准。伊壁鸠鲁十分重视感觉在认识中的作用，认为一切意见都必须经过经验的证明才能判断其真伪。进入中世纪以后，宗教神学利用理性建构其理论体系，形成宗教理性。但与此同时，宗教所特有的信仰主义又必然导致对人的理性的否定，从而迈向以感觉主义为特征的经验主义。随着近代理性主义的复归，经验主义也开始流行，尤其是在英国形成了经验主义哲学的强大思潮。在近代英国哲学中，经验主义哲学家首推培根。培根重视经验而轻视理性，他认为人的认识就是对客观事物的反映，知识来自对自然的模仿，存在的真实同知识的真实是一致的。培根强调感性经验和实践活动对人的认识的作用，认为知识来自感性经验，人类应当在实践的基础上考察和改造知识，把科学的体系建立起来。应该说，判例法制度在英国的形成并不是没有原因的，经验主义的思想为判例法提供了理论根据。其中，归纳推理就是建立在经验主义思想基础之上的。例如培根把实验和归纳看作相辅相成的科学发现的工具，他看到了实验对于揭示自然奥秘的效用，认为科学研究应该使用以观察和实验为基础的归纳法。培根的经验主义的实验归纳法对于科学发展，尤其是逻辑学的发展做出了贡献。培根在批判经院逻辑和亚里士多德的逻辑之后，提出了自己所谓科学的实验的求知法——归纳逻辑。培根把归纳法分为三个步骤：第一个步骤：全面地、尽量地搜集事物的感觉经验。第

① 关于经验主义的论述，参见陈兴良：《刑法的人性基础》（第四版），11 页以下，北京，中国人民大学出版社，2017。

二个步骤：把搜集的材料加以整理、排列。第三个步骤：通过概括、推论最后达到肯定的结论。[①] 由此可见，培根的归纳法主要是建立在经验论基础之上的，因而不同于亚里士多德建立在理性论基础之上的归纳推理。培根指出："我的归纳法不应当仅用在证明和发现一些所谓的第一原则上，也应当用于证明和发现较低的原理、中级的原理，实在说就是一切原理。正是这种归纳法才是我们的主要希望之寄托。"[②] 建立在经验主义基础之上的归纳推理方法，在普通法中发挥了重要作用，因为普通法是以先例为判决根据的，而先例来自对以往大量案例的归纳。

三、归纳推理的类型

归纳推理相对于演绎推理来说，具有推理结论的或然性。英国逻辑学家密尔在对归纳推理和演绎推理进行比较时，指出："归纳是建立一般命题的过程，演绎实质上是分析或解释一般命题的过程。演绎推导（deductive inference）是从某些前提出发必然地推出或得出某些结论的过程。其前提与结论之间具有某种必然联系，结论在某种意义上为前提所包含或蕴含（imply），即其前提与结论之间具有内在一致性（generative grammar）。"[③] 因此，相对于演绎推理结论的确定性而言，归纳推理的结论具有或然性，它的有效性在很大程度上取决于归纳的样本数量，并与其成正比。正如英国学者所指出的那样："归纳推理的强度应根据检验的彻底性来评价：控制的种种有关条件越多，则排除其他假说就越彻底。"[④] 这里的经验彻底性就是指归纳推理结论的可靠性，这种可靠性在很大程度上取决于归纳推理的强度，也就是其前提样本的数量。

---

① 参见马玉珂主编：《西方逻辑史》，230～231页，北京，中国人民大学出版社，1985。

② ［英］培根：《新工具》，许宝揆译，82页，北京，商务印书馆，1984。

③ 转引自王洪：《制定法推理与判例法推理》（第三版），251页，北京，中国政法大学出版社，2022。

④ ［英］L. 乔纳森·科恩：《理性的对话》，邱仁宗译，43页，北京，社会科学文献出版社，1998。

当然，归纳推理具有完全归纳推理和不完全归纳推理之分，这种归纳推理的局限性只存在于不完全归纳推理中，完全归纳推理则并不存在这种局限性。我国学者对完全归纳推理和不完全归纳推理作了以下描述①：

（一）完全归纳推理

完全归纳推理是根据一类事物中每一个对象具有（或不具有）某种属性，推出该类事物都有（或不具有）某种属性的归纳推理。例如：

直角三角形的内角和为 180 度，
锐角三角形的内角和为 180 度，
钝角三角形的内角和为 180 度，
直角三角形、锐角三角形、钝角三角形是全部的三角形，
所以，一切三角形的内角和都是 180 度。

用公式表示就是：

S1——P，
S2——P，
S3——P，
Sn——P，
S1，S2，S3，……，Sn 是 S 的全部，
所以，一切 S 都是 P。

公式中的 S1，S2，S3，Sn 分别表示个别事物，P 表示事物属性，S 表示 S1，S2，S3，Sn 所属的一类事物。

显然，完全归纳推理的结论肯定是正确的，也是不能被推翻的。在上述示例中，三角形只有三种形态，而这三种形态的三角形的内角和都是 180 度，因此，通过归纳推理得出一切三角形的内角和都是 180 度的结论不可能为错。但在刑法

① 参见刘风景：《判例的法理》，64 页以下，北京，法律出版社，2009。

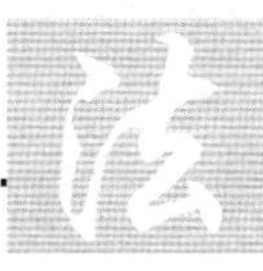

推理中，完全归纳推理是较为罕见的，因为完全归纳推理是建立在全部列举基础之上的，但在刑法的事实判断和法律适用中，这种完全列举几乎是不可能的。因此，虽然完全归纳推理的结论更具有有效性，但在法律适用，尤其是刑法适用中几乎不可能采用完全归纳推理。

（二）不完全归纳推理

不完全归纳推理是根据一类事物中部分对象具有（或不具有）某种属性，推出该类事物都具有（或不具有）某种属性的归纳推理。这种推理一旦发现相反的情况，其结论就可以被推翻。应该说，在现实生活中，绝大多数都是不完全归纳推理，尤其是法律归纳推理更是不完全归纳推理。相对于完全归纳推理而言，不完全归纳推理的结论具有一定的或然性，但这并不意味着不完全归纳推理的结论不能接受。我国学者提出了归纳推理心理一致性的命题，也就是说，某些不完全归纳推理在逻辑领域不具有形式的有效性，但在法律领域则几乎可以获得一致或者共识，因而具有在法律领域的形式有效性。[1] 例如：

使用手枪进行威胁抢走他人财物是抢劫罪；

使用匕首进行威胁抢走他人财物是抢劫罪；

所以，使用凶器进行威胁抢走他人财物是抢劫罪。

这是一个典型的刑法推理中的不完全归纳推理，只是归纳了两个要素，就可以得出一个司法判断。虽然从逻辑上来说，归纳要素与结论的有效性成正比，也就是说，归纳要素越多，归纳结论的有效性程度也就越高；反之，归纳要素越少，则归纳结论的有效性程度就越低，但在上述场合，只有两个归纳要素却可以得出准确的归纳结论，这是因为归纳结论的有效性并不完全建立在逻辑基础之上，而且与法律普及程度，公众认知等各种社会因素和心理要素相关。

---

① 参见李安：《归纳法在判例主义法律推理中的有效性与论证》，载《法律科学》，2007（2）。

第二节　制定法与归纳推理

制定法本身确立了法律的一般规则，它为法律适用提供了规范根据，基于这一大前提，在查明案件事实的基础上进行法条涵摄，由此获得结论，因而制定法的适用只能采取演绎推理的方法。但这并不是说，归纳推理在制定法的适用中根本就无用武之地，因而完全被排斥。我认为，归纳推理在制定法的适用中还是能够发挥作用的，在此我们对在制定法的情况下归纳推理的地位与功能进行论述。

一、归纳推理与刑法立法

立法是一个规则形成的过程，在这一立法过程中，归纳推理是一种重要的方法。根据德国学者考夫曼的观点，归纳是从案件出发找到规则（规范）。这是立法者典型的思维方式。[①] 这里所谓立法者思维就是以创设规则为中心的思维，因此只有通过对案件事实的归纳，才能为立法提供客观基础。我国学者指出："对于具有成文法传统的国家来说，归纳推理的作用主要是表现在立法过程中。法律专家在立法时，需要从千差万别的现象中抽象出一些共性的东西，并最终将之上升为抽象的法律概念，这一过程就是一个归纳的过程。"[②] 立法活动是创制法律规则，但法律规则并不是立法者闭门造车的结果，而是对现实生活的反映和对司法经验的总结，因此，在立法过程中离不开归纳推理的方法。

在刑法中，犯罪案件对刑法立法的影响可以分为两种形式：第一是个案影响立法，第二是类案影响立法。所谓个案影响立法是指在现实生活中发生了某件具

---

① 参见［德］阿图尔·考夫曼：《法律哲学》（第二版），刘幸义等译，90页，北京，法律出版社，2011。

② 陈锐：《法律推理论》，55页，济南，山东人民出版社，2006。

有重大影响力的案件，以至于对立法产生重大作用。类案影响立法则是指数量达到一定程度的类似案件，经过归纳总结提炼出法律规则。在以上两种情形中，个案虽然具有较大的影响力，但从某一个案件中提炼法理规则，其可靠性是值得怀疑的。只有数量较多的类案，才能为立法提供客观基础。因为立法是对社会生活的真实状态的反映，不能以偶然的个案作为立法的根据。当然，法律规则本身也有一个逐渐成熟的过程，某一类案数量的不断增加，以及司法实践经验的逐渐积累都会为归纳推理带来素材，从而完善法律规则。例如我国1997年刑法修订中增设了组织、领导黑社会性质组织罪，也就是黑社会犯罪。在此之前，我国各地就已经出现了一些规模较大的流氓团伙案件，这些流氓团伙已经具备一定的黑社会的特征，引起地方公安机关重视。从当时的犯罪发展态势来看，有组织犯罪活动在我国个别地方比较猖獗，它们有的称霸一方，形成地方恶势力；有的进行贩毒、走私、抢劫、拐卖妇女等恶性犯罪；有的还贿赂、腐蚀国家机关工作人员，寻找保护伞，成为严重影响我国治安的一个重要问题。1997年修订刑法时，我国有关部门对有组织犯罪情况进行了深入研究，认为我国还没有形成像一些国家那样大规模的、对国家经济和社会生活产生重大影响的黑社会组织，但是带有黑社会性质的犯罪组织在个别地方已初见端倪，具备了黑社会组织所具有的组织特征和犯罪手法，这些黑社会组织拥有一定的资产，操纵一些行业或者区域的经济，有的还通过贿赂等手段拉拢一些国家干部充当保护伞，严重危害一定区域内正常的社会、经济秩序。随着改革开放的进行，境外黑社会势力也对我国不断进行渗透，寻找、发展黑社会成员，进行各种犯罪活动。为了有力惩治黑社会性质的有组织犯罪，维护社会治安秩序，1997年修订刑法时增加了《刑法》第294条，设立了组织、领导、参加黑社会性质组织罪。① 在当时我国对黑社会组织特征掌握不足，因而在对本罪的罪状描述上，采用了某些非规范的手法："组织、领导和积极参加以暴力、威胁或者其他手段，有组织地进行违法犯罪活动，称霸

① 参见陈兴良、刘树德、王芳凯：《注释刑法全书》，1659页，北京，北京大学出版社，2022。

一方，为非作恶，欺压、残害群众，严重破坏经济、社会生活秩序的黑社会性质组织的，处三年以上十年以下有期徒刑；其他积极参加的，处十年以下有期徒刑、拘役或者剥夺政治权利。”在该罪状中，出现了“称霸一方，为非作恶，欺压、残害群众”这样一些具有文学色彩的语言，对黑社会性质组织特征的规定缺乏应有的规范性，因而不利于司法机关正确认定黑社会性质组织。在本罪设立以后，最高人民法院在认定和处理黑社会性质组织犯罪过程中，不断总结经验，在此基础上于 2000 年 12 月 5 日颁布了《关于审理黑社会性质组织犯罪的案件具体应用法律若干问题的解释》，该解释第 1 条规定：“刑法第二百九十四条规定的‘黑社会性质的组织’，一般应具备以下特征：（一）组织结构比较紧密，人数较多，有比较明确的组织者、领导者，骨干成员基本固定，有较为严格的组织纪律；（二）通过违法犯罪活动或者其他手段获取经济利益，具有一定的经济实力；（三）通过贿赂、威胁等手段，引诱、逼迫国家工作人员参加黑社会性质组织活动，或者为其提供非法保护；（四）在一定区域或者行业范围内，以暴力、威胁、滋扰等手段，大肆进行敲诈勒索、欺行霸市、聚众斗殴、寻衅滋事、故意伤害等违法犯罪活动，严重破坏经济、社会生活秩序。”前引司法解释将黑社会性质组织犯罪的特征归纳为四个，这就是组织特征、经济特征、保护伞特征和行为特征，这就为认定黑社会性质组织犯罪提供了规范根据。当然，对于上述司法解释规定的保护伞特征在司法机关中存在一定的争议。因为在现实生活中，有些黑社会性质组织犯罪并不具备保护伞，但其暴力性及其对社会控制的特征较为明显，不应排除在黑社会性质组织犯罪之外。在这种情况下，2002 年 4 月 28 日全国人大常委会通过了《关于〈中华人民共和国刑法〉第二百九十四条第一款的解释》，该立法解释对黑社会性质组织的含义作了以下解释：“刑法第二百九十四条第一款规定的‘黑社会性质的组织’应当同时具备以下特征：（一）形成较稳定的犯罪组织，人数较多，有明确的组织者、领导者，骨干成员基本固定；（二）有组织地通过违法犯罪活动或者其他手段获取经济利益，具有一定的经济实力，以支持该组织的活动；（三）以暴力、威胁或者其他手段，有组织地多次进行违法犯

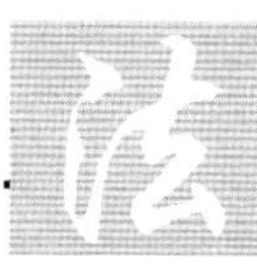

罪活动，为非作恶，欺压、残害群众；（四）通过实施违法犯罪活动，或者利用国家工作人员的包庇或者纵容，称霸一方，在一定区域或者行业内，形成非法控制或者重大影响，严重破坏经济、社会生活秩序。”将立法解释规定的黑社会性质组织特征与司法解释规定的特征相比，主要是将保护伞特征作了淡化处理，它不再是黑社会性质组织的必要特征，而是或然性特征。正如我国学者指出：“黑社会性质组织是否有国家机关工作人员充当保护伞，即是否要求国家机关工作人员参与犯罪或者为犯罪活动提供非法保护，不影响黑社会性质组织的认定。”① 立法解释对黑社会性质组织的特征所做的解释具有立法的性质，它是在司法解释的基础上，进一步明确了黑社会性质组织的法律特征。此后，2011 年 2 月 25 日通过的《刑法修正案（八）》第 43 条进一步将立法解释的内容吸纳到《刑法》第 294 条之中，最终完成了对黑社会性质组织的立法规定。此后，有关司法解释对黑社会性质组织的特征又进行了更为具体、细致的规定。从以上我国刑法中的黑社会性质组织特征的发展完善的演变过程来看，这是一个从无数个司法活动的具体案件中不断进行归纳而形成法律规则的过程，因而也是归纳推理的过程。美国学者曾经指出：“每个案件都是一个实验。如果人们感到每个看上去可以适用的、已被接受的规则所产生的结果不公正，就会重新考虑这个规则。也许不是立即就修改，因为试图使每个案件都达到绝对公正就不可能发展和保持一般规则；但是如果一个规则不断造成不公正的结果，那么它就最终将被重新塑造。这些原则本身在不断地被重复检验；因为，如果从一个原则中推演出来的那些规则不大起作用，那么，这个原则本身最终就一定会受到重新考验。”② 美国学者的上述论断虽然是针对判例法而言的，但其观点也同样适用于制定法。法律规则是在归纳总结实践经验的基础上形成的，并且是在适用于个案的不断检验的过程中完善的，在这个过程中，归纳推理是一种有效的推理方法。

---

① 黎宏：《刑法学各论》（第 2 版），382 页，北京，法律出版社，2016。

② 转引自［美］卡多佐：《司法中的类推》，苏力译，载《外国法译评》，1998（1）。

二、归纳推理与司法解释

司法解释是我国所特有的一种法律解释制度，它属于有权解释的范畴。其他国家并不存在司法解释制度，无论是大陆法系国家还是普通法系国家的最高审判机构通常都是利用判例以表达其对刑法或者其他法律规定的理解。但在我国法律体系中，以最高人民法院和最高人民检察院为主体的司法解释创制的规则对司法活动具有法律拘束力，甚至可以说是法源的一种，因为法院在判决书中可以援引司法解释作为裁判理由。因此，司法解释在我国相当于法律的实施细则，也就是所谓二次立法。在这个意义上说，司法解释的创制就是一种特殊的立法，也是规则的形成过程。因此，在司法解释形成规则的过程中，归纳推理也是一种实际有效的方法。司法机关是办案部门，承担着案件的审理职责，因而直接接触具体案件。虽然对个案适用法律的过程采用的是演绎推理的方法，但在制定司法解释的时候，采用的却是归纳推理的方法。

通过从个案到类案的分析研究，可以探寻司法解释的规则。例如套路贷的处理和认定规则的形成就是一个适例，其中的经验和教训值得汲取。应该说，套路贷在我国刑法中并不是一个法律概念，甚至也不是一个规范概念，而是一个比喻性的用语。这里的套路一词在生活场景中并不通用，它是一个在个别区域流行的日常用语。在日常用语中，套路具有欺骗的意思，因而套路贷也就是指欺诈性贷款，它与贷款诈骗的含义正好相反：贷款诈骗是借款人骗取出借人的财物，而欺诈性贷款则是出借人骗取借款人的财物。在通常情况下，社会生活中存在的都是贷款诈骗，即借款人骗取出借人的财物。对此，我国刑法对贷款诈骗罪和骗取贷款罪都作了明文规定，对于其他借款性诈骗罪通常以诈骗罪论处。套路贷现象最初是在上海、浙江等地出现的，而且开始的时候，一般都是利用民事诉讼非法占有他人财物，也就是以诉讼诈骗的方式实现虚假债权。套路贷在外观上符合民法上借贷关系的所有要件，因而套路贷的犯罪分子以民事上的合法形式掩盖其诈骗

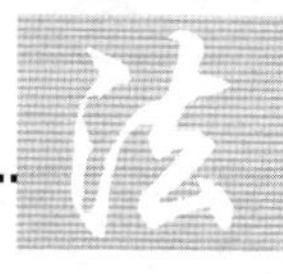

的犯罪实质。此后，这种套路贷现象引起司法机关重视，因而导致刑事介入。

【案例 50】瞿某等人诈骗案①

2015 年 1 月 24 日，在杭某（未成年人）原本只想借款 3 000 元的情况下，傅某、郝某等人进一步诱骗杭某借款 4 万元，并通过王某、唐某将杭某介绍给被告人瞿某，谈妥由后者放贷。次日，瞿某、唐某"空放"高利贷 16 万元给杭某，杭某当场取现 12 万元还给瞿某，余 4 万元交给傅某等人，其中 3.5 万元作为"中介费"由傅某、郝某、王某等人分赃花用，杭某实际得款 5 000 元，唐某从瞿某处获得中介费 5 000 元。同年 8 月 10 日，瞿某、应某向杭某索要上述 16 万元借款及高额利息，胁迫杭以其名下房产抵押贷款归还欠款。8 月下旬，瞿某、应某至杭某居住地，找锁匠并诱骗杭某从家中偷出房产证，诱骗杭某将房产过户给马某（另案处理），以马某的名义贷款给杭某。8 月 28 日，瞿某、应某带杭某签订房屋买卖合同，约定房价为 170 万元（后经评估价值为 194 万元）。杭某在收到马某支付的 68 万元房款后，于 10 月 21 日将房产过户给马某。10 月 29 日，马某与杭某约定房价变更为 160 万元后，支付余款 90 万元。杭某于当日将 90 万元转入瞿某银行账户，其余钱款均于房款入账当日或次日以现金方式取款，另于 10 月 2 日汇款 5. 2 万元给瞿某。同期，瞿某还先后于 2015 年 8 月 27 日、10 月 17 日转账 22 万元、42 万元给杭某进行资金走账，以对应其让杭写的 90 万元借条数额。2016 年 2 月 4 日，马某以 182. 5 万元的价格将上述房产转售给了杨某。

在本案中，瞿某等人的诈骗手法极为复杂，不像通常的诈骗那样直截了当，而是采用了一系列掩盖手段，当然，本案的案情描述并不是很清楚，需要进一步补充细节。其中，在第一个环节，瞿某给杭某账户打款 16 万元，却将 12 万元取现以后返还给翟某，这就是所谓虚假走账，为日后追债留下证据。杭某得到 4 万

① 参见《上海高院发出严惩信号 三家基层法院集中宣判涉"套路贷"犯罪案件 》，（chinadaily.com. cn），最后访问日期：2021 年 8 月 14 日。

元以后，又以中介费的名义给傅某等人 3.5 万元，自己只留下 5 000 元。也就是说，以高息借款 16 万元，实际上到手的只有 5 000 元。对于一个具有正常理智的人来说，这都是不可想象的。那么，杭某为什么同意呢？原来，瞿某等人正是利用杭某年幼无知进行诈骗。涉世未深的杭某始终认为自己是未成年人，拿到的 5 000 元是不用负法律责任的，由此一步一步地落入诈骗的陷阱。这种对未成年人的诈骗，在日本刑法中称为准诈骗罪。《日本刑法典》第 248 条规定："利用未成年人的知虑浅薄或他人的心神耗弱，使之交付财物，或者取得非法的财产性利益或使他人取得的，处 10 年以下惩役。"这里的利用未成年人的知虑浅薄使之交付财物或者财产性利益的，就是专门针对未成年人诈骗所作的规定。该罪的特点并不仅仅在于其诈骗对象是未成年人，而在于利用未成年人的知虑浅薄实施诈骗。如果虽然是针对未成年人，但并非利用未成年人的知虑浅薄，而是直接通过"欺骗他人"的行为，使之基于错误而实施交付行为，由此取得财物获得利益的，仍成立（普通）诈骗罪。[①] 从本案的情况来看，初次借款时，杭某才 16 岁，对通过以后走流水、中介费、借款利息等金融行为的真实含义完全不懂，任由傅某、翟某等人操纵，根本就不具备正常的金融借款能力。因此，本案被告人对杭某的诈骗属于典型的利用未成年人知虑浅薄所实施的诈骗，是一种准诈骗罪。当然，我国刑法对诈骗罪并没有如此细致的区分，而且，在本案中，转让房产行为发生在杭某年满 18 岁以后。在杭某获得借款 5 000 元的 7 个月后，瞿某等人找到杭某，以借款 16 万元利滚利已达 90 万元为由逼着杭某还款。在杭某无力偿还的情况下，诱使杭某将自己名下的房产做抵押贷款，一部分归还欠款，一部分由翟某帮助放贷赚利息赎房。8 月下旬，瞿某便伙同应某，找好锁匠，陪同杭某从家中偷出藏在大橱抽屉中的房产证，交予瞿某。瞿某等人先是找 P2P、小贷公司帮杭某的房子做房产抵押，在操作不成的情况下，瞿某又进一步诱骗杭某将房产

---

① 参见［日］山口厚：《刑法各论》（第 2 版），王昭武译，325 页，北京，中国人民大学出版社，2011。

卖给马某（另案处理），与马某约定160万元房价，并于8月28日带杭某去签订房屋买卖合同。据杭某称，瞿某全程不让其看合同内容，就让其签字。其间，杭某所得158万元房款除支付中介费、税费外，均取现、转账给了瞿某。瞿某先后于2015年8月下旬、10月中旬转账22万元、42万元给杭某进行资金走账，以此对应其让杭某写的90万元借条，之后杭某又将其全部取现交还给瞿某。2015年10月上旬和中旬，瞿某让杭某先后汇款5.2万元、90万元给其，由此让杭某还清了所谓欠款。2016年2月上旬，马某以180余万元的价格将房产转卖给了杨某，当杨某要求入住时，杭某及其家人才发现瞿某当时归还的房产证是假的，而这一个精心设计的套路，让杭某一家失去了一套房子。对于本案，检察机关认为，犯罪嫌疑人瞿某、应某、唐某相互结伙或结伙他人，以非法占有为目的，诈骗他人财物，其行为均已触犯《刑法》第266条、第25条第1款，犯罪事实清楚，证据确实、充分，以诈骗罪追究其刑事责任。最终，上海市宝山区人民法院判决瞿某等人犯诈骗罪，判处4年至13年不等有期徒刑，并处相应罚金。[①]

现实生活中这种利用套路贷方式骗取他人财物的案件时有发生，如果对其不加警觉，往往使行为人在民事审判中获得胜诉，从而造成他人财产的重大损失。在这种情况下，套路贷案件引起司法机关的关注，在总结经验的基础上，2017年10月23日上海市高级人民法院发布了《关于加大审判工作力度，依法严惩"套路贷"犯罪的工作意见》（以下简称《工作意见》），该《工作意见》对套路贷的概念和特征进行了初步归纳，指出："'套路贷'通常打着'小额贷款公司'的幌子，采用虚假宣传、降低贷款门槛、隐瞒实际资费标准等手段，诱导被害人陷入'借贷'陷阱，并以各种非法手段或者虚假诉讼等方式催讨债务，非法占有被害人合法财产，甚至导致被害人辍学、自杀、卖房抵债等严重后果。其犯罪的主要方式有：一是制造民间借贷假象。被告人对外通常以'小额贷款公司'等名义招揽生意，并以个人名义与被害人签订借款合同，制造个人民间借贷假象，并

① 傅某等人另案处理。

以‘违约金’‘保证金’等各种名目骗取被害人签订‘虚高借款合同’‘阴阳合同’及房产抵押合同等明显不利于被害人的合同。二是制造银行流水痕迹，刻意造成被害人已经取得合同所借全部款项的假象。三是单方面肆意认定被害人违约，并以此要求被害人立即偿还‘虚高借款’。四是恶意垒高借款金额。在被害人无力支付的情况下，被告人介绍其他假冒的‘小额贷款公司’或者‘扮演’其他公司与被害人签订新的‘虚高借款合同’予以‘平账’，进一步垒高借款金额。五是软硬兼施‘索债’，或者提起虚假诉讼，通过胜诉判决实现侵占被害人或其近亲属财产的目的。”这一对套路贷的规定，揭示了套路贷的主要特征，这就是签订虚高借款合同等明显不利于被害人的各类合同，制造银行流水，单方认定违约，利用不利于被害人的合同提起民事诉讼等。

2017 年 10 月 25 日上海市高级人民法院、人民检察院、公安局发布了《关于办理“套路贷”刑事案件的工作意见》[以下简称《工作意见（二）》]，相对于《工作意见》，这一仅仅在两天后以上海市政法三部门名义发布的《工作意见（二）》具有更大的权威性和指导性。《工作意见（二）》强调对“套路贷”刑事案件的定性，要结合案件的本质特征从整体把握，套路贷犯罪的主观目的是非法侵占被害人或其近亲属的财产，一般情况下应当以侵财类犯罪定罪处罚。因此，套路贷应当是以诈骗罪为核心的侵财类犯罪，这一定性符合对套路贷的性质理解。此后，其他地方司法机关也发布了类似的指导文件。其中，具有一定影响的是 2018 年 3 月 18 日浙江省高级人民法院、人民检察院、公安厅发布的《关于办理“套路贷”刑事案件的指导意见》（以下简称《指导意见》）。该《指导意见》引起争议的是对套路贷的非法占有目的的认定：“犯罪嫌疑人、被告人实施‘套路贷’犯罪时，未采用明显暴力或者威胁手段，被害人依约定交付资金的，则犯罪嫌疑人、被告人的行为从整体上属于以非法占有为目的，虚构事实、隐瞒真相骗取被害人财产的诈骗行为，一般可以诈骗罪追究刑事责任。”根据这一规定，只要具有套路贷的欺骗行为，就可以认定主观上具有非法占有目的。这种将欺骗行为与非法占有目的直接挂钩的表述，虽然有利于将套路贷行为认定为诈骗罪，

却去除了非法占有目的所具有的独立功能。在财产犯罪中，非法占有目的是主观违法要素，它是独立于盗窃、诈骗等客观要素之外的构成要件要素。也就是说，对于诈骗罪的成立来说，行为人不仅在客观上实施了诈骗行为，而且在主观上还另外进行是否具有非法占有目的的考察。这是两个独立的审查步骤，如果两者合二为一，显然违背诈骗罪的法教义学原理，使民间借贷中的欺诈行为与套路贷之间的界限变得模糊不清。

地方司法文件对套路贷的规定，获得了国家司法机关的回应。2019 年 4 月 9 日，最高人民法院、最高人民检察院、公安部、司法部发布《关于办理“套路贷”刑事案件若干问题的意见》，使套路贷概念从地方司法机关的规定正式上升为国家最高司法机关的规定。前引意见第 1 条规定了套路贷的概念：“‘套路贷’，是对以非法占有为目的，假借民间借贷之名，诱使或迫使被害人签订‘借贷’或变相‘借贷’‘抵押’‘担保’等相关协议，通过虚增借贷金额、恶意制造违约、肆意认定违约、毁匿还款证据等方式形成虚假债权债务，并借助诉讼、仲裁、公证或者采用暴力、威胁以及其他手段非法占有被害人财物的相关违法犯罪活动的概括性称谓。”可以说，前引意见吸收了上海、浙江等地司法机关关于套路贷的规定，并且更加完善。前引意见确认了套路贷的五种手法和步骤，这就是：(1) 制造民间借贷假象。(2) 制造资金走账流水等虚假给付事实。(3) 故意制造违约或者肆意认定违约。(4) 恶意垒高借款金额。(5) 软硬兼施“索债”。应该说，这五种手法也就是套路贷的五个特征。当然，这五种手法从不同角度描述了套路贷所经常采用的骗取财物的手段，但其更多的是对套路贷现象的描述，只有将这五种手法与诈骗罪的构成要件结合起来，才能正确认定套路贷犯罪。但在司法实践中，往往存在仅仅根据案件中存在的个别特征，例如砍头息、制造虚假流水或者肆意认定违约，就认定为套路贷，对行为人以诈骗罪定罪处罚。实际上，套路贷的手法只是套路贷的外在表现，它对于套路贷犯罪的认定只有参考价值而并无决定意义，只有套路贷的本质特征才是决定能否认定为套路贷诈骗犯罪的根据。根据前引意见的规定，套路贷是假借民间借贷之名实施的放贷诈骗，在客观上这种

放贷诈骗主要表现为设立债权的欺骗性，采取欺骗手段设立的债权债务具有虚假性，因此，债权设立的欺骗性和债务的虚假性可以说是套路贷犯罪的本质特征，也是套路贷与民间借贷的根本区别之所在。债务的虚假性表明套路贷犯罪中的所谓借贷并不具有真实内容，它只不过是行为人进行诈骗的手段而已。

以上在社会生活中出现个别套路贷案件，经过地方司法机关工作意见到最高司法机关司法解释对套路贷的正式规定出台，为审理套路贷案件提供了规范根据。当然，在司法机关处理套路贷案件中也存在个别地方理解上的偏差，将民事欺诈认定为诈骗罪。从套路贷的司法解释规则形成过程来看，生动地体现了从个案到规则的归纳推理。这个归纳推理是一个通过归纳社会生活事实来形成刑法规范的过程，尤其应当注意的是，正如我国学者指出的那样，对生活事实进行归纳，应当注意刑法规范对归纳结论的制约作用。通过归纳所得出的结论，无论是熟悉的还是陌生的，都不能当然地视为对规范含义的完整理解，不能以归纳结论替代刑法规范本身。相反，我们应当将结论置于刑法规范的考量之下、刑法规范的意义脉络之中进行验证。[①] 套路贷的司法解释规则的形成过程充分说明了这一点，无论是通过归纳推理引申出司法规则还是这种司法规则的适用，都应当受到刑法的制约。

三、归纳推理与学理解释

学理解释是指专家学者对法律条文所作的解释，相对于司法解释属于有权解释，学理解释则是一种无权解释。当然，虽然学理解释是无权解释，但其解释结论对法律适用还是具有较大的参考价值，尤其是在法律和司法解释没有明文规定的情况下，学理解释可以起到补充作用。刑法解释当然需要采用各种解释方法，学理解释就是一种常见的解释方法。在对刑法规范进行学理解释的时候，同样也涉及归纳

① 参见沈琪：《刑法推理方法研究》，71 页，杭州，浙江大学出版社，2008。

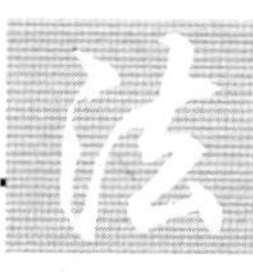

推理方法的运用。在一般情况下，学理解释是针对法条的文字规定的，因而刑法的学理解释是以文字为中心的语义解释，并在必要情况下辅之以体系解释、历史解释和目的解释等方法。在学理解释中还包含一定的推理活动，因而归纳推理的方法也是不可缺少的。例如我国学者提出了利用归纳进行解释的命题，指出："为了准确地理解刑法规范的含义，法官往往需要对刑法规定本身进行归纳。这种归纳法主要是把刑法的某些相关规定置于一起进行比较分析，从而提升出一般性的原理。"①在刑法中，立法者对某个犯罪构成要件的规定并不都是明确无误的，但某些情况下，立法者采取的是概括的规定方式。例如刑法分则对具体犯罪的罪状，可以分为叙明罪状和简单罪状。在叙明罪状的情况下，立法者对犯罪的构成要件作了较为具体明确的规定，因而为定罪提供了容易把握的规则。但在简单罪状的情况下，立法者并没有具体描述犯罪的具体构成要件，而只是概括地规定了犯罪的本质特征或者基本内容。有时立法者甚至只规定了罪名，对犯罪的具体行为只是通过罪名作了概然性的规定。在这种情况下，就需要采用归纳推理的方式，将本罪的构成要件行为加以具体化描述。应该说，如果是典型的犯罪行为是可以毫无争议地解决其定罪问题，但对于非典型的犯罪行为，则往往容易引起争议。例如我国《刑法》第 267 条规定了抢夺罪，立法者将本罪的罪状描述为抢夺公私财物。由于本罪的罪状采用了简单罪状的方式，因而如何界定抢夺行为就成为一个需要通过刑法解释解决的问题。应该说，抢夺罪是一个介乎于抢劫罪和盗窃罪之间的罪名：抢夺罪与抢劫罪相比较，抢劫罪是暴力性的夺取他人财物，而抢夺罪则是非暴力地夺取他人财物，因此，是否使用暴力是抢劫罪与抢夺罪的主要区分之所在。抢夺罪与盗窃罪相比较，盗窃罪是秘密地窃取他人财物，而抢夺罪则是公开地夺取他人财物，因此，是否具有秘密性是盗窃罪与抢夺罪的主要区分之所在。根据以上分析，抢夺罪的行为

① 沈琪：《刑法推理方法研究》，71 页，杭州，浙江大学出版社，2008。在此，论者将这种归纳解释的主体描述为法官，法官在法律适用中的解释称为适用解释，它既不同于司法解释，也不同于学理解释，因而可以独立归为一类。本书对法官的适用解释未设专节进行论述。

特征是公开而非暴力地夺取他人财物。在对抢夺罪的构成要件进行解释的基础上，还需要结合具体案例对抢夺行为的具体形态进行归纳，由此确定抢夺罪的认定规则。因此，在抢夺行为的具体形态形成过程中，涉及归纳推理的运用。

在我国刑法理论中，一般都把乘人不备当作抢夺罪的特征，认为抢夺罪是以乘人不备为行为方式的。例如我国学者指出："所谓公然夺取是指行为人当着公私财物所有人、管理人或者其他人的面，乘其不备，将公私财物夺了就跑，据为己有或者给第三人所有。"[①] 但将乘人不备作为抢夺罪的基本特征，是否完全概括了所有抢夺案件的类型呢？这是一个值得商榷的问题。事实上，在现实生活中除了乘人不备的抢夺类型，还存在趁人有备的抢夺案件类型。

【案例51】黄某抢夺案[②]

2011年12月5日19时许，被告人黄某步行回家，途经上海市浦东新区某镇某村一小路时，见被害人吴某一人背包前行，便尾随并从后窜上，拉住被害人的单肩背包欲夺下就跑，被害人发现后紧抓包带不放，被告人再次用力拉包，包带断裂，被害人摔倒，被告人夺包逃离。

对于本案，上海市浦东新区人民法院经审理认为，被告人以非法占有为目的，公然夺取数额较大的公私财物，其行为已构成抢夺罪，以抢夺罪判处被告人黄某拘役5个月，罚金人民币500元。对于本案被告人黄某行为的定性，控辩双方存在分歧，形成了两种主要意见：第一种意见认为，被告人黄某的行为应构成抢劫罪。具体理由如下：首先，本案被害人在被告人施力至财物被抢过程中，不但意识到被告人对其强抢财物的意图，且被害人完全处于有所防备的状态，故不符合抢夺罪的"乘人不备"、出其不意的要件。其次，被告人当场采取粗暴手段强行拉拽，导致包带断裂且被害人倒地的后果，从力量的粗猛程度，应理解为已实施了抢劫罪中的暴

① 周道鸾、张军主编：《刑法罪名精释》，519页，北京，人民法院出版社，2007。

② 参见万秀华、夏艳：《被害人有备时强夺财物行为的定性及强制力分析》，见搜狐网，2024年1月13日访问。

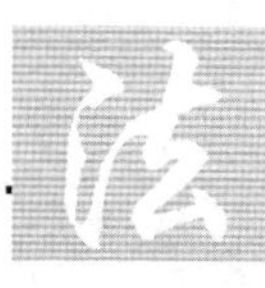

力。再次，被告人强抢财物时因被害人不肯撒手，仍继续强拉硬拽，直至包带被拉断被害人倒地并获取财物，故双方有一个僵持的过程，应认为被告人施力已从作用于被害人财物延伸到了被害人的人身，即由物及人，据此认为已符合了抢劫罪的构成要件。最后，从结果看，被告人当场劫得了被害人的包及包内现金和手机等物。第二种意见认为，被告人黄某的行为应构成抢夺罪。具体理由如下：首先，从被告人的行为指向及其目标看，被告人的行为指向是被害人的财物，即其所携的包，被告人施力的目的是为达到获得被害人财物的目标。其次，尽管被告人在抢包过程中也使用了一定的强制力，但这是抢夺罪中的强力，有别于抢劫罪中的暴力，因为其直接作用的对象是被害人财物，没有作用于被害人的人身，因而并未直接侵犯到被害人的人身权利。最后，被告人所施强力的程度较轻微，客观上未造成被害人一定的损伤后果，且根据本案的具体情形也难形成会造成被害人人身轻微伤以上后果的必然结论，其危害性远达不到抢劫罪暴力方法的严重程度。

对此，本案的裁判理由对抢夺行为是否以乘人不备为必要条件这个问题进行了以下说理：抢夺是否必须乘人不备？在现实生活中存在以下这些乘人有备的具体情形：第一种情形，甲见迎面走来的乙眼神一直盯着自己的皮包，甲意识到乙很有可能会抢夺自己的皮包，便把手中的皮包紧抱胸前，但当乙走近其身边时，仍上前用力抓住包带，将包夺走。第二种情形，甲上前抢夺乙手中的公文包，乙迅速紧紧抓住财物，甲未能一次性把包抢夺到手，在此情形下甲仍然抓住包带，继续强行抢夺并将包夺走。上述两种情形下，受害人均已有所防备，有些学者提出其不符合抢夺罪乘人不备的客观要件，可以按照抢劫行为来处理。但这两种情形均是仅针对物的公然抢夺，且从行为方式上看，对被害人并未使用暴力或者以暴力相威胁，未侵犯他人人身权利，并不符合我国刑法对抢劫行为的规定。值得注意的是，即使因为抢夺行为用力过猛，造成被害人跌倒受伤的结果，也不宜定抢劫罪，其行为仍在抢夺行为的客观要件内，依据最高人民法院《关于审理抢夺刑事案件具体应用法律若干问题的解释》的规定，属于抢夺罪与过失致人重伤罪或者过失致人死亡罪的想象竞合犯，按照择一重罪处断的原则，应当以其中处罚

较重的罪定罪处罚。就本案而言，被告人第一次瞬间用力未得逞，在受害人处于防备状态下，继续强行夺取。这种力并未达到抢劫罪中的暴力的程度。抢劫罪的暴力行为是用来排除被害人的反抗从而劫取财物的手段，要求达到使被害人处于不知反抗或者不敢反抗的状态。

从黄某抢夺案可以看出，如果把抢夺罪限制在乘人不备，则对趁人有备但未使用暴力的抢夺行为以抢劫罪论处，或者趁人有知但无力抗拒的抢夺行为以盗窃罪论处，这都有悖于抢夺罪的本质特征。从逻辑上来说，这是典型的以偏概全，是归纳推理的不当所致。正如我国学者指出："典型的、已经为人们所熟悉的抢夺罪是采取'乘人不备、公开夺取'数额较大的财物的行为。司法人员在对这些案件进行归纳以后，便得出判断抢夺罪构成要件符合性的大前提是行为人采用了乘人不备、公然夺取的手段。显然，这种做法混淆了实然与应然的关系。熟悉的未必是正确的。事实上，司法实践中经常出现在受害人有准备的公然夺取案例。如果将这种行为不予以刑法评价，那么就会人为地造成刑法的'漏洞'，违背了具体构成要件的规范目的。"①

学理解释中的归纳推理，除了通过对案件事实的归纳以获得对法律规定的正确理解以外，还存在着通过对刑法规定进行归纳以获得对刑法规定的正确理解的归纳推理。这种对刑法规定的归纳推理，通常适用于解释刑法中出现次数较多的某些概念或者用语。例如，暴力是我国法律中的一个常用词，我国刑法中的暴力是相对于非暴力而言的，似乎具有内容的确定性。但在法律文本和司法实践中，暴力的含义却是完全不同的，并没有统一的内涵。暴力一词，就其字面含义而言，是指使用一定的工具或者其他物理的强制力对他人的人身进行攻击。暴力的具体行为由轻到重表现为：殴打、轻伤害、重伤害、致死亡。应当指出，我国刑法分则规定了较多的以暴力为手段的犯罪，但在各个不同的罪名中，暴力程度并

---

① 吴学斌：《刑法适用方法的基本准则——构成要件符合性判断研究》，233页，北京，中国人民公安大学出版社，2008。

不相同。为了叙述的便利，选取某些包含暴力的犯罪，并根据法定刑从轻到重进行排列：(1)《刑法》第 257 条暴力干涉婚姻自由罪，包含暴力方法，法定最高刑 2 年有期徒刑。(2)《刑法》第 293 条之一催收非法债务罪，包含暴力方法，法定最高刑是 3 年以下有期徒刑。(3)《刑法》第 237 条强制猥亵侮辱罪，包含暴力方法，法定最高刑是 5 年以下有期徒刑。(4)《刑法》第 226 条强迫交易罪，包含暴力方法，法定最高刑是 7 年以下有期徒刑。(5)《刑法》第 244 条强迫劳动罪，包含暴力方法，法定最高刑是 10 年有期徒刑。(6)《刑法》第 263 条抢劫罪，包含暴力方法，法定最高刑是死刑。从以上罪名的构成要件来看，都包含暴力方法，但法定最高刑从 2 年有期徒刑到死刑，相去甚远。由此可见，这些罪名中的暴力程度是完全不同的，因而可以得出结论：我国刑法分则所规定的罪名中的暴力一词不能作相同的解释，而是应当结合法定刑的轻重分别界定暴力的程度，这就是对暴力概念所作的语境解释。这种以法定刑的轻重作为确定刑法中某个概念的确切含义的解释方法，我国学者称之为以刑释罪。就上述罪名而言，在刑法所规定的犯罪方法中都包含暴力，但暴力并非唯一方法，立法机关还同时并列规定了其他方法。例如《刑法》第 236 条规定的强奸罪，是指以暴力、胁迫或者其他手段强奸妇女的行为。根据不同的强奸方法，可以将强奸罪区分为暴力强奸、胁迫强奸和其他手段强奸这三种类型。其中，暴力强奸当然属于暴力犯罪；那么，胁迫强奸和其他手段的情节是否也属于暴力犯罪呢？这里也关系到对《刑法》第 20 条第 3 款特殊防卫的对象的界定：对暴力强奸可以实施特殊防卫，那么，对胁迫强奸和其他手段的强奸是否也可以实施特殊防卫呢？对此，我的观点是否定的。也就是说，我国刑法中的暴力犯罪应当区分为纯正的暴力犯罪和不纯正的暴力犯罪。纯正的暴力犯罪是指只能由暴力方法构成的犯罪，而不纯正的暴力犯罪则是指既包含暴力犯罪，又包含非暴力犯罪的犯罪。例如我国刑法中的伤害罪和故意杀人罪属于纯正的暴力犯罪，但其他包含暴力方法的犯罪，同时还规定了可以由非暴力的方法构成，因而属于不纯正的暴力犯罪。根据以上对我国刑法中的暴力一词的归纳分析，我认为可以得出某些一般性的结论：这就是刑法中

的暴力在多处出现，但其含义并不相同，应当根据法定刑轻重以便确定暴力的程度。据此可以把暴力区分为轻度暴力和重度暴力。由此可见，在刑法解释中，归纳是一种具有价值的推理方法，对于正确理解刑法规定具有重要意义。

第三节　判例法与归纳推理

判例法也被称为普通法，其法律规则并不是立法者创制出来的，而是司法者在案件审理的具体活动中归纳出来的，以先例的形式存在于司法过程中。由此可见，归纳推理是判例法的规则形成的主要途径。

一、判例法中归纳推理的适用

判例法不同于制定法，制定法的适用过程可谓简单直接，这就是一个演绎推理的过程。但判例法的适用则采取了多种推理方法，其中主要推理方法则是归纳推理。归纳推理较好地符合了普通法国家的司法特点，对此，我国学者指出："由于普通法是在习惯法的基础上发展而来，而日常生活习惯不过是人类经验的一种积淀，不过是人类对以往生活经验的一种总结、一种归纳，以期对未来具有一定的指导作用。这种通过对生活习惯进行总结，最终上升到理论高度的方法就是归纳的方法。因此，归纳的方法与普通法的传统是一致的。"①

这里应当指出，过去人们往往认为，判例法是从先例到待决案例，这是一个从个别到个别的推理过程，因而判例法适用完全排斥从一般到个别的演绎推理方法。其实并非如此，正如英国学者所说的那样，对于判例法的司法推理是演绎还是归纳，这个问题并不能进行一般的回答，因为每一种情况都依赖于提出此问题

① 陈锐：《法律推理论》，54 页，济南，山东人民出版社，2006。

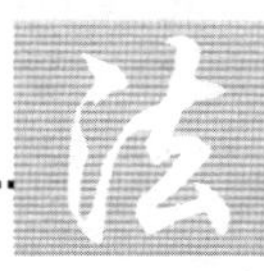

的辩论阶段。[①] 因此，在考察判例法的推理方法时，需要结合法律适用的阶段进行判断。美国学者在论述法律推理模式时，首先提出的就是先例推理(Reasoning from Precedent)，指出："在普通法的推理模式中，先例推理可能是一种最具特色的模式。根据遵循先例原则，如果先例符合某些条件，那么先例中的规则就具有法律约束力，即这项原则已经得到检验。"[②] 由此可见，先例推理其实就是一种演绎推理。其中，大前提是先例，小前提是待决案例，结论是通过逻辑涵摄确定能否适用先例。当然，先例推理只不过是判例法适用的一个环节，判例法适用的逻辑推理过程较之制定法适用更为复杂。美国学者曾经对判例法的推理机制进行了描述，指出："判例法是从个案到个案的过程。它将一项由先例提炼出来的论断视同一项法则并将之适用于后一个类似的情境之中。具体而言，这一过程分为三步，即首先要提炼出个案之间的相似之处，然后总结出先例中蕴含的相关法则，最后再将此相关法则运用于当下的个案之中。"[③] 在此，美国学者将判例法的推理过程分为三个环节：其中第一个环节是类比，第二个环节是归纳，第三个环节则是演绎。判例法的演绎推理与制定法的演绎推理不同之处在于：制定法的大前提已经规定在法律之中，通过对法律的解释就可以获得。但在判例法的情况下，大前提是通过归纳推理而获得的，最终的结论还是要靠演绎推理才能得出。由此可见，判例法中所采用的例推法（Reason by example）实际上涵盖了数种推理方法。正如我国学者指出："如果将例推法进行分解，其实运用的是所谓先例原则，也就是说将一项由先例提炼出来的论断视同一项法则并将之适用于后一个类似的情境之中，具体可将这一过程分为三步：首先要提炼出个案之间的相似之处，然后总结出先例蕴含的相关法则，最后再将此相关法则运用

---

① 参见［英］鲁伯特·克罗斯、［英］J.W.哈里斯：《英国法中的先例》（第四版），苗文龙译，208页，北京，北京大学出版社，2011。

② ［美］迈尔文·艾隆·艾森伯格：《普通法的本质》，张曙光、张小平、张含光等译，71、72页，北京，法律出版社，2004。

③ ［美］爱德华·H.列维：《法律推理引论》，庄重译，3页，北京，中国政法大学出版社，2002。

于当下的个案之中。由此可见，例推法也可以化解为类比推理、归纳推理与演绎推理三个具体的推理过程。”① 当然，在判例法适用中，归纳推理具有十分独特的功能。

归纳推理在判例法中的作用主要在于从以往的案件中提炼规则，也就是完成从案件事实到法律规则的转变。对于制定法来说，法律规则是先在的，因而只要解释法律就可以获得作为司法根据的法律规范。然而，在判例法的情况下，首先需要从以往的判例中寻找规则。我国学者指出：“归纳推理是从个别事实或经验推出一般或普通命题的过程，因此特别适用于判例法推理中的法律发现。在判例法制度下，法官用来判决的法律根据不是制定法的规定，而是通过对若干以往判例进行归纳一般化的规则。”② 由此可见，通过归纳推理发现法律在判例法中十分重要，这是由所谓法官造法的性质所决定的。在制定法的情况下，法官作为司法者的主要职责是适用法律，当然在适用之前还需要对法律进行解释。在通常情况下，法官并无造法职权，但在判例法中采用的是遵循先例原则，这里的先例就是法官通过归纳推理所获得的，由此而为待决案件的处理提供法律规则。我国学者在论及遵循先例原则之于普通法的重要性时，指出：“遵循先例原则在英美判例法体系中居于核心地位，它又如一根红线，将纷繁复杂的判例串联起来，形成统一、稳定、规范的判例法体系的链条。没有遵循先例原则，也就没有今天的英美法系，这样的说法毫不夸张。”③ 在判例法中，先例正是通过归纳方法和类比方法所获得，尤其是归纳推理在遵循先例原则的运用中发挥着重要作用。

在判例法中，法律规则来自案件事实，因此首先需要对法律规则与案件加以区隔。美国学者曾经对案件与规则的不同作了论述，认为规则是关于法律在各门类情况下对群体的人允许或要求什么行为的一般性陈述，案件则是关于法益曾经

---

① 李安：《归纳法在判例主义法律推理中的有效性与论证》，载《法律科学》，2007（2）。

② 秦策、张镭：《司法方法与法学流派》，243页，北京，人民出版社，2011。

③ 崔林林：《严格规则与自由裁量之间——英美司法风格差异及其成因的比较研究》，30页，北京，北京大学出版社，2005。

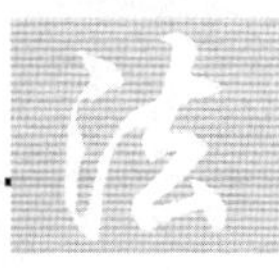

或可能作出解决纠纷行为的某个事件的简短故事。① 如果说，规则的性质和特征较为容易理解；那么，案件则稍微复杂一些。因为案件分待决案件和已决案件。对于待决案件来说，除了案件事实以外，还包含有待解决的纠纷或者争议。但对于已决案件来说，则除了案件事实以外，还包含法官的判决内容，即判决结论和理由。显然，只有从已决案件中才能提炼出法律规则，这种法律规则蕴含在法官的判决理由当中。在某个已决案件中，该判决理由具有个案的性质，其效力仅及于本案。这里的判决理由，是指法官为了支持其判决而提出的理由，即法官以先例中的关键事实为前提，对有关法律原则或规则所作的明确或隐含的阐述。判决理由概括了先例中的关键事实，并且规定了以后与这些关键事实相伴随的法律后果。② 因此，判决理由为此后同类案件的处理提供了规则。可以说，判例法的特征就在于从这些已决案件的判决理由中，通过归纳推理的方式抽象和提炼出法律规则，并将包含法律规则的已决案件确定为先例，以便在处理待决案件时作为判决的法律规则。

英国学者在论述判例法的归纳推理时指出："关于法律的司法推理可以被正确地描述为归纳推理，这种观念来自这样的事实，即一个法官经常从一项或更多的先前判决中析取出一项规则来裁判其面前的案件。作为选择，他有时确立一项规则，然后通过过去的判例来对其进行检验。第一个程序可能类似于科学家的归纳，他从特定的情况中形成普遍的事实命题。而第二种程序可能类似于所谓的'辅助归纳'（secondary induction），通过它，特定的情况被用来确立或否定一项已经形成的普遍命题。"③ 尽管英国学者指出了判例法中归纳推理与典型的归纳

① 参见［美］史蒂文·J. 伯顿：《法律和法律推理导论》，张志铭、解兴权译，17～18页，北京，中国政法大学出版社，1998。

② 参见崔林林：《严格规则与自由裁量之间——英美司法风格及其成因的比较研究》，57页，北京，北京大学出版社，2005。

③ ［英］鲁伯特·克罗斯、［英］J. W. 哈里斯：《英国法中的先例》（第四版），苗文龙译，208页，北京，北京大学出版社，2011。

推理存在一定的不同，但不可否认在判例法的司法过程中，归纳推理作为确定先例阶段的推理方法是确定无疑的。

二、案例指导制度中的归纳推理

我国实行的是制定法制度，刑法是主要法源。但我国从 2010 年开始建立了案例指导制度，它可以说是具有中国特色的判例制度。2010 年最高人民法院和最高人民检察院分别出台了《关于案例指导工作的规定》，标志着我国案例指导制度的正式建立。建立案例指导制度的初衷，是为人民法院的审判活动和人民检察院的检察活动提供司法规则，从而弥补法律与司法解释的不足。因此，案例指导制度是一种规则提供方式，它对于我国法律规则体系的完善具有重要意义。在最高人民法院和最高人民检察院建立案例指导制度以后，先后发布了多批次的指导性案例。这些案例为我们考察案例指导制度提供了依据。从形式上来看，最高人民法院的指导性案例在结构上分为裁判要点、相关法条、基本案情、裁判结果和裁判理由这五个部分。在此，引人关注的是裁判要点和裁判理由这两部分。其中，裁判要点是指导性案例所创制的司法规则，而裁判理由是司法规则赖以成立的根据。最高人民检察院颁布的指导性案例，从体例上来看，分为三个部分，这就是要旨、基本案情和诉讼过程。其中，裁判要点或者要旨是案例制度所创制的司法规则，也是指导性案例的精髓之所在。这里的裁判要点或者要旨其实就是一种从指导案例中归纳出来的司法规则，因而是通过对以往的案例的归纳推理而获得的，因而对后来处理类似案件具有指导意义。

我国的指导案例根据其功能不同，可以分为以下五种类型：第一是影响性案例。影响性案例是指社会广泛关注，群众反映强烈的案例。第二是细则性案例。细则性案例是指在法律规定较为原则时，将法律原则性规定语义细则化的案例。第三是典型性案例。典型性案例是指具有典型意义的案例。第四是疑难性案例。疑难性案例是指疑难复杂的案例。第五是新类型案例。新类型案例是指新出现并

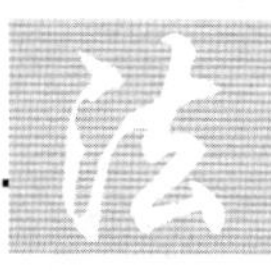

且具有一定典型性的案例。以上无论哪一种指导性案例都应当以创制规则为中心，否则就只具有示范意义而不会具有指导意义。也就是说，创制规则是案例指导制度的主要功能，尽管其所创制的功能不能超越罪刑法定的界限。

【案例52】 杨某虎等贪污案[①]

被告人杨某虎1996年8月任浙江省义乌市委常委，2003年3月任义乌市市人大常委会副主任，2000年8月兼任中国小商品城福田市场（2003年3月改称中国义乌国际商贸城，简称国际商贸城）建设领导小组副组长兼指挥部总指挥，主持指挥部全面工作。2002年，杨某虎得知义乌市稠城街道共和村将列入拆迁和旧村改造范围后，决定在该村购买旧房，利用其职务便利，在拆迁安置时骗取非法利益。杨某虎遂与被告人王某芳（杨某虎的妻妹）、被告人郑某潮（王某芳之夫）共谋后，由王、郑二人出面，通过共和村王某某，以王某芳的名义在该村购买赵某某的3间旧房（房产证登记面积61.87平方米，发证日期1998年8月3日）。按当地拆迁和旧村改造政策，赵某某有无该旧房，其所得安置土地面积均相同，事实上赵某某也按无房户得到了土地安置。2003年三四月份，为使3间旧房所占土地确权到王某芳名下，在杨某虎指使和安排下，郑某潮再次通过共和村王某某，让该村村民委员会及其成员出具了该3间旧房系王某芳1983年所建的虚假证明。杨某虎利用职务便利，要求兼任国际商贸城建设指挥部分管土地确权工作的副总指挥、义乌市国土资源局副局长吴某某和指挥部确权报批科人员，对王某芳拆迁安置、土地确权予以关照。国际商贸城建设指挥部遂将王某芳所购房屋作为有村证明但无产权证的旧房进行确权审核，上报义乌市国土资源局确权，并按丈量结果认定其占地面积64.7平方米。此后，被告人杨某虎与郑某潮、王某芳等人共谋，在其岳父王某祥在共和村拆迁中可得25.5平方米土地确权的基础上，于2005年1月编造了由王某芳等人签名的申请报告，谎称“王某祥与

① 参见陈兴良、张军、胡云腾主编：《人民法院刑事指导案例裁判要旨通纂》（下卷·第三版），2061～2062页，北京，北京大学出版社，2024。

王某芳共有三间半房屋，占地 90.2 平方米，二人在 1986 年分家，王某祥分得 36.1 平方米，王某芳分得 54.1 平方米，有关部门确认王某祥房屋 25.5 平方米、王某芳房屋 64 平方米有误”，要求义乌市国土资源局更正。随后，杨某虎利用职务便利，指使国际商贸城建设指挥部工作人员以该部名义对该申请报告盖章确认，并使该申请报告得到义乌市国土资源局和义乌市政府认可，从而让王某芳、王某祥分别获得 72 平方米和 54 平方米（共 126 平方米）的建设用地审批。按王某祥的土地确权面积仅应得 36 平方米建设用地审批，其余 90 平方米系非法所得。2005 年 5 月，杨某虎等人在支付选位费 24.552 万元后，在国际商贸城拆迁安置区获得两间店面 72 平方米土地的拆迁安置补偿（案发后，该 72 平方米的土地使用权被依法冻结）。该处地块在用作安置前已被国家征用并转为建设用地，属国有划拨土地。经评估，该处每平方米的土地使用权价值 35 270 元。杨某虎等人非法所得的建设用地 90 平方米，按照当地拆迁安置规定，折合拆迁安置区店面的土地面积为 72 平方米，价值 253.944 万元，扣除其支付的 24.552 万元后，实际非法所得 229.392 万元。

对于本案，浙江省金华市中级人民法院以杨某虎犯贪污罪判处有期徒刑 11 年，并处没收财产 10 万元。杨某虎案的裁判要点是：（1）贪污罪中的利用职务上的便利，是指利用职务上主管、管理、经手公共财物的权力及方便条件，既包括利用本人职务上主管、管理公共财物的职务便利，也包括利用职务上有隶属关系的其他国家工作人员的职务便利。（2）土地使用权具有财产性利益，属于《刑法》第 382 条第 1 款规定中的公共财物，可以成为贪污的对象。指导性案例 11 号杨某虎等贪污案中的“利用职务便利”具有不直接接触但对于公共财物具有支配权力的利用职务便利的特征。杨某虎的贪污手段是利用职务上的便利，骗取拆迁补偿款。从案件情况来看，杨某虎担任项目指挥部总指挥，而虚假的拆迁安置发放补偿款等行为则是在其指使下，由隶属的国家工作人员实施的。因此，在本案审理过程中，被告人杨某虎的辩护人提出杨某虎没有利用职务便利的辩护意

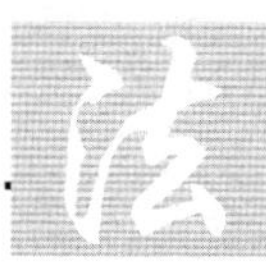

见。对此，法院认为：“义乌国际商贸城指挥部系义乌市委、市政府为确保国际商贸城建设工程顺利进行而设立的机构，指挥部下设确权报批科，工作人员从国土资源局抽调，负责土地确权、建房建设用地的审核及报批工作，分管该科的副总指挥吴某某也是国土资源局的副局长。确权报批科作为指挥部下设机构，同时受指挥部的领导，作为指挥部总指挥的杨某虎具有对该科室的领导职权。贪污罪中的‘利用职务上的便利’，是指利用职务上主管、管理、经手公共财物的权力及方便条件，既包括利用本人职务上主管、管理公共财物的职务便利，也包括利用职务上有隶属关系的其他国家工作人员的职务便利。本案中，杨某虎正是利用担任义乌市委常委、义乌市人大常委会副主任和兼任指挥部总指挥的职务便利，给下属的土地确权报批科人员及其分管副总指挥打招呼，才使得王某芳等人虚报的拆迁安置得以实现。”这一裁判理由将具有隶属关系的国家工作人员的职务便利归属于担任领导职务的杨某虎，将其认定为本案贪污罪的正犯，具有合理性，对处理同类贪污案件具有参照意义。此外，本案的另外一个规则将土地使用权界定为财产性利益，进而进一步将财产性利益解释为公共财物，这是将财产性利益纳入我国刑法保护范围的一个规定，对于惩治侵犯财产性利益的犯罪具有指导意义。我国刑法关于财产犯罪，包括贪污等职务型财产犯罪的规定，其保护法益是物权，这是没有问题的。因为刑法关于财产犯罪的规定都将犯罪对象规定为财物或者公私财物，这里的财物从民法上来说并不包括财产性利益。但在现实生活中出现了侵犯财产性利益的犯罪，例如侵犯股权、债权或者其他权利，这些权利并非物权，而是财产性利益。对于我国刑法中的财物，只有司法解释将贿赂犯罪中的财物，通过司法解释扩大为财产性利益。例如 2007 年 7 月 8 日最高人民法院、最高人民检察院《关于办理受贿刑事案件适用法律若干问题的意见》第 2 条关于收受干股问题，2016 年 4 月 18 日最高人民法院、最高人民检察院《关于办理贪污贿赂刑事案件适用法律若干问题的解释》第 12 条将贿赂犯罪中的财物扩张到财产性利益，而且进一步归类细分为：财产性利益包括可以折算为货币的物质利益如房屋装修、债务免除等，以及需要支付货币的其他利益如会员服务、旅游

等。该解释首次明确财产性利益包括可以折算为货币的物质利益和需要支付货币才能获得的其他利益两种，尤其是对后一种利益的明确，将有效解决案件中常见的请托人购买后转送给国家工作人员消费和请托人将在社会上作为商品销售的自有利益免费提供给国家工作人员消费两种情况，将有助于对贿赂案件的定罪判刑。但对于财产性犯罪，包括贪污罪的对象并没有类似解释。通过杨某虎贪污案的裁判要点确认了财产性利益可以成为贪污罪的对象，这一司法规则对于认定其他财产犯罪中的财物的范围也具有指导意义。

通过以上分析可以看出，我国案例指导制度虽然不同于判例法，但在一定程度上借鉴了判例制度，是在制定法之下作为补充的判例制度。指导案例中的裁判要点是从具体案件中归纳出来的，并对此后审理类似案件具有参照价值。因此在案例指导制度中，裁判要点的提炼不能离开归纳推理。案例指导制度中的推理也是各种推理方法的综合采用，而并非单一的推理方法。正如我国学者指出："案例指导的推理是根据从先例抽象出的裁判规范，通过演绎推理获得后案的裁判结果；或者通过类比推理，以先例裁判结果作为后案的裁判结果的依据或参照。它经常是从归纳推理到类比推理或演绎推理的过程。"① 指导性案例的参照适用中，归纳推理的主要作用在于发现裁判规则。当然，由于在指导性案例中，裁判规则以裁判要旨的形式已然被提取，法官只要直接参照适用即可，因此，对于具体案件参照指导性案例的适用而言，这个环节的发现裁判规则的归纳推理已经被指导性案例的创制者所完成。这是我国案例指导制度的一个特征，它区别于判例法适用中的归纳推理要由法官完成的情形。

① 方易、林荫：《从方法论的角度审视案例指导的司法运作过程》，载《法律适用》，2010 (2)。

第十三章 类比推理

类比推理是一种较为常见的推理方法，其特征是同类相比。在判例法中，类比推理是基本的推理方法，以此区别于制定法的演绎推理方法。当然，基于制定法中往往存在空框结构的立法现状，在制定法的适用过程中，也需要采用类比的推理方法。本章在对类比推理的概念和特征进行论述的基础上，重点对类比推理的适用进行考察。

第一节 类比推理的概念

类比推理（Analogieschluss）是指根据两个事项之间的相似关系所进行的逻辑推理方法。通常认为，类比推理是从个别到个别的推理，因此它既不同于从一般到个别的演绎推理，也不同于从个别到一般的归纳推理。作为一种法律推理方法，类比推理是从具体案例或者事项出发的推理形式，通过对具体判例或者事项与待决案件之间的类似性判断，在具体判例或者事项与待决案件之间寻找一种实

质的关系，然后按照一定的类比规则，从逻辑上推导出待决案件结论的过程。[①]因此，类比推理对于法律适用具有一定意义。

一、类比推理的含义

类比推理是相对于演绎推理和归纳推理而言的一种推理方法，然而类比推理较之演绎推理和归纳推理又更为复杂。主要原因在于：演绎推理和归纳推理只是两种单纯的推理方法，然而类比推理却直接对应于法律中的类推，因而需要厘清这些概念之间的关系。

类比推理可以缩写为类推，可以说，类比推理与类推这两个概念之间存在密切的关系。因此，如何确定类比推理和类推之间的关系就成为理解类比推理概念的关键。在某种意义上说，逻辑学中对类比推理的简称是类比而不是类推。例如我国学者在论述逻辑学中的类比概念的时候，指出："在逻辑学中类比就是类比推理，在这种情况下应当把类比理解为类比推理的简称。有时也可以把类比理解为比较，即类比是指两个并不等同却仅仅在某个方面看来对象之间有一致性的比较。如果从这种比较做出推理，这样的推理就叫作类比推理。"[②] 因此，类比推理是建立在两个事物的对比基础之上的推理方法。然而，类比推理和类推解释并不能相混淆。因为类比推理作为一种推理方法，其含义更为广泛，但类推解释则只是指类比推理方法在法律解释中的运用。当然，类推能否成为一种解释方法本身，在法学方法论中还是存在争议的。[③] 我国学者提出了刑法的类推解释思路，以此与传统的解释思路相对比，认为传统解释思路为界定相关概念来揭示事实构成的充要条件，并考察案件事实是否满足该充要条件。我国学者认为这一解释思

① 参见吴学斌：《刑法适用方法的基本准则——构成要件符合性判断研究》，240页，北京，中国人民公安大学出版社，2008。

② 王亚同：《类比推理》，1页，保定，河北大学出版社，1999。

③ 关于类推解释，参见本书第十章。

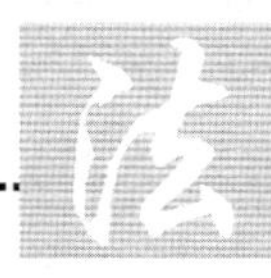

路适用范围狭窄、可操作性不强，并且可能得出不符合规范意旨的解释结论。在这种情况下，我国学者指出："类推解释思路通过将正在处理的案件事实与明显符合相关规则中的事实构成的典型案件事实进行比较，并考察它们之间的相似特征与差异特征是否具有相关性来做出判断。"① 这里所论及的类推解释思路，其实并非法律解释而是法律适用。作为解释方法的类推解释，是指对法律规定与待决案件是否具有类似性进行解释，它是一种找法活动。而将待决案件与符合法律规定的案件事实进行类似性的比对，其实是一种采用类比推理的法律适用。因此，虽然类推解释（更确切的表述是同类解释）和类推适用都采用类比方法，但两者的性质和目标有所不同，不能混为一谈。

类推和类比这两个概念非常接近，甚至在日常用语的意义上，将两者等同亦属正常。然而，在法学上，类推是一个专业术语，也就是对法律的类推适用。因此，在这个意义上的类推是一种法律适用方法。至于类比则是指推理方法，它与类推的连接点在于：类推是以类比推理为基础的，也就是说，类推是采用类比推理的一种法律适用方法。如果离开类比推理，也就是没有类推可言。因此，类比是类推的方法论基础，而类推则是类比推理方法在法律上适用中的实际运用。由此可见，类推推理和类比推理这两个概念的含义并不完全相同。例如美国学者在论及类推推理时指出："类推推理，亦就是把一条法律规则扩大适用于一种并不为该规则的语词所涉及的、但却被认为属于构成该规则之基础的政策原则范围之内的事实情形。"② 根据以上论述，则类推推理是法无明文规定情形下的类比推理。然而，在法律规定范围内，例如在兜底条款的情况下，以例举规定为比照对象，同样可以通过类比推理进行同类解释。由此可见，类比推理不仅在法无明文规定的情况下可以采用，而且在法律规定不明确的兜底条款的情况下，也可以采

① 陈坤：《类推解释思路及其运用》，载《法学》，2022（11）。

② ［美］埃德加·博登海默：《法理学：法律哲学与法律方法》，邓正来译，514页，北京，中国政法大学出版社，2017。

用类比推理进行解释。法律适用中主张类推，是指应当采用类比推理的方法适用法律。而法律适用中禁止类推，则是指禁止作为法律适用的类推制度，但并不禁止类比推理方法在法律适用中的作用。我认为，正确厘清类推与类比之间的关系，对于理解类比推理法律方法具有重要意义。正如我国学者指出："无论是当前的刑法理论界还是司法实践部门，大多数人已经将类推、类推解释与类比推理的内涵混为一团。当人们说类推有必要保留时，仔细分析其具体内容，实际上意指方法论上的类比推理应该提倡。当人们说类推应该禁止时，将类比推理这一非常重要，而且从法律发现的角度而言是不可能也不应该禁止的法律方法也莫名其妙地给禁止了。"① 由此可见，虽然类比与类推之间的关系十分密切，但两者还是应当加以严格区分：类推是一种法律适用的方法，但类比则是一种法律推理的方法。在刑法中，基于罪刑法定原则应当禁止类推，但不能由此而禁止类比推理。即使是在刑法禁止类推的法律语境中，类比推理仍然具有其存在的合理性与必要性。

应该指出，类比方法在法律适用中具有重大意义，例如美国学者庞德就提出了所有的解释都依据类比的命题，并且阐述了类比的重要性。庞德指出："我们的确需要一种类比，而且如果我们拥有一种工具，即当时占支配地位的活动解释事物的类比，那么对我们就会有很大的益处。因为它有可能产生种种与我们的法律应予适用的当时生活相一致的结果。这种类比必须为我们提供一种以活动为根据的法律史解释，引导我们不仅把法律制度视作是固有之物，而且把它们视作是被创造的事物；不仅把法律制度视作是传承至我们的传统之物，而且把它视作是人们在此前某个时代创制的事物，并且是那些相信它们的人在当下所创制的事物——而且在很大程度上也就是后者相信并需要的那种东西。"② 虽然庞德在此

① 吴学斌：《刑法适用方法的基本准则——构成要件符合性判断研究》，241页，北京，中国人民公安大学出版社，2008。

② ［美］罗斯科·庞德：《法律史解释》，邓正来译，203页，北京，商务印书馆，2016。

对类比方法的推崇不无扩大之处，但作为一种推理方法，类比确实在法律适用中发挥着其他法律方法不可替代的作用，这也是毋庸置疑的。

二、类比推理的性质

类比推理既不同于演绎推理，也不同于归纳推理，它是一种以同类相比为内容的推理方法。德国哲学家康德曾经指出："每当理智缺乏可靠的论证思路时，类比这个方法常常能指引我们前进。"[①] 由此可见，康德十分重视类比推理在论证中的作用。这里涉及类比推理的性质。在形式逻辑中，演绎推理是从一般到特殊，归纳推理是从特殊到一般。那么，如何理解类比推理的逻辑性质呢？对此，在法学方法论中存在争议。通说认为类推在形式逻辑上乃是演绎和归纳二者的结合。首先，要从法律规定的特殊情形中抽象出一个一般的思想（归纳）。此一般化的思想可谓"对比第三项"（tertium comparationis）。其次，再从一般的思想中推导出另一个特殊情形（演绎）。反对观点主张类推乃是一种从特殊到特殊的推理，因为被比较的毕竟只是两个构成要素而已。诉诸法的精神与目的不过是一种手段，探寻一般性的法思想并非必须为之。折中的观点则认为，演绎与归纳之结合存在于整体类推的情形，具体类推则通常是从特殊到特殊的推理。[②] 我认为，类比推理并不是简单地将演绎推理和归纳推理这两种推理方法并用，而是一种独立的推理方法。即使在法律的类推适用中也是如此，其逻辑基础应当确定为从特殊到特殊的推理，以此在逻辑性质上区别于演绎推理和归纳推理。类比推理的特殊性在于：在两个特殊事物之间进行相似性的对比，因此，在揭示类比推理性质的时候，需要对"类"和"比"这两个范畴进行考察。

---

① ［德］伊曼努尔·康德：《宇宙发展史概论》，147 页，上海，上海人民出版社，1972。

② 参见［德］托马斯·M.J. 默勒斯：《法学方法论》（第 4 版），379 页，北京，北京大学出版社，2022。

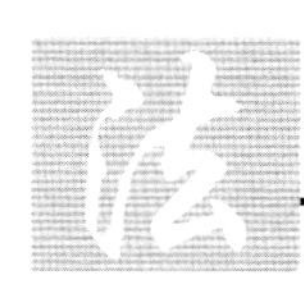

（一）类

所谓“类”是指性质上具有类似性，可以归之为同类。应当指出，同类和相同这两个概念还是有所不同的：同类是指两个事物之间具有类似关系，而相同则是指两个事物的同一关系。在论及类推的逻辑基础时，德国学者指出：“我们将类推理解为：将制定法针对某事实构成（A）或者若干彼此类似的事实构成而设定的规则，专用于制定法未做调整，但与前述事实构成‘类似的’事实构成(B)。转用的基础在于：由于在对法律评价有决定性意义的方面，两类事实构成彼此类似，因此应被相同评价，也就是说，转用是基于公正的要求：同类事物相同对待（Gleichartiges gleich zu behandeln）。”① 由此可见，类比推理是建立在两个事物之间的类似性的基础之上的一种推理方法。相对于演绎推理与归纳推理而言，类比推理的逻辑性往往受到质疑。对此，美国学者指出：“尽管类比不具有典型的确定性，但它的确提供了一种和朝前看的政策权衡不同的推理理性，从它基于寻求内在一致性的意义上说，这就是‘逻辑’。”② 由此可见，类比推理的逻辑性是不可否认的。类比推理的根据是事物之间的类似性，因此，如何界定这里的类似性就成为正确理解类比推理的关键之所在。从字面上分析，类似性存在于相同与相异之间：既非相同亦非相异。然而，类似性的含义并非如此简单，还需要加以逻辑分析。关于类似概念，英国学者奥斯丁曾经作过具体梳理，指出：“某些方面的类似，属于一种类似。在这里，类似这一词语，是以其最为广泛的意义而使用的。就其作为广泛的意义而言，所有具有共同特点的对象，都可以说成是类似的。根据这种较为宽泛的人们语言的使用，类似是个类概念。而且，某些方面类似也是依存其中的。但是，除了这种较为宽泛的语言使用，还存在着另外一个较为狭义的类似，这一类似，与某些方面类似，是相互对立的。在这种狭

① ［德］卡尔·拉伦茨：《法学方法论》（全本·第六版），黄家镇译，479页，北京，商务印书馆，2020。

② ［美］史蒂文·J. 伯顿主编：《法律的道路及其影响——小奥利弗·温德尔·霍姆斯的遗产》，张芝梅、陈绪刚译，194页，北京，北京大学出版社，2005。

义的类似中，当两个相似的对象，都属于某种确定的类概念，或者，都属于被清晰或含蓄指涉的种类，而且，都具有其他所有同类对象所具有的共同特点的时候，这样两个相似对象，便被说成是类似的。因此，类似是一个模糊的术语。到那个两个事物在狭义上是类似的时候，用在它们身上，既是严格的，也是恰当的。当它们具有某些方面的类似的时候，换句话说，在它们之中的一个，具有一个种类的全部特性，而另外一个，仅仅具有部分的特性的情况下，我们可以认为，这一名称对其中一个是恰当的，对另外一个，则是不恰当的，或者，这一名称对后者，仅仅是个类比修辞而已。"① 在此，奥斯丁区分了两种意义上的类似，这就是狭义上的类似和广义上的类似。其中，狭义上的类似是一个类概念，它具有同类对象所具有的共同特征。例如，枪支与大炮属于两种事物，但当其被归入武器这个类概念的时候，枪支与大炮之间的相异点被忽略，其相同点则被强调，因而属于同类事物。此时的相似就被转化为相同，在武器的意义上，枪支与大炮是相同事物。也正是在这个意义上，正如德国学者考夫曼所说的那样："当我们说，解释可以及于可能语义时，其实我们已经处在类推之中了，因为这种可能语义既非单义亦非相当，而只是一种类似。"② 然而，广义上的类似只是某些方面的相似，这才是真正意义上的类似。例如在没有归入武器这个类概念的情况下，枪支与大炮之间具有的是狭义上的类似关系。显然，类比推理，也就是类推意义上的类似性，是指上述狭义上的类似，也就是两个事物之间的类似而非同一抽象概念，亦被称为类型概念下的类似。在本书第十章关于类推解释的论述中，语义范围外的类推解释就是基于狭义上的类似关系所进行的类比推理，而语义范围内的同类解释则是基于广义上的类似关系所进行的类比推理。由此可见，类比推理中的类似性具有不同的含义，应当严格厘清。

---

① ［英］约翰·奥斯丁：《法理学的范围》，刘星译，139、140～141页，北京，中国法制出版社，2002。

② ［德］阿图尔·考夫曼：《类推与事物本质——兼论类型理论》，吴从周译，11页，台北，学林文化事业有限公司，1999。

（二）比

所谓“比”是指比较，也就是两个事物之间的对比。德国学者考夫曼曾经对演绎、归纳、设证和类推这四种推理方法进行了比较[①]，指出：演绎是从普遍到特殊的推理。也就是说，演绎是从普遍规则出发，将其适用于特殊事项。因此，对特殊事项的处理结论是从普遍规则中分析出来的，它是一种分析方法，其结论具有必然性。正是在这个意义上，考夫曼认为演绎并未扩展我们的认识。归纳是从特殊到普遍的推理，也就是从案件到规则。考夫曼认为归纳是综合的，它扩展我们的认识。但归纳的结论却是存在疑问的，归纳结论的准确性在一定意义上与归纳的基础成一种比例关系：归纳基础越是深厚，则结论的准确性程度越高；反之，归纳的基础越是单薄，则结论的准确性程度越低。这里的归纳基础也就是作为归纳前提的具体事项，只有在数量足够大的具体事项的基础上，才能推导出正确的结论。因此，归纳是一种有疑问的推理。设证是从特殊经由规则推论到特殊，也就是从案件（结论）经由规则到案件的推导过程。设证是以某种假设为前提的，从案件中提炼出某种规则，然后将该规则适用于具体案件。这里的设证推理，又称溯因推理（abductive reasoning），是由美国实用主义哲学家查尔斯·桑德斯·皮尔斯（Charles Sanders Santiago Peirce）创立的一种逻辑形式。设证推理是从结果寻求原因，需要对结果的生成进行解释。因此，设证推理是指从已知情况出发，通过提出、检验假设来认识其发生原因、情况的推理方式。这种推理是通过已有数据信息来回溯性地认知过去发生的事件，形成关于事件的假设，因而具有创造性。[②] 对于设证推理，考夫曼认为它是一种不确定的推理。在以上三种推理中，演绎和归纳是常见的逻辑推理方法。其中，成文法的适用过程通常表现为从抽象的法律规则到具体案件的推理过程，例如司法三段论就是如此。而归

---

① 参见［德］阿图尔·考夫曼：《法律哲学》（第二版），刘幸义等译，89页以下，北京，法律出版社，2011。

② 参见张保生：《法律推理的理论与方法》（修订版），217页，北京，中国政法大学出版社，2024。

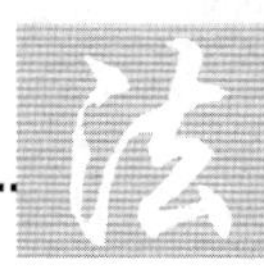

纳在法律适用中并不常见，因为归纳的结论并不具有确定性。至于设证，作为推理前提的规则是从具体案件中提炼出来的，这就不同于成文法的情况下抽象规则是立法机关制定的，因而似乎符合判例法的推理逻辑。设证是从特殊中先提炼出普遍规则，然后再将规则适用于具体案件，由于其推理的论据较为淡薄，因而设证的结论具有一定的或然性，其推理结论的确定性差于演绎推理和归纳推理。在以上三种推理形式的基础上，考夫曼对类推作了考察。令人惊诧的是，考夫曼直截了当地指出："类推（比较），不是逻辑的推理，而是一种带有相当复杂结构的比较。"① 考夫曼对此进行了论证，指出："我们无法直接从特殊推理到特殊，从一个案件推论到另一个案件（或结论）。因此，认为法律发现仅仅是一种案件比较而不需要规范（规则）的看法，也是不适当的。如果再说一次，类推不是一种逻辑的推理，它是循环式地在进行，因为它是同时在案件、规则及结论中进行的。这几个都是彼此互为条件的。因为类推本身不是逻辑推理，所以它在法律发现的过程中永远是与演绎、归纳和设证共同一起的。"② 应该说，比较本身确实不是推理，它只是为推理提供根据。这里的比较是指类推涉及在两个事物之间的对比，只有在两者之间具有类似性的情况下，才能进行由此及彼的推理。从这个意义上说，比较是类推的基础，在此基础上，类推必然还需要借助推理的逻辑方法，才能最终获得结论。因此，尽管在类推中应当强调比较的重要性，可以说没有比较就没有类推，但类推所具有的推理性质还是不可否认的，因为只有通过推理才能得出结论。法律适用需要的是结论，比较只是保证结论的准确性的手段而已。我国学者揭示了类比推理的特殊性，指出：类比推理是包含着实践理性特征的价值推理。因为类比推理主要不是靠逻辑驱动的，而是靠正义感或利益原则驱动，所以耶林才说，类推不能仅靠概念和逻辑。詹姆斯·歌德利也认为，在法律规则比较笼统抽象的情况下，法官从一个案件向另一个案件的类推推理，是受正义感、阶级倾向或个

① ［德］阿图尔·考夫曼：《法律哲学》（第二版），刘幸义等译，93页，北京，法律出版社，2011。
② ［德］阿图尔·考夫曼：《法律哲学》（第二版），刘幸义等译，93页，北京，法律出版社，2011。

人利益驱动的。因此，类比推理相对于演绎推理和归纳推理来说，具有一定的价值因素的考量。这主要是因为类似性的比较不像演绎推理那样完全靠逻辑驱动，而是在一定程度上取决于判断者的价值选择，因而其客观性存在某种疑问。尽管如此，我认为，类比推理具有法律推理的本质，应当将其归之于形式推理。①

从否定类推是一种推理方法的论据中可以看出，考夫曼强调类推是一种循环论证。这里涉及对推理这个概念的理解，推理是指从一定的前提出发，采取一定的逻辑方法，从而得出一定结论的思维过程。因此，推理活动从来都不是由单一的要素而是由相关要素组成的，并且这些要素之间存在一定的逻辑关系。因此，推理和解释是不同的。解释是对文本的含义的阐述或者诠释，因而解释是针对文本的解读。在解释中虽然会采取不同的方法，但解释本身则相对来说是较为简单的。推理则不同，推理中至少存在两个以上的要素。其中，作为典型的是演绎推理，可以分为三个环节，即大前提、小前提和结论。从一定的前提出发推导出一定的结论，因此演绎推理是最为典型的推理方法。其实，在类比推理中，比较只是推理的方法，其内容包含对两个具有相似性的事物进行比较，由此而将适用于一个事项的规则或者评价推而及于另外一个与之具有类似性的事项，因此，在类比推理中，处于同等地位的两个事项之间的推导关系是客观存在的，而并不仅仅是一种比较。我国学者对类比推理的过程作了如下描述②：

A 对象有 a，b，c，d 的属性；
B 对象有 a，b，c 的属性；
所以，B 对象有 d 属性。

从以上类比推理的形式结构可能看出，类比推理并不仅仅是比较，而是建立在比较之上的一种推理。

---

① 参见张宝生：《法律推理的理论与方法》（修订版），259 页，北京，中国政法大学出版社，2024。

② 参见陈锐：《法律推理论》，59 页，济南，山东人民出版社，2006。

三、类比推理的根据

如前所述，类比推理的核心要素是比较或者对比，其实，无论是比较还是对比都涉及两个事项，它是对两个事项之间关系的一种判断。那么，这种关系的内容是什么呢？其内容是类似性，可以说，类比推理是以相似性为根据的逻辑推理。正如我国学者指出："类比推理的形成主要是依赖于两个事项之间的相似性，如果没有这种相似性，则不能进行类比推理。因此，相似性才是类比推理的关键。"[①] 其实，各种推理处理的都是两个事项之间的关系，并且都具有各自的推理根据。例如演绎推理是以两个事项之间的涵摄性为根据的，归纳推理是以两个事项之间具有相同性为根据的。相对来说，演绎推理与类比推理的区别较为明显，但归纳推理与类比推理则容易混同。因为归纳推理是通过推理获得两个事项之间的共同属性，也就是从一定数量的个别事项推导出同类事项的一般属性，这些属性被各个事项所共同具备，因此归纳推理揭示的是一定数量事项之间的相同性，这就是归纳推理之从个别到一般的推理特征。类比推理通常认为是从个别到个别的推理，推理的根据是此个别与彼个别之间具有类似性。

在某种意义上说，类比推理中的类似性也正是事物之间的共同性，类比推理是要超越这种类似性而予以同等对待。例如德国学者指出："类比推理实际上蕴含着一个以内容评价为基础的一般化（Generalisierung）命题，即已在法律上作出规定的情形与法律上尚未作出规定的情形之间的区别并未重要到这样的程度，以至于可成为区别对待的正当理由。换言之，这两种情形之间的共同性（一般性）要素即足以构成对它们赋予相同法律后果的正当理由。这表明了，类比推理实际上只是同等对待原则的适用而已。"[②] 类比推理和归纳推理的区别主要还是

① 陈锐：《法律推理论》，61页，济南，山东人民出版社，2006。

② ［德］齐佩利乌斯：《法学方法论》，金振豹译，99页，北京，法律出版社，2009。

体现在：在推理根据而不是推理内容上，归纳推理不同于类比推理。当然，类比推理是要揭示两个事项之间的相似性，相同性与相似性其实只有一步之遥，但它却决定了归纳推理和类比推理在性质上的根本差别。

那么，在推理过程中如何判断两个事项之间的类似性呢？这里的类似性是在同与不同之间的一种形态。也就是说，如果两个事物完全相同，则不存在类似性；反之，如果两个事项完全不同，也不存在类似性。只有部分相同与部分不同并存的情况下，才具有类似性。德国学者在论述类比推理的类似性时指出："两个事项彼此类似是指在一些方面一致，在其他方面不一致。如果两者在所有方面都一致，则两者根本就是相同的。相关的两类事项既不能相同，也不绝对不同；它们必须恰好在对法律评价有决定性意义的方面一致。实际情况是否如此，不能仅借助逻辑学上的同一（Identität）与不同一（Nichtidentität）等范畴来确定，而是必须首先揭示在制定法规则中表现出来的对评价具有决定性意义的方面有哪些。接着得出肯定的确信：在所有这些方面上，待决的案件事实与制定法上的规定相一致；然后得出确信：两者间剩余的不同之处在这里不能排除这种法定评价，因此法学上的类推无论如何都是一种价值性的思维过程，而不仅仅是形式的一逻辑式思维过程。"① 在某种意义上说，类比推理并不完全是形式逻辑推理，由于其包含了一定的价值判断，因而具有辩证逻辑推理的性质。

类比推理所赖以依据的类似性，如前所述是相同与不同并存。但关键在于：何者相同，何者不同。也就是说，并非只要同时存在相同与不同的两个事项之间就必然具有类似性，而是要对相同与不同这两个要素进行具体分析。我认为，类似性之相同是指事物本质相同，而不同则是指事物形式不同。在这种情况下，相同之处对事项的性质具有决定性，而不同之处则并不影响事项的本质特征。这里涉及事物本质这个重要概念。可以说，类比推理就是建立在事物本质基础之上

---

① ［德］卡尔·拉伦茨：《法学方法论》（全本·第六版），黄家镇译，479～480页，北京，商务印书馆，2020。

的。德国哲学家伽达默尔从哲学意义上对事物的本质这个命题进行了论述，指出："事物（Sache）这个概念主要是由它的对立概念人来标记的。物和人这对对立命题的含义最初是在人对物所具有的显然的优越性中发现的。人表现为一种由于自己的存在而受尊崇的东西。另一方面，物则是那种被人使用、完全受人支配的东西。因此当我们碰到'事物的本质'这个表述时，它的要点显然是说，那可供我们使用并由我们支配的东西实际上有一种自身的存在，这使它能够抵制我们用不适当的方式去使用它。或者从积极的角度讲，它规定了一种适合于它的特定行为。然而，由于这种说法，人对于物所具有的优越性就被逆转了。与人所具有的在愿意时做互相适应调整的能力相比，'事物的本质'则是一种不能更改的给定性，我们必须适应这种给定性。物这个概念要求我们放弃一切有关我们自己的思想甚至强迫我们撇开任何关于人的考虑，从而保持它自身的重要性。"① 在此，伽达默尔从物与人之间的关系上对事物的本质作了深刻的揭示，其作用在于对人的主观能动性加以限制，因而事物的本质这个概念强调了客观性。伽达默尔在说明事物的本质的法律意义时，指出："事物的本质这个法律概念是一种界限，用来限制那些颁布法律的立法者的专横意志和对法律所作的解释。求助于事物的本质就是转向与人的希望无关的秩序。它企图确保生动的司法精神优于法律文字。因此，在这里，'事物的本质'同样是一种维护自身权利的东西，是我们必须尊重的东西。"② 由此可见，事物的本质是隐含在法律背后，对法律的解释与理解具有重要意义的东西。法律语言反映的是事物本质，因而在解释法律的时候不能忽略事物的本质，甚至应当受到事物本质的约束。

德国学者考夫曼提出了将类推与事物本质相勾连，在论述事物本质时指出："事物本质是一种观点，在该观点中存在与当为互相遭遇，它是现实与价值互相联系（对应）的方法论上之所在。因此，从事实推论至规范，或者从规范推论至

① ［德］伽达默尔：《哲学解释学》，夏镇平、宋建平译，71 页，上海，上海译文出版社，1994。

② ［德］伽达默尔：《哲学解释学》，夏镇平、宋建平译，72 页，上海，上海译文出版社，1994。

事实，一直是一种有关事物本质的推论。事物本质是类推（类似推理）的关键点，它不仅是立法也是法律发现之类推过程的基础。因此，它是事物正义与规范正义之间的中间点，而且本身是在所有法律认识中均会关系到的、客观法律语言的固有负载者。”① 虽然考夫曼的这段话讲得十分晦涩，但其基本含义还是可以理解的。根据考夫曼的观点，事物本质是决定类推结论正当性的根据。也就是说，之所以可以基于类似性而将某个法律规则适用于与该规则内容具类似性的案件，就是基于两者在事物本质上的共同性。从形态上的类似性到本质上的相同性，这就是类比推理的过程。考夫曼以相同事物相同对待为法理根据，论证了以类比推理为基础的类推具有一定的公正性。不得不说，这里的公正性是指建立在事物本质之上的实质公正，因而在允许法律续造的民法思维中是可以采用的。然而，类似和相同这两者之间毕竟还是存在区别的，在刑法思维中，由于受到罪刑法定的制约，因而只有具有相同性的事实构成才能适用刑法定罪。具有相似性的事实构成则属于法无明文规定的范畴，不得通过类推定罪处刑。由此可见，以类比推理为基础的有罪类推是违反形式理性思维的，在刑法中应当禁止。因此，建立在事物的类似性基础之上的类推，不能因为将这种类似性提升为事物的本质而改变其续造法律的性质。

第二节　制定法与类比推理

制定法适用主要采用司法三段论，这是一种演绎推理的形态。演绎的第一个环节就是大前提，这里涉及法律解释的问题。法律解释只不过是发现法律的一种方法，只有发现法律规则，演绎推理才能得以展开。如果对于待决案件没有法律规定，下一步就考虑是否存在与待决案件最相类似的法律规定，由此开始考虑采

① ［德］阿图尔·考夫曼：《类推与事物本质——兼论类型理论》，吴从周译，103、105 页，台北，学林文化事业有限公司，1999。

用类比推理的方法进行类推。因此，类推始于法律没有明文规定。如果法律有明文规定，则直接适用之，而没有必要采用类比推理的方法。因此，在制定法中，以类比推理为基础的类推主要是一种填补法律漏洞的方法，这在民法及其他私法领域适用较为普遍。但在刑法中，由于实行罪刑法定原则，因此禁止类推，但并不禁止类比推理方法的采用。当然，在法律有明文规定但其规定具有兜底性的条款适用中，同样可以根据法律所列举的事项作为比照对象进行类比解释。类比解释其实也就是类推解释，它是建立在类比推理基础之上的。由此可见，在刑法适用中，法无明文规定的类推是禁止的，但有利于被告人的类推除外。与此同时，法内类比解释则是允许的。在此，我主要在刑法意义上，对制定法中如何采用类比推理进行论述。

一、类比推理与刑法适用

如前所述，在罪刑法定的现代刑法语境中是禁止类推的，这里的类推是指不利于被告人的类推，尤其是入人以罪的类推。但刑法解释也并不排斥采用类比推理的方法，这主要表现在对兜底条款采用类比推理的方法进行解释，这就是同类解释。尤其是在我国刑法存在大量的兜底条款的情况下，同类解释具有广泛的适用空间。

值得注意的是，德国学者提出了内在于涵摄的类比的命题，并将之与作为漏洞补充手段的类比相区分。也就是说，类比可以分为两种：第一种是内在于涵摄的类比，第二种是作为法律漏洞补充手段的类比。对于作为法律漏洞补充手段的类比，这是我们熟悉的。那么，何谓内在于涵摄的类比呢？我国学者引述德国学者恩吉施的观点，对内在于涵摄的类比方法的运用逻辑进行了论述，指出，对在当时处于刑事司法关注中心的类推的阐明，必须从对法律涵摄的精确解释中获得出发点。推导出具体应然判断（涵摄）的活动的本质在于具体事实与规范规定之抽象事实构成间的等置（Gleichsetzung），即在将有待决定的案件与制定法规定

的案件之间进行比较之后的等同处置。因为，将一个生活事实涵摄于制定法事实构成特征之下，实际上无异于将个别概念（Individualbegriff）涵摄于一般概念（Allgemeinbegriff）之下。这一过程可以从两个维度进行描述，即：一方面是生活事实所包含的个别概念隶属于事实构成概念（一般概念）之下；另一方面则是将个案归入事实构成案件的经验性范围之内，即将个案包含进制定法事实构成预想和提及的案件种群之中。概念是用一个共同的名字对一组对象的指称，这些对象具有某些共同之处，它们分属同类（gleichgeartet）或至少是相似性（Ahnlichkeit），概念词（Begriffswort）以此正确地被使用。概念特征是对象特征上的同类性与相似性，这也是将这些对象关联为一个整体的原因。概念的经验性范围则是所有那些通过概念词所指称的对象种群，它们分享了同类性与相似性。将单个对象涵摄于概念之下，无异于将这个对象与被概念词习惯上或经由确证而指称的其他案件进行等置，因为它显示了与其他通过概念词所指称的对象同类或相似的特征。因此，将个案涵摄于制定法事实构成之下，意味着将个案事实完全或至少在其本质特征上与那些无疑被制定法事实构成预想与指涉的案件事实进行了等置。① 在上述论述中，所谓构成要件事实构成，在刑法教义学中是指犯罪论体系第一阶层的构成要件，它是犯罪的客观轮廓。将案件事实归入构成要件，也就是构成要件的该当性判断。通常来说，这就是定罪的演绎推理中的涵摄过程。因此，在制定法适用过程中的演绎推理，内含着类比推理。由此可见，演绎推理与类比推理之间在某种情况下具有一定的重合性。因为在演绎推理中，将案件事实归之于犯罪的构成要件的涵摄过程，如果该案件事实与构成要件的预设直接吻合，两者之间具有同类性，则其涵摄过程十分平顺丝滑，了无障碍。但案件事实与犯罪的构成要件并非完全相同，而是具有类似性的情况下，就需要进行等置性的判断。例如刑法中的抢劫是指当场使用暴力、威胁或者其他方法，劫取他人财物。这是一种典型的抢劫行为，其与抢劫罪的构成要件完全符合，可以直接认

---

① 参见雷磊：《类比法律论证——以德国学说为出发点》，25～26 页，北京，中国政法大学出版社，2011。

定。然而，在现实生活中存在另外一种劫取财物的行为，即使用暴力、威胁或者其他方法将他人劫持，然后要求其亲属或者其他关系密切者在不知情的情况下交付财物。此种行为不同于以勒索财物为目的的绑架罪，因为在这种绑架罪中，行为人是将被绑架人作为人质，利用对其生命安危的担忧而勒索赎金，因而具有绑架勒索的性质。但在上述行为中，交付财物者对劫持者的状态并不知情，而是在被劫持者的指令下交付财物，因而不属于以勒索财物为目的的绑架罪。这种情形与典型的抢劫罪也存在差别，典型的抢劫罪是劫取被害人所持有的财物，因而是劫取被害人所占有的财物。但在上述行为中，行为人强迫被害人在他人不知被劫持的状态下，让第三者交付财物。这种行为虽然与典型的抢劫罪在表现方式上存在某种差别，但从使用强制方法劫取他人财物这一本质特征上来说，完全符合抢劫罪的构成要件。这一认定过程，与直接的涵摄模式有所不同，因而称之为等置模式。在等置模式中采用的是类比方法。由此可见，在构成要件范围内进行涵摄的时候，不能排除类比方法的适用。

法律适用是将法律规定适用于具体案件的过程，因而其前提是存在法律规定。如果刑法对某个行为并没有规定为犯罪，当然就不能对该行为定罪处罚，这是罪刑法定原则的必然要求。但只要在不涉及入罪的情况下，并不是一切没有规定的行为都不能采用类比推理的方法适用立法者对其他行为所作的法律规定，而是完全可以采用刑法教义学的方法，从现有的法律规定中推导出一般的刑法教义，以此适用于与已有的法律规定类似的行为。

【案例53】刘某抢夺案①

2012年12月24日，刘某驾驶两轮摩托车在某市一路口趁行人贺某不备，将其随身携带的挎包抢走，内有一部手机、一张银行卡及密码纸条。后刘某根据密码纸条到某银行的自动取款机上提现5.3万元，并全部挥霍。

---

① 参见胡爱国、高丽：《抢夺信用卡并取款应定性为盗窃罪》，载《检察日报》，2013-09-06。

对于刘某抢夺信用卡并取款的行为如何定罪，在审理过程中存在以下四种观点：第一种观点认为，刘某抢夺他人信用卡，提取现金属于抢夺的后续行为，应构成抢夺罪。第二种观点认为，刘某抢夺他人信用卡，并在 ATM 机上使用，数额较大，符合信用卡诈骗罪的特征，应构成信用卡诈骗罪。第三种观点认为，刘某侵害被害人财产的实行行为是在 ATM 机上使用信用卡，因机器不可能被骗，根据关键行为定罪法，应当认定为盗窃罪。第四种观点认为，刘某行为既触犯盗窃罪，也触犯信用卡诈骗罪，属于竞合犯，应择一重罪处罚，根据有关规定，盗窃罪处罚较重，应按盗窃罪论处。

本案涉及的问题是抢夺信用卡并使用行为如何定罪的问题。对于这个问题，我国刑法并没有明文规定，但我国刑法存在类似规定，这就是《刑法》第 196 条第 3 款的规定："盗窃信用卡并使用的，依照本法第二百六十四条的规定定罪处罚。"这里的第 264 条规定的是盗窃罪，也就是说，盗窃信用卡并使用的，应当定盗窃罪而不是信用卡诈骗罪。那么，在解决抢夺信用卡并使用行为如何定罪问题的时候，能否比照刑法关于盗窃信用卡并使用以盗窃罪论述的规定呢？对此，首先必须判断《刑法》第 196 条第 3 款的性质问题，即这一规定到底是注意规定还是拟制规定？对此，我国学者认为这是拟制规定，指出："该款规定将部分信用卡诈骗行为认定为盗窃罪。即盗窃信用卡并对自然人使用的行为，原本符合信用卡诈骗罪的犯罪构成，但刑法仍然赋予其盗窃罪的法律后果正因为本款属于法律拟制，而非注意规定。因此，不能将本款规定推而广之。例如，行为人骗得他人信用卡之后对自然人使用的，不能认定为诈骗罪，而应认定为信用卡诈骗罪。行为人拾得他人信用卡并对自然人使用的，不能认定为侵占罪，也应认定为信用卡诈骗罪。"① 虽然在此我国学者只是论及骗取信用卡并使用和拾得信用卡并使用这两种情形不能认定为诈骗罪和侵占罪，而应当认定为信用卡诈骗罪，但如果将《刑法》第 196 条第 3 款确认为拟制规定，则其他取得信用卡并使用的情形，

① 张明楷：《刑法学》（下・第六版），1044～1045 页，北京，法律出版社，2021。

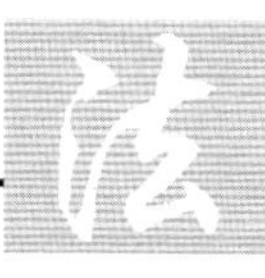

例如抢劫信用卡并使用和抢夺信用卡并使用的情形都不能认定为抢劫罪和抢夺罪，而都应当以信用卡诈骗罪论处。拟制规定在某种意义上说就是特别规定，因此，根据“例外规定不允许延伸”这一定理，当然不能再以此为根据进行类比推理。[①] 但如果这一规定不是特别规定而是注意规定，则另当别论。

在此，我们要追溯《刑法》第196条第3款规定的来源。我国最早对“盗窃信用卡并使用”行为的回应是1986年11月最高人民法院《对上海市高级人民法院就王平盗窃信用卡骗取财物如何定性问题所作的答复》，该答复指出：“被告人盗窃信用卡后又仿冒卡主签名进行购物、消费的行为，是将信用卡本身所含有的不确定价值转化为具体财物的过程，是盗窃行为的继续，应定盗窃罪。”此后，1995年全国人大常委会《关于惩治破坏金融秩序犯罪的决定》中规定：“盗窃信用卡并使用的，依照刑法关于盗窃罪的规定处罚。”及至1997年刑法修订，正式将上述规定吸纳到刑法之中，由此形成《刑法》第196条第3款的规定。不可否认，盗窃信用卡并使用的以盗窃罪论处的规定，是把使用信用卡的行为视同占有转移赃物的行为，是盗窃罪的不可罚的事后行为。而这一逻辑的前提又是信用卡项下财物的占有问题，关于这个问题存在两种不同观点：第一种是银行占有说，第二种是信用卡持有人占有说。如果持第一种观点，则占有信用卡还并不意味着占有信用卡项下的财物，只有使用行为才是占有转移财物的行为。因此，盗窃信用卡并使用的，应当以使用行为定罪，而这里的使用行为是冒用他人信用卡的行为，因此应当以信用卡诈骗罪论处。如果持第二种观点，则只要取得信用卡，就意味着占有信用卡项下的财物，至于此后的使用行为，相当于对已经取得的他人财物的处分。因此，决定犯罪性质的当然是取得行为而非使用行为。显然，我国《刑法》第196条第3款采用的是上述第二种观点。对于上述两种观点，我赞同第二种观点。这里涉及财产凭证的占有问题。财产凭证不同于财物本身，对于财

① 参见［德］卡尔·恩吉施：《法律思维导论》（修订版），郑永流译，186页，北京，法律出版社，2014。

物来说，占有是一种事实形态，当然亦存在规范占有的少数情形。但财产凭证是与财物相分离的，因此就会出现财物的占有与凭证的持有的分离状态。在这种情况下，财物的占有者当然是占有人，无论对其所占有的财物是否具有所有权。然而，凭证的持有人对凭证所记载的财产是否具有占有关系，这是一个值得研究的问题。传统理论认为凭证持有人对其所记载的财物只是具有债权关系，例如存款的占有。如果说在过去只有取款以后才能使用款项的条件下，存款人对存款只具有债权不存在占有的观点还有一定合理性，那么，在目前存款以银行卡（包括信用卡和借记卡）为凭证，并且可以直接像货币一样支付的情况下，持卡人对银行卡项下款项的支配关系越来越直接和紧密，这已经达到一种准占有的程度。因此，占有财产凭证即可视为占有了财产凭证所记载的财物。例如德国学者在论述盗取权利凭证时，指出："存折是《德国民法典》第 808 条规定的权利凭证（Legitimrtionspapiere）的高级形态。其中，债权人是具名的，在发行之后，债务人在出示文件的情况下才需要给付，并可将其中约定的给付以清偿的效果给予保有人，并不需要确证保有人有权以文件的单纯保有为基础。根据《德国民法典》第 925 条的规定，存折的所有权系'源自凭证的权利'（Recht aus dem Papier），也即其永远归属于贷款债权的债权人。在此种盗走案件中，盗窃罪的对象是作为他人可移动的物品的存折。对于占为己有意图的肯定而言，重要的是，行为人意欲通过对所有权人的权利的僭越，取得存折中所蕴含的物品价值，并将权利人长期地予以排除。"[①] 由此可见，德国刑法的通说是将占有或者持有财产凭证的行为认定为对财产凭证所记载的财物的占有，因自而盗取财产凭证的行为直接认定为盗窃罪。

我国司法解释对存折等财产凭证也持占有的意见，此种意见最初来源于对盗窃财产凭证的规定，这里的财产凭证包括有价支付凭证、有价证券、有价票证

① ［德］约翰内斯·韦塞尔斯、［德］托马斯·希伦坎普、［德］扬·舒尔：《德国刑法分论：侵犯财产价值的犯罪》，赵冠男译，131～132 页，北京，法律出版社，2023。

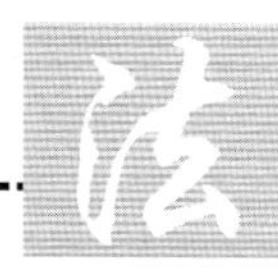

等。这些凭证虽然不是财物，但它具有财产价值，因而可以成为财产犯罪的对象。例如1984年11月2日最高人民法院、最高人民检察院《关于当前办理盗窃案件中具体应用法律的若干问题的解答》第3条第2项规定："盗窃有价证券的，如国库券、股票、已盖印或签字的支票和汇款单、不留印鉴的活期储蓄存折和已到期的定期储蓄存折，一般应按票面数额计算。盗窃不能随即兑现的证券，或将能随即兑现的证券销毁的，不宜按票面数额计算，可以作为情节予以考虑。"前引解答的这一规定虽然是针对盗窃数额计算问题的，但它明确了所列举的上述财产凭证可以成为盗窃罪的对象。由于当时我国金融还不发达，甚至在前引解答颁布时，我国还未发行信用卡，更不用说信用卡的普及，因而在前引解答中并没有涉及信用卡。但前引解答关于财产凭证可以成为财产犯罪对象的上述规定，显然会在信用卡流行以后，对盗窃信用卡行为的定罪处罚产生直接影响。可以说，《刑法》第196条第3款的规定直接渊源于前引解答的规定。此后关于盗窃罪的司法解释都沿袭了前引解答的规定。根据上述对《刑法》第196条第3款规定沿革的分析，我认为不能认为该规定是一种拟制规定，而是从盗窃罪关于占有财产凭证即占有财产凭证所承载的财物这一司法解释的逻辑所推导出来的必然结论。事实上，2005年6月8日最高人民法院《关于审理抢劫、抢夺刑事案件适用法律若干问题的意见》第6条第1款规定："抢劫信用卡后使用、消费的，以行为人实际使用、消费的数额为抢劫数额。"由于行为人意志以外的原因无法实际使用、消费的部分，虽不计入抢劫数额，但应作为量刑情节考虑。通过银行转账或者电子支付、手机银行等支付平台获取抢劫财物的，以行为人实际获取的财物为抢劫数额。前引意见第6条第1款虽然是针对抢劫罪的数额认定作出的规定，但它明确了抢劫信用卡并使用的，以抢劫罪论处的规则。

如果说对盗窃信用卡并使用的以盗窃罪论处，《刑法》第196条第3款作了明文规定；抢劫信用卡并使用的以抢劫罪论处，前引意见第6条第1款作了明确规定。那么，抢夺信用卡并使用的，刑法和司法解释未作规定，对此如何定罪处罚呢？上述刘某抢夺案中，作者的分析意见认为抢夺信用卡并取款应定性为盗窃罪，其理由在于：(1) 实行行为性质是确定犯罪性质的根据。侵占、拾取、盗窃等方式（不包含抢劫）获取他人信用卡的行为，因信用卡本身具有保密功能，非法占有信用卡并不能直接占有他人财产，侵占、拾取、盗窃信用卡本身并不能直接获取财物。如何定性需要依据后续的使用行为进行分析定性。刘某真正侵犯贺某财产的行为是在 ATM 机上提取现金，而不是抢夺信用卡行为本身。(2) 侵犯法益性质是界定犯罪性质的参照。信用卡诈骗罪侵犯的主要法益是信用卡管理、发放、使用秩序，信用卡交易安全和金融市场经济秩序。在 ATM 机上冒用他人信用卡，侵犯的只是持卡人对信用卡的使用权和信用卡账户内金融机构许可使用的资金安全，是金融机构与持卡人协议下的持卡人可以自由实现的债权，对此银行并不承担民事责任（挂失前），并不会影响信用卡的发放、管理和使用秩序，也不会侵害社会主义市场经济秩序。2008 年 5 月 7 日最高人民检察院《关于拾得他人信用卡并在自动柜员机（ATM 机）上使用的行为如何定性问题的批复》规定，拾得他人信用卡并在自动柜员机（ATM 机）上使用的行为，属于《刑法》第 196 条第 1 款第 (3) 项规定的“冒用他人信用卡”的情形，构成犯罪的，以信用卡诈骗罪论处，但抢夺他人信用卡并使用不宜适用此款。(3) 犯罪手段的实质是评价犯罪性质的依据。信用卡诈骗只是一种以信用卡为特定手段的特殊诈骗。诈骗罪的本质特征是虚构事实，隐瞒真相，骗取他人占有的财物。ATM 机根据既定程序认读了卡号与密码一致，就意味着信用卡使用者可以按照金融机构的规定进行交易，也就不存在金融机构被骗的问题。刘某在 ATM 机上冒用贺某信用卡，也没有对贺某实施欺骗行为。既然金融机构没有被骗，贺某也没有被骗，那么刘某提现行为就不是诈骗的问题。刘某在 ATM 机上冒用贺某信用卡提现，其结果是贺某可支配债权减少。刘某提取现金起实质作用的是盗窃手段，因而也不构成信用卡诈骗罪和盗窃罪的竞合。[①]

从以上理由可以看出，作者的分析意见存在三点值得商榷之处：第一，作者

① 参见胡爱国、高丽：《抢夺信用卡并取款应定性为盗窃罪》，载《检察日报》，2013－09－06。

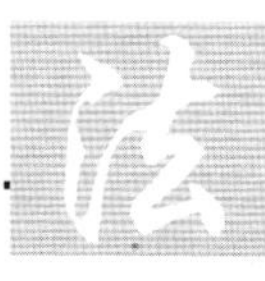

认为应当按照信用卡的使用行为定罪而不是按照信用卡的取得行为定罪，主要理由是取得信用卡本身并不能直接获取财物，如何定性需要依据后续的使用行为进行分析定性。这里涉及如何界定这里的财物，应该说，这里的财物并不是狭义上的物品和货币，同样包括财产凭证以及其他财产性利益。如果直接将信用卡确定为财产凭证，那么，利用行为只不过是占有以后的财产转移或者财产消费。因此，将信用卡的使用行为认定为犯罪的实行行为并不符合案件实际状况。第二，作者认为信用卡诈骗罪侵犯的主要法益是信用卡管理、发放、使用秩序，信用卡交易安全和金融市场经济秩序。我认为，这一对信用卡诈骗罪保护法益的理解并不准确。信用卡诈骗罪是诈骗罪的特别规定，其当然具有侵犯他人财产权的属性。由于它规定在刑法分则第三章扰乱市场秩序罪之中，因而它具有财产犯和秩序犯的双重性质。因此，对抢夺信用卡并使用的行为以抢夺罪论处，同样切合其财产犯的性质。第三，作者认为刘某提取现金起实质作用的是盗窃手段，因而既不能认定为信用卡诈骗罪也不能认定为抢夺罪，而应当以盗窃罪论处。作者这里所说的盗窃并不是对信用卡的盗窃，而是指对信用卡项下财物的盗窃。这一推定是以抢夺信用卡以后从银行自动取款机上提现为行为特征，以机器不能被骗为法理根据，由此得出的结论。因此，这也是对抢夺信用卡并使用，不以取得行为而以使用行为定罪为前提的。如果比照《刑法》第 196 条第 3 款规定，则可以直接得出以其取得行为，也就是抢夺行为定罪处罚的结论。因此，这里的关键问题还是在于对抢夺信用卡并使用的行为能否类比《刑法》第 196 条第 3 款规定的盗窃信用卡并使用的，以盗窃罪定罪处罚的规定进行适用的问题。

对抢夺信用卡并使用的行为与盗窃信用卡并使用的行为之间存在类似性，刑法对后者有明文规定，但对前者却没有明文规定。在这种情况下，对前者比照后者论处，就是一种类比推理。那么，这种类比推理是否被罪刑法定原则所禁止呢？我的答案是否定的。如前所述，罪刑法定原则所禁止的是将刑法并没有明文规定的行为入罪，由此扩张刑法的处罚范围。但在上述情形中，所涉及的行为按照刑法规定都构成犯罪，例如抢夺罪、盗窃罪和信用卡诈骗罪等，这里需要解决

的只是按照何种犯罪论处的问题。因此，类比推理方法在此处的采用并不违反罪刑法定原则。由此可见，刑法适用中在遵循罪刑法定原则的前提下，完全可以采用类比推理的方法。

在刑法适用中，我国在刑事审判中还援引司法解释作为规范根据，因此在某种意义上说，司法解释是我国刑法的法源。我国学者将司法解释称为副法体系，指出："刑事司法解释成为一种副法，并不主要在于其形式的相似性、数量的压倒性，更主要还是在于其真正成为刑法的补充，而在司法适用中取得了相对独立的地位。对司法解释在刑事判决中的援引就是这一地位的一个侧面反映。"① 然而，司法解释数量是有限的，它通常都是个别性规定，针对某个特殊问题或者案例作出规定。然而，在司法实践中存在着与司法解释规定具有相似性的事项，虽然司法解释没有对此作出规定，但法官可以采用类比推理的方式，从司法解释中提炼出一般性规则，并将其适用于类似案件。这里应当指出，受到罪刑法定原则的限制，不得采用类推方法将刑法没有明文规定的行为予以入罪，但对于不涉及入罪的事项，在刑事审判中完全可以采用类比推理的方法。例如 2016 年 11 月 28 日人民法院、最高人民检察院《关于办理非法采矿、破坏性采矿刑事案件适用法律若干问题的解释》第 11 条规定："对受雇佣为非法采矿犯罪提供劳务的人员，除参与利润分成或者领取高额固定工资的以外，一般不以犯罪论处。"前引司法解释第 11 条的上述规定对受雇佣为非法采矿犯罪提供劳务人员确立了处理规则，即不以犯罪论处。对非法采矿罪当然应当适用该规则。但在司法实践中，为经营性犯罪提供劳务是一种普遍现象，例如在组织卖淫嫖娼案件中提供劳务的、在非法经营案件中提供劳务的、在开设赌场案件中提供劳务的，等等。这种在经营性犯罪中提供劳务的共同特征是行为人明知是犯罪，在犯罪现场实施具有辅助性的劳务活动，从性质上来说，这些劳务活动的提供者属于共同犯罪中的帮助犯。但这些人只是一般雇员，并没有从经营性犯罪中获利。因此，在司法实践

① 林维：《刑法解释的权力分析》，444 页，北京，中国人民公安大学出版社，2006。

中，这些人员是否按照共犯追究责任，由于法律和司法解释没有明确规定，因而做法不一。我认为，在这种情况下，就可以依照前引司法解释第 11 条，将个别性规定引申为一般性规则，由此确立以下处理经营性犯罪案件的规则："对受雇佣为经营性犯罪提供劳务的人员，除参与利润分成或者领取高额固定工资的以外，一般不以犯罪论处。"将这一规则适用于类似案件的过程，事实上就采用了类比推理的方法。由此可见，类比推理在审判活动中具有适用的空间，只是不能违反罪刑法定原则。

二、类比推理与裁判说理

法律说理，亦可以称为裁判说理，这是一种法律论证的过程。司法活动是以法律为依据的裁判活动，但这并不意味着在司法活动中单纯依靠法律就能解决所有的案件争议或者疑难问题。在司法活动中尤其是在处理疑难案件的时候，还需要法律说理。

【案例 54】姚某受贿案[①]

2010 年上半年的一个周末，在成都某西餐厅，卢某对被告人姚某说，我这几年在雅安市医院做了一些业务，也赚了一些钱，我心里一直想对你表达感谢，还记着要给你 160 万元，当你不当国家公职人员或者你缺钱的时候我再给你。姚某对卢某的承诺表示认可，说我现在也不需要钱，先放在你那里。对于本案，雅安市中级人民法院一审判决认为，被告人姚某构成受贿罪未遂。主要理由是：姚某曾利用职务便利，帮助卢某谋取了大量利益，且双方就受贿已经达成一致意见，约定在达到某种条件后，完成贿款的交付，但由于姚某意志以外的因素（案发），导致姚某没有实际拿到该款，因此姚某的行为已经构成受贿犯罪未遂。被

① 参见魏东：《刑法分则解释论要》，483～484 页，北京，北京大学出版社，2020。

告人姚某不服判决提出上诉，四川省高级人民法院二审认为，行贿人卢某与姚某虽有事前约定，姚某也利用职务上的便利为卢某谋取了利益，但姚某未收受或实际控制款项就已经案发，且在案证据证实该款项仅是卢某对姚某的承诺，并未以任何形式单独存放。据此，二审判决认为，治定收受该款项不能认定为受贿罪。

值得注意的是，二审判决引用了2007年最高人民法院、最高人民检察院《关于审理受贿刑事案件适用法律若干问题的意见》第10条的规定，国家工作人员利用职务上的便利为请托人谋取利益，与请托人事先约定，在其离退休后收受请托人财物，应认定为受贿。在这一规定中，提到了事先约定，在离退休以后收受的，构成受贿罪。但如果只有事先约定但没有事后收受，是否构成受贿罪呢？二审判决认定，这种情况不构成受贿罪。

在司法实践中，约定受贿是指国家工作人员利用职务上的便利为请托人谋取利益，约定收受或索取财物，但至案发并未实际占有相关财物的情形。约定受贿如何处理，在我国司法实践中存在较大争议。之所以存在争议，主要与我国贿赂犯罪的罪名设置相关。我国刑法对受贿罪和行贿罪分别设立罪名，并且根据主体、对象分别设立了普通受贿罪和行贿罪，非国家工作人员犯受贿罪和行贿罪，单位犯受贿罪、单位行贿罪和向单位行贿罪，以及利用影响力受贿罪和对有影响力的人行贿罪等罪名。这些罪名虽多，并没有根据贿赂犯罪的行为方式的特点设立罪名，即使是受贿罪的收受贿赂和索取贿赂也只是受贿罪的两种行为方式，但并没有分别设立罪名。但我国台湾地区“刑法”则根据贿赂犯罪的行为方式对受贿罪分别设立要求贿赂罪、期约贿赂罪和收取贿赂罪，行贿罪则对应地设立行求贿赂罪、期约贿赂罪和交付贿赂罪。上述受贿罪和行贿罪的罪名具有对应关系，其中期约受贿罪就是指受贿人和行贿人就贿赂达成合意，相当于我们所说的约定受贿。正如我国台湾地区学者指出，受贿罪之要求、期约与收受等三行为具有先后顺序的阶段性：要求系期约或收受行为的先行为，期约则系收受行为的先行为。虽然并非所有的受贿行为均有这三个阶段的行为，但是收受行为若存有阶段

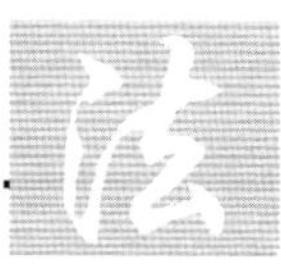

现象，即先要求，次期约，后再收受，若三者具有时空的紧密关系者，则即形成要求贿赂、期约贿赂与收受贿赂的法律单数中的补充关系，只要适用收受贿赂罪处断即为已足，要求或期约即被排斥而不适用。若三者不具时空的紧密关系者，则要求或期约即属不罚的前行为，只要适用收受贿赂罪处断，即为已足。[①] 由此可见，约定受贿在我国台湾地区“刑法”中本身就是一个独立罪名，对此可以直接定罪。但在我国刑法中，受贿是以收受财物作为实行行为的，对此之前的行为只能按照未完成罪论处，因此容易产生争议。我国学者指出，约定受贿不是一种法定的受贿类型，在我国刑法中亦无明确规定，但实践中却大量存在。根据约定受贿人是否着手实施受贿行为及实际控制财物，可认定约定受贿不成立犯罪、受贿罪未遂或受贿罪既遂。[②] 在姚某受贿案中，对于姚某约定受贿行为如何处理，一审判决认为构成受贿罪的未遂，但二审判决则认为不构成犯罪，两者之间关系到罪与非罪的区分，可谓差别重大。

在二审判决理由中，在姚某约定受贿的无罪理由中，采取了类比推理方法，这是值得重视的。我国学者对此作了进一步论述，指出：前引意见第 10 条规定，“国家工作人员利用职务上的便利为请托人谋取利益之前或者之后，约定在其离职后收受请托人财物，并在离职后收受的，以受贿论处”。根据该规定，国家工作人员完成谋利事项并约定离职后收受财物的，只有实行了“离职后收受的”，才构成受贿犯罪。换言之，如果国家工作人员离职后没有收受财物的，即便谋利事项已经完成且双方有给予财物约定，也不宜认定为受贿犯罪，而无论是“离职后”还是约定其他收受财物的条件，本质上并无区别。可见，据此司法解释，对于国家工作人员和请托人单纯约定给予财物但尚未实施收受财物行为的，一般不宜认定为受贿犯罪成立，包括以预备犯进行定罪处罚。[③] 我认为，以上论证的结

---

① 参见林山田：《刑法各罪论》（下册·修订五版），17 页，北京，北京大学出版社，2012。

② 参见李丁涛：《准确认定约定受贿的犯罪形态》，载《中国纪检监察报》，2021－10－02。

③ 参见王爱平：《仅约定但尚未取得财物行为如何认定》，载《中国纪检监察报》，2020－04－01。

论是合理的。离退休国家工作人员收受财物如何处理，这是我国在惩治贿赂犯罪中的一个疑难问题。对于这一问题，1989 年 11 月 6 日最高人民法院、最高人民检察院《关于执行〈关于惩治贪污罪贿赂罪的补充规定〉若干问题的解答》明确规定："已离、退休的国家工作人员，利用本人原有职权或地位形成的便利条件，通过在职的国家工作人员职务上的行为，为请托人谋取利益，而本人从中向请托人索取或者收受财物的，以受贿罪论处。"这一规定将离、退休的国家工作人员解释为受贿罪的主体，这明显超越了国家工作人员的正常范围，因而有所不妥。此后，2000 年 7 月 21 日最高人民法院《关于国家工作人员利用职务上的便利为他人谋取利益离退休后收受财物行为如何处理问题的批复》明确规定："国家工作人员利用职务上的便利为请托人谋取利益，并与请托人事先约定，在其离退休后收受请托人财物，构成犯罪的，以受贿罪定罪处罚。"这一规定限制了离、退休国家工作人员构成受贿罪的范围：只有在职时与其他人约定，在其离、退休以后收受财物的情形，才构成受贿罪。及至 2009 年《刑法修正案（七）》增设利用影响力受贿罪，将离职（包括离、退休）的国家工作人员规定为该罪主体，才彻底解决了离、退休国家工作人员收受财物的定罪问题。从以上法律和司法解释的演变过程来看，约定受贿与国家工作人员与请托人事先约定并在其离退休后收受请托人财物的情形之间具有类似性，因而比照司法解释关于国家工作人员约定离、退休收受财物的规定，对于约定受贿的情形，只要没有实际收受财物则不以受贿罪论处，这一类比论证具有较强的说服力。

三、类比推理与论辩说理

在司法活动中，除了法官的裁判说理以外，控辩双方在履行职责的时候，都需要论辩说理。论辩说理可以说是法律适用中，各方参与者履责的主要手段。论辩说理活动中经常会采用类比推理的方法，它从法律或者司法解释对其他事项的规定引申出一定的规则，然后适用于所争议问题或者所主张观点。在某种意义上

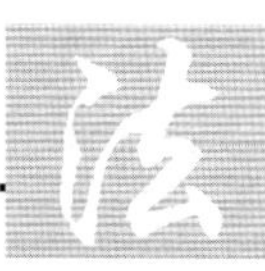

说，这种以类比推理为方法的论辩说理，相比于那些单纯的法理论证更具有说服力。因为单纯的法理论证与现有的法律和司法解释没有任何关联，其能否为对方所接受，完全取决于法理本身的逻辑性。然而，在类比推理的情况下，尽管对参与者所关注的问题法律或者司法解释没有直接规定，但通过类比推理所获得的结论，因为是以法律或者司法解释为类比对象的，因而其结论介乎于理与法之间，将法内化于理，由此可获得较之单纯法理更强的论辩效果。

律师在刑辩过程中，为履行辩护职责，需要采用一定的方法进行论辩说理。其中，类比方法是一种具有说服力的方法。例如在司法实践中涉及向国家机关工作人员行贿的案件，对于这类案件事实本身并没有争议。如果认定为向国家机关工作人员行贿并且达到一定数额，司法解释对此规定了特殊法律后果。2016 年 4 月 18 日最高人民法院、最高人民检察院《关于办理贪污贿赂刑事案件适用法律若干问题的解释》第 7 条第 2 款规定：行贿数额在 1 万元以上不满 3 万元，具有下列情形之一的，应当依照《刑法》第 390 条的规定以行贿罪追究刑事责任：其中第 4 项规定：向负有食品、药品、安全生产、环境保护等监督管理职责的国家工作人员行贿，实施非法活动的；第 5 项规定：向司法工作人员行贿，影响司法公正的。在上述司法解释的规定中，都涉及向特定人行贿成立行贿罪的情节严重的特殊认定标准，除了特定人的身份以外，还规定了附加条件。例如，对司法工作人员行贿的，除了达到一定的数额标准以外，还要求影响司法公正。但在司法机关办理行贿案件的时候，通常对“影响司法公正”这一要件并未实质性地把握。因此，辩护人在为某个行贿案件辩护的时候，就需要启用“影响司法公正”这一要素。在司法实践中，对于上述司法解释规定的附加条件如何理解，存在独立要件说与从属要件说之争。所谓独立要件说，是指影响司法公正是行贿罪的情节严重成立的一个独立要件，需要在数额以外进行独立判断。也就是说，即使是向司法工作人员行贿数额达到一定的标准，也并不必然成立行贿罪的情节严重，还要考察是否具备影响司法公正这一要件。与之相反，从属要件说则认为，影响司法公正并不是行贿罪的情节严重成立的一个独立要件，而是从属于向司法工作

人员行贿数额达到一定的标准的要件，只要具备向司法工作人员行贿数额达到一定的标准的要件，同时也就具备影响司法公正这一要件。在我国司法实践中，通常都采用从属要件说。但最高人民法院司法解释起草者认为，对前引司法解释第7条第2款第4项“向负有食品、药品、安全生产、环境保护等监督管理职责的国家工作人员行贿，实施非法活动的”和第（5）项“向司法工作人员行贿，影响司法公正的”规定中的“实施非法活动”和“影响司法公正”，应作客观化理解，只有客观实施了非法活动或者实际发生了影响司法公正的结果，才适用该两项规定。[①] 这里的客观化理解是把影响司法公正视为一种结果，它独立于行为，要求对其进行独立判断。由此可见，最高人民法院司法解释起草者对影响司法公正采用的是独立要件说的观点。如果对此进行论证，可以采用类比推理的方法。类比对象是最高人民法院颁布的王某军非法经营案[②]，本案再审判决认为，原判决认定的原审被告人王某军于2014年11月至2015年1月期间，没有办理粮食收购许可证及工商营业执照买卖玉米的事实清楚，其行为违反了当时的国家粮食流通管理有关规定，但尚未达到严重扰乱市场秩序的危害程度，不具备与《刑法》第225条规定的非法经营罪相当的社会危害性、刑事违法性和刑事处罚必要性，不构成非法经营罪。本案的原一审判决对王某军适用刑法第225条第4项规定的“其他严重扰乱市场秩序的非法经营行为”，但并没有考察王某军的违反粮食流通管理规定，无证照买卖玉米的行为，是否具有严重扰乱市场秩序的性质。因此，本案的裁判要点指出：“刑法第二百二十五条第四项规定的‘其他严重扰乱市场秩序的非法经营行为’的适用，应当根据相关行为是否具有与刑法第二百二十五条前三项规定的非法经营行为相当的社会危害性、刑事违法性和刑事处罚必要性进行判断。”从“其他严重扰乱市场秩序的非法经营行为”的规定来看，

① 参见裴显鼎、苗有水、刘为波、王坤：《〈关于办理贪污贿赂刑事案件适用法律若干问题的解释〉的理解与适用》，载《人民司法（应用）》，2016（19）。

② 参见陈兴良、张军、胡云腾主编：《人民法院刑事指导案例裁判要旨通纂》（上卷·第三版），600～602页，北京，北京大学出版社，2024。

包含两项内容：第一是非法经营的行为，第二是严重扰乱市场秩序的结果。根据指导案例的裁判要点，在认定根据《刑法》第225条第4项构成非法经营罪的时候，不仅要考察是否存在其他非法经营行为，而且要判断是否严重扰乱市场管理秩序。这一裁判要点，对于理解“向司法工作人员行贿，影响司法公正”这一规定具有参照意义，这里采用的就是一种类比推理的方法。

第三节　判例法与类比推理

如果说，在制定法的适用中类比推理还只是一种补充性的方法，其主要的推理方法是演绎推理，那么，在判例法的适用中类比推理占据着十分重要的地位。正如美国学者指出：“普通法推理和所有推理的核心是类比推理。”①

一、判例法中的类比推理

判例法中的判例亦称为先例，在判例法中最为重要的原则是遵循先例(stare decisis)。英国学者指出：“在一个判例法为基础的制度中，后来案件的法官必须尊重这些原则；它们不仅仅像在某些其他法律体系中那样，是后来案件的法官在准备作出裁决时可以考虑的材料。英国法在很大程度上是一种判例法体系，这个事实意味着法官在某一特定案件中的判决构成了先例。”② 如果仅仅就先例适用于具体案件而言，这显然是一种演绎推理。然而，这里的先例并不是现成放在那里等着法官去适用的，先例需要寻找。在判例法中寻找先例的过程，恰似在制定法中解释法律的过程。不同在于：在判例法中先例是通过待决案件与先

① ［美］布莱恩·比克斯：《法理学：理论与语境》，邱昭继译，179页，北京，法律出版社，2008。

② ［英］鲁伯特·克罗斯、［英］J.W.哈里斯：《英国法中的先例》（第四版），苗文龙译，5页，北京，北京大学出版社，2011。

前判例在比对中获得的，因此确定所采用的先例的过程，就是一个类比推理的过程。英国学者对判例法适用的过程作了全面描述，指出："就一个单独的先例而言，可以指出类推司法推理的三个阶段，尽管这并不说明在实践中它们总是分离的。首先是对先前判例和法院面前的案件之间相关类似性的理解。接下来要确定先前判例的判决理由，最后决定将该判决理由适用至当下这个案件中。类推可以被认为是在第一个阶段适用，它在第二个阶段不起作用，但是在第三个阶段它经常起到了决定性作用。在该阶段，法官必须考虑它面前这个案件的事实和先前那个判例事实是否类似到足以适用其判决理由，或者说服他愿意的话就可以适用它。"① 英国学者在这里所说的类推其实更确切的翻译是类比，这是一种推理方法。

在判例法的适用中，需要采用类比推理的方法。在以上论述中，英国学者除了论及在第一个阶段先例与待决案件的类似性比对需要采用类比推理方法以外，尤其强调了在第三个阶段，将先例适用于待决案件的过程也是一个类比推理，而不是像我在前面所说的演绎推理。这里需要指出，判例法中根据先例进行的推理模式亦被称为例推法，美国学者在论述例推法（reasoning example）时，指出："普通法中，类推推理有时会被认为就是比较一下案件之间的异同而已。如果这些观念准确地反映了现实，那么我们就可以认为类推推理与先例推理在性质上截然不同，因为后两者都归结到某些标准上来。然而，上述观念并不准确。类推推理与先例推理之间的区别仅仅在于形式。"② 因此，美国学者的结论是：在判例法中类推推理和先例推理虽然在形式上不同，但在性质上是可以等同的。美国学者指出："类推推理和先例推理仅仅在形式上有所区别而实质上是一样的，除非指导先例推理的制度也指导类推推理，否则制度原则的完整性不能明显地被保

① ［英］鲁伯特·克罗斯、［英］J. W. 哈里斯：《英国法中的先例》（第四版），苗文龙译，209 页，北京，北京大学出版社，2011。

② ［美］迈尔文·艾隆·艾森伯格：《普通法的本质》，张曙光、张小平、张含光等译，108 页，北京，法律出版社，2004。

持。相应的，假如先例中被宣告的规则充分满足社会一致性和体系一致性标准，并因此必须被适用于该规则规定的范围内的不能区别对待的案件，则该规则也必须被扩展适用于那些虽然不在规则规定的范围之内但是不能被区别对待的案件。满足先例原则条件的先例通过类推取得跟直接适用一样的约束力。”① 例推法的确切含义应该是指以先例为大前提，以待决案件为小前提，最后得出判决结果。因此，我国学者认为例推法属于演绎推理，指出：“无论是大陆法系的演绎法，还是英美法系的例推法，其司法判决模式都是遵循司法三段论的涵摄模式，本质上并没有太大的差别，只不过大陆法系更注重法律体系的逻辑性，而英美法系则更侧重于对具体案件争议的解决。”② 在我看来，虽然例推法的推理过程似乎符合司法三段论演绎推理的形式，但就以先例与待决案件的类似性为推理根据而言，其确实具备类比推理的特征。正如我国学者指出：“从逻辑上说，例推法不同于从具体到一般的推理，也不同于从一般到具体的推理，而是从具体到具体的推理。它实际上是在两种具体情况（both particulais）都从属于同一个项(term)，并且在其中一个具体情况已知的条件下的范畴。它根据两个对象在一系列属性上是相同（或相似）的，而且已知其中的一个对象还具有其他特定属性，由此推出另一个对象也具有同样的其他特定属性的结论。它建立在相同点的基础之上，以相同点作为两个对象类推的媒介。由此例推模式或例推法可以分析为类比推理的特例。”③ 由于在判例法中采用例推法，因而可在一定程度上实现类似案件类似处理的公正原则。

值得注意的是，美国波斯纳法官对类比推理在判例法中的功能提出了质疑，认为类比推理没有确定的内容，或是内容不完整：它是一种不确定的、互无联系的推理方法。波斯纳甚至否认类比推理是一种推理方法，指出：“即使类比推理

① ［美］迈尔文·艾隆·艾森伯格：《普通法的本质》，张曙光、张小平、张含光等译，124页，北京，法律出版社，2004。

② 张其山：《司法三段论的结构》，33页，北京，北京大学出版社，2010。

③ 王洪：《制定法推理与判例法推理》（第三版），300～301页，北京，中国政法大学出版社，2022。

不是修辞的、略省三段论的、虚幻的或纯装饰的，实际上，它也还不是一种推理的方法，它并不能链接前提和结论。”① 当波斯纳说类比推理不是一种推理方法的时候，这个判断本身就是自相矛盾的。其实，波斯纳的意思是：类比推理不是演绎推理和归纳推理那样的推理方法。两者的差别就在于：演绎推理和归纳推理的内容具有确定性，这里的确定性实际就是必然性所带来的形式性，因而演绎推理和归纳推理具有形式推理的性质。因而，波斯纳所否认的是类比推理具有形式推理的功能。波斯纳认为通过类比推理获得的先例对于决定当前案件时，仅仅是有用的资料来源，但是，真正作出这种决定还需要有一个全新的道德判断或政策判断。波斯纳指出：“是把法律先例作为一种信息，还是作为一种权威，这种区分看来也许是低估了这一事实，即，对于决定当前的案件来说，见于先前的同一、同级或上级法院的决定中的价值、考虑因素、政策以及道德洞识要比见于其他资料中的价值、考虑以及其他因素有更大的分量，也就是更有权威性。”② 显然，波斯纳是在判例法意义上讨论类比推理的作用的，他认为类比推理只是法律先例，因而类比属于发现的逻辑而非证实的逻辑。对于处理当前的案件而言，类比推理的作用是极为有限的，而实质判断才是更为重要的。不能说波斯纳的这些论述没有根据，但想要将类比推理的功能夸大到解决法律适用的所有问题显然并不妥当。可以说，类比推理只能承担其所能够承担的使命。因此，相对于制定法的适用而言，类比推理在判例法适用中的作用更为重要，这应该是一个不争的事实。

二、案例指导制度中的类比推理

我国虽然实行制定法，但随着案例指导制度的建立，同样涉及在参照指导案

① ［美］理查德·A. 波斯纳：《法理学问题》，苏力译，118 页，北京，中国政法大学出版社，2002。
② ［美］理查德·A. 波斯纳：《法理学问题》，苏力译，119 页，北京，中国政法大学出版社，2002。

例的时候，如何采用类比推理的问题。应该说，我国的案例指导制度不同于英美的判例法，这主要表现为：英美判例法是以先例为类比对象的，因而主要采用类比推理的方法。我国案例指导制度除了案例之外，最高人民法院和最高人民检察院从案例中提炼出裁判要点或者要旨，这些内容本身就具有司法规则的性质，在一定程度上已经与具体案例相分离。因此，在参照指导案例的时候，脱离案例直接参照司法规则处理案件，也是没有障碍的。某些指导案例并未创制规则，而只是具有示范功能。有些指导案例的裁判要点甚至只是对已有的司法解释的重复。

【案例 55】潘某梅、陈某受贿案[①]

2003 年 8、9 月间，被告人潘某梅、陈某分别利用担任江苏省南京市栖霞区迈皋桥街道工委书记、迈皋桥办事处主任的职务便利，为南京某房地产开发有限公司总经理陈某某在迈皋桥创业园区低价获取 100 亩土地等提供帮助，并于 9 月 3 日分别以其亲属名义与陈共同注册成立南京多贸工贸有限责任公司（简称多贸公司），以“开发”上述土地。潘某梅、陈某既未实际出资，也未参与该公司经营管理。2004 年 6 月，陈某某以多贸公司的名义将该公司及其土地转让给南京某体育用品有限公司，潘某梅、陈某以参与利润分配名义，分别收受陈某某给予的 480 万元。2007 年 3 月，陈某因潘某梅被调查，在美国出差期间安排其驾驶员退给陈某某 280 万元。案发后，潘某梅、陈某所得赃款及赃款收益均被依法追缴。2004 年 2 月至 10 月，被告人潘某梅、陈某分别利用担任迈皋桥街道工委书记、迈皋桥办事处主任的职务之便，为南京某置业发展有限公司在迈皋桥创业园购买土地提供帮助，并先后 4 次各收受该公司总经理吴某某给予的 50 万元。2004 年上半年，被告人潘某梅利用担任迈皋桥街道工委书记的职务便利，为南京某发展有限公司受让金桥大厦项目减免 100 万元费用提供帮助，并在购买对方开发的一处房产时接受该公司总经理许某某为其支付的房屋差价款和相关税费

① 参见陈兴良、张军、胡云腾主编：《人民法院刑事指导案例裁判要旨通纂》（下卷·第三版），2177～2178 页，北京，北京大学出版社，2024。

61 万余元（房价含税费 121.081 7 万元，潘支付 60 万元）。2006 年 4 月，潘某梅因检察机关从许某某的公司账上已掌握其购房仅支付部分款项的情况而补还给许某某 55 万元。此外，2000 年春节前至 2006 年 12 月，被告人潘某梅利用职务便利，先后收受迈皋桥办事处一党支部书记兼南京某商贸有限责任公司总经理高某某人民币 201 万元和美元 49 万元、浙江某房地产集团南京置业有限公司范某某美元 1 万元。2002 年至 2005 年间，被告人陈某利用职务便利，先后收受迈皋桥办事处一党支部书记高某某 21 万元、迈皋桥办事处副主任刘某 8 万元。综上，被告人潘某梅收受贿赂人民币 792 万余元、美元 50 万元（折合人民币 398.123 4 万元），共计收受贿赂 1 190.2 万余元；被告人陈某收受贿赂 559 万元。

对于本案，法院生效裁判认为：关于被告人潘某梅、陈某及其辩护人提出二被告人共同开办多贺公司开发土地获取“利润”480 万元不应认定为受贿的辩护意见，经查，潘某梅时任迈皋桥街道工委书记，陈某时任迈皋桥街道办事处主任，对迈皋桥创业园区的招商工作、土地转让负有领导或协调职责，二人分别利用各自职务便利，为陈某某低价取得创业园区的土地等提供了帮助，属于利用职务上的便利为他人谋取利益；在此期间，潘某梅、陈某与陈某某商议合作成立多贺公司用于开发上述土地，公司注册资金全部来源于陈某某，潘某梅、陈某既未实际出资，也未参与公司的经营管理。因此，潘某梅、陈某利用职务便利为陈某某谋取利益，以与陈某某合办公司开发该土地的名义而分别获取的 480 万元，并非所谓的公司利润，而是利用职务便利使陈某某低价获取土地并转卖后获利的一部分，体现了受贿罪权钱交易的本质，属于以合办公司为名的变相受贿，应以受贿论处。

该指导案例提炼了以下四个裁判要点：（1）国家工作人员利用职务上的便利为请托人谋取利益，并与请托人以“合办”公司的名义获取“利润”，没有实际出资和参与经营管理的，以受贿论处。（2）国家工作人员明知他人有请托事项而收受其财物，视为承诺“为他人谋取利益”，是否已实际为他人谋取利益或谋取到

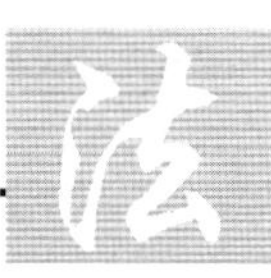

利益，不影响受贿的认定。(3) 国家工作人员利用职务上的便利为请托人谋取利益，以明显低于市场的价格向请托人购买房屋等物品的，以受贿论处，受贿数额按照交易时当地市场价格与实际支付价格的差额计算。(4) 国家工作人员收受财物后，因与其受贿有关联的人、事被查处，为掩饰犯罪而退还的，不影响认定受贿罪。但这四个裁判要点的内容都包含在 2007 年 7 月 8 日最高人民法院、最高人民检察院发布的《关于办理受贿刑事案件适用法律若干问题的意见》等司法解释之中。在这种情况下，潘某梅、陈某受贿案的裁判要点只是具有示范效应，在处理同类案件的时候并不需要类比该案，而只要直接援引相关司法解释的规定即可。当然，对于那些创制规则的指导案例，仍然需要参照指导案例。我国学者指出："从案例指导制度的性质看，具有指导作用的指导性案例依附于法律条文，体现为对特定法律条文的具体解释，从而在法官寻找和发现裁判规范的过程中，为其提供线索和指向，辅助法官找到恰当的制定法依据，但对法律条文的解释可能不是一种，与特定法律条文关联的指导性案例也可能不止一个，法官时常需要在两种或两种以上的解释结论或相关指导性案例提供的指引中作出选择。所以，运用类比推理，通过案情的比对，找到与当下待决案件最为接近的指导性案例，并将法律针对指导性案例所赋予的规则转用于该待决案件，便成为指导性案例参照适用的基本方式。"① 在适用指导案例的裁判要点的时候，需要对指导案例与待决案件之间进行类似性的比较，其内容正如我国学者指出："我国法官实际对待判案件与指导性案例是否类似的判断可以有四个途径：第一，是待判案件争议点与指导性案例争议点的比较；第二，是待判案件的案情与指导性案例的案情的比较；第三，是待判案件的关键事实与指导性案例的关键事实进行比较，第四，判断的形式标准——是否属于狭义的指导性案例。"②

值得注意的是，2015 年 5 月 13 日最高人民法院《〈关于案例指导工作的规

① 于同志：《论指导性案例的参照适用》，载《人民司法（应用）》，2013 (7)。

② 张骐：《法官是如何使用指导性案例的?》，载《社会发展与法制》，2015 (5)。

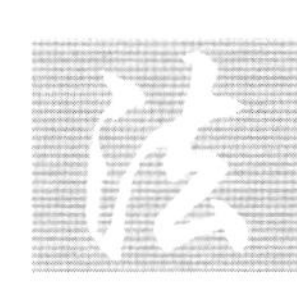

定〉实施细则》第 9 条规定："各级人民法院正在审理的案件，在基本案情和法律适用方面，与最高人民法院发布的指导性案例相类似的，应当参照相关指导性案例的裁判要点作出裁判。"这一规定涉及指导性案例适用过程中，应当参照指导性案例内容的确定问题。根据前引实施细则第 3 条规定："指导性案例由标题、关键词、裁判要点、相关法条、基本案情、裁判结果、裁判理由以及包括生效裁判审判人员姓名的附注等组成。"那么，在以上各项内容中，到底参照哪些内容呢？对于这个问题，在前引实施细则起草征求意见中，主要有三种意见：第一种意见认为，整个指导性案例都应当参照适用。第二种意见认为，裁判理由和裁判要点均属于应当参照的范围。从英美法系和大陆法系判例看，他们的裁判文书中，法官论述的裁判理由和作出裁判的部分，一般均属于该判例需要其他法官特别予以重视的内容。第三种意见认为，参照范围应当限定在裁判要点，整个案例都可以作为审判类似案件时的参考，但不属于应当参照的范围。前引实施细则采纳了第三种意见，也是征求意见中的多数意见，即"应当参照相关指导性案例的裁判要点作出裁判"。因为指导性案例与判例的区别就在于有无明确的裁判要点，指导性案例所确立的裁判规则集中概括在裁判要点中，这也是我国案例指导制度的特色。[①] 因此，前引实施细则提出了指导性案例参照范围应当限定在裁判要点的命题，这对于指导性案例的参照适用具有重要意义。根据上述规定，在适用指导性案例的时候，参照对象并非案例的所有内容，而是从中提炼出来的裁判要点。该裁判要点对于待决案件具有一定的拘束力。从这个意义上说，指导性案例的适用过程，是一个从裁判要点到待决案件的演绎推理过程，似乎与制定法的适用逻辑是相同的。但适用某个指导性案例的裁判要点，需要具备一个前提，这就是待决案件与指导性案例的案情之间具有类似关系。只有在这种情况下，才能适用指导性案例的裁判要点。而根据指导性案例与待决案件之间在案情的类似性确

① 参见郭锋，吴光侠，李兵：《〈关于案例指导工作的规定〉实施细则的理解与适用》，载《人民司法（应用）》，2015（17）。指导性案例参照范围应当限定在裁判要点。

定所适用的裁判要点，这个过程就是一个类比推理的过程。因此，指导性案例的适用过程同时包含着类比推理和演绎推理。正如我国学者指出："运用裁判规则审理案件，既需要演绎（涵摄）推理，也需要类比推理。政治学家马奇、奥尔森教授认为：与责任行为相联系的是恰适性逻辑；确定责任需要将规则和情景彼此联系起来，建立恰适性；这个时候是以相似度或差异度为标准，以类比和比喻进行推理。在法律实践中同样如此。在很多情况下，是通过类比来使人信服对法律规则和裁判规则的适用。可以说，在运用案例判断案件是否类似，以及参照案例裁判案件的时候，常常需要同时运用演绎推理和类比推理。为了确定待判案件是否与案例具有相关类似性，我们则需要在类比推理的指导下运用裁判规则。"①

三、类案检索制度中的类比推理

这里应当指出，最高人民法院目前正在推出类案检索制度。2020 年 7 月 27 日最高人民法院印发了《关于统一法律适用加强类案检索的指导意见（试行）》，根据该意见第 1 条的规定，类案是指与待决案件在基本事实、争议焦点、法律适用问题等方面具有相似性，且已经人民法院裁判生效的案件。类案检索的目的在于统一法律适用，提升司法公信力。前引意见第 6 条规定："承办法官应当将待决案件与检索结果进行相似性识别和比对，确定是否属于类案。"由于我国是成文法国家，法官依照法律裁判案件，检索到的类案对法官裁判案件主要起一定的参照或参考作用。因此，正如我国学者指出，类案检索并不能直接取代类案判断。② 在某种意义上说，类案检索可以成为案例指导制度的一种补充。在类案检索过程中，无论是类案的认定还是对类案的参照，都需要采用类比推理的方法。

如果说，前引规定和实施细则是我国人民法院案例指导制度的规范性根据，

---

① 张骐：《论案例裁判规则的表达与运用》，载《现代法学》，2020（5）。

② 参见江珞伊 、刘树德：《量刑说理中类案运用的审思与规制》，载《法律适用》，2022（1）。

那么，前引意见所确立的类案检索制度则表明我国人民法院的案例指导制度进入了一个全面实施的阶段，这就为案例指导制度融入我国司法制度奠定了基础。正如我国学者指出：前引意见在坚持我国现行法律制度体系框架的前提下，将我国的类案检索制度定位为中国特色的、成文法体系下的具体制度，强调人民法院在依照法律裁判案件的基础上充分发挥指导性案例的参照作用和其他类案的参考作用，促进法律的统一适用这一司法正义的实现，不断增强法律的稳定性和可预见性。类案检索制度是指导案例适用于司法裁判找法活动过程中的一种方式，它要求法官在办理刑事案件或者其他案件时，不仅要找法，即从规范性文件中寻找适用于待决案件的法律规则，还要进行类案检索，通过指导案例进一步明确办案的规范根据。尤其是在法律规范具有抽象性和兜底性的情况下，更需要参照指导案例的裁判要旨。在进行类案检索时，首先应当明确类案的概念。这里的类案，顾名思义，是指同类案件。在对类案的理解上，我国学界存在一定的争议，主要有以下三种观点[①]：第一种观点认为，类似案例是指与待决案件具有类似因素的案例，包括案件事实相类似、法律关系相类似、案件的争议点相类似、案件所争议的法律问题相类似。第二种观点认为，案件类似是指比对先例与待决案件诉讼争点所陈述的事实特征，并加以相同或相似性判断，而不是笼统地认定全案事实类似。第三种观点认为，同案不同判中的同案，实质是以案件事实的法律特性为线索来确定案件事实在整体上是否属于同样法律性质。在上述争议中，核心问题还是在于类案与同案的区分。如前所述，类案是指同类案件。那么，这里的同类案件是指一类案件还是两类案件，即同种案件还是类似案件？我认为，同类案件应该是指同一类案件，即类似案件。至于同案不同判中的同案，我认为就是指类似案件。因为完全相同的案件是不存在的，类案是指基本相同，也就是相似的。因此，我们完全没有必要纠缠于类案还是同案的概念之争，而应深入待决案件与指

① 参见刘树德、胡继先：《〈关于统一法律适用加强类案检索的指导意见（试行）〉的理解与适用》，载《人民司法》，2020（25）。

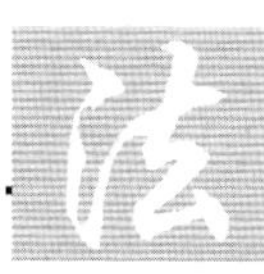

导案例的内容比对，以此考察两者之间是否具有类似关系。这里需要认真对待的是类似的范围，在上述各种观点的表述中，对于类似点作了具体陈述，包括事实类似和法律类似这两个方面。但我认为，所谓类似只能是指案件事实的类似，并不包括法律的类似，例如法律关系类似和法律争议类似。应当指出，前引意见第1条对类案的概念作了明确规定："类案，是指与待决案件在基本事实、争议焦点、法律适用问题等方面具有相似性，且已经人民法院裁判生效的案件。"在此，对类案的类似点归纳为案件事实、争议焦点和法律适用这三个方面。但从逻辑上来说，争议焦点和法律适用能否作为类似点，是一个值得商榷的问题。这里涉及事实问题与法律问题的区分：事实是法律适用的前提，事实不同所适用的法律亦应不同。因此，类案只能从案件事实是否类似进行判断。只要案件事实类似，则争议焦点和法律适用必然可以参照。

需要指出，并不是任何案件都可以成为类案，只有具有权威性的案件才能成为可以参照的类案。对于类案的范围，前引意见第4条第1款作了具体规定："类案检索范围一般包括：（一）最高人民法院发布的指导性案例；（二）最高人民法院发布的典型案例及裁判生效的案件；（三）本省（自治区、直辖市）高级人民法院发布的参考性案例及裁判生效的案件；（四）上一级人民法院及本院裁判生效的案件。"在以上四种案例中，最高人民法院发布的指导性案例当然是最权威的，因而是主要的类案来源，其对全国法院的审判工作都发挥着十分重要的指导作用。从某种意义上来说，最高人民法院发布的指导性案例具有判例性质。其实，不仅指导性案例，所有经最高人民法院裁判生效的案例，对各级人民法院的审判工作都具有指导作用，因而属于类案的性质。在指导性案例以外，最高人民法院还发布典型案例，典型案例往往针对一个主题发布若干案例，具有对某类案件的针对性，因而具有现实意义。除了最高人民法院发布的案例和裁判生效的案件，根据前引意见的规定，高级人民法院、上一级人民法院和本院裁判生效的案件，也可以成为类案。由此可见，我国司法实践中类案的范围是较为广泛的。这里应当指出，虽然类案的种类较多，但并不是所有类案的效力都是相同的。首

先，不同级别的类案在对待决案件的影响力上是不同的。如最高人民法院的指导性案例，具有参照性。这里的参照性的效力仅低于依照性。而其他类案则具有参考性，这里的参考性的效力明显低于参照性。其次，不同级别人民法院裁判生效的案件的效力，应当与人民法院的级别相对应。也就是说，级别越高的人民法院裁判生效的案件的效力等级也越高，反之亦然。例如高级人民法院裁判生效的案件的参考价值要高于中级人民法院裁判生效的案件；中级人民法院裁判生效的案件的参考价值要高于基层人民法院裁判生效的案件，如此等等，都使各种类案的效力形成一个有序的等级，由此消除这些类案之间的效力抵触。我国学者采用将最高人民法院发布的指导性案例称为具有显性拘束力的案例，将《最高人民法院公报》发布的案例、其他典型案例及裁判生效的案件，本省（自治区、直辖市）高级人民法院发布的参考性案例及裁判生效的案件称为具有强隐性拘束力的案例或案件，将上一级人民法院及本院裁判生效的案件称为具有弱隐性拘束力的案件，这是适当的。① 应当指出，法官在审理案件时，往往存在一定的前见，容易受到自己裁判先例的影响。因此，当经过类案检索以后，在发现自己裁判生效的案件处理方式与最高人民法院、高级人民法院、中级人民法院的类案处理结果相异的情况下，就应当遵循具有拘束力的类案，改变自己习惯的案件处理方式。

类案检索制度的实施为进一步推进案例指导制度提供了制度保障，在类案检索过程中，类比推理的方法对于保证检索的适当性与合理性具有重要意义。可以预想，随着类案检索制度的推行，类比推理方法将会在我国司法实践中得到更为广泛的运用。

① 参见刘树德、胡继先：《〈关于统一法律适用加强类案检索的指导意见（试行）〉的理解与适用》，载《人民司法》，2020（25）。

第十四章

当然推理

刑法的当然推理作为一种推理方法，相对于演绎推理、归纳推理和类比推理来说，是一种鲜为人知的推理方法。在各种法律推理的著作中，甚至没有当然推理的一席之地，而是将其归之于法律解释方法。本章在对当然推理与当然解释进行辨正的基础上，对当然推理的性质与适用等问题加以论述。

第一节 当然推理的概念

如果从字面上解读，当然推理是指基于两个事项之间的当然之理所进行的法律推理。可以说，人们对当然推理在所有法律推理方法中的认知是最为陌生的，而且当然推理这个概念也是最具中国特色的表述。当然推理是从德语 arguentum a fortiori 翻译过来的，其含义是基于更强论据所进行的论证，正契合于中文当然推理之义。尽管在法律推理方法中，当然推理的应用场景是较少的，然而在现实生活中，当然推理的运用则并不罕见，甚至成为日常交流的一种独特表述方法。例如甲问乙："你结婚了吗?"乙回答："我孩子都两个了。"在这一对话中，乙并

没有正面回答甲的问题，而是采用举重以明轻的方法间接地回答甲的问题以增添对话的趣味性。当然，这一当然推理并不准确。因为只有在只有结婚才能生子这一逻辑前提之下，上述当然推理才是成立的。在非婚生子常见的情况下，这一当然推理的结论则并不具有必然性。又如，甲问乙："你吃晚饭了吗?"乙回答："我中饭还没吃呢。"在这一对话中，乙采用的是举轻以明重的方法，表述中饭还未吃怎么可能吃晚饭了呢。由此可见，作为推理方法，举重以明轻和举轻以明重在日常交流中时常可见。不过，作为一种表述方法，当然推理并不要求十分严谨，然而，在法律适用，尤其是刑法适用中，当然推理的条件是十分苛刻的，这也正是需要对刑法适用的当然推理进行细致研究的理由。

一、当然推理的性质

当然推理的性质是指基于当然之理所进行的论证究竟属于推理还是解释的问题，也就是涉及当然推理与当然解释的界分，这是在我国刑法方法论中争议较大的问题。在我国传统刑法方法论中，当然推理通常被称为当然解释，因此，对当然推理的概念界定不能不始于对当然解释和当然推理之间关系的梳理。

无论是当然推理还是当然解释，都是以两个事项之间存在当然之理为前提的。至于通过这种当然之理所进行的论证过程属于何种范畴，从德日法学方法论来看，日本称为解释，将当然解释与类推解释相提并论，归之于论理解释，以此区别于文理解释。[①] 德国则称为推理，例如德国学者指出："'举强以明弱'(arguentum a fortiori)也被称作当然推理。人们从某一特定法效果与案件事实之间的关联推导出其与具体案件事实的关联。理由是后者的关联比前者更为紧密，

① 关于文理解释与论理解释，参见［日］大谷实：《刑法讲义各论》（新版第5版），黎宏、邓毅丞译，3页，北京，中国人民大学出版社，2023。

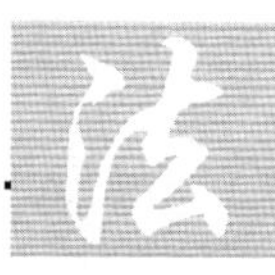

即所谓‘既然……—— 那么当然也——’。”[①] 在此，德国学者明确地将当然推理界定为是基于两个事项（法效果与案件事实）之间的关系而推导出更为紧密的关联，因此符合推理的性质。例如奥地利学者将当然推理称为类比中的强化类型，在论述当然推理的两种具体规则时，指出：举轻以明重是将某一规则的法律后果适用到其文本所不能包含的情形上，而该情形根据此规则的目的来看，更加需要这一法律后果（也即，该情形不仅仅是单纯在法律上相似的）。而举重以明轻会导致消极的结论：在就连一个超出制定法目的的事实也不能引起特定法律后果的情况下，那么更轻微的事实自然也不会（引起任何法律后果）。[②] 从上述奥地利学者对当然推理的阐释中可以看出，在当然推理的情形下，其结论并非法律文本本身所能涵盖，而且采用解释方法所获得。当然推理的结论获得过程，是一个类比推理的过程，因而当然推理属于类别推理的一种特殊类型。

我国通说认为基于当然之理所进行的论证活动是解释，因而称为当然解释[③]，我国近代刑法学说受到日本较大影响，尤其是日本学者冈田朝太郎于 1900 年被清政府聘请担任修订法律馆调查员，负责刑律起草，制定《大清刑律》，由此而将日本刑法理论带入我国。在冈田朝太郎的著述中，将当然解释称为自然解释，指出：“自然解释者，谓甲处有明文，乙处无明文，甲与乙同具性质，而无明文之乙所为，较有明文之甲所为，罚则之必当重大时，则当适用对于甲之明文也。”冈田朝太郎还举例予以说明：“出于保护道理之精神，而有禁止车马通过之规则，则率象而至者，亦当然在所禁之中也。此自然解释，非取情形之相似者而敷衍附会之，乃融贯法律精神所到之处也。故自然解释，非刑法所禁。”[④] 在此，

---

① ［德］托马斯・M. J. 默勒斯：《法学方法论》（第 4 版），杜志浩译，376 页，北京，北京大学出版社，2022。

② 参见［奥］弗朗茨・比德林斯基、［奥］彼得・比德林斯基：《法学方法论入门》，吕思远译，142、143 页，北京，中国政法大学出版社，2024。

③ 参见张明楷：《刑法分则的解释原理》（上册），65 页以下，北京，高等教育出版社，2024。

④ ［日］冈田朝太郎：《冈田朝太郎法学文集》，娜鹤雅点校，64 页，北京，法律出版社，2015。

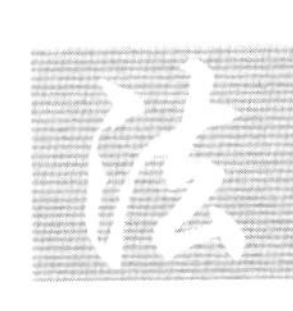

冈田朝太郎将当然解释与类推解释加以区分，上文中所称“取情形之相似者而敷衍附会之”，即指根据两个事项之间的相似性所作的解释，冈田朝太郎将此种情形称为“敷衍附会”，持否定态度，但他对当然解释则正面予以肯定，认为其“非刑法所禁”。冈田朝太郎将当然解释追溯至《唐律疏议》中举重明轻和举轻明重的规定，指出：“《唐律·名例律》‘诸断罪而无正条。其应出罪者，则举重以明轻，其应入罪者，则举轻以明重’，与当然解释之意，恰相符合。就法理言之，亦有二种区别。法律有形式，有精神。文字者，法律之形式也，文字之原理，则法律之精神也。类似解释，不过条文偶相类似，而精神未尝注于其中。当然解释，虽文字上未能赅备，而精神上实已包括无遗。故两者不可同日而语。”① 在此，冈田朝太郎所称类似解释，是指类推解释，并将类推解释与当然解释加以区分，认为类推解释不可取，当然解释则可以适用。此外，我国台湾地区学者黄源盛列举了关于《唐律疏议》中的轻重相举条性质的三种学说，这就是比附说、解释说和折中说，并赞同冈田朝太郎的解释说，指出：“轻重相举条是立法者有意的设计，并非为漏洞而照填补之方，它是在法律解释学方法论尚不发达年代的一种立法技术的运用，其性质显然较接近于当代论理解释中的当然解释。”② 总之，我国近代刑法中的当然解释概念虽然可以追溯到《唐律·名例律》的举轻明重和举重明轻的规定，但作为一种解释方法，还是来自近代日本学者冈田朝太郎的讲述，尤其是将当然解释与类推解释相区分的观点具有合理性。由此可见，我国称为当然解释的通说由来已久。

此外，我国也存在个别说，将当然解释称为当然推理。③ 除此以外，我国还存在竞合说，认为基于当然之理所进行的论证活动具有解释与推理的双重属性，

① ［日］冈田朝太郎讲述，熊元翰编辑：《京师法律学堂笔记》之《刑法总则》，安徽法学社印行，清宣统三年（1911年）初版，民国三年（1914年）第4版，20页。

② 黄源盛：《汉唐法制与儒家传统》，330页，台北，元照出版有限公司，2009。

③ 参见余文唐：《当然推导方法：法理辨析与司法适用》，载《法律适用》，2018（1）。这里的推导，应该是指推理。

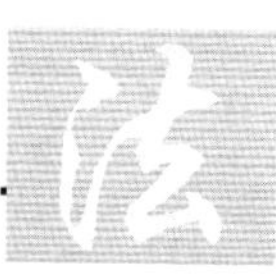

这种观点指出："当然解释（其基础是当然推理）是指法律上虽无明文规定，但依规范目的衡量及逻辑上或事理之上的当然之理，将法律未明文规定的事项与已明文规定的事项进行比较，该事项比法律已明文规定之事项更有适用的理由而适用该法律规定的方法。"① 在以上概念中，我国学者将当然推理与当然解释相提并论视为一体，认可当然推理和当然解释这两个概念可以并行不悖。由于上述对当然解释或者当然推理的概念，我国学者明确认为是以法律没有明文规定为前提的，因而此种情形能否称为当然解释，首先涉及对法律解释与法律推理这两个概念的功能辨析。

法律解释是指对法律文本语义的阐释，因而解释是以法律的明文规定为前提的，如果法律没有明文规定则根本就不存在解释。在这个意义上说，法律解释始于语义亦终于语义，它始终存在于法律文本可能语义的空间。因此，法律解释具有语言分析的性质。德国学者指出："所有进一步的解释努力都以可能语义为基础：它们总是在语言习惯所许可（可能还受到法律定义限制）的语义空间内进行。它们必须在这一空间内确定能够最恰当地赋予有关法律语词的语义。"② 由此可见，在法律没有明文规定的情况下是不可能存在法律解释的。如前所述，我国学者对当然解释的定义中，将法律没有明文规定作为当然解释的前提，因此，当然解释揭示的当然之理并不是法律文本的应有之义，这也就否定了当然解释是一种解释方法的根据。应当指出，在以往的论述中，我亦曾经基于当然解释的立场对其前提作了论述，认为在当然解释的情况下，刑法条文表面虽未明确规定，但实际上已包含于法条的语义之中。③ 在此，存在语义与文本的分离，亦即认为语义可以脱离文本而存在，这显然是与解释概念相悖离的，因而值得反思。在法律没有明文规定的情况下，文本不存，则语义何所附丽？值得注意的是，我国学

① 余继田：《实质法律推理》，191页，北京，中国政法大学出版社，2013。

② ［德］齐佩利乌斯：《法学方法论》，金振豹译，68页，北京，法律出版社，2009。

③ 参见陈兴良：《本体刑法学》（第三版），28页，北京，中国人民大学出版社，2017。

者张明楷将解释理由与解释技巧加以区分，认为广义的解释方法包含解释理由与解释技巧，当然解释既是解释理由又是解释技巧。[①] 这里的解释理由是指提供解释根据的解释方法，而解释技巧则是指为解释结论提供论证路径的解释方法。上述区分对于梳理各种解释方法具有一定的参考价值，当然解释之所以是一种解释理由，是因为它以当然之理作为解释根据。同时，当然解释之所以是一种解释技巧是因为当然解释中包含着推理方法。其实，在当然解释中解释理由与解释技巧都是建立在推理方法之上的。可以说，推理是当然解释存在的基础，为法律解释提供理由或者根据，亦即提供当然之理，因而可将其归之于法律解释方法。关键在于：这种理由是否包含在法律文本之中。因此，只有在基于法律文本所提供的当然之理才能成为法律解释的理由，如果缺乏法律文本的依据，则当然之理并不能成为法律解释的理由。在语义解释、体系解释、历史解释和目的解释这四种基本解释方法中，语义的空间确定了解释范围，体系解释、历史解释和目的解释都只能在语义范围内才能成为解释理由。例如目的要素，无论是主观论的立法目的还是客观论的规范目的，都是指在法律文本语义范围内才能发挥其实质根据的功能。如果超出语义范围，则目的论就不是解释方法，而是一种实质推理或者论证的方法。就当然解释而言，论者认为在适用举轻以明重的解释原理进行当然解释时，也要求案件事实符合刑法规定的构成要件，而不能简单地以案件事实严重为由以犯罪论处。亦即，当然解释只能成为一种解释理由。[②] 从这个意义上说，当然解释似乎是能够成立的。然而，问题在于如何判断法律是否有规定？根据罪刑法定原则，法律有规定是指法律有明文规定。当然，这里的明文规定不能理解为显性规定，还包括隐性规定。显性规定是指字面规定，而隐性规定则是指虽无字面规定，但具有逻辑涵摄关系。例如，将禁止牛马通过的规则适用于禁止骆驼通过，这里只规定了牛马而并未规定骆驼，因此不能进行解释，但在民法中可以进

① 参见张明楷：《刑法分则的解释原理》（上册），51 页，北京，高等教育出版社，2024。

② 参见张明楷：《刑法分则的解释原理》（上册），45 页，北京，高等教育出版社，2024。

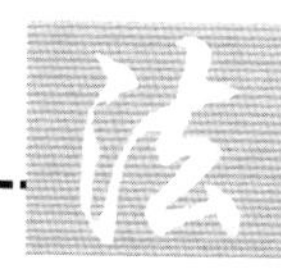

行推理。因为牛马与骆驼之间存在轻重关系，两者可以经过轻重比较而获得将禁止牛马通过的规则适用于骆驼。但在走私黄金进口的案件中，虽然不符合走私贵重金属罪的构成要件，却该当走私普通货物、物品罪的构成要件，在此黄金被普通货物、物品所涵摄，因而通过解释就可以将黄金包含在普通货物、物品概念之中，对走私黄金进口的行为以走私普通货物、物品罪论处并无疑问。然而，在事物之间存在逻辑上的递进关系的情况下，例如伤害与死亡，伤害为轻，死亡为重，经过伤害可以达致死亡。如果法律只对死亡作了规定，能否认为这一规定也适用于伤害呢？换言之，法律对死亡的规定是否包含对伤害的规定？例如《唐律·名例律》“断罪无正条”的疏议在解释《唐律·贼盗律》“夜无故入人家，主人登时杀者，无论”规定的时候，其疏议指出：“假有折伤，灼然不坐。”那么，在《唐律疏议》规定了“杀”的情况下，对于“伤”到底是有规定呢还是没有规定？对此，答案是没有规定。因为该事例正是对“断罪无正条”的解释。在此，已经明确法律对于“折伤”属于“无正条”，也就是没有明文规定。由此可见，可以从明文规定中通过逻辑推导出相关内容，并不等于相关内容包含在法律规定之中。因此，从“登时杀者，无论”的规定中引申出“折伤，灼然不坐”的结论，并非解释而是推理，也就是当然推理。

那么，为什么会把上述情形称为当然解释呢？我认为，当然推理之所以被视同当然解释，这是与我国刑法方法论中没有专门论述刑法推理相关联的。换言之，在我国传统刑法方法论受到日本刑法解释学的影响，将刑法推理与刑法解释糅为一体。例如日本学者将文理解释与论理解释相提并论，在论及论理解释时指出：“从明确地事前告知这种来自罪刑法定原则的形式界限的观点来看，应当说刑法中禁止类推解释之类的论理解释的形式原理，作为结束的指针，仍然妥当有效。”① 在此，日本学者明确地把类推解释称为论理解释。我国刑法教科书在论述刑法解释时，通常也将刑法解释分为文理解释和论理解释。这里的文理解释是

① ［日］曾根威彦：《刑法学基础》，黎宏译，15页，北京，法律出版社，2005。

指对法律条文的字义，包括单词、概念、术语以及标点符号，从文理上所作的解释，因此，所谓文理解释是围绕语义所展开的解释活动。文理解释采用的是语言分析方法，这是刑法解释的主要方法。此外，相对于文理解释还有另外一种解释类型，这就是论理解释。论理解释是指按照立法精神，联系有关情况，对刑法条文从逻辑上所作的解释。因此，论理解释中的论理是指逻辑，在这个意义上说，论理解释是指采用逻辑分析对刑法进行解释的方法。论理解释的方法包括扩张解释、限制解释、当然解释、沿革目的、目的解释等。我在相关刑法体系书中，对刑法解释也采用这种分类方法。① 应该说，上述论理解释的分类方法是较为杂乱的，其中扩张解释和限制解释明显属于语义解释，因为它并没有超越语义范围，因而不同于目的性扩张与目的性限缩。至于沿革解释和目的解释，均受到语义范围的限制，因而虽然不属于语义解释，但其对语义解释起到重要的补充作用。至于所谓当然解释和类推解释，由于其已经超越语义范围，因而不再是法律解释，而是法律推理。例如我国法律学者在论及论理解释时指出：论理解释已不是文字解释而是实质内容或价值观的解释，已属于实质推理的范围。② 由此可见，所谓论理解释由于不是以法律文本为解释对象，因而已经不是法律解释而是法律推理。这一对论理解释的理解，我认为是正确的。

在某种意义上说，论理解释其实就是逻辑解释，德国学者萨维尼在早期的法律解释方法的分类中，将逻辑解释单列一类。逻辑要素确实是法律规范的要素之一，对此，萨维尼指出："逻辑要素，它存在于从法律形成的视角对其内容阐述的过程中，并且表明（法律）各部分之间的关系。因此，它是对包含于法律之中的思想的发生学阐述。"③ 这个意义上的逻辑解释，其实是指体系解释。因为在上述论述中，萨维尼是从法律规范的各个部分之间的逻辑关系去解释法律，而这

① 参见陈兴良：《规范刑法学》（上册·第五版），66～68页，北京，中国人民大学出版社，2023。

② 参见沈宗灵主编：《法理学研究》，346～347页，上海，上海人民出版社，1990。

③ ［德］弗里德里希·卡尔·冯·萨维尼：《法学方法论：萨维尼讲义与格林笔记》，杨代雄译，35页，北京，中国民主法制出版社，2024。

种逻辑关系就是指体系上的关联性，因而属于后期萨维尼所说的体系解释。然而，在其他著作中，萨维尼在根据制定法的立法意图的意义上界定逻辑解释，例如，萨维尼对逻辑解释与语义解释进行了对比性的考察，指出："文法解释只应当依据语词含义而进行，逻辑解释只应当依据制定法的意图或基础而进行：文法解释应有效作为规则，而逻辑解释只应在例外的情况下被允许。在这种对立中，只有一个事实能被清晰思考和普遍接受，即逻辑解释被滥用的可能性不小，因此必须对之予以控制。"① 萨维尼列举了逻辑解释的类型，包括类推解释和目的解释，例如萨维尼指出：根据制定法的实际意图而修正表述被有效作为逻辑解释，根据类推而完善也同样如此。人们将以下制定法的处理也置于解释范围之中，即此种处理事实上必须被视为制定法的变更，尽管如此，它仍在逻辑解释这个名称之下而被理解。② 由此可见，这个意义上的逻辑解释已经完全超出了法律解释的范围，已然成为一种法创制。正如萨维尼指出："在此种处理方式中，解释者所要改善的并非单纯的文字，而是制定法的实际内容，解释者的地位超越了立法者，因此对其自身任务的范围认识错误；解释者所实施的不再是解释，而是法的实际发展。"③ 显然，萨维尼对在修正法律意义上的逻辑解释并不赞同。因此，逻辑解释中的逻辑并非是指推理意义上的逻辑，而是指作为被解释对象的法律文本或者法律规范内部的逻辑关系，因此，逻辑解释本身就是一个充满争议的概念。

现在看来，这种将刑法解释分为文理解释和论理解释的分类显然存在一定问题。④ 对刑法解释采取这种两分法的思路，虽然有利于从语言和逻辑这两个面向

① ［德］弗里德里希·卡尔·冯·萨维尼：《当代罗马法体系》（第一卷），朱虎译，243页，北京，中国人民大学出版社，2023。

② 参见［德］弗里德里希·卡尔·冯·萨维尼：《当代罗马法体系》（第一卷），朱虎译，244页，北京，中国人民大学出版社，2023。

③ 由此可见，这个意义上的逻辑解释已经完全超出了法律解释的范围，已然成为一种法创制。

④ 对文理解释与论理解释二分法的进一步评论，参见张明楷：《刑法学中的当然解释》，载《现代法学》，2012（4）。

较为全面地把握刑法解释方法。但刑法解释是对刑法文本的解读，它是以法律有明文规定为前提的，在刑法没有明文规定的情况下，解释这一概念就难以成立。例如萨维尼指出："解释总是基于某个给定的东西，即文本。"[①] 由此可见，法律解释是以法律文本为根据的，因而是以语言解释为中心而展开的，其他方法只是对语义解释的补充。此后，萨维尼将体系解释与逻辑解释糅合在了一起。另外，在利益法学和价值法学的影响下，萨维尼补充了目的解释，由此将法律解释形式最终归纳为四种方法，这就是语义解释、体系解释、历史解释和目的解释。这四种解释方法被称为四要素说（Viererkanon），成为法教义学的通说。德国学者曾经引用德国联邦法院对四种解释方法的以下表述："服务于解释目标的有基于规范文义的解释（文法解释），基于自身关联性的解释（体系解释），基于规范目的的解释（目的解释）以及基于立法材料及立法史的解释（历史解释）。"[②] 应该说，法律解释方法的四分法以语义解释为中心，以体系解释、历史解释和目的解释为补充，形成了一个较为合理的解释方法论体系。在这种情况下，法律解释与法律推理相分离：只有以法律文本为对象的阐释活动才能称为解释，除此以外可以归入法律推理的范畴。

在我国传统刑法方法论中，扩张解释和限制解释可以分为两种情形：第一种是指未超越语义范围的扩张解释与限制解释，此时的衡量标准是通常语义。扩张解释是指对法律规定做超过通常语义的解释，限制解释是指对法律规定做小于通常语义的解释。无论是扩张还是限制，都没有超越语义范围。从这个意义上说，未超越语义范围的扩张解释与限制解释仍然属于语义解释的范畴，而不是论理解释。第二种是超越语义范围的目的性限缩和目的性扩张，目的性限缩是指小于语义范围的实质推理，目的性扩张则是指大于语义范围的实质推理。因此，这种超

---

① ［德］弗里德里希·卡尔·冯·萨维尼：《当代罗马法体系》（第一卷），朱虎译，244～245页，北京，中国人民大学出版社，2023。

② ［德］托马斯·M.J. 默勒斯：《法学方法论》（第4版），杜志浩译，187页，北京，北京大学出版社，2022。

越语义范围的目的性限缩与目的性扩张就不是语义解释，而应当归入具有漏洞填补功能的实质推理。通过以上对解释与推理的辨析可以确定，两者区分的主要根据就在于是否超越法律文本的语义范围。只有在语义范围之内，才存在法律解释的问题；超出法律文本的语义范围，则不可能是法律解释而应当归之于法律推理。因此，传统刑法解释论中的论理解释是不能成立的，应当将基于当然之理所进行的论证方法归之于法律推理。

值得注意的是，我国学者在肯定当然推理是一种刑法解释方法的前提下，提出了当然解释是体系解释的一种具体解释规则的观点，指出："作为体系解释的一种具体解释规则，当然解释是指，在刑法没有明确规定的前提下，依据当然之理阐释规范文本的解释规则。因该解释规则首先是一种目的性推理，而不是演绎性推论，故而通过其获取解释结论的同时应维护文本间规范目的或规范评价上的融贯一致。"[①] 这里涉及当然解释与体系解释的关系，体系解释是在语义范围内，采用体系思维方法，确定法律文本含义的一种解释方法。因此，体系解释作为一种解释方法，仍然要将解释结论限制在语义范围内。如果所谓当然解释是在法律没有明文规定情况下的一种解释，则并不符合体系解释的性质。在此，还涉及对当然解释的另外一种理解，即认为当然解释是以没有超出法律文本的语义范围为前提的。这个意义上所称的当然解释就完全不同于前述以法律没有明文规定为前提的基于当然之理所进行的论证。从逻辑上说，在法律文本的语义范围内，采用当然之理进行的论证可以称为法律解释。例如我国学者指出："(当然解释）是在法律条文文义的可能范围之内进行的解释。当然解释属于狭义上的法律解释方法，因为当然解释的结论仍然处于法条语义的可能范围之内。法条语义的可能范围并不限于其字面含义，而是指其射程范围。在当然解释的情况下，虽然法律条文的字面含义不能包括待决案件，但是，通过对其进行'扩张'就可以适用，而

① 贾银生：《刑法体系解释研究》，209～210页，北京，法律出版社，2021。

且此种‘扩张’还处在法条语义的可预测范围。”[①] 根据这一论述，当然解释之所以属于解释方法，就在于当然解释没有超出法律文本可能语义的范围。

这里涉及对作为当然推理前提的法律没有规定的理解。当前，我国刑法学者对刑法意义上的法律没有规定如何理解，存在不同的观点。例如我国学者将法律没有明确规定与法律没有明文规定加以区分，指出：“刑法没有明确规定，只是说明刑法规定的抽象模糊、可能有违刑法明确性原则。与之有别，所谓刑法没有明文规定，就是指刑法没有规定。在以罪刑法定为标签的刑法解释中，只要是进行有罪解释，无论运用何种解释方法，无论秉持何种规范目的，都不得逾越文本语义之边界，都不得行罪刑擅断之实。因而，当然解释只能以刑法没有明确规定为前提。”[②] 在此，我国学者将当然解释限于法律没有明确规定的情形。法律没有明文规定与法律没有明确规定，当然是有所不同的：这里的法律没有明确规定，是指法律虽然存在字面规定，只是规定不明确而已，仍然属于法律有规定的范畴。我认为，法律规定只限于字面规定，所谓可能语义也是以字面规定为根据的，脱离了字面规定则所谓法律规定将无所依附，因而变得虚无缥缈不可寻找，这显然是不符合法治原则的。德国学者罗克辛曾经引用德国联邦宪法法院 2008 年的一个判决中的判词：“法条的字面含义确定解释界限。”罗克辛指出：“撇开联邦宪法法院的判决不论，以条文的字面含义限制条文解释实际上也是正确之举。因为立法者只能够通过文字来表达规范命令。文字中没有表述的，也无法成为法规范的内容，而且公民也只能从法律的字面规定中了解违法行为或者至少认识到违法行为要面临的风险。法规范必须能够为规范对象所理解，从这一点可以看出，条文解释应以通俗的字面含义为依据。”[③] 因此，刑法中的罪刑法定原则所说的法律明文规定，就是指法律的字面规定，这也是刑法解释的对象和限度。

---

① 王利明：《法律解释学导论——以民法为视角》（第二版），323 页，北京，法律出版社，2017。

② 贾银生：《刑法体系解释研究》，209 页，北京，法律出版社，2021。

③ ［德］克劳斯·罗克辛：《德国刑法中的法律明确性》，黄笑岩译，载梁根林、［德］埃里希·希尔根多夫主编：《中德刑法学者的对话——罪刑法定与刑法解释》，35～36 页，北京，北京大学出版社，2013。

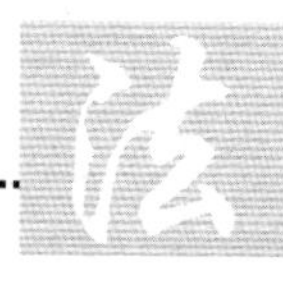

我国刑法学者都主张当然解释（当然推理）是以刑法没有明文规定为前提的，亦即，在所面临的案件缺乏可以适用的法条时，通过参照各种事项，从既有的法条获得指针，对案件适用既有法条的一种解释。[①] 那么，如果刑法没有明文规定，何以称为解释？这也正是需要将当然解释后面加上当然推理的原因之所在。因此，当然解释不是一种解释，它只能是一种推理。当然，法律规定是一个极为复杂的问题，它具有各种不同形态，因此应当结合具体情形进行分析。

法律推理是一种逻辑分析方法，它不同于作为一种语言分析方法的法律解释。我国学者曾经对论理解释定义如下："论理解释是指不拘泥于法律条文的字面意思，而是斟酌法律理由，联系一切与之有关的因素，依一定的标准进行推理、论证来确定和阐明法律文本的解释方法。"[②] 我认为，上述定义完全将法律解释和法律推理相混同。论者将类推解释和当然解释都归之于上述论理解释，但同时又认为它们是解释方法。不可否认，解释和推理确实在一定条件下是存在竞合的，即某种方法既是解释又是推理。例如在法律文本语义范围内，基于类比推理对法律所作的解释，作为解释方法是指同类解释，作为推理方法是指类比推理，因此，如果说在法律文本语义范围内采用推理方法进行解释的，就是法律解释与法律推理的竞合。因为在这种情况下，同时符合解释与推理的特征。然而，如果是在法律文本语义范围外进行推理的，就只能是单纯的法律推理而不可能是法律解释。因为超出语义范围就不存在解释，这是解释的基本特征。如果把类推看作是推理的典范，那么，德国学者的以下论述可以视为是对法律解释与法律推理之间界分的准确表述："如果说解释所要做的仅仅是阐明法律规范或者法律概念的关键性意义，并且限制在对法律规范或者法律概念的意思解读之上；那么类推所寻求的则是离开法律文本框定的直接适用范围。解释的目的是为了将法律意思明了化，使之在面对出现的相应情况时能够适应今天已经变化了的要求与观

---

① 参见张明楷：《刑法学中的当然解释》，载《现代法学》，2012（4）。

② 余继田：《实质法律推理研究》，187页，北京，中国政法大学出版社，2013。

点。类推的目的相反则是通过扩展和进一步发展法律条文而填充法律的空白。”①由此可见，在法律没有规定的情况下，类推是将法律规定推导至与其具有最相类似关系的事项，该事项与法律规定间只是存在类似关系，并不能被法律规定所涵摄。虽然在当然推理的情况下，如果是基于事理上之当然推理，则法律规定的事项与与之存在事理之当然关系的事项之间也不具有包含关系，因此，上述两种情形都是对法律规范的一种扩展适用。然而，在逻辑上的当然推理中，法律规定的事项虽然字面没有规定，但在逻辑上涵盖与之存在逻辑上之当然关系的事项，因而将法律规定通过当然推理适用于该事项，就没有字面规定而言，并非法律解释而是法律推理。

二、当然推理的界定

当然推理是两个事物之间存在当然之理，因而可以将某个事物与另外一个事物同等对待。可以说，当然推理是以当然之理为根据的一种逻辑推理。法律上的当然推理是指在法律没有明文规定的情况下，基于法律的已有规定与待决案件之间存在当然之理，因而可以将法律的已有规定扩展适用于待决案件的法律推理方法。在民法领域，可以将当然推理确定为一种法律漏洞的填补方法；然而对于刑法来说，基于罪刑法定原则，入罪的当然推理应在禁止之列。至于出罪的当然推理或者其他有利于被告人的当然推理，仍然具有存在的正当性。因此，当然推理可以分为刑法禁止的当然推理和刑法允许的当然推理。

当然推理是以当然之理为根据的。那么，如何理解这里的当然之理呢？我国学者认为这里的当然之理是指依形式逻辑或者事物属性的当然道理，因此，当然之理分为两种情形：一是形式逻辑上的当然道理；二是事物属性上的当然道理。我国学者指出：“所谓形式逻辑上的当然道理，是指从逻辑上讲，刑法规定所使

① ［德］约翰内斯·韦塞尔斯：《德国刑法总论》，李昌珂译，24页，北京，法律出版社，2008。

用的概念当然包含被解释的概念，二者之间存在着种属关系，事物属性上的当然道理有两种情形：一是‘入罪，则举轻以明重’，二是‘出罪，则举重以明轻’。”[①] 在上述两种当然之理中，形式逻辑之当然是指概念之间的种属关系，例如刑法规定了汽车，当然包括小轿车，此为当然解释。然而，这种依据概念之间的种属关系对刑法进行解释，应当属于语义解释而非当然解释，更不可能是当然推理。至于事物属性之当然，即轻重相举的两种情形，则确实属于当然推理，但在刑法中能否采用，还要受到罪刑法定原则的制约，因而应当具体分析。

当然推理作为对法律没有明文规定的情形进行规范填补的方法，如何将当然推理与类比推理，也就是类推相区分，是一个在界定当然推理的时候值得研究的问题。对于这个问题，在刑法教义学中存在一种观点认为，当然推理是类比推理的特殊类型。例如德国学者指出：“这种推理方式（类比推理——引者注）的一个特例是‘argumentum a minore admqius’，即所谓‘举重以明轻’（Erst-recst-Schluß）。‘举轻以明重推理’一般是针对特定法律后果的前提条件而言。”[②] 按照上述论述，当然推理具有类比推理的性质，前者只不过是后者的一种特殊情形。此外，德国学者还指出：“正面推理（即当然推理——引者注）基于这样的考虑：如果某个规范的法政策依据（规范目的）在法律没有规定的事实中比在法律有规定的事实构成中更加明显，那么类推适用就总是合理的。”[③] 在此，德国学者将当然推理归之于类推适用，因而其基础是类比推理。当然推理和类推适用的关系也被德国学者认为是一种亲缘关系，只不过类推是建立在两个事物之间具有类似关系的基础上，而当然推理则对事实构成 A 应赋予法律后果 R，那么如果该规则的法律理由适用于与 A 相类似的事实构成 B 甚至能切合更高的标准的

---

① 李希慧：《刑法解释论》，116、117 页，北京，中国人民公安大学出版社，1995。

② ［德］齐佩利乌斯：《法学方法论》金振豹译，99 页，北京，法律出版社，2009。

③ ［德］伯恩·魏德士：《法理学》，丁小春、吴越译，369 页，北京，法律出版社。2013。

化，法律后果R适用于B则必然更加正确。[①] 因此，类推与当然解释之间确实存在密切的关联性。

将当然推理归入类比推理，从形式上看似乎有理，因为无论是基于事理的当然推理还是基于逻辑的当然推理，都采取了比较方法，并且建立在事物本质的观念之上，从而为由此及彼的推理提供了实质根据。然而，当然推理与类比推理两者之间仍然存在区别，这种区别主要在于：类比推理的两个事物之间具有平行关系，并且主要借助于类似性概念建立一种对比关系。当然推理则具有上下关系，主要利用事物之间层级性概念建立一种对比关系。德国学者曾经指出，当然推理是一个可层升的概念（ein steigerungsfähiger），以一个由此概念所形成的比较的法规则（eine comparative Rechtsregel）作为基础。[②] 这里的可层升概念，就是指具有程度上区分的概念，由此形成不同的层级，例如，德国学者列举了四种不同形式[③]：

（1）可层升的要素越是高度存在，法律效果就越是应该要发生（举轻以明重的论据：argumentum a ad maius）。

（2）可层升的要素越是低度存在，法律效果就越不应该发生（举重以明轻的论据：argumentum a majore ad minus）。

（3）可层升的要素越是高度存在，法律效果就越不应该发生（举轻以明重的论据：argumentum a majore ad maius）。

（4）可层升的要素越是低度存在，法律效果就越是应该要发生（举重以明轻的论据：argumentum a majore ad minus）。

---

① 参见［德］卡尔·拉伦茨：《法学方法论》（全本·第六版），黄家镇译，489页，北京，商务印书馆，2020。

② 参见［德］英格博格·普珀：《法学思维小课堂——法律人的6堂思维训练课》（第二版），蔡圣伟译，235页，北京，北京大学出版社，2024。

③ 参见［德］英格博格·普珀：《法学思维小课堂——法律人的6堂思维训练课》（第二版），蔡圣伟译，236页，北京，北京大学出版社，2024。

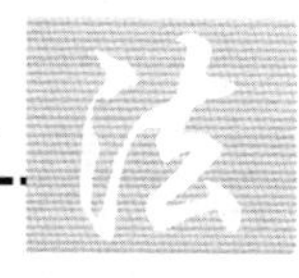

可层升概念的本质特征在于该概念具有层级性，根据可层升概念所进行的推理属于当然推理。例如，举重以明轻的当然推理：

（1）这个洞狗都能钻过去，猫也一定能钻过去。

在这个论断中，从狗能够钻过这个洞的事实，推导出猫也一定能钻过去的结论，属于举大以明小的当然推理。相反，举小以明大的当然推理如下：

（2）这个洞猫都钻不过去，狗也一定钻不过去。

在这个论断中，从猫钻不过去这个洞的事实，推导出狗也一定钻不过去的结论，属于举小以明大的当然推理。由此可见，当然推理以层级性为推理的根据，这种层级既可以是大小，也可以是轻重或者其他层级差别。在上述判断中，是以猫和狗的体积大小作为根据的推理。

不同于当然推理以层级性作为推导根据，类比推理在通常情况下则是以类似性为推导根据的逻辑推理。例如：

（3）这个洞牛都钻不过去，马也一定钻不过去。

在这个论断中，从牛钻不过去这个事实，推导出马也一定钻不过去的结论。相反：

（4）这个洞牛都能钻过去，马也一定能钻过去。

在这个论断中，从牛能够钻过去这个事实，推导出马也一定能钻过去的结论。在上述两个判断中，牛和马的体积大小具有类似性，因而属于建立在类似性基础之上的类比推理。

尽管当然推理和类比推理在推理的根据上有所不同，但这并不意味着两者是完全对立的。在某些情况下，当然推理和类比推理之间具有一定的重合性。为了阐明当然推理与类比推理的重合关系，我们以禁止牛马通过的交通规则适用于禁止骆驼通过，到底是类比推理还是当然推理为例，进行逻辑分析。牛马与骆驼都是动物，就此而言具有一定的类似性。如果将这一点确定为逻辑推理的根据，那么就是类比推理。但如果将轻重的层级性引入考量，骆驼的体积和重量都要超过牛马，因而就对交通的妨碍程度来说，骆驼要大于牛马。既然牛马都要禁止，则骆驼更要禁止，按照这一逻辑推论，则属于当然推理。然而，上述推理属于类比推理和当然推理的竞合，即同时具有类比推理和当然推理的属性。但对比这两种推理，当然推理显然更具有说服力，因而，将上述推理归入当然推理更为合理。由此可见，当然推理并不是与类比推理相对立的，但当然推理具有不同于类比推理的根据，应当将其单独确定为一种推理方法。

在某些情况下，当然推理也被译为正面推理或者正当推理，在拉丁文中称为 argumentum a fortion 的正面推理（“Erst recht”-Schluß）。它有两种结构上相同的表现形式，即：

——以小推大（a maiore ad minus）

——以大推小（a minore ad naius）①

正面推理是相对于反面推理而言的。反面推理或者反向推理（argumenturn e contyario，argumenturn e silentio）是指如果法律对某一生活事实没有作出规定，那就可以得出立法不愿意对此做出调整，因此有意保持沉默。立法在此处的沉默是经过深思的、适格的沉默。② 之所以说反面推理具有推理的性质，是因为在反面推理中具有由此及彼的推导过程，这里的“此”是指法律的既有规定，而这里的“彼”则是指法律没有规定的事项。因此，反面推理的具体过程可以描述为：从法律规范赋予某种事实情形以某个法律后果推导出这一后果不适用于法律规范未规定的其他事实情形的结论。换言之，如果法律规定的情形会导致某种后果，则法律未规定的情形就不会有该种后果。例如，从形式上看，法无明文规定不为罪的反向推理就可以得出结论：只有法律有明文规定的行为才构成犯罪，这似乎是一个反面推理的适例，然而，关键在于对该反向推理内容如何正确理解。值得注意的是，我国《刑法》第 3 条将罪刑法定原则分为前半段和后半段。其

① 参见［德］魏德士：《法理学》，丁小春、吴越译，369 页，北京，法律出版社，2013。

② 参见［德］魏德士：《法理学》，丁小春、吴越译，370 页，北京，法律出版社，2013。

中，前半段规定："法律明文规定为犯罪行为的，依照法律规定定罪处刑。"后半段规定："法律没有明文规定为犯罪行为的，不得定罪处刑。"在世界各国刑法中，罪刑法定原则通常只是规定了后半段，即从反面规定法无明文规定不为罪。然而，我国刑法则在前半段规定了犯罪有明文规定的应当依法定罪处刑，因此，我国学者将前半段界定为积极的罪刑法定，又将后半段界定为消极的罪刑法定。[①] 其实，其他国家刑法中的罪刑法定原则虽然只是规定了我国《刑法》第3条的后半段，但如果根据反向推理，是可以从后半段推导出前半段的。当然，我国《刑法》第3条的前半段强调的是在刑法有明文规定的情况下应当依照法律的明文规定定罪处刑，但即使是反面推理，也不能得出法律有明文规定就应当定罪处刑的含义。这是因为，罪刑法定原则中的"罪"并不是通常语义上的犯罪，而是指符合构成要件的情形，因此，法无明文规定不为罪是指法律没有明文规定则不符合构成要件，既然不符合构成要件当然也就不可能构成犯罪。但从法无明文规定不为罪中反面推理出来的结论，则只能是法律有明文规定的行为必然符合构成要件，但符合构成要件的未必构成犯罪，因为是否构成犯罪，除了需要考察构成要件该当性以外，还需要考察违法性和有责性。正如我国学者指出："我国刑法第3条规定的'法无明文规定不为罪'并不能反向推导出'法有明文规定必为罪'，超法规的违法或责任阻却事由可以成为出罪事由，而法律明文规定的犯罪仍可以经由价值判断出罪。"[②] 确切地说，这里的法律明文规定的犯罪仍可以经由价值判断出罪，应当理解为：符合法律规定的犯罪构成要件的行为，可以经由价值判断出罪。由此可见，反面推理在某些情况下对于理解法律规定具有参考价值。正面推理的根据是正当性，因此也称为正当根据。这里的正当性也就是理所当然，因此，正面推理与当然推理虽然表述有别然而含义相同。

当然推理与反面推理的区分也是一种值得研究的问题。关于反面推理，我国

---

① 参见何秉松：《刑法教科书》（上卷），63页，北京，中国法制出版社，2000。

② 姜涛：《刑法解释的价值判断》，载《中国社会科学》，2023（7）。

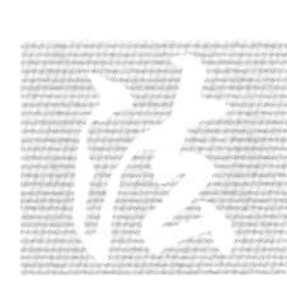

学者亦称为反对推理，同时也有学者称为反面解释或者反对解释。反面推理与反面解释之间的分歧在于：此种情形是以法律有规定为前提的，还是以法律没有规定为前提的。其中，反面推理的观点认为它是以法律没有规定为前提的，例如德国学者指出："在面对那些法律并未对之设有明文规定的事实时，有类比推理（类推）及反面推理（argumentum e contrario）这两种古典的论证形式可供使用。"① 这种规定将反对推理与类比推理相提并论，认为它们都是以法律没有明文规定为前置条件的一种推理方法。反面解释的观点则认为它是以法律具有明文规定为前提的，例如我国学者指出："反面解释是指依据法律规定的命题（判断），推断其反面命题（判断）的一种法律解释方法，其前提是法律条文的规定仅仅适用于有明文规定的情形。"② 因此，到底是反面解释还是反面推理，归根到底还是在于在反面推理的情况下，法律到底是有规定还是没有规定。如果说法律有规定，是指对反面推理的前提有规定；如果说没有规定，则是指对反面推理的结论无规定。因此，倾向于说法律规定是指对前提的规定，则可以将反面推理归入解释的范畴。如果倾向于说法律规定是指对结论的规定，则可以将反面推理归之于推理的范畴。如果将法律是否有规定理解为对前提的规定，则类推也是一种解释。因为在类推的情况下，作为推论的前提法律也是有规定的，只是由于推断的结论与前提之间不是相同关系而是相异关系，因而通常都认为类推是法律没有规定的推理而非解释。在反面推理的情况下，法律对前提也是有法律规定的，但推断出来的结论并非法律规定的正面含义而是反面含义，因而对结论也是法律没有规定的。在这种情况下，可以说反面推理介乎于解释与推理之间。我认为，基于反面推理对推论的前提并无规定，因而归入推理的范畴而不是解释的范畴更为合理。应该说，反面推理与当然推理在构造上是十分相似的，都是法律对前提

---

① ［德］英格博格·普珀：《法学思维小课堂——法律人的 6 堂思维训练课》（第二版），蔡圣伟译，217 页，北京，北京大学出版社，2024。

② 王利明：《法学方法论——以民法适用为视角》（第二版），387 页，北京，中国人民大学出版社，2021。

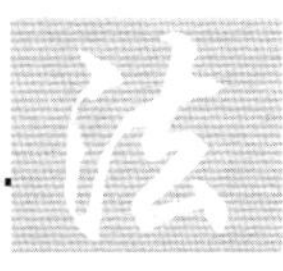

有规定，但对结论则没有规定。两者之间的区分主要在于结论与前提之间的逻辑关系不同：反面推理在前提与结论之间存在反对关系，而当然推理在前提与结论之间则存在层级关系或者权重关系。① 由此可见，当然推理和反面推理在性质上存在差别。

三、当然推理的功能

当然推理不仅适用于法律文本的内容推理，而且可以适用于案件事实的认定和论证说理当中。因此，作为一种法律推理方法，当然推理的适用场景是较为丰富的。当然，当然推理主要还是适用于对法律文本的分析。在民法适用中，当然推理是一种法律漏洞填补的方法。在刑法适用中，由于受到罪刑法定原则的限制，因而运用当然推理对法律文本进行分析时存在诸多限制。

（一）案件事实认定中的当然推理

在司法实践中，对案件事实进行认定的时候，往往采用当然推理的方法，因此，案件事实的当然推理也是值得研究的一个问题。案件事实的当然推理，是指基于当然之理对案件事实进行证明。在通常情况下，案件事实的认定是基于客观存在的证据，没有证据也就没有案件事实，这是证据裁判的基本规则。然而，在某些情况下，对于案件事实也可以基于已然的案件事实与待证的案件事实之间的当然之理进行证明，以此作为案件事实认定的补充方法。然而，在案件事实认定时采用当然推理，需要十分谨慎，以避免发生事实认定的错误。

【案例 56】付某印故意杀人罪

检察机关指控被告人付某印故意倒车制造撞车事故，致人死亡，构成故意杀

---

① 关于当然解释层升关系的论述，参见［德］英格博格·普珀：《法学思维小课堂——法律人的 6 堂思维训练课》（第二版），蔡圣伟译，235 页，北京，北京大学出版社，2024。关于当然解释权重关系的论述，参见［德］恩斯特·A. 克莱默：《法律方法论》，周万里译，177 页，北京，法律出版社，2019。

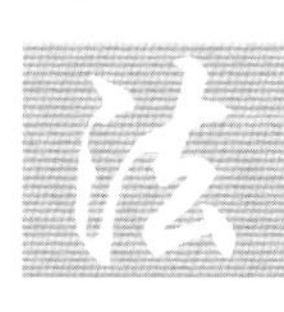

人罪。付某印辩称其当时倒车制造撞车事故仅仅是为了损坏对方车辆以泄愤，并未想要伤害他人，也未放任过伤害他人的结果发生。法院经审理查明，付某印对于车辆碾压他人脚部的后果是明知的，现在要判断的是付某印对倒车冲撞他人的后果有无认识。生效裁判在认定行为人对倒车冲撞和碾压他人身体是否比单纯碾压脚部更严重这一事实是否明知时认为，被告人驾驶涉案车辆已有数年，对车重明确认知，举轻以明重，被告人对于比车轮压脚情况更严重的以车辆冲撞人的身体、碾压人的身体会造成更严重的伤害后果也有认知。

对于上述裁判理由，评论意见指出："此处的轻重对比完全局限于客观事实的范畴，正如对比跑步与走路哪样速度更快一样，脱离了当时的情景，根本没有体现出法律上的评价意义。法律上所需判断的是行为人在此时此地此境况下（车辆均在等待交通事故处理时又倒车）是否对于其行为可能造成的结果有明确的预见性。"[①] 被告人对于倒车冲撞他人的后果是否明知，这是一个主观事实的问题，属于案件事实的判断。应当指出，相对于客观事实来说，主观事实的认定是更为困难的。我国司法解释将明知解释为知道或者应当知道这两种情形，其中，知道是指有证据证明的明知；应当知道则是指通过推定的明知，因此，在司法实践中对于明知等主观事实通常采取推定的方法。这里的推定，是指由已知事实或者基础事实，推断未知事实的一种证明方法。对于明知，也应当采用推定方法加以证明。[②] 然而，在本案的裁判说理中，法官采用了当然推理的方法：对单纯碾压脚部的明知与碾压他人身体的明知进行对比，认为既然对单纯碾压脚部具有明知，那么，对碾压他人身体更应具有明知。这里采用的就是举轻以明重的当然推理方法，由此证明被告人对碾压他人身体应当具有明知。尽管这种当然推理在逻辑上是能够成立的，但其结论的可靠性则存在较大的疑问。其实，在上述当然推理中，法官列举了被告人驾驶涉案车辆已有数年，对车重明确认知等客观事实，因

① 王星光：《刑事司法中举轻以明重的滥用与规制》，载《法律适用（司法案例）》，2018（24）。

② 参见闻志强：《论刑法中的"明知"》，330页，北京，法律出版社，2019。

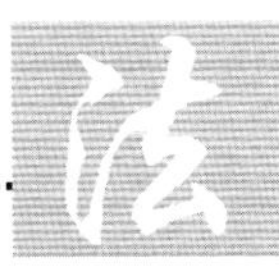

而该推理本身又具有一定的推定的性质。这里应当指出，推理与推定是不同的：推理是基于逻辑关系所进行的一种推理活动，而推定则是基于事实关系所进行的一种证明活动。也就是说，两者在推断的根据上有所不同。评论意见认为，上述对明知的当然推理没有体现出法律上的评价意义。也就是说，当然推理应当以对行为可能造成的结果具有明确的预见性这一构成要件要素而展开，具有规范上的关联性。应该说，这一评论还是具有针对性的。明知虽然是一个事实问题，但这种事实并不是裸的事实而是具有规范性的构成要件事实。因此，对案件事实的当然推理或者推定，都不能脱离规范要素。

（二）司法解释制定中的当然推理

司法解释在我国法律适用中发挥着重要作用，司法解释的制定过程在某种意义上说，是一个司法规制的创制过程。在每个司法解释发布之后，司法解释的起草者通常都会发表理解与适用的解说性文章，阐述司法解释制定过程的争议和考量，对于正确理解司法解释的含义具有重大的参考价值。在某些理解与适用的文章中就采用了当然推理的论证方法。例如 2024 年 3 月 15 日最高人民法院、最高人民检察院发布了《关于办理危害税收征管刑事案件适用法律若干问题的解释》，该司法解释的起草者撰写了《〈关于办理危害税收征管刑事案件适用法律若干问题的解释〉的理解与适用》一文，对前引该司法解释进行了详尽的解读。其中，在论及前引司法解释第 2 条第 2 款关于扣缴义务人构成逃税罪的相关数额标准时，指出："第 2 款对扣缴义务人构成逃税罪的相关数额标准予以明确。《刑法》第 201 条第 2 款没有逃税数额巨大的规定，对于扣缴义务人逃税数额巨大的，能否适用该条第 1 款的规定有争议。经研究认为，前引司法解释规定扣缴义务人不缴或者少缴已扣、已收税款，数额巨大的，也按照前款纳税人逃税数额巨大的标准处罚，并非对《刑法》第 201 条第 2 款规定的突破，而是对该条款的当然解释，主要理由是：《刑法》第 201 条第 2 款对扣缴义务人的规定，表明其不缴、少缴已扣、已收税款的行为，在性质上与逃税人的逃税行为性质一样。根据举轻以明重的解释规则，轻的行为都构成了犯罪，依照前罪法定刑处罚，则重的行为当然也应该适用前罪重的法定刑，不能因为刑法条文没有‘数额巨大的，依照第一款的规定处罚’的规定，就认为重行为不能适用该条第1款的加重法定刑，否则就是对法条和罪刑法定原则的机械理解，也违反罪刑相适应原则。刑法该款对数额巨大的情形未明确予以规定，是基于立法技术的要求，根据刑法解释规则当然可以得出重行为也适用前款规定的结论。类似的立法例在刑法中并不少见，如《刑法》第180条第4款关于利用未公开信息交易罪的规定中，亦只有‘情节严重的，依照第一款的规定处罚’，而没有‘情节特别严重’如何处理的规定。对此，根据举轻以明重的解释规则，并不影响得出对情节特别严重行为依照该条第1款处罚的结论。”[①] 在上述论证中，提及举轻以明重的解释规则就是指当然解释。正如本章将当然解释界定为当然推理，我认为此处的当然解释应当是指当然推理。也就是说，我国《刑法》第201条第2款规定：“扣缴义务人……不缴或者少缴已扣、已收税款，数额较大的，依照前款的规定处罚。”但该款并没有规定扣缴义务人不缴或者少缴已扣、已收税款数额巨大的是否依照前款规定处罚，对此，司法解释起草者认为应当采用举轻以明重的解释规则。由于在这种情况下刑法对扣缴义务人不缴或者少缴已扣、已收税款数额巨大的是否依照前款规定处罚根本就没有规定，因此解释也就无从谈起。在这种情况下，将上述规则称为推理规则更为恰当。由此可见，在司法解释起草过程中也会采用当然推理的方法。

（三）裁判说理中的当然推理

裁判说理也经常采用当然推理的方法，这里的裁判说理中的当然推理是指在对定罪量刑的根据进行论证的时候，为了证明裁判结果的正当性，通过当然推理提供裁判理由。裁判说理中的当然推理往往存在于裁判文书之中，它对于强化裁判文书的说理性具有一定的功能。当然，在裁判说理中，当然推理的方法运用是否适当，这是一个值得关注的问题。

---

① 滕伟等：《“两高”〈关于办理危害税收征管刑事案件适用法律若干问题的解释〉的理解与适用》，载《法律适用》，2024（4）。

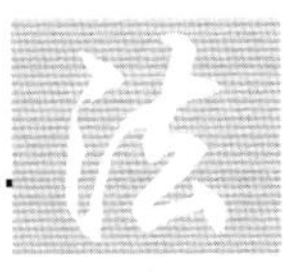

【案例 57】 王某先故意杀人案

经审理查明，被告人王某先有过曾经因吸食毒品导致精神问题并住院治疗的经历，当审查清楚王某先杀人的犯罪事实后，其刑事责任有无的判断便成为其是否应当最终承担刑事责任的关键。生效裁判在评价吸毒者是否应当负刑事责任时指出："尽管我国刑法并未明确规定吸食毒品致精神障碍的不负刑事责任，但是明确规定醉酒的人犯罪应当负刑事责任。喝酒属于合法行为，醉酒后犯罪尚且要负刑事责任，吸毒本身就是违法行为，根据举轻以明重的当然解释，吸毒后犯罪更应当承担刑事责任。"

对于上述裁判理由，评论意见指出："刑事责任能力作为判断行为人是否应当对其犯罪行为最终承担责任的必要因素，只有法律明确规定时才可以排除，从我国现有刑法典、单行刑法以及刑事司法解释来看，均无吸食毒品者刑事责任重于醉酒者刑事责任的规定。尽管从事理上而言，吸毒行为重于醉酒，但法律逻辑上并不能推导出该结论。本案如此的轻重比对，不免涉嫌有违罪刑法定的刑法基本原则。"① 本案所涉及的论题是吸食毒品致精神障碍者刑事责任能力问题，对此我国刑法确实没有规定。然而，我国刑法对丧失辨认或者控制能力的精神障碍者不负刑事责任，则是有明文规定的。但是，本案的丧失刑事责任能力状态是吸毒造成的，对此被告人是否适用无责任能力不负刑事责任的规定呢？这里涉及原因上的自由行为的法理。这里的原因上的自由行为，是指行为人故意或者过失地使自己处于丧失责任能力或者限制责任能力的状态，在这种状态下实施犯罪的构成要件行为并造成一定的法益侵害结果的情形。因此，原因上的自由行为的法理是丧失责任能力的人不负刑事责任原则的一种例外。我国司法实践中的彭某故意杀人案，就涉及吸毒影响责任能力而实施杀人行为之定性问题，该案也与原因上的自由行为的法理适用相关。② 然而，在我国司法实践中，司法人员对于原因上的自由行为的法理并不熟悉，因而不能作为论证的法理根据，在这种情况下，只

① 王星光：《刑事司法中举轻以明重的滥用与规制》，载《法律适用（司法案例）》，2018（24）。

② 参见陈兴良：《判例刑法学》（上卷·第三版），230 页以下，北京，中国人民大学出版社，2024。

能寻找我国刑法关于醉酒的人犯罪的应当负刑事责任的规定，作为当然推理的前提。醉酒的人犯罪，醉酒程度是不同的。根据我国刑法的规定，除了病理性醉酒属于精神病，适用关于精神病人刑事责任能力的判断规则以外，对于生理性醉酒的人犯罪，即使达到丧失辨认或者控制能力的，也应当负刑事责任。在这个意义上说，从我国刑法关于醉酒的人犯罪的应当负刑事责任的规定中，可以推导出原因上的自由行为的法理。因此，法官基于吸毒的人犯罪较之因为合法饮酒导致醉酒的人犯罪，在事理上更重，从而得出结论：醉酒的人犯罪的都应当负刑事责任，那么，吸毒的人犯罪的，则更应当负刑事责任。应该说，虽然上述案例是可以采用原因上的自由行为的法理进行说理的，但因为法官不能运用该法理，因而通过举轻以明重的当然推理为本案的裁判结论进行说理，虽然略显粗糙，但也难能可贵。应该指出，评论意见从违反罪刑法定原则的角度对该裁判理由的说理进行批评是不能成立的。因为说理与依法是存在区分的，说理是依法的补充。有法时除了依法也还是要说理，无法时也可以采用法理作为根据。罪刑法定只是要求对于应当处罚的行为必须有刑法的明文规定，但在不涉及行为是否构成犯罪的问题上的各种说理，甚至包括类推说理都是可以采用的。同样，当然推理也可以成为一种裁判说理的方式。

（四）论辩说理中的当然推理

论辩说理中的当然推理，对于刑事辩护活动来说也能够发挥重要的论证功能。刑事辩护当然是依法辩护，因此，法律规定是辩护的主要根据。然而，法律规定并不是无所不在的，在某些情况下存在法律规定的缺失，此时就需要论辩说理，也就是基于法理或者事理而为证明被告人无罪或者罪轻提出辩护理由。当然推理作为一种说理的方法，可以使论辩说理的结论更容易被司法人员所采纳。例如某个案件被告人被指控的行为是非国家工作人员挪用公司物品归个人使用，公诉机关以该物品具有可兑现价值为由，并以等价的资金数额追究被告人挪用资金罪的刑事责任。辩护人在法庭就以举重明轻的方法提出辩护理由："在最高人民检察院《关于国家工作人员挪用非特定公物能否定罪的批复》中规定：'刑法第三百八十四条规定的挪用公款罪中未包括挪用非特定公物归个人使用的行为，对该行为不以挪用公款罪论

处。’虽然在挪用资金罪的相关法律规定及司法解释中未提及非国家工作人员的行为如何定性，但对廉洁性要求更高的国家工作人员都不入罪的情况下，对非国家工作人员定罪显然不当。”最终法院采纳辩护人意见，判决确认被告人不构成挪用资金罪。[①] 在以上案例中，对于挪用公物的行为是否应当以挪用公款罪论处，既然刑法规定的挪用公款并没有对挪用公物作出规定，如果仅仅从字面来看，挪用公物行为不能以挪用公款罪论处。但公物同样具有财产价值，只不过是财产的不同形态。因此，如果采用基于事物本质的实质判断，就会得出对挪用公物的行为应当以挪用公款罪论处的结论。当然，这种判断的方法是类推解释还是扩大解释可能存在争议。不过，最高人民检察院的上述批复明确规定挪用公款罪中挪用非特定公物归个人使用的行为不能认定为挪用公款罪，从而为处理此类案件提供了规范根据。然而，这只是对挪用公物行为不能定罪的规定，而辩护人所面对的是非国家工作人员挪用单位财物的行为，对此能否以挪用资金罪论处。这里的论题是最高人民检察院对挪用公物行为的规定能否适用于非国家工作人员挪用单位财物的行为，因此需要辩护人进行充分的论辩说理。值得肯定的是，在说理中辩护人采用了当然推理的方法，既然对廉洁性要求更高的国家工作人员的挪用公物行为都不入罪，那么，对非国家工作人员挪用单位财物的行为更不应入罪。这是一种举重以明轻的当然推理，由此得出的结论被法院所接受。由此可见，这是一个在刑事辩护活动中，正确运用当然推理获得正面效果的案例，这也充分说明当然推理在刑辩活动中大有用武之地。

第二节 事理上之当然推理

事理上之当然推理，是指基于事理所展开的推理方法。当然推理作为一种逻

---

① 参见阚宇：《举重明轻的解释方法在刑事辩护中的适用》，https://www.sohu.com/a/376940287_100138309，2024 年 4 月 16 日访问。

辑推理的方法，具有其存在的合理性。然而，在刑法中并不是所有的当然推理都是能够采用的。毫无疑问，刑法中当然推理的适用受到罪刑法定原则的限制。因此，违反罪刑法定原则的当然推理，是被法律所禁止的。在这个意义上说，事理上的当然推理是法律所禁止的推理方式，不能在刑法适用采用。

一、事理上之当然推理的性质

以事理为根据的当然推理，是当然推理中一种较为常见的方法，例如在当然推理中，经常涉及以大推小或者以小推大情形。这里的事项之间的大小关系是客观的，判断起来较为确定，这就为当然推理提供了确定的根据。在刑法中，事理上的当然推理是指在法律没有明文规定的情况下，以刑法规定与待决案件之间的事理为根据而予以入罪或者出罪。这种事理上的当然推理往往表现为举轻以明重，亦称为举轻明重论证（aegunentum a minori ad maius）。德国学者是指出："如果基于法律目的而作出合乎评价的法律后果适用于权重更小的事项，那么该法律后果更应该适用于评价权重更大的、法律却没有规定调整的事项。"① 在法学方法论中，举轻以明重被认为是一种当然推理。② 在此，德国学者明确将法律没有规定作为基于事理根据之当然推理的前置条件。我国学者指出："当然解释是论理解释之一种，它自然要服从论理解释与文义解释的关系原理，即当然解释是一种以语义解释为起点和内部边界的法律解释方法；同时当然解释并非对法条中的概念或法条本身含义的直接解释，而是一种以推理为基础的解释方法。同时，当然解释是以法律条文没有直接而明显的规定为前提的，学者一般将此前提表述为'法律条文没有明文规定'。"③ 在此，我国学者将当然推理称为当然解

---

① ［奥］恩斯特·A. 克莱默：《法律方法论》，周万里译，177 页，北京，法律出版社，2019。
② 参见［德］罗尔夫·旺克：《法律解释》，蒋毅、季红明译，151 页，北京，北京大学出版社，2020。
③ 魏治勋：《法律解释的原理与方法体系》，203 页，北京，北京大学出版社，2017。

释，并且试图在当然推理与语义解释之间建立起某种关联性。然而，在法律没有直接而明显规定的情况下，是否存在法律隐含或者间接规定，这是值得考察的一个问题。我认为，法律没有明文规定是指法律既无显性规定，亦无隐性规定。如前所述，将禁止牛马通过的交通规则适用于禁止骆驼通过，就是一种扩张法律适用范围的当然推理，将这种将情形称为当然解释并不贴切。这种观点是建立在法律解释的二元区分基础之上的，即将法律解释区分为文理解释和论理解释，我认为这种二元区分的做法，实际上是混淆了法律解释和法律推理的界限。法律解释和法律推理之间虽然具有紧密的关联性，例如某些法律解释方法就是以一定的推理方法为基础的，但两者又是完全不同的：法律解释主要是语言分析，而且其功能在于确定法律适用的大前提，也就是为找法提供方法论。而法律推理则是一种逻辑分析，其功能主要在于为法律解释和法律适用提供逻辑根据。以此来看，法律解释在某些情况下依赖于法律推理，反之，法律推理却在更大程度上与法律解释并无勾连，例如演绎推理主要适用于法律规则与待决案件的涵摄，归纳推理主要适用于规则的形成和事实的认定等情形。而类比推理则既可以成为类比解释的逻辑根据，也可以成为一种独立的推理方法。当然推理虽然往往被称为当然解释，但在法律没有明文规定情形下所采用的当然解释，实际上并不符合法律解释的特征。

二、事理上之当然推理的界定

事理上之当然如何理解，对于正确认定事理上之当然推理具有重要意义。这里的关键在于如何界定事理。我认为，这里的事理是指事物之理，它与情理存在某种区分。如果说情理具有一定的主观意志的性质，那么，事理就具有一定的客观规律的属性。因此，事理更能够反映两个事物之间的对比关系。因此，事理是基于事物性质所产生的道理，具有一定的本然性。在某种意义上说，事理之当然推理是根据事物之本质所进行的一种推理。

我国古代在审理法无明文规定的案件，比附援引类似的规范时，通常采用举轻以明重的方法。例如《唐律·名例律》(断罪无正条)："诸断罪而无正条，其应入罪者，则举轻以明重。"这里的举轻明重是指，刑法将轻行为规定为犯罪，虽然对重行为没有规定为犯罪，但根据举轻明重原则，对重行为可以援引对轻行为的规定加以入罪。我国学者将这种规定称为轻重相举之法，指出："此条断罪轻重相举之法。此制之实质，乃以目的论之方法，对律条进行合理之解释。盖'法之设文有限，民之犯罪无穷。为法立文，不能网罗诸罪，民之所犯，不必正与法同：自然有危疑之理'(左传昭公六年孔颖达疏语)。轻重相举之法，就性质而论，属于比附断罪。比附断罪，即当罪人所犯律无正条时，得比类似之律条或附以往之判例而决之。"[①] 在此，我国学者将轻重相举之法界定为比附断罪，同时又认为是基于目的论之解释，这两个见解是互相抵牾的。其实，在比附断罪的情况下，具有类推的性质。例如，如果轻行为和重行为之间存在类似关系，则举轻以明重就是一种类推。如前所述，将禁止牛马通过的交通规则适用于禁止骆驼通过的情形，牛马和骆驼是不同类型的动物，交通规则只是对牛马作了禁止性规定，是否禁止骆驼通过属于交通规则并无明文规定的事项，因此只有通过对禁止牛马通过的交通规则进行类推，才能将禁止牛马通过的交通规则适用于禁止骆驼通过。因为在这种情况下，牛马通过与骆驼通过这两者之间，不仅具有轻重行为之分，而且具有类似的关系，因此，可以将上述情形解释为类比推理与当然推理的竞合。由此可见，举轻以明重并非都是类推，只有在轻重行为之间存在类似关系的情形下才是类推。也就是说，当然推理不一定都是类推，如果两者之间没有类似关系而仅具有轻重关系，则属于当然推理。在某种意义上说，轻重相举的当然推理较之类比推理更具有逻辑推导的理由。

事理上之当然推理，虽然不是类推，但它是以法律没有明文规定为前提的，通过事理关系而将法律规定适用于待决案件。因此，在刑法适用中，事理上之当

---

① 刘俊文：《唐律疏议笺解》(上)，487、488页，北京，中华书局，1996。

然推理其实是一种将法律没有明文规定的行为入罪的情形，因而违背罪刑法定原则，在刑法适用中不得采用。例如我国《刑法》第263条将冒充军警人员抢劫规定为抢劫罪的加重情节。对于这里冒充军警人员抢劫，通常是指不具有军警身份的人员假冒军警人员进行抢劫，当然也可以扩大解释为具有特定军警身份的军警人员冒充其他特定军种、警种、军衔或级别的军警人员公然进行抢劫。那么，真正的军警人员显示军警身份进行抢劫的行为能否认定为冒充军警人员抢劫呢？对此，我国学者张明楷指出："从实质上说，军警人员显示其真实身份抢劫比冒充军警人员身份抢劫，更具有提升法定刑的理由。刑法使用的是冒充一词，给人们的印象是排除了真正的军警人员显示其身份的情形。但是，刑法也有条文使用了假冒一词，故或许可以认为，冒充不等于假冒。换言之，冒充包括假冒（不是军警人员）与充任（是军警人员）两种情形，两种情形的共同点都是使被害人得知行为人为军警人员，故军警人员显示其身份抢劫的，应认定为冒充军警人员抢劫。"① 在上述论证中，论者对真正军警人员显示军警人员身份抢劫的行为认定为冒充军警人员抢劫，其实采用了两种解释方法：第一种是当然解释，第二种是语义解释。其中，"从实质上说，军警人员显示其真实身份抢劫比冒充军警人员身份抢劫，更具有提升法定刑的理由"，这一论述属于当然解释。"冒充包括假冒（不是军警人员）与充任（是军警人员）两种情形"则明显采用了语义解释的方法。将冒充分拆为假冒与充任的语义解释，明显难以成立。正如我国学者指出："在理解适用上，军警人员利用自己真实的军警身份、军警特权显然超越了冒充一词可能具有的最大含义范围，甚至已经完全背离了冒充一词的应有含义。"② 那么，如何论证将冒充解释为假冒与充任违反语义解释呢？我国学者从语言分析的角度进行了论证，指出："冒充是偏正结构，'冒'指冒牌、假冒，'充'指充当，'冒'是'充'的行为方式，对'充'起限制、定性的作用。所以，冒充的

① 张明楷：《刑法分则的解释原理》（上册），66、68页，北京，高等教育出版社，2024。

② 杨绪峰：《反思与重塑：刑法上类推解释禁止之研究》，载《环球法律评论》，2015（3）。

意义是以假充真，以次充好。而将冒充解释为假冒、充当，则是把该词的构词方式当成了联合型，并认为表示两种不同的意义，这显然违反了语词的本来意义。”[①] 由此可见，从语言分析来看，冒充只是单一的假冒的意思，并不能得出具有假冒和充任这两种含义的结论。那么，军警人员显示其真实身份抢劫比冒充军警人员身份抢劫，更具有提升法定刑的理由的当然解释是否能够成立呢？在以上论述中，论者的重点放在语义解释，当然解释只是一笔带过。此后，论者放弃了对冒充一词的语义解释，转而强化其当然解释，指出：“刑法将冒充军警人员抢劫规定为法定刑升格的条件，主要是基于两个理由：其一，由于军警人员受过特殊训练，其压制他人反抗的能力高于一般人，故冒充军警人员抢劫给被害人造成的恐惧心理更为严重，因而易于得逞；其二，冒充军警人员抢劫，会严重损害国家机关的形象。然而，真正的军警人员显示军警人员身份抢劫时，同样具备这两个理由。而且，非军警人员抢劫后，由于被害人及其他人事后得知行为人不是军警人员的真相，可以挽回国家机关的形象。既然如此，真正的军警人员显示军警人员身份抢劫的，应当比冒充军警人员抢劫的，受到更为严厉的制裁。由此可见，根据举轻以明重的当然解释原理，对真正的军警人员抢劫适用冒充军警人员抢劫的规定，具有实质合理性。”[②] 如前所述，举轻以明重是一种当然推理而不是当然解释，因为使用当然推理的事项都是法律没有明文规定，不能采用语义解释的情形。也就是说，真正的军警人员显示军警人员的身份抢劫的行为，属于法律没有明文规定的情形，不能通过语义解释将其入罪，在这种情况下，当然也就不可能采用当然解释。因为对于法律没有明文规定的情形，是无法进行解释的。对此，只能是当然推理而不是当然解释。就真正的军警人员抢劫而言，其与冒充军警人员抢劫之间，确实具有更应当加重处罚的理由，但两者之间存在对应关系，而并不存在逻辑上的递进关系。也就是说，真正的军警人员抢劫行为并不包

① 王政勋：《刑法解释中的词义分析法》，载《法律科学》，2006（1）。

② 张明楷：《刑法分则的解释原理》（上册），67页，北京，高等教育出版社，2024。

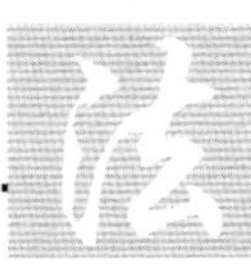

含非军警人员抢劫。因此，前者较之后者更应受到严厉的制裁，这是就事理而言。因此，这是一种典型的事理上的当然推理。我认为，事理上的当然推理是违背罪刑法定原则的，在我国刑法对真正的军警人员抢劫并没有规定加重处罚事由的情况下，不能根据刑法对非军警人员冒充军警人员抢劫的加重处罚规定适用于军警人员。那么，能否根据目的解释，将真正的军警人员抢劫理解为冒充军警人员抢劫呢？对此，我国学者指出："目的解释尽管也考虑利益的衡量，但是这种利益的衡量应当是规范范围内的思考，即目的解释是规范内的解释，而非日常生活中孰轻孰重的比较，否则也就无所谓解释了，人们只要根据朴素的道德判断和基本的法律情感，就可以径直对行为定性。根据刑法第 263 条的规定，刑法惩治冒充军警人员旨在通过加重处罚，规制混淆军警身份的抢劫行为，并非在于加大对军警人员的管理，如果将真正的军警人员抢劫解释为冒充军警人员抢劫，那么，就意味着刑法第 263 条处罚的目的在于从严治理军警，即加重对冒充军警人员处罚的规范目的与刑法规定的国家工作人员在犯特定罪名后从重处罚的规范目的不尽一致。由此可见，上述实质解释论的问题并不在于滥用了刑法目的，恰恰是因为没有查明刑法目的，才得出不合理的结论。"① 因此，上述解释也不能归属于目的解释。在刑法解释中，无论何种解释方法，事理都不能高于法律，这是罪刑法定原则的必然要求。

三、事理上之当然推理的适用

在我国刑法中，对于事理上之当然推理的适用存在一定的争议，争议的焦点问题在于如何判断法律规定与待决案件之间的关系。如果认为待决案件属于法律有规定的情形，则不能认为是事理上之当然推理；反之，则应当认定为是事理上之当然推理。

---

① 石聚航：《刑法目的解释研究》，68 页，北京，法律出版社，2022。

我国司法解释中也存在采用这种事理上的当然推理的情形。例如2004年11月3日最高人民检察院研究室《关于非法制造、买卖、运输、储存以火药为动力发射弹药的大口径武器的行为如何适用法律问题的答复》(高检研发〔2004〕第18号)规定:"对于非法制造、买卖、运输、储存以火药为动力发射弹药的大口径武器的行为,应当依照刑法第一百二十五条第一款的规定,以非法制造、买卖、运输、储存枪支罪追究刑事责任。"我国《刑法》第125条规定了非法制造、买卖、运输、邮寄、储存枪支罪,对于枪支的概念,我国《枪支管理法》第46条作了明文规定,是指以火药或者压缩气体等为动力,利用管状器具发射金属弹丸或者其他物质,足以致人伤亡或者丧失知觉的各种枪支。那么,前引答复所规定的"以火药为动力发射弹药的大口径武器"究竟何指呢?根据文字表达,这是指大炮。因此,前引答复的含义是:对非法制造、买卖、运输、储存大炮的行为,以非法制造、买卖、运输、储存枪支罪追究刑事责任。这是典型的举轻以明重的入罪的当然推理,其根据在于在处罚必要性增加到一定程度以后,就可以突破法律文本的字面含义,按照事物本质对法律规定进行扩张于语义范围之外的适用,这是实质思维的必然结果。在此需要讨论的问题是:前引答复的规定到底是法律解释呢还是关于法律适用的指引性规定?显然,枪支与大炮是两种不同的事物,立法机关只将非法制造、买卖、运输、储存枪支的行为规定为犯罪,并没有将非法制造、买卖、运输、储存大炮的行为规定为犯罪。在这种情况下,大炮无论如何也不能解释为枪支。因此,只要是以刑法的明文规定作为入罪根据,那么,大炮就不可能通过解释而获得定罪依据。我注意到,前引答复的内容是对非法制造、买卖、运输、储存以火药为动力发射弹药的大口径武器的行为如何适用法律问题的回答,在此涉及的是如何适用法律问题而不是法律解释问题。可以说,前引答复是类似于填补漏洞的一种法律续造。如前所述,如果立法机关欲将非法制造、买卖、运输、储存大炮的行为规定为犯罪,只要采用武器一词取代枪支即可。但立法机关并没有采用这个方案,显然,立法机关并不是遗漏了大炮,而是认为没有必要将在现实生活中极为罕见的非法制造、买卖、运输、储存大炮

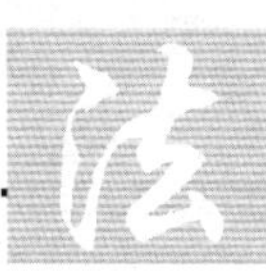

的行为规定为犯罪。然而，一旦出现了这种行为，按照罪刑法定原则就不能入罪。这也正是罪刑法定原则所具有的限制机能。但在实质理性的影响下，对法律没有明文规定的行为，却通过法律续造的方式认定为犯罪，这是明显不妥的。因为扩大解释是在语义范围内，从通常语义扩大到边缘语义，由于边缘语义没有超越语义边界，因此符合同一事物的本质，例如关于枪支，如果是假枪当然可以排除在枪支之外。那么，仿真枪能否解释为枪支呢？对此，公安部《关于对以气体等为动力发射金属弹丸或者其他物质的仿真枪认定问题的批复》明确规定："依据《中华人民共和国枪支管理法》第四十六条的规定，利用气瓶、弹簧、电机等形成压缩气体为动力、发射金属弹丸或者其他物质并具有杀伤力的'仿真枪'，具备制式气枪的本质特征，应认定为枪支，并按气枪进行管制处理。"枪支在通常情况下是指制式枪支，及其能发射制式弹药的非制式枪支（包括自制、改制枪支）。仿真枪是一种玩具，不是按照枪支的使用目的生产、制造的，就此而言，似乎可以将仿真枪排除在枪支概念之外，但某些仿真枪具备枪支的杀伤性能，在这种情况下，仿真枪具有枪支的本质特征。对此，公安部将具备枪支性能的仿真枪解释为枪支。我认为，这是一种典型的扩大解释。将仿真枪解释为枪支之所以是扩大解释，是因为虽然仿真枪在通常含义上不能等同于枪支，但在仿真枪具备杀伤力的情况下解释为枪支，并没有超出枪支的语义边界，因而仿真枪可以归属枪支的范畴。与之不同的是将大炮解释为枪支，这是明显超出枪支语义范围的，因而不是解释而是法律续造。因为虽然大炮与枪支都属于武器，但武器是大炮与枪支的上位概念，不能由此得出大炮等同于枪支的结论；否则，会得出荒谬的结论，例如牛与马都属于动物，因此牛等同于马，这种推理是难以成立的。大炮虽然也具有杀伤力，甚至杀伤力大于枪支，但大炮和枪支是两种不同的武器，两者在构造上存在明显的区别，不能归属于同一事物。

如果说，上述只是对个别事项基于事理上的当然之理所进行的当然推理，其影响尚且有限。那么，在以下司法解释中，基于事理上的当然之理所进行的当然推理，则涉及对刑法规范的较大范围的理解，因而更值得关注。这里涉及的是对

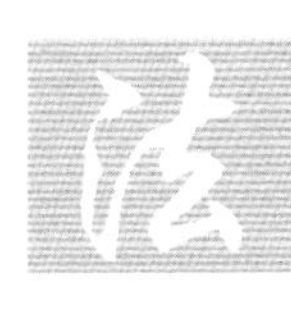

国家机关证件的解释。我国《刑法》第 280 第 1 款规定了伪造、变造、买卖国家机关公文、证件、印章罪，那么，这里的国家机关公文、证件、印章是否包括伪造、变造的国家机关公文、证件、印章呢？这个问题对于伪造、变造来说，似乎是一个伪问题，因为作为伪造、变造对象的国家机关公文、证件、印章，当然是真的，而不可能是假的。只有伪造、变造出来的国家机关公文、证件、印章才是假的。犯罪分子不可能伪造、变造假的国家机关公文、证件、印章，或者说对于假的国家机关公文、证件、印章根本就不存在伪造、变造的问题。然而，对于买卖国家机关证件来说，则存在一个是否包括买卖假的，即伪造、变造的国家机关证件的问题。对于这个问题，1998 年 12 月 29 日全国人大常委会《关于惩治骗购外汇、逃汇和非法买卖外汇犯罪的决定》第 2 条规定："买卖伪造、变造的海关签发的报关单、进口证明、外汇管理部门核准证件等凭证和单据或者国家机关的其他公文、证件、印章的，依照刑法第二百八十条的规定定罪处罚。"前引决定的上述规定将买卖伪造、变造的国家机关公文、证件、印章的行为规定为买卖国家机关公文、证件、印章罪。由于前引决定的规定属于立法，则上述规定当然具有法律效力。那么，这一规定能否扩展及其他条款呢？这里要分析前引决定上述规定的性质，应该说，这一规定属于类推立法而非正常立法。也就是说，如果是正式设立罪，应该设立买卖伪造、变造的国家机关公文、证件、印章罪，因为买卖伪造、变造的国家机关公文、证件、印章并不符合买卖国家机关公文、证件、印章罪的构成要件，但前引决定却将买卖伪造、变造的国家机关公文、证件、印章行为规定以买卖国家机关公文、证件、印章罪论处。因此，该规定具有立法类推的性质。类推虽然在司法活动中是被禁止的，但在立法中采用类推方法则是允许的，而且我国刑法的立法类推解释也并不罕见。可以说，这种类推立法具有法律拟制的性质，属于一种例外规定。此后，1999 年 6 月 21 日最高人民检察院法律政策研究室《关于买卖伪造的国家机关证件行为是否构成犯罪问题的答复》指出："对于买卖伪造的国家机关证件的行为，依法应当追究刑事责任的，可适用刑法第二百八十条第一款的规定以买卖国家机关证件罪追究刑事责任。"

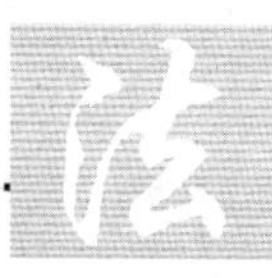

该答复的内容是将前引决定仅适用于买卖伪造、变造的海关签发的报关单、进口证明、外汇管理部门核准证件等凭证和单据或者国家机关的其他公文、证件、印章的具体场景的行为，扩展解释为所有买卖伪造的国家机关证件的情形。在解读上述答复时，相关人员认为，买卖伪造的国家机关证件的危害性比买卖真实的国家机关证件还要严重，虽然刑法没有规定，但既然刑法规定伪造国家机关证件构成犯罪，则买卖伪造的国家机关证件行为同样可以按照犯罪处理，这属于法律规定的题中应有之义，司法机关可以依法予以处理。① 上述解读已经明确指出，将买卖伪造的国家机关证件行为以买卖国家机关证件罪论处，是以法律没有规定为前提的，因此该前引答复不可能是一种司法解释，而是一种当然解释，其实就是一种基于事理上的当然之理所进行的当然推理。我国学者指出："当然解释试图通过逻辑推演来确定规范的范围，但是毫无疑问的是，在此过程中，最终的结论仍然需要提供规范目的考察来加以确定。正是由于对规范目的和所谓的事物属性的认识有着不同，造成解释的当然性也处在争议之中，使得某一解释并不为人们当然地视之'当然'之意。"② 此外，例外规定不得进一步扩张其适用范围，这也是一个基本原理。正如德国学者指出："'例外的规定不允许延伸'这一定理因而也应该非常谨慎地运用，且相对于先前对类比与反向推理的关系所作的说明，完全没有说出什么新东西。相反，由立法者偶尔提出的禁止类比必须被承认是允许的类比的界限。"③ 因此，对于刑法采用拟制的方法作出的例外规定，更不能进行事理上的当然推理。因为如果允许这种当然推理，则其效应会波及其他类似场景。例如如果买卖伪造、变造的国家机关证件行为可以构成买卖国家机关证件罪，依此类推，则倒卖假香烟的行为可以构成非法经营罪；倒卖假文物的行为可以构成倒卖文物罪；贩卖假毒品的行为也可以构成贩卖毒品罪。甚至可以推而广

① 参见最高人民检察院政策研究室编：《解读最高人民检察院司法解释》，369～370页，北京，人民法院出版社，2003。

② 林维：《刑法解释的权力分析》，99页，北京，中国人民公安大学出版社，2006。

③ ［德］卡尔·恩吉施：《法律思维导论》（修订版），郑永流译，186页，北京，法律出版社，2014。

之，只要符合举轻以明重的原理，则可以将刑法规定的所有物品都解释或者推理包括假物品，这明显是荒谬的。

如果说具有入罪性质的不利于被告人的事理上之当然推理不能违反罪刑法定原则，因而不得采用，那么，事理能否成为出罪的当然之理呢？我的回答是肯定的。在刑法中，我们应当坚持入罪以法，出罪以理的司法理念。这里的入罪以法就是将某个行为认定为犯罪，必须要有法律的明文规定，这是罪刑法定原则的应有之义。与之不同，某个行为即使符合构成要件，如果具有某种事理上的根据，则完全可以出罪，这就是出罪以理。例如，举重以明轻的当然推理就可以成为出罪根据。这里的举重以明轻（argumentum a minori ad minus），是指如果按照法律规定具有更大权重的事项都没有引发特定的法律后果，那么更小权重的事项就更不会引发特定的法律后果。① 我国古代在审理法无明文规定的案件，比附援引类似的规范时，通常采用举重以明轻的方法作为出罪的根据。例如《唐律·名例律》（断罪无正条）："诸断罪而无正条，其应出罪者，则举重以明轻。"这里的举重明轻是指刑法将重行为规定为不是犯罪，虽然对轻行为没有规定不是犯罪，但根据举重明轻原则，对轻行为可以援引对重行为的规定作为出罪的根据。《唐律疏议》规定："其应出罪者，依贼盗律：'夜无故入人家，主人登时杀者，勿论。'假有折伤，灼然不坐。又条：'盗缌麻以上财物，节级减凡盗之罪。'若犯诈欺及坐赃之类，在律虽无减文，盗罪尚得减科，余犯明从减法。此并举重明轻之类。"在此，"杀"与"伤"之间存在轻重之别，既然杀死不构成犯罪，那么，伤害当然更不应当以犯罪论处。这就是通过事理上的当然之理而出罪。此外，"盗"与"骗"之间同样存在轻重之分，那么，既然窃盗和强盗可以减轻处罚，则诈骗更应当减轻处罚。这是通过事理上的当然之理而减轻。由此可见，事理上的当然之理既可以成为出罪的根据，又可以成为减轻的根据。

从上述举重以明轻适用于出罪的场景来看，实际上隐含着出罪需要法律明文

① 参见［奥］恩斯特·A. 克莱默：《法律方法论》，周万里译，178页，北京，法律出版社，2019。

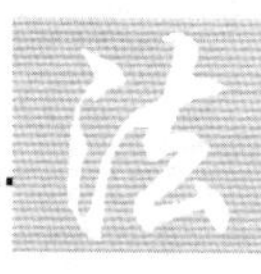

规定的观念。然而，在罪刑法定语境中，这一观念是直接与罪刑法定原则的精神相抵触的。根据罪刑法定原则，法无明文规定不为罪。只要刑法分则没有明文规定，就不能作为犯罪论处。正当防卫属于违法阻却事由，这是由刑法总则规定的，它适用于所有案件，而且，违法阻却事由可以分为法定的违法阻却事由和非法定的违法阻却事由。在非法定的违法阻却事由的适用中，不仅没有刑法分则规定，而且没有刑法总则规定。在这种情况下，仍然可以出罪。正如日本学者指出："对在有利于行为人的方向进行的解释，不受罪刑法定原则的限制，实际上也可以从超法规的观点广泛地承认违法性阻却事由和责任阻却事由。应该说在这个意义上理解不允许进行对犯人不利的类推。但是，不禁止有利的类推。"① 由此可见，举重以明轻而出罪，作为一种司法规则，它是从罪刑法定中引申出来的必然结论。

在此还需要对事理上的当然推理与逻辑上的当然推理加以区分。例如德国学者指出："由强到弱的逻辑推理（argumentum a fortiori）表明，从对特定案件有效的法规范中，可推论出该法规范同样适用对另一个案件有效。例如，从自杀的帮助犯不处罚中可推论出，过失造成他人自杀同样不处罚。"② 这里的由强到弱的逻辑推理就是指当然推理，那么，这个案件的当然推理，究竟是事理上的当然推理还是逻辑上的当然推理呢？就自杀的帮助犯与过失造成他人自杀这两种情形而言，虽然在造成他人自杀这一点上具有重合，但在帮助犯与过失造成这两种行为方式上，两者并无逻辑涵盖关系。显然，这是一种事理上的当然解释。如前所述，事理上的当然推理在通常情况下不能适用，然而，上述这种具有出罪性质的事理上之当然推理则完全可以适用。

---

① ［日］大塚仁：《刑法概说（总论）》（第三版），冯军译，78～79页，北京，中国人民大学出版社，2003。

② ［德］汉斯·海因里希·耶赛克、［德］托马斯·魏根特：《德国刑法教科书》（上），209页，北京，中国法制出版社，2017。

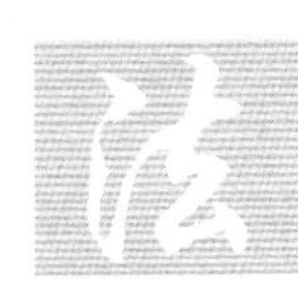

第三节　逻辑上之当然推理

当然推理之当然，除了事理之当然以外，还包括逻辑之当然。在事理之当然的情况下，两个事项之间只是存在大小、轻重之分，根据大小、轻重之对比获得一定的结论。在这种当然推理作为入罪根据的时候，实际上是将法无明文规定的行为通过事理之当然推理而予以入罪，从而扩张了刑法规定的适用范围。但如果当然推理之当然，不是事理之当然而是逻辑之当然，那么，并不排除当然推理可以作为入罪的根据，因而为法律所允许。

一、逻辑上之当然推理的性质

逻辑上之当然推理中的逻辑是指推理的根据，即以法律规定与待决案件之间具有一定的逻辑递进关系作为推理的根据。递进关系（progressive relationship）是指能够表示在意义上进一层关系的，且有一定逻辑的词语。[①] 因此，递进关系通常是指语词承接上的逻辑关系，这种关系不仅要求内容上的逻辑性，还要求使用恰当的关联词语来表达这种进阶关系。当递进关系用于描述两个事项之间的关系时，是指后一事项比前一事项在程度、范围、深度等方面的增强或减弱。在具有递进关系的两个事项之间，后一个事项是从前一个事项演变而来，因而虽然前后是两个不同的事项，但前一事项与后一事项在逻辑上具有衔接关系，后一事项较之前一事项具有程度上的对比关系。在这个意义上说，在具有递进关系的两个事项之间，后一个事项涵盖前一事项。例如，甲经过 A 地抵达 B 地。对于甲来说，身处 B 地时，就表明其已经到过 A 地，因此，甲到达 B 地这个事实涵盖了

① 参见“递进关系”，百度百科（baidu. com）。

到过A地这个事实。

德国学者库鲁格曾经将法律条文之法律要件（M）与法律效果（P）的关系分为三种情形：第一是外延的包含（extensive Lmplikation），即有M就有P。从逻辑上说，M法律要件是P法律效果的充分条件。第二是内涵的包含（intensive Lmplikation），即无M法律要件即无P法律效果的必要条件。第三是相互的包含（ gegenseitige Lmplikation），即有M则有P，无M则无P，MP相重叠的情形。从逻辑上说，M法律要件是P法律效果的充分及必要条件。[①] 在上述三种关系中，第三种情形相互包含是概念之间的同一关系。第一种和第二种则是概念的外延的包含关系与概念的内涵的隶属关系。这里的包含关系，也可以称为隶属关系，但外延的隶属关系与内涵的隶属关系之间存在明显的区分。

外延的隶属关系是指两个概念之间具有种属关系，属概念是上位概念，种概念是下位概念。由此可以得出结论：外延的隶属关系是以两个概念之间存在涵摄关系为前提的，法律对于属概念有规定，该规定当然适用于种概念。在这个意义上说，法律关于属概念的规定等同于对种概念的规定。例如法律对武器规定的法律效力及于枪、炮等与之具有种属关系的所有类别的武器。因此，凡是对武器的规定，均可视为对具体武器的规定，反之则不然。法律对武器的规定，不能视为对所有武器的规定。例如法律规定制造枪支构成犯罪，并不等于规定制造其他类别的武器也构成犯罪，更不等于规定制造所有武器都构成犯罪。因为武器涵摄各种类别的武器，具体类别的武器却并不涵摄一般类别武器。外延上的隶属，在刑法规定的构成要件概念中是指特别法与普通法之间的法条竞合关系，简称特别关系。在特别关系的概念之间，具有种属关系。内涵的隶属关系是指两个概念之间具有部分与整体的关系，部分概念被整体概念所涵盖。法律对于整体概念有规定，但对于部分概念没有规定的，法律对整体概念规定的法律效力并不当然适用于部分概念。例如，在结合犯的情况下，包含了所结合的两个犯罪的内容，但该

① 转引自杨仁寿：《法学方法论》（第二版），155～158页，北京，中国政法大学出版社，2013。

规定只适用于整体概念，并不适用于部分概念。反之，法律对部分概念有规定，但对整体概念没有规定的，法律对部分概念的规定也不能适用于整体概念。下面，我分别对外延的隶属关系与内涵的隶属关系进行分析：

（一）外延的隶属关系

外延的隶属关系是一种种属关系，假设种概念是A，属概念是B，A是B外延的一部分。假设：

（1）A规定为犯罪，B规定为犯罪，则以A论处。

（2）A规定为犯罪，B未规定为犯罪，则以A论处。

（3）A未规定为犯罪，B规定为犯罪，则以B论处。

上述外延的隶属关系的罪名概念之间具有三种情形：第一，刑法将种概念之行为和属概念之行为同时规定为犯罪，行为人实施了种概念之行为，则形成特别法与普通法之间的竞合关系。根据特别法优于普通法的原则，以特别法之罪名论处。例如盗取枪支罪与盗窃罪，盗窃罪是普通法规定，盗窃枪支罪是特别法规定，盗窃罪的外延包含盗窃枪支罪。在行为人实施盗窃枪支行为的情况下，其行为同时符合盗窃罪的构成要件，应以盗窃枪支罪论处。第二，刑法将种概念之行为规定为犯罪，属概念之行为并未规定为犯罪，则属概念之行为不能以种概念之罪名论处。例如刑法规定了盗窃枪支罪，但并未规定盗窃罪，则对盗窃行为不能以盗窃枪支罪论处。第三，刑法未将种概念之行为规定为犯罪，但将属概念之行为规定为犯罪，则应以属概念之罪名论处。例如刑法未规定盗窃枪支罪，但规定了盗窃罪的情况下，对盗窃枪支行为应以盗窃罪进行处罚。

（二）内涵的隶属关系

内涵的隶属关系是一种整体与部分的关系，假设整体概念是A，部分概念是B，B是A内涵的一部分。假设：

（1）A规定为犯罪，B规定为犯罪，则以A论处。

（2）A规定为犯罪，B未规定为犯罪，则以A论处。

（3）A未规定为犯罪，B规定为犯罪，则以B论处。

上述内涵的隶属关系的罪名概念之间具有三种情形：第一，刑法将整体概念之行为和部分概念之行为同时规定为犯罪，行为人实施了整体概念之行为，则形成整体法与部分法之间的竞合关系。根据整体法优于部分法的原则，应以整体法之罪名论处。例如抢劫罪与故意杀人罪，抢劫罪是整体法规定，故意杀人罪是部分法规定，抢劫罪涵盖故意杀人罪。在行为人实施抢劫杀人行为的情况下，故意杀人行为被抢劫罪所吸收，按照整体法优于部分法的适用原则，应以抢劫罪论处，故意杀人行为不再单独定罪。第二，刑法将整体概念之行为规定为犯罪，部分概念之行为并未规定为犯罪，则部分概念之行为应以整体概念之罪名论处。例如刑法只是规定了抢劫罪，但并未规定故意杀人罪的情况下，行为人实施了抢劫杀人行为的，应以抢劫罪论处。因为故意杀人行为虽然没有单独设立罪名，但其行为被抢劫罪所涵盖，因而抢劫罪已经包含了对故意杀人行为的评价，在这种情况下，应以抢劫罪论处。第三，刑法未将整体概念之行为规定为犯罪，却将部分概念之行为规定为犯罪的情况下，应以部分概念之罪名论处。例如在刑法只设立了故意杀人罪，并未设立抢劫罪的情况下，对于抢劫杀人行为可以按照故意杀人罪处罚。因为在这种整体法与部分法的隶属关系中，整体与部分之间作为实体内容是可以进行分割的，因此，在上述抢劫罪涵盖故意杀人罪的内涵隶属关系中，虽然刑法对抢劫罪没有规定，对抢劫罪中的部分行为——故意杀人行为，却仍然可以按照故意杀人罪处罚。因此，在两个概念之间具有涵盖关系的情况下，概念之间具有实体上的独立性，对整体法的规定不等于对部分法的规定，而部分法却可以作为整体法的一部分，对整体法中具有竞合关系的部分行为进行评价。基于部分法与整体法的重合部分的竞合关系，将刑法对部分法的规定适用于整体法中的重合部分，就是基于逻辑上的当然之理所进行的当然推理。

在上述情形中，涉及逻辑上的当然推理的情形是：刑法未将整体概念之行为规定为犯罪，却将部分概念之行为规定为犯罪的情况下，应以部分概念之罪名论处。在这种情况下，刑法只是将部分概念之行为规定为犯罪，但并未将整体概念之行为规定为犯罪。因此，整体概念之行为，从语言分析角度来看，应当理解为

刑法没有规定。但从逻辑意义上分析，整体概念之部分行为与部分概念之行为存在重合性，而且整体概念之行为与部分概念之行为之间具有轻重之关系，因而按照举轻以明重的当然推理，将刑法没有规定的整体概念之行为以部分概念之罪名论处，并非刑法解释之结果，而是当然推理之结论。例如抢劫罪与抢夺罪之间存在轻重之关系，而且抢夺行为是抢劫行为之部分。如果刑法只规定了抢夺罪，但未规定抢劫罪的情况下，因为抢劫罪的夺取行为完全符合抢夺罪的构成要件，因而对刑法未规定之抢劫罪以抢夺罪论处，这是根据逻辑上之当然推理得出的必然结论，而且并不违反罪刑法定原则。

将这种基于当然之理的推理方法适用于法律适用，可以解决法律规范的适用范围或者效力问题。例如德国学者在论述当然推理时，指出："在法律科学中，通常会由某个更广泛之法律规范的效力推导出某个不那么广泛之法律规范的效力。这种论证方式在使用时通常带有短语'更加'（erst recht)，这里提到的论证方式——以并非总是统一和清晰区分的方式——被称为举轻以明重（以小推大)、当然推理或者举重以明轻。"[①] 在此，德国学者将当然推理称为一种论证方法，因而不同于解释方法。例如《唐律·贼盗律》规定："谋杀期亲尊长，皆斩。"对此，《唐律疏议》注曰："案贼盗律，谋杀期亲尊长皆斩，无已杀、已伤之文。如有杀伤者，举始谋是轻，尚得死罪，杀及谋而已伤是重，明从皆斩之坐。又例云：殴、告大功尊长、小功尊属，不得以荫论。若有殴、告期亲尊长，举大功 是轻，期亲是重，亦不得用荫，是举轻明重之类。"这是《唐律疏议》对举轻以明重的例解，对于我们理解中国古代刑法中的举轻以明重规则具有参考意义。《唐律疏议》的上述规定，涉及"谋杀"与"已杀"之间的轻重相举关系。按照《唐律疏议》规定，"谋杀"，即预谋杀害期亲尊长的行为应当处以斩刑，然而对比"谋杀"性质更为严重的"已杀"行为如何处理，《唐律疏议》却未作规定。在这种情况下，根据举轻以明重的规则，既然"谋杀"都处斩刑；那么，对

① ［德］乌尔里希·克卢格：《法律逻辑》，雷磊译，198页，北京，法律出版社，2016。

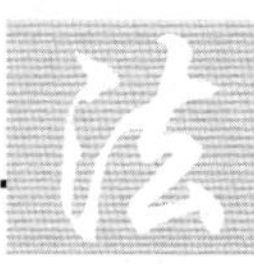

预谋以后继而付诸实施的“已杀”行为，当然更应当处以斩刑。应该说，这个意义上的举轻以明重并不是类推而是当然推理。因为“谋杀”与“已杀”之间并不存在类似关系，却存在轻重关系，因而属于当然推理。因为在上述情况下，经过预谋阶段而递进到杀人之实行阶段，并且造成死亡结果。因此，重行为（已杀）中已经涵括轻行为（谋杀）。因此，对刑法没有规定的重行为援引刑法对轻行为规定的处罚，这是当然之理，因而是逻辑上的当然之理。在刑法教义学中，通常认为行为经过预谋或者预备以后，继而发展到实行阶段，则预谋或者预备的要素被实行行为所吸收，对预谋或者预备的要素不再另行独立评价。

在此，我们需要对这里的刑法对重行为没有规定的蕴含，进行细致的逻辑分析。其实，在上述情况下，刑法虽然对重行为没有规定，但对重行为所涵盖的轻行为有规定。也就是说，“已杀”涵盖了“谋杀”，因为“谋杀”是“已杀”的预备行为，经过预备而递进到实行行为，预备行为被实行行为所吸收。在这个意义上说，重行为也完全符合轻行为的规定。对此，按照当然推理适用轻行为的规定是具有充分根据的。例如在上述《唐律疏议》将谋杀期亲尊长皆斩的规定适用于已杀行为的情况下，在谋杀和已杀之间，后者包含前者：因为预谋杀害是指杀人的预备行为，已杀是指杀人既遂。从逻辑上说，已杀是经过谋杀达成的杀人既遂状态。因此，已杀涵盖谋杀。在这种情况下，采取举轻以明重的当然推理，对已杀行为适用谋杀之律条并无不当。由此可见，在两个事项之间存在递进关系的情况下，后者在逻辑上包括前者，因而尽管刑法对后者没有独立规定，但由于刑法对前者已经有规定，因而具备逻辑上的当然之理。在这种情况下，采用当然推理入罪并不违反罪刑法定原则。

应当指出，在论述当然解释（即当然推理）的时候，我国学者认为逻辑上的当然是指逻辑上存在种属关系。[①] 我也曾经认为逻辑之当然是指概念之间存在递

① 参见李希慧：《刑法解释论》，117页，北京，中国人民公安大学出版社，1995。

进或者种属关系。[①] 这里主要涉及具有当然关系的两个事项之间是否属于种属概念，这是一个值得关注的问题。这个问题涉及当然推理与语义解释之间的关系。对此，我国存在竞合说，这种观点认为："就语义解释与当然解释的关系而言，可以说，在法律解释的过程中当然解释并非完全处于辅助地位，相反总是发挥着重要的作用。具体到种属关系而言，语义解释与当然解释有些许重合的部分再为正常不过，就像法条会产生竞合一样正常。"[②] 这种观点认为在某些情况下，语义解释与当然解释之间存在竞合，因此，两者并不完全互斥。我认为，种属关系是概念之间的一种关系，种属概念可以分为种概念和属概念。其中，种概念是下位概念，属概念是上位概念，属概念包括种概念，种概念被属概念所涵括。因此，法律对属概念的规定可以适用于种概念。例如德国学者指出："从对属于特定大概念的某一类案件有效的法规范中，可推论出，该法规范同样对属于这一大概念的其他案件有效。例如，行为人基于重大认识错误而不能将犯罪行为实施终了的，可免除刑罚（《德国刑法典》第 23 条第 3 款）的规定，可延伸至不能犯未遂（irrealer Versuch）。"[③] 在上述论述中，行为人基于重大认识错误而不能将犯罪行为实施终了的情形是未遂犯，不能犯未遂则是未遂犯的一种特殊情形。因此，未遂犯是属概念，不能犯未遂则是种概念。因此，刑法对未遂犯的规定，当然适用于不能犯未遂。在此，只要进行语义解释即可。又如，武器是属概念，它的外延较大，包括枪支、大炮以及其他种类的武器，因此，当刑法规定武器的情况下，当然可以从武器概念中解释出枪支、大炮等。在此，采用的只是单纯的语义解释方法，而并不需要采用当然推理，例如完全可以将枪支或者大炮直接解释为武器，在此并没有采用当然解释或者当然推理的空间。因为刑法规定的武器概

① 参见陈兴良：《本体刑法学》（第三版），28 页，北京，中国人民大学出版社，2017。

② 袁珍：《刑法当然解释之研究》，载魏东主编：《刑法解释》，第 7 卷，120 页，北京，法律出版社，2022。

③ ［德］汉斯·海因里希·耶赛克、［德］托马斯·魏根特：《德国刑法教科书》（上），徐久生译，209 页，北京，中国法制出版社，2017。

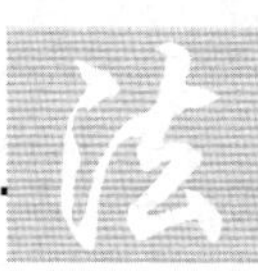

念中已经包含了枪支和大炮的内容。但如果刑法并没有规定武器，而是规定枪支，在这种情况下，就不能通过类推将大炮解释为枪支。在枪支和大炮之间并不存在种属概念的关系。当然，在枪支和大炮之间存在事理上的当然之理，在民法中可以采用事理上的当然推理。但当刑法只规定了枪支并未规定大炮的情况下，大炮属于法律没有明文规定的情形，不能进行当然推理。

二、逻辑上之当然推理的界定

当然推理中的事理上之当然与逻辑上之当然的关系如何界分的问题，对此，在法学方法论中存在两种情形：第一是具有事理上的当然但并不具有逻辑上的当然；第二是同时具备事理上之当然和逻辑上之当然。例如在将禁止牛马通过的交通规则适用于禁止骆驼通过的场合，具有事理上之当然，但并不具备逻辑上之当然。这种情形，不能否定其属于当然推理，如果是在刑法适用中，这种当然推理是被禁止的。因为对牛马通过的禁止并不等于对骆驼通过的禁止。在牛马和骆驼之间只是存在事理上之当然关系，但并不存在逻辑上之当然关系。换言之，对牛马通过的禁止并不等同于对骆驼通过的禁止。反之，在当然推理中如果存在逻辑上之当然，通常也就会存在事理上之当然。因此，刑法所允许的当然推理不仅包含事理上之当然，而且包含逻辑上之当然，两者必须同时具备。

逻辑上之当然推理是以重行为涵盖轻行为为前提的，例如《唐律疏议》所规定的谋杀期亲尊长皆斩的规定，只是对谋杀作了规定，但并未对已杀、已伤的情形作出规定。那么，对已杀、已伤的情形，《唐律疏议》是有规定还是没有规定？就法律规定的事项而言，谋杀与已杀、已伤是不同的情形，《唐律疏议》对谋杀有规定，对已杀、已伤并无规定。因此，不能从《唐律疏议》对谋杀的规定中解读出处理已杀、已伤的内容，在此，就不存在解释的空间。但已杀、已伤经过谋杀的阶段，两者之间具有递进关系，因此，《唐律疏议》对已杀、已伤虽然没有明文规定，但已杀、已伤其实涵括了谋杀的内容，因此，这里存在逻辑上之当然关系。在这种情况下，通过当然推理对已杀、已伤行为入罪，完全符合法律逻辑。我国刑法中也存在这种需要通过当然推理加以明确法条含义的情形。例如《刑法》第 277 条第 4 款规定："故意阻碍国家安全机关、公安机关依法执行国家安全工作任务，未使用暴力、威胁方法，造成严重后果的，依照第一款的规定处罚。"这里的第 1 款规定是指以暴力、威胁方法阻碍国家机关工作人员依法执行职务行为的规定，由于该款规定明确了以暴力、威胁为其行为方式，而第 4 款故意阻碍国家安全机关、公安机关依法执行国家安全工作任务而构成妨碍公务罪的，并不要求以暴力、威胁为其行为方式，因而在法条中，立法机关规定第 4 款行为以"未使用暴力、威胁方法"为条件。在刑法没有规定该款行为要求暴力、威胁为其行为方式的情况下，即使没有这一规定，从法律文本的含义来说，也不要求暴力、威胁方法。因此，我国学者认为第 4 款中"未使用暴力、威胁方法"不是真正的构成要件要素而是表面要素。[①] 那么，如果行为人采用暴力、威胁方法故意阻碍国家安全机关、公安机关依法执行国家安全工作任务的，应当如何定罪处罚呢？我国学者将这里的"未使用暴力、威胁方法"解释为"即使未使用暴力、威胁方法"，以此为根据，完全可以对使用暴力、威胁方法故意阻碍国家安全机构、公安机关依法执行国家安全工作任务，造成严重后果的行为，采用当然推理的方法，仍然以第 4 款规定论处。因为在以暴力、威胁方法故意阻碍国家安全机关、公安机关依法执行国家安全工作任务的情况下，涵盖了未使用暴力、威胁方法故意阻碍国家安全机关、公安机关依法执行国家安全工作任务的行为，因此具备逻辑上的当然事理。

在当然推理中，如何区分事理上的当然推理和逻辑上的当然推理，这是一个较为复杂的问题。我认为，这种区分应当建立在对当然推理所涉及的轻重行为的内容进行具体分析的基础上。例如，我国《刑法》第 329 条规定了抢夺、窃取国有档案罪，本罪的行为是抢夺和窃取，但并没有规定抢劫。那么，如果在现实生

---

① 参见张明楷：《刑法学》（下・第六版），1354 页，北京，法律出版社，2021。

活中发生了抢劫国有档案的行为，能否认定为抢夺国有档案罪呢？换言之，在这种情况下能否从抢夺推导出抢劫呢？对此，我国刑法学界存在两种观点：肯定说认为，一个行为如果在符合法条规定要素的前提下超出了该法条的要求，也没有其他可适用的法条，则应适用该法条，例如《刑法》第329条规定了“抢夺”国有档案罪。倘若行为人以暴力相威胁“抢劫”国有档案，应该如何处理？从规范意义上说，抢劫行为已经在符合抢夺要件的情况下超出了抢夺的要求，既然如此，当然可以将抢劫国有档案的行为评定为抢夺国有档案罪。这种解释可谓当然解释，但同时是出于体系解释的考虑。[①] 在肯定说的论证中，明显是采用了举轻以明重的当然推理方法。否定说则认为，根据举轻以明重的传统法理对抢劫国有档案行为纳入抢夺国有档案罪处理，从而解决了因立法不足而导致的司法困难问题。但举轻以明重很容易导致类比定罪，如果在没有法条明确规定的情况下，仅根据类比就得出解释结论无疑是违背罪刑法定原则的。[②] 显然，否定说将这种举轻以明重的推理方法界定为类推解释，因而有悖于罪刑法定原则。在此首先要分析上述推理是否属于类比推理，也就是类推。我认为，类推是基于类似关系，然而抢夺和抢劫之间并不存在类似关系，因为这两种犯罪的构成要件存在明显的差异。由此可见，将抢劫档案行为以抢夺档案罪论处归之于类推，并不符合类推的特征。那么，抢夺档案与抢劫档案是否存在逻辑上的当然关系呢？如果从《刑法》第329条的字面规定来看，确实只是规定了抢夺国有档案却没有规定抢劫国有档案。应该说，将抢劫国有档案行为解释为抢夺国有档案，这是采用了举轻明重的推理方法，这种推理也就是当然推理。至于这是否属于逻辑上的当然推理，关键问题在于如何确定抢劫国有档案行为与抢夺国有档案行为之间的逻辑关系，换言之，抢劫行为是否在逻辑上涵盖了抢夺行为？应当指出，前述抢劫罪与故意杀人罪之间的整体法与部分法之间的当然推理之原理也完全可以适用于抢劫档案

① 参见张明楷：《注重体系解释实现刑法正义》，载《法律适用》，2005（2）。

② 参见赵运锋：《刑法解释边界研究》，201页，北京，中国政法大学出版社，2019。

罪与抢劫罪之间的关系分析。当然，抢劫罪与故意杀人罪的当然之理不是轻重程度之理，而是范围大小之理。抢劫罪的范围较大，其涵盖了故意杀人，因此基于适用于大范围的法律规定当然可以适用于具有内涵上隶属关系之小范围的罪名。抢劫档案罪与抢夺档案罪之间是轻重程度上的当然之理，并且两者之间存在行为方式上存在涵盖关系，即抢夺行为隶属于抢劫行为，前者是后者的一部分。在这种情况下，虽然刑法只规定了抢夺档案罪却没有规定抢劫档案罪，但在行为人实施抢劫档案行为的时候，对其中的抢夺档案行为完全可以通过抢夺档案罪的构成要件进行评价，因而属于逻辑上的当然推理。

从抢劫罪和抢夺罪的构成要件分析，抢劫行为和抢夺行为是具有明显区别的：抢劫是采用暴力、胁迫或者其他方法，劫取他人财物；而抢夺是采取平和方法，夺取他人财物。因此，从整体上考察，抢劫罪与抢夺罪之间具有相互排斥的关系。然而，两者之间的轻重关系是显而易见的：抢劫是重行为，抢夺是轻行为。关键是抢劫行为是否在逻辑上涵盖抢夺行为。关于这一点，可以确认的是在抢劫和抢夺这两个行为中都存在夺取行为，只不过抢夺是单纯的夺取，而抢劫则是加重的夺取，即使用暴力、胁迫或者其他方法的夺取。就此而言，抢劫是采取较重的方法取得他人财物，而抢夺则是采取较轻的方法取得他人财物。因此，较重方法取得财物的抢劫涵括了较轻方法取得财物的抢夺。反之则不然。也就是说，如果刑法只规定了抢劫罪但没有规定抢夺罪，则尽管抢劫行为涵盖抢夺行为，但不能对抢夺行为以抢劫罪论处。反之，如果只规定了抢夺罪但没有规定抢劫罪，则对抢劫行为可以按照抢夺罪论处。因为至少抢劫行为中所涵盖的抢夺行为符合抢夺罪的构成要件。我国台湾地区学者指出：法律仅明文规定陆海空军人抢夺财物，那么这些人员抢劫财物的行为虽未明确禁止，但因这种行为重于抢夺行为，则抢劫行为更应在禁止之列。[①] 我国刑法对抢劫罪和抢夺罪都作了规定，因此对于抢劫行为和抢夺行为应当分别定罪。但在刑法只规定了抢夺档案罪却没

① 参见杨仁寿：《法学方法论》（第二版），159页，北京，中国政法大学出版社，2013。

有规定抢劫档案罪的情况下，则因为抢劫档案行为中所涵盖的抢夺档案的行为符合抢夺档案罪的构成要件，因而可以按照抢夺档案罪定罪。当我们说刑法对抢劫档案罪没有规定的时候，是说对抢劫档案行为整体没有规定。因此，通过举轻以明重的方法对抢劫国有档案的行为以抢夺国有档案罪论处，应该属于以逻辑上的当然之理为根据的当然推理。应当指出，这里的重行为涵盖轻行为并不能理解为对轻行为的法律规定包含重行为，因而此种情形属于法律有规定而非法律没有规定。例如，我国刑法只规定了抢夺档案构成犯罪，在这种情况下就不能因为抢夺档案行为被抢劫档案所涵盖，就认为刑法对抢劫档案具有明文规定。因此，只有通过逻辑上的当然推理才能将刑法对抢夺档案的规定适用于抢劫档案，并且并不违反罪刑法定原则。

第十五章

实 质 推 理

实质推理是相对于形式推理而言的，在法学方法论中对于如何区分形式推理与实质推理存在不同观点。而且，即使是实质推理这个概念能否成立本身都是充满争议的。本章在界定实质推理概念的基础上，对刑法适用中的实质推理方法进行具体考察。

第一节　实质推理的概念

实质推理是指基于实质根据所进行的推理，这里的实质是指推理所凭借的根据。相对来说，形式推理就是根据形式所进行的推理。在法律推理中，形式推理是根据法律规则所进行的推理，而实质推理则是根据法律规则以外的实质理由所进行的推理。因此，只有从形式推理和实质推理的对应关系中，才能揭示实质推理的本质。

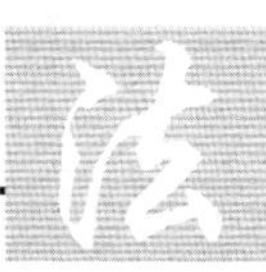

一、实质推理的特征

实质推理应当从法律思维的意义上加以理解，它是一种内涵更为宽泛的思维方法。德国学者施密特曾经将法律思维方法分为三种模式，指出："法学思维模式的区分，取决于'法'究竟是被理解为规则、决定或秩序而定。"① 根据这一观点，法学思维模式应当根据法的表现形态进行区分：以规范为核心的是规范论思维方法，以决定为核心的是决断论的思维方法，以秩序为核心的是具体的秩序思维方法。可以说，规范论的思维方法就是以法规范为前提的形式推理。例如施密特指出，从规范论的角度来看，适用刑法将杀人犯判处死刑的行为，是对法律规章的证立；犯罪行为并不代表秩序的破坏，而只是纯粹的"构成要件"（Tatbestand）②。在与规范论思维对应的意义上，另外一种思维方法是决断论。决断本身是一种权力，立法与司法都与决断密切相关。施密特指出："决断论思维最早的典型代表人物是十七世纪的霍布斯。对霍布斯而言，所有的法、规范、法律、所有的法律解释和秩序，本质上都是主权者的决定。法即是法律，而法律是对法争议做出决定的诫命。"③ 因此，决断论是立法者与司法者的思维方法，无论是制定法律，还是将法律适用于具体案件的司法过程，都不能离开决断。在这个意义上说，决断论思维是一种重要的思维方法。决断论思维与规范论思维相比，如果说，规范论是根据法律规则进行思维，那么，决断论就是基于案件事实作出判断。由此可见，规范论思维具有形式推理的特征，而决断论思维具有实质推理的性质。

我国学者指出，法律推理有两种基本方式："一种是从确定的原则导出结论

---

① ［德］卡尔·施密特：《论法学思维的三种模式》，苏慧婕译，49页，北京，中国法制出版社，2012。

② ［德］卡尔·施密特：《论法学思维的三种模式》，苏慧婕译，57页，北京，中国法制出版社，2012。

③ ［德］卡尔·施密特：《论法学思维的三种模式》，苏慧婕译，67页，北京，中国法制出版社，2012。

的理性思维；另一种是从法官个人的偏好，或者是政治、经济、社会的价值中得出结论。前一种方式的典型代表是演绎推理，认为法律的正确结论是从既定的法律规则中逻辑推导出来的，法官的推理活动没有任何创造性的成分，是一种机械的自动售货机模式。后一种推理是把某些实质性理由，例如经济效率、社会稳定等放到中心位置。”① 上述对实质推理的界定涉及对形式和实质这两个概念的理解。事实上，对实质推理理解的关键也是在于如何界定这里的实质一词。不得不说，对实质推理中的实质概念的阐述不能离开对与之相对意义上的形式推理中的形式概念的理解。形式和实质是哲学中的一对范畴，其含义具有多重性，在不同领域和不同场景具有不同理解。在形式推理和实质推理的意义上，形式和实质的含义可以同等于形式法治与实质法治中的形式与实质。对此，美国学者波斯纳指出：“形式指的是法律内在的东西，实质指的是法律外部的世界，就像形式正义和实质正义的差别一样。”② 在此，波斯纳将形式与实质的关系看作是法律的内外关系，尽管对内外关系的内容言不尽意，只是笼统地表述为内在东西和外部世界，这两个概念极为空泛，并无具体实体内容。但将形式对应于法律的内在要素，实质对应于法律的外在要素，还是为我们正确界定形式与实质提供了思考的方向。尤其是，波斯纳将形式推理与实质推理对应于形式主义与实质正义，基本上揭示了形式推理与实质推理的本质特征。可以说，形式推理是以法律规范为根据所进行的推理，而实质推理则是以法律以外的要素为根据所进行的推理。应该说，作为形式推理的根据，法律规范本身是容易理解的。例如形式推理中的典型形态——演绎推理，也就是三段论的推理，将法律规范确定为大前提，由此针对案件事实过程的小前提进行逻辑推导，最后得出结论。演绎推理完美地呈现了形式推理的逻辑展开过程，其结论出自大前提——法律规范，因而具有形式推理的性质。至于实质推理中的实质，由于它不是法律规范本身，而是法律以外的要

① 危文高：《法的形式性与法律推理》，206～207页，北京，知识产权出版社，2018。

② ［美］理查德·A. 波斯纳：《法理学问题》，苏力译，51页，北京，中国政法大学出版社，2002。

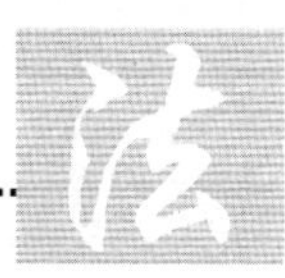

素，因而理解起来稍显困难。对此美国学者萨默斯指出："所谓（实质推理中的）实质性依据，是指道德的、经济的、政治的、习俗的或者其他的社会因素。"[①]在此，美国学者虽然对实质推理中的实质要素只是进行了例举，但这些被归入实质概念的要素对我们正确界定实质推理中的实质具有示范效应。应该说，这些要素的本质特征就在于：虽然其并非法律本身的内容，但它们对于法律的解释和适用具有重大影响。因此，形式推理和实质推理是两种完全不同的法律推理形式。在某种意义上说，甚至实质推理能否归之于推理范畴都是一个值得商榷的问题。为此，我们要对实质推理进行合理的界定。

实质推理是法律推理的一种特殊方法，因而在法学方法论中，通常都把它归之于推理的范畴。然而，从内容上来看，实质推理与形式推理存在重大差别，以至于引发对实质推理是否属于推理的质疑。例如我国学者指出："传统上，一般将法律推理理解为法官、律师等法律职业者在解决具体法律问题和纠纷的过程中，适用法律规范、查证事实情况并得出法律结论所进行的合乎逻辑的思维活动。从根本上，这种界定其实将法律推理当作形式逻辑在法律中的简单运用。当今法律推理学说的发展，已经超越了传统上那种将法律推理当作形式逻辑在法律中的简单运用的狭隘认识。"[②] 我国学者引述美国学者辛克莱（Sinclair）的论述，认为法律推理无法被当作一种自然的过程或社会的过程中的一个阶段，而只能从其自身的过程，即论证的过程予以分析。一般说来，论证描述了形成理由、得出结论，并将其适用于待决情形的过程或行为。[③] 我认为，之所以出现这种质疑，主要还是在对推理概念的理解上陷于认识误区所致。推理本身是一种思维过程，因此，如果将推理界定为思维，则无论是形式推理还是实质推理都可以归入推理的范畴。形式推理和实质推理只是推导的理由与根据不同，其推导过程以及构造

---

① ［美］P. S. 阿蒂亚、［美］R. S. 萨默斯：《英美法中的形式与实质：法律推理、法律理论和法律制度的比较研究》，金敏等译，1页，北京，中国政法大学出版社，2005。

② 焦宝乾：《法律论证：思维与方法》，77～78页，北京，北京大学出版社，2010。

③ 转引自焦宝乾：《法律论证：思维与方法》，78页，北京，北京大学出版社，2010。

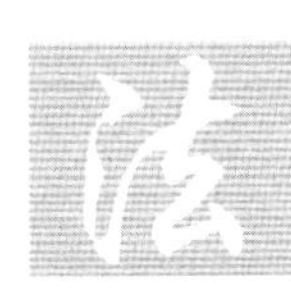

则是相同的。波兰学者指出，逻辑与推理有关，它帮助我们评价论证的有效性。波兰学者引用了塔尔斯基（A. Tarski）关于逻辑后承概念的分析结论：当且仅当在任何情况下前提 Γ 为真，句子 A 在逻辑上从前提集合 Γ 逻辑推导出来，那么 A 也为真。据此，波兰学者指出："这个分析隐含的观念是，逻辑是一种描述'真值传递'的理论。这个以一个论证的前提开始，以一个结论而告终。所以，逻辑的目的是明确用以保证真值传递的论证形式，即如果论证的前提是真的，那么其结论也是真的。"① 因此，在一定意义上说，推理本身是逻辑，也是论证，其目的在于获得结论的有效性。尤其是上述论断中的真值传递这个命题，揭示了推理的价值之所在。正是通过由此及彼的推导，保证了结论的可靠性。实质推理是在与形式推理对应的意义上存在的，因而实质推理的特征也是相对于形式推理而言的。我国学者指出："如果与演绎推理相比较，实质推理的特点在于，法律推理的前提是经过反复甄别、比较、筛选并进行补充而建立的，前提与结论之间不具有逻辑上的必然关系，判决结果可能是不确定的，在最初并不能为法官所确定和预见。这种推理方法的运用将和法官的自由裁量无法分开，并在一定程度上融入法官的认知、情感和价值观念，因此判决结论包含着不可避免的主观色彩。"② 由此可见，相对于形式推理的必然性、确定性和客观性而言，实质推理具有或然性、不确定性和主观性。但由于实质推理是以形式推理的结论为前提的，因而作为一种个别判断和价值判断的实质推理具有对形式推理的结论进一步正当化与合理化的功能。

推理是一个过程，也就是从前提中推导出结论的过程。因此，推理的构造是由此及彼的思维过程，这个过程也称为推论。如果说推理是推导出道理或者事理，那么，推论就是推导出结论。因此，推理与推论这两个概念本身是可以替换

---

① ［波］耶日·施特尔马赫、［波］巴尔托什·布罗泽克：《法律推理方法》，陈伟功译，18 页，北京，中国政法大学出版社，2015。

② 陈兴良主编：《刑法方法论研究》，311～312 页，北京，清华大学出版社，2006。

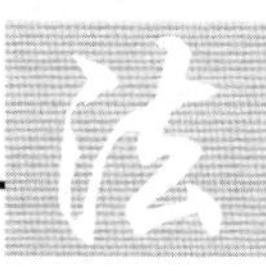

的，只不过推理一词已经约定俗成，因而更为普及而已。法律推理是法律领域的推理，尤其是在司法活动中根据法律规范所进行的逻辑推演。可以说，除了法律解释以外，法律推理是一种十分重要的法学方法。法律解释是阐明法律文本的含义，因而主要是一种语言分析，其中语义解释是基本的解释方法，其他解释方法是围绕语义解释而展开的补充性解释方法。不可否认，在法律解释中也会采用推理方法，例如类比方法就是一种推理方法，而类推解释就是以类比推理为基础的法律解释方法。可以说，类比推理与类比解释具有某种竞合关系。在法律推理未在法学方法论中获得独立地位的背景之下，法律推理往往被法律解释所涵盖。例如传统的法律解释分类中，往往存在论理解释这样一个类型。其实，论理解释就是推理。我国学者论证了论理解释属于实质推理方法之一，指出："从某种角度来看，法律解释过程与法律推理过程是相互交叉甚至是重合的，法律解释就是法律推理（或其中一部分），而由于论理解释超出了文字解释之范围，已是实质内容或价值观的解释，应属实质推理的方法之一。"[①] 如果将论理解释归之于推理方法，则其不再是法律解释方法，由此而将法律解释与法律推理加以区隔。目前我国刑法学界对刑法解释方法的界定越来越限于以语义解释为核心的语言分析方法，至于论理解释则归入刑法推理的范畴。我认为，这样一种对刑法解释与刑法推理的区分是正确的。由于论理解释本身并不拘泥于法律条文的字面意思，因此将其包含在法律解释范畴之中并不贴切。

法律推理作为一种法学方法存在不同的类型，这种法律推理的分类可以追溯到古希腊著名哲学家亚里士多德。亚里士多德是古典逻辑学的开创者，其逻辑的中心内容是推理。亚里士多德认为推理是一种论证，其中某事物被陈述了，则从中就必然引出与此不同的其他事物。[②] 亚里士多德在《论辩篇》一书中归纳出四种推理方法，其中两种是明证推理与辩证推理，这两种推理具有对应关系。亚里

① 余继田：《实质法律推理研究》，186 页，北京，中国政法大学出版社，2013。

② 参见马玉珂主编：《西方逻辑史》，45 页，北京，中国人民大学出版社，1985。

士多德认为，明证推理（apodeiktische Schlüsse）是指当推理是从真实的和初始的前提进行时，或者当我们对于它们的知识来自真实的和初始的前提时，就存在着这样一种推理。辩证推理（dialektische Schlüsse）是指从普遍接受的意见出发进行的推理。[①] 亚里士多德所说的明证推理与辩证推理在一定意义上可以对应于形式推理和实质推理。由此可见，推理存在多种不同类型，对此应当加以区分。也就是说，推理是一个含义范围较为宽泛的概念，并不仅限于以逻辑为基础的形式推理，而且包括以论证为内容的实质推理。

虽然推理方法的区分具有悠久的历史，然而，对于如何界定法律推理方法的种类，在法学方法论中并未达成统一的观点，而是存在各种不同的划分。例如美国学者博登海默将法律推理分为两类，这就是分析推理和辩证推理。博登海默指出："分析推理（analytical reasoning）意指解决法律问题时所运用的演绎方法、归纳推理和类推推理。分析推理的特征乃是法院可以获得表现为某一条规则或原则的前提，尽管该规则或原则的含义和适用范围并不是在所有情形下都是确定无疑的，而且调查事实的复杂过程也必须先于该规则的适用。"[②] 这里的分析推理所包括的三种推理方法是我们耳熟能详的，它是基本的逻辑推理方法。然而，为何将其称为分析推理则不甚了然。通过博登海默对分析推理的特征的描述，分析推理似乎是与法律规则相关联的，因而具有一定的形式特征。在这个意义上，分析推理不如说是形式推理。辩证推理，博登海默引述亚里士多德的观点，认为辩证推理（dialectical reasoning）乃是要寻求一种答案，以解答有关在两种相互矛盾的陈述中应当接受何者的问题。博登海默指出，由于不存在使结论具有必然性的无可辩驳的基本原则，所以通常我们所能做的只是通过提出似乎是有道理的、有说服力、合理的论据去探索真理。辩证推理的方法包括：对话、辩论、批判性

① 参见［德］特奥多尔·菲韦格：《论题学与法学——论法学的基础研究》，舒国滢译，15页，北京，法律出版社，2012。

② ［美］埃德加·博登海默：《法理学：法律哲学与法律方法》，邓正来译，510页，北京，中国政法大学出版社，2017。

探究以及维护一种观点而反对另一种观点来发现最佳的解决方案。① 从博登海默对辩证推理的上述论述可以看出，辩证推理具有论证的性质，因而在其推理方法上更为综合。正是在这个意义上，辩证推理的综合性对应于分析推理的分析性。当然，博登海默将辩证推理的使用场景限于不能采用分析推理的情形，在这个意义上，分析推理与辩证推理似乎又不是对应的关系，而是一种补充关系。由此可见，博登海默关于分析推理与辩证推理的分析工具虽然具有一定的合理性，但其对应性并不严密。

在辩证推理中采用了论证的方法，因而在法学方法论中，辩证推理也称为论证推理。这里的论证是指运用推理确立论题处理的过程，关于论证和推理的关系，我国学者指出："推理不仅指从前提到结论的一般逻辑推导过程，而且指利用各种理由进行论证，以说服及影响他人的论证过程或论证手段。同理：法律推理则不仅指对法律命题运用一般逻辑推理的思维活动，而且指法律适用者运用各种法律理由论证特定法律行为的证成过程或证成手段。"② 在法学方法论中一般认为，广义的推理包括论证，狭义上的推理则不包括论证。③ 因此，从广义上的推理来说，法律推理本身就是法律论证。正如我国学者指出："法律推理和法律论证之间存在天然的联系，从法律推理的概念本身来看，其实际上是从前提出发推导并论证结论，与法律论证一样，法律推理也要通过说理的方式来论证、检验裁判结论，因而其与法律论证关系十分密切。"④ 法律推理具有论证性，例如演绎推理本身就是一个论证中的证明过程。就此而言，法律推理就是法律论证的命题是可以成立的。当然，从狭义上的推理来说，法律推理又不能同等于法律论

---

① 参见［美］埃德加·博登海默：《法理学：法律哲学与法律方法》，邓正来译，518页，北京，中国政法大学出版社，2017。

② 解兴权：《通向正义之路：法律推理的方法论研究》，45页，北京，中国政法大学出版社，2000。

③ 参见王洪：《制定法推理与判例法推理》（第三版），5页，注释［1］，北京，中国政法大学出版社，2022。

④ 王利明：《法学方法论——以民法适用为视角》（第二版），673页，北京，中国人民大学出版社，2022。

证。换言之，法律推理与法律论证之间存在一定的区别。这种区别可以从多方面阐述，但两者最主要的区别还是在于：法律推理侧重于逻辑过程，法律论证则侧重于论据。[①] 在逻辑推理中，根据前提所得出的结论具有真值传递的性质，因而是不可辩驳的。然而，论证则不然，它是基于一定论据的说理，其结论有待于听众的接受和信服。例如德国学者将逻辑推理与论证之间的差别作了论述，指出："听众的角色（地位）把论证与推证（Demonstration，一般译为'明证'或'演证'）区别开来。佩雷尔曼把'推证'理解为逻辑推演。在某个逻辑演算之内，一个证明在于按照确定的推理规则从既定的公理推导出某个公式。这样一个证明的正确与否，不取决于任何一个听众的认同。与此相反，按照佩雷尔曼的观点，假如有谁要进行论证，那么他就必须既要保证（人们）对其前提的认同，也要保证（人们）对每一个证明步骤的认同。论证的前提必须得到听众的认同，是不言而喻的。更令人感兴趣的是佩雷尔曼所主张的第二点：有待证立的命题通常（大多数情况下）不是从引用作为证立根据的命题中逻辑地推导出来的。所以，从这些命题过渡到有待证立的命题也需要听众的认同。"[②] 对于法律推理和法律论证来说，都是针对特定对象的，这些对象在刑事诉讼活动中，法官的裁判是针对控辩双方的。因此，司法活动是一个以法服人，同时也是一个以理服人的过程。然而，通过逻辑推理所获得的结论更容易被人所接受，但通过论证所获得的结论则更难被人所接受。在通常情况下，简单案件的审理只要借助于法律推理即可。但复杂案件或者疑难案件的审理则需要采用法律论证的方法。司法的说理性，为法律论证的必要性提供了客观基础。可以说，说理是论证的核心，通过说理而使司法裁判获得正当性。正如我国学者指出："论证是一个说明理由的过程。人们在日常生活中经常负担各种各样的论证义务。可以说，这种义务以一种比较普遍的

① 参见王利明：《法学方法论——以民法适用为视角》（第二版），674 页，北京，中国人民大学出版社，2022。

② ［德］罗伯特·阿列克谢：《法律论证理论——作为法律证立理论的理性论辩理论》，舒国滢译，198～199 页，北京，商务印书馆，2019。

形态存在于人们社会之中。”[①]

随着论证作为一个独立论题的理论展开，论证逐渐形成一个专门的研究领域。例如德国学者提出了法律论证学的概念，以此将法律论证确定为法哲学的一个问题域。根据德国学者的观点，论证是确定主义和决断主义的中道。确定主义认为任何法院裁判由法律完全确定，因而不需要法律论证，涵摄推理——涵摄教条就足以为法院的裁判提供根据。而决断主义则认为，法院裁判只是法官的意志行为，是一种非理性主义的决断，因而也不需要法律论证。相反，法律论证对于第三种立场有根本意义：其视法官裁判既非对法律的单纯适用，亦非法官任意的行为，而是未由法律完全确定，但却是理性（可理性证立）的决定。[②] 如果说，辩证推理概念中的辩证一词容易引起误解，那么，论证推理概念中的论证一词更为准确地表达了这种推理形式所具有的功能，因而更为可取。正如德国学者指出：“如果把法官判决看成虽取向于法律，但不是由法律确定的决定，其不仅根据法律的尺度，而且根据公正和理性决定之要求来衡量，那么法律论证就获得了独立和核心的意义。”[③] 因此，不同于形式推理，更多地依赖于规则和逻辑；论证推理则更多地建立在公正和理性之上，因而司法者在判决中具有说服和辩驳的职责，也是司法裁量权的重要内容。

不同于博登海默关于分析推理与辩证推理的两分法，法学方法论中还存在形式推理与实质推理的两分法。形式推理与实质推理的两分法，在英美法中较为常见，并在法律体系中得到广泛运用。例如美国学者指出：“对两种不同类型的推理进行区分是可能的，也是有益的，我们分别称之为实质推理和形式推理。”[④] 这里所谓实质推理是指根据实质性依据的法律推理，而实质性依据是指道德的、

① 武飞：《法律解释：服从抑或创造》，140 页，北京，北京大学出版社，2010。

② 参见［德］乌尔弗里德·诺伊曼：《法律论证学》，张清波译，2 页，北京，法律出版社，2020。

③ ［德］乌尔弗里德·诺伊曼：《法律论证学》，张清波译，6 页，北京，法律出版社，2020。

④ ［美］P. S. 阿蒂亚、［美］R. S. 萨默斯：《英美法中的形式与实质——法律推理、法律理论和法律制度的比较研究》，金敏、陈林林、王笑红译，1 页，北京，中国政法大学出版社，2005。

经济的、政治的、习俗的或者其他社会因素。这里所谓形式推理是指基于形式性依据的法律推理，而形式性依据是指一种权威的法律依据，法官和其他人被授权或要求以其为基础作出判决或采取行动，这种依据通常排斥、无视或至少是弱化出现在判决或行动过程中的、与之相对抗的实质性依据。在此，美国学者将法律推理中的实质性依据与形式性依据视为对立的、相互排斥的两种不同依据。但实际上，形式推理与实质推理并不是对立的，而是功能相互补充的。只有在形式推理的基础上，才能进行实质推理，两者之间存在一定的位阶关系。

我国学者对形式推理和实质推理作了具体论述，指出："根据法律推理依据的理由或前提，可以将法律推理分为两大类：形式推理和实质推理。法律的形式推理或形式推导（formal reasoning），亦可称为法律的逻辑推理，主要是基于法律的形式理性或逻辑理性进行的推理，是基于法律概念或法律规范的逻辑性质与逻辑关系进行的推理。法律的实质推理（substantive reasoning/material inference）或实质推导，主要是基于法理的目的理性和价值理性进行的推理，是基于法律历史传统、法律意图或目的、法律价值取向、社会习惯或惯例、社会效用或社会利益、社会公共政策以及社会公平正义观念等实质内容展开的推理。"① 由此可见，形式推理和实质推理主要是根据推理的依据所作的划分。在这一点上，不同于博登海默关于分析推理与辩证推理的划分，该划分标准是推理方法。当然，这两种推理方法之间存在对应关系。基本上可以说，形式推理对应于博登海默的分析推理，实质推理则对应于辩证推理。

实质推理、辩证推理和论证推理这三个概念虽然称谓不同，但其所表达的内容基本相同，都是指在与演绎推理、归纳推理、类比推理和当然推理相对应意义上的推理方法，其特征就在于它是采用法外的、实质的依据，以论证为形式的一种推理方法。这种推理可以说是广义上的推理，它与狭义上的逻辑推理具有较大的差异性。这里应当指出，辩证推理来自博登海默《法理学：法律哲学与法律方

① 王洪：《制定法推理与判例法推理》（第三版），231 页，北京，中国政法大学出版社，2022。

法》一书中 dialectical reasoning 一词的中文翻译，对这一译法，我国学者表达了不同意见，认为辩证推理在法律推理中的使用可能使人把其与黑格尔—马克思主义意义上的辩证法相混淆或造成误解。黑格尔—马克思主义意义上的辩证法无疑是一种重要的思想和行动方法，但这种方法能否直接用作一种法律推理方法存在着较大疑问。从现有资料看，还很难看到马克思主义意义上的辩证法在法律推理或其他法律实践中的直接应用。因此，将法律推理分为形式推理与辩证推理的分类法，或将实质推理与辩证推理相等同的做法，都存在一定的理论与实践问题。因此，与形式法律推理相对应的推理形式称为实质法律推理应当更为恰当。在这个意义上，我国学者指出："实质法律推理，是指在法律适用中，特定主体（主要指法官）在没有可适用的法律规范（或先例）或现行法律规范（或先例）无法适用的情况下，根据法律基本原则、国家或执政党政策、习惯、法理或学说、公序良俗等实质性依据作出裁判以解决纠纷的法律推理过程。"① 鉴于以上论述，考虑到与演绎推理等形式推理相对应，本书采用实质推理的概念，以此作为刑法推理的一种方法。当然，实质推理采用的是论证方法，这与形式推理所采用的逻辑方法是有所不同的，对此应当加以区分。

二、实质推理的性质

形式推理和实质推理，在一定意义上对应于形式法治与实质法治。我国学者指出："形式法律推理是按照确定的法律规则和已经确认的案件事实严格适用法律的推理。实质法律推理则是根据立法者制定法律的价值理由而进行推理，它必然涉及对法律规范和案件事实的实质内容进行评价，做出价值判断，从而拒斥恶法之适用，其追求的是实质法治。"② 由此可见，我国学者是从形式法治与实质

① 余继田：《实质法律推理研究》，451 页，北京，中国政法大学出版社，2013。

② 陈锐：《法律推理论》，37 页，济南，山东人民出版社，2006。

法治相对应的意义上推导出形式法律推理与实质法律推理的，并且认为不能将两者相对立。因为这两种推理方法相互交织、互为补充，共同促进法律秩序的形成、建立和巩固。在形式推理中，主要借助于形式逻辑的推理方法，因而形式推理的概念是准确的。至于实质推理，主要是指在推理过程中采用了价值判断的方法，这是根据法律适用所追求的实质理性的意义上界定法律推理方法。我国学者认为，只有演绎推理才是严格意义上的形式推理，至于归纳推理和类比推理的结论受到主体的主观认识的影响，为价值判断所左右，因而属于实质推理。① 由此可见，这种观点以是否包含价值判断作为区分法律形式推理与法律实质推理的区分标准。应该指出，形式推理和实质推理之间具有明显的区分，两种推理方法在以下五个方面存在区别。②

（一）形式推理具有逻辑性，实质推理具有实践性

形式推理是狭义上的逻辑推理，因此，逻辑性是形式推理的基本表现形式。逻辑推理是从一定的大前提出发，通过一定的程序，推导出某种结论，因此，形式推理的过程是要遵循一定的推导规则，以此保证结论的正确性。在法律适用中，形式推理的大前提是法律规则，将其适用于具体个案，因而形式推理为法律适用提供了基本的思维路径。不同于形式推理，实质推理并不局限于受到形式约束的逻辑推导，而是基于实践理性所展开的法律论证。我国学者揭示了实质推理的内容包括法律的目的推导和法律的价值推导，其中，法律的目的推导是指基于法理的目的理性展开的法律推理，法律的价值推导是指基于法理的价值展开的法律推理。③ 相对于法律形式而言，法律目的和法律价值直接指向法律的真实内容，因而对于法律的适用具有重要意义。

（二）形式推理具有推演性，实质推理具有推断性

形式推理的推导性是指作为一种逻辑推演，形式推理的各种要素都是严格给

---

① 参见陈锐：《法律推理论》，197 页，济南，山东人民出版社，2006。

② 参见王洪：《制定法推理与判例法推理》（第三版），231 页以下，北京，中国政法大学出版社，2022。

③ 参见王洪：《制定法推理与判例法推理》（第三版），232 页，北京，中国政法大学出版社，2022。

定的，过程也是十分严密的。我国学者将形式推理称为“概念计算”，这是对形式推理过程的形象而准确的描述。[①] 这里所谓概念计算，是指形式推理是按照概念所确定的范围所进行的逻辑推导，因此受到推理规则的严格限制。但实质推理则不然，它是针对一定的问题，基于推理者的个人意志所进行的推断，其结果受到个人主观意志的制约。在通常情况下，形式推理的结论更为准确，而实质推理的结论则容易产生歧义。

（三）形式推理具有客观性，实质推理具有主观性

形式推理的客观性是指推理结论只是受到前提和过程的约束，而不以推导者的主观意志为转移。这也就是基于形式逻辑的推理具有所谓真值传递的性质，由此保障推理结论的客观性。也就是说，推理结论是由前提和过程所决定的，一定的前提和过程必然得出与之相应的结论，因而克服了思维的随意性。法律推理的目的在于法律适用过程的规范化，达致同案同判的效果。可以说，形式推理是保证司法公正的必要手段。实质推理的根据求诸法律之外的其他要素，充满了主观选择性。尤其是实质推理受到推理者的主观影响。相对来说，形式推理受到推理者的个人因素的影响较小，实质推理则不然。在法律推理中，推理者是法官，法官在审判过程中，其个人因素直接影响到审判结果的公正性。正如我国学者指出：“法律的实质推理涉及对法律的目的考量、利益衡量以及价值选择，涉及法官的自由裁量，涉及法官认知、情感和价值，因而其推理具有主观性，其推理结果渗透着法官的主观因素。”[②]

（四）形式推理具有确定性，实质推理具有或然性

形式推理是一种结构简单的推理活动，只要按照一定的程序进行逻辑推演，就会得出一致的结论。因此，形式推理具有较强的客观性，其结论也具有可预见性。但实质推理则是一种较为复杂的推理活动，推理过程需要考虑较多的因素，

---

① 参见王洪：《制定法推理与判例法推理》（第三版），232 页，北京，中国政法大学出版社，2022。

② 王洪：《制定法推理与判例法推理》（第三版），232 页，北京，中国政法大学出版社，2022。

并且这些因素之间的重要性并不完全相同，需要进行因案而异的权衡。因此，实质推理的结论在不同的推理者之间不易达成一致，其结论具有或然性。尤其是在实质推理中，存在某些不确定因素，这就是实质推理的不确定性。我国学者指出："司法判决是以法律推理的结果作为裁判大前提的。这样一来，司法判决结果就包含了一种不确定性，这种不确定性由寻找法律的推理的不确定性传递而来。因此，有时候人们对法官判决结果的异议，实际上是源于对其法律推理的批评。"① 也就是说，实质推理的不确定性会造成司法判决结果的不确定性。相对来说，形式推理结果的确定性则能够保证司法判决结果的确定性。

（五）形式推理具有保守性，实质推理具有适应性

形式推理是根据大前提所作的逻辑推理，因而能够最大限度地将大前提的价值内容传递给结论，由此获得大前提和结论之间价值上的等同性。因此，形式推理在性质上具有保守性。在法律推理中，形式推理的使命就是要保障法律规则尽可能准确地在待决案件中得到严格贯彻。因此，形式推理是以维护法律规则的稳定性为使命的，具有无可争辩的保守性。反之，实质推理则追求法律对社会的适应性。尤其是在法律僵化或者残缺的情况下，实质推理具有对法律规范进行纠偏补缺的作用，延长法律规范的生命。

三、实质推理的功能

在法律推理中，实质推理相对于形式推理而言，是后来才出现的一种推理方法。因此，在讨论实质推理的时候，应当对其产生的背景进行考察。在法学方法论中，通常认为正是从概念法学向利益法学的转变，为实质推理的出现提供了法理根据。概念法学过于形式、机械地适用法律受到学者的批评，利益法学以及其他法学流派突破了单纯的逻辑推理，而引入了其他（例如利益、社会工程、目

---

① 王洪：《制定法推理与判例法推理》（第三版），233页，北京，中国政法大学出版社，2022。

的、价值等）考量因素。[①]在这种情况下，作为法学方法论的推理不再限于形式推理，而是引入了以利益等各种实质因素为根据的实质推理。

实质推理是一种较为独特的推理方法，其形式和内容都不同于形式推理，尤其是实质推理具有不同于形式推理的特殊功能，这是需要特别重视的。正如荷兰学者指出："逻辑的有效性是合理性的一个必要条件，尽管它本身不是充分条件。逻辑只涉及前提和结论之间的形式关系，而对从实质意义上前提是否能够令人接受，以及在各种法律规则之间作出的选择是否得以证立的问题不置可否。在逻辑方法中，合理性并不等同于形式有效性。要全面评价法律论证，除了形式标准以外，还要求实质标准。"[②] 这里的逻辑方法是指形式推理的方法，根据论者的论述，形式推理只是合理性的必要条件而非充分条件。在形式推理的基础上还要进行实质判断，由此获得实质合理性。而实质判断主要借助于实质推理的方法。由此可见，实质推理是在形式推理的前提下所作的实质判断。

实质推理的功能是在与形式推理的对应意义上而言的，可以说，形式推理和实质推理具有各种不同的功能，并且两者的功能具有互补的性质。对于形式推理和实质推理的功能比较，可以借助于形式法治与实质法治这一分析框架。形式法治强调法治的形式侧面，尤其是把法治定义为规则之治。确实，法治本身离不开法律规则，因此，形式化是法治的最低限度标准，很难想象没有规则的法治。在某种意义上说，法治的形式化特征是其应有之义。正如我国学者指出："我们确信，如果法律没有统一性与融贯性，我们就无法区分法律与政治，无法区分法律推理与政治推理，法治就会退化为个人偏好的选择或主观的价值决断。"[③] 因此，形式法治具有重要意义。实质法治是建立在形式法治基础之上的一种法治状态，在这个意义上说，实质法治并不是要否定形式法治，而且形式法治与实质法治之

---

① 参见李安：《刑事裁判思维模式研究》，35 页，北京，中国法制出版社，2007。

② ［荷］伊芙琳·T. 菲特丽丝：《法律论证原理——司法裁决之证立理论概览》，张其山、焦宝乾、夏贞鹏译，36 页，北京，商务印书馆，2005。

③ 危文高：《法的形式性与法律推理》，73 页，北京，知识产权出版社，2018。

间也并不是彼此对立的关系，而是互相补充的关系。只有在形式法治的基础上，才有可能进一步追求实质法治。这里应当指出，在理论上存在一种以实质法治否定形式法治的观点，并且将实质法治居于形式法治之上，似乎形式法治居于天然的劣势，而实质法治则具有天生的优越性。但正如我国学者指出，形式法治是法治的脊梁，没有对形式法治的坚守，或者说在中国如果不补上形式法治这一课，根本就无法实现向法治社会的转型。形式法治需要法律方法的协助来完成各种使命，因而不能轻易否认形式法治对实现正义的功能。只有在坚守形式法治的前提下，实质法治才能发挥对社会调整的积极意义。① 也就是说，实质法治并不是对形式法治的否定，而恰恰是在形式法治基础上的实质化，以此丰富法治的实体内容。正如美国学者指出："各种形式（法治）理论聚焦于法制的恰当渊源与形式，而实质（法治）理论还包括有关法律内容的要求（通常就是它必须符合正义或道德原则）。尽管这一区分具有启发性，但不能把它当成是绝对的——形式法治观带有实质意蕴，实质法治观吸收了形式要求。"② 因此，在形式法治与实质法治之间存在位阶关系：形式法治是基础，实质法治是在此基础之上的进一步价值充实。因此，实质法治具有其独特功能。如果说，形式推理是形式法治的必然要求；那么，实质推理就是实质法治的应有之义。因此，正如我国学者指出："实质推理与形式推理并不存在截然的对立，也并不具有比形式推理更为值得肯定的价值，在很大程度上它的意义只是在于破除了对演绎推理在法律适用过程中的迷信。就像波斯纳所言：'法律寻求的是合理性证明的逻辑而不仅仅是或主要不是发现的逻辑，'③ 实质推理的作用正是帮助法官开启了这样一扇大门。"④

---

① 参见陈金钊：《对形式法治的辩解与坚守》，载《哈尔滨工业大学学报（社会科学版）》，2013（2）。

② ［美］布雷恩·Z. 塔玛纳哈：《论法治——历史、政治和理论》，李桂林译，118页，武汉，武汉大学出版社，2010。

③ ［美］理查德·A. 波斯纳：《法理学问题》，苏力译，48页，北京，中国政法大学出版社，2002。

④ 陈兴良主编：《刑法方法论研究》，313页，北京，清华大学出版社，2006。

在现代法治社会的刑法中，采用罪刑法定原则。罪刑法定原则具有形式理性[①]，因而法治社会的刑法更为追求的是形式合理性，通过法无明文规定不为罪实现刑法的性质机能。罪刑法定原则的形式理性观念决定了在刑法中首先重视与强调形式推理，因为它将法无明文规定的行为排除在犯罪范围之外，由此而达到限制司法权，保障公民的权利和自由的刑法目的。因此，形式推理的方法在刑法解释和适用中具有重要作用。当然，形式推理只是将那些不具有犯罪的形式特征的行为排除在犯罪概念之外，这并不意味着只要具有犯罪的形式特征的行为就必然构成犯罪。因此，在符合犯罪的形式特征的基础上，还要进一步进行实质考察，这就是以论证为内容的实质推理的排除功能。正如德国学者指出："如果把法官判决看成虽取向于法律，但不是由法律确定的决定，其不仅根据法律的尺度，而且根据公正和理性决定之要求来衡量，那么法律论证就获得了独立和核心的意义。"[②]

应当指出，罪刑法定原则的本意是限制入罪，因此入罪必须要有法律明文规定，否则不认为是犯罪。但罪刑法定原则并不限制出罪，因此出罪并不需要法律明文规定。在这种情况下，即使行为符合刑法关于构成要件的规定，也并不意味着充足了犯罪构成的所有条件，还要对该行为进行实质审查。这种实质审查就是通过实质推理完成的，因此，实质推理是在行为符合犯罪的形式要件的基础上，进一步进行实质合理性的判断，从而最终确认犯罪成立的逻辑推理过程。我国学者指出："在司法过程中，形式合理性或形式推理处于优先地位，但形式合理性亦非完善完美。因此，作为形式依据的法律规则难免不出现可废止与例外的情况。"[③] 在这种情况下，实质推理就能发挥其实质审查的功能，从而完成对案件事实从形式合理性到实质合理性的双重审查。由此可见，实质推理与形式推理并非互相对立，而是互相补充。尤其应当注意的是，在形式推理与实质推理之间存

① 参见陈兴良：《刑法教义学中的形式理性》，载《中外法学》，2023（2）。

② ［德］乌尔弗里德·诺伊曼：《法律论证学》，张清波译，6 页，北京，法律出版社，2020。

③ 余继田：《实质法律推理研究》，103 页，北京，中国政法大学出版社，2013。

在着一定的位阶性：对案件事实首先应当进行形式推理，在此基础上才能进一步展开实质推理。正如我国学者指出："行为是否构成犯罪，必须根据罪刑法定原则的要求，结合法益侵害性的有无进行实质的、刑法上所固有的违法性判断，不能认为刑事违法性必须从属于其他部门法的违法性，不宜在整个法领域中对违法性仅做一元的理解。"[①] 这里的实质判断是指以法益侵害性为根据的实质违法性的判断。也就是说，在刑法符合犯罪构成要件的基础上，还要进行法益侵害性的实质推理。尤其是在法定犯的认定过程中，不能以行政违法代替刑法上的违法性，刑法的违法性具有其独立的品格。可以说，独立的刑法违法性的判断是实质限定的根据。然而，在司法实践中，只要行为符合构成要件往往就予以入罪，由此成立的所谓犯罪只是具有犯罪的形式特征，却缺乏犯罪的实质内容。

【案例 58】朱某盗窃案[②]

犯罪嫌疑人朱某，2021 年 7 月 4 日至 6 日，朱某在云南省昆明市五华区某单位附近散步时，先后三次将谢某在单位门口种植的 16 盆多肉植物拿回家中。7 月 7 日 14 时许，谢某发现其种植的多肉植物被盗后报警。当日 19 时 40 分许，朱某到案发地散步准备再次盗窃多肉植物时，被保安发现并要求登记身份信息，其提供虚假信息后离开现场。7 月 15 日，民警通过视频监控锁定朱某并前往其住处附近寻找，邻居将该情况告知朱某后，朱某下楼向民警如实交代自己盗窃多肉植物的事实，并将所盗物品交还谢某。经鉴定，朱某盗窃的多肉植物共计价值 98 元。对于本案，对朱某涉嫌盗窃案立案侦查，次日对其刑事拘留。7 月 26 日，云南省昆明市五华区公安分局以朱某涉嫌盗窃罪向五华区人民检察院提请批准逮捕。五华区人民检察院审查认为，朱某在不同时间段内三次盗窃，应当认定为多次盗窃。但其盗窃对象价值微小，只有 98 元，案发后主动归还被盗财物，挽回被害人经济损失，属于情节显著轻微危害不大，根据《刑法》第 13 条的规定，

① 周光权：《串通投标罪的实质限定》，载《法治日报》，2021－07－28。

② 参见最高人民检察院指导性案例第 209 号。

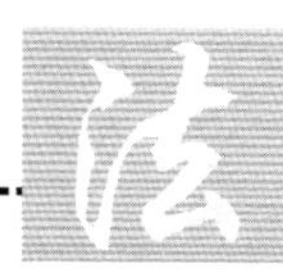

不认为是犯罪。2021 年 8 月 2 日，五华区人民检察院作出不批捕决定，并向公安机关送达不批捕理由说明书，当面向公安机关说明理由和依据。2021 年 8 月 5 日，昆明市公安局五华分局认为朱某多次盗窃，符合刑法关于盗窃罪的规定，以情节显著轻微危害不大作出不批捕决定错误，且容易模糊违法与犯罪的界限，导致实践中不易执行，向检察机关提出复议。昆明市五华区人民检察院另行指派检察官办理。检察官调阅案卷、讯问朱某，围绕案件事实、证据、原不批捕理由和复议理由等全面审查。经审查认为，朱某实施三次盗窃行为，符合刑法分则规定的多次盗窃，但刑法总则要求判断罪与非罪时应遵循是否具有严重社会危害性和应受刑罚处罚性。综合考量朱某的客观行为、主观目的、财物价值、追赃挽损等情况，属于情节显著轻微危害不大，不认为是犯罪。2021 年 8 月 10 日，昆明市五华区人民检察院经检察委员会研究，维持原不批捕决定，并当面向公安机关说明检察机关作出复议决定的理由和依据。2021 年 8 月 11 日，昆明市公安局五华分局提请昆明市人民检察院复核。公安机关认为，司法解释明确规定“二年内盗窃三次以上”的，应当认定为“多次盗窃”。朱某多次小额盗窃的行为可以评价为情节轻微，但不属于“情节显著轻微危害不大”。将“多次盗窃”的犯罪行为降格为行政违法行为，突破了刑法和行政法的边界，会导致公安机关办理多次盗窃案件时难以准确界定行政违法行为和犯罪行为。在复核阶段，昆明市人民检察院检察官全面阅卷、核实证据，听取公安机关、下级人民检察院及朱某的意见。经审查认为，刑法规定“多次盗窃”意在惩处惯犯惯偷，朱某的行为系偶尔贪图小利，被盗的多肉植物价值仅为 98 元，且朱某在案发后主动归还被盗的多肉植物，没有造成被害人的经济损失。朱某的行为属于情节显著轻微危害不大，不认为是犯罪，对其行为可予以治安处罚。昆明市人民检察院决定维持不批捕复议决定，于 2021 年 8 月 25 日向公安机关送达文书并当面释法说理。

本案中朱某的行为从形式上看，确实符合盗窃罪的构成要件。根据我国《刑法》第 264 条关于盗窃罪入罪标准的规定，包含了多次盗窃的情节。根据司法解

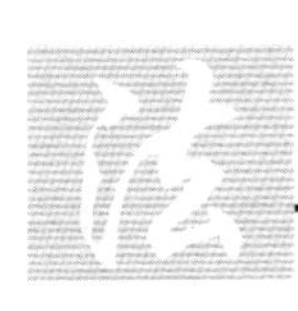

释的规定，这里的多次盗窃，根据2013年4月2日最高人民法院、最高人民检察院《关于办理盗窃刑事案件适用法律若干问题的解释》第3条第1款的规定，是指2年内盗窃3次以上的情形。我国刑法对一般盗窃罪规定了数额较大的罪量要素，这里的数额较大，根据前引司法解释第1条的规定，是指盗窃公私财物价值1 000元至3 000元。从立法逻辑分析，如果是多次盗窃则不受数额较大的限制，因此即使是盗窃数额只有98元，也在形式上符合盗窃罪的构成要件。公安机关之所以坚持有罪指控，其根据即在于此。而昆明市检察机关则从客观行为、主观目的、财物价值、追赃挽损等多方面综合分析，从实质上判断朱某行为的法益侵害性，由此得出其行为属于犯罪情节显著轻微危害不大，不认为是犯罪的结论。由此可见，公安机关和检察机关在本案中的分歧可以说是形式判断与实质判断之间的司法理念的冲撞。在本案的“指导意义”中，最高人民检察院指出：“准确区分罪与非罪、违法与犯罪的界限，要善于从纷繁复杂的法律事实中准确把握实质法律关系，善于从具体法律条文中深刻领悟法治精神，善于在法理情的有机统一中实现公平正义。”这里的实质法律关系，也就是犯罪的本质特征。应该说，这一“指导意义”的阐述对于正确认定犯罪具有重要意义。由此可见，以论证为方法的实质推理对于犯罪的正确认定具有重要限制功能，由此而将那些虽然形式上符合构成要件，但实质上不具有法益侵害性的行为排除在犯罪之外。

四、实质推理的根据

实质推理的根据是指实质推理得以成立时根据何种理由。从性质上来说，实质推理是一种论证。实质推理不同于形式推理之处在于：形式推理是线性的推理过程，例如以三段论为内容的演绎推理。因而，形式推理的不同类型往往以公式的形式呈现出来。然而，实质推理是以说理为内容的论证方式。在进行这种论证说理的时候，通常都会以一定的根据为论据，这就是实质推理的根据。实质推理

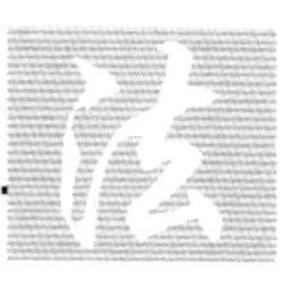

的根据是一个开放性的概念，凡是能够作为实质推理理由的要素都可以成为实质推理的根据。我国学者将辩证（实质）推理的具体方法列举了以下六种：第一，利用法的精神的解释建构实质推理的模式。第二，通过衡平克服法律的僵化。第三，根据国家的政策或法律的一般原则作出决定，以克服形式推理的困难。第四，根据习惯、法理进行判断。第五，根据正义、公平等法律价值进行判断。第六，根据事物的性质而为判断和推理。[①] 由此可见，实质推理的根据是十分宽泛的，凡是能够证成法律结论的实质理由都可以成为实质推理的根据。

在刑法论证中，可以作为实质推理的根据包括法益侵害、规范目的、后果取向、利益衡量和刑事政策等情形。应当指出，这些要素虽然在论述的时候是分开的，但其实在一个具体事项的论证中是可以从不同角度切入展开的。例如我国《刑法》第 301 条规定的聚众淫乱罪是指聚众进行淫乱活动的行为。本罪由聚众和淫乱这两个要素构成，这里的聚众是指聚集三人以上，而淫乱行为是指群奸群宿等性交行为以及其他刺激、兴奋、满足性欲的行为，如聚众从事手淫、口交、鸡奸等行为。因此，从法条规定来看，本罪的构成要件是聚集三人以上从事性交及其他手淫、口交、鸡奸等淫乱行为。在我国司法实践中，通常也是按照上述标准认定聚众淫乱罪。

【案例 59】马某海等人聚众淫乱案[②]

被告人马某海纠集 20 余人建立倡导“同好游戏”的 QQ 群，通常在 QQ 群中通知时间地点后，结伙进行聚众淫乱活动。2007 年夏天至 2009 年 8 月间，22 名被告人先后 35 次聚集多人进行淫乱活动。检察机关指控，马某海等 22 名被告人组织或者多次参加聚众淫乱活动，其行为已触犯了《中华人民共和国刑法》第 301 条的规定，犯罪事实清楚、证据确实充分，均应当以聚众淫乱罪追究刑事责

① 参见解兴权：《通向正义之路——法律推理的方法论研究》，166 页以下，北京，中国政法大学出版社，2000。

② 参见《南京一副教授聚众淫乱获刑三年半》，载《人民法院报》，2010－05－21。

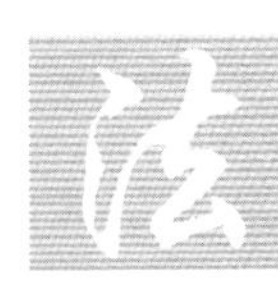

任。马某海对公诉机关指控其聚众淫乱的基本事实不持异议，但认为这种成年人之间自愿参加的性聚会是否构成犯罪，应由法院定夺。其辩护人辩称，马某海主观上没有扰乱社会公共秩序的故意，客观上其所参加的“换妻”或性聚会具有封闭性、隐蔽性、自愿性，不涉及公共生活和公共秩序，不构成聚众淫乱罪，故不应当以刑法处罚。除马某海外，其余 21 名被告人对于被指控犯聚众淫乱罪均不持异议，并表示认罪。江苏省南京市秦淮区人民法院经过审理认为，22 名被告人以网络为平台，组织或者多次参加聚众淫乱活动，其行为均已构成聚众淫乱罪，系共同犯罪。根据各自犯罪情节，法院认定 22 名被告人均犯有聚众淫乱罪。其中，马某海被判处有期徒刑 3 年零 6 个月，其余 21 名被告人分别被判处 2 年零 6 个月以下不等的有期徒刑，或免予刑事处罚。

对于本案被告人是否构成聚众淫乱罪，引起社会公众广泛关注。

在本案中，被告人的行为符合《刑法》第 301 条所规定的聚众淫乱罪的构成要件，因此，本案是否构成犯罪关键在于聚众淫乱罪是否以发生在公共场所为要件。这里主要涉及法益侵害和刑事政策等实质推理根据的竞合。我国学者从不同角度论证了聚众淫乱罪应当以发生在公共场所为要件，这实际上是一种实质推理，也就是从实质根据上进行无罪论证。然而，不同学者进行实质推理的根据并不相同。例如我国学者张明楷主要是从法益侵害的角度作了论证，指出：“认定本罪（指聚众淫乱罪——引者注）时，不能按字面含义从形式上理解本罪的罪状。刑法理论没有争议地将‘众’解释为三人以上，但不能认为三人以上聚集起来实施淫乱活动的，一律构成本罪。刑法规定本罪并不只是因为该行为违反了伦理秩序，而是因为这种行为侵害了公众对性的感情，尤其是侵害了性行为非公开化的社会秩序。因此，三人以上的成年人，基于同意所秘密实施的性行为，因为没有侵害本罪所要保护的法益，不属于刑法规定的聚众淫乱行为（只要性行为是秘密实施的，即使召集、邀约行为具有公开性，也不应认定为聚众淫乱罪），只有当三人以上以不特定人或者多数人可能认识到的方式实施淫乱行为时，才宜以

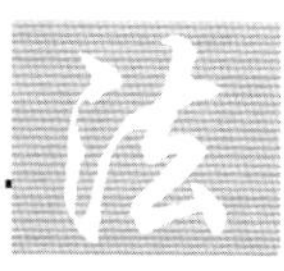

本罪处理。”[①] 根据张明楷的观点，聚众淫乱罪侵犯的法益不是伦理秩序，而是性行为非公开化的社会秩序。因此，只要是在私密场所从事聚众淫乱活动的，不能构成本罪。在上述实质推理中，既包含了法益侵害的实质推理根据，同时又包含了刑事政策的实质推理的根据，此外还包含了目的考察的实质推理根据，因而是一个综合地运用各种实质根据进行论证的推理过程。

第二节 法益侵害的实质推理

刑法的价值取向在于保护法益，这一刑法价值是通过对具有法益侵害性的犯罪行为的惩治而获得的。因此，在认定犯罪的时候，根据罪刑法定原则，首先当然应当依照法律的明文规定，也就是刑法教义学中的犯罪的构成要件进行规范判断，在此基础上，还需要进一步进行法益侵害性的实质判断。这一对符合犯罪构成要件行为的法益侵害性的判断，具有实质推理的性质。因此，法益侵害性的判断是刑法实质推理的重要内容。

一、法益侵害实质推理的概念

法益是一个各个法律所通用的概念，刑法中的法益只不过是法益的一种特殊类型。我国学者指出：“刑法上的法益，是指根据宪法的基本原则，由刑法所保护的、客观上可能受到侵害或者威胁的人的生活利益。”[②] 由此可见，刑法上的法益从本体上来说，是法律上的利益，这种利益被刑法所保护，并被犯罪所侵害。因此，从法益概念中衍生出来的保护法益与侵害法益这两个用语，可以说是法益的两个侧面，几乎可以替换。鉴于法益概念在犯罪认定的意义上，通常都以

① 张明楷：《刑法学》（下·第六版），1413 页，北京，法律出版社，2021。

② 张明楷：《法益初论》（增订本·上册），190 页，北京，商务印书馆，2021。

法益侵害的面向呈现，因此，在此主要在法益侵害的意义上使用法益概念。

在刑法教义学中，法益侵害概念占据着核心地位。法益侵害概念起源于对犯罪本质的理解，在近代刑法形成的过程中起到了启蒙的作用。在欧洲中世纪，对犯罪的认识受到宗教神学的蒙蔽，因而处于一种愚昧的状态。例如将犯罪看作是一种罪孽，是对宗教教义的违背，或者是一种道德上的罪恶，如此等等。这些对犯罪本质的描述，都未能揭示犯罪的真实内容，而是使犯罪蒙上了一层神秘的面纱。意大利刑法学家贝卡里亚第一次提出犯罪对社会的危害是衡量犯罪的标尺的命题，从犯罪所侵害的社会利益的视角揭示犯罪的性质。贝卡里亚指出："有些犯罪直接地毁伤社会或社会的代表；有些犯罪从生命、财产或名誉上侵犯公民的个人安全；还有一些犯罪则属于同公共利益要求每个公民应做和不应做的事情相违背的行为。任何不包含在上述限度之内的行为，都不能被称为是犯罪。"[①] 贝卡里亚提出的法益侵害说，对于正确认识犯罪本质是一种历史性的突破。此后，虽然经过费尔巴哈关于犯罪本罪的权利侵害说的冲击，但法益侵害说还是确立了其在犯罪理论中的核心地位。德国学者李斯特提出了作为法益保护的刑法的命题，将法益保护确立为刑法的直接任务。李斯特指出："由法律所保护的利益我们称之为法益（Rechtsgüter），法益就是合法利益。"[②] 因此，法益成为刑法中的基石范畴，所有刑法问题都围绕着法益而展开，法益侵害也就成为描述犯罪本质的关键词。及至现代德国，虽然雅各布斯以规范违反为犯罪的核心概念，以规范违反说取代法益侵害说的观点产生了一定的影响[③]；然而，法益理论在德国刑法教义学中仍然占据着主导地位。例如罗克辛从目的理性出发，倡导从宪法中引导出的法益概念，认为法益是在以个人及其自由发展为目标进行建设的社会整体制

① ［意］切萨雷·贝卡里亚：《论犯罪与刑罚》，黄风译，73页，北京，商务印书馆，2017。

② ［德］弗兰茨·冯·李斯特：《李斯特德国刑法教科书》，［德］埃贝哈德·施密特修订，徐久生译，5～6页，北京，北京大学出版社，2021。

③ 参见［德］京特·雅各布斯：《规范·人格体·社会——法哲学前思》，冯军译，90页以下，北京，法律出版社，2001。

度范围之内，有益于个人及其自由发展的，或者是有益于这个制度本身功能的一种现实或者目标设定。[①] 罗克辛把法益侵害确立为实体的犯罪概念的核心，由此可见，法益概念在德国刑法教义学中仍然具有强大的学术生命力。

我国传统刑法理论并未采用法益侵害的概念，而是采用与之相近的社会危害性的概念。应该说，法益侵害性和社会危害性之间并无根本差别，关键在于如何确定社会危害性在犯罪论体系中的地位。我认为，社会危害性不能凌驾于犯罪论之上，而应当在构成要件形式判断之后，再对构成要件进行实质判断。这里的实质判断就是法益侵害的实质推理。也就是说，法益侵害应当以构成要件判断为前提，通过法益侵害对符合构成要件的行为加以限缩。如果行为并不符合构成要件，则无须考虑是否具有法益侵害性；即使符合构成要件的行为，如果缺乏法益侵害性，也不能入罪。在这种情况下，法益侵害的功能仅限于出罪，由此而使符合构成要件的行为在形式和实质两个方面同时具备不法的性质。因此，法益侵害的实质推理是构成要件实质化的重要途径。

二、法益侵害实质推理的性质

刑法的任务是保护法益，所以，刑事司法必须贯彻这一目的。对根据形式推理符合构成要件的行为，还需要以法益侵害为内容进行实质推理，而不能仅停留在法条的字面含义上。换言之，判断行为是否符合构成要件，首先必须明确该犯罪的保护法益，然后确定构成要件的具体内容，使符合该构成要件的行为确实侵犯了刑法规定该犯罪所要保护的法益，从而使刑法规定该犯罪、设立该条文的目的得以实现。因此，法益侵害的实质推理具有二次证明的性质，它是以形式推理的一次证明为前置条件的。基于对法益侵害实质推理的体系性地位的考量，法益

---

① 参见［德］克劳斯·罗克辛：《德国刑法学总论》（第1卷），王世洲译，15页，北京，法律出版社，2005。

侵害在犯罪认定中具有限缩犯罪范围的功能，因而它与社会危害性理论在犯罪认定中的作用存在明显的区别。

侵害法益是由立法机关确定，由此而为司法机关正确认定最终通过规范引导，因此，立法机关对具体犯罪的归类在很大程度上是以侵害法益为根据的，不同的归类体现了立法机关对犯罪的性质的不同设定。正如德国学者指出："法应当实现这样的目标，即促成特定法益（Güter）的维护或实现，并满足对此种法益为基础的利益（需求）。从而，（在解决法律问题之时）首先应尽可能全面地了解所涉及的各种法益；对于这些法益，所考量之决定可能对于其中一方会产生积极的效果（Auswrkung），而对于另一方会产生消极的效果。"① 例如我国司法与立法对高空抛物行为的不同规制，对于我们正确认识侵害法益的立法与司法中的功能具有重要意义。高空抛物行为对公共安全的危害不言而喻，然而在高空抛物偶尔造成人身、财产损害的情况下，按照民事方式就可以解决由此引发的纠纷。更何况，大多数高空抛物并没有造成严重后果，只要对行为人采取批评教育即可达到目的。然而，随着高空抛物行为频繁发生，并且在个别案件中造成了危害公共安全的严重后果，为此，要求对高空抛物行为进行刑法规制的呼声越来越高。在这种情况下，2019 年 11 月 14 日最高人民法院发布了《关于依法妥善审理高空抛物、坠物案件的意见》，由此开启了高空抛物行为入罪的进程。该意见第 5 条对高空抛物和高空坠物的刑事责任分别作了规定："故意从高空抛弃物品，尚未造成严重后果，但足以危害公共安全的，依照刑法第一百一十四条规定的以危险方法危害公共安全罪定罪处罚；致人重伤、死亡或者使公私财产遭受重大损失的，依照刑法第一百一十五条第一款的规定处罚。为伤害、杀害特定人员实施上述行为的，依照故意伤害罪、故意杀人罪定罪处罚。"第 6 条规定："过失导致物品从高空坠落，致人死亡、重伤，符合刑法第二百三十三条、第二百三十五条规定的，依照过失致人死亡罪、过失致人重伤罪定罪处罚。在生产、作业中违反有

① ［德］齐佩利乌斯：《法学方法论》，金振豹译，85 页，北京，法律出版社，2009。

关安全管理规定，从高空坠落物品，发生重大伤亡事故或者造成其他严重后果的，依照刑法第一百三十四条第一款的规定，以重大责任事故罪定罪处罚。”根据上述规定，高空抛物是危害公共安全的故意犯，但高空坠物是人身犯罪的过失犯。只有符合重大责任事故罪的高空坠物行为才以危害公共安全罪的过失犯论处。

根据前引意见的规定，对高空抛物所适用的是《刑法》第 114 条和第 115 条，罪名是以危险方法危害公共安全罪。在我国刑法中，以危险方法危害公共安全罪是一个口袋罪。按照刑法解释的同类解释原则，以危险方法危害公共安全罪中的其他危险方法，应当是指和放火、决水、爆炸等方法具有相同性质的危害公共安全的方法。然而，在我国司法实践中，往往对那些和放火、决水、爆炸等方法不具有相同性质的方法，只要具有危害性或者已经造成危害结果，就按照该罪定罪处罚。正是在这种背景下，前引意见沿袭了原有的思路，对高空抛物行为规定以以危险方法危害公共安全罪论处。根据前引意见第 5 条规定，高空抛物构成的以危险方法危害公共安全罪，可以分为两种情形：第一种是危险犯，即故意从高空抛弃物品，尚未造成严重后果，但足以危害公共安全的情形。第二种是实害犯，即故意高空抛物，致人重伤、死亡或者使公私财产遭受重大损失的情形。尤其需要指出的是，前引意见还专门规定，为伤害、杀害特定人员实施上述行为的，依照故意伤害罪、故意杀人罪定罪处罚。对于这种情形，如果是以放火为手段的故意伤害或者杀人行为，是按照放火罪的实害犯论处的。但前引意见却将以高空抛物为手段的故意伤害或者杀人行为，独立出来规定为转化犯，以故意伤害罪、故意杀人罪论处。高空坠物属于过失犯，按照过失犯的处罚以发生结果为条件的立法原则，前引意见只规定了高空坠物的结果犯。然而，前引意见第 7 条并没有规定高空坠物的过失结果犯以《刑法》第 115 条第 2 款规定的过失以危险方法危害公共安全罪论处，而是规定以过失致人死亡罪、过失致人重伤罪定罪处罚，这个规定也是颇为意外的。当然，作为例外，前引意见第 7 条规定，“在生产、作业中违反有关安全管理规定，从高空坠落物品，发生重大伤亡事故或者造成其他严重后果的，依照刑法第一百三十四条第一款的规定，以重大责任事故罪

定罪处罚。”

上述司法解释是以刑法解释的名义对高空抛物行为进行规定的，实际上相当于在刑法框架内进行了法律创制。立法机关制定《刑法修正案（十一）》的进程启动以后，虽然高空抛物行为已经按照司法解释具备了入罪的规范根据，然而，它还是进入了立法机关的视野。因为高空抛物毕竟是一种独立的行为类型，对其单独设立罪名是更为恰当的。因此，在《刑法修正案（十一）（草案第一次审议稿）》就出现了高空抛物罪的身影，第114条补充规定：“从高空抛掷物品，危及公共安全的，处拘役或者管制，并处或者单处罚金。有前款行为，致人伤亡或者造成其他严重后果，同时构成其他犯罪的，依照处罚较重的规定定罪处罚。”对比以上关于高空抛物的司法解释，我们可以看出，《刑法修正案（十一）（草案第一次审议稿）》虽然在一定程度上吸收了前引意见的内容，但还是存在较大的改变。

首先，《刑法修正案（十一）（草案第一次审议稿）》只对故意的高空抛物行为作了规定，对过失的高空坠物行为并没有进行规定。当然，这并不意味着过失的高空坠物造成严重后果的行为就不予刑事处罚，而是直接按照过失致人重伤罪或者过失致人死亡罪论处。这里应当指出，按照以往的思路，公共安全的法益要高于人身或者财产法益，因而当一行为同时具有危害公共安全性质和侵犯人身、财产性质的情况下，应当按照公共安全法益优先的原则，在立法上规定为公共安全罪，在司法上认定为公共安全罪。而《刑法修正案（十一）（草案第一次审议稿）》对高空抛物和高空坠物的处理，在一定程度上改变了以往的立法思路。

其次，《刑法修正案（十一）（草案第一次审议稿）》将高空抛物行为规定为独立的危险犯，设立了罪名，而不是像前引意见那样规定以危险方法危害公共安全罪论处。尤其是没有设立与之对应的实害犯，这是公共危险犯的立法例，值得我们重视。我国刑法中的公共安全罪，既包括实害犯，同时又包括危险犯。在这种实害犯与危险犯二元并立的语境中，实害犯的内容包含故意杀人、故意伤害等人身犯罪和故意毁坏财产等财产犯罪的内容，因而称为包容犯。这种包容犯实际

上是整体法与部分法的法条竞合形态，根据整体法优于部分法原则，应当适用整体法，为此，必然对实害犯设置重刑，包含死刑。这也是我国刑法中公共安全罪死刑过多的原因之所在。如果改而采用转化犯的立法方式，废弃实害犯，将二元并立的公共安全罪修改为单独的危险犯，亦即公共危险罪，就能够在一定程度上厘清公共安全罪与人身犯罪和财产犯罪之间的关系，并且为技术性废除死刑罪名奠定基础。

最后，《刑法修正案（十一）（草案第一次审议稿）》对高空抛物罪设置的法定刑是拘役或者管制，并处或者单处罚金，远低于以危险方法危害公共安全罪的处有期徒刑 3 年。因此，根据《刑法修正案（十一）（草案第一次审议稿）》的规定，对高空抛物危险犯的处罚要低于前引意见的规定。

【案例 60】刘某以危险方法危害公共安全罪案

2016 年 6 月 22 日 21 时，被告人刘某饮酒后回家，在蚌埠市某小区高楼平台，将放在该处的毛竹梯、儿童自行车、儿童滑板车等物品陆续从平台窗户扔下，险些砸到途经单元楼门口的居民牛某某。2017 年 7 月 3 日 17 时，被告人刘某饮酒后回家，再次将放在高楼平台处的毛竹梯从窗户扔下，将途经单元楼门口的葛某砸伤。法院经审理认为，被告人刘某从高空向公共通道抛物，危及不特定多数人的生命、健康及公共财产安全，尚未造成严重后果，其行为已构成以危险方法危害公共安全罪。被告人刘某经电话通知后主动到案，且能如实供述所犯罪行，系自首，可以依法从轻或减轻处罚。法院判决被告人刘某犯以危险方法危害公共安全罪，判处有期徒刑 1 年 10 个月。被告人刘某不服，提起上诉。在二审审理过程中，上诉人刘某申请撤回上诉。二审法院准许上诉人刘某撤回上诉。

在本案中，刘某在具有自首情节，减轻处罚的情况下还被判处有期徒刑 1 年 6 个月。而如果根据《刑法修正案（十一）（草案第一次审议稿）》，他最高只能判处拘役 6 个月，如果具有自首情节，则会判得更轻。因为高空抛物虽然可能造成危害公共安全的严重后果，但其手段本身不能与放火、决水、爆炸等危害公共安全的方法相提并论，因而设置较轻的法定刑，体现了立法上的公平正义原则。

值得注意的是，《刑法修正案（十一）（草案第二次审议稿）》对高空抛物罪在刑法分则中的类型归属进行了重大调整。如前所述，在《刑法修正案（十一）（草案第一次审议稿）》中，高空抛物罪规定在《刑法》第 114 条第 2 款，属于公共危险罪："从高空抛掷物品，危及公共安全的，处拘役或者管制，并处或者单处罚金。有前款行为，致人伤亡或者造成其他严重后果，同时构成其他犯罪的，依照处罚较重的规定定罪处罚。"然而，《刑法修正案（十一）（草案第二次审议稿）》却把本罪调整为《刑法》第 291 条之二，作为扰乱公共秩序罪加以规定："从建筑物或者其他高空抛掷物品，情节严重的，处一年以下有期徒刑、拘役或者管制，并处或者单处罚金。有前款行为，同时构成其他犯罪的，依照处罚较重的规定定罪处罚。"从罪状表述来看，两者似乎相差不大，然而，在犯罪性质归属上则完全不同。

在我国刑法中，根据保护法益的性质，可以将犯罪分为侵害个人法益的犯罪与侵害社会法益的犯罪。其中，侵犯人身犯罪与侵犯财产犯罪属于侵害个人法益的犯罪；而危害公共安全犯罪与妨害社会秩序犯罪属于侵害社会法益的犯罪。相对来说，侵犯人身犯罪与侵犯财产犯罪之间的界限，除了抢劫罪、绑架罪等极少数犯罪存在性质上的竞合以外，其他犯罪之间的区分较为容易。而危害公共安全犯罪与妨害社会秩序犯罪之间的界限则较难区分，因为公共安全与公共秩序之间具有密切的关联性，例如，这两种犯罪都是在公共场所并且都是针对不特定多数人实施的，因而具有对公共安全和公共秩序的严重破坏性。在我看来，这两种犯罪的主要区分在于手段的危险性和客体的重要性。以手段的危险性而言，放火、爆炸、决水等手段会造成公共安全的重大危害。以客体的重要性而言，交通工具、交通设施、电力设备、易燃易爆设备等客体等关乎公共安全，是刑法保护的重要法益。在以上两个方面，危害公共安全犯罪与妨碍公共秩序犯罪之间存在明显差别。扰乱公共秩序的犯罪虽然也是针对社会上不特定多数人实施的，具有对公共秩序的破坏性，但在通常情况下，并不会造成严重的人身和财产的危害后

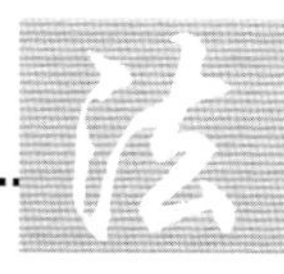

果。因此，以上两种犯罪无论在行为特征还是在结果特征上都不可相提并论。然而，在相当长一个时期，我们对危害公共安全犯罪采取了一种注重结果而忽视行为的倾向，尤其是因为存在以危险方法危害公共安全罪的兜底罪名设置，由此极大地扩张了侵害公共安全犯罪的范围。例如，盗窃窨井盖等明显不具有对公共安全的危害性的行为，也因为可能使不特定的人坠入，造成死伤结果，而以以危险方法危害公共安全罪论处。我认为，此种观念值得反思。

《刑法修正案（十一）（草案第一次审议稿）》将高空抛物罪归属于危害公共安全犯罪，较为明显地反映了上述观念。然而，该审议稿同时又规定，"致人伤亡或者造成其他严重后果，同时构成其他犯罪的，依照处罚较重的规定定罪处罚"。这里的其他犯罪主要是指故意杀人罪或者过失致人死亡罪，以及故意伤害罪或者过失致人重伤罪。在这种情况下，又没有沿袭危害公共安全犯罪包含致人死亡或者重伤的内容，应以危害公共安全犯罪的实害犯论处的立法逻辑。在这两者之间，不得不说存在一定的矛盾。而《刑法修正案（十一）（草案第二次审议稿）》将高空抛物行为本身界定为妨碍公共秩序行为，当发生致人死亡罪或者重伤后果的情况下，转化为故意杀人罪或者过失致人死亡罪，以及故意伤害罪或者过失致人重伤罪。在我看来，这一立法调整对于正确界定危害公共安全行为具有重要参考价值。

全国人大常委会通过的《刑法修正案（十一）》维持了草案第二次审议稿的调整，最终确立了高空抛物罪属于扰乱公共秩序罪。立法机关之所以将高空抛物罪的性质从危害公共安全罪调整为扰乱公共秩序罪，主要还是因为高空抛物行为虽然可能造成不特定人的生命、身体或者财产安全损害，具有一定程度的危害公共安全性质，但不可否认同时存在着对公共安全并没有危害的高空抛物行为，这些高空抛物行为却可能对公共秩序具有一定的破坏性。因此，如果仅仅将危及公共安全的高空抛物行为入刑，对于那些没有危及公共安全然而扰乱公共秩序的高空抛物行为排拒在刑法处罚之外，并不能有效地惩治与预防这种高空抛物行为。因此，将高空抛物行为从危害公共安全罪调整为扰乱公共秩序罪，具有一定的合理性。

【案例 61】王某高空抛物案[①]

2023 年 6 月起，江苏省常州市武进区某小区业主王某频繁从 10 层高楼往下抛屎。王某的行为已经触犯了我国相关法律法规，2024 年 3 月 29 日，常州市武进区人民检察院以高空抛物罪对其提起公诉。对于本案，武进区检察院承办检察官指出，王某所住楼层 10 层可以认定为高空，抛掷落点为步行道，日常极有可能有行人通过，抛掷物品为粪便、砧板等，结合高度判断具有一定伤害性且极为恶心。王某抛掷粪便的行为不仅引发小区业主普遍的不安、气愤、紧张心理，使业主选择绕行，影响公共秩序，还造成物业保洁、保安等人力损失与加装监控等财力损失，抛掷的排泄物还近距离落到业主身边。综合以上情形，检察机关认定王某从建筑物高空抛掷物品，属情节严重，其行为触犯了《中华人民共和国刑法》第 291 条之二，犯罪事实清楚，证据确实充分，应当以高空抛物罪追究其刑事责任。4 月 9 日，武进区人民法院对本案作出判决，王某被判拘役 3 个月，并处罚金人民币 2 000 元。

本案被告人王某高空抛掷粪便的行为，显然不具有对公共安全的危害性，但其对于公共秩序的危害性则是显而易见的。因此，如果高空抛物罪归属于危害公共安全罪，则对本案就不能定罪。在将高空抛物罪定位为扰乱社会管理秩序罪后，则本案就可以依法追究刑事责任。

可以说，立法过程中高空抛物罪在刑法分则体系中地位的改变，实质上是对该罪性质认识的变化，其背后则涉及公共安全罪理念的变动。公共安全罪不仅有必要向公共危险罪转变，而且要严格把握公共安全的性质，避免其扩张。以高空抛物罪而论，虽然确实具有一定的危害公共安全的性质，然而将高空抛物与危害

① 参见王某高空抛物案，https://news.ycwb.com/2024－04/11/content_52613753.htm，2024 年 4 月 11 日访问。

公共交通工具行驶行为相比，高空抛物行为对公共秩序扰乱的性质明显大于对公共安全的危险。这主要表现为公共交通工具本身关涉不特定多数人的生命、身体安全，因此，对公共交通工具的驾驶人员使用暴力等危害方法，具有造成危害公共安全后果的现实可能性。在这种情况下，将危害公共交通工具行驶行为设置为公共危险罪具有必要性。

从以上高空抛物行为从司法解释的草案第一次审议稿被设置为危害公共安全罪到第二次审议稿调整为扰乱公共秩序罪的变动过程，可以明显看出立法机关对高空抛物行为的侵害法益的认识改变。由此可见，法益侵害的性质在一定程度上决定了犯罪的具体性质，因而在罪名设置的立法活动和在犯罪认定的司法活动中，都要充分考察犯罪行为的法益侵害性。

三、法益侵害实质推理的适用

法益侵害的实质推理关键在于正确地确认法益的性质。在刑法分则所规定的具体犯罪中，对于各种犯罪所侵害的法益的规定存在不同的情形。其中，有些犯罪的罪状明确地对侵害法益作了规定。在这种情况下，侵害法益本身就是构成要件的不可或缺的组成部分。因此，只要在构成要件中就可以解决法益侵害的性质判断。例如我国《刑法》第 293 条寻衅滋事罪的罪状规定：“有下列寻衅滋事行为之一，破坏社会秩序的，处五年以下有期徒刑、拘役或者管制。”这里的破坏社会秩序就是本罪的侵害法益，该侵害法益对于该罪状所列举的四项寻衅滋事行为都具有制约作用，也就是说，虽然在四项具体的寻衅滋事行为中没有具体规定破坏社会秩序的内容，但破坏社会秩序是寻衅滋事行为构成犯罪的必备要素。当然，《刑法》第 293 条第 4 项规定：“在公共场所起哄闹事，造成公共场所秩序严重混乱的。”在此，立法机关进一步明确起哄闹事构成的寻衅滋事罪，其所侵害的法益进一步具体为公共场所秩序。由此可见，起哄闹事行为构成寻衅滋事罪的侵害法益较之前三种寻衅滋事行为的侵害法益更为窄小。因此，在寻衅滋事罪的司法认定过程中，侵害法益对于四种具体寻衅滋事行为的性质判断具有重要指导意义。由于刑法所规定的法益不同，因而对犯罪的性质会带来较大影响。

除了刑法明确规定侵害法益的罪名以外，在其他罪名中，立法机关对犯罪的法益侵害并没有明确规定。在这种情况下，就需要在司法认定中进行法益侵害的实质推理。

【案例62】张某华伪造身份证案①

被告人张某华不慎遗失居民身份证，因其户口未落实，无法向公安机关申请补办，遂于2002年5月底，以其本人的照片和真实姓名、身份证号码、暂住地地址，出资让他人伪造了居民身份证一张。2004年3月18日，张某华在本市长寿路831号中国银行上海市普陀支行使用上述伪造的居民身份证办理正常的银行卡取款业务时，被银行工作人员发现而案发。据此认为，被告人张某华伪造居民身份证的行为违反了《居民身份证条例》有关规定，应承担相应的法律责任。但无证据表明张某华主观上有为实施犯罪或从事违法行为而伪造居民身份证的故意，且张某华是在持伪造的身份证办理正常的银行卡业务而案发，故张某华伪造居民身份证的行为情节显著轻微，危害不大，不能认定为犯罪。上海市静安区人民检察院抗诉认为，刑法规定伪造居民身份证犯罪侵犯的是国家对居民身份证的管理制度，而行为人主观上是否出于从事违法或犯罪活动的动机并不影响犯罪构成。虽然张某华伪造的居民身份证内容真实，但并不能改变其犯罪性质。《居民身份证法》《居民身份证条例》均规定，伪造居民身份证的，依照《刑法》处罚。张某华持伪造的居民身份证办理银行业务，显然不属情节显著轻微，应受刑法处罚。故原判决对被告人张某华作出无罪判决确有错误，应予纠正。上海市人民检察院第二分院支持抗诉认为，本案一审判决被告人张某华无罪属适用法律不当，确有错误。被告人张某华用伪造的身份证申领信用卡并在银行透支现金的行为具

① 参见上海市第二中级人民法院（2004）沪二中刑终字第220号刑事裁定书 。

有潜在的社会危害性，故上海市静安区人民检察院抗诉理由成立，应予支持。建议本院予以纠正。上海市第二中级人民法院认为，张某华主观上虽具有明知居民身份证应由专门的发证机关予以颁发而个人出资让他人为其伪造的主观犯意，但从已查明的事实可以证实，其并不具有为准备实施某一其他违法或犯罪行为而故意伪造的主观恶意。张某华的行为在客观上虽已触犯刑法，涉及犯罪，但其仅持该证用于正常的日常生活和申领银行信用卡，且在使用信用卡过程中表现出一定的诚信，也无在日常生活及工作中的违法乱纪不良记录。故推定张某华的行为具有潜在的社会危害性无事实依据。我国《刑法》第13条的规定，揭示了犯罪的基本特征，即犯罪具有严重的社会危害性、刑事违法性和应受惩罚性，这是认定犯罪的基本依据。其中，严重的社会危害性是本质特征，一种行为如不具有严重的社会危害性就不能被认定为犯罪。如果某种行为表面上符合刑法分则规定的犯罪客观构成要件，似乎具有刑事违法性，但由于该行为的社会危害性不大，根据《刑法》第13条规定可不认为是犯罪，则该行为也就不具有刑事违法性。因此，把握以社会危害性为基础的刑事违法性是界定罪与非罪的关键。原审法院据此认定张某华实施了刑法规定为犯罪的行为，但情节显著轻微危害不大，且认为该行为不是犯罪并无不当。抗诉机关关于原判决适用法律不当的抗诉理由不充分，对此难以支持。据此，依照《刑事诉讼法》第189条第1项之规定，裁定如下：驳回抗诉，维持原判。

在张某华伪造身份证件案中，虽然其行为符合伪造身份证件罪的构成要件，但还需要进一步考察该符合构成要件的行为是否具有法益侵害性。从张某华伪造身份证件案的案情来看，被告人确实实施了伪造身份证件的行为，然而，被告人是在自己的身份证丢失，无法及时申请补办的情况下，为了正常办理银行业务而伪造了真实个人信息内容的身份证。该行为确实违反了《居民身份证法》的相关规定，然而并没有现实的法益侵害性。在这种情况下，根据法益侵害的实质推理，人民法院对本案作出无罪判决，我认为是完全正确的。通过本案可以看出，

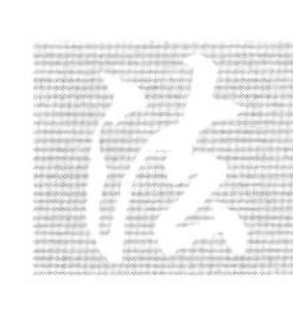

构成要件该当的行为，只是为犯罪认定提供了形式根据，其行为是否构成犯罪，还需要考察是否具备以法益侵害为实体内容的实质根据。

第三节　目的考量的实质推理

目的考量是从规范目的出发，对形式推理的结论进行实质审查的一种推理方法。目的考量在司法实践的法律适用中是较为常见的，然而，目的一词本身具有一定的主观色彩，因而如何进行目的考量的实质推理，尤其是如何在目的考量过程中保持法律的客观公正性，维护罪刑法定原则，这是一个值得研究的问题。

一、目的考量实质推理的概念

目的考量的实质推理，关键在于如何界定这里的目的考量。我国学者指出："目的考量主要是指首先探寻思想或行为欲实现的目的，然后分析和判断思想或行为的可能性及其合目的性。正如霍姆斯所言：在法律推理中，我们有责任考虑并且估量立法的目的、达到目的的手段以及成本。"① 因此，目的考量的实质推理就是基于一定的目的所进行的推理活动。由于目的论具有实质的性质，因而目的考量的推理具有实质推理的性质。

以规范目的为分析工具的目的论在刑法适用中具有不同的功能。当这种目的论用于法律解释的时候，就是目的解释。因此，在法律文本的语义范围内进行目的解释，其功能在于明确法律规定的含义。这个意义上的目的论，属于解释的范畴。但当在法律文本范围外进行规范目的的论证，就是一种目的考量的实质推理。因此，目的考量的实质推理是以行为符合构成要件为前提的，其功能在于对

① 王洪：《司法判决与法律推理》，47 页，北京，时事出版社，2002。

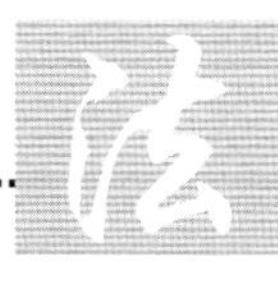

构成要件行为进一步进行目的合理性的考察，如果不符合规范目的的行为，就应当排除在犯罪范围之外。

目的考量的实质推理，关键问题在于如何界定这里的目的。对于目的考量的目的，在法学方法论中存在各种不同的观点，因而应当对目的进行正确界定。目的考量之目的，在法学方法论中也称为规范保护目的。我国学者指出："规范保护目的是目的解释的核心，它对法律的正确适用而言是一个重要因素。所谓规范保护目的，就是制定规范的目的。"① 在此，我国学者虽然是在目的解释意义上界定目的为规范保护的目的，但它对于理解目的考量之目的同样具有参考价值。规范保护目的，也可以简称为规范目的，它是指立法机关制定法律规范所欲达致的目的或者所追求的结果。规范目的隐含在法律规范之中，它对于正确理解法律文本具有重大参考价值。规范目的具有类型上的区分，也就是说，对规范目的可以从不同角度进行理解，由此划分为不同类型。我国学者指出："刑法目的解释所指的目的，可以从两种意义进行理解：一是指刑法规范的整体目的，也即刑法的目的，是该法的立法意旨或立法本旨；二是除刑法的整体目的外，还包括个别规定、个别制度的规范目的。"② 整体目的与个别目的的区分，对于正确认识目的考量之规范目的具有重要意义。

整体目的，也就是刑法目的，这是关乎刑法立法的指导思想问题。刑法目的在大多数刑法中都没有明文规定，但我国《刑法》第1条涉及刑法的立法目的。该条规定："为了惩罚犯罪，保护人民，根据宪法，结合我国同犯罪作斗争的具体经验及实际情况，制定本法。"根据这一规定，我国刑法的制定根据包括惩罚犯罪，保护人民的刑法目的，宪法和司法实践经验等内容。在这当中，刑法目的占据着重要地位。这里的惩罚犯罪是指规定犯罪行为及其法定刑，为定罪量刑提供规范根据。而保护人民则是指保护公民个人的人身权利、民主权利、财产权利

① 李波：《过失犯中规范保护目的理论研究》，7页，北京，法律出版社，2018。

② 王海桥：《刑法解释的基本原理——理念、方法及其运作规则》，180页，北京，法律出版社，2012。

以及其他合法权利，同时，还保护国家安全、社会制度、经济制度和社会秩序等。值得注意的是，《刑法》第 2 条还规定了刑法的任务："中华人民共和国刑法的任务，是用刑罚同一切犯罪行为作斗争，以保卫国家安全、保卫人民民主专政的政权和社会主义制度，保护国有财产和劳动群众集体所有的财产，保护公民私人所有的财产，保护公民的人身权利、民主权利和其他权利，维护社会秩序、经济秩序，保障社会主义建设事业的顺利进行。"这里的刑法任务在某种意义上可以说是刑法目的的具体化表述，因而与刑法目的具有紧密的关联性。综上所述，我国刑法的目的可以概括为以下两个命题，这就是打击犯罪与保护人民的统一、保障机能与保护机能的统一。只有这样，才能完整地把握刑法目的的含义。刑法目的虽然是抽象的规定，但它作为刑法立法与司法的指导思想，对于目的的考察具有重要作用。基于刑法目的的精神，在基于规范目的进行刑法实质推理的时候，应当保持刑法的公正性与客观性，在被害人与被告人的利益之间保持某种平衡。

个别目的是刑法实质推理的具体目标，也就是刑法所要实现的价值结果，因此，个别目的和在刑法具体条文中所规定的作为构成要件要素的目的是有所不同的。在刑法中，立法机关明确规定目的的条款并不多见，尤其是在刑法分则关于具体罪名设置的罪状中，主要是对构成要件的客观要件的规定。但在某些刑法总则条款中，涉及对目的的明文规定，例如我国《刑法》第 20 条第 1 款规定的正当防卫是指为了使国家、公共利益、本人或者他人的人身、财产和其他权利免受正在进行的不法侵害，而采取的制止不法侵害的行为。在此，立法机关明确规定了正当防卫制度的目的。与此相类似的是《刑法》第 21 条第 1 款规定的紧急避险，也同样明文规定了紧急避险的目的是使国家、公共利益、本人或者他人的人身、财产和其他权利免受正在发生的危险。上述刑法关于正当防卫和紧急避险的目的的规定，对于正确认定正当防卫和紧急避险具有重要的指导意义。该目的的规定不仅是正当防卫和紧急避险成立的必要条件，而且在很大程度上对正当防卫和紧急避险的司法判断具有指导作用。例如，刑法关于正当防卫目的的规定，赋予了正当防卫行为的目的正当性，因而司法机关在认定正当防卫，尤其是在区分

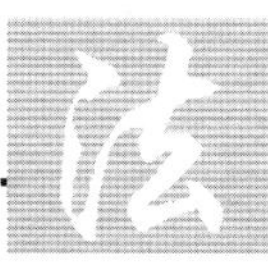

正当防卫和违法犯罪的时候，就应当考察行为人主观上是否具有防卫目的。刑法所规定的正当防卫目的和紧急避险目的，都不是目的解释中的个别目的，而是成立正当防卫和紧急避险所应当具备的主观要件。如果没有防卫目的和避险目的，则正当防卫和紧急避险不能成立。刑法不仅在总则关于法律制度的规定中涉及对目的的规定，而且在分则关于具体犯罪中也涉及对目的的规定，例如我国《刑法》第 239 条规定的绑架罪，其中第一种情形就是以勒索财物为目的绑架他人。在这种情况下，行为人主观上具有勒索财物的目的。这里的目的就是作为绑架罪构成要件要素的目的，也是主观违法要素。法律规定以主观上具有一定目的作为犯罪成立要件要素的犯罪，在刑法教义学中称为目的犯。目的犯之目的具有区分罪与非罪、此罪与彼罪的界分功能。首先，目的犯之目的具有区分罪与非罪的功能。也就是说，虽然行为人在客观上实施了相同的行为，但如果主观上具有某种特定目的则构成犯罪；反之，如果主观上没有某种特定目的则不构成犯罪。例如，《刑法》第 152 条规定的走私淫秽物品罪，法律明确规定以牟利或者传播为目的。如果不具有这一特定目的，就不能构成该罪。这里的牟利或者传播目的对于走私淫秽物品罪来说，就具有区分罪与非罪的功能。其次，目的犯之目的还具有区分此罪与彼罪的功能。也就是说，虽然行为人在客观上实施了相同的行为，但如果具有某种特定的目的就构成此罪；反之，如果没有这一特定的目的则构成彼罪。例如，以勒索财物为目的的绑架罪之目的的主要功能就是区分绑架罪与非法拘禁罪。绑架罪和非法拘禁罪在客观上都实施了以暴力、胁迫或者其他方法劫持他人，并将他人予以关押，非法剥夺人身自由的行为。两种犯罪的主要区别就在于行为人主观上是否具有勒索财物的目的。如果行为人主观上具有勒索财物的目的，则客观上劫持他人并限制或者剥夺他人人身自由的行为就构成绑架罪；反之，如果行为人主观上并没有勒索财物的目的，而是出于索要债务、报复或者其他目的，则客观上劫持他人并限制或者剥夺他人人身自由的行为就不构成绑架罪而是构成非法拘禁罪。目的犯之目的作为一种主观违法要素，它是犯罪构成要件要素。目的犯之目的是行为人主观所具有的意图，虽然表现为一定的目的，但与

目的考察之规范目的是完全不同的。这里的不同就在于：目的考察之目的是立法者或者法律规范所具有的目的，而目的犯之目的则是犯罪人的主观目的。只有立法者的目的才对刑法的实质推理具有形塑功能，而犯罪人的目的作为被评价的客体，并不会对目的考察的实质推理发生影响。

个别目的是相对于整体目的而言的，它是在具体规范中针对个别事项规定的，因而具有直接的应用性。个别目的栖身于法律规范，因而也被称为规范目的。规范目的是从法律规范中提取出来的，它与法律概念之间具有十分密切的关系，并且规范目的对于正确理解法律概念的含义具有重要作用。例如德国学者指出，法律概念是从法律规范的保护目的与规范之间的联系中才能获得具体含义。通过将这些概念纳入法律规范的保护领域，前法律的观念性概念才转变为具有新内容和新外延的特殊法律概念。这里可以清楚地发现法律概念的特征，即法律概念是法律规范和法律制度的建筑材料。这是因为法律规范和法律制度由“当为语句”构成，它们必须服务于特定的规范目的，并按照立法者的社会理想对国家和社会进行调整，法律概念也承担着法的调整任务，也受制于目的论。[①] 因此，通过目的论的阐述，可以使一般性的法律概念获得特定的含义，以便适用于个案。

就整体目的和个别目的的关系而言，在通常情况下，目的考量主要是根据个别目的进行推理，因为整体目的具有抽象性，它主要起到宏观的指导作用。但个别目的则具有具象性，可以适用于具体的规范目的考量，因而个别目的在目的考量的实质推理中发挥着更为重要的作用。

二、目的考量实质推理的类型

制定法是通过语言表达一定的目的或者意图，因而语言只是表象，而规范目的才是本质。在通常情况下，语言都能够正确地表达意图，但在某些情况下会出

① 参见［德］伯恩·魏德士：《法理学》，丁小春、吴越译，91页，北京，法律出版社，2013。

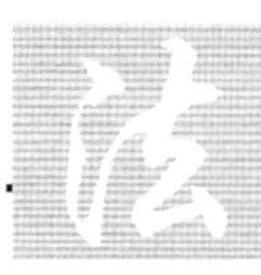

现表述不准确的情形，这就是萨维尼所说的，此表述虽然直接指出了一个明确的、可应用的意图，但此意图却不同于制定法的真实意图。在这个制定法组成要素的内在矛盾之中，产生了以下问题，即何种要素应占据优先地位。此时，表述仅仅是手段，而意图是目的。因此，毫无疑问，意图应占据优先地位，而表述应当根据意图而被修改。① 显然，这种根据立法意图而修改法律规定，已经属于漏洞补充甚至法律创制的范畴。在法学方法论中，存在目的论考察，也就是根据规范目的对法律表述进行修正。对于这种表述与意图之间的逻辑关系，即表述所包含的内容或者少于意图所包含的内容，或者多于意图所包含的内容。萨维尼认为，在上述第一种情形中，表述要通过扩张解释（ausdehnende Auslegung）而被修正，在第二种情形中，表述要通过限缩解释（einschränkende Auslegung）而被修正。两种方式的目的都仅仅在于使表述与真实意图相一致。② 我认为，萨维尼在此所说的扩张解释其实是指目的性扩张，限缩解释则是指目的性限缩，它们已经超出语义范围，因而不是法律解释，而属于目的论考察。由此可见，目的考察实质推理可以分为两种类型，这就是目的性限缩和目的性扩张。这两种实质推理的方向相反，但它们都以一定的规范目的作为实质推理的根据。

目的性限缩和目的性扩张，都是将语义限缩或者扩张至法律文本的语义范围之外。在刑法中能否采用这种超越语义范围的目的考察的实质推理，应当受到罪刑法定原则的制约。换言之，应当按照有利于被告的原则处理：对于那些有利于被告的超越语义范围的目的考察，法律并不禁止，但对于那些不利于被告的超越语义范围的目的考察则被法律所禁止，不得采用。

语义范围外的目的考量是一种较为复杂的论证方法，它不是对法律文本进行语言处理，而是涉及对立法资料、规范目的的探寻，对结论的事理与逻辑的论证

① 参见［德］弗里德里希·卡尔·冯·萨维尼：《当代罗马法体系》（第一卷），朱虎译，176页，北京，中国人民大学出版社，2023。

② 参见［德］弗里德里希·卡尔·冯·萨维尼：《当代罗马法体系》（第一卷），朱虎译，176页，北京，中国人民大学出版社，2023。

等。例如我国学者指出："目的解释的论证方式实际上可以通过三段论的逻辑形式予以描述：A是宪法规范B所欲实现的目的；如果不对宪法规范B采取解释C，则无法达到规范保护目的A；所以，应采取解释C。"[①] 也就是说，目的考量的结论得出过程是一个逻辑推理过程，应当遵守逻辑推理的规则，并且采用辩驳等逻辑方法，例如归谬法论证，又被称为"不可承受的标准"（归谬法或反证法）。它被用来证明一个论证最终违背所有的内在逻辑，完全不具有操作性，是立法者不希望得到的荒谬结论。[②] 这个采用逻辑方法进行推理的过程，也就是目的考量的过程，只有通过严密的逻辑论证，目的考量的结论才具有较强的说服力。目的考察的形式各有不同，因而具体的论证方式与步骤也是不完全相同的，对此应当根据目的考量的具体形式加以确定。例如德国学者描述了目的性限缩的四个检验步骤：第一步，案件事实必须能够涵摄于规范适用范围之内；它必须为规范所囊括。但就规范目的而言，案件与规范并不相容（命题）。第二步，则要预设一个前提，即常规案件与本案之间并不具有可类比性。这一不一致性使反面推理成为必要。此时，则要探寻待适用规范的目的，视案件事实的不同，这一前提的明显程度也各自不同。第三步，则需要提供理由，论证为何案件事实与规范目的的不相符合，可用的论证模型即那些结果取向的论证，例如，为了避免不公正的结果、归谬法等。第四步，结论表明，案件事实不得涵摄于规范，也即规范的适用范围必须进行目的性的限缩。[③] 在此，从案件事实到规范目的，再到两者之间不相容性的论证，由此获得目的性限缩的必要性的结论。因此，目的考察具有相当的技术含量，对考察过程提出了较高的案件事实的把握和逻辑辩驳能力。

目的考量的性质直接表现为实质性，在某种意义上说，目的考量就是一种实

---

① 王海桥：《刑法解释的基本原理——理念、方法及其运作规则》，187页，北京，法律出版社，2012。

② 参见［奥］恩斯特·A. 克莱默：《法律方法论》，周万里译，139～140页，北京，法律出版社，2019。

③ 参见［德］托马斯·M.J. 默勒斯：《法学方法论》（第4版），杜志浩译，365页，北京，北京大学出版社，2022。

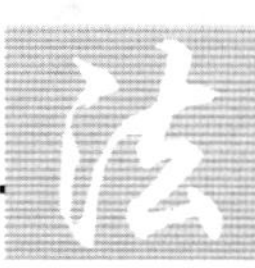

质推理。例如萨维尼就明确地把目的解释归属于实质解释，并将它与形式解释相对应。萨维尼认为，目的解释从法律语词中上升到立法理由，基于立法理由对法律文本进行解读，因而具有任意性。[①] 萨维尼从否定目的解释的意义上阐述目的解释的实质性，其结论不无偏颇。然而，萨维尼对目的解释的实质性的揭示还是可以成立的。值得注意的是，萨维尼对实质解释的以下论断："所谓的实质解释绝非真正意义上的解释。"[②] 由此可见，萨维尼对实质解释方法本身是存在疑问的。通常来说，所谓实质是相对于形式而言的，在哲学上，形式与实质是一对范畴。形式是事物表现在外的形态，具有客观性和直观性，而实质性则是事物蕴含其中的性质，它在很大程度上决定着事物的本质。法律作为一种事物同样存在形式和实质这两个面向：法律形式是指法律以语言为载体的文本，法律一经颁布，它就以文本的形式存在。因此，在对法律进行解释的时候，首先涉及的就是对法律文本的处理。法律规定是通过语言表达立法者的意图，因而语言是法律含义的载体。但立法者在表达立法意图的时候，有时候表达得好，有时候则表达得不好。在表达得好的情况下，人们通过语言的解读就可以准确地把握立法意图，因此，只要采用语义解释就可以达成理解法律的目的。但在表达得不好的情况下，言不达意，甚至言与意违，仅仅诉诸语义解释不能准确地达成理解法律的目的。

我国学者提出了语义与目的的交错的命题，这里的交错是指相悖。我国学者指出："所谓语义与目的的交错，是指在规则R与目的G之间形成工具性指引的关系时，由于规则R的意义具备明确且封闭的属性，而目的G的意义是相当模糊的，因此这两个意义在范围上并不能准确重合，因此引发了在意义范围上的交错现象。"[③] 因此，语义与目的交错导致言不达意或者意与言违的交错现象。我

---

① 参见［德］弗里德里希·卡尔·冯·萨维尼：《法学方法论：萨维尼讲义与格林笔记》，杨代雄译，87页，北京，中国民主法制出版社，2024。

② ［德］弗里德里希·卡尔·冯·萨维尼：《法学方法论：萨维尼讲义与格林笔记》，杨代雄译，89页，北京，中国民主法制出版社，2024。

③ 陈景辉：《实践理由与法律推理》，253页，北京，北京大学出版社，2012。

国学者揭示这种语义与目的的交错可以分为两种情形：第一是潜在包含（under-inclusive）。潜在包含是指由于在规则 R 之外，还有其他的工具性理由同样可以实现目标 G 的要求，然而由于规则 R 的存在，这些工具性理由及其所有内容被规则 G 排除。换言之，某一事项虽然并未包含在规则语义的范围之内，但是这些情形却符合规则所欲实现的目标，如果为了更好地实现目的 G 应当将这些事项纳入规则的语义之中加以约束。第二是过度包含（overinclusive）。过度包含是指某一情形虽然处于规则 R 的语义范围之内，但是规则的适用并不会产生目的 G 所期待或者所欲加以避免的后果。因此，如果将规则放在一边而直接运用目的 G 进行判断的话，这种不应包含其中的情形就应当自规则的适用范围之中排除出去。换言之，某一事项虽然是规则适用的对象，但是将规则适用于该对象并不会产生规则所欲实现的目的，因此这些事项就是规则不应当包含的内容，虽然规则实际上并没有将其排除。[①] 上述潜在包含的情况下，就需要进行目的性扩张，而过度包含的情况下则需要进行目的性限缩。

三、目的性限缩的实质推理

目的性限缩（teleologische Reduktion）是指根据客观目的，将法律文本的含义予以限缩的实质推理方法。因此，目的性限缩的结果是所确定的含义小于法律文本的字面含义。对于刑法来说，目的性限缩的结果是限制了犯罪范围。也就是说，根据刑法文本规定，某一行为属于犯罪，但根据客观的目的考察将某种行为排除在犯罪范围之外。德国学者将目的性限缩称为法续造最简单的形式，因为此时不需要论证法律漏洞之存在。德国学者指出："进行目的性限缩的前提是，规范虽然与案件事实相关，但适用之将有违规范的规制目的。为此，就需要对文

① 参见陈景辉：《实践理由与法律推理》，254 页，北京，北京大学出版社，2012。

义进行限制、限缩，使规范之目的在目的论上不至于落空。”① 但目的考察具有限缩规范内容的性质，明显具有对规范意思的纠正功能。在这种情况下，如果说目的性限缩完全不以法律漏洞为前提，似乎难以自圆其说。因此，德国学者认为存在隐蔽漏洞是目的性限缩的根据。② 这里的隐蔽型漏洞，是指需要对某法定规则作出与其文义方向相反的，但根据制定法内在目的属于必需的限制，而这种限制在制定法文本中却并未被包含。这种漏洞的填补是通过附加规则意义所要求的限制来完成的。借此，因为规则明确的文义过宽而导致适用范围过大的制定法规则，将被限制在根据法律调整目的或其意义脉络的适用范围内。对此，可以称之为目的论限缩。③ 因此，在一定意义上说，目的性限缩具有填补法律漏洞的性质，只不过这种法律漏洞并不是开放性法律漏洞而是隐蔽性法律漏洞。正如奥地利学者指出：“在目的论限缩的情形中，这种法律续造所要应对的法律漏洞是隐藏的漏洞，也即，它根据制定法目的来看是必要的例外，并且未被明确的规则构成要件所包含。”④

由于目的性限缩是没有法律明文规定的，因而推理结论获得共识存在较大难度。例如我国《刑法》第 205 条规定的虚开增值税专用发票罪是否以骗取国家税款为目的，就是一个目的性限缩的适例。从刑法规定来看，并没有规定本罪的成立必须具有骗取国家税款的目的，因而我国通说认为只要在客观上实施了虚开行为，并且达到数额较大的罪量标准，就可以构成本罪。但在司法实践中，虚开增值税专用发票行为存在以骗取国家税款为目的与不以骗取国家税款为目的两种情

---

① ［德］托马斯·M.J. 默勒斯：《法学方法论》（第 4 版），杜志浩译，363 页，北京，北京大学出版社，2022。

② 参见［德］克劳斯-威廉·卡纳里斯：《法律漏洞的确定：法官在法律外续造法之前提与界限的方法论研究》（第 2 版），杨旭译，73 页，北京，北京大学出版社，2023。

③ 参见［德］卡尔·拉伦茨：《法学方法论》（全本·第六版），黄家镇译，492 页，北京，商务印书馆，2020。

④ ［奥］弗朗茨·比德林斯基、［奥］彼得·比德林斯基：《法学方法论入门》，吕思远译，145 页，北京，中国政法大学出版社，2024。

形，这两种情形存在重大的性质差异。以骗取国家税款为目的的虚开增值税专用发票行为具有诈骗的性质，因而《刑法》第205条规定的虚开增值税专用发票罪就可以归之于诈骗罪的类型。但不以骗取国家税款为目的的虚开增值税专用发票行为具有妨害增值税专用发票管理秩序的性质，属于秩序犯。我认为，如果不对构成要件加以骗取国家税款目的的限制，就会不当扩张本罪的惩治范围，因而需要对《刑法》第205条进行目的性限缩的实质推理，即以骗取国家税款为目的的虚开增值税专用发票行为才是本罪的构成要件行为，本罪属于目的犯。目的犯是指行为人不仅应当实施一定的行为，而且必须具有一定的目的才能成立的犯罪。这里的目的不是犯罪直接故意中的目的，而属于主观的构成要件要素。在刑法教义学中，目的犯之目的是一种主观违法要素。应当指出，在德日刑法学中，违法要素是与责任要素相对应的。在通常情况下，违法要素具有客观性，而责任要素具有主观性。然而，目的犯之目的则是一种例外，它虽然是主观要素却仍然是违法要素，因而称为主观违法要素。主观违法要素属于构成要件要素，对于行为类型性的构造以及法益侵害性的归属具有决定意义。正如日本学者西田典之教授指出："在某些场合下，只有具备一定的主观性要素才能决定行为具有法益侵害性。这称为主观的构成要件要素或主观的违法要素。目的犯中的目的就是其代表。"[①]因此，目的犯之目的是主观违法要素的典型立法例，在此基础上形成目的犯的概念。例如日本学者大塚仁以《日本刑法典》为例，对目的犯进行了论述，指出："像损坏外国国章罪中的'对外国加以侮辱的目的'（第92条第1项）、伪证罪中'行使的目的'（第148条以下、第154条以下、第162条以下、第164条以下）等一样，目的在一定犯罪的构成要件上也是必要的。这些犯罪称为目的犯(Absichtsdelikte)。"[②] 由于上述目的犯中的目的是被《日本刑法典》所明文规

① ［日］西田典之：《日本刑法总论》（第2版），刘明祥、王昭武译，74页，北京，法律出版社，2013。

② ［日］大塚仁：《刑法概说（总论）》（第三版），冯军译，140～141页，北京，中国人民大学出版社，2013。

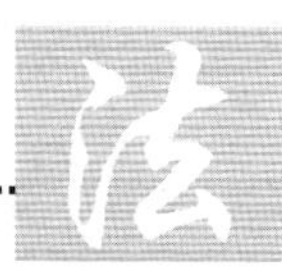

定，因而将其归属于主观违法要素，这是一种解释方法的运用。然而，在刑法中除了法定的目的犯，还存在非法定的目的犯。例如我国学者认为我国刑法中的目的犯可以分为三类：其一，刑法分则中的相应条文明确规定了一部分犯罪需要“以……为目的”；其二，尽管法条没有明确规定相应的特定目的，但是在这样的犯罪中，从罪状的表述上仍然可以直接读出立法者所要求的特别的主观要素，这样的主观要素，实际上也就是犯罪的相应目的；其三，刑法分则条文没有要求特定的目的，从罪状的表述本身也无法直接读出立法要求特定主观目的，但是刑法理论和司法实践却认为这样的犯罪仍然需要特定的目的方可成立。对于第一种目的犯，本书称为典型的法定目的犯；对于第二种目的犯，本书称为非典型的法定目的犯；对于第三种目的犯，本书则称为非法定目的犯。[①] 在上述三种目的犯中，最值得关注的是第三种非法定目的犯。由于在非法定目的犯的情况下，刑法并未将一定的目的规定为主观构成要件要素，因而从法条本身无法解读出该目的，由此可见，非法定目的犯并非通过解释方法就能得出结论。非法定目的犯借助于目的犯的概念，对法律规定的构成要件作了目的性限缩，这种目的性限缩的限制属于法律续造中的漏洞填补，也就是一种实质推理方法。我国学者在论及虚开增值税专用发票罪的构成要件属于非法定目的犯时，指出：“对目的犯之目的的补充是通过超越条文语义可能的范围进行的。如果仅在其规范语义可能范围之内，就不可能补充出某种特定目的。因此，（非法定）目的犯具备了规范的不圆满性。（非法定）目的犯作为法律漏洞属于隐含的漏洞。隐藏法律漏洞的适用方法是目的性限缩。那么，对于作为隐藏的法律漏洞的目的犯当然就是通过目的性限缩的方法来进行漏洞补充。为了贯彻立法者的意旨，对于（非法定）目的犯通过违反字义的补充而生出特定目的——这是法律规范本身并未包含的规则——来

---

① 参见付立庆：《主观违法要素理论——以目的犯为中心的展开》，217～218页，北京，中国人民大学出版社，2008。

将那些不具备特定目的的行为排除在外，以限缩规范的适用范围。”[①] 由此可见，非法定目的犯属于实质推理而非法律解释。虚开增值税专用发票罪以骗取国家税款为目的的目的性限缩现在已经越来越被司法机关所认同，成为在我国司法实践中目的性限缩的一个成功范例。

【案例 63】张某强虚开增值税专用发票案[②]

2004 年，被告人张某强与他人合伙成立个体企业某龙骨厂，张某强负责生产经营活动。因某龙骨厂系小规模纳税人，无法为购货单位开具增值税专用发票，张某强遂以他人开办的鑫源公司名义对外签订销售合同。2006 年至 2007 年间，张某强先后与六家公司签订轻钢龙骨销售合同，购货单位均将货款汇入鑫源公司账户，鑫源公司为上述六家公司开具增值税专用发票共计 53 张，价税合计 4 457 701.36 元，税额 647 700.18 元。基于以上事实，某州市人民检察院指控被告人张某强犯虚开增值税专用发票罪。某州市人民法院一审认定被告人张某强构成虚开增值税专用发票罪，在法定刑以下判处张某强有期徒刑 3 年，缓刑 5 年，并处罚金人民币 5 万元。张某强在法定期限内没有上诉，检察院未抗诉。某州市人民法院依法逐级报请最高人民法院核准。最高人民法院经复核认为，被告人张某强以其他单位名义对外签订销售合同，由该单位收取货款、开具增值税专用发票，不具有骗取国家税款的目的，未造成国家税款损失，其行为不构成虚开增值税专用发票罪，某州市人民法院认定张某强构成虚开增值税专用发票罪属适用法律错误。据此，最高人民法院裁定：不核准并撤销某州市人民法院一审刑事判决，将本案发回重审。该案经某州市人民法院重审后，依法宣告张某强无罪。

张某强虚开增值税专用发票案，从构成要件形式上来看，确实符合《刑法》第 205 条的规定，因为张某强并没有开具增值税专用发票的资质，因而其利用鑫

---

① 刘艳红：《开放的犯罪构成要件理论研究》（第二版），280～281 页，北京，中国人民大学出版社，2022。

② 参见最高人民法院（2016）最高法刑核 51732773 号刑事裁定书。

源公司名义对外开具增值税专用发票，而鑫源公司与受票方之间并没有真实货物交易，因而被一审判决认定为虚开增值税专用发票罪。然而，在本案中，被告人张某强客观上并没有造成国家税款损失，主观上也没有骗取国家税款的目的，因此，在张某强的行为具备虚开增值税专用发票的构成要件的情况下，只有通过目的性限缩的原理，才能为其出罪。

值得注意的是，我国学者对不以骗取国家税款目的的虚开增值税专用发票行为不构成本罪，作了以下论证："对于本罪的主观方面，包括是否要求必须有骗取税款的目的，则从法条表述中并不能得出。立法上使用简单罪状，一般是因为立法者认为这些犯罪的特征易于被人理解和把握，无需在法律上作具体的描述。无论是在理论界，还是在实务界，不少人分析法条的这一规定后认为，本罪是典型的行为犯，理由是法条并未要求行为人必须具备特定的目的，更未要求本罪必须造成国家税款损失的后果。我认为，这种观点是对法条的曲解，对行为犯的误解。行为犯是以法定的实行行为完成作为犯罪既遂标准的犯罪，在犯罪的分类上，它是与结果犯相对应的，而与目的犯不存在对应关系，实际上，行为犯与目的犯在一些犯罪中是包容的，即某罪既是行为犯，同时也是目的犯。如绑架罪，只要行为人以暴力、胁迫等手段绑架人质，即便其勒索财物的目的未得逞，也已构成犯罪既遂。对简单罪状的解读，不能仅根据法条字面意思片面理解。如前所述，立法采用简单罪状，是因为立法者认为这种犯罪的特征易于被人理解，甚至不言自明，无需在法律上再作具体的描述。如侵犯财产犯罪大多采用简单罪状的方式，法条表述上均没有将非法占有目的作为获取他人财物为内容的财产型犯罪的成立要件，但无论是理论上还是司法实践中都认为，成立盗窃之类的获取型财产犯罪，行为人主观上必须要有非法占有的目的。因此，不能从《刑法》第205条的罪状表述中当然地得出本罪不要求行为人主观上具有骗取国家税款目的的结论。"① 上述论述从行为犯与目的犯的法理出发，对虚开增值税专用发票罪主观

① 姚龙兵：《如何解读虚开增值税专用发票罪的"虚开"》，载《人民法院报》，2016－11－16。

上要求具备骗取国家税款的目的这一结论进行了较为充分的论证。然而，我认为，这里并不仅仅涉及目的犯的问题，更为重要的是涉及目的性限缩的法理。

我国《刑法》第205条规定了虚开增值税专用发票罪，从《刑法》第205条第1款到第3款都是以虚开行为作为其构成要件行为的。当行为人不仅实施了虚开行为，而且利用虚开的增值税专用发票骗取国家税款，或者明知他人骗取国家税款而为他人虚开增值税专用发票的情况下，虚开行为当然具有增值税诈骗罪的性质。然而，如果在客观上仅仅实施了虚开行为，并没有继而实施骗取国家税款的行为，在这种情况下，就难以排除侵害增值税专用发票管理制度的虚开行为。为此，应当引入目的犯法理，因而需要采用目的性限缩方法对构成要件范围加以限制。我国《刑法》第205条没有规定以骗取国家税款为目的，因此需要采用目的性限缩方法，将本罪的构成要件范围限于以骗取国家税款为目的的虚开行为，排除不以骗取国家税款为目的的虚开行为。总之，只有通过目的性限缩才能为《刑法》第205条规定的虚开增值税专用发票罪的不法性质提供教义学根据。目的性限缩虽然超越了法条语义的范围，但它体现了立法本意。值得注意的是，2024年3月15日最高人民法院、最高人民检察院发布的《关于办理危害税收征管刑事案件适用法律若干问题的解释》10条第2款规定："为虚增业绩、融资、贷款等不以骗取税款为目的，没有因抵扣造成税款被骗损失的，不以本罪论处，构成其他犯罪的，依法以其他犯罪追究刑事责任。"司法解释的这一规定，对《刑法》第205条规定的虚开增值税专用发票罪采取了目的性限缩的实质推理方法，将那些形式上符合本罪构成要件，但实质上不具有骗取税款目的的行为排除在本罪范围之外。这是目的性限缩实质推理方法在我国司法解释中的适用，具有重要的参考意义。

四、目的性扩张的实质推理

目的性扩张（teleologische Extension）是指根据客观目的，将法律文本的含

义予以扩张的推理方法。不同于目的性限缩，目的性扩张的结果是所获得的含义大于法律文本的字面含义。在法学方法论中，目的性限缩和目的性扩张是两种相提并论的目的考察方法。在刑法以外的其他法律适用中当然可以采用目的性扩张的方法，但在刑法适用中能否采用目的性扩张方法则存在争议。通常的观点认为，受到罪刑法定原则的限制，不得采用目的性扩张的方法。因为在刑法中采用目的性扩张，就会将刑罚处罚触须伸向刑法没有明文规定的行为，将刑法没有明文规定的行为予以入罪，因而被罪刑法定原则所禁止。正如德国学者指出："这种目的性扩张在效果上与类推适用极为相近。两者均将一项规则扩张适用于规则可能的语义并未包含的其他案件事实。两者都是为了充分实现制定法规则的目的以及避免不正当的评价与矛盾。因此禁止类推之处，同样必然不允许进行目的论扩张。"① 我认为，对于入罪的目的性扩张当然是不能采用的，然而，对于出罪或者其他有利于被告人的目的性扩张则并不在禁止之列。由此可见，我们可以把目的性扩张分为刑法禁止的目的性扩张和刑法允许的目的性扩张。

刑法允许的目的性扩张，在我国司法解释中确实存在。例如，我国《刑法》第 49 条第 1 款规定，审判的时候怀孕的妇女，不适用死刑。如果仅仅从刑法条文的字面规定来看，只有当妇女在法院审理期间怀孕的，才不适用死刑。那么，在侦查期间或者审查起诉期间怀孕的妇女，或者曾经怀孕但已经流产的妇女，是否适用死刑呢？根据我国司法解释的规定，这里的"审判的时候"是指整个羁押期间，包括审前羁押期间、审判羁押期间、判决后执行期间；"怀孕的妇女"指的是羁押期间怀孕过的妇女，只要整个过程中曾经怀孕过，不论是否生产、是否流产，均不得适用死刑。显然，上述解释已经超越了刑法规定的字面含义，属于目的性扩张解释，但由于该解释是有利于被告人的，因此并不违反罪刑法定原则。正如德国学者指出："有时制定法语义的修正也借助其他方式来完成。在这

---

① ［德］卡尔·拉伦茨：《法学方法论》（全本·第六版），黄家镇译，501 页，北京，商务印书馆，2020。

种情形下，对过窄语义的扩张不是通过类推的方式来实现的，我们可以借用卡纳里斯的用语，将这种方式称为目的论扩张。”①

目的性扩张所依据的是规范目的，因而在进行这种目的性扩张的时候，应当沿着规范目的的思路，只有在有利于被告人的条件下才能采用目的性扩张。是否有利于被告人是某种目的性扩张性是否允许的衡量标准。通过这种目的性扩张可以对刑法规定作出向着有利于被告人的方向的修正。例如我国关于自首制度中投案的司法解释的目的性扩张解释就是一个例证。我国《刑法》第 67 条规定：“犯罪以后自动投案，如实供述自己罪行的，是自首。”由此可见，自动投案是自首成立的重要条件。这里的自动投案，从字面上来看，是指主动到司法机关或者其他机关，接受法律处罚。自动投案是相对于被动归案而言的，被动归案是指缉捕归案，通俗地说就是被抓获而归案。通常认为，自动投案分为三种情形：第一是指犯罪分子犯罪以后，犯罪事实未被司法机关发现以前，主动到司法机关或者其他机关等投案。第二是指犯罪事实虽然被发现，但并没有发现具体的犯罪人，犯罪分子主动到司法机关或者其他机关等投案。第三是指犯罪事实或者犯罪分子均已被发现，但是尚未受到司法机关的传唤、询问或者尚未采取强制措施之前，犯罪分子主动到司法机关或者其他机关等投案。上述三种情形完全符合投案的特征，认定为自动投案是没有问题的。但此后司法解释对这里的自动投案作了补充规定，例如 2010 年 12 月 22 日最高人民法院《关于处理自首和立功若干具体问题的意见》规定：犯罪嫌疑人具有以下情形之一的，也应当视为自动投案：(1) 犯罪后主动报案，虽未表明自己是作案人，但没有逃离现场，在司法机关询问时交代自己罪行的；(2) 明知他人报案而在现场等待，抓捕时无拒捕行为，供认犯罪事实的；(3) 在司法机关未确定犯罪嫌疑人，尚在一般性排查询问时主动交代自己罪行的；(4) 因特定违法行为被采取劳动教养、行政拘留、司法拘留、

① ［德］卡尔·拉伦茨：《法学方法论》（全本·第六版），黄家镇译，500 页，北京，商务印书馆，2020。

强制隔离戒毒等行政、司法强制措施期间，主动向执行机关交代尚未被掌握的犯罪行为的；(5) 其他符合立法本意，应当视为自动投案的情形。(6) 罪行未被有关部门、司法机关发觉，仅因形迹可疑被盘问、教育后，主动交代了犯罪事实的，应当视为自动投案，但有关部门、司法机关在其身上、随身携带的物品、驾乘的交通工具等处发现与犯罪有关的物品的，不能认定为自动投案。(7) 交通肇事后保护现场、抢救伤者，并向公安机关报告的，应认定为自动投案，构成自首的，因上述行为同时系犯罪嫌疑人的法定义务，对其是否从宽、从宽幅度要适当从严掌握。上述七种情形，都不具备严格意义上的自动投案的情节，但司法解释将其规定为自动投案，可以说在一定程度上超越了刑法规定的字面含义，因此可以认定为是一种目的性扩张。因为当时我国刑法只有自首的规定，但并未规定坦白。上述七种情形只是形式上不具备投案的特征，但犯罪分子主动坦白，认罪态度较好。在当时的情况下，如果不将其认定为自首，就不能享受法定从轻处罚的优惠政策，因此，只有通过扩张自动投案的范围，将其认定为自首，才能使犯罪分子受到从轻处罚。由于上述目的推理是有利于被告人的，因而即使是超越法律规定的字面含义，也并不被刑法所禁止。值得注意的是，2011 年《刑法修正案（八）》规定了坦白制度。那些虽然不符合自首条件，但如实供述自己罪行的，可以按照坦白，获得从轻或者减轻处罚。在这种情况下，对自动投案的目的性扩张的必要性消失，因而对自动投案的界定又趋向于严格。

第四节　后果取向的实质推理

后果取向，亦称为后果考察[①]，是实质推理中的一种论证方法。也就是说，

① 本书一概称为后果取向，特此说明。

在形式推理的基础上，为了获得最佳司法效果，还需要从后果的角度进行考察。

一、后果取向实质推理的概念

后果取向推理方法中的后果是指法律形式推理所得出的结论，它在刑法中并不是指犯罪的后果，对此必须加以明确。因此，后果取向是针对形式推理结果所进行的考察。值得注意的是，在法学方法论中存在着将后果取向理解为法律解释方法的观点，并且将其归之于目的解释的方法。基于这一观点，结果取向是指在进行目的解释的时候，应当对解释结论的可能结果进行考察。例如德国学者指出："后果取向被看作是一种目的论的解释。因为，目的论解释的正当性并不是来自立法者的权威，也不是来自其从法条文本中推导出结果的正确性，而是从这些结果的有益性导出。也就是说，在特别的程度上，后果取向必须能够用有益性的标准来衡量。"① 因此，结果的有益性是规范目的的应有之义。这里的后果或者结果，是指目的解释的结果。也就是说，目的解释的正当性在很大程度上取决于结果的有益性。结果有益性的判断，其核心标准是结果的可接受程度。如果结果无法令人接受，则应当对解释结论进行必要的修正。我认为，后果取向不仅是对法律解释的后果考察，而且是对形式推理的后果考察。对于目的解释当然应当进行后果考察，但不能将后果取向限于目的解释，更不能将后果取向归之于目的解释。事实上，德国学者在提出后果取向被看作是一种目的论的解释命题的同时，又指出："解释的实践后果纵使不是法律适用者通过解释所要追求的，但实际上还是会与其解释结合在一起。为了让法律适用者留意到这些进一步的实践后果，有必要在目的论解释方法之外，另设一个对于解释后果的特别审查，也就是

① ［德］英格博格·普珀：《法学思维小课堂——法律人的 6 堂思维训练课》（第二版），蔡圣伟译，184～185 页，北京，北京大学出版社，2024。

所谓的后果考察。”[①] 根据这一论述，则后果取向并不属于目的解释，而是在目的解释之外对目的解释进行实践后果考察的一种方法。同样，我国学者也将后果取向与刑法解释相勾连，指出：“后果取向是刑法解释中不可避免的考量因素，也是刑法解释之合理性得以确认的保障。因此，后果取向应该成为刑法解释论证的重要组成部分。深层次追问，后果取向为何会有如此重要的功效并由此能够成为刑法目的解释的重要组成部分呢？这就涉及对后果取向之适用规则的学理诠释。”[②] 这一论述同样将后果取向归之于目的解释，这里涉及的问题在于：后果取向是在刑法解释，主要是目的解释之内还是之外？我认为，后果取向只能界定为是实质推理的一种根据，它是在刑法解释之后发生作用的，不能将其归入刑法解释的范畴。由此可能，后果取向作为一种论证的方法，其独立地位应当予以肯定。

除了将后果取向归入目的解释的观点以外，还有德国学者将后果取向作为一种独立的解释方法，称为后果取向解释，也就是说，把后果取向面向所有的解释方法，而不只是归入目的解释。德国学者在论述后果取向解释的概念时，指出：“法律当中充斥着各种行为要求，即各种意欲控制人们行为的命令。立法者不得不对法律可能造成的结果作出预估。此时，可能也就需要诉诸经济上的考量。显然，行政机关和法官也同样必须对其所作裁判的后果予以斟酌。因此，在解释工作最后阶段，即需要分析、衡量解释的结果，若其结果无法令人接受，应当对结论进行必要的修正。”[③] 以上论述把法律解释分为两个环节：第一个环节是采用语义解释和其他解释方法，第二个环节是在此基础上进行后果考量，对语义解释

① ［德］英格博格·普珀：《法学思维小课堂——法律人的 6 堂思维训练课》（第二版），蔡圣伟译，189 页，北京，北京大学出版社，2024；［英］尼尔·麦考密克：《法律推理与法律理论》，姜峰译，277 页，北京，法律出版社，2018。

② 姜涛：《刑法解释的基本原理》，83 页，北京，法律出版社，2019。

③ ［德］托马斯·M.J. 默勒斯：《法学方法论》（第 4 版），杜志浩译，277 页，北京，北京大学出版社，2022。

和其他解释方法进行修正。因此，后果取向并不是一种独立的解释方法，而是对语义解释和其他解释方法的结果进行实质审查的论证方法。

二、后果取向实质推理的性质

后果取向推理方法具有效果论的特征，它与法律解释和形式推理之间存在位阶关系。英国学者曾经在论证理论中提出二次证明的概念，指出："对某个具体判决结论进行证明的过程，如果要宣告一些有关的普遍的裁判规则，那么从逻辑上来说，二次证明所要解决的问题是如何在若干这样的裁判规则之间做选择。因此，二次证明必然意味着对做选择所依据的理由进行论证，即论证如何在对立的裁判可能之间做出选择。而且，这些选择只能是在一个有效的法律制度所允许的范围内做出，不能超越它；特定的法律制度内容对证明过程施加了明显的限制。"① 这里的二次证明是相对于一次证明而言的，一次证明是指法律解释和形式推理，而二次证明则是指法律论证。因此，作为二次证明的一种情形，后果取向属于法律论证的范畴，并且是法律论证的重要方法。因此，英国学者明确将后果取向确定为二次证明的基本要素。

德国学者提出了规则取向与后果取向这两种方法，并在对应的意义上对各自的内容作了论述。在某种意义上说，规则取向可以对应于一次证明，后果取向则可以对应于二次证明。因此，在与规则取向的对应意义上更能够深刻理解后果取向的性质。德国学者指出："如果把法官裁判之法律约束原则视为法律之可能语义的约束要求，那么法律论辩的可能性就由语义规则限定。对应取向于裁判的实质理性标准，即对于考量裁判后果只有这时才有余地：只要语言规则的模糊性开启了裁判的活动空间。被看作语言规则之约束的法律约束确定了界限，而在其之

① ［英］尼尔·麦考密克：《法律推理与法律理论》，姜峰译，120页，北京，法律出版社，2018。

内，裁判的理性和公正视角能够被考量。”[①] 规则取向主要是通过语言表达的，因而在法律解释的意义上，规则取向就转化为语言取向。只有在语言规则的基础上，才能对法律解释的后果进行考察。后果取向不仅对于法律解释的后果进行考察，而且对于法官判决的后果也要在规则适用的基础上进行考察。

后果取向作为一种实质推理方法，它在法律推理中引入了价值判断的要素，但价值评价标准不能是单一的，而应当是综合的。作为后果取向的要素，结果仅仅是评价的对象，但后果考察的要素则是多元化的，包括正义、常识等多种要素。应该说，后果取向的实质推理也并不是在所有情况下都适用的，它主要用于某些特殊情形。例如英国学者将后果取向称为后果主义论辩，指出：“一旦演绎推理的两个局限显现出来，需要对备选的裁判规则进行权衡时，后果主义论辩就会成为法理论证的关键因素。”[②] 这里的演绎推理的两个局限是指演绎推理的结论与常识相悖，或者与正义观念不符。在这种情况下，就需要采用后果主义的论辩。此外，英国学者还指出：“如果法律被认为负载着那种合理的目标，那么可以肯定地说，在那些无法根据明确的强制性规则得出判决结论的场合，或者规则本身语焉不详的场合，依靠对后果的考量做出判决实乃必要之举。”[③] 由此可见，后果取向的实质推理具有某种对法律不足的补救功能。当然，在刑法适用中由于受到罪刑法定原则的限制，因而后果取向的实质推理只能作为一种客观的实质考察方法，在行为符合构成要件基础上发挥其正当化的限缩作用。

三、后果取向实质推理的适用

后果取向从根本上来说，它是以效果为追求目标的一种推理方法。后果主义

① ［德］乌尔弗里德·诺伊曼：《法律论证学》，张清波译，12页，北京，法律出版社，2014。
② ［英］尼尔·麦考密克：《法律推理与法律理论》，姜峰译，180页，北京，法律出版社，2018。
③ ［英］尼尔·麦考密克：《法律推理与法律理论》，姜峰译，181页，北京，法律出版社，2018。

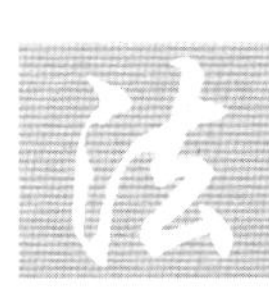

这个概念本身就具有后果本位的含义，因而对后果的强调是其应有之义。我国学者指出："后果考察是一种典型的功利主义刑法立场。"[①] 功利主义是一种效果论，以此区别于义务论。义务论是根据行为是否违反道德义务来判断一个行为的善恶，而效果论是根据行为造成的结果的好与坏来判断一个行为的善恶。就后果取向推理方法而言，义务论与效果论的区分可以对应于规则主义与后果主义，这是两种不同的方法论。后果取向意味着不是无条件地接受规则及其所带来的效果，而是要根据社会公正观念对规则适用的后果进行评价性考察。在规则主义所带来的形式合理性的基础上，进一步追求实质合理性。在司法活动中，后果取向的推理方法要对各种裁判可能进行仔细辨别，通过考量各种裁判规则可能引发的情势来决定做出哪一种判决。从这个意义上来看，后果主义模式所关注的，是不同判决方式带来的后果如何。[②] 在法学方法论中，后果取向的推理方法在适用中可以分为不同的步骤：（1）结果预估，即预先判断会产生什么样的结果。（2）结果评价，即结果的接受程度会如何。（3）结果调整，即如何依循所欲达成的结果而对其加以调整。[③] 经过以上步骤，就可以完成结果考察的所有工作。

在我国存在司法活动的法律效果和社会效果的传统话语，核心命题是：法律效果与社会效果的统一。[④] 在此，法律效果是指法院通过审判活动，严格依照法律的规定处理具体案件所产生的客观影响和效应。法律效果强调在审判过程中法律被遵守执行，实现裁判的合法性，追求的是以是否符合法律规定作为司法公正的评判标准，体现为司法在法律层面上的正确性。社会效果是指社会公众及舆论对审判活动的评价、认可程度以及产生的影响和效应。社会效果所关注的是法律

---

① 姜涛：《后果考察与刑法目的解释》，载《政法论坛》，2014（4）。

② 参见［英］尼尔·麦考密克：《法律推理与法律理论》，姜峰译，125页，北京，法律出版社，2018。

③ 参见［德］托马斯·M.J. 默勒斯：《法学方法论》（第4版），杜志浩译，277页，北京，北京大学出版社，2022

④ 新近又出现了法律效果、社会效果与政治效果这三种效果统一的论述，这里的政治效果其实就是社会效果的应有之义，只是为了突出政治效果而将其与法律效果与社会效果相提并论。

规则背后的价值因素，无论是道义性诉求、社会利益还是社会通行的价值观，它们所蕴含的实际上是作为社会主体的人的自由、平等和权利要求，对人自身的价值、尊严和美好情感的确证和维护，蕴含的是满足社会的主流价值观和这个社会的经济、政治、文化等长远发展利益。这是裁判的实质合法性的基本要素所在，是对判决所提出的价值要求和作用期待，也是法律效果的价值基础。社会效果含有社会发展的现实需求，更多地包含有社会和人民群众对人民法院工作的主观评价，如社会公众的接受程度以及对社会经济发展的影响。[①] 由此可见，法律效果与社会效果是两个不同的侧面。其中，法律效果是规范取向的，而社会效果则是后果取向的，它是对司法活动的一种后果考察。法律效果侧重于对司法活动，尤其是案件裁判活动的合法性考察，包括实体合法性和程序合法性。应该说，法律效果主要是通过法律解释和形式推理实现的，因而具有形式合理性。社会效果则侧重于对司法活动的合理性考察，因为案件裁判结果不仅对当事人产生一定的法律效果，而且对社会也会产生影响。尤其是某些具有影响力的案件，引起社会公众的广泛关注，因而其社会影响力更为广泛。因此，司法活动的社会效果关涉法律的实质合理性，更应当重视。在刑法中，由于受到罪刑法定原则的制约，因而司法权的限制性更为明显，在这种情况下，不能脱离法律效果而片面地追求司法活动的社会效果。也就是说，社会效果不是以牺牲法律效果而获得的，而是在法律效果的基础上追求司法活动的社会效果。在对判决结果进行考察的时候，不能仅考察法律效果而忽视社会效果。因此，社会效果是后果取向推理的重要考察内容。应该指出，对于那些机械适用法律而未能考虑社会效果的案件，应当保持足够的警惕。就法律效果而言，最高司法机关大量出台的司法解释，为司法机关的刑法适用提供了规范根据，对于实现全国范围内的司法统一具有重要意义。司法解释所提供的量化实施细则，便于各地司法机关一体遵循，因而保障了刑事司法活动的法律效果。同时，我们也可以看到，过于注重量化的操作规则虽然可以限

① 参见刘峥：《司法裁判中的法律效果与社会效果》，载《人民法院报》，2018－01－08。

制法官滥用刑罚权，但同时也束缚了法官对行为性质的正确判断，从而出现了法律教条主义的倾向。

【案例 64】杨某申非法制造爆炸物案①

杨某申因涉嫌非法制造爆炸物罪，于 2016 年 2 月 19 日被赵县公安局刑事拘留；于 2016 年 3 月 9 日被赵县公安局取保候审。赵县人民法院审理查明，2016 年 2 月 19 日，被告人杨某申因该村过庙会，组织部分村民在杨家庄村居民区非法制造烟火药被举报。公安干警当场查获用于制造“梨花瓶”的烟火药 15 千克、“梨花瓶”成品 200 个（每个瓶内药量约为 1.46 千克）以及其他原料和工具。经对查获的烟火药鉴定，其具有爆燃性。赵县人民检察院认为，被告人杨某申已构成非法制造爆炸物罪，应当以非法制造爆炸物罪追究其刑事责任。赵县人民法院一审判决认为，被告人杨某申违反国家爆炸物管理法律法规，未经有关部门批准，在杨家庄村居民区非法制造烟火药 15 千克以上，其行为已构成非法制造爆炸物罪，情节严重，应予惩处。公诉机关指控被告人的犯罪事实清楚，罪名成立，适用法律得当，应予采纳。为了打击犯罪，赵县人民法院依照《中华人民共和国刑法》第 125 条、第 17 条之一、第 67 条第 3 款之规定，判决被告人杨某申犯非法制造爆炸物罪，判处有期徒刑 4 年零 6 个月。后杨某申上诉至河北省中级人民法院，仍维持原判。及至 2017 年 12 月 29 日，石家庄中级人民法院（2017）冀 01 刑终 557 号对本案重新作出二审判决，对本案进行了改判。二审判决认为，上诉人杨某申违反国家爆炸物管理法律法规，未经有关部门批准，在杨家庄村非法制作烟火药 15 千克以上，其行为已构成非法制造爆炸物罪。一审法院认定事实清楚，证据确实、充分，定性准确，程序合法。杨某申上诉主要提出一审量刑过重等观点，经查，考虑到杨某申作为非遗传承人，其制造烟火药的目的是履行法定传承义务，为在庙会进行烟火表演，制造烟火药行为未造成实际危害后果，

① 参见河北省石家庄市赵县人民法院（2017）冀 0133 刑初 4 号刑事判决书。

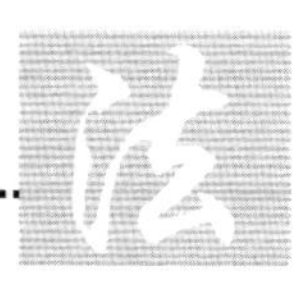

犯罪时已年满75周岁以上等特殊情况，故对杨某申的上诉理由，本院予以采纳，决定对其免予刑事处罚。

杨某申非法制造爆炸物案在媒体披露以后，引起社会公众广泛关注。被告人作为非遗传承人，在春节期间进行燃放烟花的群众性娱乐活动，最终却以非法制造爆炸物罪被定罪处罚，这在很大程度上背离了社会公众的认知。根据有关资料，赵县五道古火会是流传于河北省赵县赵州镇南杨家庄村极具地方特色的传统民俗文化活动，已经相传了两千多年，在河北省绝无仅有。古火会从每年的农历正月十五下午开始一直延续到深夜。它将祭祀活动和元宵节焰火会两者之间进行了有机结合；更重要的是，古火会除具有观赏性外还通过组织活动起到凝聚人心、保护传承传统手工制作技艺的作用。2011年赵县的五道古火会被列入河北省非物质文化遗产名录。我国对爆炸物实行严格管制，并且将非法制造、运输、买卖、持有爆炸物的行为规定为犯罪。从维护公共安全的角度来看，这是具有正当性的。应该说，这种对爆炸物的管制主要还是为了防范爆炸物对公共安全造成破坏。然而就本案而言，古火会是一种流传了数千年的民俗活动，利用火药等原料制造烟火药，以便在烟火表演时使用。这里涉及爆炸物的制造和使用，是一种正当的制造和使用，绝非法律所禁止的对象。即使在没有办理合法手续的情况下，也只是一个行政违法的问题，根本不能因为爆炸物的数量达到了立案起诉标准而以之入罪。这里涉及在行为符合构成要件的基础上，还需要进行后果取向的实质判断问题。从本案可以发现，目前我国基层司法机关只是机械地根据司法解释规定的标准入罪，而对于那些根本就不具有法益侵害性的行为没有进行出罪处理，由此出现了各种案件，从社会效果角度考察，是违背民意、违背公正的。由此可见，应当从社会效果的层面对判决结果进行实质审查。

刑事案件的判决结果涉及罪与非罪，这是对行为的一种相当严重的法律评价。这种评价应当符合通常的社会公正观念，否则判决结果即使符合法律规定，也不能被社会公正所接受。当然，司法是受到立法约束的，但司法机关在适用法

律的时候还是可以根据判决结果可能产生的影响进行适当的修正。

【案例 65】陆某销售假药案[①]

湖南省沅江市人民检察院的不起诉决定书认定：2002 年，陆某被查出患有慢粒性白血病，需要长期服用抗癌药品。我国国内对症治疗白血病的正规抗癌药品“格列卫”系列系瑞士进口，每盒需人民币 23 500 元，陆某曾服用该药品。为了进行同病患者之间的交流，相互传递寻医问药信息，通过增加购同一药品的人数降低药品价格，陆某从 2004 年 4 月开始建立了白血病患者病友网络 QQ 群。2004 年 9 月，陆某通过他人从日本购买由印度生产的同类药品，价格每盒约为人民币 4 000 元，服用效果与瑞士进口的“格列卫”相同。之后，陆某使用药品说明书中提供的联系方式，直接联系到了印度抗癌药物的经销商印度赛诺公司，并开始直接从印度赛诺公司购买抗癌药物。陆某通过自己服用一段时间后，觉得印度同类药物疗效好、价格便宜，遂通过网络 QQ 群等方式向病友推荐。网络 QQ 群的病友也加入向印度赛诺公司购买该药品的行列。陆某及病友首先是通过西联汇款等国际汇款方式向印度赛诺公司支付购药款。在此过程中，陆某还利用其懂英文的特长免费为白血病等癌症患者翻译与印度赛诺公司的往来电子邮件等资料。随着病友间的传播，从印度赛诺公司购买该抗癌药品的国内白血病患者逐渐增多，药品价格逐渐降低，直至每盒为人民币 200 余元。根据在卷证据，被查证属实的共有 21 名白血病等癌症患者通过陆某先后提供并管理的罗某某、杨某某、夏某某 3 个银行账户向印度赛诺公司购买了价值约 120 000 元的 10 余种抗癌药品。陆某为病友们提供的帮助全是无偿的。对所购买的 10 余种抗癌药品，有“VEENAT 100”“IMATINIB400”“IMATINIB100” 3 种药品经益阳市食品药品监督管理局出具的相关鉴定，系未经我国批准进口的药品。本院认为，陆某的购买和帮助他人购买未经批准进口的抗癌药品的行为，违反了《中华人民共和国药品

① 参见湖南省沅江市人民检察院沅检公刑不诉（2015）1 号不起诉决定书。本案涉及的妨害信用卡管理罪的内容已被删除。

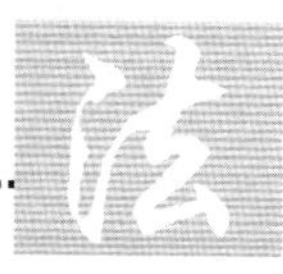

管理法》的相关规定，但陆某的行为不是销售行为，不符合《中华人民共和国刑法》第 141 条的规定，不构成销售假药罪。根据《中华人民共和国刑事诉讼法》第 15 条第 1 项和第 173 条第 1 款的规定，决定对陆勇不起诉。

本案涉及《刑法》原第 141 条第 2 款规定的理解与适用。[①]《刑法》第 141 条第 1 款是对生产、销售假药罪的规定，第 2 款规定："本条所称假药，是指依照《药品管理法》的规定属于假药和按假药处理的药品、非药品。"2015 年《中华人民共和国药品管理法》第 48 条第 2 款第 2 项规定，依照本法必须批准而未经批准生产、进口，或者依照本法必须检验而未经检验即销售的，属于假药。在本案中，从印度进口的抗癌药品格列卫未经批准，因此属于假药。公安机关的起诉意见书认定陆某未经中国进口药品许可帮助印度赛诺公司在中国销售药物，因而其行为构成销售假药罪。对于本案，检察机关以不是销售行为为由否定陆某构成销售假药罪。在沅江市人民检察院《关于对陆某妨害信用卡管理和销售假药案决定不起诉的释法说理书》指出："首先，陆某与白血病患者是印度赛诺公司抗癌药品的买方。一是早在向印度赛诺公司买药之前，作为白血病患者的陆某就与这些求药的白血病患者建立了 QQ 群，并以网络 QQ 和病友会等载体相互交流病情，传递求医问药信息。患者潘某某的证言说，建立 QQ 群还能扩大病友群，组织病友与药品生产厂家协商降低药品价格。二是陆某是在自己服用印度赛诺公司的药品有效后，才向病友作介绍的。所购印度赛诺公司抗癌药品的价格开始时每盒 4 000 元，后来降至每盒 200 元。三是陆某为病友购买药品提供的帮助是无偿的。陆某不仅帮助病友买药、付款，还利用懂英语的特长，为病友对药品说明书和来往电子邮件进行翻译，在此过程中，陆某既没有加价行为，也没有收取代理费、中介费等任何费用。四是陆某所帮助的买药者全部是白血病患者，没有任何为营利而从事销售或者中介等经营药品的人员。"陆某销售假药案之所以最终作

---

① 《刑法修正案（十一）》已对《刑法》第 141 条作了修改，但本案应适用原有规定。

出无罪处理，主要就是因为其在推荐境外药品的时候没有营利，因此不具备本罪的销售行为。如果仅仅从刑法教义学上分析，陆某的行为是否构成销售，还是存在争议的。[①] 陆某本人虽然未从销售中牟利，因而不是销售主体，正如不起诉决定书所认定，本案的销售主体是印度赛诺公司，但公安机关的起诉意见书将陆某的行为认定为帮助销售，因而属于销售的共犯行为并非没有法律根据。因此，本案难以完全根据刑法教义学原理而出罪。

显然，陆某销售假药案是一个疑难案件。疑难案件也称为难办案件，是指由法律规定本身所引发的裁判困难的案件，单纯由案件事实复杂或调查取证困难所导致的疑难案件并不是法理学意义上的真正的疑难案件。我国学者认为，疑难案件可以分为三类：第一类是未被现行法律规则所覆盖到的案件。第二类是虽被现行法律规则所覆盖但同时又受到其他法律原则调整的案件。第三类是语义模糊型的案件。[②] 上述对疑难案件的界定虽然具有较大的涵括性，但我认为仍然未能完全涵盖所有的疑难案件类型。因为上述三类疑难案件都是从法律规范的角度界定的，由于法律规范的不足而造成案件难办。但在司法活动中，更为复杂的是类似于陆某销售假药案的情形，是由于法律规范与案件事实之间的价值冲突所引发的疑难案件。如果仅仅从法律适用上来说案件并不疑难，但机械地依照法律规范处理会发生难以接受的法律效果，因而司法人员处在一种两难的境地，此时的案件才真正难办。在这种情况下，引入后果取向的实质要素对于正确处理此类疑难案件具有现实意义。正如德国学者指出："制定法本身在所有的法律领域是这样被建构的，即法官和行政官员不仅通过依据固定的法律概念，其内容是由解释进行了确切的阐发，来进行推论去发现和证立其决定，而且它们被号召去独立地评价，间或与立法者一样去决定和发布指令。"[③] 由此可见，在疑难案件的处理中，如果形式推理难以得

① 关于陆某的行为构成销售假药罪的观点，参见叶良芳：《代购境外仿制药行为的定性分析——兼评"抗癌药代购第一案"的不起诉决定》，载《法学》，2015（7）。

② 参见孙海波：《疑难案件与司法推理》，137页，北京，北京大学出版社，2020。

③ ［德］卡尔·恩吉施：《法律思维导论》（修订版），郑永流译，131页，北京，法律出版社，2014。

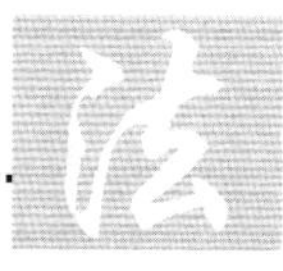

出合乎公正的裁判结果，则进行实质的价值判断不失为一种必要的补充。

我国学者对陆某销售假药案提出了基于法教义学出罪的可能路径，例如紧急避险。[①] 但如果认定本案被告人陆某的行为符合销售假药罪的构成要件，要想在刑法教义学中寻找出罪路径，几乎不可能。本案的关键在于：陆某的行为虽然违反药品管理法的规定，但其为众多的癌症患者购买到了产自印度的抗癌药品，从而延续了生命。陆某的行为本身是一种利他行为，是有利于社会的行为。虽然违反药品管理法规，但从实质违法性来看并不具备，对本案的有罪处理结果不能获得公众满意的社会效果。因此，本案的出罪路径只能是后果取向的实质推理。也就是说，本案只能在法律之外寻找出罪根据。沅江市人民检察院在释法说理书中，为实质推理提供了思路，其从价值观、人文关怀和司法理念三个方面的说理具有一定的参考价值。例如在价值观部分，前引释法说理书指出："刑事司法的价值取向表现为人权保障与社会保护两个方面，对社会秩序从根本上讲也是维护人民的共同利益。陆某的行为虽然在一定程度上触及了国家对药品的管理秩序，但其行为对这些方面的实际危害程度，相对于白血病群体的生命权和健康权来讲，是难以相提并论的。如果不顾及后者而片面地将陆某在主观上、客观上惠及白血病患者的行为认定为犯罪，显然有悖于司法为民的价值观。"由此可见，实质推理在刑事司法中，主要适用于出罪的场合。对于刑法来说，实质推理的论证可以出罪但不能入罪。

应当指出，在陆某销售假药案中，被告人的行为具有对药品管理制度的侵害性，但其所销售的境外药品属于真实具有疗效的药品，不具有对人体健康的危害性与危险性。在这种情况下，对销售真实药品的行为以销售假药罪论处，确实与本罪的立法宗旨存在一定的抵牾。从刑法教义学意义上分析，销售假药罪具有对人体健康的严重危害性，因而其法定刑较重，应当属于自然犯。但《刑法》第141条第2款将根本不具有对人体健康的危害性，只是违反药品管理法的规定、

---

① 参见叶良芳：《代购境外仿制药行为的定性分析——兼评"抗癌药代购第一案"的不起诉决定》，载《法学》，2015（7）。

未经批准生产或者进口药品的行为，也按照假药论处，其生产、销售行为本来属于法定犯，却以自然犯的生产、销售假药罪论处，被判处较重的法定刑，明显违反法律平等原则，即不同性质的行为被同等处理。值得注意的是，2019年修订的《药品管理法》第98条对假药作了限缩性的规定，删除了以假药论处的规定，由此而使假药在一定程度上回归其本意。在2019年修订的《药品管理法》将以假药论处的情形删除以后，除了生产、销售变质的药品和药品所标明的适应症或者功能主治超出规定范围的药品调整为生产、销售假药罪以外，生产、销售其他四种以假药论处的假药的行为，包括销售未经批准进口药品的，不再符合生产、销售假药罪的构成要件，不构成该罪。值得注意的是，《刑法修正案（十一）》增加了第142条之一，增设了妨害药品管理罪，其中，第2项将“未取得药品相关批准文件生产、进口药品或者明知是上述药品而销售”的行为规定为妨害药品管理行为，在足以严重危害人体健康的条件下，应当以本罪论处。由此可见，《刑法修正案（十一）》将妨害药品管理罪规定为具体危险犯，要求具备足以严重危险人体健康的条件，限缩了本罪成立的范围。该规定反映了立法机关对民生的关注，并在一定程度上回应了社会公众的关切。对于未经许可进口药品的行为，例如陆某销售假药案中，陆某的行为虽然违反《药品管理法》，但如果未经许可进口的药品根本没有对人体健康的危害，则在《刑法修正案（十一）》实施以后，不仅不能构成销售假药罪，而且不能成立妨害药品管理罪。[①] 在某种意义上可以说，个案推动立法修改，因此，陆某销售假药案是一个具有标志性的案件。

第五节　利益衡量的实质推理

利益衡量是民法适用十分常见的一种实质推理方法，因为民法所要解决的民

① 参见陈兴良：《妨害药品管理罪：从依附到独立》，载《当代法学》，2022（1）。

事纠纷主要是围绕着利益分配而展开的，因此利益衡量对于民法适用具有毫无疑问的重要性。[①] 然而，在刑法适用中更为强调的是报应性的公正。因此，利益考虑并不是置于首要的考量地位。在我看来，正义与利益这两种并不是互相抵牾的，因此，在刑法适用中考虑利益衡量仍然具有不可低估的作用。

一、利益衡量实质推理的概念

利益衡量这个概念，因其内容空泛，如果仅仅进行一般的语义解释，很难把握其真实含义。因此，只有在一定的背景下，才能理解利益衡量的内容。我国学者区分了三种不同的利益衡量：第一是德国利益法学的利益衡量，第二是日本民法学者创立的利益衡量，第三是美国社会学法学的利益衡量。我国学者指出，德国的利益衡量更关注立法者的利益冲突的价值判断，而日本的利益衡量更关注法官对利益的判断，社会学法学则更关注利益本身的内容。[②] 以上对三种利益衡量的对比，虽然有一定道理，但不能将各自的不同绝对化。事实上，上述三种利益衡量具有共同特征，并且互相受到影响。例如德国利益法学的利益衡量也是一种法官解决原则冲突和规范冲突的方法。德国学者曾经提出了个案中的利益衡量的概念，认为它是法续造的一种方法。[③] 而日本的利益衡量则把利益衡量当作一种实质的法律解释方法，例如日本学者指出，在进行法解释或法的判断时，应避开现存法规、法的构成和法原则，而对从属于具体事实的利益作利益衡量或价值判断。[④] 因此，日本学者所称的利益衡量是指在民法学中采用的一种法律解释方法，其核心是价值判断。

① 关于民法中的利益衡量，参见王利明：《法学方法论——以民法适用为视角》（第二版），616页以下，北京，中国人民大学出版社，2021。

② 参见危文高：《法的形式性与法律推理》，173页，北京，知识产权出版社，2018。

③ 参见［德］卡尔·拉伦茨：《法学方法论》（全本·第六版），黄家镇译，518页，北京，商务印书馆，2020。

④ 参见梁慧星：《民法解释学》（第五版），274页，北京，法律出版社，2022。

与作为一种法律解释方法的利益衡量相关的另外一个概念是衡平，法律解释意义上的利益衡量在很大程度上与衡平概念存在勾连。匈牙利学者在论述解释（interpretatio）与衡平（Aequitas）的关系时指出："衡平是作出正确解释的必要前提。衡平要求根据每个案件的情况进行适切的处理。当现实情况中每一个应当被考虑的要素实际上都被考虑到了，法律就是衡平的。法律需要根据衡平的要求得以解释和适用。因此，衡平是法律解释的基础原则。"① 由此可见，在法律解释中，衡平具有对成文法的某种纠偏与填补功能，它具有法律续造的含义。当这种衡平方法的根据是利益的时候，衡平与利益衡量之间就具有某种共同性。

至于社会学法学的利益衡量，则强调在司法中保护和调整各种利益，更多的是指一种解决方案。无论是何种意义上说的利益衡量，都主张在司法中引入利益因素，并对不同利益进行比较与权衡，以此取代利益最大化。因此，利益衡量是一种实质判断，至于是法续造方法还是法解释方法，对此应当具体分析。在允许法续造的民事领域，将利益衡量界定为法续造方法更为贴切，但这并不意味着在法律有规定的情况下，对法律进行解释的时候不能采用利益衡量的价值判断方法。至于在刑法中，由于受到罪刑法定原则的限制，不能根据利益衡量进行法续造，但在刑法解释时，也会进行利益衡量。正如我国学者所言："现在看来在非常广泛的意义上说的利益衡量，不限于民法，凡涉及一切法律判断，亦即只要有法的解释，就有利益衡量问题。不仅民法的解释，包括宪法的解释、刑法的解释，只要是法的解释，可以说都存在论理与利益衡量的关系问题。只是法域不同，则利益衡量的方法有相当的差异。"② 当然，在刑法中，利益衡量既不是一种解释方法，更不是一种法续造的方法，而是在刑法适用中的实质推理方法，它具有对刑法解释或者形式推理的结论进行价值判断，尤其是在消除利益冲突中获

① ［匈］格扎·基斯：《衡平与法律：自由法律发现》，杨蕙铭译，载［法］弗朗索瓦·惹尼等：《法律方法的科学》，雷磊等译，204～205页，北京，商务印书馆，2022。

② 梁慧星：《民法解释学》（第五版），278页，北京，法律出版社，2022。

得最大利益的功能。利益衡量的源头可以追溯到利益法学，其背景是从概念法学向利益法学的转向。利益法学是以批评概念法学为起点的，概念法学可以追溯到19世纪德国潘德克顿学派。通常认为，德国学者耶林最早提出了概念法学这一概念。[①] 按照概念法学方法，通过纯粹的形式逻辑方法，仅从法律概念，也就是从概念的逻辑关系推导出法条的意旨。该学派的创始人普赫塔指出："科学的任务是在法律规定的体系关系中认识法律规定，把法律规定视为相互依赖和相互衍生的，用以追寻单个法律规定的起源直到它的原则，以及同样能够从基本原则延伸到最外面的分支。在该过程中，有意地制定法律规定并促使其公开，其既不是以社会大众成员直接的确信及其行为，也不是以立法者的格言表现出来，而只有当它是科学演绎的成果时，才会清晰可见。"[②] 由此可见，概念法学注重法律的逻辑方法，它以概念为基本的分析工具，采用逻辑推理方法，由此形成法学的基本分析工具。由于概念法学采用逻辑方法，因而其具有形式的特征。我国学者在描述潘德克顿学派的概念法学信条时指出："法律是一个内含多样性而又具有意义整体的有机体系，该体系是按照形式逻辑的规则建构的概念金字塔（Begriffspyramide）。人类根据国家的理性建筑学（Architektionik der Vernuenftigkeit）标准来进行建构，就可以通过一定的质料将这个体系表达出来（成文法典体系）。有了这个成文法典之质料表达的体系，所有的案件均能够由此加以涵摄。"[③] 应该说，概念法学为消除法学体系中的混乱与矛盾，建立具有内在统一性的法学规范体系做出了重大贡献。然而，概念法学在一定程度上脱离现实的社会生活，形成所谓逻辑崇拜。正如德国学者指出："概念法学的真正错误在于，它将法律概念理解成由纯粹理性事先给出、自己主导其独特生命的实体。其实，概念从当时

① 参见吴从周：《概念法学、利益法学与价值法学：探索一部民法方法论的演变史》，3页，北京，中国法制出版社，2011。

② 转引自［奥］恩斯特·A. 克莱默：《法律方法论》，周万里译，128页，北京，法律出版社，2019。

③ 舒国滢：《法学的论题学立场》，载［德］特奥多尔·菲韦格：《论题学与法学——论法学的基础研究》，舒国滢译，3页，代译序，北京，法律出版社，2012。

相应的实在法归纳得出，并且被以下两个因素相对化：第一，相应立法者的评价性决定；第二，相应立法者赋予概念通过解释可以继续发展的功能（目的），即保护、促进或忽略特定的社会利益。”[①] 换言之，法学中的概念只不过是一种对现行法律的分析工具，它具有工具性。因此，相对于现实法律来说，法学是第二性的，它是被法律制度所决定的。对法学概念具有决定性的不是法律的逻辑形式，而恰恰是法律所保护的社会生活利益。在这个意义上说，法学概念不是自足或者自洽的，而是受到社会制约的。在这种情况下，概念法学这个词在今天过度地被广泛而不精确地运用，这个词原本是就形式上的、拘泥于字义的且背离生活的（lebensfremd）法律发现与法律思维而言的。亦即，针对那种只重视逻辑因素，过度强调概念计算，而完全不考虑任何目的、利益与评价之法律适用而言的。[②] 因此，从概念法学的缺陷中可以引申出利益法学的合理性。如果说，概念是形式的逻辑构造，那么，利益就是现实的实体存在。

利益法学的核心是利益。这里的利益是指生活利益（Interesse des Lebens）。利益法学的首倡者菲利普·赫克（Philipp Heck）指出，利益法学的重要意义是，它强调法与生活利益、法的目的之间的关系，并将目的性因素置于首位。[③] 相对于生活、目的等概念，利益是更为物质化的概念，而且与法的关切联系更为紧密。如果说，概念法学侧重于法学的逻辑建构，那么，利益法学则面向司法实践，因而其被称为一种实践法学的方法论。赫克明确地提出了利益法学是实用法学的一种方法论的命题，指出：“它要确定的，是法官在判决时应该遵循的原则。”[④] 利益法学是建立在对制定法的梳理基础之上的，虽然赫克重申法官受制

---

① ［奥］恩斯特·A. 克莱默：《法律方法论》，周万里译，132 页，北京，法律出版社，2019。

② 参见吴从周：《概念法学、利益法学与价值法学：探索一部民法方法论的演变史》，41 页，北京，中国法制出版社，2011。

③ 参见［德］约阿希姆·吕克特、拉尔夫·萨伊内克：《民法方法论：从萨维尼到托伊布纳》（上册·第三版），刘志阳、王战涛、田文浩译，195 页，北京，中国法制出版社，2023。

④ ［德］赫克：《利益法学》，傅广宇译，8 页，北京，商务印书馆，2016。

于制定法，但同时又认为，法官必须与立法者一样自由地对利益作出界定、对利益冲突作出断定。赫克认为，法官不能墨守成规，而是符合利益地顺从；并非依据法律规范的逻辑上的涵摄推理，而是对欠缺的规范的补充和对缺陷规范的修正。这样，法官同样具有漏洞补充的使命，且同样应该在此使用合法的价值判断。[①] 应该说，赫克主要是在民法方法论的意义上倡导利益法学的，当然不能完全照搬到刑法适用中。因为刑法毕竟还有罪刑法定原则的限制，因此，基于利益法学的法律漏洞补充等方法，在刑法中并无存在的空间。

在刑法方法论中，值得关注的是利益法学所提出的利益冲突及在此基础之上的利益衡量的功能。赫克对利益冲突进行了论述，认为利益冲突是社会学的认知，该认知是利益法学思维的基础，这一思维有助于法更好地适应生活。这里的利益冲突，赫克是指不同利益之间的自然张力关系，由于同时实现所有的期待和追求绝非可能，所以必然要利他地放弃一定的利益期待。[②] 也就是说，利益本身并不是绝对的而是相对的，利益不是孤立的而是相关的，利益不是静止的而是发展的。利益的这些特征决定了在一定的社会生活中利益冲突的存在具有其客观必然性。所谓法律不是在与世隔绝的空间环境中保护生活利益，而是在各种利益冲突的状态中保护生活利益。因此，解决利益冲突是法律保护生活利益的重要方法，在这种情况下，就应当采用利益衡量的方法。根据赫克的论述，利益衡量可以分为以下三个步骤：第一，探究相关的利益。利益是法律产生的原因，法律规范是以利益冲突与利益衡量为基础的。因此，法官在处理案件的时候，必须对利益的种类和评价进行探究。第二，依据制定法的价值判断对这些利益进行衡量。这实质上意味着能够从制定法找到可资比较的理由状态或者说相应的价值判断。第三，依照从其他地方得到的价值判断。如果法官不能从制定法中找到可资利用

① 参见［德］约阿希姆·吕克特、［德］拉尔夫·萨伊内克：《民法方法论：从萨维尼到托伊布纳》（下册·第三版），刘志阳、王战涛、田文浩译，648页，北京，中国法制出版社，2023。

② 参见［德］约阿希姆·吕克特、［德］拉尔夫·萨伊内克：《民法方法论：从萨维尼到托伊布纳》（上册·第三版），刘志阳、王战涛、田文浩译，196、197页，北京，中国法制出版社2023。

的价值判断作为衡量标准，就应该从其他地方得到价值判断。[①] 由此可见，在利益衡量的时候，关键是要获得具有比较或者度量功能的某种价值标准。在此基础上，才能对利益冲突进行价值判断。在这个意义上说，利益衡量是以价值为中心而展开的，它是一种价值判断。这里还应该指出，利益法学不仅仅是建立在利益考量基础之上的一种法学观念，更为重要的是，利益法学还具有法学方法论的蕴含。例如德国学者赫克提出了利益法学是法学研究的方法论的命题，从方法论角度对利益法学的核心内容进行了论述。赫克指出："利益法学的方法，完全只从法学研究的经验与需求中取得其原则。它不依据任何一种世界观，任何一种哲学体系，或师法任何其他科学的榜样。这点，我把它称之为'法学的独立性'。"[②] 因此，利益法学出现以后，形成与概念法学在法学方法论上的对峙，并在很大程度上改变了德国法教义学方法论的转向。

值得注意的是，在德国刑法教义学中存在社会相当性理论，该理论与利益衡量之间存在一定的交织。社会相当性理论是德国学者韦尔策尔在反思法益侵害说的基础上首先提出的，根据法益侵害说，行为只要具有法益侵害性就构成犯罪。然而，正如韦尔策尔指出："将犯罪定义为法益侵害（或者法益危险），这并没有点出问题的关键。假如法律真的想要对一切作为客观不法的法益侵害都加以禁止的话，那么所有的社会生活都必然会在顷刻间戛然而止。法律的意义并不在于，将法益想象成完好无缺之物，使之免受一切损害性的影响，而在于，从法益施加影响和遭受损害的无数功能中，挑选出那些对于道德规制下的共同体定在来说不可容忍者，并对之加以禁止。"[③] 因此，韦尔策尔并不是完全否定法益侵害说，

---

① 参见王夏昊：《法律规则与法律原则的抵触之解决——以阿列克西的理论为线索》，200页，北京，中国政法大学出版社，2009。

② 转引自吴从周：《概念法学、利益法学与价值法学：探索一部民法方法论的演变史》，235页，北京，中国法制出版社，2011。

③ ［德］汉斯·韦尔策尔：《目的行为论导论：刑法体系的新图景》（增补第4版·中文增订版），陈璇译，126页，北京，中国人民大学出版社，2024。

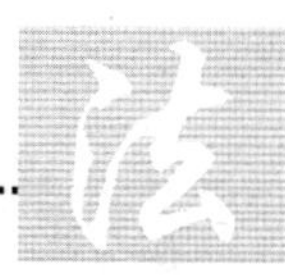

而是认为需要在法益侵害的基础上，对犯罪范围加以进一步的限制，而限制的根据就是社会相当性理论。社会相当性理论的基本观点是，将那些虽然具法益侵害性但其属于通常社会行为的情形从犯罪范围中排除出去。韦尔策尔指出："所有行为，只要它在功能上处于某一民族共同体生活之历史形成的秩序之内，就都应当被排除在不法概念以外。用一个关键词来概括，这种行为就被称为'社会相当的'（sozialadäquat）行为。只要依照历史形成的共同体生活秩序，共同体的生活是凭借某种活动而得以展开的，那么该活动就属于社会相当的行为。"① 社会相当性理论的提出，对于在刑法适用中引入具有利益衡量性质的实质判断根据具有重要意义。当然，由于社会相当性的标准较为含混，因而社会相当性理论也受到一定的批评，尤其是关于社会相当性在刑法教义学中的体系性地位问题，始终存在争议。即使是韦尔策尔作为社会相当性理论的首倡者，对于社会相当性到底是在构成要件中的实质审查要素，还是在违法性中的违法阻却事由的根据，其观点也发生了前后变化。同时，德国刑法学界关于社会相当性的体系性地位存在违法阻却说、构成要件符合性排除说、责任阻却说等不同观点。② 尽管对于社会相当性的含义及其功能其说不一，但该理论在刑法教义学中的价值是不可否认的。

社会相当性理论在犯罪论中的体系性地位虽然存在构成要件排除说和违法阻却事由说这两种主要观点，但两者并不是对立的。社会相当性理论是一种出罪的根据而不是入罪的根据，由此可以消除那种认为社会相当性的标准含糊的担忧。因为社会相当性本身是一种价值判断和实质推理，它是在形式判断和形式推理基础上发挥消极的出罪功能，因而标准含混并不影响其功能发挥。首先，就社会相当性理论作为一种构成要件排除事由而言，它是在行为该当构成要件的前提下，进一步对符合构成要件的行为基于是否具有社会相当性而进行限缩，将那些形式

① ［德］汉斯·韦尔策尔：《目的行为论导论：刑法体系的新图景》（增补第4版·中文增订版），陈璇译，126页，北京，中国人民大学出版社，2024。

② 关于社会相当性的体系性地位的不同观点，参见陈璇：《刑法中社会相当性理论研究》，23页以下，北京，法律出版社，2010。

上虽然符合构成要件，但实质上属于社会相当的行为排除在构成要件之外。正如我国学者指出："社会相当性理论的核心思想在于，应当结合社会现实状况和一般价值观念对构成要件进行实质的把握，从而将那些虽然在条文用语上与构成要件相符，但实质上却并不具有作为犯罪类型之基础的社会危害性的行为排除出犯罪的框架。这就促成了对构成要件的实质化解释，从而克服了形式构成要件论的缺陷。"① 这个意义上的社会相当性理论是构成要件实质化的实现途径。其次，就社会相当性理论作为一种违法阻却事由的实质根据而言，它为符合构成要件的行为排除违法性提供了理论根据。这个意义上的社会相当性是各种独立正当化事由的依据之一。在刑法教义学中，是否存在统一的违法阻却事由或者正当化事由的根据，这是存在争议的，主要有一元论与多元论之分。其中一元论德国学者指出，一元论是将正当化根据建立在抽象的和形式的原则上的，而要对诸种正当化事由成立的要件和适用范围作说明，实现其目的的唯一考察方法，就是承认哲学事由的实质内容具有多样性。因此，多元论是通说。② 在多元论的框架内，社会相当性理论占据着一席之地。在违法阻却事由根据的传统学说中，向来就有目的说（Zwecktheonie）和利益衡量说（Güterabäwgungsgedanken）这两种观点。其中，利益衡量说是德国学者梅茨格尔提出的，其包含两个原理：一是利益欠缺原理，二是优越利益原理。其中，优越利益原理是利益衡量的集中体现。在紧急避险的限度判断中，首先要进行法益的比较，在此基础上，起决定作用的是避险行为的社会相当性判断。③ 由此可见，利益衡量与社会相当性在某种意义上具有相同之处，这就是利益衡量和社会相当性都可以为刑法的实质推理提供根据。

---

① 陈璇：《刑法中社会相当性理论研究》，51页，北京，法律出版社，2010。

② 参见［德］汉斯·海因里希·耶赛克、［德］托马斯·魏根特：《德国刑法教科书》（上），徐久生译，435～436页，北京，中国法制出版社，2017。

③ 参见陈璇：《刑法中社会相当性理论研究》，182页，北京，法律出版社，2010。

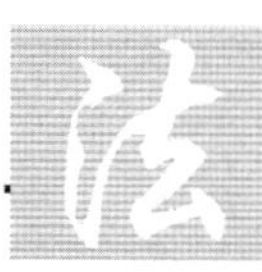

二、利益衡量实质推理的根据

利益衡量是指在各方利益冲突时，法官对社会公共利益、当事人的利益等各种利益进行考量，以寻求各方利益的妥当平衡，实现社会公平正义。① 利益衡量可以说是所有法律适用中都不可回避的一个问题，因而对立法与司法都具有重要意义。美国学者庞德指出："在确定了要求法律予以保护的利益是什么样子，所有利益不能全部得到保护也不能彻底地得到保护，因为许多利益是交错的、或多或少有冲突的。如何衡量这些利益就成为摆在我们面前的一个问题，它们对立法者来说是根本问题，也是法院自选择推理起点、在解释和标准的运用中经常要面对的问题。"② 因此，在法律适用，利益衡量是解决法律纠纷，正确在各种利益之间取得平衡，以此追求最大限度的法律适用的社会效果的重要途径。

在民法方法论中，利益衡量并不是一种法律解释方法，有些学者认为利益衡量是一种法律续造方法。例如德国学者指出："个案中的利益衡量是法续造的一种方法，因为它服务于解决那些制定法未明定其解决规则的规范冲突，对适用范围重叠的规范划定其各自的适用空间，并借此保护具有开放性的权利——例如一般人格权——得以具体化。"③ 其实，利益衡量与其说是法律续造的具体方法，不如说是价值判断的方法。我国民法学者指出："利益衡量方法强调利益在法律适用中的重要性，正视法官在司法裁判中的思考问题和分析问题的真实图景，提出解决具体法律问题的妥当方案。它有利于改变概念法学僵化的思考模式，从技术的侧面提供了价值判断的方法论，使民法解释学前进了一大步。"④ 因此，利

① 参见王利明：《法学方法论——以民法适用为视角》（第二版），617页，北京，中国人民大学出版社，2021。

② ［美］罗斯科·庞德：《法理学》（第三卷），廖德宇译，246～247页，北京，法律出版社，2007。

③ ［德］卡尔·拉伦茨：《法学方法论》（全本·第六版），黄家镇译，518页，北京，商务印书馆，2020。

④ 梁上上：《利益衡量论》（第二版），72页，北京，法律出版社，2016。

益衡量在民法适用中具有价值判断的方法论功能。

在刑法中，利益衡量具有完全不同于民法方法论中的功能，甚至利益衡量在刑法适用中是否具有存在的余地都还是一个存疑的问题。我国学者曾经提出利益衡量应用于刑法解释的必然性的命题，这里涉及刑法解释中的利益衡量问题。我国学者是将利益衡量作为一种解释方法来看待的，而应用利益衡量解释方法的场景又是指特定机构的有权解释。我国学者指出："法律调整的是利益关系。利益衡量代表了法律的实质正义，是法律的根本追求。但现实情况是法律所调整的利益关系是处于一种冲突的状态，因此这是利益衡量作为刑法解释方法的根源所在。"[①] 我认为，在刑法中应当引入利益衡量的考察方法，这是正确的，但能否将利益衡量归之于刑法解释方法则是值得商榷的。就目前的情况来看，利益衡量作为刑法解释方法的实质化根据具有一定的必要性，而刑法解释方法的根据并不能等同于刑法解释方法。可以说，利益衡量并不是一种独立的刑法解释方法，它不能决定刑法文本的含义，却成为在刑法解释发生歧义或者出现不同选项的情况下，可以采用的一种实质根据。例如在对不确定的法律规定进行目的解释的时候，需要寻求法律语义的确切含义的实体根据，其中就包括利益因素。因此，利益衡量的论证往往在目的解释中被适用。在目的解释中，面对利益冲突的时候，如何确定规范目的，利益衡量同样可以成为有效的分析工具。例如德国学者在论及从概念法学到利益法学转变的过程时指出："在忠实于语词的概念法学时代，不得违背法律的明确文义被认为是规范目标的应有之义。利益法学则转向反对技术的概念法学。它发源于耶林后期的作品，并经由赫克、施托尔、吕梅林等人所完善。在利益法学看来，任何法规范的目的都是平衡相互冲突的利益。法官必须查明这些利益，从而将蕴含于法律当中的有关这一冲突的决断具体化。"[②] 目的

① 李翔：《刑法解释的利益平衡问题研究》，286页，北京，北京大学出版社，2015。

② ［德］托马斯·M.J. 默勒斯：《法学方法论》（第4版），杜志浩译，262页，北京，北京大学出版社，2022。

解释是在利益法学的背景下形成的，由此可见，利益思想必然渗透到目的解释之中。在进行目的解释，尤其是客观的目的解释的时候，需要对法律文本与规范目的之间的不一致性进行判断，以便采用目的思想对法律文本进行裁剪处理。在这种情况下，就要进行利益衡量。在这个意义上说，利益衡量是解释者的目的解释应当采用的论证方式。除此以外，作为一种价值选择，在紧急避险是否超过必要限度的判断中，利益衡量处于优先考量的地位。当然，我认为利益衡量虽然是从经济角度所进行的一种实质推理，但对于刑法来说，应当将其上升到价值比较的层面，使之成为刑法适用中应当考量的一种实质要素。正如我国台湾地区学者指出："利益衡量不能只限于就冲突法益之抽象价值关系作比较，而须就具体状况并参酌涉及的构成要件作整体的衡量。利益衡量所隐含的法律价值观，即优越利益保护原则，且须具有实质优越性之利益，于利益冲突时方具有保护之必要性。"① 因此，利益衡量作为实质推理的根据，对于刑法的整体价值判断和具体犯罪构成和刑罚功能的判断，都具有不可忽视的重要意义。

刑法中存在刑法机能的理论，这就是社会保护机能（简称保护机能）和人权保障机能（简称保障机能）。这两种刑法机能代表了刑法价值的不同取向，因而在保护机能和保障机能之间存在一定的价值冲突。如何正确处理刑法的保护机能和保障机能之间的关系，是刑法适用中亟待解决的一个问题。刑法机能虽然不属于利益的范畴，但其具有价值属性，是刑法所追求的价值目的。在这个意义上说，当保护机能和保障机能之间存在冲突的时候，进行利益衡量也是必要的。因此，利益衡量在刑法中仍然具有一定的方法论意义。

刑法的保护机能是指刑法对法益的保护，因此，法益是刑法保护的客体。日本学者在论述保护机能时指出：刑法是基于国家维护其所建立的社会秩序的意志制定的，根据国家的意志，专门选择了那些有必要用刑罚制裁加以保护的法益。侵害或者威胁这种法益的行为就是犯罪，是科处刑罚的根据。刑法具有保护国家

① 高金桂：《利益衡量与刑法之犯罪判断》，62页，台北，元照出版有限公司，2003。

所关切的重大法益的功能。[①] 刑法的保护机能可以说是刑法最为原始的机能，甚至可以说是刑法的本能。德国学者提出了作为法益保护的刑法的命题，把法益保护看作刑法的首要职能。李斯特指出："所有的法益，无论是个人的利益，还是集体的利益，都是生活利益，这些利益的存在并非法律的产物，而是社会本身的产物。但是，法律的保护将生活利益上升为法益。在反对国家权力专断的宪法和打击侵犯他人的利益的刑法颁布以前，人身自由、住宅不受侵犯、通信自由（通信秘密权）、著作权、发现权等一直是生活利益，而非法益。生活的需要产生了法律保护，而且由于生活利益的不断变化，法益的数量和种类也随之发生变化。"[②] 可见，法益的内涵外延本身就是随着社会生活的发展而处在变化之中的[③]，法益的变化表明国家关切的变动。

刑法的保障机能是指刑法对人权的保障，这里的人权是指犯罪嫌疑人、被告人和犯罪人的人权。如果说，刑法的法益保护机能是任何刑法都具有的，只不过法益范围有所差别而已，而刑法的人权保障机能则是法治社会刑法才具有的。刑法的人权保障机能是指通过明确地将一定的行为作为犯罪，对该行为科处一定刑罚，来限制国家行使刑罚权，由此使一般国民和罪犯免受刑罚权的任意发动而引起的灾难的机能，也叫保障自由机能。[④] 刑法的人权保障机能主要是通过罪刑法定原则实现的。可以说，刑法是否实行罪刑法定原则，是刑法是否具有人权保障机能的一个标志。

刑法的社会保护和人权保障机能之间存在一种悖论关系，也被日本学者称为

---

① 参见［日］木村龟二主编：《刑法学词典》，顾肖荣、郑树周等译，9～10页，上海，上海翻译出版公司，1992。

② ［德］弗兰克·冯·李斯特：《李斯特德国刑法教科书》，［德］埃贝哈德·施密特修订，徐久生译，6页，北京，北京大学出版社，2021。

③ 关于法益概念的可变性，请参考［德］克劳斯·罗克辛：《德国刑法学总论》（第1卷），王世洲译，16页，北京，法律出版社，2005。

④ 参见［日］大谷实：《刑法讲义总论》（新版第5版），黎宏、姚培培译，8页，北京，法律出版社，2023。

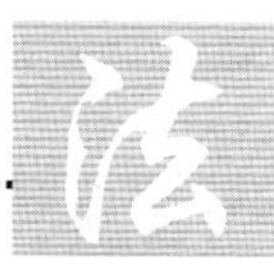

二律背反关系，认为二者处于这样的矛盾关系之中：重视保障人权，就会招致犯罪的增加，不能对法益进行保护；而重视保护法益，又不能指望对人权进行保障。日本学者指出：重视保障人权而轻视保护法益，或者相反，轻视保障人权而强化法益保护，都会使国民对秩序失去信赖，招致难以维持社会秩序的结果。因此，只有调和二者的作用，刑法才能充分发挥其维持社会秩序的机能。① 将社会保护与人权保障两种刑法机能加以协调，这一观点当然永远是正确的，但二者毕竟存在矛盾，因此就有一个价值取舍问题。我认为，在我国当前刑事法治建设的大背景下，更应当强调的是刑法的人权保障机能，只有这样才能实现刑法的最终目的，使之在人权保障方面发挥更大的作用。因此，在刑法适用中，当社会保护机能和人权保障机能发生冲突的情况下，应当注重对人权的保障，避免以牺牲或者降低人权保障水平为代价获得实现社会保护机能。由此可见，利益衡量的推理方法在处理刑法的社会保护和人权保障的关系上同样具有指导意义。

三、利益衡量实质推理的适用

刑法适用所涉及的定罪量刑活动应当追求形式合理性与实质合理性，引入利益衡量的推理方法是实现实质合理性的应有之义。就定罪而言，根据三阶层的犯罪论体系，构成要件是行为、结果和因果关系等要素构成的事实要件，违法性是对符合构成要件的行为进行实质审查的要件，有责性则是对符合构成要件的违法行为进行主观归责的要件。由此可见，这三个阶层的功能是不同的。在此，我们主要考察违法性要件的功能。在李斯特的古典派犯罪论体系中，违法性可以分为形式违法性与实质违法性，构成要件是形式违法性的凭证，主要依靠构成要件的推定。而实质违法性也在很大程度上取决于正当化事由的判断：凡是存在正当化

① 参见［日］大谷实：《刑法讲义总论》（新版第5版），黎宏、姚培培译，9页，北京，法律出版社，2023。

事由的，则否定实质违法性的存在；只有在否定正当化事由的情况下，才肯定实质违法性的存在。因此，违法性的有无取决于正当化事由是否存在，无须单独进行判断。而且，否定实质违法性的存在，也不能否定形式违法性，这是基于三阶层递进式逻辑的必然结论。因此，根据李斯特的古典派犯罪论体系，违法性的功能只是根据法律规定认定正当化事由。在新古典派犯罪论体系中，引入了实质违法性的判断，使违法性阶层得以发挥实质审查功能。对此，德国学者许乃曼在论及新古典派犯罪论体系对违法性阶层的贡献时指出："在贝林—李斯特的体系里，违法性原来是一个纯粹形式的、完全由立法者以权威命令充实内涵的范畴。在此透过实质的违法性理论即发生了一个大转变：无论如何，在实质的违法性被定义为侵害社会的行为，并且对于阻却违法发展出目的手段相当原则或利多于害原则等调节公式之后，人们才可能开始对无数被立法者所忽视或未予解决的违法性的问题，借由体系处理寻求解决的方法。"[①] 罗克辛则进一步将违法性要件所要承担的作用，从构成要件中排除不具有实质违法性的行为的消极功能转化为解决社会冲突的积极功能。罗克辛指出："在违法性层面，人们探讨的是相对抗的个体利益或社会整体利益与个体需求之间产生冲突时，应该如何进行社会纠纷的处理。也就是在一般人格权（allgemeines Persönlichkeitsrecht）与公民行为自由之间有矛盾时，是否有必要进行公权力的干预，以求得矛盾的消除，以及在现实的、难以预见的紧急状态的情况下，是否要求作出进行干预的决定：在这里，人们经久不衰地讨论的是，社会如何才能对利益以及与之相对立的利益实现正确的管理。"[②] 在此，罗克辛提出了一个与违法性的本质相关的重要概念，这就是干预权。这里的干预权是指刑法对于个人行为的干预权。如果干预，则意味着某种行为应当作为犯罪处理；如果不予干预，则该行为可以不作为犯罪处理。而是否

① ［德］许乃曼：《刑法体系思想导论》，载许玉秀、陈志辉合编：《不移不惑献身法与正义——许乃曼教授刑事法论文选译》，271～272页，台北，新学林出版有限公司，2006。

② ［德］克劳斯·罗克辛：《刑事政策与刑法体系》（第二版），蔡桂生译，21页，北京，中国人民大学出版社，2011。

干预，就直接决定了犯罪的范围与特征。例如，对于安乐死是否构成故意杀人罪的问题，就涉及法律是否赋予公民个人以尊严死的权利这一较为敏感的问题。在正当化事由中，除了刑法明文规定的正当防卫、紧急避险等法定事由以外，还存在着大量的超法规的正当化事由。对于这些超法规的正当化事由的认定，就涉及在相对立的利益之间如何权衡与取舍的选择。根据罗克辛的观点，这里关系到整体法秩序，也是刑法中最为活跃的内容。通过正当化事由的范围调节，刑法能够及时与灵活地反映社会现实。这对于刑法来说，可以在对社会作出有效反应的同时，又能够保持刑法的稳定性。正如罗克辛指出："由于干预权是源自整个法的领域的，而且正如超法规紧急避险的例子所表现的那样，其是可以从实在法的一般原则推导出来的，也并不需要用刑法法条来固定化，因此，不受罪刑法定原则影响的其他法领域的发展变化可以在正当化事由方面直接影响到案件是否可罚，而并不需要刑法作出同步修改。"① 在这种情况下，违法性就成为一种否定性的价值判断，它以干预权为依归，由此而充分发挥了违法性的出罪功能。

在现实生活中，犯罪并不是一种绝对的恶，而是相对的恶。惩治犯罪活动既有收益，同样也会有代价，因此，对刑法效果的评价应当兼及积极方面，也应顾及消极方面。例如在市场经济领域，刑事干预的深度和广度如何把握就是一个尺度难以拿捏的问题。如果过度地干预经济生活，则会窒息经济活力，不利于经济发展；反之，如果对经济领域的违法犯罪活动放任不管，则会导致经济秩序的混乱，同样不利于经济有序发展。在这种情况下，就需要对经济犯罪的刑事政策进行利益衡量。另外一个涉及刑法中的利益衡量的适例是正当防卫，正当防卫采取的是以暴制暴的形式，是一种私力救济。刑法设立正当防卫制度，其本意是在紧迫的情况下，赋予公民防卫权，以此保护公民本人或者他人，以及国家和社会的权利。正当防卫制度具有二重性：一方面，正当防卫具有正义性，它是公民的合

① ［德］克劳斯·罗克辛：《刑事政策与刑法体系》（第二版），蔡桂生译，39～40页，北京，中国人民大学出版社，2011。

法权利。与此同时，正当防卫又形成对国家对暴力的垄断权的冲击，造成社会秩序的侵扰，由此形成正当防卫与国家暴力垄断权之间的一种紧张关系。我国学者指出："正当防卫的法理基础便在于国家暴力垄断原则和国家保护义务之间的互动和调和，由于国家暴力垄断原则的存在，会对作为私人暴力的正当防卫有封锁效果，这一点构成了理解正当防卫制度的起点。由此可得，正当防卫作为私人暴力，其实并不为倾向于否定私人暴力的国家暴力垄断原则所乐见。明白这一点，便可知晓为何各国无不对正当防卫权设定极其严苛的适用条件，且稍加违反便有刑事处罚之虞。正当防卫之所以可在一定条件下绕过国家暴力垄断原则的封锁，原因在于宪法中的国家保护义务要求国家保护公民免受其他公民的不法侵害，在国家自身不在场的情况下，必须设置正当防卫条款，授予公民行使私人暴力之权，以周全地保护公民的法益。"[①] 因此，刑法在赋予公民防卫权的同时，又对防卫限度作了一定的限制：只有必要限度内的防卫才具有正当性，否则就是防卫过当，应当承担刑事责任。在这种法律境况中，公民处于一种进退两难的窘迫状态，因此，司法机关对正当防卫以及防卫过当的判断应当根据利益衡量的观念，充分发挥正当防卫制度的功效。

第六节 刑事政策的实质推理

刑事政策是相对于刑法规范而言的，它不具规范的形式特征，而是对刑法具有实质性制约和影响的要素。在刑法适用中，不仅要依照刑法规定，而且受到刑事政策的规制。如果说，刑法规范是刑法适用的形式要素，那么，刑事政策就是刑法适用的实质要素。由此可见，对刑法适用中刑事政策的实质推理进行研究具有重要意义。

① 徐万龙：《重构正当防卫的法理基础》，载《环球法律评论》，2024（1）。

一、刑事政策实质推理的概念

刑事政策推理是指在刑法适用过程中，基于刑事政策所展开的实质合理性的推理。刑事政策是国家为达到有效控制犯罪的目的而制定的犯罪治理措施的总和。正如法国学者指出："刑事政策是社会整体据以组织对犯罪现象的反应的方法的总和，因而是不同社会控制形式的理论与实践。"① 在某种意义上说，刑事政策是一个体系，包括犯罪的防范性措施、惩罚性措施和矫正性措施这三个有机联系的内容，从而在实施中形成一个动态的过程。

实质推理的根据包含一定的政策，在通常的法律论证中都提及公共政策，在我国则主要是指执政党的政策。我国学者揭示了执政党政策对法律推理，尤其是实质推理的影响和作用。② 在其他国家，虽然执政党的政策不会直接影响司法，但国家的公共政策对司法活动的制约也是客观存在的。例如美国学者论述了政策在审判过程中的作用，指出："政策在多个层面上作用于审判推理。在某些情况下，一项业已确立的法律规则会特别提到政策，因此在将法律适用于特定案件的过程中人们一定会运用政策。"③ 由此可见，在司法活动中，虽然应当依法审判，但不能排除政策因素对审判活动的影响。当然，政策因素对审判活动的影响也是因案而异的，也就是说，有些案件受政策影响较大，有些案件则受政策影响较小。例如美国学者波斯纳提出了政策案件的概念，波斯纳将案件分为法律案件与政策案件，指出：如果将法律案件作为政策案件来讲授，那么教师就不是在教授法律；而如果将那些真正的政策性案件当作法律案件来教授，那么他就是在应当

---

① ［法］米海依尔·戴尔玛斯—马蒂：《刑事政策的主要体系》，卢建平译，1 页，北京，法律出版社，2000。

② 参见余继田：《实质法律推理研究》，238 页，北京，中国政法大学出版社，2013。

③ ［美］迈尔文·艾隆·艾森伯格：《普通法的本质》，张曙光、张小平、张含光等译，34 页，北京，法律出版社，2004。

教授政策时没有教授政策。① 波斯纳在这里所称的法律案件，是指法律适用无争议的案件，而政策案件则是指在法律空白处、常规法律决策无法提供法律根据的案件。对于法律案件，通常只要依法处理即可；对于政策案件，还需要借助于政策因素进行实质论证。就公共政策对法律适用的影响而言，其对刑法适用的影响要远远大于对民法适用的。在刑法适用中政策因素的影响更大，这里的政策是指刑事政策。刑事政策在很大程度上是刑法的必要补充，在我国司法活动中受到刑事政策的较大影响。在民法理论中虽然也有民事政策这个概念，但它的影响力处在似有而无的状态。从我国民事审判实践来看，民事政策只是在民事法律阙如的情况下，由最高司法机关提出的民事审判规则。例如 1984 年 8 月 30 日最高人民法院审判委员会讨论通过的《关于贯彻执行民事政策法律若干问题的意见》，共提出 81 条意见，作为民事审判的政策法律依据。此后，随着我国民事立法逐渐完善，而且在民法规范中确立了诚实信用、善良风俗等一般条款，它足以强化民法规则的适应性。与此同时，民事法官具有法律漏洞补充，甚至法律续造等司法裁量权，因而没有必要再引入民事政策这一实质理性的分析工具。刑法则不然，由于罪刑法定原则的限制，法官的定罪裁量权和量刑裁量权都受到严格制约。因此，在规则主义和裁量主义之间，刑法明显是倾向于规则主义。在这种情况下，就需要引入刑事政策的工具，在法律范围内适当软化刑法规则，以便更大限度地满足惩治犯罪的需要。当然，如何在刑法的人权保障和社会保护功能之间取得平衡，这始终是法治社会刑法的一个目标。

刑事政策的概念与刑事政策思想古已有之，然而，作为体系化的刑事政策学说则是近代的产物。一般认为，费尔巴哈是刑事政策的首倡者。费尔巴哈的刑事政策以心理强制说为标志，主张以法律威吓为内容的一般预防，对于此后的刑事政策理论的发展起到了开启先河的作用。费尔巴哈是刑事古典学派的代表人物之一，其刑法理论的核心是一般预防，也称为消极的一般预防，一般预防构成费尔巴哈关于

---

① 参见［美］理查德·A. 波斯纳：《法理学问题》，苏力译，198 页，北京，中国政法大学出版社，2002。

刑法与刑事政策关系理论的基石。费尔巴哈认为，刑事政策是国家据以与犯罪作斗争的惩罚措施的总和，并且，费尔巴哈主要是把刑事政策当作一种立法政策，强调了刑事政策对于刑事立法的指导作用。这种指导作用主要体现在通过制定刑法，确立罪刑价目表，对国民进行法律威吓。费尔巴哈的法律威吓包括立法威吓与司法威吓，指出：在法律上将这种恶作为行为的必然后果加以规定（法定的威慑）。为了实现法律规定的理想联系，被所有人理解；法律规定的原因上的联系一定会出现在现实生活中，因此，一旦发生违法行为，就应当立即给予法律规定的恶（执行判决）。威慑目的的执行权和立法权的协调有效，构成了心理强制。① 值得注意的是，费尔巴哈同时还是罪刑法定原则的倡导者，而罪刑法定原则的实际功能之一就在于以刑法的确定性发挥其应有的威吓效果。因此，在费尔巴哈这里，刑事政策与刑法之间具有一种外在的关系。在一定意义上，刑法是实现刑事政策的工具。正因为如此，费尔巴哈将刑事政策与实定刑法联系起来，揭示了刑法与刑事政策在追求的价值目标上的一致性，形成其具有其特色的刑法与刑事政策关系。罗克辛在评价费尔巴哈关于刑法与刑事政策的观念时指出："自费尔巴哈时代以来，通过罪刑法定原则来实现的威吓性预防就是刑事政策的基础原则；构成要件的动机机能和保障机能（die Motivations und die Garantiefunktion）则是同一刑事政策之目标构想（Zielvorstellung）的两个方面。"② 可以说，费尔巴哈初步界定了刑法与刑事政策的关系。

李斯特也是刑事政策的重要推动者，其刑事政策思想在欧洲大陆曾经产生过广泛影响。然而，李斯特的刑事政策思想与费尔巴哈的已经存在较大的差别。李斯特指出："所谓刑事政策，是指国家借助于刑罚以及与之相关的机构来与犯罪作斗争的、建立在以对犯罪的原因以及刑罚效果进行科学研究基础上的原则的整

① 参见［德］安塞尔姆·里特尔·冯·费尔巴哈：《德国刑法教科书》（第十四版），徐久生译，28页，北京，中国方正出版社，2010。

② ［德］克劳斯·罗克辛：《刑事政策与刑法体系》（第二版），蔡桂生译，54页，北京，中国人民大学出版社，2011。

体（总称）。"[①] 李斯特的上述刑事政策概念的内容十分丰富，可以说是一个广义的刑事政策概念。李斯特站在刑事社会学派的立场上，基于实证主义的方法阐述刑事政策的内容。李斯特与费尔巴哈关于刑事政策的思想之间存在着较大区别，李斯特的刑事政策思想也可以看作是对费尔巴哈的一种发展。李斯特并不否定一般预防，但强调刑罚的功能表现为在符合目的地适用刑罚情况下可以获得的刑罚效果的多样性。[②] 当然，在刑罚的一般预防与特殊预防这两个方面，李斯特无疑是更注重特殊预防的。在论及现阶段刑事政策的要求以及其对最新法律发展的影响时，他指出："社会政策的使命是消除或限制犯罪的社会条件，刑事政策首先是通过对犯罪人个体的影响来与犯罪作斗争的。一般来说，刑事政策要求，社会防卫，尤其是作为目的刑的刑罚在刑种和刑度上均应适合犯罪人的特点，这样才能防止其将来继续实施犯罪行为。从这个要求中我们一方面可以找到对现行法律进行批判性评价的可靠标准，另一方面我们也可以找到未来立法规划发展的出发点。"[③] 在此后相当长的一个时期，以矫正为核心的刑事政策思想始终主导着各国刑事立法与刑事司法。

刑事政策作为一种预防和惩治犯罪的措施，其对刑法适用的影响是不言而喻的。对于刑法来说，刑事政策是一种外部要素，它对刑法适用具有某种调节作用。从刑事政策和刑法的关系来说，两者之间存在密切的互动。从宏观上来说，一定时期的刑事政策往往在很大程度上决定着刑法的目标设定和作用发挥，尤其是对刑罚的轻缓和严厉具有重大影响。从微观上来说，刑事政策对于具体案件的处理，包括定罪量刑都具有制约关系。因此，刑事政策作为一个具有功能性的要

---

① ［德］弗兰克·冯·李斯特：《论犯罪、刑罚与刑事政策》，徐久生译，212～213页，北京，北京大学出版社，2016。

② 参见［德］弗兰克·冯·李斯特：《李斯特德国刑法教科书》，［德］埃贝哈德·施密特修订，徐久生译，8页，北京，北京大学出版社，2021。

③ ［德］弗兰克·冯·李斯特：《李斯特德国刑法教科书》，［德］埃贝哈德·施密特修订，徐久生译，13页，北京，法律出版社，2021。

素，它是刑法适用实质推理的根据之一。

二、刑事政策实质推理的界定

刑事政策与刑法的关系，是确定刑事政策的实际效用所必须关注的核心问题。在李斯特那里，刑法作为规范科学是一种教义学，其所遵循的是逻辑规律，并且以罪刑法定为其边界。而刑事政策作为一种经验科学，是一种事实学，其所贯彻的是科学原则，并且以惩治犯罪与预防犯罪为目标。显然，在李斯特看来，在刑法教义学与刑事政策之间是存在各自疆域的，不可互相侵扰。在李斯特那里，刑法教义学是指犯罪论，而刑事政策是指刑罚论。因此，刑法教义学与刑事政策的分立，也可以说是以罪刑法定原则为根基的犯罪论体系与以目的性为导引的刑罚论之间的二元分裂。李斯特对刑法教义学与刑事政策关系的处理方式，在很大程度上受到了休谟关于实然与应然、事实与价值的二元区分观念的影响，认为刑法教义学讨论的是刑法的实然问题、事实问题，刑事政策讨论的是刑法的应然问题、价值问题。因此，刑法教义学是价值中立的，刑事政策才是价值关联的。刑法教义学是以司法为中心的，罪刑法定原则是其最高准则。至于刑法的价值内容应当通过立法输入刑法之中，因此，刑事政策是以立法为中心的。由此，李斯特将刑法教义学与刑事政策加以分立，使之各自独立，分别发挥功能。

在贝林—李斯特的古典派的犯罪论体系之后，又先后出现过新古典派的犯罪论体系、目的行为论的犯罪论体系。新古典派犯罪论体系在刑法体系中引入所谓新康德哲学，而这一哲学又称为价值哲学。对于新古典派犯罪论体系将刑事政策应用到刑法教义学中，罗克辛是充满期待的，他同时指出了新古典派犯罪论体系对三阶层的学术贡献：在构成要件阶层按照被保护法益进行解释、在违法性阶层发展出超法规紧急避险等正当化事由和在罪责阶层提出了期待可能性思想等。但罗克辛批判新古典派犯罪论体系虽然试图将刑事政策上的目标设定引入刑法教义学，但只是对体系从个体—价值上进行瓦解，而没有揭示作为超法规紧急避险或

罪责阻却事由的期待不可能背后的目的理论并加以普遍认可的论证。[①] 对于目的行为论犯罪论体系，罗克辛肯定了其试图重新建立刑法教义学与现实之间的联系的努力，指出通过考察本体论的构造和社会现实，目的行为论试图重新建立刑法教义学与现实之间的联系，从根本上看，这种努力也并非毫无结果。“但罗克辛又认为我们前面提到的体系推导和直接价值评判之间的紧张关系，在目的主义那里，也还是没有得到消除。”[②] 在此，罗克辛所说的体系推导与价值评判之间的紧张关系，也就是刑法教义学的逻辑—概念建构和推导与刑事政策的价值—利益判断和衡量之间的对立关系。

罗克辛将自己创立的犯罪论体系标识为目的理性的犯罪论体系，目的理性的犯罪论体系中的目的与目的行为论的犯罪论体系中的目的，是有所不同的：前者的目的是行为目的，目的的主体是行为人，因此这是一种存在论意义上的目的。而后者的目的是规范目的，目的的主体是刑法，因此这是一种规范论意义上的目的。例如，我国学者在比较上述两种体系时指出：“在今日之规范论体系论者看来，由于目的行为论者的观点没有将行为本体的目的性与法规范的目的性区分开来，或者是偏重行为的目的而没有足够地强调刑法（罚）的目的对犯罪论体系的指引而并非真正的规范论体系。”[③] 这里的规范论体系，就是指罗克辛的目的理性体系。因此，尽管罗克辛也强调目的，但此目的非彼目的。目的理性的犯罪论体系的根本标志就是刑事政策进入刑法体系，罗克辛指出：“实现刑事政策和刑法之间的体系性统一，在我看来，是犯罪论的任务，也同样是我们今天的法律体系的任务。”[④] 那么，在

---

① 参见［德］克劳斯·罗克辛：《刑事政策与刑法体系》（第二版），蔡桂生译，19页，北京，中国人民大学出版社，2011。

② ［德］克劳斯·罗克辛：《刑事政策与刑法体系》（第二版），蔡桂生译，19页，北京，中国人民大学出版社，2011。

③ 方泉：《犯罪论体系的演变——自“科学技术世纪”至“风险技术社会”的一种叙述和解读》，65页，北京，中国人民公安大学出版社，2008。

④ ［德］克劳斯·罗克辛：《刑事政策与刑法体系》（第二版），蔡桂生译，16页，北京，中国人民大学出版社，2011。

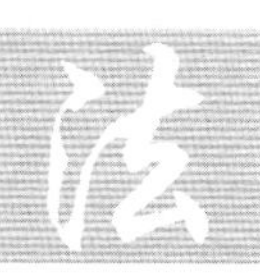

目的理性的犯罪论体系中，刑事政策是如何进入刑法教义学的呢？事实上，罗克辛仍然保持了古典派犯罪论体系的三阶层构造，只是对三阶层的内容都进行了刑事政策的改造。罗克辛提出了以刑事政策作为各种犯罪类型的基础的命题，指出罪刑法定原则的前提、利益对立场合时社会进行调节的利益衡量和对于刑法之目的的探求，就是我们所常见的各个犯罪类型的刑事政策之基础。[①] 也就是说，犯罪论体系的三阶层分别应该以罪刑法定原则、利益衡量原则和刑法目的原则作为其刑事政策的基础。罗克辛意图打通刑法教义学与刑事政策之间的关系。罗克辛明确地将其刑法教义学称为以刑事政策为导向的刑法学，指出建立这个刑法体系的主导性目的设定，只能是刑事政策性的。刑事可罚性的条件自然必须是以刑法的目的为导向。[②] 罗克辛将刑事政策贯彻到构成要件、违法性和罪责这三个阶层之中，成为其目的理性的犯罪论体系的一根红线。罗克辛将刑事政策贯穿于整个刑法教义学，是否会发生李斯特所担忧的刑事政策对刑法的侵扰呢？回答是否定的。之所以如此，是因为罗克辛引入刑法教义学的刑事政策与罪刑法定这两者始终处于一种复杂的牵制关系之中。事实上，罗克辛不仅将刑事政策贯穿于构成要件、违法性和罪责这三个阶层，而且把罪刑法定主义同时贯穿于这三个阶层。

在罗克辛的目的理性的犯罪论体系中并没有一个统一的、完整的、确定的刑事政策概念，而是在各种不同的犯罪论阶层，具有不同的刑事政策概念。例如，在构成要件阶层，相对于对行为的实证性描述，刑事政策就是指对构成要件的实质性评判。在违法性阶层，相对于对正当化事由的形式性叙述，刑事政策就是指对违法性的价值性判断。在罪责阶层，相对于对罪责的心理性要素、规范性要素的论述，刑事政策就是指对罪责的目的性分析。这里还应当指出，贯穿罗克辛的目的理性的刑法体系的还有另一个重要概念，这就是功能，也译为机能，由此罗

---

① 参见［德］克劳斯·罗克辛：《刑事政策与刑法体系》（第二版），蔡桂生译，22 页，北京，中国人民大学出版社，2011。

② 参见［德］克劳斯·罗克辛：《德国刑法学总论》（第 1 卷），王世洲译，133 页，北京，法律出版社，2005。

克辛的目的理性的刑法体系也称为功能性的（funktionalen）的刑法体系。这里的功能性，是与实证性相对应的一个概念，是指主观上的目的设定性与客观上的功效呈现性。实证性的刑法体系是建立在所谓物本逻辑基础之上的；而功能性的刑法体系则是建立在价值选择基础之上的。在刑法体系中的功能性因素，也就是刑事政策因素。因此，罗克辛的刑事政策本身也不是存在论意义上的，而是价值论意义上的，是一种所谓观念性的刑事政策。

李斯特的形式—实证主义的犯罪论体系是特定历史条件下的产物，对于张扬罪刑法定主义、防止司法权的滥用，具有不可低估的历史意义。在我国现阶段，罪刑法定原则在刑法中确立不久，尚未深入人心，李斯特体系还是具有现实意义的。当然，李斯特体系本身具有先天的不足，这主要表现在李斯特似乎过分夸大了立法者的立法能力。因为李斯特的体系是一个纯粹形式的体系，这一体系要发挥积极作用，完全取决于立法者在立法过程中已经将犯罪毫无遗漏地规定在刑法当中。在这种情况下，司法者只要形式地根据刑法法条认定犯罪，就能够实现刑法的目的。例如，李斯特指出："根据现今的法律观，成文法（广义上的法律）是刑法规范的惟一渊源。刑法的所有规范都同属于制定法（gesetztes Recht）。当代的刑法立法从假设其完整性出发，并在此假设的基础上提出排他性要求。刑法立法反映了 18 世纪末以来（1789 年和 1791 年《法国宪法》）反复强调的、1919 年《帝国宪法》第 116 条明确规定的要求：'刑罚之科处，应以行为实施前，可罚性明定于法律者为限'（Nullum crimen sine lege，nulla poena sine lege）。只有那些被法律明确规定科处刑罚的行为才受到刑法处罚，而且，所科处之刑罚只能是法律明文规定之刑罚。"[①] 请注意在李斯特以上这段话中的两个词：完整性与排他性。这里的完整性是指立法者对犯罪作了完整的规定，法律规范本身已经体现了实质合理性。在这种情况下，司法活动只要坚持形式合理性就足以实现法律

① ［德］弗兰克·冯·李斯特：《德国刑法教科书》，［德］埃贝哈德·施密特修订，徐久生译，99 页，北京，北京大学出版社，2021。

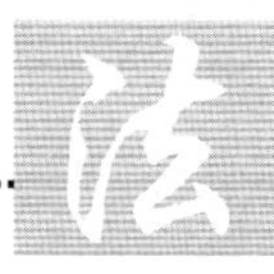

正义。立法的实质理性与司法的形式理性的完美结合，造就了其形式—实证主义的犯罪论体系。也只有如此，才能具有罪刑法定原则对法无明文规定的行为进行排他性的处置。

对于法无明文规定不为罪的原则当然是要坚持的，但罪刑法定原则只是设立了对外抵御司法权滥用的防线，却没有考虑到对进入构成要件的行为本身仍然需要进行实质合理性的审查。李斯特的思想具有明显的立法中心主义和立法完美主义的特征，这是一种古典学者所坚持的法律乌托邦思想，却不符合立法的现实。事实上，任何法律都不是完美无缺的，刑法也不例外。在刑法中，除了立法者不能对超法规的违法阻却事由一一明文列举以外，对于刑法规定的概然性与粗疏性，都有必要进行价值补充。在这种情况下，具有实质价值性的刑事政策进入犯罪论体系，尤其是进入构成要件，具有其合理性。例如我国目前的刑法中，存在大量所谓的兜底条款，甚至口袋罪，这与罪刑法定主义所要求的明确性原则是存在较大距离的。在我国尚不存在对刑法的合宪审查制度的情况下，只能依靠刑事政策进行价值填补。例如德国学者许乃曼认为在刑法总则中，立法者所使用的专有名词经常有广阔的概念回旋空间，对此，司法者有权并且有义务发挥造法机能，将立法者所留下的迂回空间予以填满。许乃曼指出：在这里，透过目的手段限缩（Zweck-Mittel-Reduktion），亦即借着审查符合特定法律体制目的的事实所进行的除规范化，即具有极重大的意义。[①] 在罪刑法定原则限度内的刑事政策填补，具有目的性的限缩功能，并不会扩张犯罪的范围，反而会限制犯罪的范围。

刑事政策作为一种价值判断，在刑法体系中的功能发挥应当受到刑法教义学的有效限制，这也是罪刑法定原则的题中应有之义。正如我国学者指出："功能主义的刑法解释论承认形式逻辑的力量，反对在刑法解释中缺乏节制地适用刑事政策。因而，所谓功能主义的刑法解释论，不是置教义于不顾，直接以刑事政策

---

① 参见［德］许乃曼：《刑法体系思想导论》，载许玉秀、陈志辉合编：《不移不惑献身法与正义——许乃曼教授刑事法论文选译》，295页，台北，自印本，2006。

作为唯一或主要的论证依据，而只是认为，在刑法解释时需要考虑刑事政策的目标设定，并权衡解释结论在刑事政策上的利弊功能主义的刑法解释，要求在对刑法规范进行解释时，在接受规范拘束的前提下，有目的有选择地运用教义学中的理论与逻辑以达成合乎刑事政策要求的结论。”① 但是，我们在这里所说的刑法教义学对于刑事政策的功能限制，与李斯特将刑事政策拒之于刑法教义学大门之外的鸿沟战术是完全不同的。正如罗克辛所做的那样，刑事政策应当引入刑法教义学，但基于形式判断先于实质判断的阶层构造，刑法教义学完全可以约束刑事政策，使之发挥人权保障的实质合理性功能。例如罗克辛指出：从信条学与立法者的刑事政策目标想象的联系中，可以得出这样一种结论，例如，在利益冲突状态下，在详细说明那种决定举止行为的社会有益性或者有害性并因此决定该行为的违法性的秩序原则（Ordungsprinzipien）时，起决定作用的是这个根据法律制度可以看得见的基本原则而不是那种解说者个人的价值想象。同样，在人们根据刑罚目的理论的刑事政策观点来解释责任范畴并加以体系化时，也不是根据学者或者法官在刑罚目的方面所具有的想法，而是应当以从法律规定的免责根据和可能过分塑造的宪法方面能够赢得的目标为基础的。② 在刑法教义学框架之内，刑事政策的价值判断不会导致主观武断与专横，而是具有其边界，因此，只要通过刑法教义学原理正确地加以限制，刑事政策只能发挥其出罪的功能而不可能发挥其入罪的功能。德国学者金德豪伊泽尔教授提出了用教义学来控制刑事政策的边界的命题，指出：对于刑法根基的自我反思以及由此而引发的更尖锐的意识，即“刑罚是一种亟须正当化的恶，使得持有完全不同的政治立场和完全不同的世界观的刑法学者在基本态度上取得了一致，亦即：必须指出刑事政策的边界”③。

① 劳东燕：《功能主义的刑法解释》，103页，北京，中国人民大学出版社，2020。

② 参见［德］克劳斯·罗克辛：《德国刑法学总论》（第1卷），王世洲译，138页，北京，法律出版社，2005。

③ 参见［德］沃斯·金德豪伊泽尔：《适应与自主之间的德国刑法教义学用——教义学来控制刑事政策的边界》，蔡桂生译，载《国家检察官学院学报》，2010（5）。

刑法教义学对于刑事政策的限制主要是通过罪刑法定原则实现的，该原则所派生的“刑法的不完整性特征”（fragmentarischer Charakter）成为体系性工作的限制。刑事政策对惩治犯罪与预防犯罪的功利性价值应当受到罪刑法定原则和罪刑均衡原则的限制：只有在刑法框架之内，刑事政策的目的性与功利性的价值追求才具有合理性。超出刑法范围对刑事政策的目的性与功利性的价值追求，都是破坏刑事法治，因而是不可取的。德国著名刑法学家李斯特曾经提出了罪刑法定是刑事政策不可逾越的藩篱的论断，在一定意义上仍然具有其合理性。

随着刑法教义学中规范论的发展，刑事政策被引入刑法体系，但刑事政策所具有的实质判断、价值判断和目的判断都受到罪刑法定原则的约束，它只能发挥出罪的功能，从而实现刑法的实质公正性。

三、刑事政策实质推理的适用

我国刑法受到刑事政策较大的影响，这主要表现为刑法的刑事政策化。刑法的刑事政策化，是指在刑法中贯彻刑事政策的内容，从而使刑法成为落实与实现刑事政策的工具。我国学者曾经对刑法的刑事政策化进行了以下界定：“所谓‘刑法的刑事政策化’，就是在刑法的制定和适用过程中，考虑刑事政策，并将其作为刑法的评价标准、指引和导向。”① 这一论述揭示了刑事政策对于刑法的评价标准、指引和导向这三个作用，对于我们正确地理解刑法的刑事政策化的内涵，具有较大的参考价值。刑法的刑事政策化可以区分为两个环节，即立法的刑事政策化与司法的刑事政策化。立法的刑事政策化，是指通过立法活动将刑事政策的内容贯彻到刑法条文当中，获得法律的确认。因此，立法的刑事政策化就是刑事政策被刑法所确认的过程，也是一个刑事政策立法化的过程。刑事政策的立

① 黎宏：《论“刑法的刑事政策化”思想及其实现》，载《清华大学学报（哲学社会科学版）》，2004（5）。

法化是一个将实质合理性转化为形式合理性的过程。在立法的过程中，立法者需要通过有效的立法活动，将实质的价值需求以法条的形式体现出来。司法的刑事政策化是指在司法活动中贯彻刑事政策的精神，使刑事政策成为司法活动的指导方针。刑事政策对惩治犯罪与预防犯罪的功利性价值应当受到罪刑法定原则和罪刑均衡原则的限制：只有在刑法框架之内，刑事政策的目的性与功利性的价值追求才具有合理性。所以，无论是立法的刑事政策化还是司法的刑事政策化，应当对于刑法的公正性与刑事政策的功利性进行妥善的处理，使刑事政策对功利性目的的追求受到刑法的限制。应该说，在我国刑法中，刑事政策几乎涵盖了刑法的各项制度，对刑法的立法与司法的影响都是巨大的。在此，本节主要对刑事政策对司法活动的两个环节，即定罪和量刑的影响进行论述。

（一）刑事政策对定罪的影响

定罪活动是刑事司法的重要内容，依法定罪是定罪的基本原则，因此，刑法规范和司法解释在犯罪认定中发挥着重要的重要。然而，定罪又不是一个机械地适用法律的过程，而是受到刑事政策的重大制约。刑事政策对定罪的影响分为影响入罪和影响出罪这两个方面：就影响入罪而言，在某个时期被刑事政策确定为打击重点的犯罪，其定罪标准会有所放宽，这也是不可否认的事实。在这种情况下，需要关注刑法规范与刑事政策之间的关系，尽可能地避免刑事政策对罪刑法定原则的冲击。刑事法治追求形式理性，尤其是要坚持罪刑法定原则，因而法律的底线应当坚守。在这种情况下，不能以政策入罪取代法律入罪。就出罪而言，刑法和司法解释都对出罪的路径作了明确规定，然而，刑事政策对出罪的影响也是不可忽视的，因此，我们应当注重刑事政策，将其作为出罪的一种根据，发挥其应有的出罪功能。我国学者提出了政策出罪的概念，指出："充分善用好刑法与刑事政策之间的协作关系，是中国特色刑法学的重要发展经验。其中，通过基本/具体刑事政策以及刑事司法改革或者刑事司法试点工作及其实践、规定等予以出罪的，是实践中的常态做法。这种通过广义的刑事政策及其特别形式进行出罪的做法，也可简称为政策出罪。政策出罪以刑事政策及其特定实践形式的具体

贯彻作为基本的发力场域，密切联系刑事司法改革及试点，内容与方式具有鲜明的特定性、发展性，是独具特色的出罪机制，也显示了我国出罪体系日趋完整与开放。”① 通过政策出罪的途径，为那些情节较轻的刑事案件的非犯罪化处置提供了可能性。

（二）刑事政策对量刑的影响

刑事政策不仅对定罪具有重要影响，而且直接影响到量刑。我国刑法对犯罪的法定刑设置了具有一定裁量空间的量刑幅度，赋予法官在这一幅度内具有一定的刑罚裁量权。为了规范量刑活动，2021 年 6 月 16 日最高人民法院、最高人民检察院发布了《关于常见犯罪的量刑指导意见（试行）》，意见明确规定：“量刑应当贯彻宽严相济的刑事政策，做到该宽则宽，当严则严，宽严相济，罚当其罪，确保裁判政治效果、法律效果和社会效果的统一。”由此可见，司法解释肯定了刑事政策在量刑中的指导作用。

在此，我以死刑的刑事政策为例对刑事政策在量刑中的作用进行论述。死刑是一种法律制度，具体而言是一种刑罚制度。然而，死刑又是一个刑事政策问题。死刑可以说是受政策性因素影响最大的一种法律制度。因此，死刑政策是刑事政策的应有之义。正如我国学者指出：“死刑政策作为一种具体的刑事政策，是整个刑事政策的重要组成部分，死刑政策的制定离不开一般刑事政策的约束与指导。虽然在刑事政策的一般理解上我们赞同狭义说，即将刑事政策的范围限定在以预防、镇压犯罪为直接目的的国家强制对策，但刑事政策的广义说乃至于最狭义说也在一定程度上对死刑政策起着影响与约束作用。借助不同层次刑事政策概念的把握，将有助于深入理解我国的死刑政策。”② 死刑政策是刑事政策的一个面相，它也随着刑事政策的转变而改变。我国从 1983 年严打的刑事政策到 2004 年开始向宽严相济的刑事政策方式转变。如果说，严打刑事政策强调的是

① 孙道萃：《政策出罪的法理表述与完善逻辑》，载《中外法学》，2023（4）。

② 马建松：《死刑司法控制研究》，18 页，北京，法律出版社，2006。

对于犯罪从重从快打击的一面，在更大程度上是一种对犯罪的惩罚政策，那么，宽严相济的刑事政策则是从宽政策与从重政策的统一，同时还是轻罪政策与重罪政策的统一。这种情况，对于死刑政策也产生了影响，这主要体现在对死刑的适用加以较为严格的限制，这也是对于重罪实行区别对待的必然结果。在这种情况下，我国的死刑政策从扩张回归限制，坚持少杀的死刑政策得以重新确立。

最高人民法院出台了一系列死刑的司法政策，并且通过行使死刑核准权，对死刑适用的实体与证据条件严格加以把关，对于限制死刑的适用起到了重要的作用。例如，2010 年最高人民法院发布了《关于贯彻宽严相济刑事政策的若干意见》，根据宽严相济的刑事政策具体提出了死刑的司法政策。该意见第 29 条规定："要准确理解和严格执行'保留死刑，严格控制和慎重适用死刑'的政策。对于罪行极其严重的犯罪分子。论罪应当判处死刑的，要坚决依法判处死刑。要依法严格控制死刑的适用，统一死刑案件的裁判标准，确保死刑只适用于极少数罪行极其严重的犯罪分子。拟判处死刑的具体案件定罪或者量刑的证据必须确实、充分，得出唯一结论。对于罪行极其严重，但只要是依法可不立即执行的，就不应当判处死刑立即执行。"这一政策虽然是原则性的，但对于死刑的司法适用具有一般性的制度意义。除此以外，最高人民法院还对那些适用死刑较多的罪名的死刑适用问题进行了较为具体的规定。例如，对于故意杀人罪的死刑适用条件，最高人民法院刑三庭发布的《在审理故意杀人、伤害及黑社会性质组织犯罪案件中切实贯彻宽严相济刑事政策》司法文件中，明确提出了对故意杀人案件区分两类不同性质的案件的政策，指出：在实践中，故意杀人伤害案件从性质上通常可以分为两类：一类是严重危害社会治安、严重影响人民群众安全感的案件，如极端仇视国家和社会，以不特定人为行凶对象的；一类是因婚姻家庭、邻里纠纷等民间矛盾激化引发的案件。对于前者应当作为严惩的重点，依法判处被告人重刑直至死刑。对于后者处理时应注意体现从严精神，在判处重刑尤其是适用死刑时应特别慎重，除犯罪情节特别恶劣、犯罪后果特别严重、人身危险性极大的被告人以外，一般不应当判处死刑。对于被害人在起因上存在过错，或者是被告

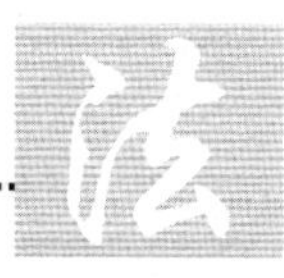

人案发后积极赔偿，真诚悔罪，取得被害人或其家属谅解的，应依法从宽处罚，对同时有法定从轻。减轻处罚情节的，应考虑在无期徒刑以下裁量刑罚。这些政策精神对于限制故意杀人罪的死刑适用具有重大意义。

最高人民法院还通过颁布指导性案例，对死刑适用进行案例指导。在最高人民法院颁布的指导性案例中，王某才故意杀人案与李某故意杀人案就是具有典型意义的案例。关于死刑立即执行与死刑缓期执行的界限，尽管以往的政策原则是明确的，司法解释的规定也是可行的，但是在具体操作上仍然不易掌握。例如，关于民间纠纷引发的故意杀人案件，司法解释提出，原则上不应适用死刑立即执行，那么，这里的原则内与原则外如何界分，就是一个较为疑难的问题。

【案例 66】王某才故意杀人案[①]

被告人王某才与被害人赵某某（女，殁年 26 岁）在山东省潍坊市科技职业学院同学期间建立了恋爱关系。因赵某某家人不同意，赵某某多次提出分手，但在王某才的坚持下两人继续保持联系。2008 年 10 月 9 日中午，王某才在赵某某的集体宿舍再次谈及婚恋问题，因赵某某明确表示两人不可能在一起，王某才感到绝望，愤而产生杀死赵某某然后自杀的念头，即持赵某某宿舍内的一把单刃尖刀，朝赵的颈部、胸腹部、背部连续捅刺，致其失血性休克死亡。山东省潍坊市中级人民法院于 2009 年 10 月 14 日以（2009）潍刑一初字第 35 号刑事判决，认定被告人王某才犯故意杀人罪，判处死刑，剥夺政治权利终身。宣判后，王某才提出上诉。山东省高级人民法院于 2010 年 6 月 18 日以（2010）鲁刑四终字第 2 号刑事裁定，驳回上诉，维持原判，并依法报请最高人民法院核准。最高人民法院根据复核确认的事实，以（2010）刑三复 22651920 号刑事裁定，不核准被告人王某才死刑，发回山东省高级人民法院重新审判。山东省高级人民法院经依法重新审理，于 2011 年 5 月 3 日作出（2010）鲁刑四终字第 2—1 号刑事判决，以

① 参见陈兴良、张军、胡云腾主编：《人民法院刑事指导案例裁判要旨通纂》（上卷·第三版），768～769 页，北京，北京大学出版社，2024。

故意杀人罪改判被告人王某才死刑，缓期二年执行，剥夺政治权利终身，同时决定对其限制减刑。山东省高级人民法院经重新审理认为：被告人王某才的行为已构成故意杀人罪，罪行极其严重，论罪应当判处死刑。鉴于本案系因婚恋纠纷引发，王某才求婚不成，恼怒并起意杀人，归案后坦白悔罪，积极赔偿被害方经济损失，且平时表现较好，故对其判处死刑，可不立即执行。同时考虑到王某才故意杀人手段特别残忍，被害人亲属不予谅解，要求依法从严惩处，为有效化解社会矛盾，依照《中华人民共和国刑法》第 50 条第 2 款等规定，判处被告人王某才死刑，缓期二年执行，同时决定对其限制减刑。

在死刑适用中，如何区分死刑立即执行与死刑缓期执行之间的界限，对于限制死刑具有重要意义。我国《刑法》第 48 条规定："对于应当判处死刑的犯罪分子，如果不是必须立即执行的，可以判处死刑的同时宣告缓期二年执行。"因此，判处死刑是否必须立即执行，是区分死刑立即执行与死刑缓期执行的法律标准。然而，这一区分标准具有模糊性，它实际上是一个授权性规定。也就是说，死刑是否必须立即执行完全取决于司法机关根据具体案情所作的裁量。在这种情况下，死刑刑事政策对于死刑是否必须立即执行就具有重要指导意义。显然，在严打的刑事政策背景下，对死刑立即执行的标准掌握较为宽泛，而在宽严相济的刑事政策背景下，对死刑立即执行的标准掌握较为严格。由此可见，死刑刑事政策对死刑立即执行和死刑缓期执行的裁量具有较大的影响。王某才故意杀人案的裁判要点指出："因恋爱、婚姻矛盾激化引发的故意杀人案件，被告人犯罪手段残忍，论罪应当判处死刑，但被告人具有坦白悔罪、积极赔偿等从轻处罚情节，同时被害人亲属要求严惩的，人民法院根据案件性质、犯罪情节、危害后果和被告人的主观恶性及人身危险性，可以依法判处被告人死刑，缓期二年执行，同时决定限制减刑，以有效化解社会矛盾，促进社会和谐。"根据本案的裁判要点，本案属于因恋爱、婚姻矛盾激化引发的故意杀人案件，此类案件不同于社会上发生的其他故意杀人案件，在被告人具有自首、坦白或者其他从宽情节，并且认罪认

罚获得被害人亲属谅解的情况下，可以依法适用死刑缓期执行。由此可见，作为最高人民法院的指导案例，王某才故意杀人案以指导案例的形式宣示了死刑刑事政策，对于我国当前的死刑适用具有指导意义。

在刑法的实质推理中，刑事政策是最为重要的考量要素，在我国刑法的刑事政策化的背景下，如何处理罪刑法定原则与刑事政策的关系，是一个需要深入研究的问题。

附录 I

主要参考书目

1. ［德］齐佩利乌斯. 法学方法论. 金振豹译. 北京：法律出版社，2009

2. ［德］鲁道夫·冯·耶林，［德］奥科·贝伦茨. 法学是一门科学吗. 李君韬译. 北京：法律出版社，2010

3. ［德］阿图尔·考夫曼，［德］温弗里德·哈斯默尔主编. 当代法哲学和法律理论导论. 郑永流译. 北京：法律出版社，2002

4. ［德］J. H. 冯·基尔希曼. 作为科学的法学的无价值性：在柏林法学会的演讲. 赵阳译. 北京：商务印书馆，2016

5. ［德］伯恩·魏德士. 法理学. 丁小春，吴越译. 北京：法律出版社，2013

6. ［德］卡尔·拉伦茨. 法学方法论. 全本·第六版. 黄家镇译. 北京：商务印书馆，2020

7. ［德］卡尔·拉伦茨. 论作为科学的法学的不可或缺性. 赵阳译. 北京：商务印书馆，2021

8. ［美］华勒斯坦等. 学科·知识·权力. 北京：三联书店，牛津，牛津大

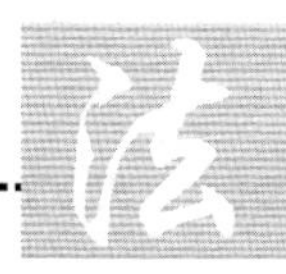

学出版社，1999

9. ［奥］凯尔森. 法与国家的一般理论. 沈宗灵译. 北京：中国大百科全书版社，1996

10. ［美］德克·布迪，［美］克拉伦斯·莫里斯. 中华帝国的法律. 朱勇译. 南京：江苏人民出版社，2008

11. （宋）傅霖. 刑统赋解. 沈家本编. 枕碧楼丛书. 北京：知识产权出版社，2006

12. （清）王肯堂. 王肯堂笺释. 清顾鼎重辑. 四库未收书辑刊：第1辑第25册. 北京：北京出版社，1997

13. （清）王明德. 读律佩觿. 何勤华等点校. 北京：法律出版社，2001

14. ［日］中山龙一等. 法思想史. 王昭武译. 北京：北京大学出版社，2023

15. ［德］H. 科殷. 法哲学. 林荣远译. 北京：华夏出版社，2002

16. 何卫平. 通向解释学辩证法之途. 上海：上海三联书店，2001

17. 郑戈. 法学是一门社会科学吗？. 北京：法律出版社，2022

18. ［法］弗朗索瓦·惹尼等. 法律方法的科学. 雷磊等译. 北京：商务印书馆，2022

19. ［德］哈贝马斯. 在事实与规范之间：关于法律和民主法治国的商谈理论. 童世骏译. 北京：三联书店，2003

20. ［德］黑格尔. 法哲学原理. 范扬，张企泰译. 北京：商务印书馆，1961

21. ［德］米夏埃尔·帕夫利克. 目的与体系：古典哲学基础上的德国刑法学新思考. 赵书鸿等译. 北京：法律出版社，2018

22. 李桂林，徐爱国. 分析实证主义法学. 武汉：武汉大学出版社，2000

23. ［法］孟德斯鸠. 论法的精神. 上册. 张雁深译. 北京：商务印书馆，1961

24. ［德］马克斯·韦伯. 韦伯作品集Ⅸ法律社会学. 康乐，惠美译. 桂林：广西师范大学出版社，2005

25. ［德］迪尔克·克斯勒. 马克斯·韦伯的生平、著述及影响，郭锋译. 北京：法律出版社，2000

26. 李其瑞. 法学研究与方法论. 济南：山东人民出版社，2005

27. ［英］边沁. 道德与立法原理导论. 时殷弘译. 北京：商务印书馆，2000

28. ［美］加里·贝克尔. 人类行为的经济分析. 王亚宇，陈琪译. 上海：上海三联书店，上海人民出版社，1995

29. 舒国滢. 法学的知识谱系. 北京：商务印书馆，2020

30. ［德］拉德布鲁赫. 法哲学. 王朴译. 北京：法律出版社，2005

31. ［德］托马斯·M.J. 默勒斯. 法学方法论. 第4版. 杜志浩译. 北京：北京大学出版社，2022

32. ［波］耶日·施特尔马赫，［波］巴尔托什·布罗泽克. 法律推理方法. 陈伟功译. 北京：中国政法大学出版社，2015

33. ［奥］弗郎茨·比德林斯基，［奥］彼得·比德林斯基. 法学方法论入门. 吕思远译. 北京：中国政法大学出版社，2024

34. ［德］N. 霍恩. 法律科学与法哲学导论. 第3版. 罗莉译. 北京：法律出版社，2005

35. ［德］罗伯特·阿列克西. 法理论证理论：作为法律证立理论的理性论辩理论. 舒国滢译. 北京：商务印书馆，2019

36. ［德］乌尔弗里德·诺伊曼. 法律论证学. 张清波译. 北京：法律出版社，2020

37. 王利明. 法律解释学导论：以民法为视角. 第二版. 北京：法律出版社，2017

38. 吴国喆. 不确定法律概念研究. 北京：商务印书馆，2024

39. ［德］罗尔夫·旺克. 法律解释. 第6版. 蒋毅，季红明译. 北京：北京大学出版社，2020

40. ［德］卡尔·恩吉施. 法律思维导论：修订版，郑永流译. 北京：法律

出版社，2014

41. 刘志斌. 法律方法论. 济南：山东人民出版社，2007

42. 陈金钊. 法治与法律方法. 济南：山东人民出版社，2003

43. 解兴权. 通向正义之路：法律推理的方法论研究. 北京：中国政法大学出版社，2000

44. 魏胜强. 法律解释权研究. 北京：法律出版社，2009

45. ［德］汉斯-格奥尔格·伽达默尔. 阐释学Ⅱ真理与方法. 修订译本. 洪汉鼎译. 北京：商务印书馆，2010

46. ［英］雷蒙德·瓦克斯. 法哲学：价值与事实. 谭宇生译. 南京：译林出版社，2024

47. 沈映涵. 新分析法学中的方法论问题研究：由哈特的描述性法理学引发的争论. 北京：法律出版社，2010

48. ［英］凯利·E. 豪威尔. 方法论哲学导论. 宋尚玮译. 北京：科学出版社，2019

49. ［意］切萨雷·贝卡里亚. 论犯罪与刑罚. 黄风译. 北京：商务印书馆，2017

50. ［德］罗伯特·阿列克西. 法 理性 商谈：法哲学研究. 朱光，雷磊译. 北京：中国法制出版社，2011

51. ［美］安德瑞·马默. 解释与法律理论. 第二版. 程朝阳译. 北京：中国政法大学出版社，2012

52. ［德］阿图尔·考夫曼. 法律哲学. 第二版. 刘幸义等译. 北京：法律出版社，2011

53. 王觐. 中华刑法论. 姚建龙勘校. 北京：中国方正出版社，2005

54. 刘亚丛. 事实与解释：在历史与法律之间. 北京：法律出版社，2010

55. ［德］弗里德里希·卡尔·冯·萨维尼. 当代罗马法体系. 第一卷. 朱虎译. 北京：中国人民大学出版社，2023

56. 黄茂荣. 法学方法与现代民法. 第七版. 厦门：厦门大学出版社，2024

57. ［英］亚当·弗格森. 道德哲学原理. 孙飞宇，田耕译. 上海：上海世纪出版集团，上海人民出版社，2003

58. ［英］尼尔·麦考密克. 法律推理与法律理论. 姜峰译. 北京：法律出版社，2018

59. 葛洪义. 法律方法讲义. 北京：中国人民大学出版社，2009

60. 王洪. 制定法推理与判例法推理. 第三版. 北京：中国政法大学出版社，2022

61. ［美］史蒂文·J. 伯顿. 法律和法律推理导论. 张志铭，解兴权译. 北京：中国政法大学出版社，1998

62. 苗力田主编. 亚里士多德全集：第1卷. 北京：中国人民大学出版社，1990

63. 姜涛. 刑法解释的基本原理. 北京：法律出版社，2018

64. ［德］拉德布鲁赫. 法学导论. 米健，朱林译. 北京：中国大百科全书出版社，1997

65. ［德］马克斯·韦伯. 社会科学方法论. 李秋零，田薇译. 北京：中国人民大学出版社，1999

66. ［爱］托马斯·A. 博伊兰，［爱］帕斯卡尔·F. 奥戈尔曼. 经济学方法论新论. 夏业良译. 北京：经济科学出版社，2002

67. 王海明. 伦理学方法. 北京：商务印书馆，2004

68. ［法］迪尔凯姆. 社会学研究方法论. 胡伟译. 北京：华夏出版社，1988

69. 杨仁寿. 法学方法论. 第二版. 北京：中国政法大学出版社，2013

70. 胡玉鸿. 法学方法论导论. 济南：山东人民出版社，2002

71. 苏俊雄. 刑法推理方法及案例研究. 台北：自印本，1999

72. ［德］汉斯·海因里希·耶赛克，［德］托马斯·魏根特. 德国刑法教科书. 上. 徐久生译，北京：中国法制出版社，2017

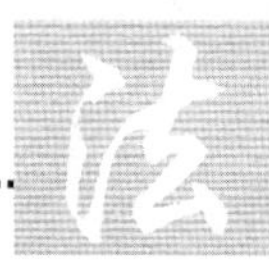

73. ［法］卡斯东·斯特法尼等. 法国刑法总论精义. 罗结珍译. 北京：中国政法大学出版社，1998

74. 徐育安. 刑法上类推禁止之生与死. 台北：自印本，1998

75. ［意］杜里奥·帕多瓦尼. 意大利刑法学原理. 注评版. 陈忠林译评. 北京：中国人民大学出版社，2004

76. ［德］阿图尔·考夫曼. 类推与事物本质：兼论类型理论. 吴从周译. 台北：学林文化事业有限公司，1999

77. 王亚同. 类比推理. 保定：河北大学出版社，1999

78. ［美］凯斯·R. 孙斯坦. 法律推理与政治冲突. 金朝武，胡爱平，高建勋译. 北京：法律出版社，2004

79. 王泽鉴. 法律思维与民法实例：请求权基础理论体系. 北京：北京大学出版社，2009

80. 梁慧星. 民法解释学. 第五版. 北京：法律出版社，2022

81. 何勤华. 中国法学史. 第 1 卷. 北京：法律出版社，2000

82. 钱大群. 唐律研究. 北京：法律出版社，2000

83. ［德］马克斯·韦伯. 儒教与道教. 洪天雷译. 南京：江苏人民出版社，1993

84. ［英］巴里·尼古拉斯. 罗马法概论. 黄风译. 北京：法律出版社，2000

85. ［意］彼德罗·彭梵得. 罗马法教科书. 黄风译. 北京：中国政法大学出版社，1992

86. ［德］迪特尔·梅迪库斯. 德国民法总论. 邵建东译. 北京：法律出版社，2013

87. 周枏. 罗马法原论. 下册. 北京：商务印书馆，1994

88. 董安生. 民事法律行为：合同、遗嘱和婚姻行为的一般规律. 北京：中国人民大学出版社，1994

89. ［日］小野清一郎. 犯罪构成要件理论. 王泰译. 北京：中国人民公安大

学出版社，2004

90. 胡适. 先秦名学史. 上海：学林出版社，1983

91. ［德］马克斯·韦伯. 社会科学方法论. 杨富斌译. 北京：华夏出版社，1999

92. 陈兴良. 刑法哲学. 第六版. 北京：中国人民大学出版社，2017

93. 陈兴良. 本体刑法学. 第三版. 北京：中国人民大学出版社，2017

94. ［日］大塚仁. 刑法概说（总论）. 第三版. 冯军译. 北京：中国人民大学出版社，2003

95. ［苏］B. H. 库德里亚夫采夫. 定罪通论. 李益前译. 北京：中国展望出版社，1989

96. 何秉松. 犯罪构成系统论. 北京：中国法制出版社，1995

97. 高铭暄，马克昌主编. 刑法学. 北京：中国法制出版社，1999

98. 肖中华. 犯罪构成及其关系论. 北京：中国人民大学出版社，2000

99. 胡康生，李福成主编. 中华人民共和国刑法释义. 北京：法律出版社，1997

100. 陈兴良，张军，胡云腾主编. 人民法院刑事审判指导案例裁判要旨通纂. 上卷·第三版. 北京：北京大学出版社，2024

101. ［奥］恩斯特·A. 克莱默. 法律方法论. 周万里译. 北京：法律出版社，2019

102. ［德］约阿希姆·吕克特，［德］拉尔夫·萨伊内克. 民法方法论：从萨维尼到托伊布纳. 上册·第三版. 刘志阳，王战涛，田文洁译. 北京：中国法制出版社，2003

103. 徐国栋. 民法基本原则解释：成文法局限性之克服. 增订版. 北京：中国政法大学出版社，2001

104. ［德］乌韦·穆尔曼. 德国刑法基础课. 第 7 版. 周子实译. 北京：北京大学出版社，2023

105. ［德］克劳斯·罗克辛. 德国刑法学总论. 第 1 卷. 王世洲译. 北京：法律出版社，2005

106. 王凯石. 刑法适用解释. 北京：中国检察出版社，2002

107. 吴学斌. 刑法适用方法的基本准则：构成要件符合性判断研究. 北京：中国人民公安大学出版社，2008

108. 陈兴良，刘树德，王芳凯编. 注释刑法全书. 北京：北京大学出版社，2022

109. 张明楷. 刑法学. 上·第六版. 北京：法律出版社，2021

110. 卢方主编. 经济、财产犯罪案例精选. 上海：上海人民出版社，2008

111. 刘明祥. 财产罪专论. 北京：中国人民大学出版社，2019

112. 陈兴良. 判例刑法学. 下卷·第三版. 北京：中国人民大学出版社，2024

113. 张明楷. 罪刑法定与刑法解释. 北京：北京大学出版社，2009

114. 葛恒浩. 刑法解释基础理论研究. 北京：法律出版社，2020

115. 张明楷. 刑法的基本立场. 修订版. 北京：商务印书馆，2019

116. ［日］大谷实. 刑法讲义各论. 新版第 5 版. 黎宏，邓毅丞译. 北京：中国人民大学出版社，2023

117. ［日］前田雅英. 刑法总论讲义. 第 7 版. 曾文科译. 北京：北京大学出版社，2024

118. ［美］P.S·阿蒂亚，［美］R.S. 萨默斯. 英美法中的形式与实质：法律推理、法律理论和法律制度的比较研究. 金敏，陈林林，王笑红译. 北京：中国政法大学出版社，2005

119. 杨剑波. 刑法明确性原则研究. 北京：中国人民公安大学出版社，2010

120. 林东茂. 一个知识论上的刑法学思考. 增订三版. 北京：中国人民大学出版社，2009

121. 石聚航. 刑法目的解释研究. 北京：法律出版社，2022

122. 邹兵建. 刑法教义学的案例进路. 北京：法律出版社，2024

123. 储槐植. 刑事一体化论要. 北京：北京大学出版社，2007

124. 最高人民法院民法典贯彻实施工作领导小组主编. 中华人民共和国民法典总则编理解与适用. 下. 北京：人民法院出版社，2020

125. 王爱立主编.《中华人民共和国刑法》理解与适用. 上. 北京：人民法院出版社，2021

126. 周光权. 刑法各论. 第四版. 北京：中国人民大学出版社，2021

127. 何荣功. 刑法适用方法论. 北京：北京大学出版社，2021

128. 余继田. 实质法律推理研究. 北京：中国政法大学出版社，2013

129. [美] 梯利. 西方哲学史. 下册. 北京：商务印书馆，1979

130. 李德顺. 价值论. 北京：中国人民大学出版社，1987

131. 杨震. 法价值哲学导论. 北京：中国社会科学出版社，2004

132. 孙伟平. 事实与价值：休谟问题及其解决尝试. 北京：中国社会科学出版社，2000

133. 方泉. 犯罪论体系的演变：自“科学技术世纪”至“风险技术社会”的一种叙述和解读. 北京：中国人民公安大学出版社，2008

134. [德] 弗兰克·冯·李斯特. 论犯罪、刑罚与刑事政策. 徐久生译. 北京：北京大学出版社，2016

135. [德] 汉斯·韦尔策尔. 目的行为论导论：刑法体系的新图景. 增补第4版·中文增补版. 陈璇译. 北京：中国人民大学出版社，2024

136. 刘志远. 二重性视角下的刑法规范. 北京：中国方正出版社，2003

137. 潘自勉. 论价值规范. 北京：中国社会科学出版社，2006

138. [德] 乌尔斯·金德霍伊泽尔. 刑法总论教科书. 第六版. 蔡桂生译. 北京：北京大学出版社，2015

139. [德] 恩施特·贝林. 构成要件理论. 王安异译. 北京：中国人民公安大学出版社，2006

140. [美] 罗伯特·S. 萨默斯. 美国实用工具主义法学. 柯庆华译. 北京：中国法制出版社，2010

141. [日] 山口厚. 刑法总论. 第3版. 付立庆译. 北京：中国人民大学出版社，2018

142. 蔡桂生. 构成要件论. 北京：中国人民大学出版社，2015

143. [德] 克劳斯·罗克辛. 刑事政策与刑法体系. 第二版. 蔡桂生译. 北京：中国人民大学出版社，2011

144. [日] 西原春夫. 犯罪实行行为论. 重译本. 戴波，江溯译. 北京：北京大学出版社，2018

145. 孙运梁. 因果关系与客观归责论. 北京：社会科学文献出版社，2021

146. 王骏. 超法规的正当化行为研究. 北京：中国人民公安大学出版社，2007

147. 陈璇. 刑法归责原理的规范化展开. 北京：法律出版社，2019

148. 冯军主编. 比较刑法研究. 北京：中国人民大学出版社，2007

149. 高金桂. 利益衡量与刑法之犯罪判断. 台北：元照出版有限公司，2003

150. 王瑞君. 罪刑法定：理念、规范与方法. 济南：山东大学出版社，2006

151. [日] 曾根威彦. 刑法学基础. 黎宏译. 北京：法律出版社，2005

152. 张明楷. 法益初论. 增订本·上册. 北京：商务印书馆，2021

153. 劳东燕. 功能主义的刑法解释. 北京：中国人民大学出版社，2020

154. [德] 鲁道夫·冯·耶林. 法学的概念天国. 柯伟才，于庆生译. 北京：中国法制出版社，2009

155. [美] 埃德加·博登海默. 法理学：法律哲学与法律方法. 邓正来译. 北京：中国政法大学出版社，2017

156. [丹麦] 阿尔夫·罗斯. 指令与规范. 雷磊译. 北京：中国法制出版社，2013

157. [日] 西田典之. 日本刑法总论. 第2版. 王昭武，刘明祥译. 北京：

法律出版社，2013

158. ［美］希拉里·普特南. 事实与价值二分法的崩溃. 应奇译. 北京：东方出版社，2006

159. ［英］布莱恩·莱特编. 法律和道德领域的客观性. 高中等译. 北京：中国政法大学出版社，2007

160. ［日］高桥则夫. 规范论和刑法解释论. 戴波，李世阳译. 北京：中国人民大学出版社，2011

161. 马克昌主编. 近代西方刑法学说史略. 北京：中国人民公安大学出版社，2008

162. ［德］阿明·英格兰德. 现代社会中的法与刑法. 邓卓行译. 北京：北京大学出版社，2023

163. ［德］弗里德里希·卡尔·冯·萨维尼. 论占有. 朱虎，刘智慧译. 北京：法律出版社，2007

164. ［日］山口厚. 刑法各论. 第 2 版. 王昭武译. 北京：中国人民大学出版社，2011

165. 王世柱. 论刑法上的占有. 北京：中国法制出版社，2018

166. ［德］约翰内斯·韦塞尔斯，［德］托马斯·希伦坎普、［德］扬·舒尔. 德国刑法分论侵犯财产价值的犯罪. 赵冠男译. 北京：法律出版社，2023

167. 徐凌波. 存款占有的解构与重建：以传统侵犯财产犯罪的解释为中心. 北京：中国法制出版社，2018

168. 李世阳. 规范论在刑法解释中的作用. 北京：法律出版社，2020

169. 童德华. 刑法中的期待可能性论. 修订版. 北京：法律出版社，2015

170. ［德］卢曼. 社会的法律. 郑伊倩译. 北京：人民出版社，2009

171. ［德］京特·雅克布斯. 行为 责任 刑法：机能性描述. 冯军译. 北京：中国政法大学出版社，1997

172. ［德］汉斯·海因里希·耶赛克，［德］托马斯·魏根特. 德国刑法教

科书. 下. 徐久生译. 北京：中国法制出版社，2017

173. 栾莉. 刑法作为义务论. 北京：中国人民公安大学出版社，2007

174. 许玉秀. 主观与客观之间：主观理论与客观归责. 北京：法律出版社，2008

175. ［德］京特·雅克布斯. 刑法归责体系. 赵书鸿译. 北京：法律出版社，2024

176. ［日］高桥则夫. 刑法总论. 李世阳译. 北京：中国政法大学出版社，2020

177. ［日］甲斐克则. 责任原理与过失犯论. 谢佳君译. 北京：中国政法大学出版社，2016

178. 何庆仁. 义务犯研究. 北京：中国人民大学出版社，2010

179. 张明楷. 刑法学. 下·第六版. 北京：法律出版社，2021

180. 王宏治. 中国刑法史讲义·先秦至清代. 北京：商务印书馆，2019

181. ［日］宗岗嗣郎. 犯罪论与法哲学. 陈劲阳，吴丽君译. 武汉：华中科技大学出版社，2012

182. （唐）长孙无忌等撰. 唐律疏议. 刘俊文点校. 北京：中华书局，1983

183. 孙向阳. 中国古代盗罪研究. 北京：中国政法大学出版社，2013

184. ［德］阿图尔·考夫曼. 法律获取的程序：一种理性分析. 雷磊译. 北京：中国政法大学出版社，2015

185. 吴从周. 概念法学、利益法学与价值法学：探索一部民法方法论的演变史. 北京：中国法制出版社，2011

186. ［德］黑格尔. 法哲学原理. 范扬，张企泰译. 北京：商务印书馆，1961

187. 张其山. 司法三段论的结构. 北京：北京大学出版社，2010

188. ［德］拉德布鲁赫. 法哲学导引. 雷磊译. 北京：商务印书馆，2021

189. 中国人民大学哲学系逻辑教研室编. 形式逻辑. 修订版. 北京：中国人

民大学出版社，1984

190. 杜宇. 类型思维与刑法方法. 北京：北京大学出版社，2021

191. 林立. 法学方法论与德沃金. 北京：中国政法大学出版社，2002

192. ［德］英格博格·普珀. 法学思维小学堂：法律人的 6 堂思维训练课. 第二版，蔡圣伟译. 北京：北京大学出版社，2024

193. 雷磊. 类比法律论证：以德国、学说为出发点. 北京：中国政法大学出版社，2011

194. 梁根林、［德］埃里克·希尔根多夫主编. 中德刑法学者的对话：罪刑法定与刑法解释. 北京：北京大学出版社，2013

195. 车浩. 阶层犯罪论的构造. 北京：法律出版社，2017

196. ［日］龙川辛辰. 犯罪论序说. 王泰译. 北京：法律出版社，2005

197. 张建军. 刑法中不明确概念类型化研究. 北京：法律出版社，2016

198. 马东丽. 我国刑法中兜底条款研究. 北京：中国政法大学出版社，2019

199. 罗翔. 刑法中的同意制度：以性侵犯罪为切入. 北京：法律出版社，2012

200. 舒国滢等. 法学方法论. 北京：中国政法大学出版社，2007

201. ［奥］凯尔森. 纯粹法理论. 张书友译. 北京：中国法制出版社，2008

202. ［德］安塞尔姆·里特尔·冯·费尔巴哈. 德国刑法教科书.（第十四版）. 徐久生译. 北京：中国方正出版社，2010

203. ［苏］A. H. 特拉伊宁. 犯罪构成的一般学说. 王作富等译. 北京：中国人民大学出版社，1958

204. 许玉秀. 当代刑法思潮. 北京：中国民主法制出版社，2005

205. 武步云. 黑格尔法哲学：法与主体性原则的理论. 北京：法律出版社，1995

206. 肖吕宝. 主、客观违法论在刑法解释上的展开. 哈尔滨：黑龙江人民出版社，2008

207. 余振华. 刑法违法性理论. 台北：元照出版有限公司，2001

208. 许玉秀，陈志辉主编. 不移不惑献身法与正义：许乃曼教授刑事法论文选辑. 台北：新学林出版股份有限公司，2006

209. 劳东燕. 罪刑法定本土化的法治叙事. 北京：北京大学出版社，2010

210. 李文健. 罪责概念之研究 非难的实质基础. 台北：自印本，1998

211. 高铭暄，马克昌主编. 刑法学. 北京：北京大学出版社，2000

212. 陈忠林. 刑法散得集. 北京：法律出版社，2003

213. 陈荣飞. 行为概念对犯罪论体系的基底性诠释. 天津：南开大学出版社，2024

214. 何秉松主编. 刑法教科书. 上卷. 北京：中国法制出版社，2000

215. 国家法官学院，中国人民大学法学院编. 中国审判案例要览. 2008 年刑事审判案例卷. 北京：人民法院出版社，中国人民大学出版社，2009

216. 陈兴良，张军，胡云腾主编. 人民法院刑事指导案例裁判要旨通纂. 下卷·第三版. 北京：北京大学出版社，2024

217. 黎宏. 刑法总论问题思考. 北京：中国人民大学出版社，2007

218. ［苏］H. A. 别利亚耶夫、M. 科瓦廖夫. 苏维埃刑法总论. 马改秀，张广贤译. 北京：群众出版社，1987

219. 赵国强. 刑事立法导论. 北京：中国政法大学出版社，1993

220. 贾银生. 刑法体系解释研究. 北京：法律出版社，2021

221. 陈兴良主编. 刑法方法论研究. 北京：清华大学出版社，2006

222. ［日］松宫孝明. 刑法各论讲义. 第 4 版. 王昭武，张小宁译. 北京：中国人民大学出版社，2018

223. ［德］约翰内斯·韦塞尔斯. 德国刑法总论. 李昌珂译. 北京：法律出版社，2008

224. 王安异. 非法经营罪适用问题研究. 北京：中国法制出版社，2017

225. ［德］汉斯-格奥尔格·伽达默尔. 阐释学Ⅰ真理与方法.（修订译本）.

洪汉鼎译. 北京：商务印书馆，2010

226. 黄建辉. 法律诠释论. 台北：新学林出版股份有限公司，2000

227. [奥] 弗洛伊德. 精神分析引论. 高觉敷译，北京：商务印书馆，1984

228. [美] 理查德·A. 波斯纳·法理学问题. 苏力译. 北京：中国政法大学出版社，2002

229. [德] 弗里德里希·卡尔·冯·萨维尼. 论立法与法学的当代使命. 北京：中国法制出版社，2001

230. [德] 洪堡特. 论人类语言结构的差异及其对人类精神发展的影响. 姚小平译. 北京：商务印书馆，1999

231. [德] 路德维希·维特根斯坦. 名理论.（逻辑哲学论）. 张申府译. 北京：北京大学出版社，1988

232. 贾敬华. 确定性的法向客观性的法的变迁. 北京：人民出版社，2009

233. 刘安刚. 意义哲学纲要. 北京：中央编译出版社，1998

234. [法] 基佐. 欧洲文明史. 程洪逵，沅芷译. 北京：商务印书馆，1998

235. 陆建红，杨华，田文莎. 涉卖淫刑事犯罪案件的司法认定. 北京：人民法院出版社，2019

236. [德] 伽达默尔. 哲学解释学. 夏镇平，宋建平译. 上海：上海译文出版社，1994

237. [日] 西田典之. 日本刑法各论. 第七版. [日] 桥爪隆补订. 王昭武，刘明祥译. 北京：法律出版社，2020

238. [英] 杰里米·边沁. 论一般法律. 毛国权译. 上海：上海三联书店，2008

239. 张明楷. 刑法分则的解释原理. 上册. 北京：高等教育出版社，2024

240. 郭华成. 法律解释比较研究. 北京：中国人民大学出版社，1993

241. 陈景辉. 实践理由与法律推理. 北京：北京大学出版社，2012

242. [德] 保罗·克雷尔. 德国环境刑法. 张志刚译. 北京：中国社会科学

出版社，2022

243. ［日］牧野英一. 日本刑法通义. 陈承泽译. 李克非点校. 北京：中国政法大学出版社，2003

244. ［日］佐伯仁志. 刑法总论的思之道·乐之道. 于佳佳译. 北京：中国政法大学出版社，2017

245. 王利明. 物权法. 北京：中国人民大学出版社，2015

246. 王利明. 物权法. 第二版. 北京：中国人民大学出版社，2021

247. 文禹衡. 数据产权的私法构造. 北京：中国社会科学出版社，2020

248. 魏治勋. 法律解释的原理与方法体系. 北京：北京大学出版社，2017

249. ［英］蒂莫西·A. O. 恩迪科特. 法律中的模糊性. 程朝阳译. 北京：北京大学出版社，2010

250. ［美］安德瑞·马默. 法哲学. 重排本. 北京：北京大学出版社，2024

251. 张志铭. 法律解释操作分析. 北京：中国政法大学出版社，1999

252. 林维. 刑法解释的权力分析. 北京：中国人民公安大学出版社，2006

253. 王政勋. 刑法解释的语言论研究. 北京：商务印书馆，2016

254. 洪汉鼎. 诠释学：它的历史和当代发展. 北京：人民出版社，2001

255. 周维明. 刑法解释学中的前理解与方法选择：刑事裁判的实践理性保障. 北京：知识产权出版社，2018

256. 梁治平编. 法律解释问题. 北京：法律出版社，1998

257. 杨艳霞. 刑法解释的理论与方法：以哈贝马斯的沟通行动理论为视角. 北京：法律出版社，2007

258. 黎宏. 刑法学各论. 第 2 版. 北京：法律出版社，2016

259. ［日］松宫孝明. 刑法总论讲义. 第 4 版补正版. 钱叶六译. 北京：中国人民大学出版社，2013

260. ［美］理查德·A. 波斯纳. 司法反思录. 苏力译. 北京：北京大学出版

社，2014

261. 徐松林. 以刑释罪：一种刑法实质解释方法. 北京：法律出版社，2015

262. ［英］阿尔弗雷德·汤普森·丹宁. 法律的训诫. 第 2 版. 杨百揆，刘庸安，丁健译. 北京：法律出版社，2011

263. 周道鸾，张军主编. 刑法罪名精释. 第三版. 北京：人民法院出版社，2007

264. ［德］克劳斯-威廉·卡纳里斯. 法学中的体系思维与体系概念：以德国私法为例. 第 2 版. 陈大创译. 北京：北京大学出版社，2024

265. ［英］约瑟夫·拉兹. 法律体系的概念. 吴玉章译. 北京：中国法制出版社，2003

266. ［德］米夏埃尔·帕夫利克. 目的与体系：古典哲学基础上的德国刑法学新思考. 赵书鸿等译. 北京：法律出版社，2018

267. 陈兴良. 规范刑法学. 下册·第五版. 北京：中国人民大学出版社，2023

268. 王海桥. 刑法解释的基本原理：理念、方法及其运作规则. 北京：法律出版社，2012

269. 全国人大常委会法制工作委员会法规备案审查室编著. 规范性文件备案审查案例选编. 北京：中国民主法制出版社，2020

270. 张明楷. 刑法分则解释原理. 下册·第二版. 北京：中国人民大学出版社，2011

271. 法国新刑法典. 罗结珍译. 北京：中国法制出版社，2003

272. 戴炎辉. 中国法制史. 台北：三民书局，1969

273. 全国人大常委会法制工作委员会刑法室编. 中华人民共和国刑法条文说明、立法理由及相关规定. 北京：北京大学出版社，2009

274. 周道鸾等主编. 刑法的修改与适用. 北京：人民法院出版社，1997

275. 中国人民大学法律系刑法教研室编著. 刑法各论. 修订本. 北京：中国人民大学出版社，1985

276. 高铭暄，赵秉志编. 新中国刑法立法文献资料总览. 下. 北京：中国人民公安大学出版社，1998

277. 高铭暄，赵秉志，商浩文编著. 新中国刑法立法沿革全书. 北京：中国人民公安大学出版社，2021

278. 国家法官学院，中国人民大学法学院编. 中国审判案例要览. 2003 年刑事审判案例卷. 北京：人民法院出版社，中国人民大学出版社，2004

279. 国家法官学院，中国人民大学法学院编. 中国审判案例要览. 2007 年刑事审判案例卷. 北京：人民法院出版社，中国人民大学出版社，2008

280. 王新. 洗钱罪的理论与司法认定研究. 北京：北京大学出版社，2024

281. 陈兴良. 判例刑法学. 上卷·第三版. 北京：中国人民大学出版社，2024

282. 李荣. 刑法适用中的法官解释. 北京：知识产权出版社，2007

283. 夏甄陶. 关于目的的哲学. 上海：上海人民出版社，1982

284. 陈金钊等. 法律解释学. 北京：中国政法大学出版社，2006

285. [奥] 弗朗茨·比德林斯基，[奥] 彼得·比德林斯基. 法学方法论入门. 吕思远译. 北京：中国政法大学出版社，2024

286. [德] 鲁道夫·冯·耶林. 为权利而斗争. 郑永流译. 北京：法律出版社，2007

287. 金星. 马克斯·韦伯思想中的自然法. 北京：中国社会科学出版社，2011

288. 王洪. 司法判决与法律推理. 北京：时事出版社，2002

289. 萨维尼与历史法学派. 桂林：广西师范大学出版社，2004

290. [德] 克劳斯-威廉·卡纳里斯. 法律漏洞的确定：法官在法律外续造法之前提与界限的方法论研究. 第 2 版. 杨旭译. 北京：北京大学出版社，2023

291. [美] 安德瑞·马默主编. 法律与解释：法哲学论文集. 张卓明、徐宗立等译. 北京：法律出版社，2006

292. 高铭暄，赵秉志编. 新中国刑法立法文献资料总览. 上. 北京：中国人民公安大学出版社，1998

293. 王利明. 法学方法论：以民法适用为视角. 第二版. 北京：中国人民大学出版社，2021

294. 陈兴良. 正当防卫论. 第四版. 北京：中国人民大学出版社，2023

295. 林钰雄. 新刑法总则. 台北：元照出版有限公司，2018

296. 王爱立.《中华人民共和国刑法》理解与适用. 下. 北京：人民法院出版社，2021

297. 曲新久. 刑法学. 第三版. 北京：中国政法大学出版社，2012

298. ［日］松泽伸. 机能主义刑法学理论：丹麦刑法学思想. 吕小红译. 北京：中国政法大学出版社，2024

299. 黄源盛. 汉唐法制与儒家传统. 台北：元照出版有限公司，2009

300. 陈新宇. 帝制中国的法源与适用：以比附问题为中心的展开. 上海：上海人民出版社，2015

301. 陈新宇. 从比附援引到罪刑法定：以规则的分析与案例的论证为中心. 北京：北京大学出版社，2007

302. 法国刑法典. 罗结珍译. 北京：中国人民公安大学出版社，1995

303. ［法］卡斯东·斯特法尼等. 法国刑法总论精义. 罗结珍译. 北京：中国政法大学出版社，1998

304. 黄奇中. 刑法解释的沟通之维. 北京：中国人民公安大学出版社，2011

305. 赵运锋. 刑法解释边界研究. 北京：中国政法大学出版社，2019

306. 张军主编. 解读最高人民法院司法解释（刑事、行政卷，1997—2002）. 北京：人民法院出版社，2003

307. ［美］布莱恩·G. 斯洛科姆编著. 法律解释的本质：法学家从语言学和哲学中学到的法律解释. 连城译. 北京：中国民主法制出版社，2023

308. 储槐植. 美国刑法. 北京：北京大学出版社，2005

309. 高道蕴等编. 美国学者论中国传统法律. 北京：中国政法大学出版社，1994

310. 高铭暄主编. 中国刑法学. 北京：中国人民大学出版社，1989

311. 刘德权主编. 中国典型案例裁判规则精选. 刑事卷. 北京：人民法院出版社，2010

312. 高铭暄. 中华人民共和国刑法的孕育诞生和发展完善. 北京：北京大学出版社，2012

313. 马玉珂主编. 西方逻辑史. 北京：中国人民大学出版社，1985

314. 冯文生. 推理与诠释：民事司法技术范式研究. 北京：法律出版社，2005

315. 陈兴良. 刑法的人性基础. 第四版. 北京：中国人民大学出版社，2017

316. 周辅成编. 西方伦理学名著选辑. 上卷. 北京：商务印书馆，1961

317. ［斯洛文尼亚］卜思天·M. 儒潘基奇. 刑法：刑罚理念批判. 何慧新等译. 北京：中国政法大学出版社，2002

318. ［英］鲁伯特·克罗斯，［英］J. W. 哈里斯. 英国法中的先例. 苗文龙译. 北京：北京大学出版社，2011

319. 秦策，张镭. 司法方法与法学流派. 北京：人民出版社，2011

320. ［意］乔瓦尼·萨尔托尔. 法律推理：法律的认知路径. 汪习根等译. 武汉：武汉大学出版社，2011

321. 陈锐. 法律推理论. 济南：山东人民出版社，2006

322. 沈琪. 刑法推理方法研究. 杭州：浙江大学出版社，2008

323. 王瑞君. 罪刑法定的实现：法律方法论角度的研究. 北京：北京大学出版社，2010

324. ［法］孟德斯鸠. 论法的精神. 上册. 张雁深译. 北京：商务印书馆，1961

325. 蔡枢衡. 中国法理自觉的发展. 北京：清华大学出版社，2005

326. [美] 罗斯科·庞德. 法理学. 第二卷. 封丽霞译. 北京：法律出版社，2007

327. [德] 克劳斯-威廉·卡纳里斯. 法学中的体系思维与体系概念：以德国私法为例. 陈大创译. 北京：北京大学出版社，2024

328. 王夏昊. 法律规则与法律原则的抵触之解决：以阿列克西的理论为线索. 北京：中国政法大学出版社，2009

329. [奥] 欧根·埃利希. 法社会学原理. 舒国滢译. 北京：中国大百科全书出版社，2009

330. 国家法官学院，中国人民大学法学院编. 中国审判案例要览. 1996 刑事审判案例卷. 北京：中国人民大学出版社，1998

331. [英] 培根. 新工具. 许宝揆译. 北京：商务印书馆，1984

332. [英] L. 乔纳森·科恩. 理性的对话. 邱仁宗译. 北京：社会科学文献出版社，1998

333. 刘风景. 判例的法理. 北京：法律出版社，2009

334. [美] 迈尔文·艾隆·艾森伯格. 普通法的本质. 张曙光，张小平，张含光等译. 北京：法律出版社，2004

335. [美] 爱德华·H. 列维. 法律推理引论. 庄重译. 北京：中国政法大学出版社，2002

336. 崔林林. 严格规则与自由裁量之间：英美司法风格差异及其成因的比较研究. 北京：北京大学出版社，2005

337. [美] 罗斯科·庞德. 法律史解释. 邓正来译. 北京：商务印书馆，2016

338. [德] 伊曼努尔·康德. 宇宙发展史概论. 上海：上海人民出版社，1972

339. [美] 史蒂文·J. 伯顿主编. 法律的道路及其影响：小奥利弗·温德尔·霍姆斯的遗产. 张芝梅，陈绪刚译. 北京：北京大学出版社，2005

340. [英] 约翰·奥斯丁. 法理学的范围. 刘星译. 北京：中国法制出版社，

2002

341. 张保生. 法律推理的理论与方法（修订版）. 北京：中国政法大学出版社，2024

342. 魏东. 刑法分则解释论要. 北京：北京大学出版社，2020

343. 林山田. 刑法各罪论. 下册. 修订五版. 北京：北京大学出版社，2012

344. ［美］布莱恩·比克斯. 法理学：理论与语境. 邱昭继译. 北京：法律出版社，2008

345. ［美］理查德·A. 波斯纳. 法理学问题. 苏力译. 北京：中国政法大学出版社，2002

346. ［日］冈田朝太郎. 冈田朝太郎法学文集. 娜鹤雅点校. 北京：法律出版社，2015

347. ［日］冈田朝太郎讲述，熊元翰编辑. 京师法律学堂笔记之《刑法总则》. 安徽法学社印行. 清宣统三年（1911 年）初版，民国三年（1914 年）4 版

348. 沈宗灵主编. 法理学研究. 上海：上海人民出版社，1990

349. 李希慧. 刑法解释论. 北京：中国人民公安大学出版社，1995

350. 闻志强. 论刑法中的“明知”. 北京：法律出版社，2019

351. 刘俊文. 唐律疏议笺解. 上. 北京：中华书局，1996

352. 最高人民检察院政策研究室编. 解读最高人民检察院司法解释. 北京：人民法院出版社，2003

353. ［德］乌尔里希·克卢格. 法律逻辑. 雷磊译. 北京：法律出版社，2016

354. ［德］卡尔·施密特. 论法学思维的三种模式. 苏慧婕译. 北京：中国法制出版社，2012

355. 付立庆. 主观违法要素理论：以目的犯为中心的展开. 北京：中国人民大学出版社，2008

356. 刘艳红. 开放的犯罪构成要件理论研究. 第二版. 北京：中国人民大学出版社，2022

357. 危文高. 法的形式性与法律推理. 北京：知识产权出版社，2018

358. 武飞. 法律解释：服从抑或创造. 北京：北京大学出版社，2010

359. 焦宝乾. 法律论证：思维与方法. 北京：北京大学出版社，2010

360. ［德］特奥多尔·菲韦格. 论题学与法学：论法学的基础研究. 舒国滢译. 北京：法律出版社，2012

361. ［荷］伊芙琳·T. 菲特丽丝. 法律论证原理：司法裁决之证立理论概览. 张其山，焦宝乾，夏贞鹏译. 北京：商务印书馆，2005

362. 李安. 刑事裁判思维模式研究. 北京：中国法制出版社，2007

363. ［美］布雷恩·Z. 塔玛纳哈. 论法治：历史、政治和理论. 李桂林译. 武汉：武汉大学出版社，2010

364. ［德］京特·雅各布斯. 规范·人格体·社会：法哲学前思. 冯军译. 北京：法律出版社，2001

365. 李波. 过失犯中规范保护目的理论研究. 北京：法律出版社，2018

366. 孙海波. 疑难案件与司法推理. 北京：北京大学出版社，2020

367. 陈璇. 刑法中社会相当性理论研究. 北京：法律出版社，2010

368. ［美］罗斯科·庞德. 法理学. 第三卷. 廖德宇译. 北京：法律出版社，2007

369. ［德］赫克. 利益法学. 傅广宇译. 北京：商务印书馆，2016

370. 梁上上. 利益衡量论. 2 版. 北京：法律出版社，2016

371. 李翔. 刑法解释的利益平衡问题研究. 北京：北京大学出版社，2015

372. ［法］米海依尔·戴尔玛斯—马蒂. 刑事政策的主要体系. 卢建平译. 北京：法律出版社，2000

373. 马松建. 死刑司法控制研究. 北京：法律出版社，2006

附件Ⅱ

名词索引

（以汉语拼音为序）

案件事实 16，21，24，25，27，28，38，48，51，52，64，76，77，79，81，83，89，102，139－141，143，144，148，149，151，154，157，158，163，178，192，237，242，264，276，296，367，398，400，401，414，499，610，615－617，620，623，624，633，638，690，692，695－698，700，709，710，718，728－743，745－749，758，772，776，777，784，785，794，798，811，822，823，826，827，830，845－847，877，878，887，893－895，918，920，927，940，999

案例指导制度 121，778，779，782，816，817，819－822，824，999

包容竞合 500，501，509，719，720，724，999

边缘语义 368，378，383，442，446，455，859，999

辩证逻辑 240，794，999

辩证推理 36，751，881－883，885－887，999

补正解释 421，423－428，433－435，437，455，999

不法类型 58，61，71，78，175，259，269，287，296，317，351，368，999

不利于被告的类推 999

不作为犯 120－122，203，223－227，233，234，534，556，596，956，999

裁判规范 95，168，195，201，203，204，730，731，782，819，999

裁判说理 149，807，810，846，848，850，999

抽象化 65，67，126，183，278，999

存在论 18，19，77，101，162，164，166，186，188，195，196，199，207，210，211，213－215，218－221，223，227，230－233，235，300，498，881，944，964，966，999

当然解释 125，424，425，825－833，835－837，839，840，845，847－849，852，853，855，856，861，863，869，870，873，999

当然推理 37，38，98，247，825－875，886，999

兜底条款 131，155，188，194，253，259，270－276，351，352，369，502，557，600，661，662，664，665，667－669，678，713，714，718，743，785，797，967，988，999

独立竞合 499，501，509，510，719－721，999

对合犯罪论 74，75，78，301－304，306，312，313，324－328，999

法定犯 130，133，202，205－207，216，330，369－371，515，894，942，999

法教义学 3－6，8－15，17，19－21，23，25，29，39，41－54，56，58，60，62，64，66，68，70，72，74，76，78，80，82，84，86，88，90，93，100，101，107，109－112，115，116，125，128，130－132，135，141，146，160－164，167，168，170－174，177，178，180，181，184，187，188，192，193，195－197，199，201－203，207－209，211，216，221，222，225，228－231，235，236，253，255，259，266，267，275－277，282，283，287，329，350，355，356，362，366，368－372，374，375，381，420，423，425，426，441，443，445，451，456，459，475，479，492，495，501，502，511，520，559，562－564，581，594，596，607－609，624，626，629，633，636，639，643，645，650，651，692，711，728，741，767，798，

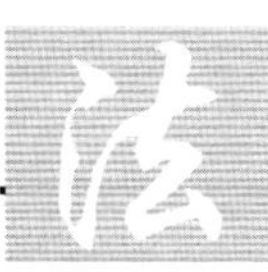

799，834，839，869，893，899－901，915，922，940，941，948－950，963－965，967－969，984，999

法经济学　4，12，13，42，999

法类推　253，259，491，629，634，639－641，860，999

法律发现　27，28，45，49，60，139，140，158，242，247，264，743，744，776，786，791，796，944，946，999

法律方法　9，14，22，24，32，36，43－45，84，193，194，240，244，267，355，559，709，785－787，882，883，886，892，944，977，979，980，985，999

法律方法论　14，21－24，94，95，271，272，368，406，422，503，513，514，565，567，586，621，702，710，730，845，852，862，918，945，946，979，982，995，999

法律规范　7，17，20，21，24，25，33，44，46，77，84，96，101，125，139，162，167，170，189，193－204，212，215，220，228，237－239，241，245，264，273，278，279，291，345，374，379，384－386，393，401，406，423－425，443，458－462，464，465，467，468，474，479，480，486，492，494，507，511，512，514，515，518，520－523，525，529，537，538，540，542－546，557，559，560，571，572，576，579－581，592，614，621，625，628，630，639，641，642，663，695－697，700，706，707，709，710，714，729，730，741，746，748，776，822，832，833，837，838，842，868，878，879，881，886，887，890，913，916，923，940，947，966，999

法律解释　8，22，25－35，39－41，44，45，49－51，53，54，61，63，96，101，103，105，124－126，128－131，139－141，143，146，157，160，188－190，192，193，209，253，259，264，265，279－281，336－338，341，342，346，347，349，355，357－366，376－382，393，396－398，400，401，404，405，407，420，423－425，433，434，439，459，465，466，

480，481，499，511－514，521－523，525，542－545，559，560，564－570，573，574，577－580，582，583，587，588，598，603，609，611，613－617，622－628，630－632，640，641，656，661－663，703，704，709，719，743，744，762，784，785，796，825，829，830，832－835，837，838，844，852，853，858，870，877，881，885，912，917，924，930－933，935，943，944，951，978，979，990，991，994，998，999

法律解释学　6，8，21，22，280，337，467，512，559，568，577，639，663，671，672，707，739，828，836，978，993，1000

法律类推　1000

法律论证　21，28，38，39，45，47，84，85，90，255，281，574，798，807，879，883－885，888，891，893，932，933，959，978，988，998，1000

法律思维　9，17，18，22－26，29，31，32，45，63，97，240，244，255，256，280，337，383，462，486，520，526，542，572，597，599，600，664，696，704，739－742，747，801，861，877，940，946，978，981，1000

法律推理　16，25，28，36，37，39－41，45，48，59，60，84，102，124，128，129，158，159，263，379，563，608，609，615，687，690，692，693，695，700，701，709，740，749，750，752，753，757，758，774－777，783，786，790，792，793，825，829，832，834，835，837，838，845，853，876－891，893，897，912，919，920，931－934，943，959，978－981，983，984，990，993，995－998，1000

法律文本　6，10，12，22，27，28，30，33，35，39，47，54，94，102，103，108，109，124－133，139，147，157，160，190－192，264，265，280，281，339，341，345－347，349，355－359，361－365，370，376－379，382－384，386，393－398，400－403，406，414，415，420，422－427，433，437，438，443－446，449，450，452，453，455，456，466－469，473，474，476，507，511－515，518－523，525，526，528，529，541－546，

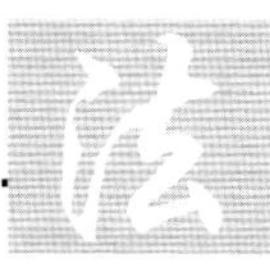

556, 559, 565 - 568, 570 - 588, 604, 609, 610, 615, 616, 622, 624, 625, 627, 628, 632 - 634, 638, 641 - 643, 645, 656, 661 - 663, 665, 671, 700, 772, 827, 829, 830, 832 - 837, 845, 858, 872, 881, 912, 913, 917, 919, 920, 926, 927, 953, 1000

法律续造　94 - 96, 103, 160, 192, 347, 349, 366, 377, 620, 621, 633, 640, 665, 706, 744, 796, 858, 859, 921, 923, 944, 951, 960, 1000

法律语言学　6, 190, 259, 1000

法内类推　632, 664, 1000

法社会学　4, 10 - 12, 17, 19, 42, 45, 48, 731, 996, 1000

法条竞合　332 - 335, 344, 498, 499, 501, 509, 527, 670, 681, 718 - 720, 724 - 726, 865, 905, 1000

法外类推　264, 617, 632, 640 - 643, 664, 1000

法学方法　1, 14, 15, 17, 19, 21 - 23, 34, 39, 42, 44, 45, 60, 141, 236, 244, 248, 249, 276, 278, 338, 464, 481, 505, 511, 512, 525, 574, 608, 697, 881, 980, 1000

法学方法论　1, 3, 10, 14 - 17, 19, 21, 22, 31 - 34, 40 - 47, 49, 50, 52, 53, 56, 61, 64, 70, 83, 139, 147, 173, 174, 188 - 191, 193, 198, 199, 241, 245, 249, 252, 253, 257, 259, 265, 271, 272, 274, 277, 280, 281, 336, 340, 357, 362, 364 - 366, 378, 380, 383 - 386, 395, 406, 442, 446, 455, 457, 458, 460, 465, 467, 474, 479 - 481, 495, 499, 511, 513, 519, 529, 542, 544, 559 - 561, 564 - 567, 569, 571, 573, 574, 577 - 579, 581, 586, 588, 590, 591, 598, 607 - 609, 611, 614, 615, 617, 621, 623, 633, 639, 641, 663 - 665, 671, 695, 696, 731 - 733, 739 - 743, 747, 748, 784, 787, 788, 793, 794, 826, 827, 829, 832, 834, 839, 840, 844, 852, 865, 871, 874, 876, 879, 881 - 885, 890, 891, 902, 913, 917 - 919, 921, 927, 928, 930, 931, 934, 943, 948, 951, 952, 976, 978, 980, 988, 993, 994, 1000

法益侵害　69，95，116，117，121，148，155，159，178，185，192，193，211，214，221，229，231，291，298，300，366，419，448，471，491，611，746，849，894，896－901，903，905，907，909－912，922，937，948，949，1000

法哲学　2，4，5，8，10，11，15，17，20，26，27，29，34，35，38，42，44－48，53，72，78，237，240，244，255，256，288，289，355，358，359，396，423，462，559，561，584，706，707，710，741，885，900，976－979，982，987，988，991，993，998，1000

法秩序统一性　1000

反对解释　114，115，844，1000

反面推理　98，140，842－845，918，1000

犯罪类型　18，69，72，174，199，200，227，234，269，291，292，296，317，368，369，371，408，479，745，950，965，1000

犯罪论体系　75，102，123，161，163，164，166，169，174－176，178，180，182，185，186，188，193，195，209，210，212，215，218，219，235，236，267－269，277，282，283，287，288，290－295，299－303，308，309，311，313，325，326，333，563，707，708，745，798，901，955，956，963－967，984，989，1000

方法论　1，2，4，6，8，10，12，14－28，30－32，34，36，38，40－54，56，58，60，62，64－90，94－97，100，101，115，124，125，139，147，157，158，161，174，175，189，190，195，208，209，211，218，221，240，241，243，245，247，249，255，292，293，313，340，357，460，463，480，493，559－562，564，574，576，577，607，608，612，627－629，631，663，671，687，688，700，710，752－754，782，785，786，795，826，828，831，834，853，880，883，892，897，921，934，945－948，951－953，978－980，982，984，987，989，993，1000

分析推理　194，882，883，885，886，1000

概念法学　155，193，240，241，245，459－461，565，567，890，945，946，948，951，952，987，1000

概念思维　25，236，239－241，244－246，248，253，254，260，261，265－268，276，742，1000

个别目的　913－916，1000

构成要件　48，53，54，58，62，64，65，68，69，71－78，95，99，101，102，109－111，116，117，120－128，130，133，138，139，141，145－148，155，157，168－172，174－180，183，185，192，193，198－201，205－207，209，212－216，218－234，238，251，259，263，267－271，273，282，284－287，291－293，295－314，316，320，321，325－328，331－334，343，344，346，349－352，367－376，384，399，402，403，409，415，430－432，448，463，464，478，479，482，489，494－499，501，502，506，507，515，520，533，534，536，538－540，543，546，550，555，570，596，597，600，604，611，617，620，629，635，636，638，639，650，659，663，664，666，668，669，671，676，677，679，681，682，690，696，697，706－708，711，718－720，723－725，729－733，741－743，745－749，767，769－773，784，786，798，799，830，831，843，847，849，860，862，865，866，868，872－875，877，893－899，901，909，911，912，914，915，921－926，933，937，941，942，949，950，953，955，956，961，963，965，967，981，983－985，997，1000

归纳推理　36－38，59，694，700，750－784，787，788，791－794，816，825，853，882，886，888，1000

规范法学　5，43，1000

规范论　18，19，195，196，203－205，207，210－223，227，231－233，235，877，964，969，986，1000

规范判断　115，163，167－171，178，179，184，708，730，899，1000

规范责任论　1000

过失犯　217，227－231，234，271，274，334，369，440，596，597，903，913，987，998，1000

涵摄　25，30，38，44，52，53，60，139，140，155，173，192，236，239，241，242，246，247，252，254，255，275，368，383，384，415，461，614，621，630，645，647，669，692，696，697，705，707，709，710，738－747，749，758，775，793，797－799，815，821，830，831，838，853，865，885，918，945，947，1000

核心语义　363，366，368，378，383，441，442，455，577，1000

后果取向　158，159，897，929－935，937，939－941，1000

机能主义　210，219，221，222，235，612，994，1000

价值判断　33，115，116，124，127，128，157，161－194，216，220，246，254，297，426，441，506，507，561，571，572，590，650，651，708，746，747，794，843，880，887，888，933，941，943，944，947－949，951－953，957，967－969，1000

价值中立　46，47，125，165，166，173－175，241，269，963，1000

阶层犯罪论　74，75，268，282，283，292，295，297，300－303，305，307，309，311－315，317，319，321，323，325－328，497，988，1000

阶层思维　25，267，277－284，286，288，290，292，294，296，298，300，302，304，306，308，310，312－314，316，318，320，322，324，326，328，330，332，334，336，338，340，342，344，346，348，350，352，1000

阶层体系　266－268，288，302，1000

解释方法　15，21，23，26，27，30，32－34，39，40，44，49，53，55，57，59，61－63，112，124－126，128，129，147，189，191，264，277，279－282，336－343，345－347，349－352，355，356，359，365，369，378，380，382，383，401，404，405，410，423，424，426，431，433，438，439，442－445，455，456，459，466，467，469－471，479－481，511，

512, 514, 521, 533, 536, 542, 543, 545, 558, 559, 564 - 567, 569 - 573, 575, 576, 579, 581, 582, 584 - 587, 598, 606, 608 - 612, 614, 616, 623, 625, 627, 661, 662, 744, 768, 773, 784, 785, 827 - 830, 834 - 837, 851, 852, 855, 857, 868, 881, 919, 923, 930 - 932, 944, 952, 992, 1000

紧急避险 179, 451, 475, 593 - 596, 914, 915, 941, 950, 953, 957, 963, 1000

经济分析方法 12, 1000

举轻以明重 247, 826 - 828, 830, 839, 840, 846 - 850, 852, 854, 856, 858, 862, 868, 869, 873, 875, 1000

举重以明轻 1001

可能语义 39, 61, 62, 99, 124, 143, 147, 160, 262, 264, 265, 341, 346 - 349, 364 - 366, 386, 446, 449, 455, 507, 525, 537, 571, 574, 576, 577, 580, 612, 613, 628, 630, 641, 642, 645, 647, 657, 789, 829, 836, 932, 1001

客观归责 177, 180, 220, 221, 225, 226, 228, 985, 987, 1001

客观解释论 50, 523, 536, 537, 567, 578 - 581, 682, 1001

空白罪状 1001

扩大解释 160, 264, 349, 366, 377, 378, 380, 383, 388, 412, 426, 427, 442, 444 - 449, 451 - 453, 455, 605, 607, 609, 639, 643 - 647, 651 - 653, 656, 659, 851, 855, 859, 1001

类案检索制度 821, 822, 824, 1001

类比方法 26, 131, 273, 274, 616, 630, 662, 665, 776, 785 - 787, 797, 799, 811, 881, 1001

类推解释 26, 45, 55 - 57, 61, 104, 125, 158, 259, 260, 262, 263, 273, 274, 276, 394, 434, 445, 606 - 662, 664 - 668, 670, 672, 674, 676, 678, 680, 682, 784 - 786, 789, 797, 826, 828, 831 - 833, 837, 851,

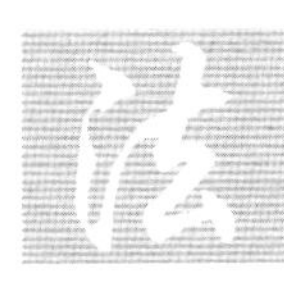

855，873，881，1001

类推适用　26，55，56，58，98，140，260，574，607 - 610，614，615，621，623 - 627，633，634，639，640，642，643，645，658，662，785，787，839，927，1001

类型化　67，68，70 - 72，126，130，253，259，268，270，330，600，731，732，742，743，745，988，1001

类型思维　25，62，158，236 - 277，631，742，743，988，1001

理想类型　71，243，1001

历史解释　8，26，32 - 34，51，63，124，129，280，281，336，338 - 341，344，345，350，351，380，424，442 - 444，456，481，511 - 557，565，569，570，572，573，576，581，582，584，587，606，627，769，830，834，1001

利益法学　189，240，241，459 - 461，565，567，568，586，834，890，943，945 - 948，952，953，987，998，1001

利益衡量　39，183，889，897，942 - 945，947 - 953，955，957，958，965，985，998，1001

漏洞补充　45，64，160，366，434，577，628，633，706，797，917，923，947，960，1001

律学　6，7，65，66，238，259，463，619，828，832，997，1001

论理解释　30，51，826，828，831 - 835，837，852，853，881，1001

逻辑解释　32，33，51，189，280，479，565，607，832 - 834，1001

逻辑推理　21 - 23，36，38，41，48，60，84，87，138，239，241，242，252，255，262，566，687，690 - 692，701，704，705，748，775，783，790，791，793，838，841，851，863，882 - 884，886，888，890，893，918，945，1001

目的解释　26，33，34，47，63，103，124，126，127，129，132，188 - 192，281，336，338 - 342，345 - 348，350，351，369，380，424，431，432，

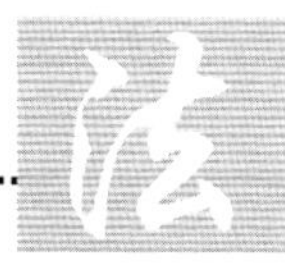

442，443，456，458，466，481，515，516，546，558－606，614－616，627，769，830，832－834，857，912，913，915，918，919，930，931，952，953，1001

目的考量　124，574，575，577，578，616，617，889，912，913，915－919，921，923，925，927，1001

目的行为论　11，164－166，181，182，218，219，228，292，294，299，309，369，562，563，597，948，949，963，964，984，1001

目的性扩张　103，124，191，432，491，574－578，605，614－617，832，834，835，917，920，926－929，1001

目的性限缩　64，103，119，124，191，346，403，443，444，574－577，615－617，832，834，835，917，918，920－927，1001

目的主义法学　189，190，567，1001

内部证成　38，1001

判例法　37，59，60，341，359，360，618，619，694，700，750，753－755，761，774－779，781－783，791，813－817，819，821，823，883，886，888－890，980，1001

平义解释　349，377－383，385，387，389，391，393，395，397，399，401，403，405，407，409，411，413，415，417，419，421，423，425，427，429，431，433，435，437，441，446－449，455，572，1001

谱系解释　542，544，553，1001

期待可能性　180－182，188，217－219，963，986，1001

前置法　130，133，135，136，138，146，168－170，201，202，205－207，215，216，406，472，476，477，486，487，489，490，492，493，496－498，502，534，660，1001

诠释学　43，356，358，397－401，614，739，991，1001

软性解释　105，390，393，394，682，1001

社会行为论　19，166，167，1001

社科法学　4，5，9，10，13－15，19，1001

实体逻辑　109，115－119，121，122，1001

实在法　11，12，46，47，52，205，294，422，621，622，733，741，787，946，957，1001

实质解释论　1001

实质理性　12，62，93，99，100，183，184，257，258，611，859，888，932，960，967，1001

实质思维　25，26，93，94，97，100－103，105，107，136，138，139，141，143－149，151，153－155，157－159，192，858，1001

实质推理　26，37－40，102，103，108－110，124，127，128，148，157－160，194，254，346，432，571，574，575，577，578，692，746，747，830，832，834，835，876－975，1001

实质违法性　178，179，214，225，226，894，941，955，956，1001

事实判断　81，138，162－164，168，170，172，173，177－179，182，185，192，213，254，745，757，1001

事物本质　57，58，62，70，71，94，101，103，107，157，158，160，171，246，249－251，253－258，260，263，264，274－276，349，491，562，629－631，789，794－796，840，851，858，981，1001

司法解释　55，56，103，117，121，122，131，132，143，273，322，349，396，411－414，420，429，442，444，445，449，473，477，483－485，502，546，552－554，556，557，591，595，626，637，638，647，648，650，653－658，660，661，707，708，712－715，717，723，727，728，760－762，768，769，778，781，802，803，806，807，809－812，817，819，846－849，851，858，859，861，895，896，904，909，926－929，935，937，970，971，973，994，997，1001

司法三段论　48，49，51，61，77，139，194，239，241，242，245，250，252，255，687，688，690－697，699，702，704－709，711，728，729，

739，743，746，748，790，796，815，987，1001

司法思维　24，25，238，1001

缩小解释　377，378，380，383，403，404，437－439，441－445，453，1002

体系解释　26，32－34，51，63，124，280，281，336，338－342，344，345，349－351，369，380，401，402，404，406，424，442，443，456－482，484－486，488，490－510，512，546，565，567，569－572，576，587，598，606，627，663，665，671，769，830，832－836，873，989，1002

填充解释　382，383，386，390，393，394，455，1002

通常语义　126，160，358，366，377，437，438，441－446，451，455，649，655，834，843，859，1002

同类解释　26，131，273－275，350，351，369，424，502，515，516，610，616，625，626，633，661－665，667－669，671－673，675－679，681，683，785，789，797，837，903，1002

外部证成　38，1002

违法性认识　180－182，219，299，1002

位阶　38，62，63，73－76，79，101，141，160，172，177，185，189，192，225，268，277－285，287，291－295，300－304，306，308－310，312，313，315，318，320－322，324－326，328，334－339，341，342，431，465，466，481，577，620，674，718，746，886，892，894，932，1002

显性规定　54，159，342，830，853，1002

限制机能　98，108，155，184，297，859，1002

想象竞合　331－333，494，499，509，673，726－728，771，1002

心理责任论　180，181，215，217－220，299，1002

刑法教义学　1002

刑法目的　132，532，533，571，581，857，893，913，914，931，934，965，983，1002

刑法推理　21，23，25，26，35－40，49，102，103，577，625，685，700，

706，725，726，728，752，756，757，768，769，831，881，887，980，995，1002

刑事政策　14，19，39，55，109，165，168，175，185－188，210，211，219－221，223，232，234，299，300，433，507，562－564，897－899，956－975，984，985，998，1002

行为规范　168，195，201－207，211－215，223，229，485，1002

形式解释论　108，125，127，128，130，131，133，185，192，1002

形式理性　12，26，62，66，93，95，99，100，133，147，183，184，192，241，257，258，459，505，611，612，702，796，886，893，967，970，1002

形式逻辑　22，48，60，73，109，110，112，115，116，124，161，249，250，567，699，705，746，787，794，838，839，879，888，889，945，967，987，1002

形式思维　25，26，93－138，140－144，146－148，150，152，154，156－158，160，192，611，1002

形式推理　26，38，40，102，109，194，702，746，747，792，816，876－880，882，885－894，896，897，901，912，930，932，935，940，944，949，1002

形式违法性　178，179，225，297，955，956，1002

学理解释　768，769，772，1002

严格解释　31，34，45，53－55，126，365，376，377，388，390，403，474，580，616，623，704，1002

沿革解释　51，63，529，532，533，542－544，547，553，582，832，1002

演绎推理　37，38，60，61，138，140，155，194，239，242，247，254，687－718，720，722，724，726，728，730，732，734，736，738－744，746－753，755，758，762，774－776，782－784，787，788，791－793，796，798，813－816，820，821，825，853，878，880，883，886－888，892，

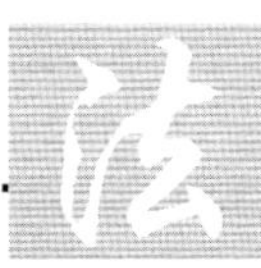

896，933，1002
以刑释罪　410，506－508，773，992，1002
以刑制罪　506，507，1002
义务犯　231－234，987，1002
因果行为论　18，164－166，223，268，562，1002
隐性规定　54，159，342，830，853，1002
有利于被告的类推　1002
语境解释　394－397，400－406，410，414，415，419－421，455，467－469，773，1002
语义解释　6，26，32－34，63，124，131，160，188－193，280，281，336－342，344－347，349－351，355－378，380－384，386，388，390，392－398，400，402－406，408，410，412，414，416，418，420，422，424，426，428，430，432，434，436－438，440－444，446，448，450，452－456，466－472，474，481，493，495，515，518，519，521－523，525－527，529，531－533，535，536，539，542，546，558，559，564，566，569－571，575，576，578，586－589，593，594，598，600，601，606，612，613，616，627，643，644，652，769，830，832－835，839，852，853，855，856，870，881，919，931，932，943，1002
语义学　47，367，1002
整体目的　913，916，1002
正当防卫　110－112，114，115，163，179，271，303，384，385，420，421，474，475，541，593－596，701，708，863，914，915，957，958，994，1002
正当化事由　179，950，955－957，963，965，1002
正面推理　839，842，843，1002
支配犯　231－234，1002
制定法　11，31－33，37，50，56，197，198，200，238，255，258，259，

271，278，280，336，340，341，359，360，376，378，380，425，460，462，486，520，542，565，568，572，574，577，580－584，586，608，612，615，620，633，665，669，687，688，690，694，700，702，704，707，709，741，750，753，755，757－759，761，763，765，767，769，771，773－776，778，782，783，788，794，796－799，801，803，805，807，809，811，813，815，816，819，820，827，833，877，883，886－890，913，916，917，921，927，940，945－947，951，966，980，1002

主观解释论　50，523，578－581，1002

注释法学　6－8，1002

注释法学派　7，1002

自然犯　130，133，202，205－207，330，369－371，515，711，941，942，1002

罪刑法定　23，25，26，33－35，41，45，48，51，53，55，56，58，61－64，93－95，97－100，104，108，109，121，126，128－133，139，140，145，147，148，158－160，180，183，184，187，190，192，193，198，203，204，215，247，253－255，258－260，262，263，271－273，275，276，295－297，300，340，342，346，348，350，351，364－366，369，375，376，393，394，414，419，426，432－434，455，463，505－508，510，536，537，555，559，575，577，579，580，586，598，600，604，605，607－613，617，620，622，623，627，629，634，637－644，646，647，651，653－656，660，661，664，666，668，670，682，687，691，699－703，705，706，708，711，714，779，786，796，797，799，805－807，830，831，836，838，839，842，843，845，848－850，852，855，857，859，862，863，868，869，873，875，893，894，899，912，917，927，933，935，944，947，954，957，960，961，963，965－967，969，970，975，983，985，988，989，994，995，1002

附录Ⅲ

案例索引

【案例1】张某喜辩护人妨害作证案　79

【案例2】吴某丽贷款诈骗案　82

【案例3】于某龙非法经营案　85

【案例4】昌达公司、杨某钊侵犯商业秘密案　86

【案例5】吴某湘合同诈骗案　89

【案例6】朱某勇故意毁坏财物案　105

【案例7】于某故意伤害案　113

【案例8】赵某华非法持有枪支案　117

【案例9】赵某胜等非法买卖枪支案　119

【案例10】章某理非法行医案　134

【案例11】李某重婚案　136

【案例12】青岛瑞驰投资有限公司、栾某先非法转让土地使用权案　144

【案例13】何某民危险驾驶案　147

【案例14】事益公司、付某借款合同纠纷案　149

【案例 15】王某某、赵某某贪污案　151
【案例 16】顾某等人强迫交易案　154
【案例 17】王某军非法经营案　156
【案例 18】陆某协助组织卖淫案　316
【案例 19】成某彬诈骗案　318
【案例 20】赵某明等故意伤害案　324
【案例 21】陈某强奸案　327
【案例 22】刘某洋故意毁坏财物案　347
【案例 23】张某林拐卖妇女案　398
【案例 24】李某、何某民、张某勃等人破坏计算机信息系统案　416
【案例 25】顾某均等人组织偷越国（边）境案　428
【案例 26】郗某菲等盗窃案　438
【案例 27】王某某包庇案　447
【案例 28】蒋某某危险驾驶案　450
【案例 29】周某雨辩护人毁灭证据案　452
【案例 30】马某婵辩护人毁灭证据案　454
【案例 31】牟某翰虐待案　487
【案例 32】王某民等人遗弃案　529
【案例 33】陈某故意杀人案　531
【案例 34】王某堂妨害婚姻家庭案　634
【案例 35】马某东侵占财物案　635
【案例 36】赵某祥破坏军人婚姻案　637
【案例 37】骆某猥亵儿童罪　648
【案例 38】李某组织卖淫案　653
【案例 39】许某某、包某某串通投标立案监督案　659
【案例 40】刘某破坏生产经营案　666

【案例41】徐某超以危险方法危害公共安全案 673
【案例42】董某超、谢某浩破坏生产经营案 679
【案例43】杨某林、杨某兴破坏生产经营案 682
【案例44】王某等人非法经营案 711
【案例45】兴证期货大连营业部、陈某背信运用受托财产案 715
【案例46】王某筠等国家机关工作人员签订、履行合同失职被骗案 721
【案例47】朱某投放危险物质案 725
【案例48】宋某祥故意杀人案 733
【案例49】柯某等合同诈骗案 736
【案例50】瞿某等人诈骗案 763
【案例51】黄某抢夺案 770
【案例52】杨某虎等贪污案 779
【案例53】刘某抢夺案 799
【案例54】姚某受贿案 807
【案例55】潘某梅、陈某受贿案 817
【案例56】付某印故意杀人罪 845
【案例57】王某先故意杀人案 849
【案例58】朱某盗窃案 894
【案例59】马某海等人聚众淫乱案 897
【案例60】刘某以危险方法危害公共安全罪案
【案例61】王某高空抛物案 908
【案例62】张某华伪造身份证案 910
【案例63】张某强虚开增值税专用发票案 924
【案例64】杨某申非法制造爆炸物案 936
【案例65】陆某销售假药案 938
【案例66】王某才故意杀人案 973

图书在版编目（CIP）数据

刑法方法论. 下册/陈兴良著. -- 北京：中国人民大学出版社，2025. 3. --（刑法学文丛）. -- ISBN 978-7-300-33652-7

Ⅰ. D924

中国国家版本馆 CIP 数据核字第 2025RC5616 号

刑法学文丛
刑法方法论（下册）
陈兴良　著
Xingfa Fangfalun

出版发行	中国人民大学出版社		
社　　址	北京中关村大街 31 号	**邮政编码**	100080
电　　话	010－62511242（总编室）		010－62511770（质管部）
	010－82501766（邮购部）		010－62514148（门市部）
	010－62515195（发行公司）		010－62515275（盗版举报）
网　　址	http://www.crup.com.cn		
经　　销	新华书店		
印　　刷	涿州市星河印刷有限公司		
开　　本	720 mm×1000 mm　1/16	**版　　次**	2025 年 3 月第 1 版
印　　张	32 插页 4	**印　　次**	2025 年 3 月第 1 次印刷
字　　数	462 000	**定　　价**	398.00 元（上、下册）